ISBN 978-0-666-44928-3
PIBN 10623552

Das

Eigenthumsrecht

mit besonderer Rücksicht auf die

Werthpapiere des Handelsrechtes

nach österreichischem Rechte

mit Berücksichtigung

des gemeinen Rechtes und der neueren Gesetzbücher.

Von

Dr. Anton Randa,

Mitglied des österreichischen Reichsgerichtes und Herrenhauses, Hofrath
und o. Professor an der böhmischen C.-F.-Universität.

Erste Hälfte.

Zweite, zum Theil umgearbeitete Auflage.

Leipzig
Druck und Verlag von Breitkopf und Härtel
1893.

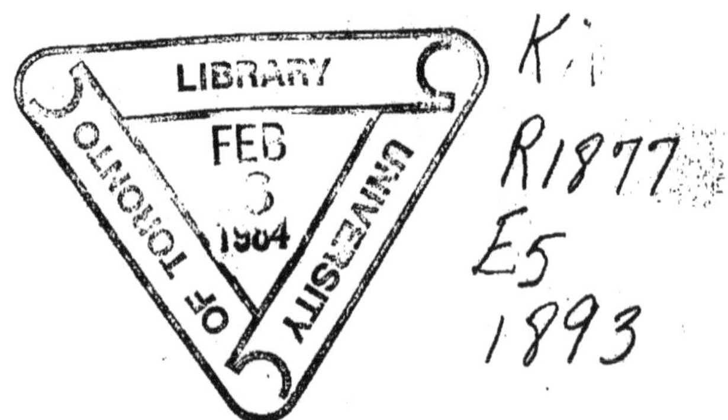

Vorrede

zur zweiten Auflage.

Die freundliche Aufnahme der seit zwei Jahren im Buchhandel vergriffenen ersten Auflage dieses Buchs machte es mir zur Pflicht, zur Ergänzung und theilweisen Umarbeitung derselben zu schreiten, ehe es mir gegönnt war, die andere Hälfte des Werks für den Druck fertig zu stellen. Die Arbeit war schwieriger und nahm mehr Zeit in Anspruch, als ich vorerst vermuthete!

Zunächst widmete ich besondere Aufmerksamkeit den handelsrechtlichen Theilen des Mobiliarsachenrechtes. Angeregt durch den Umstand, daß die (von mir bereits 1874 aufgestellte) sog. „Eigenthumserwerbs-Theorie" (dazu Goldschmidt, System d. Handelsrechts §. 83a) auch von Carlin, Freiherrn v. Canstein, Grünhut und andern Schriftstellern mit Erfolg vertreten wird und in letzter Zeit auch in der Praxis immer mehr Anklang und Verbreitung gewinnt, habe ich die bezüglichen Ausführungen nunmehr derart erweitert, daß sie — zusammengefaßt — in Kürze eine einheitliche Theorie der Werthpapiere (Inhaber-, Ordre- u. Rectapapiere) bieten. Vgl. S. 312 Note 6, S. 319 Note 16, S. 351 flg., S. 356 flg., 358 Note 47, S. 359 Note 49a.

Nebst den inzwischen eingetretenen Änderungen in der Gesetzgebung hatte ich sodann vor Allem die seit der ersten Auflage vollinhaltlich veröffentlichten umfangreichen Vorarbeiten und Materialien zum allgemeinen bürgerlichen Gesetzbuche, insbesondere den Codex Theresianus, den Entwurf Horten's und Martini's (herausgeg. von Harras v. Harrasowsky 1883—1886), ferner den „Urentwurf und die Berathungsprotokolle zum allgem. bürgerl. G. B." (herausgeg. von J. Ofner 1889), soweit dies nicht schon früher möglich war, thunlichst zu verwerthen; sodann die rasch anschwellende österr. Judikatur des Obersten Gerichtshofes, aber auch des Reichsgerichtes und Verwaltungsgerichtshofes sowie mehrfachen beachtenswerthen Zuwachs der österr. Literatur — insbes. das von Prof. Pfaff herausgegebene und redigirte „System des österr. allgem. Privatrechtes" meines leider zu früh verstorbenen, verehrten Kollegen Prof. Dr. Josef Krainz (1885—1889) und Burckhard's „System des österr. Privatrechtes" (I—III, 1883—1889) entsprechend zu berücksichtigen.

Nach Zweck und Richtung dieses Werkes war es nicht wohl thunlich, die massenhaft angeschwollene neuere reichsdeutsche Literatur, welche anläßlich der Publikation des „Entwurfs eines bürgerlichen Gesetzbuches für das Deutsche Reich" (Erste Lesung: 1888) erschienen ist, zu berücksichtigen, ganz abgesehen davon, daß die eigenartige Entwicklung des österr. Immobiliar-Sachenrechtes und literarische Reciprocitätsrücksichten eine gewisse Beschränkung nahelegen.

Prag, Neujahr 1893.

Der Verfasser.

Vorrede

zur ersten Auflage.

Eine systematische Darstellung des Eigenthumsrechtes nach österreichischem Rechte bedarf nach dem heutigen Stande der österr. Rechtsliteratur kaum einer Rechtfertigung. Das vorliegende Buch soll — gleich meiner Monographie über den „Besitz" — einen Baustein liefern zum systematischen Aufbau des österr. Civilrechtes überhaupt, welcher von Altmeister Unger mit der Darstellung des allgemeinen Theiles in glänzender Weise begonnen ward, von eben demselben durch das mustergültige Erbrecht, von Exner und Rittner in gründlicher Weise durch das Hypotheken-, beziehentlich durch das Eherecht, von Hasenöhrl . . . durch die eingehende Darstellung des allgemeinen Theils des Obligationenrechts, bez. endlich von Schiffner durch eine verdienstliche (das Grundbuchsrecht einschließende) Verarbeitung des allgemeinen Theils des Privatrechtes allmählich ergänzt wurde, während alle übrigen Theile, insbesondere das Familien- und Vormundschaftsrecht, das Mobiliarpfandrecht, die Servituten, die Individualrechte, der spezielle Theil der Obligationen noch der systematischen Darstellung harren.*)

*) Seit der ersten Auflage (1884) hat das „Familienrecht" in den „Compendien des österr. Rechtes" eine bündige systematische Darstellung von Prof. Josef Freiherrn von Anders (1887) erhalten und der spezielle Theil des Obligationenrechtes, wie das allerdings erst im Erscheinen begriffene Buch: „Die Obligationsverhältnisse ꝛc." (1. B.

Abgesehen davon galt es, das österr. Eigenthumsrecht auf Grund des gemeinen Rechtes und — soweit die Vorarbeiten reichen — auch der älteren österr. Landesrechte unter Benutzung der außerordentlich reichhaltigen, ja unschätzbaren gemeinrechtlichen Literatur in eingehender Weise darzustellen und die für das volle Verständniß des heimischen Rechtes oft nicht unwichtigen neueren Kodifikationen (namentlich das preußische Landrecht) zur Erläuterung heranzuziehen.

Durch die Güte meiner Kollegen Pfaff und Hofmann wurde es mir ermöglicht, die abschriftlichen Protokolle der Gesetzgebungshofkommission, welche bekanntlich (1801—1810) den vom Freiherrn von Martini redigirten Entwurf des A. B. G. B. (beziehentlich das westgalizische Gesetzbuch von 1797) auf Grund der Gutachten der juristischen Fakultäten und der Landeskommissionen zu prüfen, zu bessern und zu ergänzen hatte, für diese Arbeit zu benutzen. Allerdings gewähren diese Protokolle häufig nicht die erwartete Aufklärung; ja bisweilen überraschen sie mehr durch ihr Schweigen als durch ihren Inhalt.

Wichtiges Material für das Verständniß des bürgerlichen Gesetzbuches liefert der soeben von Ritter von Harrasowsky in höchst dankenswerther Weise in Druck gelegte Codex Theresianus. Abgesehen vom ersten Bande desselben war es mir durch die besondere Güte des Herrn Herausgebers gegönnt, auch die Aushängebogen des zweiten Bandes, welcher das Eigenthum behandelt, wenigstens bei der Korrektur dieses Buches benutzen zu können.

Die Erkenntnisse des Obersten Gerichtshofes, soweit sie bisher in der Samml. Gl. U. W. erschienen sind (Bd. 1—18), wurden überall thunlichst verwerthet.

So übergebe ich denn die erste größere Hälfte der Mono-

---

1. Heft: Einleitung; Darlehen 1890) zeigt, in Prof. Josef Freiherrn von Schey einen tüchtigen Bearbeiter gefunden.

graphie, deren Herausgabe durch Krankheit und dringende Berufsarbeiten wiederholte Verzögerungen erfuhr, mit dem Wunsche der Öffentlichkeit, daß dieselbe die gleiche gütige Aufnahme finden möge, welche meinen früheren Arbeiten zu Theil wurde.*)

Prag, im Januar 1884.

Der Verfasser.

---

*) Von den österr. Kommentaren ist die von M. Schuster und Schreiber fleißig ergänzte und verbesserte Ausgabe des Stubenrauch'schen Kommentar's (4. Aufl.) benutzt; in der Regel aber die 2. Ausgabe citirt. Dernburg, Förster, Stobbe sind in der Regel nach der ersten Auflage angeführt.

Inhaltsübersicht.

§. 1. **Begriff des E. Das „getheilte“ E.** Das E. ist die umfassendste, unmittelbare rechtliche Herrschaft über Sachen — jedoch nur der Anlage nach S. 1 flg. (Verschiedene Definitionen Note 3.) — Die Beschränkungen des E. durch dingliche Rechte Dritter und jene im öffentlichen Interesse sind durch die ökonomische Natur u. die soziale Funktion des E. gegeben S. 2—5 u. 10. — Unzutreffende Begriffsbestimmungen S. 6 flg. Die Definition der §§. 353. u. 354 des G. B.'s S. 8 flg. — Gestaltung des E. nach der Kulturstufe des Volkes S. 11 flg. — (Gemein- und Individualeigenthum N. 20.) Die sog. „Freiheit“ des E. S. 14. — Das sog. getheilte E. (Ober- oder Nutzungs-E.) ist beschränktes E. S. 15 flg., insbes. bei Lehen und Fideikommissen, bei Erbpacht- und Erbzinsgütern, bei der Superfizies und bei geistlichen Benefizien S. 16 flg. Theorie der Entwürfe S. 19. — Das Gesammteigenthum S. 22. — Das schwebende E. S. 22 flg. — Eigenthumstheorien S. 23 Note 42. Die soziale Bedeutung des E.'s S. 23 flg. Die Anfechtung des Privateigenthums durch die Sozialisten S. 26 flg.

§. 2. **Subjekte des E.** Beschränkungen der Erwerbsfähigkeit S. 29. — (Bei Auswanderern? Deserteuren? S. 29 flg. Ordensgeistlichen? S. 29—32.) Montenegriner S. 33. — Amortisationsgesetze für geistliche Korporationen? S. 34. Juden S. 35.

§. 3. **Objekte des E.** S. 35 flg. — Gesammtsachen? S. 35 flg. — Verkehrsunfähige Sachen? S. 37. — I. Verkehrsunfähige Sachen im wahren Sinne S. 38 flg. — II. Verkehrsbeschränkte Sachen S. 40 flg. — insbes. öffentl. Wege, Plätze 2c. S. 40 flg. Sie sind im E. des Staats, der Gemeinden, Privaten S. 42 flg. — Art der Gemeinnutzung S. 45 flg. Durch Tramways? S. 45. Nicht hierher gehören: Eisenbahnen S. 49; — öffentl. Schulen? S. 50. — Kirchen? S. 51. Geweihte Sachen? S. 52. — Das literarische und artistische Eigenthum S. 54 flg. — Erfindungsprivilegien S. 55 flg. — Bergwerkseigenthum S. 57. — Das Grundeigenthum in die Höhe und Tiefe S. 57 flg.

§. 4. **E. an Gewässern.** A. Natur desselben; historische Entwicklung S. 59 flg. — Nur das E. an stehenden Gewässern ist wahres E. S. 60 flg. — Nach gemeinem R. sind alle Flüsse öffentl. Gut S. 62 flg. — Flußregal in Deutschland S. 65 flg. — Fluß- oder Fischereiregal der Obrigkeiten in Österreich? S. 66 flg. — B. Gegenwärtiger Stand der österr. Gesetzgebung S. 68 flg. — Rechtliche Natur der Gewässer S. 73 flg.; insbes. der sog. Grundwässer S. 87.

— C. Rechtsverhältnisse an öffentlichen Gewässern S. 81, insbes. die gemeine Nutzung S. 81; das Fischereirecht S. 82 flg. — Benutzung zu Wasserwerken S. 83 flg. — Rechtliche Bedeutung der Konzession S. 85. Wasserbuch S. 86. — Regulirungsbauten S. 87; Recht des Staates an Inseln und am Flußbett S. 88. — D. Rechtsverhältnisse an Privatgewässern, a) das E. an stehenden Gewässern S. 89 flg. — (Mineralquellen S. 90). — Der natürliche Wasserabfluß S. 90 flg. — Beschränkungen des E. an Wässern S. 91 flg. — b) Der Inhalt des sog. E.'s an fließenden Gewässern S. 94 flg. — Beschränkungen der Benutzung S. 95 flg., — insbes. zu Triebwerken und Stauanlagen S. 95. — E. am Flußbett und an Inseln S. 96. — Räumungspflicht S. 97 flg. — Das E. an Privatflüssen ist wesentlich ein bevorzugtes Nutzungsrecht S. 99 flg.

§ 5. **Beschränkungen der Ausübung des E.** Beschränkungen einerseits durch fremde Privatrechte, andererseits aus Rücksichten des Gemeinwohls, zunächst meist im nachbarlichen Interesse S. 102 flg. — Die sog. Legalservituten, insbes. das Nachbarrecht S. 104. — Einzelne Fälle: bezüglich der Ufer S. 105, — der Privatflüsse und der Vorfluth S. 106, — der Entwässerung und Bewässerung S. 107, — des Schurfrechts S. 107, — der Förderung von Waldprodukten S. 107, — der Vorarbeiten für Eisenbahnen S. 107, — der Straßenalleen S. 108, — der Verfolgung von zahmen und gezähmten Thieren S. 108, — des Wurzel- und Überhangsrechtes S. 110, — des Jagd- und Fischereirechtes S. 110. — Das österr. R. kennt nicht das Recht des Nothwegs S. 111, — das Leiterrecht S. 112. — Grenzabstände bei Bauanlagen S. 102 flg., — auch nicht das privatrechtliche Einspruchsrecht gegen Benutzungsarten, welche die Nachbarn in ungewöhnlicher Weise belästigen oder schädigen S. 113 flg. — (Nur bei Immissionen in den Nachbarraum hat die Negatoria statt S. 117.) — Der öffentliche Charakter des sog. „Nachbarrechtes" S. 119. — Nur aus dem Gesichtspunkt des Gemeinwohls kann die Administrativbehörde dergleichen Benutzungsweisen (Fabriksanlagen 2c.) verbieten oder einschränken S. 120 flg. — So auch die ständige Praxis S. 121 flg. — (Die deutsche Gewerbeordnung v. 1869 S. 124 flg.) — Die Regel des §. 1305 B. G., daß, wer bloß von seinem Rechte Gebrauch macht, nicht ersatzpflichtig ist, wird nur durch wenige Ausnahmen durchbrochen S. 124 flg. — Bekämpfung der abweichenden Ansichten (Mages, Pfaff, Unger) S. 128 flg. — Die Vorarbeiten zum A. B. G. B. bestätigen unsere Auffassung S. 130 flg. — Publicistische Beschränkungen anderer Art S. 132 flg.

§. 6. **Von den gesetzlichen Verpflichtungen des Eigenthümers.** Bezüglich baufälliger Gebäude S. 133 flg., — der Grundstücke? S. 134, — der Grenzmauern und Grenzplanken S. 135; Cautio damni inf. (§. 343) S. 137 flg., — bezüglich der zu parzellirenden Baugründe S. 141, — bei Wassergenossenschaften S. 141, — bei Überschwemmungsgefahren S. 142, — bei Wäldern S. 142, — bei Kommassationen und Theilungen von Grundstücken 2c. S. 142.

§. 7. **Die Enteignung.** Rechtfertigung der E. aus dem öffentl. Rechte S. 143 flg. — Unterscheidung derselben von allgem. Reformen der Eigenthumsordnung u. vom Staatsnothrecht S. 146 flg. — Wesen und Objekt der E. S. 148 flg. — Das Erforderniß der Gemeinnützigkeit der Unternehmung S. 151 flg. —

Fälle der E. S. 153 flg.: für Verkehrswege S. 155, — für Eisenbahnen S. 156, — Bergwerke S. 157, — Triftbauten S. 157, — militär. u. sanitäre Zwecke S. 158, — E. nach Wasserrecht S. 159 flg. — Subjekte der E. (der Staat oder die Unternehmung?) S. 162 flg. — Expropriat S. 164 flg. — Enteignungsverfahren S. 166 flg. — Ersatzleistung S. 168 flg. — Unmittelbar und mittelbar Ersatzberechtigte S. 170 flg. — Das Verfahren S. 175 flg. — Durchführung der bezüglichen Grundsätze des Gesetzes vom 18. Februar 1878 S. 174 flg. 179 flg. — Umfang des Ersatzes S. 181 flg., — Der besondere Werth und der entgangene Gewinn sind zu ersetzen S. 183 flg. — Fälligkeit des Anspruches S. 188. — Rücktritt des Exproprianten und des Expropriaten S. 186.

Anhang zu §. 7. Eigenthumserwerb durch Enteignung S. 185 flg. — Derselbe erfolgt durch Bezahlung (Erlag) des Ersatzes S. 189 flg. — Rechtliche Natur der E. (kein Zwangsverkauf) S. 194 flg. — Besitzübergang? S. 196 flg.

§. 8. **Veräußerungsbeschränkungen.** Wesen derselben S. 197 flg. — I. Gesetzliche Veräußerungs- und Belastungsverbote S. 202, — bei Fideikommißgütern S. 203, — bei fideikomm. Substitutionen S. 203, — bei Kirchen- und Pfründengütern S. 204, — bei Eisenbahnen S. 205. — II. Richterliche Veräußerungsverbote? S. 206 flg. — III. Freiwillige V.-Verbote? S. 208 flg. u. zw. a) letztwillige S. 209 flg. — (Testament. Belastungsverbote S. 210 flg.) — b) vertragsmäßige S. 215 flg. — Voraussetzungen ihrer Gültigkeit und Intabulirung S. 214. 216. — (Verträge zu Gunsten Dritter S. 218 flg.) — Einstands- und Vorkaufsrechte S. 220 flg.

§. 9. **Das Miteigenthum.** Miteigenthum pro diviso S. 225 flg., — pro indiviso S. 227. — Wesen des Miteigenthums S. 227 flg. — Konsequenzen des Miteigenthums S. 229 flg. — Unterschied von der röm. communio? S. 233. — Rechte der Miteigenthümer S. 234 flg., — insbes. rücksichtlich der Verwaltung S. 235 flg. — (Recht des bestimmungsgemäßen Gebrauchs? S. 237.) — bezüglich der Nutzungen S. 238, — bezüglich des possess. und petitor. Rechtsschutzes (Negatorienklage?) S. 239 flg., — rücksichtlich gemeinschaftlicher Grenzmauern und anderer Grenzscheiden (Raine ꝛc.) S. 240 flg. — (Nutzung der Halbscheid S. 241); — der Anspruch auf reale Theilung bezieh. auf Feilbietung untheilbarer Sachen S. 242 ffg. — (Natur dieses Anspruchs S. 243.) Theilbarkeit von Grundstücken, von Häusern? S. 244 flg. — Zeitliche Beschränkung des Theilungsrechtes S. 247. — Klage auf Theilung S. 248 flg., — bezieh. auf Feilbietung der untheilbaren Sache S. 250; — das Verfahren ist ein jud. duplex. S. 252. — Die Klage bezieh. das Urtheil soll auch die Feilbietungsbedingungen enthalten S. 253; — letztere sind daher nicht dem Exekutionsverfahren vorzubehalten S. 253. — Ist die Feilbietung des §. 843 eine exekutive? S. 254 flg. — Zwangsweise Theilung gewisser gemeinschaftlicher Grundstücke S. 256.

§. 10. **Übersicht der Eigenthumserwerbsarten.** Die bezügliche Systematik des A. B. G. B. ist zum Theile unrichtig und unvollständig S. 257 flg. — Die ins Gesetzbuch aufgenommene Lehre v. Titel u. der Erwerbungsart S. 258 flg. — dieselbe ist bei Mobilien unzutreffend und undurchführbar S. 259 flg. —

Verschiedene Eintheilungen der Erwerbsarten S. 264 flg. — Übersicht derselben S. 263 flg.

A. Derivative Erwerbsarten der beweglichen Sachen.

§. 11. **a) Die Übergabe.** Wesen der Übergabe S. 265 flg. — Gegensatz zum dinglichen Übereignungsvertrag des englisch-franz. R. S. 266 N. 4. — Die Vortheile der Traditionsform S. 267 flg. — Voraussetzungen des E.-Übergangs S. 271. — Einfluß d. Willensmängel: Mißverständniß, Irrthum S. 272 flg. — Zwang und Betrug S. 275 flg. — Simulation S. 276 flg. — Bedingte u. betagte Übereignung (Pact. reservati dom.) S. 276 flg. — Unbestimmtheit der Person oder Sache? S. 276. — Stellvertretung S. 278 flg. — Auch hier ist die Individualität des repräsentirten Empfängers in der Regel gleichgültig S. 279 flg. — Eigenthumserwerb durch den Kommissionär S. 281 flg. — Die causa traditionis S. 282 flg. — Der Traditionswille beruht auf einem juristischen Beweggrunde, bezieh. bezweckt überhaupt einen rechtlichen Erfolg S. 283 flg. — Das Erforderniß der j. causa ist nur die Anwendung eines das gesammte Vermögensrecht beherrschenden Grundsatzes S. 284 flg. — Das Verhältniß der Rechtsformen zu den Rechtszwecken S. 285 N. 49. — Sind abstrakte Verträge gültig? S. 286. — Verhältniß des Traditionswillens zur causa S. 287 flg. — Die causa im subjektiven und objektiven Sinne (Titel) S. 287 flg. — Ist zur Übereignung von Mobilien ein gültiger Titel erforderlich? Geschichtliche Entwicklung S. 287 flg. — Das Gesetzbuch S. 290 flg. — Irrthümer neuerer Schriftsteller S. 292 flg. — Eigenthums- und Bereicherungsklagen S. 292. — Einfluß der Nichtübereinstimmung über die causa trad. S. 298 flg. — Die Eigenthumstitel S. 300 flg. — Veräußerung der Sache an verschiedene Personen (§. 430) S. 301. — Ist die Tradition ein Formalakt? S. 302 flg.

§. 12. **Die Formen der Übergabe,** Übersicht S. 304 flg. — a) Die Übergabe „von Hand zu Hand“ (§. 426) S. 305 flg. — b) die Übergabe „durch Zeichen“ (§. 427) S. 306 flg. — Die Entwürfe S. 308 flg. — Nur die Übergabe „mittelst Urkunden“ ist eine sog. symbolische S. 310; — sie darf nicht auf die Cession von Forderungen bezogen werden S. 310 flg. — §. 427 hat Inhaberpapiere im Auge S. 310 flg. — Theorie der Inhaberpapiere S. 312, N. 6. — Nur Urkunden, welche wenigstens den Eigenthumstitel des Tradenten darthun, sind im Sinn des §. 427 für genügend anzusehen S. 314 flg. — — nicht aber bloße Anweisungspapiere S. 316 flg. — Fakturen? S. 317. — (Übergabe durch Frachtbriefe? S. 317 N. 12.) — Bedeutung der Waarenpapiere (Lager- und Ladescheine, Konnossemente) für die Eigenthumsübertragung S. 319 flg. — Das österr. Lagerhausgesetz v. 1889 S. 320 flg. — (Konstruktion der Übereignung durch Traditionspapiere N. 16.) — c) Das constit. poss. u. d. trad. brevi manu „Übergabe durch Erklärung“? §. 428 S. 324 flg. — Abstraktheit derselben? S. 326 N. 3. — d) Die Übergabe durch Versendung §. 429 S. 327 flg. — Bedeutung der „wirklichen Übergabe bei Schenkungsverträgen“ S. 329 flg.

§. 13. **Eigenthumserwerb trotz Mangels des Eigenthums des Übergebers.** Historische Entwicklung S. 331 flg. — Übersicht der neueren Gesetzgebungen S. 335 flg. — Provenienz der §§. 367. 371. 824 A. B. G. B. (Cod. Theres. etc.) S. 338 flg. — Singulärer Charakter derselben S. 340 flg. — 1) Erwerb in öffentlicher Feilbietung S. 343 flg. — 2) Erwerb von einem befugten Gewerbsmann S. 344 flg. — (Jüdisches Recht? Note 24.) — Kauf auf offenem Markte? S. 346. — Unterschied v. Art. 306 H. G. B. S. 347 flg. — 3) „Hand wahre Hand" S. 348 flg. — Auslegung des §. 367, Abs. 3. S. 349 flg. — 4) Selbst unvermischte Geldstücke und Inhaberpapiere erwirbt jeder redliche Empfänger schon durch Tradition, auch wenn der Vormann nicht Eigenthümer war. §. 371 B. G. B. und 307 H. G. B. S. 351 flg. — Dies gilt nicht von Legitimationspapieren S. 353. — (Unterschied zwischen diesen und Inhaberpapieren N. 41. — Sind Sparkassebücher Inhaberpapiere? S. 354 N. 42.) — Vermischte Geldstücke S. 355. — 5) Erwerb von Ordrepapieren u. Namensaktien (art. 11. 36. 74 W. O., 305 H. G. B.) S. 356 flg. — Theorie der Ordrepapiere S. 358, — insbes. des Wechsels N. 47. — 6) Der Erwerb von nicht indossirbaren Namenspapieren (Rektapapieren) richtet sich nach §. 367 B. G. B. und 306 H. G. B. S. 359 flg. — (Wesen der Werthpapiere, überhaupt Inhaber-, indossabler und Rektapapiere S. 359 N. 49a.) — 7) Erwerb von Waaren durch Traditionspapiere (Lagerscheine 2c.) richtet sich nach art. 305 (nicht nach art. 306) H. G. B. S. 359 flg. — 8) Zum Erwerb vom vermeintlichen Erben, dem die Erbschaft eingeantwortet wurde, genügt die Redlichkeit des Erwerbers (§. 824 G. B.) S. 363. — In diesen Fällen erwirbt man Eigenthum und der bisherige Eigenthümer verliert es S. 365 flg. — Um so mehr gilt dies in ähnlichen Fällen vom Erwerb, bezieh. Verluste anderer dinglichen Rechte zu Gunsten des redlichen Erwerbers S. 365. — Auch Veräußerungsverbote stehen hier dem Erwerbe nicht entgegen S. 366. — Nähere Bestimmung der Redlichkeit S. 366 flg. — (positive oder negative Formulirung? N. 59.) — Voraussetzungen der b. f. beim Erwerbe durch Stellvertreter S. 368 flg. — Indizienbeweis? S. 371.

§. 14. **b) Derivativer Fruchterwerb.** S. 372 flg. — Übersicht der Fälle S. 372 flg. — Erwerb bloß obligatorisch Nutzungsberechtigter S. 373 flg. — Die Sequestration stehender Früchte? Pfandrecht daran? Note 3.

Anhang: Originärer Fruchterwerb des Eigenthümers und des redlichen Besitzers S. 375 flg., — des Usuars, des Fruchtnießers und anderer dinglich Berechtigter S. 378 flg.

§. 15. **Gerichtlicher Zuschlag** S. 381. — Derselbe genügt zum Erwerbe von Mobilien nicht S. 381.

§. 16. **c) Eigenthumserwerb durch Universalsuccession** S. 382 flg. — Derselbe erfolgt nach österr. R. nicht mit dem Antritt, sondern erst mit der Einantwortung der Erbschaft S. 383 flg.

B. Derivative Erwerbsarten der unbeweglichen Sachen.

§. 17. **Das sogenannte Natural- und Bucheigenthum.** S. 385 flg. (Älteres Recht und Vorläufer des B. G. B. Note 1.) — Die Norm der §§. 425. 431.

436 B. G. B., daß Eigenthum an Immobilien nur durch Eintrag in die öffentl. Bücher erworben werde, ist durch zahlreiche Ausnahmen durchbrochen S. 368 flg. — Der Bucheintrag ist insbes. nicht Voraussetzung des E.-Erwerbes an neu entstandenen Inseln (§§. 407. 410) S. 387, — an herrenlosen Gründen (§. 387), beim Erwerb durch Enteignung (§. 365), — durch Bauführung (§§. 417—419) S. 388, — durch Ersitzung (§. 1498) S. 389 flg. — durch exekutive Versteigerung S. 389 u. S. 393 flg., — durch Universalsuccession S. 389, — durch Anfall von Bahnen nach Ablauf der Konzessionsdauer, — bei nichtverbücherten Realitäten S. 390. — Auch da, wo der Erwerb durch Bucheintrag bedingt ist, begründet die Übergabe die publizianische Klage des qualifizirten Besitzers (§. 372) S. 391. — Sonstige Wirkungen der Tradition S. 392. — Exekutive Versteigerung; Bedeutung der Anmerkung derselben (§. 72 G. G.) S. 393 flg. — Nichtverbücherte Realitäten werden durch Tradition übereignet S. 395. — In den gedachten Fällen ist nur der Naturaleigenthümer wahrer Eigenthümer S. 396 flg. — Die Duplizität des Eigenthums ist nur eine scheinbare; das Naturaleigenthum ist trotz des Buchsystems unvermeidlich S. 397 flg. — Der Mangel des Naturaleigenthümers gegenüber dem Bucheigenthümer äußert sich aber: in dem Abgang des bücherlichen Dispositionsrechtes und in der Gefahr des Erwerbes dinglicher Rechte durch gutgläubige Dritte (§. 1500) S. 398. — Bei Veräußerung desselben Grundstücks an verschiedene Personen entscheidet lediglich die Priorität des Gesuchs um den bücherlichen Eintrag ohne Rücksicht auf die Kenntniß von der früheren Veräußerung (§. 440) S. 399 flg.

§. 18. **Die geschichtliche Entwicklung des Instituts der öffentlichen Bücher.** S. 400. — Spuren des Prinzips der Publizität des Immobiliarverkehrs im antiken und mittelalterlichen Rechte S. 401 flg. — Neueres aus Frankreich S. 402 (Literatur: Note 3). — I. Das Buchwesen in Deutschland. Tradition u. Investitur S. 403 flg. — Die Auflassung des sächsischen Rechts S. 405 flg. — Die Übereignungsformen des süddeutschen Rechts S. 407 flg. — Verschiedene rechtliche Bedeutung des Bucheintrags für den Eigenthumsübergang S. 409 flg. (Kölner Schreinsurkunden v. J. 1135 flg. Note 19.) — insbes. im modernen Rechte S. 410. — II. Die Landtafeln in Österreich S. 410 flg. — Der Eintrag des Eigenthums an Immobilien ist in den böhmischen Erbländern von altersher üblich S. 411 flg. — Die Gaugerichtstafeln S. 414. — Die böhmische Landtafel in Prag S. 416 flg. — Die mährischen Landtafeln in Brünn u. Olmütz S. 417 flg. — Die Troppauer Landtafel S. 420. — Die öffentl. Bücher in Polen S. 420 flg. — Grundzüge des böhm.-mähr. Landtafelwesens; der Eintrag hat materiellrechtliche Bedeutung S. 422. — Fortbildung durch das neuere Recht S. 425 flg. — Die böhm. Lehentafeln S. 428. — Die kirchlichen Grundbücher S. 428. — Einführung des Landtafelinstituts in den übrigen österreichischen Ländern im Laufe des 18. Jahrhunderts S. 429 flg. — Vorläufer desselben in Niederösterreich (Landgedenkbuch, Inhibitionsprotokolle) S. 429 flg. — Die „Verfachbücher" in Tirol S. 431 flg. — Notifikenbücher in Görz-Istrien S. 432. — III. Die Stadt- u. Grundbücher in Österreich S. 432 flg. — (Deutsches Stadtrecht in Böhmen und Mähren S. 433 N. 74.) — Das älteste Prager Stadtbuch ca. 1279

S. 434 flg. — Die Stadtbücher in Iglau, Brünn, Olmütz S. 439 flg., — in Kolin u. a. Städten S. 442 flg. (N. 94). — Die Wiener Stadtbücher S. 445. — Die Gewähr- und Satzbücher in Ober- und Niederösterreich 2c. S. 446 flg. — Die böhm.-mähr. Urbarien u. Rustikalgrundbücher S. 448 flg. — Die Grundbücher in Ungarn S. 449 flg. — Ergebnisse. Die böhm.-mähr. Landtafeln bilden die Grundlage des heutigen Grundbuchsinstituts in Österreich S. 450 flg.

§. 19. **Das allgemeine Grundbuchsgesetz vom 25. Juli 1871. Die Neuanlegung der Grundbücher** S. 456 flg. — Die bezüglichen Vorarbeiten in Österreich und Ungarn S. 457 flg. — Geltungsgebiet des allgem. Grundbuchsgesetzes v. 1871 S. 458 flg. — Neuanlegung der Grundbücher auf Grund der späteren Reichs- und Landesgesetze v. 1874—1881 S. 461 flg. — Die Herstellung des Gutsbestandsblattes auf Grund des revidirten Steuerkatasters S. 463 flg. — (Geschichtliches Note 16 flg.) — Rechtliche Bedeutung des Katasters S. 464 flg. — Bescheinigung der Zugehörigkeit von Bestandtheilen zu einem Gutskörper. Judikat Nr. 70 S. 464 flg. — Das Richtigstellungsverfahren bei Neuanlegung oder Ergänzung der Grundbücher (Gesetz v. 25. Juli 1871 Z. 96) S. 465 flg. — Verhältniß des Grundbuchs zum Wasserbuch und ähnlichen Registern S. 467 flg.

§. 20. **Die sogenannte innere Einrichtung der Grundbücher** S. 468 flg. — Gegenstand der Grundbücher; Ausscheidung des öffentl. Gutes S. 469 flg. — Arten der öffentlichen Bücher.

A. Die Grundbücher.

I. Das Hauptbuch, bestehend aus Grundbuchseinlagen. (Gutsbestands-, Eigenthums-, Lastenblatt) S. 470 flg. — Der Grundbuchskörper S. 472 flg. — Sonderung der Landtafeln S. 474 flg. — A. Das Gutsbestandsblatt enthält die Bestandtheile des Grundbuchskörpers S. 475 flg. — (Mangel desselben rücksichtlich des Flächenmaßes S. 476 Note 22.) — Gebot der Übereinstimmung des Grundsteuerkatasters mit dem Grundbuche (Ges. v. 23. Mai 1883, Z. 83) S. 478. — Zwangsweiser Eintrag aller verbücherungsfähigen Rechte auf Grund der Nachlaßabhandlung (Gesetz vom 23. Mai 1883, Z. 82) S. 479 flg. — Rechtliche Bedeutung der Grundbuchsmappen S. 480 flg. — Abtheilungen des Gutsbestandsblattes S. 481 flg. — Realfischereirechte S. 482. — Gemeinschaftliches Eigenthum als Zugehör von Stammrealitäten (Alpengenossenschaften, bürgerliche Bräuhäuser 2c.) S. 483. — Art der Eintragung S. 483 flg. — Das Kellerrecht? S. 484. — B. Das Eigenthumsblatt S. 484 flg. — Zwangsweiser Eintrag des Eigenthumsrechtes (nicht anderer dinglicher Rechte) auf Grund der Anzeige des Vermessungsbeamten, daß der Buchstand dem Katasterbesitzstande nicht entspreche (Ges. v. 23. Mai 1883, Z. 82 u. 83) S. 486. — C. Das Lastenblatt S. 487. — Äußere Form der Bucheinträge S. 487 flg. — II. Die Urkundensammlung S. 488.

B. Die Berg- und Eisenbahnbücher S. 489 flg.

Das Bahneigenthum umfaßt auch das Betriebsmaterial S. 490. — Grundbuchsauszüge S. 491 flg.

§. 21. **Rechte, welche den Gegenstand der öffentlichen Bücher bilden** S. 492 flg. — Dingliche und Reallasten, Vor-, Wiederkaufs- und Bestandrechte S. 492 flg., — nicht aber Besitz und Erbrecht S. 493. — Tabularbesitz S. 494. — Spezielles 1) rücksichtlich des Eintrags der Widerlage (§. 1230 G. B. Bedingtes Eigenthum der Frau?) S. 494 flg. — 2) rücksichtlich der Gütergemeinschaft der Ehegatten (§. 1234 G. B.), Wirkung des Eintrags derselben bezüglich bestimmter Güter (Beschränktes oder ruhendes Miteigenthum?) S. 496 flg. — Rechi zur Aufhebung der Gemeinschaft? S. 498 flg. — Form des Eintrags der Gütergemeinschaft S. 500 flg. — 3) rücksichtlich des Advitalitätsvertrages (§. 1255); derselbe ist ein Legatsvertrag S. 501 flg., — der nur rücksichtlich der Fruchtnießung des Nachlasses gültig ist S. 503. — (Histor. Entwicklung S. 503; Konsequenzen N. 24a.)

§. 22. **Arten der Einträge** S. 504 flg. — I. Einverleibungen. — II. Vormerkungen S. 505 flg. — III. Anmerkungen u. deren Löschungen S. 506 flg. und zwar: a. Anmerkung persönlicher Zustände (beschränkte Handlungs- nnd Dispositionsfähigkeit) (Rechtliche Irrelevanz dieser Anmerkung) S. 506. — b. Anm. behufs gewisser gesetzlich bestimmter Rechtswirkungen: 1) Prioritätsanmerkungen S. 507 flg. — 2) Anm. von Simultanhaftungen S. 507 flg. — 3) Anm. zum Zwecke der absoluten Wirksamkeit gewisser Rechtsakte S. 508. 4) Streitanmerkungen S. 508. — 5) Anm. behufs Rechtserwerbes S. 509. — 6) Anm. behufs Evidenz gewisser tabularrechtlich relevanter Akte (Feilbietung? Expropriation?) S. 509 flg. — 7) Anm. des Fideikommiß- und Substitutionsbandes? S. 510 flg. — 8) Anm. der Vorausbezahlung des Bestandzinses? S. 511. — Anm. d. Gegenforderung, des Schätzungswerthes, der Pertinenzqualität? S. 511 flg. — Anm. d. Exequirbarkeit v. Notariatsurkunden? S. 512 Note 22. — Form der Gesuche um Anm. S. 512. — IV. Ersichtlichmachungen: 1) des getheilten Eigenthums S. 512 flg. — 2) der Bestandtheile und Realrechte des Gutes S. 513. — 3) der sogen. objektiven Verfügungsbeschränkungen des jeweiligen Besitzers S. 513. — Form der Gesuche um Ersichtlichmachung S. 514.

§. 23. **Änderungen des Grundbuchskörpers. Zu- und Abschreibungen** S. 515 flg. — Der Grundbuchskörper ist als Ein Ganzes zu behandeln S. 515. — Gewillkürte Änderungen der räumlichen Grenzen sind nur durch Ab- und Zuschreibungen zulässig S. 516 flg. — Die Ab- und Zuschreibungen von Theilen einer Katasterparzelle ist in der Regel nur auf Grund eines beglaubigten Situationsplans zulässig (Ges. v. 23. Mai 1883) S. 518 flg. — Kataster und Grundbuch S. 519 flg. — Das Ges. v. 6. Februar 1869, Z. 18 über das Verfahren bei bücherl. Zertheilungen, bez. Zu- und Abschreibungen von Parzellen S. 520. — Das Prinzip desselben S. 521. — Dte lastenfreie Ab- bez. Zuschreibung setzt Einwilligung oder Präklusion der bücherlich Berechtigten voraus S. 522 flg. (Letztere beruht nicht auf der Präsumtion der Einwilligung N. 15a.) — Aufforderung der Tabularberechtigten zum Einspruch; Form des Gesuches S. 523. — Wirkung des unterlassenen Einspruchs S. 524. — (Bei Minderjährigen? Note 17.) — Unwirksamkeitserklärung des Einspruches S. 525 flg. — Durchführung der Ab- und Zuschreibung S. 527 flg. — Besonderheiten bezüglich landtäflicher Parzellen

S. 529 flg. — Übertragung von Grundstücken aus der Landtafel in die Grundbücher S. 529. — Übertragung nichtdominikaler Grundstücke in die Landtafel ist in der Regel nicht zulässig S. 529 flg. — Ausnahmen bezüglich umgetauschter (zugekaufter?) Grundstücke S. 530 flg. — Neue landtäfliche Einlage für abgetrennte dominikale Grundstücke. Die Verordn. v. 30. Juni 1858, Z. 100 ist aufgehoben S. 531 flg. — Das abweichende Judik. Nr. 113 ist nicht zu rechtfertigen S. 532 flg. — Die Gesetze über Zusammenlegung (Commassation) von Grundstücken, über Vereinigung d. Waldlandes u. über die Theilung bez. Regulirung gewisser gemeinschaftl. Grundstücke S. 534 flg.

§. 24. **Die Buchbehörden** S. 535 flg. — Organisation derselben S. 535. — Civilrechtliche Haftung der Grundbuchsbeamten und des Staates S. 536.

§. 25. **Das Publizitätsprinzip der Grundbücher.** Der Schutz des Vertrauens auf die öffentl. Bücher S. 537. — Geschichtl. Rückblick S. 537 flg. — Geltendes Recht: Es ist zu unterscheiden: 1) der redliche Erwerb eines ursprünglich gültigen bücherlich vorgeschriebenen, jedoch durch außerbücherliche Thatsachen erloschenen Rechtes von Seite des Singularsuccessors S. 541. — 2) der redliche Erwerb eines ursprünglich ungültigen bücherlich eingetragenen Rechtes durch den redlichen Singularsuccessor S. 542. — Entgeltlichkeit des Erwerbes ist nicht erforderlich Note 7b. — So auch die ständige Judikatur S. 545 flg. — Unrichtig ist die abweichende Auffassung des Spruchs Rep. Nr. 128. S. 546 flg. — Eigenthümerhypothek? S. 548.

Beilage. Beispiel einer Grundbuchseinlage S. 549 flg.

Anm. Auf Wunsch wurde ein Verzeichniß der besprochenen Gesetzesstellen sammt dem alphabetischen Inhaltsverzeichnisse beigefügt, für deren mühsame Zusammenstellung ich Herrn Dr. Pantuček bestens danke!

§. 1. Begriff des Eigenthums. Das sog. getheilte Eigenthum.

Eigenthum (Eigenthumsrecht[1]) ist die durch das objektive Recht gewährte und durch dasselbe begrenzte rechtliche Möglichkeit relativ vollster, unmittelbarer Herrschaft über eine körperliche Sache. Das E. ist somit die oberste, umfassendste, unmittelbare rechtliche Macht, — die der Idee nach schrankenlose, jedoch durch das positive Recht mit Rücksicht auf das Gemeinwohl begrenzte, auch durch Privatrechte zeitlich einschränkbare rechtliche Herrschaft über einen körperlichen Gegenstand.[2] Die rechtliche Möglichkeit unbeschränkter Verfügung gilt somit lediglich innerhalb der durch den objektiven Rechtswillen und durch (zufällige) unmittelbare Berechtigungen Dritter gezogenen Grenzen §§. 354. 362 G. B.).[2a].

---

1) Ältere Monographien über das Eigenthum sind: F. C. Gesterding, Ausführliche Darstellung der Lehre vom E. und solchen Rechten, die ihm nahekommen. Greifswald 1817. — R. Theod. Pütter, Die Lehre vom E. nach deutschen Rechten. Berlin 1831. — Andr. Chr. J. Schmid, Handb. des gegenwärtig gelt. gemeinen deutschen bürgerl. Rechts. Bd. I (Eigenthum.) 1847. — Karl Sell, Römische Lehre der dinglichen Rechte oder Sachenrechte. 1. Theil, Römische Lehre des Eigenthums nebst Einleitung. Frankfurt a. M. 2. Aufl. 1852. — E. Pagenstecher, Die römische Lehre vom Eigenthum in ihrer modernen Anwendbarkeit (3. Abth.). Heidelberg 1857. 1859. Von partikular-rechtlichen neueren Arbeiten ist zu nennen: V. F. Platner, Sachenrecht, mit bes. Rücksicht auf das frühere Kurhessen. Marburg 1875; H. Lang, Handb. des im K. Württemberg gelt. Sachenrechts. 1876. (1. Lief. Besitz u. Eigenthum.) — Für das franz. R. wurde in wichtigeren Fragen Laurent, Principes de droit civ. franç. (1878 VI. VII.), Marcadé, Explication . . du Code Nap. (5. Aufl. 1886), Zachariä v. Lingenthal-Dreyer, Franz. Civilr. (7)., — für das ital. E. Pacifici-Mazzoni, Istituzioni di diritto civ. ital. (1884) benützt.

2) Ohne Grund behauptet Pagenstecher S. 4, daß erstere Bezeichnung die Erkenntnis des Eigenthumsbegriffes zu verdunkeln geeignet ist. „E. habe keinen zu specialisirenden Rechtsinhalt." Unrichtig ist P.'s Ansicht, daß das E. „körperlich", alle Rechte unkörperlich sind. Die Bezeichnung des E.'s als res corpoarlis beruht auf der juristisch ungenauen Identificirung von Sache und E. daran; denn die Eintheilung in res corp. et incorp. (§. 2. I. 2. 2. dazu §. 292. B. G.) enthält bekanntlich eine Eintheilung des Vermögens.

2a) Das Wort: „Eigenthum" kennt die Rechtssprache des Mittelalters noch

Zweierlei Beschränkungen des E.'s sind es, welche in unserer Begriffsbestimmung ins Auge gefaßt wurden: Zunächst die dinglichen Beschränkungen zufolge fremder Privatrechte. Darum sagten wir: Das E. sei die Möglichkeit relativ vollster rechtlicher Herrschaft oder die der „Idee nach" unbeschränkte rechtliche Herrschaft; denn wenn auch das E. im konkreten Falle durch dingliche Rechte Dritter beschränkt ist, so bleibt doch immer die Möglichkeit, daß die beschränkenden Rechte im Laufe der Zeit wegfallen, und daß hiermit das E. kraft seiner Expansivkraft seinen ursprünglich und begriffsmäßig unumschränkten Umfang wieder gewinnt, im geraden Gegensatz zu den anderen dinglichen Rechten, welche aus sich heraus niemals zu der (relativ) vollen rechtlichen Herrschaft über die Sache, wie sie dem Eigenthümer gebührt, sich entwickeln können.[3] Nur seinem begreif-

---

nicht; gebräuchlich sind die Ausdrücke: Eigen, Erbe, Eigenschaft (propr., hereditas, allodium etc.) Vgl. Tomaschek, W. Ztschr. 13. D. 741. N. 1.

3) Die alte Regel: omnis definitio periculosa trifft hier in vollem Maße zu. Die meisten neueren Schriftsteller definiren das E. als die „volle", „vollkommene, unbeschränkte", „ausschließliche" rechtliche Herrschaft über eine Sache. Vergl. Puchta §. 144, Arndts §. 130, Keller §. 112, ähnlich Windscheid §. 167, Gerber §. 76, Unger I. S. 524, Swoboda, Historisch-dogmat. Erörterungen (1873) S. 1; für das preuß. u. bayer. R. Förster §. 166, Roth §. 118. Die österr. Commentatoren (Kirchstetter S. 180 ausgenommen) beschränken sich darauf, die Definition des Gesetzbuches (§. 354) wiederzugeben. — Gegen alle diese Definitionen ist zu erwägen, daß das E. nicht immer in Wirklichkeit die volle oder vollkommene rechtliche Herrschaft ist, und daß diesem Umstande schon im Begriffe desselben Rechnung getragen werden muß. Vergl. bes. Hartmann, Rechte an eigener Sache in Jhering's Jahrb. 17. B. S. 89 ff., 124—133, welcher die vielseitig begrenzte, daher nur relative Machtvollkommenheit des E.'s betont. — Auch Baron §. 125 sucht die Klippe zu umschiffen, indem er sagt: Regelmäßig ist das E. die vollständige und ausschließliche Herrschaft . . .; ausnahmsweise können dem Eigenthümer gewisse Befugnisse entzogen sein". Allein es ergiebt sich sofort die Frage, welche Befugnisse können entzogen sein, ohne das Wesen des E.'s aufzuheben? Eher entspricht die Definition Windscheid's §. 167. „Es ist das Recht, welches an sich den Willen des Eigenthümers für die Sache entscheidend macht für die Gesammtheit ihrer Beziehungen". Brinz, Pand. §. 130 (2. A.), sucht die Definition Wirth's zur Geltung zu bringen: „E. ist die unmittelbare, accessorische, ausschließliche rechtliche Verbindung einer körperlichen Sache mit einer Person." Das Wesen dieser „Verbindung" (Pertinenzverhältnis) findet B. — nicht in dem Gebrauchs- und Verfügungsrecht, das auch fehlen könne, sondern — in dem Besitz- und Vindicationsrecht, das nie fehlen dürfe. Allein abgesehen davon, daß B. den Begriff der „Herrschaft" zu eng faßt, charakterisirt das Wort „Verbindung" nicht den Inhalt des E.'s, sondern nur die unmittelbare Beziehung des Rechts zur Sache, daher sich B. auch genöthigt sieht, bei den jura in re an Stelle der Verbindung doch wieder die Befugnis zu setzen. Aber auch das

lichen Wesen — seiner inneren Anlage nach ist somit das E. volle rechtliche Herrschaft, während seine Gestaltung im wirklichen Leben Einschränkungen mannigfacher Art wohl verträgt.

Besitzrecht ist nicht wesentlicher als das Gebrauchsrecht; führt doch B. selbst das alte nudum jus Quiritium und die Fälle des abgeleiteten Besitzes (der doch nicht immer anvertraut ist) als Ausnahme an; selbst das Vindicationsrecht kann fehlen, so bei der except. rei vend. ac trad. und im Falle der L. 1. D. de tigno juncto, woselbst nicht zeitlicher Verlust des E.'s zu erblicken ist. (Vgl. auch Zoll, Jus in re propria 1881. S. 3 flg., Czyhlarz, Wiener Ztschr. 6. S. 623.) Andere Definitionen s. bei Windscheid §. 167. N. 5, Böcking §. 134. A. 15. und Arndts §. 130. Nr. 4, welcher von einzelnen (z. B. jener Pagenstecher's S. 3: „Es ist die den Körper der Sache erfüllende rechtliche Macht", Leist's, Civil. Studien III. S. 11. 46. 49: „Es ist die Identificirung oder Assimilirung des Subjekts und der Sache" u. s. w.) mit Recht bemerkt, daß mit solchen Redefiguren das Wesen des Eigenthums wohl kaum zum besseren Verständnis gebracht wird. — Böcking §. 134 (welchem sich zum Theil Dernburg §. 181 und vollständig Kirchstetter S. 180 anschließen) definirt das E. als „das an sich bestimmungslose, aber äußerst bestimmbare, totale und ausschließliche Privatherrschaftsrecht an einer Sache" S. 11). Allein auch gegen diese Definition lassen sich dieselben Einwendungen erheben, welche Böcking selbst ganz richtig der herrschenden Meinung entgegenhält: „Nach jenem Definitionsversuche wäre die nicht totale oder die nicht ausschließliche Privatherrschaft . . . nicht mehr eigentliches Eigentbum." Nicht in der „Abstraktheit und . . . Unbestimmtheit der Privatherrschaft" liegt die Natur und das Wesen des E.'s; vielmehr liegt die Eigenthümlichkeit desselben — wenn ich bildlich reden darf — in der unendlichen Condensirbarkeit bezieh. Expansivkraft seines elastischen Inhalts, was zur Folge hat, daß dieser seine natürlichen Grenzen sofort wieder gewinnt, wenn der die Einschränkung bewirkende rechtliche Druck aufgehört hat. Das eigenthümliche Wesen der Eigenthumsherrschaft besteht also darin, daß es begrifflich „die Fähigkeit und das Bestreben besitzt, zu einer (solchen) unbeschränkten Macht immer wieder heranzuwachsen" (Dernburg I. S. 374). Am nächsten kommt die im Text vertretene Auffassung jener von Bruns, Hartmann und Stobbe. Br. bezeichnet das E. als die „allgemeine rechtliche Herrschaft, oder als das Recht der Herrschaft über die Sache", Stobbe § 78 — als die oberste, Hartmann — als die oberste, an sich meistumfassende rechtliche Herrschaft. — Atomisirend und die Wirkung zum Wesen erhebend ist die Auffassung Schloßmann's, der Vertrag S. 251 flg.: E. vereinigt in der Vorstellung „die zahllosen Möglichkeiten eines einer Person in Bezug auf eine Sache gegen alle denkbaren Störungen Dritter zu gewährenden Schutzes." Die Möglichkeiten sind Ausflüsse eines nicht bloß vorgestellten, sondern realen „Kraftcentrums." Unhaltbar ist die Auffassung Thon's, Rechtsnorm und subj. Recht. S. 288 flg., welcher das Genießendürfen (d. Ausübung) des Rechts von dem Inhalt des Rechts ausschließen will; ein bloßes Erlauben sei nie (?) Sache des Rechts, sondern nur Gebot und Verbot. Allein ist es nicht gerade der Zweck des Gebots und Verbots, den Genuß des Rechts zu schützen? Ebenso sonderbar ist die Ansicht Th.'s, daß das E. erst zum Privatrecht werde, insoweit aus Übertretungen der zu seinem Schutze aufgestellten Normen ein Anspruch auf fernere „Unterlassung der Anmaßung des Genußes" erwächst (S. 156). Allein hat der Eigenthümer kein Recht auf den „Genuß", dann ist es unbegreiflich, auf welchen Grund hin er die „Anmaßung des Genusses" durch Andere hintanzuhalten befugt wäre. Vgl. dag. auch Zoll a. O.

Nicht minder wichtig ist die zweite Beschränkung, auf welche in der obigen Begriffsbestimmung hingewiesen ist: daß das E. den durch die jeweilige Rechtsordnung im öffentlichen Interesse gezogenen Einschränkungen unterliegt. Wohl ist das E. der Grundstein des Privatrechtes, der Volkswirthschaft und aller ethisch-socialen Entwicklung, — ein Institut, ohne welches nach Erfahrung und menschlicher Voraussicht kein sittlicher, wirtschaftlicher und Cultur-Fortschritt denkbar ist. Und darum ist es begreiflich, daß das E. den Ausgangspunkt und das Endziel der conservativen und der Reformbestrebungen der socialen Bewegung geworden ist. Allein sowie das E. als unentbehrlicher ethischer und wirtschaftlicher Faltor der Culturentwicklung durch die staatliche Orduung geschützt wird, ebenso und eben darum ist es zugleich jenen Beschränkungen unterworfen, welche die Rechtsordnung im Interesse der Gesammtheit festsetzt.[4] Auch giebt die zu Recht bestehende Eigenthumsordnung keinen Anspruch auf den unveränderten Fortbestand derselben. So nothwendig nämlich das E. wie jedes erworbene Recht gegen willkürliche Eingriffe welcher Art immer geschützt werden muß, ebenso sehr liegt es in der Macht der staatlichen Gesetzgebung, die Grundsätze des Erwerbes und der Vertheilung der Güter in einer den wechselnden Bedürfnissen der Zeit entsprechenden Weise zu ordnen und zu regeln. Die Geschichte aller Zeiten und Völler liefert uns Belege für diese „nicht selten verkannte Wahrheit". Aus der neueren Zeit seien nur die tiefgreifende imperative Eigenthumsregelung durch die Grundentlastung, die Lehensallodialisirungen und Commassirungen erwähnt! Kurz — das E. ist so wenig als irgend ein Privatrecht eine jeder Rücksicht eutbundene, absolute, schrankenlose Herrschaft![5] Die durch das Gemeinwohl gebotene

4) Zwar ist das E. ein Institut des Privatrechts, insofern es vornehmlich dem Sonderinteresse zu dienen hat; allein es gehört nach gewissen Seiten hin auch dem öffentlichen Rechte an, soweit nämlich das E. aus Rücksichten des Gemeinwohls den mannigfaltigsten Beschränkungen unterliegt, ja nach Umständen demselben sogar zu weichen hat. Vgl. über den doppelten (privat- und öffentlich-rechtlichen) Charakter gewisser Rechtsinstitute Pfaff-Hofmann, Comment. I. S. 120, Rößler, Verwalt.-R. I. §. 8. und Grünhut's Zeitschr. IV. S. 287. N. 73.

5) Vgl. darüber Ihering, Zweck im R. S. 518 flg., Hartmann S. 124 fl., dazu neuerlich das für Juristen — gleich dem Laveleye'schen Buche — lehrreiche Werk Samter's (Note 7), welcher gleich Schäffle und Wagner zu dem Ergebnisse gelangt, daß — wie jede Zeit — so auch die Gegenwart und Zukunft ihre eigenthümliche Gestaltung des E.'s hat, bez. haben wird, und daß Privat- und Collektiv-

Einschränkung der vollen rechtlichen Macht des Eigenthümers ist auch in den großen Codificationen aus der Wende dieses Jahrhunderts klar und bestimmt ausgesprochen, so insbesondere im §. 364 des österr. A. B. G. B.'s: „Überhaupt findet die Ausübung des E.'s nur insofern statt, als dadurch weder in die Rechte eines Dritten eingegriffen, noch die in den Gesetzen zur Erhaltung und Beförderung des allgemeinen Wohles vorgeschriebenen Einschränkungen übertreten werden.“[6] Ähnlich normirte schon das preuß. L. R. §. 26. I. 8 die Einhaltung der durch die Gesetze des Staates vorgeschriebenen Schranken. Beide Gesetzbücher gestatten auch imperativen Einfluß auf die aktuelle Benutzung des Grundeigenthums (§. 387 G. B., §§. 34. 83. I. 8 L. R.). Das franz. und ital. G. B. (art. 344, bez. art. 436) haben die Einschränkung des E.'s (durch Gesetze und Verordnungen) sogar in die Begriffsbestimmung desselben, der deutsche Entw. (§. 848) in die Feststellung der rechtlichen Machtsphäre des Eigenthümers, aufgenommen (ähnlich der art. 89 d. bayer. Entw.), während das sächs. und zürich. G. B. (§§. 222. bez. 550. 552) die gesetzlichen Einschränkungen in besonderen Artikeln aussprechen.[7]

---

eigenthum Existenzberechtigung haben. Weise das Mittelalter eine Oligarchie des Grundeigenthums mit der Herrschaft der Grundherren auf, so sei an deren Stelle hier z. Th. die Herrschaft des Kapitalismus mit seinem Gegenstück: dem massenhaften Proletarierthum getreten. Wie aber die „Harmonie“ zwischen Einzel- und gemeinwirthschaftlichem E. hergestellt werden soll, darüber giebt auch S. keine Andeutung.

6) Zu den Einschränkungen des E. gehört u. a. die durch das Berggesetz normirte Ausschließung der Verfügung des Grundeigenthümers über die in seinem Grunde enthaltenen vorbehaltenen Mineralien. — Schon der Cod. Ther. und dessen Vorarbeiten betonen die Rücksichten auf das Gemeinwohl; Azzoni bemerkt, die freie Verfügung gilt nur von einem Gebrauch, „der nützlich und durch die Gesetze zugelassen ist“ (Harras. II. S. 43. Note); dazu C. Ther. II. cap. 3. §. 1. nr. 2 flg., Horten's Entw. II. 2 §§. 2 flg.: „wie es der Nutzen des gemeinen Wesens erfordert“. — Vgl. dazu §. 82. II. westgal. G. B., welcher betont, daß „dadurch dem E. nur vielmehr eine gemeinnützige Richtung gegeben werde“.

7) Hierauf im Gegensatz zu der einseitigen, absolutistischen Auffassung der Mehrzahl der Juristen nachdrücklich gewiesen zu haben, ist ein Verdienst der neueren Volkswirthschaftslehre. Vgl. Schäffle, System der menschlichen Wirthschaft. (3. A.) S. 58. 535 flg., Stein, Handb. der Verwaltung (2. Aufl.) an vielen Orten, Rau-Wagner, Polit. Ökonomie. I. S. 500 flg., Rösler, Lehrb. d. deutsch. Verwaltungsrechts I. S. 301. 336 flg., Schmoller, Über einige Grundfragen des Rechts und der Volkswirthschaft (1879), und Samter, Eigenthum in s. socialen Bedent. (1879). Aber auch neuere Rechtsphilosophen (bes. Ahrens und Trendelenburg), und selbst einzelne Romanisten (bes. Jhering, Geist d. R. R, I.

Doch nicht in einer Summe von bestimmten Machtbefugnissen über die Sache, sondern in der begriffsmäßigen Einheit der über dieselbe denkbaren bestimmten rechtlichen Machtvollkommenheit liegt das Wesen des römischen und modernen Eigenthumsrechtes. Vergeblich und irreführend ist daher der Versuch, den Inhalt desselben durch Angabe einzelner Befugnisse zu treffen, oder gar zu erschöpfen.[8] Ins-

S. 6 flg. III. S. 299 flg., und: Zweck im R. S. 506 flg.. Baron, Angriffe auf das Erbrecht [Holzendorff's Zeit- u. Streitfragen 85] u. Krit. V. J. Schr. 19 S. 391.) haben die Nothwendigkeit der Beschränkung des Eigenthums aus Rücksichten des Gemeinwohls mit Rechi betont. Daß aber schon die röm. Juristen (wie Ihering, Zweck, S. 2 meint), das E. grundsätzlich von gesellschaftlicher Seite erfaßten, möchte ich bestreiten; vorherrschend macht sich bei ihnen die „individualistische Theorie" geltend; nur sehr ausnahmsweise weicht das Privatrecht dem commodum rei public., — die Geldcondemnation endlich ist doch nur ein unvollkommenes Surrogat der Realexekution — keine Expropriation. — Wenn Wagner a. a. O. N. 9 die Definitionen der Juristen einer scharfen, vielfach berechtigten Kritik unterwirft, so ist dagegen seine eigene Begriffsbestimmung (E. ist die vom Recht zugelassene vollkommen rechtliche Herrschaft einer Person über äußere Güter [zu welchen auch die Forderungen gezählt werden] vorbehaltlich der mit dieser Herrschaft gesetzlich verbundenen Beschränkungeu und Verpflichtungen) viel zu vag. Über die historische Entwicklung der Eigenthumsformen vgl. Emil v. Laveleye, De la propriété etc. Paris 1874, und Samter, a. a. O. S. 78—222.

8) Ältere Juristen glaubten den Begriff des E.'s durch Aufzählung solcher Befugnisse zu erschöpfen. So schon einzelne Glossatoren, später besonders Donellus, Comm. IX. c. 9, welcher folgende Bestandtheile des E.'s unterscheidet: a) das jus possidendi, b) ut rem incolumem habere ac tueri liceat, c) ut re uti-frui possit, d) ut liceat ab usu rei suae alios excludere, e) alienandi diminuendive potestas. Auch Glück, Comm. Bd. 8. § 576 führt nachstehende Befugnisse auf: 1) Nutzungsrechte (jus possidendi, uti fruendi), 2) Proprietätsrechte (jus disponendi, alienandi, vindicandi). Ähnlich Thibaut §§. 700—703 (Vgl. §. 9—11. I. 8. d. preuß. L.-R), und neuestens wieder Rau-Wagner, Lehrb. d. pol. Ökonomie. I. §. 284, welcher ziemlich ungenau das Gebrauchs- und Verbrauchsrecht, das Dispositionsrecht, Erbrecht (?) und Güterhäufungsrecht (?) als die wichtigsten wirthschaftlichen Bestandtheile (?) des E.'s bezeichnet. Vorsichtiger schon Höpfner (Heineccius) §.287, welcher die Eintheilung in das jus proprietatis et usus fructus erst nach Voraussendung der Definition des E.'s der Erläuterung willen hinzufügt. Andere endlich, bes. Westphal, bezeichnen das Recht, über die Substanz zu verfügen, als das Wesentliche. — Allein gegen diese Zerlegung des Eigenthumsinhalts, in Nutzungs- und Substanzrecht ist zu erwägen, daß einerseits auch die durch den usus fructus beschränkte nuda proprietas, andererseits das Recht des Fiduciars am Universalfideikommiß wahres E. ist, abgesehen davon, daß auch der Nutznießer nach Umständen (z. B. bei Abbau von Mineralien) die Substanz vermindern darf. — Von den Neueren vermeiden die meisten die ungenügende und irreführende Aufzählung der speciellen Eigenthumsbefugnisse vgl. bes. Keller §. 112, Böcking §. 134), oder sie knüpfen dieselbe exemplificirend an die vorausgeschickte allgemeine Begriffsbestimmung des E.'s· (J. Schmid §. 3). Fast allgemein wird heutzutage die Eintheilung des E.'s in Proprietäts-

besondere ist die in der älteren Doktrin übliche und in das A. B. G. B. (§. 354) aufgenommene Definition des Eigenthumsrechtes als Recht: „über die Substanz und über die Nutzungen einer Sache nach Willkür zu schalten und jeden Anderen davon auszuschließen", ebenso unhaltbar als die daran bisweilen geknüpfte Eintheilung des E. in das Proprietäts- und das Nutzungsrecht.[9] Dies zeigt schon der Umstand, daß beiderlei Befugnisse zeitweilig fehlen können, ohne daß das E. aufgehoben würde.[10] Noch weniger darf das Veräußerungsrecht (veräußerlich sind in der Regel alle Rechte) und das Vindicationsrecht (also der Klagenschutz) zum Inhalt des E.'s gezählt werden. Die einzelnen

und Nutzungsrechte verworfen. Dagegen wird eine positive und negative Seite des E.'s unterschieden; kraft jener könne der Eigenthümer in jeder beliebigen Weise, auch durch Zerstörung, über die Sache verfügen; kraft dieser könne er jeden anderen von der Einwirkung auf seine Sache ausschließen (Arndts §.130, Windscheid §.167, Baron §. 125 u. A.). Indeß das Ausschließungsrecht Dritter ist lediglich eine Consequenz des E.'s und gehört daher ebenso wenig zum Inhalte desselben, als die negative Seite der übrigen dinglichen Rechte zum Wesen dieser letzteren. Nicht gerechtfertigt ist daher die Bezeichnung des E.'s „als Inbegriff einer unendlichen Menge negativer Ansprüche" (S. Schey, Grünh. Ztschr. 7. S. 608.). Im Mittelalter bezeichnet man das Eigenth. oft als jus donandi, vendendi, instituendi, destituendi etc. —

9) Vgl. §§. 1. 9. 10. 11. I. 8. des preuß. L.-R.: E. ist das Recht, „über die Substanz einer Sache oder eines Rechtes mit Ausschließung Anderer aus eigener Macht ... zu verfügen. Das Recht über die Substanz zu verfügen, wird Proprietät, das Recht, eine Sache zu seinem Vortheile zu gebrauchen, wird Nutzungsrecht genannt" (§. 10. 11. I. 8.). — Art. 544. Code: La p. est le droit de jouir et disposer des choses de la manière la plus absolue ... Wörtlich übersetzt art. 436 des ital. G. B.'s. — Auf dem Standpunkte der herrschenden gemeinrechtlichen Theorie steht das sächs. G. B. §.217 (Recht der vollständigen und ausschließenden Herrschaft über eine Sache), das züricher G. B. §. 551, der bayer. Entw. III art. 89 u. deutsche Entw. §. 848; (der §. 222 sächs. G. B. und §.89 des bayer. Entw. enthalten den Zusatz: soweit nicht Beschränkungen desselben rechtlich begründet sind; der deutsch. Entw. sagt: soweit nicht Beschränkungen durch das Gesetz oder durch Rechte Dritter begründet sind.) Am umfangreichsten ist die Beschreibung des Eigenthumsinhalts im ruff. Swod. art. 240.

10) So z. B. kann der durch den Usussfructus beschränkte Eigenthümer weder über die Substanz, noch über die Nutzungen des Guts verfügen: der Fiduciar (§§. 608. 613.) kann — obgleich Eigenthümer — nur über die Früchte des Nachlasses disponiren; ebenso ist der Fideikommißbesitzer (§. 631 flg.) beschränkter Eigenthümer, der in der Regel über die Substanz nicht verfügen darf. L. 25. D. pr. D. de V. S. 50. 16. Nec falso dicitur, totum meum esse (sc. fundum cum ususfructus alienus est), cujus non potest ulla pars dici alterius esse. Auch das Veräußerungsrecht, das übrigens nicht zum Inhalte des E.'s gehört, kann dem Eigenthümer mangeln, so z. B. dem Fiduciar und Fideikommißbesitzer, und nach röm. Recht bei Litigiosität der Sache rc. Vgl. Böcking §. 134, N. 19, Keller §. 112, Brinz, P. (2. A.) S. 472.

Machtbefugnisse zur Sache sind eben nicht Bestandtheile, sondern Ausflüsse des Eigenthums.[11]

Als unmittelbar auf die Sache sich beziehende rechtliche Herrschaft ist das E., wie alle dinglichen Rechte, ein gegen Jedermann wirksames, — ein absolutes Recht.[11a] Allein noch in einem anderen, eminenteren Sinne ist das E. ein „absolutes" Recht, nämlich in dem, daß es begrifflich jeder Beziehung auf fremdes Recht entbehrt, während alle übrigen dinglichen Rechte gerade diese Beziehung wesentlich in sich tragen.

Das Gesetzbuch giebt uns zwar noch eine andere Definition des E.'s, und zwar im §. 353: „Alles, was Jemandem zugehört, alle seine körperlichen und unkörperlichen Sachen, heißen sein E." Allein hier bedient sich das Gesetz des Ausdrucks „E." im weiteren uneigentlichen Sinne, nämlich in dem des „Vermögens". Vgl. §. 292 G. B. (§. 2. I. de rebus incorp. 2. 2. Quaedam praeterea res corporales sunt, quaedam incorporales). Die Vermögensbestandtheile zerfallen bekanntlich in Sachen (beziehungsweise das E. daran) und in Rechte, unter welch' letzteren sohin das Eigenthumsrecht (zufolge der üblichen Identificirung von Sache und E.) nicht begriffen erscheint. Das Gesetzbuch sagt also in den §§. 292 u. 353 nur, daß unser Vermögen besteht: aus dem Eigenthumsrechte (bez. aus „körperlichen Sachen") oder aus anderen Rechten („unkörperlichen Sachen").[12] Keinesfalls kann aber aus dem §. 353 deducirt werden, daß das G. B. nach dem Vorgange der älteren Doktrin und des preuß. L. R. Eigenthum an „Rechten" anerkenne.[13] Der Begriff des E.'s beschränkt sich viel-

11) Ganz richtig bemerkt Windscheid §. 167. N. 3, „das E. entsteht nicht durch die Zusammenfassung einer Mehrheit von Befugnissen zu einer Einheit, sondern es sind umgekehrt die einzelnen Eigenthumsbefugnisse nur kraft des E.'s da."

11 a) Dinglichkeit und Absolutheit sind wohl zu unterscheiden; mit der letzteren Kategorie allein ist das Auskommen nicht zu finden. Anders wieder Burckhard, Syst. §. 108.

12) Vgl. bes. Wächter II. S. 207 flg. Unger I. S. 356 flg., Stobbe, §. 66, woselbst ältere irrige Auffassungen berichtigt werden. S. auch Windscheid §. 168, Arndts §. 48. Nr. 1.

13) Wenn das G. B. im §. 1030 vom E. an einer Handlung (Handelsgeschäft) und im §. 1424 vom Eigenthümer einer Forderung spricht, so gebraucht es offenbar den Ausdruck E. in dem weiteren, im gewöhnlichen Leben üblichen Sinne: der Befugniß, Berechtigung, gerade so, wie man in denselben Fällen — in wenig juristischer, aber kurz bezeichnender Weise — vom „Besitzer" einer „Handlung" oder einer „Forderung" zu sprechen pflegt. (Über den §. 427 vgl. §. 12 dieses B.) Über

mehr nach der Definition des §. 354 G. B. auf körperliche Sachen. §. 354: „E. ist . . . das (!) Befugniß, mit der Substanz und den Nutzungen einer Sache nach Willkür zu schalten und jeden Andern davon auszuschließen". (Auch der Cod. Ther. II. cap. 3. nr. 2—8 hat offenbar nur körperliche Sachen im Sinne, dazu die unzweideutige Bemerkung Azzoni's bei Harrasowsky II. S. 43 N., obgleich der weitere Begriff daneben erwähnt wird; ebenso Horten's Entw. II. 2 §. 1., und die wortklare Definition des Martini'schen Entw. II. 3 §. 2.)[14]. Keine Abweichung liegt darin, daß auch vom E. an

---

die entgegengesetzte verwirrende Auffassung Schusters, Zeitschrift f. Rechtsg. 1831. I. S. 9, und anderer Commentatoren vgl. Unger I. S. 525.

14) Anderer Ans. ältere Schriftsteller, bes. Zeiller II. S. 180 flg., welcher die Frage selbst für das röm. Recht auf einen bloßen „Wortstreit" zurückführen zu können glaubt und S. 110 übersieht, daß es sich nicht bloß um die Verschiedenheit des Objekts, sondern auch des Inhalts des Rechts handelt. Zwar wurde auf Antrag Zeiller's (1803) entsprechend dem Vorschlage der Wiener jur. Facultät (gegen Ehrenberg) in dem Entwurf (§. 74) das Wort: „körperliche" [sc. Sache] weggelassen, weil „nur im röm. R. diese beschränktere Bedeutung des Eigenth. vorkomme; die Rechtsphilosophie u. die Gesetzesgelehrten Deutschland's hätten dieselbe nicht angenommen." Nichts destoweniger ist, da das Wort „Substanz" beibehalten wurde, an der Sache nichts geändert worden; jedenfalls muß (wie Krasnopolski, Kr. V. Schr. 27. S. 481 richtig bemerkt) an der obigen Beschränkung des Begriffs festgehalten wurden, wenn eine heillose Verwirrung vermieden werden soll. — Das bayer. L. R. II. 2. 1 und das preuß. L. R. §§. 1. 2. I. 8 sprechen allerdings ausdrücklich vom E. an Rechten; darum behaupten selbst noch neuere bayer. und preuß. Juristen, daß dadurch der Begriff des Eigenthums ausgedehnt worden ist, vgl. Förster §. 168. S. 136 flg., Roth II. §. 118. S. 37, Dernburg §. 181, allerdings unter Einschränkung desselben auf die „substanziellen, einen ausschließenden Nutzen gewährenden Rechte", zu welchen zwar nicht (alle) Obligationen, wohl aber der Nießbrauch, die Grunddienstbarkeiten, Realrechte, Reallasten, Verlagsrechte u. a. m. gerechnet werden. Allein es ist nicht abzusehen, was mit dieser Ausdehnung des Eigenthumsbegriffes durch die Theorie gewonnen ist, da doch anerkannt wird, daß sich „die einzelnen Bestimmungen des A. L. R. über den Erwerb des E.'s fast durchaus nur auf Sacheneigenthum beziehen" (Förster S. 139), bez. daß sich das Sacheneigenthum „als eine besondere Gruppe von Rechtsverhältnissen auch im preuß. Rechte abhebe". Auch Platner, Sachenrecht (f. Kurhessen) 1875. §. 7, dehnt den Eigenthumsbegriff auf „Gerechtsame" aus. — Mit Unrecht unterlegen Roth §. 118. Nr. 5 und Stobbe, P. R. §. 78. S. 51 flg. dem österr. Rechi dieselbe Auffassung, welche dem preuß. L. R. zur Grundlage dient; der §. 354 bezeichnet ausdrücklich, und wie es scheint, im bewußten Gegensatz zu §. 1. I. 8. L. R. nur die Sache als Gegenstand des „E.'s als ein Recht betrachtet" (im „subjekt. Sinne" lautet die Randglosse zu §. 354 im Gegensatz zum E. im objekt. Sinn §. 353). — Daß die mittelalterliche Doktrin und Praxis unter dem Einflusse deutschrechtlicher Anschauungen den Eigenthumsbegriff auch auf dingliche und radicirte Rechte ausdehnte, insbesondere auf das Pfandrecht, die Leibzucht, das Erbzinsrecht, Vogtei-, Jurisdiktions- und Rentrechte, ist wohl nicht zu leugnen (f. Dunter, Zeitschr. f.

„Gesammtsachen" (§. 302) die Rede ist; denn Gegenstand des E.'s ist nicht der „Inbegriff", sondern sind die einzelnen Sachen, aus denen derselbe im konkreten Falle gebildet wird.[15]

Ist aber das E. die dem Begriffe nach schrankenlose und sohin oberste rechtliche Machtvollkommenheit über eine Sache in der Gesammtheit ihrer Beziehungen, — nicht aber die Summe von gewissen Einzelbefugnissen daran,[16] so versteht es sich, daß die dasselbe beschränkenden dinglichen Rechte, als insbesondere Servituten, Pfandrechte, Platzrechte (Superficies) nicht als einzelne, vom Eigenthumsinhalte losgelöste oder ihm entzogene Bestandtheile des E.'s aufgefaßt werden dürfen.[17] Dieselben erscheinen vielmehr als selbständige, eigenartige und unmittelbare rechtliche Befugnisse an fremden körperlichen Sachen, die entweder in einem Verfügungs- insbes. Veräußerungs-Rechte (wie das Pfandrecht), oder in einem gewissen beschränkten Nutzungsrechte an derselben beruhen. Daher darf der

---

D. R. II. S. 187 flg., Kraut, D. P. R. §. 73. Nr. 2—12, bes. Stobbe §. 78. Nr. 7—12); es erklärt sich dies daraus, daß an denselben Besitz angenommen wurde, daß dieselben zu Lehen und Leibzucht übertragen werden konnten, und daß es sohin in der That einem Bedürfnisse entsprechen mochte, den vollberechtigten im Gegensatze zum Besitzer und Nutzungsberechtigten als Eigenthümer zu benennen. Allein kaum wird man diesen „nicht ganz verwerflichen" juristischen Sprachgebrauch als eine materielle Eigenthümlichkeit des deutschen Rechts bezeichnen — noch weniger ihn empfehlen dürfen, zumal — wie leider die Erfahrung in der preuß.-österr. Literatur und Praxis beweist — die Gefahr nahe liegt, daß eine unwissenschaftliche Auffassung die sachenrechtlichen Prinzipien auf andere Rechtsgebiete überträgt und dadurch zu heilloser Verwirrung Anlaß giebt. — Auch das franz. R. ist, trotzdem art. 544 körperliche Sachen vor Augen hat, von der mißbräuchlichen Anwendung des Begriffs im weiteren Sinne nicht freigeblieben. Vgl. art. 711. 1269. Dazu Zachariä §. 193a Note 1.

15) And. Ans. Windscheid §. 168. — Dagegen vgl. Exner, Trad. S. 215 flg., und Randa, Besitz §. 19.

16) Über die bezügliche irrige Auffassung der älteren Doktrin vgl. Note 8.

17) So sprechen selbst noch Puchta, P. §. 145 u. Vangerow I. S. 688. (7. A.) in Rücksicht der Servituten von einer „Herausnahme von Befugnissen", die an sich im E. liegen. Daß einzelne Quellenstellen (wie Paul. L. 4. D. de usufr. 7. 1.) den Ususfructus als pars dominii bezeichnen, oder von detractus oder separatus ususfr. reden, darf nicht beirren. Denn derselbe Paulus sagt L. 25. pr. D. de V. S.: ususfructus non dominii pars est, und Ulpian l. 5. pr. D. si ususfr. pet. 7. 6. bemerkt: Uti frui jus sibi esse solus potest intendere, qui habet usumfructum, dominus autem fundi non habet; quia, qui habet proprietatem, utifruendi jus separatum non habet; nec enim potest ei suus fundus servire... Vgl. Böcking §. 134. N. 24, u. besonders Windscheid §. 200. N. 3.

Eigenthümer kraft seines E.'s alle jene Befugnisse, welche den Inhalt jener beschränkenden Rechte bilden, auch selber ausüben, sofern er dadurch nur nicht die Ausübung des fremden dinglichen Rechts behindert oder erschwert (§§. 466. 483. 502. 503 G. B.).

Sowie das Eigenthum unbeschadet seiner Wesenheit durch dingliche Rechte Dritter beschränkt sein kann, ebenso kann die an sich schrankenlose Machtvollkommenheit des Eigenthümers durch Gesetz oder Gewohnheitsrecht den mannigfaltigsten Beschränkungen (sog. Legalservituten) unterworfen sein (Vgl. § 5 d. B.).[18] Allein diese Beschränkungen, die sich hauptsächlich nach dem Objekte (öffentliches Gut, Wald 2c,), seltener nach dem Subjekte des E.'s (Corporation, Einzelperson) richten und überwiegend auf wirthschaftlichen Gründen beruhen, ändern nicht den „Inhalt" des E.'s und rechtfertigen keineswegs die Aufnahme eines gewissen Herrschaftsmaßes in den Begriff desselben. Im Gegentheil — gerade die unbestimmbare Allgemeinheit der rechtlichen Macht charakterisirt das E. im Gegensatz zu den übrigen dinglichen Rechten.[19]

Ebenso ist es selbstverständlich, daß nach dem spezifischen Entwicklungsgang der Cultur bei verschiedenen Völkern oder in verschiedenen Perioden auch das E. eine verschiedene Gestaltung aufweisen muß, daß insbesondere einzelne Befugnisse dem Machtkreise des Eigenthümers entrückt und zu selbständigen Rechten gestaltet, und hinwieder

---

18) Vergl. oben Note 5. Nur der Umfang, nicht der Begriff des E.'s wird dadurch eingeschränkt. Nicht beipflichten kann man daher der Bemerkung Rösler's, Verwalt.-R. S. 308: „Die Befugnisse (des Eigenthümers) sind kein Ausfluß des Privateigenthums, sondern ein Ausfluß der modernen Culturentwicklung". Über Einwendungen der Socialisten gegen den Eigenthumsbegriff überhaupt und den art. 544. C. C. insbes. vgl. A. E. F. Schäffle, Das gesellschaftliche System der menschl. Wirthschaft (3. A.) S. 58. 535, Schmoller a. O. S. 57 flg., Rau-Wagner, Lehrb. d. pol. Ökonomie I. §§. 283 flg., §§. 308—368 u. über den Zusammenhang der Jurisprudenz u. Volkswirthschaft auch: Dietzel, Die Volkswirthschaft und ihr Verhältniß zu Gesellschaft u. Staat. S. 81 flg.

19) Ohne ausreichenden Grund definirt daher Samter, Eigenthumsbegriff (1878) das E. als die vom Recht „zertheilte" Herrschaft und behauptet eine Verschiedenheit des E.'s nach Subjekten und Gegenständen. Nur theilweise zustimmend Baron, Kr. V. Schr. 21. S. 283 flg. Namentlich ist m. E. die Qualität der juristischen Person an sich nicht bestimmend für den Inhalt und selbst nicht für den Umfang des E.'s. So z. B. sind zumeist Staat, Gemeinde, Kirchen nach Verschiedenheit des Objekts denselben Beschränkungen unterworfen, wie Einzelpersonen, und Ausnahmen wieder durch die spezifische Zweckbestimmung der Sache begründet. Vgl. Lesser, Ztsch. f. vgl. R. W. II. S. 145.

sonst selbständige Berechtigungen zum E. hinzugefügt werden können. So finden wir im Gegensatze zu dem an der concentrirten Machtvollkommenheit des Eigenthümers festhaltenden römischen Rechte — namentlich bei den germanischen Völlern unter dem Einfluß feudaler Verhältnisse die ausgeprägteste Tendenz, gewisse mehr oder weniger ausgedehnte Nutzungsrechte an Grund und Boden vom E. loszulösen und zu selbständigen und eigenartigen Rechten zu entwickeln.[20]

---

20) Vgl. die höchst werthvolle rechtsvergleichende Studie: De la propriété et de ses formes primitives von E. v. Laveleye (1874, deutsch m. Zusätzen v. Bücher, 1879). Nicht unwahrscheinlich ist, daß auch dem ältesten griechischen und römischen Recht Gemeingrundbesitz nicht unbekannt war. Laveleye S. 183 flg., Kohler, Krit. V. Schr. N. F. 4. S. 29 flg. Daß das römische E. in der ältesten Zeit fast unumschränkt war und die Entstehung der jura in re aliena (abgesehen von gewissen Rusticalservituten) erst einer späteren Zeit angehört, ist bekannt. Vgl. L. 16. §. 2. D. de pign. act. 13. 7, §. 7. I. de act. 4. 6, dazu Dernburg, Pr P. R. §. 181. N. 5. — Unrichtig ist die ehedem vielfach verbreitete Annahme, daß dem deutschen Rechte ursprünglich der Eigenthumsbegriff fremd gewesen; das Wort „E." kommt allerdings erst im 14. Jahrhundert in Gebrauch, aber das Wesen desselben war von Alters her bekannt und wurde mit dominium, proprietas, auch sala (traditio), später „Eigen" bezeichnet. Vgl. N. 2a; Belege bei Dunker a. O. S. 188 flg., Stobbe §. 87. N. 4 flg. Haben doch, so viel bekannt, die meisten indoeuropäischen Stämme ursprünglich den Begriff des E.'s durch zueignende Fürwörter (rem ... meam esse = mamēdam [ind.] = dědina jest má [russ.-böhm.]) ausgedrückt. Vgl. Bernhöft, Zeitsch. f. vergleich. Rechtsw. I, S. 19, Jireček, Eigenth. n. böhm. R. S. 30. Dominus stammt von dam (ind. bezwingen), s. Vaniček, Etym. Wörterb. s. v. dam. Nur das kann fraglich sein, ob es in der ältesten Periode an unbeweglichen Gütern Individualeigenthum oder nur Gemeingut gab. Für letztere Auffassung bes. Laveleye S. 71 flg., Daß die germanischen Völker in der ältesten Periode Gemeineigenthum kannten, scheint mir (trotz aller Bedenken Einzelner) durch die bekannten Stellen bei Cäsar und Tacitus erwiesen zu sein; s. dazu neuest. Kohler, a. O. 4. S. 8 flg., 26 flg., der mit Mayne und Laveleye mit Recht auf die in China und Indien mehrfach vorkommende stufenweise Entwicklung: Stamm- oder Gemeinde-E., Familien- oder Geschlechtergemeinschafts-, endlich Individual-E., hinweist. — Das älteste Recht der slawischen Völker, welches sich bei den Südslaven und Großrussen zum Theil bis in dieses Jahrhundert erhielt, kennt an Grund und Boden kein E. des Individuums, sondern nur E. des Geschlechts — der Familie. Auch als später persönliches E. sich entwickelte, lebte das alte Familieneigenthum in den sog. uniones, communitates (spolky) der Familiengenossen lange noch (in Böhmen und Mähren bis in das 17. Jahrhundert) fort. Beweis dessen der Ordo judic. terrae a. 1348—1355 für Böhmen, das Statut v. Vislica v. J. 1347 für Polen, die russische Pravda v. J. 1282, das serbische Gesetzbuch des Königs Stefan Duschan, die älteren Statuten der dalmatinischen Städte; ferner das böhm. Rechtsbuch Cornel's von Všehrd 8. c. 23, dazu Hermenegild Jireček, das Recht in Böhmen u. Mähren (1866) S. 156 flg., Vocel, Staročeské právo dědičné, Brandl, Glossarium illustr. boh. mor. hist. fontes (1866) sub v. spolek, Graf Chorinsky, das Notariat u. d. Verlass. S. 83 flg., Turner, Slaw. Familienrecht

(Dahin gehören die weitreichenden Nutzungsrechte der Vasallen und Bauern, ferner die selbständigen Jagd- und Fischereirechte, das Bergwerksrecht). Ebenso finden wir den Umfang des Eigenthumsrechtes in Ansehung gewisser Klassen von Gütern (Ritter-, Herren-, landtäflichen Güter) durch gewisse privat- und öffentlich-rechtliche Befugnisse (Realrechte, Bannrechte, Gerichtsherrlichkeit u. dgl.) erweitert und gleichsam gesteigert, dagegen den Umfang und ökonomischen Werth des E.'s in Ansehung anderer Kategorien (Bauerngüter) durch Reallasten und Bannrechte mannigfacher Art geschmälert, und oft bis zu einem fast precaristischen Nutzungsrecht herabgedrückt (vgl. Gerber §. 78). Und hinwieder finden wir in der Rechtsentwicklung der slawischen Völker (heute noch in Großrußland) — im Gegensatze zu dem ausgeprägten Individualeigenthum des römischen und germanischen Rechtes (abgesehen etwa von der ältesten Periode, vgl. Tacitus, Germ. cap. 26, Caesar de B. G. 4. c. 1.) — die Herrschaft des Gemeiude- und Familiengrundbesitzes, demgemäß die Verfügung über die Substanz und die Art der Benutzung den Familienhäuptern zusteht, und neben welchem sich nur allmählich Individualeigenthum an Grund und Boden entwickelte.[21]

(1874), Laveleye S. 9—47, Demelič, Le droit coutumier de slaves mérid. d'après Bogisič. 1877. p. 24. Popovic, Recht und Gericht in Montenegro §§. 27. 63, Czyhlarz, Ehel. Güterr. n. böhm. L.R. §. 1, Ruber, Vormundschaftsr. in Mähren §. 3. Čelakovský, České dejiny právní. E. wird: heredium, hereditas, dedictví genannt (in Folge des Familieneigenthums konnte von einer Succession auf den Todesfall keine Rede sein, es trat eben nur Accrescenz ein). Interessante Belege für den Übergang zum Personaleigenthum s. bei Jireček S. 157 flg. Über den bäuerlichen Gemeindegrundbesitz in Großrußland — ein Rechtsinstitut von außerordentlicher Wichtigkeit — enthalten die neueren russ. Schriften von Poßnikoff, Kavelin (der bäuerl. Gemeindebesitz, übers. von Tarassoff 1877) u. a. lehrreiche Mittheilungen. Ebenso belehrend sind die Ausführungen Laveleyes a. O., aus welchen hervorgeht, daß das Gemein- bez. Familieu-Eigenthum bei den meisten Völkern die ursprüngliche Form der Eigenthumsentwicklung an Grund und Boden gewesen, welche bei den verschiedensten Völkerstämmen und in allen Welttheilen wiederkehrt, und heute noch wie bei Russen und Südslaven, so in mehreren Kantonen der Schweiz, in Indien und Java in fast ungeschwächter Kraft fortbesteht. Ob dieser Eigenthumsform die Zukunft gehört, wie Laveleye S. 45. 282 andeutet, ist füglich zu bezweifeln. Vgl. dazu Samter, Eigenthum (1879) S. 78—222. S. 497 flg., Kohler, Jahrb. f. Dogm. 18 S. 183 flg., mit treffenden Bemerkungen.

21) Die meisten dieser Rechie sind h. z. T. als dingliche Rechte an fremden Sachen aufzufassen, sodaß sich die Zahl der letzieren nicht bloß auf Pfandrechte und Servituten (welche gewöhnlich allein genannt werden) beschränkt. Das Jagd- und Fischereirecht kann, aber muß nicht diese Natur haben.

Seinem Wesen nach kann das Eigenthum immer nur eines und dasselbe sein, gleichviel ob es bewegliche oder unbewegliche Sachen zum Gegenstande hat,[22] und ohne Rücksicht auf die Art seiner Entstehung und den Umfang des ihm gewährten Rechtsschutzes. Es ist immer und unter allen Umständen dieselbe absolute, direkt auf die Sache in ihrer Totalität zielende rechtliche Macht. Von verschiedenen Arten des E.'s kann nicht die Rede sein.[23]

Seinem Begriffe nach schließt das E. als naturgemäß volle rechtliche Herrschaft über die Sache jede Einwirkung Dritter unbedingt aus, soweit diese nicht hiezu durch Gesetz oder durch besonders erworbene Privatrechte (jura in re aliena) berechtigt erscheinen. Die Ausschließlichkeit der rechtlichen Herrschaft des Eigenthümers ist jedoch gleich der Wirksamkeit gegen Jedermann (der sog. Absolutheit) nur eine Folge des E.'s, und gehört nicht zu dessen Inhalte.[24] Die aus der Natur des E.'s sich ergebende Unbeschränktheit der Herrschaft pflegt man häufig die „Freiheit" des E.'s zu nennen, obwohl diese eben nichts weiter ist, als eine Consequenz des Eigenthumsbegriffes, und daher im Streitfalle eines besonderen Beweises nicht bedarf.[25]

Nicht besonders hervorzuheben ist daher beim E. an Grundstücken die Berechtigung des Eigenthümers zur ausschließlichen Verfügung über die Oberfläche des Grundstückes, sowie über den senkrecht

---

22) Ungenau ist, was Zachariä, Fr. C. R. §. 193a über die angeblich beschränkte Herrschaft des Eigenthümers an Mobilien sagt. Art 685. 2118. 2279 beweisen dies nicht. S. auch Puchelt a. O. N. 3.

23) Es ist daher das durch Naturalersitzung (§. 1498) oder Occupation (§. 381) an Grund und Boden erworbene Recht ebensogut wahres E., als das durch dieselben Erwerbsarten gewonnene E. an Mobilien oder das durch bücherlichen Eintrag an Immobilien erworbene E. Das sog. Natural- und bücherliche E. an Immobilien unterscheidet sich bloß durch die Verschiedenheit der Erwerbsart und des Schutzes (§. 17 d. B.). Vgl. Strohal, Zur Lehre v. Eigenthum §. 5. In ähnlicher Weise verhält es sich mit dem sog. quiritarischen und bonitarischen E. nach röm. Rechte: „es ist nicht bloß ein Verstoß gegen den Begriff, sondern auch gegen die Geschichte des E.'s nach röm. Civilrecht, wenn neuere von verschiedenen Arten des E.'s bei den Römern reden; von species dominii ist in den Quellen nirgends die Rede." Böcking §. 135. N. 40.

24) Das preuß. L. R. (§. 181, 182. I. 7) giebt der natürlichen, begriffsmäßigen Unbeschränktheit des E.'s in Form einer Vermuthung für die Freiheit des E.'s Ausdruck. Vgl. dazu §. 360 und §. 324 A. B. G. B.

25) Vgl. Schmidt S. 2, Swoboda S. 19 flg. und Randa, Besitz S. 622.

unter- und oberhalb desselben befindlichen Raum (§. 297 G. B.).[26] Es erstreckt sich daher das Grundeigenthum auch auf die mit dem Grunde organisch oder mechanisch verbundenen Sachen (Pflanzen, Gebäude), welche in dieser Verbindung der Selbständigkeit entbehren, sowie auf die unter der Oberfläche befindlichen Mineralien, vorbehaltlich des **Bergwerksregals** (§. 297 G. B.). Soweit also der Grundeigenthümer auch die Bergwerksverleihung erwirbt, liegt für ihn eine **Erweiterung seines** Grundeigenthumsrechts über die gesetzlichen Grenzen vor.[27]

Wie bemerkt, kann das E. unbeschadet seines rechtlichen Wesens durch dingliche Rechte Dritter **beschränkt** sein (§§. 358. 443. 472 G. B.). Allein das Gesetzbuch unterscheidet von der Beschränkung des E.'s ausdrücklich die **Theilung** desselben (§§. 357—360). „Wenn nämlich (so bestimmt §. 357) das Recht auf die Substanz einer Sache mit dem Rechte auf die Nutzungen in einer und derselben Person verbunden ist, so ist das E. vollständig und ungetheilt. Kommt aber Einem nur ein (?) Recht auf die Substanz der Sache, dem Anderen dagegen nebst einem (?) Rechte auf die Substanz das ausschließende Recht auf derselben Nutzungen zu, dann ist das E. **getheilt** und für beide unvollständig. Jener wird **Obereigenthümer**, dieser **Nutzungseigenthümer** genannt". Unter Nutzungseigenthum versteht also das G. B. jene weitreichenden Nutzungsrechte, welche zukommen:

1) dem **Lehensmann** (Vasallen) am Lehengut (§. 359)[28]
2) dem **Fideikommißbesitzer** am Fideikommißgut (§. 629),
3) dem **Erbpächter** am Erbpachtgut (§. 1123),

---

26) Von einem besonderen Rechte (E.) an dem in senkrechter Linie (über dem Grundstücke) befindlichen „**Luft(?)raume**" (§. 297) zu sprechen, ist daher ebenso irrig, als wenn man vom E. an den über Grundstücken befindlichen Luftsäulen oder Lichtmassen reden wollte. S. auch **Böcking** §. 134 a. E., **Keller** S. 212. — Die neuerlich beliebte Einschränkung des E. in die **Tiefe** „auf das Bedürfniß, Interesse" rc. ist einerseits selbstverständlich, andererseits bei der Vagheit dieser Begrenzung nicht unbedenklich. Mit Recht wurde dieselbe im **deutsch.** Entw. §. 849 verworfen; ein Mißbrauch des E. ist in dieser Richtung nicht zu befürchten. Vgl. die Motive zu §. 849.

27) Vgl. bes. **Hartmann** S. 126 flg., welcher noch auf andere Fälle der Ergänzung des E.'s — insbes. mit Rücksicht auf beschränkende jura in re Dritter — aufmerksam macht.

28) Analog ist das Recht der **Beneficiaten** am Beneficialgut zu behandeln, wie später gezeigt ist.

4) dem Erbzinspächter am Erbzinsgut (§. 1123),

5) dem Bodenzinspächter am Bodenzinsgut (§. 1125).[29]

Nur der erste und zweite Fall hat noch praktische Bedeutung. Die unter Zahl 3 bis 5 angeführten Fälle haben infolge der Grundentlastung (Kais. Pat. v. 7. September 1848 Nr. 1180) ihre praktische Geltung verloren. Insbesondere wurde das sog. Nutzungseigenthum der Besitzer der ehemaligen bäuerlichen (Rustikal-) Gründe durch Aufhebung beziehentlich entgeltliche Ablösung des den ehemaligen Obrigkeiten zustehenden Obereigenthums in volles (ungetheiltes) E. umgewandelt. Auch der Fall Nr. 1 (Lehen betreffeud) wird in kurzer Zeit alle Bedeutung verlieren und zwar zufolge der Durchführung des Gesetzes v. 17. Dezember 1862 Z. 103 R.-G.-Bl. (betreffend die Aufhebung der Rustikal- und Beutellehen) und der Gesetze v. 31. Dezember 1867 Nr. 8. 9 und v. 12. Mai 1869 Nr. 103—112 (über die Aufhebung der noch übrigen Lehen), sowie zufolge des Verbots der Errichtung neuer Lehen. — Die Neubegründung der unter Nr. 3—5 angeführten Fälle des getheilten E.'s ist zwar durch das Kais. Pat. v. 7. September 1848 nicht verboten, allein durch die Theilung des E.'s in Ober- und Nutzungseigenthnm dürfen die Liegenschaften in Zukunft mit keinen unablösbaren Leistungen belastet werden (Art. 7. d. St. Gr. Ges. v. 21. Dezember 1867, Nr. 142 R.-G.-Bl., und schon §. 32 d. Ges. v. 4. März 1849 Z. 150). Aus leicht begreiflichen wirthschaftlichen Gründen werden derartige auf die Theilung des E.'s abzielende Verträge (wie insbesondere die Erbpachtungen und Erbzinspachtungen [§. 1123], sog. emphyteutische Verträge) nunmehr nicht mehr geschlossen, ausgenommen etwa den Bodenzinsvertrag (die Superficies §. 1125).[30]

---

29) Ähulich das preuß. L. R. §§. 19. 20. I. 8, §§. 1. 13. 683. I. 18. §§. 72. 73. II. 4, dazu Förster §. 167. S. 132. Dernburg §. 182.

30) Ablösbare Superficiarrechte wurden m. W. noch in den letzten Jahren bisweilen begründet. Die sog. Kellerrechte, welche sich in mehreren Ländern aus älteren Zeiten erhalten haben (vgl. Hofkzld. v. 2. Juli 1832, niederöst. Prov. G. S. S. 340), könnten zwar die Natur eines Superficiarrechtes haben (vgl. v. Wächter Samml. v. Abhandlungen I. S. 53; L. 2. D. de superfic. 43. 18. u. L. 3. §. 7. D. Uti Poss. 43. 17. Seuff. Arch. 6. Nr. 25. u. B. 29 Nr. 11); doch entspricht es vielmehr dem historischen Entwicklungsgange, hier ein pro diviso getheiltes Eigenthum am Keller anzunehmen. Vgl. auch das Circulare des österr. Justizminist. v. 11. Mai 1875, Z. 111, welches darum für „Kellerrechte" die Errichtung ner selbständigen bücherlichen Einlage vorschreibt; u. neuest. d. Entsch. Nr. 11.940.

Jedoch in keinem der oben angeführten Fälle liegt eine wirkliche Theilung des E.'s vor,[31] vielmehr ist nur das ungetheilte Recht des wahren Eigenthümers durch gewisse Rechte (namentlich ausgedehnte Nutzungsrechte) dritter Personen beschränkt. Denn die Annahme einer Theilung des Rechtsinhaltes in der Weise, daß die einzelnen Theilhaber wieder als Eigenthümer erscheinen, ist nach dem oben entwickelten Begriff des E.'s als der (wenn auch zeitlich beschränkten) rechtlichen Möglichkeit vollkommener Herrschaft über eine Sache, welche selbst bis zur Vernichtung schreiten kann (§§. 354. 362) — ganz undenkbar und macht die juristische Konstruktion der diesfälligen Rechtsverhältnisse zur juristischen Unmöglichkeit. Dazu kommt, daß das E. ein absolutes Recht ist, nicht bloß in dem Sinne, daß es gegen Jedermann wirksam ist, sondern in dem eminenten Sinne, daß es begrifflich jeder Beziehung auf fremdes Recht entbehrt.[31a] Fragen wir nun, welches Recht an der Sache — das des Obereigenthümers oder das des Nutzeigenthümers, bietet in den oben (Nr. 1—5)

---

940. Gl. U. W. Pf. für N. Österr. (Über die reelle Theilung von Gebäuden vgl. §. 9 d. B.) — Die Theilung des E.'s bei bäuerlichen und emphyteutischen Gründen hatte durchweg das ehemalige Unterthänigkeitsverhältniß zur Grundlage, welches sich in den verschiedensten Ländern in verschiedener Weise entwickelte. Theilweise beruhte dasselbe auf der vertragsmäßigen Überlassung freier Herrengründe (Dominicalgründe) zu ausgedehnter, erblicher Nutzung unter Vorbehalt des Heimfalls gegen Prästation von Naturalgiebigkeiten, Arbeitsleistungen (Hand- oder Spanndiensten, Roboten, Frohnden) oder Geldleistungen, theils auf allmählicher Usurpation des Obereigenthums an ehemals freien, später „unterthänigen" Gründen der leibeigen gewordenen Bauern. (So namentlich in Böhmen, Mähren, Innerösterreich, im Laufe des 15. u. 16. Jahrhunderts.) Nach der gesammten historischen und wirthschaftlichen Entwicklung hatte das sog. Nutzungseigenthum der Erb- und Erbzinspächter (Emphyteuten) wegen seines Umfangs und nach seiner äußeren Erscheinung ein entschiedenes Übergewicht über das sog. Obereigenthum des „Grundherrn" (der „Obrigkeit"). Letzteres reduzirte sich mit der fortschreitenden Milderung des Unterthänigkeitsverhältnisses allmählich auf den Anspruch auf gewisse Realprästationen und auf das Heimfallsrecht. Daß diesen realen Verhältnissen gegenüber die römisch-rechtliche Auffassung des E.'s, speziell die Auffassung des Emphyteuten als bloß dinglich Nutzungsberechtigten (j. in re aliena) in den Hintergrund treten mußte, liegt auf der Hand. So war denn die in unseren Tagen erfolgte Umwandlung des Nutzungseigenthums in volles ungetheiltes Eigenthum lediglich der konsequente Abschluß eines Jahrhunderte langen rechtshistorischen und wirthschaftlichen Prozesses.

31) Wie unsere Commentatoren annehmen, vgl. bes. Winiwarter II, S. 111, Stubenrauch I, S. 714 (s. A.); dagegen Unger I. S. 329. Randa, Besitz §. 5.

31a) Zustimmend Krasnopolski, Krit. V. Schr. 27. S. 481., s. auch Krainz-Pfaff, Syst. §§. 36. 196.

angeführten Fällen seinem inneren Wesen nach die Möglichkeit voller rechtlicher Herrschaft über die Sache, welches von Beiden ist absolut und bedarf begrifflich keiner Beziehung auf fremdes Recht, mit andern Worten: welches Recht ist wahres Eigenthum, welches das die Beschränkung fremden Eigenthums in sich tragende Recht, so gelangen wir zu nachstehenden Ergebnissen:

Den Keim, — die rechtliche Möglichkeit zu voller, unbeschränkter Machtvollkommenheit über die Sache finden wir nur beim Obereigenthum der Fälle Nr. 1. 3. 4. 5, sodann beim Nutzungseigenthum im Falle 2. Beweis dessen sind die §§. 645 und 1149 G. B. Aus diesen §§. ergibt sich nämlich, daß nur das Obereigenthum beim Lehen, bei Erbpacht-, Erbzins- und Bodenzinsgütern mit dem Erlöschen des Nutzungseigenthums wieder seinen ursprünglichen „ungetheilten" Inhalt (recte unbeschränkten Umfang) wieder erhält (§. 1149 B. G. B.), während dagegen niemals das Nutzungseigenthum durch Erlöschen des Obereigenthums zum vollen Eigenthume wird. Es erscheint demnach der Obereigenthümer als der wahre Eigenthümer der Sache, der Nutzungseigenthümer bloß als dinglich Berechtigter, trotzdem der Umfang der Befugnisse des Letzteren und der Geldwerth seines Rechtes größer sein mag als der des Obereigenthümers.

Was vom Nutzungseigenthümer überhaupt gilt, hat auch Anwendung auf den sog. „geistlichen Nutznießer" oder Beneficiaten, dessen Recht auf das Beneficialgut nach kirchenrechtlicher Auffassung nach Analogie des Rechtes des Vasallen zu beurtheilen ist.[32] Dieses Recht ist bezüglich der körperlichen Sachen gerade so wie jenes des Vasallen (§. 357 u. 359 A. B. G. B.) ein jus in re aliena, ein eigenthümlich geartetes, weitgehendes Nutznießungsrecht, welches nicht nur das Recht auf Verwaltung und Fruchtbezug, sondern auch die Befugniß zur Änderung der Substanz (ohne dieselbe zu verschlechtern), zur Bestellung von Servituten, zur Ausübung des Realpatronats und anderer Realrechte und zur Aktiv- und Passivvertretung des Benefizialguts (als juristische Person gedacht) gewährt.[33]

---

32) Vgl. c. 5. X. de pecul. clericorum 3. 25, dazu Helfert, Lehre v. Kirchenvermögen §. 723, Richter, Kirchenr. §. 299, Schuite, Kirchenr. §. 187, Vering, Kirchenr. §. 169. Vgl. dazu meinen Besitz S. 25.

33) Die §§. 356—360 sind ein Überrest der unrichtigen älteren gemeinrechtlichen Theorie über das dominium directum und utile, welche mit dem wohl

Ohne auf die histor. Entwicklung zurückzugreifen, sei hier nur bemerkt, daß noch der Cod. Ther. II., cap. 2. nr. 27, cap. 3. nr. 1 flg., cap. 25. nr. 1—8, cap. 26. nr. 1 flg., III. cap. 13. nr. 1 flg., das Erbpacht-, Erbzins- und Bodenzinsrecht als ein jus in re aliena auffaßt und mit den Servituten und dem Pfandrechte in eine Reihe stellt. So auch noch Holger und Azzoni, welche die Eintheilung des E. in das Ober- und Untereigenthum verwarfen, da „letzteres doch nur ein dingliches Recht an einer fremden Sache sei." (S. Harrasowsky II S. 42 Note.) Der Entwurf Horten II. 2. §§. 3. 4. III. §§. 12. 13 geht auf diese Frage nicht ein. Erst der Entw. Mar-

---

kaum zu leugnenden Mißverständnisse einzelner Quellenstellen von Seite der Glossatoren beginnt. Vgl. z. B. Glosse zu §. 39. I. de R. V. 2. 1, ad L. 2. de superf. 43. 18: Non enim jure directo, sed utiliter superficiarius est dominus, Gl. ad. c. 1. c. de thesauro 10. 15: Appellatione »in suis« accipe sive sit dominus directo vel utiliter, ut feudatarius, emfiteuta, et similes etc. (die betreffenden Stellen sind ziemlich vollständig bei Böcking §. 139. S. 41, und Kraut, Vorles. über d. Priv. R. §. 74 (5. A.) abgedruckt). Die Glosse bezeichnet nämlich das Recht des Vasallen, Emphyteuten und Superficiars als dominium utile, weil die Quellen die Emphyteusis und Superficies utiliter (analog dem Eigenthum) durch dingliche Klage (utiles rei vindicationes) schützen, während der Eigenthümer die directa in rem actio (die civilrechtliche Vindikation ohne Fiktion) hat. (L. 1. §. 3. 4. D. de superf. 43. 18; L. 1. §. 1. D. si ager vect. 6. 3). Dieses Mißverständniß der Glossatoren veranlaßte die schiefe Auffassung, daß der Emphyteuta und Superficiar ein nutzbares E. (dominium utile) habe. Den mittelalterlichen Wirthschafts- und Rechtsverhältnissen an Grund und Boden, insbesondere den ausgedehnten Nutzungsrechten des Vasallen am Lehngute und des Bauern am Bauerngute, entsprach indeß diese Anschauung in praktischer Richtung so sehr, daß die spätere Praxis, sowie die Reichs- und Landesgesetzgebung diese Nutzungsberechtigten unbefangen als wirkliche Eigenthümer bezeichnen und von einer Theilung des E.'s (dominium divisum) sprechen. So noch von neueren Gesetzgebungen der Cod. Max. Bavar. (1756) II. 2. §§. 1. 2, dazu Roth §. 119, Preuß. L. R. I. 8. §§. 20. I. 18. §. 1, dazu Förster, §§. 167. 183, Österr. G. B. §. 357 flg. Diese mißverständliche Auffassung der römischen Quellenstellen, sowie die Unvereinbarkeit derselben mit dem römischen Eigenthumsbegriffe hat zuerst Thibaut, Civil. Versuche II. 3, nachgewiesen. Mag man auch in der Lehre vom getheilten E. für das mittelalterliche Recht (wie Heusler, Gewere §. 8.) einen gesunden, lebenskräftigen Gedanken erblicken, h. z. T. nach Durchführung der Grundentlastung in ganz Mitteleuropa und bei der gegenwärtigen Gestaltung der Bodenrechtsverhältnisse kann er nur als historische Reminiscenz behandelt werden. Vgl. hierüber noch Böcking a. O. Förster §. 167, Roth §. 119, Stobbe II. §. 80; selbst Heusler, Instit. d. deutsch. Priv. R. §. 87. gesteht nun: Die Schultheorie habe „ohne großen Schaden anzurichten" freilich auch keinen wahren Nutzen gestiftet! Nach heut. bayer. R. u. preuß. R. beschränkt sich die Theilung des E.'s auf Familienfideikommisse u. Bodenbez. Erbzinsgüter.

tini's II. 3. §. 5. — dazu II. 7. §§. 1. flg. — spricht vom getheilten Eigenthum, wenn dem „Einen das Recht auf den Grund, dem Andern das R. auf die Nutzungen vorzüglich zukömmt.“ In den Sitzungen v. 2. Mai 1803 u. 20. Juli 1807 wurde wegen des Doppelsinnes des Wortes „vorzüglich“ die gegenwärtige Fassung angenommen, da der Obereigenthümer kein Recht auf die Nutzungen, wohl aber der Nutzungseigenthümer auch ein Recht auf die Substanz habe. (S. Ofner Prot. I S. 245, II. S. 373.)

Dagegen ist der Fideikommißbesitzer Sachenbesitzer, nicht bloß Rechtsbesitzer, da er E., wenn auch durch das Veräußerungs- und Belastungsverbot beschränktes E. hat, welches jedoch durch Wegfall der successionsberechtigten Anwärter zum unbeschränkten E. heranwachsen kann (§.645.)[33a]. Die Theorie der Theilung des E.'s zwischen dem Fideikommißinhaber und allen Anwärtern (§. 629) würde zu der sonderbaren, im positiven Rechte nicht gegründeten Konsequenz führen, daß entweder die Anwärter als juristische Person gedacht werden müßten, oder daß das Subjekt des Obereigenthums gar nicht existirte! Das Recht der Anwärter enthält überdies nichts von dem wesentlichen Inhalte des Eigenthums, ist vielmehr ein eventuelles Erbrecht, welches zufolge besonderer historischer Entwicklung durch, auf die thunlichst intakte Erhaltung des Stammvermögens gerichtete Maßregeln eigenthümlich geschützt ist.[34] Die hier hervorgehobene Eigenschaft des Fideikommißbesitzers als beschränkten Eigenthümers anerkennen die neuen österr. Reichs- und Landesgesetze über Anlegung neuer Grundbücher in den §§. 9. 10 (Gesetze vom 2. Juni 1874. Nr. 88—91. 97. 98. R. G. B., Ges. vom 5. December 1874. Z. 92. L. G. Bl. für Böhmen), welchen

---

33a) Der Begriff des regelrechten „zeitlichen“ Eigenthums (so Krasnopolski, Krit. V. T. Sch. 27. S. 482) reicht hier nicht aus; der zeitliche Eigenthümer kann „auf Zeit“ auch die Substanz veräußern, belasten und verschulden (§§. 468. 527 G. B.) nicht so der F. C. Besitzer. Richtig Krainz (-Pfaff), Syst. Ausführ. §. 195 N. 23, während er im Grundriß §. 196 S. 10. einfach vom „zeitlichen“ Eigenthum des F. C. Besitzers spricht.

34) Ich vermag nicht der Ansicht Dernburg's §. 183 beizutreten, daß das Anwartschaftsrecht der Fideikommißanwärter ein „Rechi auf die Substanz einer fremden Sache ist, dessen Inhalt in dem Rechte auf die künftige Übertragung oder den unmittelbaren Anfall der Sache an den Berechtigten besteht.“ Erwirbt doch der Fideikommißbesitzer nicht blos das E., sondern auch andere zum Fideikommiß gehörige Rechte (Fideikommißkapitalien u. s. f.); auch muß er die Erbschaft antreten und übernimmt er (allerdings mit beschränkter Haftung) die Fideikommißschulden.

zufolge im Eigenthums- und Lastenblatt auch die jeden Eigenthümer betreffenden Beschränkungen in der Verfügung über den Grundbuchskörper ersichtlich zu machen, beziehentlich einzutragen sind.[35] Zu diesen Beschränkungen des E.'s gehören vor allem eben die aus dem Fideikommißbande und aus der fideikommissarischen Substitution sich ergebenden Dispositionsbeschränkungen des Fideikommißbesitzers als Eigenthümers (Vgl. 174. des R. Pat. vom 9. August 1874).

Es ist hiernach die Annahme einer Theilung des E.'s mit dem gesetzlichen Begriffe desselben unvereinbar, und es muß die in den §§. 357—379 niedergelegte Theorie, weil sich selbst widersprechend, aufgegeben werden.[36] Das sogenannte Nutzungseigenthum des Erbpächters, Erb- und Bodenzinsmanns, sowie des Vasallen erscheinen hienach neben dem Pfandrechte und den Servituten als dingliche Rechte an der dem sog. Obereigenthümer gehörigen Sache und ihrem Inhalte nach dem Nutznießungsrechte am nächsten stehend; es sind erbliche, veräußerliche, dingliche, eigenthümlich gestaltete Nutzungsrechte, deren Subsumirung unter den vom Gesetze selbst aufgestellten Begriff des E.'s (§. 354) vergeblich versucht werden würde. Dieselbe rechtliche Natur hat auch das Recht des „geistlichen Nutznießers" am Benefizialgut; nur ist dasselbe selbstverständlich weder

---

35) Daß der F.-K.-Besitzer beschränkter Eigenthümer des F.-K.-Gutes sei, wird auch von Schiffner §. 26, dann Pfaff-Hofmann, Comm. II. S. 275 flg. anerkannt. Damit stimmt aber leider nicht die schwankende Auslegung derselben Commentatoren, Excurse II. 3 S. 221 flg. bes. 227, nach welcher das „Fideicommiß" (die „Anwärterschaft") für eine juristische Person erklärt wird, welche der Corporation, der Stiftung und der her. jacens verwandt und doch wieder von ihnen unterschieden sei; in gewundener und durchaus nicht widerspruchfreier Weise wird endlich S. 229 der Inhaber des F. C. als Nutzungseigenthümer, die juristische Person als Obereigenthümer des F. C. Vermögens hingestellt. Die Schwierigkeiten, welche sich Pf. H. S. 222 selbst aufthürmen, sind unschwer zu lösen; namentlich erklärt sich die Depurationspflicht des F. C. Besitzers durch das Eventualrecht der Anwärter (nicht eines Individuums) auf den ungeschmälerten ökonomischen Bestand (Werth) des F. C. Gutes. — Schwerlich vereinbar mit jener Theorie ist die richtige Ansicht derselben Commentatoren, daß die Succession in das F.-K. keine Singular-, sondern eine Universalsuccession sei (vgl. auch meinen Auff. in Siebenhaar's Arch. XV. S. 23); dagegen vermag ich nicht einzusehen, warum alsdann dieser Succession der Charakter der Rechtsnachfolge bestritten wird. Gegen Pfaff-Hofmann s. auch Krasnopolski, Krit. V. Schr. 27. S. 482 flg. u. Krainz a. a. O.

36) Um Wiederholungen möglichst zu vermeiden, sei verwiesen auf die Literaturnachweise in meinem Besitz. § 1 a. E., dazu noch Schiffner §. 26, Stobbe, D. P. R. §. 80.

veräußerlich noch vererblich. (Vgl. auch §. 13 d. Ges. vom 7. Mai 1874. Z. 50.)

Nicht minder unhaltbar als die Lehre vom getheilten E. ist die von manchen Neueren vertretene Theorie vom Gesammteigenthum (darüber vgl. bes. Stobbe, deutsch. P. R. §. 81. 82, auch Schuster, Grünh. Zeitschr. 7. S. 583 flg.).[37] Dem heutigen österr. Rechte ist dieselbe ganz unbekannt. Das Gesetzbuch pricht im §. 360 die „Vermuthung" aus, daß das Eigenthum im Zweifel ungetheilt (richtig: daß es unbeschränkt) sei. Die Vermuthung ist eine scheinbare, da sich die Unbeschränktheit des Eigenthums schon nach dem Begriffe desselben von selbst ergibt.[38]

Für das römische Recht wird eine Reihe von Fällen genannt, in welchen es während eines gewissen Zeitraums ungewiß ist, wer Eigenthümer der Sache sei; erfolgt nachher die Entscheidung, so wird rückwärts gewiß, wer von Aufang an Eigenthümer gewesen. Es sind dies Fälle des sog. schwebenden E.'s, welche sich von jenen des widerruflichen E.'s wohl unterscheiden.[39] Im österr. Rechte finden wir eine Art des „schwebenden" E.'s beim verbücherten Immobiliareigenthum, nämlich hauptsächlich, wenn gegen den intabulirten Eigenthümer die Vormerkung (Pränotation) des

37) Richtig betont Letzterer S. 584 gegen den neuerlich von Gierke, Genossensch. II. S. 908 formulirten Begriff des Gesammteigenthums (Theilung gewisser Eigenthumsbefugnisse unter die Vielheit der Genossen und Konzentrirung anderer in die Hand der Gesammtpersönlichkeit), daß „das einheitliche Recht beliebiger Verfügung" — wie jedes einzelne Verfügungsrecht nicht „Theil, sondern nur Erscheinungsform" (Ausfluß) des E.'s ist.

38) Vgl. auch Swoboda a. a. O. 19.

39) Vgl. Vangerow §. 301. 2, Wächter, Das schwebende Eigenthum (1871) Die Unterschiede bestehen nach V. hauptsächlich darin, daß dort in der Zwischenzeit keiner der Interessenten Eigenthümer, daher auch nicht klagberechtigt ist, daß die inzwischen gezogenen Früchte und die Schatzhälfte demjenigen gehören, der sich hintendrein als Eigenthümer offenbart, während beim revokablen E. der revokable Eigenthümer die Klagen hat und die mittlerweile gezogenen Früchte und die Schatzhälfte erwirbt. Als praktische Fälle des schwebenden E.'s führt Vangerow an: das E. des Usufructuars an Thierjungen einer Herde bis zur Ergänzung abgängiger Stücke (L. 70. §. 1. D. de usufr. 7. 1), das Eigenthumsvermächtniß bis zu dessen Annahme oder Ausschlagung (L. 86. §. 2. de leg. I.), die dominii impetratio des Pfandgläubigers (L. 63. §. 4. de acq. r. dom.). Allein in keinem dieser Fälle ist das E. in Wahrheit in Schwebe. Eigenthümer ist im ersten Falle der Usufructuar (L. 69. D. de usufr.), im zweiten der Legatar (dazu L. 19. §. 1. D. 8. 6), im dritten der Gläubiger. Vgl. hierüber bes. Wächter a. O. S. 3 flg., 6 flg., 23. Lang §. 15, Windscheid §§. 165 u. 643. N. 2.

E.'s bewilligt wurde (vgl. §§. 49. 50 Gr. G.), sodann wenn gegen die bücherlichen Eigenthümer die Löschungsklage überreicht und der klagende Eigenthumsprätendent um die Anmerkung des Streites angesucht hat (§§. 61 flg. 69 flg. Gr. G.), endlich im Fall der Anmerkung der Rangordnung für eine beabsichtigte Veräußerung des Guts (§. 53. 57 Gr. G.). Das Nähere hierüber wird später[40] a. g. O. angeführt werden.

Über die rechtsphilosophische und wirthschaftliche Begründung des E.'s und die zukünftige Gestaltung desselben zu reden, ist nicht hier der Ort.[41] Das E. ist eine natürliche zunächst durch die Familien- und Stammesgewalt geschützte Herrschaft, der wir selbst bei Völkern der unteren Kulturstufen begegnen; allerdings wird dieselbe durch Sitte und Recht allmählich gefestigt und der Erwerb desselben unter gewisse gesetzliche Regeln gestellt. Ohne E. — und die Möglichkeit es zu erwerben, ist kein wirthschaftlicher und sittlicher Fortschritt denkbar. Es ist die Voraussetzung der Entwickelung der Persönlichkeit und Freiheit des Individuums, der Kultur, Macht und Unabhängigkeit der Staaten. Das E. darf somit als der Grundstein des Privatrechtes und der Volkswirthschaft, ja der Kultur überhaupt bezeichnet werden. Die Zurückführung seiner Genesis auf den „Staats- (Gesellschafts-) Vertrag" ist eine Mythe; die Basirung desselben auf das Gesetz enthält insofern einen Keru von Wahrheit, als alles positive Recht zu seiner Existenz der staatlichen Anerkennung bedarf; einseitig und an sich durchaus ungenügend ist die Occupationstheorie, welche mit Unrecht dem röm. Rechte untergeschoben wird; historisch unrichtig und sozial nicht unbedenklich ist die meist von Nationalökonomen versuchte Ableitung des E.'s aus der Arbeit.[42]

40) Nur scheinbar ist die Ausnahme im Fall nicht rechtskräftiger Abweisung eines Übertragungsgesuches (§. 132 Gr. G.). In den im Text erwähnten Fällen ist im ersten Falle sowohl der einverleibte, als der pränotirte Eigenthümer, im 2. u. 3. Fall aber nur der Eingetragene zu bücherlichen Dispositionen (bedingt) berechtigt (§. 49).

41) So richtig die Bemerkung Baron's, Krit. V. J. Schr. 19. S. 372 flg ist, daß sich die Civilisten mit Unrecht der philosophischen und kritischen Behandlung der Institute des bürg. Rechtes zu verschließen pflegen, so ist doch andererseits zu erwägen, daß diese Behandlung nicht nebenbei in einem dogmatischen Werke erfolgen kann, zumal wenn es sich um eine Frage von so außerordentlicher Tragweite handelt, wie die vorliegende. Über diese Frage vgl. neuestens Wagner-Rau: Lehrbuch der polit. Ökonomie. 1. Thl. Grundlegung (1876) S. 431—722; dazu die treffliche Anzeige Baron's a. O. ferner Laveleye-Bücher, Kap. 32, S. 514.

42) Eine übersichtliche Zusammenstellung und Kritik der Eigenthumstheorien

Wenn nun auch das E. in dem Wesen der menschlichen Persönlichkeit und in der wirthschaftlichen Natur des Individuums gegründet

---

bei Laveleye a. a. O. u. Wagner a. a. O., an den sich Baron S. 380 flg. anschließt. Mit diesen unterscheiden wir: 1) die sog. natürliche Theorie, welche das E. auf das innere Wesen des Menschen zurückführt, sei es daß sie es: a) auf seine sinnlich-sittlichen Lebenszwecke basirt, und als Postulat der Selbstbethätigung der Persönlichkeit hinstellt (Fichte, Hegel, Stahl, Ahrens, Trendelenburg, Bluntschli, Laveleye und, soweit es sich um Mobilien handelt, Baron — sog. „natürliche Theorie"); sei es, daß sie es b) als nothwendige Consequenz der wirthschaftlichen Natur des Menschen betrachtet (M. Culloch, Mill, Roscher — sog. natürlich-ökonomische Theorie). Beiderlei Ansichten sind m. E. ganz wohl vereinbar und treffen in wechselseitiger Ergänzung den wahren Kern der Sache. 2) Die Theorien, welche das Eigenthum prinzipiell durch eine allgemein gültige Erwerbungsart begründen wollen, sei es nun a) primär durch eine willkürliche Handlung: die Occupation bez. Übertragung (so bes. Kant — Anklänge in den Pandekten), oder b) zunächst durch den Staatsvertrag und sekundär durch das Occupationsrecht, welches an die Stelle des ursprünglichen Rechtes Aller auf Gemeinschaft (communio primaeva) getreten sein soll (so die meisten Naturrechtslehrer, Hugo Grotius voran — Occupations- u. Vertragstheorie), oder c) auf die Arbeit (Locke, Bastiat. Thiers, Wirth, Leist, neuestens besonders Kohler, Jahrb. f. Dogm. 18. S. 226 flg.), wobei zugleich das Kapitaleigenthum auf die Ersparung gestützt wird (Arbeitstheorie). Laveleye S. 520 meint, diese „unkluge Theorie" wäre Verurteilung (?) unserer ganzen gegenwärtigen Organisation. (Vgl. aber auch Kohler a. O.) 3) Die sog. Legaltheorie, welche die bisher erwähnten Momente lediglich als legislative Erklärungs- bez. Rechtfertigungsgründe des E.'s ansieht, dieses selbst aber lediglich auf die positive Rechtsbildung — auf die staatliche Anerkennung stützt. Das E. erscheint ihr nur als eine „historische Kategorie" (Lasalle, Wagner, auch Baron, soweit es sich um Immobilien handelt; im Grunde gehören hieher auch die Naturrechtslehrer aus der Schule Hugo Grotins' bis Kant, insbes. Hobbes, Montesquieu, Hugo). Natürlich fehlt es auch nicht an vermittelnden Ansichten, so namentlich die A. Baron's, und auch die hier vorgetragene, welche zwar das E. als eine naturnothwendige Erscheinung ansieht, aber nicht verkennt, daß dasselbe erst durch staatliche Anerkennung zum positiven Rechte werde. — Wagner sucht zu beweisen, daß das E. an Produktionsmitteln (Kapital und Grund) nicht nothwendig sei, stellt aber im Grunde nur an die Stelle des Privat-Eigenthums — das Staats- oder das Gemeinde-Eigenthum (anders die Socialisten, bes. Marx, welche ein Anrecht Aller an allen Produktionsmitteln statuiren). „Während die Socialisten das E. an Produktionsmitteln völlig aufheben wollen, bestreben sich die Kathedersocialisten, es in die Hand von Gemeinwesen zu bringen." (Baron S. 386.) Mit Recht bemerkt Baron S. 387, daß die Ausführungen Wagner's die sog. „natürliche" Begründungstheorie nicht widerlegen, daß sie nicht das Eigenthum an sich, sondern nur das Subjekt desselben betreffen. Überhaupt scheinen mir die Ausführungen Wagner's keineswegs die Unnothwendigkeit (Zufälligkeit) des E.'s, sondern nur so viel darzuthun, daß das allgemeine Beste (necessitas — nicht schon volkswirthschaftliche utilitas) unter Umständen gebieterisch verlangen kann, daß gewisse Produktionsmittel expropriirt und im öffentlichen Interesse verwaltet werden. Um zu diesem Ergebnisse zu gelangen, bedarf es nicht der zu weit gehenden These Wagner's: „Privates Kapital- und Grundeigenthum sind als (bloß?) auf öko-

ist, so folgt daraus noch nicht, daß Jedermann an Sachen jeder Art E. haben müsse. Denn zunächst ist nicht bei Allen die Persönlichkeit, das Streben nach freier Entfaltung und sohin das Bedürfniß nach der materiellen Unterlage der selbsteigenthümlichen Entwickelung in gleicher Weise entwickelt. Dieses Maß ist vielmehr verschieden nach Verschiedenheit der Völkerschaften und Individuen. Es folgt aus jener Theorie nur, daß Jedermann die Möglichkeit geboten werden müsse, E. zu haben und zu erwerben; es folgt daraus ferner die Anforderung an die Gesetzgebung, den Eigenthumserwerb der nicht besitzenden Klasse thunlichst zu fördern, um eine möglichst gleichmäßige günstige Vertheilung der Güter herbeizuführen. Auch ist damit nicht ausgeschlossen, daß im Interesse des Gemeinwohls einzelne Kategorien von Gütern (Verkehrswege, Bergwerke 2c.) dem Privateigenthum entzogen und als öffentliches (Staats- oder Gemeinde-) Gut in einer dem öffentlichen Interesse entsprechenden Weise bewirthschaftet werden, wobei natürlich das bestehende Einzelgut im Expropriationswege abzulösen ist.

Diese Aufgaben hat in zeitgemäßer Weise die jeweilige — positive Eigenthumsordnung zu lösen. Das eben ist die „Schwäche der heutigen Eigenthumsordnung', daß sie hunderttausenden Menschen „den Stoff zur Offenbarung ihrer Individualität", sagen wir: die Möglichkeit menschenwürdigen Daseins nur in der nothdürftigsten Weise gewährt.

Wir müssen sohin das Prinzip des Eigenthums als Institution des Privatrechts und die Eigenthumsordnung (die Gesetze seiner Erwerbung und Vertheilung) wohl unterscheiden. Ersteres ist unumstößlich, Letztere nach Ländern, Völkern, Kulturstufen verschieden und wandelbar. (Vgl. Schmoller a. a. O.) In der That ist auch — um von dem beweglichen Verbrauchsvermögen und dem Mobiliar-

---

nomischen Zweckmäßigkeitsgründen beruhend keine ewig unveränderlichen Institutionen des Rechts und der Volkswirthschaft." In Bezug auf das Grundeigenthum tritt Baron S. 395 Wagner bei. (Auch Laveleye betont im Schlußkapitel (32) nur die Wandelbarkeit und Reformbedürftigkeit der heutigen mitteleuropäischen Grundeigenthumsformen.) Noch weniger bedarf es, um den socialen Pflichten des E.'s gerecht zu werden, einer Wandlung im Inhalte des E.'s — nämlich der verwirrenden Auflösung des Eigenthumsbegriffes in eine unbestimmte Summe von Einzelbefugnissen, welche jede juristische Konstruktion zur Unmöglichkeit machen würden vgl. A. 7 u. 20, s. gegen W.'s Definition des E.'s S. 504. 505 auch Baron a. O. S. 389). Allerdings bleibt noch die nähere Ausführung der Ideen W.'s abzuwarten. Weitgehende Versuche zum Theil bedenklicher Richtung bei Samter, Gesellschafts- und Privat-Eigenthum (1877), und vollends bei Lindwurm, Das Eigenthumsrecht und die Menschheits-Idee 2c. (1878).

produktionsmittel (Mobiliarkapital) abzusehen — das Grundeigenthum nach dem Zeugniß der Rechtsgeschichte nicht überall und ausschließlich im Privateigenthum gewesen(s. oben S. 11) und findet sich heute noch in großen Staaten (Rußland) neben dem Individualbesitz ein großartiger Gemeingrundbesitz mit gemeinheitlicher Nutzung.[43]

Zum Schlusse erübrigt noch, auf die Bestrebungen der Socialisten hinzuweisen, soweit dieselben auf die Realisirung des sog. „Rechtes (?) auf den vollen Arbeitsertrag“ und auf die damit zusammenhängende Umwälzung der Eigenthumsformen gerichtet sind. Lehrreiche litterarhistorische Darstellungen der diesbezüglichen älteren und neueren socialistischen Lehren bieten Stein's: Geschichte der socialen Bewegung in Frankreich, Schäffle's: Die Quintessenz des Sozialismus und neuestens besonders Anton Menger's: Das Recht auf den vollen Arbeitsertrag in geschichtlicher Darstellung (1886).[44]) Die Ergebnisse dieser Untersuchungen, welche uns den schwankenden, vielfach utopistischen Aufbau der Hauptsysteme des Socialismus erkennen lassen, können kurz folgendermaßen gefaßt werden:

In der gegenwärtigen E. Ordnung ist das Nutz-E. von dem Productiv-E. zu unterscheiden. Jenes dient dem persönlichen Bedarf, dieses der Production. Das erstere ist in der Form des Sonder-E.'s (Privat-E.) als Kleidung, Geräth ꝛc. ziemlich allgemein vertheilt, nur Eigen-Wohnungen entbehrt der größte Theil der Bevölkerung. Das Productiv-E. (Kapital) im w. S. ist sehr ungleichmäßig vertheilt. Ein Volkstheil (bes. d. Arbeiter- u. Gehilfenstand) betheiligt sich an der Güterbeschaffung ohne Kapital u. erhält sohin Einkommen nur in Gestalt von Lohn (Gehalt ꝛc.). Ein Theil arbeitet mit eigenem oder fremdem Kapital, bezieht daher vollen oder beschränkten Unternehmergewinn. Ein Theil besitzt Kapital (Grund, Maschinen, Geld ꝛc.), ohne

43) Völliger Ausschluß des Privatgrundbesitzes kommt meines Wissens in der Rechtsgeschichte nicht vor, wohl aber die Konkurrenz desselben mit dem Gemeingrundbesitz.

44) Bei der zunehmenden Verbreitung socialistischer Ideen in breiten Volksschichten ist es unerläßlich, dieselben unverhüllt in's Auge zu fassen. Nur durch ruhige, kritische Untersuchung vom Standpunkt der Jurisprudenz und Volkswirthschaft kann der mythische Zauber gebrochen werden, der die nebelhaften Zukunftsgestaltungen des Socialismus umgiebt und dem Umsichgreifen desselben so förderlich ist. — Vgl. auch die historisch-legislativen Ausführungen Laurent's, Principes VI. Nr. 87—99. insbes. bezüglich Platons u. der evangelischen Lehren (Kirchenväter); dazu Wagner, Volkswirthschaftslehre (2) S. 344 flg.

sich an der Production zu betheiligen, bezieht daher Zins, Pacht, Miethe; das E. an sich (ohne Arbeit) ist Quelle eines besonderen Einkommens (v. Zinses im w. S.). Gegen Letzteres hauptsächlich richten sich die Angriffe des Socialismus (dazu v. Scheel im Hdwörterb. f. Staatswiss. s. h. v.). Die wirthschaftliche Stärkung und der rationelle Schutz der ersten Klasse gegenüber der ökonomischen Übermacht der letzten Klasse — die weise Ausgleichung der wirthschaftlichen Kräfte und Interessen Beider bildet das schwere, aber dankenswerthe Ziel der modernen Staatswissenschaft; der Opferung des Sondereigenthums bedarf es hiebei gewiß nicht!

Der sozialistische Anspruch auf den sog. vollen Arbeitsertrag umfaßt ein doppeltes Postulat: Einerseits soll jedes arbeitslose Einkommen, mag es in der Grund- oder Kapitalrente bestehen, als „Ungerechtigkeit" beseitigt werden, anderseits soll jeder Arbeiter aus der gesammten Güterproduction — ohne Abzug zu Gunsten des Grund- und Kapitaleigenthums — soviel Werth erhalten, als er selbst durch seine Arbeit geschaffen hat. Beide Postulate sind eine Negation des bestehenden Rechtszustandes — insbes. des individuellen Privateigenthums und der damit verbundenen Sondernutzung; die Kluft ist weder durch eine utopistische Organisation des Credits (Proudhon) noch durch Grundschuldenentlastung mit Rentenconversion, imperative Taxen bei Kauf- und Lohnverträgen ꝛc. (Rodbertus) zu überbrücken; die Undurchführbarkeit des letzteren Projektes zeigt übrigens die Geschichte (Diocletians Edict v. J. 301., franz. Dekr. v. 1793).

Aber selbst die Beseitigung der gegenwärtigen Eigenthumsform und die Einführung eines Gemeineigenthums mit Sondernutzung, wie sich dasselbe in einem Theile Rußlands in Form der sog. Mir (s. Note 20) erhalten hat, wäre nur auf einen Theil der landwirthschaftlichen Objecte (Feldwirthschaft) anwendbar, vertrüge aber nicht die Ausdehnung auf andere Grundstücke oder auf Industrie- und Handelsunternehmungen; die staatliche Übertragung der letzteren an Arbeiterassociationen, (sei es durch Expropriation, sei es durch Neugründungen: Louis Blanc, Lassalle) würde — wenn überhaupt durchführbar — sehr bald zu einem regellosen Kampfe mehr oder weniger mächtiger Associationen unter einander und zu einer rücksichtslosen Ausbeutung der übrigen Gesellschaftsclassen durch die mächtigsten dieser Industrieringe führen. (S. selbst Menger, S. 152 flg.) — Umso weniger realisirbar erscheint im

Großen die dritte Eigenthumsform: Gemeineigenthum mit gemeinsamer Nutzung, ganz abgesehen davon, daß so mächtige und in alle Volksschichten so tief eingreifende wirthschaftliche Umwälzungen ohne blutige Revolutionen und ohne Kampf bis aufs Messer wohl gar nicht denkbar sind, und daß ständige Rückfälle an der Tagesordnung wären.

Bei der unläugbaren Nothwendigkeit, die wirthschaftliche Lage des numerisch stärksten sog. vierten Standes — jedoch auch des niedern Gewerbestandes — zu bessern, erscheint es daher gerathen und geboten: einerseits an der bisherigen Eigenthumsform nicht zu rütteln, andererseits durch eine den besitzlosen Klassen wohlwollende Gesetzgebung und Verwaltung die Erwerbung von Eigenthum und Kapital, bezw. von Einkommen durch die Letzteren unter Heranziehung der Grund und Kapital besitzenden Klassen thunlichst zu fördern und das Bildungs- und Gesittungsniveau jener Schichten möglichst zu heben.[45] Sehr wichtige Schritte sind diesfalls in Österreich und Deutschland durch die neue socialwirthschaftliche Gesetzgebung theils bereits geschehen, theils in Vorbereitung begriffen: Arbeiter-, Kranken-, Unfalls-, Alters-, Invalidenversicherung, Fabrikinspektoren, Arbeiterschutz, insbes. der Frauen und Kinder, Normalarbeitszeit, Arbeitsvermittlungs- und Arbeitspreismittelämter [Schiedsämter], Förderung der Arbeiterproduktivassociationen insbes. durch billigen Credit, Arbeiterkammern oder erweitertes politisches Wahlrecht. Durch die Beschränkung des Intestaterbrechts auf den vierten Grad der Verwandtschaft, durch eine vorsichtig angelegte progressive Einkommensteuer ꝛc., könnte der Fond zur Entlastung und gesetzlich geregelten Unterstützung des capitallosen Standes genommen werden.[46] Ebenso kann durch Verstaatlichung gewisser Gewerbszweige — wie der Eisenbahnen und Telegraphen, des Bergbaus ꝛc. — im öffentlichen Interesse ein Theil der Productionsmittel der individualistischen Wirthschaft entzogen und gemeinförder-

45) Sehr richtig bemerkt Laurent VI. nr. 97: Si le développement moral n'allait pas de pair le développement intellectuel, celui-ci pourrait devenir un instrument de mal. Il faut donc que l'on enseigne aux hommes leurs devoirs. Dies gilt auch bezüglich der besitzenden Klassen der Bevölkerung, wie dies jüngst bes. Steinbach in beherzigenswerthen Schriften gethan.

46) Ob auch Theilname am Unternehmergewinn d. Z. praktisch durchführbar ist, lassen wir dahingestellt. — Zum großen Theil nicht gerechtfertigt sind die Vorwürfe, welche Anton Menger, in s. Schrift: das bürgerl. Recht u. die besitzenden Volksklassen (1889) gegen den Entwurf des bürgerl. G. B.'s für das deutsche Reich und gegen den Juristenstand vom socialistischen Standpunkte erhebt. Die Redactoren

lich geordnet werden. Auf diese Weise wird die capitallose Arbeit gegen die Übermacht des Capitals widerstandsfähig gemacht, die individuelle und genossenschaftliche Capitalbildung gestärkt, die „aufsteigende Classenbewegung" gefördert und allmälig jene thunlichste Ausgleichung der wirthschaftlichen Unterschiede der einzelnen Volksschichten und ihrer Interessen angebahnt, auf welcher der ungestörte, rechtscontinuirliche Fortschritt der Staaten und Völker beruht.[47]

§. 2. Subjekte des Eigenthums.

Die §§. 18. 355. und 356 A. B. G. B. stellen die Regel auf, daß Jedermann, den die Gesetze nicht ausdrücklich ausschließen, befähigt ist, Rechte, insbesondere E. zu erwerben.

Personen, die überhaupt vermögensunfähig wären, giebt es nach österr. Rechte nicht. Doch sind Deserteure der Linie und Reserve (vom Tage der Entweichung, bez. Einberufung bis zur Stellung oder Einlieferung) und Ordensgeistliche, welche das feierliche Gelübde der Armuth abgelegt haben, unfähig, Vermögensrechte, insbesondere E. zu erwerben; das Vermögen, das sie bereits haben, verlieren sie nicht, wohl aber dessen Verwaltung. Milit. St. G. B. §. 208. c., und §. 182 des Ges. vom 9. August 1854. Z. 208.[1]

---

des B. G. B. waren nicht berufen, die Eigenthumsordnung auf Grund irgendwelcher socialistischer Zukunftspläne zu construiren; für die gegebene E.-Ordnung vermag aber auch Menger bezüglich des Entwurfes keine wesentlichen Reformen zu beantragen; beachtenswerth sind nur einzelne Vorschläge M.'s in Familien-Obligationen u. Erbrecht. — Daß der Juristenstand überwiegend conservativ ist, erklärt sich durch seinen Beruf: das bestehende Recht zur Anwendung zu bringen; die Härten desselben können nicht ihm zur Last gelegt werden; der Vorschlag an die Stelle der Analogie das willkürliche Ermessen des Richters zu setzen, verkennt völlig die Stellung des Letzteren u. würde — ohne der zielbewußten Förderung der besitzlosen Klassen wesentlich förderlich zu sein — ein gesetzliches Organ — der Anarchie schaffen.

47) Wesentlich gleicher Ansicht sind auch neuere franz. Juristen, wenn sie auch die socialen Reformen nicht so sehr betonen. Vgl. bes. Laurent a. a. O.

1) Anders nach röm. R., nach welchem der Eintritt in ein Kloster für den Eintretenden den Verlust des Vermögens und dessen Übergang auf das Kloster zur Folge haben soll, wenn er nicht vorher darüber verfügt hat. (Nur zu Gunsten der Descendenten kann er auch noch später verfügen.) Vgl. Nov. 5. cap. 5. u. Nov. 123. c. 38. So konnte denn auch c. 6. X. 3. 35 konsequent aussprechen: Ne quis monachorum proprium aliquo modo possideat; dazu Conc. Trid. Sess. 25. c. 2, Schulte, Kirchenrecht (2. A.) S. 474, Hellmann, Erbr. d. Religios. S. 50. K. Henner, O rak. zákonech amortis. (österr. Amortisat. Ges.) 1892 S. 35 flg. — Nach österr. R. wird daher auch nicht mit dem Eintritte in das Kloster, sondern erst mit dem Tode der Ordenspersonen die Erbfolge nach denselben

(Dies galt früher auch bezüglich der unbefugten Auswanderer [§§. 10 u. 11. des Auswand.-Pat. v. 24. März 1832.]; allein diese Bestimmung hat in Folge der neuen Gesetze über die Wehrpflicht ihre praktische Bedeutung — wo nicht ihre Geltung verloren. Insbesondere sind in dem Wehrges. v. 11. April 1889 Nr. 41. R. G. Bl. (§. 45) für Stellungsflüchtlinge, welche das Gebiet der österr.-ungar. Monarchie verlassen haben, wegen des dadurch begangenen strafbaren Vergehens lediglich Arrest- und Geldstrafen und strafweise Verlängerung der Dienstpflicht als Folgen der Flucht festgesetzt; allein andere Rechtswirkungeu werden nicht mehr genannt oder bezogen.)[1a]

Selbstverständlich hat sich der Vermögenskurator der obgenannten Personen auf die Verwaltung des Vermögens zu beschränken und kann derselbe nicht etwa für den Erwerbsunfähigen Erbschaften oder Schenkungen erwerben; die entgegengesetzte Ansicht verkennt, daß es sich um Erwerbs- und nicht um Handlungsunfähigkeit, um eine

---

eröffnet. Arg. §. 20 u. 182 des Ges. v. 9. Aug. 1854. Vgl. Singer, Das Commercium der Ordenspersonen (1880) S. 5 flg., u. Baernreither, G. Z. 1882. Nr. 5 flg. Halilos ist die Ansichi Burckhard's, Syst. §. 35, daß durch art. 6. St. Gr. G. v. 1867 Nr. 142 alle diese Beschränkungen der Ordenspersonen aufgehoben sind; dagegen spricht die Geschichte dieses art. u. die Tendenz der Gesetzgebung. — Nach preuß. Itechie sind aber alle Mönche — nach bayer. R. Mendikanten besitzunfähig. L. R. II. 11. §. 1200, s. Förster §. 158. N. 2. Roth §. 130. — Die Minderung der Rechtsfähigkeit trifft nur die Deserteure der Linie und Reserve, nicht jene der Landwehr. Vgl. §. 1 Gesetz vom 23. Mai 1871 Z. 45, Pfaff-Hofmann II. S. 23, Schiffner §. 55 Nr. 7.

1a) Streitig ist die Frage, ob das Auswanderungspatent v. 24. März 1832. Z. 2557 nicht schon durch den Art. 4 des Staatsgrundgesetzes über die allg. Rechte der Staatsbürger vom 21. December 1867. Z. 142 aufgehoben sei? Bejahend wurde dieselbe beantwortet von der Majorität der Kommission der jurist. Gesellschaft in Wien. (Vgl. die Schrift: Der Einfluß der Staatsgrundgesetze &c. 1868). Die Minorität derselben erkannte „nur jene Bestimmungen des Patents für aufgehoben, welche nicht zu dem Zwecke anwendbar wären, um die Beschränkung des Auswanderungsrechtes durch die Wehrpflicht durchzuführen.“ Art. 4 lautet: „Die Freiheit der Auswanderung ist von Staatswegen nur durch die Wehrpflicht beschränkt.“ M. E. folgte daraus nur, daß alle Hindernisse der Auswanderung mit einziger Ausnahme der Wehrpflicht aufgehoben sind. S. auch Schiffner §. 55. Allein nach dem Wortlaut des oben cit. §. 45 des neuen Wehrges. v. 1889 muß nunmehr doch wohl die im Text vertretene Ansicht für richtig erkannt werden. S. Krasnopolski, Kr. V. J. Schr. 27. S. 483; auch Kirchstetter S. 48. N. 14, u. Pfaff-Hofmann II. S. 23 erklären sich bei so schwankender Wage in dubio mitius — für die Aufhebung des cit. §. 10, lit. c. So auch Burckhard §. 41. flg., Widersprechend Krainz, Syst. d. öst. Pr. R. I. §§. 71. 75. N. 1. §. 73. Ausführg.

cura bonorum — und nicht um eine cura personae handelt. (Vgl. Nr. 5396 Samml.) Dies ist bezüglich der Ordenspersonen klar ausgesprochen in dem Hofd. 30. Aug. 1782 Z. 72 J. G. S., welches den Exreligiosen die Fähigkeit zuerkennt, „vom Tage der ...... Aufhebung ihres Klosters oder Stiftes durch Erbschaft oder jede andere gesetzmäßige Weise zu erwerben"; desgleichen im Hofd. v. 9. Nov. 1781. Z. 30. J. G. S., demzufolge die vom Ordensgelübde Dispensirten und in den Weltpriesterstand Getretenen nicht befugt sind, „jenes, was bis zu ihrem Austritt und resp. Annehmung des Weltpriesterstandes den übrigen weltlichen Intestaterben wirklich angefallen sein wird, zurückzuverlangen".[2] (Diese Erwerbsunfähigkeit trifft auch bei den griechisch-orientalischen Mönchen zu; vgl. Hofd. v. 29. April 1784 für die Bukowina, dazu Nr. 11 165 Samml. U. G. W.) Es ist wohl nicht zu bezweifeln, daß Ordensgeistliche mit dem gesetzlich vollzogenen Austritt aus der katholischen Kirche (§. 6 d. Ges. v. 25. Mai 1868, Z. 49) die Disposition über ihr Vermögen und die Erwerbsfähigkeit wieder erhalten. (Vgl. §. 538. und die Anal. des cit. Hofd. v. 1781.)

Welche Ordensgeistlichen das feierliche Gelübde der Armuth ablegen und daher die Vermögensfähigkeit verlieren, muß nach ihrer Ordensregel beurtheilt werden. Den Letzteren, bez. alter Observanz zufolge sind die Ritter des Deutschen und Maltheserritterordens (Hofdekr. v. 28. Juni 1840, Z. 451, v. 4. Juli 1791, Z. 171. J. G. S. — v. 11. Dezember 1795, Z. 268),[3] sowie die Redemptoristen (Hofd. v. 9. Jan. 1843, Z. 670) allerdinds fähig, E. für sich zu erwerben. — Ordenspersonen, welche des feierlichen Gelübdes entbunden oder sekularisirt wurden oder bei denen die übrigen Voraussetzungen des §. 573 A. B. G. B. zutreffen, daher insbesondere die als Bischöfe, ferner als Pfarrer oder Lokalkapläne auf einer Sekular-

2) Ohne Grund behauptet für das derzeit. österr. Recht das Gegentheil Baerureither Nr. 11, wobei er cura bonorum und c. pers. verwechselt. Daß Ordenspersonen handlungsfähig sind, zeigt der Umstand, daß dieselben als Stellvertreter für Dritte gewiß Rechte 2c. erwerben können; nicht richtig sagi daher die Entsch. Nr. 11165, sie seien „absolut handlungsunfähig".

3) Nicht aber die Priester der gedachten Ritterorden, welche die feierlichen Ordensgelübde ablegen. K. V. v. 10. Dez. 1866 Z. 4. R. G. (1867). Die Vermögensfähigkeit der deutschen Ordensritter gründet sich auf alte, gesetzlich anerkannte Observanz. Vgl. Pfaff-Hofmann II. S. 22, und bezüglich der Maltheser II. S. 123. N. 16.

pfründe bestellten Ordensgeistlichen (Hofd. v. 21. April 1786 Z. 542 und v. 22. Dezember 1788 Z. 939) sind ebenso eigenthumsfähig, als der Sekularklerus und die Mitglieder der sog. Congregationen, welche Letztere nur die einfachen Gelübde ablegen, z. B. die sog. englischen Fräulein, barmherzigen, grauen Schwestern, Schulschwestern u. s. f.[4] Dagegen erlangen Ordensgeistliche, welche bloß an incorporirten Pfarreien (Stifts- oder Klosterpfarren) als Pfarrer (Pfarradministratoren) angestellt und daher nur als Vicare des Stiftes, Klosters ꝛc., welches der Parochus ist, anzusehen sind, durch diese Stellung die Eigenthumsfähigkeit nicht. Vgl. Hofd. v. 1. October 1784 Z. 364, dazu die Entsch.-Nr. 11 527, 11 532, 11 963 Gl. U. W. Pf.[4a]

4) Vgl. die Hofdekr. Nr. 967. 968 bei Michel. Die Beschränkung der englischen Fräulein bezüglich der Immobilien ist mit der Aufhebung der Amortisationsgesetze weggefallen. Vgl. Näheres bei Singer a. O. S. 46. 112 flg., 137 flg., u. Baernreither, Ger. Z. 1882. Nr. 1—11, Plachy, Not. Z. 1892 Nr. 37. 39; Henner, S. 51 flg.; bei Letzterem s. auch die eingehende historische Entwicklung der bezüglichen Gesetzgebung in den böhmischen und deutschen Erbländern. — Die Redaktoren des G. B. gingen von der im Texte vertretenen Auffassung aus; vgl. Cod. Ther. I. S. 165 flg., Horten, S. 194; dazu Ofner, Prot. I. S. 325, II. 522. 538 flg.

*4a) Zutreffend sind insbes. die Motive der Entsch. Nr. 11527, welche betonen, daß die im Text cit. Hofdekr. Z. 542 u. 939 selbständige Secularseelsorgestationen voraussetzen. Durch die Entsch. Nr. 11527 sind auch die ganz irrigen Gründe der abweichenden Entsch. Nr. 7590 gut widerlegt; gegen letztere Entsch. vgl. auch Henner, S. 1 flg., 51. 57 flg. Die Gründe der ersten u. dritten Instanz Nr. 7590 (Prag) behaupten nämlich sonderbarer Weise: es bestehe kein Gesetz, welches den Professen das Recht entzöge, unter Lebenden Sachen zu erwerben; die Ordensstatuten regelten angeblich bloß das innere Verhältniß der Mitglieder, nicht auch jenes zu dritten Personen; endlich seien die Amortisationsgesetze noch immer giltig. Allein die im art. 8 des Kundm. Pat. u. in den §§. 539 u. 761. B. G. B. bezogenen zahlreichen politischen Gesetze (s. oben, dazu Hofd. v. 30. Aug. 1782 Z. 72, v. 23. März 1809 Z. 887, 27. April 1816 Z. 1235. J. G. S.) anerkennen den röm.-canonischen Grundsatz, daß solche Ordenspersonen (außer dem statutarischen Peculium) für sich kein Vermögen erwerben können. Die Abweichung des österr. R. vom canon. R. besteht nur darin, daß der Professe das früher bereits Erworbene behält (dafür wird ein Curator bestellt, §. 182 d. Pat. v. 9. Aug. 1834) und daß der canon. Grundsatz: »quidquid acquirit monachus, acquirit monasterio« bezüglich der Erbschaften und Schenkungen an Ordensmitglieder hierlands nicht gilt (Hofd. v. 23. März 1809 Nr. 887, 27. April 1816 Nr. 1235 J. G. S.) S. auch Henner a. O. Bei anderen Rechtsgeschäften erwirbt aber das Kloster durch sein Mitglied als nothwendigen Stellvertreter, wie nach canon. R.; denn mit der Anerkennung des canon. Grundsatzes sind (innerhalb der bezeichn. Grenzen) auch die Consequenzen desselben acceptirt; außerdem würde das vom Professen erworbene Vermögen — Niemandem gehören: ihm nicht, weil er erwerbsunfähig ist, — dem Orden nicht, weil

Dagegen sind vom Erwerbe und vom Haben gewisser Sachen ausgeschlossen:[5]

a) Infolge der Reziprozität Montenegriner vom Besitze unbeweglicher Güter in Österreich. J. Hofdekr. v. 11. Oktober 1845 Z. 898 u. J. M. Erl. v. 5. August 1849 Z. 348 R. G.[6] Auch sonst richtet sich die Fähigkeit der Ausländer zum Besitz von Immobilien nach dem Prinzip der formellen Reziprozität (§. 33. b. G. B.).

b) Vom Besitz unbeweglicher Güter sind gemäß ihrer Ordensregel ausgeschlossen die Minoriten- und Capuzinerorden. Conc. Trid. Sess. 25. c. 3. und die Minist. Vdg. v. 13. Juni 1858. Z. 95.

c) Personen, die nicht die besondere behördliche Bewilligung dazu haben, vom Besitze verbotener Waffen und Munitionsgegenstände; dann Personen, denen die Bewilligung zum Waffenbesitze durch die Behörde entzogen wurde, vom Besitze von Waffen überhaupt. §§. 8. 12, dann 41. 42 des Waffenpatents vom 24. Oktober 1852. Z. 223 R. G. B.[7]

d) Endlich sind Beamte, welchen die öffentliche Aufsicht über den Bergbau oder die erste Entscheidung über Bergbauverleihungen zukommt, dann ihre Ehegattinnen und Kinder vom Besitz von Bergwerken in dem bezüglichen Bezirke ausgeschlossen. §§. 7. u. 8 Bergg. v. 23. Mai 1854. Z. 146.

e) Streitig war der folgende Fall: Vom Besitz von Bauerngütern sind nach dem Hofdekr. v. 28. Febr. 1788. Z. 790 J. G. S.

---

die Stellvertretung negirt wird! Darum billige ich die Entsch. Nr. 11527, mit welcher der Klage des Klosters L. auf bücherliche Umschreibung des von seinem Mitgliede aus den Ersparnissen der unirten Pfarre erworbenen Hauses stattgegeben wurde.

5) Vgl. Pachmann, S. 80. Hier sind also gewisse Sachen kein Gegenstand des Verkehres für gewisse Personen (res, quarum commercium quis non habet, wobei comm. im subjektiven Sinne genommen ist). Vgl. Unger, I. S. 370.

6) Türkische Unterthanen sind derzeit nach dem Grundsatze der Reziprozität zum Besitze unbeweglicher Güter fähig. (Vgl. Protokoll v. 5. November 1868. Nr. 5. R. G. Bl. pro 1869, Z. 46. R. G., Conv. v. 22. Juni 1877. Z. 78. art. 4.) — Die Behauptung Kirchstetter's, S. 182. Note 6, daß zufolge des mit der Türkei geschlossenen Vertrags v. 5. Nov. 1868 auch die Montenegriner besitzfähig geworden sind, beruht auf einer Verkennung der Unabhängigkeit der suzeränen Staaten in inneren Angelegenheiten. Beweis dessen das eben citirte Gesetz in Ansehung der ehemaligen Moldau-Walachei.

7) Vgl. Winiwarter, II. S. 39. Das cit. Gesetz spricht überall nur vom Besitze dieser Gegenstände, der §. 3 der Vollzugsvorschrift vom 29. Januar 1853. Z. 15. R. G. Bl. vom „Rechte zum Waffenbesitze." Unter „Besitz" ist wohl Eigenthum und Besitz zu verstehen.

ausgeschlossen: Ausländer, mit Ausnahme der Unterthanen der ehemaligen deutschen Bundesstaaten (Hofdekr. vom 14. April 1825 J. G. S. 53. S. 79), dann der (den meistbegünstigten Nationen gleichgestellten) Unterthanen Italiens, Hollands, Frankreichs, Spaniens. Da mit der Aufhebung der Gutsunterthänigkeit (1848) die wesentlichsten öffentlich-rechtlichen Merkmale der „Bauerngüter" hinwegfielen, hat diese Beschränkung seitdem ihre praktische Bedeutung verloren.[8]

Die geistlichen Korporationen, welche früher durch die sog. Amortisationsgesetze vom Eigenthumserwerbe unbeweglicher Güter ohne l. f. Bewilligung regelmäßig ausgeschlossen waren (vgl. die diesfalls früher bestandenen Vorschriften ausführlich bei Stubenrauch, I. S. 713 [474 der 2. Aufl.], Henner, a. O. S. 39 flg., woselbst die histor. Entwicklung der österr. Gesetzgebung eingehend dargestellt ist), sind seit dem Konkordate (Pat. v. 5. Nov. 1855 Z. 195 R. G. Bl. art. XXIX.) zum Eigenthumserwerbe fähig. Vgl. auch die Minist.-Vdg. v. 13. Juni 1858 Z. 95. R. G. B.). Durch den Art. 6. des Staatsgrundgesetzes v. 21. Dezember 1867. Z. 142 ist zwar diese Fähigkeit stillschweigend anerkannt, jedoch werden „für die todte Hand Beschränkungen des Rechtes, Liegenschaften zu erwerben und über sie zu verfügen, im Wege des Gesetzes aus Gründen des öffentlichen Wohles" als zuläßig vorbehalten. Durch die Aufhebung des Konkordats (art. 1. des Ges. v. 7. Mai 1874 Z. 50. R. G. Bl.) lebten selbstverständlich die früher bereits abolirten Amortisationsgesetze nicht wieder auf.[8a]

---

8) Die entgegengesetzte Meinung der früheren Aufl. habe ich aufgegeben. Vgl. auch Stubenrauch (Schuster-Schreiber) Komm. I. S. 440 (4. Aufl.), Krainz §. 73. Ausführ., Burckhard §. 42, Krasnopolski a. O. S. 483, (Harrasowsky), Not. Z. 1884. Nr. 32., Till, Prawo p. §. 126 N. 5. Mit dem Wegfall der Untheilbarkeit der Bauerngüter will Kirchstetter S. 181 den Wegfall jener Norm begründen, — gewiß mit Unrecht. Es giebt eben keine Bauerngüter mehr — 2c. im Gegensatze zu städtischen und Dominicalgründen!

8a) Dies ergiebt sich nach allgem. anerkannten Interpretationsgesetzen; vgl. Unger I. S. 105, Pfaff-Hofmann, Comm. I. S. 219 flg., Rittner, Cirk. právo II. 174, Henner a. O. S. 61 flg. . Auf demselben Gedanken beruht die Bestimmung des §. 723 A. B. G. B. bezüglich letztwilliger Anordnungen. Irrig nimmt die in Note 4a) angeführte Entsch. Nr. 7590 an, daß durch die Beseitigung des Concordats die Amortisationsgesetze wieder gesetzliche Geltung erlangten; so auch Pražák, Právník 1880 S. 515 flg.; dagegen Henner a. O., u. die sehr gute Entsch. Nr. 11527. Gl. U. W. Die Erwerbsfähigkeit der geistlichen juristischen

Ebenso sind die Israeliten gegenwärtig in allen Theilen des Kaiserstaates unbeschränkt zum Besitze von unbeweglichen Gütern befähigt. (Staatsgrundgesetz v. 21. Dezember 1867. Z. 42. Art. 15.)[9]

§. 3, Objekte des Eigenthums.

Die §§. 355 u. 356 des Gesetzbuches bezeichnen alle Sachen„ in Rücksicht deren „ein gesetzliches Hinderniß nicht entgegensteht", oder wie das amtliche Inhaltsregister sagt, alle Sachen„ welche ein Gegenstand des rechtlichen Verkehres sind, als möglichen Gegenstand des E.'s. Das selbständige räumliche Dasein dieser Sachen wird vorausgesetzt. Eine solche selbständige reale Existenz besitzen bei den sog. Gesammtsachen (§. 302 G. B.) nur die einzelnen körperlichen Sachen, welche in ihrer Zusammengehörigkeit ein begriffliches Ganze bilden, nicht aber das letztere selbst. Das Begriffsganze (z. B. die Heerde, die Bibliothek) lann somit nicht Gegenstand des E.'s sein. Zwar wird die Gesammtsache von manchen Juristen als fingirter, künstlicher, ideeller Rechtsgegenstand angesehen.[1] Allein diese Auf-

Personen (Klöster 2c.) und der einzelnen Mitglieder derselben sind wohl zu unterscheiden!

9) In einigen Kronländern waren die Israeliten vom Besitze von Realitäten ausgeschlossen. Vgl. dazu meinen Besitz §. 11. Note 8. Die Juden waren ehedem im Österreich ob der Ens, Salzburg, Steiermark, Kärnten, Tirol und Vorarlberg zu jedem Grundbesitze unfähig; in Galizien, Bukowina und Krakau waren nur diejenigen Israeliten, welche Untergymnasien, Unterrealschulen, Handelsschulen, landwirthschaftliche Lehranstalten, Forst-, Berg- und nautische Schulen absolvirten oder den Offizierscharakter bekleideten, zum Realitätenbesitze fähig. In Niederösterreich, Böhmen, Mähren, Schlesien, Czernowitz, Ungarn, Kroatien, Slavonien, Siebenbürgen, dem Küstenlande und Dalmatien, waren sie seit der k. Verordnung vom 18. Februar 1860, Z. 45. R. G. B., und 28. Februar 1864, Z. 26. R. G. B. unbedingt besitzfähig.

1) Vgl. Mühlenbruch, Pandekten II. §. 223., Puchta, Pand. §. 35. Scheurl, Instit. §. 43., Arndts, Pand. §. 48., Windscheid §. 137. Baron, Gesammtv. §. 2, auch Zeiller II. S. 27., Nippel III. S. 33. 460. Winiwarter II. S. 20. 21. Stubenrauch, I. S. 240. Nr. 2 [der irriger Weise mit Winiwarter auch die Erbschaft dahin zählt, während er sich doch in der Note ** gegen die Unterscheidung der universitas in die u. juris (wohin die Erbschaft gezählt wurde) und facti erklärt]; ferner Unger I. S. 483. Nr. 43. 62 wenigstens in Ansehung des Eigentbums und Pfandrechts (richtig S. 477), neuerlich Girtanner, Jahrb. f. Dogm. 3. S. 207 flg., auch ich in der ersten Aufl. m. Besitz. Dagegen haben sich gegen die Auffassung der Gesammtsachen als ideellen Rechtsobjekts erklärt Wächter, Handb. S. 235. Erörter. I. S. 15—17. Heimbach im R.-Lex. IX. S. 483 flg., namentlich Brinz I,

fassung ist unhaltbar. Für das gemeine Recht ist dies h. z. T. mit alleiniger Ausnahme der Heerde (und ähnlicher „Naturganzen") ziemlich allgemein anerkannt; aber selbst in Ansehung der „Heerde" geht aus den bekannten Quellenstellen (L. 1. §. 3. L. 2. 3. §. 3. pr. L. 23. §. 5. D. de R. V. 6. 1) hervor, daß die Gesammtvindikation eben nur Vindikation der einzelnen Stücke ist, welche aber (nach L. 2. cit.) den Vortheil gewährt, daß der Kläger bloß das E. an der Mehrzahl der Stücke zu beweisen hat. (Vgl. Exner, Trad. S. 233 flg. Unger, in Ihering's Jahrb. 12. B. S. 273 flg.) Nach österr. Rechte ist vollends kein Grund vorhanden, die Gesammtsachen als ideelles Rechtsobjekt aufzufassen. Der §. 302 G. B. („Ein Inbegriff von mehreren besonderen Sachen .... wird als ein Ganzes betrachtet") giebt eine ebenso überflüssige als nichtssagende Definition, und der §. 427 gestattet bei Gesammtsachen (wie später §. 12 gezeigt ist) eine in der Natur der Sache gelegene Erleichterung der Tradition, eine sog. „symbolische Übergabe", die aber in Wirklichkeit nur den Gegensatz zu der Tradition „von Hand zu Hand" (§. 426) bedeutet. So ist denn das E. an der Gesammtsache nach österr. R. nicht minder als nach gemeinem ein „inhaltsloser und darum juristisch unbrauchbarer Begriff". Sachgesammtheiten haben eben nur die Bedeutung, daß die thatsächliche Zusammengehörigkeit der einzelnen Stücke nach Absicht der Parteien bei gewissen rechtlichen Collektivdispositionen anerkannt wird.[2] Vgl. Hölder, Pand. S. 136 flg.

Sachen, welche kein Gegenstand des rechtlichen Verkehres sind

§. 50. Unger I. S. 477. Exner, Trad. S. 215 flg., Schiffner S. 88. Krainz-Pfaff, Syst. §. 98, Burckhard, Syst. d. ö. Pr. R. §. 66, nun auch Vangerow, §. 71 (der 7. Aufl., anders in den älteren), Göppert, Einheitliche u. s. Sachen S. 94 flg., Kirchstetter S. 153., H. Lang, Württ. R. §. 16. — Dernburg, welcher für das Röm. R. gleichfalls diese Ansicht vertritt, Pfandr. I. S. 453, ist für das preuß. Recht (§. 60) anderer Ansicht; ebenso Meischeider Besitz S. 226.

2) Vgl. Exner a. O. S. 242—247, welcher gegen die Ansicht Unger's a. O., daß in den §§. 427, 452 G. B. mindestens Eigenthum und Pfandrecht an Gesammtsachen anerkannt werde, S. 245 mit Recht bemerkt, daß uns §. 427 höchstens sagt, wie Eigenthum an denselben erworben werde, nicht aber: was es ist, worin sich seine charakteristischen Rechtswirkungen zeigen. So auch Krainz a. a. O. (Die richtige Ansicht hat schon Schuster, Zeitschr. f. ö. R. 1835. I. S. 225 geäußert.) Mit Unrecht behauptet Kirchstetter S. 154. N. 2, daß das b. G. B. in den §§. 311. 427. 452 an Gesammtsachen Besitz (!), Eigenthum und Pfandrecht annehme.

(res extra commercium), können kein Objekt des E.'s ein. (§§. 355. 356. cfr. 311. G. B.)

Soweit von „Verkehrsunfähigkeit" der Sachen die Rede ist, darf nicht übersehen werden, daß das Gesetz mit diesem Ausdruck (vgl. §§. 303. 311. 448. 653. 878. 880) einen zweifachen Begriff verbindet, einmal den engeren: demzufolge die bezüglichen Objekte überhaupt nicht Gegenstand von Privatrechten sind (vgl. §§. 303. 448. 653), sodann den weiteren Sinn, demgemäß nur gewisse mit der besonderen Zweckbestimmung der Sachen unverträgliche Privatrechte nicht bestehen und darauf bezügliche Rechtsgeschäfte nicht gültig abgeschlossen werden können. (§§. 878. 880.)[3] Lediglich verkehrsunfähige Sachen der ersten, nicht aber solche der zweiten Kategorie sind eigenthumsunfähig, da Beschränkungen der letztgedachten Art mit

---

3) Ähnlich muß auch — wie dies neuest. Stobbe §. 64. 2. Aufl. richtig thut — nach heut. gemeinem Rechte unterschieden werden, wenn nicht — wie die Zerfahrenheit der Doktrin zeigt — aus dem scheinbar einheitlichen Begriff der „Extracommercialität" die irrigsten Konsequenzen gefolgert werden sollen. Mit Recht bemerkt Wappäus, Zur Lehre von den dem Rechtsverkehre entzogenen Sachen (1867) S. 2, daß man bisher die res extra commercium zu sehr als eine gleichartige Masse behandelte, statt „verschiedene Grade und Stufen zu unterscheiden„. W. unterscheidet: totale Ausschließung von allen Rechten, partielle Ausschließung aller oder nur einzelner Personen von einzelnen Rechten, dann ständige und vorübergehende Ausschließung. Mit der Einzelausführung W.'s kann ich mich weniger befreunden. — Ähnlich unterscheidet Schiffner §. 67: eigentliche res e. c., an denen wieder theils ganz, theits partiell Pr. R. nicht bestehen können, und uneigentliche res e. c., an denen gewisse oblig. Rechtsgeschäfte ausgeschlossen sind (letztere gehören nicht zu den r. e. c., ebenso wenig die bei Schiffner S. 18 genannten Sachen). — Pagenstecher I. S. 40 sieht das Wesen der Extracomm. bloß in der Unfähigkeit, Gegenstand eines Rechtsgeschäftes zu sein, andere wieder (neuerlich Eisele, Über das Rechtsverhältniß der res publicae etc. 1873) darin, daß an den res extra comm. nicht Eigenthum erworben werden kann (dagegen vgl. aber L. 6. §. 1. D. de R. V. 1. 8, §§. 8. 39. I. de R. D. 2. 1, L. 83. §. 5. L. 137. §. 6. D. de V. O. 45. 1, L. 4. §. 1. D. fam. erc. 10. 2). Windscheid §. 147 beschränkt die Verkehrsunfähigkeit darauf, daß an den betreffenden Sachen Rechte nicht im Widerspruch mit dem Gemeingebrauch erworben werden können, was allerdings dem engeren Begriff der V. entspricht; indeß auch der weitere Begriff muß berücksichtigt werden (vgl. L. 34. §. 1. D. de contr. emt. 19. 1). — Brinz, P. (2. A.) §§. 126. 127 findet das Wesen der Extracomm. darin, daß die res. e. c. „nicht in unserem Vermögen" (d. i. in dem von physischen Personen) sein, obwohl sie zu einem Zweckvermögen gehören können. Dagegen spricht, daß res extra c. nicht aufhören, es zu sein, auch wenn sie „in unserem Vermögen sind", wie z. B. bisweilen res sacrae, Brücken, öffentliche Wege ꝛc. — Wächter §. 44 u. Unger I. S. 362 rechnen (viel zu eng) zu den verkehrsunfähigen Sachen nur jene, die in Niemandes Eigenthum sein können, — daher nicht auch die res publicae, quae in comm. usu sunt.

dem E. (von Staat, Gemeinden und Privaten) ganz wohl vereinbar sind.[4] Hierauf unterscheiden wir:

I. Verkehrsunfähige Sachen im engern Sinn, an welchen Privatrechte überhaupt, insbesondere E.-R., nicht möglich sind. Die Ausschließung gewisser Sachen von jedem rechtlichen Verkehre gründet sich theils auf natürliche Ursachen, theils auf positive Rechtsvorschrift.

A. Aus natürlichen Ursachen stehen außer allem Verkehre alle Sachen, welche der physischen Herrschaft des Menschen gar nicht unterworfen werden können. Dahin gehören: die Luft, die fließende Wasserwelle, die Grundwässer und das Meer in ihrer Totalität;[5] denn einzelne Theile des Fluß- oder Meereswassers und selbst der Luft können allerdings Gegenstand des Verkehres sein, sobald sie der physischen Herrschaft unterworfen wurden, z. B. in Kanälen, Brunnen, Wasserfängen.[6]

---

4) Auf der richtigen Fährte Wächter §. 44., Betler §. 76, Hölder §. 31, Stobbe §. 64. (2. Aufl.); im Wesen richtig Burckhard, §. 71, auch Roth §. 116, der indeß zu weit geht, wenn er bei verkehrsunfähigen Sachen der zweiten Kategorie weder Veräußerung noch auch Begründung von dinglichen Rechten zulassen will. — Ebenso wenig vermag ich der Ansicht Dernburg's §. 67 beizustimmen, welcher diese Sachen (die sog. öffentlichen) als „dem Eigenthum Privater entzogene Objekte" bezeichnet, da dieselben immerhin auch Privaten gehören können. Aus demselben Grunde erscheint die Bestimmung des §. 485. lit. b. d. züricher G. B. unrichtig. Irrig wird der Begriff der Verkehrsunfähigkeit angewendet in Nr. 575. 3109 u. a. der Samml. G. U. W.

5) Bezüglich der sog. Grundwässer in ihrer Gesammtheit vgl. Randa, Wasserrecht §. 2. (3. A.) Aus dem Umstande, daß das Grundwasser res o. communis ist, erklärt sich das Recht des Grundeigenthümers zu Brunnengrabungen, auch wenn der Nachbarbrunnen versiegt. — Man könnte, ohne fehlzugreifen, noch nennen: die Erdoberfläche in ihrer Totalität; denn Grund und Boden ist nur in einzelnen Theilen, die erst durch Abgrenzung, Bearbeitung u. s. f. geschaffen werden müssen, Objekt von Rechtsverhältnissen. Vgl. meinen Besitz §. 17. Note 6.

6) L. 2. D. de div. rer. 1. 8. Et quidem naturali jure omnium communia sunt illa: aer, aqua profluens et mare, et per hoc litora maris. Insbesondere ist die fließende Wasserwelle in ihrer Beweglichkeit kein Verkehrsgegenstand; anders, wenn das Flußwasser durch Stauung stehend gemacht wird. Vgl. Gerber, D. P. R. §. 61. Unger I. 364. Roth §. 116. Brinz (2. A.) §. 127. Stobbe, D. P. R. §. 64, Krainz-Pfaff, §. 86, Burkhard, Syst. §. 57. — Vgl. nun das österr. Reichswassergesetz v. 30. Mai 1869. Z. 93. R. G. und die auf Grund desselben erlassenen Landesgesetze. Nicht nur in öffentlichen, auch in Privatgewässern steht die fließende Welle Jedermann zum Gebrauch offen — selbstverständlich unter Benutzung der dazu erlaubten Zugänge (vgl. §§. 15 u. 16 der L. W. G.). Als Eigenthum des Grundbesitzers sind dagegen erklärt: Quellen, atmosphärische Niederschläge, Brunnen, Teiche und ähnliche Wasserbehälter und die

Luft, Welle und Meer stehen Allen zum Gebrauche offen; sie sind res omnium communes und mit Rücksicht auf die Unterwerfbarkeit der Theile res nullius im weiteren Sinne.

B. Durch positive Rechtsvorschrift sind von jedwedem Verkehre ausgeschlossen:[7]

a. Ausländische Lotterieloose. Ihr Besitz ist durch die §§. 24 und 25 des Lottopatents vom 13. März 1813, Hofdekr. v. 7. Juni 1826, P. G. S. 54 S. 181. §§. 438 flg. Gef. Str. G. B. verboten.[8] Dies gilt selbst von ausländischen Staatsloosen, sofern der Looseinsatz verloren geht. (F. M. E. vom 26. Jannar 1852. Z. 13435).

b. Sachen, deren Erzeugung oder Einfuhr bei sonstiger Konfiskation verboten ist, z. B. verbotene Bücher, mit Ausnahme derjenigen Exemplare, welche schon vor dem Verbot in den Besitz Dritter zu eigenem Gebrauch gelangt sind. (§§. 36. 37 Gef. v. 17. Dezember 1862. Z. 6.)[9]

c. Menschliche Leichname, die unter dem Schutz der Sitte und des öffentlichen Rechts stehen. Vgl. §. 306 Strafges.[10]

Abflüsse aus diesen Gewässern, solange sie das Eigenthum des Grundbesitzers nicht verlassen und sich nicht in ein öffentliches Wasser ergossen haben (§. 4. W. G.). — Vgl. schon böhm. Land. O. O. XLVI. S. auch Holzschuher, Gem. Civilr. II. §. 92 ad. 2. — Dagegen ist das Flußbett allerdings Gegenstand des Verkehres und Objekt dinglicher Rechte. — Der senkrechte Luftraum über einem Grundstücke (zu unterscheiden von der darin befindlichen Luft) gehört, so wie der darunter befindliche Grund in die Tiefe, insofern dem Eigenthümer des Grundes, als er die Benutzung desselben durch Dritte, z. B. durch vorspringende Banten, unterirdische Keller verbieten kann, §. 297 A. B. G. B. Dazu vgl. §. 1. N. 30.

7) Während die sub. I. A angeführten Sachen in Niemandes Eigenthume sich befinden, können die übrigen oben angeführten Sachen allerdings im Eigenthume stehen, sei es des Staates, z. B. Monturstücke, Flüsse, Straßen, oder von Gemeinden, z. B. Gemeindewege, oder von Personen, welche nicht dem Territorialrechte unterstehen, nämlich den mit Repräsentativcharakter bekleideten Abgeordneten fremder Staaten, z. B. ausländische Lotterieloose. S. auch Burckhard §. 71, a. E.

8) Vgl. Winiwarter II. S. 39. Nippel III. S. 62. Dagegen behauptet zwar Unger, I. S. 366, N. 16, daß an solchen Lotterielosen Eigenthum möglich und daß nur deren unentgeltliche Veräußerung verboten sei; aber wohl mit Unrecht, da das letztcitirte Verbotsgesetz die sofortige Vernichtung oder Übergabe dieser Loose an die Behörde verordnet, hiemit sie dem Verkehre absolut entzieht. Der F. M. E. v. 4. Febr. 1860. Z. 33 ändert an jenem Verbote nichts. Vgl. auch Stubenrauch a. O. u. Schiffner §. 67. S. 5.

9) A. A. Schiffner, §. 67. S. 18, welcher hier nur eine Beschränkung für gewisse Personen erblicken will. Richtig Stobbe S. 533.

10) Der Verkauf derselben ist daher ungiltig. §. 878 B. G. B. Nur das

II. Nicht eigenthumsunfähig wie die bisher genannten Objekte, sondern nur dem regelmäßigen sachen- und obligationsrechtlichen Verkehr entzogen sind: [11]

a. Complete ärarische Monturstücke, indem sie, wo immer sie getroffen werden, ohne alle Rücksicht in Beschlag genommen werden. (Hofdekr. v. 15. Dezember 1800. v. 29. August 1839. bei Michel I, S. 384.) Nur unbrauchbare oder zerstückte Montursachen können ins Privateigenthum übergehen.

b. Alle öffentlichen (regelmäßig im Eigenthume des Staates oder der Gemeinde stehenden) Sachen, welche zum allgemeinen Gebrauche bestimmt sind (res publicae, quae in communi usu habentur). [12] Die freie Benutzung derselben durch Jedermann [13] schließt

---

menschliche Gerippe (Skelette) kann als Gegenstand des Verkehrs angesehen werden. Vgl. Wächter, Pr. R. II. S. 285. Wappäus S. 48. Stobbe S. 534. — abweichend Dernburg §. 67. N. 1. Hölder §. 31.

11) Man könnte diese Sachen im Gegensatz zu den eigenthumsunfähigen etwa: „verkehrsbeschränkte" nennen. S. noch Roth §. 116.

12) Der vieldeutige Begriff des „öffentlichen Guts" ist in vieler Beziehung von Wichtigkeit, in Österreich neuestens besonders auch darum, weil dasselbe vom Eintrag in das Grundbuch ausgeschlossen ist (§. 2 der L. Grundb. G.). Die Min.-Verordn. v. 11. Dezember 1850. Z. 13353 faßt das Rechtsverhältniß nicht ganz zutreffend auf. Bestritten ist, ob unter dem „öffentlichen Gut" (§. 2 cit.) auch die S. 50 u. 51 sub a u. b genannten Sachen zu verstehen sind. Gewiß nicht. Die Praxis ist eine verschiedene. Öffentliche Schulen werden regelmäßig auf den Namen des Staates, der Gemeinden, der Schulbezirke verbüchert. Vgl. noch N. 32.

13) Der §§. 287 u. 288 sagt zu enge: Sachen, welche allen Mitgliedern des Staates...., einem jeden Mitgliede der Gemeinde zum Gebrauche dienen. Daß im §. 288 von res communitatis, quae in communi usu sind, die Rede ist, ergiebt sich aus der Vergleichung der §§. 287 u. 288. S. auch Burckhard II. §. 71. — So auch nach preuß. L. R., vgl. 14. II. §. 21, 11. II. §§. 160. 170. 183, dazu Dernburg §§. 67. 252. Ebenso nach franz. R. art. 538. Cod., nach ital. R. art. 425 flg. u. züricher G. B. §. 485. — Es giebt aber neben dem Gemeindegute und dem Gemeindevermögen noch eine dritte Gattung von Gemeindesachen, welche im Eigenthume der Gemeinde als solcher stehen, und deren Genuß wirklich nur den Gemeindegliedern oder einzelnen Klassen derselben zusteht, z. B. Gemeindeweiden, Gemeindewälder, die jeder Bauer oder Bürger, nicht aber Andere, z. B. Häusler, für sich benutzen dürfen. Auch Sachen dieser Gattung stehen im Eigenthume der Gemeinde (vgl. die in der Hauptsache auch in die neuen Landesgemeindegesetze [siehe z. B. §. 70 des böhm. L. G.] übergegangenen Bestimmungen der §§. 74 u. 75 des Gemeindeges. vom J. 1849); den Einzelnen stehen nur gewisse Benutzungsrechte aus ihrer Qualität als Bürger, Bauern u. s. f. zu, und wird daher dieses Benutzungsrecht von der Gemeinde regulirt (§. 74. cit.). Dazu Nr. 12199 Samml. W. Pf. Sch. Diese Sachen mochten ursprünglich wie in Deutschland, so in einzelnen österr. Ländern den einzelnen Markgenossen (Bauern) und nicht der Gemeinde als solcher zugestanden haben. Aber allmählich ist mit der Ent-

den Erwerb von Privatrechten dritter zwar nicht gänzlich, aber doch insofern aus, als die Ausübung derselben mit dem Gemeingebrauch an diesen Sachen unverträglich wäre. (Vgl. §. 287.)[14] Darum heißt

wicklung des Begriffes der Gemeinde als politischer Korporation unmerklich diese selbst Eigenthümerin des Vermögens geworden. Vgl. über diesen Hergang Gerber, P. R. §. 51. u. bes. Gierke, Genoss. R. I. S. 586 flg. II. S. 144 flg. III. S. 774 flg. Stobbe, D. P. R. §. 55. — In Böhmen und Mähren hingegen scheint diese Kategorie von Gemeindegründen (sog. Rustikalgemeindegründe) ursprünglich im ausschließlichen Eigenthum der Gemeinde als solcher gestanden zu haben (der Gemeindebesitz heißt obec, der Privatbesitz dědina). Erst allmählich (etwa vom 16. Jahrhundert ab) entwickelte sich ein durch die Theilnahme der Obrigkeiten beschränktes vorzugsweises Nutzungsrecht der Rustikalisten. Vgl. Jireček, Slov. právo S. 158 flg. Cížek, Der Streit um die Gemeindegründe (1879), welcher auch historisch den Beweis für die oben angedeutete Ansicht erbringt und die stark verbreitete Meinung bekämpft, daß jene Gründe — im gemeinschaftlichen Eigenthum der Rustikalisten stehen; s. auch neuestens Pražák, Spory o příslušnost, S. 191 flg. Ulbrich, Österr. Staatsrecht. S. 255. — Damit soll allerdings nicht geleugnet werden, daß in einzelnen Fällen ein Miteigenthum gewisser Klassen der Gemeidemitglieder oder gewisser Grundbesitzer in der Gemeinde historisch begründet sein kann, — also ein wahres Condominium der Mitglieder einer privatrechtlichen Genossenschaft. Auf solche Fälle bezieht sich §. 26. der Gem. Ordn. v. 1849 und §. 12 der böhm. Gem. O., sowie die Min. Verordn. v. 11. Dezember 1850 Z. 13353: Zum Gemeindeeigenthum könuen nicht solche Sachen gerechnet werden, welche gewissen Klassen von Gemeindegliedern (Bauern, Besitzern gewisser Häuser) gehören." Dahin zählen wir die Genossenschaften bräuberechtigter Bürger, deren Antheil an den Besitz gewisser Häuser geknüpft ist. In diesem Sinne billige ich die Bemerkungen v. D. S. Not. Zeit. 1886 Nr. 49. 50, dazu den dort cit. Erl. d. böhm. O. L. G. v. 3. Aug. 1875 Z. 19037. Punkt 21. Die Entscheidung ist nur von Fall zu Fall möglich; aber die Regel bilden die letzterwähnten Fälle (Gemeineigenthum der Insassen) doch wohl nicht. Die in der Note 7. Nr. 49 angeführte Stelle Q. 31 der V. L. O. v. 1627 beweist eher gegen die daselbst vertretene Präsumtion des privatrechtlichen Genossenschaftsvermögens. Vgl. noch mein böhm. Handelsr. I. S. 170 (2.)

14) Vgl. schon Böhm. Landes-O. v. 1500 art. 552 u. Böhm. Stadtr. F. 37. Ähulich ist es (abgesehen etwa von Flüssen) auch im röm. Rechte, §. 2. 4. I. 2. 1. L. 5. pr. L. 6. §. 1. D. 1. 8, dazu Puchta, Pand. §. 35. Arndts §. 49. Brinz §. 50. Böcking §. 71, Hölder §. 31. Windscheid §. 146, der sich mit Recht gegen die von Keller-Ihering in einem Gutachten bezüglich der Basler Festungswerke aufgestellte, von Ihering, Geist des R. R. III. S. 334 und Grund d. Besitz. S. 150 flg. neuerlich motivirte Ansicht ausspricht, welche alle öffentlichen Sachen als eigenthumsunfähig erklärt und behauptet, daß dieselben nur dem Hoheitsrechte des Staates unterworfen sind. Ihering bestreitet im Grunde nur, daß die res publicae, welche auch nach seiner Ansicht dem Staate „gehören", Eigenthum desselben sind (so auch Erk. Seuff. Arch. 34. Nr. 7). Allein welcher Art soll denn das Privatrecht sein, das dem Staate gebührt? Es kann nur Eigenthum sein, und die von Ihering, S. 153, hervorgehobenen Besonderheiten (Ausschluß der Usukapion, der Servituten 2c.) erklären sich aus der öffentlichrechtlichen Bestimmung derselben, dem Gemeingebrauch zu dienen. Vgl. auch Dernburg, P. P. R. §. 67, und Rechtsgutachten über den Streit bez. d. Festungswerke Basel (1862). Windscheid, a. a. O. Baron, P. §. 46 (4. Aufl.), Wap-

es im §. 287 im Gegensatze sowohl zu den herrenlosen als zu den im ausschließenden Privateigenthume des Staates befindlichen Sachen (patrimonium civitatis): „Sachen, die ihnen (den Mitgliedern des Staates) nur zum Gebrauche verstattet werden, als Landstraßen, Ströme, Flüsse, Seehäfen und Meeresufer, heißen ein allgemeines oder öffentliches Gut" (im Gegensatze zum Staatsvermögen).

Daß diese Sachen im Eigenthum des Staates, der Länder oder Gemeinden stehen und daß dies Eigenthum lediglich durch die Zweckbestimmung, dem allgemeinen Gebrauch zu dienen, beschränkt ist, geht — abgesehen von den Vorarbeiten zum bürgerlichen Gesetzbuche, sowie aus der Bestimmung des §. 286. G. B. — unzweifelhaft aus den §§. 286—288 des B. G. B. hervor, da dieselben den Unterschied zwischen dem öffentlichen oder Staats- oder Gemeinde-Gut und dem Staats- oder Gemeinde-Vermögen lediglich in der Verschiedenheit der Bestimmung der bezüglichen Sachen erblicken; ergiebt sich aus dem §. 290. B. G. B., welcher das öffentliche Gut ausdrücklich als Staats- oder Gemeindegut bezeichnet, ergiebt sich aus der Landesverfassung, insbesondere den Gemeindegesetzen, auf welche die §§. 288 und 290 B. G. B. ausdrücklich verweisen.[15] Namentlich

päus, a. a. O. S. 29 flg. 100 flg. Arndts §. 40, Stobbe, D. P. R. §. 64. Roth, Bayr. C. R. §. 116. N. 15. Randa, Besitz §. 10. Burchardi, Hauser's Zeitschr. I. S. 107 flg., Burckhard, Syst. §. 71, wohl auch Brinz, P. 2.) §. 127. — Das Keller'sche „Hoheitsrecht" suchi in neuer Form — der des publizistischen Eigenthums — zu vertheidigen E. Eisele, Rechtsverhältniß der res publ. etc.; dagegen Hölder, Krit. V. J. Schr. 16. S. 443. Windscheid §. 146. N. 17. Anderer Ansicht ist (gleichwie Wächter §. 44.) Unger I. S. 369, der die res publicae, quae in communi usu sunt, nicht zu den res extra comm. zählen will, und dadurch mit dem von ihm selbst S. 365 N. 12. 13 festgehaltenen Grundsatze in Widerspruch geräth. Unsere Commentatoren begnügen sich mit der Wiedergabe des bloßen Gesetztextes. Vgl. übrigens auch §§. 1456 und 1457 d: B. G. B.

15) Von Staats- u. Gemeindesachen handeln der Cod. Theres. II. 1. c. Nr. 43 flg. und Entw. Horten II. 1. §§. 12 flg. ausführlich. Alles Gut im Staatsgebiete ist entweder Staats- oder Privatgut. S. auch Urentwurf I. §. 286 a. b. G. B. Dies gilt nicht nur von Häfen, Strömen, Flüssen 2c. (s. §. 4 Note 19 d. B.), sondern auch von Straßen und Wegen. Diese sind — vorbehaltlich der Verfassung der Länder — entweder a) Staatseigenthum, näml. jene, die zu Häfen, Flüssen, Städten, Märkten führen, oder b) ortschaftliche, die zu geringeren Ortschaften führen und jenen (sc. herrschaftlichen) Besitzern u. Gemeinden gehören, über deren Gründe sie führen oder c) Privatwege, welche bloß zu Privatgründen führen und dem Grundbesitzer gehören. Selbst Stadtthore, Ringmauern (im Cod. Ther.

sichert das Reichsgemeindeges. v. 5. März 1862. Z. 18 R. G. Art. 5 der Gemeinde die freie Verwaltung des Gemeindevermögens und die autonome Erhaltung der Gemeinde-Straßen, -Wege, -Plätze, -Brücken u. s. w. — oder wie Art. 18 bündig wiederholt — des Gemeinde-Stammvermögens und des Gemeinde-Stammgutes. Im Übrigen ist zu bemerken, daß das öffentliche Gut von der Eintragung in die öffentlichen Bücher ausgeschlossen ist. (§.2 d. L. Grundb. Ges. Vgl. §. 20 d. Buchs.)[15a] Das Gesetzbuch nennt die res publicae, quae in communi usu sind, „öffentliches oder allgemeines", oder „Staats- und Gemeindegut", hingegen Sachen, welche im Privatvermögen in patrimonio fisci vel communitatis sind: Staats- oder Gemeindevermögen §§. 287. 288. 290 G. Historisch ist das Eigenthum des Staats und der Gemeinden an den im Gemeingebrauch stehenden Sachen unzweifelhaft. Vgl. z. B. Böhm. Stadtr. F. 37. §. 1. Auch die Entwürfe des A. B. G. B. anerkennen ausdrück-

---

127. 128 sogar: Rathhäuser, Plätze, Gassen) werden als Staatsgut aufgefaßt u. den Gemeinden nur der Gebrauch verstattet. Dann folgt die Lehre vom Gemeindegut. Erst der Entw. Martini II. 1. §§. 3 flg. faßt sich kürzer u. ist mit mehreren Änderungen ins A. B. G. B. übergegangen. Alles Gut gehört entw. der „bürgerlichen Gesellschaft insges. oder den Mitgliedern derselben"; zu letzteren werden gezählt: Gemeinden und kleinere Gesellschaften (auch „Körper" oder „moral. Pers." genannt) und einzelne Personen. (S. Harrasowsky, V. S. 81.) Aus den Protokollen (Ofner I. S. 215 flg., II. 366. 516) ist ersichtlich, daß schon im Urentwurf §. 3. I. 1. an die Stelle der „bürgerl. Gesellschaft" der Staat rückt. In der Sitz. v. 6. Juli 1807 wurde aus dem Grunde, daß es vielen dunkel sein könnte, wie Sachen zugleich freistehen und doch dem Staate gehören können, eingeschaltet: Sachen, welche allen Mitgliedern zur Zueignung überlassen werden, heißen freistehende (herrenlose) Sachen 2c. So auch in der Sitzung v. 20. Nov. 1809. — Auch das preuß. L. R. II. 14. §. 21 bestimmt: „Die Land- und Heerstraßen, ... schiffbaren Ströme, das Ufer des Meeres und die Häfen sind ein gemeines Eigenthum des Staates". Vgl. Stobbe, §. 64. S. 531 flg. Dernburg §. 67. N. 7. 8. Ebenso nach bayer. R., s. Roth §. 116. Offen gelassen ist die Frage im zürich. G. B. §. 485. -- Mit dem österr. R. stimmt überein das franz. R. art. 538 u. 714 Cod. civ., welche allerdings die Unklarheit der Redaktoren über den Begriff des domaine public wiederspiegeln. Die Zusätze Puchelt's zu Zachariä, §. 174. Note ** adoptiren die herrschende gemeinrechtliche Auffassung. — Richtiger unterscheidet schon der ital. Civilcod. art. 425—432 zwischen domanio publico (öffentliches Gut) und beni patrimoniali (patrimonium fisci civitatis etc.). Doch ist die angebliche Unveräußerlichkeit der ersteren Sachenkategorie (art. 430) keine absolute.

15a) Das gal. Gr. G. citirt im §. 2. allerdings nur den §. 287· b. G. B., der vom Staatsgut, nicht auch den §. 288 b. G. B., der vom Gemeindegut handelt. S. dagegen d. Erk. Nr. 7855. Gl. U. W. Pf.

lich das Eigenthum des Staats und der Gemeinden an Sachen dieser Art. Vgl. noch §. 74 der Gemeindeordn. v. 17. März 1849.

Dieses Staats-, Landes- oder Gemeinde*eigenthum* tritt allerdings infolge des *Gemeingebrauchs* stark in den Hintergrund; allein es äußert seine Wirkung nicht bloß dadurch, daß diesen Eigenthumssubjekten gewisse Nebennutzungen verbleiben, als da der Gras- und Obstnutzen, das Entgelt für vermiethete Plätze (sog. Stand- oder Marktgelder),[16] sondern hauptsächlich dadurch, daß das Eigenthum mit dem *Wegfall* des dasselbe beschränkenden Gemeingebrauches seinen vollen Machtumfang wieder gewinnt.[17] Ja nicht nur mit dem Gemeingebrauch verträgt sich das Eigenthum des Staates, Landes und der Gemeinde: sogar *Privatrechte* können die Letzteren anderen Personen an öffentlichem Gute *insofern* gültig bestellen, als die Ausübung derselben dem *Gemeingebrauche nicht hinderlich* ist. So z. B. kann der Staat oder die Gemeinde Privatpersonen die Servitut der Wasser- oder Gasleitung durch Straßen und öffentliche Plätze, oder die Dienstbarkeit eines Erkers über eine Gasse u. s. f. gewähren, und dergleichen Dienstbarkeiten unterscheiden sich sodann in keiner Weise von Rechten ähnlicher Art an Privatgründen.[18] Die Zulässigkeit

16) Vielleicht spricht von solchen Standgeldern L. 2. §. 17. D. ne quid in l. publ. 43. 8. Si quis nemine prohibente in publico aedificaverit . . . debebit *solarium* ei imponere. Vgl. dazu *Hesse*, Jher. Jahrb. 7. S. 288. *Bekker*, ebend. 12. S. 112 flg.

17) Dies tritt ein durch die Verfügung der kompetenten Behörde, welche den Gemeingebrauch ausdrücklich oder stillschweigend aufhebt, z. B. bei Verlegung oder Auflassung von Straßen, Festungsgräben u. s. f. Diese Behörde kann allerdings eine *andere* sein, als das Organ der öffentlichen Korporation, welcher das Eigenthum gebührt. Vgl. Roth §. 116. — Auch darin zeigt sich das Eigenthum des Staates und der Gemeinde, daß denselben ohne Zweifel die Vindikation der bezüglichen Sachen zusteht. Vgl. L. 2. §. 7. L. 7. D. cit. 43. 8, dazu *Burchardi*, Hauser's Zeitschr. I. S. 110 flg. *Windscheid* §. 147.

18) Häufig wird auch die Servitus luminum (§. 475. Z. 3 G. B.) am Gassengrunde bewilligt — nämlich Öffnungen im Gassengrunde (Trottoir), durch welche die anstoßenden Keller Licht und Luft erhalten. — Die Zulässigkeit von Servituten an öffentlichen Straßen ist schon im *röm.* Recht anerkannt. L. 14. §. 2. D. de serv. 8. 1: A principe peti solet, ut per viam *publicam aquam ducere sine incommodo publico* liceat. *Wappäus*, S. 39 flg. *Brinz*, P. §. 129 a. E. *Bekker*, a. a. O. Ohne Grund leugnet Roth §. 116, daß durch Privatrechtstitel Sonderrechte erworben werden können. Richtig *Stobbe* §. 64. (2. A. S. 533) u. Seuff. Erk. 18. Nr. 6, 34. Nr. 7. *Schiffner* S. 7. — Zweifelhaft ist, ob die *Ersitzung* solcher Sonderrechte — selbstverständlich unbeschadet des Gemeingebrauchs — statthaft sei. M. E. ist für das *österr.* R. (§. 1457 G. B.) die Zulässigkeit derselben nicht zu bezweifeln.

solcher Privatrechte an öffentlichem Gute ist im §. 20 des Ges. v. 25. Juli 1871. Z. 96 anerkannt.

Die Frage, welche Art der Benutzung des öffentlichen Gutes Jedermann zusteht, ist dahin zu beantworten, daß sich die Gebrauchsweise (der usus publicus) nach der Zweckbestimmung der bezüglichen Gattung von Sachen richtet und in der gleichmäßigen Benutzung Aller seine Grenzen findet. Ganz richtig entschied in diesem Sinne der Verwaltungs-Gerichtshof (Budwinski, Nr. 2607) im Streite der Stadt Wien mit der Tramway-Gesellschaft, daß die Gemeinde nicht verpflichtet ist, ohne vorgehendes Übereinkommen die Benutzung der Gemeindestraßen für die Tramway zu gestatten. Derselbe Gesichtspunkt ist bezüglich der Prager Tramway festgehalten in der Entsch. Nr. 11986. Samml. U. W. Pf.[19] Der kompetenten Verwaltungsbehörde ist es selbstverständlich vorbehalten, den Gemeingebrauch der öffentlichen Sache zu regeln und nach Umständen die Voraussetzungen und Beschränkungen desselben im öffentlichen oder fiskalischen Interesse festzusetzen.[20] Es versteht sich, daß der Gemeingebrauch der Einzelnen keine Servitut, überhaupt kein Privatrecht, vielmehr ein Ausfluß des öffentlichen Rechts auf Benutzung der

---

Vgl. für das röm. R. auch Wappäus S. 124, u. Seuff. 6. B. 140. Anderer A. ist aber Roth §. 116. N. 11, u. für das preuß. R. wegen §. 581. 582. I. 9 auch Dernburg §. 67. N. 9.

19) Eine andere ist die Benutzung bei Straßen, Gartenanlagen, Gemeindefriedhöfen u. s. w. So beschränkt sich das Benutzungsrecht öffentlicher Straßen und Gassen auf das Fahren, Treiben und Gehen, und kann nicht etwa — wie dies absonderlicher Weise versucht wurde — auf die Benutzung zur Gas- oder Wasserleitung ausgedehnt werden. Vgl. Stobbe a. O. Bekker a. O. S. 115, Pražák, Enteignung S. 75. Bürgel u. Hawelka, Právník 7. S. 161 flg. Diesen Gesichtspunkt verkannte die Entsch. der böhm. Statthalterei v. 24. Oktober 1867, welche das Recht eines Privaten, die Prager Gassengründe zur Gasleitung zu benutzen, aus dem Charakter des „öffentlichen Gutes" deduciren zu können vermeinte. Mit Recht verwies die Entsch. des St.-Min. v. 25. Dezember 1867 den Prätendenten auf den Rechtsweg. Vgl. auch Nr. 11986 Samml. Gl. U. W. (Prager Tramway). (Irrig ist d. Entsch. d. O. G. H. Jur. Bl. 1885 Nr. 15.) Vgl. darüber Fáček, Über die Benutzung der Prager Gassengründe S. 11. 23. 31; auch die Darstellung bei Krainz, Syst. §. 86. (publ. 1885) u. Burckhard, II. §. 71 stimmt im Wesen mit der von mir schon in m. böhm. Monographie: Eigenthum (1. Aufl. 1871) vertretenen Auffassung überein.

20) Die Straßenbenutzung, die Schiffahrt kann an die Entrichtung gewisser Abgaben gebunden, die Wasserbenutzung zeitlich beschränkt sein; gewisse Nutzungsrechte, z. B. das Fischereirecht, können dem Staate vorbehalten werden u. s. f.

dem Gemeingebrauche gewidmeten Sachen ist.[21] Auf diesem Gesichtspunkte beruht auch das böhm. L. G. v. 16. Juni 1892. Nr. 41. L. G. B., welches die Benutzung der Landes-Bezirks- und Gemeindestraßen (außer Prag) zur Anlegung von gemeinnützigen Eisenbahnen, sofern der Bahnbetrieb die Sicherheit des Straßenverkehrs nicht gefährdet, von der Entscheidung der autonomen Verwaltungsbehörde abhängig macht.

Obgleich das öffentliche Gut regelmäßig im Eigenthum des Staates, des Landes oder der Gemeinde steht, so ist doch nicht zu bezweifeln, daß dasselbe auch Privatpersonen zustehen kann. Dies ist häufig der Fall bei Leinpfaden, sog. Durchhäusern und bei Brücken, welche zur Vermittlung der öffentlichen Kommunikation von Privaten (Aktiengesellschaften rc.) hergestellt werden.[22] Ja bei einer Kategorie der öffentlichen Sachen im w. S.: den Kirchen, sind in der Regel kirchenrechtliche Korporationen die Eigenthümer (S. 51). Es versteht sich, daß der Gemeingebrauch auch in diesem Falle der Regelung der zuständigen Behörde unterstellt ist.

Solange die Sache dem Gemein gebrauch gewidmet ist, erscheint dieselbe dem privatrechtlichen Verkehr insofern entzogen, als die Erwerbung von Privatrechten, welche mit jenem unvereinbar sind, unzulässig ist.[23] Diese Beschränkungen fallen hinweg, sobald durch Be-

21) Die Benutzung schützt daher nicht das Gericht, sondern die Administrativbehörde. Vgl. L. 25. D. quemadm. serv. 8. 6: ideoque si quis pro via publica ... usus est, nec interdictum nec actio u. competit. Vgl. Randa, Besitz §. 25., u. Erk. Nr. 7595. 7648. 12259 Gl. U. W. Pf.. — Eine andere Frage ist es, ob nicht der Staat oder die Gemeinde als solche an einem Privatgrundstück die Servitut des öffentlichen Weges gerichtlich in Anspruch nehmen könne? Die Frage ist wohl zu bejahen. Nicht bloß auf die Enteignung — auch auf andere Privatrechtstitel als Vertrag, Ersitzung u. s. f. kann hiebei die Erwerbung gestützt werden. Vgl. §. 24 des Forstges. v. 1852. Vgl. Pražák, Spory, II. §. 47.

22) Vgl. auch Rohland, Enteign. S. 21 u. Pražák a. O. gegen Grünhut, Enteign. S. 77 flg.

23) Es ist daher nicht zu rechtfertigen, wenn die Mehrzahl der Schriftsteller das öffentliche Gut rundweg als dem privatrechtlichen Verkehr entzogene Sache — und dessen Veräußerung als ungültig bezeichnet (s. auch art. 430 des ital. G. B.). Einmal sind dieselben im Eigenthum, und zwar nicht bloß öffentlicher Korporationen, sondern auch Privater; sodann ist die Bestellung von dinglichen Rechten für Dritte nicht ganz ausgeschlossen, sondern nur beschränkt; endlich ist selbst die Veräußerung unter Aufrechterhaltung des Gemeingebrauches gewiß nicht unzulässig. Solche Veräußerungen kommen nicht selten vor, z. B. bei Übertragung von Straßen, Brücken u. s. f. von Staat oder Land auf Bezirk und Gemeinde und umgekehrt. Nur faktisch sind dieselben nicht im rechtlichen Verkehr. Sogar

schluß der zuständigen Behörde der Gemeingebrauch rechtsförmlich aufgehoben wurde.

Zum öffentlichen Gute sind zu rechnen:

1) öffentliche Gewässer. Als solche (somit als öffentliches Gut) erscheinen nach dem Reichswassergesetze vom 30. Mai 1869. Z. 93 R. G. Bl. (§§. 2—7) Flüsse und Ströme von der Stelle an, wo deren (wirkliche) Benutzung zur Fahrt mit Schiffen und Flößen beginnt; außerdem aber auch die nichtbefahrenen Strecken der Flüsse, sowie Bäche und Seen und andere fließende oder stehende Gewässer, soweit sie nicht infolge gesetzlicher Bestimmung oder besonderer Privatrechtstitel Jemandem „zugehören". Unter dem „Eigenthum" an Flüssen — denn nichts Anderes bedeutet das „Zugehören" — ist aber nicht ohne Weiteres Eigenthum im Sinne des §. 354 des G. B. zu verstehen, sondern nur Eigenthum am Flußbett und die Gesammtheit der Privatrechte, welche Jemandem in Ansehung der Benützung der Gewässer und des Bezugs der Nebennutzungen derselben (Fischerei 2c.) zustehen. Hierüber vgl. das Nähere in §. 4. d. B.

2) Öffentliche Wege und Plätze, zu denen auch die zum allgemeinen Gebrauche bestimmten Gemeindewege und G.-plätze, Gassengründe und Trottoire, Spazieranlagen, Brunnen, äußeren Bahnhöfe u. d. zu zählen sind. S. §§. 287. 288 A. B. G. B.[24] Sachen dieser Art sind in der Regel im Eigenthum des Staates, Landes, Bezirks oder der Gemeinde und das Eigenthum daran ist lediglich durch deren Bestimmung, dem Gemeingebrauch zu dienen, beschränkt.[25] Art

Pfandrechte anerkennt an öff. Straßen die Entsch. Seuff. Arch. 31. B. Nr. 108. Vgl. gegen die herrschende Anschauung auch Stobbe §. 532. Bekker S. 112 u. Brinz, P. (2.) §§. 127. 128, welcher allerdings eigenthümlicher Weise zu den res extra comm. zunächst nur diejenigen rechnet, die nicht im „Vermögen" von (physischen) Personen sein können (§. 126).

24) Vgl. schon d. böhm. Stadtrechte (1597), F. 37. §. 1: „Straßen, Fußsteige, Durchgänge durch Häuser, Durchfahrten, Landwege und derlei Sachen, welche dem allgemeinen Gebrauche von Altersher zugeeignet gewesen, soll Niemand sich zueignen." — Wächter II. §§. 45. Unger I. S. 365. N. 13, und S. 369 N. 31, zählen zwar die öffentlichen Wege nicht unter die dem Verkehre entzogenen Sachen, weil dieselben veräußert werden können. Die Möglichkeit dieser Veräußerung ist aber erst dann vorhanden, wenn diese Sachen durch den Spruch der kompetenten Behörde, ihrer Bestimmung zum allgemeinen Gebrauche zu dienen, entzogen worden sind oder wenn der Gemeingebrauch vorbehalten wird.

25) Dies folgt aus den §§. 286—288, welche gleich den §§. 7. 8. I. des Entwurfs den Unterschied zwischen Staats- (Gemeinde-) Gut und Staats- (Gemeinde-)Vermögen lediglich in jener Bestimmung erblicken, folgt weiter aus dem

und Maß des Letzteren richtet sich nach der Zweckbestimmung und wird derselbe durch das Jedermann zustehende gleiche Benutzungsrecht näher bestimmt. Selbstverständlich können die näheren Voraussetzungen des Gemeingebrauchs polizeilich festgestellt werden.[26] Ja selbst Privatgrundstücke können dem Gemeingebrauch dienen, z. B. Privatbrücken, Bahnhofzufahrten, Durchhäuser.[27] Es ist bereits bemerkt worden, daß der Gemeingebrauch nicht unter den Begriff der Servitut oder irgend welchen Privatrechtes fällt, sowie, daß die Ausübung des Gemeingebrauchs nicht durch die Gerichte, sondern durch die Administrativbehörde zu schützen ist.[28]

---

§. 290 G. B. und für Böhmen überdies aus der Landesverfassung (Stadt. R. F. 37 und Landesordn. art. 552), auf welche der §. 288 G. B. verweist; folgt endlich aus dem §. 74 des Gemeindeges. v. 1849. (Ähnlich die neueren G. O.) Vgl. Jácek, Die Streitfrage über die Benutzung der Prager Gassengründe durch die k. Gasanstalt (1869); ferner Bruns, in Holzendorff's Encycl. S. 339. Roth §. 116 und oben Note 15.

26) Vgl. Nr. 7595. 7648 Samml. Gl. U. W. ff. In Ansehung des Gassengrundes beschränkt sich daher der Gemeingebrauch auf die Benutzung zum Fahren und Gehen, und kann nicht etwa auf die Benutzung von Privatwasserleitungen, zur Anlage von Gasröhren, von Tramwayschienen und dgl. ausgedehnt werden, wie irrig die böhm. Statthalterei mit Erlaß v. 24. Oktober 1867 im Streite der Karolinenthaler Gasanstalt mit der Stadtgemeinde Prag annahm. Dergleichen Sonderrechte können nur als Servituten begründet werden. Vgl. d. E. des Vwalt. G. H. Nr. 2607 bei Budwinski. Eine erweiterte Benutzung für gemeinnützige Eisenbahnen gestattet das S. 38 citirte böhm. Landesgesetz v. 1892.

27) Vgl. schon L. 2. §. 21—23. D. 43. 8; dazu Wappäus S. 27, ferner §. 26 des Forstges., §. 8 des Wasserges. Schon die böhm. Stadtrechte F. 37 führen öffentliche Hausdurchfahrten neben den Straßen an. Ein Theil des Waldsteinplatzes in Prag ist Privateigenthum der W.'schen Familie; die Prager Kettenbrücke gehört einer Aktiengesellschaft, die neue Donaubrücke bei Wien dem Donauregulirungsfond u. s. f. Fußsteige und Treppelwege sind in der Regel Wegservituten, die auf Privatgründen haften, mit der Bestimmung des Gemeingebrauchs. Irrig behauptet Baron, §. 115, daß Privatbesitz mit dem Gemeingebrauch ganz unverträglich sei; richtig Krainz-Pfaff, §. 86., Till, Prawo pryw. aust. (pol.) I. §§. 53. 54.

28) Dieser Gesichtspunkt ist festgehalten in den Erkenntnissen des österr. obersten Gerichtshofes Nr. 573 U. Gl. W., Erk. v. 8. Febr. 1876. Nr. 1118 (Práv. 1876. S. 309), und in dem Erk. d. O. A. G. München v. 28. Dez. 1842. (Mathiae, I. S. 449, Präj. 2: „Die Absperrung eines öffentlichen Weges begründet keine Privatklage, sondern die Vorsorge für den Fortbestand derselben ist Sache der Administrativbehörde.") Vgl. auch Stobbe §. 64, Seuff. Arch. 28. Nr. 14. 34. Nr. 7; die Entsch. des O. App. G. Kassel v. 5. Dezember 1874, in Fenner's Entsch. d. o. Preuß. G. H. VI. S. 12. (A. A. war in einem Falle das Dresdner O. A. G., vgl. Mathiae I. S. 22). Vgl. N. 29.

Darüber, ob der Weg ein öffentlicher sei, entscheidet zwar zunächst die Verwaltungsbehörde — oft nur auf Grund der thatsächlichen Benützung desselben als öffentlichen d. i. für Jedermann zugänglichen Verkehrsmittels einzelner Ortschaften nach Innen und Außen, dagegen ist diese Behörde nicht berufen, über Eigenthum und Servitutfreiheit des Straßengrundes abzusprechen. (Vgl. auch die Erk. d. Veralt. G. Hofes bei Alter, Judicatenb. I. Nr. 1887, Budwinski, Nr. 20. 36. 1515. 1593. 2047. 2376. 2523. 3192. 3498. 3585 u. a.) Wenn daher der Weg- oder Straßengrund als Privateigenthum in Anspruch genommen wird, hat über die Eigenthumsfrage im Rechtsstreite der ordentliche Richter zu entscheiden. Vgl. Judicate des O. G. H. Nr. 115 u. des Reichsger. Nr. 227.[29]

Dagegen können die Eisenbahnstrecken nicht als öffentliches Gut angesehen werden. Dieselben sind vielmehr im Privateigenthume und Besitze des Bahneigenthümers, möge dieser nun der Staat oder eine Gesellschaft oder eine Einzelperson sein.[30] Ebenso sind Sachen,

---

29) Diese bereits in der 1. Aufl. festgehaltene Scheidung der Competenzgrenzen ist durch die oben cit. Erk. des O. Ger. Hofes, des Reichsgerichtes u. des Veralt. G. H. zur ständigen Praxis geworden. Vgl. dazu noch mein: Wasserrecht (3. A.) S. 43., Pražák, Spory I. S. 206 flg. 183. 205., dann d. Entsch. d. Minist. d. Innern v. 21. November 1867. Zeitschr. f. Verwalt. 1868. N. 43, bei Kißling, Reichsgericht u. V. G. H. Nr. 124. Vorausgesetzt wird also, daß an einem angeblich öffentlichen Wege Privatrechte in Anspruch genommen werden. Selbstverständlich kann die von Seite der Administrativbehörde im gesetzmäßigen Wege erfolgte Erklärung eines Weges als öffentlichen nicht im gerichtlichen Wege bestritten werden. Vgl. M. Erl. v. 9. Mai 1857. Z. 8442 bei Mayerhöfer, Verwalt. S. 927. (1. A.) Sofern der Erwerb des öff. Benützungsrechtes nicht durch Vertrag, unvordenkliche Verjährung, Ersitzung, Expropriation u. s. w. nachweisbar ist, wird der Grundeigenthümer in der Regel Entschädigung für den Enigang der Benützung ansprechen können; abgeschwächt ist dies Recht bezüglich der Leinpfade ꝛc. in §. 8 des Wass. Ges. Pražák, Wasserr. Komp. Fragen, §. 4.

30) Die Hofdekr. v. 15. September 1845 Z. 904. und v. 18. Februar 1847. Z. 1036 erklärten zwar die für Staats- und Privateisenbahnen expropriirten Grundstücke für öffentliches Gut, indeß wurde dieser entschieden irrige Gesichtspunkt bereits mit dem Ges. v. 14. September 1854 Z. 238 (§. 9) in Ansehung der von Privateisenbahngesellschaften expropriirten Grundstücke völlig aufgegeben. Vgl. auch Burckhard, Syst. II. §. 71. A. 4. Zweckmäßig verordnet das Gesetz v. 19. Mai 1874. Z. 70 die Anlegung von Eisenbahnbüchern, in welche alle im Besitze (Eigenthum) der dem öffentlichen Verkehr dienenden Eisenbahnunternehmungen stehenden Grundstücke einzutragen sind. Damit ist der richtige Gesichtspunkt endlich wahrgenommen, und im Interesse des Realkredits der Eisenbahnen, sowie zur Sicherheit der Bahnprioritätenbesitzer durch Einführung öffentlicher Bahngrundbücher zur praktischen Ausführung gelangt. S. auch Krainz-Pfaff, §. 86. 220. —

die in der ausschließlichen Benutzung der Gemeinden oder des Staates stehen, im rechtlichen Verkehre, und können daher Objekte von Privatrechten sein. Dasselbe gilt auch von denjenigen Gemeindesachen, welche nur gewissen Gemeindeangehörigen zur Benutzung freistehen, z. B. Gemeindeweiden (Allmenden). Vgl. Note 13. Die Erwerbung des Eigenthums an denselben richtet sich nach dem A. B. G. B. (§. 289) und sind daher zur Entscheidung hierüber die Gerichtsbehörden kompetent.[31]

Hart an der Grenze des öffentlichen Guts stehen jene im Eigenthum des Staates oder der Gemeinden stehenden Sachen, welche kraft besonderer Widmung gewissen gemeinnützigen Zwecken dienen, als da:

a. Öffentliche Bibliotheken und Gemäldegalerien, öffentliche (Staats-, Gemeinde-) Schulgebäude, Kindergärten, Gemeindebäder, öffentliche Krankenhäuser u. s. f. Auch sie dürfen ohne Beschluß der zuständigen Behörde den betreffenden gemeinnützigen Zwecken nicht entzogen werden; insbesondere ist bei Schulen die freie Verfügung des Eigenthümers so lange ausgeschlossen, als nicht die öffentliche Bestimmung derselben durch einen Beschluß der kompetenten Behörde behoben worden ist.[32]

Wappäus S. 105 und 115 u. Schiffner §. 67. N. 14 zählen die Bahnstrecken zu den res publicae, weil dieselben Jedermann zur Benutzung offen stehen. Dies beruht aber auf einem Mißverständniß. Die öffentlichen Eisenbahnen müssen nur mit Jedermann Verträge über Beförderung von Personen und Waaren abschließen (Art. 422 H. G. B.). Darum wird aber der Bahnkörper so wenig öffentliches Gut, als etwa der Waggon oder das Dampfschiff, welche zur Beförderung benutzt werden. Richtig Regelsberger, Bayer. Hyp. R. §. 45. Stobbe §. 64. Anders bei solchen Sachen, deren unmittelbare Benutzung Jedermann zusteht, z. B. bei Aktienbrücken, Bahnhöfen ꝛc.

31) Wird dagegen die Benutzung einer Sache auf Grund des öffentlichen Rechtes in Anspruch genommen, so sind einzig die Verwaltungsbehörden zur Entscheidung berufen, z. B. bei Benutzung eines Weges, den Kläger als öffentlichen bezeichnet; einer Weide, auf der er als Gemeindeangehöriger Benutzungsrechte in Anspruch nimmt. Vgl. die Minist. Entsch. v. 27. März 1857 bei Mayerhöfer a. O. S. 926 und die Entsch. des oberst. Ger. Hofs v. 29. September 1858. Z. 10940 im Právník, 1864. S. 446; dann die Entsch. des Stuttgarter O. Trib. Nr. 3 in der Samml. v. Tafel V., Pražák, Spory etc. S. 191.

32) Vgl. Stobbe §. 64. N. 11. — Ein doppelter Fall ist möglich. Die Schulgebäude können entweder als Eigenthum der Schule als juristischen Person oder als Eigenthum des Staats (der Gemeinde, des Landes) erscheinen. Gewiß trifft vielfach der erstere Gesichtspunkt zu; die Regel bildet aber in den österr. Ländern der letztere Fall. Vgl. §. 377 der pol. Sch. Odg. und des St. H. C. Dekr. v. 25. Januar 1838. Z. 410 („sonst sind Schulhäuser als Gemeindegut anzu-

Von dem öffentlichen Gute der Kategorie Z. 1 u. 2 unterscheiden sie sich dadurch, daß die Benutzung derselben nicht unmittelbar und Jedermann zuzustehen pflegt, sondern daß dieselbe häufig auf gewisse Klassen von Personen (Gemeindeangehörige ꝛc.) beschränkt und nur mittelbar (nach vorläufiger Bewilligung) gewährt wird.

b. Der eben gedachten Kategorie der öffentlichen Sachen sind endlich anzureihen die im Besitz des Staates, geistlicher oder weltlicher Gemeinden stehenden, zur öffentlichen Religionsübung dienenden Kirchen. Die öffentliche Eigenschaft dieser Sachen ist auch durch den öffentlichrechtlichen Charakter der Kirchenverfassung gerechtfertigt. Der Umstand, daß dieselben zunächst nur gewissen Religionsangehörigen offen stehen, ist hier so wenig als im vorhergehenden Fall ein Hinderniß der Öffentlichkeit.[33] Dieselbe Qualität haben die konfessionellen Kirchhöfe.[33a]

---

sehen"); dazu d. St. H. E. D. v. 5. November 1829. Z. 3666. Für Preußen s. auch Dernburg §. 67. Die neuen Schulgesetze enthalten über diese Frage keine Bestimmung. Einseitige, der Widmung widersprechende Verfügung der Gemeinde über Schulgebäude ist daher unstatthaft. Irrig bezeichnet der Erl. des böhm. Land.-Schulraths v. 5. Dezember 1870. Z. 9145 die Schulgebäude als „allgemeines Gut". (§. 287 G. B.) Richtig — nur in nicht genauer Fassung — erklärt die Min. Vdg. v. 12. Dezember 1877. Z. 19603, daß, wo nicht spezielle Umstände eine Ausnahme (?) begründen, die „öff. Volksschule" selbst als Eigenthümerin der Schulgebäude anzusehen und im Grundbuche einzutragen ist; doch sei gegen den nicht ganz korrekten (?) Eintrag der „Schulgemeinde" (des Ortsschulfonds) kein Einwand zu erheben. (Vgl. auch Schiffner, §. 67. N. 12.) Unter „Schulgem." ist in der Regel die Ortsgemeinde zu verstehen; doch können mehrere Ortsgemeindeu zu Einer Schulgemeinde verbunden sein; auch in letzterem Falle kann das Eigenthum des Schulgebäudes allenfalls nur einer Ortsgemeinde zustehen. Vgl. die Erk. d. Verwalt. G. H. Budw. 3181., Alter, Jud. B. I. Nr. 1634. 1666. 1668.

33) Der Entwurf des A. B. G. B. §§. 7. 8. II. zählte die Kirchen noch zu den res publicae, welche „zum Gebrauch eines jeden Mitgliedes des Gemeinde" (?) dienen. Richtiger das preuß. L. R. 11. II. §§. 17. 18. 170. 173. Der Umstand, daß diese Sachen ohne Bewilligung, bez. ohne vorhergehende Aufhebung der Zweckbestimmung von Seite der kompetenten Behörden nicht veräußert werden dürfen, beirrt weder das Eigenthum der kirchlichen Anstalt noch den publizistischen Charakter der Sache. Dies übersieht Roth §. 116. — Richtig Stobbe S. 530. Schiffner §. 67. S. 8, Till §. 54 u. Wappäus S. 53, der aber mit Unrecht alle res sacrae den res publicae, quae in communi usu habentur, gleichstellen will; denn gottesdienstliche Geräthschaften (Kelche, Meßgewänder) gehören offenbar nicht dazu. Gewiß ist übrigens die Analogie der in patrimonio und der in publico usu stehenden Staats- und Kirchensachen nicht zu verkennen!

33a) Die österr. Gesetzgebung begreift unter „öffentl. Gut" die Objekte lit. a und b gewöhnlich nicht. Daher sind dieselben auch Gegenstand der Eintragung in die Grundbücher. Vgl. §. 2. der Gr. G. a contr. und das Hofdekr. v. 4. April 1839 Z. 354.

Dagegen sind **Reliquien** (Kreuzpartikeln rc.) allerdings Gegenstand des rechtlichen Verkehres, da nur die entgeltliche Veräußerung derselben verboten ist (Hofdekr. v. 24. Mai 1816. Z. 2234).[34] Auch **verbotene** Waffen und Munitionsgegenstände, Giftwaaren, Sprengstoffe (§. 361 flg. Str. G.) sind Gegenstand des Verkehres, und ist nur deren Erzeugung und Besitz in subjektiver Hinsicht an besondere Beschränkungen gebunden.[35] Über **Kirchstühle** u. **Grüfte** s. Note 36.

Die zum Gottesdienste **geweihten** Sachen (res sacrae) endlich stehen im Eigenthume der betreffenden kirchlichen **Institute** und sind dem Verkehre ebensowenig entzogen,[36] als die im Privateigenthume

---

34) Irriger Weise werden dieselben von **Nippel** III. S. 63 u. **Stubenrauch**, S. 704, zu den res extra commercium gezählt. Vgl. dagegen **Unger** I. S. 366. **Schiffner** §. 67 N. 39.

35) **Schiffner** §. 67. N. 35. Irrig zählen **Nippel** a. O. und **Stubenrauch** I. S. 703 auch diese zu außer Verkehr stehenden Sachen. Vgl. §§. 2. 3. 8 und 12 des Waffenpatentes v. 24. Oktober 1852. Z. 223. R. G. B. „Der Besitz verbotener Waffen ist nur Demjenigen gestattet, welcher eine besondere schriftliche Bewilligung dazu erhalten hat" (§. 8 cit.). Darin liegt offenbar das Verbot jedweden Verkehrs mit denselben **nicht**. Ebenso Ges. v. 27. Mai 1885 Z. 134 R. G. bezüglich der Sprengstoffe.

36) Vgl. **Wächter** II. S. 283. **Unger** I. S. 367. **Vering**, Kirchenr. §. 164. **Schiffner** §. 67. S. 6 flg. **Rittner**, K. R. (poln.) 2. S. 184. — Das Gegenteil behauptet **Pachmann** S. 80. Bei ihnen ist jedoch wie bei den übrigen kirchlichen Güieru die Ersitzungszeit eine längere (§. 1472 G. B.). — Nach röm. Rechte waren sie dem Verkehre gänzlich entzogen. Vgl. L. 30 §. 1. D. de acq. poss. 41. 2. Vgl. **Böcking** §. 69. **Pernice**, M. A. Labeo, S. 258. Dies behaupten auch h. z. T. Kanonisten, vgl. **Helfert**, Kirchenr. §. 415. **Richter**, Kirchenr. §. 286. **Schulte**, Kirchenr. 2. A. S. 504. Während jedoch r. s. nach röm. R. eigenthumsunfähig waren, kann dies nach heutigem R. gewiß nicht mehr behauptet werden, vgl. **Windscheid**, P. §. 147 Note 4. **Vering** §. 164. II. u. §. 165. **Hölder** §. 31. **Brinz**, §. 126. A. A. aber **Wappäus** S. 62 flg. Wenn das kanonische Recht (c. 12. X. 3. 1. cfr. c. 3. X. 3. 19) an **solchen** Sachen den usus profanus verbietet, so ist dagegen zu bemerken, daß dasselbe zwar für den Gewissenbereich Bedeutung, jedoch für das Gebiet des **bürgerlichen Rechts** keine Geltung hat. (Art. 4. 7. des Kundm. Pat.). Damit ist sehr wohl vereinbar, daß der profanirende Gebrauch gewisser gottesdienstlichen Sachen unter die Sanktion des Strafgesetzes fallen kann. — **Kirchenstühle** sind selbstverständlich Gegenstände des Verkehres. Vgl. die oberstger. Entsch. v. 19. April 1859 (Ger. Halle 1859. Nr. 21; bei Unger-Glaser Nr. 77.) Übrigens ist an ihnen nicht Eigenthum, sondern die Servitut des **Benutzungsrechtes** anzunehmen. So auch **Holzschuher** (Knnze) II. S. 26, und die oberstger. Entsch. Nr. 3252. 771. 4982. 5663. 5861. 9926 der Samml. Gl. U. W. — Dagegen betrachtet die Entsch. Nr. 6677 **Grüfte** auf Kirchhöfen als „durch das religiöse Gefühl und die kirchlichen Satzungen" als außer Verkehr stehende Objekte. (Kann wohl nur auf die Unübertragbarkeit der Servitut der Gruftbenützung bezogen werden.)

des Staates stehenden Sachen res publicae im engeren Sinne) und die dem Landesfürsten privatrechtlich eigenthümlichen Güter.[37]

Übrigens können nur körperliche Sachen (real und räumlich existirende und beherrschbare Gegenstände der Außenwelt,)[38] Objekt des Eigenthums sein, was das Gesetzbuch im §. 354 mit den Worten andeutet, daß das Eigenthum die Befugniß sei, „mit der Substanz und den Nutzungen einer Sache nach Willkür zu schalten".[39] Spricht man vom Eigenthum an „unkörperlichen Sachen", d. i. an Rechten (§. 292), so ist dies entweder eine Tautologie oder eine juristische Unmöglichkeit.[40] Allerdings pflegt man sich des Ausdruckes „Eigenthum" auch im weiteren, nicht technischen Sinne zur Bezeichnung des „Gehörens", der Berechtigung überhaupt zu bedienen; man spricht vom Eigenthümer einer Servitut, einer Forderung, eines Realrechtes u. s. f. — ähnlich wie man in diesen Fällen vom Besitzer oder Inhaber spricht — und meint damit den Servitutsberechtigten, den Gläubiger, den Realberechtigten. (So auch §§. 1030. 1424 A. B. G. B.) Alles, was uns „gehört", ist in diesem Sinne unser „Eigenthum", gehört zu unserem Vermögen (§. 354, dazu §. 1. Note 13 d. B.).[41] Allein dieser zweideutige — an sich nicht geradezu verwerfliche — Sprachgebrauch ist aus dem Grunde nicht zu billigen, weil er leicht zu dem

---

37) Das Staatseigenthum (wie das Eigenthum der Gemeinde) unterliegt der außerordentlichen Ersitzung, § 1482. — Die Privatgüter des Landesfürsten sind Gegenstand des privatrechtlichen Verkehres, daher des Besitzes und der (ordentlichen) Ersitzung (§. 289 im Gegensatze zu §§. 287 und 1478 A. B. G. B.). Irrig bezeichnet Unger I. S. 366 solche Sachen, welche aus faktischen Gründen nicht in Verkehr zu kommen pflegen, als res extra commercium. Vgl. dag. Stubenrauch III. S. 699. 3, Krainz-Pfaff, §. 86. Denselben Gesichtspunkt macht neuest. Brinz, P. (2. A.) §. 126 mit Recht auch für d. R. R. geltend, obwohl L. 39. §. 10. D. de leg. I. die praedia Caesaris als res e. c. behandelt.

38) Res corporales, quae tangi possunt. L. 1. §. 1. D. de r. div. 1. 8. — Über die ungenauen Definitionen der §§. 285 und 292 A. B. G. B. vgl. Unger, I. R. 354 flg., 358 flg. Daß nicht alle „Sachen, welche in die Sinne fallen", körperlich und daher Gegenstand rechtlicher Herrschaft, insbesondere dinglicher Rechte sind, liegt auf der Hand. Man denke an Licht, Schall, Wärme, Elektricität u. s. w. Die gedachte Definition beruht auf der unjuristischen Identifizirung der Begriffe „Ding" und „Sache". Selbst von den körperlichen, d. i. faßbaren Dingen sind nicht alle räumlich (faktisch) beherrschbar, d. i. Sachen im rechtlichen Sinne.

39) Anders lautet der §. 1. 2. I. 8. des preuß. L. R., vgl. §. 1. Note 9.

40) Die Phrase: „Eigenthum an Rechten" bedeutet soviel als: „volles Recht am Recht" oder „rechtliche Herrschaft" an „rechtlicher Herrschaft"!

41) In diesem Sinne sprechen selbst die Quellen von dominium ususfructus.

Mißverständnisse führen kann und thatsächlich auch geführt hat, daß man Bestimmungen des Gesetzbuches, welche vom Eigenthum im technischen Sinne sprechen (vgl. Hauptstück 3. 4. 5. II.), auf das Eigenthum im weiteren nicht technischen Sinne — hiermit auf alle Rechte ausdehnt.[42]

Daß das sog. „literarische und artistische (geistige) Eigenthum" des Autors kein Eigenthum im technischen Sinne ist, daß es insbesondere keine „unkörperliche Sache" zum Gegenstand hat, liegt zu Tage. Das Autorrecht besteht vielmehr in der ökonomisch werthvollen und verwerthbaren ausschließlichen Befugniß des Autors zur Veröffentlichung und Vervielfältigung eines literarischen oder artistischen Erzeugnisses; darin liegt die Befugniß des Autors, Andere hievon auszuschließen. Vgl. §. 13 des Kais. Pat. v. 19. Oktober 1846. Z. 992, welches allerdings im §. 1 ausdrücklich sagt: daß „die literarischen Erzeugnisse und die Werke der Kunst ein Eigenthum ihrer Urheber bilden".[43] Die Verletzung dieses ausschließlichen

42) Die Mehrzahl unserer Kommentatoren verstand es nicht, diesem Mißverständnisse auszuweichen. So namentlich Zeiller II. 223, Nippel III. 363 — 371; Stubenrauch, I. 466. 537, welche bei der Cession von Forderungen (§. 1392) von Titel und Erwerbungsart (Übergabe) im Sinne des §. 423 flg. sprechen und darüber streiten, worin die „Übergabe der Forderung" besteht. Dagegen vgl. Winiwarter II. 107; Unger I. 525 flg.; Kirchstetter S. 168, Till, Prawo pryw. (1888) II. §. 127. und §. 12 dieses B.

43) Dazu Harum, Die österreichische Preßgesetzgebung (1857) Österr. V. J. Schr. 11. und 12. S. 269 flg., 91 flg.; Kirchstetter S. 545; Oskar Wächter, das Verlagsrecht, (1857, 1858) §. 9, neuerl. bes. Stobbe, D. Pr. R. §. 158, Kohler, Das Autorrecht (1880), s. auch Jahrb. f. Dogm. 18. S. 133 flg., Freih. v. Anders, Beiträge z. L. v. literar. u. artist. Urheberrechte (1881), Klostermann, Endemann's Hdb. II. S. 236 flg. (dazu Gierke, Ztschr. f. H. R. 29. B. S. 266 flg.), Lentner, d. Recht d. Photographie 1886, Daude, d. deutsche Urheberr. 1881. S. 11. 254, Kadlec, Abh. d. böhm. Akademie d. Wiss. 1892. I. Kl. Nr. 4, Právník, 1892. S. 477. 513. 549 flg. — Dahin gestellt mag bleiben, ob es nöthig ist, mit Windscheid §. 137. a. E. auch „wissenschaftliche und Kunstwerke, Erfindungen 2c. als unkörperliche Sachen" in dem Sinne zu fingiren, daß dieselben kraft positiven Rechtes so behandelt werden, wie körperliche Sachen. Zutreffender stellt Reuling, Ztschr. H. R. 23. S. 95 flg., „neben die Sachenrechte als diesen koordinirte Bestandtheile der systematischen Gliederung die Rechte an immateriellen Arbeitsprodukten"; auch Kohler in seiner geist- und lehrreichen Abhandlung, Jahrb. f. Dogm. 18. S. 129 flg. S. 195 flg. (im Separ. Abdr. S. 2 flg. 66 flg.) erblickt in den literarischen Produkten „immaterielle wirthschaftliche Güter" (Befriedigungsmittel menschlicher Bedürfnisse) und anerkennt an ihnen „Immaterialrechte". Der Autor hat „ein Rechtsobjekt geschaffen, welches seiner rechtlichen) Herrschaft unterliegt" (Stobbe S. 13), dessen Schutz durch Sicherung des gebührenden Lohns Aufgabe der Gesetzgebung ist (Anders S. 18 flg.). Freilich

Rechtes bildet sogar den Thatbestand einer strafbaren Handlung (§. 467 Str. G. B.) und begründet eine Deliktsobligation auf vollen Schadenersatz.

Ebensowenig haben Erfindungs-Privilegien, welche dem Erfinder das Recht auf den ausschließlichen Gebrauch und die Verwerthung seiner Entdeckung, Erfindung oder Verbesserung sichern, die Natur des Eigenthumsrechtes. Auch hier erscheint die Verletzung dieser ausschließlichen Befugniß durch Nachmachung oder Nachahmung oder

darf man an diese „Herrschaft" nicht den Maßstab des Sachenrechts legen, sondern muß der Eigenthümlichkeit des Objekts gerecht werden. Vgl. Gierke S. 269—272, welcher mit Stobbe gegen Klostermann mit Recht die Einheitlichkeit des Urheberrechts betont, dasselbe aber der Kategorie der „Rechte an der eigenen Person" (?) einreihen will. Mit Recht vermeiden die deutschen Reichsgesetze v. 11. Juni 1870 über das Urheberrecht an Schriftwerken, über das Urheberrecht an Werken der bildenden Kunst, die Gesetze über den Photographien- und Musterschutz von 1876 den Ausdruck: „Eigenthum"; ebenso das italienische Gesetz v. 25. Juni 1865, welches nur von diritti spettanti agli autori spricht. Nicht haltbar ist m. E. die Auffassung des Autorrechts als „persönliches Recht" (bes. Bluntschli-Dahn, D. Pr. R. §§. 46. 47. Dahn, Krit. V. J. Schr. 20. S. 354 flg., Gierke a. a. O.), bez. als „Individualrecht" (Gareis, Grundr. d. d. bürgerl. R. §. 40, Deutsch. Patentges. S. 20 flg.), denn nicht die geistige Vaterschaft, die freie Äußerung der Persönlichkeit, sondern die freie Verfügung über das Produkt derselben, insbesondere das vermögensrechtliche Interesse, das durch die ausschließliche Befugniß der Veröffentlichung oder Vervielfältigung bedingt ist, will das Recht schützen; daß dabei zugleich der Schutz persönlicher Interessen (Autorehre 2c.) bezweckt und erreicht wird, soll nicht geleugnet werden. Daß der Gesichtspunkt des persönlichen Rechts nicht ausreicht, zeigt die Veräußerlichkeit und Vererblichkeit des Rechtes selbst. (Vgl. auch Kohler S. 202 flg., 283 flg. Anders S. 121 flg., 151 flg.) Dieselben Einwendungen treffen die von Oskar Wächter, Das Autorrecht 2c. (1877) §. 4, vorgetragene vermittelnde Konstruktion des Autorrechts als Spezies einer besonderen Klasse von Personenrechten, die zugleich eine vermögensrechtliche Natur und zwar dadurch erhalten, daß die Gesetzgebung ihnen Ausschließlichkeit und Veräußerlichkeit beilegt. M. E. erscheint das Autorrecht als gesetzliches Monopol der Veröffentlichung und Vervielfältigung (insbesondere des gewerbsmäßigen Vertriebs) eines immateriellen Produkts. (Vgl. Anders VI. und S. 118 flg., der Einwand Kohler's S. 199 trifft nur die ökonomische Sette.) Durch dieses Monopol im weiteren Sinne ist in gleicher Weise wie durch die Gesetze über Firmen- und Patentschutz (Erfinderrecht) eine neue, dem röm. Rechte nicht bekannte Kategorie von absoluten Rechten geschaffen, welche nicht in die Kategorie der Personen- oder der dinglichen oder obligatorischen Rechte (s. dag. Gareis, Kohler, Anders, Reuling) eingereiht werden können, vielmehr als eine eigenartige Kategorie von Vermögensrechten, ja mit Rücksicht auf den vom Vermögensinteresse des Autors unabhängigen Rechtsschutz als eine dem Vermögens- und Familienrechte koordinirte Art von Rechten anzusehen sind. So im Wesen schon Harum, ähnlich neuest. Stobbe, Kohler, Anders, Klostermann. Über die verschiedenen Ansichten vgl. bes. Stobbe, Kadlec a. a. O. Über musik. u. dram. Werke s. Schuster, Urheberr. d. Tonkunst, u. Kadlec a. O. Nr. 4.

durch Verschleiß der nachgemachten Gegenstände als eine strafbare Handlung, welche zum Schadenersatz verpflichtet. Vgl. §§. 1—3. 21. 28. 43 des Ges. v. 15. August 1852. Z. 184. Ähnlich verhält es sich mit dem durch das Markenschutzgesetz v. 6. Jannar 1890 Z. 19 und durch das Musterschutzgesetz v. 7. Dezember 1858. Z. 237 R. G. Bl. anerkannten Eigenthum an der Marke und dem Muster. — In allen diesen Fällen handelt es sich nicht um die rechtliche Herrschaft über ein faßbares Objekt der Außenwelt, welches das Analogon der im Eigenthum befindlichen körperlichen Sache bilden würde,[44] — sondern um den rechtlichen Schutz gegen unbefugte, d. i. vom Urheber nicht gestattete Veröffentlichung, Nachbildung oder Nachahmung eines Gedankens, eines Kunstwerkes oder Industriemusters, einer Erfindung, Verbesserung ꝛc. — ein Schutz, welcher aus Gründen der Billigkeit, der Volkswirthschaft und der Gerechtigkeit nicht versagt werden darf.[45]

---

44) Damit ist nicht zu verwechseln das Manuskript, das Kunst- oder Industrieprodukt, die Marke, das Muster, dessen Vervielfältigung oder Nachbildung dem Urheber ausschließlich vorbehalten ist.

45) Vgl. neuest. Klostermann, Endem. H. B. II. S. 320 flg. Der Gegenstand des Schutzes sowie der Störungsakt ist allerdings bei Privilegien ein anderer als beim sog. literarischen und artistischen Eigenthum. Gegenstand des Schutzes ist dort die Verwerthung der Erfindung durch Erzeugung und Verschleiß des Produktes oder Produktionsmittels, hier ein literarisches oder Kunstwerk, welches an sich Wert hat, gegenüber möglicher Veröffentlichung oder mechanischer Vervielfältigung desselben. Der Störungsakt liegt dort in der Nachahmung (Erzeugung) des Gegenstandes und dessen Verschleiß, hier in der Veröffentlichung oder Vervielfältigung. Vgl. auch Wächter I. S. 142 flg. And. A. Rösler, Verwalt. R. §. 233, welcher das Autorrecht für ein „soziales Vermögensrecht" erklärt, ferner Gareis, Dahn, Kohler a. a. O., welche von „Individual- und Immaterialrechten" sprechen; s. vor. Note. — Daher tann auch die bloße Veröffentlichung einer Erfindung auf dem Gebiete der Chemie oder Mechanik nicht für unbefugten Nachdruck gehalten werden, da hier kein literarisches Produkt vorliegt, sondern eine Entdeckung, welche nur im Wege des Industrieprivilegiums geschützt wird. (Erfindungen und Muster werden bekanntlich registrirt und die Erzeugungsweisen oft gar nicht geheim gehalten.) „Weder die Idee des Erfinders, welche nur als Mittel für materielle Zwecke dient, noch der materielle Gegenstand, welcher mittelst der Erfindung hergestellt wird, lann mit den Schöpfungen des Autors in Eine Klasse gebracht werden". Wächter a. a. A. Weiter geht jedoch das deutsche Reichsgesetz v. 11. Juni 1870. Dagegen wollen Gareis und Dahn das Erfindungsrecht als bloße Spezies des Urheberrechtes ansehen — meines Erachtens mit Unrecht: Das geistige oder künstlerische Prodult ist der Ausfluß der ureigenen Thätigkeit, — ein Abbild der geistigen oder künstlerischen Individualität, — das Verbot der Publikation ist Niemandem in der Produktion ähnlicher Werte hinderlich. Anders bei Erfindungen, welche sehr oft nur auf glücklichen Zufällen beruhen und deren unzweckmäßiger Schutz die Erfindungsbestrebungen von Genera-

Auch das sog. **Bergwerkseigenthum** hat keine körperliche Sache zum Gegenstande und ist daher kein Eigenthum im technischen Sinne, trotzdem verliehene „Bergbaugerechtigkeiten (Grubenmaße, Übermaßen, Hilfsbaue und Revierstollen) für ein unbewegliches Eigenthum" erklärt sind und den Gegenstand besonderer „öffentlicher Bücher" (der Bergbücher) bilden. (§. 109. des Bergges. v. 23. Mai 1854. Z. 146.) Denn nicht die Lagerstätten der vorbehaltenen Mineralien (Flötze und Gänge) sind Gegenstand der rechtlichen Herrschaft, da der unterirdische Raum ein untheilbarer Bestandtheil des Grund und Bodens ist (§. 297 A. B. G. B.), vielmehr liegt das Wesen dieses „Eigenthums" in dem ausschließlichen **Separations- und Occupationsrechte** des Bergwerksbesitzers in Ansehung der in bestimmten Räumen befindlichen, vorbehaltenen Minerale (arg. §§. 123. 124. Bergges.)[46]

Es ist bereits früher (§. 1. S. 14) bemerkt worden, daß das Eigenthum an **Grundstücken** die ausschließliche rechtliche Verfügung über den senkrecht **ober- und unterhalb** befindlichen Raum, soweit dieser der menschlichen Herrschaft zugänglich ist, in sich schließe; daß daher der Eigenthümer Anstalten in unbeschränkter Höhe errichten und zugleich jedem Dritten, insbesondere Nachbarn Verfügungen und Vorkehrungen innerhalb dieses Raumes (z. B. Erker, Überragen von Dächern, Fenstern, Bäumen) verwehren könne (§§. 297. 422. 475. 476); daß der Eigenthümer aus demselben Grunde über die unter der Oberfläche befindlichen Theile des Grund und Bodens (mit Ausschluß der durch das Bergwerksregal vorbehaltenen Mineralien) frei verfügen könne (§§. 297. B. B. G. B. und §. 99 des Bergges.). Dieses Verfügungsrecht ist grundsätzlich nicht beschränkt durch das **praktische** Bedürfniß (Interesse) des Grundbesitzers.[47]

---

tionen lahm legen kann. Vgl. **Lyon-Caen**, Bull. d. soc. d. Leg. comp. 1878, S. 621.

46) Vgl. §. 36 d. B., dazu **Leuthold**, Öst. Bergr. §. 21. **Achenbach**, Preuß. Bergrecht §. 80, **Walter**, Preuß. R. §. 166, **Gerber**, D. P. R. §. 95, **Förster**, Grundb. R. S. 99, **Dernburg** §. 260, **Stobbe**, D. P. R. §. 143, dazu **Roth** II. S. 234 flg. Ältere Gesetze und Schriftsteller vertreten zumeist die Ansicht, daß die Lagerstätten oder Grubenfelder Objekt des Bergwerkseigenthums seien; so bes. **Weiske**, R. Lexikon I. S. 948 flg. Eigenthümlich ist die Auffassung H. **Schuster's**, Ger. Z. 1880, Nr. 41. 42.

47) **Anderer** Ansicht **Ihering**, Jahrb. f. Dogm. VI. S. 89 flg. (ebenso **Hesse**, ebenda S. 393 flg.), welcher das praktische **Interesse** zur Grenzmarke des Eigenthums erheben will. Ihm tritt für das österr. Recht **Mages**, Ger. Zeit. 1871, Nr. 7 bei; noch weiter geht **Peyrer**, W. R. S. 128. Dagegen vgl.

Das Eigenthum an Grundstücken erstreckt sich endlich auf die mit demselben organisch zusammenhängenden oder mechanisch fest und dauernd verbundenen Sachen, insbesondere auf Pflanzen, Bäume, Gebände (§§. 297. 417—421. A. B. G. B.). Es ist dies die nothwendige Konsequenz des Umstandes, daß dergleichen Sachen in der gedachten Verbindung mit dem Grund und Boden keine selbstständige Existenz besitzen, daher für sich nicht Gegenstand des Eigenthums sein können.[48] Das Grundeigenthum begreift endlich die darauf eingeschlossenen Gewässer (§. 4 des R. Wassergef. v. 30. Mai 1869. Z. 83).

Schon darum muß noch vom Eigenthum an Gewässern gehandelt werden. Bei der Schwierigkeit und Wichtigkeit des „Wasserrechtes", welches einen Gegenstand des allgemeinen bürg. Rechtes bildet, wird es zweckmäßig sein, demselben im folgenden eine ausführlichere Darstellung zu widmen.

Windscheid §. 168, Nr. 2 und Dernburg §. 215, Nr. 3. Die Ansicht Iherings läßt sich nur vom Gesichtspunkte der Unzulässigkeit der Chikane rechtfertigen und dieser ist dem österr. Recht (§. 1305. A. B. G. B.) gewiß fremd. Das A. B. G. B. kennt eine solche Beschränkung nicht. Der §. 99 des Berggef. v. 23. Mai 1854. Z. 146 bestimmt ausdrücklich, daß die unterirdische Führung von Wasserleitungen u. s. f. durch fremde Grundstücke in der Regel nur mit Bewilligung des Eigenthümers erfolgen kann. Das Verfügungsrecht des Grundeigenthümers erstreckt sich also in die Höhe und in die Tiefe, soweit eben die menschliche Herrschaft reicht, bez. reichen kann. Es ist daher auch zur Führung von Stollen und Tunneln in jeder erreichbaren Tiefe grundsätzlich die Einwilligung des Grundeigenthümers nöthig. Dies anerkennt die Entscheidung des O. G. H. Nr. 3010 Sammlung Glaser-Unger. Allerdings wird das Verbotsrecht desselben in Fällen der Expropriation wegen des Mangels eines Schadens ohne praktische Bedeutung sein. Vgl. Dernburg a. a. O.

48) So auch nach röm. Rechte, woselbst dieser Grundsatz auf das jus naturale zurückgeführt wird. Vgl. Gajus, Inst. II. 73 (jure naturali nostrum fit); L. 2. D. de superfic. 43. 18; §. 29. I. 2. 1. — Anders nach preuß. L. R., welches ein vom Grundeigenthum unterschiedenes Sondereigenthum eines Dritten an Bäumen, stehenden Früchten und Gebäuden für möglich anerkennt. §§. 199. 200. I. 22, dazu Dernburg §. 215. Auf derselben — dem älteren deutschen R. eigenthümlichen — Auffassung beruht auch die Bestimmung des art. 664 Code Nap. (nicht aber das ital. G. B.), sowie die Statutarrechte vieler deutscher, insbes. bayerischer Rechtsgebiete (das sog. Herbergsrecht). Vgl. Roth §. 120. S. 56 flg. Auch der bayer. Entw. III. art. 212. 213 anerkennt ungetheiltes Miteigenthum an räumlich ausgeschiedenen Theilen eines Gebäudes, was de lege ferenda aus wirthschaftlichen u. juristischen Gründen entschieden verwerflich ist. Mit Recht gestattet das sächs. G. B. (§§. 218. 225) u. das zürich. G. B. (§§. 555. 564) an Häusern und stehenden Früchten nur Miteigenthum nach ideellen Theilen.

§. 4. Eigenthum an Gewässern.[1]

A. Rechtliche Natur des sog. Eigenthums an Gewässern. Historische Entwicklung.

Das Wasserrecht im modernen Sinne umfaßt die Gesammtheit der Rechtsverhältnisse an Gewässern jeder Art, insbesondere an fließenden Gewässern.[2]

---

1) Die ältere österr. Literatur über das Wasserrecht ist ungenügend, die neuere aber wohl beachtenswerth. Reich ist die Literatur für das Gebiet des römischen, französischen und italienischen Wasserrechtes. Für das österr. Recht vgl. Jičinský's: Vodní právo (Wasserrecht 1870). K. Lemayer, Österr. Ger. Zeit. 1869. N. 41 bis 47. A. Randa, Österr. Wasserrecht (3. Aufl. 1891); den ausführlichen Kommentar von Karl Peyrer, Das österr. Wasserrecht ... nebst Vollzugsbestimmungen ꝛc. 1880 (2. A.); Burckhard, §. 71, Pražák, Wasserrechtl. Competenzfragen (1892). (Veraltet ist Wildner's Österr. Fabrikenrecht mit Anhang über Wasserleitungen 1838.) — Für das gemeine R. vgl. Pözl, Krit. Viertelj. Schr. I. S. 23 flg. (1859), woselbst auch die neuere Gesetzgebung angeführt ist, Burchardi, in Hauser's Zeitschr. für Reichs- und L. R. I. S. 97. Note 77—79. Jičinský, Österr. Viertelj. Schr. 18. S. 269 flg. Stein, ebd. 7. S. 233 flg. 18. (2.) S. 227 flg.; ferner Gesterding, Arch. f. civ. Praxis B. 3. S. 60 flg. Funke B. 12. S. 274. 432 flg. Schwab, ebenda B. 30. Beil., besonders Börner, ebd. 38. B. (1855). S. 149 flg., R. Glaß, Die wasserrechtliche Gesetzgebung (enthält einen Aufriß der wichtigsten europäischen Wassergesetze. 1856). Endemann, Das ländliche Wasserrecht (1862). Hesse, Jahrbuch für Dogm. VII. (1865). S. 179—317, aufgenommen in desselben: Rechtsverhältnisse der Grundstücksnachbarn §§. 45 flg. (2. A. 1880). Kappeler, Der Rechtsbegriff des öffentlichen Wasserlaufes (1807). Wappäus, Zur Lehre von den dem Rechtsbegriff entzogenen Sachen (1867), und von den Handbüchern bes. Windscheid §. 146. Gerber §§. 61. 63. Stobbe §. 64. Dernburg §§. 251—256. Roth §§. 282—293, dazu Stein, Verwaltungsrecht, 2. Heft (2. Aufl.) S. 321 flg. Rösler, Verwaltungsr. §. 214. Burchardi, a. a. O. — Für das preußische Recht ist Nieberding, Wasserrecht und Wasserpolizei im preuß. Staate (1866) zweite, ergänzte Ausg. v. Frank I. II. (1889), für das bayerische Recht vorzüglich J. Pözl, Die bayer. Wassergesetze vom 28. Mai 1852 erläutert (2. Aufl. 1880) und Roth, a. a. O.; für das badische Wassergesetz vom 28. Mai 1876: Schenkel, das badische Wasserrecht (1877), für Hessen: Zeller, W. G. (1888) hervorzuheben. — Vgl. noch Huber, Die Wassergesetze Elsaß-Lothringens 1877 (2. A. 1892) und Baumert, Unzulänglichkeit der best. Wassergesetze (1876). Neubauer, Zusammenstellung des in Deutschl. gelt. Wasserr. (1881). Baron, Ztschr. f. vergl. R. W. I. S. 261 flg. II. S. 51 flg., dazu Stobbe a. O.

2) So alle neueren Wassergesetze, insbesondere die bayerischen v. J. 1852, das österr. v. J. 1869, d. bad., hess., ungar. ꝛc., dazu mein W. R. §§. 1. 5. Anders nach gemeinem Rechte, nach welchem man unter Wasserrecht nur die fließenden Gewässer zu begreifen pflegt, da die geschlossenen als Bestandtheile des Bodens

Das Eigenthum setzt seinem Begriffe nach selbständige und der menschlichen Herrschaft unterworfene räumliche Körper voraus (§§. 354. 362 A. B. G. B.). Einen solchen Gegenstand bilden zwar die in Brunnen, Teichen, Quellen, Behältern (Cisternen) und natürlichen Senkungen eingeschlossenen (stehenden) Gewässer, mit Einschluß des Beckens,[3] — nicht aber das Meer in seiner Totalität noch auch die fließende Wasserwelle in ihrem stetigen, zusammenhängenden Laufe (aqua profluens). Das fließende Gewässer bildet vielmehr ein zusammenhängendes, nur durch die Bodensenkung räumlich vertheiltes Ganzes. Aus natürlichen Gründen kann daher der ununterbrochene Wasserlauf nicht als Gegenstand des Eigenthums angesehen werden, gleichviel ob es sich um Ströme, Flüsse oder Bäche handelt; derselbe ist vielmehr ebenso wie der Luftstrom eine wahre res omnium communis und gehört mit Rücksicht auf die Möglichkeit, einzelne Theile des Wassers (der Luft) zu okkupiren, zu der Kategorie der res nullius (§. 381 flg.).[4] Daraus

nicht weiter berücksichtigt werden. Vgl. Roth §. 282. N. 7. Dernburg §. 251 flg. — Über die Stelle, an welcher vom Wasserrechte zu handeln ist, gehen die Ansichten auseinander. Für das römische Recht, nach welchem alle fließenden Gewässer als öffentliche, und zwar als res omnium communes anzusehen sind, ist wohl die Behandlung im allgemeinen Theil unter der Kategorie der res extra commercium ausreichend. Vgl. auch Gerber §§. 61. 63, und Stobbe §. 64. N. 4. Allein für das heutige Recht, welches vom Eigenthum oder mindestens von der Regalität der öffentlichen Flüsse spricht, Privateigenthum an fließenden (nicht schiffbaren) Gewässern in ausgedehntem Maaße anerkennt, und selbst das Privatrecht an geschlossenen Gewässern mannigfachen, aus der Unentbehrlichkeit des Wassers fließenden Beschränkungen unterwirft, ist es nothwendig, vom Wasserrechte in einem besonderen Abschnitte, etwa im allgemeinen Theil im Anschlusse an die res extra commercium, besser wohl im Kapitel vom Eigenthum, welches ja die Unterlage desselben bildet, zu handeln. Ähnlich Dernburg a. a. O., theilweise Stobbe a. a. O., während Roth das Wasserrecht in der Lehre von den Regalien einreiht. Gegen diese Auffassung s. Note 16, auch Pražák, Wasserr. Komp. Frag. S. 5.

3) Vgl. §. 297 A. B. G. B. und §. 4 des Reichs-Wassergesetzes v. 30. Mai 1869, Z. 93. Es gilt hier der Satz: nihil differt a ceteris locis privatis. L. 1. §. 4. D. de flum. 43. 13; Hesse S. 211 flg.

4) Dies ist der Standpunkt des römischen Rechts, welches jure naturali für res omnium communes erklärt: aër, aqua profluens, mare et per hoc litora maris §. 1. 35. J. de R. div. 2. 1. Dies wird auch heute fast allgemein anerkannt. Vgl. Börner S. 176. Gerber § 61. Walter §. 170. Hesse S. 191 flg., 250 flg. Windscheid §. 146. N. 6. Stein, Verw. S. 326. Selbst die aqua profluens des torrens (unbeständigen Baches) ist — omnium communis. (S. Brinz, P. [2. A.] §. 125. S. 456, womit aber die Opposition N. 21 gegen Wappäus S. 18 kaum vereinbar ist.) Dagegen hält Roth §. 282.

ergiebt sich, daß von einem Eigenthum (im technischen Sinne) an „Flüssen" welcher Art immer (flumen, aqua perennis) nicht die Rede sein kann; denn ein wesentliches Element desselben: der Wasserstrom (fluor aquae) entzieht sich der räumlichen Herrschaft. Zu diesem juristischen Grunde kommt: die Unentbehrlichkeit des fließenden Wassers für die Lebensbedürfnisse der Menschheit, welche mit der ausschließlichen Herrschaft Einzelner an demselben durchaus unvereinbar ist, — kommt die Wichtigkeit der Gewässer als Kommunikationsmittel, kommt die große Bedeutung der Triebkraft derselben für die Industrie, der Einfluß der chemischen Wirksamkeit beim Betrieb der Landwirthschaft und zahlreicher Gewerbszweige, — endlich die kaum schätzbare Tragweite eines zweckmäßigen Wassersystems für die klimatischen Verhältnisse. Die Natur der Sache und Rücksichten des allgemeinen Wohles verlangen also in gleich gebieterischer Weise, daß die fließenden Gewässer als öffentliches, zum allgemeinen Gebrauch dienendes Gut betrachtet werden. Da der „Fluß" aus dem Wasserlaufe (fluor aquae) und dem Bette (alveus) besteht, so wäre es nur konsequent, auch das Flußbett als integrirenden Bestandtheil des Flusses, somit als Gemeingut zu behandeln[5] — wobei

---

N. 48 diese Auffassung für das neuere Recht überhaupt nicht für anwendbar; durch die Regalerklärung der Flüsse sei der Wasserlauf der öffentlichen Flüsse „öffentliches Eigenthum" geworden. Darunter versteht Roth III. S. 143 Staatseigenthum. Allein der Wasserlauf in seiner Totalität kann seiner Natur nach nicht Gegenstand menschlicher Herrschaft, daher weder des Privat- noch des Staatseigenthums sein. Die Regalerklärung bezieht sich bloß auf gewisse Nutzungen Dies verkennt auch die Auseinandersetzung des Just.-Min.-Commissärs Benoni bei Peyrer S. 52 flg.; der Einwand, daß nicht Jedermann an jeder Stelle zum Wasserlaufe Zutritt hat, betont ein unwesentliches Moment. Auch die franz. Gerichte behandeln trotz Art. 538 alle Flüsse als öffentliche. S. Huber S. 46 flg.

5) Konsequent macht das römische Recht die Eigenschaft des Bettes von der Eigenschaft des Flusses abhängig. L. 1. §. 7. D. 43. 12: Ille alveus ..., etsi privatus ante fuit, incipit tamen esse publicus, quia impossibile est, ut alveus fluminis publici non sit publicus. Vgl. Börner S. 171. Hesse S. 191. flg. Wappäus S. 20 flg. Kappeler S. 104 flg. Stobbe §. 64. N. 17. 18, wohl auch Brinz, P. (2. A.) §. 125. S. 456. §. 127. S. 463. Eine Fluß ohne Bett kann so wenig gedacht werden, als ein Fluß ohne Wasser. — Vom Flußbette sind die Flußufer zu unterscheiden; diese sind im Eigenthum des Ufergrundbesitzers, der lediglich die im Interesse der Schifffahrt gebotene Benutzung derselben gestatten muß. Vgl. L. 5. pr. D. 1. 8: Riparum quoque usus publicus est .... sed proprietas earum illorum, quorum praediis inhaerent. Vgl. dazu Börner S. 172. 370, welcher das Prinzip „der Benutzung vom Wasser her" aufstellt; Jičinský S. 52 flg. Windscheid §. 146.

immerhin vorbehalten bliebe, ob an demselben (wie bei öffentlichen Straßen) ein dem Staate oder ein den Adjazenten zustehendes, jedoch durch den Gemeingebrauch des Flusses beschränktes Eigenthum angenommen oder ob dasselbe als herrenlos angesehen und lediglich dem Staatshoheitsrechte unterworfen gedacht werden soll.[6] In der That ist jene Konsequenz im römischen Rechte bezüglich aller ständig fließenden Gewässer anerkannt und bezüglich des Flußbettes die letztere Alternative zur Geltung gelangt. **Flumina omnia** (sc. perennia) et portus **publica sunt.** (§. 2. J. de rer. div. 2. 1.)[7] Insbesondere ist es nach dem römischen Recht gleichgültig, ob der Fluß groß oder klein, schiffbar und flößbar ist oder nicht.[8] Ströme,

---

N. 14. Die Grenzen des Flußbettes müssen nach dem mittleren Wasserstande festgesetzt werden. S. Roth §. 282. Dem widerspricht nicht L. 112. D. 50. 16: Ripa putatur ea esse, quae plenissimum flumen continet.

6) Alle diese Ansichten sind in der gemeinrechtlichen Literatur vertreten. Vgl. bes. Roth §. 382. Für das Eigenthum des Staates an öffentlichen Flüssen treten namentlich ein: Arndts §. 49. N. 2. Burchardi S. 107. Dernburg §. 251; für das Eigenthum der Adjazenten; Börner S. 180. Puchta §. 165, Keller §. 141. Gerber §. 63; für die Herrenlosigkeit: Hesse S. 198. N. 42. Pözl, B. Wass. G. S. 66. Kappeler S. 26. 36. 109. Stobbe §. 64. S. 538 flg. Gegen die Ansicht, daß der Staat Eigenthümer des Flußbettes ist, führt man gewöhnlich an, daß die im Flusse entstandene Insel und das verlassene Flußbett den anstoßenden Grundeigenthümern gehört. (S. Windscheid §. 146. N. 11. Brinz S. 463.) Allein an sich ist dies kein Beweisgrund, da das Flußbett eben nur als solches (als die mit Wasser bedeckte Fläche) dem Staate zugehört. Vgl. L. 30. §. 3. D. de a. r. d. 41. 1, und Dernburg §. 251. N. 5. Daß der Begriff der Extrakommercialität das Eigenthum des Staates oder der Privaten nicht ausschließe, ist von mir oben S. 46 flg. nachzuweisen versucht worden. Für das römische Recht ist indeß die Annahme eines Staatseigenthums am Flußbette nicht geboten und reicht überall der Gesichtspunkt der Staatshoheit aus.

7) Vgl. Hölder §. 31. Börner S. 149. 155. 172. Hesse S. 181—191. Jičinský S. 52—63. Wappäus §. 5. Kappeler S. 84 flg. Brinz §. 125. So auch überwiegend die Praxis. Seuff. Arch. 14. Nr. 201. 19. Nr. 118. 21. Nr. 12. 23. Nr. 207. Allerdings unterscheidet L. 1. §. 3. D. de flum. 43. 12. flumen publicum, quod perenne est, vom flumen privatum; aber gerade aus diesem Kriterium ergiebt sich, daß selbst die kleinsten, beständig fließenden Bäche als öffentliche Flüsse behandelt werden müssen. Als Privatbäche können daher bloß angesehen werden: Wildbäche (torrentes), welche nur zeitweilig fließen, und Abflüsse aus Quellen und Teichen, welche im Boden versickern. Zu weit geht Kappeler S. 53, der auch diese Abflüsse zu den öffentlichen Gewässern rechnet. Über andere Auffassungen s. folg. Note.

8) Allerdings heißt es in L. 1. §. 1. D. de flum. 43. 12: Flumen a rivo magnitudine discernendum aut existimatione circumcolentium; allein diese sprachgebräuchliche Unterscheidung ist in juristischer Beziehung bedeutungslos; die juristische Definition des flumen publicum giebt einzig L. 1. §. 3. D.

Flüsse, Bäche erscheinen gleichmäßig res publicae, quae in communi usu habentur; sie alle sind in usu publico.[9] Die Regelung dieses auf dem öffentlichen Rechte beruhenden Gemeingebrauches bleibt jedenfalls dem Staate kraft seines Hoheitsrechts, insbesondere in polizeilicher Beziehung vorbehalten.[10] Soweit ferner Privatpersonen zu einer gewissen vorzugsweisen Benutzung des öffentlichen Gewässers einer dauernden Vorrichtung, z. B. Triebwerke, bedürfen, ist hierzu eine besondere staatliche Konzession erforderlich, welche nur durch unvordenkliche Verjährung ersetzt werden kann. Durch diese Verleihung erwirbt der Konzessionär ein ausschließliches Recht zu der bezüglichen Wassernutzung, welches nur aus Gründen des öffentlichen Wohls und nur gegen Entschädigung aufgehoben oder eingeschränkt werden kann.[11]

Mit den vorstehenden Ergebnissen des römischen Rechtes stimmen zum Theil auch die meisten neueren Germanisten vom Standpunkte

---

h. t. Vgl. L. un. §. 4. D. ne quid in flum. 43. 13, und L. 1. §. 2. 4. 5. D. de flum. 43. 12. Allerdings wollen Mehrere aus L. 1. §. 1. D. cit. deduziren, daß nur größere „Flüsse" in dem dort definirten Sinne, nicht aber Bäche dem öffentlichen oder Gemeingebrauch unterworfen sind. So Schwab, Arch. 30. Beil. §. 15. Unterholzner, Schuldverhältnisse. II. S. 160. Walter §. 173, neuestens auch Windscheid §. 146. N. 7—9, und Brinz, P. (2. A.) §. 125. S. 457, welcher die Ulpian'sche Unterscheidung mit der älteren Vermessung auch der ständigen Flüsse in Privatlose in Verbindung bringt. Dagegen bes. Börner S. 155. 163 flg. Hesse S. 188 flg. und Dernburg §. 251. N. 7. Auch Brinz, a. O. leugnet nicht, daß alle ständigen Flüsse die „höhere" Publizität (nämlich „magistratliche Interdicirung und gefreites Flußbett nebst freier Lände") genießen.

9) Wie weit dieser Gemeingebrauch h. z. T. reicht, bez. in wiefern er durch die Regalrechte des Staates beschränkt sei, ist allerdings streitig. Nach römischer Auffassung gehört gewöhnliche Benutzung des Wassers zur Befriedigung der Lebensbedürfnisse, zur Bewässerung, zur Schifffahrt, Fischerei u. dgl. zum usus publicus. Vgl. L. 2—4. D. 1. 8. Hesse S. 208. Das Fischereirecht ist h. z. T. vielfach Staatsregal. Manche sprechen dem Staate auch das ausschließliche Recht auf die Sand- und Steinnutzung zu. Dagegen vgl. aber Holzschuher II. §. 92. Nr. 2. Anders pflegen diejenigen die Frage zu beantworten, welche Eigenthum der Adjazenten am Bette annehmen.

10) Vgl. L. 2. §. 21. D. de via, 43. 8, L. 1. §. 1. D. de locis publ. 43. 7. L. 1. D. de flum. 43. 12, und L. 1. D. ne quid in flumine 43. 13.

11) Dies kann im Wesentlichen als die herrschende Theorie angesehen werden. Vgl. außer den ausführlichen Abhandlungen Börner's und Hesse's: Walter §. 173. 174. Arndts §. 49. Windscheid §. 146. Kappeler S. 78 flg. Wappäus S. 21 flg. Brinz §. 125 flg. Bekker §. 76. Stobbe §. 64. — Stein's, Verwalt. S. 323 flg., gegen das röm. R. erhobene Vorwürfe sind nicht stichhaltig.

des deutschen Rechts überein, während andere aus Art. 28. §. 4. II. Sachsensp., §. 196 Schwabensp. und anderen Quellen den Beweis zu führen trachten, daß nach deutschem Rechte nur die schiffbaren (flößbaren) Flüsse zu den öffentlichen Gewässern zu zählen sind, hingegen für das Eigenthum an nicht schiffbaren (Privat-) Flüssen das Herkommen und besondere Rechtstitel maßgebend erscheinen.[12] Jedenfalls fehlt es im Mittelalter an festen Grundsätzen für die Unterscheidung von öffentlichen und Privatgewässern; höchstens läßt sich aus der Vergleichung der Quellen so viel entnehmen, daß man die größeren Flüsse als öffentliche zu betrachten pflegte.[13] An diesen nahmen aber aber allmählich die deutschen Könige einzelne Nutzungsrechte, insbesondere die Fischereigerechtigkeit als Regal in Anspruch.[14] Das so entstandene Wasserregal ging später gleich anderen Regalien auf die Landesherren über und wurde partikularrechtlich bestimmter ausgebildet. So ist es denn erklärlich, daß ältere und neuere Partikulargesetzgebungen von landesherrlicher Regalität der schiff- oder flößbaren Flüsse, andere sogar vom Eigenthum des Staates an denselben sprechen.[15] Allerdings kann hier aber Regal im technischen Sinne

12) Aus Art. 28. §. 4. II. Sachsensp.: Swelk water strames vlüt, dat is gemene to varene unde to vyschene inne — kann dies wohl nicht abgeleitet werden, da hier wohl, wie die Glosse interpretirt, alles fließende Wasser gemeint ist. S. Börner S. 363. Gerber §. 63. N. 1. Windscheid §. 146. N. 9. — Anderer Ansicht ist jedoch Stobbe §. 54. N. 7, weil sonst das Wort: strames ganz bedeutungslos wäre. Indeß ursprünglich galt wohl gewiß der Grundsatz, daß alle Flüsse im Gemeingebrauche stehen. Vgl. Kraut §. 89. Soviel mag aber zugegeben werden, daß das deutsche Recht „die Neigung hat, die nicht schiffbaren oder flößbaren Flüsse entweder der Gemeinde zu unterwerfen, oder der Gutsherrschaft zu unterstellen." Beseler §. 74.

13) Vgl. hierüber Stobbe §. 64.

14) Der Reichsschluß v. 1158, die sog. Constitutio de regalibus (vgl. II. Feud. 56: Regalia . . . sunt flumina navigabilia et ex quibus navigabilia fiunt . . .) ist zwar zunächst nur für Italien berechnet, fand aber allmählich mit den lehensrechtlichen Grundsätzen auch in Deutschland Eingang; vgl. Stobbe §. 64. N. 9. 10, und Roth III. §. 282. S. 139. N. 26. und S. 140 flg.

15) Dahin gehört der bayer. Cod. Max. II. 1. 5, dazu Roth §. 282. N. 50. 52, das preuß. L. R. 14. II. §. 21: „die von Natur schiffbaren Ströme . . . sind ein gemeines Eigenthum des Staates"; vgl. §. 30. II. 15: die Nutzungen solcher Ströme, die von Natur schiffbar sind, gehören zu den Regalien des Staates. — So auch das franz. R., Art. 538: les fleuves navigables ou flottables . . . sont . . . dépendances du domaine public. — Ähnlich das österr. A. B. G. B. §. 287, und der Art. 427 des Cod. ital.; desgl. der bayer. Entw. I. 166: „Sachen des Staates und der Gemeinden, welche dem allgemeinen Gebrauche gewidmet sind,

nicht die Rede sein, da es sich dabei nicht um eine Beschränkung des Privateigenthums im fiskalischen Interesse des Staates, sondern um Rechte an einer res publica, bezieh. an einer im Eigenthum des Staates selbst befindlichen Sache handelt.[16]

Allein eine andere Frage ist es, ob das heutige gemeine Recht auf den Grundsätzen des im Mittelalter entwickelten „Flußregals" beruht und ob durch dasselbe die Grundsätze des römischen Rechtes verdrängt wurden? Man wird das kaum behaupten dürfen;[17] höchstens kann gemeinrechtlich ein sog. Flußregal in dem Sinne zugegeben werden, daß dem Staate das ausschließliche oder vorzugsweise Recht auf gewisse, durch Spezialgesetze oder Herkommen genauer bezeichnete Nutzungen der schiffbaren Flüsse (II. F. 56) vorbehalten ist.[18] Aber auch der Begriff der „Regalität" im weiteren und uneigentlichen Sinne erscheint gegenstandslos, sofern man von dem positivrechtlichen Gesichtspunkte ausgeht, daß die Flüsse als res publicae im Eigenthum des Staates stehen, dessen Umfang lediglich durch den Gemeingebrauch beschränkt ist, daß ferner Art und Weise des Gemeingebrauchs durch den Staat kraft seines Hoheitsrechts festgestellt wird, und daß daher gewisse (vorbehaltene) Benutzungsarten entweder an eine besondere staatliche (entgeltliche oder unentgeltliche) Konzession gebunden oder im fiskalischen Interesse ausschließlich dem Staate reservirt werden können.

. . . (als) öffentliche Flüsse, Häfen, Wege, Straßen . . ." Das bayer. W. B. Ges. v. 1852, Art. 1 und 2 erklärt die öffentlichen Flüsse als ein zur allgemeinen Benutzung dienendes Staatsgut und für öffentlich nur Flüsse, welche und soweit sie zur Schiff- und Flößfahrt dienen — (aber auch die Nebenarme derselben, Art. 2. 2). S. Pözl S. 64 flg. Roth §. 283. Stobbe §. 64. S. 437. Dernburg §. 251.

16) Dies anerkennt auch Roth §. 282. S. 142, der aber die Regalqualität durch den Hinweis zu retten sucht, daß als weiterer Gegenstand des Wasserregals auch solche Flüsse erscheinen, welche erst schiffbar gemacht werden sollen. Allein in letzterer Beziehung reicht heute der Gesichtspunkt der Expropriation vollkommen aus.

17) Vgl. Börner S. 155. Hesse S. 142 flg. Windscheid §. 146. N. 9. 12. Brinz a. O. Anderer Ansicht Sintenis §. 40. Dernburg §. 251. S. 545. Roth §. 282. S. 140 flg. Stobbe §. 64. S. 438, der aber vermittelnd bemerkt, daß „nicht überall nicht schiffbare Gewässer ohne Weiteres für Privatgewässer zu erklären sind, sondern daß das Herkommen und die konkreten Verhältnisse Grund sein können, einen nicht schiffbaren Fluß doch als öffentlichen zu erkennen."

18) So namentlich das Fischereirecht und bisweilen das Mühlenregal. Vgl. Windscheid, a. a. O., dazu Stobbe S. 441. 442.

Auch in Österreich begegnen wir Bestimmungen, welche vom Gesichtspunkte der Regalität der fließenden oder doch der schiffbaren Gewässer ausgehen. So bestimmt insbesondere das Hofdekr. v. 14. Juni 1776: „daß schiffbare Flüsse zum allgemeinen Vermögen des Staates, unter die Regalia principis gehören". Allein es ist sehr fraglich, ob die Staatsregalität an schiffbaren Flüssen — abgesehen von den schon aus dem Hoheitsrechte fließenden Befugnissen — irgend welche praktische Bedeutung gehabt hat.[19] Dagegen sind einzelne Nutzungsrechte, insbesondere das Fischereirecht, welches ursprünglich wohl meist von der Gemeinde oder von den Ufergrundbesitzern geübt wurde, seit dem 15. Jahrhundert allmählich in den meisten österr. Ländern ein Regal der ehemaligen Grundherrschaften (Obrigkeiten) geworden.[19a] Der Umfang des Letzteren war allerdings nach Verschiedenheit der Länder, ja selbst einiger Territorien sehr verschieden; nicht selten erscheint die Fischereigerechtigkeit der Obrigkeit (aber auch anderer Personen) als Realrecht in den öffentlichen Büchern eingetragen. Insbesondere finden wir die Fischereien in vielen Seen Österreichs als radizirte Rechte in Grundbüchern, Urbarien, Gildenbüchern u. s. f. eingeschrieben. In schiffbaren und nicht schiffbaren Gewässern übten übrigens mitunter auch andere Personen, insbesondere geistliche Stifte, Gemeinden, die Uferbesitzer kraft Herkommens oder besonderer Rechtstitel das Fischereirecht aus, so daß in dieser Beziehung die Landesverfassung, das Herkommen und der Besitzstand in erster Reihe maßgebend

---

19) Ausführliche Bestimmungen enthalten die Entwürfe: Cod. Theres. II. 1. N. 47—105 u. der Horten'sche Entw. II. 1. §§. 13—30 (Ed. Harrasowsky). Zu den „im öff. Eigenthum" stehenden und der Gewalt des Staates eigenen Sachen werden gezählt: „öffentliche Ströme und Flüsse". „Große und schiffbare Flüsse" gehören nach der Landesverfassung entw. dem Landesherrn oder den Eigenthümern der anliegenden Gründe (sc. der Grundobrigkeiten cfr. Nr. 96. 101—105 C. Ther., u. II. 1. §. 15. 18. 29 Horten.) Kleinere Flüsse, Bäche etc. sind Eigenthum derjenigen, durch deren Gründe sie fließen. Der Martini'sche Entw. hat die bezüglichen Bestimmungen weggelassen (Näheres in meinem Wasserr. S. 13 flg.).

19a) Der bedauerliche Mangel einer Rechtsgeschichte der österr. Länder macht sich auch in dieser Frage empfindlich fühlbar. Soweit ich d. Z. zu sehen vermag, sind wohl in den österreichischen und böhmischen Kronländern gewisse Nutzungsrechte an Flüssen regal gewesen, insbes. das Fischereirecht; allein dieselben waren überwiegend Regal der ehemaligen Grundobrigkeiten, welche dasselbe auch katastermäßig versteuerten. Einen Überblick des älteren Rechtes s. bei Randa, Wasserr. §. 1 S. 13, Note 25 u. 26 und Peyrer, Wasserrecht S. 17 flg., und desselben Fischereibetrieb und Fischereirecht in Österr. 1874 S. 109 flg., insbes. über die sog. Fischtaidinge.

erscheinen. Nicht immer entspricht aber der thatsächliche Zustand der Rechtslage: wo möglich ist derselbe noch bunter und ungewisser als diese, ja bisweilen ist der Zustand ein geradezu chaotischer und in volkswirthschaftlicher Beziehung ein wahres „Raub- und Ausrottungssystem". — Die Fischereirechte der ehemaligen Grundherrschaften wurden durch die Grundentlastung nicht aufgehoben; nur in Böhmen, Mähren und Schlesien wurde mit den a. h. genehmigten Durchführ. Verordn. v. 27. Juni 1849 und v. 11. Juli 1849, §. 4, die Ablösung der auf (erweislich) fremdem Grund und Boden ausgeübten Fischereigerechtigkeiten ausgesprochen. Später erklärte die Min.-Ver. v. 31. Jan. 1852. Z. 460 näher, daß in Böhmen, Mähren und Schlesien Demjenigen, welcher die Befreiung seines Grund und Bodens von der Last des Fischereirechts behauptet, der Beweis des Eigenthums daran, nämlich am Wasserbette obliege; daß hingegen für die übrigen Länder der rechtliche status quo des Jahres 1847, welcher durch die Grundentlastung nicht behoben sei, zu verbleiben habe.[20]

Aus dem Umstande jedoch, daß den ehemaligen Grundobrigkeiten in mehreren Ländern das Fischereiregale zustand, kann durchaus nicht deduzirt werden, daß den Letzteren überhaupt alle Nutzungen an fließenden Gewässern, oder gar „Eigenthumsrechte" daran gebührten.[21] Noch weniger kann dies aus dem Mühlregal der ehemaligen Obrigkeiten, soweit es überhaupt in einzelnen Ländern rechtlich bestand und nicht vielmehr blos faktisch geübt wurde, geschlossen werden.[22]

---

20) Durch diese „Erläuterung" wurde bei der Schwierigkeit des Eigenthumsbeweises am Wasserbette (insbes. von Flüssen) die Entlastung vom Fischereirechte in den böhmischen Ländern in der Folge ziemlich illusorisch; denn es liegt auf der Hand, daß zu jenem Beweise der Nachweis des Eigenthums der anrainenden Grundstücke nicht genügt. Nur aus formellen Gründen lehnte diese Auslegung die Note des Just.-Minist. v. 30. Dezember 1851. Z. 13740 ab. S. Peyrer, Fischereibetrieb S. 136.

21) Vgl. Jičinský a. O. Kißling, Wasserbezugsrechte S. 38. Peyrer, Wass. R. S. 115 flg. Randa, Wasserr. §. 2 a. E., Burckhard §. 72 N. 8 und Erk. Nr. 1194. Gl. U. W., welches ausführt, daß selbst landesfürstl. Schenkungen von Herrschaften mit „Flüssen" im Zweifel nur auf die herkömmlichen Nutzungsrechte sich beziehen. Vgl. auch Čelakovský, Právo obce Pražské k Vltavě (1882) S. 26 flg.

22) Zur Usurpation des Mühlregals bot namentlich der Umstand reichliche Gelegenheit, daß die Obrigkeiten zugleich die politische Verwaltung in ihrer Hand hatten und das staatspolizeiliche Konzessionsrecht zur Errichtung von Mühlen nicht

Zweifelhaft ist, ob sich das obrigkeitliche Flußregal auf das Eigenthum am Flußbette bezog? Die historische Entwickelung des sog. Ober- und Nutzungseigenthums zwischen den ehemaligen Obrigkeiten und Unterthanen, die älteren Steuerrollen, die Observanz und in gewissem Maße selbst der §. 2 des böhm.-mähr. Landtafelpatentes v. 22. April 1794 Nr. 171 scheinen dafür zu sprechen.[23] Ein strikter juristischer, allgemein gültiger Beweis wird wohl kaum in einem der österr. Länder zu erbringen sein.[24] Es liegt auf der Hand, daß bei der Unbestimmtheit der Rechtslage der thatsächliche Zustand der Rechtsausübung für die Behauptung des Fischereirechtes und sonstiger Wassernutzungsrechte von eminenter Bedeutung ist.

B. Der gegenwärtige Stand der Wassergesetzgebung.

Das A. B. G. B. unterscheidet im §. 287 unter den zum „Staatsgut" (§. 286) gehörigen Sachen zwei Kategorien:

a. Diejenigen „Sachen, welche allen Mitgliedern des Staates (gewiß nicht bloß diesen, vielmehr Jedermann) nur zum Gebrauche verstattet werden, als: Landstraßen, Ströme, Flüsse, Seehäfen und Meeresufer": sie werden „allgemeines oder öffentliches Gut" genannt;

b. Sachen, welche „zur Bedeckung der Staatsbedürfnisse bestimmt sind, als das Münz-, Post- und andere Regalien, Kammergüter, Berg- und Salzwerke . . ."; sie werden als „Staatsvermögen" bezeichnet. Das Gesetzbuch erklärt hiermit die „Ströme" und „Flüsse" für Staatsgut oder öffentliches Gut, welches dem Gemeingebrauche gewidmet ist, — für res publicae, quae

---

selten im privaten Interesse mißbrauchten. Zur Abstellung solcher Mißbräuche wurden die Kreisämter wiederholt angewiesen. Vgl. Jičinský S. 78 flg. Übrigens wurde das Mühlregal schon durch Pat. v. 1. November 1781 u. v. 10. Februar 1789 gänzlich aufgehoben.

23) In diesem Sinne lauten auch die Gutachten der böhm. Finanzprokuratur: vom 28. Mai 1855 und 23. Mai 1858; so auch Lhota, G. Z. 1858 Nr. 82. 83. 131. Freilich nehmen diese ein Flußeigenthum der ehemaligen Obrigkeiten an, was nicht zu rechtfertigen ist. Vgl. dagegen Pelikan, G. Z. 1857. Nr. 115. Peyrer, Waff. R. S. 115 flg.

24) Die, wie es scheint, auf amtlichen Berichten basirenden Ausführungen Peyrer's S. 118—137 liefern den sprechendsten Beleg für die prekäre Rechtslage der Fischereiberechtigten.

in communi usu sunt, wobei unter res publica ein durch den Gemeingebrauch beschränktes Staatseigenthum verstanden wird. Der Staatsregalität der Flußnutzungen wird nicht mehr Erwähnung gethan.[25]

Nach der allgemeinen Fassung des §. 287 A. B. G. B. könnte es scheinen, als ob alle fließenden Gewässer als öffentliches Gut erklärt seien, eine Ansicht, die auch in der österr. Literatur viele Vertreter gefunden hat. Indeß spricht das Gesetzbuch selbst im §. 854 ausdrücklich von „Privatbächen", und ähnlich nehmen spätere Gesetze (vgl. §. 105 des Berggesetzes, §. 6 des Forstgesetzes, §. 6 der Min.-Ver. v. 21. April 1857, Z. 82) auf fließende Privatgewässer Bezug. Da nun das A. B. G. B. das Kriterium der „Öffentlichkeit" eines Flusses nicht näher bezeichnet, so mußte in dieser Frage auf das ältere Recht, insbes, auf das cit. Hofdekr. v. 14. Juni 1776 zurückgegangen und somit die Schiffbarkeit als das maßgebende Merkmal angesehen werden. (Vgl. auch §. 407 G. B.) Die Frage, ob auch die nicht schiffbaren Flüsse als öffentliche anzusehen seien, beziehentlich, wem dieselben „gehören", war hingegen nach der Landesverfassung der einzelnen Länder (vgl. N. 19), eventuell nach Maßgabe der besonderen Privatrechtstitel[26]

---

25) Es darf somit das Hofd. v. 14. Juni 1776 in dieser Richtung als behoben angesehen werden, sofern es überhaupt je mehr als theoretische Bedeutung gehabt haben sollie. Das preuß. L. R. 14. II. §. 2 erklärt gleichfalls die (schiffbaren) Flüsse für Staatseigenthum, zählt aber noch die „Nutzungen" derselben zu den Staatsregalien (§. 38. II. 15). Vgl. Note 15. Von den drei Hauptsystemen: Behandlung der öffentlichen Flüsse als Privateigenthum des Staates oder als Regalien oder als res publicae, quae in comm. usu habentur, hat also das A. B. G. B. das letzterwähnte zur Basis. Ebenso das franz. R. und das bayer. W. G. v. 1852 (Art. 1). Siehe Pözl S. 65, der übrigens ein „Eigenthum" des Staates an Flüssen nicht anerkennen will.

26) Dergleichen Privatrechtstitel sind insbesondere Ersitzung, unvordenkliche Verjährung, Privilegien, landesfürstliche Verleihungen und Schenkungen. Fälle dieser Art weist die Praxis in großer Zahl auf. Vgl. z. B. Nr. 1021, 1873, Samml. Gl. U. W., Landesfürstliche Donationsurkunden aus älterer und neuerer Zeit sind in großer Menge in der böhm. n. mähr. Landtafel eingetragen. Vgl. auch Seuff. Arch. 30. Nr. 114. Bei Privilegien und Donationen wird darauf zn sehen sein, ob in der That das Gewässer, oder nur einzelne Wassernutzungsrechte, z. B. Mühlen-, Fischereirechte, verliehen wurden; im Zweifel ist letzteres anzunehmen. Vgl. Nr. 1194. Gl. U. W. Peyrer S. 115 und Čelakowský a. B. (bezüglich der Prager Stadtgemeinde). Daß der Steuerkataster an sich Eigenthum nicht beweist, ist bekanut. Aber selbst der Eintrag des „Eigenthums" an einem „Fluß" im Grundbuch läßt noch die Frage offen, ob darunter die Gesammtheit aller Flußnutzungen einschließlich des Flußbettes, oder nur einzelne,

zu entscheiden.[27] (Dazu mein Wasserr. S. 13 flg.) Als Ergebniß der voraufgehenden Ausführung darf angenommen werden, daß

---

herkömmliche Nutzungsrechte zu verstehen sind. Denn der Bucheintrag kann an dem Inhalt und Wesen des Rechtes nichts ändern. Richtig Peyrer S. 117 u. Erk. N. 1194. Leider geht die Praxis bei der Einführung der neuen Grundbücher nicht gleichmäßig vor. Das „Eigenthum" an Flüssen wird unter Angabe der Parzellennummern im Gutsbestandsblatt bald in der Abtheilung I, bald in der Abtheilung II (als Realrecht) angemerkt. Der erstere Eintrag sollte nur dann stattfinden, wenn das Eigenthum am Flußbett nachgewiesen ist. — Die gedachte Unterscheidung ist auch in Ansehung der Ersitzung zu machen (And. A. Peyrer S. 116).

27) Stubenrauch, Comm. I. S. 702. 789 (1. A.), S. 524 (2. A.) ist dagegen der Ansicht, daß die nicht schiffbaren Flüsse im „Miteigenthum" der Ufereigenthümer stehen, und beruft sich auf die §§. 477, 496 und 854. A. B. G. B.; desgleichen Min.-Comm. Benoni laut Peyrer S. 52 flg.; ebenso Ulbrich, Mittheil. d. D. Juristenver. 1873 S. 4, u. auch Wildner S. 315 bezügl. der „Bäche". Aber diese Paragraphen setzen bloß die Möglichkeit eines solchen Miteigenthums voraus, entscheiden aber die Eigenthumsfrage durchaus nicht. Lhota a. a. O. Nr. 82. 83. 131 ist der Ansicht, daß die nicht schiffbaren Flüsse vor der Grundentlastung (1848) Regal der Grundobrigkeiten waren, daß aber seitdem die Flußregalität auf die Gemeinden überging — warum? läßt L. allerdings unaufgeklärt! Dagegen sprechen schon die §. 4 und 5 der Min.-V. v. 27. Juni 1849 (für Böhmen und Mähren), welche nur das Fischereirecht auf fremdem Grund und Boden für aufgehoben erklärte; ferner die niederösterr. Statth.-V. v. 15. Februar 1850, nach welcher das Fischereirecht durch das Pat. v. 7. September 1848 überhaupt nicht berührt wurde. Vgl. auch Mayerhofer, Handb. der polit. Verwaltung S. 739 (1. A.). — Wildner S. 316. Lemayer, G. Z. 1869. Nr. 43. Jičinský S. 76 erklären mit Bezug auf §. 287 A. B. G. B. alle Flüsse (auch die nicht schiffbaren) für öffentliche Gewässer. Derselben Ansicht scheint Kißling a. a. O. S. 8 beizupflichten. Allein diese Auffassung ist m. E. weder mit der historischen Entwickelung (Hofd. v. 14. Juni 1776) noch mit dem §. 854 (cfr. §. 407) A. B. G. B. vereinbar, ganz abgesehen davon, daß es nicht in der Absicht der Gesetzgebung gelegen haben konnte, früher erworbene Rechte kurzweg zu beseitigen. Richtig Schiffner §. 67. N. 16a, Peyrer S. 114 flg., Burckhard §. 71. N. 8. Die Gerichtspraxis anerkennt allgemein die Möglichkeit von Privatrechten an nicht-öffentlichen fließenden Gewässern, insbes. an Mühlbächen (Privatbächen). Vgl. auch z. B. Nr. 1014. 1021. 1245. 1421. 1873 u. a. G. U. W. Die Divergenz der Ansichten über die Wasserrechtsverhältnisse namentlich in der Praxis vor Erlaß des R. Wassergesetzes v. 1869 hebt auch Kißling S. 9 hervor; dieselbe machte sich auch bei den Ministerialberathungen im J. 1864 geltend; doch betonte die Majorität der Beisitzer m. R. den öffentlichrechtlichen Charakter der fließenden Gewässer. S. Peyrer, Wass. R. S. 54 flg. — Auch nach preuß. L. R. §. 21. II. 14, dem bayer. W. G. v. 1852 (Art. 1. 2.) und dem franz. Cod. civ. 538 sind nur schiffbare Flüsse als öffentliche anzusehen, während das ital. G. B. Art. 427 alle Flüsse (i fiumi e torrenti) als öffentliches Gut (demanio publico) bezeichnet; auch das züricher G. B. § 567 erklärte alle Flüsse und Bäche als Gemeingut, soweit sich nicht ein „hergebrachtes Privatrecht" nachweisen läßt. — Für das franz. R. vgl. die Citate bei Huber S. 45. b. c.; indeß die Redaktoren und die Gerichte behandeln alle Flüsse als öffentliche (art. 714). Huber S. 46 flg.

alle schiff- und flößbaren Flüsse als öffentliches, d. i. dem Gemeingebrauch dienendes Gut anzusehen waren; daß dies aber von nicht schiffbaren Flüssen nur insoweit galt, als nicht durch die Landesgesetze, Gewohnheitsrecht und besondere Rechtstitel einzelne Nutzungsrechte den ehemaligen Obrigkeiten, Gemeinden und anderen Personen vorbehalten waren. Sofern also nicht kraft der Landesverfassung oder kraft besonderer Rechtstitel dem Staate, den Gemeinden, Grundobrigkeiten oder anderen Personen alle oder einzelne Nutzungen an nicht schiffbaren Flüssen zugehören, sind unter der Herrschaft des A. B. G. B. auch diese letzteren als öffentliche Gewässer, als Gemeingut (res publica, res in publico usu) anzusehen gewesen. Vgl. Pražák, Wasserr. Komp. Frag. §. 1.

Wesentlich auf demselben Gesichtspunkte wie das A. B. G. B. steht das (erste) österr. Reichswassergesetz v. 30. Mai 1869 R. G. Bl. Z. 93, und die auf Grund desselben in den einzelnen Ländern erlassenen Durchführungsgesetze (Landeswassergesetze). Vgl. Landesgesetz vom 28. August 1870, Z. 71, L. G. Bl. für Böhmen; v. 12. Oktober 1870, Z. 65, L. G. Bl. für Mähren; vom 28. August 1870, Z. 51, für Schlesien; v. 28. August 1870, Z. 32 und 56, für Österreich ob und unter der Enns; sodann für Görz und Gradiska, Istrien, Kärnten v. 28. August 1870, Z. 41 bez. 52, 46, L. G. Bl.; für Krain v. 15. Mai 1872, Z. 16; für Salzburg, Tirol und Vorarlberg, sowie Triest v. 28. August 1870, Z. 32, bez. 64, 65, 44, L. G. Bl.; für Bukowina v. 6. März 1873, Z. 22, L. G. Bl.; für Dalmatien v. 7. März 1873, Z. 32, L. G. Bl.; für Steiermark v. 18. Januar 1872, Z. 8.; für Galizien und Krakau v. 14. März 1875, Z. 38, L. G. Bl. In der Hauptsache und zumeist wörtlich stimmen diese Landesgesetze überein. (Sie sind abgedruckt im 18. Bd. der Manz'schen Gesetzsamml.)[28] Zufolge

28) Hier citire ich nach dem böhm. W. Gesetz. Die genannten Wassergesetze können als dankenswerthe Ausfüllung einer Lücke unserer Gesetzgebung bezeichnet werden; sie enthalten eine ziemlich vollständige Kodifikation des Wasserrechts, viele Einzelbestimmungen sind zweckmäßig und lobenswerth, manche auch neu. Der Mangel eines klaren Prinzips und einer konsequenten juristischen Konstruktion bildet den Hauptmangel desselben. Über diese und andere Mängel des Ges. vgl. Lemayer a. a. O. Nr. 47, aber auch Peyrer, Wass. R. S. VII. flg., 47 flg. Von den Vorarbeiten des gegenwärtigen W. Gesetzes sind zu nennen: der Entwurf v. 1850, dessen Grundsatz: daß das fließende Wasser in der Regel kein Gegenstand

der durch das Staatsgrundgesetz v. 21. Dezember 1867, R. G. Bl. Z. 141 (§. 11 lit. k. und §. 12, dazu §. 18, I. 1 der Landesordnungen)

---

eines ausschließenden Eigenthums sei", laut des Motivenberichtes des W.-G.-Entwurfes v. J. 1862 sonderbarer Weise „großen Anstoß" erregte, „weil darin eine Gefährdung bestehender Besitzrechte erblickt wurde". Als ob „das fließende Wasser" je Gegenstand „eines ausschließenden Eigenthums" gewesen wäre oder überhaupt sein könnte? Auf der Verwechslung des „fließenden Wassers" mit einzelnen an demselben zustehenden Nutzungsrechten beruht die Behauptung desselben Berichtes, daß sich jener Grundsatz mit dem bürg. Gesetzbuche (§. 854) nicht in Einklang bringen lasse. Dieser Bericht bezeichnet die nicht schiffbaren Flüsse als „gemeinschaftliches Gut aller Uferanrainer"; diesen stehe der Wassergebrauch unter staatlicher Überwachung zu und nur über den Überschuß könne die Staatsgewalt frei verfügen. — Freier bewegt sich schon der vom Min.-Rath Weiß redigirte Entwurf v. 1865, welcher auch die nicht schiffbaren Flüsse „(nur) insoweit als öffentliches Gut behandelt, als nicht deren Eigenthum kraft des Gesetzes oder besonderer Rechtstitel Jemandem zusteht". Auch werden nicht schiffbare Flüsse nicht ohne Weiteres als Eigenthum der Anrainer erklärt (§. 6). Indeß stieß dieser Grundsatz in mehreren Landtagen (bes. dem Niederösterreichs) auf lebhaften Widerstand. (Näheres über diesen u. d. folg. Entw. s. bei Peyrer, W. R. S. 51—63). In Folge dessen wurde dem Reichsrathe im J. 1869 ein umgearbeiteter (vierter) Entwurf vorgelegt, welcher nach einigen Änderungen die gesetzliche Sanktion erhielt. Derselbe ist ein „Kompromiß" der widerstreitendsten, vielfach unklaren Meinungsströmungen, und daraus erklärt sich der Mangel eines durchgreifenden Prinzips und klar präzisirter Folgesätze. Zum Vorbild dienten demselben die bayer. Wassergesetze v. 1852. Vgl. Prot. des Abg. H. 1869. S. 5848. — Von den neueren ausländischen Gesetzen sind jene für Preußen v. 28. Februar 1843 u. 1. April 1879, für Bayeru v. 28. Mai 1852 (die relativ vollständigste Wassergesetzgebung), dazu Pözl's Comm. dann für Sachsen v. 15. August 1855, für Oldenburg v. 20. November 1868, für Braunschweig v. J. 1876, und für Baden v. 25. August 1876, für Hessen (1887), für Ungarn (1885) zu nennen; das österr. Gesetz lehnt sich zumeist an die bayer. Gesetzgebung an. Zweckmäßig sind die Bestimmungen des züricher G. B. §. 657—679. — Frankreich besitzt keinen Wassercodex, sondern eine Reihe von Spezialgesetzen, insbes. abgesehen von älteren Ordonnanzen mehrere Bestimmungen des Code (art. 538. 556—563. 640—645) über Alluvion, Vorfluth, und Wasserleitung, die ergänzenden Reglements v. 20. April 1804 und 20. Mai 1806, ferner die Ges. v. 29. April 1845 und 11. Juli 1847 über die Bewässerung der Grundstücke, und die dieselben ergänzenden neueren Gesetze v. 15. Juni 1854 und 23. Juli 1856. Vgl. Pözl, B. Schr. a. O. S. 33 flg. Glaß S. 35. Huber a. O., Literatur bei Burckhard, §. 72. — Die gedachten Bestimmungen des franz. Code und seiner Nachträge finden sich in verbesserter Form in den Art. 534—545 des ital. Codice, erweitert durch Bestimmungen über ein unschädliches Nutzungsrecht am fremden Wasserüberschusse. Die neueren deutschen Wassergesetze siehe bei Stobbe §. 144 N. 1, dann Glaß a. O., Baumert S. 109 flg., Brückner, in Hirth's Annalen f. d. deutsche Reich 1877. S. 1—77, Neubauer a. a. O., welche Auszüge derselben bieten. Über die sehr gerühmte Wiesenordnung für den Kreis Siegen v. J. 1846 vgl. Jičinský S. 212 flg. Baumert S. 56 flg. Der Kanton Zürich erhielt 1872 ein neues W. Gesetz. — Äußerst reichhaltig ist das Statutarrecht der ital. Städte und Staaten. Dazu Romagnosi, Vom Wasserleitungsrecht, auszugsweise übersetzt von M. Niebuhr 1840. Gianzana, Tratta delle acque (4 B. 1879).

neu geregelten Kompetenz der Reichs- und Landesgesetzgebung wurden nämlich aus dem ursprünglich einheitlichen, ziemlich vollständigen Reichswassergesetz-Entwurf v. J. 1866 diejenigen Bestimmungen ausgeschieden und dem Reichsgesetze vorbehalten, welche in das Gebiet des Civil-, des allgemeinen und Polizeistrafrechtes einschlugen; hingegen diejenigen Normen, welche zunächst die Landeskultur betreffen, der Kompetenz der Landtage zugewiesen und in der Gestalt von Landesgesetzen kundgemacht.[29] So ist denn das Reichswassergesetz in vielen Beziehungen ein Bruchstück, welches erst in den — glücklicherweise zumeist nicht sehr wesentlich abweichenden — Landesgesetzen seine Ergänzung findet. — Nach diesen Gesetzen sind:

I. Flüsse und Ströme von der Stelle an, wo deren Benutzung zur Fahrt mit Schiffen oder gebundenen Flößen beginnt, mit ihren Seitenarmen öffentliches Gut und behalten diese Eigenschaft auch dann, wenn diese Benutzung zeitweise unterbrochen wird oder gänzlich aufhört.[30] Unter den Seitenarmen sind jedoch nicht etwa

---

29) Daß diese Scheidung eine ebenso heikle als schwierige Aufgabe war, liegt auf der Hand. Mehrere Landtage (insbes. jene von Böhmen, Galizien, Steiermark, Tirol und Bukowina) hatten (freilich noch auf Grund der Februarverfassung) die gesammte Wassergesetzgebung der Kompetenz der Landtage vindicirt. Vgl. Ausschußber. des Herrnh. S. 4 flg. Näheres bei Peyrer S. 56 flg.

30) Es ist zu betonen, daß das Gesetz nicht auf die Schiff- und Flößbarkeit, sondern auf die wirkliche Benutzung der Flüsse zur Schifffahrt oder Flößerei Gewicht legt und ist in dieser Beziehung der 24. Juli 1869 — als der Tag, an welchem das Reichsgesetz in Wirksamkeit trat — als der entscheidende Zeitpunkt anzusehen. Vgl. Pražák, Enteign. S. 107. Peyrer S. 100. Warum das österr. Gesetz — im Gegensatz zum älteren österr. und den meisten deutschen Gesetzen (vgl. §. 21. II. 14. preuß. L. R., dazu Dernburg §. 252) — diesen ganz zufälligen Umstand als Kriterium der Öffentlichkeit aufstellte, ist schwer zu begreifen. Hiernach kann der Staat später leicht in die unerquickliche Lage kommen, schiff- und flößbare Flüsse expropriiren zu müssen, weil dieselben in jenem kritischen Zeitpunkte thatsächlich nicht zur Schifffahrt und Flößerei dienten. (Vgl. §. 6 des W. Ges.) Vgl. auch Lemayer a. a. O., Nr. 46. N. 27, welcher hier zwar Ungenauigkeit der Fassung vermuthet, aber selbst darauf hinweist, daß der Motivenbericht des Ausschusses des Abgeordnetenhauses S. 14 (Prot. S. 5852) ausdrücklich ausspricht, daß einzig „der wirkliche Gebrauch entscheidet". Das bayer. Wasserges. v. 1852 (Art. 2) hat zwar eine ähnliche, nicht unbedenkliche Fassung: „Flüsse, welche und soweit sie zur Schifffahrt . . . . dienen"; indeß gestattet Art. 2, Abs. 3 die Interpretation, daß auf die wirkliche Benutzung nichts ankommt. Vgl. Roth §. 283. N. 3. Anders aber Pözl (2. A.) S. 52, der auch die Bestimmung materiell zu rechtfertigen sucht; allein die Gleichstellung von Flüssen und Grundstücken ist gewiß nicht zu rechtfertigen. — Die Unterscheidung zwischen Reichs- und Landesflüssen wurde im Gesetz mit Absicht vermieden, „weil die Definition, wo nicht unmöglich, so doch äußerst schwierig ist". (Prot. S. 5853.)

die Nebenflüsse und Nebenkanäle, deren Eigenschaft selbständig zu beurtheilen ist, sondern eben nur die Nebenarme, d. i. die Verzweigungen des schiff- oder flößbaren Flusses zu verstehen,[31] übrigens aber — da das Gesetz nicht weiter unterscheidet — ohne Unterschied, ob diese Nebenarme gleichfalls zur Schiff- oder Floßfahrt dienen oder nicht.[32] Die Regierung kann fließende Privatgewässer, welche sich zur Befahrung mit Schiffen oder gebundenen Flößen eignen, im Expropriationswege (§. 365) als öffentliches Gut erklären. (§. 6 R. W. G.)[33]

II. Aber auch die nicht zur Fahrt mit Schiffen und gebundenen Flößen dienenden Strecken der Ströme und Flüsse, sowie Bäche und Seen und andere fließende oder stehende Gewässer sind nach §. 3 des Reichsgesetzes öffentliches Gut, insoweit sie nicht in Folge gesetzlicher Bestimmung oder besonderer Privatrechtstitel Jemandem gehören. Hiermit sind einerseits die auf älteren Gesetzen, insbesondere den ehemaligen Landesverfassungen oder auf besonderen privatrechtlichen Titeln beruhenden Rechte Dritter an nicht schiff- oder flößbaren Gewässern jeder Art vorbehalten (darüber s. S. 66 flg.),[34]

---

31) Vgl. Peyrer a. O. Selbstverständlich ist auch der obere, nicht schiffbare Theil des Flusses nicht öffentlich. So auch nach preuß. R., s. Dernburg §. 252. N. 2 und den das. cit. Plenarbeschluß des O. Tribunals v. 3. Juni 1867: Präj. 2748. Ebenso nach dem bayer. W. B. G., Art. 2, s. Roth §. 283. N. 6, Pözl a. O. Die Ansicht, daß unter den „Seitenarmen" etwa die Nebenflüsse zu verstehen seien, wäre offenbar unrichtig, da sonst das gesammte Flußgebiet bis an die Quellen als Gemeingut angesehen werden müßte, zumal die Benennung des schiffbaren Flusses nach einem der sich vereinigenden Zuflüsse etwas ganz Zufälliges ist. So auch die franz. Doktrin. S. Huber S. 54.

32) So auch Peyrer S. 109 u. das bayer. W. Ges. Art. 2, welches dies ausdrücklich bestimmt.

33) Auf Gletscher und Gletschereis beziehen sich selbstverständlich die §§. 2. 3 R. W. G. nicht; dieselben sind eben nicht „Gewässer". Wo die Gletscher, wie in Tirol (Hofdekr. v. 7. Januar 1839. Z. 325), als Staatsgut erklärt sind, gehört freilich auch das Gletschereis zum Staatsvermögen. Vgl. Peyrer S. 206.

34) Daraus, daß ein solcher Vorbehalt in Ansehung der schiff- und flößbaren Flüsse nicht erfolgte, kann nicht geschlossen werden, daß erworbene ältere Rechte, soweit sich diese mit dem in diesem Gesetz normirtem Gemeingebrauch der öffentlichen Flüsse vertragen, ohne Weiteres als aufgehoben zu betrachten sind, zumal §. 1 des Ges. überhaupt auf die Bestimmungen des A. B. G. B. verweist. Vgl. auch §. 94 und 102 d. böhm., §. 89 des niederösterr., §. 93 der übrigen L. W. Gesetze. Der §. 102 d. böhm. W. G. (Art. II. u. III. der übrigen L. G.) bestimmt insbes.: „Die nach den früheren Gesetzen erworbenen Wasserbenutzungs- oder sonstigen auf Gewässer sich beziehenden Privatrechte bleiben aufrecht." Dazu Peyrer S. 79 flg. u. S. 114 flg. Praktische Bedeutung werden übrigens nur Fischereigerechtigkeiten, das Recht auf Gewinnung von Sand, Kies, Eis u. s. f. in öffentlichen Flüssen haben, soweit sich die-

andrerseits ist aber die gesetzliche Annahme (Präsumtion im w. S.) ausgesprochen, daß auch die nicht schiff- oder flößbaren Gewässer jeder Art im Zweifel als öffentliches (Gemein-) Gut anzusehen sind, nämlich soweit nicht das Dasein von Privatrechten auf Grund des Gesetzes oder kraft besonderer Privatrechtstitel nachgewiesen wird.[35] Das R. G. fügt im §. 3 hinzu: daß die den Besitz schützenden Vorschriften des allgemeinen bürgerlichen Rechtes hierdurch nicht berührt werden — eine in der That merkwürdige Bestimmung, da durch dieselbe in das bürgerl. Recht die Anomalie hineingetragen wird, daß Besitz an Objekten geschützt werden soll, welche überhaupt kein Gegenstand des Besitzes sind (§. 311 A. B. G. B.), — nämlich Besitz an Sachen, die im Allgemeinen keinen Gegenstand des rechtlichen Verkehrs bilden.[36] Nach der Absicht der Gesetzgebung hat dieser von der Herrenhauskommission eingeschaltete Vorbehalt den Zweck, den Besitz (auch die Ersitzung) selbst dann zu schützen, wenn die privatrechtliche Eigenschaft des Gewässers nicht nachgewiesen erscheint.

Kraft des Gesetzes (§. 4) „gehören", [37] wenn nicht von Anderen erworbene Rechte entgegenstehen, dem Grundbesitzer:

a. das in seinem Grundstücke enthaltene unterirdische und zu Tage quellende Wasser (Quellenwasser, ohne Zweifel auch Mineralquellen), mit Ausnahme der dem Salzmonopol unterliegenden Salzquellen und der zum Bergregale gehörigen Cementwässer;

b. die sich auf einem Grundstücke aus atmosphärischen Niederschlägen ansammelnden Wässer (Schnee- und Regenwässer);

---

selben auf Privilegien (und ehedem auf unvordenkliche Verjährung) stützen. S. Peyrer S. 115.

35) Daß die Beweislast in dieser Weise zu reguliren sei, spricht auch der Bericht des Abg. Hauses S. 10. 14 (Prot. S. 5851, 5858) bestimmt aus.

36) Offenbar setzt §. 3 cit. voraus, daß es genügt, wenn in Ansehung der dort angeführten Gewässer — nicht der Privatrechtstitel, sondern der bloße Besitz bewiesen wird. Dies erklärt ausdrücklich der Ausschußbericht der Herrenhaus-Kommission S. 6 und die Motivirung des Antrags im Abgeordn. H. Prot. S. 3856. Vgl. Peyrer S. 123. Schiffner, Österr. E. R. §. 67, Burckhard, Syst. §. 72 N. 10.

37) Das „Gehören" bedeutet hier „Eigenthum" im techn. Sinne, wie denn auch die Regierungsentwürfe v. 1862, 1866, u. 1869 sich noch des Ausdrucks „Privateigenthum" bedienen. Das bayer. W. G. (Art. 33) sagt einfach: „Zum Privateigenthum des Grundbesitzers gehören . . ." Vgl. noch Pražák, Komp. Frag. §§. 1. 4.

c. „das in Brunnen, Teichen,[38] Cisternen oder anderen (auf Grund und Boden des Grundbesitzers befindlichen) Behältern oder in von demselben zu seinen Privatzwecken angelegten Kanälen, Röhren u. s. w. eingeschlossene Wasser". — Was die Kanäle betrifft, so sind hier nur diejenigen verstanden, in welchen das Wasser abgefangen und gleich anderen stehenden Privatgewässern der Herrschaft des Grundbesitzers unterworfen erscheint, nicht aber solche Kanäle (insbesondere Mühlbäche), durch welche das Wasser aus öffentlichen oder Privatflüssen abgeleitet und wieder in das Flußbett zurückgeleitet wird; denn die fließende Wasserwelle bleibt auch dann res nullius et omnium communis, wenn sie im künstlichen Bette und über Privatgründe geleitet wird.[39] Der Gemeingebrauch hört nur

---

38) Dies gilt nicht von Seen, d. i. natürlichen großen Wasserbecken (§. 3. W. G.). Die Eigenthumsfrage ist hier von Fall zu Fall zu entscheiden. Dazu vgl. Peyrer S. 131. 221.

39) Daß der Müller, Fabrikant u. s. w. das ausschließliche Recht zur Ausnutzung der Triebkraft des durch den Mühl- oder Fabriksgraben fließenden Wassers hat, ist damit ganz wohl vereinbar. Vgl. auch §§. 16. 17 des böhm. L. W. G. „Über den Wasserüberschuß steht der Staatsverwaltung die Verfügung zu." (§. 27). Vgl. Peyrer, W. R. S. 133 flg. Jičinský S. 35. Lemayer, S. 166. Ulbrich S. 5. Von solchen Kanälen gilt der Grundsatz der L. 1. §. 8. D. 43. 12: Si fossa manufacta est, per quam fluit publicum flumen, nihilominus publica fit. Vgl. L. 30. D. 40. 1. Dazu Börner S. 178. Kappeler S. 59. Hesse S. 196. Stobbe §. 64. N. 17 (44). Baron I. S. 280. Seuff. 33 Nr. 192. (Stets als Privatgewässer sieht Kanäle an Schenkel S. 8, der darum den Gemeingebrauch zum Waschen u. s. f. an ihnen nicht anerkennt.) Zweifelhaft ist, ob das Bett eines öffentlichen Kanals im Besitz und Eigenthum des bisherigen Grundbesitzers verbleibt? Manche behaupten dies, vgl. Stobbe §. 64. N. 17, auch die Entsch. Nr. 1021 der Samml. Gl. U. W.; Andere behaupten mit Bezug auf L. 1. §. 7 und 8. D. 43. 12, daß auch das Bett solcher Kanäle zur res publica werde. (Seuff. Entsch. 21. Nr. 206. 22. N. 117. 212 und Hesse S. 196 u. 263, insbes. in Ansehung der Müllergräben). Letztere Ansicht ist für das gemeine Recht wohl richtig; das angebliche Eigenthumsrecht der Anlieger an der fossa derelicta (Stobbe a. a. O.) ist eine unerwiesene Prämisse. Nach den österr. Wassergesetzen wird indeß das Kanalbett als Privatgrund behandelt, welcher entweder dem „Eigenthümer der Anlage" oder demjenigen gehört, über dessen Gründe die Wasserleitung geführt wird. Arg. §§. 27. 32. 44 des L. W. G. Vgl. auch §. 854 flg. A. B. G. B. Ob das eine oder das andere vorliegt, ist zunächst Thatfrage. Mit Rücksicht auf die Natur des fließenden Wassers ist die Benutzung der Kanäle den allgemeinen Vorschriften über fließende Gewässer unterworfen. Vgl. Randa, Wasserr. S. 31 flg., Pražák, Spory S. 225. Schenkel S. 9. Über private Grenzkanäle vgl. §. 6 R. W. G. u. §. 354 G. B., nach welchen dieselben im Zweifel als Miteigenthum der Anrainer angesehen werden. — Dieselbe Auffassung wird für das bayer. W. G. von den bayer. Gerichten und Roth §. 287. N. 11. u. Pözl S. 100

auf, wenn das Wasser in Wasserleitungen behufs Verbrauchs zu landwirthschaftlichen oder gewerblichen Zwecken abgefangen (okkupirt) worden ist.

Bei den Brunnen, Teichen und ähnlichen geschlossenen Wasserhältern ist es gleichgültig, ob die Wässer auf dem Boden des Grund- (Brunnen-, Teich-) Besitzers selbst entspringen oder durch Stauung fließender, von fremden Grundstücken kommender Gewässer entstehen;[40] doch bleiben in letzterem Falle die Rechte Dritter — insbesondere nach Umständen selbst der Gemeingebrauch (§§. 10. 11. 12. 15 R. W. G., §. 16 böhm. L. G.) vorbehalten und ist Zufluß und Abfluß nach dem Rechte der fließenden Gewässer überhaupt zu beurtheilen.

d. „Die Abflüsse aus den vorgenannten Gewässern, solange (sich erstere in ein fremdes Privat- oder in ein öffentliches Gewässer nicht ergossen und) [sie] das Eigenthum des Grundbesitzers nicht verlassen haben.“[41]

Ist die privatrechtliche Eigenschaft eines fließenden Gewässers sichergestellt, so ist dasselbe — sofern nichts Anderes nachgewiesen wird — als Zugehör derjenigen Grundstücke zu betrachten, über welche oder zwischen welchen es fließt, und zwar nach Maßgabe der Uferlänge eines jeden Grundstückes (§. 5 R. W. G.).[42] Die Grund-

---

(2. A.) getheilt. — Anders gestaltet sich allerdings das Rechtsverhältniß, wenn das Wasser im Kanal abgefangen wird; alsdann ist es Privatgut des Grundbesitzers. Nur auf diesen Fall bezieht sich wohl die übrigens nicht scharf genug gefaßte und daher deutungsfähige Bestimmung des §. 4. c. des R. W. G. Unsere Auffassung gründet sich auf die Gleichstellung des in „Brunnen, Teichen 2c. eingeschlossenen“ Wassers mit dem in „Kanälen, Röhren 2c. eingeschlossenen“ und wird unterstützt durch das bayer. W. G. Art. 8. 33. 34, nach welchen nur das in „die künstlich angelegten Wasserleitungen und Kanäle“ eingeschlossene Privatwasser der Disposition des Grundeigenthümers unterliegt, nicht aber das aus öffentlichen oder Privatflüssen durch dieselben geleitete Wasser. So interpretiren auch Peyrer a. a. O., Pözl S. 154 u. Roth §. 286. N. 10—12. Die Ansichten der Gerichte gehen in dieser Frage sehr auseinander, wie die Urtheilslese Bekker's, Jahrb. f. Dogm. XII. S. 113 zeigt. Für unsere Ansicht s. d. Entsch. Seuff. 14. B., Nr. 38. 201. 18 B., 5. u. d. cit. Entsch. Nr. 1021.

40) Näheres s. bei Randa, W. R. §§. 3. 4, und Peyrer S. 51 flg. Seen, bei welchen Trockenlegung unthunlich ist, sind im Gegensatze zu Teichen im Zweifel als öffentliche Gewässer anzusehen (§. 3). S. Peyrer S. 132. 221. Note.

41) Näheres bei Randa, W. R. §§. 3. 4. und Peyrer S. 133.

42) Der §. 5 des R. W. G. darf, wie die Vorarbeiten zeigen, nicht etwa in dem Sinne verstanden werden, daß jeder nicht öffentliche, beziehentlich jeder nicht schiff- oder flößbare Fluß (Bach) im Zweifel als „Zugehör“ der Ufergrundbesitzer anzusehen

besitzer der beiden Uferseiten sind in Ermangelung eines anderen Rechtsverhältnisses insbesondere berechtigt, die vorbeifließende Wassermenge zu gleichen Theilen zu benutzen (§. 14. R. W. G.).

Hier stoßen wir auf die im Wassergesetze nicht berührte Frage: welche rechtliche Natur die sogenannten Grundwässer haben, d. i. die unterirdischen, in wasserführenden Terrainschichten (Erde, Kies, Sand, zerklüftetes Gestein) sich fortbewegenden (also unterirdisch fließenden) Gewässer? Das Grundwasser kann m. E. weder als Eigenthum des Grundeigenthümers (§. 4 W. G.), noch (wie Peyrer S. 127 meint) als öffentliches Gut (§. 3. W. G.) angesehen werden. Denn der §. 4 lit. a. nennt nur das im Grundstücke enthaltene unterirdische und aus demselben zu Tag quellende Wasser;[43] auch §. 4 lit. d. paßt nicht vollkommen auf Grundwässer, da dieselben auch aus Flüssen &c. (Seihwässer) herrühren und deren Provenienz überhaupt eine schwer bestimmbare ist. Der §. 3 W. G. aber setzt in einem Bette fließende Gewässer (natürliche oder künstliche Wassergerinne) voraus.[44] M. E. muß das Grundwasser ebenso wie die aqua profluens als res omnium communis angesehen werden, deren Zueignung (Fassung) auf eigenem Grunde jedem Grundeigenthümer zusteht. Die §§. 10—12 L. W. G. sind daher auf das Grundwasser

ist, da sich sonst die §§. 3 und 5 dieses Gesetzes im falschen Kreise bewegen würden. Vielmehr setzt der §. 5 voraus, daß der Bach ein „Privatbach" sei. Vgl. auch Peyrer S. 114. Pražák, Enteign., S. 106. N. 3. Eben darum wird diese gesetzliche Bestimmung eine sehr geringe praktische Tragweite haben. Es ist klar, daß weder die ehemaligen Obrigkeiten aus dem regalen Fischereirechte (S. 67 flg.) das Eigenthum an den ihr Territorium durchfließenden (nicht schiffbaren) Gewässern deduziren, noch auch die Ufergrundbesitzer das Eigenthum an solchen vorbeifließenden Gewässern auf Grund des §. 5 cit. behaupten können; vielmehr werden dieselben — in Ermangelung besonderer Privatrechtstitel — nach §. 3 des R. W. G. als öffentliche Gewässer anzusehen sein. Vergl. dazu Randa, W. R. S. 35. N. 20.

43) Vgl. auch Peyrer S. 127, welcher betont, daß es nicht heißt: „und das aus" &c. Doch ist nicht jeder Zweifel ausgeschlossen. Die übrigen von Peyrer S. 128 angeführten Gründe sind nicht stichhaltig. Aus dem §. 297 G. B. folgt gewiß nicht a contrario der Schluß, daß dem Grundbesitzer die unter der Oberfläche befindlichen Grundschichten nicht gehören. Dies Grundeigenthum ist nur beschränkt einerseits durch die ökonomische Beherrschbarkeit, andererseits durch das sog. Bergwerksregal (§. 3). Daß aus der ungenauen Legaldefinition des §. 285. G. B. nichts gefolgert werden darf, ist klar. Vgl. Unger S. 364 N. 8 flg.

44) Vgl. Peyrer selbst S. 128. Überhaupt kann das Grundwasser nur uneigentlich als „fließendes" Wasser bezeichnet werden, da das Gesetz (§§. 2. 3) unter dieser nur das nach der Abdachung abfließende Wasser versteht. S. auch Peyrer S. 87 flg.

nicht anwendbar.[45] Hiernach ist die Frage zu entscheiden, ob den Nachbarn ein Einspruch zusteht gegen die neue Anlage von Brunnen und Schöpfwerken? Gewiß nicht, sofern ihnen nicht eine negative Dienstbarkeit zusteht. Vgl. Erk. Nr. 235. 787. 2587. 3740 Gl. U. W. und Entsch. d. Verwalt. G. H. Budwinski, Samml. Nr. 417.[46] Vgl. S. 89 flg.

Nach dem heutigen Stande der Gesetzgebung müssen wir somit unterscheiden: I. Privatgewässer. Dahin gehören:

a. Quellen, atmosphärische Niederschläge, Brunnen, Teiche und andere in wie immer gearteten Behältern (Wasserleitungen, Reservoiren) auf Privatgrund eingeschlossene Gewässer, sowie deren Abflüsse innerhalb des Grundeigenthums des Eigenthümers des Gewässers. — Erhalten Teiche ihren Wasserzufluß aus durchströmenden Bächen oder Flüssen, so werden die Rechte Dritter an dem durchfließenden Wasser — insbesondere nach Umständen der Gemeingebrauch (§§. 10. 11. 12. 15. 16. R. W. G. und §. 16 böhm. L. G.) — nicht beirrt.[47]

---

45) Das Gegentheil behaupten Peyrer S. 128 flg. und Pražák, Spory S. 222, welche das Grundwasser mit Berufung auf §. 3 für „öffentliches Gut" erklären. (Dagegen rechnet dasselbe Ulbrich, Mitth. d. d. Jur. V. IV S. 183 flg. zum Eigenthum des Grundbesitzers; dagegen mein Wasserr. S. 36 flg.) Ebendarum ist §. 17 (16) L. W. G. nicht anwendbar und die wasserbehördliche Bewilligung zur Anlage und Benutzung von Brunnen, Schöpfwerken 2c. nicht erforderlich. Anders entschieden bezüglich des Potschacher Schöpfwerkes das Ackerbauministerium und der Verwaltungsgerichtshof. S. Peyrer S. 173; ebenso grundlos ist die Entsch. Nr. 5821 Gl. U. W., welche zur Vertiefung eines Brunnens die poliz. Bewilligung für notwendig hält.

46) Die letztgedachte Entscheidung, mit welcher das Erk. des Ackerbauminist. v. 16. Juli 1875 aufgehoben wurde, ist aber m. E. mit den §§. 106 u. 220 Allg. Bergg. nicht in Einklang zu bringen. Das Ministerium hatte nämlich m. R. (wie in ähnlichen Fällen wiederholt) einen Bergwerksbesitzer verurtheilt, für eine Gemeinde täglich 300 Eimer Wasser mittelst Dampfmaschine beizuschaffen, da deren Brunnen durch den Bergbau trocken gelegt wurden. Richtig bemerkt Peyrer S. 316, daß in Konsequenz jener Entscheidung des V. G. H. auch die Teplitzer Heilquellen als ein vom Besitzer des Döllingerschachtes erschrotenes Gewässer anzusehen wären. Der §. 222 enthält eben ein auf Billigkeitsrücksichten beruhendes Sonderrecht, welches der V. G. Hof verkannte.

47) Nur bei geschlossenen (sog. stehenden) Gewässern ist Diebstahl an Wasser denkbar, — nicht aber bei fließenden. Die Entsch. des österr. Cassationshofes in den Jur. Blätt. 1876 Nr. 21 fand keinen Diebstahl in dem Ablassen von Wasser (angeblich im Werthe von 130 fl.) aus einem Privatteiche durch mehrere Müller): „da das Wasser als solches eine freistehende Sache und an sich kein Vermögensobjekt sei." In dieser Allgemeinheit ist der Satz aller-

b. Kanäle und andere künstliche Wasserleitungen, welche aus solchen (eingeschlossenen) Privatgewässern gespeist werden. Wasserleitungen (Kanäle) hingegen, welche aus öffentlichen oder welche aus Privatflüssen gespeist werden, sind den öffentl., bez. den Privatflüssen gleich zu behandeln — unbeschadet erworbener Privatrechte der Kanalbesitzer auf einzelne Wassernutzungen (z. B. auf die Fischerei, Triebkraft). Dies ergiebt sich aus der Vergleichung der §§. 27. 43. 44 des böhm. L. W. G. und aus der Erwägung, daß hier kein „eingeschlossenes“, sondern fließendes Wasser vorliegt.

c. außerdem noch solche stehende oder fließende Gewässer (Seen, Bäche, Flüsse), in Ansehung deren Jemand beweist, daß sie ihm „gehören“;[48] doch ist dieser Beweis[49] ausgeschlossen bei Flüssen, welche zur Schiff- oder Floßfahrt dienen (§§. 2. 3 R. W. G.).[50] Hierbei ist in diesem Falle nicht zu übersehen, daß bei Flüssen niemals vom Eigenthum im technischen Sinn, sondern immer nur vom Eigenthum am Flußbette und von einzelnen oder allen Flußnutzungsrechten, insbesondere von dem Rechte zur Ausnutzung der mechanischen Kraft oder chemischen

---

dings unrichtig; — das eingeschlossene Wasser (z. B. meiner Heilquelle, meines Brunnens, Teiches) ist so gut mein Eigenthum als irgend eine meiner körperlichen Sachen; Diebstahl ist hier also möglich. Anders freilich beim fließenden Gewässer; die aqua profluens ist res omnium communis. Aus der Erzählung des betreffenden Falles ist nicht ersichtlich, ob der Teich wirklich eingeschlossenes oder bloß gestautes Flußwasser enthielt.

48) Das Gesetz vermeidet den Ausdruck „Eigenthümer“ des Flusses, spricht vielmehr regelmäßig von „demjenigen, dem das Wasser gehört“ (§. 4 R. W. G. §§. 4. 10. 28. u. a. L. W. G.), übrigens auch promiscue vom „Eigenthümer“ des Wassers (§§. 10 Abs. 3. 29. 44 u. a. L. W. G.). Offenbar ist auch die erstgenannte Bezeichnung eben nur eine verschämte Umschreibung des Ausdruckes: Eigenthümer, wie denn auch der letztere Terminus ursprünglich in allen Regierungsvorlagen (auch in der letzten vom J. 1869) ständig gebraucht und erst in der Vorlage des Abgeordnetenhauses durch die erstgedachte Bezeichnung ersetzt wurde. — Auch das preuß. L. R. II. 15. § 39 spricht vom Privateigenthum an Flüssen, beschränkt dasselbe aber ebenso wie das Wasser-G. vom 28. Februar 1843 im öffentlichen Interesse. Vergl. Dernburg § 253.

49) Der Beweis nämlich, daß alle Nutzungen des Flusses und das Flußbett einem Privaten gehören; denn schon die freie Schifffahrt schließt die Ausschließlichkeit der Nutzung eines Privaten aus. Vergl. N. 53. 54.

50) Die Beweislast trifft denjenigen, der ein Privatrecht an diesen (nicht flößbaren) Gewässern behauptet. (§. 2. 3 W. G.). Die Erfahrung hat gelehrt, daß dieser Beweis in seltenen Fällen erbracht werden wird.

ohne Eigenschaft des Wassers, des Okkupationsrechtes an den organischen oder mineralischen Früchten des Flusses (Wasserpflanzen, Muscheln, Fischen, Perlen) die Rede sein kann.[51]

II. Öffentliche Gewässer. Dahin gehören alle (stehenden und fließenden) Gewässer mit Ausnahme der im Absatze I. bezeichneten. Es ist nicht zu übersehen, daß nach dem W. G. nicht nur schiff- und flößbare, — sondern im Zweifel — alle fließenden Gewässer als öffentliche anzusehen sind. Es sollen nun die Rechtsverhältnisse an öffentlichen und Privatgewässern näher auseinander gesetzt werden.

C. Rechtsverhältnisse an öffentlichen Gewässern.

Dieselben sind als allgemeines oder öffentliches Gut im Sinne des §. 287 A. B. G. B. anzusehen, dessen Eigenthum dem Staate, dessen Benutzung innerhalb der durch staatliche Vorschriften gezogenen Grenzen Jedermann zusteht.[52] Der Gemeingebrauch an öffentlichen Gewässern äußert sich in nachstehender Weise:

1. Jedermann kann das öffentliche Gewässer soweit benutzen, als derselbe nicht die gleiche Benutzung aller Übrigen oder erworbene Privatrechte Dritter stört und die durch Administrativ-Verordnungen getroffenen Schranken einhält. Dieser Gemeingebrauch — usus publicus — beruht auf dem öffentlichen Rechte. Die „gewöhnliche, ohne besondere Vorrichtungen" mögliche, sog. „gemeine" Benutzung umfaßt nach §. 15 der L. W. G. den „Gebrauch des Wassers zum Baden, Waschen, Tränken, Schwemmen, Schöpfen, dann die Gewinnung von Pflanzen, Schlamm, Erde, Sand, Schotter, Steinen und Eis, soweit dadurch weder der Wasserlauf und die Ufer gefährdet, noch Jemandem ein Schade zugefügt wird, gegen Beobachtung der

51) Ob die Fische juristisch zu den Früchten der Gewässer zu zählen sind, mag zweifelhaft sein. Die Analogie des Jagd- und Fischereirechts spricht insofern dafür, als das erstere ein Ausfluß des Grundeigenthums, dieses als Ausfluß des sog. Flußeigenthums aufgefaßt zu werden pflegt. Auch der §. 19 R. W. G. und der §. 21 L. W. G. für Böhmen (20 d. anderen, Steierm. §. 19) zählt die Fischerei zu den Wassernutzungen.

52) Übereinstimmend ist die Auffassung des preuß. L. R. II. 14. §. 21, dazu Dernburg §. 252; sowie des bayr. W. G. Art. 1, dazu Pözl S. 49 flg., Roth § 284.

polizeilichen Vorschriften". (So auch nach gemeinem Rechte.)[53] Die Frage, ob der Gemeingebrauch auch das Fischereirecht einschließe, wäre zwar (in Ermangelung besonderer Privatrechte oder eines örtlichen fiskalischen Vorbehaltes) nach der rechtlichen Natur des öffentlichen Guts zu bejahen; indeß muß nach der imperativen Fassung der §§. 15 und 16 des L. W. G. angenommen werden, daß das Fischereirecht — weil nicht im §. 15 erwähnt — der allgemeinen Nutzung (dem Gemeingebrauch) entzogen ist.[54] Die Fischnutzung blieb sohin dem Staate als Eigenthümer des öffentlichen Gutes (§. 287 G. B.) vorbehalten. Auch wurde (in irriger Auslegung des auf die polit. Gesetze bloß verweisenden §. 382 B. G. B.) jüngst durch das Gesetz v. 25. April 1885 Z. 58. R. G. Bl. bestimmt, daß „die auf §. 382 A. B. G. B. beruhende (?) Befugniß zum freien Fischfang aufgehoben ist".[54a] Das

53) Vergl. auch Art. 9 bayer. W. G., dazu Peyrer S. 200 flg., Pözl S. 49. 62 flg. — Damit ist nicht ausgeschlossen, daß einzelne Nutzungen, z. B. die Eis= Schotter= oder Sandgewinnung durch Lokalvorschriften im fiskalischen Interesse dem Gemeingebrauche entzogen oder auf Grund besonderer Privatrechtstitel einzelnen Privaten ausschließlich zustehen können. Vgl. §. 102 L. W. G. So z. B. hat die Prager Stadtgemeinde auf Grund alter Privilegien das ausschließliche Recht auf die sämmtlichen Nutzungen des Moldauflusses im Gebiete der Stadt. Vgl. Čelakovsky a. a. A. — Im preuß. Recht fehlt eine Bestimmung darüber, wieweit der Gemeingebrauch reicht; doch hält die Judikatur und ebenso Dernburg §. 552 N. 5 den im Text ausgesprochenen Grundsatz fest. §§. 44. flg. II. 15.

54) Der §. 17 des böhm., §. 16 des steierm., §. 16 der übrigen L. W. Gesetze lautet nämlich: „Jede andere, als die im §. 15 angegebene Benutzung der öffentlichen Gewässer . . . bedarf der vorläufigen Bewilligung der dazu berufenen politischen Behörde." Zu den „Wasserbenutzungsrechten" zählt das Gesetz (R. W. G. §. 19) auch die Fischereiberechtigung. Es versteht sich, daß das Fischereiregal der ehemaligen Dominien, wo selbes bestand, ebenso wie andere auf besonderen Privatrechtstiteln beruhende Fischereirechte durch die neuen Wassergesetze nicht berührt wurden. Vergl. §. 102 böhm. Art. II. der übrigen L. W. G. Auch der Besitz des Fischereirechts wurde durch §. 3 R. W. G. ausdrücklich gewahrt. — Auch das bayer. W. G. v. 1852 Art. 9. erklärt alle Nutzungen aus öffentlichen Gewässern (die gemeine Nutzung ausgenommen) an die staatliche Genehmigung gebunden. Vgl. Pözl S. 62. Das landesherrliche Fischereiregale in öffentlichen (freien) Flüssen besteht in Bayern fort. Pözl S. 277 flg. — Nach preuß. Recht wird die Fischerei in öffentlichen Flüssen als Staatsregal angesehen. L. R. II. 15. §§. 38. 73, dazu Dernburg §. 252. — Nach d. franz. Ges. v. 15. April 1829 gebührt das Fischereirecht in schiffbaren Flüssen ausschließlich dem Staate, in nicht schiffbaren den Uferanrainern.

54a) Die Unrichtigkeit der Annahme ergiebt sich auch aus den Vorarbeiten zum A. B. G. B.; vgl. insbes. die Darstellungen der Redactoren des Cod. Theres. bei Harrasowsky, I. S. 63. Note 4, ferner noch Entw. Martini II. 4, §. 12.; dazu mein Wasserr. §. 2. S. 16 flg.. §. 3. S. 47.

Recht zur Fischerei in jenen Wasserstrecken (Flächen), in welchen bisher der freie Fischfang ausgeübt werden durfte, steht künftig:

1. in künstlichen Wasseransammlungen oder Gerinnen den Besitzern dieser Anlagen zu; (dazu mein Wasserr. §. 5. S. 88 flg.);
2. in natürlichen Gewässern steht dasselbe denjenigen zu, denen sie durch die Landesgesetzgebung zugewiesen wird.

2. Die Benutzung der Gewässer zur Schifffahrt und Flößerei steht unter Einhaltung der diesfalls bestehenden polizeilichen Verordnungen Jedermann frei (§. 7 R. W. G.). Die Errichtung von Privatüberfuhranstalten[55] mit gewerbsmäßigem Betrieb ist stets (selbst auf Privatgewässern) — die Errichtung derselben auf schiffbaren Flüssen selbst ohne gewerbsmäßigen Betrieb — an die behördliche Genehmigung gebunden (§. 7 R. W. G.).

3. Jede andere als die unter Z. 1 und 2. angeführte (sog. gemeine, gewöhnliche) Benutzung der öffentlichen Gewässer, sowie die Errichtung (oder Änderung) der hierzu erforderlichen Wasserwerke (Anlagen), welche auf die Beschaffenheit oder den Lauf des Wassers oder auf den Wasserstand Einfluß nehmen oder die Ufer gefährden, — insbesondere die Errichtung von Triebwerken, Wasserleitungen, Stauanlagen bedarf der Genehmigung der Administrativbehörde, gleichviel ob die Anlage eine dauernde oder vorübergehende ist.[56] (Diese Bewilligung ist übrigens auch bei Privatgewässern erforderlich, wenn durch deren Benutzung auf fremde Rechte oder auf die Beschaffenheit oder den Lauf oder die Höhe des Wassers in öffentlichen Gewässern eine Einwirkung entsteht [§. 17]; und da dies fast bei jedem Trieb-, Stau- oder Leitungswasserwerke der Fall sein wird, so erscheint — was nur zu billigen ist — die behördliche Geneh-

---

55) Öffentliche, im Zuge von öffentlichen Straßen angelegte Überfuhranstalten bedürfen der besonderen Genehmigung der Administrativ-Behörden nicht. Vgl. Prot. d. Abg. H. S. 5863.

56) Die Bewilligung ertheilt die Bezirkshauptmannschaft und bei schiff- oder floßbaren Flüssen die Landesregierung. (§§. 17—27. 75. 76 L. W. G.); den Hauptfall bildet die Errichtung von Mühlen und Fabriken mit Triebwerken. Vgl. Peyrer S. 208 flg. Doch bezieht dieser S. 209 mit Unrecht den §. 16 (17) prinzipiell auch auf Brunnenanlagen. Vgl. S. 78 flg. Bemerkenswerth ist die Fassung des §. 16. („gefährden kann"). — Übereinstimmend Art. 10 des bayer. W. G. — Änderung des ökonomischen Betriebes (z. B. Umwandlung einer Papiermühle in eine Mahlmühle) ohne Änderung des Triebwerkes selbst bedarf aber nicht der wasserbehördlichen Konzession. S. Peyrer S. 225 flg.

migung zu dergleichen Anlagen als die fast ausnahmslose Regel.) Es ist daher die Genehmigung der Verwaltungsbehörde insbesondere nothwendig, wenn die Beschaffenheit des Gewässers durch Einleitung fremder Stoffe (Schutt, Unrath, Abfälle, Farbenreste, Abwasser u. s. w.) geändert oder der Stand, das Gefälle oder der Lauf des Gewässers durch Wasseranlagen welcher Art immer (Bewässerungs- und Entwässerungsanlagen, Stau- und Triebwerke, Uferböschungen, Sohlenerhöhungen, Wasserbehälter ꝛc. — gleichviel ob für landwirthschaftliche oder gewerbliche Zwecke) geändert, bez. beschleunigt oder gehemmt wird.[57] Das von der Behörde zu bestimmende Maß der Wasserbenutzung richtet sich einerseits nach dem Bedarf des Bewerbers, andererseits nach dem über das bisherige Bedürfnis verfügbaren Wasserüberschusse (§. 19).[58] Näher bestimmt

57) Vgl. dazu noch §. 10 R. W. G. Gewiß ist nach §. 16 (17) auch zur Anlage von Teichen, Brücken, Einbauten, Landungsbrücken, Badehäusern, Fischkästen, Fischrechen ꝛc. die behördliche Bewilligung nöthig. Vgl. Peyrer S. 216 218. — Hingegen Ufereinschnitte behufs Bewässerung von Wiesen, durch welche Dritten kein Nachtheil erwächst, werden im Allgemeinen der behördlichen Konzession nicht bedürfen. Vgl. Peyrer S. 223. flg. So auch nach franz. Recht. S. Huber S. 74. flg. Ähnlich das bad. W. G. Art. 1. 2. 3 und Vollz. V. §. 1, dazu Schenkel S. 117. Nach dem bayer. W. B. G. ist die behördliche Bewilligung zur Errichtung von Triebwerken in öffentlichen und Privatflüssen unbedingt, — zur Errichtung von Stauanlagen in Privatflüssen aber nur dann nöthig, wenn sich an demselben Triebwerke befinden (§. 10. 73). Gegen diese unmotivirte Beschränkung des staatlichen Aufsichtsrechtes in Ansehung der Benutzung der Privatflüsse vgl. Baumert S. 100. Randa 28. Vollends ungenügend ist das behördliche Aufsichtsrecht nach dem preuß. W. Gesetze v. 1843 §§. 1. 13. 19). Selbst nach der neuen deutschen Reichsgewerbeordnung v. 21. Juni 1869 bedürfen nur Stauanlagen für Wassertriebwerke der Genehmigung — nicht aber Stauwerke für (landwirthschaftliche Zwecke oder für) Gewerbe überhaupt (z. B. für Bleichen). Dagegen s. Baumert S. 19.

58) Detail bei Peyrer S. 213 flg. Rücksicht zu nehmen ist hierbei nicht auf den mittleren, sondern auf den wechselnden Wasserstand, §. 19 cit Schon die Mühlenordnung v. 1. Dezember 1814, Art. 2, bestimmte diesfalls: „Jedermann steht das Recht zu, die Errichtung eines neuen Werkes im ordentlichen Wege zu verlangen; die politische Behörde hat aber die angesuchte Bewilligung nur dann zu ertheilen, wenn dadurch ein Vortheil für die bessere Bedienung des Publikums erreicht wird, und wenn es ohne die Anrainer eines Baches oder des Flusses einer Beschädigung auszusetzen, ohne sie in der bisherigen Benützung des Wassers zu beirren, und ohne die Wirkung der schon bestehenden Wasserwerke zu hemmen oder zu schwächen, geschehen kann". Vgl. L. 2. §. 16. D. 43. 8. L. 17. in f. D. 8. 3. L. 3. §. 1. D. 43. 20. c. 10. C. 11. 42, welche doch nicht so unanwendbar sind, als Baumert S. 8. 9 meint (Mühlen erwähnt c. 10. C. 11. 42). Hesse S. 262 flg. — Sehr weit reicht das Regulirungsrecht der franz. Administration. S. Huber S. 68. flg. 79.

§. 94 des böhm. (88 d. niederösterr., 86 steierm., 87 buk., 71 krain. und 93 der übrigen) L. W. G., daß bei Ertheilung neuer Wasserbenutzungs-Konzessionen vor Allem die rechtmäßigen Ansprüche der bereits bestehenden Anlagen sicher zu stellen und erst dann die neuen Ansprüche nach Thunlichkeit zu befriedigen sind, wobei dem volkswirthschaftlich nützlicheren Unternehmen der Vorzug gebührt, — im Übrigen aber der Wasserüberschuß nach Billigkeit zu vertheilen ist.[58a] Diese Grundsätze sind analog anzuwenden, wenn wegen eingetretenen Wassermangels bereits bestehende Wasserbenutzungsrechte nicht vollständig befriedigt werden können, wobei übrigens Verträge und erworbene besondere Rechte vor Allem zu schützen sind, und im Widerstreit hierüber der ordentliche Richter zu entscheiden hat (§. 94 cit., dazu Näheres im §. 86 des steiermärk. W. G.). Die über das Wasserbenutzungsrecht anzufertigende Konzessionsurkunde hat den Ort, das Maß und die Art der Wasserbenutzung, insbesondere bei Triebwerken und Stauanlagen den erlaubten höchsten, bez. niedrigsten Wasserstand, nach Umständen die näheren Bedingungen des Wassergebrauchs genau festzusetzen.[59] Die Konzession kann auch nur auf eine beschränkte Dauer oder gegen Widerruf ertheilt werden (§§. 19. 23. des böhm., §§. 18. 22 der übrigen L. W. G.). Abgesehen von dem letztgenannten Falle (des Prekariums) erwirbt der Konzessionär durch die behördliche Bewilligung ein Recht auf die konzessionsmäßige Benutzung des öffentlichen Gewässers (z. B. der Triebkraft desselben), welche durch spätere Konzessionen (abges. von den §§. 22. 94) in keiner Weise beeinträchtigt und nur im Expropriationswege gegen Entschädigung aufgehoben werden kann (§§. 20. 22. 26 des böhm., 19 und 22 steierm., 19. 21 und 25 d. übrigen L. W. G.). Dasselbe gebt, wenn es nicht ausdrücklich auf die Person des Bewerbers beschränkt

58a) Mit dem Ges. v. 25. April 1885 Z. 58. §. 7. wurde erklärt, daß zu den nach §. 19. W. G. ausgeschlossenen Einwendungen der Fischereiberechtigten jene nicht gehören, welche die Hintanhaltung der Verunreinigung der Fischwässer, die Fischstege, Fischrechen u. die Trockenlegung der Wasserleitungen in einer der Fischerei thunlichst unschädlichen Weise bezwecken.

59) Bei allen Trieb- und Stauwerken ist der erlaubte höchste, und im Fall der Verpflichtung, das Wasser in einer bestimmten Höhe zu erhalten, auch der zulässig niederste Wasserstand durch Staupfähle (Normalzeichen, Aichpfähle) zu bezeichnen (§. 23 böhm., 20 steierm. 21 bukov., 22 der anderen L. W. G.). Näheres im §. 18 des niederösterr., kärnt., steierm. und bukov. L. W. G. und Peyrer, W. R. S. 239 flg. 265 flg., mein W. R. §. 4. u. besonders Pražák, Wasserr. Kompet. S. 62 flg.

worden ist, auf den jeweiligen Besitzer derjenigen Betriebsanlage oder Liegenschaft über, für welche die Bewilligung erfolgt ist,[60] — hat also die Natur eines öff. Realrechtes (§. 26 [§. 25] L. W. G.).[61] Die ertheilten Wasserrechtskonzessionen sind gemäß §§. 99. 100 L. W. G. in dem amtlich geführten Wasserbuch ersichtlich zu machen; dasselbe hat aber bloß den Charakter eines Wasserkatasters, nicht den eines Grundbuches, liefert daher an sich keinen Beweis über Existenz und Inhalt von Wasserrechten.[62] — Es versteht sich übrigens,

60) Das kärnt. W. G. (§. 18) setzt als besondere Erlöschungsarten u. a. fest: eine dreijährige Verjährung (sehr zweckmäßig) und Nichteinhaltung der für die Benutzung vorgeschriebenen Bedingungen. Dazu Peyrer S. 242 flg. Über die Ersitzung von Benutzungsrechten s. Peyrer S. 230. Pražák, a. O. S. 27 flg.

61) Die Übertragung auf andere Betriebsanlagen kann bloß mit Zustimmung der Behörde erfolgen. (§. 26 [§. 25] L. W. G.) S. Pražák a. a. O. — Im Wesen übereinstimmend das bayer. W. G. Art. 10—13, dazu Pözl S. 93 flg. Roth §. 285 u. d. bad. W. G. Art. 23. 29, dazu Schenkel S. 18. 60. 117. Die privatrechtliche Natur der konzessionirten Wasserbenutzungsrechte ist auch gemeinrechtlich anerkannt. Vgl. Börner S. 368. 373. Hesse S. 281. 283 flg., 289; auch Endemann S. 16. 28. Kappeler S. 124. Ulbrich S. 5. So wohl auch nach preuß. Rechte, vgl. Dernburg §. 252. Die Aufhebung findet somit nur im Expropriationswege gegen Entschädigung statt (§. 26. 28 böhm., 22. 24 steierm., 25. 27 übrig. L. W. G., cf. §. 22 böhm., 21 übr. W. G.). So auch Art. 13 bayer. und Art. 29 bad. W. G. — Die in dem Flußbette fundirten Gebäude des konzessionirten Wasserwerkes sind Eigenthum des Unternehmers, da der mit Genehmigung der Behörde verbaute Grund aufgehört hat, Flußbett zu sein. Vgl. Hesse S. 287; ferner L. 6. 10. D. 1. 8. (Die tabernae argentariae der L. 32. D. 18. 1 scheinen bloße eigenthümliche Superfiziarrechte begründet zu haben; s. Hesse a. a. O.). Unnöthig sträubt sich gegen die Annahme eines Eigenthums an der Anlage Endemann S. 16, obgleich er deren dinglichen Charakter anerkennt.

62) Dies wurde in den Vorberathungen anerkannt. S. Peyrer S. 688 flg. Mit der Min.-Verordg. v. 20. September 1872 (Nr. 52 L. G. Bl. für Böhmen, N. 33 für Mähren, 26 und 41 für Nied.- und Oberösterr., 34 für Steiermark u. f. f.) wurde in Ausführung der §§. 57 und 101 der L. W. G. eine Instruktion betreffend die Anlegung und Führung des Wasserbuches mit der Wasserkarten- und Urkundensammlung bei der politischen Behörde erlassen, um die bereits bestehenden oder neu erworbenen Wasserrechte, soweit sie einer behördlichen Bewilligung bedürfen, ersichtlich zu machen. Kann der Bestand und Umfang des Rechtes nicht genügend sichergestellt werden, so ist vorläufig der faktische Zustand einzutragen (§. 6). Die Urkundensammlung enthält die Urkunden, auf welche sich die eingetragenen Wasserrechte beziehen, in amtlicher Abschrift (§. 11). Mit der Anlage des Wasserbuchs ging die österr. Gesetzgebung den ausländischen voran. — Ebenso erließ das Ministerium eine Instruktion vom 20. September 1872. (Nr. 53 L. G. Bl. für Böhmen, 34 für Mähren, 37 für Schlesien, 25. 41 für Nieder- und Oberösterr., 85 für Steierm.) betreffend die Form und Aufstellung der Staumasse. Diese für alle Länder fast wörtlich übereinstimmenden Minist.-Verordn. sind bei Manz, Gesetzsamml. 18. Bd. abgedruckt. Erläut. dazu s. bei Peyrer, W. R. S. 266 flg., 685 flg.

daß auch die konzessionsmäßige Benutzung des Wasserwerkes den diesbezüglichen allgemeinen gesetzlichen Beschränkungen unterworfen ist, namentlich in dem Falle, wenn wegen eingetretenen Wassermangels bereits bestehende Wasserrechtsansprüche nicht vollständig befriedigt werden können (§. 94 L. W. G.).[63]

Nach den hier aufgestellten Gesichtspunkten ist die alte Streitfrage des sog. „Müllerrechtes" zu beantworten: ob der Besitzer einer flußaufwärts gelegenen landwirthschaftlichen oder gewerblichen Anlage, insbesondere der Besitzer eines Triebwerkes (der Obermüller 2c.) berechtigt ist, das Wasser zum Nachtheile des Besitzers des unteren Wasserwerkes (des Untermüllers u. s. f.) zu stauen. Darüber vgl. Randa, W. R. S. 64 flg. Peyrer, W. R. 219 flg. 225 flg.

4. Die Ufer öffentlicher Flüsse sind im Eigenthum der Uferbesitzer. (§. 413 A. B. G. B., §§. 8. 43. 45. 50 L. W. G.) Die Uferlinie wird durch den mittleren (normalen) Wasserstand des Flusses bezeichnet. — Zu allen Uferschutz- und Regulirungswasserbauten in öffentlichen Gewässern muß jedoch die staatliche Genehmigung eingeholt werden, während dieselbe zu solchen Banten in Privatgewässern nur

63) Im Sinne des §. 94 letzter Abs. böhm., 88 niederösterr., 86 steierm., 87 buk., 93 d. übrigen L. W. G. hat die Administrativ-Behörde in diesem Falle bei der Ordnung der Wasserbezugsrechte diejenige Unternehmung vorzugsweise zu fördern, welche von überwiegender Wichtigkeit für die Volkswirthschaft ist, — im Zweifel aber das Waffer nach Rücksichten der Billigkeit, namentlich durch Festsetzung gewisser Gebrauchszeiten oder durch andere zweckmäßige Bedingungen in der Art zu vertheilen, daß jeder Anspruch bei sachgemäßer Einrichtung der Anlage soweit als möglich befriedigt wird, wobei übrigens erworbene besondere Privatrechtstitel, insbesondere Vertragsrechte vor Allem zu schützen und im Widerstreit hierüber der Richter zu entscheiden hat. Das Gesetz macht mit Recht keinen Unterschied zwischen landwirthschaftlichen und industriellen Anlagen; die überwiegende Wichtigkeit des einen oder des anderen Produktionszweiges hat die Administrativbehörde nach freiem Ermessen zu prüfen. Ebenso kann ferner die Behörde gewisse technische Äuderungen des konzessionirten Stauwerkes gegen Entschädigung verordnen, falls hierdurch Rückstauungen, Versumpfungen u. s. w., welche zum Nachtheil Anderer entstanden sind, behoben werden können. (§. 22 L. W. G.) — Um zu diesem Ergebnisse zu gelangen, ist es daher nicht nothwendig, der Konzession die Eigenschaft eines „Rechtsaktes" (Rechtstitels?) zu bestreiten, wie dies in der Entsch. Nr. 114 Seuff. Arch. 30. B. ohne Grund geschieht. Richtig Hesse S. 287 flg., im Wesen auch Endemann S. 16. 28 flg. — Analoge Bestimmungen enthält das bayer. W. G. B. (§§. 10—14. 60. 84), dazu Roth §. 285, und das bad. W. G. §§. 1. 23 flg., dazu Schenkel S. 18. 60 flg. — Nach dem franz. und ital. G. B. Art. 645, resp. 544, ist es Sache des Richters, die Interessen der Agrikultur und der Industrie mit dem Eigenthum an Gewässern in Einklang zu bringen. Die Industrie unterschätzt Brückner S. 70.

dann erforderlich ist, wenn durch dieselben auf fremde Rechte oder auf die Beschaffenheit, den Lauf und die Höhe des Wassers in öffentlichen Gewässern eine Einwirkung entsteht (§. 42 böhm., 37 steierm., 39 niederösterr., 38 buk., 41 d. übrigen L. W. G.).[64]

5. Das Eigenthum des Staates am Flußbette der schiffbaren Flüsse äußert sich insbesondere auch dadurch, daß die im schiffbaren Flusse entstandene Insel von Rechtswegen dem Staate gehört (§. 407 A. B. G. B., s. auch Ofner, Prot. II. S. 525). Dasselbe gilt vom verlassenen Bette eines schiffbaren Flusses (§. 410 A. B. G. B.),[65] allerdings mit der Maßgabe, daß

a. zunächst die durch den neuen Lauf des Flusses beschädigten Grundbesitzer ein Recht haben, aus demselben oder dessen Werthe entschädigt zu werden (§. 409 A. B. G. B.), und daß

b. der durch Regulirungsarbeiten in öffentlichen Gewässern gewonnene Grund demjenigen zufällt, der die Kosten derselben trägt (§. 48 L. W. G.). Vgl. dazu Pražák a. O. §. 14.

Dagegen sind Inseln in nicht schiffbaren — wenn auch öffentlichen — Flüssen (§. 3 R. W. G.) der ausschließlichen Zueignung durch die Ufergrundeigenthümer vorbehalten (§. 407). Bezüglich des verlassenen Flußbettes gilt dasselbe mit Rücksicht auf das vorhin sub a. und b. Bemerkte (§§. 409. 410 G. B.).[66]

Aus dem Gesagten ergiebt sich, daß das sog. Staatseigenthum an öffentlichen Flüssen, insbesondere am Flußbett in der Hauptsache nur Berechtigungen in sich faßt, welche sich fast durchwegs bereits aus dem Staatshoheitsrechte ergeben. Selbst einzelne ausschließliche Nutzungsrechte (besonders Fischereirechte) oder vorbehaltene Eigenthumsrechte (§§. 407. 410) des Staates, soweit sie überhaupt vor-

---

64) Thatsächlich wird dies allerdings bei fast jedem nennenswerthen Schutzbau zutreffen und ist daher die Differenz zwischen öffentlichen und nicht öffentlichen Gewässern in diesem Punkte eine sehr geringe. Übrigens hat der Uferbesitzer die Ufer, Dämme und ähnliche Anlagen gemäß §. 413 A. B. G. B., 43 d. böhm. (42 d. meist. übrigen) L. W. G. so herzustellen und zu erhalten, daß sie fremden Rechten unnachtheilig sind und Überschwemmungen thunlichst vorbeugen. Vgl. dazu Roth §. 284.

65) Dazu Randa, W. R. S. 69. Soweit das Flußbett zufolge landesfürstl. Privilegien einem Andern gehört, würde wohl die entstandene Insel diesem zufallen. Vgl. bezüglich des Privilegs der Stadt Prag Čelakovský a. O. S. 23.

66) Vgl. Näheres in meinem Wasserrecht S. 70. Nr. 5. — Peyrer S. 408 behauptet sonderbarer Weise, daß durch Alluvion Eigenthum nicht erworben werde, wenn die bezügliche Vorrichtung eigenmächtig erfolgte.

kommen, haben nicht sowohl das Eigenthum am Flußbett zur nothwendigen Voraussetzung, lassen sich vielmehr historisch aus der Regalität aller, bez. der schiffbaren Flüsse erklären.[66a]

D. Rechtsverhältnisse an Privatgewässern.

Was die Privatgewässer betrifft, so sind zu unterscheiden:

a. die eingeschlossenen, oder sog. stehenden Gewässer mit Einschluß der Seen;

b. die in einem ständigen Bette fließenden Gewässer (Bäche, Flüsse).

ad a. Die geschlossenen Gewässer kann ihr Eigenthümer in beliebiger Weise gebrauchen und verbrauchen. Das Eigenthum an solchen Gewässern hat hier technische Bedeutung und volle Wahrheit.[67] Dies Eigenthum begreift das volle dingliche Recht an Grund und Boden,[68] am Wasser und das ausschließliche Recht auf die Wassernutzungen, insbesondere das Fischereirecht. Dieses Eigenthum kann durch Dienstbarkeiten, welche dritten Personen zustehen, beschränkt sein, z. B. durch Wasserableitungen u. s. f. Der Erwerb und Verlust derselben regelt sich nach dem A. B. G. B. — Ortschaften und Gemeinden, deren Wasserbedarf nicht gedeckt ist, haben nach Maßgabe der §§. 15 und 16 des R. W. G. ein wohlbegründetes Expropriationsrecht selbst an stehenden Privatgewässern.[69] Auf Mineralquellen bezieht sich dasselbe nach der einschränkenden Tendenz des Gesetzes nicht.[70] Gegen Eingriffe in seine Rechtssphäre kann sich der Eigenthümer ge-

66a) Nicht so weit will gehen Burckhardt, §. 71 N. 11.

67) Vgl. L. 11. D. 43. 24. c. 10. C. 3. 34: Portio enim agri videtur aqua viva. L. 1. §. 4. D. de flum. 43. 12: Nihil differt a caeteris locis privatis. Vgl. Peyrer S. 125. Hesse S. 230. 250. Auch Rösler, V. R. §§. 218. 219 erkennt hier Privateigenthum an. Der Eigenthümer kann daher die Quelle auch verschütten. Vgl. auch preuß. L. R. I. 9. §§. 176. 185, Dernburg §. 253 und bayer. W. B. G. Art. 34, dazu Pözl S. 152 flg., Roth §. 287.

68) Der Eigenthümer des Teiches kann daher denselben auch trocken legen. Der Teichgrund, welcher durch Zurückweichen des Teichwassers verlandet, gehört dem Teichbesitzer. Dazu Pražák, Wasserr. Kompet. S. 51 flg.

69) Der §. 15a des R. W. G. bezieht sich zwar nur auf fließende Privatgewässer; allein §. 16, welcher offenbar als dritter Fall (lit. c) des Expropriationsrechtes des §. 15 aufzufassen ist, spricht allgemein von Privatgewässern. Vgl. auch Art. 38 des bayer. W. B. G. — Anders wohl nach franz. R. Art. 643, welcher Quellenabfluß voraussetzt. Vgl. Huber S. 9.

70) §. 16. Schlußsatz. Nach bayer. Recht ist diese Frage streitig. S. Roth §. 287. N. 6. Für die Zulässigkeit der Enteignung: Pözl S. 162.

schlossener Gewässer mit den regelmäßigen Rechtsmitteln, insbes. mit der negatorischen Besitz- und Eigenthumsklage schützen (§§. 339. 523 B. G. B., dazu vgl. meinen Besitz S. 162, 166 flg.). Obwohl dieser Schutz im Allgemeinen ausreicht, so dürfte sich doch bei Mineralquellen — mit Rücksicht auf die Bedeutung derselben für die öffentliche Gesundheitspflege und in Anbetracht des behufs zweckmäßiger Benutzung derselben häufig gemachten großen Kostenaufwandes — ein besonderer rechtspolizeilicher Schutz im öffentlichen Interesse dringend empfehlen.[71]

Was den Abfluß der auf Privatgrunde natürlich entspringenden oder zufolge atmosphärischer Niederschläge sich ansammelnden Wässer betrifft, so ist festzuhalten, daß einerseits der Grundbesitzer den natürlichen Abfluß der über sein Grundstück fließenden Gewässer (die Vorfluth) zum Nachtheile des unteren Grundstückes nicht willkürlich ändern, dagegen auch der Eigenthümer des letzteren den natürlichen Ablauf solcher Gewässer zum Nachtheil des oberen Grundstückes nicht hindern darf (§. 11 R. W. G.).[72] Anlagen,

---

71) Laut Nr. 5821 Gl. U. W. wies zwar der O. G. die Klage der Brunnenverwaltung der Pyrawarther Heilquelle gegen die schädigende Brunnenvertiefung eines Nachbars mit Bezug auf §. 17 (16) L. W. G. u. einen Statth. Erl. v. 20. Juni 1863, welcher für Brunnenanlagen behufs Schutzes der Heilquellen die politische Bewilligung vorschreibt (gegen das abweichende Erk. der 1. u. 2. Inst.), auf den Administrativweg, und Peyrer S. 170 billigt das Erkenntniß. Allein dasselbe ist gewiß unhaltbar! (Denn der § 17 (16) spricht von „fließenden" Privatgewässern; durch Statt. Erlässe aber können gesetzliche Bestimmungen und Privatrechte nicht über den Haufen geworfen werden! Von einem erworbenen, ausschließlichen Benutzungsrecht unterirdischer Wasseradern (Grundwasser), von welchem Peyrer S. 170. 171 spricht, kann hier sowenig als bei der aqua profluens die Rede sein. Vgl. S. 78. Einen weitgehenden Schutz gewähren die franz. Gesetze vom 8. März 1848, vom 14., 22. Juli 1856, dazu Dekr. vom 8., 20. September 1856 und vom 15. Februar 1880 über die Erhaltung und den Betrieb von Mineralquellen insbesondere durch Fixirung eines Schutzbezirkes gegen unterirdische Arbeiten. Vgl. Huber S. 12 flg.

72) So in Ansehung des Regenwassers schon nach römischem Recht. L. 1. 24. D. 39. 3. L. 17. D. 8. 3. c. 1. C. 7. 41. L. 2. §. 28. D. 43. 8. L. 1. §. 10. §. 13. D. de a. pluvia, 39, 3: ne inferior aquam, quae natura fluat, opere facto inhibeat per suum agrum decurrere; ne superior aliter aquam mittat, quam fluere natura solet. Vgl. über die a. aquae pluviae arcendae neuest. die gründliche Monographie von Hugo Burckhard (1881) bes. §. 1683 flg., dann Hesse S. 215 flg., 239. 241. 255. 259, Windscheid §. 473, Pražák a. O. §. 10. Ebenso die böhm. Stadtrechte, L. 3—6, und die böhm. L. O. (1627) Q. 46. Wesentlich übereinstimmend §§. 102 flg. I. 8. preuß. L. R., §§. 354. 355 sächs. G. B., art. 640 flg. franz., 536 flg. ital. G. B.;

welche der übliche landwirthschaftliche Betrieb mit sich bringt, insbesondere Änderungen der Furchenlage durch Pflügen, Änderung der Kultur 2c., können jedoch als eine besondere künstliche Vorrichtung, welche den natürlichen Wasserablauf ändert, nicht angesehen werden.[73] Auf Änderung künstlicher Wassergerinne hat nicht §. 11, sondern §. 17 böhm. W. G. (§. 16 der a. W. G.) Anwendung.[74]

Auch darf der Eigenthümer der Quelle das abfließende Wasser nicht mit schädlichen Stoffen vermischen oder sonst verunreinigen.[75]

In der freien Verfügung über die Privatgewässer, insbesondere über die Quellen kann der Eigenthümer durch entgegenstehende Rechte Dritter in folgenden Fällen beschränkt sein:

1. auf Grund derivativer privatrechtlicher Titel;

2. auf Grund der Ersitzung von Servituten; insbesondere können die Besitzer der an dem Wasserabflusse (Bache) gelegenen Triebwerke (Mühlen 2c.) dergleichen Dienstbarkeiten erwerben durch An-

---

§§. 34. 35 bayer. W. G. — Nur den Abfluß des natürlich sich sammelnden Wassers darf der Nachbar nicht verhindern. Daß sich dasselbe mit anderen Wässern (verunreinigenden Flüssigkeiten) vermischt, schadet nicht. L. 1. pr. D. 39. 3: sive cum alia mixta sit. Nur absichtliche Verunreinigung ist nicht gestattet. Ohne Grund beziehen die Entsch. Nr. 5100, 5181 und das Judikat des O. G. H. Nr. 86 (Zeitschr. f. Verw. 1874 Nr. 5) den §. 11 W. G. bloß auf stetig fließende Gewässer. Dagegen vgl. Randa, W. R. §. 4. N. 10. und Peyrer S. 183. Die historische Provenienz des §. 11 aus dem röm. R. (aquae pluviae arcendae actio), der Einblick in die ältere einheimische Gesetzgebung und die ausländischen Wassergesetze zeigen, daß es sich in §. 11 in erster Reihe gerade um Regenwasser-Abflüsse handelt. Darauf deuten schon die Ausdrücke: „Abfluß der über das ... Grundstück fließenden Gewässer ...“ „Ablauf solcher Gewässer“. Allerdings kann man §. 11 auch auf stetig fließende Privatgewässer beziehen, obwohl das analoge Verbot bereits im §. 10 gelegen ist. Vgl. Peyrer, auch Art. 34. 35 des bayer. W. B. G. und Roth §. 288, der diese Artikel nur auf geschlossene „Privatgewässer“ bezieht, Huber S. 1. 36 (Art. 640 Cod.), Schenkel S. 7.

73) Nur eine ungewöhnliche, künstliche Veranstaltung hat der §. 11 im Auge. »Opus« nennen es die röm. Quellen. So auch Peyrer S. 190 flg., 192 und die daselbst cit. Vorberathungen zu §. 11. Vgl. auch §§. 354—356 sächs. B. G. B. Schenkel S. 7. Auch die franz. Theorie und Praxis sieht in der Furchen- und Grabenziehung, welche durch die geänderte wirthschaftliche Benutzung veranlaßt wird, keine Änderung des natürlichen Wasserlaufs, trotzdem Art. 640 bedenklich gefaßt ist. S. Huber S. 4. — Übereinstim. Pražák §. 10.

74) Dahin gehört auch die Ablassung und Auflassung von Teichen. Letztere kann nur dann bewilligt werden, wenn in anderer Weise der erforderliche Wasserzufluß für bestehende Wasseranlagen gedeckt ist. Vgl. Peyrer S. 222 und die dort cit. Erkenntn. des A. Min., neuest. Pražák a. O. §§. 8. 10.

75) Vgl. §. 10 R. W. G. So auch nach franz. R. Art. 640. Vgl. Huber S. 7.

lagen, welche wenigstens theilweise auf dem dienenden Grunde (dem fremden Quellengebiete) sich befinden, außerdem nur durch das Verbot einer das Triebwerk benachtheiligenden Benutzung des oberen Eigenthümers (§. 1459 A. B. G. B.).[76]

3. Auf Grund der Enteignung. (Vgl. §§. 15. 16 R. W. G., dazu das Folg.)

Da die freie Verfügung über das Privatgewässer (§§. 354. 1459 G. B.) durch §. 11 W. G. nicht behindert und nur Schädigung des Nachbars verboten ist, so versteht es sich, daß der Eigenthümer des Gewässers dasselbe behalten und sohin dem Nachbar einen Vortheil, den er bisher bloß faktisch genossen, entziehen kann.[77] Künstliche Anlagen (opus manufactum) für den Abfluß der Gewässer braucht der untere Nachbar nicht zu dulden, sofern er nicht durch besondere privatrechtliche Titel hierzu verpflichtet ist.[78] Durch Privat-

---

76) Anlagen, welche nur auf dem unterhalb gelegenen Grunde sich befinden, genügen also zur Ersitzung nicht, — es wäre denn, daß zugleich dem Quellenbesitzer eine die Wasserbenutzung beeinträchtigende Verfügung mit Erfolg untersagt worden wäre. (§. 1459 G. B.; vgl. Seuff. Arch. 10. Nr. 261. 22. Nr. 11 und Neue F. II. Nr. 299.) Dies gilt namentlich in dem Falle, wenn die beiden Grundstücke durch andere Gründe oder öffentliche Wege von einander getrennt sind. Die Annahme des Gegentheils würde zu subversiver Beeinträchtigung fremden Eigenthums leicht die Handhabe bieten. (Vgl. Randa S. 80, N. 16.); ferner Stobbe §. 144, N. 12, 20. 21, welcher erwähnt, daß in der deutschen Praxis (Seuff. 19. Nr. 218) bisweilen der unvordenkliche Zustand des Wasserablaufs in einem künstlichen Graben geschützt wird, und ein ähnliches Weisthum der Magdeb. Schöffen citirt. Vgl. auch Peyrer S. 186 flg. und Pözl S. 115. Doch kann ich den von Peyrer S. 189 angeführten Erk. d. Ackerbauministeriums nicht durchwegs zustimmen, z. B. jenem in N. 2, dagegen richtig N. 4 und S. 190, N. 2.

77) So auch nach röm. R. L. 1. §. 2. 11. 21 D. de a. pluvia, 39. 3. Seuff. Arch. 21. Nr. 11. Hesse S. 236. Windscheid §. 473, Abs. 4. Ebenso nach franz. R. Art. 641, dazu Huber S. 7 flg. Von einem Besitz des Wasserleitungsrechtes auf Seite des unteren Nachbars kann hier nicht die Rede sein. Vgl. Randa, Besitz §. 28, und die oberstger. E. vom 30. Jan. 1877. Z. 9051, Právnik 1877, S. 450.

78) Dies wäre nach Umständen eine Immissio aquae, welche mit der a. negatoria abgewehrt werden könnte. Vgl. L. 1. §. 22. §. 23 D. de a. pluvia 39. 3. Windscheid a. a. O. Sammlung des Grundwassers durch künstliche Anlagen (z. B. Drains) behufs Zuleitung desselben zum Nachtheile des unteren Grundbesitzers ist daher nicht zulässig. Doch hat hier das verständige Ermessen der polit. Behörde einigen Spielraum. Vgl. Peyrer S. 184. 191 flg. Eine durch Naturereignisse eingetretene nachtheilige Änderung des Abflusses muß sich der Nachbar gefallen lassen. Eine Klage auf Gestattung der Wiederherstellung des früheren Zustandes ist nach österr. R. nicht zu begründen; nach röm. R. ist die Frage streitig. Für die billigere Ansicht Windscheid a. a. O., Note 9. Das sächs. G. B. §. 356 ent-

disposition der Interessenten oder durch Ersitzung können vom Gesetze (§. 11) abweichende Verhältnisse geschaffen werden.[79]

ad b. In Ansehung der in einem Bette fließenden Privatgewässer ist zu bemerken:

1. Ist die privatrechtliche Eigenschaft derselben sichergestellt, so werden in Ermangelung eines anderen nachgewiesenen Verhältnisses die beiderseitigen Uferbesitzer als Miteigenthümer derselben und zwar nach Maßgabe der Uferlänge eines jeden Grundstückes angesehen (§. 5 R. W. G.).[80] Dieselben haben in Ermangelung eines anderen nachweisbaren Rechtsverhältnisses „nach Länge ihres Uferbesitzes ein Recht auf die Benutzung der Hälfte der vorüberfließenden Wassermenge" (§, 14 R. W. G.).[81] Dieser Theilungsmodus der „Wassermenge" hat in dem Falle besondere Bedeutung, wenn die Hauptmasse des Wassers auf einer Seite des Flusses sich fortbewegt; außerdem — sowie in Rücksicht der übrigen Wassernutzungen — ist die durch die Mitte des Flusses (bei mittlerem Wasserstande) gezogene Linie als die Nutzungsgrenze der beiderseitigen Uferbesitzer anzusehen (Vgl. §§. 407. 854. 855 A. B. G. B.). Nach dieser Grenze bemessen sich

---

scheidet in letzterem Sinne. Den Naturereignissen ist gleichzustellen die auf zwingenden, öffentlichrechtlichen Gründen beruhende Herstellung von Straßengräben, Wasserkanälen u. s. f.

79) Vgl. auch Art. 37 bayer. W. G. und Pözl S. 115 flg. Insbesondere kann die Ersitzung einer Servitut in folgenden Fällen stattfinden: 1. wenn der Eigenthümer des oberen Grundstücks dem Wasserablauf auf das fremde Grundstück eine der natürlichen Lage (Abdachung) nicht entsprechende Richtung gegeben; oder 2. wenn der untere Grundbesitzer durch Anlagen den natürlichen Wasserzufluß hemmt, oder 3. wenn der Letztere die Fortdauer der Leitung des Wassers auf sein Grundstück als Servitut (serv. aquae pluviae non avertendae) in Anspruch nimmt. Im letzteren Falle werden solche Handlungen erfordert werden, welche den Besitz des Servitutsrechts begründen, z. B. Verbot der beabsichtigten Änderung des bestehenden Zustandes, entsprechende Auiagen auf fremdem Grunde. Vgl. die Motive des bayer. W. G. bei Pözl S. 115 flg. und Randa, Besitz §. 28; im Wesen übereinstimmend Peyrer S. 186 flg.

80) Das Gesetz erklärt dieselben „als Zugehör derjenigen Grundstücke, über oder zwischen welchen sie fließen". (§. 5. So auch §. 39 des bayer. W. G. B.) Diese Bezeichnung wäre besser unterblieben; weder der Begriff des Zugehörs im techn. Sinne (Pertinenz), noch jener im weiteren Sinne (Accession, s. §. 294 G. B.) trifft zu.

81) Durch diese Fassung (statt der des ursprünglichen Entwurfs: „so bildet die durch die Mitte des Baches . . . gezogene Linie die Grenze rc.") wollte man für alle Fälle die Benutzung der gleichen Wassermenge für Triebkraft und Bewässerung den beiderseitigen Uferbesitzern wahren. Vgl. Peyrer S. 195.

die den Flußeigenthümern im Einzelnen zustehenden, sofort näher zu bezeichnenden Rechte.

2. Der Eigenthümer des Privatflusses ist nicht etwa Eigenthümer der fließenden Welle (vgl. S. 60). Er kann dieselbe nur benutzen und auch selbst diese Benutzung ist durch die Rechte der übrigen Wasserberechtigten, sowie durch die aus dem Zusammenhange und der Unentbehrlichkeit des Wassers hervorgehenden öffentlichen Rücksichten gesetzlich beschränkt; namentlich darf durch seine Benutzung keine das Recht eines Anderen (insbesondere also auch nicht den von öffentlichen Plätzen her zustehenden Gemeingebrauch des fließenden Wassers, §. 16 L. W. G.) beeinträchtigende Verunreinigung des Wassers, kein Rückstau und keine Überschwemmung oder Versumpfung fremder Grundstücke verursacht werden (§. 10 R. W. G.). Keinesfalls darf der Privateigenthümer das fließende Gewässer ganz verbrauchen. Denn nur die Benutzung — unbeschadet der eben bezeichneten Rechte Dritter — gestattet ihm das Gesetz[82] (§. 17 L. W. G.). Darum verordnet auch das Gesetz (§. 12 R. W. G.), daß das vom Eigenthümer des Grundstückes aus einem Privatgewässer abgeleitete und unverbrauchte Wasser, bevor es ein fremdes Grnndstück berührt, in das ursprüngliche Bett zurückzuleiten ist.[83]

---

82) Während nämlich der erste Absatz des §. 10 R. W. G. dem Eigenthümer des (sc. geschlossenen) Privatgewässers das Recht zugesteht, dasselbe „für sich und für Andere nach Belieben zu gebrauchen und zu verbrauchen", beschränkt der zweite Absatz desselben das Recht des Eigenthümers fließender Gewässer auf „die Benutzung" des Gewässers. Diesen in der Natur der Sache gelegenen Unterschied hält auch das bayer. W. B. G. (Art. 39. 54) fest, wiewohl dieses von „Zubehör der Grundstücke" und „Eigenthum" spricht. Vgl. Pözl S. 118 flg., 145 flg., Roth §. 291. — Für das preuß. Rechi ist diese Frage streitig; das preuß. Wassergeſ. v. 28. Februar 1843 (§. 1. 13) schließt den gänzlichen Verbrauch nicht geradezu aus; vgl. aber Dernburg §. 253, N. 11.

83) Eine Abweichung hiervon läßt das Gesetz (§. 12 cit.) nur dann zu, wenn durch eine andere Ableitung den übrigen Wasserberechtigten kein Nachtheil zugefügt wird. Vereinigen sich mehrere Ufereigenthümer zu einer gemeinschaftlichen Leitung des Wassers, so haben sie insgesammt dieselbe Verpflichtung zur Rückleitung desselben; doch werden ihre Grundstücke in dieser Beziehung als ein ganzes behandelt. (§. 13 W. G.) Das Ableitungsrecht setzt allerdings voraus, daß beide Ufer dem Ableitenden gehören, da jeder Uferbesitzer das Rechi „auf die Hälfte der Wassermenge" besitzt. (§. 14.) Übrigens hat dieses Recht in der preußischen Praxis zu großen Mißständen Anlaß gegeben. (S. Baumert S. 40 flg.) Nach österr. R. (§. 17. 2 A. böhm. 16, 2 A. d. übr. L. W. G.) wird eine solche Ableitung in der Regel nicht ohne Genehmigung der Verwaltungsbehörde erfolgen dürfen, welche er-

Die Benutzung der fließenden Gewässer kann geschehen: durch Schöpfen, durch Zuleitung, bez. Benutzung der chemischen Eigenschaften des Wassers zu wirthschaftlichen Zwecken,[84] durch Benutzung des Gefälls für Wasserkommunikation[85] und für Triebwerke,[86] durch Ausübung der Fischerei, soweit diese nicht zufolge besonderer Rechtstitel anderen Personen zusteht[87] u. s. f., durchweg jedoch unter Einhaltung derjenigen polizeilichen Normen, welche für die Ausübung dieser Rechte im öffentlichen Interesse in den Wasser-, Fischerei- oder anderen Gesetzen festgestellt sind. (§§. 16—18. 98 L. W. G.) Insbesondere ist zur Errichtung von Wasseranlagen jeder Art, namentlich von Triebwerken und Stauanlagen, dann die Bewilligung der Verwaltungsbehörde erforderlich, wenn durch dieselben auf den Lauf, das Gefälle oder die Höhe des Wassers in öffentlichen Gewässern oder auf fremde Rechte, namentlich anf bereits (gesetzmäßig) bestehende Wasserwerke (Mühlen, Wehranlagen, Wasserzuleitungen für landwirthschaftliche oder gewerbliche Anlagen u. s. f.) eine Einwirkung entsteht. (§§. 17. Abs. 2 und 18 böhm., 16 und 17 der übr. L. W. G.) Da bei dem Zusammmenhange der fließenden Gewässer und bei dem rechtlichen Bestande zahlreicher Wasserwerke flußauf- und flußabwärts eine solche Einwirkung fast bei jedem Trieb- oder sonstigen Wasserwerke eintreten kann, wird die behördliche Konzession bei dergleichen Anlagen auch in Privatflüssen die Regel bilden und wird hierbei die Behörde nach den oben auf S. 84 flg. angeführ-

---

worbene Rechte Dritter zu schützen wissen wird. (Anders nach d. preuß. W. G. v. 1843, §. 13.)

84) Insbesondere ist die Verwendung des Gewässers für die Zwecke der Landwirthschaft und Fabrikation: als da Bewässerung, Flachsröften, Bleichen, Waschen, zulässig, — doch immer nur soweit, als dadurch das abfließende Gewässer nicht in schädlicher Weise verunreinigt wird (§. 10. Abs. 3 R. W. G.). Dazu Peyrer S. 210 flg., 223 flg.

85) Der gewerbsmäßige Betrieb der Überfuhr bedarf der polizeilichen Genehmigung (§. 7 R. W. G.); desgleichen die Holztrift (Bringung des Holzes im ungebundenen Zustande. §§. 24 und 26 Forstges. v. 3. Dezember 1852, R. G. Bl. Z. 250): ebenso die Anlage von Brücken. S. Peyrer S. 215 flg.

86) Vgl. §. 18 L. W. G., dazu §. 94 dess. Gesetzes.

87) Vgl. §§. 10. 17 Abs. 2 und 102 L. W. G. Bei Abgang solcher besonderer Gerechtigkeiten wird der sogenannte Flußeigenthümer auch zur Fischerei (selbst Perlfischerei) berechtigt sein. Fischereiberechtigten steht gegen die Ausübung anderer Wasserbenutzungsrechte nicht das Rechi des Widerspruches, sondern bloß der Anspruch auf angemessene Schadloshaltung zu. (§. 19 R. W. G.) Dazu s. N. 58a.

ten Grundsätzen vorzugehen haben.[88] Gleichgültig ist, ob die Anlage eine dauernde oder vorübergehende ist.[89]

Daß übrigens die gewöhnliche (gemeine) Benutzung des fließenden Wassers auch in Privatflüssen mit Benutzung der erlaubten Zugänge (z. B. öffentlicher Plätze, Brücken u. s. f.) Jedermann zusteht, versteht sich nach der Natur der fließenden Wasserwelle von selbst und ist überdies in §. 10 L. W. G. für Böhmen ausdrücklich erklärt.[90]

3. Das Eigenthum am Flußbette äußert sich in dem Rechte des Flußeigenthümers auf die Gewinnung von Wasserpflanzen, Schlamm, Sand, Steinen, Eis u. s. f.;[91] ferner in dem Rechte desselben auf die in dem Privatflusse entstehende Insel, bez. auf das trockengelegte Flußbett. (Arg. §§. 404. 408. 854 B. G. B.) — Sind die beiderseitigen Uferbesitzer als Flußeigenthümer anzusehen, so erwerben diejenigen Uferbesitzer, auf deren Seite sich die Insel gebildet hat, das Eigenthum derselben nach Maß der Länge ihrer Grundstücke (Arg. §. 5. 14 L. W. G., vgl. Aual. d. §. 407 und 408 A. B. G. B.); entsteht die Insel in der Mitte des Flusses, so fällt das Eigenthum beiden Ufereigenthümern nach Maß der Länge ihrer Grundstücke zu. (Arg. §§. 5. 14 L. W. G., Aual. d. 407 cit. u. §§. 855. 856 G. B.)[92]

---

88) Nach preuß. Recht ist die behördliche Intervention zwar nicht geboten, aber wegen der damit verbundenen Vortheile zweckmäßig. Vgl. Dernburg S. 253. — Das bayer. W. G. Art. 52. 58. 60. 61. 73 stimmt im Wesen mit dem österr. Recht überein. Vgl. Pözl S. 206, Roth §. 291. S. 171. Die von Baumert S. 95. 101 getadelte Bestimmung des §. 63 bayer. W. B. G. enthält m. E. nur eine billige Berücksichtigung der landwirthschaftlichen Interessen.

89) Vgl. Peyrer S. 209 flg., woselbst auch eine reiche Kasuistik angeführt erscheint.

90) Vgl. auch Art. 53 bayer. W. B. G. und für das preuß. Recht Dernburg §. 253, N. 14, während Roth §. 280, N. 50, §. 291, N. 1, unter Berufung auf §. 39 bayer. W. B. G. den Fluß selbst (auch die Wasserwelle mit dem Gefälle) als Objekt des Privatrechts betrachtet. Allein die ungenaue Fassung des Art. 39 ist gemäß Art. 53 (cf. 54. 58. 61) richtig zu stellen. S. auch Stobbe §. 144, N. 9, 24. — Bei Feuersgefahr ist die Ortspolizeibehörde befugt, wegen zeitweiser Benutzung von Privat- und öffentlichen Gewässern die im öffentlichen Interesse gebotenen Verfügungen zu treffen. (§. 35 L. W. G.)

91) Vgl. §§. 10. 16. 17 L. W. G. im Vergleiche mit dem §. 15 dess. Gesetzes. S. auch Stobbe §. 144, N. 10.

92) Es ist zweifelhaft, ob die in einem Privatfluß entstehende Insel dem Flußeigenthümer, insbesondere den Uferbesitzern — als Zuwachs — von Rechtswegen zufällt, oder ob dieselben das Eigenthum daran erst durch Zueignung erwerben. Für jene Ansicht spricht der Umstand, daß der Privatfluß im Zweifel als

Als Mitte ist die durch die Mitte des Flusses bei normalem Wasserstande gezogene Linie anzusehen.[93] — Ist der Fluß ein öffentliches (nur nicht schiffbares) Gewässer, so sind die anliegenden Uferbesitzer nach §. 407 bloß berechtigt, sich die in demselben entstandene Insel nach den eben angegebenen Grundsätzen zuzueignen.

Was von der entstandenen Insel bemerkt wurde, gilt auch von dem trockengelegten Flußbette §. 410 A. B. G. B.), allerdings mit der Maßgabe des §. 48 L. W. G., der zufolge der bei künstlichen Regulirungen gewonnene Grund und Boden demjenigen zufällt, welcher die Kosten der Unternehmung trägt.[94]

4. Der „Eigenthümer der Anlage" ist zur Erhaltung und Räumung (Reinigung) der Kanäle und künstlichen Gerinne verpflichtet, vorbehaltlich rechtsgültiger Verpflichtung Dritter. (§. 44 böhm., 41 niederösterr.. 39 steierm., 40 buk., 43 der übrigen L. W. G.) Bei (natürlichen) Flüssen und Bächen hingegen sind gesetzlich die Anrainer (Eigenthümer der Ufergründe und Uferanlagen) verhältnißmäßig verpflichtet, die zum Schutz der Ufer, Gebäude und sonstigen Anlagen nöthigen Maßregeln — nach Umständen insbesondere die Räumung des Flußbettes auszuführen und entstandene Wasserschäden zu beseitigen. (§. 45 böhm., 42 niederösterr, 40 steierm., 41 buk., 26 krain. W. G.)[95] — Zur Instandhaltung der „Anlage" selbst (z. B. des Triebwerkes) sowie der Pertinenzen derselben (Wehren,

„Zugehör" (im weiteren Sinne des §. 294 A. B. G. B.), daher das Flußbett als Fortsetzung der Ufergrundstücke angesehen wird, somii eine Okkupation des über das Wasserniveau sich erhebenden Theils des Flußbettes unnöthig erscheint. — Anders freilich, wenn der (nicht schiffbare) Fluß, in welchem die Insel entsteht, weder den Uferbesitzern noch Dritten gehört. (Dies wird die Regel bilden.) Hier wird das Eigenthum derselben gemäß der unzweideutigen Norm des §. 407 G. B. allerdings erst durch Zueignung erworben. Vgl. Zrodlowski, Civilr. Untersuch. S. 148. — Auf den Schatz, der im Flußbett gefunden wird, hat der Flußeigenthümer wie jeder Grundbesitzer Anspruch. Vgl. auch Dernburg §. 252, N. 4.

93) Arg. §. 107 G. B., dazu L. 30, §. 2. D. 41. 1, auch Stubenrauch I. S. 525 und Zrodlowski a. O. S. 131 gegen Winiwarter II. S. 178 und Nippel III. S. 315. — Abweichend §§. 258. 249. I. 9 d. preuß. L. R.

94) Die Alluvion und Avulsion richtet sich nach der allgemeinen Regel des A. B. G. B. Daß die Normen des B. G. B. über Inselerwerb und Alluvion nicht auf einem einheitlichen Prinzip beruhen, ist inkonsequent, zumal wenn man erwägt, daß Ufer und Bett in einander übergehen, und daß die Alluvion eine fast ständige Veränderung des Flußbettes und Ufers mit sich bringt.

95) Eigenthümer der „Anlage" kann sein der Eigenthümer des Grundes, der Servitutsberechtigte, event. der Bestandnehmer eines Wasserwerkes 2c. — Nach Art. 47 bayer. W. G. ist die Reinigung des künstlichen oder natürlichen Flußbetts eine

Dämme, Dammschleußen, Ufermauern ꝛc.) ist selbstverständlich nur der Eigenthümer derselben berechtigt, bez. verbunden.[96] Kann der Eigenthümer der Anlage nicht sichergestellt werden, so liegt diese Verpflichtung Denjenigen ob, welche die Anlage benutzen, und zwar nach Verhältniß der benutzten Wassermenge. (§. 44 cit.) — Dies ist in Übereinstimmung mit den Bestimmungen des A. B. G. B. über die Ausübung der Servituten (§§. 483. 487—490. 491. 497), denen zufolge der Servitutsberechtigte die zur Wasserleitung dienenden, auf fremdem Grunde befindlichen Gräben und Kanäle in ordentlichem Zustande erhalten, reinigen und nach Bedarf decken muß.[97] Wird die Wasseranlage zugleich vom Besitzer des dienenden Grundes benutzt, so hat dieser nach Verhältniß des gezogenen Nutzens zur Erhaltung und Reinigung beizutragen und nur durch Abtretung oder Dereliktion des zur Wasseranlage erforderlichen Grundes kann er sich dieser Verpflichtung entledigen. (§. 483. — In Bezug auf die Befestigung der Flußufer gilt die allgemeine Regel des §. 413 A. B. G. B. und §. 43 L. W. G.[98] — Maßregeln zum Schutze der Ufergrundstücke (bez. Gebäude) sind — soweit nicht besondere Verpflichtungen bestehen — zunächst eine Angelegenheit Derjenigen, denen die Liegenschaft gehört. (§. 45 böhm., 40 steierm., 42 niederösterr., 44 d. übr. L. W. G.) Im Übrigen unterliegen alle Anlagen zur Benutzung, Leitung und Abwehr der Gewässer der polizeilichen Aufsicht. (§. 98 L. W. G., dazu 93 niederösterr., 90 steierm., 97 d. and. L. W. G.)

---

gemeinschaftliche Last der Ufereigenthümer und der Besitzer der Triebwerke und Wasserleitungen. Dazu s. Pözl S. 127 flg., Randa, W. R. §. 5.

96) Demgemäß entschied auch das Ackerb. Minist., daß dem Eigenthümer der unteren Mühle und anderer Triebwerke die Räumung von Kanälen und Bächen soweit obliegt, als der Rückstau reicht. So auch Art. 47 d. bayer. W. B. G. Ob das Gewässer ein öffentliches oder privates ist, macht im Falle der §§. 44 u. 45 43. 44) böhm. L. W. G. keinen Unterschied. Vgl. Peyrer S. 369. 370. Das Wort „Anlage" wird im §. 44 (43) im Vor- und Nachsatze des 1. Absatzes im verschiedenen Sinne genommen, dort als Mittel, hier als Mittel und Zweckobjekt bei Benutzung des Gewässers.

97) Selbstverständlich muß also der Anlieger die Betretung seines Grundes behufs Reinigung des Gewässers und Fortschaffung des Aushubs gestatten. (Vgl. auch Art. 679 flg. Code civ.; und bezüglich der natürlich fließenden Gewässer die analoge Bestimmung der Art. 61. 79 bad. W. G., dazu Schenkel S. 103. 158 flg.) Der den Mühlengraben reinigende Müller ist nicht verpflichtet, den Schlamm wegzuschaffen, soll ihn aber auf beiden Ufern unschädlich ablagern. Zeitschr. f. Verwalt. 1872, Nr. 9.

98) Ähnlich §. 47 des bayer. W. B. G.

Unter gewissen Voraussetzungen (§§. 15 und 19 R. W. G.) können Privatgewässer jeder Art aus volkswirthschaftlichen Gründen expropriirt werden, wovon später zu handeln ist.

So sehen wir denn, daß das sogenannte „Flußeigenthum“ (vorbehaltlich besonderer Privatrechte Dritter) nachstehende Wassernutzungsrechte begreift:

1. Die gemeine (gewöhnliche) Wasserbenutzung. (§§. 15. 16 L. W. G.)

2. Das Recht auf die entstandenen Inseln und das ausgetrocknete Flußbett. §§. 404. 408 A. B. G. B., vergl. §§. 10. 17. 18 L. W. G.)

3. Das Recht auf Gewinnung von Sand, Steinen, Schilf, Eis u. s. f. (§§. 10. 17. 18 L. W. G.)

4. Das Fischereirecht mit Einschluß der Perlfischerei (vgl. §§. 10. 15. 17. 18. 21 L. W. G.)

5. Das Recht der Wasserzuleitung zu landwirthschaftlichen oder gewerblichen Zwecken. (§§. 12—14 L. W. G.)

6. Das Recht auf Benutzung des Wassergefälls (der Triebkraft). (§§. 17. 18 L. W. G.)

7. Das Recht zur Holztrift. (§§. 17. 18 L. W. G.)

Allerdings ist die Ausübung dieser Rechte der allgemeinen polizeilichen Überwachung des Staates aus Gründen des öffentlichen Interesses unterworfen (§. 98 L. W. G.), und ist überdies zu einzelnen Benutzungsarten (Z. 5—7) sogar regelmäßig die behördliche Bewilligung erforderlich. (§§. 16. 17. 42 L. W. G.) Vgl. Pražák, Wasserr. Komp. §§. 1. 3.

Haben aber diese Benutzungsrechte in der That den Charakter der Ausschließlichkeit, so daß der Flußeigenthümer Anderen die gleichartige Benutzung verwehren könnte? Kann sohin von einem „Eigenthum“ an sogenannten Privatflüssen die Rede sein? Die Antwort liegt auf der Haud.

Nur die unter Zahl 2. 3 und 4 genannten Nutzungsrechte haben diesen Charakter, — nicht auch die übrigen. Und gerade diese Rechte erscheinen recht eigentlich nicht als Benutzungsweisen des Wassers, sondern vielmehr als Ausflüsse des Eigenthums an Grund und Boden bez. als Berechtigung zur Gewinnung gewisser fester, organischer oder unorganischer Gebilde, welche am Flußgrunde oder im Wasser existiren und mit diesem in keinem nothwendigeren Zusammenhange stehen als etwa die Mineral-, Pflanzen- und Thierwelt des Festlandes mit diesem und mit der sie umgebenden Luft![99] Sie können daher als Rechte auf die Nebennutzungen der Gewässer bezeichnet werden. — Was die übrigen, wahren Benutzungsweisen des Wassers betrifft, so ist zu bemerken: Die gemeine Benutzung des Wassers (Zahl 1) steht auch bei Privatflüssen von erlaubten Zugängen her Jedermann zu (§. 16 böhm. L. W. G.).[100] Das Recht zur Holztrift (Zahl 7) in Privatgewässern kann die Verwaltungsbehörde, wenn dies zur Bringung des Holzes unumgänglich nöthig ist, Jedermann gegen Entschädigung gewähren. (§. 26 Forstges. vom 3. Dezember 1852. Z. 250 R. G. B.)[101] Was endlich das Recht zur Wasserleitung und zur Benutzung des Wassergefälls betrifft (Zahl 5 und 6), so kann die Verwaltungsbehörde, auch wenn die Erfordernisse der Enteignung nach §. 365 A. B. G. B. nicht vorliegen, verfügen, daß der Eigenthümer des fließenden Gewässers, insoweit er es nicht benöthigt und innerhalb einer angemessenen, zu bestimmenden Frist nicht benutzt, dasselbe[102] Anderen, die es nutzbringend verwenden, gegen angemessene Entschädigung abtreten soll (§. 15 R. W. G., §. 28 L. W. G.). Das Recht des Flußeigenthümers zur Ausbeutung der chemischen und mechanischen Kräfte des fließenden Gewässers (Zahl 5 und 6) löst sich daher im Grunde in ein bloßes Vorzugsrecht zu dieser Benutzungsart des fließenden Gewässers auf.

Hieraus ergiebt sich nun, daß in Wirklichkeit lediglich die Fischereigerechtigkeit und die Rechte auf andere Nebennutzungen des Gewässers (Z. 2—4) den wesentlichen Charakter des Eigenthumsrechtes (im weit. Sinn): nämlich den der Ausschließlichkeit der rechtlichen Macht (§. 354 A. B. G. B.) an sich tragen, während alle übrigen Benutzungsrechte — also die eigentlichen „Wasserrechte" (Z. 1. 5. 6. 7.)

99) Zu weit aber geht die Behauptung Jičinský's S. 271—275, daß die unter Z. 2—5 genannten Rechte gar nicht ins Wasserrecht gehören. Denn dieselben erscheinen doch ebensogut als Konsequenzen des Flußeigenthums, als etwa das Jagdrecht als Ausfluß des Grundeigenthums.

100) Vgl. auch Seuff. Arch. 31 B. Nr. 107. Außer dem böhm. L. W. G. enthält kein anderes diese an sich einleuchtende Bestimmung.

101) Daß der Fischereiberechtigte dagegen kein Einspruchsrecht hat, bestimmt ausdrücklich der §. 19 des R. W. G.

102) Das Gesetz spricht ungenau von der Überlassung des „Gewässers", statt von der Überlassung des Benutzungsrechtes daran.

— dieses charakteristischen Momentes entbehren und in der Hauptsache zu einem (Dritten nicht präjudizirlichen) Benutzungsrechte des fließenden Gewässers einschrumpfen, einem Benutzungsrechte, welches sachlich kaum besonders wesentlich über die Grenzen des Gemeingebrauchs (usus publicus) hinausgeht![103] Und so hebt denn die Gesetzgebung selbst das „Eigenthum" an Bächen und Flüssen, welches sie in den §§. 5. 10 (Abs. 1 und 2); 12—15 des R. W. G. vorerst theoretisch anerkannt, in den §§. 10 (Abs. 3.), 12. 15 und 19 R. W. G. und den §§. 16—19 flg., §. 42 flg. und §. 94 der L. W. G. in allen praktisch wesentlichen Konsequenzen wieder auf und kehrt thatsächlich — mit geringen Modifikationen[104] — zu dem natürlichen, dem öffentlichen Interesse einzig entsprechenden Grundsatze des römischen Rechtes zurück: „Flumina omnia sunt publica!"[105]

---

103) Da im Zweifel die Uferbesitzer als Eigenthümer des Privatflusses anzusehen sind (§. 5 R. W. G.), so wird damit im Grunde nur ein schon auf faktischen Gründen beruhendes, vorzugsweises Benutzungsrecht der Ufereigenthümer als „Eigenthum am fließenden Wasser" getauft. Vgl. Gerber §. 61, N. 3.

104) Durch diesen Vorbehalt entfällt wohl jede Einwendung (Krasnopolski, Mittheil. d. d. Jur. V. 1878. S. 42) gegen die nur scheinbar zu allgemeine — weil prinzipielle — Fassung des ausgesprochenen Gedankens.

105) Vgl. dazu Jičínský S. 30. 301 flg. Stein, Verwalt. S. 323. 324 flg., 327. 329. Kißling S. 36, Pražák S. 106, auch Burckhard Syst. §. 72, und bes. Lemayer a. a. O., Nr. 44, welcher mit Energie für diesen Grundsatz eintritt. Die beiden Ersteren lassen übrigens dem römischen Recht unverdienten Tadel zugehen. Eigenthümliches Licht auf die Entstehungsgeschichte des österr. R. W. G. wirft die Bemerkung des Berichtes des Abgeordn. Hauses: „So sehr man auch auf der einen Seite das größte Gewicht darauf legte, daß klar und bestimmt ausgesprochen werde, daß das fließende Wasser an sich ein öffentliches Gut sei, .. so glaubte man doch die Aufnahme eines so präzisen Satzes vermeiden zu sollen, um nicht mit dem Begriffe (?) eines Privatgewässers und mit einzelnen Landesgesetzgebungen (?) in Konflikt zu gerathen." (?) Prot. S. 5851. M. E. würde ein Vorbehalt im Sinne des §. 102 des böhm. L. W. G. (Art. II. der anderen L. G.) die entgegenstehenden, grundlosen Bedenken gegen die Aufstellung und konsequente Durchführung jenes Prinzips am besten zerstreut haben. — Daß auch die Annahme eines „Miteigenthums aller Uferanlieger" (angeblich deutschrechtliche Auffassung) weder juristisch noch volkswirthschaftlich zu einem befriedigenden Resultate führt, heben auch Lemayer S. 174 und Stein a. a. O. richtig hervor. S. dag. auch Baumert S. 95. 232 flg. — So darf es denn nicht überraschen, daß diejenigen Schriftsteller, welche „Privateigenthum" an fließenden Gewässern anerkennen, schließlich zu der Behauptung gelangen, daß die Grundsätze, welche für öffentliche Flüsse gelten, unmittelbar oder analog auch auf fließende Privatgewässer anzuwenden sind. Vgl. Endemann S. 55 flg., 59 und selbst Glaß S. 117 flg., welcher Letztere zwar am „Eigenthum" an Privatflüssen aus Achtung vor den bestehenden (?) Rechten festhalten zu müssen glaubt, aber schließlich den folgenden, den Begriff des Eigenthums wieder

Will man die Gesammtheit der oben gedachten, an einem Privatflusse rechtlich möglichen Befugnisse der Kürze halber „Flußeigenthum" nennen, so ist gegen diese Kollektivbezeichnung allerdings Nichts einzuwenden; doch darf dabei nicht übersehen werden, daß sich hier der Eigenthumsbegriff nach der besonderen Beschaffenheit des Gegenstandes wesentlich modifizirt, da derselbe nur das Eigenthum am Flußbette,[106] das ausschließliche Recht auf gewisse Nebennutzungen des Gewässers und das vorzugsweise Recht auf die Benutzung des Wassers selbst begreift.

Über die schwierige Kompetenzfrage in Wasserrechtssachen vgl. Randa, W. R. §. 10. (3. A.) u. neuest. Pražák, Wasserrechtliche Komp.-Fragen (1892).

§. 5. Beschränkungen der Ausübung des Eigenthumsrechtes.[1]

Kraft des Eigenthumsrechtes kann der Eigenthümer über seine Sache in der Regel willkürlich verfügen; er kann dieselbe nach Be-

---

aufhebenden Grundsatz aufstellt: „Das E. an Privatflüssen ist ein durch die Gemeinschaft sämmtlicher Anlieger durch die Grenze des eigenen Bedarfs beschränktes."

106) Noch weiter geht Dernburg §. 251, welcher das Recht des Staates und der Privaten am Flußbett selbst nach röm. Recht dem Eigenthumsgebiet unterordnen will. — Es ist schon früher (s. Note 28) hervorgehoben worden, daß auch noch die letzte Regierungsvorlage v. J. 1869 überall vom „Eigenthümer des Gewässers", dagegen das Elaborat des Abgeordnetenhauses von „demjenigen, dem das Wasser gehört", spricht; dennoch blieb der erstere Ausdruck im §. 10, Abs. 3, §. 29. 44 L. W. G. — Daß es richtiger gewesen wäre, bei fließenden Gewässern überhaupt den Gesichtspunkt der Öffentlichkeit grundsätzlich auszusprechen und denselben nicht bloß durch Hinterpförtchen einzuführen, wird kaum zu bestreiten sein. Vgl. besonders Lemayer a. a. O. Nr. 44.

1) Vgl. Bekker, Jahrb. f. gem. R. V. 10, Jhering, Jahrb. f. Dogm. VI. 2, Hesse, ebenda VI. 9, Hoffmann, Arch. f. prakt. Rechtswiss. N. F. I. S. 241 flg., Pagenstecher I. S. 99 flg., Vangerow I. §. 297—300. Böcking §. 140, Windscheid §. 169, Brinz §. 134, Dernburg §§. 217 flg., Roth §§. 121 flg., Gareis, Grundr. d. deutsch. B. R. §§. 65 flg., Baron §§. 126. 127: für das deutsche Recht bes. Stobbe §§. 85 flg. — für das österr. R. Mages, G. Z. 1871 Nr. 9 flg. (eine dankenswerthe Monographie), Pražák, Recht der Enteignung S. 21 flg. M. E. ist es nicht ganz zutreffend, wenn man die aus den gesetzlichen Eigenthumsbeschränkungen fließenden Berechtigungen Dritter als dingliche (Brinz a. O., Dernburg S. 471) oder schlechthin als obligatorische bezeichnet, bez. dieselben zum Theile dieser, zum Theile jener Kategorie der Privatrechte einreiht. (So Windscheid §. 169.) Die Berechtigungen haben (soweit sie nicht gesetzliche Servituten sind, s. Note 6) den Charakter eines obligatorischen Realanspruches gegen jeden Besitzer des Grundes auf Duldung, bez. Unterlassung. (In gewisser Beziehung kommt diesem Gedanken nahe Bekker, a. O. V. S. 190 flg. 200 flg. und Aktionen I. 245. II. S. 364 flg.) Vgl. dazu Jhering, Jahrb. X. S. 554. In

lieben benutzen oder unbenutzt lassen oder sogar vertilgen; er kann sie ganz oder zum Teil auf Andere übertragen, oder mit dinglichen Rechten zu Gunsten Dritter belasten (§. 362. 363 G. B.). Dennoch hat auch die Ausübung des Eigenthums gewisse Grenzen; denn die schrankenlose Ausbeutung desselben vertrüge sich weder mit dem ethischen Charakter des Gemeinwesens, dem der Eigenthümer die Anerkennung und den Schutz seines Rechtes dankt, noch auch mit den allgemeinen wirthschaftlichen und sozialen Interessen, welche der Staat als oberster Hüter des Gemeinwohls zu schützen und zu fördern berufen ist. Abgesehen davon, daß bei Ausübung desselben in die fremde private Rechtssphäre nicht eingegriffen werden darf,[2] ist der Eigenthümer auch gewissen Beschränkungen unterworfen, welche die

---

ähnlicher Weise bezeichnet Hartmann, Die Obligation S. 141. 145, die Verpflichtungen aus dem Nachbarrecht mindestens als „Grenzfälle" der Obligation. — Jedenfalls erscheinen dieselben als Beschränkungen der Ausübung des Eigenthums. Sie tragen ferner durchwegs den Stempel einer — mehr oder weniger — im allgemeinen Interesse getroffenen, wenn auch zunächst einzelnen Privaten zu Gute kommenden gesetzlichen Vorkehrung. Vergl. Pražák S. 21. Zumeist sind sie der privatrechtliche Ausdruck der unabweisbaren Postulate der Volkswirthschaft, — die Kehrseite öffentlichrechtlicher Vorkehrungen. Der aus dem publizistischen Interesse folgeweise reflektirende, obligatorische, gegen jeden Besitzer wirksame, wenn auch zunächst dem Sonderinteresse Einzelner dienende Zwang bildet das charakteristische Moment der sogenannten Legalservituten. Aus dem ersteren Umstande erklärt es sich, daß das heutige Recht (anders als das Röm.) dem Nachbarn zur Geltendmachung der gesetzlichen E.-Beschränkungen nicht immer eine Privatklage gewährt, vielmehr den Schutz seines Interesses der Administrativbehörde zuweist. (Vgl. Nr. 1—9, dazu §. 6 gegen Ende. Nur im Falle 9 findet eine Civilklage statt, ohne indeß das Einschreiten der Administrativbehörden schlechthin auszuschließen. Auch kann von einer Erlöschung des Anspruchs durch Nonusus nicht die Rede sein).) Hier zeigt sich zugleich in eminenter Weise, daß das Eigenthum — obwohl ein Institut des Privatrechts — dennoch nach verschiedenen Seiten in den Kreis des öffentlichen Rechts gezogen und von diesem beherrscht wird. Vgl. Pfaff-Hofmann I. S. 120. N. 80. S. 125, Rößler, Grünh. Zeitschr. IV. S. 278, N. 73, Baron §. 126, Brinz, P. (2. A.) S. 221, bes. Ihering, Zweck im R. S. 506 flg., der mit Recht darauf aufmerksam macht, daß schon das R. R. den publizistischen Charakter zahlreicher Beschränkungen des Eigenthums betonte.

2) So z. B. darf der Eigenthümer Nichts vornehmen, wodurch er die Rechte des Servitutsberechtigten oder Pfandgläubigers beeinträchtigen würde. Sofern er aber in die fremde Rechtssphäre nicht hinübergreift, kann er seine volle rechtliche Herrschaft über die Sache geltend machen, selbst wenn hieraus für Dritte ein Nachtheil erwachsen würde. So z. B. kann der Grundbesitzer ohne Verantwortung auf seinem Grund und Boden einen Brunnen graben, selbst wenn in Folge dessen des Nachbars Quellen versiegen würden (§. 1305 G. B.). So ausdrücklich Nr. 352. 353 sächs. G. B. und §. 130 I. 8 preuß. G. B. — anders aber nach §. 611. 612, zürich. G. B., soweit es sich um das „nöthige Wasser" handelt. Vgl. S. 76 flg.

Gesetzgebung sicherlich aus Rücksichten des Gemeinwohles, wenn auch zugleich zur Förderung des Sonderinteresses — insbesondere in Hinsicht auf nachbarliche Verhältnisse — zu treffen für gut findet.[3] Es sind die gesetzlichen Beschränkungen, welche dem Eigenthümer die Verpflichtung auferlegen, etwas zu dulden oder zu unterlassen, was er außerdem nicht dulden oder unterlassen müßte. Diese Beschränkungen pflegt man in wenig zutreffender Weise „Legalservituten" zu nennen und häufig, soweit sie zu Gunsten der Nachbargrundstücke bestehen,[4] unter dem Namen: „Nachbarrecht" als einheitliches Rechtsgebilde zu behandeln.[5] Daß hierbei eine Entschädigung des Eigenthümers nicht statt hat, ergiebt sich aus der Natur der Sache; es sind dies Opfer, für die ihm die Vortheile des geregelten staatlichen Verbandes vollauf Vergütung gewähren.[6] Die wichtigsten derselben sind folgende:

---

3) Zum großen Theil beruhen diese Beschränkungen auf der verständigen Tendenz, den wechselseitigen Bedürfnissen der Grundnachbarn Rechnung zu tragen, besonders die Privatinteressen der wirthschaftlichen Kreise zu fördern und in Kollisionsfällen in billiger Weise auszugleichen. Vgl. Stobbe II. §. 83. II. Brinz S. 483, Pražák S. 21 flg., Mages a. O. Immer muß jedoch die Förderung des Sonderinteresses der Einzelnen der nächste Zweck der zugleich im allgemeinen Interesse getroffenen Vorkehrungen sein. Es ist daher wohl kaum zu billigen, wenn manche Schriftsteller die Legalservituten für (bloß) im polizeilichen Interesse getroffene Beschränkungen erklären. So Mages a. O. und Rösler I. §. 185, 189. Aus diesem Grunde haben die Beschränkungen des Eigenthümers in Ansehung von Bauführungen und ungewöhnlich belästigenden Betriebsanlagen nach österr. Rechte nicht den Charakter von Legalservituten. Vgl. den Schinß des §. Ebenso wenig zutreffend ist es, wenn Andere (s. Förster §. 170) den publizistischen Charakter der Legalservituten völlig in Abrede stellen; die von Förster selbst unter Z. 1. 7. 9 angeführten Fälle weisen denselben sogar in hervorragender Weise auf.

4) Stobbe §§. 85 flg., Förster §. 170 u. A. unterscheiden in der Darstellung nicht unzweckmäßig Beschränkungen, welche ein Dulden und welche ein Unterlassen zum Gegenstande haben; mitunter ist die Scheidung allerdings schwierig, z. B. bezüglich der Vorfluth, des Überhangs. Die bei Förster §. 170, Z. 5 und 10 genannten Fälle gehören wohl nicht dahin. Fall 15 enthält eine positive Pflicht. Roth §§. 121—128 unterscheidet: Beschränkungen der Veräußerung, der Theilung, des Gebrauchs und des Verbietungsrechts.

5) Vgl. besonders G. A. Hesse: Die Rechtsverhältnisse zwischen Grundstücks-Nachbarn, bes. §. 108—120 über Nachbarrecht (2. Aufl. 1880); dazu vgl. die Literaturangabe in N. 1 — für das österr. R. namentlich Mages a. a. O., für das preuß. R. Förster §. 170 flg. und Dernburg §§. 220—221.

6) Der Unterschied derselben von den Servituten besteht darin, daß bei den Letzteren die Beschränkung des Eigenthümers die Folge (die Kehrseite) des fremden Privatrechts ist, während in unserem Falle die gesetzliche Beschränkung als das Prinzipale, das daraus dritten Personen entspringende Recht als das Sekundäre

1. Die Uferbesitzer sind verpflichtet, das Landen und Befestigen der Schiffe und Flöße an den dazu behördlich bestimmten Plätzen, ebenso ferner das Begehen der Ufer durch das zur wasserpolizeilichen Aufsicht bestimmte Personal, sowie die bestehenden Leinpfade zu dulden[7] und zwar unentgeltlich, sofern sie vor Beginn der Wirksamkeit des R. Wassergesetzes v. 30. Juni 1869 Z. 93 keine Vergütung bezogen (§. 8 R. W. G.).[8] Die Neuerwerbung von hiezu bestimmten Plätzen kann nur im Enteignungswege (§. 365 G. B.) erfolgen (§. 8 R. W. G.). In Nothfällen ist es übrigens gestattet, an jedem geeigneten Platze zu landen, sowie die Ladung der Flöße und Schiffe, und auch die Fahrzeuge selbst auszusetzen, wofür dem Uferbesitzer der erlittene Schaden angemessen zu vergüten ist (§. 9 R. W. G.).[9]

2. Obgleich jeder Uferbesitzer befugt ist, sein Ufer gegen das Ausreißen des Flusses zu befestigen, so darf er doch selbst bei Privat-

---

erscheint. (Darum giebt das R. R. in diesem Falle nicht die a. confessoria, sondern besondere Interdikte oder die a. negatoria.) Sodann dienen Dienstbarkeiten stets nur dem individuellen Bedürfnisse einer bestimmten Person oder Sache; nach diesem Bedürfnisse regelt sich der Umfang der Berechtigung; mit dem Wegfall desselben wird die Servitut hinfällig (§§. 472—473. 484. 485. 504. 525. 529 G. B.); während die gesetzlichen Beschränkungen des Eigenthums von der Individualität der Person oder Sache ganz absehen, vielmehr in ihrer Allgemeinheit Jedermann zum Vortheile gereichen, der sich gerade in der betreffenden Lage befindet. Besonders zu betonen ist endlich, daß die sogenannten Legalservituten den Charakter einer öffentlichrechtlichen Reallast haben. Diejenigen gesetzlichen Eigenthumsbeschränkungen des röm. R., welche Bekker V. S. 179 flg., 185 flg. 201 als wahre Servituten aufführt (insbesondere das Verbot, den Luftzug, die Tenne, die Meeresaussicht zu verbauen) kennt das österr. R. nicht; die aquae pluviae a. a. hat aus obigen Gründen den Charakter einer Dienstbarkeit gewiß nicht. Vgl. Roth §. 121. Von einer Beschränkung des Eigenthums kann selbstverständlich da nicht die Rede sein, wo der Eigenthümer zu einer bestimmten Leistung verpflichtet ist, z. B. bei Zehnten u. s. f.

7) Ähnlich verhält es sich mit der Verpflichtung des Grundbesitzers, das Betreten seines Grundes durch den Fischereiberechtigten zu dulden, soweit nicht eine wahre Servitut vorliegt. Dagegen übt der Jagdberechtigte derzeit nur das dem Grundbesitzer selbst zustehende Recht in den gesetzlichen Grenzen aus.

8) Bei Begehungen und Leinpfaden wird die Entschädigung nur dann geleistet, wenn sie auf einem besonderen Rechtstitel beruht, oder zur Erhaltung derselben Grundeigenthum neuerlich in Anspruch genommen wird. (§. 8 W. G.) Vgl. auch §§. 18—22 bayer. W. B. G.

9) Außer dem Fall der Noth kann nur die Behörde Landungs- und Befestigungsplätze auf privatem Boden gegen Entschädigung (§. 8 W. G.) enteignen. Vgl. Entsch. d. Ackerb. Min. v. 14. Jan. 1877. Z. 12691.

flüssen ohne besondere behördliche Genehmigung keine solchen Pflanzungen und Werke anlegen, welche auf fremde Rechte oder auf die Beschaffenheit, den Lauf und die Wasserhöhe in öffentlichen Gewässern eine Einwirkung haben (§. 413 G. B. §§. 17. 21. 43 böhm. L. W. G., vgl. §. 16. 20. 42 [resp. 40] der übrigen L. W. G.).

3. Bei Privatflüssen ist die Benutzung durch die aus dem Zusammenhange und der Unentbehrlichkeit des Wassers hervorgehenden öffentlichen Rücksichten beschränkt; insbesondere darf dadurch keine das Recht Anderer beeinträchtigende Verunreinigung des Wassers, kein solcher Rückstau, keine Überschwemmung oder Versumpfung von Grundstücken verursacht werden (§. 10 R. W. G.). Der vollständige Verbrauch des fließenden Wassers ist ausgeschlossen.

4. Der Eigenthümer eines Grundstückes darf den natürlichen Ablauf der über dasselbe fließenden Gewässer zum Nachteile des unteren Grundstückes nicht willkürlich ändern; dagegen ist auch der Eigenthümer des Letzteren nicht befugt, den natürlichen Ablauf solcher Gewässer zum Nachtheile des oberen Grundstückes zu hindern (§. 11 R. W. G., dazu S. 90 d. B.).[10] Das vom Grundeigenthümer aus einem Privatgewässer abgeleitete und unverbrauchte Wasser ist, bevor es ein fremdes Grundstück berührt, in das ursprüngliche Bett zurückzuleiten, es wäre denn, daß durch eine andere Ableitung den übrigen Wasserbetheiligten kein Nachtheil zugefügt würde (§. 12 R. W. G.).[11] Vgl. Pražák, Wasserr. Komp. §§. 10. 11.

5. Zur Ausführung von Wasserbauten, welche den Schutz von Grundeigenthum oder die Regulirung des Laufs eines Gewässers bezwecken, dann zu Entwässerungs- und Bewässerungsanlagen können (entweder durch freie Übereinkunft oder) auf Grund

---

10) Vgl. über die Vorfluth auch 8. I. §. 102 L. Recht und das Edikt vom 15. November 1811, dazu Stobbe §. 85. N. 15—16, Dernburg I. 551, Förster §. 170. N. 55. — Daß der untere Grundbesitzer kraft des Gesetzes kein Recht auf das Wasser der Vorfluth hat, versteht sich von selbst. Vgl. §. 4. Note 77 dieses B. und Seuff. I. Nr. 5.

11) Fischereiberechtigten steht gegen die Ausübung anderer Wasserbenutzungsrechte nicht das Recht des Widerspruchs, sondern bloß der Anspruch auf angemessene, zunächst von der Verwaltungsbehörde auszusprechende Schadloshaltung zu. §. 19 R. W. G. Ebenso nach §. 18 des preuß. und §. 57 des bayer. W. G. B.) Die Bestimmungen der §§. 15 und 16 R. W. G. sind nicht an diesem Orte anzuführen, weil sie keine unmittelbare gesetzliche Beschränkung des Eigenthümers enthalten, vielmehr diesen zu einer Abtretung verpflichten.

von Mehrheitsbeschlüssen der Betheiligten durch Verfügung der Verwaltungsbehörde Wassergenossenschaften gebildet werden; die Minderheit kann gezwungen werden, der zur Ausführung und Benutzung des gemeinsamen Werkes zu bildenden Genossenschaft beizutreten und die Verwendung ihrer Grundstücke zu dem gedachten Zwecke zu gestatten (§§. 20—24 R. W. G.).[12]

6. Nach dem Berggesetze vom 23. Mai 1854 Z. 146 muß der Grundeigenthümer gegen angemessene Schadloshaltung den mit der Schurflicenz versehenen Personen das Schürfen, d. i. das Suchen und Aufschließen vorbehaltener Mineralien, auf seinem Grunde (gewisse im §. 17 bezeichnete Orte ausgenommen) sowie auch andere Benutzungen des Bodens zu Bergbauzwecken nach Maßgabe des Berggesetzes (§§. 16. 17. 100. 103. 104. 131) gestatten. Näheres bei Pražák I. S. 90 flg., H. Schuster, G. Z. 1882 Nr. 40 flg. Frankel, Zeitschr. f. Bergr. 1891.

7. Der Grundeigenthümer ist gehalten, Waldprodukte, welche anders gar nicht oder nur mit unverhältnißmäßigen Kosten aus dem Walde geschafft und weiter gefördert werden könnten, über seine Gründe gegen volle Entschädigung bringen zu lassen (§. 24 des Forstges. v. 3. Dezember 1852. Nr. 250 R. G. Bl.)[13] — Desgleichen müssen die Besitzer von Privatgewässern unter denselben Voraussetzungen das Triften (Bringen, Schwemmen, Flößen) von Holz in gebundenem oder ungebundenem Zustande gegen Ersatz des hierdurch zugefügten Schadens gestatten (§. 26 dess. G.). Die Bewilligung hierzu ertheilt die politische Behörde.[13]

8. Der Grundbesitzer muß die Vornahme der Vorarbeiten für die Anlage von Eisenbahnen von der hierzu konzessionirten Unternehmung (gegen Ersatz des Schadens) gestatten; über die Nothwendigkeit

---

12) Das Stimmverhältniß wird nicht nach Köpfen, sondern bei Entwässerungs- und Bewässerungsarbeiten nach der Größe des betheiligten Grundbesitzes, bei Schutz und Regulirungsarbeiten nach dessen Werthe berechnet. (§. 21 R. W. G., dazu §. 56 böhm., 51 niederösterr., 55 d. übr. L. W. G.) Sofern es sich um gewisse Leistungen zu dem gemeinsamen Werke handelt, zählt diese Last allerdings nicht mehr zu den Legalservituten in dem hier festgehaltenen Sinne. (Vgl. §. 23 R. W. G.) Ähnlich d. preuß. G. v. 1843 §§. 56 flg. und v. 11. Mai 1853. Art. 2 und das bayer. Be- und Entwässer. Ges. v. 1832 Art. 2—22 und Roth II. §. 122.

13) Das Nähere s. bei Pražák S. 100 flg., welcher die öffentlichrechtliche Natur dieser Eigenthumsbeschränkung mit Recht betont, indeß dieselbe jedoch dem Begriff der Enteignung unterordnet.

derselben entscheidet die politische Bezirksbehörde. §. 42 Eis. Ent. G. v. 18. Februar 1878 Z. 30.

9. Zufolge der Administrativgesetze sind die Besitzer der an öffentliche Straßen anstoßenden Grundstücke aus Rücksichten der Straßenpolizei gehalten, die Pflanzung von Baumalleen von Seiten der Gemeinde längs des Straßenzuges am äußeren Rande des Straßengrabens auf *ihren* Gründen zu gestatten. Nehmen die Grundbesitzer die Pflanzung im Einverständniß mit der Gemeinde selbst vor, so gebührt ihnen der von den Bäumen abfallende Nutzen; außerdem gebührt derselbe der Gemeinde, bez. demjenigen, der dieselben mit Genehmigung der Letzteren gepflanzt hat.[14] — Desgleichen erscheint die Verpflichtung zur Lichtung des Waldes zu beiden Seiten einer öffentlichen Straße oder Bahn als Beschränkung des Eigenthums. Vgl. Erk. d. Verw. G. H. bei *Budwinski* Nr. 839.

10. Der Eigenthümer einer *beweglichen* Sache, welche zufälliger Weise auf *fremden* Grund gerathen ist, darf dieselbe auf diesem *verfolgen* und wegnehmen; doch muß er dem Grundbesitzer den dadurch verursachten Schaden ersetzen. Das Gesetzbuch erwähnt zwar diese Verpflichtung des Grundbesitzers nur in Ansehung der *Bienenschwärme* und anderer zahmen oder zahm gemachten *Thiere* (§. 384).[15] Es ist indeß kaum zu bezweifeln, daß in diesem Paragraphen ein Prinzip ausgesprochen ist, das in allen ähnlichen Fällen sinngemäß zur Anwendung zu bringen ist, insbesondere da, wo

---

14) Das Eigenthum der Bäume steht selbstverständlich stets dem Grundbesitzer zu (§. 420 G. B.). Dies verkennt die Entscheidung d. O. H. im *Právnik* 1872 S. 279. Die bezüglichen Landesgesetze s. bei *Mayerhöfer*, Handb. für die polit. Verwalt. (1. A.) S. 737.

15) §. 384; „Der Eigenthümer (häuslicher Bienenschwärme) hat das Recht, sie auf fremdem Grunde zu verfolgen; doch soll er dem Grundbesitzer den .... Schaden ersetzen.“ And. A. *Till*, Pryw. prawo S. 67. — Das *sächs.* G. B. §. 230 erwähnt nur der Verfolgung eines Bienenschwarmes. Das *preuß.* L. R. I. 9. §§. 122. 178. 293 flg. spricht von Bienenschwärmen, Fischen und Baumstämmen. Doch nur das *Betreten* seines Grundes behufs Abholung der fremden Sache muß der Grundeigenthümer gestatten; nicht auch die theilweise Zerstörung seiner Baulichkeiten, z. B. seiner Abzugskanäle, in welche fremdes Eigenthum (in einem speziellen Falle Uhren durch Abortschläuche) gerieth; noch weniger ist er zu einer positiven Beihilfe verpflichtet. — Dieser Fall steht hart an der Grenze des Privatrechts — und damit ist im Zusammenhang, daß der Schutz dieses Rechtes in der Regel dem Civilrichter anheimfällt. Wo jedoch das öffentliche Recht überwiegt, z. B. bei Vertragung von Mobilien in Überschwemmungsfällen, wird die polizeiliche Intervention nicht ausgeschlossen sein. Ähnlich nach §. 39 des Forstges.

Früchte (vorbehaltlich des Überfallsrechtes, §. 422 G. B.), Bäume, Baumaterialien ꝛc. durch Elementarereignisse (Sturm, Überschwemmung u. s. f.) auf fremden Grund und Boden gelangten, oder wo Jemand seine Sache im fremden Hause liegen ließ. Daß wir es hier mit einem Rechtsgrundsatze zu thun haben, ergiebt sich nicht nur aus der historischen Provenienz dieser Bestimmung, sondern auch aus den Vorläufern des G. B.s: dem Cod. Theres. II. cap. 4 nr. 35. 36. und dem Entw. Horten. II. 3 §. 9, woselbst auch dem Eigenthümer „zahmgemachter Thiere" gestattet wird, „ihnen auf fremden Gründen, doch allezeit ohne Gewalt und Beschädigung und thunlicher Begrüßung des Grundherren nachzugehen"; dies ergiebt sich endlich aus der Erwägung, daß das Recht des Eigenthümers, seine Sache — wo immer sie sich findet — (selbstverständlich ohne Eigenmacht) zu nehmen — (§§. 354. 366 G. B.), nicht der Willkür des etwa widerstrebenden Grundbesitzers geopfert werden darf.[16]

---

16) Das röm. Recht gewährt in Fällen dieser Art ganz allgemein ein Interdictum prohibitorium oder eine actio ad exhibendum. L. 5. §. 2. 3. L. 9. D. ad exhib. 10. 4. L. 15. D. eod. (Schatzhebung): ne vim facias mihi, quominus eum thesaurum effodiam, tollam); L. 5. §. 2. 4. 5. D. eod. (ruta caesa des Verkäufers); L. 25. D. de A. V. 19. 1. Dazu Brinz I. S. 485, Pagenstecher S. 140 flg., Windscheid §. 169. N. 21. — Vgl. auch preuß. L. R. §§. I. 9. 122. 187. 293—297, dazu Förster §. 170. N. 65—67. Die Verpflichtung hat hier, wie überall, den Charakter einer obligatorischen Realverpflichtung. — Dagegen kennt das österr. Recht nicht die Vorschrift des röm. R., daß der Grundeigenthümer dem Nachbarn jeden dritten Tag das Sammeln der herübergefallenen Baumfrüchte gestatten muß (Interdictum de glande legenda. T. D. 43. 28), auch nicht die weitere Vorschrift des röm. R., derzufolge der Feldgrundbesitzer das Überhängen der Äste des nachbarlichen Baumes bis zur Höhe von 15 Fuß dulden muß (Interd. de arboribus caedendis. 43. 27); die verschiedenen Auslegungen siehe bei Vangerow §. 297, Arndts §. 131, Böcking §. 140 Note 37—39; A. Windscheid §. 169. N. 9. 10, Brinz S. 485, Bekker S. 168 flg. Diese Abweichung des österr. Rechtes erklärt sich daraus, daß der Grundbesitzer gemäß §. 422 G. B. das Recht hat, die Wurzeln des fremden Baumes aus seinem Boden zu reißen und die über seinem Luftraume hängenden Äste abzuschneiden oder sonst zu benutzen; es ist damit ein Zueignungsrecht an der einem Anderen gehörigen Sache geschaffen, welches der Okkupation „vorbehaltener" Mineralien am nächsten kommt. Damit entfiel im Allgemeinen das Bedürfniß der gedachten römischen Rechtsmittel. Dennoch kann der im Text unter Z. 10 erwähnte Fall auch in Ansehung der Baumfrüchte eintreten, nämlich wenn die Früchte nicht überhängender Äste auf fremden Grund getragen werden. — Dies übersieht Förster III. §. 155. Vgl. noch H. Schuster, Ger. Z. 1882 Nr. 77 flg. 1883 Nr. 18 flg., u. Stobbe §. 85. lit. c., welche die große Mannigfaltigkeit der älteren Partikularrechte zur Darstellung bringen. Nach sächs. Rechte (§. 362. 363) gehören die überhängenden Früchte dem Eigenthümer des Baumes;

Für Mähren, Österreich, Kärnten, Görz, Gradiska und das Küstenland besteht auf Grund älterer Patente (bes. v. 8. April 1775) die Verpflichtung der Grundeigenthümer, die Aufstellung von fremden Bienenstöcken gegen Entschädigung zu gestatten. Vgl. dazu d. Entsch. Nr. 10794 Gl. U. W. u. Beck, Das Bienenrecht in Österreich (1883).

11. Der Eigenthümer des Baumes, dessen Wurzeln in den fremden Grund, bez. dessen Äste in den nachbarlichen Luftraum reichen, muß das Abschneiden bez. Benutzen derselben durch den Nachbar dulden. §. 422 G. B., dazu N. 16.

12. Der Grundbesitzer kann das ihm als solchem zustehende Jagdrecht nur unter gewissen, im Jagdgesetz näher bestimmten Voraussetzungen ausüben, bez. muß dessen Ausübung durch den Jagdberechtigten in den gesetzlichen Schranken dulden (vgl. Note 7); ebenso muß derselbe dem Fischereiberechtigten das Betreten der (nicht eingefriedeten) Ufergrundstücke und die Befestigung der Fanggeräthe (gegen Ersatz des Schadens) gestatten. Ges. v. 25. April 1885 Z. 58. R. G. Bl.

Über die Beschränkungen des Grundeigenthümers in Ansehung von Bauführungen und belästigenden Gewerbeanlagen vgl. den Schluß dieses §.

Die Geltendmachung der aus den bisher angeführten Beschränkungen hervorgehenden Berechtigungen, welche in erster Reihe dem Belieben des zunächst Berechtigten anheimgegeben ist, erfolgt nach österr. Rechte in der Regel (anders im Falle Nr. 10 u. 11) nicht im Wege einer Civilklage, sondern über Beschwerde des Beeinträchtigten durch die Intervention der Administrativbehörde.[17] Dies ergiebt sich aus dem Grundsatze, daß zur Durchführung der Administrativvorschriften in der Regel die Verwaltungsbehörde berufen ist (vgl. dazu die k. V. v. 20. April 1854. Z. 96). In Ansehung einzelner Fälle ist dies durch Spezialbestimmungen ausdrücklich festgesetzt, insbesondere bezüglich der Wasserrechte (§. 75 L. W. G.),[18] der berg- und forstrechtlichen Legalservituten (§§. 17. 99 Bergg., §§. 24. 26.

---

doch darf dieser behufs ihrer „Abbringung" des Nachbars Grund nicht gegen dessen Willen betreten.

17) Anders in der Regel nach gemeinem, preuß., franz. und italienischem Rechte, nach welchen die civilrechtliche Klage gewöhnlich statthaft ist. Vgl. dazu Gareis §§. 65—67, Förster §§. 170. 171., Dernburg §. 221 a. E.

18) Dazu Randa, österr. Wasserrecht §. 11., Pražák, Spory S. 90. 124,

40 Forstges.) 2c. Ein Verzicht — welcher auch stillschweigend durch längere Duldung des thatsächlichen Zustandes erfolgen kann — ist nur insofern zulässig, als dadurch nicht zugleich das öffentliche Interesse berührt wird. Vgl. noch Entsch. d. V. G. H. 130. 843. 1185.

Über die weitergehende Verpflichtung des Eigenthümers zu gewissen Leistungen s. folg. §. Dagegen sind dem österr. Civilrecht nachstehende gesetzliche Eigenthumsbeschränkungen des röm., bez. des deutschen und preuß. Rechtes fremd:

a. Der Eigenthümer ist nicht verpflichtet, seinem Nachbar einen Nothweg zu seinem Grundstücke zu gestatten.[19] Die analoge Anwendung des §. 384 G. B. ist wegen Verschiedenheit der Fälle nicht zulässig; denn dort handelt es sich um eine vorübergehende Benutzung, hier um eine dauernde Last des fremden Grundstückes; auch kann sich der Eigenthümer vor Erwerbung des Grundstückes um die Bestellung des Zugangs oder der Zufahrt umsehen.[20] Nur die Bringung von Waldprodukten über fremden Grund kann die polit. Behörde gegen volle Entschädigung bewilligen, wenn dieselben sonst gar nicht oder nur mit unverhältnißmäßigen Kosten aus dem Walde

---

der das Prinzip aufstellt, daß zur Geltendmachung der aus dem öffentl. R. abgeleiteten Befugnisse die polit. Behörde kompetent ist, und zwar ohne Rücksicht auf das Interesse; dazu Pražák, Wasserr. Kompet. §§. 2. 3.

19) Vgl. Mages, G. Z. 1876, Nr. 10, Pražák S. 99 und die daselbst citirten Minist. Entscheidungen; auch Unger, Jahrb. f. D. 30. S. 368 flg. Es ist Sache der Gemeinde, für die Herstellung der nothwendigen Kommunikation zu sorgen (Art. 5 d. Gem. G. v. 5. März 1862 Nr. 18). Anders nach röm. R. L. 14. §. 1. D. 8. 6. (Brinz S. 470 1. A.), und für das iter ad sepulchrum: L. 22. §. 3. D. de relig. 11. 6, dazu die bei Böcking §. 140, N. 34 cit. Stelle der röm. Feldmesser; Hesse §. 116, Arndts §. 131 Anm., Keller §. 213 N. 12, Dernburg §. 297 N. 25—27, Windscheid §. 212 N. 6, welche Letzteren hier von einer gesetzlichen Servitut sprechen. So auch nach preuß. L. R. 22. I. §. 3—10, dazu Förster §. 187 N. 10. De lege fer. befürwortet Unger a. O. — entgegen dem zweckmäßigen §. 863 d. d. Entw. u. entsprechend dem Zürich. G. B. §§. 573 bis 575 — den Nothweg selbst im Falle verschuldeter Nothlage; dies ist nicht zu billigen.

20) Ist durch Eisenbahnanlagen die bisherige Zufahrt aufgehoben worden, so hat ohnedies die expropriirende Behörde stets — nöthigenfalls im Enteignungswege — für die Beschaffung anderer Zufahrten Sorge zu tragen (§. 10 d. Ges. v. 14. September 1854. Z. 238. dazu Pražák, Enteig. S. 126). — Nur bei Elementarkatastrophen könnte zur Bestellung eines Nothweges die politische Behörde in sinngemäßer Anwendung des §. 24 d. Forstges. v. 3. Dezember 1852. Z. 250 für befugt erachtet werden. — Damit ist nicht ausgeschlossen, daß die Verpflichtung zur Bestellung eines Nothweges in einzelnen Fällen aus dem vermuthlichen Willen der Kontrahenten wird deduzirt werden können, so namentlich in Ansehung des zurückbehaltenen Theils eines theilweise veräußerten Grundstückes. (So §. 349 sächs. G. B.).

geschafft werden könnten. §. 24 d. Forstges. v. 3. Dezember 1852 Nr. 250 R. G. Bl. (daher ist das Besitzstörungserk. Nr. 11342 U. W. Pf. völlig zutreffend).

In Betreff der Treppelwege und Leinpfade vgl. Z. 1.

b. Das partikuläre **Hammerschlags-** oder **Leiterrecht**, d. i. die Verpflichtung, das Betreteu des Grundstückes behufs Reparatur der nachbarlichen Gebäude zu dulden,[21] — das höchst partikularrechtliche **Kehr-** oder **Pflugrecht**, d. i. die Verpflichtung, die Umwendung des Pfluges des Nachbarn zu dulden.[22]

c. Fremd sind ferner dem österr. R. gewisse **privatrechtliche** Beschränkungen des Grund- und Hauseigenthümers in Ansehung der nachbarlichen Gebäude, insbesondere die Beschränkung, daß derselbe **Baulichkeiten** (Häuser, Ställe u. s. f.) und andere Anlagen (Kanäle, Brunnen,[23] Düngergruben, lebende Hecken) nur in einer gewissen gesetzlich fixirten **Entfernung** von des Nachbars Grenze errichten darf.[24]

---

21) Nach preuß. Landr. I. 8. §. 155 ist dies nur in Ansehung der Reparatur von Planken gestattet, Dernburg §. 221, N. 18. Weiter geht das sächs. G. B. §. 350 und d. zürich. G. B. §§. 594. 613—616. Vgl. noch Gerber §. 86, Hesse §. 117. Stobbe §. 85 Note 12. Dem franz. R. ist diese Beschränkung unbekannt. Daß das röm. Verbot, den Luftzug der Tenne zu verbauen, eine wahre gesetzliche Dienstbarkeit sei, ist schon früher (N. 6) bemerkt worden.

22) Nach preuß. L. R. I. 8. §. 18, österr. B. G. §. 854 und sächs. G. B. §. 366 werden Grenzraine als gemeinsames Eigenthum angesehen.

23) Nach preuß. R. I. 8. §. 130. 131 dürfen Brunnen nur 3 Fuß von der Grenze angelegt werden; versiegt des Nachbars Brunnen, so ist der Eigenthümer dafür nicht verantwortlich. Das sächs. R. §. 352, 353 kennt nicht einmal jene Beschränkung. Vgl. Randa, Besitz S. 564. Das franz. Ges. v. 14. Juli 1856 gestattet nicht die Anlegung neuer Brunnen in der Nachbarschaft von Mineralquellen. Vgl. Zachariä §. 195 N. 1. Gänzlich verbietet das zürich. G. B. §. 612 das Durchschneiden der Wasseradern. Vgl. Stobbe §. 86 N. 19.

24) Über diesfällige Beschränkungen aus dem Gesichtspunkte des öffentl. R., insbes. aus sanitären Gründen vgl. das Folgende. — Schon das röm. Recht hat dergleichen Beschränkungen zu Gunsten des Nachbars (jus interstitii), welche Gajus L. 14. D. fin. reg. 10. 1. auf ein Solonisches Gesetz zurückführt, L. 14 D. de S. P. U. 8. 2. L. 24. §. 12. D. 39. 2, dazu M. Schuster, Baurecht S. 15 flg., Böcking, §. 140. Note 18—31, Hesse II. §. 69—74. Die baupolizeilichen Vorschriften des röm. R. sind h. z. T. unanwendbar. s. Hesse S. 267. — Die deutschen Stadtrechte des Mittelalters enthalten dergleichen Beschränkungen des Baurechtes in großer Zahl und Mannigfaltigkeit. Vgl. darüber Stobbe §§. 85. 86, Gerber, d. Pr. R. §. 87. Siehe auch böhm. Stadtr. K. 13—19, dazu Schuster S. 9 flg. — Auch das preuß. L. R. 8 I. §. 124 flg. §. 191 setzt dergleichen dem deutschen Rechte entnommene Eigenthumsbeschränkungen in bedeutender Anzahl fest. Darüber Förster §. 170. Nr. 3—13, Dernburg §. 221. Beschränkungen dieser Art, welche einst zweckmäßig und wenig fühlbar gewesen sein mochten, sind h. z. T. bei geänderten

Auch Ausbauchungen der Nachbarsmauer bis zu einem halben Fuß brauchen nicht geduldet zu werden.[25] Namentlich kennt das österr. R., welches den natürlichen Gesichtspunkt der Freiheit des Eigenthums festhält, weder das Verbot einzelner deutscher Partikularrechte, demzufolge der Hauseigenthümer keine Fenster in des Nachbars Hof neu anlegen darf (s. Nr. 12529 Samml. U. W. Pf.),[26] noch auch das Verbot anderer Partikulargesetze, demgemäß kein Neu- oder Zubau aufgeführt werden darf, durch welchen den Nachbarn die Fenster (bez. der Luft- und Lichtzutritt) verbaut würden.[27] In wie fern das Baurecht aus öffentlichen (polizeilichen) Rücksichten beschränkt ist, wird sofort erwähnt werden. — Auch die römischen Vindikationsbeschränkungen in Ansehung des eingebauten Materials (L. 1. D. de tigno juncto 47. 3) sind nach österr. Rechte gegenstandslos geworden, da das Eigenthum derselben sofort mit dem Einbau definitiv auf den Hauseigenthümer übergeht (§. 417 flg.).

d. Fremd ist dem österr. Privatrecht die Bestimmung des römischen Rechtes (L. 8. §. 5. 6. D. si serv. 8. 5., L. 17. §. 2. D. eod., L. 19. pr. D. 8. 2), der zu Folge der Eigenthümer eines Grundstückes

---

wirthschaftlichen Verhältnissen drückend und schädlich geworden, ganz abgesehen davon, daß sie — als lediglich im privaten Interesse des Nachbars getroffen — den Rücksichten der öffentlichen Wohlfahrt nicht entsprechen und in ihrer meist kasuistischen Fassung zu endlosen Kontroversen Anlaß geben. Der letztere Vorwurf trifft insbesondere das zürich. G. B. §§. 599—620, s. dazu meinen Besitz S. 167, wie auch die Besprechung Schneider's, Zeitschr. f. Schweiz. R. 1876. S. 598 zugesteht.

25) Anders nach L. 17. pr. D. si serv. v. 8. 5; dazu Böcking §. 140. N. 48, Windscheid §. 169. N. 8.

26) Vgl. Stobbe und die das. cit. Stellen; auch Böhm. Stadtr. K. 17. „Es soll ein Nachbar dem anderen gegen seinen Hof keine neuen Fenster .... wider Willen des Nachbars bauen"; dazu Mich. Schuster a. O. Ähnlich das Wiener Stadtrecht; vgl. Heinr. Maria Schuster, Wiener Stadtrechtsbuch 126. 127, dazu Hesse, §§. 126. 127, Gerber a. O., Stölzl, Arch. f. civ. Pr. 52. S. 206 flg. (mit unzutreff. Motiv.) Manche Partikularrechte erlauben nur vergitterte Fenster. Vgl. preuß. L. R. §§. 137. 138. I. 8, franz. Code civ. art. 676 flg.

27) So Schwabensp. a. 371, böhm. Stadtr. K. 16: „Einer soll dem andern mit neuen Gebäuden nicht muthwilliger Weise das Licht verbauen noch verfinstern". Dem sächs. G. B. sind derartige Beschränkungen unbekannt. Vgl. §. 357 flg. Das preuß. L. R. §§. 142—144. I. 8 schützt diesfalls den zehnjährigen Bestand, dazu Förster 170. N. 35, Dernburg §. 221; noch mehr beschränkt den Neubau §§. 601 flg. Zürich. G. B.; vgl. noch Stobbe §. 86b. — Daß das röm. Recht eine Legalservitut des Lichtes anerkenne (L. 10. 11. D. 8. 2 und c. 1. C. de serv. 3. 34), ist wohl nicht begründet (and. A. Böcking §. 140. N. 21).

in der Benutzung desselben insofern beschränkt ist, als er auf demselben nicht solche außergewöhnliche Anstalten (opera) herstellen darf, welche die Nachbarn auch nur indirekt (mittelbar) namentlich durch Rauch, Staub, Übelgeruch, Bodenerschütterung 2c. belästigen, gefährden oder schädigen.[28] Er darf nach R. R. insbes. nur fumum

28) So die herrschende Ansicht, vgl. Spangenberg, Arch. f. C. Pr. IX. S. 271 flg., Ihering, Bekker a. a. O., Hoffmann, Arch. f. prakt. R., N. F. I. S. 241 flg., Vangerow §§. 297—300, Pagenstecher, Eigenth. I. S. 120 flg., Windscheid I. §. 169. Note 7. 19. 20, Brinz I. S. 481, Dernburg I. §. 220, Stobbe §. 86, Mages a. a. O., Burckhard, Damni i. c. S. 193 flg. Krainz, Syst. §. 192, Frantz, Eigenthumsbeschränkungen §. 81. Im Gegensatz hierzu stellt Hesse, Jahrb. f. Dogm. VI. S. 423 flg., VIII. S. 96 flg. (dazu Rechtsverhält. §§. 118—129) die Ansicht auf, daß der Nachbar nur gegen solche Anlagen Einsprache erheben dürfe, „in Folge deren feste oder flüssige Körper nothwendig und unmittelbar in das Nachbargebiet hinüber getrieben oder geleitet werden" (S. 118). — Obgleich für diese Ansicht scheinbar der Grundsatz der L. 8. §. 5. D. cit. spricht: in suo hactenus licet, quatenus nihil in alienum immittat, so ist dieselbe doch mit andern bestimmten Quellenzeugnissen ganz unvereinbar, namentlich mit L. 8. §. 5. L. 14. L. 17. §. 2. D. 8. 5: licere fumum non gravem, puto ex foco in suo facere. Vgl. dagegen auch Burckhard S. 202 flg. Letzterer formuliert seine Auffassung dahin: Mittelbare Immissionen, d. f. solche Handlungen, welche ihre nächste Wirkung an und für sich nur innerhalb der Grenzen des eigenen Gebietes äußern und lediglich durch Vermittlung anderer Ursachen eine Grenzüberschreitung zur Folge haben, müssen geduldet werden, wenn sie zwar schädlich und lästig, aber durch die gewöhnliche (allgemein nothwendige und unentbehrliche) Benutzung des Grundstücks geboten sind (S. 226. Der eingeklammerte beschränkende Zusatz ist gewiß unhaltbar). Brinz S. 481 vermißt einen „leitenden Gedanken"; doch anerkennt er, daß „theils Unmittelbarkeit, theils die Stärke, theils die Ungewöhnlichkeit des Eingriffs zur Unerlaubtheit geführt zu haben scheint". — Für das österr. Recht trifft übrigens Hesse's Ansicht im Allgemeinen zu. — Das sächs. G. B. (§. 358) adoptirte die herrschende gemeinrechtliche Lehre: „Dem Eigenthümer ist nicht erlaubt . . . . auf seinem Grundstücke Vorrichtungen anzubringen, durch welche dem benachbarten Grundstücke zu dessen Nachtheil Dampf, Dunst, Rauch, Ruß, Kalk- oder Kohlenstaub in ungewöhnlicher Weise zugeführt wird". Ähnlich §. 850 des deutsch. Entw.: „über das gewöhnliche ortsübliche Maß". — Zu unbestimmt, ja geradezu bedenklich ist die Vorschrift des Art. 193 bayer Entw. — Viel zu kasuistisch und mitunter doch zu unbestimmt lauten die §§. 573—619 des züricher G. B., z. B. die §§. 601. 602. 612. 618. 619. — Das franz. und ital. Recht (Code civ. 552. 671 flg., Codice it. 574) lassen dergleichen belästigende Anlagen nur in einer solchen durch Gesetz oder Gewohnheit bez. richterliches Ermessen (Art. 574 cit.) bestimmten Entfernung von der Grenze zu, welche Schädigung des Nachbars ausschließt. Vgl. Accolas, Droit franç. I. S. 700, und Sareda im Archivio giuridico III. S. 31 flg., Pacifici-Mazzoni, III. nr. 108. Übrigens hält die franz. Praxis auf Grund der Art. 1382. 1383 an dem Grundsatz fest, daß die Anlage zu entfernen oder, sofern diese concessionirt ist, Entschädigung zu leisten sei, wenn die Belästigung des Nachbars eine ungewöhnliche und schädliche ist. Vgl. Zachariä-Puchelt §. 194 N. 3. Laurent, Droit civ. VI. nr. 153, Marcadé, Code N. nr. 627. 628. (6. A.), Frantz, Die gesetzl. Eigenthumsbeschränk. n. franz. bad. R.

non gravem puta ex foco, nicht aber fumum ex taberna casearia in superiora aedificia immittere (L. 8. §. 5. 6. D. cit.); darf nicht Badeanstalten oder Düngerstätten halten, welche des Nachbars Haus ständig feucht machen (ut assiduum humorem habeant L. 19. pr. D. u. L. 17. §. 2. D. cit.), darf nicht Steine in der Weise brechen (hauen), daß die Splitter auf fremden Grund fallen (L. 8. §. 6. cit.).

Nach österr. Rechte, das keine derartigen Bestimmungen enthält, steht dem Nachbar — außer dem Fall einer Servitut — ein derartiges Verbotsrecht gegen solche ihn ungewöhnlich belästigende oder schädigende Benutzungsarten eines Grundstückes aus privatrechtlichen Titeln im Allgemeinen nicht zu.

Denn gemäß §. 354 G. B. hat der Eigenthümer die Befugniß, frei („willkürlich" §. 354) über die Sache und deren Nutzungen zu schalten und jeden Andern davon auszuschließen; er kann sie gemäß §. 362 G. B. in der Regel nach Willkür benutzen oder unbenutzt lassen und ist kraft §. 364 G. B. in der Ausübung des Eigenthums nur insofern beschränkt, als durch letztere (d. i. durch die beliebige Benutzung der Sache) in die „Rechte eines Dritten ein Eingriff" geschieht oder die „in den Gesetzen zur Erhaltung und Beförderung des allgemeinen Wohls vorgeschriebenen Einschränkungen übertreten werden". Unter „Eingriff in das Recht eines Dritten" kann offenbar nur das positive Eingreifen in die fremde Rechtssphäre (daher in das räumliche Herrschaftsgebiet des Eigenthümers) insbesondere von Seite eines Servitutsusurpanten oder aber das positive Behindern des Nachbars in der Ausübung seines Eigenthums verstanden werden, also eine derartige Einwirkung auf die fremde Sache, welche sonst nur Gegenstand einer Dienstbarkeit oder eines sonstigen dinglichen

(1887) S. 180; der prinzipielle Gesichtspunkt Laurent's scheint sich dem Ihering's zu nähern: VI. S. 195: D'après la rigeur du droit (?) chaque proprietaire pourait s'opposer à ce que ses voisins envoient dans son fonds une fumée où des exhalaisons quelconques; car il a droit à la pureté de Pair (?) etc. — Die preuß. Gesetzgebung §§. 26—28 I. 8. steht wesentlich auf demselben Standpunkte wie die österreichische. Die Ansicht Förster's III. §. 169 und des preuß. Obertribunals (Jud. v. 7. Juni 1852), welche für das preuß. Recht die herrschende gemeinrechtliche Theorie acceptiren, dürfte positiv schwerlich zu begründen sein. Ähnlich äußert sich Dernburg §. 220: „Diese Grundsätze des röm. R. sind zwar in solcher Allgemeinheit in den preuß. Gesetzen nicht ausgesprochen, jedoch hat sie der Plenarbeschluß des O.-Trib. v. 7. Juni 1852 im Wesentlichen aufgenommen."

Rechtes an einer fremden Sache sein kann. Außerdem würde sich die Bestimmung der §§. 362 und 364 im falschen Zirkel bewegen. Dabei ist wohl zu bemerken, daß das Gesetz ganz richtig nur Eingriffe in die Rechte eines Dritten verbietet. Der bloße Umstand, daß durch eine gewisse Benutzung unserer Sache das ökonomische Interesse der Nachbarn geschädigt wird, daß diese in der Benutzung ihres Eigenthums belästigt werden, kann also — wenn das Interesse nicht gleichzeitig durch ein bestimmtes Recht gedeckt ist — als ein gesetzwidriger „Eingriff" nicht bezeichnet werden. Und ebendarum kann hierbei Nichts darauf ankommen, ob — bei erwähnter Rechtslage — die Belästigung der Nachbarn eine größere oder geringere, eine gewöhnliche oder ungewöhnliche ist. Jede derartige Unterscheidung, so billig und empfehlenswerth sie de lege ferenda sein mag, ist unstatthaft, wofern nicht — wie nach röm. Rechte — eine bestimmte Handhabe dafür positivrechtlich nachweisbar ist, mit andern Worten: wo nicht das positive Recht schon jede ungewöhnliche Belästigung der Nachbarn an sich verbietet, also für einen Eingriff in die solchergestalt erweiterte Rechtssphäre der Nachbarn erklärt.[29] Diese Auffassung bestätigen auch die später anzuführenden Verhandlungen der Redaktionskommission.

---

29) Bemerkt sei, daß die freie unbeschränkte Benutzung des Grundstücks den grundsätzlichen Ausgangspunkt für die Darstellung der bezüglichen Verhältnisse zu bilden hat, während die Sache mitunter so aufgefaßt wird, als ob die Beschränktheit zu Gunsten des Nachbars den Grundsatz bildete, so daß sich der Eigenthümer jeder Thätigkeit enthalten müßte, welche auch nur indirekt in des Nachbars Luftraum hinüberwirkt. (So bes. Bekker a. O. S. 165 flg., Windscheid §. 169. N. 7., Ihering S. 105. 107. 120 flg., Mages a. O. Nr. 8—10. 16, Burckhard S. 195 flg.) Darnach würde der Eigenthümer weder mittelbar noch unmittelbar des Nachbars Sphäre tangiren dürfen; nur ausnahmsweise würde ihm dies rücksichtlich mancher Handlungen erlaubt sein und gewisse „mittelbare Immissionen" würden als Legalservituten erscheinen. Diese Auffassung widerspricht jedoch dem Wesen des Eigenthums, welchem begrifflich dergleichen Schranken fremd sind. Vgl. dag. auch Dernburg §. 220. N. 15, Bruns, Encykl. S. 360, wol auch Krainz, §. 192, der zwar im Texte meint: „(mittelbare und unmittelbare) körperl. Einwirkungen auf das fremde Sachobjekt fallen unter das Verbot, fremdes E. zu verletzen"; aber nichtsdestoweniger in der Note 26 bemerkt: dies Prinzip sei hierlands noch nicht völlig durchgeführt. (Vgl. auch N. 34a dies. B.) — Durch die Annahme des Ihering'schen Satzes würde in der That ein wegen unberechenbarer Beschränkungen lebensunfähiges Eigenthum geschaffen werden. Allerdings werden für das Maß dieser Einschränkungen gewisse „allgemeine Grundsätze" aufgestellt (vgl. auch Mages S. 58), im Wesen laufen dieselben aber auf die Regel hinaus: daß die gewöhnliche Benutzung des Eigenthums, ja selbst die ungewöhnliche Benutzung, sofern sie keine andere als die mit dem gewöhnlichen Gebrauch verbundene Belästigung mit sich führt,

So lange also der Eigenthümer auf **seinem** Grunde und innerhalb der für die Ausübung des Eigenthums aus **öffentlichen** Rücksichten überhaupt gezogenen Grenzen von seinem Eigenthumsrechte Gebrauch macht, kann von einem Übergriff in die Rechtssphäre des Nachbars in **keiner Weise** die Rede sein (§§. 354. 362—364. 1305. G. B.). Insbesondere fallen unter den Begriff eines „Eingriffs in die Rechte eines Dritten" (§. 364 B. G. B.) durchaus **nicht** solche Einflüsse auf den nachbarlichen Raum, welche nur **mittelbar**, **lediglich** in Folge des Wirkens der **Naturgesetze** auf denselben sich geltend machen, also die sog. Rückwirkungen (Passiveinflüsse) der Benutzung unseres Grundes, wie z. B. Verbreitung von Lärm, Rauch, Übelgeruch, Bodenerschütterung, oder Verbreitung von Kalkstaub durch Wind auf fremden Grund. Denn unter dem „Eingriff" in das nachbarliche Eigenthum können nur **Handlungen** verstanden werden, welche selbst oder in ihren Folgen **nothwendig** und **unmittelbar** (ohne Dazwischenkunft äußerer, zufällig hinzukommender Umstände) in die räumliche Rechtssphäre eines Anderen eingreifen, — nicht aber Einwirkungen anderer Art, welche sich ohne unser Zuthun vollziehen.[30]

---

vom Nachbar geduldet werden müsse. Dieser Grundsatz fällt aber im Grunde mit der von uns oben aufgestellten Regel über die Beschränkung der freien Eigenthumsübung zusammen (vgl. **Randa**, Besitz §. 76 N. 64) und eine **praktische** Differenz der beiden Standpunkte ist überall **nicht ersichtlich**. Vgl. Erk. d. deutsch. R. G. 24 Nr. 45.

30) Man pflegt im letzteren Falle von **mittelbaren** (indirekten) Immissionen (Eingriffen) zu sprechen, obgleich im Einzelnen die Meinungen sehr divergiren. (Vgl. besonders **Ihering**, Jahrb. f. Dogm. VI. S. 81 flg., 107 flg. einerseits, und **Hesse**, ebenda IV. S. 426. VIII. S. 96 flg. **Burckhard**, Cautio d. i. S. 267 fl. anderseits). M. E. gehören dahin solche Handlungen und Anlagen in suo, deren nächste Wirkung innerhalb der eigenen Grenze eintritt und welche nur in Folge **zufälliger**, anderweitiger Ursachen auch die fremde Rechtssphäre tangiren (s. **Burckhard** S. 208). Gegen **solche** Immissionen gewährt das röm. Recht die a. negatoria (und analog Interdiktenschutz) **dann**, aber auch nur dann, wenn die Immission **schädlich** oder **lästig** ist und durch **ungewöhnliche** Benutzung des Nachbargrundes bewirkt wurde (vgl. L. 8. §. 5—7. D. 8. 5. L. 17. §. 2 D. eod. cfr. L. 18. pr. D. 8. 2, dazu **Burckhard** S. 193 flg.). — Nach **österr.** Recht, welches ähnliche positive Bestimmungen **nicht** kennt, findet nach dem Grundsatz der §§. 362 und 364 G. B. gegen dergleichen **mittelbare** Immissionen weder die a. negatoria noch die Besitzstörungsklage statt (s. meinen Besitz S. 163 flg. und **Schuster**, Baur. S. 63 flg.); doch kann nach Umständen — wenn die allgemeinen oder besonderen Voraussetzungen vorliegen — die Schadensersatzklage begründet sein. (A. A. ist **Mages**, Ger. Zeit. 1871. N. 6—18, und **Pfaff** S. 48 flg., dagegen s. N. 34). Beschränkungen der freien Benutzung des Eigenthums insbesondere bei Bauten und Gewerbeanlagen finden nur aus polizeilichen Rücksichten statt. In dem Rechtsfall Nr. 573 Samml. Gl. U. W. (Tieferlegung einer

(Vgl. auch das Erk. d. deutsch. Reichsgerichtes XXIV. S. 212 [45]: Aus dem Begriffe des Eig. folgt, daß der Eigenthümer bei seinem Schalten innerhalb der Raumsphäre seines Grundstücks nicht gehalten ist, die Interessen seiner Nachbarn zu berücksichtigen (s. §§. 13. 25. 26 I. 8. L. R.); nur darf er diese Schranke nicht überschreiten und damit in die Eigenthumssphäre des Nachbarn eingreifen. Ein solcher Eingriff ist vorhanden, wenn der Eine das Wasser . . . durch besonders zu diesem Zweck hergestellte Einrichtungen auf die Grenze des Andern leitet ꝛc.[30a]) Der Bau von Unrathskanälen oder Senkgruben mit dem Abfall gegen den Nachbargrund stellt sich sohin ebenso als eine direkte Immission dar, wie das Ausschütten von Jauche gegen den niedrigergelegenen Nachbargrund zu; außer diesen Fällen liegt nur eine mittelbare Einwirkung vor. (Vgl. Nr. 9934 Samml.) In allen Fällen ist jedoch zum Bau von derartigen Kanälen ꝛc. die polit. Baubewilligung erforderlich (s. dies. Nr. 9934); bei unmittelbarer Immission hat neben der politischen Kompetenz auch die Negatorienklage statt.

Der Nachbar kann privatrechtlich nur solche Anlagen verbieten, in Folge deren feste, flüssige oder gasförmige (insbesondere belästigende oder schädigende) Stoffe nothwendig und unmittelbar auf seinen (Nachbars) Grund (in s. Luftraum, §. 297 G. B.) geleitet oder getrieben werden, da hierin offenbar eine Benutzung des nachbarlichen

---

Straße) lag doch wohl ein direkter Eingriff in die fremde Rechtssphäre vor, sofern die Annahme der 2. Instanz, daß die Tieferlegung an sich den Einsturz des Gebäudes herbeiführen mußte, richtig war.

30a) Dagegen ist allerdings als Eingriff in die fremde Besitz- oder Rechtssphäre anzusehen, wenn der Grundbesitzer dem Nachbarhause durch Abgrabung knapp an der Grenze oder durch Demolirung seines anstoßenden Hauses die Stütze (das Fundament) entzieht, da schon in der Existenz des ersteren Hauses mindestens thatsächlich eine Benützung des nachbarlichen Grundes (Hauses) — ähnlich der Serv. oneris ferendi — gelegen ist. Von diesem Gesichtspunkte ausgehend, verurtheilte der O. G. H. in den Fällen Nr. 5898. u. 12312 Samml. U. W. Pf. den Besitzer des Neubaues zum Ersatz des Schadens, welcher durch die Demolirung des alten Hauses und durch den Neubau verursacht worden war; s. Nr. 12312: „Es sei die Folgerung berechtigt, daß stillschweigend der Dienstbarkeit (sc. wechseitiger Stützung) der Nachbarhäuser begründet war; der analog anzuwendende Schlußsatz des §. 855 u. der §. 364 G. B. rechtfertigen es, wenn der zugefügte Nachtheil als eine widerrechtliche Beschädigung bezeichnet wird, woraus die Ersatzpflicht folgt, auch wenn alle fachmännischen Vorsichten beachtet wurden.“ Allerdings hätte hier die pol. Behörde den Bauconsens nur mit Vorbehalt der Privatansprüche auf event. Ersatz ertheilen sollen. Dazu vgl. noch Note 36. 37.

Eigenthums, ein materieller (vorzugsweise räumlicher) Eingriff in seine Rechtssphäre gelegen ist. (Vgl. Nr. 2057. 5898 Samml. Gl. U.) Weiter jedoch erstreckt sich das nachbarliche Verbotsrecht auf Grund des Privatrechts nicht.

Das A. B. G. B. hat nicht den Grundsatz des röm. Privatrechts angenommen, daß der Nachbar selbst dergleichen mittelbare Einflüsse nicht zu dulden brauche, wenn dieselben das Maß und die Art der gewöhnlichen Belästigung überschreiten. Wol wird aber ein analoger Grundsatz seit der zweiten Hälfte des vor. Jahrhunderts durch das österr. öffentliche Recht zur Geltung gebracht[30b] und den Verwaltungsbehörden vorbehalten, aus Gründen der öffentlichen Wohlfahrt, namentlich aus Rücksichten der Sanitäts-, Bau-, Wasser- und Feuerpolizei die Bedingungen und Beschränkungen festzusetzen, unter welchen Banten, Wasserwerke und gewerbliche Anlagen überhaupt und insbesondere mit Rücksicht auf die Interessen der Nachbarn errichtet werden können.[30c] So bestimmen insbesondere die Bauordnungen die Minimal- und Maximalhöhen (Stockwerke) von Häusern, die Größe der Licht- und Lufthöfe, die Richtung der Ausmündung der Rauchröhren, die Höhe der Schornsteine und Feuermauern, die Lage und wasserdichte Verwahrung der Senkgruben und Kanäle ꝛc. auf eigenem Grunde. (Vgl. z. B. §§. 34. 35. 61. 79. 82. 91. 110 der Bauordn. f. Prag, §§. 46 flg., 79 flg., 83 flg. für Böhmen v. 1889, §. 79 böhm. Wasserg. ꝛc.[31] — Ebenso ist nach der Gewerbenovelle v. 15. März 1883 Z. 39 R. G. §§. 25 flg. (wesentlich übereinstimmend mit den §§. 31—38 der Gewerbeordn. v. 29. Dezember 1859) die gewerbebehördliche Genehmigung von Betriebsanlagen bei allen Gewerben erforderlich, welche mit Feuerstätten, Dampfmaschinen, Wasserwerken oder sonstigen Motoren

---

30b) Vgl. schon das Hofd. v. 12. Febr. 1731 Cod. Austr. 4. p. 658, Feuerlöschordn. v. 1772, Hofd. v. 7. März 1787 Nr. 641 und damit zusammenhängende ältere und neue Bauordnungen. Dazu im folg. §. 6 Note 11; Schuster, Baur. S. 46 flg.: Pražák, Spory II. S. 45.

30c) Zu den bezügl. Bedingungen gehört eventuell auch die Festsetzung der Ersatzpflicht für die trotz aller Vorsichtsmaßregeln entstehenden Schäden. Vgl. §. 79 des Böhm. Wasserg.

31) Nach der böhm. Bauordn. §. 56 dürfen in Feuermauern keine Öffnungen angebracht werden. Mit Erk. v. 21. Dez. 1877 Jud. B. Nr. 150 entschied der Verwalt. G. H., daß das Begehren des Anrainers im Falle einer entgegenstehenden älteren Servitut nicht stattfinde.

(z. B. Elektrizität) betrieben werden, oder welche durch gesundheitsschädliche Einflüsse,[32] durch die Sicherheit bedrohende Betriebsarten, durch üblen Geruch, durch ungewöhnliches Geräusch die Nachbarschaft zu gefährden oder zu belästigen geeignet sind. Im Allgemeinen hat die Administrativbehörde bei solchen Betriebsanlagen (aber auch nur bei solchen) die allenfalls in Betracht kommenden Übelstände zu prüfen und die etwa nöthigen Bedingungen und Beschränkungen in Betreff der Einrichtung der Anlage vorzuschreiben, wobei insbesondere darauf zu sehen ist, daß für Kirchen, Schuleu, Krankenhäuser und andere öffentliche Anstalten und Gebäude aus derlei Gewerbsanlagen keine Störung erwachse (§. 26 Gew. Novelle, §. 117 böhm. Bauord. und §§. 17—27. 75. 76. 79. 94 des Wasserg. f. Böhm., dazu mein Wasserr. §. 9).[32a] Abgesehen von den oben gedachten Fällen (bes. Banten und gewissen Betriebsanlagen) findet eine Beschränkung in der beliebigen — wenn auch ungewöhnlichen und für die Nachbarn belästigenden — Benutzung des Grundstückes nicht statt.

Hieraus ist aber zu ersehen, daß die aus dem sog. Nachbarrecht fließenden Beschränkungen des Grundeigenthümers, soweit sie sog. indirekte Eingriffe (mittelbare Immissionen) betreffen, nach österr. Rechte nicht auf Grund des Privatrechtes vom Richter, sondern aus dem Gesichtspunkte des Gemeinwohls von der Administrativbehörde festzustellen sind.[33] Im Gegensatze zum römischen Rechte er-

32) Die böhm. Stadtrechte K. 26—39 enthalten genaue Bestimmungen über das sog. Nachbarrecht und stehen wesentlich auf dem Standpunkt des gemeinen Rechtes: „Handwerker sollen ihre Rauchstätten, Feuer und Backöfen und andere solch' Örter wohl versorgen, daß . . . auch mit starken Rauchen oder mit übrigen Klopfen nicht Verdruß geschehe, . . . und (daß dergleichen) dem nechsten Nachbarn nicht zu einem Verdruß oder Beschwerniß seyn". K. 379. §. 2. „Desgleichen soll man auch verstehen von denen Handwerkern, die mit Gestank den nebenwohnenden Nachbarn Schaden thun . . ." Die Verpflichtung der Anrainer, bei der baupolizeilichen Lokalkommission auch die privatrechtlichen Ansprüche unter Präjudiz geltend zu machen, sowie der allmählige Übergang der Kompetenz in Sachen des Nachbarrechtes von den Gerichten auf die polit. Behörde, fallen in die Mitte des vorigen Ihdts. Vgl. Note 30b.

32a) Der §. 117 der böhm. Bauord. bestimmt: „Gewerbliche Räume, in welchen Dampf, Ranch, Staub, lästige Dünste oder üble Gerüche erzeugt werden, sind derart einzurichten, daß die Nachbarschaft durch dieselben nicht belästigt wird.

33) Hiernach ist die Entscheidung der gemeinrechtlich streitigen Frage: ob der Nachbar auch wegen Verbreitung übler Gerüche oder wegen starken Geräusches ein Verbietungsrecht habe, nach österr. R. dem Ermessen der Verwaltungsbehörde anheimgegeben. Nach dem Grundsatze der im Text citirten Quellenstellen, zu denen Windscheid L. 2. §. 29. D. 43. 8 hinzufügt, muß wohl der Ansicht Jener (bes.

scheint daher der privatrechtliche Gesichtspunkt durch den öffentlich-rechtlichen in den Hintergrund gestellt.[34]

Mit Recht hat daher der Verwaltungsgerichtshof übereinstimmend mit der Praxis der Gerichte und der herrschenden Doktrin stets an dem Grundsatze festgehalten, daß Einwendungen, welche sich lediglich auf die „befürchtete Belästigung und Schädigung der Nachbarschaft z. B. durch Lärm, Staub, Ruß ꝛc. beschränken, nicht privatrechtlicher Natur sind" und daß die Würdigung solcher öffentliche Rücksichten betreffenden Einwendungen dem freien Ermessen der politischen Behörden anheimgestellt ist. Vgl. Entsch. Nr. 103. 653. 665. 1656. 1700. 1952. 2008. 6383. Samml. Budw., dazu Samml. Alter, S. 103 Nr. 714, ebenso die Entsch. des Obersten Ger. H. Samml. U. W. Pf. Sch. Nr. 573 (Tieferlegen der Straße), 948 (Funkensprühen), 5646 (Jauchengeruch), 5821 (Versiegen des Brunnens durch Brunnengraben des Nachbars), 6021. 9836. 9934. 12136, welche durchwegs die Präjudicialität des administrativen Verfahrens an-

---

Ihering VI. S. 111—127, Windscheid §. 169 N. 20, Stobbe §. 86 a. E., Bruns, Encykl. I. 362, Dernburg §. 220, Roth §. 125 N. 28) beigepflichtet werden, daß eine ungewöhnliche Belästigung auch durch Übelgeruch und Geräusch nicht zuzulassen sei; denn es ist gleichgültig, ob die Schädigung des Nachbars durch Rauch, durch Gase, Erschütterung der Luftwellen oder des Erdbodens erfolgt. (Theilweise and. Ans. ist Pagenstecher I. S. 120, Hesse S. 537, Förster §. 149 N. 13. 14.) Derselbe Gesichtspunkt wird überwiegend von der gemeinrechtlichen Praxis (Seuff. §. 3. Nr. 7, 9. Nr. 218, 11. Nr. 14. 114, 12. Nr. 2, 15. Nr. 2, 27. Nr. 208) und von den preuß. Gerichten festgehalten. S. Dernburg a. O.

34) Über das Nachbarrecht nach österr. R. vgl. Schuster, Baurecht S. 63 bis 113, Mages, Ger. Zeit. 1871 Nr. 1 flg. Während Schuster von der hier vertretenen Auffassung ausgeht, sucht Mages in seinem sehr lehrreichen Aufsatze den Grundsatz des gemeinen Rechts (s. Note 28) auch für das österr. Recht zur Geltung zu bringen. Indeß gegenüber dem klaren Wortlaute der §§. 354. 362. 364. cfr. 297. 475. 476. 1305. A. B. G. B. und den §§. 31—38 der Gewerbeordnung (wesentlich übereinstimmend §§. 25 flg. der Gew. Novelle v. 1883) erscheint dieser Versuch, die gemeinrechtlichen Grundsätze „auf heimischen Boden zu verpflanzen" (Mages S. 71), als undurchführbar. Dies hat schon Schuster richtig erkannt und seine Ausführungen S. 104 flg. sind von Mages nicht widerlegt worden. Nicht der §. 1305 allein dient unserer Ansicht zur Grundlage; vielmehr ist die in den citirten §§. sich spiegelnde Grundauffassung der österr. Legislation eine andere als die des gemeinen Rechts. Nicht privatrechtliche Gesichtspunkte, sondern Rücksichten öffentlichrechtlicher Natur sind für das Maß der Beschränkungen der freien Ausübung des Eigenthums grundlegend. Der Ansicht Mages' haben sich neuerdings Pfaff; Unger, Steinbach angeschlossen; die Motivirung derselben wird in Note 34a u. im Verlaufe des Textes näher gewürdigt. — Über das preuß. R. vgl. Dernburg I. §§. 217—220 und Förster III. §. 169—181; dazu Note 28 a. E. — Nach franz. u. italien. Recht ist die richterliche Kompetenz festgehalten. Vgl. Note 28.

erkennen.[34a] Auch neuestens wurde mit Erk. Nr. 11930 Samml. U. W. Pf. von allen drei Instanzen anerkannt, daß ein negatorischer civilrechtlicher Anspruch der Nachbarn gegen die von der polit. Behörde bewilligte, den Nachbarn benachtheiligende Bauführung (von rauchverbreitenden Cementöfen) unstatthaft sei.[34a] In Übereinstimmung mit unserer Ansicht sagt das Erk. 12136 ders. Samml. (Wiener cause cél. Jur. Bl. 1888 Nr. 20): „Die beklagte Gasgesellschaft hat nach der Gewerbe-O. die Genehmigung der Betriebsanlage erwirkt und wenn sie von der Anlage Gebrauch macht, kann darin ein eigenmächtiger Eingriff in den Besitz eines Dritten nicht erkannt werden. Die Gew. O. §. 30 räumt demjenigen, der sich in seinen Privatrechten verletzt glaubt, das Recht ein, falls er bei der commissionellen Verhandlung vor der admin. Behörde seine diesbezüglichen Einwendungen erhoben hat, nach den §§. 340—342 B. G. B. den richter-

34a) Dagegen nur Nr. 4361 (Schädigung durch Cementfabrik). — Gegenüber dieser herrschenden Auffassung (siehe vor. Note u. Schuster-Schreiber, Schadenersatz S. 16) vertreten außer Mages, Nachbarr. G.-Zeitung 1861 Nr. 1 flg. u. Pfaff, Schadeners. S. 39 flg. (s. N. 34) neuest. Unger, Grünh. Ztschr. 13 S. 715 flg. u. Steinbach, Ersatz von Vermögensschäden 1888 S. 10 flg. die Ansicht, daß der Nachbar — wie nach röm. R. — auch nicht einmal sog. mittelbare Immissionen zu dulden brauche, es sei denn, daß sie das Maß des Gewöhnlichen und Ortsüblichen nicht übersteigen. Die Ansicht, daß unter „Eingriff" (§. 364) auch mittelbare belästigende Einflüsse auf den Nachbargrund zu verstehen seien, begründet Unger mit Bezugnahme auf das röm. R., auf die Protokolle (Pfaff, Schadeners. S. 39) und durch den Hinweis auf die angeblich praktisch unerträglichen Konsequenzen unserer Ansicht. Die Protokolle (Ofner I. S. 246 flg.) sprechen wohl zu unseren Gunsten; denn sie erwähnen nur die Beschränkungen durch Servituten und das getheilte Eigenthum. — Gegen Unger vgl. auch Schuster-Schreiber-Stubenrauch (5. A.) zu §. 364, von den älteren Comm. Schuster, Baur. S. 63, 96, Nippel III. S. 203 flg. u. a. Auch Krainz, Syst. §. 192 N. 26 scheint unsere Ansicht zu theilen: „Volle Durchführung habe dieses Prinzip (Ihering, Mages) in der bisher. österr. Gesetzgebung noch nicht gefunden; ein Schritt dazu sei gethan in der Gewerbe-O. v. 1859 §. 31 flg. (Erforderniß besonderer behördlicher Genehmigung zur Herstellung belästigender Betriebsanlagen)". — Die Befürchtungen U.'s S. 719 (4 d. Sep. A.) betreffend „den perpetuirlichen nachbarlichen Kriegszustand" sind grundlos: gegen gefahrdrohende Handlungen, wie etwa Steinbrechen, Luftverpestung, Schießübungen, schädl. Grundinfiltrirungen, welche U. anführt — wird unter allen Umständen die Administrativbehörde prohibitiv und repressiv einzuschreiten berufen sein. Richtig Till, Przeglad 1887 S. 225 flg.; reservirt äußert sich Krasnopolski, Krit. V. Sch. 27, S. 484 flg. Eine besond. Meinung vertritt Ofner, Wiener Ztschr. 20. B. S. 228, der rechtsgeschichtlich die Richtigkeit meiner Ansicht anerkennt, aber für d. heutige R. — ohne näheren Beweis — eine Verrückung der Kompetenzgrenzen behauptet, u. gegen Unger die bedenkliche Formel aufstellt: „der wirthschaftliche Bestand des Gutes und die Existenzmöglichkeit des Besitzers auf selbem" bilden die Grundlage für die richterl. (?) Beurtheilung.

lichen Ausspruch zu erwirken. Dies habe Kläger nicht gethan. Eine Störung im Sachbesitze (durch Lärm) liege nicht vor, da hierdurch weder ein unmittelbarer noch (?) ein mittelbarer Eingriff in die Häuser des Klägers verursacht worden. Allerdings sei die Berechtigung des gewerbtreibenden Nachbars keine unbegrenzte; allein die einzuhaltende Grenze werde, sofern nicht besondere Privatrechtstitel bestehen, nur durch allgemeine Rücksichten bestimmt 2c."

Die entgegenstehende Ansicht (Mages, Pfaff, Unger, Steinbach), welche sich weiter auf die praktisch angeblich unerträglichen Konsequenzen unserer Auffassung (Schutzlosigkeit der Nachbarn) beruft, übersieht völlig, daß die aus dem Nachbarrechte fließenden Beschränkungen zum Schutze der Nachbarn gegen sog. „indirekte Immissionen" auf Grund öffentlichrechtlicher Normen jedenfalls von der Administrativbehörde festzustellen sind und daß eine cumulative Kompetenz der Gerichte selbstverständlich ausgeschlossen erscheint. Vgl. Erk. Nr. 11930 Gl. U. W. Pf.

Die Beschränkungen des Eigenthümers in Ansehung von Bauführungen und den Nachbarn schädlichen oder gefährlichen Betriebsanlagen tragen somit nach österr. R. nicht den Charakter von Legalservituten an sich, da dieselben keineswegs zunächst die Sonderinteressen der Nachbarn zu schützen, sondern vorwiegend die öffentlichen, das Gemeinwohl betreffenden Interessen zu wahren bezwecken. Dieser Weg, der zuerst von der österr. Gesetzgebung betreten wurde, ist dem Fortschritt der Industrie gewiß förderlicher, als jener, den die romanischen Legislativen wandeln! Vgl. Note 3 u. 34a. Dieser Gesichtspunkt spiegelt sich deutlich in der Norm des §. 36 der österr. G. Nov. (§. 36 Gew. G. v. 1859), derzufolge die pol. Behörde nur solche bei der kommissionellen Verhandlung erhobene Einwendungen, welche privatrechtlicher Natur sind, auf den Rechtsweg zu weisen hat, zu welchen jedoch jene aus dem Nachbarrechte nicht gehören. (S. auch N. 34a bezüglich der neuen deutsch. Gewerbe-O. v. 1892.) Hier zeigt sich recht anschaulich die Möglichkeit, daß gewisse Rechtsverhältnisse eben so gut der Herrschaft des öffentlichen als des Privatrechtes anheimfallen können, je nachdem die Gesetzgebung das Gesammt- oder Individualinteresse betont.[34b]

34b) Auch der 8. österr. Advokatentag (1887) beschäftigte sich mit der Frage des Nachbarrechts und sprach sich für den Antrag Brunstein's aus: daß die Norm

Selbst die neue deutsche Gewerbeordn. v. 1869 (§§. 16 u. 26) hat wenigstens bei gewerblichen Betriebsanlagen dem öffentlichrechtlichen Gesichtspunkt bis zu einem gewissen Maße Rechnung getragen, indem über solche Anlagen, welche für die Besitzer oder Bewohner der benachbarten Grundstücke oder für das Publikum überhaupt erhebliche Nachtheile, Gefahren oder Belästigungen herbeiführen können, die Administrativbehörde entscheidet und hierbei civilrechtlich niemals auf Einstellung einer behördlich genehmigten Anlage, sondern nur auf Einrichtungen, welche die benachtheiligende Einwirkung ausschließen oder, wo dies unthunlich, auf Schadenersatz geklagt werden kann. (Modific. d. a negatoria, vgl. Mandry, D. civilr. Inhalt d. Reichsges. §. 30.)[34c] Der deutsche Entwurf eines B. G. B.s §. 850 schließt sich ohne Vorbehalt dem röm. R. an.

Und hier sind wir bei der Frage angelangt, ob nach österr. R. bei behördlich genehmigten, den Nachbarn ungewöhnlich schädigenden Anlagen von Rechtswegen eine Ersatzpflicht stattfindet? Allerdings wird neuestens häufig behauptet (Pfaff, Zur Lehre v. Schadenersatz zc. S. 43 flg., Steinbach, Grundsätze des h. R. über den Ersatz zc. S. 13, Unger, a. O. S. 729, Handeln auf eigene Gefahr

---

des §. 364 B. G. B. sich in der Praxis als unzureichend erwiesen habe, um in Nachbarverhältnissen die Person und das Eigenthum zu schützen und verlangt eine Neuregelung dieses Rechtsschutzes. Die Debatte widerspiegelt die in der Theorie pro und contra angeführten Gründe; neigt indeß zu der Ansicht Jhering's, Mages', Unger's. Gleichwol wird anerkannt, daß das österr. Gesetz zwischen gewöhnlichen u. ungewöhnlichen Belästigungen nicht unterscheidet, u. doch verliert mit diesem Zugeständniß die Ansicht Unger's ihren Rückhalt! Daß die Servituten in §§. 475 flg. nicht taxativ angeführt sind, beweist doch Nichts gegen uns, da wir es doch nicht mit „Servituten" zu thun haben. Die Entscheid. Nr. 1417 B. G. H. gehört nicht hierher. (Cf. Jur. Bl. 1887 Nr. 43.)

34c) Dazu Frantz, Eigenthumsbeschränk. S. 184. Der Unterschied vom österr. R. besteht nur darin, daß in Deutschland das administrative Verfahren für die auf **besonderen** privatrechtl. Titeln beruhenden Einwendungen, mögen sie daselbst angemeldet sein oder nicht, niemals präklusivisch wirkt (§. 19), während nach österr. Recht auch solche Einwendungen, wenn sie nicht angemeldet werden, später weder petitorisch noch possessorisch geltend gemacht werden können; daß ferner jenes präj. administ. Verfahren nach österr. R. nicht bloß bei gewerblichen Betriebsanlagen — sondern überall eintritt, wo eine behördliche Konzession nöthig ist. Übrigens sind (wie der cit. §. 16 deutsche Gew. O. zeigt) zu den auf besonderen Privattiteln beruhenden Einwendungen (§§. 17—19 deutsche Gew. O.) jene aus dem Nachbarrechte nicht zu zählen; so richtig das Erk. d. deutsch. Reichsger. XIII. S. 57 mit Bezug auf die Entstehungsgeschichte der §§. 17—19 u. die neue Fassung der Gew. O. v. 1. April 1892.

Jahrb. f. D. 30. S. 364, Separ. A. S. 25 N. 7, Frankl, Ztschr. f. Bergr. 1892 S. 32), daß das österr. R. den Grundsatz kenne, daß eine Handlungsweise — gegen Entschädigungspflicht — für erlaubt erklärt wird, obwohl sie entschieden verletzend in einen fremden Rechtskreis eingreife, und daß dieser Regel insbesondere der Betrieb von Unternehmungen unterliege, der an sich rechtmäßig, auch wol mit behördlicher Gestattung erfolge, dabei aber seiner Natur nach den Anrainern Gefahr drohe und darum auch für den verursachten Schaden aufzukommen hat. Allein wenngleich das österr. Recht in manchen Fällen die Ersatzpflicht gewisser Unternehmungen für den durch den Betrieb verursachten Schaden — ohne Rücksicht auf ein Verschulden anerkennt, so kann doch aus diesen vereinzelten Normen kein allgemeines Prinzip abgeleitet werden und zwar um so weniger, als wir mit diesem Grundsatz den damit unverträglichen gesetzlichen Grundsatz der Schuldhaftung (§§. 1295 flg.) einfach über den Haufen werfen. Die Schuldhaftung bildet den logischen contradiktorischen Gegensatz der Erfolghaftung; — die gleichzeitige Geltung beider Grundsätze ist undenkbar; — vereinbar sind beiderlei Normen nur in der Weise, daß die eine die Regel, die andere die Ausnahme bildet. Und daß das A. B. G. B. die Schuldhaftung als Regel denke, darüber kann doch füglich kein Streit bestehen! Mit der Bagatellisirung des §. 1305 B. G. B. („Wer von seinem Rechte innerhalb der rechtlichen Schranken Gebrauch macht, hat den für einen Andern daraus entspringenden Nachtheil nicht zu verantworten") ist Nichts bewiesen! Diese Norm ist zwar eine „selbstverständliche"; aber darum verliert sie doch weder an innerer Wahrheit noch an prinzipieller Geltung; sie bildet bloß die Kehrseite des in den §§. 1295. 1306. 1311. B. G. B. aufgestellten Grundsatzes, daß ein unverschuldeter (zufälliger) Schaden von demjenigen, der ihn verursachte, nicht zu ersetzen ist! Es ist somit der Eigenthümer eines Grundes, welcher auf demselben mit Bewilligung der zuständigen Verwaltungsbehörde (§§. 25 flg. Gew. Nov., §§. 17 flg., 75 flg. Waff. Ges.) Fabriken und andere Betriebsanlagen errichtet hat, durch welche — ohne direkte Immissionen (Eingriffe) — die Nachbarschaft belästigt, gefährdet oder selbst geschädigt wird in der Regel den Nachbarn zu keinem Schadensersatze verpflichtet, weil eben weder objektiv noch subjektiv eine Illegalität vorliegt. Die Richtigkeit dieses Grundsatzes wird dadurch nicht erschüttert, daß ausnahmsweise in gewissen Fällen auch der Schaden zu ersetzen ist, der lediglich durch die gesetzmäßige Ausübung eines Rechtes verursacht worden ist (Pfaff S. 43 flg.). Daß es sich hier um Ausnahmen handelt, ergiebt sich aus folgendem.

1. Der Rücktritt vom Eheverlöbnisse verpflichtet gegenüber demjenigen, von dessen Seite keine gegründete Ursache zum Rücktritte entstanden ist, zum Schadenersatz, auch wenn dem andern Theile ein Verschulden nicht zur Last fällt. (§. 46 G. B.; die Protokolle lassen darüber keinem Zweifel Raum.)

2. Der Pfandinhaber, welcher das Pfand weiter verpfändet, haftet für den Zufall, der die Sache bei ihm nicht getroffen hätte (§. 460 G. B.) und der Bestandnehmer für das Verschulden des Afterbestandnehmers (§. 1111 G. B.).[35] — Außer diesen (schon von Pfaff a. O. S. 132 angeführten) Fällen tritt, wie ich anderwärts nachgewiesen habe, die Ersatzpflicht ein, obwol nur von einem Rechte Gebrauch gemacht wird:

3. Wenn Eisenbahnunternehmungen durch den Bahnbau und Bahnbetrieb an fremdem Gute Schaden verursachen, auch wenn ihnen kein Verschulden zur Last fällt. §. 10 lit. b. des Eis. B. Konzess. Ges. v. 14. Sept. 1854 Z. 238 R. G., dazu Entsch. Nr. 6832. 8148. 8568. 8681. 8873 Gl. U. W. Dieselbe Ersatzpflicht legt §. 42 des Eis. B. Ent. G. v. 18. Febr. 1878 Z. 30 den Bahn-Unternehmern auf, wenn sie bei Vorarbeiten für die Anlage der Bahn an fremdem Grunde Schaden verursachen. (Richtig Unger a. O. N. 17).

4. Ebenso haftet die Jagdgenossenschaft für den durch das Hegen des Wildes und der Jagdberechtigte für den durch Ausübung der Jagd an Grund und Boden verursachten Schaden. (Pat. v. 7. März 1849 Z. 154, §§. 45. 46 böhm. Jagdges. vom 1. Juni 1866.) Desgleichen haftet der Fischereiberechtigte für den bei Ausübung der Fischerei

---

35) Diese Normen der §§. 460 u. 1111 erklären sich durch den Gegensatz zum preuß. L. R., welches die Afterverpfändung und den Afterbestand nicht gestattet; das öst. G. B. hat hier, wie schon Unger a. O. N. 16 bemerkte, einen Mittelweg eingeschlagen. Über die anderweitigen Fälle, wo Ersatzpflicht ohne Verschulden eintritt, vgl. mein Wasserrecht (3. Aufl.) S. 62 Nr. 27 und meine böhm. Schrift über Schadenersatz S. 44 flg. — Die Fälle des §. 10 des Preßges. v. 17. Dezember 1862 und des Art. 8 des St. Gr. Ges. v. 21. Dezember 1867 Z. 142 zähle ich hier nicht auf, weil sie dem öffentlichen Rechte angehören. S. auch Ges. v. 16. März 1892 Z. 64.

den Ufergrundbesitzern verursachten Schaden (Ges. v. 25. April 1885 Nr. 58 R. G. Bl.).

5. Fischereiberechtigte, welche durch die Ausübung eines Wassernutzungsrechtes benachtheiligt sind, können (nur) angemessene Schadloshaltung verlangen. §. 19 R. W. G.[35a]

6. Streitig ist, ob Bergbauberechtigte den Grundeigenthümern den (ohne Verschulden) verursachten Schaden zu ersetzen haben; mit Rücksicht auf die §§. 84. 104 Bergg. ist diese Frage zu bejahen.[35b]

7. Triftberechtigte haften für allen durch die Holzschwemme verursachten Schaden. §. 34 d. Forstg. v. 3. Dezbr. 1852 Z. 250.[35c]

8. Nach der a. Ger. Ordn. (§§. 261. 282. 291. 293) haftet der Gläubiger unbedingt für den Schaden, welchen er dem Schuldner durch Anwendung eines nachträglich nicht gerechtfertigten provisor. Sicherstellungsmittels (Arrest, Verbot, Sequestration, Exekution zur Sicherstellung) verursacht hat (richtig Ullmann, Civ. Pr. (2) S. 645 u. Schrutka-Rechtenstamm, Wien. Zeitschr. 20 S. 183 flg. gegen Kahane, ebend. 19. S. 99 flg.); ebenso haftet der Patentbesitzer für volle Genugthuung im Falle einer nicht gerechtfertigten Beschlagnahme (§. 17. Priv. Ges.; dazu Nr. 11837 U. W. Pf.).[35d]

Allein diese Fälle[36] sind gegenüber der unbestrittenen Regel des

---

35a) Dazu mein Wasserr. S. 54. 63; darin spiegelt sich die höhere Werthschätzung der „Wassernutzungsrechte".

35b) Dazu Leuthold, Bergr. O. 173. Stupecky, Právník 1890 S. 100, Frankl, Zeitschr. f. Bergr. 1892 S. 1 flg., Randa, Schadenersatz (böhm.) 5. A. S. 53. Die herrschende Ansicht verlangt freilich auch hier ein Verschulden. Vgl. Samml. Budw, Nr. 3021, Samml. U. W. Pf. Nr. 12113.

35c) Nach dem §. 89 des böhm. Wasserg. (in den übrigen W. G. fehlt dieser §.) haftet der Besitzer eines Wasserwerks für Schäden, wenn es sich nachträglich zeigt, daß bei Ertheilung der Konzession von unrichtigen Voraussetzungen ausgegangen wurde und daß durch dasselbe Beschädigungen Dritter entstehen, welche nicht schon bei den Erhebungen berücksichtigt wurden. Es ist bedauerlich, daß diese billige Bestimmung (§. 89 böhm. cf. §. 19 steir. W. G.), welche überhaupt bei allen Industrialwerken Geltung haben sollie, in die übrigen L. W. G. nicht aufgenommen wurde. Dazu mein Wasserr. S. 62.

35d) Den Beweis hierfür habe ich in einem Schweizerischen Rechtsstreit (Rechtsgutachten 1892) ausführlich dargelegt; s. auch Brunstein, Patentanmaßg. (1892).

36) Zu diesen Fällen kann ich nicht (wie Pfaff S. 43 flg. thut) rechnen: a) das jus tollendi des redlichen Besitzers (§. 332 G. B.), da dieser seine Befugniß nur ohne Schädigung des Eigenthümers („ohne Schaden der Substanz") ausüben darf; b) auch nicht die Pflicht des Machthabers zum Ersatz des Schadens, welcher aus der vorzeitigen Kündigung der Vollmacht entstand (§. 1021 cf. 1020), da der einseitige Rücktritt vom Vertrag hier an eine „gesetzliche Schranke": die Ersatzpflicht geknüpft

§. 1305 **Ausnahmsfälle.**[37] Sie bestätigen nur den in der Natur der Sache gelegenen **Grundsatz** des §. 1305 G. B., — gestatten aber nach anerkannten Auslegungsregeln in anderen Fällen durchaus keine analoge Anwendung. Noch weniger kann man aus diesen Ausnahmsfällen folgerichtig den Schluß ziehen, daß sich der Nachbar „außergewöhnliche Belästigung der Regel nach nicht gefallen zu lassen braucht, d. h. (?) dafür Schadenersatz ansprechen kann" (so **Pfaff** S. 49 und N. 146), oder daß, wo ein „Recht einen Inhalt hat, der es als ein fremden Rechtskreisen **gefährliches** erscheinen läßt, der so Berechtigte ... **ersatzpflichtig** wird für den Schaden, den er durch und in der Übung seines Rechtes einem Andern zugefügt hat" (**Pfaff** S. 48 unter ausdrücklicher Bezugnahme auf Gewerbsanlagen S. 49).[38]

In diesen Ausnahmsfällen können wir daher auch nicht, wie **Unger** S. 730 flg., das **Prinzip** erblicken: „Wer eine **gewerbliche** Anlage errichtet, wer eine Fabrik betreibt, hat dies auf **eigene** Gefahr zu thun, nicht auf die Gefahr der Umgebung", und zwar um so weniger als nur die Fälle 3. und 6. „gewerbliche" Anlagen betreffen, und deren ausnahmsweiser Charakter aus dem Vergleiche der bezüglichen Normen mit dem allgemeinen bürgerl. Rechte, insbes. aus der charakteristischen Beschränkung des §. 89 des böhm. W. G. (Note 35c)

ist; c) auch nicht die Fälle der Sicherheitsbestellung der §§. 340 und 343 G. B. **Mages** S. 33. **Pfaff** N. 136), da hier die Ersatzpflicht doch nur insofern eintritt, als dem Besitzer des Werkes ein Verschulden zur Last fällt. („Der Zwang zur Sicherstellung ist vielmehr nur ein Beitreibungsmittel, die nöthige Verbesserung zeitig vorzunehmen", Protokolle bei **Pfaff** a. O.). — Daß die Ersatzpflicht des Enteigners — die doch eine **Zustandsobligation** ist — keine Ausnahme von der Regel des §. 1305 G. B. bilde, anerkennt **Pfaff** selbst S. 44, da dieselbe „eben eine der rechtlichen Schranken bildet, innerhalb deren die Ausübung des Rechtes stattfinden kann". Unter denselben Gesichtspunkt fällt die Ersatzpflicht bei Ausübung des Rücktrittsrechtes nach §. 38 des Eis. B. Ent. G. v. 18. Febr. 1878, des Nothlandungsrechtes nach §. 9 des R. Wasserg. v. 30. Mai 1869.

37) Dies wird allgemein anerkannt — selbst von **Pfaff**, S. 42. 43. 48, welcher nur die **ausnahmslose** Geltung desselben gegen die inkorrekte Behauptung **Schuster's**, Baur. S. 72, bestreitet. Mit Recht gestehen daher **Pfaff** u. **Unger**, S. 729, daß sich aus den von Pfaff angeführten Fällen kein erschöpfendes **Prinzip** deduziren läßt. Aber auch der weitere Versuch **Unger's** a. O. ist wol unzureichend, wie im Text gezeigt wird. Vgl. auch **Hasenöhrl**, Öst. Oblig. R. §. 70.

38) Ähnlich schon **Mages**, S. 47: nur „gewöhnlicher rationeller Gebrauch" ist zu dulden. — Wer hat darüber zu entscheiden, ob der Gebrauch ein „rationeller" ist? Kommen wir da nicht schließlich zu dem auch von den Redaktoren des B. G. B. perhorreszirten Verbot der Rechtsausübung aus Schadenfreude oder Mißgunst? Vgl. **Pfaff** N. 119.

hervorgeht. Allerdings enthält die Genehmigung „einer gewerblichen Anlage noch nicht die Autorisation zur ersatzfreien Schadenstiftung" (Unger a. O.); denn es ist Sache der Behörde, die „Bedingungen und Beschränkungen festzustellen, unter welchen die Anlage bewilligt wird" (s. die S. 119 cit. Gesetze) und zu diesen Bedingungen gehört gewiß auch die Feststellung aller zur Abwehr von Schäden dienlichen Vorkehrungen, bezieh. die Festsetzung oder doch der Vorbehalt der Ersatzansprüche der einsprucherhebenden Nachbarn, wenn trotz aller gebotenen Vorsichten solche Schäden entstehen sollten. (Vgl. bes. §§. 79. 86—88., dazu §. 89. böhm. Wass. G. u. mein Wass. R. S. 62flg.)[39] Indeß de lege ferenda bin ich vollkommen einverstanden, daß Unternehmer von Fabriken und ähnlichen größeren gewerblichen Anlagen[39a] für die durch deren Betrieb entstehenden Schäden schon kraft des Gesetzes unbedingt aufzukommen haben, und mit dieser Beschränkung stimme ich den Ausführungen Unger's, Handeln auf e. Gefahr S. 47 flg., Steinbach's a. O. u. Mataja's, R. des Schadenersatz. zu.

Nicht genug daran! Hält man dafür, daß sich der Nachbar „außergewöhnliche Belästigungen der Regel nach (welche sind die Ausnahmen?) nicht gefallen zu lassen braucht", dann muß man demselben konsequent gegen jede derartige belästigende Benutzung des Eigenthums ein Verbotsrecht: die actio negatoria einräumen, — darf aber nicht sein Einspruchsrecht in ein bloßes Schadenersatzrecht umwandeln, wie dies Pfaff S. 49 ohne nähere Begründung mit den Worten thut: „d. h. dafür Schadenersatz anzusprechen".[40] Gerade jene unab-

39) Hierbei wird wohl auch die polit. Behörde nach billigem Ermessen den naheliegenden Grundsatz zur Anwendung bringen, daß der durch ortsübliche oder gewöhnliche Benutzung (bez. durch derartigen gewerblichen Betrieb) entstehende Nachtheil nicht zu vergüten ist.

39a) Bei gewöhnlichen, kleineren Gewerbeanlagen erscheint eine solche Verantwortung schon aus wirthschaftlichen Gründen ausgeschlossen.

40) Anders nach §. 26 der deutschen Gew. Ord., welcher zufolge nie auf Einstellung der genehmigten Aulage, sondern nur auf Abhilfe oder Schadensersatz geklagt werden kann. Die Ausnahmsbestimmung des §. 19 R. Waff. Gesetz von 1869 bestätigt nur die Regel. — Gewiß hat Pfaff S. 42 Rechi, wenn er sagt, daß, wo ein Recht auf ein anderes stoße, eines oder beide Beschränkungen dulden müssen. Allein die Behauptung Pfaff's, daß die Nachbarschaft allein schon ein Verbotsrecht gegen ungewöhnlich belästigende Anlagen gewähre, beruht für das österr. R. auf einer petitio principii; ebenso dessen Bemerkung N. 146: „daß §. 1305 keinesfalls die Hapftpflicht (wo ist diese statuirt?) aufheben kann in jeneu Fällen, in

weisbare Konsequenz, d. i. die Annahme eines privatrechtlichen Verbotsrechtes der Grundnachbarn gegen ungewöhnlich belästigende Betriebsanlagen widerspricht der Grundauffassung des österr. Verwaltungsrechtes, welchem zufolge nur die Verwaltungsbehörde kompetent erscheint, darüber zu entscheiden, ob und unter welchen Kautelen Betriebsanlagen bewilligt werden können, welche die „Nachbarschaft zu gefährden oder zu belästigen geeignet sind" (§§. 25 flg. Gew. Nov.). Kurz — nach österr. Recht ist die bezügliche Frage dem Privatrechte völlig entrückt und dem öffentlichen Rechte überantwortet! Dies ist auch in der österr. Praxis so allgemein anerkannt, daß m. W. erst in letzter Zeit der Versuch gemacht wurde, auf Grund der Nachbarschaft im Wege einer privatrechtlichen Klage das richterliche Verbot einer derartigen Betriebsanlage zu erwirken (s. den S. 122 erwähnten Fall Nr. 11930 Samml. Gl. U. Pf.), welcher jedoch in allen Instanzen zurückgewiesen wurde.

Die hier vertretene Auffassung wird auch durch die Vorarbeiten zum B. G. B. und die Protokolle (Ofner I. S. 246 flg.) bestätigt. Die Entwürfe: Cod. Ther. 2. III. §§. 1—4, und Horten. II. 2, §. 1. 2. erwähnen nur Beschränkungen durch Verträge und letztw. Anordnungen; allgemeiner sagt Martini II. 3. §. 2: „sofern dem Rechte Dritter nicht zuwidergehandelt wird", dazu aber bes. §. 11, der diesfalls ausdrücklich auf die Bauordnungen verweist.[40a] Die schon bei Pfaff S. 40 flg. geschilderte Redaktionsgeschichte der §§. 364 u. 1305 G. B. bestärkt unsere Auffassung. Der §. 82 II. westgal. G. B. (§. 364 B. G.) verfügte nämlich im ersten Satze: „Überhaupt findet die Ausübung des Eigenthumsrechtes nur insofern statt, als die Rechte eines Dritten nicht darunter leiden". Einen selbstverständlichen, weder deutlichen noch erschöpfenden Zusatzantrag des inneröstert. Appell. Gerichtes verwarf Zeiller (1803) mit der Motivirung: „Besser sei die im Entwurf aufgestellte Regel, daß der Eigenthümer das Recht eines Dritten nicht verletzen dürfe, woraus sich

---

denen das Gesetz (die gesetzmäßig erworbene Konzession) einen den Rechtskreis Dritter gefährdenden Geschäftsbetrieb erlaubt".

40a) Der Cod. Ther. II. cap. 39. §§. XIII. XIV. geht zwar auch von dem gemeinrechtlichen Grundsatz aus, daß der Nachbar ungewöhnlichen Übelgeruch, Rauch ꝛc. nicht dulden müsse, — jedoch vorbehaltlich der „obrigkeitlichen Bewilligung" (nr. 80); dasselbe bestimmt der Entw. Horten. II. 25. §§. 23. 24 bezüglich des a. o. Rauches aus Bräuhäusern, Backöfen u. dergl. Handwerken, wo selbe

ergebe, daß, weil Jedermann ein ausschließendes Recht auf seine Person und seine äußeren Güter hat, der Eigenthümer nichts unternehmen dürfe, wodurch er in die Person oder in das Eigenthum eines Anderen eingreife. Inzwischen gebe es einige gewöhnlichere Streitigkeiten zwischen Nachbarn über gewisse Vorkehrungen des Nachbars, ob sie ein Eingriff in das Recht des Nachbars seien oder nicht, wie wenn das Licht verbaut oder Wasser auf dessen Grund abgeleitet wird." „Davon handle der Entwurf in der Lehre von den Dienstbarkeiten und dem getheilten Eigenthum und dort werde sich etwas Bestimmteres darüber sagen lassen." — Er beantragte hiernach genau die Fassung, in welcher wir §. 364 im G. B. finden — und „durch die Gründlichkeit der von dem Referenten vorgetragenen Bemerkungen überzeugt, nahm man seinen Antrag an".[41]

Der Umstand nun, daß die Conferenz bezüglich der das Nachbarrecht betreffenden Streitfragen einhellig nur auf die Lehre von den Servituten und vom getheilten Eigenthum verwies[42], ist doch wohl der beste Beleg dafür, daß es den Redaktoren nicht beifiel, den Eigenthümer in einer bestimmten Benutzung des Grundes schon darum beschränken zu wollen, weil der Nachbar „dadurch in ungewöhnlicher Weise" belästigt wird. Das österr. Gesetzbuch kennt eben — anders als das gemeine Recht — keine sog. Legalservitut des Verbotes „der ungewöhnlich belästigenden Benutzung" eines Nachbargrundstückes![42a] Auch sonst ist Zeiller „stets bemüht, die Freiheit des Eigenthums gegenüber Eingriffen Anderer zu sichern" (Pfaff S. 41)[43]; er verwahrt sich nachdrücklich dagegen, daß die gesetzlichen

nicht gewesen, „außer an jenen Orten, wo ein solches von der Obrigkeit auf vorl. Anzeige auch ohne Vernehmung der Nachbarn (!) verstattet zu werden pflegt. Hier ist offenbar die Gewerbebehörde gemeint!

41) Pfaff S. 41 N. 120 schließt aus dieser Notiz, daß Zeiller's Ausführungen tiefen Eindruck gemacht und lebhafte Zustimmung gefunden hätten.

42) Der §. 475 G. B. erwähnt beispielsweise die Servitut: den Rauch, die Dachtraufe, Flüssigkeiten rc. auf fremden Grund zu führen. Dazu vgl. §§. 357. 1143. 1147 G. B.

42a) Dazu kommt, daß Zeiller den inneröstерr. Zusatzantrag: daß Niemand „über die Beschränkung seiner Rechte klagen dürfe", wenn ihm durch die Ausübung des Eigenthumsrechtes „mittelbar" der „Verlust . . . eines Vortheils oder ein Schaden zuging" — nicht sachlich mißbilligte, sondern denselben nur formell undeutlich, unvollständig und kasuistisch fand; „besser sei die im Entwurfe aufgestellte Regel" rc.

43) Gewiß spricht der §. 1305 kein „selbständiges Dogma", sondern nur „den

Beschränkungen des Eigenthums von Richtern und Obrigkeiten eigenmächtig bestimmt oder durch willkürliche Auslegungen vermehrt werden (Komm. II. S. 127).[44]

5. Wegen des überwiegenden publizistischen, namentlich volkswirthschaftlichen Interesses sind aus dem Kreise der sogen. Legalservituten auszuscheiden: die Beschränkungen des Eigenthums an Waldungen (s. §§. 2—19 des Forstges. v. 3. Dez. 1852 Z. 250), die Verpflichtung des Grundbesitzers, die Betretung seines Grundes bei Bahnvorarbeiten zu gestatten (§. 42 E. B. G. v. 18. Febr. 1878 Z. 30), die nunmehr aufgehobenen Beschränkungen der Freitheilbarkeit der Grundstücke[45], die Beschränkungen rücksichtlich der zum Bergregale gehörigen Mineralien, Salz- und Cementgewässer, sowie jene des Bergwerkbetriebs (Bergg. v. 23. Mai 1854 §§. 3. 123. 124, dazu §§. 174—177), die sog. Rayonbeschränkungen in der Nähe der Festungen u. d. m.[46], Beschränkungen bezüglich des Tabakanbaues, die Beschränkungen der §§. 17. 50. u. a. böhm. (16. 49, bez. 44 and.) L. Wass. G., des §. 10 R. Wass. G., des Ges.

selbstverständlichen Satz aus, daß man in der Ausübung eines Rechtes nichts Widerrechtliches finden könne, weil ein Anderer davon Nachtheil hat" (Pfaff S. 42); aber ebenso gewiß enthält §. 1305 die ebenso selbstverständliche Regel, daß der sein Recht Ausübende eben darum zum Ersatz des daraus für Dritte resultirenden Schadens nicht verpflichtet ist. Diese Regel wird dadurch nicht erschüttert, daß das positive Recht trotzdem ausnahmsweise aus Billigkeitsrücksichten eine Ersatzpflicht, eine Entschädigungspflicht feststellt. Anders in dem Rechtsfalle Nr. 12312 Samml. U. W. Pf. (vgl. Note 30a); nach der Auffassung des O. G. Hofes lag hier Verletzung eines fremden Servitutsbesitzes vor.

44) Die preußische Praxis sollte zwar auf Grund der in Note 28 u. 34 angedeuteten Normen (§. 26 G. O.) die Fabriksbesitzer unbedingt zum Ersatze des Schadens verhalten, welcher den Nachbarn durch die ungewöhnliche Verbreitung von Rauch, Staub 2c. verursacht wird. Allein thatsächlich legen auch die preuß. Gerichte auf das Dasein eines Verschuldens Gewicht. Vgl. Dernburg §. 220. S. 465. — Anders allerdings nach franz. R.; nach diesem haben zwar die Nachbarn keinen Anspruch (Negatoria) auf Beseitigung von behördlich genehmigten Anlagen; allein die Judicatur interpretirt die Norm des art. 1383: Chacun est responsable du dommage qu'il a causé — dahin, daß der Besitzer der Anlagen für allen (auch zufälligen) Schaden verantwortlich ist, der aus denselben für die Nachbarn entsteht. Näheres besonders bei Laurent, VI. nr. 144 flg. und bei den in Note 28 cit. Schriftstellern, auch mein Wasserr. S. 139. Bei dieser Verschiedenheit der Gesetzgebung ist die bei uns häufige Berufung auf die franz. Judicatur um so weniger am Platze, als ein Theil der franz. Juristen (s. die bei Laurent VI nr. 148 Genannten) diesen Anspruch bei genehmigten Anlagen nicht anerkennt.

45) Über die geschichtliche Entwicklung vgl. Stobbe §. 84; die österr. Landesgesetze s. bei Kirchstetter S. 383.

46) Darüber vgl. Ulbrich, österr. Verwaltg. R. §§. 203. 206 flg. 336.

v. 30. Juni 1884 Z. 117 betreffs der unschädlichen Ableitung von Gebirgswässern.[47]

6. Ebensowenig gehören dem Privatrechte an jene Beschränkungen in der Benutzung des Grundeigenthums, welche lediglich im fiskalischen Interesse, insbes. zur Wahrung der fiskalischen Staatsmonopole getroffen sind, z. B. das Verbot des Tabakpflanzenanbaues, der Benutzung der Kochsalzquellen.

§. 6. Von den gesetzlichen Verpflichtungen des Eigenthümers.

Von den gesetzlichen Eigenthumsbeschränkungen (§. 5) sind jene gesetzlichen Bestimmungen zu unterscheiden, kraft deren der Eigenthümer nicht bloß etwas zu dulden- oder zu unterlassen, sondern vielmehr geradezu etwas zu *thun* hat.[1] Dieses imperative Eingreifen in die Sphäre des Eigenthumsrechtes, welchem (wie regelmäßig dem Privatrechte überhaupt) der Zwang zur Ausübung oder zu einer gewissen Art derselben fremd ist, beruht vorzugsweise auf dem Streben, die Industrie, den Ackerbau, überhaupt die Kultur und öffentliche Wohlfahrt zu fördern. Wir übergehen hier jene Kategorie von Verpflichtungen des Eigenthümers, welche (wie z. B. mehrere der auf S. 143 angedeuteten) *ausschließlich* im Interesse der *Gesammtheit* fixirt sind, und daher dem öffentlichen Rechte angehören; wir beschränken uns vielmehr auf die Darstellung jener, welche überwiegend das *Sonderinteresse* zu fördern bestimmt und daher *privatrechtlicher* Natur sind.

1. Wenn der Zustand eines Gebäudes den *Einsturz* besorgen läßt, hat die Baubehörde die erforderlichen Verfügungen zur Abwendung der Gefahr zu treffen, daher insbesondere den Eigenthümer zur Ausbesserung beziehungsweise zur Abtragung des Baues zu verhalten

---

47) Die Legalservitut des §. 11 R. Waff. G. ist bereits in anderem Zusammenhang dargestellt worden.

1) Ungenau spricht man auch in diesen Fällen von Eigenthums*beschränkungen*; diese könnten niemals die Verpflichtung zu einem positiven *Handeln* in sich fassen. (Vgl. auch *Vangerow* §. 297, *Schmid* S. 18.) Wir finden hier vielmehr eine dem Eigenthümer gesetzlich obliegende *Obligation*. Dies wird häufig übersehen und werden hiernach die in diesem §. behandelten Fälle unter der Rubrik: „Beschränkungen" dargestellt. Ausdrücklich gestatten das A. B. G. B. (§. 387) und das *preuß.* L. R. (§. 34. 83. I. 8.) einen imperativen Einfluß auf die *aktuelle* Benutzung des Eigenthums.

(§. 387).[2] Ist der Umbau eines solchen Gebäudes für nothwendig erkannt worden, so ist derselbe dem Eigenthümer aufzutragen; kommt dieser dem Auftrage innerhalb der bestimmten Frist nicht nach, so ist durch den von der Polizeibehörde aufzustellenden Curator die Veräußerung des Objektes im öffentlichen Feilbietungswege gegen die Verpflichtung zu veranlassen, daß die Abtragung oder der Wiederaufbau nach Maßgabe des zu genehmigenden Planes binnen der festgesetzten Frist zur Ausführung gelange. (§. 125 der Bauordn. f. Böhmen v. 8. Jannar 1889, mit welchem die Minist. V. für Krakau v. 2. September 1856 Z. 164 R. G. Bl. im Wesentlichen übereinstimmt; die gemeinsame Grundlage bildet das Pat. v. 1. Juli 1784.)[3] Diese Veräußerung ist wohl nach den Grundsätzen des exekutiven Verkaufs zu beurtheilen und vom Gerichte vorzunehmen; dafür spricht die Analogie des Expropriationsverfahrens und der Umstand, daß außerdem die Veräußerung der vielleicht überschuldeten Baustelle undurchführbar wäre.[4]

Die Frage, ob auch der Nachbar, welcher durch den Einsturz des baufälligen Gebäudes bedroht ist, die Wiederherstellung im Prozeßwege verlangen könne, ist zu verneinen.[5] Von dem Rechte desselben, Sicherstellung zu verlangen, wird im Verlaufe dieses §. die Rede sein.

2. Keine praktische Bedeutung mehr hat wohl derzeit die Bestimmung des §. 387 A. B. G. B., welcher in Ansehung der Frage: „in-

---

2) Die böhm. Bauordn. erwähnt zwar der Abtragung nicht; allein gewiß kann dem öffentlichen Interesse regelmäßig auch auf diesem Wege Rechnung getragen werden. Den Kosten der Exekution will die Entsch. Nr. 9452 Gl. U. Pf. bei der Vertheilung des Kaufschillings ohne Grund ein Vorzugsrecht einräumen.

3) Nicht genau spricht der §. 387 A. B. G. B. vom „Verlassen" oder „Einziehen" der verwahrlosten Grundstücke und Gebäude.

4) Vgl. Nr. 9452 Samml. — Anderer Ansicht ist Pražák, Enteign. S. 33. N. 2, welcher die Grundsätze der freiwilligen Feilbietung anwenden will. — Ähnliche Bestimmungen enthalten das Römische R., c. 4. C. de jure r. p. 11. 29, ältere deutsche Stadtrechte (Stobbe §. 84. N. 3) und die neueren Kodifikationen, insbesondere das preuß. L. R., f. §. 37 flg. 65. I. 8, dazu Förster §. 170. Note 10. Dernburg §. 219.

5) Seinem Interesse wird durch die Anzeige an die Polizeibehörde, welche sodann von Amtswegen zu interveniren hat, Genüge gethan. — So auch nach preuß. L. R. f. Dernburg a. O., während nach röm. R. der bedrohte Nachbar Cautionsbestellung fordern und, wenn diese verweigert wurde, das Recht der Reparatur, endlich das Eigenthum an dem Bauobjekte beanspruchen konnte. L. 7. pr. L. 15. §. 16. 17. 33. D. de damno inf. 39. 2, dazu neuest. Burckhard, Cautio d. i. S. 541, 559 flg., Windscheid §. 460, Vangerow §. 678.

wiefern Grundstücke wegen gänzlicher Unterlassung des Anbaues ... für verlassen anzusehen oder einzuziehen seien", auf die „politischen Gesetze" verweist. Denn das Patent vom 17. April 1784, demzufolge der Grundhold, welcher Bauerngründe trotz Ermahnung durch drei Jahre unbebaut gelassen, von der Grundobrigkeit (nachdem vorher dem Kreisamte die Anzeige gemacht worden) abgestiftet werden soll, hat wohl die Unterthänigkeit der Bauerngründe zur Voraussetzung und ist mit der Aufhebung des Unterthänigkeitsbandes als beseitigt anzusehen.[6] Vgl. nun auch Art. 5 des St. Gr. Ges. vom 21. Dezember 1866 Z. 141, welcher das Eigenthum für unverletzlich erklärt.

3. Obwohl der Eigenthümer einer verfallenen Grenzmauer oder Grenzplanke im Allgemeinen nicht verpflichtet ist, dieselbe auszubessern oder sie wiederherzustellen, so legt ihm doch ausnahmsweise das A. G. B. B. (§. 858. Abs. 1) diese Verpflichtung auf, „wenn durch die Öffnung für den Grenznachbar Schaden zu befürchten wäre".[7] Unter „Öffnung" (§. 858) sind wohl nur Berstungen oder Löcher der „verfallenen Mauer" zu verstehen, nicht aber auch Fenster in jeder Nachbarmauer; daher kann der Nachbar nicht zur Vergitterung der in seiner Maner befindlichen Fenster angehalten werden. Vgl. d. Erkennt. Nr. 10897. 11381 Samml. U. W. Pf.[7a] — Außerdem verpflichtet das Gesetz (§. 858. Abs. 2.) den Eigenthümer von Grundstücken, bei welchen dies das Herkommen und das wirthschaftliche Bedürfniß erfordert,[8] für die „nöthige Einschließung"

6) Vgl. auch Strohal, Zur Lehre v. Eigenth. S. 163. N. 3. Als aufrecht bestehend betrachten jenes Patent noch Stubenrauch I. S. 508 (2. A.) und Kirchstetter S. 203. Daß auch hier die Fiktion einer Dereliktion (§. 387 G. B.) eine sachwidrige ist, liegt auf der Hand.

7) Die Ansicht Schuster's, Baurecht S. 77 flg., daß dem Eigenthümer diese Verpflichtung nur dann obliege, wenn er kraft einer Dienstbarkeit (?) verpflichtet sei, die Mauer im guten Stande zu erhalten (§. 476), oder wenn sonst unbefugte Immissionen in das benachbarte Grundstück entstünden (§. 472) oder durch Einsturz Gefahr drohte (§. 343), sucht die Tragweite der ganz allgemeinen Anordnung des §. 858. Abs. 1. unzulässiger Weise einzuschränken. Ungenau Kirchstetter S. 427. Wann immer für den Nachbar ein Schaden zu befürchten ist, liegt die Pflicht zur Erhaltung der Scheidewand vor, z. B. wenn Regenwasser oder Hausthiere vom Nachbargrunde eindringen u. s. w. Vgl. auch Mages, Ger. Zeit. 1871 Nr. 10. a. u. die Entsch. d. böhm. O. L. G. im Právník 1870 S. 202 flg.

7a) Die analoge Anwendung der Vorschrift des §. 488 G. B. hat der O. G. Hof mit Recht abgelehnt, da dieser §. ein in fremder Maner befindliches Fenster (sog. Fensterrecht §. 475 Nr. 3 [s. luminum] im Gegensatz zu §. 476 N. 10. 11 [s. ne luminibus off.]) zur Voraussetzung hat.

8) Insbesondere bei Gärten, Höfen 2c. Diese Beschränkung ergiebt sich aus den

des Raumes auf einer Seite und zwar — bei Abgang eines entgegenstehenden Ortsgebrauchs[9] — auf der rechten Seite des Haupteinganges Vorsorge zu treffen, bezieh. für die „Abtheilung vom fremden Raume", d. i. für die Instandhaltung der Grenzen das Nöthige zu veranstalten. Es ist selbstverständlich, daß der Grundbesitzer die so errichtete Scheidemauer auch in Stand zu halten hat. — Übrigens ist wohl zu beachten, daß der erste Absatz des §. 858 eine bereits bestehende Scheidewand (Mauer, Planke) voraussetzt und den Eigen-

Worten: „nöthige Einschließung" und „Haupteingang". Bei Feldern, Wiesen ꝛc. giebt es weder einen Haupteingang, noch ist eine „Einschließung nöthig" oder üblich. Vgl. auch Stubenrauch I. S. 1132. Übrigens kann diese Einschließung nach Umständen auch durch Zäune und Hecken geschehen. Vgl. Práv. 1887 S. 342.

9) Das Gesetz (§. 858) sagt zwar: „auf der rechten Seite seines Haupteingangs". Allein damit sollte doch nur eine für wirthschaftliche Verhältnisse berechnete Regel ausgesprochen werden, namentlich bei Anlegung von neuen Wohn- und Wirthschaftsgebäuden. Anders wenn etwa nach dem Ortsgebrauche die Einzäunung auf der linken Seite des Eingangs hergebracht ist; denn alsdann erfordert das wirthschaftliche Bedürfniß die Einfriedigung auf dieser Seite (Arg. §. 858. „die nöthige Einschließung"). Nicht auf den todten Buchstaben, sondern auf den legislativen Grund, die Absicht des Gesetzgebers ist Gewicht zu legen (s. auch den interessanten Rechtsfall im Právník a. a. O.). Übrigens scheint die Vorschrift des §. 858 auf einem alten Herkommen zu beruhen, dessen auch die böhmischen Stadtrechte K. 35. mit dem ausdrücklichen Beisatze erwähnen, daß dieser Gebrauch kein ausnahmsloser sei. K. 35: „dann obwohl durch gemeine Gebräuche und gemeiniglich die Mauern auf der rechten Seite, wann man in's Haus gehet, demselben Hause zugeschrieben werden, jedoch nicht allezeit und bei jedem Hanse dieses gänzlich zu finden ist . . . und gehören bisweilen zu dem Hanse, das auf der linken Seite liegt" . . . Der §. 33 II. 19 des Entw. Martini (§. 858 G. B.) verordnet am Schlusse nur: „und für die Abtheilung vom fremden Gebäude zu sorgen". Doch schon im Urentwurf §. 672 II. wurde statt Gebäude „Raum" gesagt. Referent erklärte 1805 (Ofner II. S. 132), daß dieser Absatz mancherlei Auslegungen unterliege; er gründe sich aber auf bloß (?) architektische (!) Kenntnisse und könne daher erst nach Vernehmung von Sachverständigen ausgesagt (?) werden." — Im Übrigen kann die im §. 858. Absatz 2 normirte Verpflichtung nicht — wie Helfert, Zeitschr. f. österr. Rechtsg. 1826. S. 299, will — auf solche Fälle beschränkt werden, wenn die Scheidemauer, welche bereits bestand, verfällt oder zu verfallen droht und für den Nachbar Schaden zu befürchten ist. Dagegen schon Nippel V. S. 514, Stubenrauch S. 1132. Mages a. a. O. Nr. 10. — Hätten die Nachbarn die Haupteingänge von gegenüberliegenden Seiten, so wäre wohl die Scheidemauer auf gemeinschaftliche Kosten herzustellen. Anal. §. 494. Vgl. Helfert a. O. S. 244; and. A. Nippel V. S. 322, Stubenrauch S. 1133 u. Kirchstetter §. 427, welche den §. 841 zur Anwendung bringen wollen. — Im wirklichen Leben hat die in Rede stehende Vorschrift des §. 858 kaum irgendwo eine größere praktische Bedeutung gewonnen; vgl. auch die Bemerkungen von Mages a. a. O. — Ähnliche Bestimmungen finden sich im preuß. L. R. §§. 149—185. I. 8. „Die Anlegung (der Scheidungen) ist fakultativ, die Wiederherstellung und Unterhaltung ist geboten." Förster §. 170 N. 43. Für die Auslegung des §. 858 ist das pr. L. R. ohne Werth.

thümer zur Instandhaltung derselben verpflichtet, während der zweite Absatz des §. 858 die Anlage einer neuen Scheidemauer anordnet. (Arg. v. „Es ist aber ꝛc.")

4. Nach §. 343 B. G. B. kann der Besitzer einer Sache oder eines dinglichen Rechtes, welchem durch den nahen Einsturz eines „bereits vorhandenen fremden Baues oder einer anderen fremden Sache[10] offenbarer Schaden droht", gerichtlich auf Sicherstellung (§§. 1373. 1374 G. B.) klagen, wenn nicht schon die Administrativbehörde für die öffentliche Sicherheit hinlängliche Vorkehrungen getroffen hat. Das Gesetz gewährt hier in Anlehnung an die römische Cautio damni infecti das Recht auf Sicherstellung des Schadens, der durch Einsturz eines Opus entstehen könnte, knüpfte aber die aktive Seite dieses Rechtsanspruches schon an den bloßen Besitz des bedrohten Objekts (Sache, Recht),[11] während das röm. Recht die Aktivlegitimation nur dem Eigenthümer, dem redlichen Besitzer und gewissen dinglich Berechtig-

10) Z. B. eines Taubenschlags, selbst eines Baumes. Vgl. Zeiller II. S. 92, Nippel III. 141. Mages, Nr. 12. Die Anwendbarkeit des §. 343 auf Bäume leugnet zwar Stubenrauch I. S. 456; allein dafür spricht der allgemeine Wortlaut des Gesetzes (die Marginalrubrik ist offenbar nicht genau) und die historische Entwicklung; denn unter dem opus sind zwar vorzugsweise Bauwerke und sonstige bleibende Anlagen (Backöfen, Senkgruben, Wassergruben ꝛc.) gemeint (s. Burckhard S. 162 flg.), aber Baumpflanzungen nicht ausgeschlossen; vgl. L. 24. §. 9. D. d. inf. c. 39. 2, dazu Windscheid §. 458. N. 7. §. 461. Übrigens bezeichnet opus nicht bloß das Resultat der Thätigkeit, sondern auch diese selbst. Vgl. L. 3. §. 11. L. 4. 5. pr. §. 1. 4. D. de itin. 43. 19. L. 5. D. de V. S. 50. 16, Windscheid §. 460. N. 1, Burckhard S. 162 flg.

11) Allerdings wird der Besitzer regelmäßig der Eigenthümer sein. Auch die Vorarbeiten: Cod. Ther. III. 24. nr. 140, Horten II. 21. §. 45., Martini II. 2. §. 34. sprechen vom Besitzer; die ersteren bringen die Cautio d. i. mit der O. N. Nuntiatio bei Neu- und Umbauten in Zusammenhang, indeß der letztgedachte Entw. bereits die O. N. N. fallen läßt und schon auf die a. Ger. O. und das dort bezogene Administrativverfahren Bezug nimmt. Die ersten beiden Entwürfe gestatten (§. 343.) die Alternativklage auf „Abstellung der Gefahr" oder „Sicherheit"! Der letztcit. Entw. Martini spricht gleich dem A. B. G. B. nur von Sicherheitsbestellung, — ohne Zweifel darum, weil das erstere Petit zur Kompetenz der Baubehörde gehört. — Die Wiener Fakultät hatte beantragt, das Rechtsmittel des §. 343 auch auf den Besitzer eines persönlichen Rechtes, insbesondere auf den Miether auszudehnen, wogegen sich jedoch Zeiller in der Sitzung vom 25. April 1803 mit Bezug auf das röm. Recht erklärte. (Bei Ofner Protok. I. S. 239. fehlt ad §. 62, Zeite 6. nach „Recht" das Wort: nicht.) Nichtsdestoweniger wird consequenter Weise das Recht auf Sicherstellung auch dem Besitzer eines obligatorischen Rechtes nicht versagt werden können. Vgl. dazu noch Pfaff, Lehre vom Schadenersatz S. 47, der sich aber nicht bestimmt äußert, ferner Randa, Besitz §. 7b, und Canstein, Grünhut's Zeitschr. VI. S. 123 flg. 146 flg. Anderer Ans. aber ist Kirchstetter S. 182.

ten (Nutznießer, Pfandgläubiger, Superfiziar, Emphyteuta) zuerkennt.[12] Kautionspflichtig ist der Eigenthümer und der Usucapionsbesitzer (§§. 343 „fremder Bau", dazu vergl. die Redewendungen der §§. 333. 375. 412 flg.), nicht aber der Fruchtnießer (§. 514 flg.) und Superfiziar (§. 1125) — noch weniger andere an der Sache bloß dinglich Berechtigte, z. B. Realservitutenbesitzer, Hypothekargläubiger, auch nicht der Gebrauchberechtigte (vgl. Note 21). Wichtiger noch sind die folgenden Abweichungen vom röm. Rechte. Während nämlich nach diesem der Schadensersatz ex vitio[13] aedium, loci, operis[14] nur dann verlangt werden kann, wenn die Kaution gefordert wurde, — dann aber selbst bei mangelndem Verschulden des Nachbars[15]: richtet sich nach österr. Rechte die Verpflichtung zum Ersatze auch hier nach der allgemeinen Regel (§. 1295 B. G. B.), tritt also nur bei Verschulden des Eigenthümers des gefahrdrohenden opus ein, alsdann aber ohne Rücksicht darauf, ob vorher Kaution verlangt wurde oder nicht. (Vgl. die bei Pfaff, Schadensersatz S. 47, Ofner, I. S. 239 cit. Motivirung der Redaktoren [1803], „daß bei uns . . . von dem Eigenthümer des Gebäudes der mittelbar aus seinem Verschulden entstandene Schade auch ohne vorläufige Sicherheit ersetzt werden müßte; der Zwang der Sicherstellung sei nur ein Beitreibungsmittel, die nöthigen Verbesserungen zeitig vorzunehmen."[16]) Eben darum hat

---

12) L. 9. §. 4. 5. L. 10. 11. 13. D. h. t. 39. 2. dazu Arndts §. 328. Windscheid § 458—460, Hesse S. 84 flg. Burckhard S. 270—300.

13) Die natürliche Beschaffenheit des Grundes ist kein vitium. L. 24. §. 2. D. h. t. . . . nemo dixit palustris loci vel arenosi nomine quasi vitiosi committi stipulationem, quia naturale vitium est.

14) Nach röm. Recht ist auch der Pfandgläubiger (jedoch nicht der bloße Besitzer) kautionspflichtig. Vgl. L. 9. §. 10. L. 10. 19. pr. D. h. t., dazu Windscheid §.459, Burckhard, S. 341; für das österr. Recht will Canstein Zeitschrift VI. S. 146 die Klage nur gegen den Eigenthümer und Besitzer gestatten.

15) L. 18. §. 4. 9. L. 24. §. 12. L. 26. 32. D. h. t. Liegt ein Verschulden vor, so findet die Haftung nach den Grundsätzen der lex Aquilia statt. Vgl. noch Burckhard S. 262 flg. und über die Voraussetzungen der C. d. i. überhaupt noch Ihering, in seinem Jahrb. VI. S. 98. Hesse, Rechtsverh. I. S. 120 flg. Vangerow §. 678. Windscheid §§. 458 flg.

16) Ebenso nach preuß. Recht, s. Förster § 171. 4, Roth §. 125. und dem sächs. G. B. Siebenhaar, II. S. 304. u. Motive zu §. 351. (Dagegen hatten noch die böhm. Stadtr. K. 25 an dem Grundsatze des röm. Rechts festgehalten.) — And. A. ist in der Schuldfrage Pfaff, Schadenersatz S. 47 Note. Aber gerade die Motivirung der Redaktoren ist ein Beleg für die Regel der §§. 1295 und 1305, und hilft daher nicht das Prinzip derselben „zu erschüttern." Auch Unger, Handeln auf eig. Gefahr S. 45 Nr. 123 hält die Ersatzpflicht vom Verschulden für unabhängig.

aber auch das Institut der Cautio damni infecti nach österr. Recht praktisch keine nennenswerthe Bedeutung.[17] Sohin liegt die besondere Bedeutung des §. 343 G. B. lediglich darin, daß einerseits der gefährdete Besitzer Sicherheit (durch Pfand- oder Bürgschaftsbestellung, §§. 1373. 1374) für den Ersatz des eventuellen, ihm drohenden Schadens verlangen kann,[18] und daß andrerseits für die Geltendmachung dieses Anspruches das äußerst summarische Verfahren der k. Ver-

---

17) In der Sammlung Gl. U. W. findet sich nicht ein Fall der Cautio d. inf. Der im Index citirte Rechtsfall N. 1535 betrifft eine Besitzstörung nach §. 340. G. B. Ähnlich liegt der Fall Nr. 10957 ders. Samml., in welchem mit der Besitzstörungsklage das Verbot der gefahrdrohenden Demolirung und event. Sicherstellung verlangt, — die Klage jedoch Mangels des Besitzes eines verbietenden Rechtes abgewiesen wurde. (Warum wurde nicht die Caution auf Grund des §. 343. begehrt?) Auch mir ist aus der Praxis kein hieher gehöriger Fall bekannt geworden. Vgl. übrigens noch Stubenrauch I. S. 456, Kirchstetter S. 165, Mages G. Zeit 1871 N. 12. Unbestimmt äußert sich Winiwarter II. S. 76. — Mages a. a. O. nimmt an, daß der Ersatz des Schadens (auch wenn Kaution nicht geleistet worden ist) unbedingt dann gefordert werden könne, wenn der Einsturz durch die Fehlerhaftigkeit des opus verursacht worden ist, und findet sohin im §. 343 eine Restriktion der Regel des §. 1305 G. B. Ich vermag dieser Ansicht nach dem im Text Ausgeführten nicht beizustimmen. Nicht die Fehlerhaftigkeit des opus an sich, sondern das verschuldete vitium macht den Urheber oder Eigenthümer der Anlage ersatzpflichtig (§§. 1295 flg. 1306. 1315). Insbesondere ist der Bauherr als solcher für die Folgen eines mangelhaften Banes nicht verantwortlich, wenn er den Bau einem befugten Baumeister übertragen hat und diesem ein Verschulden (z. B. in Ansehung des Baumaterials, der Stärke der Mauern ꝛc.) zur Last fällt. (Vgl. §§. 50—51 flg. der böhm. Bauordn.) Wurde der Schaden durch den Einsturz eines baufällig gewordenen Gebäudes veranlaßt, dann freilich wird der Eigenthümer desselben regelmäßig ersatzpflichtig sein, da ihm nach den baupolizeilichen Vorschriften die Verpflichtung obliegt, für die Ausbesserung oder Abtragung des gefahrdrohenden Baues Sorge zu tragen (§. 125 böhm. Bauordnung.) und die Nichterfüllung derselben in der Regel auf einem Verschulden beruhen wird. (Vgl. § 381 a. Strafg., welcher die Verpflichtung des Eigenthümers auch strafrechtlich sanctionirt). Aus diesem Gesichtspunkte ist wohl die Frage zu entscheiden, ob dem Nachbar der Schade zu ersetzen ist, der demselben durch das Abgraben des Grundes, Tieferlegung der Straße an seinem Hanse verursacht worden ist? M. E. nur dann, wenn die baupolizeilichen Vorschriften nicht beobachtet worden sind. — Nach röm. Recht L. 24. §. 12. D. h. t. hingegen konnte in solchen Fällen allerdings die Cautio d. inf. gefordert werden. — Nach franz. Recht art. 1386 und sächs. Recht §. 351 ist der Eigenthümer dem Nachbar von Rechtswegen für den Schaden verantwortlich, welcher durch die Baufälligkeit seines Gebäudes verursacht wurde, wenn sie in Fehlern der Bauart oder im Mangel der erforderlichen Erhaltungsmaßregeln ihren Grund hat.

18) Nicht anders scheinen die Sache aufzufassen: Zeiller II. 92, Stubenrauch I. S. 456, Kirchstetter S. 182, bestimmt Mages Nr. 12, Pfaff a. O. Anderer Ansicht aber Winiwarter II. S. 76, welcher meint, daß vielleicht der Nachbar ohne Kautionsleistung keinen wirksamen Regreß hätte.

ordnung vom 27. Oktober 1849 Z. 12 R. G. Bl. (§. 15) vorgeschrieben ist.[19]

Der zur Kautionsbestellung[20] verpflichtete **Eigenthümer** der baufälligen Anlage,[21] kann sich jedoch dieser Verpflichtung — weil es sich eben um eine Grundlast handelt — durch **Dereliktion** des Grundstückes entziehen. (Vgl. §§. 362. 483 B. G. B.)[22]

Eine weitere wesentliche Abweichung vom röm. Rechte liegt in der Art der Exekution des richterlichen Sicherstellungsbefehles. Wird nämlich die Sicherheit nicht geleistet, so kann der Kautionswerber die Sicherheitsleistung nach Vorschrift der Ger.-Ordnung (§. 304) im Exekutionswege erzwingen, insbesondere durch pfandweise Einverleibung des zur Sicherstellung verhaltenden Urtheils bezieh. Eintrag der Hypothek für die sicher zu stellende Summe auf die Realität des Exekuten,[23] während nach **römischem** Rechte die Sicherstellung nicht

19) Darüber s. **Randa** und **Canstein** a. a. O., bes. die Archiv-Mittheilungen des Letzteren S. 195. 198.

20) Die Kautionspflicht involvirt allerdings eine „Beschränkung", richtiger eine Obligation des Eigenthümers, was **Better** a. O. V. S. 172 mit Unrecht leugnet; denn daß die Cautio d. inf. eine Verletzung fremden Eigenthums voraussetze, ist nicht zuzugeben. Vgl. auch **Windscheid** §. 169. N. 16. 18; **Roth** §. 125. N. 6, **Burckhard** S. 16. I. flg.

21) Der §. 343 G. B. bestimmt zwar nicht, **wer** kautionspflichtig ist; doch kann kein Zweifel bestehen, daß diese Verpflichtung nach Absicht des Gesetzes zunächst den Eigenthümer trifft. Dies setzen auch **Stubenrauch** I. S. 456, **Mages** Nr. 12 als selbstverständlich voraus; dies bestätigen ferner die unter Z. 1 u. 3 citirten Normen, besonders der §. 125 der **böhm**. Bauordn., welcher dem **Eigenthümer** die Reparatur des Baues aufträgt. Auch nach **röm**. Recht ist zunächst der Eigenthümer kautionspflichtig (ihm gleichgestellt ist der b. f. possessor L. 9. §. 4. 5. L. 10. 13. 15. D. h. t.), außerdem aber auch der Emphyteuta, Superfiziar, Usufructuar und Pfandgläubiger (L. 9. §. 4. 5. L. 19. pr. D. h. t.), dazu **Windscheid** §. 459, **Burckhard** S. 330 flg. — Nach **österr**. Rechte wird wohl auch der vermuthete Eigenthümer (§. 372. G. B.) als kautionspflichtig angesehen werden dürfen, — außerdem aber keine der vorhin genannten Personen.

22) Mit Unrecht leugnet dies **Stubenrauch** S. 456, weil „das G. B. .... dieses Recht nicht eingeräumt hat" (!). Richtig **Mages** N. 12. Vgl. auch L. 7. §. 1. D. h. t., dazu **Windscheid** §. 438. N. 5.

23) Nach §. 303 A. G. O. und §. 33. lit. d. des G. G. (nicht etwa bloß durch Vormerkung nach §. 38. lit. b.). Im Prinzip übereinstimmend: **Stubenrauch** und **Mages** a. a. O. Nach den **böhm**. Stadtr. K. 25 stand dem Gefährdeten frei, zu verlangen, daß der Eigenthümer des opus entweder „dem Schaden zuvorkomme" oder dafür Kaution leiste. Unhaltbar ist die Ansicht **Nippel's** III. S. 141, daß der Gefährdete die Arbeiten zur Beseitigung des gefahrdrohenden Zustandes des vitiosen Opus selbst herstellen und sohin den Ersatz der Kosten verlangen könne; denn das Urtheil kann nach §. 343 A. B. G. B. nicht die Vornahme der Handlung (§. 309 A. G. O.), sondern nur die Sicherstellung (§. 304 A. G. O.) anordnen. — So schon

direkt erzwungen werden kann, vielmehr der Kautionspflichtige durch ein eigenthümliches Verfahren zur Kautionsleistung nur indirekt verhalten werden soll.[24] Übrigens steht dem Gefährdeten frei, nach Umständen auch die Intervention der baupolizeilichen Behörden in Anspruch zu nehmen. (Vgl. §. 125 der böhm. Bauordn.)

Daß die Sicherstellungsklage des §. 343 G. B. nicht gestörten Besitz voraussetzt, noch auch zum Schutze des Besitzes gegen Beeinträchtigung dient, darüber vgl. meinen Besitz §. 7b.

5. Nach mehreren Bauordnungen hat bei Anlage neuer Städte oder Ortstheile der Abtheilungswerber den Grund zur Herstellung der seine zu parzellirende Realität künftig durchziehenden Straßen an die Gemeinde unentgeltlich abzutreten, desgleichen (jedoch gegen Entgelt) die zur Herstellung der neuen Baulinie nöthigen Grenzparzellen. Vgl. §. 23 flg. böhm. Bau-Ordn. Daß es sich hier nicht um eine „Enteignung" handelt, anerkennt neuest. d. Erk. d. Verwalt. G. H. Budwinski Nr. 733, s. auch Pražák S. 122; Schiffner, G. Z. 1881. Nr. 49. N. 42.

6. Soweit Wassergenossenschaften zu Wasser-Schutz-, Regulirungs-, Entwässerungs- oder Bewässerungsanlagen durch freie Übereinkunft oder auf Grund von Mehrheitsbeschlüssen durch Verfügung der Verwaltungsbehörde gebildet wurden, wird jeder Eigenthümer des einbezogenen Grundstücks kraft des Gesetzes Mitglied

---

nach bayer. L. R. IV. 16. 10, s. Roth §. 125. — Das preuß. L. R. erwähnt die Verpflichtung zur cautio d. inf. nicht mehr, „da es wohl den obrigkeitlichen Schutz für ausreichend hielt." Vgl. Dernburg §. 219 a. E., welcher aber trotzdem auch eine Privatklage auf Vornahme der Reparatur und nach Umständen auf Sicherstellung zulassen will. — Auch dem sächs. G. B. ist die cautio d. inf. fremd. Vgl. Motive zu §. 351 G. B.

24) Wird nämlich keine Sicherheit geleistet, so wird der Gefährdete zunächst in die Detention des Grundstückes eingewiesen (missio ex primo decreto); er erhält custodia mit observantia und Reparaturrecht in der ausgesprochenen Nebentendenz: ut saltem taedio perpetuae custodiae extorqueat cautionem (L. 5. pr. D. ut in p. leg. 36. 4, L. 3. §. ult. L. 10. §. 1. D. de A, P. 41. 2) Erst mit der zweiten Mission (ex secundo decreto) erwirbt der Kläger juristischen Besitz und in der Regel Eigenthum. (L. 15. §. 16. 17. D. h. t., vgl. bes. Burckhard S. 556 flg. Windscheid §. 459. N. 27). Es ist streitig, ob das Missionsverfahren heute noch praktisch ist; dagegen neuestens Roth §. 125. Nr. 3, welcher darauf hinweist, daß schon das bayer. L. Recht das Missionsverfahren als außer Übung stehend abschafft. — Auch den böhm. Stadtrechten scheint das röm. Missionsverfahren fremd zu sein; vgl. K. 25. u. C. 22. 23; sie kennen nur Arrestirung und Immission in die Erträgnisse; dazu Note 11. — Über die Exekution des bayer. Rechtes s. Roth a. a. O.

der Genossenschaft und zu den aus diesem Verhältnisse entspringenden Leistungen verpflichtet. Diese Verpflichtung bildet sohin eine Grundlast. (§§. 20. 23 R. Wasserg. v. 1869.)

7. Obgleich der Uferbesitzer zum Uferschutze gegen Wassergefahren nicht verpflichtet ist, so legt ihm doch der §. 46 des böhm. W. G. (ähnlich alle übrigen W. G.) eine andere wichtige Pflicht auf: Entsteht nämlich durch die Unterlassung des Selbstschutzes der Ufereigenthümer für fremdes Eigenthum — insbes. der Anrainer oder der Besitzer der hinterliegenden Liegenschaften und Anlagen — eine Gefahr, so müssen die (säumigen) Ufereigenthümer jedenfalls die Ausführung der nöthigen Schutzmaßregeln auf Antrag und Kosten derjenigen, von denen die Gefahr abgewendet werden soll, entweder selbst vornehmen oder deren Vornahme auf ihren Grundstücken gestatten und, wenn sie einen erheblichen Nutzen hiervon ziehen, zu den Kosten nach Maßgabe der §§. 66 und 67 des L. W. G., nämlich nach Verhältniß des in die Wasseranlage einbezogenen Flächeninhaltes selbst beitragen. (Irrig spricht hier das Jud. des Verwalt. G. H. Nr. 4019 Budw. von der Pflicht des Uferschutzes; dagegen s. mein Wasserr. S. 96 flg.)

8. Wenn die Sicherung von Personen oder Eigenthum eine besondere Behandlung der Wälder als Schutz gegen Lawinen, Felsstürze, Erdabrutschungen ꝛc. dringend fordert, kann diese vom Staate verordnet und der betreffende Waldtheil in Bann gelegt, d. h. die erforderliche besondere Waldbehandlung (vorbehaltlich des Schadensersatzes) verordnet werden. §. 19 Forstgesetz v. 1852, dazu Min. Erl. v. 30. Dez. 1874. Z. 14005, der bezüglich der Ersatzesverpflichtung mit Unrecht von „theilweiser Enteignung" spricht.

9. Nach dem Gesetze v. 7. Juni 1883 Z. 92 R. G. Bl. können behufs erfolgreicherer Bewirthschaftung die landwirthschaftlichen Grundstücke eines bestimmten Gebietes unter behördlicher Mitwirkung auf Grund eines Majoritätsbeschlusses der betreffenden Grundeigenthümer der zwangsweisen Zusammenlegung (Kommassation) und Wiederauftheilung unterzogen werden (die Majorität muß zwei Drittheile des Katastralreinertrags repräsentiren). §§. 1. 2. 28 flg. 37 flg. des Ges. — Desgleichen findet auf Grund des Gesetzes v. 7. Juni 1883 Z. 94 unter gewissen, durch die Gesetze genauer bestimmten Voraussetzungen ein Zwang zur Theilung von Grundstücken statt,

bezüglich deren entweder a) zwischen gewesenen Obrigkeiten und Gemeinden oder ehemaligen Unterthanen, sowie zwischen Gemeinden gemeinschaftliche Besitzrechte bestehen, oder b) welche von allen oder von gewissen Mitgliedern einer Gemeinde, von Nachbarschaften oder ähnlichen agrarischen Gemeinschaften (Klassen der Bauern ꝛc.) gemeinschaftlich oder wechselweise benutzt werden.[25]

Nicht mehr in den Kreis des Privatrechtes, sondern in den des öffentlichen Rechtes gehören gewisse, vorwiegend oder ausschließlich im öffentlichen Interesse normirte Verpflichtungen der Eigenthümer der dem öffentlichen Verkehr dienenden Eisenbahnen (Verpflichtung zum ordnungsmäßigen Betrieb gemäß dem Konzess. Ges. v. 22. September 1854 §§. 8—11, insbesondere Verpflichtung zur Gestattung der wechselseitigen Benutzung der Bahn und Betriebsmittel angrenzender Eisenbahnen §. 10 lit. g [Peage], — ferner die Verbindlichkeit der Besitzer von Waldungen (Forstges. v. 1852. §§. 2. 3. 4—7) und von Bergwerken (Bergges. v. 1854. §§. 174—177. 183. 243), betreffend die Art der wirtschaftlichen Benutzung der Wälder und Bergwerke,[26] ferner die Verpflichtung der Weinbergbesitzer, die Untersuchung der Weinrebenstöcke durch die dazu bestimmten polizeilichen Organe, bezieh. die Vernichtung der von der Reblaus behafteten Stöcke zu gestatten (Ges. v. 3. April 1875 Z. 61 R. G.); die Verpflichtung der Eigenthümer von Fahrzeugen, Eisenbahnen, Pferden, die Benutzung derselben für Militärzwecke zu gewähren, die Vorspannverpflichtung überhaupt ꝛc. ꝛc.

§. 7. Die Enteignung.[1]

I. Wesen und Gegenstand der Enteignung.

Der Staat hat nicht bloß Privatinteressen, sondern auch — ja vorzugsweise — das Gesammtinteresse der Bevölkerung — das

25) Dazu Pražák S. 251 über das verwandte dalmat. Gesetz vom 27. Mai 1876. Die Wirksamkeit obiger Gesetze tritt erst mit dem Erlaß der bezüglichen Landesgesetze ein.

26) Dazu Stobbe §. 84. Bloß das im §. 5. Forstges. ausgesprochene Verbot einer Waldbehandlung, wodurch der nachbarliche Wald Schaden leiden könnte, hat die Natur einer Legalservitut.

1) Von der neueren, sehr reichhaltigen Literatur sind hervorzuheben; Thiel, Das Expropriationsrecht ꝛc. (1866); G. Meyer, Das Recht der Expropriation (auch dessen Aufsatz über das preuß. E.-Gesetz v. 1874 in Behrend's Zeitschr. 8. Bd. [1874] S. 547 flg.); Häberlin im Arch. f. c. Prax. 39. S. 1 flg., und 147 flg.;

Gemeinwohl zu schützen und zu fördern. Entsteht ein unausgleichbarer Widerstreit zwischen dem Einzel- und Gesammtinteresse, so kann derselbe bei dem Überwiegen des Letzteren vom Staate naturgemäß in keiner andern Weise gelöst werden, als durch Unterordnung des Privatinteresses unter das öffentliche. Als nothwendige Folge dieser Bengung des Privatrechtes unter das öffentliche fanden wir bereits im §. 364 G. B. die Schranken, welche für die Ausübung des Eigenthums aus Rücksichten des Gemeinwohles gesetzt sind und für welche eine Entschädigung nicht gewährt wird. (Erk. d. Verwalt. G. H. Samml. Budw. 456. 733. 839., Wolski 404.) Als eine nicht minder unausweichliche Konsequenz desselben Prinzips erscheint aber weiter die Aufhebung bez. Übertragung selbst des Eigenthums an einzelnen Sachen, falls lediglich auf diesem Wege dem Gesammtinteresse Genüge geschehen kann.[2] Den Grund und die Rechtfertigung des Instituts der Enteignung finden wir hiermit in den Interessen der Gesellschaft,

---

Laband, ebenda 52. S. 151 flg.; C. S. Grünhut, Das Enteignungsrecht (Wien 1873, in rechtsvergleichender Hinsicht besonders verdienstlich), derselbe in Conrads Handwörterb. d. Staatswissensch. s. v. Enteignung; Rohland, Die Enteignung, 1875; Bähr und Langerhans, Das (preuß.) Gesetz über Enteignung ꝛc. (2. Aufl. 1878); B. Hartmann, Das bayer. E.-G. v. 1837 (1879); Seydl, Preuß. Gesetz über Enteignung v. 1874 (1882), auch in Hauser's Zeitschrift III. S. 222 flg., Eger, D. [preuß.] Gesetz über Enteignung (1887), und für das österr. Recht (abgesehen von Grünhut, dann der Abhandlung Kalessa's, Zeitschr. für österr. R. G. 1846, II., S. 247 flg., und Stubenrauch's, Haimerl's Vierteljahrsschr. 3. Bd. S. 159 flg.) die tüchtige Bearbeitung des österr. E.-Rechtes von G. Pražák, Das Recht der Enteignung in Österreich (1877); der lichtvolle Aufsatz v. Schiffner, Ger. Z. 1881, Nr. 46—50 und kürzer im Lehrb. §. 134 (hier wird jener Aufsatz citirt); Harrasowsky, Not. Zeit 1878, Nr. 8 Beil., Randa, Grünhut's Zeitschr. X. S. 613 flg. Von Verwaltungslehrern und Nationalökonomen vgl. bes.: Stein, Verwaltungslehre I.: die wirthschaftliche V. (1868); Rösler, Verwalt. R. (1872) § 195 fl.; Wagner (Rau), Lehrb. der polit. Ökonomie (1876), I, 1. Theil: Grundlegung §§. 369 flg., welche drei Letztgenannten die soziale Expropriation betonen; Ulbrich, Österr. Staatsr. S. 106, 610 flg. — Eine Übersicht des neueren Enteignungsrechtes in England, Belgien, Spanien, Italien, Preußen und der Schweiz giebt Le Loup de Sancy im Bulletin de la Société de lég. comp. 1877, S. 23 flg. 91 fl. — Eine Kritik der österr. Regierungsvorlage des E. Gesetzes von 1878 giebt Pražák, Österr. Zeitschr. für Verwaltungsrechtspflege I, S. 209—239. Eine „Zusammenstellung des in Deutschland geltenden Expropriations-, Forst-, Jagd- und Fischereirechtes ꝛc.“ liefert Neubauer, 1880 u. 1881. S. noch Reinitz, Geller's Cent. Bl. I. 10.

2) Darum ist von der Enteignung vorzugsweise zu handeln in der Lehre vom Eigenthum; vgl. Roth II. §. 141, Stobbe §. 92. — Schiffner a. O. verweist dieselbe in den allgemeinen Theil, weil durch die Enteignung die verschiedenartigsten Vermögensverhältnisse begründet oder aufgehoben werden können. Indeß bildet doch das Eigenthum den Haupigegenstand der Enteignung.

im öffentlichen Rechte.[3] Einschränkung und Aufhebung des Eigenthums erscheinen als durch die allgemeine Wohlfahrt gebotene Schmälerungen des Privatrechtes.[4]

---

3) Vgl. auch Harrasowsky a. O. Krainz, Syst. §. 216. Diesen Gesichtspunkt heben schon Holger und Azzoni richtig hervor: sie mißbilligen es, daß man das sog. dominium eminens als ein dem privatrechtl. Eig. verwandtes Recht behandle! Ein auf dasselbe sich stützender Eingriff in das Eig. „dürfe nur ex causa publica eaque maxima stattfinden." (Harrasowsky Cod. Ther. I. Bd. S. 42. Anm.). Den letzteren Gesichtspunkt betont schon d. Cod. Ther. II. 1. nr. 160: „Es hat das Recht einzelner Personen der höchsten Gewalt, damit zu Nutzen oder Bedürfniß des gemeinen Wohles zu ordnen allerdings zu weichen." Ebenso II. cap. 3. nr. 25. 26, woselbst sogar der Ersatzanspruch negirt wird. Erst der Entw. Horten II. 2. §. 2. bestimmt dagegen: „wo wir jedoch von selbst bedacht sein werden, das Billigmäßige vorzukehren.") Dieser Antrag der Comm. wurde 1773 empfohlen, weil die Enteignung ohne Ersatz „beinahe despotisch klingen würde," u. h. Orts genehmigt. S. Harrasowsky, IV. S. 143 N. 3. Schließlich beantragt Martini's Entw. §. 12. II. 3.: „der Staat wird dafür die angemessene Entschädigung verschaffen." Die Protokolle (Ofner I. S. 247) sind belanglos.

4) Dies wird auch in der Literatur fast allgemein anerkannt. — Über die historische Entwicklung des Enteignungsrechtes vgl. bes. Meyer S. 9 flg.; Grünhut S. 13 flg., 72 u. Hdw. B. S. 252; Pražák §. 2; Schiffner Nr. 46. Im römischen Rechte finden wir kaum schwache Spuren des Enteignungsrechtes im modernen Sinne, was sich vielleicht daraus erklären dürfte, daß dasselbe in dem imperium und der potestas der höheren Magistrate, später des Kaisers begriffen war. Vgl. Mommsen, R. Staatsw. II. S. 434. 496. Wenn Ihering Zweck im R. S. 504 flg. schon im römischen Rechte zahlreiche Fälle der Expropriation finden will z. B. das Einziehen unkultivirter Grundstücke (c. 8. C. 11. 58), so ist zu erinnern, daß hierbei der Begriff der Expropriation in ungemessen weitem Sinne genommen wird; nicht jede Eigenthumsregelung ratione publ. ist Expr.; noch weniger kann ich in der Geldcondemnation (S. 515) eine Art Expropriation finden. Auch im deutschen Rechte finden sich nur schwache Vorläufer der Enteignung, vgl. die bei Stobbe §. 92 N. 12 zuletzt angeführten zwei Fälle und N. 13, 14, 15 das. (N. 13 d. 2. Aufl.); am häufigsten trat die Enteignung zu Bergwerkszwecken ein. — Für Böhmen führt Pražák (abgesehen von Fällen der letzteren Art) S. 97, Nr. 4 Erläße von Kaiser Karl IV. an, welche die Enteignung behufs Anlegung von Weinbergen in der Umgebung Prags gestatten. Die mittelalterliche Jurisprudenz und noch mehr die Theorie des 17. und 18. Jahrhunderts suchte das durch Verhältnisse gebotene Eingreifen der Staatsgewalt in die Privatrechte der Unterthanen (anknüpfend an die Bedürfnisse des Bergbaues) durch die Annahme des dominium eminens des Landesfürsten an allen Sachen, insbesondere am Grundeigenthum der Staatsangehörigen zu rechtfertigen. So schon der bayr. Cod. Max. IV. 3. § 2: (Zwangsverkauf „um des allgemeinen Besten willen"). Alle älteren Entwürfe des A. B. G. B. gehen von dieser Annahme aus (siehe Cod. Ther. II. cap. 1. nr. 160., cap. 3. nr. 25. 26., Horten I. 1. §. 28. II. 2. §. 2., dazu vor. Note 3.; noch Zeiller II. S. 127 theilt diesen Gesichtspunkt, wenn er auch lieber „von dem äußersten Rechte über die Privatgüter" spricht. Allerdings ist jene Supposition des landesherrlichen Obereigenthums bei Vielen, z. B. Kreitmayer, nur die falsche privatrechtliche Hülle eines dem Kern nach richtig schon von Leyser ausgesprochenen Grundgedankens, daß das Privatrecht der höheren Macht des öffentlichen Rechtes weichen müsse. Vgl. schon

In dem Rechtfertigungsgrunde, beziehungsweise in dem ethischen Zwecke der Expropriation: die öffentliche Wohlfahrt pflichtgemäß zu fördern, liegt aber auch die Begrenzung des Enteignungsrechtes, und zwar nach zweifacher Richtung: Einmal darf die Aufhebung des Eigenthums nicht weiter reichen, als es das Gemeinwohl nothwendig erheischt, andererseits muß dem Einzelnen, welcher zur Aufopferung seines Eigenthums gezwungen wird, von denjenigen Kreisen, welchen dieselbe zunächst zu Gute kommt, in der Regel volle Vergütung geleistet werden.[5]

Von der Expropriation sind wohl zu unterscheiden einerseits:

a) Jene durch die soziale, wirthschaftliche und politische Entwick-

---

Holger und Azzoni., s. vor. Note. Auch die Ansicht Inama-Sternegg's, Tüb. Ztschr. 26. S. 348, die in dem Rechte des Staates am Staatsgebiet zwar nicht den Grund, aber die Voraussetzung der angeblich besonderen Stellung des Grundeigenthums in Rücksicht der Enteignung findet, geht trotz aller Verwahrung auf die Lehre von dem dominium eminens hinaus; vgl. besond. S. 352 flg., wo von „Dienstbarkeit des Staatsgebiets", von „primärer Berechtigung des Staates" daran ꝛc. gesprochen wird. Der Unterschied zwischen Mobilien und Immobilien ist in der Enteignungsfrage irrelevant (s. N. 10); das Staatsgebiet ist bei beiderlei Sachen nur insofern maßgebend, als sich das E. R. nicht auf Sachen erstreckt, welche extra territ. liegen oder extraterritorial sind. — Die großen Codifikationen aus der Wende dieses Jahrhunderts anerkennen sämmtlich die Enteignung als Ausfluß des staatlichen Rechtes. Vgl. Landr. §. 74 Einl., art. 545. Code c., §. 365 A. B. G. B. Der wirthschaftliche Aufschwung brachte im Laufe dieses Jahrhunderts die Nothwendigkeit einer eingehenderen Regelung des Expropriationsrechtes mit sich. Als Grundlage der neueren Enteignungsgesetze kann das französische Gesetz vom 8. März 1810 sammt den Nachträgen vom Jahre 1833 und 1841 angesehen werden. Es folgten die Enteignungsgesetze für Baden (1835), für Bayern (1837), für Italien (1865), für Belgien (1870), das Gesetz vom 11. Juni 1874 für Preußen, für Ungarn (1881). Die Schweiz besitzt ein Bundesgesetz von 1850 über Enteignung für öffentliche Unternehmungen, die von Bundeswegen ausgeführt werden. Die Enteignung für Reichseisenbahnen durch Reichsgesetz gestattet die deutsche Reichsverfassung art. 41. — Österreich besitzt bis heute noch kein allgemeines Enteignungsgesetz. Im Jahre 1877 legte die Regierung den Entwurf eines Enteignungsgesetzes für Eisenbahnzwecke vor, welcher mit geringen Änderungen als Gesetz vom 18. Februar 1878, Nr. 30 R. G. Bl. wirksam wurde — leider Stückwerk nnd überdies ungenau gefaßt. Wir wollen es kurz als „Eisenbahn-Enteignungsgesetz" (E. E. G.) citiren. Sachsen und Württemberg besitzen kein allgem. Enteignungsgesetz. Vgl. noch Stobbe §. 92. N. 17.

5) Fälle, wo für die Enteignung keine Entschädigung geleistet wird, tommen nur höchst ausnahmsweise vor, z. B. bei der Schottergewinnung aus Privatflüssen nach Hofdekret vom 6. Oct. 1825 (bei Pražák S. 117), auch §. 6 der Min.-V. v. 21. April 1857, nach dem bayer. Wassergesetz bei Enteignung von Privatflüssen (Art. 3), von unkultivirter Anschüttung in öffentlichen Flüssen (Art. 24), dazu Roth §. 141, Seidl S. 226.

lung zeitweilig gebotenen, durchgreifenden, allgemeinen, legislativen Reformen der Rechtsordnung, welche die (entgeltliche oder unentgeltliche) Aufhebung oder Ablösung ganzer Klassen von Privat- oder öffentlichen Rechten im Gefolge haben: alsda die Grundentlastungen, Servitutenablösungen rc. Denn die Enteignung vernichtet oder beschränkt bloß Rechte bestimmter Individuen an einzelnen Sachen; und zwar nur von Fall zu Fall nach Maßgabe des örtlichen Bedürfnisses und meist unter gleichzeitiger Übertragung des enteigneten Rechtes in das Vermögen des Enteigners. Dort finden wir eine allgemeine Rechtsreform, hier einen Spezialakt der Verwaltungspflege.[6]

b) Andererseits das sogenannte Staatsnothrecht, d. i. das Recht der berufenen öffentlichen Organe, in Fällen dringender Noth zur Anwendung einer das Gemeinwohl bedrohenden Gefahr Besitz, Eigenthum und andere Privatrechte anzugreifen, beziehentlich sich zuzneignen, ja selbst die Einzelnen zu außerordentlichen persönlichen Dienstleistungen heranzuziehen.[7] Die Aufhebung des Privatrechtes erscheint hier nicht — wie bei der Expropriation — als Ergebniß des freien, auf verständiger Abwägung aller Umstände beruhenden Entschlusses der Staatsverwaltung, sondern als Ausfluß des augenblicklichen Nothstandes; es lann darum von Einhaltung der für

---

6) Es ist daher nicht zu billigen, wenn Stein, Handb. S. 293, den Versuch macht, die Grundentlastung und die Expropriation unter den Gemeinbegriff: Entwährung zu subsummiren und für beide eine zusammenfassende Theorie aufzustellen — ein Versuch, welchen auch Wagner (Rau) § 369, Nr. 1 für „prinzipiell richtig" erklärt. Dagegen auch Rösler §. 195, Nr. 2, Rohland S. 2. Nr. 2, Schiffner S. 49, Nr. 39.

7) Während früher Enteignung und Staatsnothrecht häufig zusammengeworfen wurden, unterscheiden nunmehr die meisten Schriftsteller richtig zwischen beiden. Vgl, besond. Gerber Deutsch. Staatsr. §. 13, Rösler §. 201, Rohland S. 4 flg.. Prazák S. 9 flg., Schiffner Nr. 46 und 48 (daselbst auch nähere Literaturangaben). Über Stein's Unterscheidung des Nothrechts und Nothverordnungsrechts vgl. Rohland S. 5, Nr. 14. Der von Manchen angegebene Unterschied, daß wir es bei der Enteignung mit der Anwendung des Gesetzes, beim Nothrecht mit einer Administrativverfügung zu thun haben, ist offenbar unzutreffend. Auch das Nothrecht kann bisweilen auf Grundlage eines Gesetzes geübt werden, z. B. das Landen und Abladen von Schiffen in Nothfällen (§. 8 des R. Wassergeſ. v. 30. Mai 1869), das Niederreißen von Häusern bei Feuersgefahr (böhm. Feuerwehrgesetz v. 25. Mai 1875, §. 51), Benutzung fremden Wassers bei Feuersbrünsten (§. 34 b. Landeswassergesetz). Vgl. Prazák S. 34 flg. Ulbrich S. 105). Nicht zutreffend ist Jhering's (Zweck, S. 418) Antithese: Eingriff in den Besitz durch faktische Verwaltungsmaßregeln und Entziehung des Eigenthums im Wege Rechtens.

die Enteignung vorgeschriebenen Formen, von einem geregelten Abtretungsverfahren, überhaupt von einer erschöpfenden gesetzlichen Regelung nicht die Rede sein. Wenn daher bei einer Feuers- oder Wassersnoth zur Hintanhaltung größerer Gefahr Häuser niedergerissen, Dämme aufgeführt, wenn im Kriege in dringenden Fällen die nächstbesten Lebensmittel, Pferde, Wagen, Schiffe mit Beschlag belegt, Arbeiter requirirt werden, so haben wir es mit Fällen des Staatsnothrechtes, nicht aber der Expropriation zu thun, und es kommt selbstverständlich auch nichts darauf an, ob bei Ausübung des Nothrechtes dem Geschädigten aus Billigkeitsrücksichten oder kraft besonderer Vorschrift eine Vergütung geleistet wird oder nicht.[8] Ebensowenig liegt eine Enteignung vor, wenn Privateigenthum in Nothfällen einfach zerstört wird.[9]

Wir charakterisiren daher die Enteignung als jene Funktion der Staatsverwaltung, kraft welcher dieselbe unter freier Abwägung der Umstände Privatrechte an beweglichen oder unbeweglichen Sachen[10]

---

8) Vgl. bes. Pražák S. 8, 14 u. Schiffner Nr. 50, welcher aber Nr. 48 wohl zu scharf betont, daß das Nothrecht auch im privaten Interesse geltend gemacht werde; von den berufenen §§. 384, 1043, 1044 G. B. enthält §. 384 keinen Fall des Nothrechtes.

9) Bisweilen mag es zweifelhaft sein, ob wir es mit einem Fall der Expropriation oder des Nothstandsrechtes zu thun haben. (Auch Letzteres kann durch Gesetz geregelt sein: vgl. Note 7.) Nur Nothrecht ist vorhanden, wo der Eingriff ohne Gehör beider Theile zur Abwendung einer Gefahr erfolgt, besonders wenn derselbe in der Vernichtung der Sache besteht. Hiernach sind: die Keulung von Viehstücken bei der Rinderpest, Schäden bei Aufstellung eines Sanitätskordons (H. K. D. v. 13. Mai 1832, Z. 2563) und ebenso die Zerstörung von Rebenpflanzungen, welche von der Reblaus infizirt sind, den Fällen des Nothstandsrechtes einzureihen. S. Ulbrich a. O. And. A. Pražák S. 41, 42 und Schiffner Nr. 49. Dagegen erachte ich die Aushebung von Pferden im Mobilisirungsfalle, welche einen Nothfall nicht nothwendig voraussetzt und einem geregelten Verfahren unterliegt, für einen Expropriationsfall. Vergl. Pražák S. 38, 111, Seydl S. 225. And. A. Rohland S. 5, Ulbrich a. O., Inama-St. S. 51.

10) So auch die herrschende Lehre. Vergl. Grünhut S. 73 flg., Meyer S. 293, Pražák S. 73, Seydl a. a. O. S. 225, Schiffner §. 134, Krainz §. 216. Die Beschränkung der Expropriation auf unbewegliche Sachen wird von Inama-St. a. O., Rösler §. 195 und Rohland §. 4 — von diesen darum behauptet, weil bewegliche Sachen nicht als individuelle Gebrauchsgegenstände in Betracht kommen, vielmehr in der Regel durch andere Gattungssachen ersetzt werden können. Allein dies ist höchstens eine Erklärung für die praktisch seltenere Anwendbarkeit des Expropriationsrechtes auf Mobilien, aber kein Grund gegen die prinzipielle Geltung desselben bezüglich Sachen jeder Art. Auch liegt nicht immer ein Nothfall bei Enteignung von Mobilien vor. Vgl. vorige Note. Auch das G. B. §. 365 unter-

zu Gunsten einer gemeinnützigen Unternehmung gegen volle Entschädigung entzieht oder beschränkt.[11] Mit der Entziehung kann die gleichzeitige Übertragung des Rechtes verbunden sein. Die Unternehmung kann übrigens eine öffentlichrechtliche (z. B. Straßenbau) oder eine privatrechtliche sein.[12]

Die Enteignung kann zum Zwecke haben die Entziehung oder Beschränkung des Eigenthums, insbesondere durch Bestellung von Servituten, und die Beschränkung (sog. Gebrauchsentziehung) kann eine dauernde oder vorübergehende sein.[13] Das Recht zu einer

---

scheidet nicht. Vgl. noch speziell in Ansehung des Zugehörs von Gegenständen den §. 2 letzten Abs. Ges. v. 18. Febr. 1878, bezügl. des Schottermaterials §. 3 eod. u. Hfd. v. 11. Oktober 1821 und in Ansehung des für Wasserbauten nothwendigen Materials §. 49 (48) L. W. G, dazu Pražák a. O. — Vgl. auch für das bayer. R. Roth §. 141 Nachtrag, für das preuß. R. §. 50 des Ges. v. 1874, auch Dernburg S. 58 und Stobbe §. 92, N. 18. Allerdings aber bezieht sich das preuß. E. Ges. v. 1874 und das ungar. Ges. v. 1881 bloß auf Immobilien. — Daß sich die Enteignung auch auf die Oberfläche (Superfiziarrecht) oder Theile derselben (Quellen) oder auf einen unterirdischen Raum (Wasser- und Gasleitungen, Tunnels) beschränken könne, kann füglich nicht bezweifelt werden. Vgl. Grünhut S. 74 gegen Rohland S. 17. — Auch dingliche Rechte können Gegenstand der Enteignung sein, soweit sie auf dem enteigneten Grundstücke haften. So ausdrücklich §. 2 des Ges. v. 18. Febr. 1878. — Daß das sog. öffentliche Gut (§. 287 G. B. res publicae, quae in communi usu sunt) Gegenstand der Expropriation sein könne, wird zwar von Rösler §. 196 und Grünhut S. 76, von Letzterem darum geleugnet, weil der Zweck der Enteignung: das Objekt dem öffentlichen Gebrauch zu widmen, bei dem sog. öffentlichen Staatsgut bereits realisirt sei, daher es keiner Übertragung in den öffentlichen Gebrauch, sondern nur einer Änderung desselben bedürfe. (So auch Seydl S. 231.) Indeß abgesehen davon, daß die im öffentlichen Gebrauch stehenden Sachen nicht bloß dem Staate gehören, sondern auch im Eigenthum von Gemeinden, Kirchen, Privaten stehen können, ist wohl zu beachten, daß das enteignete Objekt nicht nothwendig einem öffentlichen oder Gemeingebrauch gewidmet sein muß, sondern ebenso gut einem gemeinnützigen Privatunternehmen dienen kann und daß das Objekt bei der Sachenexpropriation unzweifelhaft nicht bloß in den Gebrauch, sondern auch in das Eigenthum des Expropriationswerbers übergeht. Vgl. noch N. 17, — auch Stobbe §. 92, N. 24, Rohland S. 20 flg., Pražák S. 75 flg., Meyer, Behrend's Zeitschr. 8. S. 371. — Warum die Enteignung als Entziehung auf obligatorische Rechte nicht anwendbar sein soll, ist nicht abzusehen. A. A. Meyer S. 2.

11) Durch die im konkreten Falle verhängte Beschränkung unterscheidet sich die E. von den gesetzlichen Eigenthumsbeschränkungen, welche eine allgemeine Norm für die Ausübung des E. enthalten. Vgl. Grünhut S. 3, aber auch Seydl S. 227.

12) Schiffner §. 134 spricht bloß von Letzterer.

13) Arg. §. 365 „selbst (= „sogar" §. 84 I. westgal. G. B.) das vollständige Eigenthum" und die Entstehungsgeschichte desselben bei Harrasowsky S. 3 flg., der zufolge das Entziehen des Eigenthums nur die äußerste der nach §. 365 zulässigen

vorübergehenden Beuutzung erstreckt sich aber nicht auf Gebäude und Wohnungsräume, noch auf solche Grundstücke, deren Substanz durch die beabsichtigte Benutzung voraussichtlich wesentlich und dauernd verändert würde (§. 3, Abs. 2 Eis. Ent. Ges., dazu §. 100 Berg. G., §. 15 b. R. Wasser-Ges.). Dauert die „vorübergehende Benutzung" über sechs Monate, bezw. länger als zwei Jahre nach der Betriebseröffnung (der Bahn), so kann Einlösung verlangt werden. (§. 3, Abs. 2 dess. G.). — Allerdings können auch Vermögensrechte anderer Gattung (öffentlicher und privatrechtlicher Natur), dingliche Rechte jeder Art, Individualrechte (z. B. Patentrechte), Reallasten und andere obligatorische Rechte durch E. entzogen oder beschränkt werden. Das Eis. Ent. Gesetz v. 1878, §. 2 nennt: Grundstücke und deren Zugehör, Quellen und andere Privatgewässer, Servituten und solche Rechte, deren Ausübung an einen bestimmten Ort gebunden ist.[14] Daß auch Privilegien regelrecht enteignet werden können, kann mit Rücksicht auf §. 13 B. G. B. keinem Zweifel unterliegen. Vgl. Nr. 11 587 Samml. U. W. Pf. (Erbliches Postprivilegium). Es können daher insbesondere Eisenbahnen ungeachtet des ausschließlichen Rechtes zur Anlegung und zum Betriebe gewisser Strecken Gegenstand der Expropriation sein und zwar nach Umständen selbst zu Gunsten einer anderen Bahnunternehmung, sofern dies (was Thatfrage ist) das „allgemeine Beste" unumgänglich postulirt. (Man denke nur an die Enteignung kleiner Lokalbahnen zu Gunsten einer Verbindungsbahn). Desgleichen ist die Zulässigkeit der Enteignung des dinglichen Rechtes (der Servitut) der Benutzung einzelner Eisenbahnstrecken durch eine angrenzende Bahn im Sinne des §. 365 (unbeschadet des §. 10, lit. g. Eis. Konz. Ges.) nicht mit stichhaltigen Gründen zu bestreiten. Sofern sich aber dies Recht zugleich auf die Verpflichtung der dienenden Bahn zur Beistellung des erforderlichen

---

Maßregeln sein sollte. Vgl. auch Gesetz v. 18 Febr. 1878, §. 2 („dingliche Rechte an unbeweglichen Sachen"), Hofdkr. v. 16. Okt. 1835 (Michel Nr. 654: Mautrechte), Hofd. v. 11. Okt. 1821; s. Pražák, S. 116, 144, Schiffner Nr. 46, Krainz §. 216; Rohland S. 2, Mayer 8, S. 566, welcher viel zu eng als Zweck der E. bezeichnet, ein dingliches Recht aus dem Vermögen eines Subjekts in das des anderen überzuführen. Dagegen bes. Schiffner a. O.

14) Dagegen liegt die Auferlegung der Verpflichtung zu einer bestimmten Thätigkeit, daher insbes. die Constituirung von Obligationen, außerhalb der Grenzen der Expropriation.

Aufsichtspersonales oder von Betriebsmitteln erstrecken soll, würde allerdings der Gesichtspunkt der Enteignung nicht ausreichen[15] und könnte eine solche Verpflichtung nur durch Spezialgesetz verfügt werden.[16] Hier wollen wir uns auf die Eigenthumsexpropriation, welche allerdings den regelmäßigen Fall bildet, beschränken.

Von Wichtigkeit ist die nähere Bestimmung der „Gemeinnützigkeit" der Unternehmung, für welche das Enteignungsrecht in Anspruch genommen werden kann. Wenn nämlich feststeht, daß das Individualeigenthum nur dann geopfert werden muß, wenn und soweit dies das Gesammt- oder öffentliche Interesse, „die Gemeinnützigkeit des Unternehmens" (§. 1 Eisenb. Ent. Ges. von 1878), das „öffentliche Wohl" (§. 1 preuß. Ent. Gesetz), das „allgemeine Beste" (§. 365 B. G. B.) erfordert, so ist damit nicht ausschließlich das „Staatswohl oder der Staatszweck" gemeint; die „Gemeinnützigkeit" reicht doch gewiß vielfach über das Staatswohl, über den „unmittelbaren Staatszweck" hinaus. Soweit man es übrigens als Aufgabe des Staates betrachtet, den Fortschritt des Gemeinwesens auf allen Gebieten der menschlichen Thätigkeit zu fördern und zu diesem Ende Hindernisse zu beseitigen, welche die Kraft der Einzelnen zu überwinden nicht vermag, ist Nichts gegen die Formulirung einzuwenden, daß sich die Expropriation auf „Staatszwecke" zu beschränken hat.[17]

---

15) Die Berufung auf die §§. 483 u. 487 B. G. B. ist insofern unzutreffend, daß dieselben nur die Verpflichtung zu einem verhältnißmäßigen Kostenbeitrage behufs Erhaltung der gemeinschaftlich benutzten Sache — nicht aber zu einer sonstigen persönlichen Thätigkeit des Eigenthümers — festsetzen.

16) Nicht genau formulirt sohin dies Recht der Art. 9 des Ges. v. 1883, betreffend die böhm.-mähr. Transversalbahn: derselben ist hiernach die Mitbenutzung schon bestehender Bahnstrecken derart „im Enteignungswege als dingliches Recht" einzuräumen, daß dieselbe berechtigt ist, auf den Strecken „ganze Züge . . . zu befördern oder befördern zu lassen." Nur das Recht der Benutzung kann im E. Wege gewährt werden; die Verpflichtung zur „Beförderung" geht über den Rahmen der Enteignung hinaus und gehört in das Gebiet der gesetzlichen Verpflichtungen des Eigenthümers, von denen im vorigen §. die Rede ist. Daß eine solche Verpflichtung im Gesetzgebungswege auch nur bestimmten Sacheigenthümern auferlegt werden könne, ohne daß von einer Verletzung des „Eigenthums" (Art. 5 St. G. G. Z. 142) die Rede sein könnte, liegt auf der Hand; der Art. 5 soll nur gegen administrative Willkür schützen. Vgl. dazu die erregte Debatte des österr. Abg. H. vom 13. April 1883, in welcher Richtiges und Unrichtiges zusammengeworfen wurde. Über §. 10, lit. g. Eis. Konz. G. vgl. S. 143 d. B.

17) In Wirklichkeit wird die Differenz beider Anschauungen bei der Dehnbarkeit der bezüglichen Begriffe kaum große praktische Bedeutung haben. Die große Mehrzahl der Schriftsteller stellt die Erreichung des Staatszweckes in mehr

Aber bloß Rücksichten der Gemeinnützigkeit — nicht auch Rücksichten der Annehmlichkeit oder der Verschönerung, noch weniger bloß fiskalische Interessen können bei der grundsätzlichen Unantastbarkeit des Privateigenthums die Enteignung rechtfertigen.[18] Aus diesem Gesichtspunkte ist insbesondere die Enteignung behufs Erweiterung oder Regulirung von Gassen in Städten zu beurtheilen.[19] Im Übrigen entscheidet die Behörde innerhalb der Grenzen des §. 365 G. B. nach freiem Ermessen. (Vgl. Erk. d. Verwalt. G. H., Budw. 64. 733. 1632. 1914. u. a.)

---

weniger bestimmter Formulirung als Voraussetzung der Expropriation hin. So besonders Grünhut S. 9, Rohland S. 7 flg., Meyer S. 177 flg. und Pražák S. 4 flg., welche Letztere mit Recht die wechselnde Gestaltung der Mittel zur Realisirung des Staatszweckes je nach Zeit und Ort der gesammten Lebensrichtung des Volkes hervorheben. Das „öffentliche Interesse" betonen Stobbe §. 92, N. 22 und Schiffner Nr. 48 (§. 134, 6). — Nicht zu billigen ist es hingegen, wenn Rösler §. 195 und Grünhut S. 76 dem öffentlichen Wohle, der Gemeinnützigkeit den „öffentlichen Gebrauch" als Zweck der E. substituiren. Das Unternehmen kann dem öffentlichen Wohle, dem Gesammtinteresse förderlich und der Gebrauch braucht darum nicht nothwendig ein „öffentlicher" — ein Gemeingebrauch zu sein, kurz der gemeinnützige Gebrauch muß nicht gerade — ein Gemeingebrauch sein. So z. B. verfolgt die Expropriation für Bergwerke (Grünhut selbst S. 84, N. 1), Strafanstalten, Festungswerke, Exerzierplätze 2c., für öffentliche Schlachthäuser, behufs Austrocknung von Sümpfen, Errichtung von Schutzdämmen 2c. gemeinnützige („öffentliche") Zwecke, ohne daß die enteigneten Objekte dem „öffentlichen Gebrauche" zu dienen hätten. Über einen damit zusammenhängenden Punkt vgl. Note 10 a. E., auch Pražák S. 75 flg., 81 flg., Rohland S. 8. — Neuere Nationalökonomen wollen der Jurisprudenz die Befähigung absprechen, den wahren Rechtfertigungsgrund der E. und die „prinzipiellen Grenzen" derselben zu finden. (Siehe besonders Wagner-Rau, Handb. der pol. Ökon. I. 1. §. 370, S. 694 flg.) Die Volkswirthschaft allein decke denselben auf. Ähnlich schon Stein, Handb. S. 144 flg., der die E. dort eingreifen läßt, wo das Einzeleigenthum ein Hinderniß der vollen Entwickelung des Erwerbes aller Anderen ist. Ähnlich Rösler §. 195. Allein abgesehen davon, daß weder der volkswirthschaftliche noch der soziale Gesichtspunkt das E. Recht in seiner heutigen Gestalt völlig zu erklären vermag, kommen auch die Ausführungen dieser Schriftsteller praktisch auf das hinaus, was die Civilisten lehren. So sagt Wagner §. 370: es ist das Recht des Staates, „ein individuelles Objekt seinem Eigenthümer auch zwangsweise zu entziehen, um es in einer von dem Gesammtinteresse geforderten Weise zu verwenden" u. s. f.

18) Prinzipiell ist man darüber einig. Vgl. Grünhut S. 82 flg., Pražák S. 80, Schiffner Nr. 49, N. 42. Allerdings wird auch hier die Grenze zwischen Annehmlichkeit und Gemeinnützigkeit eine relative und nach Lage der Verhältnisse schwankende sein. Die Anlegung eines Parkes ist in volkreichen Städten bisweilen eine unerläßliche Sanitätsmaßregel, auf dem Lande meist Luxus. Vgl. Grünhut S. 12, Rohland S. 22, Stobbe §. 92 N. 22.

19) Vgl. §§. 1—4 des ungar. E. G. v. 1881. Vgl. noch Ofner, Sachenrecht §. 36.

II. Expropriationsfälle.

Bei der Dehnbarkeit des Begriffes der „Gemeinnützigkeit" oder des „allgemeinen Besten" versuchte man bisweilen, der Gefahr einer mißbräuchlichen Ausbeutung des Enteignungsrechtes dadurch vorzubeugen, daß man die Enteignungsfälle *taxativ* feststellte.[20] Indeß mit Recht hat sich die österreichische Gesetzgebung darauf beschränkt, im §. 365 A. B. G. B. nur das Prinzip aufzustellen, daß: „wenn es das allgemeine Beste erheischt, ein Mitglied des Staates[21] gegen eine angemessene Schadloshaltung selbst das vollständige Eigenthum einer Sache abtreten muß", und dieser allgemeine Grundsatz ist auch nicht durch den Art. 5 d. St. Gr. v. 21. Dezember 1867, Z. 142 aufgehoben, welcher verfügt, daß eine Enteignung „nur in den Fällen und in der Art eintreten könne, welche das Gesetz bestimmt". Denn durch Art. 5 ist dieser schon bisher geltende Grundsatz unter Betonung der Unverletzlichkeit des Eigenthums lediglich unter die verstärkte Garantie der Staatsgrundgesetze (deren Änderung bekanntlich Zweidrittel-

---

20) So insbes. im *bayerischen* Ges. v. 1837 Art. 1., in dem *ungar.* E. G. v. 1881 (41. Ges. Art. §§. 1—4) und in den *thüring.* Staaten. Für diesen Modus erklärt sich namentlich *Mayer* S. 258 und in *Behrend's* Zeitschr. 8, S. 559 flg. (gegen die Motive des *preuß.* E. Gesetzes). Allein wohl mit Recht hat sich die Mehrzahl der Schriftsteller gegen eine solche taxative Aufzählung ausgesprochen. Vgl. *Förster* §. 131, S. 143, *Rohland* S. 25, *Pražák* S. 81 flg., *Bähr* und *Langerhans* S. 6 flg., auch *Thiel* S. 79 und *Grünhut* S. 86. ‚Wenn auch solche Kategorien von Enteignungszwecken durch das Gesetz aufgestellt sind, so ist die Ausfüllung derselben doch wieder von den Verwaltungsbehörden abhängig." Allerdings wollen die Letztgenannten den Enteignungsausspruch der *gesetzgebenden* Gewalt vorbehalten, *Grünhut* S. 90 mit der Modifikation, daß in minder wichtigen Fälten die Verwaltungsbehörde „im Delegationswege" entscheiden solle. Allein damit würden der Legislative Funktionen aufgebürdet, die nach der Auffassung des Kontinents (anders in England) gewiß in den Bereich der Administration fallen. Vgl. *Pražák* a. O. Nr. 3. Bei der Berathung des *preuß.* E. G. erlangte keiner der auf taxative Aufzählung der Enteignungszwecke gerichteten Anträge weder in den Kommissionen noch im Plenum die Mehrheit. Vgl. *Bähr* S. 9 flg. In *Preußen* ist nach §§. 2, 3 des Gesetzes v. 1874 in jedem Falle eine königliche Verordnung erforderlich; in manchen minder wichtigen Fällen (Regulirung von Wegen) ist jedoch die Enteignung der Bezirksregierung vorbehalten. — Nach *franz.*, *belg.* und *ital.* Rechte ist nur die Ausführung größerer öffentl. Arbeiten an ein Gesetz gebunden. Dagegen ist in *England* zu jeder Expropriation ein Gesetz erforderlich. Vgl. *Grünhut* S. 91 flg. und *Le Loup* S. 26.

21) Offenbar aber, wie auch das Gesetz meint, Jedermann, dessen Sache innerhalb des *österr.* Staatsgebietes liegt.

Majorität erfordert, Art. 15 St. Gr. G. v. 21. Dezember 1867, Z. 141) gestellt. Daß der §. 365 G. B., welcher doch in erster Reihe zu den Gesetzen gehört, auf welche sich Art. 5 St. Gr. G. beruft, durch letzteren nicht aufgehoben wurde, erscheint durch die Citirung desselben in dem später erschienenen R. W. G. v. 30. Mai 1869, und im Eis. Ent. Ges. v. 18. Februar 1878, §§. 1 u. 4 außer allen Zweifel gestellt.[22]

Das fortschreitende praktische Bedürfniß brachte es mit sich, daß die Gesetzgebung die wichtigsten Kategorien der Enteignungsfälle in zahlreichen Spezialgesetzen und Verordnungen näher bezeichnete, ohne dieselben irgendwie zu erschöpfen. Hierbei gelangte der ganz richtige Gedanke zum Durchbruch, daß der Begriff des „allgemeinen Besten" nicht nothwendig voraussetzt, daß das Unternehmen allen Staatsbürgern zu Statten komme, daß es vielmehr nur darauf ankomme, daß dasselbe — wenn auch zunächst Privatunternehmen — zu Folge seines Zusammenhanges mit dem gesammten staatlichen, sozialen und wirthschaftlichen Leben eine Voraussetzung der gedeihlichen Entwicklung des staatlichen Gemeinwesens bildet. Im Übrigen ist es gleichgiltig, ob es sich um Zwecke der Landesvertheidigung oder der öffentlichen Sicherheit im Innern, um Förderung der öffentlichen Verwaltung oder der gesetzlich normirten staatlichen Finanzwirthschaft (s. Nr. 30), der geistigen und ethischen Interessen, des volkswirthschaftlichen Fortschrittes (Landeskultur, Bergbau, Verkehrswesen u. s. f.) oder der Gesundheitspflege handelt.[23] Den Hauptfall bildet h. z. T.

22) Vergl. Pražák S. 84 flg., Schiffner Nr. 50, Pann, Beiträge zur Reform des Verwaltungsrechtes (1877) S. 82, auch Erk. d. Verw. G. H. v. 3. Dez. 1867, Z. 1620 (Wolski, Nr. 393) gegen Grünhut S. 96, Kirchstetter S. 191 (3 A.), Ulbrich S. 106 u. Mayerhofer, Verw. R. S. 1371 N. 1, welche meinen, daß §. 365 G. B. durch Art. 5 aufgehoben und die Enteignung auf die in Spezialgesetzen normirten Kategorien beschränkt sei.

23) Vgl. Mayer S. 257 flg., Grünhut S. 84, Rohland S. 13 fl., Stubenrauch I. S. 483, Kirchstetter S. 192, Schiffner Nr. 49. Dagegen will Pražák S. 12 fl. die Enteignung auf Fälle beschränken, wo diese durch Realisirung der Aufgaben der wirthschaftlichen Verwaltung geboten erscheint; nur hier stehe die Staatsverwaltung bei Ausübung der E. homogenen Interessen gegenüber. Ähnlich Wagner-Rau, Lehrb. der pol. Ökonomie I. 1. §. 369, der alle Enteignungsfälle auf die Beziehung der „Eigenthumsordnung zur Volkswirthschaft und Gesellschaft" stellen will. Allein abgesehen davon, daß der staatliche Schutz des Eigenthums nicht bloß auf der wirthschaftlichen Bedeutung desselben beruht, so unterliegt die E. zu wirthschaftlichen Zwecken keinen anderen Grundsätzen, als die E. zu anderen

die E. zum Zwecke der Herstellung und des Betriebes von öffentlichen d. i. dem allgemeinen Verkehr dienenden Eisenbahnen", welche neuestens durch das Gesetz v. 18. Februar 1878, Z. 30 in zweckmäßiger Weise geregelt erscheint. Dazu vgl. die Erl. d. Hand-Min. vom 4. April 1878, Z. 5256 u. d. Just.-Min. v. 12. April 1878, Z. 4956 (s. Kaserer, Materialien 31. Bd., S. 320).[24] Dieses Gesetz gilt für alle öffentlichen gemeinnützigen Staats- und Privateisenbahnen, insbesondere auch für gemeinnützige Schleppbahnen und gemeinnützige Tramways, nicht aber für Bergwerksbahnen, für welche das Berggesetz maßgebend blieb. (§§. 1 u. 47 dieses G. u. Mat. S. 36.) Durch dieses Gesetz wurden alle älteren Anordnungen außer Wirksamkeit gesetzt, insoweit sie Gegenstände dieses Gesetzes betreffen und durch dasselbe geregelt sind (§. 46).[25] Bei der grundlegenden Bedeutung dieses Gesetzes werden wir die Grundsätze desselben bei eventuellen Lücken auch für die übrigen Enteignungsfälle analog zur Anwendung zu bringen haben, soweit sich dieselben nicht etwa als Besonderheiten gerade dieses Enteignungsfalles darstellen.[26] Wir wollen nun die Hauptfälle der E. näher beleuchten:

1. Enteignung behufs Herstellung öffentlicher Verkehrswege, Reichs- [Ärarial-], Landes-, Bezirks- und Gemeinde-Straßen und -Wege. (Hofd. v. 2. Mäi 1818, P. G. S. 46. B. S. 149, v. 11. Oktbr. 1821, P. G. S. 49, B. S. 406. Dazu Michel I. S. 403, Stubenrauch I. zu §. 365, böhm. L. Gesetz vom 12. Aug. 1864, Z. 46, §. 19.) Die in den österreichischen Ländern geltenden Normen über Straßen- und Wasserbauten faßt übersichtlich zusammen die für Ungarn und dessen Nebenländer erlassene Min.-Vdg. v.

---

gemeinnützigen Zwecken. Vgl. auch G. Meyer, Jenaer L. Z. 1877, Nr. 10, u. Randa, Ger. Zeit. 1876, Nr. 101. — Ebensowenig ist es andererseits gerechtfertigt, wenn Rohland S. 8 die Eigenthumsentziehung für Bergwerkszwecke von der Expropriation ausschließen will. Vgl. auch §. 98 des österr. Berggesetzes, der sich ausdrücklich auf §. 365 G. B. beruft.

24) Eine eingehende Besprechung des bezüglichen Gesetzentwurfes von Pražák in Samitsch' Zeitschrift f. Verwalt. R. Pflege 1877, S. 299 flg.

25) Bahnen, welche bloß dem eigenen Gebrauche des Unternehmers dienen, genießen (abgesehen von Bergwerksbahnen) das E.-Recht nicht. Über die bezüglichen älteren Vorschriften vgl. Schiffner §. 49, Nr. 41.

26) Vergl. auch Schiffner Nr. 46. Soweit ferner für gewisse E.-Fälle Singularitäten bestehen, erscheinen diese durch das neue Eis. Ent. Ges. unberührt.

21. April 1857 Z. 32 R. G. B., ausgedehnt auf Dalmatien mit Vdg. v. 7. Okt. 1858 Z. 178. Die Enteignung kann in der Entziehung von Grund und Boden oder in der zeitweiligen Benutzung desselben zu Schotter- und Steinbrüchen bestehen. Auch für die Erweiterung und Regulirung von Straßen in Städten findet ohne Zweifel die Expropriation statt, soweit dieselbe aus Verkehrs- oder Gesundheitsrücksichten (nicht bloß der Verschönerung willen) nothwendig erscheint.[27] — Nicht unter den Gesichtspunkt der Expropriation fällt die Begünstigung der Bauordnungen: daß bei der Anlage neuer Stadt- oder Ortstheile die baupolizeiliche Genehmigung der Bauanlage (des Situationsplanes) nur dann ertheilt wird, wenn der Abtheilungswerber den Grund zur Herstellung der künftig seine Bauparzelle durchziehenden Straßen unentgeltlich an die Gemeinde abtritt. (§. 22 böhm. Bauordnung, mit welcher die übrigen neueren Bauordnungen meist übereinstimmen.) Vgl. die niederösterr. §. 27, oberösterr. §. 11, Wiener §. 20 ꝛc.[27a]

Wesentlich nach denselben Grundsätzen richtet sich die Enteignung behufs Herrichtung neuer Landungsplätze und Leinpfade. (§. 8 Reichswassergesetz v. 30. Mai 1869.)[28] Was von Straßenbauten gilt, hat auch auf Wasserbauten (Brücken ꝛc.) sinngemäße Anwendung. (Hfd. v. 23. Oktober 1834. Pol. G. S. 62, S. 239.)

2. Das Enteignungsrecht kommt zu jeder gemeinnützigen, d. i. der allgemeinen Benutzung offenstehenden Staats- oder Privateisenbahn (§. 1 des Eis. Ent. G., so schon Hofd. v. 8. Nov. 1842. Z. 654, §. 9 d. G. v. 14. Sept. 1854, Nr. 238 u. Ges. v. 13. April 1870, Z. 56 R. G. B.) sowie den (wenn auch nur zum Privatgebrauch dienenden) Bergwerkseisenbahnen (§§. 98 u. 131 Bergges. u. Min.-Vdg. v. 1. Nov. 1859, Nr. 200 R. G. B.) und zwar nicht nur für den Bau selbst, sondern auch für die Vorarbeiten und die zur Verhütung oder Beseitigung von Betriebsunterbrechungen nothwendigen Vorkehrungen. (§§. 1. 2. 3. 39 flg. Eis. Ent. Ges.)[29]

---

27) Vgl. das Nähere bei Stubenrauch S. 455 flg., Pražák S. 114 flg.

27a) Vgl. d. Entsch. d. Verwalt. G. H. bei Budwinski Nr. 733.

28) Vgl. dazu Pražák S. 109. Das ungar. E. G. (§§. 1—4) erwähnt alle im Text erwähnten Fälle, gestattet aber E. für Straßenregulirungen nur in größeren Städten (von über 10 000 Einwohnern).

29) Dazu Schiffner a. O. Pražák S. 123—129. Daß Grundstücke für gemeinnützige Bahnen auch zur Gewinnung von Schotter-, Rohstein- und

— Die dauernde oder vorübergehende Abtretung von Grundstücken kann insoweit begehrt werden, als es zur Herstellung der Bahn, der Bahnhöfe, der daselbst zum Zweck des Eisenbahnbetriebes zu errichtenden Gebäude oder zu sonstigen der Bahn obliegenden Anlagen, zur Unterbringung des beim Bau zu entfernenden Erdmaterials, endlich zur Gewinnung des nöthigen Schüttungs-, Rohstein- und Schottermaterials erforderlich ist. (§. 3. Eis. Ent. G.)

3. Das Enteignungsgesetz kommt Bergwerksunternehmungen zu statten behufs Enteignung von Grundstücken und von Tagwässern für den Bergwerksbetrieb (§§. 98. 100. 105, Berggeſ. v. 23. Mai 1854, Z. 146 R. G.)[30]

4. Aus Anlaß der Katastralvermessungen können die erforderlichen Durchhaue und anderweitige Benutzungsweisen von Privatgrund im Enteignungswege gestattet werden. Hofdk. vom 17. Juni 1821, Z. 15286.[31]

5. Triftberechtigte können die Enteignung fremden Grundes (durch Entziehung oder zeitweise Benutzung) ansprechen, soweit dies zur Errichtung und Erhaltung von Triftbauten nothwendig ist. (§. 30. 36 des Forstges. v. 3. Dezember 1852, Nr. 250.)[32]

Schüttungsmaterial „benutzt" werden dürfen, ist durch §. 3 des Eis. Ent. Ges. außer Zweifel gesetzt, ebenso daß die zum Bahnbetrieb erforderlichen Wasserleitungen im Enteignungswege hergestellt werden können. (§. 3 eod.) Vgl. auch §. 11 des ungar. Ent. Ges. v. 1881. In ersterer Beziehung war anderer Ansicht Pražák S. 127 gegen Michel, Eisenbahnrecht S. 91.

30) Bei Grundstücken und Tagwässern kann jedoch nur die zeitweilige Benutzung expropriirt werden (Arg. §§. 98, 105 Berggeſ.); lediglich der Grundeigenthümer kann bei voraussichtlich bleibender Verwendung die Übernahme in's Eigenthum des Unternehmers verlangen. Vgl. über diese und andere Detailfragen Pražák S. 90 flg. — Aus fiskalischen, durch das Salzmonopol gebotenen Rücksichten gestattet die Zoll- und Monopolsordnung v. 11. Juli 1835 §§. 409—411 die Enteignung, beziehungsweise die Verschlagung von Salzquellen; nicht für den Verlust der Letzieren, sonderu nur für sonstige Beschädigung wird Ersatz geleistet. Vgl. Pražák S. 39. Doch nur in den durch die gesetzlich normirte Finanzwirthschaft bestimmten Fällen findet die Enteignung für den Fiskus statt, — nicht etwa zu bloß privatwirthschaftlichem Vortheile des Staates. Vgl. Schiffner Nr. 32, Nr. 49.

31) Vgl. Pražák S. 39.

32) Die Verpflichtung der Grundeigenthümer, die Bringung fremder Waldprodukte über ihrem Grund zu dulden (§. 24 Forstgesetz), beziehungsweise die Trift fremden Holzes auf ihren Privatgewässern und die Begehung des Grundes zu diesem Zwecke zu gestatten (§§. 26, 39 F. G.), fällt unter den Begriff der sogenannten Legalservituten, da der Eigenthümer hierzu kraft allgemeiner Rechtsvorschrift verpflichtet ist und ihm hierbei weder Eigenthum noch der gleichzeitige Gebrauch des Grundes oder Flusses entzogen, vielmehr nur die Duldung einer vorübergehenden Be-

6. Die zu militärischen Zwecken, insbesondere für die Landesvertheidigung oder Waffenübungsplätze nothwendigen Gründe sind vom Grundbesitzer gegen Entschädigung abzutreten, wobei die für die Einlösung der Gründe für den Straßenbau gegebenen Vorschriften analog anzuwenden sind.[33] Im Falle der Mobilisirung haben die Pferdebesitzer ihre Pferde der Assentirungskommission vorzuführen, und letztere kann das auf den Bezirk entfallende Kontingent durch Enteignung der tauglichen Stücke gegen Zahlung des Schätzungswerthes aufbringen. Ges. v. 16. April 1873, Nr. 77 R. G. B. (§§. 1. 9.)[34]

7. Im Interesse der öffentlichen Gesundheitspflege kann sich die Enteignung in verschiedener Weise als nothwendig erweisen, insbesondere durch Trockenlegung von Teichen, Sümpfen,[35] Errichtung von Dämmen zur Hintanhaltung von Überschwemmungen, Herstellung von Abzugskanälen, Errichtung von öffentlichen Krankenhäusern, Begräbnißplätzen, öffentlichen Schlachthäusern, öffentlichen Wasserleitungsanstalten (dazu §. 32 [31] der L. W. Gesetze), Markthallen in bevölkerten Ortschaften u. s. f.,[36] endlich wohl auch in der Beseitigung von Fabriken, welche sich im Laufe der Zeit als gesundheitsschädlich gezeigt.

8. Im Interesse der Förderung der geistigen Kultur und der sittlich-religiösen Wohlfahrt kann die Enteignung von Grund und Boden für die Errichtung von öffentlichen Schulen, Bibliotheken,

---

nutzung Dritter auferlegt wird. Anders Pözl, bayer. W. G. S. 230 flg. und Pražák S. 18, Nr. 31. u. S. 100—104. Auch die Verpflichtung der Waldbesitzer zur unentgeltlichen Lichtung der längs der Straßen liegenden Waldtheile (Hofkd. v. 25. Nov. 1844) fällt unter den Begriff der im §. 364 G. B. erwähnten gesetzlichen Beschränkungen des Eigenthums (s. Pražák S. 31, Nr. 1 und Entsch. des Ver. G. H. Nr. 839).

33) Vgl. die bei Pražák S. 37 citirten Verordnungen.

34) Daß auch Mobilien Gegenstand der Enteignung sein können, darüber vgl. Grünhut S. 73 u. Note 10.

35) Vgl. Stubenrauch S. 461 (4. A.) und den von Pražák S. 40 angeführten Fall der Trockenlegung der Nürschaner Teiche. Ebenso das ungar. E. G. von 1881, §. 1. Dagegen fällt die Betretung fremder Grundstücke bei Aufstellung von Sanitätskordons nicht unter den Begriff der Enteignung.

36) Für die letzterwähnten Fälle fehlt es (von den Bauordn. abgesehen) fast ganz an speziellen gesetzlichen Bestimmungen; in der Praxis kamen dergleichen Enteignungsfälle wiederholt vor. Vgl. Krainz §. 216. Vgl. auch ungar. E. G. v. 1881, §. 1. — Die Tödtung von Viehstücken bei der Rinderpest ist m. E. als Fall der Ausübung des Staatsnothrechtes aufzufassen. S. N. 9.

Kirchen und Friedhöfen,[36a] Straf- und Korrektionsanstalten ꝛc. nach Besonderheit der örtlichen Verhältnisse unerläßlich erscheinen.[37] — Selbstverständlich findet die Expropriation stets im Interesse der öffentlichen Verwaltung behufs Herstellung von Gebäuden für öffentliche Behörden statt.

9. Mehrere Expropriationsfälle sind in dem Reichs-Wasser-Gesetze v. 30. Mai 1869, Z. 93 R. G. normirt:

a) Die Staatsverwaltung kann fließende Privat-Gewässer, welche sich zur Befahrung mit Schiffen oder Flößen eignen, gegen angemessene Schadloshaltung im Interesse des Verkehrs als öffentliches Gut erklären. (§. 6 Reichs-Wasser-Gesetz.)[38]

b) Ortschaften und Gemeinden, deren Wasserbedarf nicht gedeckt ist, haben nach Maßgabe dieses Bedarfs gegen angemessene Schadloshaltung das Recht der Enteignung von Privatgewässern und Wasserbenutzungsrechten, soweit dieselben für die gleichen Zwecke der Wasserberechtigten entbehrlich sind. (§. 16 Reichs-Wasser-Gesetz.)[39] Näheres in meinem Wass. R. S. 110 flg.

c) Viel weiter reicht die folgende Bestimmung des §. 15 lit. a. d. Reichs-Wasser-Gesetzes: „Auch wenn die Erfordernisse

---

36a) Vgl. auch Krainz §. 216. — And. A. Vogi, Expropriation für Kirchenbauten (1888), weil dies nicht öffentliche Unternehmungen sind; allein gewiß liegen dieselben „im öffentl. Interesse" (§. 4 des zürich. Exprop. G. v. 1879); eine andere Frage war es in concreto, ob der betreffende Platz unerläßlich war.

37) Auch in dieser Beziehung fehlt es an Spezialbestimmungen. Der in der Zeitschr. f. Verwalt. 1857, Nr. 13 und bei Stubenrauch zu §. 365 und Pražák S. 41, Nr. 19 abgedruckte Min.-Erl. v. 14. Februar 1857, Z. 31 980 erklärt die Expropriation für Schulgebäude nur dann für zulässig, wenn — abgesehen vom Kostenpunkte — durchaus kein geeigneter Bauplatz im Wege freien Übereinkommens erlangt werden kann. Das ungar. E. G. §. 2 erwähnt ausdrücklich auch den Bau von Schulen, Krankenhäusern, öffentlichen Bädern, Wasser- und Gasleitungen, Kanalisirungen.

38) Ähnlich nach §. 19 des preuß. G. v. 1843 und §. 3—6 des bayer. Wasser-Gesetzes, nach welchem letzteren aber für das Flußbett niemals Entschädigung geleistet wird. Gegen diese ungerechtfertigte Bestimmung Pözl S. 82. Nicht zu billigen ist die Entsch. des Verwalt. G. H. Nr. 417 Budw.

39) Der letztere beschränkende Beisatz, welcher im bayer. W. G. Art. 38 fehlt, erscheint billig. Es kann nicht zweifelhaft sein, daß sich dieses Enteignungsrecht auf Mineralquellen nicht bezieht. Vgl. auch Pözl S. 217. Das Nothrecht bei Feuersgefahr anerkennen die L. Wassergesetze.

des §. 365 A. B. G. B. nicht eintreten, kann, um die nutzbringende Verwendung des Wassers zu fördern oder dessen schädliche Wirkungen zu beseitigen, im Verwaltungswege verfügt werden, daß bei fließenden Privatgewässern[40] derjenige, dem das Wasser zugehört, insoweit er es nicht benöthigt und innerhalb einer ihm behördlich zu bestimmenden . . . angemessenen Frist auch nicht benutzt, Anderen, die es nutzbringend verwenden können, gegen angemessene Entschädigung überlasse." — Daß es hier nicht erforderlich ist, daß das Unternehmen ein mindestens mittelbar gemeinnütziges sei, geht aus den einleitenden Worten des Gesetzes bestimmt hervor.[41] Diese anomale Bestimmung läßt sich wenigstens einigermaßen (s. Note 41) durch die Erwägung rechtfertigen, daß „das Privateigenthum an fließenden Gewässern eben doch nichts weiter ist, als ein Präzipuum des Gebrauchsrechtes".[42] Bei der Verleihung von fremden Wasserrechten ist die Bedingung zu stellen, daß von der ertheilten Bewilligung bei sonstigem Erlöschen derselben binnen einer angemessenen Frist Gebrauch gemacht werden muß (§. 28 a böhm., 24 steierm., 27 der übrigen Landes-Wassergesetze).

d) Zu Bewässerungs- und Entwässerungsanlagen, ferner zu Trieb- und Stauanlagen, deren Errichtung überwiegende volkswirthschaftliche Vortheile erwarten läßt,[43] dann für Wasserversorgungsanlagen sowohl von Ort-

40) Auf eingeschlossene Privatgewässer findet diese Norm keine Anwendung Vgl. auch bayer. W.-G. §. 62 flg., Pözl S. 217.

41) Auch der Regierungskommissär erklärte (Prot. d. Abg. H. S. 5871 v. J. 1869), es solle mit dieser Bestimmung etwas Besonderes festgesetzt werden und das Besondere bestehe in dem Hinausgehen über die Beschränkungen des §. 365. So auch Schiffner §. 134, Nr. 23. Dagegen meint Pražák S. 108, daß den einleitenden Worten keine Bedeutung beigemessen werden solle. Aber §. 15 cit. fordert bestimmt nur eine „nutzbringende" Verwendung und es kommt auf die Bedeutung des Unternehmens für das Gemeinwohl gar nichts an. Daß die Bestimmung des bayer. W.-G. §. 62 im Interesse der Unverletzlichkeit des Privateigenthums den Vorzug verdiene, scheint mir nicht zweifelhaft.

42) Vgl. die Ausschußmotive zum bayer. W.-G. bei Pözl S. 212. Leider bietet das österr. Gesetz nicht jene Garantie gegen Mißbrauch des Ent. R., wie der Art. 62 des bayr. W. G.

43) Diese Einschränkung des §. 15 R. W. G. durch die Landeswassergesetze ist gewiß zu billigen. — Vgl. noch Frank, in Corad's Handw. B. f. Staatswiss. s. v. Bewäss. u. Entwäss., Pražák, Wasserr. Kompet. Fragen S. 84 flg.

schaften als von vereinzelten Ansiedlungen (sofern diese an den Gemeindewasseranlagen nicht theilnehmen können) kann der Unternehmer die Einräumung der erforderlichen Dienstbarkeiten zur Zu- und Ableitung des Wassers, sowie zur Errichtung der erforderlichen Stauwerke, Schleusen und sonstigen Vorrichtungen auf fremdem Grunde gegen angemessene Schadloshaltung verlangen; der Grundeigenthümer kann in diesen Fällen auf die Übernahme des Grundes selbst bringen. (§. 15 R. G., §§. 28 lit. b. 32, 39, 41 böhm., §§. 27, 31, 38, 40 der meisten übrigen L. W. Gesetze.)[44] Dieses Zwangsrecht erstreckt sich aber nicht auf Häuser, Hofräume, Hausgärten und eingefriedete Parkanlagen.[45] (§. 32 des böhm., 31 d. m. L. W. G.)

e) Nach dem Gesetz v. 30. Juni 1884 Z. 116 R. G. Bl. §. 14 kann für Bewässerungen und Entwässerungen von Grundstücken, die gänzliche oder theilweise Entziehung einer anderweitigen rechtmäßigen Wassernutzung in öffentlichen Gewässern mit Rücksicht auf die concret nachgewiesene, unzweifelhaft höhere wirthschaftliche Bedeutung des ersteren Unternehmens nach Erforderniß desselben von der Verwaltungsbehörde gegen angemessene Entschädigung verfügt werden. Dazu mein Wasserr. S. 114.

f) Wenn Schutz-, Uferregulirungs-, Entwässerungs- und andere Wasserbauten im öffentlichen Interesse unternommen werden, so muß gegen angemessene Entschädigung die Abtretung des nöthigen Grundes erfolgen oder die erforderliche Dienstbarkeit eingeräumt werden. Die hierzu nothwendigen Materialien müssen von den Eigenthümern der zu schützenden

44) Der §. 32 (31) L. W. G. cit. findet sich im niederösterr. L. W. G. nicht. — Es ist wohl zu beachten, daß die citirten Ausführungsbestimmungen der Landeswassergesetze einerseits beschränkter lauten als der §. 15 des R. W. G. (vgl. vorige Note), andererseits über denselben hinausgehen, insofern sie auch die Expropriation (durch Servitutsbestellung) behufs Errichtung von Stauwerken, Schleusen &c. gestatten. So auch Schiffner §. 134 Nr. 23.

45) Bei wahrhaft gemeinnützigen Unternehmungen, z. B. Wasserleitungen für Städte, die aus sanitären Rücksichten nothwendig erscheinen, hat die letztere Beschränkung nach dem allgemeinen Wortlaut des §. 365 nicht statt. Vgl. Pražák S. 110. — Ähnlich das ungar. E. G.: Berieselung, Abzapfung von stehenden Wässern und Sümpfen, Ableitung von Binnenwässern.

Gründe gegen Ersatz überlassen werden (§. 49 böhm., 43 steierm., 48 d. m. üb. L. W. G.)[46], dazu §§. 4—8 des Ges. v. 30. Juni 1884 Z. 117 in Betreff der Gebirgswässer.

g) Salzquellen können kraft des Salzmonopols vom Fiskus enteignet werden.

III. Subjekte der Enteignung.

Aus den bisherigen Ausführungen ergiebt sich zugleich, wer als Subjekt der Enteignung (Enteigner) anzusehen ist. Da lediglich der Umstand maßgebend erscheint, daß das Unternehmen, für welches die Enteignung angesprochen wird, ein gemeinnütziges ist, übrigens nichts darauf ankommt, ob das Unternehmen dem Staate, einer Gemeinde oder einer anderen öffentlichen Korporation oder einer Privatperson gehört, so ist als Expropriationsberechtigter immer nur der Unternehmer anzusehen und ist auch nur dieser zur Schadloshaltung des Expropriaten verpflichtet.[47] So wird denn auch in den

---

46) Das niederösterr. L. W. G. enthält diese Bestimmung nicht. Vom öffentlichen Interesse ist hier die Rede im Gegensatze zu §. 15 R. W. G., der das Dasein eines solchen nicht nothwendig fordert. Vgl. übrigens auch Pražák S. 110 Nr. 9. Bezüglich der Expropriation für die bezüglichen Vorarbeiten vgl. §. 77 L. W. G. — Ähnlich das ungar. E. G. §. 1.

47) Im Wesen ist dies auch die Ansicht der Mehrzahl der Schriftsteller. Vgl. Ofner, S.-R. §. 36, Mayer S. 260 u. Zeitschr. S. 567, Rohland S. 12 flg., Dernburg §. 34 S. 58, Gerber §. 174[b], Stobbe S. 158, Stubenrauch I. S. 483, Ulbrich S. 107. Gewöhnlich wird dies so ausgedrückt, daß der Staat das Enteignungsrecht auch anderen Personen verleihen, auf andere „übertragen" könne, vgl. Thiel S. 17, Förster §. 131 Nr. 10, Stobbe, §. 92 S. 158, Krainz, §. 216. Allein der Staat „überträgt" nicht erst den (ihm gar nicht zustehenden) Expropriationsanspruch (denn er ist ja nicht „Unternehmer"!), — sondern er anerkennt und formalisirt bloß in konkreten Fällen den kraft des Gesetzes zustehenden Anspruch. Der Mangel der üblichen Ausdrucksweise wird kaum berichtigt durch die von Pražák §. 5, S. 65 und Schiffner Nr. 50, N. 21 gewählte Formulirung, daß nur dem Staate das Enteignungsrecht zustehe, daß aber dieser die Unternehmer (Konzessionäre) zur Ausführung eines bestimmten Unternehmens „privilegire". Nicht gerechtfertigt erscheint die Behauptung Grünhut's S. 78 flg. (welchem Kirchstetter S. 192, 3. A. folgt), daß der Staat der einzige Enteigner sei, daß die gemeinnützigen Unternehmungen das Enteignungsrecht Namens des Staates ausüben, daß daher das enteignete Objekt nicht in das freie Eigenthum des Unternehmers übergehe, sondern „öffentliches Gut" werde, und daß der Staat entschädigungspflichtig sei. Kann sich doch Grünhut selbst der Erkenntniß nicht verschließen, daß die enteigneten Grundstücke bei manchen öffentlichen Unternehmungen doch in das Eigenthum von Privatpersonen übergehen, ohne indeß für diesen „unmittelbaren Erwerb" eine Erklärung zu versuchen. Die Enteignungsgesetze sprechen im Gegentheil von einem un-

österreichischen Gesetzen geradezu der Unternehmung oder dem Unternehmer das „Expropriationsrecht eingeräumt" und demselben zugleich im kausalen Nexus die Entschädigungspflicht auferlegt. So sagt §. 1 des E. E. G. von 1878: „Die Ausübung des Enteignungsrechtes steht . . . jedem Eisenbahnunternehmen insoweit zu, als die Gemeinnützigkeit des Unternehmens anerkannt ist"; dazu §. 4. „Die Eisenbahnunternehmung ist verpflichtet . . . Schadloshaltung zu leisten"; ferner §§. 18 Abs. 1., 22, 27 (Auswahl verschiedener Anlagen!), 35, 47. Die ges. Redewendung, daß die „Ausübung des Enteignungsrechtes" der „Unternehmung" zustehe, ihr „verliehen" werde, daß sie der Enteigner sei (§. 1 E. E. G., §. 9, lit. c. des E. Konz. G. u. a.) ist der inkorrekte Ausdruck eines richtigen Gedankens, gegen den kein juristisches Bedenken geltend gemacht werden kann.[48] Vergl. auch §. 9, lit. c. des E. Konz. G. v. 14. Septbr. 1854, §§. 15. 16. R. Wasser G., §§. 32 (31) des Landes W. G., §. 98 Bergges., §. 365 G. B.[49] Wenn mitunter behauptet wird, dem Staate allein stehe das Expropriationsrecht zu, so ist das wohl in dem Sinne richtig, als die Entscheidung darüber: ob ein Expropriationsfall vorliege — sowie die Durchführung des Enteignungserkenntnisses einzig dem Staate, beziehentlich seinen Organen zusteht. Allein der Enteignungsanspruch (das Recht auf Expropriation) kommt dem Unternehmer eines gemeinnützigen Werkes kraft des Gesetzes unmittelbar zu; der Enteignungsanspruch wird zum vollwirksamen Recht durch das staatliche Enteignungserkenntniß; die Staatsorgane sind somit nur die Verwirklicher dieses Anspruchs, beziehentlich Exekutoren des formalisirten Rechtes. Als Subjekt der Enteignung (als Expropriant) kann also nur der Unternehmer — nicht aber der Staat bezeichnet werden.[50] Daher bedarf denn selbst

---

mittelbaren Erwerbe und der direkten Entschädigungspflicht des Expropriationswerbers; vgl. §. 9 des österr. E. Konz. G., §. 44 des preuß. E. G. von 1874. Vergl. auch Stobbe §. 92, Nr. 23, Rohland S. 11, Pražák S. 66, Nr. 7, Meyer in Behrend's Zeitschrift 8 S. 567 flg., Seydl S. 224, Gareis a. O., Schiffner a. O. u. Stobbe 2. Aufl. S. 174, N. 23.

48) Das ungar. Gesetz sagt im §. 5: „Das Enteignungsrecht für jede Unternehmung . . ertheilt . . das Ministerium ꝛc.

49) Ebenso das preuß. E. G. v. 1874 §§. 44, cf. §. 7 und 57. Vgl. Mayer, Zeitschr. 8. Bd. S. 569.

50) Darum, daß der Staat das Enteignungserkenntniß fällt, wird er ebensowenig Subjekt der Enteignung, als er etwa Subjekt eines Industrieprivilegiums

der Fiskus, wenn er als Unternehmer eines gemeinnützigen Werkes auftritt, des Enteignungsausspruches des kompetenten Organs der Staatsverwaltung. — Ob kirchliche Korporationen und die Gemeinden expropriationsberechtigt sind, entscheidet sich einfach nach der Vorfrage, ob sie in dem betreffenden Falle ein öffentliches, beziehentlich gemeinnütziges Unternehmen ausführen oder nicht.

Ein Vorzng des mit dem Gesetze von 1878 eingeführten Enteignungsverfahrens besteht wesentlich darin, daß die Untersuchung, welche der Ertheilung des Baukonsenses vorausgeht, nicht wie ehedem auf die Erhebung öffentlichrechtlicher, den Bahnbau betreffender Verhältnisse beschränkt ist, sondern sich auf alle mit der Expropriationsfrage zusammenhängenden Verhältnisse erstreckt.

IV. Enteigneter (Expropriat).

Die bisher offene und sehr bestrittene Frage, wer als „Enteigneter" erscheint, ist nunmehr mit Rücksicht auf §. 4 des E. E. G. dahin zu beantworten, daß als „enteignet" nur derjenige anzusehen ist, dem die enteignete Sache oder dem ein mit dem Eigenthum eines anderen Gegenstandes verbundenes dingliches Recht daran zusteht — also nur der Eigenthümer der Sache und derjenige, dem ein dingliches Realrecht daran zngehört, z. B. eine Realservitut, eine Realgewerbsgerechtigkeit (§. 473 G. B., Hofdkr. v. 9. Dezember 1824, Z. 2063). Vgl. Nr. 11814 S. S. Gl. U. W. Pf.[51] Die Frage ist insofern relevant, als sie maßgebend ist für die Beantwortung der weiteren Frage: wer zur Verhandlung im Enteignungsverfahren legitimirt, beziehentlich gegen wen das Enteignungserkenntniß zu schöpfen und wem die Entschädigung zuzuerkennen ist.[52] Denn

---

dadurch wird, daß er das letztere an den Privilegiumswerber verleiht. Vergl. Gareis a. O. Dies alles ignorirt Reinitz S. 581 N. 1.

51) Ungenau sprechen dafür die Motive S. 42 bloß von Realberechtigten. Über Realrechte vgl. Schiffner, Lehrb. §. 27. Gewiß gehören auch das Jagdrecht und radizirte Reallasten zu den „dinglichen" Realrechten im Sinne des §. 4 cit., Wasser- und Fischereirechte (§. 26 R. W. G.) können, aber müssen nicht Realrechte sein; ebensowenig sind Bergrechte als solche anzusehen. And. A. Schiffuer §. 27. Was vom Eigenthümer der Sache gilt, gilt sinngemäß auch von dem, welchem das zu enteignende Recht (z. B. ein Mauthrecht) gebührt. Vgl. N. 10 u. 13.

52) Vgl. Hand. Min. Erl. v. 4. April 1878, Z. 5256: „Bei der Frage der Feststellung des (Objekts) der Enteignung . . kommen nur der Eigenthümer und derjenige, dem . . ein mit dem Eigenthum eines anderen Gegenstandes verbundenes dingliches

nur der „Enteignete" ist Subjekt der (unmittelbaren) Entschädigung (§§. 4, 5 verb. „dem Enteigneten obliegt", 25, 30, 35 E. E. G.). Bei Fixirung des Gegenstandes und Umfanges der Enteignung sind daher lediglich der Eigenthümer und dinglich Realberechtigte legitimirt, nicht aber dritte Personen, selbst wenn ihnen dingliche Rechte an dem enteigneten Objekte zustehen würden, welche durch die Enteignung — als mit dem Zwecke derselben unvereinbar — aufgehoben werden, z. B. Fruchtnießer, Usuare, Pfandgläubiger (§§. 5, 22, 25, 34 E. E. G. und §§. 20, 29, 39 Eis. Buch. G. v. 1874) — noch weniger selbstverständlich bloß obligatorisch Berechtigte, z. B. Bestandnehmer. Daran wird nichts durch den Umstand geändert, daß bei der Ermittlung der Entschädigung auch auf die sie betreffenden Nachtheile Rücksicht zu nehmen, nach Umständen, sogar der auf dieselben entfallende Ersatzbetrag von den Sachverständigen, beziehentlich vom Gerichte insbesondere anzugeben ist (§§. 5, 22, 25 E. E. G.), und daß dieselben zu diesem Ende als Nebenberechtigte („mittelbar Betheiligte") in Ansehung der Entschädigung über Verlangen gehört werden, beziehentlich den Rekurs überreichen können (§. 30, dazu d. folg.).[53]

Daß auch der Staat selbst als Besitzer des Staats- und öffentlichen Gutes Expropriat sein könne, ist bereits früher (Note 10) bemerkt worden.

Recht zusteht (Realservitutsberechtigter [dazu N. 51]) als Betheiligte in Betracht. Es haben daher auch nur diese Personen .. eine subjektive Berechtigung zur Vertretung ihres Interesses. Dritten Personen wird die Einmischung (!) in die Erörterung nur in dem Falle zu gestatten sein, als ihre Äußerungen zur Klärung der Sachlage dienlich und (?) — erwünscht sein können." Unrichtig bezeichnet Krainz §. 216 den Besitzer — nicht den Eigenthümer — als Expropriaten; allerdings wirkt das gegen den legitimirten Scheineigenthümer ordnungsmäßig durchgeführte Verfahren auch gegen den wahren E. Vgl. N. 119. — Das Enteignungserkenntniß kann somit nur von dem Enteigneten, soweit derselbe rechtzeitig Einwendungen erhoben hat, im Rekurswege (binnen acht Tagen) angefochten werden. §. 18 E. E. G. Anders bezüglich der Entschädigung.

53) Die Motivenberichte S. 42 sprechen hier von „mittelbar" Entschädigungsberechtigten, wobei aber manche Unklarheiten unterlaufen. So z. B. ist im Absatz 3 S. 42 „der Servitutsberechtigte" neben dem Eigenthümer als „unmittelbar" ersatzberechtigt hingestellt, während Absatz 5 richtig nur den „Realservitutsberechtigten" (richtiger: Realberechtigten, N. 51) nennt! Ungenauigkeiten laufen auch unter in den Reden der Regierungsvertreter, S. 129. Ebenso ungenau ist es, wenn S. 42 die „Realrechte" als Folge (?) des Eigenthumsrechtes bezeichnet werden. Bezüglich des Rekurses s. die folg. Seite, auch Schiffner N. 47. Richtig Ofner, Sach.-R. §. 36.

V. Enteignungsverfahren.

Bei dem Mangel eines einheitlichen Expropriationsgesetzes fehlt es auch — den Fall der Enteignung für Eisenbahnzwecke und der Enteignung von Wasserkräften ausgenommen — an besonderen Vorschriften über den Gang des Enteignungsverfahrens. Die Frage: ob überhaupt ein gemeinnütziges Unternehmen, also ein Enteignungsfall vorliegt, und die Frage, ob die individuell bestimmte Sache expropriirt werden soll, wird derzeit zugleich untersucht und mit demselben Erkenntniß (dem Enteignungsausspruch) entschieden.[54] Nur den Privateisenbahnen wird das Enteignungsrecht mit dem Konzessionsgesetze allgemein verliehen (§§. 6, 9 d. G. v. 14. Sept. 1854 u. Art. 11, lit. c. d. St. G. G. v. 1867, Nr. 141). Bei Staatsbahnen liegt die Anerkennung der Gemeinnützigkeit in der gesetzlichen Bestimmung über den Bau derselben. Kompetent zur Untersuchung und zur Schöpfung des Enteignungserkenntnisses (auch in Bergwerkssachen, Min. E. v. 15. Okt. 1879, Z. 11204) sind einzig die politischen Behörden und zwar in der Regel die politischen Landesstellen.[55] Gegen dieses Erkenntniß steht (binnen acht Tagen) der Rekurs an die höhere Administrativbehörde (in der Regel: das Ministerium) offen (§. 18); dagegen ist der Civilrechtsweg in Ansehung der Frage,

---

54) Anders in Preußen, Frankreich, Italien, England 2c. Beide Fragen werden besonders verhandelt und entschieden. Die Entscheidung der ersteren Frage erfolgt in Preußen in der Regel durch königliche Verordnung (Art. 2 E. G.), in England stets, in Frankreich und Italien ist sie mindestens bei großen öffentlichen Unternehmungen der Gesetzgebung vorbehalten. Vergl. das franz. Ges. v. 27. April 1870, ital. E. Ges. 1865, Art. 9, dazu Grünhut S. 203 flg. u. Handwörterb. f. Staatsw. S. 258 flg., Prażák S. 187 flg. Es hat daher der Enteignungsaufspruch nach preuß. Rechte (§§. 32, 44 E. G.) eine andere Bedeutung als nach österr. Rechte; er ist dort nur die Vollziehung der Enteignung nach erfolgter Zahlung oder Hinterlegung der Entschädigung und mit seiner Zustellung geht das Eigenthum über. S. Mayer 8. Bd. S. 574 flg., Bähr S. 97, 111 flg. Diese Terminologie entspricht aber kaum der üblichen Auffassung. S. Prażák S. 191, Nr. 7.

55) Vergl. §. 9 der E. Konz. G. von 1854 und §. 17 des E. E. G. v. 18. Febr. 1878 bezüglich der Eisenbahnen, M. V. v. 21. April 1857, §. 3 bezüglich der Verkehrswege; — in Wasserangelegenheiten in der Regel die erste Instanz (§§. 76 flg. böhm. W. G.). Die Kompetenzfrage ist bestritten; für die Kompetenz der Landesstellen: Stubenrauch S. 483, Mayerhofer S. 1372, wogegen Prażák S. 193, Kirchstetter (3) S. 194, Schiffner §. 134 (G. Z. Nr. 49) in der Regel die erste Instanz für kompetent erklären. Die Bewilligung zur Errichtung von Tramways und Bergbahnen giebt das Ministerium. Vgl. Vdg. v. 25. Febr. 1859 und 11. März 1867. S. Prażák S. 124 flg., Schiffner Nr. 49, N. 11.

welcher Gegenstand und in welchem Umfange derselbe zu enteignen ist, unzulässig (§. 18 letzter Absatz E. E. G.). Ob das Enteignungserkenntniß auch im Beschwerdewege beim Verwaltungsgerichtshofe angefochten werden köune, ist bestritten.[56] Die politische Behörde hat den Gegenstand und Umfang der Enteignung durch Fällung von Enteignungserkenntnissen festzustellen (§. 17 E. E. G.), und zwar auch dann, wenn der Enteignete seine Bereitwilligkeit zur Abtretung protokollarisch erklärt hat (§. 16 E. E. G.).[57] Doch kann noch im Entschädigungsverfahren die Enteignung und Entschädigung auch auf solche Objekte ausgedehnt werden, welche nicht den Gegenstand des Enteignungserkenntnisses bilden, wenn Enteigner und Enteigneter einverstanden sind (§. 26 E. E. G.).[58]

Auch die Exekution des Enteignungserkenntnisses oder Vergleichs (§§. 17 und 26 E. E. G.) — äußersten Falls durch zwangsweise Einführung des Enteigners — steht nur der politischen (Bezirks-) Behörde zu; dieselbe kann nur nach erfolgter Zahlung (beziehentlich in gewissen Fällen nach Sicherstellung, §§. 8, 9, 10 E. E. G.) der Entschädigung bewilligt werden (§. 35 E. E. G. und schon Min. Vdg. v. 5. Septbr. 1874, Z. 119). Der Vollzug wird dadurch nicht gehindert, daß das Objekt während des Verfahrens in andere Hände überging oder die Entschädigung im Rekurswege angefochten wird (§. 35). Dazu neuest. Pražák, Wasserr. Kompet. §. 13.

---

56) Pražák S. 199 und Pann a. O. S. 84 wollen nur wegen formeller Gebrechen, nicht auch wegen materieller Rechtswidrigkeit die Beschwerde an den Verw. G. H. zulassen. Meines E. findet die Beschwerde auch in letzterem Falle statt; der §. 3 lit. e. des cit. Gesetzes steht nicht entgegen, da hier die Verwaltungsbehörde nicht bloß „nach freiem Ermessen" das Enteignungserkenntniß fällt, — es handelte sich denn nur um die Frage, ob anerkannte öff. Rücksichten im concreten Falle die E. rechtfertigen. Vgl. Samml. Budw. Nr. 64. 1632. 1914. 2545. 3525. 4223. 5216 Alter Nr. 929 flg., 2390 flg., dazu Tezner, Grünh. Ztsch. 19. S. 327 flg., 376 flg.

57) Die Tendenz geht wohl dahin: alle dem Zwecke der Enteignung entgegenstehenden Hindernisse durch das Erkenntniß in radikaler Weise zu beseitigen; es gilt dies insbesondere rücksichtlich eventueller Rechte Dritter. Die analoge Anwendung auf alle Enteignungsfälle liegt wohl im Sinne der neueren Gesetzgebung. Daher gelten hier auch nicht die für den Kauf gegebenen Normen. Vgl. Schiffner Nr. 47, der aber im Falle des §. 26 einen nach dem B. G. B. zu beurtheilenden „Entäußerungsvertrag" erblickt. Allein §§. 29 und 35 E. E. G. weisen darauf hin, daß der Vergleich hier dieselbe Wirkung hat, wie das Enteignungserkenntniß.

58) Das Übereinkommen hat hier wohl dieselbe Wirkung, wie das Erkenntniß. Arg. §. 35 E. E. G. Die Vorschrift des §. 20 Absatz 2 des Ges. v. 19. Mai 1874, Z. 70 über die Eisenbahngrundbücher bezieht sich daher auf solche Grundstücke nicht.

Aus den bisherigen Ausführungen ergiebt sich ferner, daß die Expropriation zwar ihrem Grunde nach dem öffentlichen Rechte angehört, daß aber ihre wichtigsten Wirkungen: der Eigenthumsübergang des enteigneten Objekts auf den Exproprianten und die Entschädigungspflicht des Letzteren in das Gebiet des Privatrechtes fallen.[59] Vom Eigenthumsübergang wird im Anhange gehandelt werden.

VI. Ersatzleistung.

Was nun die Entschädigungspflicht betrifft, so wird dieselbe in der österr. Gesetzgebung als eine nothwendige Konsequenz der Entziehung oder Beschränkung des Eigenthums durch Expropriation angesehen. Enteignung und Entschädigungsleistung sollten hiernach gleichsam Zug um Zug erfolgen (§. 365 G. B., §. 22 E. E. G., §§. 15, 17 R. W. G., §. 103 Bergg. u. a.).[60] Über die Vorarbeiten zum B. G. B. vgl. Note 3.

---

59) Vgl. Mayer a. O. S. 572, Nr. 74, dazu Pfaff und Hofmann I., S. 119. Daß auch die Entschädigungspflicht öffentlichrechtlicher Natur sei, wird dagegen von Grünhut §. 7, auch Seydl S. 230 behauptet, dagegen mit Recht die Regierungsmotive S. 35, Pražák §. 13 und Schiffner Nr. 50, N. 48.

60) Vgl. Pražák S. 136, Schiffner Nr. 50. Es liegt hier einer jener Fälle vor, wo Schadenersatz zu leisten ist, obwohl den Ersatzpflichtigen kein Verschulden trifft. Vgl. Pfaff, Gutachten zur L. v. Schadenersatz I. V. 1880. Doch kann von einer Koordination der Ersatzpflicht für verschuldeten und unverschuldeten Schaden (Pfaff S. 9, Schiffner §. 133) m. E. nur insofern die Rede sein, als (wie ich schon in meiner böhm. Schrift: über Schadenersatz, N. 2, betonte) anzuerkennen ist, daß die Ersatzpflicht offenbar beruhen kann nicht bloß auf Delikt und Vertragsverletzung, sondern auch auf Zuständen, ja selbst auf Verträgen. (Vgl. §§. 365, 1040, 1041, 1174, 1247, 1336, 1435 u. a.) Nur im ersten Fall wird (in der Regel) ein Verschulden (objektive und subjektive Illegalität) erfordert, nicht in den übrigen Fällen; dagegen ist für jenen ersten Fall an der Regel, daß ohne objektives Unrecht und subjektive Illegalität (Verschulden) Ersatzpflicht nicht begründet sei, auch gegenüber den Ausführungen Pfaff's a. O. festzuhalten; dieselbe ist in der Natur der Sache, der Gerechtigkeit, und der hist. Rechtsentwickelung begründet und im A. B. G. B. §§. 1295. 1306 („in der Regel"), 1311 u. a. klar ausgesprochen. S. 123 flg., u. Schiffner §. 133, N. 16. — Die Ersatzpflicht des Enteigners ist erst im westgal. G. B. zum gesetzlichen Ausdruck gelangt; die älteren Entwürfe verweisen nur auf billige Vorkehrung. S. Harrasowsky S. 7. — Das preuß. E. G. §. 7 bestimmt: „Die Pflicht der Entschädigung liegt dem Unternehmer ob"; dazu Meyer S. 294 flg. u. 8. B. S. 569, Laband S. 179 flg., Rösler §. 189, Seydl S. 230. Die Ansicht (Thiel S. 19 flg. 146 und Grünhut S. 97 flg.), daß der Staat — weil Subjekt des Expropriationsrechtes — entschädigungspflichtig sei, ist auch prinzipiell nicht zu billigen; der Staat ist eben nicht Subjekt des Expropriationsrechtes — und

Da sich indeß Enteignung und Entschädigung nicht wohl Zug um Zug vollziehen können, vielmehr das Expropriations-Erkenntniß vorausgehen muß, so knüpft sich an dieses einerseits die Verbindlichkeit des Enteigners, die Entschädigungssumme zu bezahlen, andererseits die (rein negative) Verpflichtung des Enteigneten, der Besitzergreifung des Ersteren kein Hinderniß entgegenzusetzen. Zur größeren Sicherheit des Letzteren bestimmt die Gesetzgebung, daß vorerst der Expropriant die Zahlung der Entschädigung dem Enteigneten anzubieten — und wenn die Annahme verweigert wird oder die Zahlung aus anderen Gründen (insbesondere wegen verbücherter Rechte Dritter, §. 1425 G. B., dazu §. 34 E. E. G.) rechtswirksam nicht erfolgen kann, den Ersatzbetrag an Zahlungsstatt zu Gericht zu erlegen hat.[61] Speziell knüpft die österr. Gesetzgebung an diesen Akt sowohl den Eigenthumserwerb als das Besitzergreifungsrecht des Enteiguers, bezw. dessen zwangsweise Einführung in den Besitz. (Vergl. §. 9 des E. Konz. G., §. 35 flg. E. E. G., §. 103 des Bergges. und ehed. schon Ges. v. 29. März 1872, Z. 39, dazu s. Anhang.)[62]

Die Entschädigung erfolgt in Geld und zwar bei dauernder Enteignung durch Zahlung eines Kapitalbetrages, bei vorübergehender Expropriation durch Zahlung einer Rente (§. 8 E. E. G.). Wenn die Entschädigung nicht in einem Kapitalbetrage besteht oder dieser nach Lage des Falles erst nachträglich ermittelt werden kann, so hat

---

daraus, daß die Staatsverwaltung den Enteignungsausspruch dem Gesetze gemäß fällt, kann die Ersatzpflicht gewiß nicht abgeleitet werden. In den Gesetzen wird immer nur der Unternehmer als ersatzpflichtig erklärt. S. auch Stobbe §. 92, N. 33a (2. Aufl.), Rohland S. 54, Pražák S. 135, Senff. Arch. X. Nr. 33. Die Inkongruenz der gegentheiligen Theorie zeigt sich in diesem Punkte auffällig. Vgl. N. 42.

61) Recht und Pflicht zu diesem Erlag ergeben sich schon aus §. 455 G. B. durch einen Schluß a majori. Der Erlag muß selbstverständlich ein unbedingter sein. Vgl. M. B. v. 5. Septbr. 1874, Z. 119.

62) Ähnlich §§. 29, 32, 33, 34 des preuß. E. G. v. 1874, welchen zufolge mit Zustellung des Enteignungsbeschlusses (§. 32) das Eigenthum auf den Unternehmer übergeht; dieser Beschluß setzt aber Nachweis der Zahlung oder Deposition der Entschädigung voraus. — Durch die im Text gemachte Unterscheidung erledigt sich wohl die Meinungsverschiedenheit darüber, ob die Enteignung logisch das frühere, die Ersatzpflicht erst die Konsequenz sei (Laband S. 181), oder umgekehrt (Meyer S. 573, N. 73). Der Enteignungsausspruch geht allerdings logisch und positivrechtlich voraus; nur der Eigenthumswechsel, bezw. die Besitzabnahme folgt der Entschädigungsleistung nach.

der Enteigner (mit Ausnahme des Ärars) über Verlangen Sicherheit zu leisten (§§. 8, 9, 10, 33, 34).

Der Entschädigungsanspruch steht zu dem Eigenthümer des enteigneten Objekts sowie den dinglich Realberechtigten (§§. 4, 5, 25, 30, 34 E. E. G.) und es macht hierbei keinen Unterschied, ob im Übrigen das Eigenthumsrecht beschränkt ist oder nicht. Wir müssen wohl diesen im Eisenbahn-Enteignungs-Gesetze klar ausgesprochenen Grundsatz analog für alle übrigen Fälle der Expropriation zur Geltung bringen, da in dieser Prinzipienfrage eine Dissonanz in der Gesetzgebung umsoweniger zugelassen werden darf, als der abweichende Standpunkt der älteren Gesetzgebung nur rücksichtlich der (Staats-)Eisenbahnen bestimmt ausgesprochen war.[63] Da jedoch durch die Enteignung zugleich alle unmittelbar auf der enteigneten Sache haftenden Rechte (Servituten, Pfandrechte, Reallasten) — umsomehr bloß obligatorische Nutzungsrechte dritter Personen, soweit sie nicht mit dem Zwecke, bezw. dem Umfange der Expropriation vereinbar sind, erlöschen,[64] so gebührt auch diesen — jedoch nur mittelbar, gegen den Enteigneten nämlich (§. 5 E. E. G.) — ein Ersatzanspruch. Die strenge Scheidung des Enteigneten von Jenen, deren Rechte bloß in Folge der Enteignung behoben werden, beruht nicht nur auf einem juristisch richtigen Grundgedanken, sondern erscheint auch in praktischer Beziehung darum empfehlenswerth, weil die rasche Abwickelung der Enteignung und die Ermittlung einer angemessenen Entschädigung dadurch nur gewinnen kann, daß sich an dem Verfahren in erster Reihe (als Parteien) nur Personen betheiligen, deren Vermögensobjekte enteignet werden, nicht auch zahlreiche Regreßberechtigte,

63) Der Standpunkt der älteren Gesetzgebung ist nämlich der, daß nicht nur der Eigenthümer, sondern alle dinglich Berechtigten als expropriirt, bezw. als unmittelbar ersatzberechtigt erscheinen. Vgl. §. 5 der dem Just. H.D. v. 8. Nov. 1842, Z. 654 beigefügten Instruktion und die für Tirol erlassene M. V. vom 8. Dezember 1855, Z. 213. Näheres bei Pražák S. 138 flg., 145, 204. (Ar.d. Ansicht Harrasowsky S. 2.) Dagegen waren bloß obligatorisch Berechtigte, z. B. Bestandnehmer, auch ehedem nicht als direkt ersatzberechtigt anzusehen. Einen andern Gesichtspunkt hat das franz. E. G. Art. 21, welches alle vom Eigenthümer angemeldeten Nutzungsberechtigten als enteignet behandelt.

64) Diesfalls bestimmt §. 20 des Ges. v. 19. Mai 1874, Z. 70: Hypothekar- und andere Lasten, deren Realisirung zur zwangsweisen Veräußerung eines Eisenbahngrundstückes führen könnten, sind von der Eintragung in die Eisenbahneinlage ausgeschlossen. Vgl. §. 29 des Ges.

deren Entschädigung zunächst Sache des Enteigneten ist. Daß der Realberechtigte dem Eigenthümer gleichgehalten und gleich diesem als Enteigneter und direkt Entschädigungsberechtigter behandelt wird, erklärt sich aus der Erwägung, daß Realrechte (insbesondere Realservituten §§. 474—477 G. B.) gleichsam Bestandtheile eines fremden (des realberechtigten) Grundstückes sind und daß deren Werth durch das für das belastete Reale zu leistende Äquivalent an sich niemals gedeckt wird. (Vgl. Harrasowsky, S. 3.) — Es erscheinen sohin nur als mittelbar ersatz-, bezw. regreßberechtigt alle an der Sache dinglich oder obligatorisch Berechtigten, vor Allem diejenigen, deren Rechte verbüchert sind.[65]

Daher bestimmt das E. E. G. von 1878 im §. 5, daß bei Ermittlung der Entschädigung auch auf diejenigen Nachtheile Rücksicht zu nehmen ist, welche Nutzungsberechtigte (d. i. besonders Fruchtnießer, §. 509, dazu aber auch §§. 613, 631), Gebrauchsberechtigte, Bestandnehmer durch die Expropriation erleiden. Der dieser Bestimmung angefügte selbstverständliche und doch vieldeutige Zusatz: „soferne der als Ersatz für den Gegenstand der Expropriation zu leistende Betrag nicht zur Befriedigung der gegen den Enteigneten zustehenden Entschädigungsansprüche zu dienen hat" — sollte sich nach Absicht des Regierungsentwurfes hauptsächlich auf die Hypothekargläubiger beziehen, welchen der Betrag ihrer Forderung, soweit derselbe durch die Entschädigungssumme gedeckt ist, lediglich aus dem für die Sache ermittelten Ersatze (in der Regel ohne Ermittlung einer separaten Entschädigung)[66] gerichtlich zuzuweisen ist ([§. 25, 4], §. 34

---

65) Der Anspruch der obligatorisch Nutzungsberechtigten beschränkt sich ohnedies auf die Person des Schuldners und seiner Universalsuccessoren. Vgl. Nr. 714 u. 4259 Samml. Gl. U. W. Der Untergang desselben durch E. der Sache würde an sich einen Entschädigungsanspruch gegen den Enteigneten nicht begründen, da die E. in Rücksicht des Letzteren als vis major anzusehen, daher die Obligation als durch kasuelle Unmöglichkeit der Erfüllung erloschen zu betrachten ist. Die Entschädigung der Bestandnehmer (§. 5 E. E. G.) beruht daher nur auf Billigkeit. Gegen die älteren österreichischen kodifikatorischen Ansichten, welche die Rückwirkung der Expropriation als Zufall betrachteten, der nicht verantwortlich macht, siehe Harrasowsky S. 2. Der Vortheil für das Gemeinwohl soll nicht erlangt werden durch Schädigung Dritter! Vgl. Stobbe S. 164.

66) Ausnahmsweise können auch Pfandgläubiger verkürzt erscheinen, z. B. bei unkündbaren, erst in langer Frist rückzahlbaren Forderungen, deren Zinsfuß höher als der landesübliche ist. Der Ersatz des Nachtheils liegt in der Differenz des Zinsfußes. Vergl. §. 8 des Gesetzes v. 6. Febr. 1869, Nr. 18, dazu §. 1413 G. B.

E. E. G.). Aber zufolge der im Reichsrathe später geänderten Fassung[67] paßt diese Supposition nicht mehr auf den derzeitigen

---

67) Der Regier.-Ent. lautete: „Diese (Entschädigungs-)Verpflichtung erstreckt sich auch auf die Vergütung der Nachtheile, welche dritte Personen durch die E. erleiden, insofern der Betrag, welcher als Ersatz für das Grundstück zu leisten ist, nicht zur Befriedigung der Ansprüche dieser dritten Personen zu dienen hat." Offenbar waren mit diesem Nachsatze in erster Reihe die Hypothekargläubiger gemeint, da schon §. 10 des Regier.-Entw. die Realberechtigten neben dem Eigenthümer als „Enteignete" (= §. 4 Ges.) nennt. Daher bemerken die Regier.-Motive S. 42 hierzu: „Hypothekarrechte und andere (?) Lasten, für welche der Gegenstand der E. zur Befriedigung zu dienen hat, kommen außer Betracht; denn die Entschädigungssumme ... bildet das Äquivalent des entzogenen Gegenstandes." Welche „andere Lasten" gemeint sind, ist unklar. Sollten Servituten und verbücherte Bestandsrechte gemeint sein? Diese sind aber eventuell (bei ihrem Erlöschen) gleichfalls aus dem Gegenstande der E., bezw. aus dem Geldäquivalent „zu befriedigen". (Vgl. §. 1121 G. B. und §§. 32, 34 Konk. O.) — Durch die Kommission des Herrenhauses wurde jedoch im Vordersatze statt „dritte Personen" gesetzt: „Nutzungsberechtigte, Gebrauchsberechtigte, Bestandnehmer" (dazu vgl. §. 11 des preuß. Expropr. Ges. v. 1874); es kann sich also der beschränkende Zusatz: „sofern" 2c. nicht mehr auf die im Vordersatze nicht bezogenen Pfandgläubiger beziehen, sondern eben nur auf die letztgenannten drei Kategorien von Berechtigten! Welchen Sinn hat also nunmehr dieser Zusatz? Den im Text gegebenen! Zur Erklärung desselben diene die leicht zu verfolgende Provenienz desselben: Der preuß. Gr. Ent. G. Entwurf v. 1871, §. 8, Absatz 4 enthielt die Bestimmung: daß die Entschädigung auch umfasse den Betrag des Schadens, welchen die Nutzungs-, Gebrauchs- und Servitutsberechtigten, Pächter und Miether erleiden, sofern derselbe nicht in einem Antheil an der dem Eigenthümer zu gewährenden Entschädigung oder in der ihnen zustehenden Nutzung desselben begriffen ist. Diesen Beisatz strich die preuß. H. H. Komm. aus dem unzutreffenden Grunde, weil der Ersatz des besonderen Nachtheils denselben auch besonders zugesprochen werden müsse. In Folge dieser Streichung hätte die Auslegung Platz greifen können, als ob neben der Entschädigung des Eigenthümers jedesmal auch noch für die Nebenberechtigung Ersatz zu leisten sei, während doch in vielen Fällen die Nebenberechtigten (Servitutsberechtigten 2c.) ihre Entschädigung nur innerhalb des Rahmens der Eigenthumsentschädigung zu suchen haben. (Dies bedeuteten die Worte: „insofern" 2c.) Die Zweideutigkeit (mit Unrecht sagt Bähr S. 49: das „Irrige") wurde 1871/72 im A. H. erkannt und der bezügliche Absatz 4 des §. 8 ganz gestrichen. Zwar wurde noch zu §. 11 („der Betrag des Schadens, welchen Nutzungs-, Gebrauchs- und Servitutsberechtigte, Pächter und Miether durch die E. erleiden, ist, soweit derselbe nicht in der nach §. 8 für das enteignete Grundstück bestimmten Entschädigung oder in der an derselben zu gewährenden Nutzung begriffen ist, besonders zu ersetzen") von der Minorität eine Fassung beantragt, nach welcher 1. Realdienstbarkeiten (§. 473) neben dem Eigenthum besonders entschädigt werden sollten; 2. dagegen andere Berechtigte (Hypothekargläubiger, Servitutsberechtigte, Pächter 2c.) den Ersatz aus der Eigenthumsentschädigung erhalten sollten. Dieser Antrag wurde aber abgelehnt, weil die Ansprüche der Letzteren (?) zwar meist in der Entschädigung des Eigenthümers Deckung fänden, aber nicht immer. Nach §. 11 des preuß. E. G. hat daher der Richter in der Frage 1 u. 2 freies Ermessen. (S. Bähr-Langerhans, S. 23, 49, 53.) Der oben citirte österr. Regier. Entw. (§. 4 = §. 5 G., dazu §. 10 Entw. = §. 4 Ges.) adaptirte offenbar

Wortlaut des §. 5 E. E. G. Der Sinn desselben ist vielmehr folgender: Bei den dinglichen und persönlichen Nutzungsrechten auf eine Sache wird der Berechtigte seine Befriedigung nach Umständen (wohl meistens!) nur in dem, dem Enteigneten zugesprochenen Ersatzbetrage zu suchen haben, da ja der Werth des Grundstückes dadurch nicht geändert wird, daß die Benutzung desselben nicht dem Eigenthümer, sondern Dritten zusteht. (Dies wird insbesondere vom Usufructuar [§. 509] gelten.) — In anderen Fällen aber, namentlich wenn Bestandsrechte durch die Expropriation aufgehoben werden, wird dem Enteigneten neben dem vollen Werth der Sache auch noch jener besondere Schaden vergütet werden müssen, welcher durch die Abolirung der Nutzungsrechte Dritter erfolgt und diesen vom Enteigneten ersetzt werden muß.[68] Hier tritt also zur Hauptentschädigung die Nebenentschädigung zur Deckung der Schäden Dritter hinzu und ist dieselbe auf Grund des Gutachtens der Sachverständigen vom Gerichte in Ansehung jedes benachtheiligten Dritten insbesondere ziffermäßig festzustellen (§. 25, Abs. 4). Von Fällen der letzteren Kategorie spricht der erste Absatz des §. 5; Fälle der ersten Kategorie hat der zweite, den Vorbehalt („sofern" 2c.) enthaltende Absatz desselben §. 5 im Auge. Wann und inwiefern ein Fall der einen oder der anderen Kategorie eintritt, das hat im einzelnen Falle der Richter auf Grund des Gutachtens der Sachverständigen zu entscheiden (§. 30 E. E. G.), — eine Aufgabe, die nicht immer leicht zu lösen sein wird.[68a]

---

den in Preußen verworfenen Minoritätsantrag 1 u. 2 in kürzerer Fassung, wenn auch die Motivirung nicht glücklich gefaßt ist. Durch die oben erwähnte, im Reichsrathe beschlossene Änderung der Fassung („Nutzungsberechtigte" 2c. statt „dritte Personen") erhielt aber §. 5 (Zusatz: sofern) einen anderen Sinn, als §. 4 des Regier. Entw., nämlich denselben Sinn, welchen der oben angeführte Absatz 4, §. 8 des preuß. Regier. Entw. v. 1871 hatte: daß in gewissen Fällen die Nebenberechtigten (Z. 2) ihre Entschädigung nur innerhalb des Umfangs der Eigenthumsentschädigung zu finden haben. Zu bemerken ist noch, daß der oben citirte preuß. Komm. Antr. 1 im §. 4, Abs. 2 unseres E. E. Ges. (cf. §. 10 Reg. Entw.) seinen Ausdruck gefunden hat. Der wenig erbauliche Redaktionsprozeß des unglücklich gefaßten §. 5 Ent. G., der zu vielen Mißverständnissen Anlaß bieten dürfte, zeigt, wie die parlamentarische Legislative mit Entwürfen umspringt!

68) Der Enteignete, bezw. die Nebenberechtigten werden allerdings die besonderen Gründe anzugeben haben, aus denen sich die Nothwendigkeit eines besonderen Ersatzes ergiebt, zumal nur der objektive Werth der Sache ersetzt wird, persönliche Verhältnisse des Eigenthümers also an sich außer Ansatz bleiben. Vgl. Seydel, Ges. S. 36 flg.

68a) Nicht zutreffend ist meines Erachtens die abweichende Interpretation Schiff-

Wir haben demnach zwei Hauptklassen und drei Unterklassen von Entschädigungsberechtigten zu unterscheiden:

1. Die Enteigneten, d. i. der Eigenthümer der Sache und die an derselben dinglich Realberechtigten, z. B. die Besitzer negativer Realservituten. Neben dem Werth der Sache muß hier vom Enteigner der Ersatz des Schadens geleistet werden, welchen das herrschende Grundstück durch den Verlust des Realrechtes, z. B. der Servitut der Nichtverbauung des dienenden Grundes erleidet (§. 4 E. E. G.)[69] Diese Klasse nennen wir die Hauptberechtigten; ihnen allein steht ein Ersatzanspruch gegen den Exproprianten zu. Den Gegensatz derselben bilden:

2. Die Nebenberechtigten, d. i. dritte Personen, welchen (außerdem) an der enteigneten Sache dingliche oder persönliche Nutzungsrechte zustehen und welche den Ersatz nicht direkt vom Enteigner, sondern nur von dem entschädigten Enteigneten zu erhalten haben (§§. 5, 25, 35 E. E. G.). Hier sind wieder zu unterscheiden:

a) Pfandgläubiger, welche aus der Entschädigungssumme ihre Befriedigung erhalten und bei welchen eine Sonderentschädigung (in der Regel) nicht eintritt.

b) Andere dinglich Berechtigte (mit Einschluß der verbücherten Bestandnehmer), sowie

c) Bestandnehmer und andere bloß obligatorisch Berechtigte, für welche Beide (b und c) nach Umständen neben der Sachnutzungsentschädigung ein Sondererersatz ziffermäßig zu be-

---

ner's §. 134 u. G. Z. 1882, Nr. 50, insbesondere die Unterscheidung einerseits von Verbücherten, welche ihre „Befriedigung" aus dem Entschädigungsbetrage erhalten, andererseits von Verbücherten und persönlich Berechtigten, denen dieser Betrag nicht zur Befriedigung zu dienen hat und deren Vergütung nur „mittelbar" erfolge.

69) So auch nach preuß. R. §. 11, obwohl dort die Realberechtigten keine besondere Klasse bilden. Vgl. Bähr S. 53; Seydel S. 37 flg., welcher Letztere gegen Bähr S. 53 mit Recht bemerkt, daß dem Bestandnehmer nicht schlechthin jeder Sondererersatz abzusprechen ist, da sich für diesen häufig ein besonderer Schade ergiebt, z. B. bei billiger Miethe, bei großen Übersiedlungskosten, auch bei günstiger Lage des Geschäftslokals, z. B. am Hafen rc. (dagegen aber Seydel). Dies gilt insbesondere nach österr. Recht, nach welchem dem Bestandnehmer die Entschädigung üblicher Weise nicht eben in dem Ersatz der Zinsen von der Entschädigungssumme, sondern in einem Abfertigungskapital zu leisten ist. (Dazu s. §§. 8 u. 11 des preuß. G. E. G., Bähr S. 53, 54.) Selbstverständlich ist auf den Inhalt des Bestandvertrages, insbesondere auf die Möglichkeit rascher Beendigung durch Kündigung gehörig Bedacht zu nehmen. So neuest. auch Ofner, Sachenr. §. 36.

messen ist (§. 25 Ges.). Während aber die Befriedigung der dinglich Berechtigten (a u. b) nach den Bestimmungen über die Vertheilung des bei einer zwangsweisen Versteigerung erzielten Kaufschillings durch das Gericht aus dem gerichtlich erlegten Entschädigungsbetrage erfolgt (§. 34 E. G., §. 44 K. O.), nehmen die bloß obligatorisch Berechtigten an dieser gerichtlichen Schadenersatzvertheilung nicht Theil, sondern haben sich bezüglich ihrer — übrigens ziffermäßig festgestellten — Ersatzansprüche unmittelbar an den Enteigneten zu halten und sich mit diesem auseinanderzusetzen (§. 34, Absatz 1 und 2 a contr. und §. 25 E. E. G.).[70] Es versteht sich, daß die Hypothekargläubiger und andere bücherlich Eingetragene, z. B. Ausgedingsberechtigte, aus der Sachwerthsentschädigung nur soweit Befriedigung erhalten, als dieselbe nach der bücherlichen Ordnung zu ihrer Deckung hinreicht, eventuell daher leer ausgehen. Dies ergiebt sich nicht bloß aus der Natur der Expropriationsentschädigung als Werthersatzes, sondern auch aus der im §. 34 E. E. G. ausdrücklich bezogenen Analogie der Zwangsveräußerung.[71]

Die endgültige Feststellung der Entschädigungssumme gehört zur Kompetenz der Gerichtsbehörden. Zwar wird in den meisten Spezialgesetzen bestimmt, daß dieselbe nach vorgängigen Vergleichs-

---

70) S. Harrasowsky S. 5. — Schiffner's Unterscheidung (Nr. 50, bezw. §. 134) ist unzutreffend; denn die dinglich Berechtigten erhalten auch dann, wenn ihnen eine Sonderentschädigung zuerkannt wird, ihre Befriedigung nach Analogie der Meistbotvertheilung aus dem gerichtlich erlegten Entschädigungsbetrag (§. 34), daher ist der diesfalls von Schiffner betonte Gegensatz gegenstandslos. Auch vermag ich nicht das dem Gesetze von 1878 von mehreren Seiten gespendete Lob, betreffend die „präzise Unterscheidung" der unmittelbar und mittelbar Entschädigungsberechtigten zu theilen; denn praktisch ist dieselbe in den §§. 30 und 34 theilweise wieder aufgelassen worden, — auch hat die Lückenhaftigkeit des Gesetzes Zweifeln Thür und Thor geöffnet. Keine Auskunft giebt Reinitz a. O. Richtig ist die Entsch. des Verwalt. G. H. Nr. 1983 Budw. So auch Ofner, Sachenr. §. 36.

71) Diese Analogie wurde schon ehedem oft betont. Eine Beeinträchtigung der leer ausgehenden Pfandgläubiger liegt nicht vor, weil ihre Realsicherheit keine wirkliche, sondern eine nur scheinbare war. Vgl. Grünhut S. 133, Pražák S. 142, 146, Exner H. R. S. 285. (Nicht zu billigen ist die von Harrasowsky S. 23 herangezogene Analogie des freiwilligen Verkaufs.) So auch §. 46 des preuß. E. G. — Hiernach ist es allerdings denkbar, daß Hypothekare leer ausgehen, dagegen Pächter Entschädigung erhalten — ein durchaus gesetzmäßiges Ergebniß. Vgl. §. 1099 G. B. u. Material. S. 267, sowie Erk. d. Verw. G. H. Samml. Budw. Nr. 4774.

versuchen auf Grund des Gutachtens zweier Sachverständiger vorerst von der Verwaltungsbehörde im Expropriationsverfahren zu ermitteln ist und daß derjenigen Partei, welche sich mit dem Administrativspruch nicht zufrieden stellt, der Rechtsweg (die civilrechtliche Ersatzklage) vorbehalten bleibt.[72] Allein in dem praktisch wichtigsten Falle der Expropriation für Eisenbahnzwecke wird, wenn ein Vergleich nicht zu Stande kommt — mit Ausschluß der Administrativschätzung — sofort die gerichtliche Schätzung des Objekts und zwar durch das Bezirksgericht,[72a] in dessen Sprengel dasselbe liegt, unter Zuziehung von drei Sachverständigen vorgenommen und hat das Gericht (ohne an Beweisregeln gebunden zu sein) die Entschädigung und in den in den §§. 5 u. 25 E. E. G. bestimmten Fällen auch den auf die Vergütung dritter Personen entfallenden Betrag insbesondere festzustellen.[73] Diese Entscheidung kann nur mittelst Rekurses (binnen 14 Tagen) an das Obergericht, bezw. an den obersten Gerichtshof angefochten werden (§. 30 E. E. G.). Das (ehedem statthafte) „Betreten des ordentlichen Rechtsweges zur Geltendmachung von Ansprüchen, über welche in dem durch dieses Gesetz geregelten Verfahren zum Zwecke der Feststellung der Entschädigung entschieden wurde, ist unzulässig“ (§. 30 E. E. G.). Übrigens kann jede Partei vor Ablauf der Rekursfrist die Vornahme eines Augenscheines (Beweisaufnahme zum ewigen Gedächtnisse) verlangen und kann —

---

72) Vgl. Hofd. v. 11. Oktober 1821 Z. 29059 u. §. 3 der Min. V. v. 21. April 1857 Z. 81 bezüglich der Straßen, §. 103 Berggesetz. bezüglich der Bergwerks-E., §§. 17. 19. 20. 26 R. Waff. G. bezüglich der wasserrechtlichen E.-Fälle, dazu Pražák S. 204, 229. — Nach dem preuß. G. v. 1874 steht die provisorische Entscheidung der Administrativbehörde, die definitive dem Gerichte zu. Nach franz. und engl. Rechte wird die Entschädigung von Geschworenen (nach amerikanischem R. unter Vorbehalt des Rechtsweges) festgesetzt (dafür bes. Grünhut S. 237 flg.), nach dem belg. und ital. E. G. aber durch gerichtliche Schätzung. Das ungar. E. G. v. 1881. §. 46 weist die Entschädigung dem Gerichtshof auf Grund des Gutachtens der Sachverständigen zu. Vgl. noch Pražák S. 204 flg., u. neuestens Wasserr. Kompet. (1892) §. 13, Le Loup S. 32 flg., Harrasowsky S. 6.

72a) Auch das städt. deleg. Bez. Gericht. Nr. 10679. 11463. S.

73) Die Neuerung liegt nicht bloß in der Beiziehung von drei Schätzern aus der vom Oberlandesgerichte alljährlich aufzustellenden Liste von Sachverständigen, sondern auch in dem freien Ausspruch des Gerichtes, dem der Befund der Letzteren nur zur Information dient. — Auch nach dem preuß. E. G. §. 29 hat die Bez. Regierung den für die Nebenberechtigten ermittelten besonderen Ersatz festzustellen; in den übrigen Fällen aber ist über Begehren der Betheiligten das Antheilsverhältniß anzugeben, nach welchem denselben aus der Entschädigungssumme oder deren Nutzungen Ersatz gebührt. Vgl. Bähr S. 87 flg.

wenn das Ansuchen binnen acht Tagen gestellt wurde — das Verbot jeder den Augenschein erschwerenden Veränderung begehrt werden (§. 31 E. E. G.).[73a] Dazu neuest. Pražák, Wasserr. Kompet. §. 13.[74]

Hier entsteht nun die Frage: Beziehen sich die Normen des §. 30 über das Rekursrecht und den Ausschluß des Rechtsweges nur auf den Enteigneten, oder auch auf die Nebenberechtigten (Fruchtnießer, Bestandnehmer ꝛc.)?[75] Im Falle der Bejahung ist die außerstreitige gerichtliche Bemessung der Entschädigung auch für die Letzteren eine endgültige; im Falle der Verneinung dagegen bliebe diesen der Rechtsweg offen und wäre die Möglichkeit nicht ausgeschlossen, daß ihnen im Prozeßwege gegen den Enteigneten eine höhere oder geringere Entschädigung zugesprochen würde, als jene, welche diesem kraft rechtskräftigen Erkenntnisses vom Enteigner zu leisten ist. Die Vorarbeiten werfen auf diese schwierige Frage wenig Licht und sind theilweise sogar irreführend. Insbesondere ist der Äußerung des Regierungsvertreters (bei Kaserer, Mater. S. 429), daß „die Möglichkeit nicht bestritten werden kann, daß später noch Streitigkeiten zwischen Bestandnehmer und Eigenthümer entstehen, welche vor dem ordentlichen Gerichte auszutragen sind“, schon darum kein Gewicht beizulegen, weil dieselbe zu einer Zeit gemacht wurde, wo die erst im Abgeordnetenhause beschlossene Zusatzbestimmung: daß das Gericht in dem Entschädigungserkenntnisse . . . „auch den (etwa) auf die Vergütung der Nachtheile dritter Personen entfallenden Betrag insbesondere zu bestimmen hat“ — im §. 30 noch nicht enthalten war, beziehentlich die Tragweite der korrespondirenden §§. 25 u. 30 E. E. G. noch nicht zu Tage lag.[76] Mit Rücksicht auf diesen Zusatz einerseits und die allgemeine Fassung des zweiten und letzten Absatzes des §. 30 andererseits scheint nun die Auslegung unabweisbar, daß auch den Nebenberechtigten das Rekursrecht zusteht, dagegen der Rechts-

73a) Zulässigkeit des Augenscheins (§. 31) auch außerhalb des Rahmens der G. Ord. s. Nr. 11899. 12139 Samml.

74) Pražák §. 13 führt sechs verschieden normirte Kompetenzfälle an.

75) Rekursrecht und Rechtsweg schließen sich gegenseitig aus.

76) Dieser von Haase beantragte Zusatz, welchem Regierungsvertreter und Berichterstatter beitraten (Kaserer S. 267 flg.), enthält nicht bloß, wie Letzterer meint, eine „genaue Formulirung des im Gesetze bereits enthaltenen Grundsatzes“; denn aus §. 25 hätte jene Verpflichtung des Richters durchaus nicht gefolgert werden können, da das Gutachten der Sachverständigen diesem nur zur Information und Begründung des Spruches dient (s. den Bericht des A. H. S. 94).

weg gegen das rechtskräftige Erkenntniß, durch welches ja auch „über ihren Anspruch . . . entschieden wurde" (§. 30), verschlossen ist! Diese Auslegung wird durch die Erwägung bestärkt, daß das Gericht (gemäß §. 24 E. E. G.) „alle für die Feststellung der Entschädigung maßgebenden Verhältnisse nach den Grundsätzen des Verfahrens außer Streitsachen" zu erheben, daher auch die ihm bekannt gegebenen oder bekannt gewordenen Betheiligten, also insbesondere die Nebenberechtigten von Amtswegen zur Verhandlung beizuziehen hat (§§. 1 und 2, Abs. 4, 7 u. 11 des k. Patents v. 9. Aug. 1854, Z. 208),[77] daß ferner das Gericht den dinglich Berechtigten die Entschädigung nach den für die Meistbotvertheilung geltenden Grundsätzen zuzuweisen hat (§. 34 E. G.), daß endlich ein Übereinkommen zwischen Enteigner und Enteignetem über die Entschädigung nur dann „zuläßig" und exekutionsfähig ist, wenn dritte Personen, denen ein Anspruch auf Befriedigung aus der Entschädigung auf Grund ihrer dinglichen Rechte zusteht, ihre Zustimmung hierzu in einer öffentlichen oder legalisirten Urkunde erklärt haben (§§. 22, 29), oder wenn der vereinbarte Betrag nicht hinter dem von den Sachverständigen angegebenen Werthe zurückbleibt (§. 29).[78] Die in dieser Norm liegende gesetzliche Anerkennung des selbständigen Vertretungsrechtes der Nebenberechtigten im Entschädigungsverfahren ist um so charakteristischer, als im

---

77) Diesen Gesichtspunkt deuten auch mehrere Redner des A. H. (Kaserer S. 165, 192, 196) an; allerdings wäre es höchst angezeigt gewesen, nach dem Antrage des Abgeordn. v. Kozlowski (S. 191) im Gesetze das ausdrücklich zu normiren, was unbegreiflicher Weise unberührt blieb und voraussichtlich Anlaß zu Zweifein und zur Zerfahrenheit in der Theorie und Judikatur bieten wird. Vgl. übrigens §. 2, Abs. 5 des k. P. v. 1854: „Alle Umstände und Verhältnisse, welche auf die richterliche Verfügung Einfluß haben, hat das Gericht von Amtswegen zu untersuchen, darüber die Parteien selbst oder andere von der Sache unterrichtete Personen... zu vernehmen." Hält man sich dies vor Augen, so erscheint die von Schiffner Nr. 50, N. 66 ausgesprochene Befürchtung nicht begründet; der §. 14 bezieht sich auf das Abtretungsverfahren, §. 24 auf das Entschädigungsverfahren.

78) Die Nothwendigkeit der Zustimmung Dritter entfällt, wenn solche nicht vorhanden sind oder wenn bei bloß theilweiser Abtretung die Hypothek die gesetzliche Sicherheit (§. 1374) behält, beziehentlich andere dingliche Rechte einer Gefährdung offenbar nicht ausgesetzt sind (§. 22 E. E. G.). Die Zustimmung bloß obligatorisch Berechtigter ist zwar nach §. 22 zu einem „zuläßigen" Vergleich nicht erforderlich; aber damit ist noch nicht gesagt, daß dieselben von der Vertretung ihrer Ansprüche vor Gericht überhaupt ausgeschlossen sind. Diese Berechtigung ergiebt sich aus dem in voriger Note Gesagten. M. E. ist übrigens §. 22 nicht auf die E. für Bahnzwecke zu beschränken, wie Schiffner Nr. 51 meint, da er auf einer r. juris beruht.

Enteignungsverfahren bei einem Übereinkommen über die Frage, welches Objekt der Enteignung unterzogen werden soll, lediglich die Zustimmung des Enteigners und des Enteigneten maßgebend — die „Einmischung" Dritter durchaus unstatthaft ist (§§. 16 u. 26 E. E. G.) und als demgemäß folgerichtig im §. 18 des Ges. ausdrücklich bestimmt ist, daß das Enteignungserkenntniß nur von dem Enteigner und dem Enteigneten, soweit dieser überhaupt rechtzeitig Einwendungen erhoben hat, angefochten werden kann.[79]

In Anwendung der bisher entwickelten Grundsätze gelangen wir zu folgenden Ergebnissen:

1. Die Realservitutsberechtigten (§. 474 flg.) erhalten gleich dem Eigenthümer vom Enteigner unmittelbar ihre besondere Entschädigung (§. 4); sie kommen bei der gerichtlichen Vertheilung des Werthes unter die dinglich Berechtigten (§. 34 E. E. G.) nicht in Betracht.

2. Bei persönlichen Servituten wird der entsprechende Bezug der Nutzungen des Sachentschädigungskapitals an die Stelle des Naturalgenusses treten (§§. 504, 509 G. B.). Die freie Verfügung über das Kapital (§. 510) könnte denselben nur dann eingeräumt werden, wenn sie pupillarmäßige Sicherstellung leisten würden. §. 520 und Anal. d. §. 158 d. kais. Pat. v. 9. Aug. 1854. — Bei Fideikommissen tritt an die Stelle des Realfideikommisses das entsprechende Pekuniarfideikommiß (§. 633), wobei selbstverständlich die legislative Bewilligung nicht erforderlich ist. Eine Sonderentschädigung findet hier in der Regel nicht statt.[80] (Vgl. S. 158.)

---

79) Vgl. den früher citirten Erlaß des H. Minist. v. 4. April 1878. Unter so bewandten Umständen ist daher der Schluß a contr. vollberechtigt. Auch Harrasowsky S. 5 scheint von derselben Anschauung auszugehen: „Als Partei aber wird ein Dritter erst dann auftreten können, wenn es sich um Vertheilung der Entschädigung an die dinglich Berechtigten handeli", — während dieselben im Enteignungsverfahren nur als „Auskunftspersonen" erscheinen. — Ehedem war dem Enteigneten und dem Nebenberechtigten der ordentliche Rechtsweg vorbehalten, wenn bei der gerichtlichen Schätzung die Vorschriften über den gerichtlichen Kunstbefund nicht beobachtet wurden (§. 9 E. Konz. G. v. 1854). Allein praktischen Werth hatte dieser Vorbehalt nicht, da formale Gebrechen des Befundes auch im Rekurswege behoben werden konnten und eine Überprüfung der sachlichen Aussage der Sachverständigen auch im Prozeßwege nicht statthaft war (§. 200 G. O.), dazu Nr. 3581, 4990, auch Právnik 17, S. 200, aber auch 3612 Samml. Gl. U. W., dazu Pražák S. 244, Schiffner Nr. 51, N. 64. — doch auch Harrasowsky S. 7.

80) Ob dies der Fall ist, ist Thatfrage. Vgl. auch §. 10, lit. d. des E. Konz. G. v. 1854 und §. 20 des Ges. v. 19. Mai 1874.

3. Bei Reallasten (insbesondere dem Ausgedinge) tritt an die Stelle der Naturalleistung der in Geld festzusetzende Rentenbezug, welcher nach Analogie des §. 182 Konk. O. durch Anlegung des entsprechenden Kapitals sicher zu stellen ist; die Ergänzung der Rente muß nöthigenfalls aus dem Kapital selbst genommen werden (§. 34 Konk.-O.).

4. Hypothekare erhalten ihre Befriedigung aus dem Sachentschädigungskapital nach Maßgabe der bücherl. Rangordnung (§. 34 E. E. G.). Ihr Recht auf Deposition (§. 34) anerkennt Nr. 8989 Samml.

5. Leidet der Bestandnehmer durch die Enteignung einen Nachtheil, welcher innerhalb des Umfangs der Eigenthumsentschädigung seine Deckung nicht findet,[81] so ist ihm dieser Schade in der oben (S. 174 flg.) gedachten Weise besonders zu vergüten, und zwar ohne Rücksicht darauf, ob sein Bestandrecht verbüchert ist oder nicht. Die ihm durch Vermittlung des Enteigneten zu leistende Vergütung wird sich übrigens nicht bloß auf den Fall beschränken, wenn der Bestandnehmer nach Gesetz oder Vertrag aus dem Titel der vorzeitigen Auflösung des Bestandvertrages von dem Bestandgeber Ersatz zu fordern berechtigt ist (so z. B. §. 1097 G. B.),[82] sondern alle ihm durch die Aufhebung des Pachtverhältnisses zugefügten Nachtheile zu umfassen haben (§. 5).[83] Ob die Entschädigung des Bestandnehmers durch Zuweisung eines Abfertigungskapitals oder durch den Bezug eines Pro-

---

81) Anders also, wenn das Bestandrecht verbüchert ist (§. 1095 G. B.) und sofern der Bestandnehmer nach §. 1121 G. B. aus dem Sachentschädigungskapital gleich einem Hypothekargläubiger Ersatz seines Schadens erhält. Geht er diesfalls leer aus, so findet das im Text Gesagte auch auf ihn Anwendung. And. A. scheint Harrasowsky S. 3 zu sein: „Soweit der Anspruch eines Dritten dinglich sichergestellt ist, ist es evident, daß ... ein Zusatz zum Äquivalent nicht mehr gefordert werden kann, denn der Dritte ist eben ... aus der Sache, beziehentlich aus dem Äquivalente, zu befriedigen."

82) So wesentlich für das ältere Recht Pražák S. 148 flg. Dabei darf übrigens nicht übersehen werden, daß mangels Verschuldens eine Ersatzpflicht des Bestandgebers nach §. 1112 G. B. überhaupt nicht eintreten würde.

83) Die Tragweite der allgemeinen Norm des §. 5 wird nichi eingeschränkt durch die Worte: „und deren Vergütung dem Enteigneten obliegt", da mit diesem Zusatze lediglich der unmittelbare Ersatzanspruch gegen den Enteigner negirt werden wollte. S. auch Grünhut, Staatswört. B. S. 263. — Der §. 28 des ungar. E. G. verfügt, daß die Ansprüche der Miether, Pächter, Nutznießer in der Regel aus den gesetzlichen Zinsen der Entschädigung zu begleichen sind. Nur bei Lösung des grundbücherlichen Bestandrechtes oder einer bücherlichen Realservitut sind die Ansprüche der ehemals Berechtigten besonders zu entschädigen.

zentsatzes von dem Sachentschädigungskapital für die Dauer des aufgehobenen Bestandvertrages zu leisten sei, ist dem Ermessen des Richters anheimgegeben.[84] Der Wortlaut des §. 8 E. E. G. steht wohl dem richterlichen Arbitrium nicht im Wege, zumal auch dem Usufruktuar trotz §. 8 die Entschädigung nicht durch Kapitalabfertigung, sondern durch Gewährung der Nutzung des Sachablösungskapitals zu leisten ist.

Wird die durch Vergleich oder rechtskräftiges Erkenntniß festgestellte Entschädigung nicht binnen 14 Tagen geleistet, so kann die Exekution auf Zahlung derselben und der 6% Verzugszinsen vom Tage des Vergleichs, bezieh. von der Zustellung des Erkenntnisses begehrt werden (§§. 33 u. 36 E. E. G.). Dazu §. 34 u. Nr. 11 020 Samml.

Was den **Umfang** der in Geld zu leistenden Entschädigung betrifft, so ist nach §. 365 G. B. eine „angemessene Schadloshaltung" zu leisten (vgl. auch §. 98 Berggeſ., §. 15 R. Wasser-Ges. und §. 4 E. E. G., welcher sich auf den §. 365 G. B. beruft). Die „angemessene Entschädigung" begreift aber gewiß nicht bloß den „gemeinen" Werth des enteigneten Objekts (§. 305 G. B.) zur Zeit der Enteignung, sondern auch den Ersatz **aller** wirthschaftlichen (vermögensrechtlichen) **Nachtheile**, welche die Enteignung für den **Enteigneten** und allenfalls (§. 5 E. E. G.) für die durch diesen zu entschädigenden **Nebenberechtigten** (§§. 4 u. 5 E. E. G.) zur Folge hat. Kurz: es ist der ganze Schaden voll zu vergüten.[85] Die Entschädigung erstreckt sich daher insbesondere auf den **Mehrwerth**, welchen der abzutrennende Theil zufolge seines örtlichen oder wirthschaftlichen Zusammenhanges mit dem Ganzen hat,[86] sowie den **Minderwerth**,

---

84) In Österreich ist der erstere Modus m. W. der allgemein übliche, — aber gewiß nicht ausschließlich zulässige. Man erwäge, daß der „Nachtheil" des Bestandnehmers besteht: in der **Differenz** des Werthes der Nutzung des Bestandobjektes und des Bestandzinses, und daß ihm sohin die Nutzung der Entschädigungssumme gegen Zahlung des Bestandzinses, bezieh. der Bezug der Differenz Beider durch die bestimmte Zeit zu gewähren wäre. Vergl. auch **Bähr-Langerhans** S. 53 flg.

85) Vergl. §. 15 der Justr. zum Hofd. v. 8. Nov. 1842, Z. 654 und §. 5 der M. Vdg. v. 21. April 1857, Z. 82, neuest. §. 4 E. E. G.: „Dem Enteigneten (ist) für **alle** durch die Enteignung verursachten **Nachtheile** Entschädigung zur Bewirkung der dem §. 365 A. B. G. B. entsprechenden Schadloshaltung zu leisten." Vgl. **Pražák** S. 151 flg., **Schiffner** Nr. 51, **Krainz** §. 216. Das **ungar.** E. G. v. 1881 §. 23 bestimmt: daß die Enteignung gegen wirkliche und volle Entschädigung stattfinde. — Ersatz der **Schätzungs-**, **nicht** aber der Vertretungskosten kann begehrt werden; vgl. Nr. 9757. 11 109 Samml.

86) So ausdrücklich §. 8 des **preuß.** E. G., **Bähr** S. 21 flg.; das Trenn-

welcher durch die Abtretung eines Theiles für das restliche Ganze entsteht (§. 6 E. E. G.).[87]

Insbesondere haben die Sachverständigen bei Berechnung der Entschädigung den Ersatz für die Werthverminderung des zurückbleibenden Theils des Grundbesitzes (oder Industriales) abgesondert anzugeben (§. 25 E. E. G.).[88] Selbstverständlich sind mit der enteigneten Sache auch die Früchte zu ersetzen, soweit dieselben dem Enteigneten entzogen und nicht etwa zur eigenen Perzeption belassen werden.[89] Bei vorübergehender Enteignung, insbesondere durch zeitliche Benutzung von Grundstücken zur Gewinnung von Baumaterialien, Schotter 2c. (§. 3 E. E. G.), erfolgt die Entschädigung durch Gewährung einer Rente, welche dem Werthe der entzogenen Nutzung entspricht; tritt in Folge der Enteignung eine bei Bestimmung der Rente nicht berücksichtigte Werthverminderung des Grundes ein, so ist dieselbe bei der Zurückstellung des Grundes durch Zahlung eines Kapitalbetrages zu ersetzen (§. 8 E. E. G. und §. 5 der M. Vdg. vom 11. April 1857, Z. 82).[90] — Der Affektionswerth ist niemals zu

---

stück, z. B. die Wiese, kann als Theil eines Guts wegen des auf selbe angewiesenen Viehstands (Milchwirthschaft 2c.) einen relativ höheren Werth für den Besitzer haben; vgl. §. 305 G. B., welcher aber den besonderen Werth und den Affektionswerth nicht genügend unterscheidet und beide als „außerordentlichen Preis" bezeichnet; dazu Pfaff, Schadenersatz S. 94 flg., Pražák a. O. Note 3.

87) So auch §. 8 des preuß. E. G. und §. 22 des ungar. E. G., dazu Pražák S. 152. Insbesondere kann der Werth des Restes eines landwirthschaftlichen Gutes in Folge der Wirthschaftserschwernisse bedeutend gemindert werden. Selbstverständlich darf Mehr- und Minderwerth bezüglich desselben Trennstückes nicht gleichzeitig in Anschlag gebracht werden. Zu dem Minderwerth des übrigen Besitzes gehören auch die Kosten der neuen Herrichtung desselben, z. B. durch Anlage neuer Verbindungswege, Einfriedung 2c. Siehe Bähr-Langerhans S. 37, Schiffner Nr. 51, N. 36.

88) Die Schätzung der sogenannten „Wirthschaftserschwernisse" kommt freilich bisweilen der „Lösung eines Problems" gleich (Regier. Mot. bei Kaserer S. 52). Die Praxis, welche für diese Erschwernisse eine Entschädigung zu gewähren geneigt war (vgl. Nr. 5014, 5355, dagegen aber 4921 Gl. U. W.) stand auch mit der älteren Gesetzgebung im Einklang. Vgl. §. 15 d. Instr. (N. 85), dazu Pražák S. 153; nicht zutreffend bezüglich der Praxis: Schiffner Nr. 51, N. 56.

89) Derselbe ist übrigens bis zur Zahlung (Deposition) des Ersatzes zum Fruchtbezug berechtigt. Vgl. dazu Pražák S. 157, Schiffner a. O. N. 52.

90) Dazu Hofd. v. 11. Okt. 1821, Z. 29 059. Gegen die ungenaue Fassung des §. 5 erklärt sich mit Recht Pražák S. 155, N. 11. Nach §. 50 u. 51 des preuß. G. E. G. wird entweder der Werth der Materialien oder der dem Grundstücke durch Entnehmung derselben zugefügte Schaden ersetzt, je nachdem der eine oder der andere der höhere ist, — eine Norm, welche den Enteigneten nicht immer zureichend deckt.

vergüten (§. 7 E. E. G.). Ebenso versteht es sich, daß die Wertherhöhung oder Werthverminderung, welche das enteignete Grundstück künftig in Folge der neuen Unternehmung träfe, bei der Entschädigung nicht in Anschlag zu bringen ist (§. 7 E. E. G.).[91] Desgleichen ist auf diejenigen Veränderungen, Neubauten und Meliorationen keine Rücksicht zu nehmen, welche in der augenscheinlichen Absicht vorgenommen wurden, um sie für die Erhöhung der Entschädigungsansprüche zu verwerthen (§. 7 E. E. G.).[92]

Aus dem Gesagten ergiebt sich, daß nicht der „gemeine" Werth, den die Sache für Jedermann hat, sondern der besondere Werth, den das Objekt mit Rücksicht auf die besonderen wirthschaftlichen Verhältnisse — nicht die Vorliebe — des Geschädigten besitzt (§. 305 B. G. B.), den Maßstab für die „angemessene Entschädigung" zu bieten hat, einen Maßstab, der gewiß ein ebenso objektiver ist als der des „gemeinen" oder „ordentlichen" Preises.[93] Und zwar gilt dieser Maß-

91) Vgl. Nr. 10628 Samml.; §. 10 des preuß. E. G., Grünhut S. 106, Stobbe S. 163, N. 42—45, Pražák S. 160, N. 20 und die daselbst cit. ausländ. E. Gesetze; anders aber nach dem franz. E. G. von 1871, Art. 51. Auch eine Werthverminderung kann, wie Rohland S. 60 richtig bemerkt, eintreten, z. B. bei Errichtung eines Festungsrayons, eines Schlachthauses. Sowie einerseits Niemand berechtigt ist, dem Enteigneten den Vortheil anzurechnen, den er indirekt aus der Existenz des neuen Unternehmens zieht, so ist andererseits der Unternehmer nicht verpflichtet, Werthverminderungen zu ersetzen, welche sich für irgend Jemand aus der neuen Anlage ergeben. So auch die Mehrzahl der Schriftsteller. Vgl. die bei Pražák S. 167, N. 34 Angeführten, auch Stobbe a. O. und Meyer, Zeitschr. 8, S. 590, 591, Bähr-Langerhans, S. 28 flg.; die bezüglichen Abänderungsanträge zum preuß. E. G. wurden abgelehnt. Anderer A. Grünhut S. 122 flg., welcher jenen Mehrwerth gegen den Minderwerth des Restes des enteigneten Grundstückes abrechnen will. Richtig Reinitz S. 589.

92) Daß dieses dolose Vorgehen keine Berücksichtigung finden darf, ist allgemein anerkannt. Vgl. über Einzelnes Pražák S. 161, N. 25, Schiffner Nr. 51.

93) So im Wesen auch nach dem preuß. E. G.! In dieser Beziehung irren die bei Bähr-Langerhans S. 27, 28, 34 angeführten und gebilligten Motive des preuß. E. G., sofern sie behaupten, es „gebe nur einen Werth — den objektiven, welcher auch (?) gemeiner Werth genannt werde; das Interesse sei etwas Unfaßbares ꝛc." Trotz aller Verwahrungen ist nicht zu bezweifeln, daß auch nach §. 8 und 11 des preuß. E. G. nicht etwa der „gemeine" Werth, sondern der „besondere" mit Rücksicht auf die ökonomischen Verhältnisse des Enteigneten zu ermittelnde Werth zu ersetzen ist, also im Wesen der „außerordentliche Werth" des §. 114, I. 6. Landr. Die Regierungsvorlage hat sich aber mit Recht die nicht genauen Begriffsbezeichnungen des allgem. L. R. nicht angeeignet, vielmehr mit Rücksicht auf die Verschiedenheit der Provinzialrechte und zum „besseren Anhalt der Taxatoren" die für die Schätzung maßgebenden Gesichtspunkte detaillirt; als Maßstab des Ersatzes wurde von der H. H. Komm. 1868 hinzugefügt: „der volle Werth" = §. 8 des E. G. (Vgl. Motive d. H. H. Komm. bei Bähr-Langerhans S. 23 flg.).

stab nicht nur für die Entschädigung des Enteigneten, sondern auch für die eventuelle mittelbare Entschädigung der Nebenberechtigten (§. 5, 22, 25 E. E. G.); denn auch für den Pächter, welcher beispielsweise zwei Güter zu einem wirthschaftlichen Ganzen verbunden hat, von welchem nur eins expropriirt wird, kann sich bezüglich des anderen ein Mindernutzungswerth insbesondere zufolge der Wirthschaftserschwernisse ergeben, welcher unzweifelhaft besonders zu ersetzen ist.

Eine andere Frage[94] ist es, ob den Enteigneten (beziehungsweise mittelbar den Nebenberechtigten) auch der entgangene Gewinn zu ersetzen ist, welchen dieselben nach dem gewöhnlichen Laufe der Dinge zu erwarten hätten (§. 1293)? Daß die Entscheidung der Frage nicht etwa aus den auf unseren Fall nicht Bezug habenden §§. 1324, 1331 und 1332 A. B. G. B. zu holen ist, liegt auf der Hand, zumal der §. 365 G. B. für den Fall der Enteignung speziell eine „angemessene Schadloshaltung" vorschreibt.[95] Mit Rücksicht auf die letztgedachte

---

94) Die Frage ist insofern eine andere, als es sich im §. 305 um den Maßstab des Werthes von Sachen handelt, während der Schaden auch noch in anderweitigen wirthschaftlichen Beziehungen eintreten kann. Vergl. auch Pfaff, Schadenersatz S. 97 flg. M. E. umfaßt aber der Begriff des „Interesses" bei Sachen: den außerordentlichen Werth, bei anderweitigen Vermögensschäden den wirklichen Vermögensverlust und den entgangenen Gewinn; beiderlei Ersatz kann im Enteignungswege ganz gleichmäßig gefordert werden.

95) Stubenrauch S. 183 will auf Grund der citirten §§. wegen vorsätzlicher (!) Beschädigung volle Genugthuung, dagegen Winiwarter II, S. 120 nur Schadloshaltung gewähren. Dagegen schon Pražák S. 155 u. Schiffner Nr. 51, N. 57. Während aber Pražák mit der großen Mehrzahl der gemeinrechtlichen Schriftsteller (s. besonders Grünhut S. 101 flg., Stobbe S. 163, Rohland S. 72, Mayer S. 272 flg.) auch den Ersatz des lucrum cusans zu rechtfertigen sucht, weil „die angemessene Schadloshaltung unzweifelhaft auch jenen Ausfall eines Vermögenszuwachses umfaßt, welchen der Verkürzte nach dem gewöhnlichen Laufe der Dinge mit Grund zu erwarten hat", versagt Schiffner diesen Ersatz mit Bezug auf §. 365 a contr. §. 1323 G. B. (Nicht bestimmt erklärt sich Harrasowsky S. 5.) Auch die Motive des Regierungs-Entwurfs und der H. H. Komm. zu §. 4 (Kaserer S. 41, 59) und mehrere Redner des A. H. (ebenda S. 156, 160, 175 auch Min. Glaser) gehen von der Ansicht aus, daß nach §. 365 u. 1323 nur das damnum emergens zu ersetzen sei. — Desgleichen begegnen wir in den Vorarbeiten des preuß. G. E. Ges. wiederholt der Ansicht, daß der entgangene Gewinn nicht zu vergüten ist, vgl. auch Bähr-Langerhans S. 28, 32 (Minister Achenbach) 36. Allein thatsächlich wird in den §§. 4, 5, 6 des österr. u. §§. 8 u. 11 des preuß. E. G. („voller Werth" 2c.), insbesondere bezüglich des Pächters auch der entgangene Nutzen berücksichtigt, zumal die preuß. Motive wiederholt betonen, daß aller Schaden „voll und reichlich" bemessen werden soll (Bähr S. 30, 34 flg.). Unter diesen Umständen verliert die theoretische Controverse an praktischer Bedeutung und wird schließlich bei dem großen Arbitrium des Richters die „volle und reichliche" Be-

Norm, welche auch im §. 4 E. E. G. mit dem Beisatze bezogen wird, daß dem Enteigneten für „alle" durch die E. verursachten „Nachtheile" Entschädigung zu leisten ist, mit Rücksicht ferner auf das Hofdk. v. 2. Nov. 1837, Z. 26838 und den §. 5 der Min.-Vdg. v. 21. April 1857, Z. 82, welchen zufolge der dem Grundeigenthümer durch Militärwaffenübungen und die vorübergehende Benutzung eines Grundes zur Materialentnehmung verursachte Schade durch den Ersatz der entgangenen Nutzung zu leisten ist, erscheint die Meinung gerechtfertigt, daß auch der „entgangene Gewinn" (§. 1293) zu vergüten ist. Diese Auffassung wird durch die Erwägung bestärkt, daß die „Nachtheile", welche durch die E. dem Bestandnehmer verursacht werden und diesem vom Enteigneten zu ersetzen sind (§. 5 E. E. G.), wesentlich in dem Entgang des Gewinns (der Differenz des Nutzungswerthes und Pachtschillings) beruhen,[96] und daß es inkongruent wäre, wenn bei Sachen der besondere außerordentliche Werth, also das volle Interesse, bei anderweitigen Vermögensbeeinträchtigungen aber nur ein Bruchtheil dieses Interesses (die positive Vermögenseinbuße) vergütet würde.[97] Sollen alle Nachtheile ersetzt werden, so muß der ganze und volle Unterschied zwischen der Vermögenslage vor und nach Eintritt des schädigenden Ereignisses vergütet werden, und dieser Unterschied begreift gewiß auch den nachweisbar entgangenen Nutzen.[98]

---

messung des „wirklichen Schadens" meist kaum von der Entschädigung differiren, welche bei genauer und gewissenhafter Schätzung auch des entgangenen Gewinns resultirt! Siehe folgende Noten.

96) Dies wird selbst von Jenen anerkannt, welche sich gegen die Berücksichtigung des Gewinnentganges aussprechen. Vgl. z. B. Bähr-Langerhans S. 53 flg., Reinitz S. 588 N. 16.

97) Die Entscheidungen des deutschen Reichsgerichtes schwanken zwischen beiden Ansichten. Die Erk. v. 21. Januar und v. 4. Juni 1880 (Seydel, Enteignung, S. 24) wollen nur den „objektiven Preis", den allgemeinen Verkaufswerth, wenn auch „voll und reichlich" — nicht den Geschäftsgewinn berücksichtigen. Dagegen erklärt schon das neuere Erk. v. 23. Mai 1881: daß der Ersatz aller Vermögensnachtheile, welche Jemand in Folge des beschädigenden Ereignisses leidet, m. a. W. aller Vortheile, welche ihm entzogen werden, mit Einschluß des entgangenen Gewinnes, die Vergütung des gesammten, wenn auch nur objektiv zu bestimmenden Interesses gebührt, daß also der höhere Werth, den der Gegenstand für den dermaligen Eigenthümer vermöge seiner besonderen Verhältnisse, im Gegensatze zum gemeinen Werthe hat — zu ersetzen ist (Seydel a. O. erklärt sich mit Unrecht gegen diese Auslegung).

98) Oder sollte nicht etwa bei Enteignung einer Fabrik auch der Entgang des Gewinnes ersetzt werden, den der Fabrikant nach Ausweis der abgeschlossenen Lieferungsverträge nachweisbar gemacht haben würde? Reinitz S. 589 versagt kurz-

Der österreichischen Gesetzgebung ist zwar ein Vor- oder Rückkaufsrecht des früheren Eigenthümers in Fällen, wo das expropriirte Grundstück vom Enteigner nachträglich nicht benöthigt wird, gänzlich unbekannt. Allein einen gewissen Ersatz dafür bietet der singuläre §. 37 des E. E. G., dessen analoge Anwendbarkeit auf Enteignungen anderer Art wohl billig wäre, aber juristisch nicht zu rechtfertigen ist.[99] So lange nämlich die Enteignung nicht vollzogen, oder die Fixirung der Entschädigung nicht erfolgt ist, ist die Bahnunternehmung innerhalb eines Jahres nach Rechtskraft des Enteignungserkenntnisses, der Enteignete aber nach Ablauf dieser Frist berechtigt, bei der politischen Landesbehörde die Aufhebung desselben zu begehren. Dieses Rechtes kann sich aber diejenige Partei nicht mehr bedienen, welche bereits um die gerichtliche Feststellung der Entschädigung angesucht hat. Dieses Ansuchen kann die Unternehmung jederzeit, der Enteignete aber erst dann stellen, wenn jene das Begehren nicht innerhalb Jahresfrist nach der Enteignung gerichtlich überreicht hat. (§§. 23, 37 E. E. G.)

Anhang zu §. 7.

VII. Eigenthumserwerb durch Enteignung.

Wenn der Eigenthümer seine Sache einer gemeinnützigen Unternehmung in Fällen, welche das Expropriationsrecht begründen, ohne amtliches Verfahren freiwillig — sei es entgeltlich oder unentgeltlich — abtritt, so liegt je nach Besonderheit des Falls ein Kauf, Tausch, eine Schenkung oder ein anderweitiges Veräußerungsgeschäft vor und der Eigenthumsübergang vollzieht sich nach den allgemeinen Grundsätzen über den abgeleiteten Eigenthumserwerb. Auch die sonstigen Rechtswirkungen einer solchen Abtretung sind nach den bezüglichen allgemeinen Rechtsregeln zu beurtheilen, insbesondere soweit es sich

---

weg den Ersatz des lucrum c., weil dieser „kein Schaden im eigentlichen Sinne ist"; allein sowohl der juristische Sprachgebrauch als das A. B. G. B. verstehen unter Schaden bald bloß den „wirklichen Schaden" (§§. 1293. 1330 ꝛc.), bald — und zwar mit besserem Rechte — diesen und den entgangenen Gewinn (§§. 1323. 1324. 1333 u. a.). Vgl. noch Stobbe III, S. 385, Windscheid §. 459 N. 17 u. a.

99) Viele Partikulargesetze (s. Grünhut S. 162 flg., 173 flg.) gewähren dem Enteigneten ein Vor- oder Rückkaufsrecht; das preuß. E. G. (§. 57) nur ein beschränktes Vorkaufsrecht. Gemeinrechtlich läßt sich dasselbe nicht begründen. Vgl. Stobbe S. 165 gegen Mayer S. 264. Für unrichtig halte ich daher die Entsch. Nr. 9471 Sammi.

um den Fortbestand von dinglichen Rechten Dritter an der abgetretenen Sache handelt. Einen Beleg für die Richtigkeit dieser Auffassung bieten die §§. 20 u. 29 des Ges. v. 19. Mai 1874, Z. 70, welche vorschreiben, daß dingliche Lasten, deren Realisirung zur zwangsweisen Veräußerung eines nicht im Enteignungswege erworbenen Eisenbahngrundstückes führen könnten, nicht in das Eisenbahngrundbuch eingetragen werden dürfen, daß vielmehr entweder ihre Löschung mit Zustimmung der Berechtigten, bezieh. im Provokationsverfahren veranlaßt, oder falls dies unthunlich wäre, der lastenfreie Erwerb im Expropriationswege bewirkt werden solle. Vgl. auch Nr. 12142 Samml.

Anders, wenn das Enteignungsverfahren bereits eingeleitet worden ist. In diesem Falle muß, selbst wenn der Enteignete seine Bereitwilligkeit zur Abtretung der Sache erklärt, ein E.-Erkenntniß gefällt werden (§§. 16. 17 E. E. G.). Das Erkenntniß ist nur dann nicht erforderlich, wenn nach geschlossenem Enteignungsverfahren beide Theile einverständlich im Entschädigungsverfahren die Enteignung und Entschädigung auf Objekte ausdehnen, welche nicht den Gegenstand des E.-Erkenntnisses bildeten (§. 26 E. E. G.). In diesem Falle hat aber der Vertrag über die Enteignung dieselbe Wirkung wie das E.-Erkenntniß,[100] und ist derselbe ebenso wie die gemäß §. 22 E. E. G. über die Entschädigung abgeschlossene Vereinbarung exekutionsfähig (§§. 29. 35 E. E. G.).[101]

---

100) Der §. 26 sagt dies zwar nicht ausdrücklich, aber es folgt dies aus den Schlußworten: „wenn die Parteien einverstanden sind, diese Objekte der Enteignung zu unterziehen". Also um „Enteignung" handelt es sich — und nicht um ein gewöhnliches Veräußerungsgeschäft. Daher bestimmt §. 55 E. E. G., daß auch eine solche Enteignungsvereinbarung gerade so exekutionsfähig ist wie das E. Erkenntniß. Diese Auffassung wird bestärkt durch den Vorläufer des §. 26: das Gesetz vom 29. März 1872 Z. 39, in welchem ein derartiges Übereinkommen ausdrücklich dem E.-Erkenntniß gleichgestellt war. And. A. scheint Schiffner Nr. 47 zu sein.

101) Eine Gefahr für dinglich berechtigte Dritte liegt nicht vor, da der §. 22 E. E. G. deren Zustimmung in einer öffentlichen oder legalisirten Urkunde fordert (dazu §. 29 u. S. 163). Über das preuß. Recht vgl. §§. 16. 17. 46 des E. G. v. 1874, dazu Pražák a. O. N. 21, Meyer VIII. S. 581 flg., Dernburg, Hyp. R. §. 19, N. 16 flg. (über das ital. Ges. s. Grünhut S. 192). Außer diesen Fällen hat jedoch das Übereinkommen — auch wenn unzweifelhaft die Enteignung „gesetzlich begründet" wäre — keineswegs die Wirkung der Expropriation, wie Laband S. 172 flg. (N. 30) u. Grünhut S. 185 flg. annehmen. Denn der Umstand, daß der Veräußerer „die Fruchtlosigkeit des Widerspruchs einsieht", hindert den Abschluß des freiwilligen Übereinkommens (Kauf, Schenkung 2c.) gewiß nicht. Wenn Grünhut a. O. meint, daß die rechtliche Natur der Abtretung nicht verändert werde,

Außer diesem Falle greift aber das Expropriationsverfahren nach den früher (S. 166 flg. 178) dargestellten Regeln ausnahmslos Platz, selbst wenn der zu Enteignende zur Abtretung bereit wäre.

Die Enteignung ist perfekt, sobald das Expropriationserkenntniß der Administrativbehörde in Rechtskraft erwachsen ist, da mit diesem Zeitpunkte alle wesentlichen Bedingungen der Expropriation realisirt erscheinen. Alles Übrige, insbesondere die Ermittelung und Berichtigung der Entschädigung, sowie die Besitzeinweisung fällt in den Bereich der Durchführung der Enteignung.[102] Mit dem Enteignungsausspruch ist das rechtliche Schicksal der Sache definitiv entschieden. Beide Theile sind sohin durch diesen einseitigen Akt der Staatsgewalt gebunden. Der Expropriant kann gegen Leistung der Entschädigung die Besitzeinweisung verlangen; aber auch der Expropriat kann auf Feststellung und Zahlung der Entschädigung bringen, und der Exproprriant kann sich dieser Verpflichtung nicht durch den nachträglichen Verzicht auf die Durchführung der Enteignung entschlagen. Denn der staatliche Machtspruch hat eben — ähnlich wie die richterliche Adjudikation — neues Recht unter den Parteien endgültig geschaffen.[103]

---

wenn dieselbe „in der gesetzlichen Form außer Zweifel gesetzt ist", so ist dagegen zu bemerken, daß der Enteignungsakt erst nach Rechtskraft des E. Erkenntnisses rechtlich feststeht. Vgl. Mayer S. 581, N. 83. Pražák S. 54, N. 20; ähnlich, obwohl nicht genau, Kirchstetter S. 194, N. 16. — Das nach Rechtskraft des Erkenntnisses abgeschlossene Veräußerungsgeschäft hat nur insofern rechtliche Geltung, als es mit dem konkreten Expropriationszwecke (der ratio publica §. 878 G. B.) vereinbar ist, — im Wesentlichen also nur, soweit es sich um Art und Höhe der Entschädigung handelt. In Ansehung der Letzteren wird (wie früher näher dargethan) die Zustimmung aller dinglich Berechtigten erfordert. Anders bestimmt diese Wirkung Mayer S. 187 und VIII. S. 582, nämlich dahin, daß sich der Expropriat (Verkäufer) in keine „rechtlich schlechtere Lage" bringen dürfe. Diese Behauptung trifft eher in Ansehung der Enteigner zu. And. A. wieder Pražák a. O., welcher in einem solchen Vertrage „eine Verzichtleistung des Enteigners auf die durch das Erkenntniß erworbenen Rechte" erblicken will, was wohl nicht richtig ist.

102) Vgl. Grünhut S. 187, Rohland S. 37, Pražák S. 59, Kirchstetter S. 194, Stobbe S. 160. And. A. ist Rösler §. 197, N. 6, der die Besitzeinweisung für den maßgebenden Zeitpunkt hält. — Ausgehend von dem Gesichtspunkte, daß die E. ein Zwangsverkauf sei, lassen Manche die Perfektion erst mit der Feststellung der Entschädigungssumme eintreten. (Richtig aber schon Gerber §. 174b, N. 1.) — Nach dem preuß. E. Ges. v. 1874 (§§. 29 u. 42) wird die Expropriation erst mit der vorläufigen Feststellung der Entschädigung durch die Regierung oder das Verwaltungsgericht perfekt. Vgl. Mayer VIII, S. 578—580, Pražák S. 59, N. 23.

103) Vgl. Pražák S. 59, N. 24, Rohland S. 38. Vgl. auch Art. 18. 19 des bayer. E. Ges. u. Roth II, S. 173. — Nicht zu billigen ist also das Erk.

Bei Enteignung für Eisenbahnen kann jedoch der Enteignete das Begehren um Feststellung der Entschädigung erst dann stellen, wenn der Enteigner nicht binnen Jahresfrist nach Rechtskraft des Erkenntnisses darum angesucht hat. Solange aber die Enteignung nicht vollzogen oder die Feststellung der Entschädigung noch nicht rechtskräftig erfolgt ist, gestattet der §. 37 des E. E. G. der Bahnunternehmung binnen Jahresfrist nach Rechtskraft des E.-Erkenntnisses, dem Enteigneten aber nach Ablauf dieser Frist, die Aufhebung desselben zu begehren. Dies Recht kommt aber derjenigen Partei nicht zu, welche bereits um gerichtliche Bestimmung der Entschädigung angesucht hat. Die Singularität dieser Norm gestattet eine sinngemäße Anwendung derselben in anderen E.-Fällen wohl nicht.[104] Vgl. Erk. d. V. G. Hofes bei Budwinski Nr. 996.

Mit der Perfektion des öffentlichrechtlichen Enteignungsaktes steht die Frage, wann das Eigenthum des enteigneten Objektes auf den Exproprianten übergeht, keineswegs in kausalem Zusammenhange. Obgleich es konsequent wäre, den Eigenthumsübergang mit der Perfektion der Enteignung zu verknüpfen,[105] so pflegt doch die Gesetzgebung denselben — der Sicherstellung des Expropriaten wegen — bis zu jenem Zeitpunkte hinauszuschieben, wo die Entschädigungssumme wirklich geleistet oder zu Gericht erlegt worden ist. Und so verhält sich die Sache insbesondere nach österr. Rechte. Der Enteigner erwirbt nämlich das Eigenthum erst mit der Bezahlung der Entschädigungssumme an den Expropriaten und, falls dieselbe aus rechtlichen Gründen nicht erfolgen könnte, mit dem vorbehaltlosen gerichtlichen Erlage derselben. Dieser Grundsatz ist zwar zunächst nur in Ansehung der Expropriation zum Baue von Privateisenbahnen und zu Bergwerks-

---

Nr. 4094 Samml. Gl. U. W., welches dem Exproprianten selbst nach vorgenommener Schätzung den einseitigen Rücktritt gestattet, „weil er bloß (?) Rechte erwerbe". Ähnlich Erk. Not. Z. 1883 Nr. 32 u. der Erl. des Minist. des Inneren v. 20. Nov. 1876 Z. 15828 (bei Pražák, Zeitschr. S. 226, N. 1), „weil das E. Erkenntniß den Exproprianten bloß (?) berechtige". Dadurch wird der Expropriat der Willkür des Enteigners bloßgestellt.

104) Das preuß. E. G. v. 1874 (§. 42) gestattet dem Unternehmer den Rücktritt gegen Ersatz des zugefügten Schadens bis zur vorläufigen Feststellung der Entschädigung durch die Administrativbehörde (dazu Meyer S. 574 flg.), — was wohl kaum zu billigen ist. Vgl. Rohland S. 39, Nr. 28.

105) Dies bestimmt der Art. 55 des franz. E. G. v. 1841 und Art. 50 des ital. E. G. v. 1865, dazu Grünhut S. 190. 192, Pražák S. 50.

zwecken (§. 9 lit. c. E. K. G. v. 14. Sept. 1854 Z. 238, §. 103 des Berggeſ.) ausgeſprochen; allein gewiß iſt das hier für zwei Hauptfälle ausgeſprochene Prinzip auch in anderen Fällen analog anzuwenden, — und zwar um ſo mehr, als auch die bezüglichen Beſtimmungen mehrerer Bauordnungen auf dieſem Geſichtspunkte beruhen; ſo namentlich §. 26 d. böhm. Bau-O. v. 8. Jan. 1889.[106] Das Geſetz

106) Der citirte §. 9 lit. c. lautet: „Die Eiſenbahnunternehmung hat . . . den durch Schätzung feſtgeſetzten Betrag an den Grundeigenthümer zu bezahlen oder . . . zu erlegen, wornach die Unternehmung das Eigenthum des expropriirten Grundes erwirbt.“ Nur in der Faſſung weicht ab §. 103 cit.: „Der Bergbauunternehmer iſt aber, ſobald er den Ablöſungsbetrag gerichtlich erlegt . . . ſogleich auf die Grundüberlaſſung zu dringen berechtigt.“ Der §. 26 böhm. B. O. beſtimmt: „Iſt der . . . Entſchädigungsbetrag bezahlt oder gerichtlich erlegt, ſo kann . . . die im pol.-adminiſtr. Wege durchzuführende Einführung in den Beſitz (nicht in das Eig.!) ꝛc. nicht . . . aufgehalten werden.“ Vgl. §. 12. d. M. V. für Tirol v. 8. Dez. 1855, Nr. 212. Denſelben Gedanken, obwohl in nicht glücklicher Form ſpricht aus der §. 4 der Min. V. v. 21. April 1857 Z. 82: „der Schätzungswerth iſt zu erfolgen zur Zeit, wo der Eigenthümer aus dem Beſitze und der Benutzung ſeines Eigenthums geſetzt wird.“ Vgl. auch Nr. 3582 u. 5767 Samml. Gl. U. W. Daß der Erlag an Zahlungsſtatt (§. 1425) erfolgen müſſe, liegt auf der Hand und ergiebt ſich ferner daraus, daß auch der Vollzug des E. Erkenntniſſes, welcher ausſchließlich den politiſchen Behörden zuſteht, nur dann bewilligt werden kann, wenn der gerichtliche Erlag der Entſchädigungsſumme unbedingt, alſo ohne Vorbehalt erfolgt iſt. Vgl. ſchon das Geſ. v. 29. März 1872 Z. 39 u. die Min. V. v. 5. September 1874 Z. 119. Daran haben die §§. 34 u. 35 des Geſ. v. 1878 nichts geändert. (Vgl. Regier.-Motive bei Kaſerer S. 53.) So auch Grünhut S. 197, Pražák S. 49, Kirchſtetter (3) S. 194, Schiffner §. 134 S. 137, Krainz §. 216 (dieſer mit Beſchränkung auf die Enteignung für Eiſenbahnen), — während Strohal, Eigenth. an Immobil. S. 131 meint, daß der Eigenthumsübergang ſchon mit dem Ent. Erkenntniſſe erfolge und die oben angeführten Geſetzesſtellen dahin interpretiren will, daß dem Enteigneten bis zur Zahlung der Entſchädigung bloß ein Retentionsrecht zuſtehe. Allein wenngleich der Eigenthumsübergang de lege ferenda richtiger mit der Rechtskraft des E. Erkenntniſſes verknüpft würde, ſo ſchließt doch der beſtimmte Wortlaut des Geſetzes dieſe Deutung aus. — Daß dingliche Rechte Dritter nach erfolgter Enteignung nicht mehr rechtswirkſam beſtellt werden können, iſt eine Folge des öffentlichrechtlichen Charakters des Ent.-Aktes, dem jedes mit dem Enteignungszwecke unvereinbare Privatrecht weichen muß (§. 35 E. G.). — Unhaltbar iſt die Anſicht Harraſowsky's S. 6, welcher mit Berufung auf §. 37 E. E. G. behauptet, daß „der freiwillige Vollzug der E. und die erzwungene Übergabe einander vollkommen gleichartig ſind und daß beide Arten der Übergabe den Übergang des Eigenthums begründen.“ Ähnlich nun Krainz, §. 216, welcher bei Mobilien ſogar die Occupation als Erwerbsart bezeichnet. (In der Min. V. v. 5. Sept. 1874 Z. 119 bedeutet Occupation doch nur einſeitige Beſitzergreifung!) Abgeſehen davon, daß §. 37 hiervon nichts enthält, daß ferner die Gleichartigkeit der Exekution und der Tradition nicht beſteht, kann aus dem Beſitzerwerb bei Immobilien noch nicht auf den Eigenthumsübergang geſchloſſen werden. Dieſelbe irrige Anſicht ſprachen H. und Miniſt. Glaſer in der Debatte im A. Hauſe aus. (Siehe Kaſerer S. 150. 224.) Zu

v. 18. Februar 1878 berührt diese Frage nicht, und muß eben darum (§. 46) der bisherige Rechtssatz um so mehr als fortdauernd geltend angesehen werden, als der Erlag des Entschädigungsbetrags nach §. 34 d. G. bücherlich anzumerken ist, und als dieser Anmerkung nach dem Schlußsatze desselben §. die mit der Anmerkung einer vollzogenen zwangsweisen Versteigerung verbundenen Rechtswirkungen (also insbesondere der Eigenthumsübergang §. 72 G. G., §§. 337. 338 G. O. Nr. 536. 725. 1064. 1422. 1801. 1941. 2024. 2813. 3206 Samml. Gl. U. W.) zukommen.[107] Folgerichtig bestimmt sohin schon das Ges. v. 29. März 1872 Nr. 39 und derzeit §. 35 des E. E. G. v. 1878, daß nach Leistung oder Erlag des ermittelten Entschädigungsbetrages die Vollstreckung des Expropriationserkenntnisses durch behördliche Einführung in den Besitz des expropriirten Gegenstandes erfolgen soll.[108] Einer Mitwirkung des Expropriaten, insbesondere der Übergabe oder des bücherlichen Eintrags bedarf es zu diesem Zwecke nicht. (Vgl. §. 17 Abs. 2 Eis. B. G. v. 19. Mai 1874.)[109] Nur

---

solchen sonderbaren Ergebnissen führt die Bestreitung der Grundsätzlichkeit der im Texte angeführten Gesetzesnormen!

107) Nach §. 59 des ungar. E. G. von 1881 kann sich der Enteigner nach Rechtskraft des gerichtlichen Entschädigungsbeschlusses sogleich in den Besitz des Grundstücks setzen; die Umschreibung des Grundstückes kann nach Zahlung oder Deponirung der Entschädigung begehrt werden. Der E. Übergang erfolgt aber doch wohl schon mit dem Erlag, zumal mit diesem Moment alle dinglichen Lasten des Grundstücks erlöschen. — Unrichtig: Erk. Nr. 7341. Samml. Gl. U. W.

108) Die Löschung des expropriirten Grundstückes aus dem Grundbuche ist aber keine nothwendige Folge der Expropriation, wie Exner a. O. annimmt, nach Umständen erfolgt die Umschreibung auf den Namen des Expropriaten. Vgl. noch N. 10. Besitzeinführung des Enteigners vor Erlag ist Besitzstörung. Vgl. Spruchrep. 24.

109) Der Expropriat ist zur Übergabe auch nicht verpflichtet. Zwar bestimmte das Hofd. vom 30. April 1841 Z. 529, daß der Ausspruch der Behörde den nach §. 424 B. G. B. erforderlichen Titel zur Eigenthumserwerbung gewähre, welche letztere jedoch nach dem 5. Hauptstück des II. Th. des A. B. G. B. bei den Gerichtsbehörden [ebensowie die Vollstreckung] zu erwirken sei. Allein dieses Hofd. ist ohne Zweifel schon durch das E. Konz. G. v. 14. September 1854 §. 9 und vollends durch das Gesetz v. 29. März 1872. Z. 39 aufgehoben. Vgl. Note 106 u. Pražák S. 49, N. 7, 196 N. 23, Schiffner a. O. Ungenau Stubenrauch I. S. 483. 486 (2. Aufl.); richtig 4. Aufl. Schuster-Schreiber. Nach gemeinem Recht geht das Eigenthum bereits mit dem E.-Ausspruch über. Vgl. Grünhut S. 287, Laband S. 181, Rohland S. 37, Stobbe S. 160 u. A. Ebenso nach dem franz. E. G. v. 1841, Art. 55 und dem ital. G. v. 1865, Art. 50, dazu Grünhut S. 190 flg. — Nach dem preuß. Ges. v. 1874 übergeht das Eigenthum mit der Zustellung des Enteignungsbeschlusses (§. 44). Dieser Beschluß setzt den Nachweis voraus, daß die

in solchen Fällen, in welchen kraft des Gesetzes (§§. 8. 9. 10. 33 E. E. G.), die Zahlung, bez. der Erlag eines Entschädigungskapitals darum nicht statthat, weil die sofortige Ermittlung desselben unthunlich ist, kann der Vollzug der Enteignung schon nach Sicherstellung der Entschädigung (§. 10) bewilligt werden (§. 35) und ist anzunehmen, daß sich der Eigenthumsübergang mit dem sicherstellungsweisen Erlag vollzieht. (Arg. §. 35, welcher in Rücksicht des Vollzugs Leistung und Sicherstellung gleichstellt.)

Obwohl sowohl das Enteignungserkenntniß als der gerichtliche Erlag der Entschädigungssumme nach §§. 20 u. 34 d. E. E. G. bezüglich verbücherter Objekte in den öffentlichen Büchern „anzumerken" ist (§. 20: „das Erkenntniß . . . mit der Wirkung, daß sich Niemand auf die Unkenntniß der E. berufen kann"), so hat die Unterlassung dieser Anmerkungen doch nicht etwa die Wirkung, daß sich dritte Personen in Ansehung des Erwerbes des Eigenthums und anderer dinglicher Rechte auf die Glaubhaftigkeit des Grundbuchs berufen könnten, da der öffentlichrechtliche Charakter des E.-Aktes den Erwerb entgegenstehender Rechte ausschließt. Die Vorschrift der an sich überflüssig duplizirten „Anmerkung" dient — gerade so wie die Anmerkung der Minderjährigkeit (§. 20) — offenbar nur zu Evidenzzwecken.[110]

Die Zwangsenteignung hat die Rechtswirkung, daß das Eigenthum vom Expropriaten auf den Enteigner übergeht[111] und daß

Entschädigung bezahlt oder hinterlegt ist (§. 32). Vergl. Mayer VIII. S. 579, Rohland S. 41, Dernburg, Hyp. R. §. 19. 4.

110) Vgl. Pražák S. 62, N. 28, Strohal S. 132, Schiffner S. 137, Pollaczek, Jur. Bl. 1889 Nr. 1. Dasselbe gilt von der Löschung der Anmerkung im Falle des §. 37 E. E. G.

111) Vgl. §. 9 lit. c. u. §. 11 E. Konz. G. v. 14. Sept. 1854, §§. 15. 16 Reichswasserg. v. 30. Mai 1869, §§. 98. 100 Berggs., Ges. v. 9. Mai 1874 Z. 70, §§. 1. 6. 8 flg. über die Anlegung von Eisenbahngrundbüchern. Durch die §§. 9 u. 11 Konz. G. und das letztgenannte Ges. v. Jahre 1874 wurden auch das Hofdk. v. 15. Oktober 1845 Z. 904 und das Hofd. v. 18. Februar 1847, Z. 1036 aufgehoben. Eisenbahnenstrecken haben gewiß eine ganz andere rechtliche Bedeutung als öffentliche Straßen; sie stehen nicht im Gemeingebrauch, sondern in der ausschließlichen Benutzung der Unternehmung und dienen nur insofern dem allgemeinen Verkehr, als die Letztere zufolge der Konzession und nach allgemeinen Gesetzen (Art. 422 H. G. B.) verpflichtet ist, mit Jedermann Transportgeschäfte abzuschließen. (Vergl. auch Stobbe: D. Pr. R. §. 64, N. 10.) Das ausschließliche Eigenthums- und Benutzungsrecht der Unternehmungen an den Bahngrundstücken wird auch in zahlreichen neueren Konzessionsgesetzen anerkannt, insbesondere dadurch, daß — nach Ablauf der Konzessionsdauer — der Staat „in das lastenfreie Eigenthum und den Genuß der

zugleich alle dinglichen Rechte Dritter erlöschen, soweit selbe mit dem Zwecke der Enteignung nicht vereinbar sind. (§§. 22. 34 E. E. G. v. 1878.)[112]

Das Eigenthum geht auf den Exproprianten über, mag nun dieser der Staat, die Gemeinde oder eine andere öffentliche oder Privatkorporation oder eine physische Person sein. In diesen Fällen kann auch der Erwerber um die Eintragung seines Eigenthumsrechtes in die öffentlichen Grund-, Berg-, Eisenbahn-Bücher ansuchen, es sei denn, daß es sich um öffentliche, dem Gemeingebrauche gewidmete Sachen — also um sog. öffentliches oder Gemeindegut (§§. 287. 288 G. B.) handelte, welches allerdings kein Gegenstand der öffentlichen Bücher ist (§. 2 des Gr. Einführ. G. f. Böhmen vom 5. Dezember 1874 Z. 92, konform die übrigen Gesetze über Anlegung von Grundbüchern).[113]

Bahn, namentlich des Grund und Bodens, des Unter- und Oberbaues" 2c. eintritt. (Vgl. die Zusammenstellung der E. Konzessionen bei V. K. (allina): Beitrag zur Eisenbahntarif-Reform (1774) S. 47—55. Zufolge des citirten Ges. v. 19. Mai 1874 müssen alle im Besitze (Eigenthum) einer Eisenbahnunternehmung stehenden Grundstücke, welche zum Betriebe der Eisenbahn zu dienen haben, in die Eisenbahnbücher eingetragen werden (§. 2. 3).

112) Keinen anderen Sinn hat wohl die Vorschrift des §. 20 des Ges. v. 19. Mai 1874: „Hypotheken- und andere Lasten, deren Realisirung zur zwangsweisen Veräußerung eines Eisenbahngrundstückes führen könnte, sind von der Eintragung in die Eisenbahneinlage ausgeschlossen". Haften solche Lasten auf einem Grundstücke, welches nicht im Expropriationswege erworben wurde, so hat die Unternehmung — falls freiwilliges Übereinkommen oder das Provokationsverfahren nicht zu diesem Ziele führen — „den lastenfreien Übergang im Expropriationswege zu bewirken" §§. 20. 29. 39. desselben Ges. Vgl. auch Grünhut S. 181 flg., Pražák S. 53, Rohland S. 38 flg., Exner, Hyp. R. S. 285; Schiffner §. 134. Noch weiter geht §. 45 des preuß. E. G. v. 1874: „Das Grundstück wird von allen privatrechtlichen Verpflichtungen frei, soweit der Übernehmer dieselben nicht vertragsmäßig übernommen hat", — eine Bestimmung, welche darum zu empfehlen ist, weil außerdem in jedem einzelnen Falle eine Untersuchung erforderlich ist, welche dinglichen Rechte mit dem Expropriationszwecke vereinbar sind. Vgl. Rohland S. 39.

113) Die bezüglichen Gesetze bezeichnen als vom Eintrag in das Grundbuch ausgeschlossen: „das öffentliche Gut", wobei manche derselben den §. 287 A. B. G. B. citiren. Obgleich nun der §. 287 nur von Landes- (Staats-) Straßen 2c. spricht, so ist doch nicht mit Grund zu bezweifeln, daß hierbei auch an das sogenannte Gemeindegut (§. 288 B. G. B.), insbesondere an Bezirks- und Gemeindestraßen zu denken ist, und daß daher alle öffentlichen Wege (§§. 287 und 288 G. B.) im Gegensatz zu den Privatwegen vom Eintrag in das Grundbuch ausgeschlossen sind. Bergwerke gehören in das Bergbuch, Grundstücke, welche für die zum allgemeinen Verkehr bestimmten Eisenbahnen enteignet wurden, in die Eisenbahnbücher, welche zufolge des Ges. v. 19. Mai 1874 Z. 70 R. G. angelegt wurden. Es kann m. E.

Gefahr und Nutzungen übergehen nach dem Prinzip (der §§. 1311. 1048 flg.) des A. B. G. B. mit dem Eigenthumswechsel.[114]

Nach den bisherigen Ausführungen kann über die rechtliche Natur der Expropriation kaum ein erheblicher Zweifel bestehen. Dieselbe ist kein Zwangsverkauf; denn der Staat veräußert und überträgt nicht fremdes Eigenthum, schließt überhaupt keinen Vertrag ab, sondern nimmt die Sache dem Eigenthümer, gewährt dem Enteigner das Eigenthum daran und gestattet ihm die einseitige Besitzergreifung — wobei er dem bisherigen Eigenthümer nur eine Entschädigung sichert.[115] Die Expropriation begründet auch nicht eine Zustands-

---

keinem gegründeten Zweifel unterliegen, daß im „Eigenthumsblatt" (§§. 6. 7. 8. 17 u. a.) nicht die „Konzessionsrechte", sondern das Eigenthumsrecht der Eisenbahnunternehmung an den Bahngrundstücken einzutragen ist; denn den Gegenstand des Eintrags bilden nur Grundstücke bez. bücherliche Rechte (§§. 2. 8 des Ges. und §. 9 G. G. u. §. 2 der Gr. Einf. G.). In diesem Sinne lautet auch der Beschluß des zweiten österr. Advokatentages (1876). Die Praxis der Gerichte schwankt, wie die in der Not. Zeit. 1877 Nr. 16 angeführten oberstrichterlichen Entscheidungen darthun; bald wird das „Eigenthum", bald werden die „aus der Konzessionsurkunde zustehenden Rechte" einverleibt. Bei denjenigen Bahnen, welchen vom Staate nur die „Benutzung auf eine bestimmte Zeit" überlassen wurde, sollte der Staat als Eigenthümer, die Unternehmung als Usufruktuarin eingetragen werden.

114) Vgl. auch Pražák S. 60. And. A. Kirchstetter S. 194, welcher die Perfektion der Enteignung für entscheidend hält. Konsequent sollte allerdings wie das Eigenthum, so die Gefahr des enteigneten Objekts mit der Perfektion der E. übergehen; vgl. besond. Grünhut S. 189, Stobbe S. 160, auch Mayer, Jenaer Lit. Z. 1877, Nr. 10. (Der von Letzterem behauptete Widerspruch besteht nicht.)

115) Für einen Zwangskauf erklären die Expropriation besonders Gerber §. 174b, Note 1, Förster II, §. 131, N. 25, Gruchot, Beiträge IX, S. 83, Martin, Arch. f. prakt. R. W. 9. B. S. 64 flg. u. 169 flg.; auch das bayer. L. R. IV 3 §. 2 und das preuß. L. R. I 11 §. 4 (nicht aber das Ges. v. 11. Juni 1874) gehen von demselben Gesichtspunkte aus. Über und gegen diese Auffassung besonders Laband S. 171 flg., Grünhut S. 178. 180 flg., Mayer S. 192 flg., Rohland S. 30 flg., Pražák S. 44, N. 1, Roth S. 173, Schiffner §. 134, Krainz §. 216. Zwar der Mangel des Willens des Expropriaten stände der Annahme eines Zwangsverkaufes nicht im Wege, wie unbestritten der gerichtliche Zwangsverkauf (§. 1089 G. B.) darthut, wo statt des Eigenthümers der Gläubiger (bez. das Gericht) veräußert. (And. A. die letztgenannten Schriftsteller; dazu Exner, Hyp. S. 230 flg.) Allein die Enteignung hat, wie schon Stein richtig bemerkte, weder mit dem wirthschaftlichen Charakter, noch mit dem juristischen Wesen des Kaufes (vertragsmäßiger entgeltlicher Überlassung) das Geringste gemein. (And. A. neuest. wieder Harrasowsky S. 2 u. 6.) Man erwäge: daß beim Kauf der Eigenthumsübergang nicht wesentlich ist, daß der Expropriat keine Verpflichtung zur Tradition und zur Gewährleistung hat, daß die Veräußerungsverbote der E. nicht im Wege stehen, daß der Expropriant Eigenthum auch dann erwirbt, wenn der Expropriat nicht Eigenthümer war, daß dingliche, mit dem Zwecke der E. unvereinbare Rechte erlöschen — durchwegs Erscheinungen, welche der Natur des Verkaufsgeschäftes

obligation, bestehend in der Verpflichtung des Eigenthümers der betreffenden Sache, dieselbe gleich als ob er Verkäufer wäre, zur Ausführung des Unternehmens gegen Entgelt abzutreten.[116] Denn der Expropriat hat gar keine positive Verbindlichkeit, sondern nur die negative Pflicht, der Besitzergreifung des Enteigners kein Hinderniß entgegenzusetzen; auch das Recht, vom Exproprianten die Entschädigung zu verlangen, beruht auf einer einseitigen Obligation des Enteigners. Ein Kaufvertrag oder eine analoge Quasikontraktsobligation besteht sohin durchaus nicht. Vielmehr erscheint die Enteignung als eine eigenthümliche, auf einem einseitigen Akte der Staatsgewalt beruhende Eigenthumserwerbsart, der zufolge der Enteigner das Eigenthum unmittelbar mit der Zahlung (Deposition) der Entschädigungssumme erwirbt.[117] Der Erwerb ist sohin kein derivativer, sondern ein origi-

---

schnurstracks widersprechen und nur durch den öffentlichen Charakter des einseitigen Staatsaktes erklärt werden könneu. Dies verkennt auch nicht die vermittelnde Theorie Gruchot's a. O. lit. a bis d. Was aber die Verpflichtung zur Zahlung und Verzinsung der Entschädigungssumme betrifft, so bedarf es zu deren Erklärung gewiß nicht der Herbeiziehung des Kaufs.

116) So Mayer S. 183—245. Nach M. wird die zweiseitige Obligation durch den Zustand des Grundstücks (dessen Unentbehrlichkeit für den E. Zweck) begründet, und soll dieselbe hinsichtlich der Leistung und Gegenleistung nach den Grundsätzen des Kaufs beurtheilt werden. Allein die hiernach sich ergebenden Konsequenzen sind im Wesen dieselben, wie beim Zwangsverkauf (s. vor. Note), beweisen sohin die Unhaltbarkeit der Hypothese. Insbesondere ist die Annahme einer zweiseitigen Obligation eine mit der juristischen Sachlage unvereinbare Behauptung. Vgl. dagegen auch Laband S. 175 flg., Grünhut S. 178 flg., Pražák S. 47, Rohland S. 32, Schiffner §. 134. Wenn Mayer neuerlich VIII, S. 573, N. 75 ausführt, daß schon vor der Expropriation ein Anspruch auf Abtretung (?) bestehe, welchem das Recht auf Entschädigung entspreche, so ist zu bemerken, daß jener Anspruch erst mit dem E. Erkenntniß entsteht, daß ferner die Entschädigungspflicht erst eine Folge der Enteignung ist, und daß jenem Anspruche keine positive Verpflichtung des Expropriaten zur Übertragung entspricht, wie wir sie beim Kaufe finden. Kurz: das Synallagma fehlt.

117) Dies ist auch die herrschende Lehre, vgl. Laband S. 178 flg., Grünhut S. 183, Dernburg S. 59, Rösler §. 195, N. 2, Rohland S. 33 flg., Stobbe S. 161, Pražák a. O., Schiffner §. 134, Ulbrich, St. R. S. 106, Strohal, Zur Lehre rc. S. 131 flg., dessen Bemerkung N. 4, daß der Erwerber nicht unmittelbar aus dem Gesetze erwirbt, richtig ist. Von den österr. Kommentatoren stellt Stubenrauch I, S. 484, N. 4 die Enteignung unter den Gesichtspunkt des Zwangskaufes, ebenso Michel, Eisenbahnrecht S. 93, Krainz §. 216 spricht vom Quasikontrakt; — richtig dagegen Kirchstetter S. 191 (3. A.), der sich an Grünhut anschließt. Für das österr. Recht liegt nicht der geringste positive Anhaltspunkt vor, die Expropriation als Zwangskauf zu betrachten, zumal der §. 179 III des westgal. G. B., welcher den Abtretungswillen des Enteigneten fingirte, in das A. B. G. B. nicht aufgenommen wurde. Vgl. Pražák S. 48.

näre r,[118] daher selbst der Umstand, daß derjenige, gegen den das Enteignungsverfahren durchgeführt wurde, nicht Eigenthümer war, dem Eigenthumserwerbe des Exproprianten nicht im Wege steht, sofern nur die für das E.-Verfahren vorgeschriebenen Förmlichkeiten beobachtet wurden.[118] Aus dem öffentlichen Charakter und der Einseitigkeit des Expropriationsaktes ergiebt sich ferner, daß demselben Veräußerungsverbote nicht entgegenstehen,[120] daß der Expropriat keineswegs verpflichtet ist, das enteignete Grundstück zu tradiren, zur Besitzanschreibung mitzuwirken,[121] für Eviktion und Mängel Gewähr zu leisten[122] und daß alle dinglichen Lasten erlöschen, welche mit dem Zwecke der Enteignung nicht vereinbar sind.[123]

Der Besitz geht allerdings nicht gleichzeitig mit dem Eigenthum auf den Exproprianten über; der Erwerb desselben richtet sich vielmehr nach der allgemeinen Regel (§. 312 G. B.); doch darf sich der Enteigner nach Zahlung (Deponirung) der Entschädigung eigenmächtig

118) Vergl. schon Thiel S. 3 flg., Grünhut S. 183, Dernburg §. 35, S. 39, Pražák S. 48, Stobbe II, S. 161, Schiffner §. 134, S. 136. Anders Harrasowsky a. a. O. Es ist daher auch zum Erwerb von Grundstücken der Eintrag in die öffentlichen Bücher nicht erforderlich. Vgl. auch §. 17 des Ges. v. 19. Mai 1874, Nr. 70, demzufolge die bücherliche Abschreibung des für Eisenbahnen expropriirten Grundstückes, bez. der Eintrag desselben in das Eisenbahnbuch für den Erwerb desselben unentscheidend ist. Vgl. Pražák S. 50, Schiffner a. O. und die Entscheidung des O. G. H. vom 22. Juni 1875. G. Halle 1875, Nr. 85. Nach §. 24 des preuß. E. G. v. 1874 dient dieselbe zur Evidenzhaltung des Entschädigungsberechtigten. — Über die Bedeutung der „Anmerkung" des Ent.-Erkenntnisses vgl. N. 110.

119) Dem Eigenthümer bleibt nur die Bereicherungsklage gegen den faktisch Enteigneten vorbehalten. Vergl. Laband S. 174, Grünhut S. 180, Rohland S. 32, — mit Vorbehalt auch Pražák S. 48 (sofern nicht beim mangelnden Eigenthum des Expropriaten „die Wahrung der vorgeschriebenen Formen in Frage gestellt sein dürfte"). Dagegen will Mayer S. 244 in diesem Falle gegen den wahren Eigenthümer das E. Verfahren von Neuem eingeleitet wissen.

120) Fideikommißgüter sind ebenso gut wie Kirchengüter der Enteignung unterworfen.

121) Das Hofd. vom 30. April 1841 Z. 12773 ist vorlängst aufgehoben. Vgl. Note 109.

122) Vgl. Laband S. 180, Grünhut S. 182, Dernburg S. 59, Rohland S. 30, Stobbe S. 161, Pražák S. 50, Schiffner §. 134, Nr. 47. — And. Ans. Mayer S. 238. 244, der die Analogie des Kaufs anwendet. Selbstverständlich kann hiernach auch von der Anfechtung wegen Verletzung über die Hälfte des Werthes nicht die Rede sein.

123) Vgl. oben Note 112: „Zwischen dem Verkaufe... und der Enteignung besteht demnach eine tiefe Kluft, welche durch eine bloße Fiktion nicht ausgefüllt werden kann." Grünhut S. 182.

in den Besitz des expropriirten Grundstückes setzen (§. 9 lit. c. des E. Konz. G. v. 14. September 1854 u. Min. V. v. 5. September 1874, Z. 119 R. G., welche in diesem Punkte zufolge §. 46 des Ges. v. 18. Februar 1878 auch heute noch Geltung haben).[124] Übrigens gehört die Vollstreckung des Expropriationserkenntnisses ausschließlich in den Bereich der politischen Behörden. Die Bezirkshauptmannschaft hat nöthigenfalls den Expropriauten in den Besitz des expropriirten Grundes einzuführen und zwar zunächst durch Gestattung der einseitigen Okkupation, eventuell durch Beistellung der erforderlichen Assistenz. Das gerichtliche Verfahren ist hier völlig ausgeschlossen.[125]

§. 8. Veräußerungsbeschränkungen.

Das Recht, seine Sache zu veräußern, gehört zu den selbstverständlichen Befugnissen des handlungsfähigen und dispositionsberechtigten Eigenthümers, welchem die volle Herrschaft, also auch die freie rechtliche Verfügung über die Sache gebührt.[1] Die Veräußerung im weiteren Sinne begreift sowohl das gänzliche Aufgeben des Rechts mit oder ohne Übertragung auf einen Anderen (Verzicht), als das Aufgeben eines mit der Sache verbundenen Realrechtes und die Einräumung eines beschränkenden dinglichen Rechtes (§§. 231—233. 244. 1008 G. B.).[2] Die Veräußerung der Sache im engeren Sinne, d. i.

124) Übrigens kann die Okkupation, bez. zwangsweise Einführung des Expropriauten weder durch Anfechtung des Entschädigungserkenntnisses im Instanzenzuge, noch durch Betreten des Prozeßweges aufgehalten werden. §. 35 Ges. v. 1878.

125) Vergl. auch Nr. 3388. 3582 Samml. Gl. U. W., dazu meinen Besitz S. 147 und Pražák S. 196.

1) Für das R. R. vergl. Lauk, Linde's Zeitschr. V, S. 1 flg., Pagenstecher I, §§. VIII. IX. Vangerow §. 299, Böcking §. 158, Schmid §. 4, Windscheid §. 172. a, Brinz §. 134, E. Aug. Seuffert, Das gesetzliche Veräußerungsverbot bei Singular- und Universalvermächtn. n. röm. Recht (1854), Fr. Schröder, Zur Lehre von den gesetzlichen Veräußerungsverboten. 1875 (dazu Kohler, Krit. V. J. Schr. 1877. S. 143 flg.), Dernburg, Pand. §. 217; für das österr. R., besond. E. Steinbach, Vertragsmäßige und letztwillige V.-Verbote, Ger. Zeit. 1877. Nr. 39—46, meinen Aufsatz, Jur. Bl. 1877, Nr. 34; Schiffner, Lehrb. §. 130, der die V.-Verbote im allgemeinen Theile behandelt, Krainz §. 201.

2) Die alienandi potestas ist ein Naturale des Eigenthumsrechtes. Brinz I S. 471. 488. Das Recht der Veräußerung ist übrigens auch bei anderen Vermögensrechten selbstverständlich, soweit nicht nach der eigenthümlichen Natur derselben (wie

die Übertragung derselben auf Andere oder die Bestellung dinglicher Rechte an derselben, ist wohl zu unterscheiden von dem der Veräußerung zu Grunde liegenden, derselben meist vorausgehenden obligatorischen Rechtsgeschäfte, dem sogenannten Rechtsgrunde der Veräußerung (causa alienationis). So kann die Tradition auf Grund eines Kauf-, Tausch-, Schenkungsvertrages rc.. erfolgen.[3] Das Veräußerungsgeschäft (die causa a.) kann ungültig sein, während die auf Grund desselben vorgenommene Veräußerung gültig ist (vgl. §. 1431 flg.) und umgekehrt.

Die Veräußerung kann übrigens nicht als Ausübung des Eigenthums angesehen werden.[4] Das V.-Verbot schließt das Einschuldungs-

---

bei den Servituten) oder zufolge singulärer Rechtsvorschrift eine Ausnahme Platz greift. Vgl. auch Unger §. 74, N. 14. Zum Inhalt des Rechts kann die Veräuß.-Befugniß nicht gerechnet werden (Thon, Rechtsnorm S. 327 flg.), wohl aber ist sie regelmäßiger Ausfluß des Rechtes. (A. A. Thon a. O., welcher dies mit Unrecht leugnet). Damit Recht und Dispositionsmacht auseinanderfallen, bedarf es besonderer Normen.

3) Vergl. c. 7. C. de rebus non al. 4. 51. u. §. 219 sächs. G. B. Die Bestellung dinglicher Rechte wird alienatio constitutiva genannt. Das Verbot der Veräußerung schließt daher in der Regel das Verbot der Verpfändung (Belastung) in sich. Unger §. 94, N. 14. (Für das preuß. R. gilt die Regel so allgemein nicht. Dernburg I, §. 80.) Auch die Realtheilung der Miteigenthümer gilt als Veräußerung. Vgl. Unger a. O. N. 13 u. Arndts, Civ. Schrift. I, S. 491 (G. Z. 1858 Nr. 147) gegen die Entsch. Nr. 507 Gl. U. W., während sie Steinlechner, Communio. 2, §. 24 mit Unrecht als Konsolidation, Akkreszenz, Befreiung von der Beschränkung auffaßt. Das Veräußerungsverbot schließt die letztwillige Verfügung nicht aus (§. 610 B. G. B.). — Der Ersitzung steht das V.-Verbot nur insoweit entgegen, als das V. Geschäft einen gültigen Ersitzungstitel nicht abzugeben vermag. Nur das Verlieren wollen meint Paulus in L. 28 D. de V. S., vgl. besond. Fitting, Arch. 51 S. 252 flg.; dagegen finden die Meisten (Seuffert §. 14, Czyhlarz, Dotalr. S. 201, Windscheid §. 182, N. 14, wesentl. auch Schröder S. 6 flg.) in dem V.-Verbot einen Ausschließungsgrund der Ersitzung. Bisweilen fallen beiderlei Rechtsgeschäfte zeitlich zusammen, z. B. bei der schenkungsweisen Tradition, bei der Cession, aber selbst beim Kauf, wenn die Annahme des Kaufantrags durch Übergabe des Kaufobjekts erfolgt; besonders häufig dort, wo das dingliche Recht durch den bloßen Konsens der Parteien bestellt oder übertragen wird, z. B. Servituten nach röm. R., Eigenthum nach franz. R. (art. 1138 C. C.). Vergl. Hofmann, Lehre von tit. u. mod. acq. (1873) §. 9. Die Auffassung des Kaufs als dinglicher Entäußerungsvertrag (Bernhöft, Jher. Jahrb. 14 S. 64 flg.) paßt nur auf das franz. u. englische Recht. — Ob das V.-Verbot auch die Nichtigkeit des Veräußerungsgeschäftes zur Folge habe, ist wohl nach der Tendenz des ersteren von Fall zu Fall zu prüfen. Die Frage verneint im Allgemeinen besonders Vangerow §. 299, Schmid §. 4 N. 9, Unger §. 94, N. 23, Hofmann a. O., dagegen neuerlich Czyhlarz, Dotalr. §. 59, Kohler, Krit. V. Schr. 19 S. 150 flg., Dernburg §. 217.

4) Denn Ausübung des Rechts ist Geltendmachung des stofflichen Inhalts.

oder Belastungsverbot in sich. (Vgl. Nr. 11964 Samml. Gl. U. W. Pf.)

Die Veräußerungsbefugniß kann aber ausnahmsweise ausgeschlossen oder beschränkt sein. Es ist indeß sofort zu bemerken, daß hier nur von jenen Veräußerungsbeschränkungen die Rede sein kann, welche das Eigenthum an sich, nicht aber die Person des zufälligen Eigenthümers oder seines Stellvertreters treffen.[5] Es gehören daher nicht hierher jene Veräußerungsbeschränkungen, welche in dem Mangel der vollen Handlungsfähigkeit[6] oder Dispositionsbefugniß[7] des jeweiligen Eigenthümers oder in dem beschränkten Verfügungsrecht seines berufenen Vertreters ihren Grund haben.[8] Insbesondere

---

Vergl. Arndts, Zeitschr. N. F. III S. 371 N. 1, Unger I S. 613, Förster §. 160, N. 85, Thon a. O. And. A. ist Böcking §. 128, N. 1. §. 157. Die Quellen scheinen widersprechende Entscheidungen zu enthalten. Vgl. für die hier vertretene Ansicht L. 29. pr. §. 1 D. quibus mod. ususfr. 7. 4., dazu meinen Besitz §. 26, N. 4, dagegen L. 38—40 D. de usufr. 7. 1. Das Aufgeben des Besitzes erscheint nicht als Alienation. Vgl. L. 4. §. 1 D. de alien. jud. mut. 4. 7 u. L. 119. D. de R. J.

5) Viel weiter faßt den Begriff des V.-Verbotes Schröder S. 15. 20. 173 flg. als Untersagung jedes Rechtsgeschäftes [Aktes], welches auf Herbeiführung des Verlustes eines Vermögensstückes gerichtet ist. Er subsummirt darunter nicht bloß die echten gesetzlichen V.-Verbote (s. N. 12), sondern auch die Verbote an Verwalter fremden Vermögens (von Mündelgütern, Immobilien von Kirchen und milden Stiftungen) und gewisser Vermögensstücke der Deszendenten (Schröder §. 5. 6). Für das österr. Recht entfallen die Einwendungen Schröder's S. 173 flg. gegen die herrschende Auffassung, welche in den V.-Verboten eine Rechtsbeschränkung erblickt; übrigens lassen sich gewisse an das Verbot geknüpfte weitgehende Folgen (Nichtigkeit des obligatorischen V.-Geschäftes, die c. ex injusta causa, etc.) durch den Willen des Gesetzes genügend erklären. S. Schröder selbst S. 177.

6) Z. B. der Minderjährigen, der Verschwender. Vgl. Brinz §§. 55. 134, Windscheid §. 172 a N. 1, Schiffner §. 130 N. 14. 17.

7) Z. B. des Kridatars in Ansehung des Kridavermögens (§. 1 Konk. Ordg.) oder des Ordensgeistlichen bezüglich des früher erworbenen Vermögens (§. 182 B. a. St.). Schmid §. 4, N. 2, Steinbach Nr. 42. Während Kißling, Konkursordn. S. 18 (2. A.) richtig bemerkt, daß durch den Konkurs nur das Verfügungsrecht des Kridatars, nicht aber seine Handlungsfähigkeit im Allgemeinen beschränkt wird, will er dennoch S. 19 die von handlungsunfähigen Personen sprechenden §§. 151. 244. 865 G. B. auch auf die vom Kridatar bezüglich der Konkursmasse vorgenommenen Handlungen analog anwenden. Solche Akte des Letzteren sind absolut ungültig.

8) Daher gehören insbesondere nicht hierher die gesetzlichen Bestimmungen, durch welche dem Vater, Vormund oder Kurator die Veräußerung von Sachen, insbesondere von Immobilien ihrer Pflegebefohlenen ohne Bewilligung der Vormundschafts- oder Kuratelsbehörde nicht gestattet ist (§§. 152. 231—233. 282 G. B.). Durch diese Vorschriften ist nur die Vertretungs- (Administrations-) Befugniß der Haus-

kann in dem letzterwähnten Falle nichts darauf ankommen, ob die Vollmacht des Vertreters auf freiwilliger Bestellung (§. 1002), auf richterlichem Auftrag, auf der Verfassung einer juristischen Person oder unmittelbar auf einem Zustande (dem Gesetze) beruht (§. 1034 G. B.). Überhaupt liegt wahre Unveräußerlichkeit nur da vor, wo dieselbe nicht auf einem bloß persönlichen Mangel (Handlungs- oder Dispositionsunfähigkeit des jeweiligen Eigenthümers), sondern auf der rechtlichen Bestimmung oder der juristischen Eigenschaft der Sache selbst beruht. Die Wirkung derselben besteht nothwendig darin, daß das dingliche Recht trotz der faktischen Veräußerung (Übergabe) unverändert bei dem verbleibt, dem es vorher zustand.[9] Selbst die exekutive Veräußerung ist ausgeschlossen, wenn es sich nicht um bereits vordem erworbene, durch Veräußerungsverbote nicht zerstörbare selbständige Rechte Dritter, sondern um die Realisirung von Ansprüchen handelt, welche Jemandem lediglich gegen die Person des dispositionsbeschränkten Besitzers der unveräußerlichen Sache zustehen.[10] Es darf daher

---

väter, Vormünder, Kuratoren beschränkt; an sich sind Güter der Pflegebefohlenen so gut veräußerlich als etwa Sachen, welche im patrimonium der Gemeinde, des Landes oder Staates stehen, obwohl zur Veräußerung von Sachen dieser Art bisweilen die Genehmigung einer höheren Administrativbehörde (Bezirksvertretung, Landesausschuß, Ministerium) oder einer gesetzgebenden Körperschaft (Landtag, Reichstag) erforderlich ist. Vgl. G. Schmidt, Vorles. I. S. 177. And. Ansicht in Ansehung der Mündelgüter sind Dernburg u. Windscheid a. O., „denn immerhin liege in der (dem Vormund) eingeräumten Stellung die Veräußerungsbefugniß an sich." Dies zugegeben — bleibt doch die Frage, ob das Alienirungsrecht ein beschränktes oder unbeschränktes ist. Noch viel weiter faßt für das R. R. den Begriff des V.-Verbotes Schröder S. 16, und §§. 5. 6, dazu aber auch S. 184 flg., wo das an Minderjährige gerichtete V.-Verbot als Beschränkung der Handlungsfähigkeit aufgefaßt wird. Mit Windscheid stimmt Schiffner a. O.

9) Vgl. C. 8. 15. 16. C. 5. 71: in dominio permansit, dominium a te discedere non potuit, c. 5. C. 8. 28: Alienatio proprietatis tuae jus non aufert. Vgl. Brandis, Gieß. Zeitschr. 7. S. 183 flg. So z. B. ist die Veräußerung der Dotalgrundstücke trotz der Einwilligung der Frau ungültig. Über die Fälle der §§. 367. 371. 824 G. B., Art. 306 H. G. B. vgl. Note 42 u. §. 13 d. B. und Schiffner a. O.

10) Vgl. Nr. 2821. 7365. 7390. 8647. 11180. 11964 Gl. U. W. — Der Unterschied zwischen den beiden obgedachten Fällen wird von unserer Spruchpraxis häufig verkannt. Insbesondere kranken die Erk. Nr. 116. 140. 238. 3784. 5991 u. a. Gl. U. W. an einem inneren Widerspruch. Trotz des intabulirten V.-Verbotes wurde hier den Exekutionsgesuchen der Personalgläubiger des Besitzers der belasteten Realität stattgegeben, „weil kein Vermögensobjekt den Gläubigern entzogen werden dürfe." Entweder war das (testamentarische) V.-Verbot auch Dritten gegenüber rechtswirksam — und dann war das Exekutionsbegehren abzuweisen (so auch 1. und 2. Instanz),

beispielsweise den Personalgläubigern des Fiduziars (§. 613) die Exekution auf die Substanz des fideikommissarischen Vermögens nicht gestattet werden.[10a] Mit Unrecht behauptet Krainz §. 201, daß unveräußerliche Sachen nicht einmal durch Ersitzung erworben werden können; das Gegentheil geht aus §. 1474 G. B. hervor. (Dazu vgl. Note 3.) Dagegen steht das V.-Verbot der Veräußerung in Ausübung eines früher erworbenen selbständigen Rechtes eines Dritten nicht im Wege[11]; es ist daher insbesondere die Veräußerung des mit einer fideikommissarischen Substitution belasteten Nachlasses ohne Zweifel wegen Erbschaftsschulden (§§. 811 flg., 820 flg.) oder auf Grund der Theilungsklage des Miteigenthümers der fideikommissarisch legirten Sache (§. 843) zulässig.

Die wahren, das Eigenthum der Sache selbst treffenden Ver-

---

da die Gläubiger doch nicht mehr Rechte haben können, als ihr Schuldner (Auctor); oder es war nicht rechtswirksam (dies war hier der Fall) — und dann hätte die Intabulation desselben für unzulässig und wirkungslos erklärt werden sollen. Falsch ist die weitere Motivirung, daß das V.-Verbot dem Schuldner (nicht aber dessen Gläubigern) nur die „persönliche Befähigung" (?) entziehe, das Objekt zu veräußern. Wäre dem so, dann könnte das Veräußerungs- und Belastungsverbot durch Schuldenmachen des Besitzers leicht umgangen werden! Vgl. auch Steinbach S. 169, Schiffner §. 130 S. 92. Seit der 1. Aufl. ist die richtige Auffassung in der Spruchpraxis allgemein zur Geltung gekommen. Vgl. Nr. 7390. 11180, 11964. Samml. Gl. U. Pf. Sch.

10a) Vgl. Nr. 4217. 6692. 7390. 9457. 10119. 11180 Samml. Gl. U. W. Pf. Allerdings ist aber die exekutive Sequestration der Früchte (Pfandrecht quoad fructus) zulässig, soweit dem Eigenthümer, z. B. Fideikommißbesitzer, der Fruchtgenuß zusteht. S. Nr. 6743 ders. Samml. — Die Bewilligung des Pfandrechts auf die Substanz des Gutes (vgl. Nr. 3075 ders. Samml., dafür auch Bežek, Not. Ztsch. 1892, Nr. 33) wäre zwar prinzipiell nicht undenkbar, da der Besitzer zeitlicher Eigenthümer ist und das Pfandrecht jedenfalls mit dem Rechte des Auktors erlischt; allein trotzdem wäre doch nur die Exekution auf die Früchte (Sequestration) zulässig; auch wäre dieser Vorgang nicht zu empfehlen: wegen leicht möglicher Irrungen im Grundbuch und der Gefahr des Übersehens Seitens Dritter (§. 468); ja er widerspräche der Tendenz des §. 632: verba: „so gilt die Verpfändung ... nur für ... die Früchte, ... nicht aber für das F. K. Gut." — S. auch Nr. 5260. 7958 ders. Samml.

11) Vgl. L. 38. pr. D. de leg. III, c. 2. C. de fundo dot. 5. 23. Seuffert §. 15. 16. 20. 21, Steinbach S. 166, Unger §. 94, N. 16. Richtig bemerkt Seuffert S. 133, daß sich diese scheinbaren Ausnahmen aus der Natur der Sache ergeben, aus dem Zwecke des V.-Verbotes und aus dem Grundsatze, daß durch Anordnungen des Erblassers die Rechte Dritter nicht beeinträchtigt werden können. Selbst Fideikommißgüter können in Exekution gezogen werden, soweit es sich um solche Hypothekarschulden handelt, welche bereits vor Eintragung des Fideikommißbandes hafteten. Wegen Fideikommißschulden hingegen, sowie wegen Schulden des Fideikommißbesitzers findet immer nur die Exekution auf die Früchte des F. K.-Gutes statt. §§. 632. 642. — Über die Expropriation vgl. S. 205 flg. d. B.

äußerungsbeschränkungen werden üblicher Weise auf das Gesetz,[12] auf eine richterliche (richtiger magistratliche) Verfügung[13] oder auf Privatwillen (Vertrag, letzten Willen) zurückgeführt.[14]

I. Was nun die sogenannten gesetzlichen V.-Verbote betrifft, welche sich nach röm. Rechte insbesondere auf die im Streit befangenen Sachen (res litigiosae — dazu §. 378 B. G. B.), auf Dotalgrundstücke und das sogenannte peculium adventicium (bei mangelnder Zustimmung des Vaters) beziehen,[15] so können wir nach österr. Rechte weder die eben genannten Gegenstände noch auch die im beschränkten Verkehr stehenden (sog. extrakommerzialen) Sachen[16] als solche be-

---

12) Dahin gehört das Verbot der Veräußerung der im Streit befangenen Sachen (res litigiosae), der Dotalgrundstücke u. a. S. Böcking §. 158, Pagenstecher S. 70 flg., Windscheid a. O.

13) Vgl. z. B. L. 31 D. de reb. auct. jud. 42. 5 in Ansehung des Erbschaftsvermögens. Pagenstecher S. 68 flg., Arndts §. 132, N. 2, Windscheid §. 172a, N. 4, Fitting, Civ. Arch. 51 S. 273 flg., Dernburg a. O. Andere (besonders Böcking §. 158, N. 5) wollen die richterlichen V.-Verbote als eine besondere Art gar nicht anerkennen. Richtig Brinz I, S. 490, der die sog. richterlichen V.-Verbote gar nicht dahin rechnet, weil zwar der Person die Dispositionsbefugniß — nicht aber dem Eigenthum selbst die Veräußerlichkeit genommen sei. Nicht richtig ist es, wenn Böcking a. a. O. bei Besitzeinweisungen, Kautionen und Arresten bloß von Realisirung der auf Privatwillen beruhenden V.-Beschränkungen spricht. Krainz §. 201 nennt die gesetzl. und richterl. V. V. — „notwendige" Verbote.

14) Die herrschende Meinung geht mit Bezug auf L. 114 §. 14 D. de leg. I. 30. L. 61 D. de pactis 2. 14. u. a. dahin, daß die auf Privatwillen beruhenden V.-Verbote nicht die Gültigkeit der Veräußerungen beeinträchtigen, sondern nur die Entschädigungspflicht (Verfall der Konventionalstrafe) des vertragswidrig Handelnden zur Folge haben. Vgl. Windscheid §. 172a N. 5. Anderer Ansicht bezüglich des testament. V.-Verbots ist aber Fitting a. O. 51. Bd. S. 270, N. 60. — Für das sächs. R. vgl. §§. 223. 794. 2387. 2526 G. B. — Über das Retraktund Vorkaufsrecht vgl. das am Schluß Gesagte.

15) Vgl. c. 4. C. de litig. 8. 37. L. 5. L. 16 D. de fundo dot. 23. 5: c. 8. §. 5 C. de bonis etc. 6. 61; dazu Windscheid §§. 125. 172 a. 497, Tewes; Ö. V. Schr. 6 S. 219 flg. Partikularrechtlich ist das Verbot bezüglich der ligitiosen Sachen meist aufgehoben, neuestens auch im Deutschen Reich §. 236 R. Civ. P. O. Vergl. Roth §. 124, N. 8, Baron §. 127, Lang S. 108. Dem österr. R. (§. 378 B. G. B. und §. 306 G. O.) ist es unbekannt. (Dies übersieht Steinbach S. 154; vergl. Unger §. 128, N. 24, Schiffner S. 89; der Kläger kann aber die Sequestration der Sache verlangen. §. 193 G. O.) — Außerdem zählen die Meisten auch die Beschränkungen bei Veräußerungen von Mündelgütern zu den gesetzlichen V.-Verboten. Dagegen s. Note 8. Über andere Fälle vgl. Böcking a. O., Windscheid §. 172 a. N. 1, Brinz §. 134, auch folg. Note. Dagegen faßt Schröder S. 188 flg. die c. 8 §. 5 Cod. cit. als Beschränkung der Handlungsfähigkeit auf; das Verbot der Testirung spricht aber nicht für diesen Gesichtspunkt.

16) Anderer A. ist Brinz §. 134 S. 491: „Das einzige volle V.-Verbot ist die Extrakommerzialität", und meint damit insbesondere die nicht in „unserem Ver-

zeichnen, deren Veräußerung gesetzlich nicht gestattet wäre. Unveräußerlich waren ehedem auch nicht Theilgrundstücke der landtäflichen und Bauerngüter — trotz der Dismembrationsverbote, welche übrigens in neuerer Zeit weggefallen sind (vergl. §. 9 d. B., dazu Nr. 392. 1480 Samml. Gl. U. W.). Als unveräußerlich erscheinen nach österr. R. nur: [16a]

a) Familienfideikommißgüter, welche auf alle Geschlechtsnachfolger des Stifters oder eines Dritten übergehen und daher als „unveräußerliches Gut" in der Familie bleiben sollen (§. 618). Der Mangel des Dispositionsrechtes des jeweiligen Fideikommißinhabers ist hier eine Folge der Unveräußerlichkeit des durch Stiftung gebundenen Vermögens.[17] Die trotzdem vorgenommene Veräußerung des Ganzen oder einzelner Theile ist nichtig und kann die veräußerte Sache — bei der absoluten Wirkung des bücherlich ersichtlichen V.-Verbotes — selbst vom Veräußerer selbst (der nur ersatzpflichtig ist) vindizirt werden.[18]

b) Güter, welche mit einer fideikommissarischen Substitution behaftet sind (§. 613). Denn das Eigenthumsrecht des Fiduziars ist in Folge des eventuellen Rechtes der Nacherben beschränkt; das Gesetz (§. 613) vergleicht darum seine Stel-

---

mögen" stehenden res publicae, quae in communi usu sunt, u. (für das R. R.) die res divini juris (§. 126). Indeß auch diese Sachen, mögen sie nun im Vermögen eines Privaten stehen oder zu einem Zweckvermögen gehören, können doch wohl — allerdings unter Aufrechterhaltung ihrer Widmung — veräußert werden. Fälle dieser Art kommen bei Übertragung von Staats- oder Landesgut (Straßen, Brücken) an Gemeinden, und selbst an Private und umgekehrt häufig vor. Nur faktisch findet Unveräußerlichkeit statt. (Vergl. §. 3 Note 11 u. 23.) Daß nach Aufhebung der Widmung unbeschränkte Veräußerungsfreiheit statt hat, liegt auf der Hand.

16a) Im Wesen übereinstimmend neuest. Ofner, Sachenr. §. 24, woselbst auch die Cessionsverbote citirt sind.

17) Vgl. Roth §. 123, Gerber §. 84, Unger VI, §. 89, Stobbe §. 87 S. 107, Hofmann, Tit. und Mod. §. 9. Die Veräußerung mit Genehmigung des Gerichts im Falle der §§. 633. 634 ist eine singuläre, auf wirthschaftlichen Zweckmäßigkeitsgründen beruhende Maßregel. Über das beschränkte Einschuldungsrecht vgl. §§. 635 flg.

18) A. A. Gerber §. 84, N. 12, Lewis, Fam. Fideikommiß S. 254. — Nur bei bona fides des Veräußerers will Stobbe §. 140 die Vindicatio zulassen. Die bona fides Dritter wird bei unterlassener Eintragung des F. K.-Bandes nach der allgemeinen Regel geschützt. Über die Art der Eintragung vgl. §. 22 d. B., Schiffner S. 90 zählt die Fälle a und b zu den gewillkürten V.-Verboten.

lung — in offenbarer Rücksicht auf die Unveräußerlichkeit der Substanz — mit der des Fruchtnießers; jede gegen das Verbot vorgenommene Veräußerung ist daher nichtig (§. 613), den Fall ausgenommen, daß der Gegenstand in verbrauchbaren Sachen bestehen würde (Arg. §§. 510. 613).[19] (Über die sog. stillschweigende Errichtung einer fideikommissarischen Substitution vgl. §§. 609. 610. 708 Hofdk. v. 30. Juni 1845 Z. 888, dazu Unger §. 20, Pfaff-Hofm. II. S. 237.)

c) Kirchen- und Pfründengüter dürfen nicht ohne Zustimmung gewisser geistlicher und weltlicher Behörden (bezieh. des Kaisers) veräußert oder mit einer „beträchtlichen Last" beschwert werden; die ohne diese Genehmigung erfolgte Veräußerung ist nichtig. Vgl. die Min. Vdg. v. 20. Juni 1860 Z. 162 und v. 13. Juli 1860, Z. 175, welche durch §. 51 des Ges. v. 7. Mai 1874, Z. 50, mit Ausschluß jener Anordnungen aufrecht erhalten wurden, welche die Genehmigung der päpstlichen Kurie erfordern. Daß hier keine bloß persönliche Dispositionsbeschränkung, sondern eine durch die stiftungsgemäße Widmung für kirchliche (Pfründen-) Zwecke begründete Schmälerung des Eigenthums selbst vorliegt, ergiebt sich aus dem Umstande, daß die Gültigkeit der Veräußerung von der Einwilligung eines Faktors (der Staatsgewalt) abhängig gemacht wird, der weder selbst Eigenthümer ist, noch zur Vertretung des Eigenthümers berufen erscheint.[20] Den

19) Für das röm. Recht vgl. c. 3. Comm. de leg. et fid. u. Seuffert §§. 3. 69, für das österr. Recht s. Unger VI, §. 48. Die Eintragung der fideikommissarischen Substitution (§§. 158. 174 Ges. v. 9. August 1854) erfolgt nicht durch „Ersichtlichmachung" des Subst. Bandes im Gutsbestandsblatt, in welchem nur das „getheilte" Eigenthum (§. 357) in Evidenz zu halten ist, sondern durch „Anmerkung" im Lastenstand (§. 10 dess. Ges.) und durch Eintrag des „beschränkten" Eigenthums für den eingesetzten Erben (Fiduziar) im Eigenthumsblatt" (§. 9 dess. Gesetzes). Mit Unrecht spricht hier Steinbach §. 42 N. 9 vom „getheilten" Eigenthum und Presern Gr. G. S. 166 von der Ersichtlichmachung im Gutsbestandsblatt. (Vgl. dazu §. 22 d. B.) Vgl. dazu Note 10a.

20) Vgl. Schulte, Kirch. R. §. 194, N. 21, Lang, Württ. P. R. §. 18. Henner, O amortis. zák. (1892). — Anders in solchen Fällen, wo zur Veräußerung der Staats- und Gemeindegüter die Einwilligung gewisser übergeordneter Verwaltungs- oder Vertretungsorgane erforderlich ist, da die Letzteren doch nur als die Vertreter höherer Ordnung erscheinen. Über die bezüglichen V.-Verbote äußerten sich schon Holger und Waldstätten, bei Harrasowsky IV S. 47 N. 4. — Über das V.-

Gesuchen der bezüglichen Vertreter um bücherliche Eintragung von Veräußerungen und hypothekarischen Belastungen muß die Bestätigung der Landesbehörde beigelegt sein, daß den betreffenden Vorschriften Genüge geschehen ist. — Derselbe Grundsatz gilt auch bezüglich der Kirchen und Bethäuser der Protestanten und Israeliten, da im Sinne des Hofdk. v. 4. April 1839 Nr. 354 J. G. S. „eine Belastung und Veräußerung solcher Gebäude, welche den unter Aufsicht der polit. Behörden stehenden [sc. israelit.] Gemeinden gehören, ohne politischen Konsens nicht geschehen kann und die polit. Behörden berufen sind, darüber zu wachen, daß ohne unausweichliche Nothwendigkeit keine solche Belastung stattfinde". Vgl. auch Nr. 6894. 8094 Gl. U. W. Pf.[20a]

d) Auch das Eigenthum der den Privaten gehörigen, dem öffentlichen Verkehr dienenden Eisenbahnen ist gemäß des E. Konz. Ges. vom 14. September 1854, Z. 238 (§§. 7. 8) und der auf Grund desselben ertheilten Konzessionen namentlich in der Weise beschränkt, daß die Dauer der Konzession immer nur auf eine bestimmte Zeit (von höchstens 90 Jahren) ertheilt wird und daß nach Ablauf derselben das Eigenthum an der Eisenbahn selbst (Grund und Boden sammt Bauwerken) kraft des Gesetzes lastenfrei und unentgeltlich auf den Staat übergeht. Belastungen und Veräußerungen dürfen nur mit staatlicher Genehmigung erfolgen. (Vgl. auch Gesetz über die Eisenbahnbücher vom 19. Mai 1874 Z. 70, §§. 46 flg., dazu den Aufsatz Nr. 16—19 Not. Zeit. 1877).[21]

Dagegen können andere Fälle beschränkter Veräußerlichkeit nicht

---

Verbot von Immobilien nach römisch. und kanon. Recht vgl. Schulte, Kirchenr. §. 194 und Schröder S. 115 flg., welcher Letztere aber dieses Verbot m. E. mit Unrecht unter die Kategorie: Verbot an Verwalter fremden Vermögens subsummirt; denn der Vertreter der juristischen Person hat eine andere Stellung als der Vormund.

20a) Was in dem cit. Hofdk. von den „tolerirten" israel. Kultusgemeinden gesagi ist, gilt sinngemäß auch von den protest. Gemeinden; dazu vgl. Ges. v. 21. März 1890 Z. 57 §§. 24. 30 flg., evang. Kirch.-Verfass. v. 6. Januar 1866 Z. 15 R. G. Bl. §§. 54. 102. (Bewilligung des k. k. Oberkirchenrathes.)

21) Es wird in diesem Artikel darauf hingewiesen, daß die österreichischen Eisenbahnen in drei Gruppen zerfallen: 1) in die dem Staate gehörigen und von ihm betriebenen; 2) in die ihm gehörigen, von Privaten gepachteten; 3) in die Privaten eigenthümlichen Bahnen.

auf ein gesetzliches V.-Verbot zurückgeführt werden. Denn daß Immobilien der Mündel und Pflegebefohlenen (§. 232 G. B.) nur im Nothfalle und zum offenbaren Vortheile derselben und nur mit Genehmhaltung des Gerichtes, und Staatsgüter nicht ohne Zustimmung des Reichsrathes (§. 11. lit. e. des Staatsgrundges. Nr. 141 R. G. B. 1867), Gemeindegut und G.-Vermögen nicht ohne Genehmigung der Bezirksvertretung bez. des Landtags (Gem. Ges. v. 5. März 1862 art. 18, dazu §. 97 böhm. Gem. G.) veräußert werden dürfen, beruht nicht auf einem Mangel des Eigenthums selbst, sondern auf einer Beschränkung der Vertretungsbefugniß der stellvertretenden Organe der Eigenthümer.[22]

Daß die ohne Zustimmung der betreffenden Behörden vorgenommene Veräußerung auch in den letzteren Fällen ungültig ist, erklärt sich sohin aus dem Mangel des Dispositionsrechtes der Veräußernden.[23]

II. Die sogenannten richterlichen Veräußerungsverbote, wohin gemeinrechtlich das behördliche Verbot der Alienation durch Verschwender und Kridatare, dann die Fälle der Besitzeinweisungen, die Sicherstellungen und der Realarrest gezählt werden, sind durchwegs auf Beschränkungen entweder der Handlungsfähigkeit (so beim Verschwender), oder des Dispositionsrechtes des zeitweiligen Eigenthümers zurückzuführen.[24] Nach österr. Rechte verhält sich die Sache folgender-

22) Bei „Kreuzpartikeln und Reliquien" ist nur die entgeltliche Veräußerung nicht zulässig. Hofdk. v. 25. Mai 1816 Z. 2234. Die älteren Verbote der Veräußerung von Früchten am Halm sind längst nicht mehr in Kraft.

23) Die Nullität ist in allen oben angeführten Fällen eine absolute, und trifft nach der Intention des Gesetzes wohl auch das Veräußerungsgeschäft. — Die Analogie des §. 865 G. B. ist bei der Singularität der Vorschrift über das sogenannte negotium claudicans ausgeschlossen. Es versteht sich, daß dergleichen Veräußerungen mit Vorbehalt der Genehmigung der bezüglichen Organe geschlossen werden können. — Nach röm. Recht sind die gegen ein gesetzliches V.-Verbot vorgenommenen Veräußerungen nichtig und kann die Ungültigkeit auch vom Veräußerer selbst geltend gemacht werden. Vgl. c. 2. C. de litig. 8. 37, c. 5 C. de legib. 1. 14, dazu Vangerow §. 299. Czyhlarz, Dotalrecht §. 59, Windscheid a. a. O. N. 2. 3, Schmid S. 34; theilweise abweichend Lauk a. O. S. 9 flg., Brinz S. 491 flg. Dafür, daß auch das obligatorische Veräußerungsgeschäft nichtig sei, sprechen sich mit Bezug auf L. 42. D. de usurp. 41. 3. L. 77 §. 5. D. de leg. II (31) neuerlich mit Recht bes. Czyhlarz a. O., Fitting S. 269, Schröder §§. 2. u. 7, Dernburg §. 217, Kohler, Krit. V. Sch. 19 Bd. S. 150 aus; dawider Schmid S. 34 flg., Unger §. 94, N. 23, zum Theil auch Mommsen, Beiträge z. O. R. I S. 22 flg.

24) Vgl. Brinz S. 490: „Nirgends ist dem Eigenthum selbst die Veräußerlichkeit benommen". Anders die herrschende Ansicht, vgl. Note 13.

maßen: Verschwender sind nur beschränkt handlungsfähig und können darum nicht alieniren (§. 273 G. B.). Kridataren ist in Ansehung der Konkursmasse die Disposition völlig entzogen (§. 1 K. O.). Kautionen, soweit sie Pfandbestellungen enthalten, beschränken nicht das Dispositionsrecht, sondern beschweren nur das Kautionsobjekt mit einer auf der Sache haftenden Last (§. 447 G. B.). Das richterliche Verbot (§. 283 A. G. O.) hindert nicht die Veräußerung, sondern nur die Realisirung der Forderung (§. 287 G. O.); die Nichtbeobachtung desselben macht nur civilrechtlich verantwortlich.[25] Auch die (provisorische oder exekutive) Sequestration hindert die Veräußerung des sequestrirten unbeweglichen Gutes nicht[26]; die

---

25) Das „Verbot auf fahrende Güter" bezieht sich auf Forderungen des Schuldners. Vgl. Menger, Civilpr. I. S. 313 N. 17, Canstein III. S. 754 N. 15. Durch das „Verbot ist Jenem, welcher die in Verbot gezogenen Güter in Händen hat, zu erinnern, daß er bei eigener Dafürhaftung, nichts ausfolgen solle" (§. 283 cit.). Die Unveräußerlichkeit der Forderung des Schuldners wird dadurch nicht begründet. Vgl. auch Ullmann, Österr. Civilprozeß §§. 172. 173. And. A. für das preuß. R. Dernburg §. 146, für das württ. R. Lang S. 108 flg. Anders auch §§. 730 u. 810 D. Civ. Pr. O.

26) Der §. 21 lit. b. G. G. gestattet „zur Begründung bestimmter, nach den Vorschriften der C. P. Ordnung damit verbundener Rechtswirkungen die „Anmerkung der Sequestration." Es könnte zweifelhaft sein, ob hier die provisorische oder exekutive S. oder beide Arten derselben gemeint seien. Der §. 33 des böhmischen Landtafelpat. v. 22. April 1794. O. und §. 25 der Landtafelinstruktion gestatten die Anmerkung des „Streites" als „mittlerweilige Vorkehrung, damit das Gut während des Streites weder veräußert noch verpfändet werde" und zwar unter ausdrücklichem Bezug auf das 30. Hauptstück der allgemeinen Gerichtsordnung, welches die Überschrift führt: „Von den Sequestrationen und anderen mittlerweiligen Vorkehrungen" — aber nur von jenen handelt. Daß im §. 33 L. Pat. die Beschränkung der Anmerkung auf die Voraussetzungen des §. 293 G. O. ausgesprochen werden sollte, ist wohl kaum zweifelhaft. Jedenfalls sind die beschränkenden Bedingungen des §. 293 G. O. mit dem Hofdk. v. 29. August 1818 Z. 1488 u. J. H. H. v. 27. März 1846 Z. 951 weggefallen, da die genannten Dekrete die Anmerkung des Streites — ohne die Voraussetzung des §. 293 A. G. O. — bei allen Klagen bewilligen, mit welchen „die Gültigkeit einer einverleibten Urkunde" bez. die Löschung eines verbücherten Rechtes begehrt wird. Die Verweisung des §. 33 L. T. Patents auf die A. G. O. war sohin gegenstandslos geworden. (Nicht genau Klepsch S. 87.) Die Anmerkung der provisorischen Sequestration an sich (ohne die Streitanmerkung) hatte somit weder früher noch hat sie jetzt eine Bedeutung oder rechtliche Wirkung. (Vgl. auch Klepsch, Tab. S. 92*) Es erübrigt also nur, den §. 20 lit. b. auf die exekutive Sequestration zu beziehen. (So auch Exner, Hyp. S. 162, Nr. 23.) Allerdings hindert diese „Anmerkung" weder die Veräußerung, noch hat sie irgend welche eigenthümliche, in der Prozeßordnung damit verbundene Rechtswirkungen. Denn die dingliche Wirkung der S. in Ansehung der Früchte tritt mit der Einverleibung des exekutiven Pfandrechts quoad fructus (§. 320 G. O.) ein. Vgl. auch Ullmann, Ö. Civilprozeß, §§. 173. 184.

(exekutive oder provisorische) Sequestration von Mobilien ist zwar ein faktisches Hinderniß der Eigenthumsübertragung; allein die Veräußerung wäre — wenn trotzdem die Tradition erfolgte — gleichwohl nicht ungültig.[27] Selbst die Anmerkung der „Streitanhängigkeit" (§. 20 G. G.), welche nunmehr nach dem Grundb. Gesetze (§§. 61. 69. 70) nur dann bewilligt werden darf, wenn „der in einem bücherlichen Rechte Verletzte" eine Einverleibung aus dem Grunde der „Ungültigkeit" im Prozeßwege bestreitet oder die Klage auf Löschung des verjährten Rechtes oder auf Zuerkennung eines ersessenen Rechtes anstellt, bewirkt nicht die absolute Unveräußerlichkeit des streitigen Objekts[28]; denn daß in dem Falle des Obsiegens des Klägers über Ansuchen desselben alle jene bücherlichen Einträge zu löschen sind, welche nach dem Zeitpunkte, in welchem das Gesuch um die Streitanmerkung an das Grundbuchsgericht gelangt ist, angesucht wurden (§§. 65. 71 G. G.), beruht auf der antizipirten Wirkung des die Ungültigkeit oder Hinfälligkeit des Eintrags des Auktors aussprechenden Urtheils, in letzter Reihe also auf dem Mangel des Dispositionsrechtes des Vormannes.

Sohin finden wir nach österr. Recht kein absolut wirkendes richterliches Veräußerungsverbot.[29] Vgl. auch Ullmann a. a. O.

III. Freiwillige Veräußerungsverbote. Zunächst ist zu bemerken, daß die Nichtveräußerung einer Sache als auflösende Bedingung des Veräußerungsgeschäftes gesetzt werden kann; alsdann haben die bezüglichen Bestimmungen (§§. 699 flg., 708) Geltung; das V.-Verbot macht hier die Fortdauer des Rechts selbst von der

---

27) Ein V.-Verbot erblicken dag. im §. 293 A. G. O. Schiffner S. 90 u. R. v. Canstein, Civ. Pr. II. S. 114 u. 756. Auch für das preuß. R. ist in Ansehung der provisorischen Sequestration anderer Ansicht Dernburg §. 147.

28) Dagegen sprechen hier Unger §. 128 N. 24 und Schiffner 5. S. 90 von Unveräußerlichkeit.

29) Dies verkennen Kirchstetter S. 222 (3. Aufl.) und Krainz §. 201. — Für das preuß. R. spricht Dernburg §§. 146. 147 dem Realarrest und insbesondere der Sequestration die Wirkung eines richterlichen V.-Verbotes zu, wenn derselbe in das Hypothekenbuch eingetragen wird, und gestattet den Eintrag des Arrestschlags sogar bei bloß obligatorischen Ansprüchen, besonders in dem Falle, wo der Käufer darthut, daß sein Verkäufer mit anderweitigem Verkauf umgehe. Ähnlich Lang S. 109 für das württemb. R. — Nach bayer. R. (C. P. O. §. 1050. 1210, Hyp. G. §. 160) erklärt Roth §. 123 die gegen das richterliche Verbot vorgenommene Veräußerung für nichtig. — Bezüglich des sächs. R. vgl. Schmidt, Sächs. Pr. R. §. 51.

Nichtveräußerung abhängig. Der Kontrahent, bez. der Bedachte, erwirbt nur das eingeschränkte Eigenthum, welches mit der Erfüllung der Resolutivbedingung hinfällig wird (§§. 613. 708 G. B., dazu §. 158 des Pat. vom 9. August 1854). Allerdings muß die Resolutivbedingung bei Immobilien bücherlich apparieren, da außerdem die im Vertrauen auf das öffentliche Buch erworbenen Eigenthums- und Pfandrechte Dritter geschützt werden müßten. §. 468 B. G. B. (Fälle dieser Art vgl. in der Samml. Gl. U. W. Pf. Nr. 11100. 11180. 11234. 11898. 11964.)[29a] — Allein an sich enthält das V.-Verbot offenbar eine Resolutivbedingung durchaus nicht; das Dasein des so bedingten Willens müßte also besonders erwiesen werden. Vgl. Nr. 116. 140. 3630. 10194 Samml. Gl. U. W.[30]

Auch unter den Begriff des Modus (Auftrags, §§. 709. 901) läßt sich das V.-Verbot nicht fassen; denn einmal kann sich die Auflage nur auf ein Thun, insbesondere auf eine gewisse Verwendung des empfangenen Vortheils, nicht auf ein Unterlassen beziehen[31]; sodann entspricht es im Allgemeinen gewiß nicht der Absicht des Erblassers oder Schenkers, daß der Bedachte im Veräußerungsfalle die Zuwendung verwirkt haben solle (§. 709). Das V.-Verbot enthält vielmehr eine Willenserklärung eigener Art, deren Wirkung hier näher zu untersuchen ist.

V.-Verbote können a) auf letztwilliger Verfügung oder b) auf einem Vertrage beruhen. Im Allgemeinen dürfte soviel als feststehend angenommen werden, daß der Privatwille an sich nicht die Kraft haben kann, einer Sache den Stempel der Unveräußerlichkeit aufzudrücken und dieselbe damit dem Verkehr thatsächlich ganz zu entziehen; die entgegengesetzte Annahme würde ebenso sehr gegen die rechtliche Natur des Eigenthums als gegen das Gebot des wirthschaft-

29a) Bei beweglichen Sachen ist die Beschränkung gegenüber Dritten, welchen dieselbe nicht bekannt war, unwirksam. § 468; dazu vgl. Hortens Entw. 11. II. §. 29.

30) Vgl. Brinz I. 488. Steinbach, a. O. S. 162. Krainz §. 201. Dies wird in der Praxis bisweilen übersehen.

31) Dies wird mehr vorausgesetzt, denn ausdrücklich gesagt. Nirgend sprechen die Quellen beim Modus von einem Unterlassen. Vgl. auch Steinbach a. O. (Abweichend Unger VI. §. 18.) Anderer Ansicht ist Krainz, §. 201, welcher meint, daß das V.-V. bei unentgeltlicher Zuwendung einen Modus enthalte; das Eigenthum desselben werde sohin zu einem zeitlichen, daher beschränkten, nur ohne Verpflichtung zur Erhaltung der Substanz. Hiernach gestattet K. auch die Verbücherung des V.-Verbotes. — Bezüglich entgeltlicher Verträge tritt K. unserer Ansicht bei.

lichen Lebens streiten (§§. 355. 356. 360. 614. 711. 831. 832. 1208 G. B.)[32] Unsere Auffassung wird bestätigt durch die Vorarbeiten zum B. G. B., insbesondere den Cod. Ther., welcher 13. II. Nr. 68 im Kapitel über Nachberufungen (Substitutionen) bestimmt: „dahingegen wirket das alleinige Veräußerungsverbot noch kein Fideikommiß, wann zu dem Gut, welches der Erblasser zu veräußern verboten hat, Niemand nachberufen worden, sondern in solchem Falle ist das Veräußerungsverbot ohne alle Kraft und Wirkung" ꝛc.[32a] — Nur ausnahmsweise erkennt das Gesetz die Wirksamkeit des gewillkürten Verbotes an und zwar:

a) Das letztwillige V.-Verbot ist dann gültig, wenn durch dasselbe innerhalb der gesetzlichen Schranken eine fideikommissarische Substitution (§§. 608. 610—613 G. B.) begründet wird. Übrigens enthält jede fideikommissarische Substitution (wie bereits oben bemerkt) stillschweigend das Verbot der Veräußerung, welches durch die gesetzliche Sanktion (§. 613) verstärkt ist. Eine indirekte fideikommissarische Substitution liegt — wie wohl zu beachten ist — in solchen letztwilligen Verfügungen, welche unter einer Bedingung, einer Zeitbeschränkung oder mit einer Auflage erfolgen (§§. 707—709 G. B. und §. 158 Pat. v. 9. August 1854). Gültig ist daher die letztwillige (fideikommissarische) Verfügung, mit welcher ein Ehegatte dem andern seinen Gutsantheil mit der Verpflichtung vermacht, denselben nach seinem Tode den aus dieser Ehe entsprossenen Kindern zu hinterlassen.[33] — Hierbei ist zu bemerken, daß

32) Vgl. Steinbach S. 159. Dagegen Exner, H.-R. S. 459.

32a) Im Übrigen enthalten die Entwürfe Horten II 11 §§. 1—13. 16—40, Martini §. 10 II 12, Urentwurf II §. 407, sowie die Protokolle (Ofner I S. 362 flg., II S. 541) Nichts zur Aufklärung Dienliches. Interessant ist es, daß in der Sitzung v. 4. Dezember 1809 die Aufnahme der Norm des §. 614, daß die Substitution im Zweifel für die Freiheit des Erben günstig ausgelegt werden solle, einstimmig angenommen wurde. (Über die dem Institut der Fideikommisse ungünstige Stimmung der Compil. Comm. vgl. Harrasowsky IV S. 208 Note 3.)

33) Eine indirekte fideikommissarische Substitution zu Gunsten der gesetzlichen Erben liegt nämlich in dem Verbot, über den Nachlaß zu testiren (§. 610 G. B.), desgleichen steckt ein fideikommissarisches Vermächtniß in dem Verbote, über ein einzelnes Vermögensstück letztwillig zu verfügen (§. 652 G. B. u. Note 34, Unger VI. §. 20, Pfaff-Hofmann II. S. 237, Steinbach S. 155. 170). Ähnlich nach preuß. L. R. §§. 55. 532 flg. I. 12. Dagegen kann ein Familienfideikommiß nicht indirekt (stillschweigend) durch Testirungs- oder Veräußerungsverbot errichtet

das Verbot der „Veräußerung" nach der Auslegungsregel des §. 610 G. B. die letztwillige Verfügung nicht ausschließt.[34] Darüber nun, ob das letztwillige Verbot der „Veräußerung" (nämlich unter Lebenden) gültig sei, finden wir weder im §. 610 G. B. noch sonst irgendwo eine ausdrückliche Entscheidung.[35] Die herrschende Meinung ist zwar geneigt, demselben die Wirkung zuzuschreiben, daß dadurch dem Bedachten „die persönliche Fähigkeit (?), die Sache unter Lebenden zu veräußern und zu verpfänden, entzogen werde". (Vgl. Nr. 116. 140. 238. 502. 1331 Samml. Gl. U. W., dazu Stubenrauch I. zu §. 610. Kirchstetter (3. A.) S. 326, Exner H.-R. S. 116, 457,

---

werden. Vgl. Förster §. 254, N. 33, anderer Ansicht Stobbe §. 139, N. 16. Das demselben beigefügte V.-Verbot ist überflüssig.

34) Es enthält daher das zu Gunsten einer Person erlassene Verbot, eine Sache zu „veräußern", weder ein stillschweigendes Legat (wie Unger VI. §. 57, N. 5 und Pfaff-Hofmann a. O. meinen) noch eine fideikommissarische Substitution (wie Steinbach S. 170, N. 126) behauptet. Vgl. Zeiller II. S. 507. — Anders nach preuß. L. R. 12. I. §. 534. 535 (dazu §. 11 des neuen G. G.) und nach bayr. L. R., vgl. Roth §. 315, N. 15. — Nach dem sächs. G. B. (§. 2387) gilt das zu Gunsten einer Person erlassene Verbot eines Erblassers, einen hinterlassenen Gegenstand zu veräußern, als ein jener Person zugedachtes Vermächtniß. Hat hingegen der Erblasser den Erben bloß die letztwillige Verfügung untersagt, so gilt dies als eine Anwartschaft zu Gunsten der gesetzlichen Erben des Erben (§. 2526). Außerdem sind dergleichen Verbote unwirksam (§. 223). Das zürich. G. B. handelt von V.-Verboten nicht.

35) Scheinbar liegt im §. 610 die stillschweigende Anerkennung der Gültigkeit eines solchen V.-Verbotes, — und zwar zu Gunsten der gesetzlichen oder gewillkürten Erben. Zu Gunsten Jener allein interpretirt Zeiller II. S. 507 den §. 610: „indem der Erblasser vermuthlich nur besorgt, daß der Erbe sie (die Güter) bei Lebzeiten veräußern oder verschwenden dürfte, keineswegs aber auch besorgt, daß der Erbe selbe mit Hintansetzung seiner Familie Andern zuwenden werde." Allein hiernach würde jenes Verbot in der That nur eine unwirksame fideikomm. Substitution zu Gunsten der gesetzlichen Erben enthalten — unwirksam, weil den jeweiligen Instituten gemäß §. 610 G. B. die Freiheit der letztwilligen Verfügung vorbehalten ist. (Ein Beispiel giebt der Fall Nr. 3784 Samml. Gl. U. W.) Daß aber die Gesetzgebung eine solche Fehlgeburt beabsichtigt hätte, scheint doch nicht wahrscheinlich, ja der oben citirte Theresian. Entw. beweist nur die volle Richtigkeit unserer Annahme. — Stubenrauch I. S. 809 meint, daß das V.-Verbot — auch ohne Fideikommiß — einen anderen vernünftigen Zweck haben töune, nämlich den eingesetzten Erben die Mittel zur Bestreitung des Unterhaltes zu sichern. Allein kann dieser Zweck durch ein V.-Verbot erreicht werden? Gewiß nicht, da doch die Gläubiger desselben durch ein solches bloß im Interesse des Bedachten erlassenes Verbot nicht behindert sind, daher trotz Verbot Früchte und Substanz mit Exekution belegen können. (Vgl. Nr. 116. 140. 238. 5991 u. a. Samml. Gl. U. W.) Will also der Bedachte veräußern, so kann er dies durch Vermittlung seiner Gläubiger!

Trad. S. 74 N. 94, Krainz §. 201 (f. N. 31); dagegen Steinbach S. 161 flg., Schiffner S. 91.)[36] Allein daß ein derartiges V.-Verbot außer den früher genannten Fällen wirkungslos sei, ergiebt sich — abgesehen von dem historischen Zusammenhange des §. 610 G. B. mit dem röm. Rechte[37] — aus der Natur der Sache, da ein solches Verbot an sich weder eine Bedingung noch einen Auftrag in sich schließt, daher Niemand das Recht oder rechtliche Interesse hat, die verbotswidrige Veräußerung anzufechten.[38] Dazu kommt der bereits früher

---

36) Pfaff-Hofmann äußern sich a. a. O. über diese Frage nicht.

37) Vgl. L. 114. §. 14 D. de leg. I. (30): eos, qui testamento vetant quid alienari, nec causam exprimunt, propter quam id fieri velint, nisi inveniatur persona, cujus respectu hoc a testatore dispositum est, nullius esse momenti scripturam, quasi nudum praeceptum reliquerint (dazu Böcking §. 158 N. 27, 29); cfr. L. 39. §. 3. L. 69. §. 3. D. de leg. II. (31), c. 3. §. 2. 3 C. de leg. 6. 43 (N. 40), dazu Thibaut §. 730, Vangerow §. 299, Arndts §. 132, Seuffert, V.-Verbot S. 25, und Loth. Seuffert, Civ. Arch. 51. S. 107. Daß die Veräußerung nichtig ist, wenn das Verbot mit Rücksicht auf den eventuellen Anfall der Sache an einen Dritten erlassen wurde, beruht übrigens auf dem Mangel des Dispositionsrechtes (§. 613). (Vgl. auch Windscheid a. a. O. N. 1. 5. Ob schon nach vorjustin. Rechte Nichtigkeit eintrat, ist zweifelhaft, vgl. zu L. 1. 14. §. 14. cit. Seuffert §. 3. S. 125, für das justin. R. c. 3. Cod. 6. 43.) — Brinz hingegen §. 134. S. 488 will dem testam. V.-Verbot nicht bloß dann Gültigkeit einräumen, wenn es respectu personae gegeben ist, sondern auch dann, wenn die causa, um derentwillen das Verbot Platz greift, beigefügt und triftig genug ist, um als maßgebender Wille von der Obrigkeit wahrgenommen zu werden. Arg. L. 114. §. 14 de leg. I. L. 7. in fine D. de leg. et fid. 33. 1. Ähnlich Fitting, Arch. f. civ. Prax. 51. S. 270 flg., welcher im Anschluß an die Glosse das testam. V.-Verbot, dem nicht jedes „erweisliche Interesse abgeht" als gültig, ja sogar die gegen dasselbe vorgenommene Veräußerung für nichtig erklärt. Ähnlich auch Ihering X. S. 567 flg. Allein es ist doch bedenklich, aus L. 114. §. 14 cit. (nec causam exprimunt) a contrario und aus der vieldeutigen L. 7. D. cit. entgegen dem bestimmten Ausspruch d. L. 114. §. 14 cit. L. 69. §. 3. L. 77. §. 27 D. de leg. II., L. 93. pr. D. de leg. III. die Gültigkeit eines testam. V.-Verbotes zu deduziren. Sämmtliche bezügliche Stellen haben Fälle vor Augen, wo Sachen Dritten zugedacht sind und ihnen gesichert werden sollen; außerdem wird das Verbot als nudum praeceptum behandelt. Durch c. 2. C. 7. 26 ist nur das Dispositionsrecht der Vormünder beschränkt. Vgl. auch Windscheid a. O. u. Lang §. 18, N. 19.

38) Der mögliche Zweck, dem Bedachten das Gut zu erhalten, wird auch nach der herrschenden Ansicht nicht erreicht, weil den Gläubigern desselben die Exekution auf dasselbe unverwehrt bleibt. (Vgl. die cit. Judikatur Nr. 116. 140. 238 u. N. 35.) — Die entgegengesetzte Meinung führt auch zu Konsequenzen, welche mit dem Grundsatze der §§. 610—612 G. B. nicht vereinbar sind. Gegen wen soll das V.-Verbot seine Wirkung äußern? Gegen den ersten, zweiten, dritten Besitzer? Und wem soll die Vindikation des veräußerten Gutes zustehen? Die Nichtbeachtung des letztwilligen V.-Verbotes stimmt auch zu den der Freiheit des Eigenthums günstigen Tendenzen

hervorgehobene Gesichtspunkt, daß es nicht der Willkür des Erblassers anheimgegeben sein kann, seinen Nachlaß oder Theile desselben dem wirthschaftlichen Verkehr dauernd zu entziehen.[39] Wir finden daher in einem derartigen V.-Verbote lediglich ein unverbindliches nudum praeceptum (L. 115 §. 14. D. de leg. I.). Anders, wie bemerkt, wenn das Veräußerungs-, insbesondere das Einschuldungsverbot im Interesse Dritter, namentlich solcher Personen erlassen wurde, welchen die Sache nach Ablauf einer bestimmten Zeit oder in gewissen Fällen zu restituiren ist. (Fälle dieser Art liegen den Entscheidungen Nr. 2821. 3784 der Samml. Gl. U. W. zu Grunde.) — Die hier (von mir schon in den Jur. Bl. 1878 Nr. 34 flg.) vertretene Ansicht und deren Begründung hat nun Anerkennung gefunden in der Entsch. des Oberst. G. H. Nr. 7365. 11180. 11234. 11898. 11964 Samml. Gl. U. W. Pf., Not. Z. 1879 Nr. 49, G. Z. 1880, Nr. 91.[40] Vgl. auch Steinbach a. O.

---

der Naturrechtslehrer und der Redaktoren des B. G. B.'s und findet ihren positiven Ausdruck in den §§. 610. 2. Satz und 614, ferner §§. 1072 flg. G. B., dazu Entsch. Nr. 3797. Samml. Gl. U. W. und Ger. Zeit. 1875. Nr. 10. Wollte man aus §. 610 die Gültigkeit des letztwilligen V.Verbotes ableiten, so könnte dasselbe den Erben oder Legatar nur persönlich verpflichten; auf die Erben derselben könnte man dasselbe keinesfalls beziehen (Arg. §. 832 G. B.). Auch nach dieser Auffassung ist der Eintrag des Verbots in das öffentl. Buch nicht zu rechtfertigen. Eine Ausnahme von der Unverbindlichkeit des V.-Verbots liegt in dem Theilungsverbote (§. 832), insofern dieses zugleich ein V.-Verbot enthält; aber auch hier ist die Wirkung eine bloß obligatorische — keine dingliche. — Für das Röm. R. vertritt Ihering a. O. S. 547 flg. insofern eine andere Ansicht, als er dem Eigenthümer bei Übertragung seiner Sache die wirksame Beifügung einer auf die Nichtveräußerung gerichteten lex gestattet. S. aber vor. Note.

39) Vgl. auch Steinbach S. 105 flg. 166.

40) Charakteristisch ist der Fall 11964: Ein Haus war 5 Enkeln A—E unter der Bedingung hinterlassen, es nicht zu verschulden und nicht zu veräußern, widrigens der betreffende Antheil den Übrigen zufalle. Nur das Verbot, nicht aber die Resolutivbedingung war einverleibt. Da A. seinen Antheil einschuldete, auch bücherlich exequirt wurde, klagten die Übrigen: 1) auf Verfall seines Antheils und bücherliche Zuschreibung desselben für sie; 2) auf Löschung aller Pfandeinträge. Dem Antrag 1 wurde stattgegeben, der Antrag 2 wurde (wegen der bona fides der Tabulargläubiger) zurückgewiesen. Begründet wurde das Erkenntniß mit der Zulässigkeit solcher Resolutivbedingungen. Das Verbot bewirkt an sich noch keine auf der Sache selbst haftende und Dritten gegenüber wirksame Einschränkung des Eigenthums, da das B. G. B. eine derartige Einschränkung der Erben oder Legatare nicht kenne und andere als die im Gesetze anerkannten Beschränkungen Dritten gegenüber nicht wirksam seien. (Anders die 1. und 2. Instanz.) Vergl. c. 3. §. 2. C. com. de leg. 6. 43:

Es liegt auf der Hand, daß das V.-Verbot nur dann in den öffentlichen Büchern „angemerkt" (§§. 9. 10 Gr. B. Anleg. G. v. 1874 u. §§. 158 u. 174 K. Pat. v. 9. August 1854) werden darf, wenn dasselbe in gültiger Weise, somit zur Wahrung der selbständigen Rechte Dritter (Nacherben, bedingt oder betagt eingesetzter Erben) erlassen wurde.[41] Das Publizitätsprinzip bringt es mit sich, daß das Verbot bei unterbliebener Anmerkung gegen dritte Personen, welchen dasselbe unbekannt war, nicht geltend gemacht werden kann.[42] Ein an sich unwirksames Veräußerungs- bez. Einschuldungsverbot kann selbstverständlich durch die Verbücherung keine Gültigkeit erlangen. Dies anerkennt nunmehr auch die Spruchpraxis des Obersten G. H.'s, vgl. Nr. 10194. 11898. 11964. 11234 Samml. U. W. Pf., dazu Note 40. Ist aber das V.-Verbot zur Wahrung der Rechte Dritter (§§. 610. 708 G. B.) erlassen, so hindert es nicht bloß die freiwillige,

---

Nemo itaque heres ea, quae ... restitui ab iis disposita sunt vel substitutioni supposita, secundum veterem dispositionem putet in posterum alienanda, vel pignoris vel hypothecae titulo adsignanda etc. Vgl. Schmid §. 4, N. 15, Vangerow §. 299, Windscheid §. 172a 1, Unger VI. §. 48. Darum ist jede Veräußerung der mit dem Substitutionsbande belasteten Sache nichtig; unrichtig ist die Meinung jener „Nenen" (?) (vgl. Not. Z. 1877 Nr. 13. 14), welche dergleichen Veräußerungen salva substitutione für zulässig erachten. Vgl. Samml. Nr. 2571. 3075. 3158. 4217. 5260. 6743. 7390 gegen die Entsch. Nr. 62. 3370, welche die exekutive Belastung mit Hinweis auf die mögliche Erlöschung des Substitutionsbandes gestatten.

41) Dies wird in der älteren Praxis oft nicht beachtet, testamentar. V.-Verbote eder Art werden meist ohne Anstand den öffentl. Büchern einverleibt. Vgl. die Fälle Nr. 116. 140. 238. 436. 946. 1331. (Richtig dageg. Nr. 2821 Samml. Gl. U.W., wo das V.-Verbot zu Gunsten Dritter erlassen war, und 7365.) Mit Recht führt Steinbach S. 162 flg. aus: daß V.-Verbote, soweit nicht Dritten verbücherungsfähige Rechte eingeräumt werden, kein Gegenstand der Verbücherung sind. Beweis dessen die §§. 9. 20. 73 des Gr. G. v. 1871. Insbesondere dürfen V.-Verbote weder mit Berufung auf §. 5 G. G., noch im Wege der „Anmerkung" in die öffentl. Bücher eingeschmuggelt werden. Diese hat nämlich nur in den gesetzlich bestimmten Fällen statt. Das V.-Verbot an sich wird nirgends als Gegenstand der Anmerkung genannt. Die scheinbar naheliegende Anwendung des §. 20 lit. a ist ausgeschlossen, da derselbe die persönliche Beschränkung (der Handlungsfähigkeit oder des Dispositionsrechtes) des Eigenthümers vor Augen hat, während es sich hier um eine Schmälerung des Eigenthums selbst handelt. Anderer Ansicht Exner S. 458. — Nach dem preuß. G. G. v. 1872 gehören zu den eintragungsfähigen Beschränkungen des Eigenthums im Sinne des §. 11: Das Lehns-, Fideikommiß-, Substitutionsband, Resolutivbedingungen jeder Art, das Vorkaufsrecht. Vgl. Bahlmann, Grundb. R. S. 51, N. 61. Vgl. noch Note 47. 48.

42) Unter derselben Voraussetzung ist Eigenthumserwerb von Mobilien nach §. 367 güitig.

sondern auch die nothwendige (insbesondere exekutive) Veräußerung; die Gläubiger des beschränkten Eigenthümers können nur die ihm gebührenden Früchte im Wege der Sequestration in Exekution ziehen (§. 613). Vgl. nunmehr auch die Erk. Nr. 10076. 10126. 11000. 11180. 11898. 11964. 11234 ders. Samml.[43]

b) Vertragsmäßige V.-Verbote können überhaupt nur insofern als rechtswirksam anerkannt werden, als der Kontrahent (der Veräußerer oder ein Dritter) ein vermögensrechtliches Interesse daran hat (Arg. §. 653 G. B., welcher das Erforderniß eines Vermögenswerthes bei Obligationen prinzipiell aufstellt).[44] Aber auch wenn das V.-Verbot rechtswirksam verabredet wurde, erzeugt es zunächst nur einen persönlichen Anspruch gegen den Kontrahenten auf Erfüllung — keine Schmälerung des dinglichen Rechtes; es ist daher die gegen dasselbe vorgenommene Veräußerung in der Regel nicht ungültig, sondern begründet nur eine Schadenersatzverbindlichkeit des wortbrüchigen Theiles.[45]

---

43) Vgl. Stubenrauch S. 565. 566. Dies scheint in der Entsch. Nr. 116. 140. 3784 Samml. Gl. U. W. verkannt worden zu sein; hätte ein gültiges V.-Verbot vorgelegen, so wäre selbst die exekutive Veräußerung unzulässig gewesen. Zu allgemein Exner, H. R. S. 161 u. 459 flg.: „letztwillige V.-Verbote hindern ... die freiwillige Verpfändung", nicht aber „die exekutive Pfändung".

44) Das V.-Verbot ohne alles rechtliche Interesse wäre eine willkürliche irrationelle, der ökonomischen Bestimmung des Eigenthums widersprechende Verkehrsbelästigung und würde daher schon darum nicht weniger ungültig sein, als etwa der Vertrag, die Sache überhaupt nicht zu benutzen. §§. 878. G. B., vgl. auch Note 33, ferner L. 61 D. de pact. 2. 14. Nemo paciscendo efficere potest, ne ... vicino invito praedium alienet. cf. L. 7. §. 2. D. de distr. pign. 20. 5 und c. 5. C. 4. 54. Vgl. Schmidt S. 39. Vangerow §. 299. 3, Dernburg, §. 217, auch Steinbach S. 162, N. 10, der aber nicht nothwendig ein Vermögensinteresse fordert, indeß Pagenstecher S. 59 ein rechtliches Interesse überall für unwesentlich hält. Richtig ist nur soviel, daß es des speziellen Nachweises eines solchen Interesses in der Regel nicht bedarf, da sich dasselbe schon durch den Vertrag selbst zu erkennen giebt. (Vgl. L. 6. §. 1 D. de serv. exp. 18. 7, dazu Böcking §. 158. N. 43.) Nach österr. Recht kann das pekuniäre Interesse nicht künstlich durch Beifügung einer Konventionalstrafe (l. 11 D. de relig. 11. 7) geschaffen werden, da dieselbe lediglich als Schadensäquivalent anerkannt erscheint. S. §. 1336 (dazu Randa, Zinsen und Konventionalstrafe 1869, S. 32). Fraglich ist für das röm. R. die Meinung Ihering's in dessen Jahrb. X, S. 549 flg. 567, daß die Veräußerung einer Sache mit gewissem Vorbehalt von Seite des bisherigen Eigenthümers (legem dicere rei suae) den beschränkten Erwerb des Successors zur Folge gehabt habe; cf. L. 6. pr. D. 8. 4, c. 9. C. 4. 54. L. 19. D. 18. 1. u. a.

45) L. 75 D. de contr. emt. 18. 1. L. 21. §. 5 D. de a. e. v. 19. 1, L. 135. §. 3 D. de V. O. 45. 1, dazu Gesterding §. 5, Vangerow u. Windscheid a. O., Böcking §. 158, N. 41, Brinz I. S. 488, Steinbach S. 162, Krainz

(Auch hieraus ergiebt sich das Erforderniß eines vermögensrechtlichen Interesses, da sonst der Vertragsbruch im Allgemeinen gar keine Rechtsfolgen äußern würde.) Nach manchen deutschen Partikularrechten äußert das vertragsmäßige Alienirungsverbot auch gegen Dritte (sog. dingliche) Wirkungen, nämlich, wenn das Veräußerungsverbot den öffentlichen Büchern einverleibt wurde.[46] Auch die ältere Praxis in Österreich war geneigt, dem einverleibten V.-Verbot die Wirkung beizulegen, daß die vom Kontrahenten vorgenommene Veräußerung nichtig sei. Allein nach dem derzeit geltenden österr. Rechte ist das vertragsmäßige (obligatorische) Alienationsverbot gewiß kein Gegenstand der Eintragung in die öffentlichen Bücher. Denn nach §. 9 Grundb. Ges. können nur dingliche Rechte und Lasten, ferner (von obligatorischen Rechten nur) das Wieder- und Vorkaufs- und Bestandrecht eingetragen werden.[47] Dieser taxativen Aufzählung

---

§. 201. Allerdings kann aber die Weiterveräußerung zur Resolutivbedingung der Veräußerung gemacht werden, — dann ist — wie Brinz richtig bemerkt — „das Eigenthum selbst, nicht bloß die alienandi potestas in Frage gestellt." Ist die Sache unter der Voraussetzung der Nichtveräußerung überlassen worden, so findet nach den bezüglichen Grundsätzen die condictio ab causam datorum statt. Vgl. c. 3. C. h. t. 4. 6, dazu Windscheid a. O. u. §. 98. Gegen die Ansicht, welche dem vertragsmäßigen V.-Verbote dingliche Wirkung gegen Dritte beilegen will, vgl. Lauk, Arch. V. S. 14 flg., Schmid S. 42 N. 25, Vangerow §. 299, A. 3, Brinz a. O. Eine Ausnahme liegt nach der Lesart der Florentina (welche durch die Basiliken bestätigt ist) in L. 7. §. 2. D. de dist. pign. 20. 5: Quaeritur si pactum sit a creditore ne liceat debitori hypothecam vendere ..... an pactio nulla sit? Et certum est, nullam esse venditionem .... (Unbeglaubigt erscheinen andere Lesarten, besonders die: nullam esse pactionem etc. Über diese und andere Konjekturen vgl. Böcking S. 193 flg., Vangerow §. 299, Schmid S. 41, Windscheid a. O. N. 8.) Hiernach wird das Rechi des Pfandgläubigers durch ein solches Verbot mit dinglicher Wirkung erweitert und verstärkt.

46) Vgl. Preuß. L. R. §. 19. I. 4, wonach sich namentlich Derjenige gegen Weiterveräußerung schützen kann, der nur ein Recht zur Sache hat. Vgl. §. 5 G. G. v. 1872, und Dernburg §. 80, N. 4; ähnlich nach württemb. Recht, s. Lang §. 18, S. 111. — Nach dem sächs. B. G. B. (§. 223) sind gegen ein vertragsmäßiges Verbot vorgenommene Veräußerungen nur dann ungültig wenn dasselbe in Form einer auflösenden Bedingung gesetzt wurde. — Die französische Praxis behandelt dergleichen Verbote als wirkungslos.

47) Man beachte wohl, daß das vertragsmäßige V.-Verbot obligatorischer Nainr ist. Vor dem Erscheinen des Grundb. Ges. von 1871 war es streitig, ob nicht auch andere obligatorische Rechte Gegenstand des Eintrags sein können. Gegenwärtig ist für dergleichen Zweifel kein Raum. Auch bücherliche „Anmerkungen" dürfen nur in jenen Fällen bewilligt werden, welche im §. 20 G. G., beziehungsweise an anderen Orten desselben Gesetzes, des Gesetzes v. 6. Februar 1869 oder der Civilprozeß- oder

der eintragsfähigen Rechte gegenüber wäre die Berufung auf die §§. 9 und 10 der Landesgesetze über die Einführung neuer Grundbücher hinfällig; denn unter den „Beschränkungen in der Verfügung über den Grundbuchskörper, welchen jeder Eigenthümer des belasteten Gutes unterworfen ist", können doch wohl nur die Dispositionsbeschränkungen zufolge des Lehens-, Fideikommiß- und des fideikommissarischen Substitutions-Bandes verstanden werden.[48] Die hier vertretene Auffassung kommt nunmehr auch in der Judicatur des O. G. Hofes ständig zur Geltung; vgl. die S. 215 angeführten Erkenntnisse, insbes. die Motive Nr. 11 964 (Note 40), 11 234 der Samml. U. W. Pf., dann Nr. 11 184 derselben Sammlung.

Ist dem so, dann kann ein absolut wirksames V.-Verbot durch Eintrag in die öffentlichen Bücher nur dann begründet werden, wenn dasselbe in Form einer Resolutivbedingung beigefügt oder wenn zugleich einer dritten Person ein bedingtes oder betagtes Eigenthumsrecht an der Sache eingeräumt wird, so daß sich das V.-Verbot lediglich als eine Konsequenz des eventuellen Eigenthumsrechtes Dritter darstellt (§§. 707. 708. 897 flg.). In solchen Fällen wird durch Vertrag ein der fideikommissarischen Substitution ähnliches Rechtsverhältniß insofern geschaffen, als der nächste Erwerber nur ein beschränktes Eigenthum erhält (§. 613).[49] So insbesondere in dem Falle, wenn

---

Konkursordnung genannt sind (Arg. §§. 20 und 73 G. G.). Vgl. Note 41. — Bezüglich des Theilungsverbots — soweit es ein V.-Verbot in sich schließt — vgl. noch §§. 831 und 832 G. B. Sowohl die vertragsmäßig übernommene als die letztwillig verordnete (obligatorische) Verpflichtung zur „Gemeinschaft" erstreckt sich nur auf die ersten Theilhaber, nicht auf deren Erben. (Dazu §. 1208 G. B.).

48) So auch Steinbach S. 162. Es ist daher die Ansicht Exner's, Hyp. R. S. 161. 457 flg., daß vertragsmäßige . . . V.-Verbote bücherlich angemerkt werden können, nicht zu billigen. Die Anmerkung des letztwilligen V.-Verbotes beruht auf dem Eintrag des fideikommissarisch beschränkten Eigenthums (§§. 610. 613 G. B. §. 174 Kais. V. v. 9. August 1854). Die weitere Bemerkung Exner's S. 161 Nr 15, daß der §. 612 G. B. „wohl analog auch auf letztwillige (soll vielleicht heißen „vertragsmäßige"?) Alienationsverbote anzuwenden sei", erscheint nach unserer Auffassung gegenstandslos, — ist aber auch sonst mit dem die Freiheit des Eigenthums begünstigenden Grundsatze des A. B. G. B. (§§. 356. 360. 614. 711 u. a.) und insbesondere mit den §§. 831. 832. und 1208 G. B. nicht wohl vereinbar. Auch der berufene §. 5 G. G. paßt nicht; denn er setzt voraus, daß der Eintrag überhaupt statthat.

49) Vgl. auch Steinbach S. 174, der aber darin irrt, daß er auch die vertragsmäßige Theilung des Eigenthums (§§. 357—359) als Einräumung eines

ein Ehegatte dem andern kraft Heiratsvertrags das Eigenthum eines Grundstückes mit der Maßgabe überläßt, daß letzteres nach dem Tode desselben gewissen dritten Personen (Verwandten, Kindern) zufallen solle. Fälle dieser Art bieten insofern keine Schwierigkeit, als der bedachte Dritte dem Vertrage als Mitkontrahent beitritt.

Schwieriger und zweifelhafter gestaltet sich die Sache dann, wenn die bedachten dritten Personen dem Vertrage nicht beigezogen wurden, bez. wenn diese noch gar nicht existiren. Bemerkenswerther Weise kommen dergleichen Verträge in allen österr. Ländern häufig vor, indem ein Gatte dem anderen vermittelst Heirathsvertrages das Eigenthum oder Miteigenthum einer Stammwirthschaft mit der Maßgabe überträgt, daß dasselbe nach dem Tode des Letzteren den Kindern zufallen solle. (Vgl. die provinziellen Varianten solcher Verträge bei Steinbach S. 155.)[50] Wir stoßen hier auf die im gemeinen und österr. Rechte sehr bestrittene Frage, ob Verträge zu Gunsten Dritter gültig seien? Auf dieselben näher einzugehen, ist hier nicht der Ort; vgl. u. A. einerseits gegen die Gültigkeit solcher Verträge Unger, Verträge zu Gunsten Dritter S. 97 flg., andererseits für deren Gültigkeit Steinbach a. O. S. 174 flg., Krainz §. 136, Hasenöhrl, Oblig.-R. §. 34. — M. E. ist die Ansicht, daß dergleichen Zusagen gültig sind und unwiderruflich und klagbar werden, sobald dem Dritten

---

solchen Rechtes an Dritte bezeichnet, welches stillschweigend das V.- und Belastungs-Verbot involvirt. Abgesehen nämlich von dem Falle der vertragsmäßigen Errichtung eines Familienfideikommisses (§. 628), durch welches der Fideikommißbesitzer ein beschränktes (nicht getheiltes) Eigenthum erwirbt (vgl. meinen Besitz §. 1. S. 25 flg.), bewirken die übrigen Fälle der sog. Theilung des Eigenthums keine Veräußerungs- oder Belastungsbeschränkung. Es hat nämlich der sog. Nutzungseigenthümer (Vasall-, Erb- und Erbzinspächter und der Superfiziar) nur ein weitreichendes veräußerliches Nutzungsrecht an der fremden Sache (jus in re aliena); mit diesem aber kann er ebenso frei verfügen, als der Obereigenthümer mit seinem wahren (aber beschränkten) Eigenthume. Arg. §§. 363. 1127. 1128 G. B. Vgl. noch Note 18. — Im Sinne der zwingenden Vorschrift der §§. 611 u. 612 G. B. erlischt auch hier die Beschränkung des Eigenthums in der Hand des ersten, bez. des zweiten Rechtsnachfolgers, der nicht Zeitgenosse des Auktors war.

50) Anders, wenn Ehegatten einander wechselseitig (z. B. zur Hälfte) zu Erben einsetzen und auf den Todesfall des Überlebenden gemeinschaftlich einen Dritten (Kinder 2c.) als Erben einsetzen (§. 1248 G. B.). Hier erhält der Dritte die Vermögenshälfte des früher verstorbenen Gatten nach dem Tode des Anderen als Fideikommissar (§. 608), und die Vermögenshälfte des Letzteren unmittelbar und zwar als Vulgarsubstitut (§. 608), da der instituirte Gatte die Erbschaft nicht erhielt. Vgl. Pfaff-Hofmann Exkurse II. S. 106.

hiervon Nachricht gegeben worden, für das österr. Recht im Hinblick auf den allerdings vieldeutigen §. 1019 G. B. im Wesen richtig. (So neuestens auch Ofner, Zeitschr. f. Priv. u. ö. R. XVIII. S. 321 flg., dem diese von mir bereits in der ersten Auflage d. B. gegebene Lösung unbekannt gewesen zu sein scheint.) Dafür spricht der historische Entwickelungsgang (Naturrechtslehre, ältere gemeinrechtliche Doktrin) und die freilich ziemlich unklaren Intentionen der Kompilatoren, welche Steinbach a. a. O. näher darstellt und wohl richtig deutet.[51] Es sind somit Verträge des obgenannten Inhalts, in welchen Dritten ein Anfallsrecht stipulirt wird, gültig und ist Letzteres verbücherungsfähig, wenn der eventuelle Eigenthumsanfall dem Dritten, bezieh. seinem gesetzlichen Vertreter (Ungebornen muß nach §. 274 G. B. und Hofdek. vom 29. Mai 1845 Z. 888 ein Kurator bestellt werden) mindestens kundgemacht worden ist.

Außer den oben erwähnten Fällen begründet das V.- und Belastungsverbot, auch wenn es zu Gunsten Dritter, z. B. eines Pfandgläubigers, Servituts- oder Realberechtigten verabredet wurde, kein Hinderniß einer gültigen Veräußerung, weil einerseits das V.-Verbot an sich nicht Gegenstand der Eintragung ist und weil andererseits die

---

51) In Übereinstimmung mit meinem Fachkollegen Krainz habe ich diese Meinung seit Jahren in meinen Vorlesungen vertreten; eine unerwartete Bestätigung fand dieselbe in den von Steinbach a. O. veröffentlichten Protokollen der Gesetzgebungshofkommission. Vgl. noch §. 1287 G. B. und Art. 405 H. G. B. Auch die Praxis neigt zur Anerkennung solcher Verträge. Vgl. Erk. Nr. 423. 2390. 5801. 6163. 7787. 7845. 9759. 11 610 S. Gl. U. W., Ger. Zeit. 1873; Nr. 89 G. Halle 1874, Nr. 97. Vielleicht hängt die unverkennbare Strömung des Natur- und des modernen Rechtes, die Gültigkeit der Verträge zu Gunsten Dritter anzuerkennen, mit dem Grundgedanken des älteren deutschen Rechtes zusammen: daß die Annahme eines Versprechens nicht nothwendig durch den Gläubiger geschehen muß, sondern auch durch Intervenienten (Salmannen) erfolgen kann. Vergl. dazu Gareis, Zeitschr. f. H. R. 21, S. 357 flg. (Noch viel weiter geht bekanntlich Siegel, Das Versprechen als Verpflichtungsgrund.) Vgl. auch Krasnopolski, Ztschr. f. H. R. 27. S. 320, der m. R. noch auf §. 996 hinweist, u. Larcher, Not. Z. 1885. N. 8. — Ofner a. a. O. bestreitet zwar, daß der Vertrag zu Gunsten eines Dritten im §. 1019 enthalten und dessen Anerkennung von den Kompilatoren beabsichtigt gewesen sei; allein er giebt zu, daß derselbe „aus Gründen der Verkehrsnothwendigkeit im Wege der jurist. Fortbildung an ihn (§. 1019) angeknüpft wird“. Die von Ofuer selbst S. 324. 336 angeführten Ausführungen Aichen's, Pfleger's und Haan's (Protokolle II. S. 53 flg.) sprechen übrigens nicht für die Ansicht O.'s, daß der §. 1019 nur einen zufälligen Rest der „alten Theorie von dem Klagerechte des Dritten gegen den Gewalthaber“ darstelle (S. 326). — Befriedigender wäre die Bestimmung des §. 413 des deutschen Entwurfs, wenn sie auch die Benachrichtigung für maßgebend erachten würde.

jura in re aliena und Reallasten die Unveräußerlichkeit der belasteten Sache nicht mit sich bringen. Dies gilt insbesondere in dem Falle, wenn sich der Verkäufer einer Wirthschaft, welcher sich oder seiner Ehegattin das Wohnungsrecht oder ein Ausgedinge vorbehält, zugleich die Nichtveräußerung während der Dauer dieser Rechte bedingt (ungerechtfertigt war in dem Falle Nr. 946 Samml. Gl. U. W. die Intabulation des V.-Verbotes), oder wenn sich Ehegatten wechselseitig verpflichten, ihre Realitäten oder Antheile an dem gemeinschaftlichen Gute nicht zu belasten oder zu veräußern u. s. f. (Vgl. auch Steinbach S. 154. 170).

Eine andere Frage ist es, ob die Einschränkung des V.- und Belastungsverbotes auf so enge Grenzen unserem Rechtsbewußtsein und dem praktischen Bedürfnisse Rechnung trägt? Meines Erachtens ist die Frage zu verneinen! Die Spruchpraxis hat wohl unbewußt der volksthümlichen Anschauung Rechnung getragen, wenn sie weit über die durch das Gesetz gesteckten Schranken die Verbücherung derartiger Verbote zuläßt. Es wäre wohl wünschenswerth, die Zulässigkeit des Eintrags für alle Fälle gesetzlich auszusprechen, in welchen das Verbot auf einem verständigen Interesse beruht — allerdings unter gleichzeitiger Beschränkung der Wirksamkeit desselben.

An diesem Orte ist endlich die Frage zu erwägen, ob und inwiefern nach österr. Rechte das Veräußerungsrecht durch sog. Einstandsrechte und Vorkaufsrechte[52] beschränkt erscheint? Das deutsch-rechtliche Einstandsrecht (Retraktrecht, Näherrecht) entwickelte sich historisch aus dem Rechte der nächsten Erben, alle Veräußerungen des Grundeigenthums an Dritte (nicht zur Familie gehörige Personen) außer dem Fall echter Noth innerhalb Jahr und Tag zu vernichten und die veräußerten Objekte mit dinglicher Klage zurückzufordern.[53] Insofern lag hier allerdings eine gewisse Beschränkung des Veräußerungsrechtes zu Gunsten der nächsten Erben vor. Allmählich schwächte sich aber dieses Vindikationsrecht zu einem bloßen „Näherrecht" (Einstandsrecht) ab, dessen Wesen in einem persönlichen Anspruch des Retraktberechtigten auf Abtretung des veräußerten Objekts gegen Zahlung des ersten Kauf-

---

52) Auch Steinbach S. 162, N. 10 und S. 170 zählt das Vorkaufsrecht zu den Veräußerungsbeschränkungen. Dagegen s. N. 63.

53) Vgl. Sachsensp. I. 52, §. 1, dazu Stobbe §§. 87 flg.

preises und der sonstigen Kosten besteht. Das Näherrecht gründete sich vorzugsweise auf Verwandtschaft, Nachbarschaft, Miteigenthum, Gutsunterthänigkeit, Lehensherrschaft ꝛc.[54] In den österr. Ländern beruhte das Retrakt-(Einstands-)Recht der Familienangehörigen nicht bloß auf Gesetz und Gewohnheit, sondern häufig auch auf verbücherter Privatdisposition.[55] Von dem — aus dem röm. Rechte stammenden — Vorkaufsrechte, welches nur durch Privatwillkür geschaffen wird, unterscheidet sich das Einstandsrecht nicht nur durch seine historische Provenienz, seine eigenthümliche, vorzugsweise familienrechtliche Basis und seine umfassende wirthschaftlich-soziale Bedeutung, sondern namentlich dadurch, daß das Näherrecht an sich keine Verpflichtung des Veräußerers enthält, die Sache vorerst den Einstandsberechtigten zum Kaufe anzubieten, daß es die freie Veräußerung überhaupt nicht hindert, sondern nur den Käufer und jeden späteren Besitzer zur entgeltlichen Abtretung des Gutes an den Retraktberechtigten verpflichtet.[56]

---

54) Vgl. Gerber §§. 84. 175 flg., neuest. bes. Stobbe §§. 88—90. Es wird nach gemeinem deutschen Recht darüber gestritten, welche rechtliche Natur das Retraktrecht hat. Manche finden in demselben das dingliche Recht, sich der Sache zu unterwinden (vgl. Bluntschli-Dahn §. 118, Förster §. 189, N. 15), Andere eine bloß obligatorische durch Rechtssatz gegebene Verpflichtung des neuen Erwerbers, den Näherberechtigten in den Kauf eintreten zu lassen (so schon Eichhorn §. 103, Gengler S. 385, besonders Gerber §. 175, N. 3, welcher übrigens in der 10. Aufl. die Konstruktion als Zustandsobligation aufließ); neuerlich findet Laband Civ. Arch. 52, S. 188 flg., dem Roth §. 142, N. 22 und im Wesen auch Stobbe II. §. 89. beitreten, im Retraktrechte „das der Expropriation vergleichbare Recht des einseitigen Eigenthumserwerbes gegen Entschädigung.“ Für das österr. Recht ist — soweit es sich um verbücherte Einstandsrechte handelt — die zweite Auffassung die richtige; der bücherliche Besitzer ist verpflichtet, dem Retraktberechtigten das Gut gegen den fixirten, bezieh. vom Käufer bezahlten Preis abzutreten. Wir haben es hier mit einer wahren Zustandsobligation, mit einer actio in rem scripta zu thun. M. E. verdient auch gemeinrechtlich die hier vertretene Auffassung wegen ihrer naheliegenden juristischen Konstruktion den Vorzug. Vergl. Gareis, Krit. V. Sch. 18, S. 437, 2: Eine Verletzung des „Okkupationsrechtes“ giebt es nicht, ohne daß ein anderes R. „verletzt würde“; s. aber auch Laband S. 151 flg. und Stobbe §. 89, N. 9—12.

55) Vgl. Österr. Ger. Zeit. 1873. Nr. 12—14, 1875. Nr. 10. 11. Gemeinrechtlich wird von manchen Schriftstellern (bes. Gerber §. 175. N. 6, Gengler S. 387) die Entstehung durch Vertrag geleugnet; siehe aber dagegen Stobbe II. S. 129 (1. A.). Gewiß ist jedoch, daß zwischen dem gemeinrechtlichen Retraktrechte und dem modernen verbücherten Vorkaufsrechte (Preuß. L. R. 20. II. 596, Österr. G. B. §. 1074, Sächs. G. §. 1127) wesentliche Unterschiede bestehen; insbesondere geht Letzteres regelmäßig nicht auf die Erben über. Vergl. auch Laband S. 186 und Stobbe a. a. O. N. 5.

56) Das Retraktrecht kehrt seine Spitze gegen den neuen Erwerber, das (röm.) Vorkaufsrecht gegen den früheren Besitzer. Das Entgelt ist in den österr. Ländern

Allerdings entwickelte sich aber das Näherrecht in einzelnen Partikularrechten zu einem Anbietungsrechte des Veräußerers mit dem Präjudiz, daß derselbe frei verkaufen durfte, wenn die Retraktsberechtigten den Kauf ausschlugen.[57] Der Übergang zum Vorkaufsrechte, bezieh. die Identifizirung mit demselben, lag sohin hier sehr nahe.[58] Der innere Unterschied: daß das Retraktrecht gegen den neuen Erwerber, das Vorkaufsrecht gegen den Verkäufer gerichtet ist, wurde allmählich verwischt, häufig auch das Vorkaufsrecht mit dem Einstandsrechte verbunden. Durch das Josefinische Gesetzbuch (§§. 4. u. 6. I. 2) und das Hofdk. v. 8. März 1787. Z. 649 J. G. S. wurden nicht bloß das landmännische und bürgerliche, sondern alle Gattungen des in verschiedenen Landesgesetzen und Gewohnheiten gegründeten Einstandsrechtes ganz aufgehoben; — nur die auf Kontrakten beruhenden blieben unberührt. (Hofdk. v. 27. April 1787. Z. 673 J. G. S.)[59] Im A. B. G. B. begegnen wir dem Einstandsrechte nur in einem einzigen — nunmehr unpraktischen — Falle, nämlich lediglich als einem vorbehaltenen gutsherrlichen Realrechte, bez. als einer emphyteutischen Reallast (§§. 1140. 1141). Das Gesetzbuch scheint dasselbe mit dem

---

beim konventionellen Einstandsrecht regelmäßig für alle Zukunft fixirt. Daß das Einstandsrecht zugleich das Vorkaufsrecht in sich schließe (Eichhorn, Priv. Recht §. 100) ist abgesehen von gewissen historischen Entwicklungsphasen nicht richtig. Vgl. Gerber §. 175, N. 5 und Stobbe §. 89, N. 3.

57) Vergl. Hamb. Stat. von 1276 I. 6, Freiburg. Stat. von 1520 bei Kraut §. 167, v. Schulte R. G. §. 180, Dahn-Bluntschli, D. Pr. R. §. 118, Stobbe §. 89, Nr. 3. 4. So auch in den böhm. Stadtrechten H. 20—22: „Jedoch weil durch das gewöhnliche alte herkommene Recht zuvor alle wege also gehalten worden, daß man denen Blutsverwandten solches gegönnt hat, daß sie ... sind in den Kauf getretten, wann nur diejenige Summe, wie hoch der Grund verkauft oder die Erbgelder erlegt worden" u. s. f. Art. H. 21 bestimmt dann die Frist für das Eintrittsrecht.

58) So bemerkt die Glosse zu H. 22. 21. der böhm. Stadtr. (Ed. Lehmann): Jus retractus vel protimiseos. Praesentes inter 14 dies, absentes inter 3 menses ad retractum se offerant. Vgl. auch Jordan, Bürg. Recht (1795) §. 24, dazu überhaupt Stobbe §. 89.

59) Das Einstandsrecht der Gutsobrigkeiten (vgl. §§. 1140. 1141. G. B.) wurde durch das Kais. Pat. vom 7. September 1848 u. V. vom 4. März 1849 Z. 152 aufgehoben. Das lehnsherrliche Einstandsrecht hat mit der fast allgemein durchgeführten Allodialisirung der Lehen seine praktische Bedeutung verloren. Die volkswirthschaftliche Schädlichkeit der Retraktrechte veranlaßte die meisten deutschen Regierungen schon gegen Schluß des vorigen Jahrhunderts, dieselben aufzuheben oder wesentlich zu beschränken. Das preuß. Ges. v. 9. Okt. 1807 hebt den Retrakt der Verwandten, das Gesetz vom 2. März 1850 fast alle Retraktrechte auf. Näheres bei Stobbe §. 88. N. 31. — insbesondere für das übrige Deutschland.

Vorkaufsrechte zu identifiziren (§. 1140); keinesfalls gestattet es, an das konventionelle Einstandsrecht eine andere Richtschnur anzulegen, als die des Vorkaufsrechtes (§§. 1072 flg., Arg. Art. 4 des Einf. Ges.).[60]

Da neuestens bei der Regulirung der Grundbücher in Rücksicht der auf verbücherten Kontrakten begründeten Einstandsrechte der Zweifel rege wurde, ob dieselben nach Einführung des A. B. G. B.'s (welches nur das Vorkaufsrecht näher normirt und wesentlich einschränkt) als zu Recht bestehend anzusehen und wie dieselben rechtlich zu behandeln seien,[61] so wurde mit dem Ges. v. 28. März 1875. Z. 37 R. G. Bl. erklärt: daß die rechtlichen Folgen der Familieneinstandsrechte nach Beginn der Wirksamkeit des A. B. G. B.'s lediglich nach den das Vorkaufsrecht beschränkenden Bestimmungen der §§. 1072—1079 A. B. G. B. zu beurtheilen und die vordem begründeten Einstandsrechte als erloschen zu betrachten seien, sobald keine der Personen mehr am Leben ist, welche bei dem Beginne der Wirksamkeit des A. B. G. B.'s zur Ausübung derselben berufen gewesen wären. Zugleich wurde den Besitzern der mit Einstandsrechten beschwerten Realitäten durch Einleitung eines kurzen Ediktalverfahrens die Möglichkeit geboten, die Retraktberechtigten zur Darthuung ihrer Rechte aufzufordern und nach fruchtlosem Ablauf der Ediktalfrist deren Recht zur Löschung zu bringen.[62]

Wir haben es sohin nach dem derzeitigen Stande der Gesetzgebung nur mit Vorkaufsrechten zu thun. Diese beschränken aber offen-

---

60) Vgl. auch die Ausführungen in der Ger. Zeit. 1873, Nr. 11. Die älteren Kommentatoren des A. B. G. B.'s (insbes. Zeiller, Nippel, Stubenrauch) betrachten das Einstands- und Vorkaufsrecht als identisch, was bei der häufigen Verquickung Beider und bei dem Mangel an historischem Sinn, der uns in der ersten Hälfte dieses Jahrhunderts entgegentritt, nicht überraschen darf. Kirchstetter S. 524 (3) unterscheidet.

61) Vgl. die in Note 55 citirten Aufsätze in der österr. Gerichtszeitung.

62) Über die legislativen Motive dieses Gesetzes vgl. den Aufsatz der Ger. Zeit. 1875. Nr. 11: Die Lage der Besitzer von Gütern, welche mit Einstandsrechten behaftet waren, war eine überaus traurige. „Ihr Gut war mit einer Eintragung beschwert, welche geeignet war, dasselbe fast völlig zu entwerthen; denn auf unbestimmte, unberechenbare Zeit hinaus schwebt über dem Gute die Möglichkeit, daß es um einen Preis in fremde Hände übergehe, dessen Mißverhältniß zu dem wahren Werth in dem Maße steigen muß, als der Zeitraum größer wird, welcher zwischen der ursprünglichen Festsetzung desselben und dem Zeitpunkte der Ausübung des E. Rechtes verfließt." Vgl. auch Ger. Zeit. 1873. Nr. 15.

bar das Veräußerungsrecht des Besitzers durchaus nicht,[63] und zwar selbst dann nicht, wenn das Vorkaufsrecht den öffentlichen Büchern einverleibt ist; vielmehr hat der Eintrag nur die Wirkung, daß jeder neue bücherliche Erwerber in die Obligation des ursprünglichen Kontrahenten eintritt und daß somit der Vorkaufsberechtigte vom Tabularbesitzer die Abtretung der (freiwillig) veräußerten Sache gegen Erfüllung der im Kaufvertrag festgesetzten Bedingungen verlangen kann (§§. 1079. cfr. §§. 1073. 1077).[64] Hieraus ergiebt sich aber auch, daß der Tabularrichter nicht befugt ist, die Einverleibung eines Kaufvertrages aus dem Grunde zu verweigern, weil nicht nachgewiesen erscheint, daß dem Vorkaufsberechtigten die Einlösung ohne Erfolg angeboten wurde; nach der entgegengesetzten (in den Entsch. Nr. 3887. 3896. 3943 Samml. Gl. U. W. und im Judikat Nr. 68 festgehaltenen) Ansicht wäre es ja überhaupt nicht denkbar, daß die im §. 1079 in Aussicht genommene Verfolgung des Vorkaufsrechtes gegen dritte bücherliche Besitzer — ein Versehen des Tabularrichters abgerechnet — irgend praktische Bedeutung hätte.[65]

---

63) Dieser ist nur persönlich verpflichtet, dem Berechtigten den Kauf der Sache anzubieten; Außerachtlassung dieser Verpflichtung hat bloß die Verbindlichkeit desselben zum Schadenersatze zur Folge (§§. 1072. 1073 G. B.). — Übrigens können selbst die Retrakts- oder Einstandsrechte nicht als Beschränkungen des Veräußerungsrechtes angesehen werden, da die Veräußerung gültig und lediglich der neue Erwerber verpflichtet ist, das Gut dem Retraktberechtigten herauszugeben. (Vgl. Note 54, auch Ger. Zeit. 1875. Nr. 15, Schmid §. 4. N. 2.) Über die Stellung der Lehre vom Retrakte im System vgl. Laband S. 190 u. Stobbe §. 89. N. 1; für das österr. R. ist das Einstandsrecht im Obligationenrechte (beim Kaufvertrag) zu behandeln.

64) Für das österr. Recht ist daher der Gesichtspunkt der Zustandsobligation der richtige. Vgl. N. 54, Schiffner §. 96. N. 12, Randa, Besitz S. 55 Note, A. A. Hasenöhrl, Ö. Obligat. R. S. 17. 69), weil das Kriterium der Dinglichkeit hier wie bei der Hypothek (bloß?) im Gegenstand liege. — Im Falle der gerichtlichen Feilbietung hat selbst das eingetragene Vorkaufsrecht lediglich die Wirkung, daß der Berechtigte zur Feilbietung vorgeladen wird (§. 1076, dazu Stobbe §. 89. N. 25). Das Vorkaufsrecht ist ein an die Person geknüpftes, unübertragbares Recht (§. 1074) und muß bei Mobilien binnen 24 Stunden, bei Immobilien binnen 30 Tagen geltend gemacht werden (§. 1075).

65) Das Judikat Nr. 68 lautet: Auf eingetragene dingliche Vorkaufsrechte hat der Grundbuchsrichter von Amtswegen Bedacht zu nehmen. In der Motivirung heißt es: daß dieses Recht ein dingliches (?) Recht sei, sich also (?) unzweifelhaft (?) als eine Beschränkung des Verfügungsrechtes des Eigenthümers in der Richtung darstelle, daß dieser die Sache nicht beliebig, sondern erst (?) dann, wenn das Einlösungsrecht erloschen ist, an einen Dritten veräußern kann, — daher der Grundbuchsrichter auf das V. R. von Amtswegen Bedacht nehmen müsse. Dagegen ist aber zu bemerken, daß das intabulirte Vorkaufsrecht kein dingliches,

§. 9. Das Miteigenthum.[1]

Eine Sache kann nicht mehreren Personen in der Weise gehören, daß jeder derselben die volle rechtliche Herrschaft über die Sache zukommen würde.[2] Allerdings anerkennt aber das Gesetz eine gemeinsame rechtliche Herrschaft (Miteigenthum) in nachstehender zweifacher Weise:

---

sondern bloß ein gegen jeden bücherlichen Besitzer wirksames, obligatorisches Recht ist (vgl. Unger, Syst. I. S. 549, Schiffner a. O., Randa a. O.), daß dasselbe bloß die persönliche Verbindlichkeit begründet, den Vorkauf anzubieten, bez. den Eintritt an Stelle des Käufers zu gestatten, daß also dadurch das Veräußerungsrecht überhaupt nicht beschränkt, sondern lediglich dem Berechtigten ein Eintrittsrecht in ein abgeschlossenes Veräußerungsgeschäft vorbehalten wird, und daß es also nicht richtig ist, daß der Eigenthümer „erst dann, wenn der V.-Berechtigte von dem Einlösungsanbote keinen Gebrauch gemacht hat, an einen Dritten veräußern kann", daß vielmehr die Veräußerung auch ohne vorgehenden Anbot gültig und zur Eigenthumsübertragung geeignet ist, daß sohin der Grundbuchsrichter um so weniger befugt ist, den Eintrag eines solchen Verkaufsgeschäftes zu verweigern, als den Vorkaufsberechtigten durch denselben kein Nachtheil erwächst (§. 1079), und es nicht Sache des Gerichtes ist, von Amtswegen darauf zu dringen, daß sich derselbe (vielleicht gegen sein Interesse) alsbald erkläre, ob er von seinem Einlösungsrechte Gebrauch machen wolle oder nicht. Ebenso irrig ist die weitere Motivirung der Entsch. 3896 cit.: „daß, weil das V.-Recht ein gegen Jedermann wirksames sei, Niemand das Eigenthum (?) des belasteten Gutes erwerben könne, bevor nicht die Einlösung angeboten wurde." Vgl. dagegen auch Steinbach S. 169, Schiffner S. 91.

1) Göppert, Beiträge z. L. v. Miteigenthum nach dem preuß. R. (1864), Boas, Z. Lehre v. Miteigenthum (1864), Hesse, Rechtsverhältnisse zwischen Grundstücksnachbarn §§. 45. 64. 65, Girtanner, in Jhering's Jahrb. III. S. 239 flg.; bes. Steinlechner in dem Note 3 citirten Werke; J. Kohler, Zeitschr. f. franz. C. R. 8, S. 148 flg., 177 flg. (Ges. Abhdl. Nr. 7), Eisele, Civ. Arch. 63, S. 27 flg., Rümelin, die Theilung der Rechte (1883), Dernburg, P. §. 195.

2) L. 5 §. 15 D. 13. 6: duorum in solidum dominium vel possessionem esse non posse. — Dem Begriff und Namen nach unbekannt ist dem österr. Rechte das sog. Gesammteigenthum, welches Manche im deutschen Rechte (Stammgut, Markgenossenschaft, Gewerkschaft u. s. f.) begründet finden wollen, sei es in der Art, daß sie solidarisches Eigenthum der Theilnehmer oder daß sie gleichzeitiges Eigenthum der Gesammtheit und der Einzelnen annehmen; so außer Eichhorn §. 168 neuerlich Bluntschli §. 58 u. Commentar. zu §. 567 zürich. G. B., Gierke, Genossensch. II. S. 178 flg. 908, Übersicht der Ansichten bei Franklin, Grundr. d. D. Privatr. §. 56. Das Zürich. G. B. §. 567 flg. spricht vom Gesammteigenthum bei Genossenschaften mit Theilrechten", z. B. Almendenbesitzern, Aktiengesellschaften u. s. f. Gegen diesen juristisch schwer konstruirbaren Begriff vgl. Gerber §. 77, Gengler S. 202 flg., Windscheid §. 169 a. N. 8, Förster §. 167, N. 22—34, Roth, Bayer. C. II. S. 53 flg., Zur Lehre von d. Genossenschaft S. 58 flg., Steinlechner S. 136. Eine Mittelmeinung vertreten Stobbe §§. 55. 81. 82 und Heinr. Schuster in Grünhut's Zeitschr. 4, S. 583 flg., welcher Erstere (ähnlich Schuster S. 586) wenigstens in einzelnen Fällen (bes. bei Almenden, Bergwerken,

I. einmal als Miteigenthum nach materiell getrennten Bestandtheilen des Ganzen (§§. 841—847 B. G.). Condominium pro diviso;

II. sodann als Miteigenthum nach intellektuellen Theilen (§§. 361. 833. 854—856 G. B. u. §§. 10. 13 G. G.). Condominium oder communio pro indiviso.[3]

ad I. Jenes ergiebt sich, wenn trotz der erfolgten reellen Theilung einer Sache ein solcher natürlicher oder juristischer Zusammenhang zwischen den Theilen fortbesteht, daß sie in ihrer Gesammtheit wieder als Ganzes erscheinen.[4] Z. B. eine Insel und (in gewisser Beziehung) der bücherlich einheitliche Grundbuchskörper. §. 3 Gr. G.[5] Allerdings ist die rechtliche Gemeinschaft der Eigenthümer der einzelnen Theile

---

Mitrhederei) ein vom Miteigenthum verschiedenes Gesammteigenthum" in dem Sinne annimmt, daß den Miteigenthümern keine festen ideellen Quoten zugewiesen seien. Auch Brinz §. 131. (2. Aufl.) spricht hier von einer „theillosen Gemeinschaft" und findet selbe auch im röm. ager colonorum und in dem von dem Hausvater und den Seinigen erworbenen Vermögen. Allein auch diese Auffassung erscheint unhaltbar; die Antheile der Einzelnen mögen verschwindend klein, keinem der Genossen ziffermäßig bekannt und deren Realisirung oder Verwerthung erst bei der Auflösung möglich sein, unabweisbar macht sich der Satz geltend: concursu partes fiunt und diese können doch wohl nur als certae gedacht werden. Für das österr. Recht erscheint diese Auffassung schon mit Rücksicht auf §. 10 G. G., welcher ziffermäßigen Bucheintrag der Antheile verlangt, unhaltbar. Die §§. 361 u. 828 des österr. G. B., welche doch nur die einheitliche Vertretung der Miteigenthümer nach außen betonen, liefern ebenso wenig ein Argument für das Gesammteigenthum als der §. 1. I. 17. d. preuß. Landr., welcher das Wort „ungetheilt" im Gegensatze zum „getheilten" (Ober- u. Nutzungs-) Eigenthum gebraucht. Vgl. gegen Stobbe auch Windscheid a. O. u. Förster §. 167, Note 29. — Ein Gesammteigenthum will in der dos communis patris et filiae u. bei der Pupillarsubstitution finden: Baron, Gesammtrechtsverhältnisse §§. 3. 37. 42; dagegen vgl. Pernice, Krit. V. Schr. VII, S. 121, Randa, Besitz §. 16, N. 2.

3) Die Quellen gebrauchen nicht den Ausdruck condominium, sondern communio. Vgl. Windscheid §. 169 a., N. 1.

4) Vgl. bes. Wächter, Civ. Arch. 27. B. Nr. VII. und Handb. II. S. 275, Unger, Syst. I. S. 413 und neuestens die eingehende Monographie: das Wesen der juris communio und juris quasi communio v. P. Steinlechner (1. Abth. 1876). Dieser spricht bei der wirklichen (reellen) Theilung von gleichzeitiger korrespondirender Vervielfältigung des ursprünglich Einen Rechtes (§. 15). Dies ist wohl richtig; doch finde ich die Bezeichnung dieser Reflexwirkung der reellen Theilung als „wirkliche Theilung der dinglichen Rechte" (S. 43 flg.) unzutreffend. Der Zusammenhang der Theile wird regelmäßig ein äußerer, sichtbarer sein, z. B. bei Zerstückung eines Waldes, einer Insel.

5) Vgl. nun auch Exner, Hyp. R. S. 48. Selbst bei einem Keller wurde reelle Theilung (bücherlich: „der halbe Keller") anerkannt, obwohl keine Mauerscheide bestand. S. Nr. 9409 Samml. Gl. U. W.

bei der Selbständigkeit der letzteren nur eine scheinbare, in sachenrechtl. Beziehung besteht überall keine Gemeinschaft zwischen den Miteigenthümern.[6] Über die reale Theilung insbesondere von Häusern vgl. das Folgende unter Z. 7. und meinen Besitz S. 367 flg.

ad II. Das Wesen des Miteigenthums im engeren Sinne (comm. pro diviso) besteht darin, daß das Eigenthum einer reell ungetheilten Sache mehreren Personen in der Art gemeinschaftlich zukommt, daß die Antheile der Einzelnen bloß ideell vorhanden, nicht aber im Sachkörper (corpore) ausgeschieden sind.[7] Die rechtliche Herrschaft

---

6) Die Frage, ob nur bei unbeweglichen oder auch bei beweglichen Sachen eine Theilung pro diviso möglich sei (vgl. Savigny, Besitz S. 160, Unger I. S. 414, N. 19, Böcking, §. 75, N. 7, Arndts §. 138 gegen Wächter, Handb. S. 276, N. 11), ist reine Thatfrage. Vgl. Eck, Krit. Viertelj. Schr. 18,.S. 225. Leugnen läßt sich die Möglichkeit eines solchen Miteigenthums auch bei Mobilien nicht. Man nehme an, daß die verschiedenen Blätter eines gebundenen Manuskriptes, Coupons, eines Werthpapiers verschiedenen Eigenthümern gehören, oder daß zwei transportable Schaubuden, zwei Badeanstalten, auf denselben Balken ruhen. S. Eck a. O. und Regelsberger, Grünh. Zeitschr. 3, S. 696. Der Satz der L. 8. i. f. de R. V. (nunquam [res mobilis] pro diviso possideri potest), welchen Vangerow §. 329, Anm. 2, Steinlechner I. §. 14, N. 2. 3 u. II. S. 35, N. 3. Krainz §. 91, Eisele, Jahrb. f. D. 30. S. 360 flg. vertheidigen, ist wohl unhaltbar. Dageg. L. 83. D. 17. 2. u. L. 36. D. de S. P. U. Soweit stimmen wir mit Wächter a. O., obgleich die von ihm citirten Stellen sich nicht auf unsere Frage beziehen. Gegen Steinlechner a. O. (dazu §. 4, N. 3) bemerke ich, daß gerade in dem zweiten Beispiele „die eine ganze Sache wirklich nicht getheilt, nur abgegrenzt ist." Die Unger'sche Unterscheidung a. O. ist m. E. unwesentlich. Auch Windscheid §. 142, N. 4 erkennt die Möglichkeit des Eigenthums pro diviso an Mobilien an unter Berufung auf L. 83. D. de socio 17. 2. (arbor in confinio; lapis per utrumque fundum). Obgleich Baum und Stein hier als unbeweglich erscheinen, so würde doch an sich Nichts entgegenstehen, sie auch nach der Trennung pro diviso für getheilt zu halten. Die Schwierigkeit bei der Tradition u. Vindikation (Eisele a. O.) ist bei Immobilien (eingemauerten Balken) nicht größer als bei Mobilien.

7) Deutlicher gesagt: die im Rechte enthaltenen Befugnisse und das Dispositionsrecht bezüglich des Ganzen, sowie die Ausübung Beider sind getheilt. Mit Modifikationen im Einzelnen (Getheiltheit des Umfangs, des Rechtsinhaltes, Theilung im Gebrauch und Fruchtgenuß) ist dies im Wesen die herrschende Auffassung, auch derjenigen, die (wie Brinz, Eisele) die „Getheiltheit" negiren; denn schließlich geben die partes doch die Theile an, nach denen die Sache, der Werth, der Ertrag, die Kosten, kurz alles, was theilbar ist, zu theilen ist. (Eisele S. 34 flg.) Vgl. bes. Wächter §. 43, N. 12, welchem Arndts §§. 53. 133, Unger I. S. 416 flg., Dernburg §. 222 beistimmen, im Wesen nicht anders Brinz I. S. 476 flg. (2. Aufl.) („Antheil an der Sache, Betheiligung an allem, was die Sache ist und mit sich führt"), Regelsberger, Hypoth. R. §. 44, Eisele S. 29, Eck, Doppelseitige Klagen S. 93 flg. und Krit. Viertelj. 19. S. 236 flg., Göppert, ebend. 14. S. 549, Till §. 128 beistimmen. Die Brinz'sche Auffassung wird neuestens von Rümelin a. O. 75. 80 flg. mit der Modifikation zum Ausdruck gebracht, daß die

über die Sache ist insofern getheilt, als sie in Ansehung des Ganzen keinem der Miteigenthümer ausschließlich — vielmehr nur Allen

Theilung in Rücksicht des Fruchtbezugs, des Gebrauchs, der Haftung, Aufhebung des M. E. als „anbefohlene" bezeichnet, in anderer Beziehung eine Theilung des Rechtes behauptet wird (S. 84. 87). Diese Formulirung aber verleugnet den einheitlichen Grundgedanken der Idealtheilung. Daß Gegenstand der Letzteren die Sache als Quantum sei („in der Quote steckt das Quantum"), wie Ryck, Schuldverhältnisse S. 124 meint, wird kaum Anklang finden. Dagegen auch Krasnopolski, Kr. V. Sch. 12. S. 501 flg. u. 27. S. 487 flg., der sich der Formulirung Scheuerl's anschließt, übrigens in der Sache mir zustimmt. (Über die verschiedenen älteren und neuen Ansichten vgl. nun Steinlechner §§. 1—12, der §. 21 überall den Gesichtspunkt der Ungetheiltheit des Eigenthums nachzuweisen sucht, wogegen Eck, Krit. V. Sch. 18. S. 232 flg. zu vergleichen ist; für das österr. R. §§. 361. 828 G. B., §§. 10. 13 Gr. G. und Note 56). — Dagegen behauptet Windscheid, P. §. 142 (bes. N. 10.), welchem Förster §. 182. S. 263 (2. A.), Kohler a. O. S. 193 flg., Roth §. 120. N. 42 (für d. bayer. R.), Schey, Grünh. Zeitschr. 8. S. 132, bes. Steinlechner, I. §§. 10. 21 flg., II. S. 224 flg. beitraten, daß die Theilung pro indiviso so zu verstehen sei, daß durch den Antheil der Maßstab bezeichnet werden soll, nach welchem den Berechtigten der wirthschaftliche Nutzen der Sache gebührt: kurz der Antheil beziehe sich auf den Werth der Sache. (Gegen die ähnliche, noch weiter gehende Ansicht Girtanner's a. O. vgl. Arndts §. 133. Note 1, Steinlechner §. 31). Abgesehen nun davon, daß es Sachen und Rechte giebt, welche keinen wirthschaftlichen Nutzen abwerfen, wie Patronats-, Präsentations-, Wahl- und ähnliche Rechte, so enthalten die Quellen keine Andeutung darüber, daß die Theilung auf die wirthschaftliche Seite zu beziehen sei, — wohl aber sprechen dieselben von Theilung des Rechts L. 5. §. 15. comm. 13. 6. (pro parte dominium habere; — ohne Grund bezieht Steinlechner S. 74: pro parte auf corporis; das widerspricht dem Vordersatze und wäre ein Pleonasmus), ferner L. 66. §. 2. D. de leg. II. und die von Eck citirten L. 50. pr. D. de leg. I., L. 7. §. 3. D. 40. 12, L. 39. D. 7. 8, fr. Vat. 75. Ferner erklärt uns diese Auffassung nicht, wie wir uns die selbständige Verfügung über den intellektuellen Antheil denken sollen, da der Werth doch nicht Gegenstand des Antheils ist? Windscheid (§. 142, N. 10). Diesen Punkt ignorirt auch Eisele S. 28 flg., welcher übrigens die Ansicht Steinlechner's betreffs der Werththeilung bekämpft. — M. E. bezeichnet die Ansicht W.'s bloß die wirthschaftliche, nicht die juristische Seite der intellektuellen Theilung. „Immer wird die Theilung des Werths nicht anders zu denken sein . . denn als Wirkung einer Rechtstheilung". (Eck a. O. S. 232). Gegen die herrschende Meinung darf man nicht mit Windscheid (Note 11) sagen: „wer die Befugniß, seinen Willen geltend zu machen, nur zum Theil hat, hat gar Nichts". Denn der Kondominus kann doch über seinen Antheil disponiren; — er kann also seinen Willen „ganz" d. i. ohne Einspruch der Kondomini geltend machen in Ansehung der pars pro indiviso, — nur in Übereinstimmung mit den Übrigen in Ansehung des Ganzen. — Die Ansicht W.'s sucht eingehend zu motiviren und auszuführen: Steinlechner, §§. 9. 10. 21—31. Bezüglich der Quellen muß indeß St. selbst S. 83 zugestehen, daß sie wegen „Unbestimmtheit" des Ausdrucks keinen Anhalt gewähren; ohne Grund bestreitet er, daß nach unserer Auffassung eine juris communio bestehe (sie existirt zufolge der Ungetheiltheit des Objekts); der Vorwurf der Mehrheit der Eigenthumsrechte (S. 83) ist haltlos, da ja erst die Theilrechte (Antheile am Eigenthum) zusammen das Eigenthum ergeben. Die Ansicht

zusammen zukommt. Dies und nichts mehr will das Gesetz im §. 361 (vgl. §. 828), insbesondere soweit es das Verhältniß zu Dritten betrifft, mit den Worten andeuten: „In Bezug auf das Ganze werden die Miteigenthümer für eine einzige Person angesehen".[8] (Dies ergiebt sich auch aus den Entwürfen, bes. Horten: 9 III. §. 11, 20 III. §. 16, Martini 19 II. §. 4: „Solange alle Theilhaber einverstanden sind und dieselben nur Eine Person vorstellen, haben sie das Recht, über die gemeinschaftliche Sache nach Belieben zu verfahren.")[8a]

Eben darum hat begriffsmäßig kein Miteigenthümer ein ausschließliches Recht über den kleinsten materiellen Theil der gemeinschaftlichen Sache, dagegen das freie Verfügungsrecht über den ihm gebührenden intellektuellen Antheil. „Insoweit ihnen (den Miteigenthümern) gewisse, obgleich unabgesonderte Theile angewiesen sind, hat jeder Miteigenthümer das vollständige Eigenthum des ihm gehörigen Theiles" (§. 361). „Insofern er die Rechte seines Mitgenossen

---

St.'s gipfelt in den Sätzen S. 85. 88. 152. 163: daß die intellektuelle Theilung auch in Ansehung des Rechts nur die Bedeutung einer Scheintheilung habe und daß in den betreffenden Verhältnissen nur „eine Theilung des Werthes von Recht (resp. Objekt) bestehe". Mit Recht führt Eck a. O. dagegen aus, daß die angeblich rein thatsächliche, nur die Ausübung des Rechts betreffende Beschränkung des Mitberechtigten, dem von St. das ganze Recht zugeschrieben wird, unvereinbar sei mit der Succession in den bestimmten Antheil, mit dem Kauf, der Tradition etc. des Antheils, mit dem Anfall der derelinquirten Quote, der Verpfändung einer Quote von Seite des Alleineigenthümers. Gegen die Ansicht W.'s erklärt sich auch Brinz a. O. N. 12, Dernburg, Pr. P. R. §. 222, N. 2, P. §. 195, Eisele S. 29 flg., Rümelin S. 81 flg., auch Regelsberger, Grünhut's Zeitschr. III., S. 695.

8) Vgl. L. 4. §. 7. D. fin. regund. 10. 1. und §. 18. I. 8. preuß. L. R., welchen Förster §. 182, N. 15 ohne Noth auf das getheilte Eigenthum bezieht. — Die Auffassung Steinlechner's §. 30. „daß das eine Eigenthum unter den mehreren Subjekten nicht getheilt ist, sich vielmehr auf jedes derselben ungetheilt beziehe", welche trotz aller Verwahrung an das Gesammteigenthum erinnert, beruht auf der einseitigen Betonung der oben gedachten Außenseite des Miteigenthums, ignorirt dagegen die volle Herrschaft des Miteigenthümers über seinen Antheil, welche gewiß keine „bloß durch die Projektion" der Werththeilung (des ökonomischen Nutzens) hervorgerufene Scheintheile sind.

8a) Der Cod. Ther. II. 22. Nr. 1—77, II. 24. Nr. 92—116, III. 19. Nr. 71—94 u. der Entw. Horten's handeln von der Gemeinschaft in verschiedenen Kapiteln; der letztere insbes. 25 II. §§. 11—14 (Dienstb.); 19 II. §§. 19. 20. (Theilung der Erbschaft, 15. III. §§. 58 flg. (Societät), 20. III. §§. 15 flg. (Quasikontrakt), 21. III. §§. 20 flg., (desgl.). Erst der Entw. Martini faßt die bezügl. Normen in Einem Kapitel (II. 19) zusammen u. bildet die Grundlage des A. B. G. B.'s. Diese Vorarbeiten, sowie die Protokolle (Ofner II. S. 110 flg., 123 flg., 428 flg.) bieten indeß für die Auslegung des G. B.'s nichts Nennenswerthes.

nicht verletzt, kann er denselben oder die Nutzungen davon willkürlich und unabhängig verpfänden, vermachen oder sonst veräußern" (§. 829).[9] Fremden gegenüber hat der Miteigenthümer kein Vorkaufsrecht. (Anders nach §. 60 flg. I. 17 preuß. L. R.) Hieraus ergiebt sich nun als Regel, daß kein Miteigenthümer in Ansehung des Ganzen irgend welche Besitz- oder Gebrauchshandlung vornehmen oder eine Verfügung treffen darf, ohne ausdrückliche oder stillschweigende Genehmigung der anderen Miteigenthümer (§. 828)[10];

---

9) So auch nach röm. R. c. 3. 4. C. de comm. reb. al. 4. 52, c. un. C. si comm. pign. 8. 21, Schmid S. 11, Windscheid §. 169 a, N. 7. So auch §§. 60 flg., I. 17 preuß. L. R., §. 329 sächs., art. 679 des ital., §. 355 zürich. G. B. — übereinstimmend die franz. Doctrin, Zachariä §. 197. N. 5 10. — Zum Eigenthumsübergang ist Tradition, bez. Eintrag erforderlich, c. 15. C. comm. 3. 38, Eck, S. 232, Steinlechner 2. §. 8, Förster §. 182, N. 64. — Daß auch der ideelle Antheil Gegenstand der Schätzung, dann der Verpachtung (selbst an Miteigenthümer) sein kann, hätte nie bezweifelt werden sollen. Vgl. die oberstger. Entsch. in d. Not. Z. 1877, Nr. 50, Jur. Bl. 1882, Nr. 4. Über die Sequestration vgl. Nr. 7658 Gl. U. W. Servitutsbestellungen sind nur bei Zusammenwirkung aller Miteigenthümer rechtlich denkbar. L. 2. D. serv. 8. 1 Unus ex dominis . . . servitutem imponere non potest; L. 8. §. 1. eod. Auf Äquitätsgründen beruht l. 11. D. de S. P. R. 8. 3, welche den Konzedenten die Negatoria verweigert. Gesterding S. 53, Schmid S. 12, Windscheid §. 209. 17. — Sonderbarerweise bewilligte der O. G. H. gegen die Erk. der Untergerichte die Verbücherung einer Servitut auf der Quote eines Miteigenthümers Samml. Gl. U. W. Nr. 2988). (Richtig die entgegengesetzte Entscheidung der 1. u. 2. Instanz, Not. Z. 1877 Nr. 50 bezüglich der Miethe). — Ebenso ist es wohl denkbar, daß sämmtliche Miteigenthümer die ganze Sache (nicht je ihren Antheil) für eine Schuld verpfänden, so daß der Gläubiger nach der Intention der Parteien die Bezahlung nur aus der ganzen Sache (nicht aus den Antheilen) verlangen kann. Vgl. H. v. David, Ger. Zett. 1877, Nr. 49. Selbst in Ansehung der Immobilien erscheint diese Möglichkeit nicht ausgeschlossen, trotzdem dem Miteigenthümer nur ideelle Antheile bücherlich zugeschrieben sind. Vgl. David a. O. — Veräußert der Miteigenthümer die ganze Sache, so hat die Veräußerung in Ansehung des ideellen Antheils den Eigenthumsübergang zur Folge; in Ansehung der übrigen Antheile ist die Veräußerung nicht ungültig (wie mit manchen Älteren bes. Gesterding S. 53 noch Schmid S. 5. 11 behauptet), vielmehr haftet der Veräußerer seinem Kontrahenten im Falle der der Eviktion nach den Grundsätzen über die Veräußerung fremder Sachen (§§. 922. 923 flg. G. B., cfr. c. 1. C. de comm. rer. al. 4. 52: proportione, auch Schmid a. O., Roth §. 120. 49). — Mit Bezug auf §. 10. I. 17. L.-R. meint Förster §. 182, N. 43, daß im Eviktionsfall der Käufer auch nicht den Idealantheil des Verkäufers behalte, weil dieser nicht Gegenstand des Kaufes war. Als Regel gilt dies wohl nicht; doch kann es in der Absicht der Parteien gelegen sein.

10) L. 28. D. comm. div. 10. 3. Sabinus ait, in re communi neminem dominorum jure facere quidquam invito altero posse. Unde manifestum est, prohibendi jus esse. Cfr. L. 8. 27. §. 1. D. de S. P. U. 8. 2. L. 11.

desgleichen, daß ein nur gegen einen Theilhaber erwirktes, die gemeinsame Sache betreffendes Urtheil nicht exequirt werden kann, da in der Exekution ein Eingriff in die Besitz- oder Nutzungsrechte der übrigen gerichtlich nicht belangten Theilhaber gelegen wäre. (Vgl. Nr. 12 251 Samml. U. Pf. Sch.)

Wenn nun auch die rechtliche Herrschaft getheilt erscheint, so ist diese Theilung doch nur eine Folge des gleichartigen konkurrirenden Rechtes der mehreren Miteigenthümer; fällt diese Schranke weg, so erweitert sich auch das Theilrecht wieder zur ungetheilten Herrschaft über die Sache. Eine Konsequenz dieser Auffassung ist es, daß der von einem Miteigenthümer derelinquirte Antheil den übrigen von Rechtswegen zufällt, woran auch der äußerliche Umstand nichts ändert, daß die Antheile bücherlich verzeichnet sind.[11] Eine weitere Konsequenz ist es, daß der Alleineigenthümer nicht eine Quote seines

---

D. 8. 5. Dies ist auch nach preuß. R. die Regel (§. 25 flg. 36 flg. I. 17, Förster §. 182, N. 42, ebenso nach sächs. R. (§. 330), nach ital. R. (art. 677) und dem zürich. G. B. §§. 556. 561 flg.). Die Größe der Quote kommt dabei nicht in Betracht. Schmid S. 5, Arndts §. 133, Brinz §. 131, Pagenstecher I. S. 26. Das franz. G. B. hat zwar — wie überhaupt keinen Spezialtitel über die Gemeinschaft — auch keine ausdrückliche Bestimmung über diesen Punkt; aber die Doktrin adoptirt die Consequenzen des römischrechtlichen Prinzipes. Vgl. Zachariä-Puchelt §. 197, N. 11 b. 12. 13. — Da aber der Miteigenthümer auch possessorisch geschützt wird, so ist die herkömmliche Nutzungsweise, auch wo sie nicht auf einem Rechtstitel beruht, von großer praktischer Bedeutung. Vgl. Miescher, Civ. Arch. 59. S. 186 flg.

11) Vgl. Ulpian's fragm. I. 18: communem servum unus ex dominis manumittendo partem suam ammittit eaque accrescit socio. Cfr. c. 8. C. Comm. 3. 38. u. §. 4. J. 2. 7: Si communem servum habens cum Titio solus libertatem ei imposuit, . . . pars ejus . . . socio accrescebat. (Dies übersieht Förster §. 174, N. 20). Vgl. Pagenstecher I. S. 23 flg. II. S. 390, Steinlechner II. §. 35, Schey S. 140, Dernburg §. 220, N. 2; „Soweit die Konkurrenz der Miteigenthümer nicht eintritt, erfaßt das Recht eines Jeden die Sache vollständig"; s. auch Kohler a. O. S. 188. Darum erwirbt der gemeinsame Sklave dem einen Herrn ganz, was der andere zu erwerben unfähig ist, L. 1. §. 4. L. 7. 8. 9. D. 45. 3. Angeblich weitere Konsequenzen dieses Prinzips, soweit sie das Sklavenrecht betreffen (Windscheid a. O. N. 5, Dernburg a. O.), dürften ebenso auf Zweckmäßigkeitsgründen beruhen als d. c. un. C. 7. 7. Vgl. Eck, Doppelf. Klag. S. 92 flg. u. Kr. V. Sch. 19. S. 233, Eisele S. 41 flg. — Daß auch bücherliches Eigenthum derelinquirt und über Ansuchen des Derelinquenten gelöscht werden kann, sollte nicht bestritten werden. Vgl. auch den von Turnes, Jurist V. S. 126 flg. angeführten Rechtsfall. — Daß die Portion sammt ihren Lasten akkreszirt, ist wohl richtig (Kohler S. 194); indeß folgt doch nicht, daß auch das auf der Portion haftende Pfandrecht sich auf die Gesammtsache erstreckt. Vgl. auch Exner, Pfandr.-Begriff S. 63 u. L. 10, D. de pign. 20. 1.

Rechtes wirksam derelinquiren kann, da sie ihm sofort wieder zuwachsen würde.[12]

Aus den §§. 361. 828 flg. G. B. ergiebt sich, daß das österr. Gesetzbuch für das Gebiet des gemeinen Rechtes den römischrechtlichen Begriff des Miteigenthums aufgenommen und mit geringen Modifikationen zur Geltung gebracht hat.[13] Dasselbe gilt von der Gesellschaft des bürgerlichen Gesetzbuchs (§§. 1175 flg.). Aber selbst für das Vermögen der bergmännischen Gewerkschaften, der Handelsgesellschaften, der Erwerbs- und Wirthschafts-, sowie der Wasser-Genossenschaften reicht der Gesichtspunkt der römischrechtlichen Communio (societas) aus; denn die Anerkennung eines selbständigen, von dem Privatvermögen der Genossen abgesonderten Gesellschaftsvermögens, die beschränkte Theilbarkeit desselben und die einheitliche Vertretung der Genossen nach außen erscheinen zwar als tief einschneidende Modifikationen der römischen Sozietät, — heben aber das Wesen derselben nicht auf.[14]

---

12) Vgl. L. 3. D. pro derel. 41, 7. Ebensowenig denkbar ist es, daß Jemand eine herrenlose Sache nur zu einem ideellen Antheile occupirt. Vgl. Kohler S. 190.

13) So auch das preuß. L. R. §. 1 flg. I. 17, das sächs. G. B. §. 328 flg., das ital. G. B. (art. 674 C.), zürich. G. B. §. 555 flg.

14) Vgl. Bergges. v. 23. Mai 1854, §. 138; Art. 111. 112. 113. 119—122. 126. 146. 164—166. 169. 216 H. G. B,. Genossenschaftsges. v. 9. April 1873 Z. 70, Wassergesetz v. 30. Mai 1869 Z. 93, §§. 20 flg., dazu Nr. 7701 Gl. U. W., Gerber §. 195, N. 5, Randa, Siebenhaar's Arch. 15 B. S. 351 flg. u. österr. Handelsr. (böhm.) §. 17, Laband, Ztsch. f. H. R. 31. S. 56 flg., s. aber auch Krasnopolski, Grünhut's Zeitschr. 8. S. 55 flg., 60 flg. Die Genossenschaften erklären für jurist. P. namentlich Goldschmidt, Zeitschr. f. H. R. 27, S. 56 flg., Gierke, Krit. V. Schr. 24, S. 387, D. Genossenschaftstheorie u. d. d. Rechtssprchg. (1887), Stobbe §§. 50. 51 (2. A.). Allein das Genossenschaftsvermögen gehört den Genossenschaftern, — ist persönliches Vermögen. Die Modifikationen der communio sind hervorgerufen durch das Streben, das Gesellschaftsvermögen seiner dauernden Bestimmung möglichst ungeschmälert zu erhalten. Vgl. auch Lehmann, Offene H. G. (1883). Differt. Über die Almenden vgl. §. 3. N. 13. Richtig weisen Dernburg Pr. P. R. §. 222 und Steinlechner S. 134 flg. darauf hin, daß den Römern das Miteigenthum nur als Ausnahmszustand galt, welcher möglichst bald in das ausschließende Individualeigenthum auszulaufen hatte, daher jeder die Theilung schlechterdings ausschließende Vertrag nichtig war, während das gemeinschaftliche Eigenthum des deutschen (und ebenso des slavischen) Rechts eine dauernde Benutzungsweise der Sachgüter (Almenden, Bergwerke, slav. Familiengüter) zum Zweck hat, daher die Theilung von Rechtswegen ausgeschlossen ist. Die möglichst unabhängige Gestaltung des Antheilrechtes und das unbedingte Theilungsrecht des R. R. zwangen die Theilhaber von Fall zu Fall zur Verständigung, während das deutsche und slavische Recht durch die Anerkennung eines Majoritätswillens die Gemeinschaft von vornherein auf

Hier sind nur jene Regeln anzuführen, welche die gemeinrechtliche Form des Miteigenthums beherrschen und zwar vor Allem jene Fälle, in welchen sich dasselbe nicht auf einen die Gemeinschaft bezweckenden Vertrag der Betheiligten, sondern auf andere, vom Willen der Theilnehmer unabhängige Thatsachen (zufällige Umstände, Erbgang) gründet (Comm. incidens).[15] Hierbei macht sich — dem röm. Rechte gegenüber — sofort der rechtlich und wirthschaftlich bedeutsame Fortschritt bemerkbar, daß die Erhaltung der Gemeinschaft und die rationelle Benutzung des gemeinsamen Guts nicht der rücksichtslosen Willkür jedes der Mitgenossen preisgegeben,[16] vielmehr durch Anerkennung eines maßgebenden Majoritätswillens eine verständigere Ordnung des Rechtsverhältnisses angebahnt ist (§§. 833—838).[17] Dadurch wird aber das Wesen der römischen Kommunio durchaus nicht geändert, zumal die Minderheit bei wichtigen Veränderungen nicht nur auf Sicherstellung, sondern auch auf Aufhebung der Gemeinschaft bringen kann (§. 834). Es bedarf kaum der Erwähnung, daß

---

auf eiue dauerhafte Basis gestellt haben. Ganz verfehlt ist die mit veralteten Irrthümern zusammenhängende Bestimmung des §. 847, welcher die Grundsätze der Gemeinschaft auch auf „die einer Familie, als einer Gemeinschaft (?) zustehenden Rechte und Sachen, z. B. Stiftungen, Fideikommisse" angewendet wissen will. Bei Stiftungen haben wir es mit einem subjektlosen Zweckvermögen, bei Fideikommissen mit einem durch fremde Erbrechte beschränkten Individualeigenthum zu thun. Die Familie ist weder eine Gemeinschaft noch eine juristische Person. Vgl. auch Unger I. 349, Note 8. Die Fideikommisse betrachten als jur. Person Pfaff-Hof. II. S. 321.

15) In jenen Fällen wird das Verhältniß in erster Linie nicht nur durch den Gesellschaftsvertrag, sondern auch durch die besonderen, das Sozietätsrecht betreffenden Normen geregelt. — Eine zusammenfassende Formulirung ist nicht möglich. S. Rümelin S. 88 flg.

16) Schon Paulus L. 26. D. 8. 2 bemerkt: Itaque propter immensas contentiones plerumque res ad divisionem pervenit.

17) Vgl. Rümelin S. 101. Was in dieser Beziehung Göppert S. 27 und Förster §. 182 S. 261 für das preuß. R. ausführen, gilt in gleicher Weise für das österr. Recht. Dagegen weist dem preuß. gemeinschaftlichen Eigenthum eine Mittelstellung zwischen röm. Miteigenthum und deutsch. Gesammteigenthum zu: Boas S. 57 flg. Auch Dernburg §. 222, N. 5 meint, daß sich das Verhältniß der Miteigenthümer durch die Schaffung eines Gesammtwillens dem der „juristischen Person nähere". Allein daraus, daß die Interessen der Majorität gegen den Egoismus einer vielleicht unbedeutenden Minderheit in billiger Weise geschützt werden, läßt sich weder das „Gesammteigenthum" (N. 2) noch die juristische Persönlichkeit der Gemeinschaft (so noch Zeiller II. S. 121, Schuster, Kom. I. S. 341 flg.) ableiten. Vgl. Unger I. S. 322, Stobbe II. S. 70, Steinlechner S. 137, welcher den Unterschied zwischen röm. und german. Miteigenthum mit R. nur in der von der Willkür des einzelnen Genossen unabhängigen Dauerhaftigkeit findet.

das rechtliche Wesen des Miteigenthums auch dadurch nicht berührt wird, daß die Antheile der Miteigenthümer ziffermäßig in das Grundbuch eingetragen werden (§§. 10. 13 G. Ges.).[18] Die Antheile der Miteigenthümer werden im Zweifel als gleich angesehen (§. 839).[19] Übrigens ist festzuhalten, daß dem Miteigenthümer nicht an sich die Berechtigung zum Handeln fehlt, wie sie aus der Natur des Eigenthums entspringt, sondern daß vielmehr nur der einseitigen Ausübung desselben die konkurrirende gleiche Berechtigung der übrigen Theilnehmer im Wege steht.[20] Selbstverständlich kann ein Theilhaber die gemeinsame Sache auf Grund eines Vertrags als Miether oder Pächter benutzen. Vgl. Nr. 2560. 8889 Samml. U. W. Pf., dazu Note 24.

Im Einzelnen sind folgende Regeln hervorzuheben:

1) Jeder Miteigenthümer ist zum Besitz der gemeinsamen Sache zu dem ihm gebührenden ideellen Antheil berechtigt (§. 833).[21] Soweit bei Mobilien die Detention nicht von Allen ausgeübt werden kann, entscheidet die Mehrheit darüber, von wem die Sache zu verwahren ist. (§. 833 Satz 2, welcher nicht etwa den Schluß a contr. rechtfertigt, da auch die Verwahrung zu den Verwaltungsakten gehört.)[22] Daher kann auch der Gläubiger eines Miteigenthümers nicht

---

18) Es ist eine schwer begreifliche Verirrung, wenn Finger, Zeitschr. f. ö. R. G. 1845. II. S. 224 u. 1846 I. S. 199 flg. mit Berufung auf ältere mißverstandene Hofdekrete behauptet, daß der „Tabularbesitz" bei Anschreibung einer Realität zu mehreren bestimmten Antheilen ein „getheilter" sei, daher eine Gemeinschaft nicht bestehe, indeß der physische Besitz ein gemeinschaftlicher bleibe. Dagegen schon Wildner, Jurist. 15. B. S. 21 flg., Unger I. S. 417, N. 30 und die Erk. des O. G. Hofes Nr. 363. 8132. Gl. U. W.

19) Ebenso nach §. 2. I. 17. preuß. L. R., §. 328 sächs. G. B.

20) So ganz richtig Steinlechner 2. S. 180; doch darf man darum nicht mit St. S. 191 zu dem rechtlich gestatteten Haudeln ein vorausgehendes richterliches Erkenntniß für nöthig erachten. S. Mieścher S. 162, Rümelin a. O.

21) Sog. Mitbesitz pro indiviso. Vgl. auch §§. 854—857 G. B. u. L. 26 D. de poss.: et certa pars pro indiviso (possideri potest); dazu Randa, Besitz §. 17, Hesse, Arch. für prakt. R. W. 4. S. 122 flg., Mieścher a. O. S. 149 flg.; Rümelin §. 8.

22) Nach §. 25 flg. I. 17 preuß. L. R. gebührt die Gewahrsam demjenigen, der den größten Antheil hat; bei gleichen Antheilen entscheidet das Loos. Eine ähnliche Bestimmung enthält bezüglich der erbschaftlichen Schuldinstrumente L. 5. 6. D. famil. herc. 10. 2, von welcher §. 844 G. B. singulärer Weise ohne genügende Gründe abweicht; insbes. läßt dieser §. eine analoge Anwendung auf unseren Fall nicht zu.

die Sequestration der ganzen Realität, sondern nur des ideellen Antheils desselben verlangen. Vgl. Nr. 7658. 7792 Samml.[23]

2) In Angelegenheiten, welche die „ordentliche" Verwaltung und Benutzung (insbes. die Fruchtziehung, Vermiethung und Verpachtung auf ortsübliche Termine, Kündigung des Miethers, Bestellung eines Verwalters u. s. f.) betreffen, entscheidet die Mehrheit der Stimmen, welche nach der Größe der Antheile berechnet wird (§. 833).[24] Nur bei Stimmengleichheit entscheidet hier der Richter (§. 835)[25]; außerdem ist die richterliche Intervention ausgeschlossen. Die Gültigkeit des Mehrheitswillens ist jedoch abhängig von der vorgängigen Berathung aller Theilnehmer, bezieh. von dem Versuche einer solchen. Dafür spricht nicht nur Wortlaut und Sinn der §§. 833 flg. („entscheiden", „überstimmten" ꝛc.), sondern auch die billige Rücksicht auf das ökonomische Interesse der Minorität, die doch mindestens gehört werden soll. Vgl. auch Nr. 4190 Samml. Gl. U. W., woselbst die Klage des Meistbesitzers gegen den Minderbesitzer auf sofortige Räumung des Hauses in allen Instanzen abgewiesen wurde.[26] — Handelt

23) Der Fruchtnießer des Antheils hat bezüglich der ord. Verwaltung die Rechte des Miteigenthümers (§§. 509. 513. 517. 519 G. B.), dazu die in folg. Note citirte Entsch. d. O. G. H. Bei der Frage, was als ordentliche Verwaltung angesehen ist, wird die Analogie der §§. 233 flg. A. B. G. B. u. §§. 189 des k. Pat. v. 9. Aug. 1854 gute Dienste leisten. Vgl. Entscheidung Nr. 866 Samml. Gl. U. W. (Vermiethung auf eine längere als die ortsübliche Zeit gehört nicht zur ordentlichen Verwaltung). Stubenrauch I. S. 1109. Auch die Bestellung eines „Verwalters" der gemeinschaftlichen Sache gehört zur ordentlichen Administration (§. 836). Vgl. Nr. 749 u. 877 Samml. Gl. U. W.

24) Daher entscheidet auch die Mehrheit darüber, ob und unter welchen Bedingungen Einer der Miteigenthümer das gemeinsame Objekt als Pächter, Miether u. s. f. benutzen dürfe. Thatsächliche Benutzung des kleinsten physischen Raums ohne Genehmigung der Übrigen wäre ein Eingriff in deren Recht. (§§. 828. 829.) Vgl. auch die bei Stubenrauch a. a. O. Note 2 citirten Urtheile des O. H. H., dazu Nr. 123. 1257. 1271. 4547. 6539. 7018. 8132. S. Gl. U. W. Die Minorität kann daher auch nicht die Miethe kündigen. Nr. 3243 ders. Samml. Dasselbe gilt von der Kündigung des gemeinsamen Verwalters. Nr. 7343. Vermiethung auf längere als ortsübliche Zeit, s. Note 23. — Ein Theilhaber kann nur die Schätzung seines Antheils — nicht des Ganzen — verlangen. Nr. 2023 ders. Samml.

25) Insbesondere bestimmt das Gericht nach eigenem Ermessen den Verwalter, wenn keine Stimmenmehrheit bezüglich dessen Person vorliegt, (Nr. 877. 7018 Gl. U. W., Erk. v. 3. Aug. 1881, Präv. 1881, S. 630) u. zw. über bloßes Gesuch. (Nr. 9955 Samml.; dagegen verlangt Klage: Nr. 10270 d. Samml.) Auch die Kündigung des rechtmäßig bestellten Verwalters erfordert Stimmenmehrheit, bei Stimmengleichheit entscheidet der Richter. Vgl. Nr. 7343 Gl. U. W. u. N. 34.

26) Vgl. auch die bei Schey-Manz, A. B. G. B. ad §. 836 cit. Erk. — Anders

es sich hingegen nicht um die „ordentliche" Verwaltung, sondern um außerordentliche Maßregeln, welche zur Erhaltung oder zur vortheilhafteren Benutzung der Sache beantragt werden und die mit wichtigen Veränderungen verbunden sind, so kann die Minderheit Sicherstellung für möglichen Schaden und, wenn diese verweigert würde, die Aufhebung[27] der Gemeinschaft selbst dann verlangen, wenn die vertragsmäßig bestimmte Zeit noch nicht abgelaufen wäre (§. 834). Wollen oder können[28] die Überstimmten die Aufhebung nicht begehren oder geschähe dieselbe „zur Unzeit", so entscheidet auf deren Klage der Richter darüber, ob die wichtige Veränderung die (außerordentliche Verwaltungsmaßregel) stattfinden, aufgeschoben werden oder unterbleiben solle und ob im ersteren Falle eine Sicherstellung zu leisten sei oder nicht (§§. 834. 835). (Vgl. Nr. 5093. 6053. 9919. Samml.)[29] In gleicher Weise steht dem Richter bei Stimmen-

---

die E. d. O. G. H. v. 6. April 1877 Z. 8030 Mittheil. d. d. Jur. V. Prag 1877. H. 4. Der fruchtlose Versuch wird zweckmäßig notariell beurkundet.

27) Diese ist offenbar (§. 829) unter dem „Austritt" (§. 834) zu verstehen; vgl. §. 645. II. Entw. und übereinstimmend die Kommentatoren.

28) Z. B. beim letztwilligen Theilungsverbot (§. 832).

29) Der §. 835 nennt zwar an erster Stelle die Entscheidung durch Loos oder Schiedsmann (wohl zu unterscheiden vom Schiedsrichter des §. 270 A. G. O., s. Nippel V. S. 267, Stubenrauch a. O.). Allein da diese — und jede andere — Entscheidungsart nur bei stimmeneinhelligem Beschlusse statthat, stellt sich die Sache nach österr. Rechte in der Hauptsache nicht wesentlich anders als nach preuß. L. R., welches 17. I. §§. 10—43 sehr detaillirte Vorschriften über diesen Punkt enthält, übrigens aber zwischen ordentlichen und außerordentlichen Verwaltungsmaßregeln nicht unterscheidet. Vgl. Förster §. 182. S. 264 flg., Dernburg §. 223. — Nach sächs. G. B. §§. 330—335 sind Dispositionen über die gemeinsame Sache, soweit es sich nicht um die Erhaltung derselben handelt, an die Übereinstimmung Aller gebunden, nur bezüglich der ausführenden Maßregeln entscheidet die Majorität, bei Stimmengleichheit ein Obmann (§. 331), Schmidt S. 250. — Die Majorität entscheidet auch nach zürich. R. §. 562 bei der ordentlichen Verwaltung, und nach Art. 678 ital. G. B. selbst bei wichtigen Veränderungen, allerdings unter Vorbehalt von »oporuni provedimenti« von Seite des Richters. — Anders nach röm. R., nach welchem der Widerspruch eines einzigen Miteigenthümers jede Veräußerung vereiteln kann (L. 28 D. cit. 10. 3: potiorem causam esse prohibentis constat, vergl. N. 10); Ausnahmen von dieser Regel werden aber anerkannt: 1) wenn ein Genosse ohne Widerspruch Veränderungen vornahm, L. 21 D. eod.; auch kann die Beseitigung von dergleichen einseitigen Veränderungen nur dann verlangt werden, si toti societati prodest. L. 26 D. de S. P. U. 8. 2. 2) Wesentliche Modifikationen gelten bei gemeinschaftlichen Mauern (selbständiges Recht der halbseitigen Benutzung, L. 13. §. 1. L. 19. §. 1. 2 D. 8. 2; Reparaturrecht gegen Ersatzanspruch nach Verhältniß der Antheile L. 32. 35—37. D. de damno inf. 39. 3, L. 12 D. comm. d. 10. 3, c. 4. C. de aedif. pr. 8. 10. Die

gleichheit die Entscheidung zu (§. 835). Daß jeder Miteigenthümer ohne Einwilligung der Übrigen den „bestimmungsgemäßen Gebrauch" machen dürfe, ist nur insoweit zuzugeben, als in der solidarischen Benutzung durch einen Theilhaber nicht eine Ausschließung der Übrigen von der gleichen Benutzung gelegen ist.[30] Dies ist z. B. regelmäßig möglich bei der Benutzung eines Brunnens, einer gemeinschaftlichen Wegparzelle, eines Hofraumes ꝛc. (vgl. Erk. Nr. 11 857 der Samml. U. W. Pf., welches dieses Prinzip richtig anwendet).

3) Führt einer der Miteigenthümer ohne Zustimmung — aber auch ohne Widerspruch der Mehrheit[31] die Verwaltung des Ganzen, so wird er kraft des Gesetzes als Machthaber der Letzteren angesehen und als solcher behandelt (§. 837 Satz 3).[32] Bei Abgang dieser gesetzlichen Annahme würde der verwaltende Miteigenthümer lediglich als

---

L. 8. D. de S. P. U. 8. 2 ist von einer nicht schadhaften Mauer zu verstehen, sonst läge ein Widerspruch vor). S. Windscheid §. 169, N. 4, Burckhard, Caut. d. i. S. 522, N. 30, auch Steinlechner 2, S. 191 Anh., der übrigens (ohne Nöthigung) annimmt, daß die erstgenannten Stellen das jus faciendi erst als Resultat eines abgeführten Prozesses betrachten (das Urtheil wirkt auch hier nicht konstitutiv); dazu Gesterding S. 49 flg., Hesse, Rechtsverh. zwischen Grundstücksnachbarn I. S. 109. II. 243 flg., Schmid S. 7 flg., Windscheid §. 169. N. 4. Sintenis §. 47, N. 11, Kohler S. 183, Roth II. §. 120, N. 79 flg.; der singuläre Charakter dieser Bestimmungen ist h. z. T. anerkannt. (And. A. Roth §. 120, N. 47 und Miescher Civ. Arch. 59, S. 188. 192). Über ältere Ansichten vgl. Schmid u. Roth a. O. — Die franz. Gesetzgebung und Doktrin schließt sich meist an das Röm. R. an; siehe Zachariä-Puchelt §. 197, Nr. 11 flg.; näheres bei Kohler a. O.

30) Vgl. Schmid S. 10; zu allgemein: Gesterding S. 52, Hesse II. 254 und Arch. S. 122 flg., Miescher S. 186 flg., Rümelin S. 106 flg., Windscheid §. 169a, Roth §. 120, N. 47. Wird nämlich jedem Theilhaber ohne Vorbehalt die „solidarische bestimmungsgemäße" Benutzung eingeräumt, so ist damit die Möglichkeit der thatsächlichen Ausschließung der Übrigen gegeben, was gewiß unannehmbar ist. Die Ausnahme bezüglich der gemeinschaftlichen Mauern (N. 29) verträgt keine analoge Ausdehnung. Bei Kollisionen entscheidet also über den zeitlich abwechselnden „bestimmungsgemäßen Gebrauch" die Majorität bez. der Richter (§. 833). — Die unschädliche Benutzung und Observanz schützt das bayer. L. R. s. Roth a. O. — Possessorisch könnte auch nach österr. R. die bloß herkömmliche Benutzung geschützt werden. S. N. 10.

31) Dies muß mit Rücksicht auf §. 833 G. B. im §. 837 verständiger Weise subintelligirt werden. Zu unbestimmt Stubenrauch I S. 1114.

32) Vgl. d. Entsch. d. O. G. H. v. 5. Aug. 1875. Z. 4517. Präv. 1876. p. 236. Eine ähnliche Bestimmung findet sich in L. 6. §. 2. 7. Comm. div. 10. 3, und soweit es sich um vortheilhafte Änderungen handelt L. 28. D. eod. u. L. 26. D. de S. P. U. 8. 2, dazu Schmid S. 6, Windscheid a. O. u. §. 431, N. 13, 13a, welcher mit Bezug auf L. 6. §. 2 cit. richtig bemerkt, daß die a. comm. div nur dann statthat, wenn der Genosse für die Gemeinschaft thätig ist.

Geschäftsführer ohne Auftrag betrachtet werden müssen. Dagegen ist kein Theilhaber bei Widerspruch der Mehrheit berechtigt, die Sache zu verwalten, selbst nicht solche Veränderungen vorzunehmen, welche zur Erhaltung der Sache unerläßlich sind[33]; im entgegengesetzten Falle haftet er nach Maßgabe des §. 1040 G. B. — Bei Stimmengleichheit (insbes. also bei Meinungsverschiedenheit zweier je zur Hälfte berechtigten Miteigenthümer) steht nach §§. 835. 836 G. B. jedem Theilhaber frei, die Bestellung eines gemeinschaftlichen Verwalters durch den Richter im Klagewege zu begehren.[34] Im Falle der Gefahr kann jeder Theilhaber auch die Sequestration des streitigen Objektes begehren. S. Nr. 923. Samml.

4) Jeder Miteigenthümer hat Anspruch auf den seinem Antheile entsprechenden Theil der Früchte und Nutzungen des Ganzen (§. 839).[35] In welcher Weise diese gewonnen werden sollen, bestimmt sich nach den bisher dargestellten Grundsätzen (§§. 833—837). Bei untheilbarer Nutzung, z. B. nach Umständen eines Kochherdes, einer Maschine, eines Musikinstrumentes, wird der Gebrauch abwechselnd stattfinden.[36] — Nach Verhältniß der Antheile bestimmt sich auch der Beitrag zu den Lasten und Kosten zur Erhaltung und Benutzung des Ganzen (§§. 839. 856 G. B.). Vgl. Nr. 838 Samml.[37] Jeder Theilhaber

33) Anders nach röm. Recht insbesondere, wenn es sich um die nothwendige Herstellung einer schadhaften Maner oder eines sonstigen Bauwerks handelt; ja es fällt dem Bauenden sogar der Antheil des Anderen zu, wenn ihm dieser nicht binnen vier Monaten den auf ihn entfallenden Kostenaufwand sammt Zinsen ersetzt. Vgl. L. 32. 35—37 D. damni inf. 39. 3. c. 4. C. de aedif. priv. 8. 10. L. 52. §. 10 D. pro socio 17. 2. Schmid S. 6, Windscheid u. Steinlechner a. O. Kohler S. 183 flg.

34) Vgl. die Erk. des O. G. H. Nr. 749. 877. 7018 Samml. Gl. U. W., welche die Frage: ob ein Verwalter zu bestellen sei, mit Recht als eine Verwaltungsfrage ansehen, über welche bei Stimmengleichheit der Richter zu entscheiden hat. Ein solcher Verwalter ist darum kein „gerichtlicher" Verwalter. Die Wahl desselben bleibt dem Exekutionsverfahren vorbehalten. Vgl. Nr. 877 cit. Bestellung und Abberufung eines Verwalters bei Streit: Nr. 9919.

35) Vgl. §. 44. I. 17. L. R., Förster §. 182. S. 266; ebenso §. 334 sächs. G. B., art. 679 ital., §. 556 zürich. G. B.

36) Vgl. Dernburg §. 223. 2., Stubenrauch S. 1108. — Die erzielten Nutzungen sind in Natur zu theilen; ist dies nicht möglich, z. B. bei Thierjungen, so ist jeder Theilhaber auf die Feilbietung der Nutzungen zu dringen berechtigt (§. 840). Realpatronatsrechte sind gemeinschaftlich auszuüben (§. 833). Vgl. Richter K. R. §. 143. And. A. Stubenrauch S. 1115.

37) Daher beschränkt sich das gesetzliche Pfandrecht der für einen Hausantheil ausgemessenen Hauszinssteuer nur auf den betreffenden bürgerlichen Antheil. Vgl.

kann auf Rechnungslegung dringen (§. 83). — Abreden über die Art der Benutzung der gemeinschaftlichen Sache haben dingliche Wirkung und binden auch den Singularsuccessor. Vgl. Note 53 u. 54.

5) Jeder Miteigenthümer ist im Besitze und Genusse seines Antheils durch possessorische und petitorische Rechtsmittel geschützt und zwar nicht bloß Dritten, sondern auch den Miteigenthümern gegenüber. Über die Zulässigkeit der possessorischen Klagen vgl. meinen Besitz §. 17 N. 16.[38] Aber auch die Negatorienklage findet unter den Theilhabern statt, s. 7311. 8132. 9793 Gl. U. W.; denn es ist nicht abzusehen, warum das dingliche, gegen Jedermann wirksame Antheilsrecht des Miteigenthümers gegen den Mitgenossen nicht ebensogut mit der dinglichen Klage geschützt werden sollte, wie gegen Dritte, zumal das Gesetzbuch den Theilhaber geradezu „als vollständigen Eigenthümer seines Antheils" bezeichnet (§. 829 vgl. §§. 361. 362. 366).[39] Daß die A. Neg. nur gegen Servitutenanmaßung

---

Nr. 5255. — Vgl. auch §. 45. I. 17. preuß. L. R., §§. 335. sächs. G. B., §. 557 558 zürich. G. B. Die weitere Vorschrift §§. 46—51. I. 17, nämlich die Möglichkeit, den Zahlungsunfähigen zur Abtretung seines Antheils gegen die gerichtliche Taxe zu nöthigen, kennt das österr. Recht nicht.

38) Vgl. auch die Entsch. Nr. 226. 925. 2086. 3295. 3689. 3716. 5055. 10013 u. a. Samml. Gl. U. W., L. 3. § 2. D. 39. 1. Mit Unrecht werden öfter Fragen betreffend den Umfang der Benutzung dem Petitorium vorbehalten. S. Nr. 6539. 7311. 7926. 8431. 8988. 9204. 9793 u. a. Gl. U. W. Pf. Richtig Windscheid §. 152, N. 12, Dernburg §. 158. 1, Roth § 130. 10, Hesse, Arch. f. prakt. R. W. IV. S. 113 flg., Miescher, Civ. Arch. 59 S. 170 flg., Rümelin S. 104 flg. — Anders Förster §. 182, N. 49, weil kein Miteigenthümer das ausschließliche Recht auf den Besitz habe; allein weder die Ausschließlichkeit in diesem Sinn noch das Recht zum Besitze ist eine Voraussetzung des Interdiktenschutzes.

39) Nach röm. R. ist die Frage, ob auch den Miteigenthümern unter einander die a. negatoria zusteht, streitig. Für die Zulässigkeit derselben: L. 11. 14. §. 1. D. si serv. vind. 8. 5„ L. 27. §. 1. D. de S. P. U. 8. 2, dazu Stölzel, O. N. Nunt. S. 60 flg., Pagenstecher III. S. 188, Vangerow, §. 353, Steinechner II. S. 186 flg. (welcher die N. überhaupt nur gegen Servitutsanmaßung zulassen will, S. 185); dagegen mit Bezug auf L. 26. D. 8. 2. L. 4. D. 33. 3. L. 3. §. 2. 3. D. de O. N. N. 39. 1, bes. Hesse, Jahrb. f. Dogmat. 8. B. S. 65 flg. 107 flg., Brinz § 171, N. 8. (2. A.), Burckhard, O. N. N. S. 100, Windscheid §. 169 a., N. 4. a. E., welcher aber zugesteht. daß die Quellen nicht allen Zweifel ausschließen. Wenn Hesse S. 66 meint: „Nur (?) ein persönliches Verhältniß verhindert die eigenmächtige Verfügung des Socius", so ist dies eine petitio principii; im Gegentheil ist die Verpflichtung der Miteigenthümer, eigenmächtige Verfügungen über das Ganze zu unterlassen (non facere), eine Folge des konkurrirenden dinglichen Rechtes der übrigen Miteigenthümer. Gegen Brinz S. 666 ist zu erwägen, daß daraus, daß unter den condomini die Con-

statthabe, ist ebensowenig richtig, als daß dieselbe ausgeschlossen sei, wo der Störende kraft seines Eigenthums handeln zu können vermeint. (Man denke z. B. an die Abwehr der Anmaßung von Realrechten, Frohnden durch den Eigenthümer des angeblich belasteten Grundes.) Ebenso ist jeder Miteigenthümer berechtigt, die der gemeinschaftlichen Sache untheilbar zukommenden Rechte klag- und einredeweise selbständig geltend zu machen, daher insbesondere wie die negatorische so die konfessorische Klage selbst ohne Zustimmung der Übrigen anzustellen.[40]

6) Die bisher ausgeführten Grundsätze erleiden aus Rücksichten des praktischen Bedürfnisses wie im römischen Rechte und in den älteren Landesrechten,[41] so nach dem österr. B. G. B. einzelne Modifikationen in Ansehung der gemeinschaftlichen Grenzscheidungen. Den §§. 854—856 A. B. G. B. zufolge sind insbesondere Erdfurchen, Zäune, Hecken, Planken, Mauern, Privatbäche, Kanäle, Plätze und andere dergleichen Scheidewände — also offenbar auch Grenzraine — im Zweifel für ein gemeinschaftliches Gut der Nachbarn anzusehen.[42] Nach dem Grundsatz des §. 828 darf zwar kein

---

fessoria nicht denkbar ist, noch nicht folgt, daß auch die Negatoria nicht denkbar sei. L. 3. §. 3 D. de O. N. N. beweist nur, daß dem Socius auch die obligatorische Klage zu Gebote steht: »prohibebo communi dividundo«.

40) L. 31. § 7. D. de neg. gest. 3. 5, L. 4. §. 3. 4. D. si s. vind. 8. 5: victoria et aliis proderit; L. 6. §. 4. eod. si aedes plurium dominorum, an in solidum agatur, Papinianus ... ait, singulos dominos in solidum agere..., Hesse II. S. 255, Steinlechner S. 157, Dernburg §. 223 N. 9. und die daselbst cit. Erk. des O. Tribunals; eine andere Ansicht verlangt einen Mehrheitsbeschluß. Dasselbe gilt von der a. fin. regund. L. 4. §. 5 D. fin. reg. 10. 1, dazu Hesse II §. 63. Vindiziren kann Jeder nur seinen Antheil. L. 6. 8. 76 D. de vind. 6, 1; das Detentionsrecht ist nach Note 22 zu beurtheilen.

41) Vgl. L. 8. 13. pr. §. 1, L. 19. §. 1. 2 D. de S. P. U. 8. 2, L. 27. §. 10 D. ad leg. Aquil. 9. 2, L. 12. D. comm. div. 10. 3 u. a. Vgl. Ruete, Die Rechtsverhältnisse hinsichtlich gemeinschaftlicher Mauern (1833), Hesse, Nachbarrecht §§. 51. 65, S. 256 flg., Schmid S. 7 flg., Roth II. §. 120, S. 64 flg., Windscheid §. 169. a., N. 4. — Vgl. auch böhm. Stadtr. K. 29. 30; §§. 118 flg., §§. 133—136. 149. 160 flg. I. 8. preuß. L. R.; über das franz. Recht Art. 665 flg., Zachariä §. 239, Kohler a. a. O. S. 195 flg.; ferner Art. 551 flg. des ital. §. 367 des sächs. u. §§. 609. 610 des zürich. G. B.

42) Ähnlich nach preuß. L. R. 8. I. §§. 152. 160, Förster §. 170, N. 45 flg., Roth §. 120, S. 66; vgl. §. 366 sächs. G. B., Art. 653 Code civ. Das Rechtsverhältniß der Nachbarn ist nach römischem Recht unzweifelhaft als Miteigenthum pro indiviso aufzufassen, wie die unten citirten Stellen darthun, vgl. Hesse II. S. 187. 256, Schmid S. 7 flg., Windscheid a. O., Roth II. S. 68. Dieselbe

Nachbar gemeinschaftliche Grenzraine und ähnliche Scheideplätze eigenmächtig beseitigen, schmälern oder zweckwidrig benutzen.[43] Allein eine auf wirthschaftlichen Gründen beruhende Modifikation der Konsequenzen der communio pro indiviso in Ansehung der Benutzung enthält der §. 855 insofern, als jeder Mitbesitzer kraft eigenen Rechtes die gemeinsame Wand oder die gemeinsamen Hecken, Privatbäche (s. Gesetz vom 30. Mai 1869 Nr. 93, §§. 5. 14), Grenzplätze und Grenzraine bis zur Hälfte (Mitte) derselben von seiner Seite her auf eine der Bestimmung der Sache nicht zuwiderlaufende, dem Nachbar unnachtheilige Weise benutzen darf. Insbesondere kann der Mitbesitzer in der gemeinschaftlichen Wand bis zur Mitte (Hälfte) Blindthüren und Wandschränke dort anbringen, wo auf der anderen Seite noch keine angebracht sind (§. 855),[44] ebenso kann jeder Mitbesitzer eines Grenzraines, Grenzzaunes oder Grenzbaumes die Früchte desselben (Gras u. s. f.) bis zur Hälfte für sich nehmen. Dies ergiebt sich aus der identischen Auffassung der Grenzmauern und Grenzplätze in §. 854 und aus den §§. 5 und 14 des Reichs-Wassergesetzes.[45] Da

---

Auffassung ist für das preuß. und die übrigen modernen Legislationen maßgebend gewesen. Vgl. die folgenden Noten. Dagegen nehmen viele bayer. Statuten getheiltes Miteigenthum an, wie Roth a. O. N. 32 u. 80 darlegt. — In welchen Fällen die Vermuthung für das Alleineigenthum an Grenzscheiden spricht, darüber s. §. 857 A. B. G. B., für das gemeine Recht vgl. Hesse II. 188.

43) Vgl. §§. 118. 119. I. 8. preuß. L. R., Förster III. S. 147, dazu Steinlechner 2. §. 35. und neuest. Nr. 8132 Gl. U. W.

44) Wesentlich ebenso nach §§. 135. 136. I. 8. preuß. L. R., §. 367 sächs., §§. 609. 610 zürich. G. B.; ähnlich Art. 657. 662 des franz., Art. 551. 552. 557 des ital. Cod. — Schon nach röm. Recht hatte der Nachbar ein ähnliches (wenn auch nicht soweit gehendes) selbständiges Benutzungsrecht der Halbseite der gemeinschaftlichen Mauer, vgl. L. 13. §. 1. L. 19. §. 1. 2 D. de S. P. U. 8. 2 (Rechte des Verputzes, der Bemalung, der Treppenanlehnung), L. 27. §. 10 D. de lege Aqutl. 9. 2 (Anlehnung des Ofens), L. 12. D. comm. div. 10. 3. (Balkeneinlassung), L. 35. 36. 40. §. 1 D. d. i. c. 39. 2 (Mauerstützung), cf. L. 52. §. 13 D. 17. 2, dazu Hesse II. S. 257, Roth II S. 69, Steinlechner S. 191, Miescher S. 188 flg.

45) Unter „gemeinschaftlichem" Eigenthum versteht das Gesetz (§§. 361. 825 flg 833) nur die c. pro indiviso. Irrig faßt Unger I. S. 414, N. 18 (dem ich in der 1. Aufl. des Besitzes beistimmte) die Fälle der §§. 854—856 als Fälle der communio pro diviso, wohl verleitet durch die Gewährung des halbseitigen Benutzungsrechtes. Allein hierin liegt nur eine Modifikation der Konsequenzen der c. pro indiviso, welche in ähnlicher Weise schon im röm. Recht anerkannt ist. Vgl. L. 13. §. 1 D. 8. 1. Parietem communem incrustare (verputzen) licet . . . sicut mihi, pretiosissimas picturas habere; L. 19. §§. 1. 2. D. eod.: Scalas posse me ad parietem communem habere. (Vgl. dazu Hesse I. S. 256. 257, Wind-

das Gesetzbuch nur die dem Nachbar unnachtheilige Benutzung der einen Hälfte der gemeinsamen Sache gestattet, so versteht es sich, daß jede anderweitige eigenmächtige Verfügung über die Substanz, z. B. durch Einreißen der Maner, Abackern des Grenzraines u. dgl., als Eingriff in den Mitbesitz mit der Negatoria, bezieh. mit der Besitzklage abgewehrt werden kann. (Fälle dieser Art geben in der Praxis häufig Anlaß zu possessorischen Prozessen; vergl. Nr. 1905. 2301. 6465, dazu 6242. 7311. 8132. 8216 der Samml. Gl. U. W.)

In den erwähnten Fällen ist das Alleineigenthum mit dem Miteigenthum in einer eigenthümlichen Verbindung; das Letztere erscheint als Accessorium des Alleineigenthnms an den Nachbargrundstücken.[46] Über Grenzerneuerungen vgl. §§. 850 flg. und meinen Besitz (3. A.) S. 175 flg.

7) Kraft des Miteigenthums ist jeder Theilhaber, dessen Eigenthum nicht durch Bedingung, Modus oder auf Zeit beschränkt ist,[47] in der Regel jederzeit berechtigt, die reelle Theilung der gemeinschaftlichen Sache zu verlangen, beziehentlich wenn dieselbe gar nicht oder doch nicht ohne beträchtliche Verminderung des Werthes getheilt werden könnte, die gerichtliche Feilbietung der gemeinschaftlichen Sache zu begehren (§§. 830. 843).[48] Es ist dies die natürliche,

---

scheid § 169 a. Note 4.) Auch im preuß. Rechte ist das Miteigenthum an Grenzmauern u. s. w. ein intellektuelles. Vgl. § 133—136 I. 8, Förster II. §. 170 S. 151 (anderer Ansicht aber Dernburg § 215, N. 13 u. Roth § 120. N. 32), ebenso nach sächs. und zürich. G. B., wie die Stellung der §§. 367. bez. 609 darthut, sowie nach franz. u. ital. Recht. — Für die comm. pro indiviso spricht auch §. 421 G. B., welcher bezüglich des stehenden Baumes (anders als das röm. Recht L. 7. §. 13. L. 8 D. 41. 1) übereinstimmend mit §. 286. I. 9. L. R. unzweifelhaft ungetheiltes Miteigenthum anerkennt. Am gefällten Baum nehmen Viele mit Bezug auf L. 83. D. 17. 2. comm. pro indiviso an. Vgl. Pagenstecher, Eigenthum II. 145, Vangerow, §. 329, dagegen Windscheid, a. O. §. 142, Steinlechner 2, S. 36; dazu Förster § 173, N. 44, Gruchot VII. S. 122. — Von den österr. Kommentatoren spricht sich Stubenrauch I. S. 1131 u. Nr. 7662 Gl. U. W. in unserem Sinne aus; farblos Kirchstetter S. 210.

46) Vergl. Roth II. S. 64. Ein Zwang zum Eintritt in solche Gemeinschaft findet nach österr. R. so wenig statt als nach röm. R. —, anders nach manchen Partikularrechten, s. Roth a. O. — Richtig führt Roth N. 79 gegen Elvers, Serv. S. 424 aus, daß die gemeinschaftlichen Mauern nicht als selbständige Grundstücke angesehen werden dürfen.

47) Daß der durch Modus oder Zeit beschränkte oder bedingte Eigenthümer zur Theilungsklage nicht berechtigt ist, ergiebt die Vergleichung der §§. 828—830. Vgl. auch das Erk. des O. G. H. v. 3. Apr. 1878, G. Z. 1879 Nr. 36 u. Nr. 11756 Samml.

48) Bei Häusern wird daher die Aufhebung der Gemeinschaft regelmäßig nur

der Freiheit des Eigenthums zustrebende Lösung der Gemeinschaft, von welcher es bekanntlich mit Recht heißt: c. mater rixarum![49] Nur zur „Unzeit" oder zum (augenblicklichen) „Nachtheile der Übrigen" soll das Recht auf Aufhebung der Gemeinschaft nicht geltend gemacht werden und muß sich der Theilhaber in beiden Fällen einen angemessenen Aufschub gefallen lassen (§. 830).[50] Dieses unverjährbare Recht (§. 1481) ist (nach unserem B. G. B.) seiner Natur nach ein dingliches, da es ein Ausfluß des Eigenthums, ein Recht selbst zu handeln ist, und unmittelbar die Sache ergreift. Die diesem Rechte entsprechende Verpflichtung der übrigen Miteigenthümer ist eine bloß negative, passive.[51] Nicht die Pflicht, die Theilung zu gestatten, sondern das — von der Mitwirkung der Übrigen unabhängige — Recht, die Theilung vorzunehmen, ist das Primäre.[52] Faßt man

im Wege der Feilbietung erfolgen können. Vgl. Nr. 363 Samml. Gl. U. W. Über die Theilbarkeit vgl. N. 57 flg. Da sich das Veräußerungsrecht auf das Ganze und nicht etwa bloß auf den Idealantheil des Theilhabers bezieht, hätte bei dem klaren Wortlaut die Tendenz und die historische Grundlage des Gesetzes (§. 843) nie bestritten werden sollen, zumal im Hinblick auf §. 829 G. B.! Zur Veräußerung des Antheils bedarf es keiner Intervention des Richters (§. 829)! Vgl. gegen die abweichende Ansicht Winiwarter's 3. S. 469 schon Wildner a. O. S. 396 flg. Kitka, G. Zeit. 1857, Nr. 126, 127, Stubenrauch I. S. 1122, Kirchstetter S. 423 und die allgem. Praxis: Nr. 180. 3016. 3372. ꝛc. Samml. Gl. U. W.

49) Doch sind die §§. 830 u. 843 G. B. auf Gütergemeinschaft der Ehegatten §§. 1234 flg.), welche nur auf den Todesfall verstanden wird, nicht anwendbar. Vgl. §. 21 d. B. u. Nr. 11783. 5746 Gl. U. W., anders Nr. 5897.

50) Fälle dieser Art können z. B. eintreten: bei anzuhoffender Preissteigerung wegen Bahnverbindung (Nr. 6053 Gl. U. W.), zu Kriegszeiten, bei industriellen oder Handelskrisen, bei unverschuldeter Abwesenheit einiger Theilhaber u. s. f.

51) Das Petit wird gewöhnlich dahin gestellt (s. Nr. 3461 Samml. Gl. U. W.): der Geklagte sei schuldig, die wirkliche Theilung vorzunehmen und den Realantheil herauszugeben, widrigens die Theilung durch das Gericht vorgenommen werden würde. Allein richtiger sollte es lauten: die Theilung zu gestatten. Bei der Verpflichtung zu einem Thun müßte die Exekution ad factum praestandum durch Geld- und Arreststrafen stattfinden. Eine Obligation besteht nur, soweit es sich um Prästationen wegen Impensen ꝛc. und ähnliche aus dem Bestande der Gemeinschaft folgende Prästationen handelt. — Die Kosten der Theilung sind von allen Theilhabern zu tragen. Vgl. Nr. 6365 Samml. U. W. W. Pf.

52) Bei den Obligationen ist die Verpflichtung, zu leisten, bei den dinglichen Rechten aber — die Befugniß, selbst zu handeln, das Primäre. Vergl. Sohm, Grünhut's Zeitschr. IV. S. 457 flg. Mit Recht bezeichnet daher der §. 1481 G. B. das Theilungsrecht als Ausfluß des Rechtes des Eigenthümers, „mit seinem Eigenthum frei zu schalten", und darum gleich dem Eigenthumsrechte für unverjährbar (§§. 1459. 1481). Die herrschende Meinung betrachtet zwar das Theilungsrecht als ein obligatorisches (vgl. z. B. Arndts §. 320, Windscheid §. 449, Z. 3, Eck, Klag. S. 98 ff., Steinlechner 2. §§. 29 flg.) und zwar als eine obligatio quasi

indeß die Theilungspflicht als eine obligatorische auf, dann erscheint dieselbe aktiv und passiv als eine Zustandsobligation.[53] Eine wahre Obligation besteht nur, soweit es sich um Ersatz der Impensen und ähnliche aus der Gemeinschaft zufolge besonderer Gründe sich ergebende Prästationen handelt.[54]

Ob die Sache physisch untheilbar, bezieh. nur mit beträchtlicher Werthverminderung theilbar sei (§. 843), ist eine Thatfrage. Grundstücke sind h. T. nach Aufhebung der die Theilbarkeit des bäuerlichen und landtäflichen Grundbesitzes beschränkenden Vorschriften durch die Landesgesetze durchwegs theilbar.[54a] (Vgl. L. G. v. 20. Dezember 1869 für Böhmen, v. 30. September 1868 für Mähren, vom 24. September 1868 für Schlesien, v. 27. Oktober 1868 für Nieder-

---

ex contr.; als Grund derselben wird zumeist die Zweckmäßigkeit (Billigkeit: comm. mater rix.) angeführt. Steinlechner §. 31 findet das Wesen der res, welche den Grund der Comm. Obligation bilde, darin: daß der Werththeil jedes Genossen „in der gemeinschaftlichen Sache und dadurch zugleich im Vermögen des anderen Genossen stecke" — und zwar sine causa (S. 149 flg.), woraus von selbst das Recht und die Pflicht zur divisio folge. Allein diese „Gebundenheit des Werththeils" in der gemeinsamen Sache ist ebenso wenig eine ungerechtfertigte (sine causa), als (wie St. selbst S. 148 zugiebt) die gemeinsame res »sine causa in dem Vermögen des Einen oder des Anderen steht". Richtiger fassen es Neuere als ein dingliches Recht auf (dem Keime nach schon Bekker, Aktionen I. S. 229 flg. 240 flg., Brinz I. S. 708 flg. u. 277 [2. Aufl.] besond. Kohler S. 182 flg.) oder reihen dasselbe unter die „Grenzfälle der Obligation" (Hartmann, die Obligation S. 141 flg.; gegen Letzteren ist allerdings mit Sohm a. O. 472. N. 31 zu bemerken, daß die Verbindlichkeit, welche im „Gewande" des dinglichen Rechts auftritt, keine Obligation im Sinne des R. R. ist).

53) Daß diese Gattung von Obligationen auch dem R. R. geläufiger ist, als man gewöhnlich annimmt, darüber vgl. Ihering, Jahrb. f. D. X. S. 516 flg., 562 flg.

54) Die actio comm. div. umfaßt sowohl das (dingliche) Theilungsrecht als auch die oben gedachten (oblig.) Prästationen, und wohl darum sagt §. 20 J. de act. 4. 6, daß sie tam in rem quam in personam gehe, mixtam causam obtinere videtur. (Vgl. l. 1. D. 10. l.) Ähnlich reflektiren auf den Klagegrund: Brinz, Bekker a. O., wohl auch Savigny V. S. 36, während Eck S. 91 flg., jene Kombination auf den Erfolg der Klage: Begründung dingl. R. und oblig. Leistungen bezieht. Gegen diese und andere Ans. f. Steinlechner 2. S. 130 flg. Dieser erblickt S. 140 in der a. comm. d. das Mittel, wodurch den Genossen der entsprechende „Werththeil in irgend einer selbständigen Form (Sachtheil, Erlös ꝛc.) herausgesetzt wird"; die Theilung stellt sich also (?) heraus als die Verwirklichung des dem Miteigenthum als wirklichem E. entsprechenden Zustandes", und insofern sei die (an sich persönliche) Klage »in rem«. Allein wodurch ist dies „also" gerechtfertigt? Gegen St. spricht dieselbe Einwendung, die er S. 139 flg. gegen Eck erhebt: daß die Theilung nicht zur Gewährung eines dinglichen R. (Herstellung einer res. S. 142) führen müsse. S. auch Eck, Krit. V. 21 S. 120.

54a) Nur in Nordtirol besteht noch das Verbot.

österreich u. a. (s. §. 23. 3 d. B.).[55] Ob die etwa nothwendige Herstellung neuer Wirthschaftsgebäude für die einzelnen Theile eine beträchtliche Werthverminderung (§. 843) zur Folge haben würde, ist nach Besonderheit des Falles allenfalls unter Beiziehung von Sachverständigen zu beurtheilen.[56] — Häuser bilden mit dem Grunde ein physisch untheilbares Ganzes. Es ist daher kein abgesondertes Eigenthum am Grunde und an der Superfizies möglich (§§. 417—419 A. B. G. B.). Denn Eigenthum setzt selbständige Sachen als Objekt voraus. Aus eben denselben Gründen ist ein abgesondertes Eigenthum an verschiedenen Stockwerken oder gar an einzelnen Zimmern (also condominium des Hauses pro diviso) unmöglich; denn weder ein Stockwerk, noch ein Zimmer ist eine selbständige Sache, sondern beide bestehen nur in und mit dem Hause.[57] Diese nun mit dem Gesetz vom 30. März 1879 Z. 50 zur ausdrücklichen Anerkennung gelangte Anschauung liegt schon den Bestimmungen des A. B. G. B. (§§. 417—419) zu Grunde, welche ausnahmslos den Grundsatz festhalten, daß das Eigenthum des Grundes und des Hauses jederzeit un-

55) Seit dem Wegfall dieser Theilungsverbote giebt es, abgesehen von dem Falle der §§. 843 u. 624 G. B., keine bloß rechtlich untheilbaren Sachen. Die Theilbarkeit wird dadurch nicht aufgehoben, daß zu Veräußerungen oder Theilungen der behördliche Konsens erforderlich ist, z. B. nach §. 21 des Forstges. v. 1853 bei Gemeindewaldungen.

56) Vgl. den Rechtsfall Nr. 649 Samml. Gl. U. W., in welchem die Untheilbarkett einer Realität gemäß §. 843 G. B. darum angenommen wurde, weil dadurch ein Sechstheil des Werthes in Wegfall gekommen wäre. Die unverhältnißmäßige hypothekarische Belastung eines Gutes kann nicht als Grund der rechtlichen Untheilbarkeit angesehen werden, obwohl die Hypotheken auf allen Theilrealitäten als Simultanhypotheken einzutragen sind, sofern die Gläubiger nicht ausdrücklich oder im Provokationsverfahren stillschweigend in die lastenfreie Abtretung willigen. Ges. v. 6. Februar 1869 Nr. 18. — Gegen Voreinleitungen behufs reeller Theilung eines Guts haben die Hypothekargläubiger kein Einspruchsrecht. Vgl. Nr. 5275 Samml. Gl. U. W.

57) Das ausdrückliche Verbot der Theilung von Häusern nach materiellen Bestandtheilen besteht für Böhmen erst seit der M. Verordn. v. 27. December 1856 Z. 1 R. G. Bl. 1857, §. 1: „die Theilung der Häuser nach materiellen Bestandtheilen ist für die Zukunft verboten.“ Für andere Länder bestehen besondere Verbote; so die M. Ver. v. 8. Febr. 1853, Z. 25. R. G. Bl. für Salzburg. Ausgedehnt wurde das Verbot mit Ges. v. 30. März 1879, Z. 50 auf alle Länder, in welchen das allgem. Grundbuchgesetz Geltung hat. Die Fassung ist nun genau: „An materiellen Theilen eines Gebäudes, welche nicht so beschaffen sind, daß sie als selbständige körperliche Sache angesehen werden können, ... kann ein selbständiges Eigenthum nicht erworben werden“. Früher erworbene Rechte (Antheile) können weiter übertragen werden. Daher besteht das vordem an Theaterlogen, Kellern erworbene E. fort, s. Nr. 5696. 9109. 11940. Gl. U. W. Dazu s. Krainz §. 91.

getheilt in Einer Haud verbleibt.[58] Vertikale Scheidung ist nicht absolut unzulässig, ein Fall, den wohl §. 842 G. B., welcher von der Theilung von Gebäuden spricht, vor Augen hat. Die nach den älteren Landesrechten erworbenen Eigenthumsrechte an physischen Theilen eines Gebäudes bleiben allerdings in Geltung; eine weitere Zerstückung ist jedoch untersagt und wenn eine Vereinigung solcher Theile zu Stande kommt, so kann eine Trennung oder abgesonderte Belastung derselben nicht mehr vorgenommen werden (Gesetz vom 30. März 1879). Dies gilt insbesondere auch von derartigen, aus älterer Zeit stammenden Theaterlogen (Nr. 5696 Samml.), Kellern (Nr. 9409. 11940. Samml.), Grüften (Nr. 6677 [?]. 9063), Kirchenstühlen (Nr. 9926. 5861) u. dgl.; ob in einzelnen Fällen nicht bloß ein dingliches Benutzungsrecht vorliegt, ist Thatfrage. (Vgl. §. 3 d. B.)

Der Theilung steht bisweilen die wirthschaftliche Bestimmung und die rechtliche Unselbständigkeit der gemeinschaftlichen Sache entgegen.[59] So insbesondere bei gemeinschaftlichen Originalurkunden, welche nach §. 844 G. B., „wenn sonst nichts im Wege steht", bei dem

58) Vgl. Zann, C. Arch. 43. B. S. 212 flg., Unger I. S. 45, N. 23, Sintenis §. 43, Zimmermann, Civ. Arch. 54, S. 421 flg. Dasselbe gilt vom natürlichen Zuwachs; namentlich von Bäumen. Vgl. Entsch. Nr. 1811 Samml. Gl. U. W. — Aus den §§. 417—419 A. B. G. B. geht mit Bestimmtheit hervor, daß das österr. Recht die Grundsätze des röm. Rechtes angenommen hat. Ein materiell getheiltes Eigenthum an Häusern hätte daher schon nach Inhalt des A. B. G. B. für unzulässig erkannt werden sollen. Trotzdem wurde in einzelnen Städten, z. B. in Prag und Salzburg, der alte Abusus der materiellen Theilung der Häuser auch unter der Herrschaft des neuen G. B. fortgeschleppt, bis endlich die in der vorigen Note citirten Ministerialverordnungen demselben steuerten. — Das deutsche Recht kennt zwar einen Besitz an Häusern pro diviso (Walter, D. R. Gesch. S. 583, Bluntschli, D. Priv. R. §. 57, Nr. 3) und ebenso der Code Napoléon art. 664 (a. A. Zann S. 218, N. 15); wohl auch das preuß. R. §§. 98. 221. I. 9 und §. 199 flg. I. 22, welches ein getrenntes Eigenthum an Grund und Boden einerseits und Häusern und Früchten andererseits ausdrücklich anerkennt (Koch S. 170, Dernburg §. 150, und das von Dernburg daselbst Note 9 cit. Erk. des Obertribunals Nr. 1570, Förster §. 168, N. 34 u. 35). Allein diese Abnormität ist dem österr. Rechte, das sich hier an das logisch und ökonomisch allein richtige Prinzip des röm. Rechtes anschloß, fremd.

59) So bei „gemeinschaftlichen Scheidemauern, Grenzzeichen" (§. 844 G. B.), daher wohl auch bei Grenzrainen, soweit sie nicht durch andere Marken ersetzt werden), auch bei gemeinsamen Hauszugängen L. 19. §. 1. D. comm. div. 10. 3, gemeinschaftlichen Brunnen, seltener wohl bei Grenzwinkeln zwischen zwei Häusern, Dernburg §. 224 N. 1 (§. 120 I. 8 beweist dies wohl nicht).

ältesten Theilnehmer niederzulegen sind, während die übrigen beglaubigte Abschriften erhalten; jeder Theilhaber hat auch das Recht, die Herausgabe derselben (Edition) behufs zeitweiliger Benutzung insbesondere in Streitfällen zu verlangen. (Vergl. dazu Nr. 4036 und 11107 Samml. Gl. U. W. Pf.)[59a] Die Theilung kann auch durch Rechtsgeschäft nur auf Zeit — niemals auf immerwährende Zeiten (§. 832) — durch Verzicht ausgeschlossen sein.[60] Insbesondere erlischt die vertragsmäßige Verbindlichkeit zur Einhaltung der Gemeinschaft mit dem Tode der Kontrahenten (§. 831) und die letztwillig verordnete Verpflichtung zur Gemeinschaft mit dem Tode der ersten Theilhaber (§. 832). Auf die Erben derselben geht daher der Zwang zur Gemeinschaft nicht über (§§. 831. 832) — selbst wenn dieselbe auf immerwährende Zeiten geschlossen oder verordnet worden wäre.[61] Ist die Gemeinschaft auf unbestimmte Dauer geschlossen, so

---

59a) Nach dem Entw. Horten's 19 II. §§. 12. 13 sollten dergleichen Urkunden bei demjenigen verwahrt werden, der den größten Antheil (an der Erbschaft) hat, bei gleichen Antheilen bei dem Ältesten, sofern nicht „erhebliche Bedenken wider ihn vorwalten"; Letzteres gilt auch von „Familienurkunden". Doch soll der Verwahrer den Miterben die Urkunde „bei erfordernder Nothdurft zum nöthigen Gebrauche ausfolgen." Der §. 34 II. 19 des Entw. Martini enthält schon die gegenwärtige Norm des §. 844 G. B. Die Protokolle bieten Nichts von Bedeutung.

60) Daß im §. 830 G. B. unter dem „Austreten aus der Gemeinschaft" die Aufhebung derselben und nicht die Veräußerung des Antheils zu verstehen ist, welche dem Genossen jederzeit freisteht (§. 829), kann nicht zweifelhaft sein. Stubenrauch S. 1107.

61) Bei der Erwerbsgesellschaft (§. 1208) und der (offenen und Kommandit-) Handelsgesellschaft (Art. 123. 171 H. G. B.) kann die Verpflichtung auf die Erben ausgedehnt werden. Die auf Lebenszeit geschlossene Handelsgesellschaft gilt als auf unbestimmte Dauer geschlossen. Diese Bestimmungen entsprechen der Freiheit des Individuums und des Verkehrs. — Auch nach röm. Recht ist nur der Verzicht auf Zeit gültig; der Verzicht überhaupt ist wirkungslos. L. 14. §. 2 D. h. t. 10. 3. Si conveniat inter socios, ne omnino divisio fiat, hujusmodi pactum nullas vires habere manifestissimum est; sin autem in certum tempus, quod et ipsius rei qualitati prodest, valet. Die Zeit muß also den Verhältnissen und Bedürfnissen des Falls entsprechen. Windscheid §. 449, N. 14. — Auch nach preuß. R. §. 75. I. 17 ist der Theilungsverzicht überhaupt (für beständig oder auf unbestimmte Zeit) ungültig; gültig dagegen der zeitliche Verzicht. Arg. §§. 118. 121. 289. I. 17, welche wohl ein allgemein anwendbares Prinzip aufstellen. Theilweise abw. Dernburg §. 224. N. 2. — Nach sächs. G. B. (§. 338) bindet der Theilungsverzicht die Erben nicht. Ein Verzicht auf immer oder (!) auf unbestimmte Zeit verpflichtet nur auf zwanzig Jahre. — Auch das franz. Recht anerkennt nur zeitlichen Theilungsverzicht; insbes. erlischt jeder Theilungsverzicht und das Theilungsverbot nach Ablauf von fünf Jahren, vorbehaltlich neuer Übereinkunft, Art. 1660. Vgl. Zachariä-Puchelt §. 197, N. 19. 20. 21. Ähnlich das ital. G.

kann sie jederzeit (nur nicht zur Unzeit) gelöst werden (§§. 830. 1202). — Rege Bedenken weckt die Frage, ob der zeitliche Ausschluß des Theilungsrechtes auch die Singularsuccessoren des Miteigenthümers bindet? Das römische Recht bejaht die Frage[62] und zwar mit Recht, da das diesfällige Abkommen kein bloß obligatorischer, sondern ein dinglicher, das Eigenthum (dingliche Theilrecht) beschränkender Vertrag ist. Dasselbe gilt von Vereinbarungen über die Ausübung des Miteigenthums (vergl. Seuff., Arch. 34 Nr. 9), sowie auch vom letztwilligen Theilungsverbote. Allerdings ist aber der Eintritt der dinglichen Wirkung nach dem Eintragsprinzip (§§. 443. 445 G. B.) durch die Verbücherung des zeitlichen Theilungsverzichtes bedingt und wird bei Mobilien in Konsequenz der §§. 367. 456. 468 G. B. der gute Glaube des Erwerbers geschützt.

Die Theilung kann von den Theilhabern selbst vorgenommen werden, jedoch nur durch Stimmeneinhelligkeit (§. 841: „zur Zufriedenheit eines jeden Sachgenossen"). Können die Miteigenthümer nicht einig werden, so entscheidet über die Klage eines Theilhabers das Gericht.[63] Kompetent ist das Real-Gericht §. 53. Jur. Norm.

B. Art. 681, welches aber die Frist von zehn Jahren substituirt und dem Richter auch vorzeitige Aufhebung gestattet.

62) Vgl. L. 14. §. 3 D. comm. div. 10. 3: quare emptor quoque communi dividundo agendo eadem exceptione (se ne intra certum tempus societas divideretur) summovebitur, qua auctor ejus summoveretur cf. L. 14. §. 1. eod. u. L. 16. §. 1 D. pro socio 17. 2. Vgl. auch Windscheid §. 449, N. 14 u. Seuff, Arch. 34, Nr. 9. Die übliche Auffassung des Verzichtes als bloß obligatorischen Vertrags würde diese Wirkung nicht erklären, daher Kohler a. O. S. 178 flg., mit Recht demselben ebenso die dingliche Natur vindizirt, wie ähnlichen Vereinbarungen über die Art der Benutzung der gemeinschaftlichen Sache (per turnum) oder der Ausübung einer Servitut (L. 4. §. 1. 2. D. de serv. 8. 1.).

63) Der §. 841 erwähnt zwar auch das Loos oder den Schiedsmann; allein diese — wie auch andere — Entscheidungsarten setzen einstimmigen Beschluß der Gesellschafter voraus. Daß der österr. Richter die Theilung nicht im außerstreitigen Verfahren vornehmen dürfe — gleichviel ob es sich um das Ob oder nur um das Wie der Theilung handelt, ist anerkannt. Vgl. Nr. 3457 Samml. Gl. U. W., Stubenrauch S. 1110. — Nach röm. R. wird die diesfällige Thätigkeit des Theilungsrichters trotz der Klagsanstellung mehr als ein Akt der freiwilligen Gerichtsbarkeit aufgefaßt, nnd zwar auch dann, wenn ein Theilhaber sich der Theilung überhaupt widersetzt. Im Grunde bedarf es wenigstens in dem Falle, daß die Parteien darüber einig, daß, — und nur darüber uneinig sind, wie getheilt werden soll, keines prozessualischen Verfahrens, und mit Recht fassen daher in diesem Falle Zimmermann, Arch. 34, S. 195 flg., u. Eck, Doppelseitige Klag. S. 146 die

und V. vom 17. März 1860, Nr. 67 G. Bl. Vgl. Nr. 5694 Gl. U. W. Die Realtheilung erfolgt durch Zuweisung eines verhältnißmäßigen physisch abgesonderten Theiles anstatt des ideellen Antheiles.[64] Die intellektuellen Antheile werden in proportionelle reelle Theile umgesetzt.[65] Hierbei sind die Theilhaber gegenseitig

---

richterliche Theilung als Exekutionsverfahren auf. — Auch nach preuß. R. gilt das Theilungsverfahren als ein Akt der freiwilligen Gerichtsbarkeit; nur über streitige Fragen entscheidet der Prozeßrichter; übrigens kann ein jeder Theilhaber nach der Subhastationsordn. v. 15. März 1869 ohne vorgängige Klage die Feilbietung der Sache verlangen, wenn er sein Miteigenthum in authentischer Form nachweist. Vgl. Dernburg §. 223, S. 478, Förster, S. 271.

64) Doch hat der Richter nach österr. Rechte (§§. 841. 842—843) bei der Realtheilung nicht in dem Maße freie Hand wie nach röm. R., nach welchem er die Sache nicht bloß körperlich theilen, sondern auch die mehreren Sachen unter die Theilhaber nach Ermessen vertheilen, auch einem Theilhaber die ganze Sache und dem andern bloß eine Entschädigung zusprechen oder die Sache Dritten verkaufen und nur den Kaufschilling vertheilen kann. Vgl. §. 5. J. de off. jud. 4. 17, c. 3. C. 3. 37. L. 6. §. 8—10. D. h. t. 10. 3, dazu Arndts §. 320, Windscheid §. 449. 3. Vielmehr hat der Richter die reale Theilung vorzunehmen, wobei ihm allerdings freisteht, die Werthdifferenzen der Antheile durch Geldentschädigungen u. s. f. auszugleichen, nach Bedarf auch Pfandrechte und Servituten zu bestellen (§. 842). Die Vertheilung selbständiger Parzellen eines einheitlichen Grundbuchskörpers erscheint nach österr. R. als eine Theilung (Parzellirung). Mit Recht hat der O. G. H. Nr. 3016 Samml. Gl. U. W. das Begehren auf Zuweisung je eines von zwei gemeinschaftlichen Häusern an jeden Theilgenossen gegen Werthausgleich im Gelde zurückgewiesen und die Feilbietung beider verordnet. — Das sächs. G. B. (§. 341) u. das zürich. G. B. (§. 564 flg.) folgen dem röm. R., während das franz. u. ital. Recht (art. 1686, cfr. 826 flg. Cod., bezieh. art. 684. 987 flg.), dem österr. R. nahekommen.

65) Das Geschäft hat also die Natur eines Permutationsgeschäftes: Tausches oder Innominatkontrakts und bewirkt Succession. Bei der vertragsmäßigen Übernahme der ganzen Sache durch einen Mitgenossen gegen Abfindung der Übrigen in Geld liegt ein Kaufvertrag vor: dieser kauft nämlich die ihm nicht gehörigen Antheile. Vgl. Göppert, Miteig. S. 53 flg., 66 flg., Förster §. 182, N. 81, Eck, Dopp. Klag. S. 105 flg., gegen Koch, Recht d. Forderungen III. S. 653, vgl. noch §. 343 sächs. G. B. — Mit Geschick durchgeführt, aber unhaltbar ist die an Koch sich anschließende Auffassung Steinlechner's, Jur. Comm. 2. §§. 22—24, welcher in der Theilung keine Succession, kein Permutationsgeschäft (Kauf, Tausch der pars), sondern Konsolidation zufolge Wegfalls der durch die gleiche Berechtigung der anderen Genossen auferlegten Beschränkung, — eine Verbindung von Accrescenz und Permutation findet. Gegenstand der „Veräußerung" sei die Befreiung von dieser Beschränkung und deren Wirkung (?), die Translation. Allein diese Auffassung sucht Unmögliches zu verbinden; sie verträgt sich nicht mit der Auffassung des röm. und österr. R., welche von einer Übertragung, Verpfändung, Kauf, Tausch, überhaupt von Veräußerung (und zwar nicht etwa im Sinne der Verzichtleistung, Steinlechner S. 102) d. Antheils (der pars), keineswegs von einer liberatio, Befreiung, Accrescenz 2c. sprechen u. dabei — was wesentlich ist — nicht unterscheiden, ob die pars einem Dritten oder einem Genossen veräußert wird. Vgl. L. 16—18. D.

zur Gewährleistung verpflichtet (§. 922),[66] gleichviel, ob die Theilung von ihnen oder vom Richter vorgenommen wird. Das Eigenthum geht nicht schon durch den Theilungsvertrag oder das Theilungsurtheil über, sondern erst durch Tradition, bezieh. bücherlichen Eintrag (§§. 425 flg., 436. 846 flg.).[67] Bezüglich der Möglichkeit der Anfechtung des Theilungsvertrages oder Urtheils gilt nach österr. Recht nichts Besonderes.[68] Ist die Sache physisch oder rechtlich untheilbar (§. 843), so erfolgt die Auseinandersetzung im Wege der gerichtlichen Feilbietung und verhältnißmäßigen Vertheilung des Meistbotes.[69] (Es versteht sich, daß der §. 843 G. B. weder auf die Ge-

---

de c. emt. 18. 1; c. 1. 2. 8. C. comm. 3. 38, c. 15. C. 3. 36. L. 7. §. 13. D. comm. div. 10. 3. L. 18. §. 2. L. 25. §6. D. fam. h. 10. 2; §§ 361. 828 B. G. B. Warum soll die Tradition der pars an Dritte wahre Tradition sein, jene an den Genossen dagegen darin bestehen, daß der Tradent „aus dem Mitbesitze ausscheidet, wodurch dann der Erwerber von selbst (?) Alleinbesitzer wird. Und wie, wenn, der Eigenthümer nicht Besitzer ist? St. irrt eben darin, daß er in der pars „nur die Beschränkung des R. des Einen durch das gleiche Recht des Anderen" erblickt. (S. 106.) S. dagegen auch Eck, Kr. V. Sch. 21 B. S. 118 flg.

66) Vgl. Stubenrauch II. S. 88. — So auch nach röm. R. vgl. L. 66. §. 3. D, de evict. 21. 2, c. 7. C. comm. 3. 38, Windscheid §. 392, N. 3, Arndts §. 320, N. 5, Steinlechner 2. S. 110; ebenso nach preuß. L. R. §. 97. I. 17, Dernburg §. 224, N. 11, Förster §. 182, N. 86; ebenso nach sächs. R. §. 2352. — Das Mittel der Verletzung über die Hälfte am Werthe ist nach österr. R. (§. 934) nicht ausgeschlossen; — anders nach preuß. R. §§. 111. 112. I. 17. Gemeinrechtlich ist die Frage streitig. (Dazu Steinlechner 2. S. 108, N. 2.)

67) Anders nach röm. R. Gaj. IV. §. 42, welchem in Ansehung der Mobilien das sächs. G. B. §§. 257 u. 277 folgt. — Nach preuß. R. (§. 103. I. 17) geht Eigenthum nur durch Tradition über, bezieh. bei der Privattheilung durch Auflassung; die Ansicht Dernburg's §. 224 a. E., daß dieselbe hier überflüssig sei, da ihre Wirkung durch die Dereliktion der Miteigenthümer ersetzt wird, ist gewiß nicht stichhaltig; s. auch Förster §. 182. N. 84, Göppert S. 46 flg., Eck S. 232. — Über die eigenthümliche Bestimmung des franz. Rechts Art. 883, derzufolge die Theilung nur als declaratio, dominium (partis pro diviso) antea acquisitum fuisse, welche dem älteren Rechte entlehnt ist und wohl hauptsächlich auf fiskalischen Gründen beruht, vergl. Zachariä-Puchelt §. 197, N. 27 und Alf. Renaud, L'effet de partages (1874) S. 31 flg.

68) Anders nach röm. R.; die außergerichtliche Theilung kann nur wegen Betrugs angefochten werden, c. 3. C. com. 3. 38, Arndts §. 320. Ähnlich nach preuß. R., §§. 112 flg. I. 17, Dernburg §. 224, N. 16. — Nach ital. R. art. 680 haben die Pfandgläubiger des Theilhabers ein Recht, bei der Theilung zu interveniren, bez. sie wegen Betrugs anzufechten.

69) Der Pfandgläubiger, dem ein Idealantheil verpfändet ist, hat dies Recht nicht. (Anders nach der preuß. Subhast. Ord. v. 1869, Dernburg §. 224, N. 8.) Daß die Feilbietung bei Untheilbarkeit der Sache das zweckmäßigste Mittel zur Auseinandersetzung der Theilhaber sei, hebt mit Recht Arndts §. 320 hervor: dem

meinschaft an physischen Theilen eines Grundstücks (s. Note 57. 58, dazu Nr. 7170. 7924 U. W. Pf.) noch auf die personelle Lösung (Änderung) der ideellen Gemeinschaft durch Verkauf eines Idealunterantheils ausgedehnt werden kann. Vgl. Nr. 5132 Samml. Gl. U. W.) Die Feilbietungsklage findet selbstverständlich auch gegen minderjährige Theilhaber statt (vgl. Nr. 5891 Samml. Gl. U. W.; so auch 20 III. 19 des Entw. Horten's). Die Veräußerung hat die Selbständigkeit (nach Umständen also die vorläufige bücherliche Abschreibung) des gemeinschaftlichen Objekts (vgl. Nr. 7170. 12176 Gl. U. W.) zur Voraussetzung. Bei der gerichtl. Feilbietung kommt den Theihabern kein Vorzugsrecht vor Dritten zu. (Anders noch bei Immobilien der Entw. Horten's 20 III. §§. 20. 21, dazu Note 8a.)

Die auf Aufhebung der Gemeinschaft insbesondere auf gerichtliche Feilbietung gerichtete Klage (sog. Theilungsklage, a. communi dividundo[70]) setzt voraus, daß Kläger und Geklagter als Miteigenthümer eingetragen sind (Nr. 1008. 7871. 9038 Samml.); das Theilungs-, richtiger Feilbietungs-Urtheil sind daher ebenso wie die exekutive Veräußerung Gegenstand der „Anmerkung" in den öffentlichen Büchern.[71] Die Anmerkung der Klage, bez. des Urtheils

röm. Recht ist aber die bindende Norm des §. 843 unbekannt. Nach röm. Recht hat auch der Richter zu entscheiden, ob zur Feilbietung nur die Theilhaber oder auch Dritte zugelassen werden sollen (c. 3. C. comm. 3. 37). Ähnlich nach sächs. Recht (§. 342). — Nach §. 89, I. 7, L. R. kann jeder Theilhaber auch bei theilbaren Sachen die Feilbietung verlangen, Koch III. S. 666. — Nach röm., sächs. und zürich. G. B. ist Alles dem richterlichen Ermessen anheimgegeben (s. N. 64); die Bedenken Bluntschli's Komm. III. S. 84 gegen das System des österr. und preuß. G. B. sind erfahrungsmäßig kaum gegründet. — Wegen Einheit des Grundbuchskörpers kann nicht theils auf Verkauf, theils auf Theilung verschiedener Parzeilen geklagt werden. Vgl. Nr. 12176 Samml.

70) Diese Klage bezielt übrigens nach röm. R. nicht bloß die Theilung, sondern dieni zur Geltendmachung aller aus der Gemeinschaft entspringenden wechselseitigen Ansprüche der Theilhaber. Vgl. Windscheid § 449, N. 1, Arndts, §. 320, N. 4, Steinlechner 2. S. 131, N. 1. Nach österr. R. kann man nur die im Text genannte Klage so bezeichnen. Über das Petit vgl. N. 44. Einen relativ guten Aufsatz hierüber schrieb Wildner, Jurist 13. S. 396 flg.

71) Vgl. d. Erk. des O. G. H. Nr. 4690. 4870. 6637. 6672. 6793. 8001. 8258. 8957. Samml. Gl. U. W. (Spruchrepert. Nr. 18), mit welchen die Anmerkung der Klage auf Aufhebung der Gemeinschaft mit Rücksicht auf den „Geist des Gesetzes", mit Bezug auf §. 20. lit. b. G. G. v. 1871 und nach Analogie des §. 60 dess. Ges. (Anmerkung der Hypothekarklage), endlich in der Erwägung gebilligt wurde, daß außerdem das Theilungsrecht (§§. 830. 843) von dem Geklagten durch Veräußerung seines Antheils illusorisch gemacht werden könnte. (Vgl. auch das Erk. v. 14. Okt. 1879. Ger. Z. 1879. Nr. 89. Anm. d. Urtheils.) M. E. ist bei der

hat die Wirkung, daß das eingeklagte, bez. das urtheilsmäßig formalisirte Recht auch gegen jeden späteren Singularsuccessor eines Miteigenthümers wirksam ist (Arg. §§. 59. 60 G. G.) und daher ohne neuerliche Klage (§. 12 B. G. B. §. 298 A. G. O.) realisirt werden kann. Die Rechtswirkung der Anmerkung der Veräußerung bestimmt sich nach §. 72 G. G. Die Klage auf Aufhebung der Gemeinschaft muß gegen alle Theilhaber angestellt werden,[71a] da außerdem das Theilungsverfahren zu keiner allseitigen Auseinandersetzung führen und insbesondere nicht die gerichtliche Feilbietung des Ganzen zur Folge haben könnte.[72] Das Verfahren richtet sich nach den allgemeinen civilprozessualischen Regeln, doch ist dasselbe seiner Natur nach ein judicium duplex, welches somit die Verurtheilung des Klägers, bez. die Exekution des Urtheils auch gegen ihn znr Folge haben kann.[73]

---

taxativen Fassung der §§. 20 und 73 des G, G. von 1871 zwar die Analogie ausgeschlossen, indeß der Schinß a majori um so mehr zulässig, als der dem §. 60 korrespondirende §. 5 der M. V. v. 19. September 1860 Nr. 212 R. G. Bl. zur Begründung der Wirkungen der Anmerkung ausdrücklich auf den §. 443 A. B. G. B. Bezug nimmt. S. auch Meissels, a. O. Nr. 33. — Was das Feilbietungsurtheil betrifft, pflegt die Praxis die „exekutive Einverleibung" desselben zu bewilligen (vergl. Samml. Gl. U. W. Nr. 3372); allein da Gegenstand der Einverleibung nur dingliche Rechte (§. 9) sind, der Eintrag auch nur den Zweck hat, das Recht des Klägers „ersichtlich" zu machen, damit es „gegen jeden folgenden Besitzer der Realität wirksam werde" — so handelt es sich in der That nur um eine „Anmerkung". Vgl. Nr. 7759. 8258; auch den Rechtsfall G. Z. 1876, Nr. 90.

71a) Vgl. Meissels, Jur. Bl. 1888 Nr. 31 flg., der jedoch mit Unrecht behauptet, daß die Kiage auch gegen alle dinglich Berechtigte (Pfandgläubiger ꝛc.) gerichtet sein müsse, weil sie sonst Schaden leiden könnten; denn die Rechte der Letzteren bleiben völlig unberührt. Vgl. Note 79.

72) Vgl. auch Dernburg §. 224 für das preuß. Recht. Nach gemeinem ist die Frage streitig: für die Zulässigkeit der Theilung auch nur unter einzelnen Genossen: Zimmermann, C. Arch. 34, S. 222 flg. und Windscheid §. 449, N. 26, dem Kirchstetter S. 425 beitritt, mit Bezug auf L. 8. pr. D. h. t. 10. 3, L. 2. §. 4. D. fam. erc. 10. 2, c. 17. C. 3. 36.

73) Vgl. Nr. 2355 und 3867 Samml. Gl. U. W., Unger II. §. 131. S. 612, Randa, Besitz S. 160. N. 58. S. 235. 62. Daher ist auch über die Einwendung des Geklagten, daß gewisse Güter nicht zur Gemeinschaft gehören (bez. wohi auch, daß andere dazu gehören), in demselben Prozeß zu verhandeln (Nr. 2355). Daß unser einseitiges, streng formelles Verfahren zur Schlichtung von Streitigkeiten, welche der Rechtsgemeinschaft entspringen, nicht die nöthigen Mittel bietet, heben schon Uuger §. 131. N. 28 und Menger, Civilprozeß S. 25, Nr. 9 richtig hervor. Auch die röm. Theilungsklage hat den Charakter der Duplizität, ja die Verurtheilung kann sogar ohne einen Antrag des Beklagten erfolgen: übrigens entschied der Richter zunächst die streitigen Vorfragen und schritt dann zur wirklichen Theilung, bez. Vertheilung, wobei sein Ermessen ein freies war (s. Note 64). Vgl. §. 20 J. de act. 4. 6, §. 4 flg. J. de off. jud. 4. 17. L. 2. §. 1 D. comm. div. 10, 3, L. 2.

Die auf gerichtliche Feilbietung gerichtete Klage, in welcher der Kläger sein Miteigenthum und die faktische (bez. rechtliche) Untheilbarkeit der Sache zu beweisen hat,[74] soll auch die Feilbietungsbedingnisse enthalten; denn nicht nur die Frage, ob, sondern eben so gewiß auch die Frage: unter welchen Bedingungen die Sache zu veräußern sei, ist Sache der kontentiösen richterlichen Judikatur (§§. 830. 843) und es ist daher die allerdings nicht konstante Gerichtspraxis des O. G. H. (Nr. 1640. 3016. 4248. 7689 Samml. Gl. U. W.), welche die Ausscheidung der Feilbietungsbedingnisse aus der Klage und dem Urtheil verordnet und die Feststellung der letzteren dem Exekutionsverfahren nach Maßgabe des 31. Kapitels der Allg. Ger. Ordng. vorbehält, keineswegs zu billigen.[75] (Richtig hat dagegen das böhm. O. L. G. in dem Rechtsfalle Nr. 3016 die Klage mangels

---

§. 3. L. 4. §. 4. D. fam. erc. 10. 2. Wetzell §. 5. 2. Für das röm. Recht läge insofern keine Ausnahme von den allgemeinen Prinzipien vor, als man das Theilungsverfahren zu der freiwilligen Gerichtsbarkeit rechnet. Vgl. darüber Eck, Doppelseitige Klagen, bes. S. 146 flg. Windscheid §. 127, N. 2.

74) Die Entsch. d. O. G. H. v. 29. Aug. 1877 Z. 10550 (Präv. 1878, S. 17) verlangt übereinstimmend mit den unterrichterlichen Erkenntnissen vom Kläger auch noch den Beweis, daß der außergerichtliche Versuch der Aufhebung der G., insbes. im Wege der gerichtlichen Veräußerung — ohne Erfolg geblieben sei. M. E. ist dies nicht zu begründen; das Gesetz verlangt dies nicht und die gerichtliche Geltendmachung eines Anspruchs setzt nicht nothwendig die Verletzung oder Negirung desselben voraus. Vgl. Randa, Besitz §. 7b. N. 49.

75) In der oberstrichterlichen Begründung heißt es, daß sich das Urtheil nach §. 248 A. G. O. auf die Feststellung der streitigen Punkte, nicht aber auf die Art des Vollzugs des zuerkannten Rechts zu beziehen habe; über den Vollzug enthalte das 31. Kapitel der A. G. O. bestimmte Vorschriften, nach welchen vorzugehen sei, zumal auch die Interessen dritter Personen (nämlich der Hypothekargläubiger), welche nicht am Rechtsstreite betheiligt sind, berücksichtigt werden müssen. — Allein es wird hierbei übersehen, daß auch die Bedingungen der Veräußerung (Kaufpreis, Zahlungsmodus 2c.) zum Inhalt des Feilbietungsaktes gehören und viel häufiger streitig zu sein pflegen, als die gewöhnlich ganz unbestreitbare Frage, ob die Feilbietung statthabe. Das Urtheil, welches die Feilbietungsbedingnisse nicht enthält oder bezieht, entbehrt eines wesentlichen Bestandtheils, da es die Stelle des Kaufvertrags einnehmen soll. Ferner bezieht sich das 31. Kapitel A. G. O.: „Von der Exekution", insbes. der herkömmlich citirte §. 322 flg. nur auf den Fall, wenn es sich um die Exekution einer Geldforderung durch Einräumung des exekutiven Pfandrechtes und Veräußerung des Pfandes handelt, — während hier von einem „Pfandrecht" des Miteigenthümers nicht die Rede sein kann. Die Interessen dritter, im Theilungsprozesse nicht betheiligter Personen (Hypothekargläubiger) kommen hier gar nicht in Frage, weil ihre Rechte durch die Feilbietung in keiner Weise berührt werden können (§. 443 G. B.). Richtig Kirchstetter S. 423, wohl auch Meissels, Jur. Bl. 1888 Nr. 33. Offenbar hängt die oberstrichterliche Motivirung mit einem anderen Irrthum zusammen (nämlich mit der Ansicht, daß die Feil-

Angabe der Feilbietungsbedingnisse zurückgewiesen.) Nach der entgegengesetzten Auffassung muß schließlich der Richter im Exekutionsverfahren über zwischen den Miteigenthümern streitige Feilbietungsbedingnisse auf Grund einer Tagfahrt entscheiden, wodurch der Schwerpunkt des Theilungsverfahrens verrückt und dem Exekutionsrichter eine ihm nicht zukommende Aufgabe gestellt wird.[76] Übrigens ist die gerichtliche Feilbietung der gemeinschaftlichen Sache (§. 843) — obwohl eine zwangsweise — doch keine exekutive im Sinne der §§. 324 flg. Allg. G. O., da sie nicht zu dem Zwecke erfolgt, um einem Pfandgläubiger (§§. 322 flg. A. G. O.) im Wege des Zwangsverkaufs Befriedigung aus dem Kaufschilling zu verschaffen,[77] daher denn auch

---

bietung des §. 843 eine exekutive im Sinne der §§. 326 flg. Allg. G. O. sei. Darüber vgl. folg. Note 76 u. 77.

76) Vergl. den von S. A. in Haimerl's Magazin 12 B. S. 188 flg. erzählten Rechtsfall, und die von demselben S. 194 flg. gegen das oberstgerichtliche Urtheil ausgeführten Gründe; mit Recht wird betont, daß durch diese Praxis die Sache verschleppt wird. S. auch Kirchstetter a. O. N. 2. Die Entsch. Nr. 7689 Gl. U. W. nimmt an, daß im Exekutionsverfahren bei Mangel des Einverständnisses der Theilhaber das Gericht die Bedingnisse festzustellen habe, u. Erk. 8005 verweist wieder deren Feststellung event. an den Prozeß-Richter.

77) So richtig Nr. 5196. 6251. 7689. 8021. 9911. 10311 (Spruchrepert. 119 Erk. v. 23. Dez. 1884) gegen Nr. 1640. 5673 Samml. Gl. U. W., dazu G. Zeit. 1876, Nr. 90, woselbst Gesuche um exekutive Feilbietung im Sinne der §§. 311. 322. A. G. O. zurückgewiesen wurden, weil diese nur zur zwangsweisen Realisirung einer Geldforderung diene; ebenso die Entsch. v. 10. Aug. 1880, Z. 9315 (Präv. 1881 S. 225), welche den auf Grund des Urtheils bewilligten exekutiven Verkauf einer Realität aufhob, weil die Feilbietung nicht nach Vorschrift des 31. Kapitels der G. O., sondern des 6. Hauptst. des k. Patents v. 9. Aug. 1854 hätte vorgenommen werden sollen. Irrig behauptet daher Limbeck, Haimerl's Magazin 10 B. S. 323 flg., daß der Verkauf ein exekutiver im Sinne der §§. 322 flg. A. G. O. sei und daß alle Folgen desselben einträten. Dagegen auch den in N. 76 citirten Aufsatz und die daselbst angeführte oberstger. Entscheidung, Kirchstetter a. a. O. Meissels a. O. Wohl ist die Feilbietung eine exekutive, sofern sie auch gegen den Willen des Miteigenthümers auf Grund des §. 298 A. G. O. erfolgt; allein sie ist kein exekutiver Pfandverkauf im Sinne der §. 322 flg. A. G. O. und dürfen daher die demselben eigenthümlichen Normen (insbes. §. 328. 2) auf diesen Verkauf nicht angewendet werden. Man erwäge, daß sonst die Miteigenthümer leicht zum Nachtheile der Hypothekargläubiger kolludiren könnten und die beste Gelegenheit hätten, das gemeinschaftliche überschuldete Gut in nicht überlastetem Zustand oder gar lastenfrei zu ersteigern, eine um so bedrohlichere Gefahr, als hier den Hypothekargläubigern das jus offerendi (§. 462) nicht zusteht. Auch die Erk. Nr. 1640. 3016. 4190. 4248 Samml. Gl. U. W. berufen sich auf das 31. Kapitel der A. G. W. und scheinen die Feilbietung als eine exekutive im Sinne des §. 322 A. G. O. anzusehen, ohne indeß die eben gedachten abschreckenden Konsequenzen zu ziehen. — Die Feilbietung des §. 843 G. B. ist aber auch keine freiwillige (wie Anonymus

die §§. 323 flg. A. G. O. keine unmittelbare, sondern nur (soweit die Besonderheit des §. 843 G. B. nicht entgegensteht) sinngemäße Anwendung gestatten.[78] Insbesondere dürfen die Feilbietungsbedingnisse nicht die im §. 328 A. G. O. vorgeschriebene, aus der eigenthümlichen Natur des zwangsweisen Pfandverkaufs fließende Norm enthalten: „daß der Meistbieter die auf dem Gute haftenden Schulden nur insoweit, als sich der Meistbot erstreckt, zu übernehmen haben wird"; im Gegentheil wird vorsichtsweise die Bestimmung einzuschalten sein, daß das Gut — bei der zweiten Feilbietung (Ges. vom 10. Juni 1887) zwar unter dem Ausrufspreise oder Schätzungswerthe — veräußert werden würde, daß aber der Käufer dessenungeachtet gemäß §. 443 G. B. alle in den öffentl. Büchern eingetragenen Lasten zu übernehmen habe.[79] — Schätzung der zu versteigernden Sache ist zulässig (Nr. 5841. 7422. 7800. Gl. U. W.), ja sinngemäß angezeigt. Auch auf den gerichtlichen Verkauf finden die Grundsätze über die Gewährleistung Anwendung (§. 1089 G. B.), nicht aber das Rechtsmittel der Verletzung über die Hälfte (§. 935 G. B.).[80] — Die Kosten der

---

S. A. u. Kirchstetter a. O. meinen), sofern nicht etwa sämmtliche Miteigenthümer nach §. 269 des k. Pat. v. 9. August 1854 darum ansuchen, vielmehr zugleich eine freiwillige und exekutive, relativ nämlich insofern eine exekutive, als das Urtheil gegen die Widerstrebenden zwangsweise vollzogen wird (§. 298 G. O.). — Daß die Exekution auch gegen den Kläger stattfinde, ist bereits oben bemerkt.

78) Eine analoge Anwendung ist insofern zulässig, als die bezüglichen §§. nicht Besonderheiten des exekutiven Pfandverkaufs (§. 328 A. G. O.) enthalten. So kann insbes. von der exekutiven (pfandrechtlichen) Intabulation (als 1. Exekutionsgrad) nicht die Rede sein. S. Nr. 5199. 6869 Samml. Gl. U. W. (Anders die Praxis.)

79) Mit Recht haben dagegen neuestens die in Note 77 cit. Erkenntnisse des O. G. H. in den Bedingnissen den Mangel hervorgehoben, daß den Tabulargläubigern nicht ihr Pfandrecht ohne Rücksicht auf den Kaufpreis vorbehalten wurde. Vorläufige Einvernehmung der Pfandgläubiger ist daher überflüssig. S. Nr. 7689. Samml. Vgl. auch die Entscheid. des O. G. H. v. 21. Nov. 1878 Z. 12960 und v. 10. Aug. 1880 Z. 9315 (Präv. 1879 S. 712 u. 1881 S. 222), welche unter Verweisung auf den §. 277 des k. Pat. v. 9. Aug. 1854 die Feilbietungsbewilligung wegen jenes Mangels aufhoben, sowie die Entsch. d. O. G. H.'s in dem v. S. A. a. a. O. angeführten Rechtsfalle und Kirchstetter a. a. O. Die in dem citirten Rechtsfalle gewählte Formulirung des bezüglichen Absatzes: „daß das Reale nicht unter dem Betrage hintanzugeben sei, der zur Deckung sämmtlicher Tabulargläubiger erforderlich sei", ist m. E. ungenau, einerseits, weil sich der Richter in die ziffermäßige Bestimmung dieses unbestimmten Betrages nicht einlassen kann und darf, andererseits weil die Höhe des Kaufpreises für die Tabulargläubiger überhaupt gleichgültig ist (§. 443 G. B.). — Das Überbotverfahren findet nicht statt.

80) Die Bemerkungen Exner's, Hyp. S. 233 über den exekut. Pfandverkauf, denen ich nicht beitreten kann, haben hier wohl keine Anwendung.

Schätzung und Feilbietung sind von allen Miteigenthümern verhältnißmäßig zu tragen (vgl. Nr. 7422. 8399. 9070 Samml. U. W. Pf.); über die Prozeßkosten ist nach den allgemeinen Grundsätzen zu entscheiden. — Das Eigenthum geht mit dem gerichtlichen Zuschlag über. (Über diese allerdings zweifelhafte Frage vgl. §. 17 d. B).

Nach dem Gesetze v. 7. Juni 1883 Z. 94 R. G. Bl. kann unter gewissen gesetzlich normirten Voraussetzungen eine zwangsweise Theilung oder Regulirung der gemeinschaftlichen Besitz- und Benutzungsrechte bei solchen Grundstücken stattfinden, bezüglich deren entweder a) zwischen gewesenen Obrigkeiten und Gemeinden oder ehemaligen Unterthanen, sowie zwischen Gemeinden gemeinschaftliche Besitzrechte bestehen, oder b) welche von allen oder von gewissen Mitgliedern einer Gemeinde, einer oder mehreren Gemeindeabtheilungen, Nachbarschaften oder ähnlichen agrarischen Gemeinschaften (Klassen von Bauern, Bestifteten, Singularisten ꝛc.) gemeinschaftlich benutzt werden.

8) Die weiteren aus der Gemeinschaft entspringenden obligatorischen Wirkungen sind nicht an diesem Orte zu behandeln.[81]

§. 10. Übersicht der Eigenthumserwerbsarten.[1]

Das A. B. G. B. handelt vom Erwerb des Eigenthums vorzugsweise in drei Hauptstücken (3. 4. 5. des II. Theiles) und zwar unter den nachstehenden, den doktrinellen Standpunkt desselben genügend bezeichnenden Aufschriften:

---

81) Vgl. Arndts §. 320, Windscheid §. 449.

1) Die Eintheilung der Entwürfe ist nur zum Theil abweichend. Der Cod. Ther. II. (unterscheidet: Erwerbung 1) durch Ergreifung, cap. IV., 2) durch Zugang oder Zuwachs, cap. V., 3) durch willkürl. Übertragung und insonderheit durch Übergabe, cap. VI., endlich (nach Einfügung der Schenkung), 4) Übertragung aus Macht Rechtens, cap. VIII. Die „Übergabe" beschränkt sich aber bloß auf Mobilien, c. 6. II. 7. 44—46; die Übertragung von unbeweglichen Sachen erfolgt aus „Macht Rechtens" durch „bücherliche Einlage" derselben, c. 8. II. 4. 17—34, weil hier der „Übertragungswille gesetzlich nicht für hinlänglich erachtet wird", vielmehr „das öffentliche Trauen u. Glauben" es erfordert, daß die E.-Veränderung „offenkundig" werde, daher zu dem Willen die bücherliche Einlage der Veränderungsursache hinzutreten müsse" (Nr. 3. 4. II. cap. 8). Unter der Aufschrift: Übertragung aus Macht Rechtens wird überdies gehandelt: 2) von der Übertragung durch richterlichen Spruch (Nr. 35—42); 3) vom Erwerb „fahrender Dinge mit gutem Glauben aus entgeltlicher Ursache" (Nr. 43—70), worunter bes. die Fälle des §. 367 B. G. B. (Erwerb bei mangelndem Recht des Auktors) ver-

I. Von der Erwerbung des Eigenthums durch Zueignung (§§. 380—403).

II. Von der Erwerbung des E. durch Zuwachs (§§. 404—422).

III. Von der Erwerbung des E. durch Übergabe (§§. 423—446).

Außerdem normiren auch andere Hauptstücke, vorzüglich das 2. (Vom Eigenthumsrechte), das 15. 16. des II. Theiles, sowie das letzte Hauptstück des III. Theiles (Ersitzung) die eine und andere Erwerbsart.

ad I. Das erstgedachte Hauptstück reiht nachstehende Erwerbsarten unter den Gesichtspunkt der „Zueignung“:

1. den Thierfang (§§. 383 flg.);
2. den Fund und zwar „freistehender“ Sachen (§§. 385—387), verlorener Sachen (§§. 388—394), verborgener Sachen (§§. 395—397) und des Schatzes (§§. 398—401);
3. die Erbeutung (§. 402).

ad II. Dieses Hauptstück behandelt unter der Aufschrift: Zuwachs nachstehende Erwerbsarten:

A. Natürlicher Zuwachs.

1. Erwerb an Naturprodukten (§. 405).
2. Erwerb an geworfenen Thierjungen (§. 405).
3. Erwerb an Inseln in schiffbaren und nicht schiffbaren Flüssen (§§. 407. 408).
4. Erwerb am verlassenen Wasserbette (§§. 409. 410).
5. Erwerb am angespülten Erdreiche (§. 411).
6. Erwerb am abgerissenen Lande (§§. 412. 413).

---

standen worden; endlich folgt 4) der Erwerb durch Ersitzung. (Verjährung) cap. 9. dazu 8. II. Nr. 13. Wesentlich dieselbe Eintheilung finden wir im Entwurfe Horten's II. cap. 3: Ergreifung, c. 4: Zuwachs, Vereinbarung (Verbindung) u. neue Erzeugung, c. 5: durch willkürliche Übertragung 2c. von Mobilien, c. 6: aus Macht Rechtens, c. 7. durch Verjährung. Wie gewöhnlich beschränkt sich Horten auf die kürzere Fassung des Cod. Ther. — Anders schon der Entwurf Martini! Der Titel: Erwerbungsarten „aus Macht Rechtens“ ist verschwunden und die betreffenden Fälle sind theils im allg. Theile: „Vom Eigenthumsrechte“ (so die Fälle des §. 367 G. B. = §. 20 II. 3), eingeschoben theils in das 6. Hptst.: Erwerbung durch Übergabe“ eingereiht, so der Erwerb von Immobilien durch Verbücherung „Einverleibung“ 6. II. §§. 15 flg. u. durch richterlichen Spruch §. 26 eod.; von der Verjährung wird erst im vorletzten Hptstück des III. Theils gehandelt. Im Wesen wurde diese Eintheilung auch im Urentwurf und im Allg. B. G. B. beibehalten.

B. Künstlicher Zuwachs.

7. Erwerb durch Verarbeitung, Vereinigung und Vermischung (§§. 414—416), insbes. bei einem Baue (§§. 417—419).

C. Vermischter Zuwachs.

8. Erwerb durch Säen und Pflanzen (§§. 420—422).

ad III. In diesem Hauptstück wird gehandelt vom Erwerb durch Übergabe und zwar:

1. beweglicher Sachen: a) durch körperliche Übergabe (§. 426); b) Übergabe durch Zeichen (§. 427) und c) durch Erklärung (§. 428);
2. unbeweglicher Sachen mittelst Einverleibung in die öffentlichen Bücher, insbesondere auf Grund a) eines Vertrages (§. 433 flg.), b) eines Urtheils u. a. gerichtlichen Urkunden (§. 436), c) eines Vermächtnisses (§. 437).

Allein die eben gegebene Ertheilung und Einreihung der Erwerbsarten des Eigenthums ist einerseits unvollständig, andererseits logisch unhaltbar. Sie ist unvollständig, da sie eine große Zahl von Erwerbsarten nicht begreift, als insbesondere den Erwerb durch Ersitzung, bücherliche Verschweigung, Expropriation, Fruchterwerb von Seite des redlichen Besitzers u. s. f. Sie ist auch im Einzelnen logisch unrichtig: so z. B. spricht das Gesetz vom Inselerwerbe (§. 407) im Hauptstücke vom Zuwachs, obgleich Inseln in nicht schiffbaren Flüssen von den Ufereigenthümern durch Occupation erworben werden, Inseln in schiffbaren Flüssen hingegen von Rechtswegen dem Staate zufallen. Vom Fund (§. 392) und Schatzerwerb (§. 398) handelt das Gesetz im Hauptstück von der Occupation, während in beiden Fällen von dieser Erwerbsart nicht die Rede sein kann.

Vom Standpunkte der systematischen Darstellung erscheint es daher geboten, die Legaleintheilung fallen zu lassen und eine richtigere Anordnung des Stoffes zu treffen. Hierin werden wir durch die Erwägung bestärkt, daß der Grundsatz des §. 380 G. B.: „Ohne Titel und ohne rechtliche Erwerbsart kann kein Eigenthum erlangt werden" (vgl. §§. 381. 423—425), — vom theoretischen Standpunkte besehen unrichtig und in praktischer Beziehung bedeutungslos ist. Bekanntlich hat das Gesetzbuch mit diesem Satze, der bis auf die Glossatoren hinaufreicht, der gemeinrechtlichen Theorie des vorigen Jahrhunderts Ausdruck gegeben, daß der Erwerb aller, bezieh. wenigstens der dinglichen Rechte von dem Dasein zweier Erfordernisse abhängt, nämlich 1) eines sog. Titels (titulus acquirendi), d. i. der rechtlichen Möglichkeit, ein Recht zu erwerben, und 2) einer sog. Erwerbsart (modus acquirendi), d. i. eines Aktes, welcher jene Möglichkeit realisirt.[1a] Man hatte hierbei ursprünglich hauptsächlich den Umstand vor Augen, daß dem Erwerbsakte dinglicher Rechte zumeist ein obligatorischer Anspruch (Titel, Rechtsgrund) vorauszugehen pflegt, insbesondere der Tradition ein Kauf, Tausch oder ein ähnliches Veräußerungsgeschäft.[2] Allein man übersah hierbei, daß dies zunächst nur bei den sog. abgeleiteten, nicht bei den originären Erwerbsarten des Eigenthums zutrifft; sodann verkannte man, daß auch in jenen Fällen des Eigenthumserwerbes, wo sich der vorausgehende Anspruch (Titel, z. B. Kauf) und der Erwerbsakt (Tradition) unterscheiden lassen, die sog. Erwerbsart (insbes. die Tradition) den Eigenthumsübergang bewirkt, und zwar in der Regel auch dann, wenn ein gültiger Titel völlig mangelt.[3] Ist dem aber so, dann ist der sog. Titel kein allgemeines Erforderniß, am wenigsten ein wesentlicher Bestandtheil im Komplex der Erwerbsthatsachen! Dazu kommt, daß es bei den ursprünglichen Erwerbsarten des Eigenthums ganz unmöglich ist, Titel und Erwerbsart in ähnlicher Weise zu scheiden, wie beim derivativen Erwerbe. Worin sollte beispielsweise bei der Occupation, beim Zuwachs, beim Schatzerwerb, beim Funde, bei der Ersitzung u. s. w. der sog. Titel bestehen? Denn, daß hier weder die sog. „angeborne Freiheit“ (§. 381), noch das „Gesetz“ (§. 449), welche als „Titel“ angeführt zu werden pflegen, als realer und unmittelbarer „Titel“ (Rechtsgrund) des konkreten dinglichen Rechtserwerbes angesehen werden kön-

1a Das Gesetz hat diese Theorie angenommen und scheinbar durchgeführt in Ansehung des Eigenthums (§§. 380. 424), des Pfandrechtes (§. 449), der Servituten §§. 480. 481), des Erbrechts (§. 553), nicht aber auch — wie Unger S. 11 mit Bezug auf §. 427 G. B. meint — in Ansehung der Obligationen (der Cession §. 1395). Der §. 427 läßt eine andere Auslegung zu. Vgl. §. 12 d. B., Frankl, Formerf. d. Schenkung S. 117 flg., Schiffner §. 115, N. 9.

2) Vgl. Unger II. S. 9 flg., Hofmann, Lehre vom titulus und modus acquirendi. 1873.

3) Den besten Beweis liefert für das österr. R. der §. 1431 flg. G. B.; vgl. §. 11 d. B., Unger S. 12 N. 39, Hofmann S. 11. Über die abweichende Ansicht Strohal's, und die Modifikation bei Immobilien vgl. §. 11 N. 56a flg.

nen, liegt auf der Hand.[4] Die „angeborne Freiheit" ist eine inhaltsleere Phrase; das „Gesetz" aber ist wohl die Quelle des objektiven Rechts — allein die subjektiven, **konkreten** Privatrechte entspringen nicht **unmittelbar** aus dem Gesetze, sondern aus Thatsachen, mit denen das Gesetz die bezügliche Rechtswirkung verbindet.[5] Wollte man das Gesetz (die Gewohnheit) als die entferntere Grundlage aller Privatrechte und in diesem Sinne als „Titel" hinstellen, so müßte man dasselbe konsequenter Weise bei **allen** Erwerbsarten — und nicht bloß als Nothbehelf nur in einzelnen Fällen — als „Titel" anführen, was übrigens ebenso irreführend als überflüssig wäre.[6]

---

4) Noch unzulässiger ist es, wenn aus dem Komplex der Erwerbsthatsachen einzelne willkürlich herausgerissen und als „Tiiel" bezeichnet werden, wie etwa bei der Occupation die Herrenlosigkeit.

5) So z. B. setzt auch das sog. **gesetzliche** Erbrecht ein Zusammentreffen von Thatumständen voraus, welche erst in ihrer Gesammtheit die Erwerbung begründen (Tod des Erblassers, Überleben des Erben, ein gewisses Familienverhältniß Beider). Nur bei den Privilegien **kann** der Erwerb des konkreten Privatrechtes unmittelbar aus dem Spezialgesetze fließen.

6) Nachdem schon **Thibaut**, **Schömann**, **Hugo** u. A. um die Wende dieses Jahrhunderts die Haltlosigkeit und Verkehrtheit der Theorie vom Titulus und Modus nachgewiesen hatten, hat dieselbe h. z. T. gemeinrechtlich keine Anhänger mehr; sie wird höchstens erwähnt, nm sie als veralteten Irrthum zu bezeichnen. Vergi. z. B. **Vangerow** §. 305, **Windscheid** §. 165. Eine eingehende Geschichte der Entwicklung dieser Theorie giebt Fr. **Hofmann** a. a. O. S. 3 flg. H. gelangt S. 22 zu dem Ergebnisse, daß diese Lehre (deren Anklänge sich schon bei **Azo** finden) nicht (?) über das 16. Jahrhundert zurückreicht, und nennt Joh. **Apel** (1486—1536) „im gewissen Sinne" als Urheber derselben. Als Ursachen derselben bezeichnet er den dinglichen Übertragungsvertrag des **deutschen** R., das **kanonische** Recht (jus ad rem); die scholastische Bildung und das Mißverständniß der **röm.** Traditionslehre. Den Hauptantheil dürfte doch wohl die mißverstandene **röm.** Lehre von der justa c. trad. gehabt haben. Vgl. **Czyhlarz**, Grünhut's Zeitschr. I. S. 432). — Für das **österr** R. vertreten die richtige Ansichi bes. **Unger** a. O., Stubenrauch I. S. 500, Kirchstetter S. 172, **Hofmann** S. 34 flg., **Schiffner** §. 115. — Für das **preuß.** R. hat indeß die Unterscheidung zwischen Titei und Erwerbsart auch heute noch eine praktische Bedeutung. Im Anschluß an die ältere Doktrin, welche wieder an das jus ad rem des kanonischen Rechtes anknüpft, wird nämlich der **persönliche** Anspruch, welcher in seiner Realisirung zum dinglichen Rechte führen **kann**, gleichsam als **Vorstufe** zum dinglichen Rechte, insbesondere als Mittel und Übergang zum Erwerbe des Eigenthums behandelt, ja gerade „**als Recht zur Sache**" bezeichnet (§. 124 cfr. §. 133. 134. I. 2.) und daran die wichtige Folge geknüpft, daß die Kenntniß des persönlichen Anspruchs Dritter auf eine bestimmte Sache den **guten Glauben**, bez. nach Umständen auch den Erwerb des dinglichen Rechtes auf Seite des späteren Kontrahenten **ausschließt** und diesen zur Leistung der Sache an den ersten Kontrahenten verpflichtet. (§. 25. I. 10, §. 5. I. 19. Vergi. **Förster** §. 23. S. 117 flg., **Dernburg** §. 37 a. E. Anders nach §§. 4. 7. G. G. v. 1872). — Dem **franz.** Recht ist die Theorie vom Titel und Modus fremd, wiewohl sie

Die Sache ist vielmehr hier wie überall im Privatrechte die, daß der Erwerb des Eigenthums durch das positive Recht an gewisse Thatsachen geknüpft ist; diese sind aber im Einzelnen sehr verschieden und lassen sich durchaus nicht in die obgenannten Kategorien: Titel und Erwerbsart zerlegen. Die Verschiedenheit jener Thatsachen begründet die Verschiedenheit der Erwerbungsarten (Erwerbsgründe) des Eigenthums überhaupt.[7]

Was die systematische Anordnung der Erwerbsarten betrifft, so weichen die Lehrbücher des römischen Rechtes und der neueren Kodifikationen ebenso erheblich von einander ab, als die Letzteren selbst. Die nennenswerthesten Eintheilungen der Erwerbsarten sind: die in derivative (abgeleitete) und originäre (ursprüngliche), je nachdem das Recht vom Vormann (objektiv) abgeleitet oder unabhängig vom Rechte desselben begründet wird[8]; in nothwendige und willkür-

Zachariä §. 178 hineintragen möchte. — Das sächs. G. B. erwähnt sie nicht mehr. Über die Bedeutung des jus ad rem vgl. überhaupt Ziebarth, Die Realexekution 2c. S. 192 flg.

7) Im Gegensatz zur älteren Terminologie nennt man z. T. häufig den Erwerbungsgrund (Entstehungsgrund) des konkreten Rechtes: „Titel", bedient sich aber desselben Ausdrucks auch zur Bezeichnung des Anspruchs auf Bestellung eines dinglichen Rechtes. Vgl. dazu Unger §. 72 N. 41.

8) Über die römischrechtlichen Eintheilungen, insbes. in die civilen und naturalen Erwerbsarten vgl. bes. Böcking §. 141, Pagenstecher II. S. 2 flg. — Das preuß. Landrecht §§. 5. 6. I. 9 unterscheidet: mittelbare und unmittelbare Erwerbsarten, je nachdem sich der Eigenthumswechsel in Folge eines Willensentschlusses des bisherigen Eigenthümers vollzieht oder nicht. Zu den ersteren zählt es namentlich die Tradition und den letztwilligen Erwerb, zu den letzteren die Ersitzung, gütergemeinschaftliche Ehe, Intestaterbfolge, Aneignung herrenloser oder neuentstandener Sachen. Vgl. Dernburg §. 126. Ähnlich ist der Grundgedanke der österr. Entwürfe, (Martini und Urentwurf), welche die Zueignung und den Zuwachs zu den unmittelbaren, die Übergabe (einschließlich des Richterspruchs, der letztwilligen Erbfolge u. des sog. gesetzlichen Erwerbes) zu den mittelbaren Erwerbsarten zählen. Zwar suchen die Entwürfe den Eintheilungsgrund darin, daß bei der Zueigung herrenlose Sache, dagegen bei der Übergabe Sachen, die bereits Jemandem gehören, erworben werden sollen. (Vgl. §§. 102 flg. II. 4. Urentw., dazu noch §§. 423. 424 A. B. G. B.). Dabei wird aber betont, daß in jenem Falle der Wille des Erwerbers, in diesem der übereinstimmende Wille des bisherigen u. neuen Eigenthümers für den Erwerb maßgebend sei: „was der Eigenthümer überlassen will oder muß." (§. 104 II. 4). Der „Zuwachs" läuft nebenbei mit. Vgl. noch Note 14a. — Sehr mangelhaft ist die Aufzählung der Erwerbsarten im Art. 711. 712. Code civ. (Erbschaft, Schenkung, Testament, Vertrag, Zuwachs, Verjährung); ebenso ungenügend unterscheidet Zachariä §. 199: Erwerbung durch den Willen des bisherigen Eigenthümers und durch das Gesetz. — Nichts besser ist die Aufzählung einiger Erwerbsarten im Art. 710 des ital. G. B. — Das sächs. G. B. (§§. 227—287) zählt als Erwerbsarten auf: a) bei beweglichen Sachen: die

liche[9]; in Erwerbsarten, die durch den Besitz vermittelt werden oder ohne Besitzergreifung stattfinden[10]; in unmittelbare und mittelbare.[11] Neuerlich unterscheidet Windscheid (§. 170. 2): Erwerb an Sachen, die bereits im Eigenthum sind, und solchen, die es noch nicht oder nicht mehr sind — und hebt den Erwerb durch Verbindung und Verfertigung als qualifizirte Erwerbsarten hervor,[12] während Manche (Brinz §. 53, Seuffert §. 125) die einzelnen Erwerbsgründe ohne weitere Unterscheidung oder Unterordnung aufzählen, Andere wieder mit Rücksicht auf das Institut der öffentlichen Bücher die Erwerbsarten an Mobilien und Immobilien unterscheiden.[13] Die meisten der

Zueignung, Fruchterwerbung, Umarbeitung, Verbindung, Übergabe, Richterspruch, Erbgang, Ersitzung; b) bei unbeweglichen Sachen: den Eintrag ins Grundbuch, den Zuwachs und die Verbindung. (Diese Aufzählung ist unvollständig, so z. B. bedarf der Erbe gewiß nicht der Eintragnng; der Expropriation ist nicht gedacht, u. s. f.). — Das zürich. G. B. §§. 532 flg. unterscheidet (nicht erschöpfend) bei Immobilien: Erwerb durch kanzleiische Fertigung, Ersitzung, Anspülung, Verbindung, Landanlagen, bei Mobilien durch Zueignung, Fruchterzeugung, Umbildung, Vermischung (Verbindung), Ersitzung, Übergabe. — Der deutsche Entw. §§. 868 flg. bei Immobilien: Rechtsgeschäft, Zueignung, Aufgebot; bei Mobilien: Rechtsgeschäft, Ersitzung, Verbindung, Vermischung, Verarbeitung, Erzeugnisse, Zueignung, Fund.

9) So Böcking §. 141. N. 15. Die willkürlichen zerfallen nach B. in einseitige, gegenseitige und solche, welche weder ein- noch gegenseitig sind. Mit Recht bemerkt Förster §. 172, daß neben dem nothwendigen und willkürlichen Erwerb auch der zufällige zu nennen wäre; auch ist der Fruchterwerb nicht immer nothwendiger, die Adjudikation nicht willkürlicher Erwerb.

10) Vangerow §. 307, auch Keller §. 124, jedoch nur aus Zweckmäßigkeitsgründen, obwohl er die Eintheilung in originäre und derivative für die „tauglichste" hält. Diese Eintheilung greift willkürlich gerade nur eine Erwerbsthatsache als die angeblich maßgebende, reguläre hervor und verkümmert dadurch — der richtigen Einsicht zum Nachtheil — die Bedeutung der übrigen; vollends nach heutigem Rechte hätte der bücherliche Eintrag (Auffassung) viel mehr Anspruch auf eine solche ausnahmsweise Berücksichtigung als der Besitz: dagegen auch Pagenstecher II. S. 3, Förster a. O. und neuest. Schiffner §. 115.

11) Vgl. Dernburg §§. 226. 228 flg. und oben Note 8.

12) Die Eintheilung ist richtig, aber zu allgemein, um praktisch verwerthbar zu sein. Die Betonung der „bloß formalen Natur" der „Verfertigung und Verbindung", weil dieselben nicht zum Behalten des Vermögenswerthes berechtigen (Windscheid a. O.) hat m. E. mit der Klassifikation der Erwerbsarten ebensowenig zu thun, als die causa des Erwerbs. Vgl. Förster a. a. O. — Dieser selbst unterscheidet: Erwerb an neu entstandenen Sachen, an herrenlosen und verlassenen Sachen, und an fremden Sachen; die letztere Kategorie umfaßt dann aber doch zu verschiedenartige Erwerbsarten, um sie in Eine Kategorie zu pressen.

13) So von neueren Kodifikationen besonders das sächs. und zürich. G. B. (s. N. 8.) u. der bayer. u. deutsch. Entw. III. §. 93, bez. §. 868 flg. u. Stobbe §§. 91 flg., welche bei Immobilien Erwerb an herrenlosen Sachen, durch vom Willen des bish. Eigenthümers unabhängige Thatsachen und durch Vertrag (insbes. Auflassung) unterscheiden. Indeß beim ursprünglichen E. Erwerb ist die Unterscheidung

bisher angeführten Klassifikationen leiden an mehr oder weniger wesentlichen Gebrechen.

Die Einsicht in das rechtliche Wesen der Erwerbsarten wird m. E. noch am besten gefördert durch die Gliederung derselben in ursprüngliche und abgeleitete; allerdings erscheint nach österr. Recht beim derivaten Erwerbe auch die Scheidung zwischen Mobilien und Immobilien als unerläßlich. Der Werth der Eintheilung wird auch dadurch nicht beeinträchtigt, daß dieselbe aus Zweckmäßigkeitsgründen — insbesondere des Zusammenhangs wegen — im Einzelnen mancherlei Modifikationen unterworfen wird.[14] Mit Rücksicht auf die praktische Bedeutung der Fälle beginnen wir mit den derivativen Eigenthums-Erwerbsarten; zumal die Darstellung einzelner originärer Erwerbsarten (besonders die bücherliche Verschweigung) die vorgängige Darstellung des Grundbuchsinstitutes zur Voraussetzung hat.[14a] Hiernach behandeln wir die Erwerbsarten in folgender Ordnung:

A. Derivative Erwerbsarten:

1. bei beweglichen Sachen:
   a) Übergabe (§§. 426 flg.).
   b) Absonderung der Früchte.[15]

---

zwischen Mobilien und Immobilien gegenstandslos; auch beim derivativen Erwerb findet sich viel Gemeinschaftliches (Succession überhaupt, insbesondere durch Erbgang).

14) So ist der Eigenthumserwerb in den Fällen der §§. 367. 371 und a. dem Schein nach derivativ, — in Wahrheit aber originär; indeß empfiehlt sich die Behandlung derselben im Anschlusse an die Tradition.

14a) Es bedarf kaum der Bemerkung, wie unhaltbar die Fiction der Entwürfe ist: daß jeder nicht durch Zueignung und Zuwachs erfolgende Erwerb „ein mittelbarer und abgeleiteter Erwerb sei, weil es" selbst in den Fällen des Erwerbes durch Gesetz und richterlichen Spruch „doch im Grunde nur auf den beiderseitigen Willen des alten und neuen Eigenthümers ankomme", indem das Gesetz „schon der allgemeine Wille ist". (Vgl. den Entw. Martini's II. §§. 102—104, II. 6. §§. 1—4). Gegen diese Fiction hatten sich bereits die jurist. Facultäten Wien u. Prag, sowie das inneröst. App. G. erklärt (Ofner I. S. 277). (Richtiger spricht hier der Cod. Ther. und der Entw. Horten vom Erwerb „aus Macht Rechtens"). Indeß auch Zeiller's Referat identificirt noch die „ursprüngliche (unmittelbare) und die ableitende (mittelbare) Erwerbung"; allerdings bemerkt er: „Der Entwurf führe alle mittelb. Erwerbstitel auf den Willen des Eig. zurück. In einem Rechtssystem ließe sich diese einfache Darstellungsart vertheidigen (?); aber im G. B. sei sie zu abstrakt. . . . Faßlicher sei schon die Vorstellung, daß eine Sache übertragen werde entw. von d. Eigenthümer oder von dem Machthaber im Staate" (sc. Gesetzgeber, Richter). Darnach wurden im §. 424 als vier mittelb. E. Titel angeführt: Vertrag, letzter Wille, Gesetz, richterl. Ausspruch. Vgl. Ofner, Prot. I. S. 255. 276 flg.

15) Brinz I. S. 546 (2. A.) bestreitet, daß in der Fruchtabsonderung Erwerb

c) der gerichtliche Zuschlag.
d) Universalsuccession.[16]

2. Bei Immobilien:
a) die Eintragung in die öffentl. Bücher (§§. 433 flg.). bez. die Übergabe.
b) der gerichtliche Zuschlag.
c) die Universalsuccession.[16]

B. Ursprüngliche Erwerbsarten.

1. Zueignung:
a) Thierfang (§§. 381 flg.).
b) Inselerwerb (§§. 407. 408).
c) Erbeutung (§. 402).
d) Gewinnung vorbehaltener Mineralien (§. 123 Berggeſ.).
e) Occupation derelinquirter Sachen (§. 386).
2. Schatzfund (§. 398).
3. Absonderung von Früchten und Thierjungen (§§. 330. 405).[15]
4. Verarbeitung u. Verbindung bewegl. Sachen (§§. 414—416).
5. Zuwachs (Verbindung) und zwar:
a) Anspülung (§. 410).
b) Bauführung (§§. 417—419).
c) Säen und Pflanzen (§§. 420. 421).
d) Ausbesserung durch Verbindung (§. 416).[17]

---

des E. liege; er sieht in derselben nur Theilung der Sache und folgerichtig in dem Fruchterwerb des Fruchtnießers keinen originären Erwerb. Allein die Frucht ist in der Regel eine von der fruchttragenden begrifflich verschiedene Sache und daher der Vergleich mit dem Zerschneiden eines Bogens Papier oder eines Brodlaibs unzuläſſig. Dagegen vgl. auch L. 12. §. 5. D. de usufr. 7. 1. verb. in pendenti, dazu Czyhlarz, Grünhut's Ztschr. 6. S. 625.

16) Der Erwerb durch Universalsuccession ist allerdings dem Erbrecht vorzubehalten, da hier der Erwerb der einzelnen Sachen durch den Erwerb eines ganzen Vermögens vermittelt wird; allein er wird hier hervorgehoben, um von vornherein der in der Praxis üblichen Auffassung zu steuern, als ob der Erwerb der Immobilien auch in diesen Fällen durch den Bucheintrag bedingt wäre. Vgl. Strohal, Eigenthum an Immobilien. S. 94 flg.

17) In Wirklichkeit liegt zwar, wie von Neueren richtig bemerkt wird, in den sub Z. 5. lit. a—d und Z. 9. lit. b angeführten Fällen kein Neuerwerb, sondern nur eine Änderung des Umfangs oder der wirthschaftlichen Beschaffenheit des Grundstückes vor (v. Schey, Grünhut's Ztschr. 8, S. 146); allein mit Rücksicht auf den damit häufig zusammenhängenden Eigenthumsverlust Dritter erscheint die Beibehaltung dieser „Erwerbskategorie" aus didaktischen Gründen wohl gerechtfertigt.

6. Expropriation (§. 365).[17a]
7. Ersitzung (Usucapio) (§§. 1460—1466).[18]
8. Bücherliche Verjährung (§. 64 G. G.).
9. Verschweigung:
   a) Fund verlorener Sachen (§. 388 flg.).
   b) Abgerissenes Land (avulsio) (§. 412).
   c) Nicht vorbehaltene Mineralien (§. 124 Bergges.).
10. Inselerwerb in schiffbaren Flüssen (§. 407).

A. Derivative Erwerbsarten.

1. Bei beweglichen Sachen.

§. 11.

a) Die Übergabe.[1]

Begriff und Voraussetzungen der Übergabe. — Zur Übertragung des Eigenthums an Mobilien unter Lebenden[2] ist die über-

17a) Unzulässiger Weise führt Ofner, Sachenr. §. 28 neben den originären u. derivativen Erwerbsarten als coordinirte E. Art: den sog. Erwerb „aus Macht Rechtens" (Cod. Ther.: Ersitzung, Verschweigung, Enteignung 2c.) an; denn diese Fälle bilden doch nur eine Spezies des orig. Erwerbes.

18) Zwar behauptet Brinz I. S. 561 flg., daß die Usucapion eine derivative Erwerbungsart, Succession ist, weil das Eigenthum „so wie es war" — also das alte E. erworben werde. Ähnlich Hölder, P. §. 36, Schey S. 160: „Übertragung des E. — belastet mit allen Servituten" 2c. Allein beruht das Wesen des originären Erwerbs in der Unabhängigkeit von dem Rechte des Auktors, dann ist die Usucapion gewiß ursprünglicher Erwerb. Daß der „wirtliche Auktor" der wahre Eigenthümer ist (v. Schey a. O.), ist nicht richtig; jedenfalls leitet der Usucapient sein Rechi auch von ihm nicht ab. Daß die jura in re fortdauern, erklärt sich aus der Unmittelbarkeit des dinglichen Rechts an der Sache; dauern sie doch auch fort, wenn der Eigenthümer die Sache derelinquirt und ein Dritter dieselbe occupirt. Dies Eigenthum ist neues E. Daher ist auch die Person des Vormanns bei der Usucapion gleichgültig. Vgl. auch Czyhlarz a. O. S. 627. Die Eintheilung v. Schey's S. 159 lehnt sich an jene der §§. 314 (315. 433) A. B. G. B.'s, welche gewiß nicht gerechtfertigt ist. S. N. 8 u. Schiffner §. 114.

1) Gruchot, Beiträge 2c. 8. B. S. 402 flg., Scheuerl, Beiträge zur B. d. Röm. R. (1853) I. Nr. 8. S. 190 flg., Leist, Mancipation u. Tradition (1865), Exner, Die Lehre vom Rechtserwerb durch Tradition nach österr. u. gemeinem Recht (1867), Goldschmidt, Handelsr. I. §. 79, Frankl, S. 33 flg. — Zu bemerken ist, daß das A. B. G. B. unter der „Übergabe" im weiteren Sinne (§§. 425 flg.) nicht bloß die Tradition, sondern auch den bücherlichen Eintrag versteht. Im engeren Sinne entspricht die „Übergabe" der röm. Tradition. §. 426 flg.

2) Die Übertragung auf den Todesfall ist im Erbrecht zu behandeln. Vergi. noch §. 16. d. B. u. Randa, Erwerb der Erbschaft.

einstimmende Willenserklärung des Veräußerers und Empfängers, Eigenthum zu geben und zu nehmen, an sich nicht hinreichend. Hierzu ist außer der Willenseinigung in der Regel auch noch die Übergabe (Tradition) der Sache erforderlich. Der Übereignungswille muß sich also in der Besitzüberlassung, in der thatsächlichen Übertragung der Sache auf den Erwerber äußern (§. 425).[3] Auch das A. B. G. B. hat somit gleich dem preuß. Landrechte (10. I. §§. 1. 2.) den Grundsatz des röm. Rechtes: Traditionibus (et usucapionibus) dominia rerum non nudis pactis transferuntur (c. 20. C. de pact. 2. 3. cfr. Gajus II. 65. 66) angenommen,[4] während der französische

---

3) So nach röm. R., nachdem die civilen Erwerbsarten: die Mancipatio und In iure cessio weggefallen waren. Dazu Böcking §§. 143. 153.

4) So auch das sächs. G. B. §. 253, das zürich. G. B. §. 646, das bayer. L. R. (s. Roth §. 136, der bayer. u. deutsche Entwurf III. a. 93, bez. §. 874. — Dagegen erfolgt der Eigenthumsübergang — entsprechend dem Grundgedanken (?) des germanischen Rechtes (Sohm, Eheschl. 76 flg.) — nach franz. u. englischem (auch nordamerik.) Rechte schon mit der formlosen Konsenserklärung. Vgl. art. 711. 1138 Code civ., Gundermann, Engl. Privatrecht I. (1864) S. 71 flg., Goldschmidt, Zeitschr. f. Handelsr. VIII. S. 294 flg. u. H. R. §. 79, N. 7, Stobbe, §. 148, N. 4. Kohler, Annalen d. bad. Ger. 30. S. 252 flg.; letzterer macht Kr. V. Sch. 23. S. 20 flg. aufmerksam, daß auch das indische R. die dort bekannte Kontroverse in diesem Sinn entscheidet. (Allerdings ist dem englischen Rechte überhaupt der scharfe Gegensatz zwischen dinglichen u. obligatorischen Rechten fremd.) — Die Römer fassen die Tradition als selbstverständliche Form des Eigenthumsüberganges auf und führen dieselbe auf die naturalis ratio zurück (L. 9. §. 3. D. de A. R. D. 41. 1, §. 40. J. de R. D. 2. 1), — eine Auffassung, welche auch von der älteren gemeinrechtlichen Doktrin unbesehen hingenommen wird. Dagegen erblickte die Schule der Naturrechtslehrer in der Tradition eine rein zufällige, dem röm. Rechte eigenthümliche Übertragungsform des Eigenthums, welche vernunftgemäß aus dem Naturrechte verbannt werden müsse. Auch ältere u. neuere franz. Juristen theilen diese Anschauung, wobei sie jedoch an die „Fiktion" der Tradition (zunächst beim const. poss.) anknüpften. (Traditio contractu ficta, vgl. bes. Kohler's treffende Ausführung S. 236). Dagegen kehrte die historische Schule wieder zur älteren quellenmäßigen Auffassung zurück u. findet in der Tradition eine ebenso verständige als sachgemäße Übertragungsform. Allerdings gehen manche Neuere (Puchta, Bremer) insofern zu weit, als sie die Tradition als ein „naturales Prinzip" des Güterverkehrs ansehen, von welchem die positive Gesetzgebung nicht stark abweichen könne und dürfe. (Vgl. darüber überhaupt Leist, Mancip. §§. 40. 45. 46). Allein Rechtsgeschichte und vergleichende Jurisprudenz lehren uns, daß der Güterverkehr nicht immer und überall die Tradition als nothwendige Übereignungsform postulirt. (S. bes. Kohler a. O.) Den besten Beweis hiefür liefert der Umstand, daß die Tradition in Ansehung der Immmobilien durch das — der Sicherheit des Verkehrs u. dem Realkredit weitaus entsprechendere — Institut der Auflassung, bezieh. des Eintrags in die öffentlichen Bücher verdrängt wurde und selbst in Ansehung der Mobilien in einem großen Verkehrsgebiete (dem des franz.-englischen Rechts) ohne

Code civil (Art. 711. 1138. 1583) und die ihm nachgebildeten Gesetzbücher (insbes. das ital. G. B. Art. 710) sowie das englisch-amerikanische Recht — vielleicht im Anschluß an den Grundgedanken des germanischen Rechts (Übertragung durch Sale bei allmählicher Abschwächung der Gewere[4a]) — den entgegengesetzten Grundsatz festhalten, daß nämlich schon die bloße Willensübereinstimmung der Parteien zur Übertragung des Eigenthums genügt. Die Redaktoren, Zeiller voran, erblicken in der Tradition — allerdings in überschwänglicher Weise — eine Bürgschaft für die Sicherheit des Verkehrs: „Solle . . . ein Recht als ein dingliches . . . Recht gelten, so müsse es zur Sicherheit des Verkehrs ein deutliches Merkmal geben, woran Alle das einem Dritten ausschließend zustehende Recht erkennen können. Ein solches einleuchtendes Merkmal sei der Besitz, sei es nun ein körperlicher Besitz, durch aufgedrückte Zeichen oder durch Eintragung in die . . . öffentlichen Bücher. Irgend ein Besitz dieser Art

---

sichtlichen Nachtheil dem Grundsatze der formlosen Übertragung Platz gemacht hat. Gewiß ist die Tradition eine civilrechtliche Form der Eigenthumsübertragung, so gut als die Mancipatio und In jure cessio, die Auflassung und der Bucheintrag. Allein die Traditionsform ist keine zufällige oder „tendenziöse", sondern eine sehr naheliegende und dem praktischen Bedürfnisse des nicht komplizirten römischen Verkehrswesens wohl entsprechende. Die Besitzübertragung ist in der That der plastische Ausdruck des auf die Sachübertragung gerichteten Willens (vgl. Exner S. 304.). Für die Zweckmäßigkeit und im gewissen Grade „Natürlichkeit" der Traditionsform spricht der bedeutsame Umstand, daß wir sie bei Römern, Germanen und Slaven finden und daß sie bis auf die Gegenwart in weiten Kreisen Geltung bewahrt hat. (Goldschmidt S. 804.) Daß aber die Tradition auch heute noch ,in den meisten Fällen die denkbar bequemste Form des dinglichen Vertrages sei" und als eine natürliche und selbstverständliche Form der E. Übertragung erscheine (Exner S. 305), kann selbst für Mobilien nicht behauptet werden. (Vgl. dageg. bes. Kohler a. O, welcher der „Traditionsidolatrie" scharf zusetzt). Ebensowenig haltbar finde ich aber die Ansicht (Endemann, H. R. §. 78), daß der moderne Verkehr zur Annahme des franz. Grundsatzes dränge. Dagegen spricht bedeutsam genug, daß das dem Code civ. nachgebildete holländ. G. B. (Art. 1495) denselben verwirft und bedeutende franz. Juristen gerade für das Handelsrecht trotz Art. 711 Besitzübergabe verlangen. (S. Goldschmidt, 9. S. 74.) Ebenso acceptirte das schweizer. Oblig. R. (Art. 199 flg.) u. der deutsche Entwurf §. 874 das römische Prinzip (anders noch der schweizer. Entw. v. 1879). Auch der Jenaer deutsche Juristentag (1880) hat sich gegen die Beseitigung des Erfordernisses der Tradition erklärt, — ebenso Behrend, Gutachten f. denselben 1880, S. 73 flg., Frankl, S. 76, N. 3., Dernburg, Pand. §. 211. Als Lehr- und nicht als Rechtssatz betrachtet dasselbe mit Unrecht Geller, Centralbl. f. j. Praxis I. S. 390 flg.

4a) Darüber Strohal, Jahrb. f. Dogm. 27. S. 428; dazu Zachariä, franz. C. R. §. 180 N. 3 bezügl. des älteren fr. R.

sei in Österreich nach einer vortrefflichen alten Rechtsverfassung immer nothwendig, damit uns ein dingliches Recht zustehe." (Vgl. Pfaff-Hofmann, Komm. I. S. 358.)[4b] Keine Ausnahme von dieser Regel bildet das constitutum possessorium und die traditio brevi manu (§. 428), wohl aber die Übereignung mittelst Übergabe gewisser Urkunden (§. 427. 1. Fall) und durch Versendung (§. 429).[5] Auch die Eigenthumsübertragung von Fluß- und Seeschiffen unterliegt den allgemeinen Grundsätzen des Mobiliareigenthumsrechtes; der Beilbrief und sonstige Urknnden dienen nur zum Beweise des erworbenen Rechtes. Vergl. Ges. v. 7. Mai 1879 Z. 65 §§. 15. 19. (Anders wohl bei Pfändungen, §. 12 desselben Ges.)

Unter Übergabe (Tradition) im technischen Sinne verstehen wir somit die Übertragung des Besitzes an der Sache mit dem Willen, Eigenthum zu geben und zu nehmen, bez. die Ergreifung des Besitzes, welche sich mit Zustimmung des Vorbesitzers zum Zwecke der Eigenthumsübertragung vollzieht.[6] Auch die Tradition ist ein Vertrag, weil

---

4b) Auch in der Sitz. v. 6. Juni 1803 betont Zeiller die Nothwendigkeit der Besitzübertragung u. bemerkt: daß der röm. Grundsatz: traditione etc. in Österreich in noch ausgedehnterem Sinne gelte, als nach röm. R. (Ofner I. S. 277.)

5) Nach röm. R. kann — abgesehen von der veralteten formellen mancipatio und in jure cessio — nur der sog. dom. transitus legalis bei Zuwendung an Kirchen und milde Stiftungen (c. 23. pr. §. 1. C. ss. eccl. 1. 2.) als Ausnahme angesehen werden. Vgl. Windscheid §. 171, N. 2. gegen Arndts §. 145, N. 1, u. Vangerow §. 311. 4, während Brinz §. 150 doch dingliche Klagen zugesteht. Eine „Verflüchtigung" der Tradition erblickt hier überall Geller a. O.

6) Die letztere, namentlich v. Bremer, Zeitschr. f. C. R. u. Pr. 20. S. 57 flg. gewählte Formulirung betont die Thätigkeit des Erwerbers, während die erstgedachten Ausdrücke: „Tradition, E.-Übertragung" die Thätigkeit des bisherigen Eigenthümers voranstellen. „Das Richtige ist, daß zwar thatsächlich bald die eine, bald die andere Thätigkeit in den Vordergrund treten kann, für die rechtliche Betrachtung aber beide auf gleicher Linie stehen." Windscheid §. 171, N. 3. Vgl. auch Sohm, Zeitschr. f. H. R. 17, S. 19 flg., Brinz §. 150 (2. A.): T. ist die durch Übergabe und Besitzerwerb vermittelte Übertragung d. E. — Bestritten ist die Natur des jactus missilium. L. 9. §. 7. D. de acq. dom. u. L. 46. J. de R. D. Manche finden in demselben eine einfache oder modifizirte Derelikt:on (Scheuerl S. 206), die Meisten (auch Böcking S. 155, Windscheid §. 172, Pagenstecher II. S. 196, Exner S. 12 flg., Sohm S. 51) mit Recht (s. Note 32) eine Tradition, Brinz, P. I. §. 149, N. 24, u. Keller §. 128, einen Übergang von der Derelikt̄ion zur Tradition. Richtig weisen Exner, Sohm auf zahlreiche tägliche Erscheinungen, die dem jactus m. analog sind und gewiß nur eine sog. tratitio ad incertam personam enthalten z. B. das Aufstellen von Streichhölzern, — gewiß auch von Speisen u. Getränken am Buffet. Vgl. Ihering, Rechtsfälle (2. A.) Nr. 16. Vgl. noch N. 32.

— Willensübereinstimmung, und zwar ein dinglicher und förmlicher Vertrag.[7]

Die Traditionsform,[8] über deren Naturalität und Zweckmäßigkeit die Ansichten allerdings auseinandergehen (vgl. Note 4), gewährt mehrfachen Vortheil: Einmal ist sie — wie jede Rechtsform — der konzise Ausdruck des reifen Entschlusses, die Schlußphase, der „Stempel des fertigen juristischen Willens".[9] Sodann gewährt sie uns untrüglichen Aufschluß über den Inhalt des Willens, über die juristische Bedeutung des Rechtsgeschäftes; sie läßt keinen Zweifel darüber übrig, daß es sich um die Übertragung der vollen dinglichen Herrschaft über die Sache, nicht um die Gewährung eines bloß persönlichen (obligatorischen) Anspruches auf dieselbe handelt; der Eigenthumsübertragungswille erhält somit in der Traditionsform seinen typischen, plastischen Ausdruck.[10] Der Übergang der rechtlichen Herrschaft

---

7) Die Vertragsmäßigkeit verkennen Gesterding, S. 125, Bremer a. a. O. S. 67, N. 24, Förster §. 160, N. 51, Gruchot VII. S. 410, indem sie in der Empfangnahme der Sache eine bloß einseitige Willensthat des Apprehendenten gegenüber der Sache erblicken. S. dag. Windscheid §. 171, N. 1, Unger II. S. 170. Exner S. 10 flg. Dinglich ist der Vertrag mit Rücksicht auf seine Rechtswirkung im Gegensatz zu den obligatorischen, erb- und familienrechtlichen Verträgen. Treffend schon Kant, Rechtslehre (2. A., S. 97 flg.): „Diese Ableitung als rechtlicher Akt kann nicht durch diesen als einen negativen Akt, nämlich der Verlassung oder ... Verzichtleistung geschehen, denn dadurch wird nur das Seiende aufgehoben, aber Nichts erworben, sondern allein durch die Übe tragung, welche nur durch einen gemeinschaftlichen Willen möglich ist." (Daß der Besitz nicht durch Vertrag übertragen, bez. erworben wird, hat mit dieser Frage nichts zu thun. Vgl. Randa, Besitz §. 14 u. 15). Entgegen der herrschenden Anschauung sieht Windscheid §. 389, N. 2 auch schon in der Verkaufserklärung eine Entäußerung (alienatio) und nicht bloß die Übernahme der Verbindlichkeit zur Übergabe. So auch Bernhöft, Jahrb. für Dogm. 14. S. 64 flg., Besitztitel im R. R. S. 8 flg., welcher darum den Kauf, sowie die Schenkung und Dotirung rc. zu den dinglichen Verträgen zählt. Mit der Auffassung des röm. u. österr. R. verträgt sich diese Ansicht nicht. Vgl. auch Karlowa, Rechtsgeschäft S. 213.

8) Daß die Tradition eine Form sei, bestreitet m. U. Brinz §. 150 a. E.

9) So treffend Ihering, Geist des röm. Rechtes II. §. 45. S. 521 (1. A.), Savigny, System III. S. 238, Exner S. 306. Der juristische Wille entwickelt sich eben — gleich anderen wichtigeren Entschlüssen, aus einer Reihe von Erwägungen; die Form kennzeichnet den fertigen Entschluß. Die Form ist „der Wecker des juristischen Bewußtseins." Allerdings ist diese Funktion der Form, soweit sie die Parteien zu größerer Besonnenheit und Überlegung zwingt, h. z. T., wo die wichtigsten obligatorischen Verträge formlos geschlossen werden können, nicht zu überschätzen. Darüber s. Frankl S. 3 flg.

10) Zu weit geht wohl Kohler S. 240 flg., sofern er diesem Moment alle praktische Bedeutung abspricht. Bei der entgeltlichen Übertragung der Sache

vollzieht sich in naheliegender und zweckmäßiger Weise durch Überlassung der entsprechenden thatsächlichen Macht.[11] Endlich gewinnt der Eigenthumsübergang durch die Traditionsform mindestens bei Mobilien in der Regel auch einen gewissen Grad der Publizität — der Erkennbarkeit für Dritte. Wie der Besitz als das „Vorwerk" und die „Thatsächlichkeit des Eigenthums" erscheint,[12] so ist die Besitzübertragung das Medium, durch welches sich der Eigenthumsübergang auch äußerlich erkennbar darstellt; allerdings ist hierbei das Gewicht nicht so sehr auf den Traditionsakt, als vielmehr auf die Wirkung desselben: den Besitzübergang zu legen und vor der Überschätzung der Bedeutung dieses Moments zu warnen.[13] Maßgebender als die bisher angeführten, für die Traditionsform sprechenden Gründe, deren relative und beschränkte Bedeutung ich nicht verkenne, ist m. E. de lege

---

liegt wohl der stillschweigende Vorbehalt des Veräußerers, das dingliche Rechi erst bei Empfang der Gegenleistung aufzugeben, sehr nahe. Dieser Auffassung machen selbst die Art. 1612 und 1613 Cod. c. Konzessionen, welche mit dem dinglichen Rechte des Erwerbers schwer zu vereinbaren sind. Die formlose Servitutsbestellung ist fur das röm. Recht allerdings ein Bruch der Konsequenz — nicht so aber die Formlosigkeit der Cession, auf deren Objekt die Tradition unanwendbar erscheint. — Daß aus dem abstrakten Charakter der Tradition kein Kapital für deren Opportunität geschlagen werden kann, betont mit Rechi Kohler S. 241.

11) Bezeichnend sagt Ihering S. 520: „Die Form ist für die Rechtsgeschäfte, was das Gepräge für die Münzen." S. auch Karlowa S. 217.

12) Vergl. über die Zulässigkeit dieser Ihering'schen Charakterisirung Randa, Besitz §. 1. N. 5.

13) Das Moment der Erkennbarkeit Dritten gegenüber wird — freilich nicht immer mit richtigem Maße — namentlich von den älteren Naturrechtslehrern und von den Kompilatoren des A. B. G. B.'s (vgl. Sitzung der Gesetzgeb. Kommission v. 6. Juni 1803) u. fast von allen österr. Kommentatoren betont. Vgl. statt Aller Zeiller II. S. 219: „Der Grund der Regel (des §. 425) ist in der Sicherheit des Eigenthums und bürgerlichen Verkehrs aufzusuchen" .... „Der Besitz soll das allgemein geltende äußere Merkmal, der entscheidende Charakter oder die Erwerbungsart des Eigenthums sein." Vgl. dazu meinen Besitz §. 11. N. 40. 56c. und die Citate bei Exner, Note 61; auch Goldschmidt, H. R. §. 79. S. 813, und Dernburg §. 238, welch Letzterer übrigens mit Rechi bemerkt, daß die Tradition die „wichtige Aufgabe", den Eigenthumsübergang auch Dritten erkennbar zu machen, nicht immer lösen töune, da es Weisen der Besitzübertragung, wie das constit. possessorium giebt, welche an dem äußeren Zustande nichts verändern. Dageg. unterschätzen Exner, Kohler u. Geller a. O. die publizistische Funktion der Tradition; allerdings gewährt diese Dritten keinen sicheren Schluß auf den Eigenthumswechsel, so lange ihnen die causa trad. unbekannt ist; allein dem Vorsichtigen ist damit immerhin ein wichtiger Fingerzeig zur Orientirung gegeben. Der Satz: La possession vaut titre hat thatsächlich selbst bei uns eine viel größere Geltung, als man gewöhnlich anzunehmen geneigt ist.

ferenda die Erwägung, daß die Annahme des französischen Prinzips in die herkömmliche Auffassung einen Bruch bringen würde, dessen Tragweite nach allen Richtungen hin nicht so leicht zu ermessen ist. — Bezeichnend für die Opportunität der Traditionsform ist übrigens der Umstand, daß selbst das franz. Recht dem Besitzer in solchen Fällen den Vorzng einräumt, wo der Eigenthümer dieselbe bewegliche Sache verschiedenen Personen veräußert, sofern nur der Erwerber von dem früheren Veräußerungsakte keine Kenntniß hatte (Art. 1141).[14]

Soll aber die Tradition den Eigenthumsübergang zur Folge haben, so wird erfordert:

a) daß der Tradent Eigenthümer der Sache ist (dominium auctoris) (§§. 423. 442) (über die Ausnahmen vgl. den folgenden §. d. B.);

b) daß der Tradent die volle Handlungsfähigkeit besitzt, denn die Tradition ist Aufgeben von Rechten (§§. 21. 273. 865). (Die Beschränkung der Handlungsfähigkeit im Falle des §. 279 G. B. ist durch die Novelle v. 15. Novbr. 1867 Z. 131 aufgehoben worden.)[15]

---

14) Vergl. über diesen Fall, ferner über die Art. 1605. 1606. 1867 Code c. Zachariä §. 180, Goldschmidt I. S. 804, Exner S. 310 flg. Zu einem ähnlichen Ergebnisse führt die dem preuß. Recht eigenthümliche Modifikation des römischen Grundsatzes: daß bei Veräußerung derselben Sache an verschiedene Personen der Eigenthumserwerb des Empfängers durch die Kenntniß des älteren obligatorischen Anspruchs Dritter ausgeschlossen wird. L. R. 10. I. §. 25. Dazu Ziebarth, Realexekut. S. 191 flg.

15) Mangels Handlungsfähigkeit können daher — abgesehen von den juristischen Personen — nicht rechtswirksam tradiren: Wahnsinnige, Minderjährige, Verschwender. Ausnahmen finden statt in den Fällen der §§. 151. 246. 247. 1421 G. B. (And. A. Exner S. 51 N. 5.) Auch im Falle der §§. 1421 und 1433 G. B. überträgt der Minderjährige, welcher eine richtige, fällige und unverjährte Schuld zahlt, Eigenthum auf den Gläubiger; denn ohne Eigenthumsübergang — keine sofort wirksame Zahlung (L. 14. §. 8. L. 20. 27. 38. §. 3. L. 72. 98. D. de sol. 46. 3. L. 11. §. 2. 1. f. D. A. E. 19. 1.) und eine solche wird im §. 1421 anerkannt. Vgl. Unger II. S. 29. N. 25. Daß der Akt als Tradition nichtig, als Solution gültig sei, wie Exner a. a. O. meint, ist nach dem Wortlaut und Sinne der §§. 1421. 1433 flg. nicht anzunehmen. Vielmehr geht — wie nach preuß. Recht (§§. 40. 41. I. 16.) — Eigenthum sofort mit der Zahlung über und hat diese unmittelbar volle rechtliche Wirkung, — im Gegensatz zum röm. Rechte, nach welchem Eigenthum durch Zahlung des Pupillen nicht übergeht und die Vindikation, bez. Kondiktion lediglich durch die exc. doli ausgeschlossen wird. (L. 29. D. de cond. ind. 12. 6. L. 14. §. 8.). Eigenthumsübergang und Aufhebung der Obligation wird also nach österr. R. direkt, nach röm. R. indirekt bewirkt. S. Gruchot, Zahlung einer Geldschuld S. 16.

c) daß der Tradent auch dispositionsberechtigt, d. h. daß sein Verfügungsrecht über die Sache nicht beschränkt sei, z. B. durch Konkurseröffnung, Ablegung feierlicher Ordensgelübde, Desertion;[16]

d) daß kein Veräußerungsverbot entgegenstehe (über diesen Punkt vgl. §. 8 d. B.);

e) daß der Empfänger das Eigenthum an der Sache zu erwerben fähig sei.[17]

Der Mangel der Handlungs- und Dispositionsfähigkeit wird wie bei anderen Rechtsgeschäften, so bei der Tradition, durch die Intervention (Stellvertretung) der gesetzlich berufenen Vertreter der gedachten Personen ergänzt.

Einfluß von Willensmängeln. Da die Tradition — als Übereignungsvertrag — Einigung des Willens beider Theile in allen wesentlichen Punkten voraussetzt, so ergiebt sich, daß ein Mißverständniß (dissensus) in einem wesentlichen Punkte — insbesondere rücksichtlich des Gegenstandes — das Zustandekommen des Vertrags ausschließt. §. 869 G. B.[18] (Über den Dissens in Ansehung der causa traditionis später.) — Denselben Erfolg hat nach der herkömmlichen gemeinrechtlichen Theorie ein Irrthum (error, Disharmonie des wirklichen und erklärten Willens) in wesentlichen Punk-

16) Der Unterschied zwischen der Handlungsunfähigkeit und der bloßen Dispositionsbeschränkung liegt darin, daß der Unfähige wegen eines in seiner Person liegenden Mangels überhaupt nicht gültig wollen kann, der Beschränkte hingegen an sich handlungsfähig und nur in der freien Verfügung über sein Vermögen oder gewisse Vermögensstücke behindert ist. So z. B. kann sich der Kridatar obligiren, auch kann er über das nicht zur Konkursmasse gehörige Vermögen verfügen. (Vgl. §§. 1. 3. 5. 61 Konk. O.) — Auch Ordenspersonen verlieren nach österr. R. nur das Dispositionsrecht über das bis zum Ordenseintritt erworbene Vermögen (§§. 20. 182 k. P. v. 9. Aug. 1854), vgl. Singer, Commercium m. c. der Ordenspersonen (1880) Henner, O rak. z. amor. (1892), desgleichen Deserteure (§. 208 M. St. G. B.) und unbefugte Auswanderer (vgl. dazu Randa, Besitz §. 9. N. 3a). Dagegen zählen Exner S. 52 auch die Kridatare, Schiffner §§. 45. 118 u. A. alle Letztgenannten zu den Handlungsunfähigen, wobei sich Letzterer mit Windscheid §. 81, N. 9 gegen die Unterscheidung der Handlungsunfähigkeit und Dispositionsbeschränkung kehrt, weil jene nur eine „Art" der Letzteren sei — was aber gewiß nicht richtig ist. S. noch Zrodlowski, Lehrb. d. röm. R. §. 36.

17) Bezüglich der Unfähigkeit, Sachen zu eigen zu erwerben, vgl. §. 2 d. B.

18) Mangels des Konsenses gelangt eben der Vertrag nicht zur Existenz, da jeder Kontrahent einen anderen Gegenstand im Sinne hat. Dazu Exner S. 262 flg.

ten, namentlich in Ansehung des Gegenstandes oder einer wesentlichen Beschaffenheit desselben (§§. 871 flg.), da der wirkliche Wille nicht erklärt — der erklärte nicht der wahre Wille ist.[19] Allein zufolge der dem Verkehrsbedürfnisse Rechnung tragenden — äußerlich der älteren naturrechtl. Lehre[20] folgenden Bestimmung der §§. 871—877 G. B. ist die Tradition gültig, wenn der Irrthum durch Zufall oder Versehen des Irrenden entstanden oder durch Dritte (ohne Theilnahme des auderu Kontrahenten) hervorgerufen wurde (§§. 874. 876); daher ist der Traditionsakt nur dann (relativ) ungültig, wenn der Irrthum durch den andern Kontrahenten hervorgerufen wurde oder diesem wenigstens beim Abschluß des Vertrags bekannt gewesen ist. (Daß wir es hier in Wahrheit nur mit einem Motivenirrthum zu thun haben, bezeugt auch der Umstand, daß das Gesetz den psychologischen Zwang und den sogen. Wesenheitsirrthum denselben Regeln unterwirft. §§. 870. 871 flg.)[21] — Unkenntniß des eigenen Eigenthumsrechtes an der

19) Irrelevant ist für unser positives Recht die Frage, ob der sog. Wesenheitsirrthum (wie Neuere meinen) ein bloßer Irrthum im Motive ist (so Zitelmann, Irrth. S. 551 flg., Pfersche, Error i. s., und Irrthumslehre d. österr. Pr. R. [1891], dazu Hanausek, Haftung d. Vkäuf. S. 2 flg. und Ofner, W. Ztschr. 19 S. 441 flg.); das bürg. G. B. behandelt ihn jedenfalls anders als den Irrthum im Motiv. (§. 871 flg. gegen §. 901.)

20) Dieselbe gipfelt in dem Satze des §. 16. III des Urentwurfs, daß der Kontrahent das „Recht" habe, die Erklärung des Mitkontrahenten, sofern dieselbe nicht von ihm erzwungen oder durch List erschlichen ist, für die wahre Willensäußerung zu halten. Diese Begründung ist, wie sich nun aus dem motivirten Antrage Pfleger's bei Superrevision [Sitz. v. 11. Dez. 1809] ergiebt, nur der unrichtige Ausdruck der von den Redaktoren des G. B. intendirten Berücksichtigung der Verkehrssicherheit und der Verkehrstreue, welche verlangen, daß sich der redliche Kontrahent auf die Willenserklärung des Gegentheils verlassen dürfe: ‚Declaratio voluntatis aequipollet ipsi voluntati." Ofner, Prot. II. 550. Vgl. Zeiller III. S. 31. 42, Pfaff, Zur Lehre vom Schadenersatz S. 69 ff., Exner S. 267, Schiffner §§. 121 u. 124. Hasenöhrl, Oblig. R. I. §§. 45. Zu bemerken ist, daß der Entwurf Horten's 1. III. §§. 26—30, 1. III. §§. 59 flg. noch auf dem Standpunkte des röm. R. steht; erst der Entwurf Martini u. d. Urentw. III. 1. §§. 16 flg. nehmen den d. Z. geltenden Standpunkt ein; i. d. Sitz. v. 28. Jänner u. 4. Febr. 1805 wurde zwar (gegen Zeiller) die Rückkehr zur Norm des röm. R. beschlossen; jedoch bei der Superrevision (1809) das Princip des Urentwurfs wieder aufgenommen! S. Ofner, Prot. II. S. 12 flg., 402, 556 flg. u. derselbe, Wien. Ztschr. 17. S. 331 flg. — Ohne Zweifel sind die von obligatorischen Verträgen handelnden Bestimmungen der §§. 870—877 G. B. auch auf dingliche Verträge anzuwenden, wie denn auch noch der Entw. Horten 5. II §. 1. (= §. 425 A. B. G. B.) eine den §§. 870 flg. adäquate Zusatz-Bestimmung enthält.

21) Anders nach röm. Rechte, nach welchem der wesentliche (gegenständliche) Irrthum die Gültigkeit des Rechtsgeschäftes ausschließt. L. 2. §. 6. D. pro emt.

im eigenen Namen veräußerten, vermeintlich fremden Sache hindert schon nach röm. Rechte den Eigenthumsübergang nicht, da derselbe den Veräußerungswillen nicht ausschließt[22] — vollends nicht nach

41. 4. L. 15. D. de jurisd. 2. 1. L. 57. D. de O. et A. Schmid S. 74; dazu Unger §. 81. 82. Wächter §. 102. Goldschmidt §. 79, N. 27. Die Ansicht Exner's S. 267 flg., welcher für das österr. Recht gegen Unger dolose Irreführung durch den Gegentheil zur Ungültigkeit verlangt (vgl. auch noch meinen Besitz S. 370) erscheint nach der von Pfaff a. O. gegebenen Redaktionsgeschichte der §§. 871 flg. kaum haltbar, da die Redaktoren zwischen absichtlicher als unabsichtlicher Irreführung keinen Unterschied zu machen beabsichtigten. Vgl. Ofner, Prot. a. a. O.; auch Hasenöhrl S. 565 flg., Schiffner § 121, N. 23. (Dagegen Menzel, G. H. 1880, Nr. 52 flg.). Da der sog. Wesenheitsirrthum im Grunde nur ein Motivenirrthum ist, so kann nicht behauptet werden, daß hier Eigenthum durch Scheinübergabe (ohne Traditionswillen) übergehe. Vielmehr ist zu beachten, daß das A. B. G. B. dadurch, daß es bei Verträgen alles Gewicht auf den erklärten (nicht auf den wirklichen) Willen legt, dem Verkehrsbedürfnisse gewiß besser Rechnung trägt, als die herrschende gemeinrechtliche Doktrin. Gegen Letztere, soweit es die bloße „Scheinherrschaft des Willens" betrifft, lehrten sich schon Bähr, Ihering's Jahrb. 14. S. 393, Regelsberger, Civilr. Erört. §. 5, Schloßmann, Vertrag S. 103 flg., 128, und gegen den gewandtesten Vertreter der herrschenden Theorie Zittelmann, Irrth. S. 281 flg. vgl. Hartmann, Ihering's J. 20, S. 1 flg., bes. S. 61, Better, P. §§. 84. 92, Regelsberger, Endemann's H. R. II. S. 405 flg., welche (dieser wenigstens für „Verkehrsgeschäfte" und nicht ohne Vorbehalt) das Zurücktreten des inneren Willens gegen die verkehrsübliche Deutung der Äußerung desselben, wie dies die Verkehrssicherheit fordert, bereits für das röm. Recht behaupten und in der neueren Spruchpraxis auch nachweisen. (Noch viel weiter geht Leonhard, Irrth. bei nicht. Vertr. 1882, welcher für den consensus geradezu den dem Oblaten zugänglichen Sinn einer Äußerung für maßgebend erklärt.) — Wohl zu beachten ist, daß im Falle eines Mißverständnisses (dissensus) die Tradition absolut nichtig ist (§. 869). Zur Erläuterung diene der Fall Nr. 86 der Ihering'schen Rechtsfälle. A bestellt beim Kollekteur B das Salmlos 1313, B liest statt 1313 falsch 1331 und schickt dem A das letztgenannte Loos 1331. Hier liegt ein Mißverständniß vor und die Tradition ist absolut ungültig. — Anders, wenn B richtig gelesen, aber aus Versehen dem A statt Nr. 1313 die Nr. 1331 übersendet. Man denke, daß das Loos 1331 gewinnt und beide Theile nun erst den Irrthum bemerken. Nach R. R. ist die Tradition auch in letzterem Falle nichtig, nach österr. R. aber unanfechtbar. Für das röm. R. bestreitet neuerl. Zittelmann, Irrth. S. 540 flg., daß der Irrthum im Gegenstande (den Z. als Motivenirrthum ansieht) die Nichtigkeit der Tradition zur Folge habe; dieselbe sei vielmehr — wie in L. 1. §. 2. D. 13. 7. für das Pfand bezengt werde — gültig. M. E. ist der Beweis nicht liquid; dazu Hölder, Pand. §. 45 Anm. 3.

22) Vgl. L. 9. §. 4. D. jur. et f. ign. 22. 6: Plus in re est, quam in existimatione mentis. L. 4. §. 1. D. manum. vind. 40. 2, §. 14 J. de leg. 2. 20, L. 49. D. mand. 17. 1. Ihering, Jahrb. II. S. 155 flg., Arndts §. 145, N. 2, Windscheid §. 172, N. 9, Exner S. 282, N. 95, Dernburg §. 238, N. 19, Brinz §. 151. „Da das zu Tradirende (Eigenthum) da ist, so fehlt es an demselben nur vermeintlich"; s. auch Karlowa, Das Rechtsgeschäft S. 67, mit Berufung auf L. 49. D. mand. (dazu neuest. Esmarch, Noch ein Wort zu L. 49) und L. 10. D. de distr. pig. 20, 5. Zittelmann, Irrthum

österr. Rechte, für welches überdies die §§. 871 flg. in Betracht kommen. — Hat dagegen der Tradent die ihm gehörige Sache irrig als eine fremde im fremden Namen (z. B. als Vormund, Mandatar) veräußert, so geht zwar nach röm. Recht Eigenthum nicht über,[23] nach österr. Recht finden aber die obgenannten Bestimmungen der §§. 871 flg. G. B. auch hier Anwendung und ist daher die Tradition nur dann (relativ) ungültig, wenn der Irrthum vom Gegentheil in irgend welcher Weise hervorgerufen oder benutzt worden ist.

In ähnlicher Weise verhält es sich mit dem (psychologischen) Zwange (vis compulsiva). Nur der vom Gegenkontrahenten verübte oder wenigstens mit dessen Wissen vollzogene Zwang hat die relative Ungültigkeit der Tradition zur Folge (§§. 870. 874—877 G. B.). Geht hingegen der Zwang von Dritten aus, so ist die Tradition gültig.[24] (Vgl. dazu Note 20.) — Desgleichen ist nach österr.

S. 542 flg. behauptet die Nichtigkeit der Tradition wegen Mangels des Übertragungswillens (anim., rem suam transfer.), gewährt aber die excep. r. v. ac trad. Gegen die Ansicht Huschke's, Civ. Arch. 62. S. 322 flg., u. Amann's Begriff des Prokurator 2c., welche Eigenthumsübergang behaupten, vgl. die ausführliche Widerlegung v. Brinz, Civ. Arch. 63. S. 319 flg., bes. S. 345 flg.

23) Vgl. L. 35. D. de adquir. r. dom. 41. 1: quia (?) nemo errans rem suam amittit. cf. L. 15. §. 2. D. de contr. emt. L. 49. D. mand. 17. 2, Ihering, Jahrb. 2. S. 149. u. 176 flg., Brinz §. 151: „Das tradirte Eigenthum existirt nicht und dasjenige, welches existirt, ist nicht tradirt", und neuest. Civ. Arch. 63. S. 350 flg., wo B. für Ihering's Ansicht eintritt, Vangerow §. 311, Arndts a. O., Windscheid §. 172, N. 10, Exner S. 282 flg., Dernburg §. 238, N. 19, welcher für das preuß. R. die röm. Entscheidung vertritt. Auch Zittelmann, Irrthum S. 535 flg. betrachtet die L. 35 cit. als Regel; „Das Eigenthum, worauf sich die Absicht richtet, geht nicht über, nicht wegen Irrthums, sondern weil es nicht existirt" (S. 538). S. auch Brinz S. 350 flg. — — In gleicher Weise ist der Fall zu entscheiden, wenn Jemand eine fremde Sache, an der er Veräußerungsrecht hat, z. B. als Vormund in der Meinung veräußert, sie sei seine eigene.

24) Mit Rücksicht auf den Satz: coacta voluntas etiam voluntas erscheint hier also ausnahmsweise die Tradition trotz des vorhandenen Willens wirkungslos. Die Nullität ist eine relative, — die Tradition ist ungültig, kann jedoch durch den Willen des Gezwungenen oder durch Verjährung der Nullitätsklage (§§. 877. 1487) rechtswirksam werden. Vgl. Wächter II. S. 666, Unger §. 80, N. 17, Exner S. 254, Czyhlarz in Iher.'s Jahrb. 13. S. 46 flg., Schiffner §. 124. — Die älteren gemeinrechtlichen Juristen (bes. Glück) finden die relative Nullität auch nach röm. R. begründet, während die herrschende romanistische Doktrin das Rechtsgeschäft für giltig ansieht, und lediglich eine persönliche (auch gegen bereicherte Dritte wirksame) Anfechtungsklage gewährt. Mit Recht hebt aber Czyhlarz S. 5 flg. (zum Theil auch Schliemann, L. v. Zwange S. 88) hervor, daß die in den Quellen hervortretende Disharmonie nur durch den Gegensatz des civilen und prätorischen

R. eine durch Betrug des Empfängers unmittelbar veranlaßte Tradition auch dann, wenn ein wesentlicher Irrthum (§. 871 flg.) nicht vorliegt, relativ ungültig und wird sohin dem Traditionswillen die rechtliche Anerkennung zum Vortheil des Verkürzten versagt (dolus causam dans). (Die gleiche Folge hat die betrügerische Benutzung fremden Irrthums.) Für diese Wirkung des Betrugs des Mitkontrahenten sprechen die §§. 1271. 1291. 1387, die analoge Behandlung des Zwangs (§. 870) und der genetische Zusammenhang mit der älteren Doktrin.[25]

Simulirte Tradition schließt den Eigenthumsübergang aus (§. 916).[26]

Die Tradition ist auch unter Abwesenden vollendet, sobald der Oblat Besitz ergriffen hat; der Kenntnißnahme des Tradenten von der Annahme des Traditionsantrages bedarf es nicht.[27]

Der Übereignungswille kann auch ein bedingter oder betagter sein; in diesem Falle vollzieht sich der Eigenthumsübergang nach allgemeinen Grundsätzen erst mit dem Eintritt der Bedingung oder des Zeitpunktes.[27a] Dies gilt insbesondere in dem Falle, wenn die Über-

---

Rechtssystems erklärlich sei; nach jenem (u. nach justinian. R.) ist das erzwungene Geschäft gültig, nach diesem aber ungültig; nach dem historischen Entwicklungsgange sei die relative Nichtigkeit für das heut. R. das allein Richtige. In Anlehnung an die ältere roman. Theorie und noch mehr unter dem Einfluß der naturrechtlichen Doktrin (s. Note 20) adoptirten das preuß. L. R. §§. 31 flg. I. 4. u. das österr. B. G. B. (§§. 870 flg., dazu Ofner, Prot. II. S. 12 flg. 556) das System der relativen Nullität (s. auch Dernburg § 112), ebenso der Code civ. art. 1109 flg., 1304 flg., das ital. G. B. art. 1108. 1111, wohl auch das zürich. G. B. §§. 922. 923, während das sächs. G. B. §§. 93. 831 sich an die heutige gemeinrechtliche Theorie anlehnt.

25) Bloß auf den letzteren Umstand, der allerdings an sich nicht maßgebend wäre, berufen sich Unger II. §. 81, N. 22, Exner, S. 261 flg.; auf § 1387 und die Konsequenz der §§. 870 flg. verweisen Pfaff, Schadenersatz S. 64 flg., u. Schiffner §. 121, N. 7. Die ältere, durch naturrechtliche Lehren beeinflußte Doktrin (vgl. z. B. Glück 4. S. 113 flg., Thibaut, P. §. 452 u. a., dazu überhaupt Vangerow §. 605) betrachtete den durch Betrug des Gegentheils veranlaßten Vertrag (auch wenn Konsens in allen wesentlichen Punkten vorlag) als nichtig. So auch das preuß. L. R. §§. 85. 87. I. 4. u. Code civ. art. 1116, während nach der herrschenden Auffassung der Quellen bloß ein Ersatzanspruch zugestanden wird. Vgl. c. 10. C. de resc. vend., dazu Vangerow a. O., Exner a. O.

26) Dazu Schiffner §. 121, besonders N. 7., u. Hasenöhrl §. 43. Dritten gewährt ausreichenden Schutz das Anfechtungsges. v. 16. März 1884 Nr. 36.

27) Vgl. Sohm, Goldschmidt's Zeitschr. 17. S. 32 flg., 43 flg.

27a) Vgl. Nr. 6462 Samml. Gl. U. W.: Übergang des Eigenthums an geschlagenem Holze nach erfolgter Zahlung — nicht schon mit der Fällung, da die

eignung von der gleichzeitigen Gegenleistung (z. B. Zahlung des Kaufpreises) abhängig gemacht wird.[28] Ein solcher Eigenthumsvorbehalt (pactum reservati dominii) ist nach der naheliegenden Intention der Parteien im Zweifel als eine aufschiebende Bedingung anzusehen, da die Absicht der Parteien — bis zur Zahlung des Preises — eben nicht auf Übertragung des Eigenthums, sondern der Detention (Gebrauchsüberlassung ꝛc.) gerichtet ist. Vgl. auch die Erk. Nr. 10757. 10841. 11101 Samml. U. W. Pf.[29]

Wegführung desselben kontraktmäßig vorher nicht erfolgen durfte. S. auch neuest. Nr. 7917 d. S.

28) Beim Kauf auf Probe wird dieser Wille im Zweifel supponirt. §§. 1080. 1081. Vgl. Exner S. 57. — Fremd ist dagegen dem österr. R. die Bestimmung des röm. R., daß beim Kaufe überhaupt der Eigenthumsübergang durch Zahlung oder Kreditirung des Kaufpreises bedingt ist. Vgl. §. 1063 G. B.. dazu Note 29. (Anders noch der Entw. Horten's III. 9. §. 59 bei Mobilien). Gleiches gilt nach preuß. R., s. Dernburg §. 238, N. 13. Über den Grund und die Tragweite dieses röm. Rechtssatzes (§. 41. J. de rer. div. 2. 1. L. 19. 53. D. de contr. e. 18. 1.) vgl. Exner S. 338 flg., Hofmann, Beiträge zur Geschichte des griech. u. röm. R. (1870) S. 43 flg., Windscheid §. 172, N. 19. a.; E. sucht den Grund in der Mangelhaftigkeit des civilen Kontraktrechtes, H. im griechischen Recht, W. in der natürlichen Billigkeit.

29) Über die Natur des pactum r. dom. sind die Ansichten der gemeinrechtlichen Juristen getheilt. (Die Literatur s. bei Windscheid §. 172, N. 18. Dazu Thorsch, Eigenthumsvorbehalt, Wendt, Reuverträge.) Manche (Müller, Civ. Arch. 12. S. 247 flg., neuest. bes. Windscheid a. O.) unterstellen hier eine Resolutivbedingung, „weil die Parteien mit diesem Vorbehalt nichts bezwecken, als möglichste Sicherheit für den rückständigen Kaufpreis, und es ihrem wahren Willen entspricht, daß nur der Käufer (nicht der Verkäufer) über die Waare solle verfügen können." Allein dann würde die Bestellung des Pfandrechts am Objekte viel mehr der Intention der Parteien entsprechen, als das pact. r. d., ganz abgesehen davon, daß es denn doch zweifelhaft ist, ob das Eigenthum mit dem Eintritt der Resolutivbedingung ipso jure an den Verkäufer zurückfalle. (Vgl. dagegen Czyhlarz, Resolutivbeding. §. 8.) Mit Recht nimmt daher die Mehrzahl der Schriftsteller und die Praxis (Seuff. Arch. II. 10. VII. 51. XVIII. 10. u. a.) Suspension des Eigenthumsüberganges (nicht auch des Kaufs!) an bis zur Zahlung. Vgl. L. 20. D. de prec. 43. 26. L. 20. §. 2. L. 21. D. 19. 2., L. 17. D. 18. 6; ebenso Cod. Ther. III. 12. nr. 133. Vergl. bes. Schmid S. 92, N. 77, Puchta §. 148, Vangerow §. 311, N. 2, Goldschmidt, H. R. §. 81, N. 29. Pfaff, Jur. Bl. 1884 Nr. 24., auch Erk. Gl. U. W. 6462. 7917. 10840 u. a. (Als Thatfrage sieht dies an Exner S. 57, N. 29.) Der Käufer ist im Zweifel als Prekarist anzusehen; der Widerruf kann aber durch Anerbietung der Zahlung ausgeschlossen werden. L. 20 D. cit., dazu Goldschmidt a. O. Für das österr. Recht entfallen alle übrigens nur scheinbaren) Bedenken, die namentlich Müller a. O. mit Rücksicht auf den bekannten Rechtssatz des Röm. R. (§. 41. J. 2. 1. s. vor. N.) gegen die Annahme einer Suspensivbedingung anführt. — Allerdings kann das pactum r. dom. nach Absicht der Parteien auch eine Resolutivbedingung enthalten; aber auch, wenn

Von der Wirkung des beigefügten Endtermins und der Resolutivbedingung wird bei der Endigung des Eigenthums die Rede sein.[30]

Der Wille des Tradenten kann dahin gehen, nur der individuell bestimmten Person des Übernehmers das Eigenthum der Sache zu überlassen; so insbesondere bei der Schenkung, bei der Kreditirung von Waaren und bei der Zahlung einer Schuld; in einem solchen Falle wird nur diese Person Eigenthum erwerben können.[31] Der Traditionswille kann auch auf einen mehr weniger unbestimmten Personenkreis gerichtet sein.[32] Allein in der Regel ist dem Tradenten die Individualität des Empfängers gleichgültig. — Und ebensowenig ist es nöthig, daß der Tradent eine speziell bestimmte Sache im Auge habe; der Traditionswille kann auch auf einen Kreis individuell nicht bestimmter Sachen[33], selbst auf eine Sache überhaupt (ohne nähere Bezeichnung) gerichtet sein.[34]

Stellvertretung. — Nach den hier aufgestellten Grundsätzen

---

dies eintritt, fällt dieselbe noch immer nicht mit der lex commissoria zusammen, da der Kauf selbst nicht an die Resolutivbedingung geknüpft ist. Vgl. Goldschmidt a. O. Wohl aber identifiziert das preuß. L. R. §. 266 flg. I. 11 den E.-Vorbehalt mit der lex commissoria. — Das sächs. G. B. §. 292 u. das zürich. G. B. §§. 1454—1455 stellen die Suspension der Übereignung als Regel hin und ersteres interpretirt den E. Vorbehalt „zur Sicherung der Forderung" als Pfandrechtsvorbehalt.

30) Darüber s. Dernburg §. 227, Czyhlarz a. O.

31) Vgl. L. 12. D. de don. 39. 5, L. 37. §. 6. D. de acquir. r. dom., dazu Windscheid §. 172, N. 11 flg., Exner S. 53; vgl. aber auch noch §§. 873. 876 G. B., nach welcher der selbstverschuldete Irrthum des Tradenten die Gültigkeit der Tradition nicht ausschließt.

32) So beim jactus missilium, L. 9. §. 7 D. de acquir. r. d. 41. 1; der Traditionswille kann z. B. sich beziehen beim Auswerfen von Krönungsmünzen auf Jedermann, bei Vertheilung der Beute etwa nur auf die Truppen; in letzterem Falle wird also der Nichtsoldat Eigenthum nicht erwerben, er begeht vielmehr ein furtum. S. Pagenstecher II. S. 203, Exner a. O., Sohm S. 49 u. 47: „der besondere Wille, daß die Annahmehandlung den Oblaten bestimme, macht das Charakteristische des Paciscirens mit einer incerta persona aus". Doch darf man darum nicht sagen, daß die Offerte an „einen Einzigen" gerichtet ist. Nur bei einem bestimmten Personenkreise nimmt Tradition an: Kuntze, Festschrift zum And. an Kees S. 22. Dagegen schon Cod. Ther. II. 6. nr. 26.

33) So wenn z. B. Jemand gestattet wird, sich ein Pferd aus einem Marstall, einige Bücher aus einer Bibliothek, oder beliebige Früchte aus einem Garten zu nehmen. Vgl. Scheuerl S. 215 flg., Exner S. 54. Der Übergang zum Eigenthumserwerb des Pächters an den künftigen Früchten liegt auf der Hand.

34) Geschenk aus dem Vermögen des Schenkers, dessen körperliches Objekt völlig in die Wahl des Beschenkten gestellt wird.

ist auch die Frage zu beantworten, ob es im Falle der Tradition zum Besitz- und Eigenthumserwerbe durch Stellvertreter nothwendig sei, daß dieser dem Tradenten gegenüber erkläre, daß er im Namen eines bestimmten Anderen handle, oder ob nicht wenigstens das Repräsentationsverhältniß überhaupt dem Tradenten bekannt sein müsse?[35] Die Frage ist zu verneinen. Denn die Thätigkeit des Tradenten beschränkt sich bei der Tradition wesentlich auf das Aufgeben des Eigenthums und Besitzes unter der Voraussetzung, daß der Empfänger durch Besitzergreifung Eigenthum erwerben wird, wobei ihm — wie bemerkt — die Individualität des Anderen regelmäßig gleichgültig ist.[36] Es kann also lediglich von dem Willensentschlusse des Letzteren abhängen, ob er Besitz und Eigenthum der Sache für sich oder für einen Dritten erwirbt.[37] Fälle dieser Art kommen all-

---

35) Dies behauptet namentlich Ihering, Jahrb. f. Dogm. I. S. 319 flg., unter Berufung auf L. 13. pr. D. de acquir. rer. dom. L. 13. D. de donat., auch Pagenstecher II. S. 204 flg., Mitteis, Stellvertr. (1885) S. 26 flg. Hiegegen erklären sich mit Recht Arndts, §. 145, N. 3, Vangerow I. S. 446, Puchta, Pand. §. 148. k. und l., Brinz I. §. 55. u. eingehend Bremer, Zeitschr. N. F XX. S. 43—90, Goldschmidt §. 66, N. 7, Exner S. 139, N. 46, Grünhut, Kommiss. S. 429—431. 435, N. 13, Gruchot 8, S. 448—460, Förster §. 178, N. 26 flg., Dernburg §. 154, N. 2. a. E., Hauser S. 18. 19, während Windscheid §. 155, N. 7 sub 2. der Ansicht Ihering's beitritt. (Allerdings spricht Windscheid vom erklärten Willen des Tradenten, scheint also bei nicht ausdrücklich geäußertem Willen desselben unsere Ansicht zu theilen, s. auch §. 172, N. 12. 13.) Der nicht ausgesprochene Wille des Tradenten ist irrelevant; erklärt er sich hierüber nicht, so muß angenommen werden, daß es ihm gleichgültig ist, ob Empfänger für sich oder Andere Besitz und Eigenthum erwerbe. L. 9. §. 7. D. 41. 1. und Goldschmidt §. 66. N. 8. Grünhut a. O. Über Stellvertretung überhaupt s. noch Schiffner's §. 120 bes. N. 16 u. 27.

36) Vgl. auch Sohm, Goldschmidt's Zeitschr. 17. S. 51 flg., welcher darauf hinweist, wie alltäglich Traditionsofferten an incertae personae sind, die sich sofort mit der Besitzergreifung vollziehen, ohne daß der Tradent davon Kenntniß zu haben braucht. (Ausgelegte Waaren mit Preisangaben, Offerten der Speisewirthe und s. f.). Anders, wenn der Tradent einer bestimmten dritten Person sein Eigenthum überlassen will; hier bleibt der Tradent Eigenthümer, wenn der Dritte es nicht wird, mag auch sein Besitz durch die Apprehension eines Dritten aufhören. Hierüber Näheres bei Randa, Besitz §. 20, Grünhut S. 429 flg., N. 4. u. 6, Exner S. 138, s. auch Schloßmann, Wien. Zeitschr. 8. S. 429, insbes. über die bekannte Kontroverse der L. 37. §. 6. D. de a. poss. u. dazu Zoll, ebendas. 8 S. 37 flg. u. den Rechtsfall Nr. 3043 Samml. Gl. U. W.; und wieder Schloßmann, Kontrahiren mit off. Vollmacht (1892). Nur gegen die Formulirung erhebt Bedenken Krasnopolski, Krit. V. Schr. 27. S. 490.

37) Vgl. Arndts, Brinz und Bremer a. a. O., Grünhut a. O., Dernburg §. 154, N. 2. a. E. Mit Recht betont Bremer, die Tradition von Seiten des Erwerbes aus gesehen sei: Besitzerwerb, in der Absicht, Eigenthum zu erlangen,

täglich, insbesondere bei öffentlichen Versteigerungen von Kunstwerken und Immobilien sehr häufig vor und werden von der Gerichtspraxis (Entsch. Nr. 1645. 3468. 5674. 6653 Samml. Gl. U. W.) als zweifellos zulässig hingenommen.[38] Doch muß der Wille des Empfängers, nicht für sich — sondern für einen Andern zu erwerben, bei oder sofort nach der Tradition erkennbar in die Erscheinung treten. Auch wenn dieser Wille nicht ausdrücklich (sei es dem Tradenten oder Dritten gegenüber) geäußert wurde: kann derselbe gleichwohl häufig aus den Verhältnissen erschlossen werden. Kauft z. B. der Lehrjunge, Handlungsdiener, Hausknecht Geräthschaften oder Waaren für ein Gewerbs- oder Handelsgeschäft, schafft der Verwalter eines Gutes landwirthschaftliche Geräthschaften, der Fabriksdirektor Maschinen oder Rohstoffe an: so liegen in allen diesen Fälleu Anhaltspunkte genug zur Entscheidung

---

unter Zustimmung des bisherigen Eigenthümers (S. 61); es sei nicht einzusehen, wieso der Erwerber durch den Willen des Tradenten gehindert sein könne, sofort einem Dritten zu erwerben, zumal er doch im nächsten Augenblicke nach der Tradition die Sache dem Dritten übergeben oder ihm durch ein constitutum possessorium Eigenthum verschaffen könne. Bremer macht auch unter Bezug auf L. 2. §. 20, E. de poss. aufmerksam, daß nur die im Texte vertretene Ansicht der juristischen Logik und den Bedürfnissen des Verkehrs entspreche; denn der Beauftragte hat Eigenthum (Besitz) nicht erwerben können, weil er es nicht erwerben wolite, der Verkäufer hat sich des Eigenthums begeben, und herrenlos ist wohl die Sache nicht? (S. 85.) Bei zweiseitig verbindlichen Verträgen ist allerdings der Empfänger als Kontrahent zur Leistung des Entgeltes verpflichtet, allein hier ist Stellvertretung beim Besitzerwerbe von der Begründung der Obligation ohne Stellvertretung wohl aus einander zu halten. Vgl. Erk. Nr. 2010. 4143. 4652. Gl. U. W., nicht dagegen spricht Nr. 6957 u. 7007. — Ferner Erk. d. R. O. H. G. 18. Nr. 48.

38) Advokaten betheiligen sich unter Erlag des Vadiums (Kaution) an der Feilbietung unter Verschweigung des Namens ihres Mandanten, ja selbst ohne Angabe des Repräsentationsverhältnisses, wenn sie befürchten müssen, daß durch Bekanntgabe desselben der Preis unverhältnißmäßig in die Höhe getrieben würde. Vgl. d. Entscheidung Nr. 3468 Samml. Gl. U. W.: „Es geschieht täglich, daß Bestellte für einen Besteller etwas kaufen, ohne im Mindesten daran zu denken, die gekaufte Sache für sich erwerben zu wollen, ja sogar bei gerichtlichen Feilbietungen erklärt der Meistbieter oft erst, nachdem ihm das Objekt schon zugeschlagen, daß er es für einen Dritten erstanden habe.“ Übereinstimmend Krasnopolski a. O. S. 490. Rigoroser ist d. Entsch. d. D. R. G. II. S. 166. — Eine andere Frage ist es, ob das Gericht bei gerichtlichen Feilbietungen versiegelte (ihm nicht vorher gezeigte) Vollmachten der Licitanten zulassen dürfe? Gewiß nicht, weil das Gericht die Interessen der Betheiligten (besonders der Gläubiger und des Exekuten) zu schützen, namentlich dafür zu sorgen hat, daß der Feilbietungsakt gültig vorgenommen werde, diese Pflicht aber ohne Einsicht der Vollmacht nicht erfüllt werden kann. (Man denke, daß das Couvert leer oder die Vollmacht beschränkt ist 2c.) Vgl. auch Heller, G. Z. 1877, Nr. 99. Bei Privatkäufen hingegen ist es natürlich Sache des Kontrahenten, ob er sich mit der versiegelten Vollmacht begnügen will.

der Frage vor, ob diese Personen als Stellvertreter des Geschäfts- oder Gutsherrn gehandelt, ob sie also das Eigenthum der eingekauften Sachen diesen oder sich selbst erworben haben.[39] Dagegen ist beim Einkaufe von Waaren durch einen Kommissionär von Fall zu Fall zu beurtheilen, ob Besitz und Eigenthum dem Kommittenten oder dem Kommissionär erworben sei. Das Kommissionsverhältniß an sich ist aber kein solches Verhältniß, aus welchem darauf geschlossen werden könnte, daß der Kommissionär unmittelbar dem Kommittenten Eigenthum erwerben wollte. Denn der Kommissionär handelt, wenn auch für fremde Rechnung, so doch in eigenem Namen[40]; ein Verhältniß der Stellvertretung zum Kommittenten liegt nicht vor. — Man denke nur an den gewöhnlichen Fall, daß es sich um den Einkauf von vertretbaren Sachen handelt, und daß der Kommissionär von mehreren Kommittenten Aufträge zum Kauf derselben Waare erhalten hat, oder gar endlich zugleich Eigenhandel betreibt! Mit Recht wurde daher von der Nürnberger Konferenz der Art. 284 des preuß. Entwurfs, welcher bei der Einkaufskommission als Regel Eigenthumserwerb des Gutes für den Kommittenten statuirte, abgelehnt.[41] Es wird daher lediglich nach dem erklärten Willen des Kommissionärs zu beurtheilen sein, ob mit der Übergabe des eingekauften Gutes Besitz und Eigenthum ihm oder dem Kommittenten erworben sei; im Zweifel (Art. 360. 368 H. G. B.) ist er als Besitzer und Eigenthümer anzusehen.[42]

39) Vgl. auch Goldschmidt §. 66, Note 7 bezüglich der Geschäfte der Handelsbevollmächtigten, Prokuristen, Sensale u. dergl. Vgl. Art. 56. 59. 69. Z. 1, 96. 97 H. G. B. Auch beim Besitzerwerbe durch Occupation sind Verhältnisse denkbar, aus denen sich ergiebt, daß Jemand nur als Stellvertreter handle, z. B. aus der Anstellung als Forstmann (Jäger) oder Fischer. Eine Kundgebung des Vertretungsverhältnisses nach außen durch Worte hätte hier keinen Sinn.

40) Verordnet doch Art. 360 H. G. B. ausdrücklich: „Kommissionär ist Derjenige, der gewerbsmäßig in eigenem Namen für Rechnung eines Auftraggebers (Kommittenten) Handelsgeschäfte schließt". Vgl. auch Goldschmidt §. 66, S. 615, und Grünhut, Recht des Kommissionshandels §. 42, in welchen beiden Schriften auch die Literatur und Gesetzgebung erschöpfend angeführt ist, dazu neuest. Grünhut in Endemann's H. B. d. H. R. III. §. 327, Hanausek, Haftung für Mängel §. 26.

41) Bei vertretbaren Sachen forderte der Art. 284 Entw. Aussonderung mit hinreichender Bezeichnung oder Absendung.

42) Vgl. Brinckmann, H. R. §. 112, Note 23, der sich nur unklar ausdrückt; bes. Bremer a. a. O. S. 92—94, und die daselbst citirten Entscheidungen des O. A. G. zu Lübeck und Kiel, nun auch die überzeugenden Ausführungen

Wurde hingegen dem Repräsentanten die Sache für eine bestimmte dritte Person übergeben, während der Repräsentant das Eigenthum für einen Anderen oder für sich erwerben will, so ist zwar für den Besitzerwerb der Wille des Empfängers maßgebend, allein das Eigenthum verbleibt beim Tradenten. Denn für den Rechtserwerb des Dritten fehlt es an dem vermittelnden Erwerbsakt des Rechtspräsentanten, während dem Rechtserwerb des Empfängers (oder des von ihm Vertretenen) der bestimmte Wille des Übergebers entgegensteht.[43]

Über den Besitz-(Eigenthums-)Erwerb durch Stellvertreter überhaupt vgl. noch Exner S. 125 flg., Schiffner §. 120, Randa, Besitz §. 20.

Die causa trad. — Der Wille des Tradenten und Empfängers erstrebt mit der Eigenthumsübertragung in der Regel einen bestimmten, rechtlich zulässigen Zweck. Der Zweckwille kann auf einen

---

Goldschmidt's a. a. O., insbes. bezüglich der legislativen Vorarbeiten N. 14, Laband, Zeitschr. f. H. R. IX. S. 439 flg., Hahn, Komm. z. H. G. B. II. zu Art. 368, und Anschütz-Völderndorf III. S. 353. So auch Grünhut S. 435 flg., wenn es sich um einen Einkauf vertretbarer Sachen oder eines Genus handelt, während er beim Ankauf einer Spezies im Zweifel unmittelbaren Erwerb für den Kommittenten behauptet, weil hier im Zweifel anzunehmen sei, daß er auftraggemäß den Willen habe, Besitz und Eigenthum unmittelbar für diesen zu erwerben. Ältere Schriftsteller nehmen Erwerb des Kommittenten als Regel an, so selbst auf Grund des neuen H. G. B. Kräwell S. 498, Gad, Handb. d. a. H. R. S. 266, Brix S. 376, während Andere (Endemann, H. R. §. 171 ad III.) Alles auf die in concreto erkennbare Absicht des Kommissionärs stellen. Irrig von den älteren namentlich auch Fischer-Blodig §. 258. Für unsere Ansicht vgl. Erk. d. R. O. H. G. XVI. 65. XIX. 24.

43) Bezüglich des Besitzwechsels vgl. meinen Besitz S. 429. — Bezüglich des Eigenthums kann es auch nach röm. Rechte füglich nicht zweifelhaft sein, daß dasselbe beim Tradenten verbleibt. L. 37. §. 36. D. de acq. r. dom. 41. 1 (Julian): Nam etsi procuratori meo rem tradideris, ut meam faceres, is hac mente acceperit, ut suam faceret: nihil agetur. (Vom Besitzübergang spricht Julian nicht; ob Ulpian L. 13. D. de donat. 39. 5 bloß Mentalreservation im Auge habe, wie mit Donell V. 10. §. 6 und Bremer XI. 249. die meisten Neueren (Windscheid §. 155, N. 7) meinen, scheint zweifelhaft. Vgl. neuerl. Brinz §. 140 (2. Aufl.), Exner S. 136, N. 39, Dernburg §. 154, N. 2. Während aber Exner der Ansicht Julian's, als der folgerichtigen, den Vorzug giebt, entscheiden sich Dernburg und Brinz für Ulpian: „denn billiger ist es, dem übereinstimmenden Willen der Hauptpersonen zu folgen, als durch den der Mittelsperson alles verderben zu lassen —". — Für das preuß. R. adoptirt Dernburg a. O., für das bayer. R. Roth §. 132, N. 11 die Ulpian'sche Meinung. Goldschmidt §. 66. S. 614 tritt im Wesen der herrschenden Ansicht bei.

bloß thatsächlichen Erfolg gerichtet sein, z. B. auf schriftliche Mittheilung bei Übersendung von Briefen, Überreichung von Eingaben, Abgabe von Besuchskarten zc.[44] Aber zumeist wird sich zu dem thatsächlichen Erfolge ein rechtlicher Erfolg gesellen, welchen der Tradent durch die Übergabe zu erzielen sucht, z. B. die Bereicherung durch Schenkung, die Begründung einer Obligation durch Darleihen, die Tilgung derselben durch Zahlung zc. Jedenfalls wird nach der Intention der Parteien der Bestand der Rechtswirkung der Tradition von der Erreichung des Zweckes abhängig gemacht. Wir bezeichnen daher diesen Zweck als den juristischen Zweck der Übergabe. Der Traditionswille beruht sohin, da das Wollen des Zwecks — Beweggrund (Motiv), d. i. wirkende Ursache für das Wollen ist, auf einem juristischen Beweggrund (causa traditionis).[45] Der animus tradendi äußerst sich vernünftiger Weise nothwendig als animus donandi, solvendi, obligandi, conditionem vel modum

---

44) Gewöhnlich werden diese Fälle übersehen. Es kann nicht bezweifelt werden, daß das Eigenthum an Briefen an den Adressaten übergeht; es entspricht dies der präsumtiven Intention der Parteien. Vgl. den interessanten Aufsatz v. Steinbach, Jur. Bl. 1879 Nr. 12; dazu L. 14. § 17. D. 47. 2. und L. 65. D. 41. 1. Die Bereicherung don. c. ist kein rein thatsächlicher Erfolg (a. A. Hofmann S. 85), wohl aber die datio ob rem, z. B. mit der Auflage, ein Monument zu errichten. Karlowa S. 174.

45) Die Frage über die justa causa traditionis weist in neuerer Zeit eine stattliche Literatur auf. Hervorzuheben sind außer den Lehrbüchern von Savigny, Oblig. R. §. 78, Arndts §§. 145. 340, Windscheid §. 172, Baron, P. §§. 67. 68. Brinz S. 202. 1500 (1. Aufl.), §. 150 (2. Aufl.), Strempel, J. causa bei der Tradition (1856), Leist, Manzipation (1865), Schloßmann, Zur Lehre von der causa oblig. B. (1868), Better, Krit. B. Schr. IX. S. 260 flg., Exner, Trad. S. 74 flg., 317 flg., Ftting, im Arch. f. civ. Pr. 52. S. 385 flg., 406 flg., Fr. Hofmann, Lehre vom tit. und mod. adquir. u. v. d. justa causa tradit. (1873), Ph. Lotmar, Über die causa im Röm. R. (1875), O. Karlowa, Das Rechtsgeschäft zc. (1877) §§. 28—33, Kohler a. O., Hruza, Lehre von der Novation S. 49—82, Hasenöhrl, Öst. Obligat. R. §. 27, Frankl a. O. S. 15. 75 flg., 103 flg., Otto Mayer, Die justa causa bei der Tradition u. Usukapion (1871), Bernhöft, Besitztitel im röm. R. (1876), Betker, P. §. 100. Richtig weist Lotmar S. 32 flg. darauf hin, daß die Römer das Wort causa mit einer gewissen technischen Unfreiheit im doppelten Sinne nehmen: als Grund, Ursache (Beweggrund) und als Zweck, obwohl sie selbstverständlich zwischen beiden wohl unterschieden. Wird doch auch von uns das Wort „Rechtsgrund" in gleichem Doppelsinn gebraucht (vgl. z. B. §§. 26. 36. 42. G. G.). Bei der Kausalität von Grund u. Zweck ist gegen die sprachliche Identifizierung derselben kaum viel einzuwenden (Brinz S. 582). Über die verschiedene Bedeutung von causa vergleiche die Quellencitate bei Voigt, Condictiones ob causam, Seite 1 flg.

implendi etc.[46] Diese sogenannten causae traditionis sind somit **wesentliche** Momente, **psychologische** Qualitäten des verständigen Übereignungswillens auf Seite des Tradenten und Empfängers.[47] Wir finden hierin eben nur eine Anwendung des das gesammte Vermögensrecht[48] beherrschenden Grundsatzes, daß jedes Rechtsgeschäft, welches eine gewillkürte **Änderung** der Vermögenssphären (Begründung, Änderung, Aufhebung von Vermögensrechtsverhältnissen) zu bewirken geeignet ist, einen bestimmten juristischen **Zweck**

---

46) In die causa solvendi, credendi, donandi will mit den Älteren alle denkbaren Gründe der Vermögenszuwendung aufgelöst wissen **Brinz** §. 150. S. 582 (2. A.), was jedoch (vgl. N. 44) nicht durchführbar erscheint, daher die Meisten **Arndts** §. 80, N. 2, **Windscheid** §. 98, N. 1. **Hofmann** §. 8, **Exner**, S. 319, N. 4, **Pavliček**, Bereicherungskl. §. 2, G. Z. 1877 N. 56, **Karlowa** S. 172, **Hruza** a. O. S. 57) dieselben nur demonstrativ anführen. Das Rechtsgeschäft verfolgt übrigens bisweilen einen mehrfachen (komplizirten) Zweck, so insbesondere bei Vermögenszuwendungen mit einer Auflage (Donatio sub modo). Dazu **Frankl** a. O., **Pfersche**, Bereicher. Kl. S. 93 flg.

47) Vergl. **Bähr**, Anerkennung S. 12. 13, **Exner** S. 76, **Hofmann** S. 95, **Gruchot** 8. S. 470 flg., **Brinz** S. 582, der das Motiv „nicht sowohl als ein juristisches, als ein psychologisches und natürliches Erforderniß der Tradition" betrachtet, damit aber (S. 583) die **juristische** Bedeutung nicht unterschätzen will. Richtig **Karlowa** S. 208. Für die Erreichung des **Zwecks** (die Realisirung des **Wollens**, z. B. Zahlung, Schenkung) ist die Tradition wieder **Mittel**. — Eine **andere** Frage ist es, ob es positivrechtlich zur Übereignung erforderlich ist, daß derselbe ein wahrer, **wirklicher** — nicht bloß vermeintlicher, sei. Nicht darüber kann insbes. ein Zweifel bestehen, daß der Bestimmungsgrund (die causa) da sein müsse; nur darum kann sich die Kontroverse drehen: ob das Wollen von rechtlichem **Erfolg** begleitet, also das intendirte Rechtsgeschäft verwirklicht sein müsse? Dieser Kernpunkt der Frage wird häufig übersehen. Die Identifizirung von causa im subjektiven Sinne (**Motiv**, Endzweck) und causa im objektiven Sinne (**Titel**, Rechtsgeschäft) hat viel zur Verbreitung der irrigen Doktrin beigetragen, daß zur Übereignung ein „Erwerbstitel" erforderlich sei. Bejahen könnten die Frage nur Diejenigen, welche das Institut der Kondiktionen in seiner gegenwärtigen Gestaltung ignoriren oder streichen. Auf den Unterschied zwischen subjektiver und objektiver causa, juristischem Bestimmungsgrund und Realisirung desselben, sowie darauf, daß die Bedeutung der causa bei der Tradition nach **österr.**, wie nach **röm. R.** ein lediglich subjektiver juristischer Bestimmungsgrund, Zweck ist, habe ich bes. in der Ger. Zeit. 1871, Nr. 44. hingewiesen; ausführlich sind diese für das R. R. unbestreitbaren Sätze in ihrer literarhistorischen Entwicklung dargestellt von **Hofmann** S. 54 flg. und **Bähr** a. O. §. 3 flg. Dazu neuerl. **Hruza** S. 50 flg. (Mit Unrecht wird diese Unterscheidung in der nicht sehr klaren, von **Hruza** S. 52 flg. mit Recht bekämpften Darstellung **Hasenöhrl's** §. 27. N. 31 abgelehnt.) Mit der Unterscheidung der causa im subj. und im obj. Sinne darf nicht verwechselt werden der Gegensatz zwischen justa und injusta causa trad. Beiderlei causae können nur vermeintlich (subjektiv) oder wirklich (objektiv) da sein.

48) Über das Zweckmoment im Personenrecht vgl. **Karlowa** S. 163.

verfolgt, beziehentlich — bei dem kausalen (psychologischen) Zusammenhange zwischen der Ursache des Wollens und dem Gewollten — auf einem juristischen Beweggrunde beruht, gleichviel, ob es sich nun um Eigenthumsübertragung, Servitutsbestellung, Begründung oder Übertragung einer Forderung, Erlaß, Legat handelt.[49]

---

49) Wir können diese Gattung von Rechtsgeschäften die „neutralen vermögensändernden" nennen im Gegensatz einerseits a) zu jenen Rechtsgeschäften, welche zwar auch Vermögensänderungen bewirken, bei denen aber das Geschäft durch den vom Rechtsverkehr individualisirten (einzigen) Zweck vollkommen gedeckt erscheint (als da: Kauf, Miethe, Mutuum, Schenkung), im Gegensatz andrerseits b) zu jenen Rechtsgeschäften, welche überhaupt keinen Vermögensstoffwechsel zur Folge haben, bei denen übrigens gleichfalls der rechtlich bestimmte (individualisirte, einzige) Zweck in der Wirkung völlig beschlossen liegt, (als da: Pfand-, Bürgschaftsverträge, Depositum 2c.). Schon Fitting, C. Arch. 52, S. 393, u. bes. Hoffmann §. 6 machen darauf aufmerksam, wie wir je nach Verschiedenheit des Eintheilungsgrundes verschiedene „Geschäftscharaktere" zu unterscheiden haben; Jener (dem Buhl, Zur Lehre vom Anerkennungsvertrage, und Schloßmann, S. 38 flg., folgen) unterscheidet eine Reihe von spezifisch juristischen und eine Reihe von wirthschaftlichen Geschäftscharakteren, z. B. einerseits Manzipation 2c. andrerseits Kauf, Tausch 2c., wogegen freilich zu bemerken ist, daß die letzieren auch juristische und die ersteren auch wirthschaftliche Geschäfte sind. (S. auch Hruza S. 57 flg. dessen Einwand aber, daß der Endzweck der Schenkung keine wirthschaftliche Bedeutung habe, unzutreffend ist.) Hofmann bemerkt, daß jedes Geschäft nothwendiger Weise mindestens zwei juristische Prädikate (Seiten) hat, so z. B. sei die unmittelbare Wirkung der Tradition: Übertragung des Eigenthums, die mittelbare: Tilgung der Obligation. Zu ähnlichen Ergebnissen gelangt neuerlich die verdienstliche Untersuchung Karlowa's §§. 28. 31—34. 36—43, Bekker, §§. 100 flg. (Über die allzu formale Schematisirung Lotmar's vgl. Eisele, Krit. V. Sch. 20 S. 1 flg.) — Die erwähnte Scheidung ist prinzipiell gewiß richtig, allein m. E. einerseits nicht ausnahmslos (man denke an Briefeigenthum N. 44.), andrerseits auf die vermögensändernden neutralen Rechtsgeschäfte zu beschränken, d. i. auf solche (reine) Rechtsformen, welche eine Mannigfaltigkeit der Bestimmungsgründe (Zwecke, causae) zulassen (als insbes.: Tradition, Servitutsbestellung, Cession, Erlaß). Jedes derartige vermögensändernde Rechtsgeschäft beruht auf einem juristischen Grunde, bez. bezweckt einen (in der Regel juristischen) Erfolg, der durch jenes Rechtsgeschäft, das sich hier als Mittel darstellt, erreicht werden soll. Wir können sohin bei jedem derartigen Rechtsgeschäfte unterscheiden: das Wesen (Eigenthums-, Forderungsübertragung, Servitutsbestellung 2c.) und den Zweck, bez. Bestimmungsgrund (Erfüllung oder Begründung einer Obligation, bez. die darauf gerichtete Absicht, bei der Schenkung bloße liberale Bereicherung). Der juristische Zweck, realisirt gedacht, ist (abgesehen von den Fällen N. 44) wohl auch ein Rechtsgeschäft: Zahlung, Schenkung, Dosbestellung u. s. w., bewirkt aber nicht an sich eine Vermögensänderung, sondern nur vermittelst eines konkreten vermögensändernden Rechtsgeschäftes. Es ist übrigens begreiflich, daß, vom Gesichtspunkte der letztgedachten Rechtsgeschäfte gesehen, die vermögensändernden Rechtsgeschäfte wieder als Mittel zur Realisirung der ersteren erscheinen, z. B. die Eigenthumsübertragung als Mittel der Zahlung, der Schenkung, Dosbestellung 2c. Beiderlei Rechtsgeschäfte kreuzen sich „wie Zettel und Einschlag im Gewebe." — Von den auf Vermögensänderung gerichteten R.-Geschäften sind namentlich

Dergleichen Rechtsgeschäfte sind die Rechtstypen, die Rechtsformen in welchen sich die Erreichung des geschäftlichen Parteienzweckes vollzieht; der Bestimmungsgrund ist die causa im subjektiven Sinne, der rechtlich erreichte Zweck ist die causa im objektiven Sinne. — Daß insbesondere zur Begründung von Vertragsobligationen das Dasein eines rechtlich gebilligten Zweckes unerläßlich sei, ist nicht zu bezweifeln; nur soviel ist bestritten, ob zur gerichtlichen Geltendmachung des Anspruchs die Angabe dieses Grundes (der causa promittendi) nöthig ist oder nicht. Dagegen — und somit für die Anerkennung des sogenannten abstrakten Vertrags nach bürgerlichem Rechte — hat sich Hruza, Novation (1881) S. 49 flg., erklärt; allein mit Recht hat sich die Mehrzahl der österr. Juristen (Hasenöhrl, Oblig. R. S. 348 flg., s. meine Abhandl. Jur. Bl. 1882, Nr. 2 flg., Strohal, Wien. Zeitschr. X. S. 441, Krasnopolski, Krit. V. Schr. 25 S. 20, Frankl, Schenkg. S. 108, Krainz §. 206, Pavlíček, a. O. §. 2 für die Nothwendigkeit der Angabe des materiellen Bestimmungsgrundes ausgesprochen, welche allein es dem Richter ermöglicht, den individuellen Charakter der obligatorischen Verbindlichkeit, deren Rechtswirkungen, ja deren Gültigkeit und Klagbarkeit zu beurtheilen. Die Analogie zwischen dem juristischen Bestimmungsgrunde der Tradition (Cession, Erlaß) und der causa promittendi der Obligation leidet nur insofern eine Modifikation, als die Gültigkeit der Übergabe nur das Dasein der causa im subjektiven Sinne verlangt, während die Entstehung der Obligation das Dasein eines objektiv gültigen Rechtsgrundes zur Voraussetzung hat.

---

die auf Vermögenssicherung abzielenden (Pfand, Bürgschaft) schon wesentlich dadurch unterschieden, daß das Geschäft durch den einzigen Bestimmungsgrund (Sicherstellung) stets specialisirt ist. In letzterem Punkte kommen denselben gewisse Kategorien der vermögensändernden Rechtsgeschäfte (s. oben Lit. a) gleich. Eine eigenthümliche Stellung hat das Legat, welches von Manchen (Hartmann, Vermächt.) zu den reinen Rechtsformen der Vermögensverleihung gezählt wird, während Karlowa §. 44 meint, daß es stets die individuelle Causa: das Vermögen von Todeswegen zu ordnen, in sich schließe. (Ist dies die causa?) Ähnlich Czyhlarz, Dotalr. S. 138. — Da jedoch der Bestimmungsgrund des Legats nicht bloß Bereicherung, sondern auch Erfüllung von Obligationen 2c. sein kann, so zähle ich das Legat zu den neutralen Vermögensänderungen. Nur bei diesen reinen Rechtsformen kann die Frage entstehen, ob die Angabe der causa im subjektiven Sinn zur Substanziirung der Klage nothwendig ist oder nicht. Über Bernhöft's Ans. s. N. 7. Neuest. stellt sich Frankl §. 2 auf den Standpunkt Fitting-Hofmann's mit der Modifikation, daß er Geschäftszwecke (insbes. die Schenkung) anerkennt, die auch Typen sind.

Der juristische Zweck, bezieh. Bestimmungsgrund, den man immerhin als den „ersten“ oder „nächsten“ Zweck oder Grund der Tradition bezeichnen kann,[50] ist von dem sozialen oder sittlichen Beweggrund derselben wohl zu unterscheiden. Wer z. B. schenkungsweise tradirt, kann dies thun, um eine Wohlthat zu üben, um ein Geschenk zu vergelten, um zu glänzen, zu verbinden ꝛc. Dieses soziale oder sittliche Motiv geht den Juristen in der Regel nichts an. (Ausnahmsweise macht der falsche Beweggrund die schenkungsweise Tradition ungültig §§. 572. 901.) Das juristische Motiv (Zweck) der Tradition ist aber in allen diesen Fällen eben nur die Absicht, Jemanden unentgeltlich zu bereichern (a. donandi).[51]

Es ist somit vollständig gerechtfertigt, wenn sich das positive Recht mit dem Beweis des abstrakten Übereignungswillens nicht begnügt, vielmehr auch die Angabe des konkreten juristischen Bestimmungsgrundes (der subjektiven causa traditionis) verlangt (§. 424 G. B.).[52] Sämmtliche Vorarbeiten zum A. B. G. B. nehmen

---

50) So Windscheid a. O.; gegen die Formulierung W.'s läßt sich freilich Manches einwenden, vgl. Karlowa S. 169, welcher seine Meinung S. 171 so faßt: der Übereignungswille ist ein Theilwille, ein „Ausschnitt“ aus etwa Umfassenderem, der seiner Ergänzung bedarf durch eine Beziehung auf einen Zweck; nicht „wirklicher“ und „wahrer Wille“, sondern Theilwille und zusammengesetzter Gesammtwille stehen sich hier gegenüber. Dazu Pfersche, S. 94 flg.

51) Ebenso kann bei der Tradition auf Grund eines Kaufs das soziale oder sittliche Motiv das sein: das gegebene Wort zu erfüllen, den Kredit zu erhalten u. s. f. Der juristische Bestimmungsgrund oder Zweck ist: sich durch die Übergabe von der Verpflichtung aus dem Kaufvertrage zu befreien.

52) So auch das röm. Recht: §. 40. J. de R. D. 2. 1., L. 31 D. de acquir. r. d. 41. 1. Nunquam nuda traditio transfert dominium sed ita, si venditio vel aliqua justa causa praecesserit. Anders bei der mancipatio und in jure cessio, bei welcher die Äußerung des abstrakten Übertragungswillens genügte. Die L. 31. D. cit. hat den sehr gewöhnlichen Fall vor Augen, daß der Übereignungswille durch einen vorhergehenden Rechtsakt (insbes. Vertrag) außer Zweifel steht, so daß also bei der Übergabe (nuda tr.) „nichts mehr erklärt, sondern bloß gehandelt wird“. Nothwendig ist dies aber gewiß nicht; der den Traditionsgrund enthaltende Rechtsakt (Kauf z. B.) und der Übereignungswille kann mit dem Übereignungsakte zusammenfallen, wie bei Handgeschenken, Almosenspenden, bei Dotirungen, bisweilen bei Kreditirungen, selbst bei Verkäufen; er kann demselben auch zeitlich nachfolgen, wie bei der brevi manu traditio. (Ich kann sohin der Ansicht Kohler's S. 242 flg., welcher die T. als Erfüllungs- und als Grundvertrag verschieden beurtheilen will, nicht beipflichten.) Auch darüber ist man heute einig, daß nach Röm. R. die Wirksamkeit der Tradition weder von dem Dasein, noch von der Gültigkeit des die causa involvirenden Rechtsaktes abhängt, (wie Ältere häufig annahmen); nichts desto weniger gehen die Ansichten über die Bedeutung der causa tr. auch heute

— entsprechend dem historischen Rechte — diesen Standpunkt ein. (Vgl. Cod. Ther. II. 6. nr. 32, Horten's Entw. II. 5. §§. 1. 2,

---

noch sehr auseinander. — 1) Viele betrachten die j. causa als ein selbständiges, positives Erforderniß der Tradition, jedoch unter Hervorhebung des Umstandes, daß auch die Putativcausa genüge. So Sell, Eigth. S. 55, Keller §. 126, Seuffert §. 132, Roth §. 136, in genauerer Form Lotmar S. 171 flg., Brinz §. 150, Karlowa S. 208. — 2) Andere finden in der j. c. lediglich ein Erkenntnißmittel des Übereignungswillens, so schon Donell IV. 16. §. 7, Savigny, Obl. §. 78, Bähr §. 4, Windscheid §. 172, N. 5. 16a., Dernburg I. S. 508. — 3) Daran schließt sich die Auffassung, daß der Übereignungswille und die j. causa identisch sind. (Puchta §. 148, Pagenstecher II. S. 194, Böcking, Pand. §. 153, N. 28, Schmid S. 72, Scheuerl, Inst. §. 86, Förster §. 178, N. 7, van Wetter, Droit rom. §. 174.) Die Ansicht Exner's S. 318 flg., welchem Hofmann S. 72 beitritt, geht wesentlich dahin, daß die justa causa die „Summe aller objektiven und subjektiven Thatsachen sei, welche zusammenwirkend die Veranlassung (?) eines konkreten Traditionsgeschäftes gewesen sind" (S. 330); sie sei wesentlich etwas Negatives, Impeditives, nämlich das Nichtvorhandensein gewisser verpönter Elemente in dem Kreise der Thatsachen, aus welchen die Tradition hervorging. Als solche „verpönte" Fälle zählt E. auf: 1. die donatio i. v. et. ux. u. donat. supra modum, 2. Eigenthumsvorbehalt wegen Nichtzahlung des Kaufschillings, 3. Veräußerungen gegen das S. C. Vell. u. 4. Maced., 5. furtive Empfangnahme. Richtig schließt Hofmann §. 10 den Fall 4 und 5 hier aus, fügt aber dafür ohne triftigen Grund den Fall verbotenen Spiels (Wette, Vergleich) an. Der Versuch H.'s, diese Fälle auf einen einheitlichen Grundgedanken zurückzuführen, ist ein vergeblicher. Dagegen auch Czyhlarz a. O. I. S. 433. Gleich mir (G. Zeit. 1871, Nr. 44) betont auch H. die lediglich subjektive Bedeutung der causa. — Im Übrigen ist gegen die Auffassung E.'s und H.'s mit Lotmar S. 167 flg. 172 und Brinz §. 150, S. 584 geltend zu machen, daß das Erforderniß der j. causa = idonea causa von den Quellen sachgemäß als ein positives Erforderniß hingestellt wird und daß weiter der Umstand, daß eine ihrer Gattung nach taugliche causa nach der Besonderheit des Falls eine injusta c. sein kann, es gewiß nicht rechtfertigt, die causa in dem oben angeführten „ganz allgemeinen und vagen Sinne" als Summe ꝛc. zu definiren. (S. dagegen auch Windscheid §. 172, N. 5, und Karlowa S. 205 flg.). — Auch nach österr. R. ist die justa causa („tauglicher Rechtsgrund", §. 316 G. B.) in der im Texte bezeichneten subjektiven Bedeutung zu nehmen und als positives Erforderniß der Tradition aufzufassen. Die oben erwähnten Fälle (Nr. 1—3) der injusta causa des R. R., in welchen der generell tauglichen causa die Wirkung der E. Übertragung benommen ist, sind dem österr. R. unbekannt. Insbesondere kann es gewiß nicht zweifelhaft sein, daß mit der im §. 1063 zum Ausdruck gekommenen älteren (an sich freilich irrthümlichen) Meinung, daß in jeder kaufweisen Hingabe, bez. Belassung von Waaren ohne Zahlungsempfang eine Kreditirung liege, — der römische Rechtssatz, betreffend den Eigenthumsvorbehalt bei Käufen ohne Zahlung oder Kreditirung des Preises — indirekt völlig beseitigt ist. Vgl. Note 28. 29, Exner S. 79, N. 108, Goldschmidt §. 81, N. 35, Kirchstetter S. 521 (3. A.); unbestimmt Stubenrauch II. S. 222. — Daß aber der wissentliche Empfang eines Indebitums den Eigenthumserwerb des Empfängers nicht zur Folge hat (L. 18. D. de cond. furt. 13. 1, cfr. L. 43. pr. D. de furt. 47. 2), erklärt sich daraus, daß nach unserer Auffassung der causa trad. hier kein Consens im Übereignungswillen vorliegt; denn der dolose Empfänger nimmt die Sache nicht solvendi, son-

Martini's Entw. II. 6. §. 2, Urentw. II. §§. 159 flg., dazu Berathungsprot. bei Ofner I. S. 276 flg.) Der Übereignungswille ist nur ein Theilwille, der seine Ergänzung und volle Rechtfertigung erst durch die Aufdeckung des bestimmten wirthschaftlichen und juristischen Zweckes (der causa) gewinnt. Der Traditionswille in seiner individualisirten Richtung, in seiner konkreten Färbung (das ist der Übertragungswille und der Bestimmungsgrund) erhellt aber am besten aus dem Rechtsgeschäfte, welches die Parteien durch die Übergabe realisiren wollen und das der Tradition gewöhnlich vorauszugehen pflegt (causa im objektiven Sinn, titulus). Dieses Rechtsgeschäft nennt das Gesetzbuch in Anlehnung an die ältere romanistische Doktrin sowie an das bayer. und preuß. Landrecht „Titel" (§§. 424. 435), „Rechtsgrund" (§§. 26. 42. G. G. cf. §§. 435. 1053. 1461 G. B.).[53] (Der Cod. Ther. II. 6. nr. 32, Horten's Entwurf II. 5. §. 2. sprechen von der „Ursache der Übertragung"; Martini's Entw. vom „Rechtsgrund oder Titel", der Urentw. II. §. 159 nur vom „Titel".[53a])

dern furandi causa. Vgl. auch Hofmann S. 114, Karlowa S. 210. Die wissentliche Annahme der Zahlung eines Indebitums erscheint nach röm. R. als furtum, nach österr. R. als Betrug (§. 197 Str. G.). Daß in diesem Falle nach österr. R. die Vindikation mit der Deliktsklage (§§. 1295 flg.) konkurrirt, ist nichts Besonderes.

53) Vergl. bayer. L. R. II. 3. 7, Nr. 5, Roth §. 136, N. 26; preuß. L. R. 10. I. §. 1. „Die mittelbare Erwerbung . . . erfordert außer dem nöthigen Titel auch die wirkliche Übergabe". — Die röm. Quellen bedienen sich richtig fast stets nur des Ausdrucks causa tr., womit die subjektive, innere Seite des Traditionswillens bezeichnet ist, während der bei der Ersitzung gebräuchliche Ausdruck titulus (pro emtore, donato etc.) die objektive, äußerliche Seite des ihm zu Grunde liegenden Rechtsgeschäfts kennzeichnet. Die auf die Glosse und noch weiter hinaufreichende Identifizirung von causa und titulus, bez. der fast ausschließliche Gebrauch des Wortes titulus hat, wie schon Hugo hervorhebt, wesentlich zu der irrigen Doktrin geführt, daß der Eigenthumsübergang von dem Dasein eines „gültigen Titels (§§. 424. 435) abhänge. Doch bemerkte schon die Glosse: c. justa vel putativa, alioquin . . . totus titulus de cond. indeb. repugnaret. Vgl. statt Aller Glück, Komm. 8, S. 113: „es muß ein solches Geschäft vorausgegangen sein, welches auf die Übertragung des Eigenthums abzweckte . . . z. B. Kauf, Schenkung, Tausch ꝛc." S. auch Hofmann S. 36. — Dagegen ist (mindestens nach österr. R.) die justa causa usucapionis (§. 1461) entschieden objektiver Natur, — sie ist das Rechtsgeschäft, auf Grund dessen besessen und ersessen wird, während für das röm. R. Fitting 52. S. 416 flg. aus der Anerkennung des Putativtitels schließt, daß es bei der Tradition und Ersitzung nicht sowohl auf bestimmte, äußerlich objektive, sondern — auf innerliche subjektive Voraussetzungen ankommt. (Dagegen aber Hofmann S. 104 und H. v. David, Zur Lehre vom Ersitzungstitel [1869]).

53a) Sonnenfels beantragte (1806), daß statt „Titel": Rechtsgrund gesagt u. in der Klammer stets „Titel" eingeschaltet werden. Ofner I. S. 277.

Es liegt auf der Hand, daß der durch den Endzweck (causa trad.) näher bestimmte Übertragungs**wille** vorliegen kann, während das Rechtsgeschäft **selbst** ungültig ist (so namentlich bei Zahlung einer irrthümlich vorausgesetzten Schuld, §. 1431 G. B.), und daß umgekehrt das Rechtsgeschäft (der Titel) objektiv bestehen kann, ohne daß die Parteien hierauf den Übereignungswillen stützen (z. B. der Erbe verkauft irrthümlich dem Legatar die diesem vermachte Sache).[54] Der Wille, Eigenthum zu übertragen, und der juristische **Zweck** (Bestimmungsgrund) z. B. eine Schuld zu tilgen, sind offenbar verschiedene Dinge; der erstere kann realisirt werden, ohne daß zugleich der letztere erreicht würde, z. B. bei Zahlung eines Indebitums. Dem Willen die rechtliche Wirkung zu versagen, weil der Zweck nicht erfüllt werden konnte, dafür ist ein zwingender Grund nicht erfindlich. Hieraus ergiebt sich die Nothwendigkeit, zwischen causa im **subjektiven** Sinne (Bestimmungsgrund, juristischem Motiv) und causa im **objektiven** Sinne (Rechtsgrund, Titel) zu unterscheiden. Zur Übertragung des Eigenthums ist erstere **unerläßlich**, da der Übereignungswille ohne dieselbe nicht gedacht werden kann, — nicht aber die letztere.[55] Auch positivrechtlich kann es keinem begründeten Zweifel unterliegen, daß

---

54) Hat der Empfänger den Besitz sine vitio erlangt, so gewährt ihm L. 1. §. 5. D. de exc. rei v. ac tr. 21. 3. die exceptio doli, und das Gleiche wird nach **österr.** R. zu behaupten sein. Vgl. **Dernburg** §. 238. 5.

55) M. E. steht es mit dem Erfordernisse der causa bei den obligatorischen Verträgen nicht anders als bei der Tradition. Ohne juristischen Zweck kann der Verpflichtungs- und Traditionswille psychologisch, juristisch und ökonomisch nicht gedacht werden; — allein es ist Sache des positiven Rechts, ob es sich mit der Konstatirung des **Willens** begnügen, oder — um eine Garantie für die Ernstlichkeit des Willens zu gewinnen — überdies auch die Angabe des juristischen **Bestimmungsgrundes** verlangen wolle. In diesem Punkte besteht ein wesentlicher Unterschied zwischen dem dinglichen und obligatorischen Vertrag **durchaus nicht**. (And. A. **Dernburg**, Civ. Arch. 40. S. 420. N. 3.) Die Konsequenz würde es fordern, das Erforderniß der causa hier und dort nach **demselben** Grundsatze zu bestimmen. Vgl. dazu S. 286 d. B. Bei gewissen typischen Geschäftsformen für gewisse Übertragungs- und Verpflichtungsakte kann von der Nachweisung der causa ohne Bedenken Umgang genommen werden. So war dies nach **röm.** Recht bei der mancipatio, in j. cessio, stipulatio, so ist es heute bei der Auffassung nach **preuß.** R.. beim **Wechsel**versprechen u. s. f. Die **Regel** bildet aber heute das Postulat des Nachweises der causa. Wesentlich zu demselben Resultate gelangt auch **Karlowa** S. 171. 208. 259; vergl. noch **Eisele** a. O. S. 4. 10. und **Hruza** S. 50 flg. Gegen die irrige Ansicht **Strohal's**, Z. Eig. S. 35, daß die Intab.-Urkunde den Titel nicht enthalten müsse, vgl. **Krasnopolski**, Mitth. d. J. R. 9. S. 16 flg., **Frankl** S. 87 flg. u. schon Cod. Ther. II. 8. §. II. 17.

der Eigenthumsübergang erfolgt, auch wenn ein gültiger Titel (§§. 424. 435) nicht vorhanden ist, sofern nur beide Theile die Eigenthumsübertragung aus dem vermeintlichen Titel bezweckten. So namentlich in dem Falle, wenn das Rechtsgeschäft Mangels Form oder aus anderen Gründen ungültig, oder sogar verboten (§§. 878. 879) oder zu einem unsittlichen Zwecke gegeben (§. 1174 und Hofd. vom 6. Juni 1838, Z. 277), oder wenn irriger Weise eine Verpflichtung zur Eigenthumsübertragung vorausgesetzt (§. 1431 — 1437), oder der ursprünglich gültige Erwerbsgrund später hinfällig wurde (§§. 877. 1447). Beruht doch auf dem Grundsatze: daß Eigenthum auch bei Abgang des vorausgesetzten Rechtsgrundes (Titels) übergeht, das dem römischen Rechte entnommene Institut der Kondiktionen! Vgl. die §§. 877. 878. 991. 1048. 1059. (in Rücksicht des Rückersatzes des Taxüberschußes) 1174. 1247. 1265. 1431—1435. 1447. A. B. G. B., dazu §. 78d der Gewerbenov. v. 8. März 1855 Nr. 227 (mit gesetzlicher Änderung des Gläubigers); dann §. 8 des Ges. v. 28. Mai 1881 Nr. 47 R. G. betreff. unredliche Vorgänge bei Creditgeschäften. (Die mitunter ungenaue Fassung des Gesetzes darf über die Natur des Rechtsanspruchs nicht irreführen z. B. §§. 1059. 1247).

In allen diesen und ähnlichen Fällen gewährt das Gesetz nach dem Vorgange des röm. Rechtes eine obligatorische Klage (Bereicherungsklage, Kondiktion) auf Rückerstattung dessen, was ohne rechtlichen Grund oder aus einem sittlich verwerflichen Grunde (turpitudo accipientis) durch Tradition aus dem Vermögen des Einen in das Vermögen des Anderen übergegangen ist.[56] Die Gewährung einer solchen obligatorischen Klage wäre überflüssig, ja geradezu unverständ-

56) Übergiebt z. B. der Erbe irrthümlich die ihm gehörige Sache dem vermeintlichen Legatar, so kann er dieselbe nur mit der condictio indebiti (nicht mit der Vindicatio) von dem redlichen Empfänger zurückfordern. Arg. §. 1431. 1432. 1435. 1436, welche ständig den Ausdruck: „zurückfordern" gebrauchen. Fest steht der Grundsatz: Et proditum est nemini rem suam (nisi furi) condicere posse. L. 12. D. usufr. quemadmodum 7. 9. (Nur wissentlicher Empfang eines Indebitums schließt den Eigenthumsübergang aus. L. 18. D. cond. furt. 13. 1. Pfaff und Exner a. O., Pavliček, G. Z. 1872, Nr. 24 flg., Brinz §§. 300 flg. Gruchot VIII. S. 435. 438, dagegen ohne Grund Förster §. 178, Nr. 3, dazu f. N. 52 a. (E.) Die näheren Quellenbelege für diese allgemein anerkannte Regel können hier füglich wegbleiben, ebenso die Citirung der außerordentlich reichen Literatur. Vgl. bes. Dernburg, Windscheid §. 421—429, Goldschmidt §. 79, N. 26; von österr. Schriftstellern vgl. Unger §. 72, N. 30, Pfaff, Ger. Zeit.

lich, wenn in den gedachten Fällen wegen der Ungültigkeit oder Mangelhaftigkeit der causa oder wegen Abgangs der vermeintlichen Schuld der Eigenthumsübergang nicht stattfände; denn alsdann hätte der Tradent die gegen Jedermann wirksame Eigenthumsklage — und nicht bloß die obligatorische, auf die Person des bereicherten Empfängers beschränkte Rückforderungsklage (§§. 1174. 1435).

Dagegen vertreten nunmehr wieder Strohal, Jahrb. f. Dogm. 27 S. 335 flg. und in dem Vortrage: Die Gültigkeit des Titels als Erforderniß wirksamer Eigenthumsübertragung [Graz 1891, Jur. Bl. 1891 Nr. 5] und ihm folgend Pfersche, Irrthumsl. S. 291 flg. u. Krasnopolski, Prager J.-V. Schrift 1891 S. 76 flg., Ofner, Sachenr. S. 74 gleich älteren Kommentatoren (Note 56) die entgegengesetzte Ansicht. Ersterer beruft sich hauptsächlich darauf, daß der Cod. Ther. und der übereinstimmende Entw. Horten's vollbewußt mit den Grundsätzen des röm. Traditionen- und Kondictionen-Systems gebrochen und der Übergabe bei wesentlichen Mängeln des Titels die Wirkung des E.-Überganges versagt hätten; „klar durchdacht" und in schärfster Weise würde dem Geber in solchen Fällen nicht bloß die

1868, Nr. 30 flg., Swoboda, ebenda Nr. 4. 5, Exner S. 75. 321 flg., Pavliček, Žaloby z obohacení §. 2. 12. 14. u. Bereicher.-Kl. §§. 1. 2, Pfersche S. 206 flg. Krainz, II. §. 206 (dazu §. 223). Das österr. G. B. hat sich bei Mobilien so dürftig auch dieser Stoff behandelt ist, in allen wesentlichen Punkten dem römischen Rechte — und zwar in der Formulirung zumeist der Doktrin seiner Entstehungszeit angeschlossen. Hier wie dort ist die Bereicherungsklage ihrem juristischen Wesen nach ausgeschlossen, so lange die Eigenthumsklage statt hat; denn alsdann ist der Empfänger noch nicht bereichert, weil die Sache noch nicht in sein Vermögen übergegangen ist. (Die Zulassung der condictio furtiva ist für das R. R. singulär; die Polemik Hofmann's §. 11 ist m. E. gegenstandslos.) — Obgleich unsere Kommentatoren (Kirchstetter S. 222 u. 676 [3. A.] ausgenommen) von der Ansicht ausgehen, daß zur Übertragung des E. ein „Titel" nothwendig ist, so bricht sich die richtige Auffassung doch nicht selten Bahn. Vgl. z. B. Zeiller IV. S. 165, wo richtig zwischen Kondiktion und Vindikation unterschieden wird, (dagegen aber IV. S. 157. 158); Nippel VIII. S. 187. 200, dessen freilich unzulängliche Begründung (aus den §§. 871—870) auch Stubenrauch III. S. 545, N. 2 mit der Bemerkung acceptirt: daß unser G. B. allerdings einen titulus pro soluto anzuerkennen scheine (!) und . . . die Eigenthumserwerbung von Seiten des redlichen Empfängers nicht wohl geleugnet werden könne." (Das stimmt freilich nicht zu Stubenrauch I. S. 536). Konsequenter leugnen Winiwarter II. S. 98 und Ellinger ad §. 1431 den Eigenthumsübergang, weil die Zahlung einer Nichtschuld „kein gültiger Titel" sei. Unconsequent ist daher auch die Redeweise Stubenrauch's I. S. 600 bezüglich der Irrigkeit der Lehre vom titulus und modi acquirendi.

Kondiction, sondern auch die Vindiction gewährt (6 II. nr. 32. 35. 37—39; 20. III. nr. 29. 30. 65 Cod. Ther.). Allerdings trete in dem Entw. Martini's §§. 12. 13. II. 6 und dem kongruenten westgal. G. B. §§. 169. 170 II. ein völliger Umschlag im Sinne des röm. R. ein. Allein die Revisionskommission unter Führung Zeiller's sei zu dem Grundsatze des Cod. Ther. (Horten) zurückgekehrt und habe den E.-Übergang wieder von der Giltigkeit des Titels abhängig gemacht, wie daraus hervorgehe, daß (laut Prot. Ofner I. S. 276 flg.) die Lösung der Frage, ob ein gültiger Titel vorliege, als in die Lehre von den Verträgen gehörig — dorthin gewiesen wurde.[56a] Weitere Belege für seine Ansicht findet St. darin, daß das Wort „zurückfordern" (§. 1431) auch die dingliche Klage involviere, und daß an die Stelle der §§. 159. 160 westg. G. B., welche alle Erwerbstitel auf den Parteiwillen reducirten, der §. 424 A. B. G. B. gesetzt worden sei.

Indeß all' diese Gründe sind näher besehen unhaltbar! Abgesehen davon, daß die letzterwähnte Änderung der Fassung der doktrinären, sachlich auch sonst nicht zutreffenden §§. 159. 160 westg. G. B. (gleich §. 424 A. B. G. B.) keine materiellrechtliche, sondern eine doktrinelle und redaktionelle ist (s. Ofner I. S. 225. 276 flg. u. o. N. 14a)[56b]; abgesehen ferner davon, daß der Ausdruck „zurückfordern" regelmäßig nur für den obligatorischen Anspruch gebräuchlich ist,[56c] muß vor Allem

56a) Diese Verweisung beruht auf der offenbar unjuristischen Auffassung, daß die Tradition — kein Vertrag ist! Als ob der dingliche Traditionsvertrag (Entäußerung) eines Minderjährigen i. d. R. nicht ebenso relativ ungiltig wäre, wie das obligat. Verkaufsgeschäft. (§. 865, der gewiß in den allgem. Theil gehört!) Auf dergleichen Irrthümer der Redactoren kann der wissenschaftliche Aufbau nicht basirt werden. Dazu Krainz, II. S. 29., Wendt, Jahrb. f. D. 29. S. 46 flg.

56b) Der §. 424 G. B. ist nicht weniger doctrinär, theor. unhaltbar u. praktisch belanglos, als anerkannter Maßen der §. 380 G. B.; Ersterer ist nur die Consequenz des Letzteren!

56c) Obgleich kein entscheidendes Gewicht auf das Wort „zurückfordern" zu legen ist, so geht doch die Behauptung St.'s, daß dies Wort „in so weitem Sinne genommen werde, daß es sowohl auf die Vindication als auf die persönliche Klage paßt, viel zu weit; über den Sinn dieses Worts kann nur der Zusammenhang, in dem es gebraucht ist, entscheiden. Die Berufung St.'s auf die §§. 366. 1421 u. 1433 G. B beweist Nichts; denn der §. 366 präcisirt näher: „Durch die Eigenthumsklage zurückfordern": der §. 1433 negirt bloß den Ausschluß der Rückforderungsklage, ohne die statthafte Klage positiv zu nennen; im §. 1421 endlich haben die Redaktoren dies Wort wohl im engeren Sinne genommen, wie die einhellig acceptirte Bemerkung

nachdrücklich betont werden, daß der Cod. Ther. und der Entwurf Horten's in dieser Lehre gerade so völlig auf dem Boden des römischen Rechtes stehen, wie unbestrittener Maßen der Entwurf Martini's und das westgal. G. B., wie sofort gezeigt werden wird.

Sowohl der Cod. Ther. (II. 6. nr. 2. 35 flg., III. 20. nr. 7—34) als der Entw. Horten (II. 5. §§. 2. 4, III. 21. §§. 1. 4. 5. 7. 13 flg.) und der Entw. Martini (II. 6. §§. 2 flg., III. 12. §§. 19—26) verlangen nur die subjektive, auf die Eigenthumsübertragung gerichtete Absicht der Parteien, ohne auf das objektive Dasein des Titels Gewicht zu legen[56d]; ja der Entw. Martini II. 6. §§. 13. 14 (Urentw. II. §§. 169. 170) bestimmt sogar, daß der Eigenthumsübergang durch den Dissens in der Causa nicht verhindert wird, wenn nur „der beiderseite (Übertragungs-)Wille" übereinstimme. Alle diese Vorläufer des B. G. B.'s nehmen ferner in der Konditionenlehre — abgesehen von unzulässiger Generalisirung — durchwegs den Standpunkt des röm. Rechtes ein, wie schon der charakteristische Umstand zeigt, daß das Rückforderungsrecht wegen mangelnden oder mangelhaften Rechtsgrundes im 3. Theile (Obligationen) in einem besonderen

---

des Präsidenten zu diesem §. bezeugt, daß „unfähige Personen vor Schulden zu schützen sind." (Ofner II. S. 247.) In den von Krasnopolski citirten §§. 370. 403. 456 kann nach der wortklaren Beziehung auf den Eigenthümer über die Naine des Anspruchs kein Zweifel sein. Die Behauptung St.'s, daß jener Ausdruck im §. 1431 „die Vindication nicht nur nicht ausschließe, sondern in sich begreife" (St. S. 34), bedeutet bei Sachleistungen nichts weniger als — die Identificirung der Vindication und Condiction, obgleich Beide nach Wesen und Gegenstand grundverschieden sind. Keinesfalls könnte nach St.'s Ansicht der Empfänger alsdann als bereichert angesehen werden; trotzdem soll gegen ihn die Bereicherungsklage statthaft sein?! Im Falle der Comsumtion der Sache endlich wäre der redliche Empfänger (nach Zeiller's Citat. des §. 329 und einer verbreiteten wörtlichen Auslegung des §. 1437) ganz haftungsfrei. (Vgl. §. 329, dazu Ofner, Prot. II. S. 251.) Dies sind durchwegs unhaltbare Ergebnisse! (Der unredliche Empfänger haftet bekanntlich aus dem Delict des Betrugs.) Auf Krasnopolski's Zweifel S. 81 flg. bemerke ich, daß nach dem Gesagten die Worte „wird angesehen" im §. 1431 (gleich wie im §. 1080) sowohl Gleichstellung (1. Fall) als Identificirung (2. Fall) bedeuten.

56 d) Cod. Th. VI. nr. 2.: „Hinreichend ist nur jene Übertragung, welche aus einer rechtmäßigen zur Übertragung d. Eigenth. hinlänglichen Ursach geschieht"; nr. 32: „Ursach, welche aus Absicht u. Einwilligung der Contrahenten darauf (sc. auf die Eig. Übertrag.) gerichtet sind." Ebenso Horten, II. 5. §. 2: Hinlängliche Ursachen sind „solche Handlungen, die entw. an sich selbst oder nach der Gesinnung der Handelnden ohne Übertragung des Eig. nicht vollzogen werden können" 2c. Der Ersatz des Wortes „Ursach" durch „Rechtsgrund (Titel)" beruht gewiß nur auf sprachlichen Gründen. (Vgl. Note 53 a.)

Kapitel: „Von den aus bloßer natürlicher Billigkeit herrührenden Verbindungen" (Cod. Ther. 20, Horten 21), bezieh. „Von Vermuthungsverträgen" (Entw. Martini u. Urentw. 12) normirt wird.[56e] Nicht nur, daß das Rückforderungsrecht auf das Prinzip der ungerechtfertigten Bereicherung, welche ohne Eigenthumswechsel nicht vorhanden ist, basirt wird, bestimmt der Cod. Ther. III. 20. nr. 7. 8 ausdrücklich: „Wegen nicht erfolgter Ursach ... hat der Gebende die Auswahl, ob er ... auf Erfüllung oder Entschädigung anbringen oder aber das Gegebene zurückfordern wolle" (für alle Fälle wird sohin E.-Übergang vorausgesetzt); hierbei wird als Bedingung gestellt: „daß wirklich etwas gegeben und auf den Nehmenden eigenthümlich übertragen worden". Desgleichen wird die Zurückforderung ausgeschlossen, wenn die Sache früher an einen Dritten veräußert und von diesem rechtmäßig an sich gebracht wurde[56f]; der Anspruch beschränkt sich hier auf die Rückstellung dessen, was der Veräußernde dafür erhalten. (Nr. 65 Cod. Ther. gleich §. 13 Entw. Horten.) Der Anspruch wird als „Rechtsforderung" auf Wiedererstattung des Empfangenen (tantundem e. g. oder derselben Sache) bezeichnet und die Rückstellung mit allen aus der Sache gezogenen Nutzungen verordnet (nr. 39. 63. 64); auch wird für diese „Rechtsforderung" die

56e) Alle Entwürfe beruhen auf dem Gedanken des Cod. Ther. III. 20. nr. 5. 29. 30 und Horten's III. 21. §. 1., daß Alles, was Jemanden vom fremden Gut ohne rechtmäßige Ursach zu Handen kommt, zurückgestellt werden müsse. „Aus dieser Grundregel rühren die Zurückforderung einer Sache wegen nicht erfolgter Ursache, ... die Zurückforderung einer aus ungebührlicher oder unbilliger Ursache empfangenen Sache" (Th. nr. 5). Hiemit ist das in der vor. Note Angeführte zu vergleichen. Übrigens beschränkt schon der Cod. Ther. III. 19. nr. 61 flg. und Horten III. 21 §. 1. die cond. indeb. auf den redlichen Empfänger.

56f) Strohal S. 20 findet zwar einen Beleg für s. Ansicht in der letzterwähnten Beschränkung: „und von diesem rechtmäßig an ... ꝛc.", indem er daraus a contrar. deducirt, daß der Geber die Sache von dem Dritten, der sie unrechtmäßig an sich gebracht, vindiciren könne. Allein dieser Schluß à contrar. ist unzulässig. Die „Anfechtung des Dritten" kann ja z. B. wegen Diebstahl auch im strafgerichtl. Wege geschehen; äußersten Falls könnte nur der Schluß auf eine Deliktsklage gegen den Dritten gezogen werden, womit stimmen würde ders. Cod. Ther. 20 III. 19, woselbst die cond. ob caus. datorum im Falle der Veräußerung gegen Dritte gänzlich versagt wird. Gegen Strohal spricht auch, daß die R. Vind. (den Rechtserwerb Dritter ausgenommen) sogar bei rechtmäßigem Ansichbringen z. B. Verkauf außer den Fällen des §. 367. G. B. statthaben müßte; denn „rechtmäßiges Ansichbringen" darf nicht mit „Erwerb aus Macht Rechtens" identifizirt werden! Cfr. Cod. Ther. 6. II nr. 32. 33. Nicht erfindlich ist die angebliche Consequenz, von der Krasnopolski S. 87 a. E. spricht.

für „alle Forderungen überhaupt ausgemessene Verjährungszeit" normirt (nr. 70). — Auch der Entw. Martini u. der Urentw. gehen von der Ansicht aus, daß die Haftung des grundlos Bereicherten auf einem „vermutheten Vertrage" beruhe (III. 12. §§. 1—3, resp. III. §§. 380 flg.); ferner sind die §§. 1431 u. 1437 erster Satz zum Theil wörtlich aus den letztgenannten Entwürfen herübergenommen, nach welchen Eigenthum unbestritten auch ohne gültigen Titel übergeht, sonach gewiß nur der obligator. Anspruch zurückbleibt. — Dazu kommt, daß der Entw. Martini (III. 6. §. 24 gleich Urentw. III. §. 403, gleich §. 1437 B. G. B.) nach den Worten: „Der Empfänger . . . muß als redlicher oder unredlicher Besitzer angesehen werden" den Zusatz enthielt: „man kann ihn schlechterdings nicht als Ausborger (Urentw. Entlehner) beurtheilen"[56g] — und daß dieser Satz sowie der weitere Folgesatz, betreffend die Tragung der Gefahr in der Sitzung v. 15. September 1806 nach dem Antrage Zeiller's

56g) Der Grundgedanke Zeiller's ist wohl dieser: Der redliche Empfänger wird Eigenthümer (nicht bloß „Entlehner"); aber da er vom Gesetze dem redlichen Besitzer gleichgestellt wird, trägt nicht er die Gefahr (Zeiller citirt nämlich den §. 50 Urentw. = 329 G. B. s. Prot. II. S. 251). Der unredliche Empfänger ist als malae f. p. gleichfalls nicht „Entlehner", trägt vielmals als solcher die Gefahr. Die Anführung dieser nach Zeiller's Auffassung selbstverständlichen Consequenzen im §. 1437 hielt derselbe für überflüssig. Wie naiv die Citirung des §. 50 Ur. E. (= §. 329 G. B.) ist (Zeiller versprach „die hierher passenden §§. anzuführen," that dies aber glücklicher Weise nicht), zeigt der Umstand, daß nach dieser Berufung der redliche Empfänger, der die Sache verbrauchte, nie aus der Bereicherung haften würde! (Vgl. auch Pavliček, Bereicherungsklagen S. 91—105, Pfaff, G. Z. 1868 Nr. 30 flg., 34 u. Nr. 11656 Sammi. Gl. U. W. Pf.) Überhaupt haben Martini u. die späteren Redactoren — im Gegensatz zu den älteren Entwürfen — die Bedeutung des aus dem preuß. L. R. (§§. 186 I 16.) entnommenen §. 403 (U. E. = §. 1437) „nicht durchdacht"; das Excerpt ist flüchtig u. ungenau, zumal der praktisch wichtigste Satz: Daß der Empfänger von verbrauchbaren Sachen (Geld 2c.) dafür wie für ein Darlehn haftet, unter den Tisch fiel (wohl weil die Redactoren meinten, daß die allgemeine Verweisung des §. 403 auf die Norm vom b. und m. f. poss., auch auf diesen Fall passe! (S. dageg. auch Krasnopolski, S. 90.) Kurz, die Protokolle geben uns hier wieder ein Codificationsbild, das wohl — verwirren, aber nicht klären kann. Mit Rücksicht auf §. 1437 kann nur behauptet werden, daß der redliche Empfänger zur Restitution der Früchte nicht verpflichtet sei (Nr. 11656 Samml.) u. diese Auffassung wird nicht nur durch die Absicht der Redactoren, die Analogie des gutgläubigen Besitzes thunlichst heranzuziehen, sondern auch durch das preuß. L. R. (bes. §§. 193—195 I. 16), welches hier als Vorbild diente, wesentlich bestärkt. (So auch nach franz. R.) Gegen die abw. Ans. Pfaff's u. Pavliček's S. 93 bemerke ich, daß der §. 1447 vom „Schaden" spricht, worunter der entgangene Gewinn nicht nothwendig zu verstehen ist (§. 1293).

nur darum weggelassen wurde, weil beide Sätze überflüssig erschienen. (Besser wäre der ganze unglücklich gefaßte §. 1437 weggefallen!) Nun beruft sich zwar Strohal S. 19 hauptsächlich darauf, daß der Cod. Ther. 6. II. nr. 37 beim tit. pro soluto den E.-Übergang anerkenne, auch wenn jeder Theil „eine andere Ursach" vor Augen hat, „wenn nur die ein- oder anderseitige Ursach wahrhaft ist" — und dies wäre allerdings ein schlagender Beleg gegen uns, wenn nicht St. den Schlußsatz derselben nr. 37 übersehen und ausgelassen hätte, und dieser Schlußsatz lautet: „ansonst, wenn keine wahre Ursach unterwaltete, kann das aus Irrthum zur Ungebühr Bezahlte anwiederum zurückgefordert werden". Dieser offenbar auf die Condictio indeb. anspielende Schlußsatz spricht daher in Wahrheit gegen Strohal.[56h]

Die Nichtbeachtung des Umstandes, daß die Bereicherungsklagen nur den billigen Ersatz der versagten Eigenthumsklage bilden, ferner die herkömmliche Identifizirung der causa im subjektiven und objektiven Sinne hatten zur Folge, daß die Kompilatoren des A. B. G. B.'s im Anschluß an die Doktrin und Gesetzgebung ihrer Zeit (vgl. Note 47) die causa im objektiven Sinne — also das Rechtsgeschäft (den „Titel") als Erforderniß der Eigenthumsübertragung durch Übergabe hinstellten (§§. 424. 425). Aus den bisherigen Erörterungen ergiebt sich jedoch, daß die Bestimmungen der §§. 424. 425 (cf. §. 380) G. B., denen zu Folge zum mittelbaren Erwerb des Eigenthums Titel und Übergabe erfordert wird, eben nur als irrige theoretische Lehrsätze erscheinen, welche in anderweitigen materiellen Bestimmungen des Gesetzbuchs ihre sachliche Korrektur finden und jeder praktischen Konsequenz entbehren.[57] Dazu vgl. noch Note 56h .

56h) Über die Bedeutung des Titels bei Übertragung von Immobilien wird im Zusammenhange mit dem Tabularrecht gesprochen werden. Nicht aus dem §. 424, wohl aber aus der historischen Entwickelung und den §§. 434. 435. 438. G. B., §§. 12 flg., 18. 32. böhm. L. Tafelpat., nunmehr aus den §§. 26 flg. 32, 35. 42. 61 flg. Gr. G. v. 1871 ergiebt sich, daß zum Erwerb von Immobilien allerdings ein giltiger Titel erfordert wird (bedenklich drückte ich mich in der 1. A. aus); dazu Krainz, S. 223. Mit St. stimmt Ofner, Wiener Zeitschr. 19, S. 446, der sich übrigens gegen die Behauptung St.'s verwahrt, daß die Condictio des §. 1431 eine bald dingliche, bald persönliche Klage sei.

57) Daß das Dasein eines „gültigen Titels" trotz §§. 424 flg. keine Voraussetzung des Eigenthumsüberganges sei, erkennen Neuere an: Unger II. S. 9. N. 30, S. 12. N. 39. 41, Pfaff a. O., Kirchstetter S. 222, Exner S. 84, Schiff-

Die bisherigen Erörterungen ergeben, daß die (nach röm. Recht kontroverse) Frage: ob zum Eigenthumsübergang auch Übereinstimmung der Parteien über die causa traditionis nothwendig sei, im Sinne Ulpian's L. 18. pr. D. de reb. cred. 12. 1 bejaht werden müsse. Es erfolgt also kein Eigenthumsübergang, wenn ein Theil die Sache zu verkaufen, der andere dieselbe geschenkt zu erhalten vermeint. Zwar wird die entgegengesetzte Entscheidung Julian's in L. 36. D. de acq. r. dom. 41. 1 von der herrschenden Theorie gebilligt.[58] Auch der Entw. Martini (6. II. §§. 13. 14) und das westgal. G. B.

---

ner §. 115, Krainz II. §. 206 (bei Mobilien), während die älteren Kommentatoren die Bestimmungen der cit. §§. 424 flg. ohne kritische Bemerkung als richtig hinnehmen. Trotzdem bricht sich die richtige Anschauung bei den Meisten derselben an einem anderen Orte Bahn, nämlich bei der Auslegung der §§. 1431—1436. Vgl. vorige Note. — Das bayer. L. R. II. 3. 7. Nr. 5. sagt ausdrücklich, daß bei „Irrthum oder Ungerechtigkeit" . . . „das Eigenthum transferirt wird" und nur die persönliche Klage erübrigt. Roth §. 136, Note 28. Obgleich die ältere Doktrin den „Titel" ziemlich allgemein als Erforderniß hinstellt, so machen doch die meisten Schriftsteller zugleich den Vorbehalt, daß auch der bloß putative Titel genügt, so schon die Glosse: causa vera vel putativa. (Vgl. die Lit. Angaben bei Hofmann S. 54 flg.) — Für das preuß. R. vertreten besonders Gruchot, Beitr. VIII. S. 429 flg., Förster §. 178, N. 7. 23. 24 die hier vorgetragene Meinung, indeß Baron, Abhandl. a. d. preuß. Recht (1860. Nr. 2.) S. 98 flg. aus §§. 189. 190. I. 16 ohne ausreichende Gründe nachzuweisen versucht, daß der Empfänger eines Indebitums Eigenthum nicht erwerbe, und auch Dernburg §. 238 b. behauptet, daß nach L. R. der E. Übergang „geradezu abhängig ist von dem Bestehen eines Rechtsgrundes." Neuest. wird diese Ansicht (auch f. d. röm. R.) lebhaft vertreten von Kindel, Jahrb. f. Dogm. 29. S. 397 flg., 430 flg., dazu Kindel, Das Recht an der Sache (1889), Kap. 4. 5., — dagegen jedoch Hellmann, Krit. V. J. Schr. 34. S. 359 flg., auch Endemann, Goldschm. Ztsch. 38. S. 319 flg. Die preuß. Praxis schwankt. — Das sächs. G. B. §§. 253. 256. 1547 flg. läßt keinen Zweifel übrig, daß daselbst die herrschende gemeinrechtliche Doktrin adoptirt sei. S. Schmidt I. S. 202. So wohl auch nach §§. 646. 1224. 1225 zürich. G. B.

58) Vgl. Vangerow §. 311 und die Literaturangaben daselbst, Arndts §. 145, Windscheid §. 172, N. 15, Exner S. 76, N. 8, Baron §. 131. Zittelmann, Irrth. S. 531 flg., neuerl. Lenel, Zeitschr. d. Sav. Stift. 3 (Rom. Abt.) S. 115 f, Strohal, Jahrb. f. Dogm. 27. (S. 363 flg.), während Brinz §. 150, S. 587 (abweichend von der 1. Auflage S. 200) die Frage dahin gestellt sein läßt. Alle Versuche (von Neueren vgl. Windscheid, Brinz a. O., Hofmann §. 7, Zittelmann a. a. O.), die beiden Stellen in Einklang zu bringen, sind, wie schon oft bemerkt wurde, vergeblich. Dies gilt auch von dem Versuche Ihering's in seinem Jahrb. XII. S. 389 flg., daß Julian nur das Nichterreichen des Zweckes für unwesentlich halte. Die Julian'sche Ansicht führt übrigens zu großen Schwierigkeiten, insbes. bei Berücksichtigung des Falles der L. 19. 53. D. de contr. emt. 18. 1. Soll hier die einseitige Willensmeinung des Verkäufers darüber entscheiden, ob Eigenthum übergeht oder nicht?

(Urentw.) hatte im Sinne dieser Doktrin entschieden (§. 169. II), während der Cod. Ther. II. 6. nr. 35 flg. und der Entw. Horten nur bei der causa solut. dieser Auffassung Raum gaben, im übrigen aber bei Dissens in der „Ursach“ den E.-Übergang versagen.[58a] Indeß, wenn es richtig ist, was oben nachzuweisen versucht wurde und was auch Ihering, Geist III. S. 200, anerkennt: daß die causa „ein zur vollständigen juristischen Charakteristik dieses Aktes (sc. der Tradition) völlig unentbehrliches Merkmal“, „ein Element des Geschäftes selbst“ sei, wenn der Übereignungswille nur aus seinem Bestimmungsgrunde begriffen werden kann und mit diesem in unlöslicher Verbindung steht: dann muß auch die Divergenz über die causa von wesentlicher Wirkung sein, also den Eigenthumsübergang hindern. Und diese Einsicht dürfte die Kompilatoren des B. G. B. bewogen haben, (im Einklang mit dem schon von Azzoni [Cod. Ther. II. S. 101 Note 4] vertretenen Standpunkte) den §. 169 II des Entwurfes fallen zu lassen. Vgl. auch Witte in Schletter's Jahrbuch X. S. 12, Randa, G. Z. 1871, Nr. 44. N. 41, auch Hofmann §. 7, S. 95, welcher indeß mit Glück, Komm. 8, S. 122 Julian's Meinung als die recipirte anerkennt, neuest. Karlowa S. 209, Eisele S. 4, Kohler S. 244, Strohal, 27. S. 376 flg.; dazu Brinz a. O. S. 587: „die Frage mußte, je nachdem man . . . auf den Willen oder dessen Grund den Schwerpunkt legte, verschieden beantwortet werden; nach ihrem Grunde gewogen, war die Tradition kaum rechtlich begründet, wenn die Gründe der Handelnden auseinander gingen, statt der Einen ganzen causa — zwei halbe vorlagen“.[59] — Von den österr. Schriftstellern sind Exner S. 77, Kirchstetter S. 222, Krainz II. §. 206 der Ansicht Julian's, ob auch Zeiller III. S. 36 und Nippel VI. S. 58, scheint mir zweifelhaft. — Die Julian'sche Ansicht adoptirte §. 256 d. sächs. G. B. So auch Gruchot 8. S. 437, Förster §. 178, N. 22 für das preuß. R.

Soweit ein „Titel“ im Sinne des G. B., also ein die Übereig-

58a) Anders noch der Cod. Theres. II. 3. §. III. 38.

59) Hiernach sollie sich Brinz zu Ulpian's Ansicht bekennen; vgl. auch Lenel a. O. S. 179 flg., Strohal a. O. u. Czyhlarz, Grünhut's Zeitschr. 8. S. 628, welche mit R. bemerken, daß die (interpolierte) Stelle Julian's den Formalakt der Manzipation vor Augen haben dürfte, u. daß dieses Prinzip unzutreffend auf die Tradition, die kein Formalakt ist, angewendet werde.

nung bezweckendes Rechtsgeschäft vorausgeht, bezieh. mit demselben zeitlich zusammenfällt,[60] kann derselbe bestehen:

a) in einem auf die Eigenthumsübertragung gerichteten obligatorischen Vertrag, z. B. Kauf, Tausch, Darlehns- oder Schenkungsversprechen, im Darlehn oder im Handgeschenk, in der Zahlung, Bestellung einer dos (vergl. §§. 1461. 1226. cfr. §§. 316. 317);

b) in einem Legate §. 684[61];

c) in einem richterlichen Erkenntniß. Letzteres trägt aber die Natur eines wahren (konstitutiven, rechtschaffenden) Erwerbsgrundes nur in nachstehenden Fällen an sich:[62]

α) bei der Theilung einer gemeinschaftlichen Sache, §. 841. cfr. 436[63];

β) im Falle der gerichtlichen Feilbietung, mag nun diese eine exekutive (§. 336. A. G. O.) oder eine freiwillige (§. 269 l. P. v. 9. August 1854) sein.[64] Was von der gerichtlichen Feilbietung bemerkt wurde, gilt auch von der Versteigerung durch politische Behörden, Gemeindeämter, Notare und Sensale (§. 269. 270 k. P. v. 1854, §. 29 E. G. zum H. G. B.);

γ) im Verlaßabhandlungswege kann das Gericht den unbedeutenden Nachlaß den Gläubigern des Erblassers an

---

60) Es ist schon früher bemerkt worden, daß der sogenannte Titel mit der Tradition auch zusammenfallen, bez. derselben auch nachfolgen kann; z. B. beim Handgeschenk, beim Darlehn, — bez. bei der trad. brevi manu.

61) Der Testamentserbe erwirbt das Eigenthum an beweglichen Nachlaßgütern schon kraft der Universalsuccession (durch die Einantwortung, vgl. Judik. 85), somit ohne Übergabe, hingegen der Legatar erst durch die Übergabe Seitens des Erben (§. 684.)

62) Zuerkennung des Eigenthums im Eigenthumsstreit schafft nicht Recht, sondern erkennt lediglich das bestehende Recht an: quod adquisitum est, declaratur. cf. L. 8. §. 4. D. si serv. vind. 8. 5. Konstitutiv würde das Urtheil nur bei irrthümlicher Anerkennung eines ungültigen Rechtsgrundes wirken.

63) Nach röm. R. ist bei der Adjudikation Tradition nicht nöthig. §. 4—7. J. de off. jud. 4. 17. Arndts §. 146. — Anders nach preuß. L. R., nach welchem das Theilungsverfahren in der Regel nicht mit der Adjudikation abschließt. Förster §. 178, N. 11. 12.

64) Denn auch hier wird Eigenthum nicht schon durch Zuschlag, sondern erst durch Tradition erworben. Arg. §§. 367. 424 G. B. Anders bei Immobilien. §. 17 b. B.

Zahlungsstatt einantworten (§. 73. G. vom 9. August 1854).[65] In allen übrigen Fällen wirkt das richterliche Erkenntniß nur deklarativ.[66]

d) in dem Erkenntniß eines Administrativorgans (vgl. oben lit. c. β. u. §. 7 des Kommassat. Ges. v. 11. Juni 1883 Z. 92).

Der §. 424 G. B. nennt zwar auch noch das „Gesetz" als Eigenthumstitel. Allein das Gesetz ist nie unmittelbarer Entstehungsgrund eines konkreten Rechtes. Dies gilt insbesondere von jenen Fällen, wo von einer „gesetzlichen" Verpflichtung zur Übergabe gesprochen wird (§. 859).[67] Vollends nicht hierher gehören jene Fälle, welche unsere Kommentatoren als „gesetzliche Titel" anzuführen pflegen: der Fund, die Ersitzung und der Zuwachs, da sie originäre Erwerbsarten enthalten und die Tradition in keinem derselben statthat.

Mit Rücksicht darauf, daß das Eigenthum an Mobilien einzig durch Tradition übergeht, bestimmt der §. 430 G. B. folgerichtig daß, wenn der Eigenthümer die Sache an verschiedene Personen veräußert, sie derjenigen „gebührt, welcher sie zuerst übergeben worden ist." Es liegt auf der Haud, daß nichts darauf ankommt, ob der Empfänger davon Kenntniß hatte, daß die Sache bereits früher einem Anderen veräußert worden war oder nicht; denn die Kenntniß bloß obligatorischer Ansprüche Dritter kann keineswegs als Unredlichkeit aufgefaßt werden (Arg .§. 326, „zugehöre"); der Veräußerer blieb eben bis zur Übergabe Eigenthümer und ist lediglich demjenigen, dem er die Sache früher veräußerte, für die Folgen der Nichteinhaltung des Vertrages verhaftet.[68] Die Regel des §. 430 gilt auch in dem

---

65) Die Einantwortung von Forderungen auf Grund des §. 314 A. G. O. gehört nicht hierher, es wäre denn, daß es sich um Inhaber- oder Ordrepapiere handeln würde, da bei diesen das Forderungsrecht an das Eigenthum am Papier geknüpft ist.

66) Vgl. Note 62. In dem Falle Nr. 7 Samml. Gl. U. W. nahm der O. G. H. Eigenthumsübergang an den bei Gericht deponirten Sachen durch bloße Zuweisung derselben an Zahlungsstatt an. Allein diese Zuweisung, die im konkreten Falle überdies nur als Ausführung eines Privatübereinkommens gedacht werden kann, ersetzt die Tradition (Ausfolgung) des Depositums gewiß nicht.

67) Vgl. Unger II. S. 4. Immer wird der Erwerb des konkreten Rechtes durch Thatsachen vermittelt, wie auch die oben genannten angeblichen Fälle „gesetzlicher Eigenthumstitel" darthun. Richtiger werden darum die sog. gesetzlichen Obligationen (§. 859) Zustandsobligationen genannt. Dazu nun Schiffner §. 115.

68) Vgl. auch c. 6. C. 4. 39. Das Wort „zuerst" ist zwar nicht „widersinnig", aber überflüssig. So auch die meisten unserer Kommentatoren, vgl. Winiwarter

Falle, wenn die Sache dem Einen symbolisch (§. 427), dem Anderen körperlich übergeben wurde; es entscheidet auch hier nur die Priorität des Traditionsaktes. Bei gleichzeitiger Tradition (symbolischer und wirklicher, mehrfach symbolischer) entscheidet die frühere wirkliche Besitzergreifung.[69]

Zum Schlusse soll die Frage untersucht werden, ob die Tradition als ein Formalakt zu betrachten ist? Vielfach wird die Tradition als ein solcher angesehen (Bähr §. 4, Windscheid §. 172, N. 5 u. 16a., Exner S. 78 flg., Hofmann S. 72, Goldschmidt §. 79). Hier ist vor allem nöthig, über den Begriff „Formalakt" einig zu werden. Zunächst ist zu bemerken, daß ein abstrakter, auf Vermögenszuwendungen (dinglicher oder obligat. Natur) gerichteter Wille ohne juristischen Bestimmungsgrund (Zweck) überhaupt nicht gedacht werden kann, daß es sich vielmehr nur darum handeln kann, ob die Parteien beim Abschluß des Rechtsgeschäftes, folglich auch bei dessen gerichtlicher Geltendmachung diesen Bestimmungsgrund (causa im subjektiven Sinne) erklären, bezieh. angeben und beweisen müssen oder nicht. Versteht man nun unter „Formalakten" solche Geschäfte, bei denen diese Angabe nicht erfordert wird, wie beim Wechselversprechen u. s. w., dann kann die Tradition nicht zu den Formalakten gerechnet werden. Denn die abstrakte Willenserklärung genügt zur Eigenthumsübertragung lediglich in den Fällen der altrömischen mancipatio und in jure cessio (vgl. hierüber, insbes. über die Scheinklausel der ersteren einerseits Ihering, Geist des römischen Rechtes III. S. 200 flg., andererseits Bechmann, Kauf S. 92, und hinwider Karlowa §. 31)[70], — nicht aber bei der Traditio:

II. S. 205, Stubenrauch I. 541. 542, Unger, Sächs. Entw. S. 198, Kirchstetter S. 224, Exner S. 289 flg., Krainz a. O. And. Ans. Schuster, Prat. Mater. 6. S. 220 flg., welcher in der Empfangnahme bei Kenntniß der früheren Veräußerung ein doloses Vorgehen erblickt; noch irriger Nippel III. S. 379. 380, der die Restitutionspflicht des Empfängers aus dem angeblichen Delikt (der fraus) desselben ableiten will. Anders allerdings nach dem preuß. L. R. §. 25. I. 10, welches den Begriff der Unredlichkeit in unjuristischer Weise maßlos erweitert. Noch inkonsequenter ist die Bestimmung des Art. 1141. des franz., bez. 1226 des ital. Cod.

69) Vgl. Zeiller II. 228, Exner S. 291; theilweise abweichend das preuß. L. R. §. 74, I. 7, welches in Anlehnung an ältere Schriftsteller stets der körperlichen Übergabe den Vorzug giebt.

70) And. Ans. Goldschmid §. 79, N. 24: Der Übereignungswille „kann ein abstrakter, auf nichts als den Eigenthumsübergang gerichteter sein", wo jedoch (wie Brinz §. 150, N. 15 bemerkt) wohl Willenserklärung gemeint ist.

Gaj. Inst. II. 20, §. 40. J. de rer. divis., L. 31. pr. D. d. adquir. r. dom.: Nunquam nuda traditio transfert dominium, sed ita si venditio vel aliqua justa causa praecesserit. Zwar wenn man nun unter der justa causa eben nur den Übereignungswillen der Parteien versteht (wie z. B. Puchta, Pand. §. 148, Pagenstecher II. S. 194, Windscheid §. 172, Note 15), kann man die Tradition als Formalakt auffassen. Sowie man indeß — wie mit Recht Exner S. 328, Hofmann S. 72 — diese Meinung verwirft und in der causa etwas vom Traditionswillen Verschiedenes erblickt, nämlich den juristisch-wirthschaftlichen Bestimmungsgrund (Zweck) des Willens, dann darf man die Tradition nicht mehr als Formalakt auffassen. Der Unterschied, den man (Exner S. 336) zwischen der causa promittendi und traditionis finden will, ist nicht stichhaltig. Der Nachweis der causa gehört hier wie dort regelmäßig zum Klagsfundament (Bähr S. 45, Brinz S. 1578, Karlowa S. 208. 259 flg.). Ohne denselben vermag ja der Richter oft nicht einmal zu beurtheilen, ob der Traditionswille rechtlich seinen Zweck erreichen kann oder nicht, wie z. B. bei Schenkungen unter Ehegatten nach römischem Rechte (injusta causa), beim Kauf einer Reliquie nach österr. R. (unentgeltlicher Erwerb ist hier zulässig), beziehungsweise ob der Wille auf einem gültigen Rechtsgrund beruht oder nicht, z. B. nach österr. R. bei Verkaufs-, Tausch-, Darlehensgeschäften unter Ehegatten (Ges. v. 25. Juli 1871), ferner im Falle des §. 373 u. f. f. Für das römische Recht beweisen die oben angeführten Stellen unsere Meinung, dazu die historischen Ausführungen Ihering's, Geist III. S. 97, Karlowa §§. 28. 31—33, vergl. auch Brinz S. 1578 (1. A.), Strohal, a. O. 27. S. 340 flg., Canstein, Wechs. R. §. 15 N. 28 a. Für das österreichische Recht verweise ich auf die §§. 424. 435 A. B. G. B., welche ausdrücklich den Nachweis des „Titels" fordern, übrigens, soweit es sich um Mobilien handelt, dahin zu interpretiren sind, daß nicht etwa das wirkliche, sondern nur das vermeintliche Dasein des sog. Titels (des der Übergabe zu Grunde liegenden Rechtsgeschäftes) ein konstitutives Moment des Eigenthumsüberganges ist. (Ebenso ohne Unterscheidung des Gegenstandes nach preuß. Rechte I, 10. §. 1, dazu Förster II. §. 178, dessen sachlich richtige Darstellung jedoch (Note 7 und 22) von Widerspruch nicht frei ist; ferner Gruchot, Beiträge VIII. 432.)

Versteht man aber unter „Formalakt" einen Rechtsakt, welcher bei Vermögenszuwendungen Rechte begründet, gleichviel ob der rechtliche Bestimmungsgrund der Wirklichkeit entspricht, der Endzweck erreicht wird oder nicht, m. a. W. gleichviel, ob objektiv eine gültige causa vorliegt oder nicht, so erscheint die Tradition allerdings als ein Formalakt, gleichwie die Manzipation, Stipulation, der Wechselkontrakt u. s. w., weil die Eigenthumsübertragung nicht davon abhängt, ob eine objektiv gültige causa (Titel) besteht oder nicht.[71].[72]. Und diesen Standpunkt nimmt nun der Entwurf d. deutsch. bürgl. G. B. (§. 874) ein, welcher den Eigenthumsübergang unabhängig stellt von der demselben zu Grunde liegenden causa. Mit Recht wird gegen diese unserer Volksüberzeugung widerstrebende juristische Neuerung nachdrücklich Einspruch erhoben.[72a]

§. 12. Die Formen der Übergabe.

Das Wesen des Traditionsaktes besteht in der Besitzergreifung mit Zustimmung des Vormanns. Der Empfänger erwirbt mittelst des Besitzes das Eigenthum. (Vgl. Note 11.) Bloße Traditions-

71) Vgl. auch meinen Aufsatz G. Z. 1871, Nr. 42—44. Entschieden erklärt sich gegen die Auffassung der Tradition als Formalakt Voigt, Cond. ob. c. S. 121 flg. 124 flg., Hesse, Wesen und A. der Verträge S. 43, Karlowa §. 33, auch Brinz S. 1438. 1578 (2. A.) und §. 150, S. 588, weil die T. kein typischer Ausdruck für das Dasein des Willens und des Grundes zugleich sei. (Offenbar faßt B. hier den Formalkontrakt in dem erstgedachten Sinne, während die Meisten [Bähr §. 4, Windscheid §. 172, N. 16a.] den Formalakt im letzterwähnten Sinne fassen. Auf beide Momente bezieht sich die Argumentation Exner's S. 82. 336.) Leist, Manzip. S. 204 flg., hält zwar die T. für einen Formalakt, macht aber beim Kauf eine Ausnahme, weil der Eigenthumsübergang von der Zahlung oder Kreditirung des Preises abhängt; er verlangt darum vorgängige Feststellung, daß nicht ex causa vend. übergeben wurde, gelangt also praktisch zu demselben Ergebnisse wie wir. Fitting, 52 S. 406 flg. 418 findet, daß die Tradition im älteren Rechte ein materieller Akt, ihre Wirkung vom Dasein der j. c. abhängig gewesen sei, während im späteren Rechte die causa nur (?) die Bedeutung eines Erkenntnißmittels des Parteiwillens gehabt habe. S. auch Hruza, Novat. S. 79. Richtig Frankl S. 75 flg.

72) Selbstverständlich ist hier nicht vom Formalakt in dem Sinne eines „förmlichen" oder Solennitätsaktes die Rede; denn allerdings ist die Tradition ebenso gut eine positivrechtliche Form der Willenserklärung, als in anderen Fällen die diesfalls vorgeschriebene Förmlichkeit. Daß die T. sogar mehr leiste, als eine bloße Form, darüber vgl. N. 9, dazu Karlowa S. 217.

72a) Dagegen nicht nur Kindel a. O., sondern u. A. auch s. Gegner: Wendt, Jahrb. f. D. 29. S. 35 flg, F. Endemann, Goldschm. Ztsch. 38. S. 346 flg.

erklärung, wäre dieselbe selbst in einer Notariatsurkunde gegeben, genügt nicht. (Vgl. Nr. 8397. 10523. Samml.) — Indem ich in dieser Beziehung auf die ausführliche Darstellung des Apprehensionsaktes in meinem „Besitz" §§. 11 flg. verweise, beschränke ich mich hier darauf, die Ergebnisse derselben für die Eigenthumslehre zusammenzufassen.

Das Gesetzbuch unterscheidet nachstehende „Arten der Übergabe":

a) die körperliche Übergabe (§. 426).

b) die Übergabe durch „Zeichen", insbes. Urkunden (§. 427).

c) die Übergabe durch „Erklärung" (§. 428 trad. brevi manu u. const. poss.). Hinzuzufügen ist jedoch noch:

d) die fiktive Übergabe durch „Übersendung" (§. 429).

ad a) Die sog. körperliche Übergabe „von Hand zu Hand"[1] (§. 426, dazu §. 312) ist zwar eine häufige — aber durchaus nicht nothwendige Form des — den Eigenthumsübergang vermittelnden — Besitzerwerbes. Nach der Auffassung des Gesetzbuches über das Wesen des Besitzes kann nur ein solcher, muß aber auch jedweder Akt zum Erwerb desselben hinreichen, der die Möglichkeit unmittelbarer und ausschließ-

1) Es ist die sog. apprehensio corpore et tactu im Gegensatz zur sog. symbolischen Tradition. Über letztere vgl. Strohal, Succession in den Besitz (1885) S. 206 flg. u. neuest. J. Biermann's Traditio ficta (1891), welcher (in Vielem mit Strohal übereinstimmend) nach einer Darstellung der Doktrin und Praxis vom frühesten Mittelalter bis auf die Gegenwart (S. 403) zu dem allerdings „nicht einwandfreien Ergebniß gelangt, daß „Besitzübergang durch bloße acceptirte Traditionserklärung (Succession unter Lebenden in den Besitz) das Prinzip des geltenden (?) gemeinen Civilrechts sei." Zu diesem Ergebniß konnte B. nur dadurch gelangen, daß er bei dem angeblichen Schwanken der heutigen Jurisprudenz — nicht das richtig erfaßte röm. R. — sondern die vor Savigny herrschende Praxis für ausschlaggebend erachtet. — Die neue Besitzliteratur, soweit sich dieselbe zunächst mit der Besitzfrage befaßt, insbes. die durch Jhering's Theorie hervorgerufene Besitzliteratur (Bekker, Graf Pininski, Strohal, Klein u. a.) wird in der demnächst erscheinenden vierten Auflage meines „Besitz nach österr. R." gewürdigt werden. Strohal S. 126 definirt den Besitz: „als einen mit auf die Dauer veranlagter Ausübung des Eigenthumsinhalts beginnenden Zustand, dessen durchhaltendes Element durch das fortdauernde Dasein einer bei allem Wechsel mit der Aussicht auf Fortsetzung der begonnenen Ausübung des Eigenthumsinhaltes vereinbar bleibenden Sachlage gebildet wird." Er behauptet, daß Succession in den Besitz, bez. in die Rechtsfolgen eines alten Besitzthatbestandes bei Wechsel des Subjekts schon im R. R. anerkannt sei. S. 150 flg. Diese Behauptungen werden in m. Besitz eingehend geprüft werden.

licher Beherrschung der Sache gewährt; körperliche Berührung ist hierfür weder nothwendig noch an sich genügend. Aufzählen der geschuldeten Geldsumme genügt sohin nur dann, wenn der gegenwärtige Gläubiger auch die Übernahme des aufgezählten Geldes in irgend welcher Weise erklärt; vgl. Nr. 10818 Samml. Gl. U. Pf., woselbst die Apprehension durch die Wegnahme von Seite eines unberufenen dritten Gläubigers vereitelt wurde. (Darüber vergl. überh. meinen Besitz 3. Aufl. S. 315 flg., 334 flg.) Es ist somit erklärlich, daß das Gesetzbuch außer der „körperlichen" Übergabe „von Haud zu Hand" noch andere Arten derselben aufführt, nämlich:

ad b) Die Übergabe „durch Zeichen" (§. 427). Dieser nach Form und Inhalt mißlungene Paragraph handelt im Sinne der älteren Doktrin von der sogenannten symbolischen Tradition.[2] Wir haben hier-

2) Über die symbolische Tradition vgl. Randa, Besitz S. 311—329 bes. Note 40 a, Exner, Trad. S. S. 153—252. Biermann a. O. Die „symbolischen" Traditionsakte der älteren Doctrin sind übrigens keine Symbole, weder der Tradition noch der tradirten Sache, sondern Surrogate der Tradition. — Schon Savigny, Besitz S. 14—17, hat für das röm. Recht die Quellenwidrigkeit der älteren, bis in den Anfang dieses Jahrhunderts fortwirkenden Lehre nachgewiesen, welche unter der Apprehension das körperliche Berühren der Sache verstand, und sohin den Begriff derselben bei Mobilien auf das Ergreifen, bei Immobilien auf das Betreten beschränkte und folgerichtig alle übrigen Akte, durch welche nach dem Zeugniß der Quellen Besitz erworben wird, z. B. die Schlüsselübergabe, als symbolische Apprehensionsakte (a. ficta) bezeichnete. Savigny wies nach, daß nicht die körperliche Berührung, sonderu die Möglichkeit unmittelbarer Herrschaft über die Sache das Wesen der A. bildet und daß alle Fälle, in denen man eine symbolische A. annahm, unter den richtig gefaßten Begriff der natürlichen physischen Apprehension fallen. Die ältere Lehre hat wie im preuß. L. R. (7. I. §§. 61 flg.), so im österr. G. B. (§§. 315. 427) Eingang gefunden, wiewohl der Irrthum mehr in der Redeweise als in der Sache beruht. (Der denische Entw. §§. 797 flg. kennt die sog. symb. Uebergabe nicht.) Von den drei Fällen des §. 427 enthält — wie ich gegen die übliche Auffassung unserer Kommentatoren im Besitz S. 316 flg. nachgewiesen zu haben glaube — nur Einer (Übergabe durch Urkunden) einen sogen. symbolischen Traditionsfall, die zwei übrigen stellen sich als natürliche (physische) Apprehensionsarten dar. Dem entgegen versuchte Exuer a. O. darzuthun, daß alle drei Fälle des §. 427 im Sinne der älteren Doktrin als symbolische Traditionsarten anzusehen sind; er trennt sich aber von der bei den älteren Kommentatoren herrschenden Auffassung darin, daß er in diesen Fällen

bei drei Fälle zu unterscheiden: 1) die Übergabe „durch Urkunden, wodurch das Eigenthum dargethan wird". 2) Die Übergabe „durch Werkzeuge, durch die der Übernehmer in den Stand gesetzt wird, ausschließend den Besitz der Sache zu ergreifen", und 3) die Übergabe durch Bezeichnung, indem man „mit der Sache ein Merkmal verbindet, woraus Jedermann deutlich erkennen kann, daß die Sache einem Anderen überlassen worden ist".

Allein im Falle 2 kann von einer symbolischen Übergabe nicht die Rede sein, da hier der Übernehmer wirklich die ausschließliche faktische Herrschaft über die versperrten Gegenstände erhält. Für unzureichend muß daher die Übergabe des unrechten Schlüssels oder des Schlüssels zu einem offenen Behältnisse erklärt werden. (Richtig Nr. 1181 Samml. Gl. U. Pf.: Schenkung verschlossener Werthpapiere durch Übergabe bez. brevi m. tr. des Kassaschlüssels; bedenklich aber die Entsch. Nr. 11933 Samml.: Übergabe eines Piano's durch Überreichung des Schlüssels dazu, sofern nicht — wie wahrscheinlich — schon die Gegenwart zur Tradition genügte).[3] — Aber auch im Falle

---

bloß Übergang des Eigenthums — nicht aber des Besitzes — annehmen will. (So auch Burckhard, Syst. §. 137 S. 45.) Allein diese Ansicht ist gewiß unhaltbar. Bemerkt doch E. selbst S. 161: „Es ist die (sc. im vorigen Jahrhundert) ... von Allen gleichmäßig vorgetragene Meinung, daß auch durch die traditio symbolica dem Empfänger zunächst immer Besitz und vermittelst desselben sodann je nach den Umständen Eigenthum, Pfandrecht ... übertragen werden". Dieselbe Anschauung theilten gewiß auch die Kompilatoren des A. B. G. B.'s, wie E. selbst N. 67 zugesteht. E.'s Ansicht steht daher im Widerspruch mit der historischen Entwicklung und der offen liegenden Tendenz der Gesetzgebung, welche in der symbolischen Tradition ein „vollgültiges Surrogat" der wahren Übergabe erblickt. Vgl. auch Dernburg S. 300, N. 1, der E.'s Ansicht „weder historisch noch dogmatisch gerechtfertigt" findet, auch Goldschmidt, Zeitschr. 29, S. 22 N. 5, dazu meinen Besitz S. 298. 316. Frankl, Form d. Schenkung S. 56 flg. und Stubenrauch (Schuster-Schreiber) 4. Aufl. I. S. 515. Lackenbacher, Jur. Bl. 1886, Nr. 44, Strohal, Succession S. 204, neuest. Hanausek, Factura (1891) S. 16, N. 9. und Biermann a. O. S. 345 flg. Sonderlich sind die Motive der E. des O. G. H. Ger. Zeit. 1873 Nr. 90.

3) Vgl. meinen Besitz S. 319. And. A. Exner a. O., ebenso Lackenbacher a. O. Unter der „wirklichen" Übergabe versteht das Gesetz vom 25. Juli 1871, Z. 76 betreffend das Erforderniß des Notariatsaktes nicht körperliche Übergabe im Gegensatze zur sog. symbolischen u. fingirten Übergabe (so Erk. Nr. 5607 u. 7673 Gl. U. W.), sondern jede Übergabe, durch welche das geschenkte Objekt in das Ver-

lit. b. 3, liegt ein natürlicher — kein symbolischer Apprehensionsakt vor, denn entweder signirt der Erwerber den Gegenstand — und dann haben wir es mit einer körperlichen Besitzergreifung (tactu) zu thun — oder es signirt der Tradent und dann stellt sich die Bezeichnung als constitutum possessorium — als Besitzerwerb durch Stellvertretung — dar (§§. 319. 428).[4] Nicht nothwendig ist bei der Übergabe durch Signirung, daß dieselbe (etwa wie jene bei der Verpfändung durch Zeichen §. 452) in einer auch für Dritte erkennbaren Weise erfolge. Vgl. Nr. 10475. 10849 Samml. (anders Nr. 11304). Richtig auch Biermann S. 347.

Diese Auffassung wird nun durch die Genesis des §. 427 bestätigt: Der Cod. Ther. 6. II. Nr. 9 flg. unterschied nämlich einerseits die „leibliche Übergabe von Hand z. H." und anderseits, die „gleichgiltige" Übergabe a) durch eine „That" (Ü. mit kurzer oder langer Hand ꝛc., Hinlegen der Sache unter Gegenwärtigen, nachträgliche Ergreifung der angewiesenen, nicht gegenwärtigen Sache) oder b) durch „sonstige Kennzeichen": wenn man nämlich „ein Zeichen übergiebt, womit die zu übergebende Sache angedeutet wird", als der „Schlüssel von einem Hause, Speicher" oder wenn dem Andern nach geschlossenem Kaufe ꝛc. gestattet wird, die Sache zu versiegeln, zu bezeichnen, eine Wache darzu zu stellen und der Andere sich (!) dieser Verstattung gebrauchet". Endlich c) erwähnt der C. Ther. 6. II. Nr. 22. der „Übergabe der Kaufbriefe u. anderer Urkunden, welche die Erwerbsursache, woraus die Sache an den Übergebenden gediehen, enthalten." Übereinstimmend im Wesen ist Horten's

---

mögen des Beschenkten sofort übergeht. Vgl. den Schluß d. §. und Frankl, S. 133 flg. 58.

4) Das Nähere vgl. in meinem Besitz S. 419 flg., dazu Lackenbacher, Jur. Bl. 1886 Nr. 44. Insbes. kann die Aufsetzung des „kaufmännischen Zeichens" nicht als Besitzübertragung angesehen werden, sofern nicht entweder die Bedingungen der Tradition durch Gegenwart oder das constitutum possessorium (§. 428) vorliegen. Hiefür spricht selbst Cod. Ther. 6. II. nr. 12. 14. 20 u. Horten 6. II. §. 7, wie aus dem folg. Text erhellt. — Gegen die Behauptung Mancher, daß ein positiver Handelsbrauch der kaufmännischen Bezeichnung die Wirkung der Tradition beilege, vergl. besonders Thöl, Handelsrecht §. 79 und die von ihm N. 5a citirten Entscheidungen der O. A. G. der v. f. Städte, dann Goldschmidt, H. R. §. 68, u. d. Entscheidung d. Lübecker O. A. G. bei Mathiae, Kontrov. Lex. I. S. 118. Auch keine präsumtive Apprehension, wie Kuntze zu Holzschuher II. S. 20 meint, enthält die Signirung. Vgl. Frankl S. 60.

Entw. II. 5. §§. 7 flg. Dagegen ließ der Entw. Martini II. 6. §§. 7 flg. (§. 164 Urentw.) auffälliger Weise die ebengedachten sog. symbolischen Traditionsarten ganz fort und erwähnte bloß die „Übergabe von Hand z. H.", bezieh. „auch ohne diese in der Kürze" die Ü. durch „Erklärung, die Sache nur im Namen des Übernehmers behalten zu wollen!" Erst in der Sitzung v. 6. Juni 1803 wurde die sog. symbolische Übergabe über Antrag Zeiller's wieder aufgenommen. Dieser berief sich nämlich darauf, daß das gemeine und preußische Recht die trad. symbolica kennen, und daß „es für die Sicherheit und Leichtigkeit des Verkehrs nicht gleichgültig sei, ob man wenige oder mehrere Arten der Übergabe anerkenne". Schränke man sie zu sehr ein, so erschwere man die Veräußerung, hauptsächlich bei einem Inbegriffe von Sachen, ferner unter Abwesenden, unter dem Handelsstande u. a. Verhältnissen. Sei man zu freigebig, so öffne man die Gelegenheit zu Überlistungen der Gläubiger bei Ganthandlungen und zur Vereitlung der gerichtlichen Verbote und Exekutionen. Darnach wurden nach Zeiller's Antrag an die Stelle des §. 164 des Entwurfs die drei Paragraphen 426. 427. 428 des gegenwärtigen G. B. gesetzt, von denen der erste und letzte bereits im §. 7. (§. 164) enthalten waren, während der §. 427 neu hinzugefügt wurde: „Bei diesen drei Arten der Übergabe (nämlich der körperlichen, symbolischen und Ü. durch Erklärung) könne man es auch bewenden lassen". Vgl. Ofner, Protok. I. S. 278 flg. — Sofern Zeiller im Sinne der Theorie des vorigen Jahrhunderts unter „Übergabe" lediglich die Tradition „von Hand zu Hand" (§. 426) verstand, ist es begreiflich, daß er „aus Rücksichten des Verkehrs" die „symbolische" Übergabe (§. 427) empfahl; denn mit jener allein ist „im Leben schlechterdings nicht auszukommen" (Exner S. 165.)

Aus dem Gesagten leuchtet hervor, daß wohl der Cod. Ther. u. wohl auch der Entw. Horten's bei der „Schlüsselübergabe" und der „Urkundentradition" eine symbolische Übergabe vor Augen hatten, daß aber alle übrigen daselbst genannten Übergabsarten, insbes. durch Hinlegen der Sache, Anweisung des nicht gegenwärtigen Objekts, Bezeichnung, Bewachung — unter den Gesichtspunkt der reellen Besitzergreifung fallen. Nachdem später der Urentwurf die symbol. Übergabe (durch Schlüssel u. Urkunden) gänzlich fallen ließ, nimmt Zeiller dieselbe in §. 427 in einer Fassung auf, welche —

abgesehen von der Urkundentradition — durchwegs auf die Möglichkeit unbehinderter thatsächlicher Herrschaft betont, — eine Neuerung, welche mit dem gleichzeitigen Erscheinen des Savigny'schen Buchs (1. Aufl. 1803) im Zusammenhang stehen dürfte.[4a]

Es erübrigt somit im §. 427 nur der erste — und einzige symbolische — Traditionsfall: „die Übergabe mittelst Urkunden .... bei solchen beweglichen Sachen, welche ihrer Beschaffenheit nach keine körperliche Übergabe zulassen, wie bei Schuldforderungen, Frachtgütern, bei einem Waarenlager oder einer andern Gesammtsache". Dabei sei zunächst bemerkt, daß der bezügliche Absatz des §. 427, soweit derselbe von „Schuldforderungen" spricht, wohl nur auf Inhaberpapiere (als Werthpapiere) zu beziehen ist, in Ansehung welcher der §. 1393 G. B. bestimmt, daß sie schon durch die bloße Übergabe des „Schuldscheines" erworben werden. Auf die Abtretung von anderweitigen Forderungen bezieht sich §. 427. G. B. nicht. Für diese (schon in der 1. Aufl. vertretene) Ansicht spricht auch die Genesis der bezüglichen §§. 427. 1392 u. 1393. Der Cod. Ther. III. 23. Nr. 5. 6 flg. bestimmt nämlich ausdrücklich: „Zur Abtretung (von persönlichen Rechten) ist die Einwilligung beider Theile ... genug." Nur zum Erweise derselben wird „nebst der Ausantwortung des Schuldscheins ... eine Abtretungsurkunde oder die Aussage zweier geschworener Zeugen erfordert, obschon die Schuldverschreibung ausdrücklich auf alle getreuen Briefsinhaber lautete ..." Ebenso Entw. Horten III. 24 §. 11. Ähnlich Entw. Martini III. 16 §. 20 (gleich §. 1392): „Eine solche Übereinkunft führt den Namen eines Abtretungsvertrages (Cession)"; doch äubert dieser Entwurf die Norm bezüglich der Inhaberpapiere dahin: Schuldscheine hingegen, die auf den Überbringer lauten, bedürfen gar keiner Cession (?)" Auf die zutreffende Bemerkung Zeiller's (Sitz. v. 18. Aug. 1806, Ofner II. S. 236), daß doch auch solche Schuldscheine „vom rechtmäßigen Inhaber dem jetzigen Besitzer überlassen werden müssen, denn dadurch,

---

4a) Ein „überschätztes, verfehltes Beispiel" findet im §. 427 Frankl S. 119. Die Betonung des Bedürfnisses des Verkehrs stimmt ganz zu der älteren naturrechtlichen Theorie, zu deren wärmsten Vertretern Zeiller bekanntlich gehörte. Bemerkenswerth ist, daß Zeiller, Komm. II. S. 224, das römische Recht zur Begründung und Erläuterung des §. 427 herbeizieht und sich hierbei auf Savigny's Buch §§. 14—19 beruft! — Über die Auffassung der französischen Jurisprudenz vgl. Kohler, Bad. Annalen 30, S. 236 flg.

daß er sie z. B. finde o. entwende, könne er doch nicht Eigenthümer geworden sein", wurde einstimmig die derzeitige „deutlichere" Textirung des §. 1393 beschlossen: „Schuldscheine, die auf den Überbringer lauten, werden schon durch Übergabe abgetreten" ꝛc. Statt des Wortes „Übereinkunft" wurde (s. Ofner II. 445) beschlossen, zu setzen: „Handlung", weil Cession die Handlung selbst, der Modus kein (?) Vertrag sei" — womit deutlich anerkannt (wenn auch unrichtig motivirt) wird, daß die Cession mit der „Übereinkunft" perfekt sei.

Wollte man die so gerechtfertigte Auslegung des §. 427 nicht billigen, so würde man den historisch überkommenen und in den §§. 380. 449. 451. 481. 1392 G. B. festgehaltenen Unterschied zwischen dinglichen und obligatorischen Rechten preisgeben und bedenklicher Verwirrung Thür und Thor öffnen. Belege dafür liefern die Entsch. Nr. 4534. 5631. 7398. 7862 u. a. Samml. Gl. U. W., von denen die erstnannte sogar den §. 367 G. B. auf Forderungen jeder Art zu beziehen versucht. (Näheres siehe in meinem Besitz S. 354 flg. 3. Aufl.) Die neuere ständ. Gerichtspraxis schließt sich der hier vertretenen Ansicht an; ebenso Krainz §. 329, der früher anderer Ansicht war.[5]

Wir verstehen also den §. 427 im Zusammenhange mit dem §. 1393 und in vollem Einklang mit der Absicht der Redactoren des Gesetzes dahin: Forderungen aus Inhaberpapieren werden durch Übertragung

5) Daß zur Cession von Forderungen überhaupt der Konsens genüge (§. 1392), und eine „Übergabe" (§. 427) durch Tradition der Schuldurkunden nicht erforderlich sei, erkennt auch die Praxis an. Vgl. Nr. 1237. 5218. 7862. 11872. 12036. 12165. 12175. 12478 Samml. Gl. U. W. (Anders freilich die absonderlichen Entsch. Nr. 5531. 4410. 4534. 6420. 7398. 7862, welche „symbolische Tradition" durch Übergabe der Cessionsurkunde fordern; dagegen Randa, Besitz S. 354, Hofmann, Grünh. Zeitschr. 8. S. 306.) — Zeiller IV. S. 84, Nippel III. S. 368, Ofner, S. R. §. 32., fordern die „Übergabe" nur, wenn Schuldurkunden bestehen; Stubenrauch I. S. 811 Note postulirt sie auch bei unverbrieften Forderungen u. findet dieselbe (wie Nr. 7862 Samml.) in der Denunziation an den Cessus! (Dagegen vgl. Nr. 4534. 12165. 12175. 12478 Samml.) Irrig meint Unger II. S. 11. Note 34a, daß die ältere Ansicht, daß zur Cession Übergabe des Schuldscheins erforderlich sei, in's österr. R. übergegangen sei. Dagegen Unger selbst I. S. 526 und schon Winiwarter V. S. 68, ferner Kirchstetter zu §. 1392 R. 6, Exner, Hyp. R. S. 378, Schiffner §. 115, N. 9, Frankl S. 117 flg., 118, N. 1, bes. Hasenöhrl, Oblig. R. II. §. 73 N. 64. — Krainz, §. 329 vertritt zwar im Texte noch die ältere von Stubenrauch getheilte Ansicht, schließt sich aber in der (später abgefaßten) Note 11 der im Text vertretenen Anschauung an, da nicht abzusehen sei warum der Consens bei der Cession von verbrieften Forderungen weniger wirksam sein solle, als bei unverbrieften.

des Eigenthums am Papiere übertragen" — ein Grundsatz, der auch mit der Bestimmung des §. 371 B. G. B., des Art. 74 der Wechselordn. und der Art. 301—308 des Handelsges. über Erwerb von Ordre- und Inhaber-Papieren übereinstimmt und in Verbindung mit den art. 9. 10. 17. 36. 39. 73. 82. allgem. Wechs. O. bezüglich der Werthpapiere eine Hauptstütze der derzeit nach Anerkennung ringenden sog. „Eigenthumserwerbstheorie" ist. (Ich freue mich, daß diese von mir bereits 1873 verfochtene Auffassung der Werthpapiere neuestens von Carlin, Goldsch. Ztschr. 36. S. 6 flg. [1889], Canstein, Wechs. R. §. 15 (1890), Pavlíček, Právnik 1890 S. 681 flg., 1892 S. 37 flg. und: Die österr. Curatorengesetze von 1874 (1891) S. 25; etwas abweichend: von Affolter, Goldschm. Ztschr. 37. B. S. 467 [1890], principiell von Grünhut, dessen Ztschr. 19. S. 281 [„Gutgläubigkeitstheorie"], theilw. auch v. Lehmann, Wechs. R. [1886], §. 43—69, Theorie der Werthpap. [1890 „Eigenthumsverschaffungstheorie"] und Hasenöhrl, II. §. 59, in näherer Ausführung vertreten wird, — entgegen der hauptsächlich von Goldschmidt, Brunner, Pappenheim, Begriff u. Arten der Inhaberpapiere, Felner, Inhaberpap. S. 61, in modif. Form auch v. Herrmann u. A. festgehaltenen „Vertragstheorie", welcher auch ich ehedem huldigte. (Gute Übersichten der neueren Theorien geben Goldschmidt, System d. H. R. [3.] §. 83ª, dazu ders. in s. Ztschr. 28. S. 64 flg. 116. B. 36. S. 126 flg. u. 596 flg. u. neuest. Hdb. d. H. R. [3. A.] I. S. 385 flg. [1892], Lehmann, Canstein, Grünhut, Hasenöhrl, a. a. O., Herrmann, Orektapapírech [1892]; daß mich Manche heute noch als Anhänger der Vertragstheorie anführen, beruht, wie Goldschmidt, Carlin Ztschr. 36 S. 596, auch Canstein selbst, Check, Wechsel ꝛc. S. 54 [1890] anerkennen, auf einem Übersehen).[6]

---

6) Die nähere Begründung habe ich schon in meiner Schrift: Über einige zweifelhafte Fragen des Genossenschaftsgesetzes vom 9. April 1873. (Wien, 1874) S. 13 flg. versucht, u. in meinem Besitz §. 11, N. 48 (2. A. 1876, 3. A. 1879), angedeutet. Das Wesen der Inhaber- und Ordrepapiere — welche in den eben citirten Schriften und jüngst von Brunner in Endemann's H. B. II. S. 145 flg. werthvolle Darstellungen gefunden haben — sehe ich darin, daß die Urkunde zum alleinigen Träger des Rechtes und der etwa korrespondirenden Verbindlichkeit gemacht wird. Mit der Skriptur steht und fällt Recht und Verbindlichkeit; meist entstehen sie auch erst mit der Schrift. (Die Amortisation ist eine Ausnahmsbestimmung.) Bei Forderungs-

Aber auch nach Ausscheidung der Forderungen (mit Ausnahme der Inhaberpapiere) aus dem Geltungsgebiete des §. 427 G. B. ver-

---

papieren haftet nicht nur die Verbindlichkeit (wie gewöhnlich gelehrt wird), sondern auch das Recht an der Scriptur. Der Eigenthümer der Skriptur ist Gläubiger; der Übergang der Forderung vollzieht sich durch Übertragung des Eigenthums am Papier. Die Ausübung desselben ist an die Präsentation (Aushändigung) des Papiers gebunden. Darum ist die Skriptur — Werthpapier. (Zu eng ist allerdings der Terminus Skripturobligation, s. §. 13 Note 49 u. Goldschmidt, Syst. §. 83a [1891], Brunner S. 171, Gierke, Zeitschr. f. H. R. 29. S. 264.) Der Nehmer des Papiers succediert daher nicht in das obligatorische Recht des Vormannes, sondern erwirbt mit dem Eigenthum des Papiers die demselben inhärirende Forderung nach Maßgabe des Inhalts in originärer Weise (s. Goldschmidt a. O., Stobbe §. 171, S. 107, Gareis, H. R. §. 79, Carlin, Goldsch. Ztschr. 36, S. 36 flg., Grünhut 19, S. 295 flg., anders Brunner §. 195 und Gierke S. 259). Daraus erklärt sich der Ausschluß aller Einreden aus der Person des Vormannes. Der Aussteller des Inhaber- oder Ordrepapieres erwirbt durch Kreation desselben das Eigenthum am Papier, wenn ihm dieses nicht schon früher zugestanden hat; die Bereicherungsklage ist dem bisher. Eigenthümer des Stoffes vorbehalten. (Denn die cit. Art. der W. O. denken u. postuliren unabweislich die Einheit und Untrennbarkeit des Rechts aus dem Papier u. an dem Papier! And. A. jüngst Grünhut, S. 319 flg., dessen Behauptung einer angeblichen Einrede des gutgläubigen W.-Gläubigers gegen den Vindicanten S. 321 beweislos dasteht, — des schlechtgläubigen nicht zu gedenken.) Diese Grundsätze sind enthalten in den Art. 9. 17. 36. 39. 73. 82 der Wechselordnung, den Art. 301—308 H. G. B., §§. 371. 1393 B. G. B. und dem Pat. v. 28. März 1803, Z. 599, welches zugleich die Präsumtion ausspricht, daß der Besitzer des Inhaberpapiers Eigenthümer ist; ebenso betont das Lagerhausges. v. 28. April 1889 Z. 94 ständig das Eigenthum am Lagerschein und Warrant (§§. 26—38. — Eigenthum am Papier und Forderungsrecht sind sohin untrennbar verbunden; das letztere ist von ersterem abhängig, und somit den — durch Spezialnormen (§. 371 G. B., Art. 74 W. O., Art. 301—307 H. G. B.) modifizirten — Regeln der Vindikation unterworfen. Auch dem Schuldner gegenüber ist nur der Eigenthümer des Inhaberpapieres forderungsberechtigt; allerdings wird aber gegenüber dem Schuldner jeder Inhaber als zum Empfang legitimirt präsumirt, sei es nun als Eigenthümer, Pfandgläubiger, Mandatar 2c. (Hofd. v. 28. März 1803 u. a.). Gegen den von Brunner S. 150 flg. 211 flg. behaupteten Dualismus der Gläubigerschaft des Eigenthümers und der „Gläubigerrolle" des Inhabers vgl. bes. Goldschmidt Z. f. H. R. 28. S. 64 flg., System §. 83a (3), Gierke 29. S. 260 flg. Der Zahler ist daher zur Prüfung der Legitimation (auf eigene Gefahr) nicht nur berechtigt, sondern auch verpflichtet; — allerdings ist er von jeder Verantwortung frei, wenn er dem Nichteigenthümer im guten Glauben und ohne grobe Fahrlässigkeit Zahlung geleistet hat. (Prinzip der Art. 74 W. O. 305 H. G. B.; — anders d. Erk. R. O. H. G. XVII. S. 150.) Nur bei Staatsschuldverschreibungen au porteur ist die Zahlung „unaufgehalten" an jeden Inhaber zu leisten (Hofd. v. 28. März 1803). Die Inhaberpapiere können — aber müssen nicht — ein abstraktes Schuldversprechen enthalten; Lade- und Lagerscheine, Dividendenkoupons, See-Versicherungspolicen liefern Beispiele für Kausal-Skripturobligationen. Verpflichtet wird der Aussteller der Skriptur in der Regel erst durch die Begebung — Tradition des Papiers, welche darstellt ein Versprechen zu Gun-

bleibt uns im ersten Absatze desselben ein Rest der älteren gemeinrechtlichen Doktrin von der symbolischen Übergabe, nämlich die Eigenthumsübertragung „durch Urkunden, wodurch das Eigenthum dar-

sten jedes Eigenthümers des Papiers — s. Carlin, Ztschr. 36. S. 16 flg., Canstein a. O., dazu Brunner, Endemann's H. R. II. S. 165 flg., R. O. H. G. XIX. S. 31, Goldschmidt, a. O. und Zeitschr. f. H. R. 28. S. 88 flg. 109 flg. Handb. d. H. R. [3.] S. 389.) — nicht schon durch Ausfertigung (Kuntze, Inh. Pap. S. 332 flg., Fuchs, Die Karten ꝛc. S. 31, Dernburg II. §. 12, Affolter a. O.) 39. S. 380, 384 flg., dagegen Goldschmidt, ebenda, S. 432, Pavliček a. O.; — noch durch absichtliches Aufgeben der Detention (Stobbe §§. 271, S. 107, Gierke, Zeitschr. 29. S. 256 flg., Gareis, H. R. §. 79). Aber auch wenn das Papier in anderer Weise — als durch Tradition — in das Eigenthum eines Dritten gelangt, ist dieser als Eigenthümer forderungsberechtigt, z. B. wenn Jemand das derelinquirte Papier occupirt, das Papier ersitzt, durch Fund erwirbt, oder redlich vom treulosen Verwahrer (Mandatar) des nicht emittirenden Ausstellers oder vom handlungsbeschränkten ersten Nehmer erhält; denn nicht bloß dem ersten Nehmer — sondern jedem Eigenthümer des Papiers will der Aussteller gebunden sein. (Carlin a. O. S. 13 flg., Canstein, W. R. §. 15 S. 213 flg., Grünhut a. O. S. 304 flg.; anders Brunner II. S. 167 flg., Goldschmidt, Zeitschr. 28. S. 109 flg., auch Stobbe §. 171, N. 21, Gierke a. O. Lehmann, §§. 60—69, bes. S. 212 flg.; theilweise im Ergebnisse übereinstimmend: Endemann, H. R. §§. 83. 86, Siegel, Das Versprechen S. 110, Thöl §. 224 und R. O. H. G. XVII. S. 150. Affolter, 39. S. 381 flg.; die Konstruktion Gierke's S. 259 ist zu künstlich.) Das bloße Verkehrsinteresse würde allerdings zur Motivirung dieser Behauptung nicht ausreichen; allein der behauptete Rechtssatz ergiebt sich aus dem §. 371 B. G. B., Art. 74 W. O., Art. 305. 307 H. G. B., welche die Vindikation des Papiers prinzipiell gegen jeden redlichen (und nicht grob fahrlässigen) Erwerber (Inhaber, bez. formell legitimirten Indossatar) ausschließen. S. auch folg. §. dies. B. — Die Auffassung, daß für die Gläubigerschaft das Eigenthum am Papier und nicht der Besitz maßgebend ist, wird durch die Materialien zum A. B. G. B. (Pfaff S. 50, Ofner, II. S. 236) bestätigt. Zeiller besorgte nämlich, man würde aus der ursprünglichen Fassung (Schuldforderungen ꝛc. . . . bedürfen keiner Cession) schließen, „der Inhaber sei schon als solcher forderungsberechtigt . . . allein dadurch, daß er sie z. B. finde oder entwende, könne er doch nicht Eigenthümer geworden sein". Darnach wurde der Schlußsatz des §. 1393 formulirt. (Irrig bezeichnet Krainz §. 334 schon jeden Besitzer, gleichviel von welcher Beschaffenheit u. Hasenöhrl, §. 60 sogar den bösgläubigen Besitzer als forderungsberechtigt.) Am nächsten steht unsere Auffassung jener Savigny's, Oblig. R. II. S. 93 flg., Gerber's, P. R. §. 161, und hauptsächlich Goldschmidt's, Zeitschr. f. H. R. VIII. S. 314, IX. S. 1 flg. XXVIII. S. 88 flg., H. R. II. §. 80 u. Stobbe's §. 171. S. 106 flg., überwiegend auch Brunner's II. S. 141—225, dessen Ausführungen wesentlich auch Gierke a. O. billigt. Die Einfügung der sog. Legitimationspapiere in die Lehre von den Werthpapieren sollte lieber ganz vermieden werden. (Über jene vgl. Fuchs, Die Karten und Marken d. tägl. Verkehrs S. 23. 29 flg. [1880. Sept. Abdr. aus d. Ger. Zett.] und Brunner S. 174 flg. 206; beide rechnen aber mit Unrecht eine Reihe von Legitimationspapieren zu den Inhaberpapieren, z. B. Theaterbillets, Fahrkarten ꝛc. Näheres Randa, Právník 1889. S. 1 flg., Herrmann a. O.

gethan wird".[7] Es ist nur die Frage, was für Urkunden es sind, welche der §. 427 im Sinne hat? Zunächst ist nicht zu bezweifeln, daß nur solche Urkunden zu verstehen sind, wodurch das Eigenthum des Vormanns bescheinigt wird. Diese Ansicht wird nunmehr durch den Cod. Ther. 6. II. Nr. 22 (s. oben S. 308) vollauf bestätigt. Vgl. auch Nr. 10523 gegen 4936 Samml.[8] (Nicht entgegen steht

---

7) Die Bestimmung enthält in Anlehnung an den art. 1605 Cod. c. eine Reminiscenz an c. 1. C. de donat. 8. 54: »Emtionum mancipiorum instrumentis donatis et traditis et ipsorum mancipiorum donationem et traditionem factam intelligis«, welche von Älteren als symbolische Übergabe durch Kaufbriefe, von Anderen als const. poss. (jüngst Beruhard, Kr. V. 23. S. 343), — dagegen von Savigny §. 16, und nach ihm von den Meisten (auch Böcking, P. S. 462, N. 33, Windscheid, P. §. 153, N. 10, Goldschmidt, Handels. II. §. 67, dazu Rudorff, Anh. N. 63, Exner, S. 156. 177 flg.) von dem Falle verstanden wird, wenn die Sklaven bei der Übergabe des Kaufbriefes gegenwärtig sind. Dagegen kehren Ihering, Grund des Besitzsch. S. 206 u. Strohal, Succession in d. Besitz S. 186, 206 flg. zu der älteren bes. von Donell, Leyser und Anderen vertretenen Ansicht zurück, daß die Tradition der Papiere als vollgültiges Surrogat der Tradition der Sklaven anzusehen sei. So auch Dernburg §. 152, N. 5, Harburger, Const. p. S. 77, Endemann, H. R. II. S. 43 flg., Biermann, S. 273 flg., 303 flg., 403 flg. — Das preuß. Landrecht weiß von einer symbolischen Übergabe durch Urkunden nichts. Vgl. Gruchot, Beiträge IV. S. 473. 475 flg., a. A. aber Dernburg §. 152, N. 5. — Dagegen erkennt dieselbe das franz. Recht art. 1605 bei Immobilien (nicht bei Mobilien) an; dieselben werden nämlich für übergeben erachtet, wenn die Eigenthumsurkunden (les titres de propriété) tradirt worden sind. Da übrigens zur Eigenthumsübertragung der bloße Konsens der Parteien genügt, hat die Übergabe nur die Bedeutung der Kontraktserfüllung und des Besitzwechsels. Vgl. noch Note 10.

8) In diesem Sinne äußert sich mit Recht die überwiegende Zahl der älteren Schriftsteller, bes. Donell, Carpzow, Leyser (vgl. Exner, S. 157, N. 14, Biermann, S. 300 flg.). Handelt es sich doch um das Rechtsverhältniß des Vormanns zur Sache! Wir stimmen daher in der bekannten Kontroverse, ob im §. 427 das Eigenthum des Übergebers oder Übernehmers gemeint sei, mit Nippel III. S. 363, Stubenrauch I. S. 811 (S. 538 2. Auflage, 4. A. v. Schuster-Schreiber S. 514), Ellinger S. 169, Lackenbacher a. O., während Fischer, Zeitschr. für österr. Rechtsg. 1827 II. S. 312, meint, es sei nach Umständen bald dieser, bald jener hierunter zu verstehen, (cf. N. 11) u. Winiwarter II. S. 200 (ähnlich Erk. Nr. 5631 Gl. U. W.), die Übergabe von beiderlei Urkunden fordert. Richtig N. Zeit. 1872 Nr. 51 u. die guten Bemerkungen in Nr. 107 Ger. Ztg. 1861, gegen die Entscheidung eines Untergerichts u. neuestens Biermann, S. 273 flg. 303 flg. 341., Exner S. 180 flg. Für nicht genügend sind daher zu erachten: solche Urkuuden, welche bloß das Recht des Empfängers darthun sollen, z. B. Fakturen, Verkaufsrechnungen über den letzten Kauf. Dies verkennen die Entsch. Nr. 2547 u. 4936 Gl. U. W. Vgl. Stubenrauch S. 538 (2. Aufl.), Biermann, a. O. — Auf Immobilien bezieht sich §. 427 Abs. 1. nicht. (Anders Cod. Ther. 6. II. 22.) — Der v. Stubenrauch S. 538, N. 2 angef. Fall bezieht sich auf das Versprechen zu Gunsten Dritter. — Übrigens muß vorausgesetzt werden, daß Tradent bereits das

die Entsch. Nr. 10849 [Inventarsaufnahme], da hier die Übergabe durch Gegenwart erfolgte.)

Es ergiebt sich aber weiter der Zweifel, ob unter den Urkunden, wodurch „das Eigenthum dargethan wird", bloß solche zu verstehen sind, durch welche das dingliche Recht des Vormanns (also Eigenthum im strengen Wortsinn) bewiesen wird, oder auch solche Dokumente, welche bloß den Eigenthumstitel darthun, oder vollends selbst solche Instrumente, aus welchen lediglich die obligatorische Verpflichtung eines Dritten zur Herausgabe der Sache folgt, gleichviel ob einer der Kontrahenten ein dingliches Recht auf die Sache hat oder nicht, z. B. Frachtbriefe, Depositen-, Gepäck- und Versatzscheine. Mit Rücksicht auf den Wortlaut des Gesetzes können nur Urkunden, welche das Eigenthum oder doch mindestens den Eigenthumstitel darthun, zur Tradition für hinlänglich erachtet werden — nicht aber Dokumente der zuletzt genannten Gattung.[9] So Samml. Gl. U. Pf. Nr. 8592. 10523. — Zwar sucht Exner a. O. nachzuweisen, daß auch diese Urkunden zur Tradition genügen, indem er sich auf die ältere Doktrin beruft, welche im §. 427 ihren „treuen" Ausdruck gefunden habe. Allein einmal sprechen die älteren Schriftsteller im Anschluß an die c. 1. C. de donat. überwiegend doch nur von Instrumenten, welche den Eigenthumstitel des Tradenten nachweisen[10]; sodann nennt auch der Cod. Ther. 6. II. Nr. 22: „Urkunden, welche

Eigenthum beziehentlich den Besitz an der symbolisch zu übergebenden Sache erlangt hat. Anderer Ansicht ist Exner S. 183, N. 94.

9) Diese Entscheidung ist m. E. gerechtfertigt durch die ältere Doktrin, welche fast allgemein von instrumenta, jus vel titulum venditoris continentia spricht, und durch die Rücksicht auf den Sprachgebrauch des Gesetzbuchs, welcher unter Eigenthum bisweilen nur den Eigenthumstitel meint (§. 438 G. B., vgl. 434. 440). Noch weiter zu gehen und auch die Urkunden der dritten Kategorie hier einzubeziehen, wie Exner thut, scheint mir weder mit dem Wortlaut des §. 427 vereinbar, noch durch die geschichtliche Entwicklung gerechtfertigt zu sein. S. folgende Note und Erk. Nr. 487 Samml. Adler-Clemens.

10) Vgl. die bei Exner S. 157 u. neuest. bei Biermann S. 22, 47, 102 flg. 273 flg., 303 flg., cit. Juristen und Sprüche; so insbesondere Donell, V. 9, Cujac, Parat. ad c. 1. C. cit., Carpzow, Jur. for. II. 33. def. 15: quando traditur instrumentum continens jus vel titulum venditoris etc. Unbestimmter Leyser, Med. VII. sp. 445: instrumenta ad rem pertinentia. Glossatoren und Postglossatoren sind ziemlich einig in der Ansicht, daß in der c. 1. C. cit. die Erwerbsurkunden des Veräußerers zu verstehen sind; unbestimmter schon die Accurs. Glosse. — Auch unsere Kommentatoren (s. Stubenrauch a. O.) haben fast ausschließlich solche Urkunden vor Augen, die den Titel darthun.

die Erwerbungsursache ... (des Übergebenden) enthalten"; endlich hat das A. B. G. B. weder die ältere (übrigens vage und bestrittene) Auffassung, noch auch die unbestimmte Fassung des Entw. Horten II. 5. §. 8 aufgenommen, vielmehr durch die Worte: „Urkunden, wodurch das Eigenthum dargethan wird", eine genauere Formulirung, beziehentlich eine restriktive Norm gegeben.

Selbstverständlich kommt auch der in die Veräußerungsurkunde aufgenommenen Erklärung: daß mit der Übergabe derselben sofort Besitz und Eigenthum auf den Erwerber übergehe (sog. Übergabe per cartam), diese Wirkung nicht zu! Vgl. Nr. 10523 Samml., irrig dagegen Nr. 9770 ders. S.[11]

Hiernach sind als taugliche Traditionsinstrumente anzusehen: Kaufverträge, gerichtliche Theilungsinstrumente oder Einantwortungen (§§. 367 Abs. 1. 819. 844 G. B.), Fakturen und saldirte Verkaufsrechnungen, soweit diese Urkunden das Eigenthum oder doch den Eigenthumstitel des Tradenten nachweisen (vgl. bes. Hanausek, Fakturen u. Fakturenklauseln [1891] S. 14 flg.) — nicht aber Frachtbriefe,[12]

---

11) Über die Bedeutung, welche das Mittelalter den Urkunden überhaupt und deren Übergabe insbesondere beilegte, s. Gareis, Zeitschr. f. H. R. 21, S. 365 flg., bes. aber Brunner, Zur Rechtsgeschichte der römisch. und german. Urkunden (1880), S. 112 flg., S. 128 flg., 272 flg., Heusler, Inst. d. d. Pr. R. II. 86 flg. Die Übergabe durch eine die Traditionserklärung (per cartam) enthaltende Urkunde beruht wohl auf röm. Vulgarrecht unter Einfluß germanischer Ideen, ist für die Romagna für das 8. Jahrhdt. nachweisbar, findet sich auch in anderen roman., german. u. slav. Rechtsgebieten, — steht jedoch in keinem ersichtlichen Zusammenhang mit der späteren sog. symbolischen Tradition. Vgl. Biermann, §. 1, dazu §. 18 N. 11. dies. B. — Gleichwohl erhält sich jener roman.-germ. Gedanke in der Literatur und Praxis, und dürfte mit Anlaß gegeben haben zu der häufig wiederkehrenden irrigen Meinung: daß die Übergabe des letzten Kaufbriefs (sc. des Erwerbers) (s. N. 8) zur Übertragung des E. genügt. Vgl. Biermann, S. 275, 303, auch Strohal, Succession S. 206 flg., welch Letzterer indeß einen inneren Zusammenhang der tr. p. cartulam mit der symbol. Trad. p. instrum. behauptet. Geht man übrigens, wie Strohal, S. 208. soweit, daß man meint: „nach freier sachlicher Erwägung" (d. h. wohl de lege fer.?) könne die Übergabe des instrumentum novum dieselbe Funktion verrichten, wie das instr. antiquum (sc. des Veräußerers), — dann ist es jedenfalls consequenter bei der Besitzübertragung von offenen Grundstücken (mit Dernburg, Pr. R. §. 153) von jedem Traditionscorpus gänzlich abzusehen und den Traditionswillen für allein maßgebend zu erklären!

12) Wie Zeiller II. S. 223, Fischer-Ellinger-Blodig, Handelsr. S. 282, Exner a. O., Kirchstetter S. 169, N. 10 (3. Aufl.) annehmen. Schon Stubenrauch S. 811 (S. 538, Anm. 1, 2. Aufl.) macht geltend, daß durch dergleichen Papiere nicht Eigenthum dargethan werde. Symbolische Übergabe durch

Depositenscheine, Versatzzettel (Pfandscheine)[13], Gepäckscheine, Aviso- und Bezugsscheine und ähnliche Urkunden, durch welche der Anspruch des Tradenten auf Herausgabe der Sache aus einem andern als dem auf Eigenthumsübertragung gerichteten Rechtsgeschäft, also nicht der Eigenthums-, sondern bloß ein Extraditionsanspruch des Tradenten bescheinigt wird, der auf sehr verschiedenen Titeln beruhen kann. — Die Gerichtspraxis erkennt als Traditionsinstrumente — wie auch hier geschieht — durchwegs nur solche Urkunden an, durch welche der Eigenthumstitel des Tradenten nachgewiesen wird; vergl. Samml. Gl. U. W. Nr. 7 (Übergabe durch exekutive Einantwortung von Depositen), Nr. 163, (Übergabe durch Fakturen, — dagegen aber Röll, Samml. Nr. 75 und Not. Z. 1872 Nr. 51), Nr. 2547 und 4936. (Übergabe durch Kaufinstrumente — nur wird hier irrig das letzte Instrument für genügend erklärt, dagegen s. Note 8). Hält man letzteren Irrthum fern, so erklärt sich die ver-

---

Frachtbriefe nimmt an d. Entsch. v. 7. Mai 1853 u. v. 6. August 1856, G. Ztg. 1856, Nr. 139. Dageg. aber Erk. Not. Ztsch. 1872 Nr. 51„ Nr. 487 S. Adler-Clemens. In dem von Stubenrauch S. 539, N. 4 cit. Falle erfolgte die Übergabe bei der Waare selbst. Vergl. auch das Erkenntniß Note 9. — Daß durch Übergabe des Frachtbriefes Besitz (Eigenthum) nach gemeinem Rechte und dem H. G. B. nicht übergehe, wird ausnahmslos anerkannt. Vgl. Exner S. 185, Thöl §. 80, N. 15, Gad, H. R. S. 210, Brinkmann, H. R. §. 79, Endemann, H. R. §. 78, N. 40, bes. Goldschmidt, Handelsr. II. §. 66. N. 35. §§. 67. 75. u. System §. 83a, Hanausek, S. 15 flg. Note 8. 9. Eine andere Frage ist es, ob nicht der Destinatar durch den Frachtführer als Stellvertreter Besitz erwerben könne? Die Frage ist nur für den Fall zu bejahen, wenn der Frachtführer nach beendigtem Transport den Frachtbrief übergiebt und der Destinatar dens. übernimmt, da hier der auf den Besitzwechsel zielende Wille Beider i. d. Regel vorausgesetzt werden muß. (Vgl. Art. 402 H. G. B.) Dies war auch die Ansicht der Nürnberger Konferenz (Prot. S. 4776 flg., 5047 flg), dazu Goldschmidt §. 66, N. 35, §. 75; N. 60. Bestätigt wird diese Auffassung durch Art. 402 H. G. B. u. den österr. Fin. Min. Erl. vom 5. Dezember 1865 Z. 130, demzufolge nur jene auf den Namen des Kridatars im Zollhause lagernden Waaren an die Konkursmasse desselben auszufolgen sind, deren Frachtbriefe bereits vor der Eröffnung des Konkurses gelöst waren. Vgl. auch das Eisenbahnreglem. §. 59. Ebenso kann die Weiterbegebung des Frachtbriefes, des Gepäckscheines ꝛc. von Seite des Destinatars, bei entsprechender Willensbeziehung den Übergang des Besitzes und Eigenthums zur Folge haben, jedoch nur in der Weise, daß der Dritte vermittelst des Destinatars durch den Frachtführer besitzt. Vgl. Goldschmidt S. 754, Endemann, Handb. II. S. 42, dessen Darstellung jedoch betreffs der „Neigung" solcher Papiere, als Repräsentanten der Waare zu fungiren, zu allgemein lautet.

13) And. A. Fuchs, Die Karten u. Marken ꝛc. (S. 32, N. 55, welcher die sog. Legitimationspapiere zur symbolischen Tradition geeignet findet.

hältnißmäßig geringe praktische Bedeutung, welche der §. 427 äußert. (Vgl. auch Hanausek a. O.) — Keine Belege finde ich in der Judikatur für die Ansicht, daß auch die dritte Kategorie der obgenannten Papiere zur symbolischen Tradition genügt — mit einziger Ausnahme der Frachtbriefe. Vielmehr erklären die Erk. Nr. 487 u. 934 Samml. Adler-Clemens, ferner Nr. 75 der Röll'schen Samml. eisenbahnrechtlicher Erkennt., daß Frachtbriefe, Fakturen (?), Bezugs- und Avisoscheine nicht als Urkunden im Sinne des §. 427 angesehen werden können. Daß Fakturen, welche nach gemeinem Rechte zur Eigenthumsübertragung nicht genügen (s. Endemann, Handb. II. S. 43. S. 16. N. 9), nach österr. Recht gemäß §. 427 hierzu geeignet sein können, ist bereits S. 317 bemerkt worden.[14]

Eine ganz andere Bedeutung für den dinglichen Mobiliarverkehr haben diejenigen Waarenpapiere, deren Besitz die Voraussetzung bildet für die Übertragung und Geltendmachung des darin beurkundeten Rechtes, — sog. Traditions- oder Waaren-Werthpapiere.[15] Dahin gehören der Lagerschein, der Ladeschein und das Konossement (Art. 302. 413 flg. H. H. B., österr. Ges. v. 28. April 1889 Z. 64 R. G. Bl. über Lagerhäuser). Da nämlich die Auslieferung der in den genannten Papieren bezeichneten Waaren nach Maßgabe der Urkunde einzig und allein gegen Rückstellung des Papiers und nur an die im Papier bezeichnete Person, bezieh. an den Indossatar oder sonst legitimirten Besitzer des an Ordre gestellten Papiers erfolgen darf (Art. 303. 415. 417. 418 H. G. B., §§. 29. 30 des Ges. v. 1889), so vertritt die Übergabe des Papiers die Übergabe der Waare und hat somit die Tradition des Waaren-Werthpapiers dingliche Wirkung. Ausdrücklich wird dies rücksichtlich der Lagerscheine anerkannt in den §§. 23—25 des cit. Ges. v. 1889.

---

14) Die älteren Kommentatoren erwähnen Urkunden dieser Art entweder gar nicht oder nur Frachtbriefe. Exner a. O., dem Kirchstetter S. 162 beitritt, findet in den gedachten Urkunden taugliche Traditionsinstrumente. So wohl auch Winiwarter II. S. 200. Dageg. theilt Ullmann, Mitth. d. d. J. V. 13. S. 33, die hier vertretene Ansicht. Eigenthümlich Strohal, Jur. Bl. 1881, Nr. 3. 4.

15) Den Terminus: „Traditionspapiere" empfiehlt Brunner, Zeitschr. f. H. 22. S. 525 flg., in Endemann's H. R. II. S. 150. 206, u. billigt Goldschmidt, Ztschr. 29. S. 22; Endemann, eb. II. S. 35, nennt sie Dispositionspapiere; besser würden sie als „Waarenpapiere" bezeichnet werden. Der Begriff des Werthpapiers wird von Brunner II. S. 145 flg. richtig fixirt.

(Ähnlich schon früher die Verordnung vom 19. Juni 1866 Nr. 86 §§. 12—15.) Der §. 23 dieses Gesetzes bestimmt nämlich, daß „die Übergabe des indossirten Lagerbesitzscheines an den Indossatar für den Erwerb der von der Übergabe der Waare abhängigen Rechte dieselben rechtlichen Wirkungen habe wie die Übergabe der Waare selbst“. (Vgl. auch art. 649 H. G. B. bezüglich der Konossemente.) Diese Norm will nur sagen, daß die Übergabe des Lagerbesitzscheins in Rücksicht des Erwerbs dinglicher Rechte an der im Waarenhaus lagernden Waare die Übergabe der Waare vertritt! Und der zweite Absatz des cit. §. 23 fügt sachlich zutreffend — wenn auch in der Fassung zu weit — hinzu: „Wenn ein Lagerschein ausgestellt ist, kann die Übergabe der lagernden Waare in anderer Weise nicht stattfinden“ nämlich von Seite des Lagerscheinbesitzers; denn es ist nicht zu bezweifeln, daß der redliche Empfänger, dem die Waare von der Lagerhausverwaltung veräußert und übergeben wird, das Eigenthum derselben erwirbt. Arg. §. 367 A. B. G. B., Art. 306 H. G., §§. 33. 34 L. H. G. (Auch der Besitz geht in jenen Fällen kraft des Gesetzes über; vgl. meinen Besitz [3. A.] S. 362 flg., N. 57 a. E., im Resultate übereinst. Goldschmidt §. 73 S. 723 flg., wohl auch B. Adler, Das österr. Lagerhausrecht [1892] S. 173 — gegen Exner, Trad. S. 206—210, welcher Besitzübergang läugnet.)[15a] Wir begegnen hier also einer neuen, durch das Wesen des Waarenpapiers im Interesse des Kredits gebotenen Art des dinglichen Rechts — sowie des Besitzerwerbes an der lagernden Waare. (Cf. Exner, a. a. O.) Dieser Grundsatz gilt sinngemäß auch bezüglich der Exekution; vgl. Note 53[d]. Kraft der Norm des §. 23 und auf Grund des den gutgläubigen Indossatar des Ordrepapiers schützenden Rechtssatzes der art. 74 W. O. bez. 305 H. G. B. kann es allerdings geschehen, daß der redliche Giratar (nicht auch der Cessionär) durch Übergabe des Besitzscheines mehr Recht erlangt als er durch die Übergabe der Waare selbst von Seite des Scheinbesitzers

---

15 a) Mit Unrecht behauptet aber Adler, S. 174 und Conrads Jahrb. 19 S. 626, daß der cit. zweite Absatz d. §. 23 für nicht geschrieben zu erachten sei; der Wortlaut desselben bedarf nur der im Text gegebenen restrictiven Auslegung. Vgl. auch Rießer, Goldsch. Ztschr. 39 S. 276. Von einem „Ausnahmsfall“ kann also bei Veräußerung der Waare durch das Lagerhaus (§§. 33. 34. Ges.) nicht gesprochen werden. Die weitere Lagerhaus-Litteratur ist in Note 53 angeführt.

erworben haben würde; so z. B. erwirbt derselbe gewiß Eigenthum an der gestohlenen, gegen Lagerschein eingelagerten Waare (art. 305 H. G. B., 74 W. O.).[15b] Aus dem §. 23 cit. folgt aber noch durchaus nicht, daß die Warrantirung zur Folge hat, „daß der legitimirte Inhaber des Besitzscheines als Eigenthümer der Waare anzusehen sei"[15c]; denn durch die Ausstellung des Lagerscheins wird das Rechtsverhältniß des Deponenten zur Waare nicht geändert: der Frachter, Spediteur oder Agent bleibt eben nur Inhaber, auch wenn der Lagerschein auf seinen Namen lautet; bloß der redliche Indossatar des Scheines kann kraft des art. 305 H. G. (74 W. O.) Eigenthum erwerben.[15d] Der regelmäßige Fall ist aber allerdings der, daß der Eigenthümer die Waare gegen Lagerschein einlagert. — Jeder legitimirte Inhaber des ungetheilten Lagerscheines, bezieh. die legitimirten Inhaber der beiden getrennten Scheine zusammen sind berechtigt, die hinterlegte Waare in beliebige Partien abzutheilen und gegen Rückstellung des ursprünglichen Scheines die Ausstellung neuer Lagerscheine unmittelbar auf den Namen des gegenwärtigen Besitzers des Besitzscheines zu verlangen (§. 26).[16]

---

15 b) Nicht aber weniger Recht, wie Adler a. O. meint; denn in den Fällen des Verkaufs des Lagerguts durch die Unternehmung (§§. 33. 34.) ist eben das Recht aus dem Lagerschein nachträglich so erloschen wie durch den Untergang der Waare.

15 c) Wie Adler, Conr. Jahrb. S. 626 meint: Auch der weitere Nehmer des Papiers wie z. B. der zweite, dritte Spediteur, kann nach Umständen nur Inhabung erwerben, indeß der redliche Käufer durch Indossament Besitz und Eigenthum erlangt. Vgl. Dazu Goldschmidt §. 73 S. 717 flg.

15 d) Das österr. Warrantgesetz acceptirte mit Recht das Doppelscheinsystem, beide Scheine müssen an Ordre lauten: „Durch Übergabe des indossirten Besitzscheins wird Eigenthum, durch Übergabe des indossirten Warrants (Lagerpfandscheins) wird Pfandrecht an der lagernden Waare erworben." (Irrig nimmt Adler S. 175 an, daß das Pfandrecht auch durch Verpfändung des Besitzscheins erworben werden kann; dagegen spricht kategorisch §. 25: „Zur Bestellung des Faustpfandes ist . . die Übergabe des indoss. Warrants erforderlich . . .") Das Regreßrecht gegen die wechselmäßig haftenden Indossanten ist bedingt durch die Präsentation des Warrants bei der L. H. Unternehmung (bez. des benannten Domiciaten), Protestlevirung und Veranlassung des Verkaufs der Waare innerhalb 30 Tagen von der Erhebung des Protestes gerechnet; es beschränkt sich auf den durch den Verkauf nicht gedeckten Rest der verschriebenen Pfandsumme. §§. 25—36. — Waaren, über welche ein Lagerschein ausgestellt ist, können nicht mit Exekution belegt werden; Gegenstand derselben sind nur die beiden Theile des Lagerscheins (§. 37).

16) Im Wesen schließe ich mich der Ansicht Goldschmidt's an, Handelsr. II. §§. 70—74 (mit historisch-dogmat. erschöpfender Begründung), dazu derselbe neuestens Zeitschr. f. H. R. 29. S. 18 flg., und die Erk. des R. O. H. G. XXV. Nr. 84 be-

Der Lagerschein muß nach österr. Rechte (§. 18 Ges. v. 1889) auf Ordre gestellt sein; im Übrigen macht es aber keinen Unterschied, ob das Waarenpapier ein Namenspapier oder Ordre- (Inhaber-)Papier ist; denn weder das Handelsgesetzbuch, noch andere auf dergleichen Werthpapiere bezüglichen Gesetze machen in Rücksicht der oben angeführten die dingliche Wirkung der Übertragung des Papiers bestimmenden Rechtssätze einen Unterschied zwischen Recta- und Ordrepapieren (vgl. Art. 415—418 H. G. B. und die im §. 13 sub Z. 5 angeführten Gesetze.[17]

---

treffs des Lagerscheins und des R. G. V. Nr. 19 betreffs des Ladescheins. In neuerer Zeit hat der Streit über Wesen und Wirkungen der Konnossementsbegebung eine umfangreiche Literatur hervorgerufen. Für die bloß obligationsrechtlichen Wirkungen der Übertragung des K. haben sich Brinkmann §. 79, Thöl §. 80, Kräwell S. 590, Ihering, Jahrb. I. S. 176 flg., Laband, Zeitschr. f. H. R. 19, S. 121 flg., erklärt, so auch die Erk. Seuffert I. 8. 232; VI. 241. VII. 8. — Dagegen für die dingliche Wirkung außer Goldschmidt: Exner, Trad. S. 185 flg., Krit. V. Sch. 13. S. 313 flg., Hauser, Stellvertr. im Besitz §. 15, Endemann §. 78 und Hdb. II. §. 170. S. 38—41, Meischeider, Besitz §. 68, neuerl. Hahn, Komm. II. S. 682, N. 3 (2. Aufl.), Strohal, Success. S. 210 flg., Adler a. O. §. 46. Die theoretische Konstruktion Goldschmidt's, H. R. §§. 70. 75. 76, bes. S. 717. 722, welcher zu dem obigen Rechtssatze (art. 649. V. H. G. B.) durch die bloße Supposition gelangen will, daß der Schiffer, Frachtführer, Depositar für den jeweiligen Inhaber des Konnossements, Lade- oder Lagerscheins besitzen wolle, theile ich nicht. Die Annahme der Stellvertretung im Besitze (s. auch Hauser a. O.), insbes. des bezüglichen Willens auf Seite des angeblichen Vertreters und des Vertretenen erscheint doch höchst bedenklich, wo nicht willkürlich; die bezügliche Intention kann, aber wird nicht immer vorhanden sein, und doch geht auch in letzterem Falle Besitz und Eigenthum auf den Empfänger über. Auch mit der Hinstellung des „Dienstverhältnisses" (?) des Schiffers (Fuhrmanns) als „Medium", durch welches der Inhaber des Papiers Besitzer der Waare wird (Meischeider §68), ist nichts anzufangen. Hingegen will Exner S. 206. 210 in der Begebung des Papiers eine durch modernes Gewohnheitsrecht eingeführte neue Form des dinglichen Vertrags und zwar Eigenthumserwerb ohne Besitzerwerb erblicken. (Dagegen spricht der historische und logische Parallelismus des Besitz- und Rechtserwerbs bei der Tradition, s. dagegen auch Goldschmidt 29. S. 24, und Randa, Besitz §. 11, N. 64.) In der That bleibt nur übrig, in den gedachten Fällen Besitz- und Eigenthumsübergang ohne die regelmäßigen Voraussetzungen (ohne Tradition der Waare) kraft des Gesetzes anzunehmen, analog dem (sog. fingirten) Besitz- und Eigenthumsübergang an versendeten Waaren im Falle des §. 429 G. B. — (Meine abweichende Ansicht in Rücks. der Ladescheine [Besitz, S. 361 N. 57] habe ich schon in der 1. Aufl. aufgegeben.)

17) Vergl. auch Goldschmidt II. §§. 75. 76, Hauser §. 15, Endemann §. 78, Exner S. 206, Meischeider §. 68, Lewis, in Endemann's H. R. IV. §. 37, Adler a. a. O. Die Konferenz (Prot. S. 4015) lehnte allerdings den diesfälligen Antrag ab; allein sachlich kann aus dieser Ablehnung nichts gegen die obige Auffassung deducirt werden. S. auch das Erk. des R. O. H. G. VI. 94. VI. 125, — aber auch XV. 73.

Die hier vertretene Auffassung betreffend die sachenrechtliche Wirkung der Übertragung des Papiers wird bezüglich der drei genannten Arten des Waarenwerthpapiers, deren rechtliche Struktur offenbar dieselbe ist, wesentlich bestärkt durch die in den Art. 313. 374 u. 382 H. G. B. gegebene, den Besitz „der Konossemente, Ladescheine oder Lagerscheine" dem „Gewahrsam" der Waare gleichstellende Norm. In dieser Äquiparirung gelangt der Grundgedanke zum Ausdruck, daß der Besitzer solcher Papiere sachenrechtlich über die Waare mit derselben Wirkung verfügen könne, als ob er Inhaber derselben wäre. Die Übergabe des Waarenpapiers steht der Übergabe der Waare gleich. (Für Deutschland sind als weitere Belege hinzuzufügen: das Reichsgesetz betreff. die Einf. der Konk. Ord. v. 1877 §. 14 und die bezüglichen landesgesetzlichen Ausführungs-Verordnungen, welche Goldschmidt, Zeitschr. f. H. R. 29. S. 19 flg., anführt.) Kein maßgebendes Argument kann gegen die hier vertretene Ansicht aus dem Umstande geschöpft werden, daß die Nürnberger Konferenz den Satz des Entwurfs zweiter Lesung: „Die Übergabe des Ladescheines steht der Übergabe des Gutes gleich" in der dritten Lesung leider gestrichen hat (Prot. S. 4774); damit wurde nur das negative Ergebniß erzielt, daß jener Ansicht eine wichtige — aber weitaus nicht die einzige — positive Stütze entzogen wurde. Für das österr. Recht hat dieser schon in der 1. Aufl. vertretene Gesichtspunkt in dem oben gedachten Lagerhausgesetz v. 1889 rückhaltslose Anerkennung gefunden.

Übrigens geht aus den vom Gesetze angeführten Fällen hervor, daß die Übergabe durch Urkunden nicht nur dort stattfindet, „wo eine körperliche Übergabe der Sachen" wegen ihrer Beschaffenheit nicht möglich ist, wie das Gesetz wörtlich sagt, sondern auch dort, wo diese mit großen Schwierigkeiten verbunden wäre, z. B. bei einem ganzen Waarenlager, oder wo die sofortige Übergabe wegen Abwesenheit von der Sache, z. B. bei Frachtgütern, nicht sofort thunlich ist.[18]

---

18) Dies ist auch die herrschende Ansicht der Gerichte, vgl. die S. 318—320 citirten Entscheidungen und Stubenrauch-Schuster-Schreiber (4. A.) I. §. 427, Unger, Entwurf S. 190, Exner S. 213, N. 160—162. Biermann, S. 341 flg. Vgl. Pr. L. R. I. 20. §§. 271. 330 Ungenau sind die Worte „ihrer Beschaffenheit wegen". Die Anführung der „Gesammtsachen" dürfte wohl weniger auf die Irrlehre zurückzuführen sein, daß dieselben als solche Rechtsobjekte sind, als vielmehr auf die ältere engherzige Auffassung der Apprehension als „Übergabe von Hand zu Hand". Verkehrsrücksichten forderten sohin bei derartigen „Gesammtsachen"

Selbstverständlich wird erfordert, daß Übergeber und Übernehmer die Urkunde in der Absicht übergeben und übernehmen, daß Besitz (Eigenthum) übertragen werde.[19] Wird also die Urkunde zu anderen Zwecken übergeben, z. B. um deren Richtigkeit zu prüfen, Kaution zu leisten, so ist Besitz nicht übergegangen. — Ist eine Sache zu gleicher Zeit dem Einen symbolisch, dem Anderen körperlich übergeben worden, so kann nur dieser Letztere als Besitzer angesehen werden.[20]

ad c) Die sogenannte Übergabe durch „Erklärung" (§. 428) enthält zwei Fälle:

α) das constitutum possessorium. (Erster Satz d. §. 428. cfr. 319.)

β) die traditio brevi manu. (Zweiter Satz des §. 428.)

ad α) Dieser Fall wird von unseren Kommentatoren im Anschluß an die ältere Doktrin zumeist als „symbolische" Übergabsart aufgefaßt und die Stellung des §. 428 sowie der Gegensatz zu §. 426 scheinen dies zu bekräftigen.[21] Gleichwohl bestätigt die Genesis des §. 428 und der Vergleich mit dem §. 319 diese Auffassung durchaus nicht. Der Cod. Ther. 6. II. §§. 9 flg., 15—18 erblickt nämlich in dem const. poss. und in der trad. brevi m. eine Übergabe durch die „That" und zwar „durch kurze Hand".[21a]; ebenso, nur kürzer, Entw. Horten 5 II. §. 7, während Martini 6 II. §. 7 nur sagt: Erwerb ohne körperl. Übergabe „in Kürze durch Erklärung des Übergebers, (die Sache) nur im

---

eine minder „körperliche" Form der Übergabe — nämlich die sog. symbolische. Vgl. die Protokolle Note 11.

19) Dies bestimmt ausdrücklich der §. 63. I. 7. des Landrechts.

20) Vgl. Stubenrauch I. S. 614, Nippel III. S. 372, Meischeider §. 55. Vgl. Erk. d. R. O. H. G. 14, N. 64.

21) Nippel III. S. 374, Winiwarter II. S. 202, Stubenrauch I. S. 814. 1, indem sie behaupten, es wäre eigentlich nöthig, daß der Veräußerer die Sache dem Übernehmer übergebe, und sie von diesem wieder zurückempfange. Offenbar wirkt hier die ältere Doktrin nach. Vgl. Heineccius, Erkl. §. 204.

21a) Nr. 15: „Mit kurzer Hand geschieht die Übergabe, wenn (nr. 16) die Sache in Händen desjenigen, der sie einem Andern zu übergeben hätte, belassen wird, um solche von nun an nicht mehr in seinem, sondern in des Anderen Namen zu besitzen"; (nr. 18) „gleichergestalt, da der Verkäufer die Sache von dem Käufer pachtet, miethet oder entlehnt..." Auf einem lapsus calami beruht wohl die Ausführung Ofner's, Sach. R. §. 32 S. 76.

Namen des Übernehmers behalten zu wollen". In der That erscheint diese Art der Übergabe als ein regelrechter Fall des Besitzerwerbes durch Stellvertreter und findet eben darum gewiß bei Mobilien und Immobilien gleichmäßig Anwendung. Wer nämlich überhaupt Besitz für Dritte durch seine Handlungen zu erwerben im Staude ist, wird dies darum nicht weniger können, weil er (der Stellvertreter) zufälligerweise selbst im Besitz der Sache ist. Da er nun die physische Macht über die Sache bereits hat, so bedarf es nicht erst der Apprehension, die er als Stellvertreter sonst im Namen des Vertretenen hätte vornehmen müssen, sondern es genügt schon die Willensänderung und die Erklärung, die Sache künftig im Namen des Übernehmers besitzen zu wollen. (§. 428 cfr. §. 319 G. B.)[22] Hierbei wird ein wirklicher oder vermeintlicher Detentionstitel vorausgesetzt, vgl. Nr. 9317 Samml.; ein abstraktes von der Causa absehendes Konstitut kennt das österr. Recht trotz der sehr allgemeinen Fassung des §. 428 nicht. Der Wille, im fremden Namen zu besitzen, ist unter verständigen Parteien nur als konkreter Inhaberwille ex deposito, locato 2c. denkbar. Bei einer allgemeinen Ausdrucksweise der Parteien wird Depositum oder Mandat zu verstehen sein. (Vgl. Nr. 4938. 8038. Das Nähere s. im §. 20 S. 465 flg. meines

---

22) Savigny §. 27, Randa, Besitz §. 20, Schiffner, Lehrb. §. 120. Die äußere Erkennbarkeit des const. poss. Dritten gegenüber ist nicht erforderlich. Vergl. Nr. 1620 Sammlung Gl. U. W.; anders dagegen Nr. 10475. 11 304 ders. Samml.; der in diesen Erk. berufene §. 428 verlangt bloß eine „erweisliche" — nicht aber offensichtliche Art der Erklärung. S. auch Biermann, S. 347. — In Nr. 2010 wird die vom formell legitimirten Sachverwalter des A an B erfolgte Veräußerung und Aufbewahrung von Wechseln in einem Kouvert mit der Aufschrift: Eigenthum des B. zum Erwerb des C. für genügend erkannt. In dem unvollständig erzählten Falle Nr. 4428 Samml. Gl. U. W., in welchem der Käufer das getaufte Kalb (nach seiner Rückkehr) aus dem Stalle des Verkäufers holen zu wollen erklärte, lag — wenn nicht Besitzergreifung durch Gegenwart — so doch ein const. poss. vor. Ebenso unmotivirt ist die Entsch. Nr. 11 383 ders. Samml.: Die dem Stalleigenthümer vom Verkäufer in Gegenwart des Käufers abgegebene Erklärung, daß dieser nunmehr als Eigenthümer der Pferde anzusehen sei, ist nicht „unerheblich" zumal die Übergabe schon durch Präsenz im Stalle als erfolgt anzusehen ist; einer ausdrücklichen Zustimmung des Besitzers bedurfte es nicht!

„Besitz".)[23] — Inhabung auf Seite des Übergebers wird hierbei nicht erfordert — wohl aber Besitz.[23a]

ad β Es ist selbstverständlich, daß Tradition dann nicht nothwendig ist, wenn der zu übergebende Gegenstand sich bereits in den Häuden des Empfängers befindet; hier genügt die mit Zustimmung des Tradenten sich vollziehende Willensänderung des Inhabers, die Sache in Zukunft als eigen zu besitzen (§. 428)[24] — die traditio brevi manu. Daß diese Art der Besitzübertragung nicht als symbolische Übergabe angesehen werden kann, bedarf keiner Erwähnung.[25] Von einem durch die traditio brevi manu sich vollziehenden Besitz- und Eigenthumswechsel kann natür-

---

23) Gewiß verlangt der Cod. Ther. (s. Note 21a) das Dasein eines auf die Inhabung Namens des Übernehmers gerichteten Geschäftes, wie die dort angeführten Beispiele bezeugen; die Weglassung der Letzteren in den späteren Entwürfen erfolgte nur der Kürze halber. — Biermann S. 245. 315. 371 flg., 399 behauptet, daß die ältere gemeinrechtliche Praxis bis Thibaut das abstracte Constitut anerkenne u. zwar als bloße Formel dazu bestimmt: die Vorschrift der Tradition zu umgehen. (B. findet darin das Successionsprinzip.) Allein die dafür angeführten Belege sind nicht überzeugend; in den bezogenen Fällen wird meist Verwahrungsauftrag subintelligirt u. oft genug die Stellvertretung erwähnt. Vgl. dazu Harburger, Das const. poss. (1881), Exner und Behrend, Gutachten f. den deutschen Juristentag 1880. Daß ein abstrakter Vertrag obigen Inhalts nicht genüge, vielmehr eine spezielle Causa für das Verbleiben der Sache in der Gewahrsame des Veräußerers nothwendig sei, wird von der herrschenden Lehre (auch im deutsch. Entw. §. 805) anerkannt. Vgl. Windscheid §. 155, Behrend und Exner a. O., bes. Harburger, dessen Lehre vom ausdrücklichen und stillschweigenden const. poss. jedoch nicht gerechtfertigt erscheint (s. auch Krasnopolski, Grünhut's Zeitschr. 8. S. 420, und Leonhard, Krit. V. Sch. 23. S. 321 flg.). Daß die Ungültigkeit des Detentionstitels das const. poss. nicht eliminirt, erkennt auch Harburger S. 70 flg. bezüglich des sog. stillschw. c. p. an. (Anders Leonhard S. 337.) Gegen Schloßmann, Besitzerw. durch Dritte S. 150 flg., ist zu bemerken, daß das c. p. Erwerb sowohl ab aliquo als auch per aliquem (eundem) ist; vergl. übrigens noch Baron, Krit. V. Sch. 23, S. 511 flg., und Frankl, a. O. S. 74 flg., der wesentlich unsere Ansicht theilt.

23a) Mit Recht wurde in Nr. 8038 (Ausstellung eines Depotscheins) u. 9502 E. Übertragung angenommen, da der Constituent den Besitz durch den Afterverwahrer, bez. Pfandgläubiger ausübt. Einer Verständigung des Letzteren vom Besitzwechsel bedarf es nicht. Vgl. meinen Besitz S. 461, dazu Biermann S. 346. 355; auch Krainz II. S. 206.

24) Vgl. L. 9. §. 5. D. de acquir. r. dom. L. 62. D. de evict., L. 9. §. 9. D. de reb. cred. Die Fassung des §. 428 ist allerdings mißglückt, nicht auf „ein dingliches Recht" auf dieser oder jener Seite, sondern einzig auf den Übereignungswillen kommt Alles an. Über die älteren Entwürfe u. deren Terminologie vgl. N. 23a.

25) Die Älteren (vgl. z. B. Nippel III. 72) sprechen hier von symbolischem Besitzerwerb. Dagegen schon Pachmann, Verjähr. S. 74.

lich da nicht die Rede sein, wo das betreffende Objekt bereits früher im Besitz und Eigenthum des Kontrahenten gewesen.[26] (Unrichtig ist die Entsch. Nr. 11883 Samml. welche den E.-Übergang längnet, obwohl das verkaufte Pferd bereits vorher beim Käufer eingestellt war, weil sich Verkäufer das künftige Füllen vorbehalten hatte.)

ad d) Das österr. Recht lennt außer dem oben berührten Falle der „symbolischen Übergabe" noch einen Fall der fingirten Tradition, in welchem nämlich zu Folge gesetzlicher Bestimmung ohne „Zeichenübergabe" und ohne die Voraussetzungen der Stellvertretung Besitz übergeht. Es ist dies der Fall des §. 429 des G. B.: „In der Regel werden überschickte Sachen erst dann für übergeben gehalten, wenn sie der Übernehmer erhält, es wäre denn, daß dieser die Überschickungsart selbst bestimmt oder genehmigt hätte".[27] Wenn in Über-

---

26) Diese triviale Wahrheit wird leider nicht selten verkannt, so namentlich in dem Falle, wenn der Gläubiger dem Darlehnsschuldner die Schuld unentgeltlich nachsieht. Ganz verkehrt ist daher die Argumentation Nippel's 6. S. 221 und der Entsch. Nr. 435. 4581. 6090, welche mit Bezug auf die §§. 943 u. 428 G. B. die Übergabe des geschenkten Geldes darum für überflüssig und sohin die Schenkung darum für rechtswirksam erachten, weil sich die geschenkte Sache schon in den Händen des Beschenkten befinde! Dagegen bemerkt schon Stubenrauch II. S. 114, N. 2, daß hier eine Verwechslung der Forderung und des (entfernteren) Gegenstandes derselben unterlaufe. Nebenbei sei bemerkt, daß sich das Formerforderniß des §. 943 und nunmehr des Ges. v. 25. Juli 1871 nur auf die nicht vollzogene Schenkung bezieht. Vgl. Unger II. S. 206, N. 17. 18, Frankl a. O. S. 101.

27) Mit dem §. 429 stimmen wesentlich überein der §. 204 des sächs. G. B. und die §§. 128—130 I. 11 des preuß. L. R., für welche daher gleichfalls das im Texte Gesagte gilt. Nach gemeinem Recht (vgl. auch §. 649 des züricher G. B.) kann die bloße Versendung (d. i. die Aufgabe der Waare zur Beförderung an den entfernten Destinatar) nicht als Tradition angesehen werden, — auch nicht, wenn die Person des Frachters oder die Uebersendungsart vom Destinatar bestimmt worden ist. Dies ist in Theorie und Praxis fast allgemein anerkannt. Vergl. Thöl, H. R. §. 78 a. E., bes. Goldschmidt II. §. 66. S. 617 flg. Hieran wurde durch art. 344 H. G. B. Nichts geändert (irrig Gad, H. R. §. 104, N. 123, Endemanu, 3. Aufl. §. 112, N. 31); denn der Schlußsatz des art. 261 preuß. Entw. (art. 344): „und die Abgabe an die vom Verkäufer bestimmte Person gilt als Uebergabe", wurde in der zweiten Lesung mit dem Beisatze abgelehnt, daß kein Grund vorliege, die richtigeren gemeinrechtlichen Grundsätze über die Übergabe zu ändern (Prot. S. 1375 flg.) Vgl. Goldschmidt a. O. N. 16, Hahn, Komm. II. zu art. 345. Anders freilich wenn der Destinatar den Frachter ermächtigt, die Waare für ihn zu übernehmen, oder wenn der Absender die Waare im Namen des Adressaten zum Transport aufgiebt, da alsdann der Fall des const. poss. vorliegt. Die Behauptung Hauser's, Stellvertret. §. 12, daß der vom Erfüllungsorte versendende Verkäufer

sendungsfällen der Empfänger die Absicht hat, den Besitz durch den Frachter (Spediteur) zu erwerben, dieser die Absicht, für jenen Besitz zu ergreifen, so liegt einfach Besitzerwerb durch Repräsentanten vor. Aber auch ohne diese Voraussetzungen geht zufolge gesetzlicher Anordnung Besitz und Eigenthum auf den Empfänger mit dem Momente der Absendung (Übergabe an die Post, an den Frachter u. s. f.) über, — und in diesem Falle erfolgt also der Besitzerwerb ohne Apprehension. Vgl. Nr. 9717 der Samml. Gl. U. Pf., Nr. 934 Samml. Adler-Clemens.[28] Ebenso verhält sich die Sache in den oben S. 320 erwähnten Fällen der Tradition des Konossements, Lade- und Lagerscheins. Die Übergabe durch Versendung findet sich im Cod. Ther. und Entwurf Horten noch nicht; erst der Entwurf Martini's (6. II. §. 8) erwähnt dieselbe nach dem Vorgang des preuß. L. R. I. 11. §. 128 flg. Die irrige Motivirung dieser Norm mit der Behauptung einer angeblichen „Bevollmächtigung" des Frachters wurde schon in der Sitz. v. 29. Aug. 1795 mit R. abgelehnt (Harrasowsky V. S. 99); trotzdem wiederholt Ref. Zeiller in d. Sitzung v. 6. Juni 1803 denselben

---

den Besitz für sich aufgebe und dem Verkäufer abtrete (S. 66), ist unhaltbar. Denn der Versender hat im allgemeinen nicht den Willen, sich des Besitzes durch Versendung zu entäußern, er setzt vielmehr den Besitz durch den Transporteur als Zwischenperson fort; dieser hat bis dahin seinen Befehlen Folge zu leisten (art. 402 H. G. B.). Überhaupt schließt der Transportauftrag noch nicht das Mandat in sich, Besitz für den Destinatar zu ergreifen. (Vgl. auch art. 344. 345 im Gegensatze zu art. 342 H. G. B. u. Goldschmidt §. 66.) Die Annahme Hauser's muthet dem Versender eine Entäußerung zu seinem Nachtheil zu, welche im Zweifel nicht supponirt werden kann. — Über die Frage, ob Eigenthum der übersendeten und in Empfang genommenen Waare auch noch vor der Genehmigung derselben übergehe, vgl. Zimmermann in Goldschmidt's Zeitschr. 19. S. 397 flg., Gareis, Stell. zu Dispos. S. 150 flg., und neuest. eingehend Hanausek, Haftung d. Verkäuf. II. S. 106 flg. Die Frage ist von Fall zu Fall nach allgemeinen Grundsätzen zu entscheiden. Vgl. noch Entsch. des R. O. H. G. 11. Nr. 103, 17. Nr. 37.

28) Exner S. 147 flg. nimmt nur Eigenthumsübergang an, leugnet aber den Besitzübergang. Gegen diese Unterscheidung vgl. Note 2. a. E., Randa, Besitz §. 11. N. 64. Daß es sich im §. 429 nicht lediglich um die Überwälzung der Gefahr handle, zeigt schon die Stellung desselben im Kapitel vom Eigenthumserwerb. Vergl. auch neuerl. Frankl a. O. S. Keine Abweichung gilt bei Briefen. A. A. Steinbach, Eig. an Briefen. Irrig will Ofner, Sach. R. §. 32. die Norm des §. 429 aus dem Gesichtspunkt der Stellvertretung erklären.

Irrthum, zieht aber überdieß das schon früher betonte Gefahrsmoment zur Begründung heran; „den übrigen Beisitzern . . . erschienen diese Erörterungen vollkommen einleuchtend" (Ofner, Prot. I. S. 279. 280.

Bei der großen Verschiedenheit der Übergabsarten der §§. 426—429 G. B., welche theils Tradition sind, theils derselben rechtlich gleichstehen, sowie bei dem schwankenden Begriff des Wortes „Übergabe" (vergl. Rubrik zu §. 426—431), darf das Beweisthema der Eigenthumsklage nicht allgemein dahin gestellt werden: daß die Sache „übergeben" worden sei, sondern es muß auch die Art der Übergabe näher bezeichnet werden. Es ist daher die Entscheidung des O. G. H. Nr. 4015 Samml. G. U. W., welche gegen die Ansicht des Obergerichtes den Haupteid in jener vieldeutigen Formulirung zuließ, nicht zu billigen.

Zum Schlusse sei noch die Frage berührt, in welchem Sinne die Bestimmung des Ges. v. 25. Juli 1871, Z. 76 auszulegen sei, daß zur Gültigkeit von „Schenkungsverträgen ohne wirkliche Übergabe" die Errichtung eines Notariatsaktes nothwendig sei? Der Sinn derselben (vgl. den korrelaten §. 943 B. G. B.) geht dahin, daß nur solche Schenkungsverträge, durch welche das geschenkte Objekt (Sache oder Recht) nicht sofort in das Vermögen des Beschenkten übertragen wird, der Form des Notariatsaktes bedürfen, — nicht aber jene Schenkungsverträge, durch welche das zugedachte Objekt sofort mit dem (dinglichen, obligatorischen 2c.) Vertrage in den Vermögenskreis des Donatars übergeht. Diese Auslegung ergiebt sich aus der Vergleichung des Ges. v. 1871 mit den §§. 50. 51. 59 III. des Urentw. und dem §. 943 b. G. B., aus dem Sprachgebrauche des Gesetzbuches §§. 252. 315. 331. 378. 451. 787. und der Fallit. Ord. v. 1734. (Frankl, Formerford. der Schenlung S. 42 flg.) Diese Auffassung wird nunmehr auch durch den Cod. Ther. II. 7. nr. 39 flg. 50 flg. und den Entw. Horten III. 2 §. 1. gestützt. Jener erfordert bei Immobilien die Verbücherung der Schenlung, bei Mobilien über 500 fl. gerichtliche Anmeldung und bestimmt (nr. 50 flg.), daß die Wirkung einer giltigen Schenkung verschieden sei, jenachdem diese „nur in einer Zusage bestehe oder durch eine wirkliche Übergabe vollzogen werde"; aus der „Zusage" entstehe . . . „die Forderung auf Erfüllung". (Dazu Horten §. 1.) Die „wirkliche Übergabe" bildet also — wie auch wir oben behaupten — den Gegensatz der nicht vollzogenen, aber (nicht etwa bloß durch Tradition) vollziehbaren Schenkung. Hierin liegt eine Bestätigung unserer Auslegung. Es bedürfen also insbesondere der Form des Notariatsaktes nicht: Schenkungen von beweglichen Sachen mit sofortiger Übergabe derselben (da sich die Übereignung durch den Traditionsvertrag vollzieht), auch nicht die schenkungsweise Cession, welche mit dem Konsens der Parteien ohne alle Übergabe perfekt ist (§. 1392) (dazu Nr. 7699, dag. 5631 Samml.),[29] noch auch der schenkungsweise Erlaß (§. 1444, so richtig Spruchrepert. Nr. 15 auch Nr. 11850 — dageg. wieder Nr. 10884 Samml.); wohl aber bedürfen der Notariatsform: die Schenkung unbeweglicher (in den öffentlichen Büchern eingetragener) Güter, da sich ja die Schenkung nicht schon mit der faktischen Übergabe oder mit dem schriftlichen Veräußerungsvertrage vollzieht,[30] desgleichen aus demselben Grunde die schenkungsweise Bestellung dinglicher Rechte z. B. von Servituten an Immobilien. So schon Nippel 6. ad §. 943, Unger II. S. 204 flg., Hofmann, Grünhut's Zeitschr. 8. S. 286 flg. 306, Randa, Krit. V. Schr. 21. B. S. 380, Stubenrauch-Schuster-Schreiber, (4. A. S. 293 flg.), Frankl, Not. Zeit. 1878, Nr. 74 flg. u. bes. Formerf. der Schenlung §§. 3. 4, während Andere unter der „wirklichen Übergabe" die physische Übergabe verstehen und sohin auch (in der Regel) in den erstgenannten Fällen die Notariatsform verlangen.[31] So Bürgel, Práv. 1872. S. 806 flg., Strohal, Eig. an Immob. S. 78, ähnlich Krainz, I. S. 113, Schrutka, Not. Z. 1884 Nr. 16, Hasenöhrl, II. S. 183 flg. 570 flg., Ofner, Centralbl. Gell. 6. S. 644 flg., Meissels, Grünh. Ztschr. 19. S. 989. Separ. S. 151 flg., Roz-

---

29) Worin sollte hier die „Vollziehung" der Schenkung bestehen? — Über das Verhältniß der Cession zur Causa; über welche in unserer Praxis oft verkehrte Anschauungen zu Tage treten, vgl. oben §. 11. S. 289 flg. Mündliche schenkungsweise Cession hält nicht für genügend das Erk. Nr. 5631 Samml. Gl. U. W. u. Exner, Hyp. R. II. S. 390. N. 3, letzterer darum, weil die Redaktoren den Unterschied zwischen Cession u. pact. de cedendo übersehen haben (?). Dagegen s. Frankl S. 122 flg.

30) Die Uebereignung von nichtverbücherten Immobilien vollzieht sich nach Analogie der Mobilien durch Uebergabe. Vgl. Erk. Nr. 6327 Samml. Gl. U. W.

31) Näheres s. bei Frankl a. O. S. 61 flg., 75 flg. Die Verwerthung des §. 1068 II. 11 des preuß. L. R. ist wohl schon darum ausgeschlossen, weil das B. G. B. (anders als das L. R.) der Tradition von Immobilien die Wirkung der Uebereignung abspricht.

tocil, Not. Ztschr. 1892 Nr. 46. 47.[31a] Unter Schenkung mit „wirklicher" Übergabe verstehen wir also die mit der etwa rechtlich nothwendigen thatsächlichen Übergabe sich sofort vollziehende Schenkung, im Gegensatze zu dem sog. Schenkungsversprechen und dem Schenkungsvertrage, durch den der Donatar nicht sofort das zugedachte Objekt erwirbt. Zur thatsächlichen (wirklichen) Übergabe rechnen wir aber nicht bloß die Fälle physischer Übergabe, sondern auch die Übergabe durch constitutum possessorium (§. 428), durch brevi manu traditio (vgl. Nr. 11181: Schenlung eines Bous durch Verweisung darauf, daß der Beschenkte die Schlüssel zur Casse bereits habe), durch Übergabe von Urkunden (§. 427. 1) und durch Versendung (§. 429).[32] Daß bei Schenkungen von Werthpapieren die Tradition derselben genüge, wird allgemein anerkannt. (Vgl. Nr. 6420, Hasenöhrl, II. S. 184. Nr. 70; S. 573.)

§. 13. Eigenthumserwerb trotz Mangels des Eigenthums des Übergebers.[1]

Durch Tradition wird Eigenthum in der Regel nur dann übertragen, wenn der Tradent zur Zeit der Übergabe Eigenthümer war

---

31a) Alle diese Schriftsteller berufen sich bei der Zweideutigkeit des gesetzlichen Ausdrucks hauptsächlich auf die ratio legis: durch die Form „die Besonnenheit zu wecken u. von leichtsinnigem Gebahren abzuhalten." Richtig ist, daß noch der Entwurf Martini 2. §. II. dies Motiv: „Übereilung oder rechtswidrige Verleitung" zu verhüten, hervorhebt; vgl. auch die Berathungsprot. (Ofner, II. S. 29 u. 562): Habe Schenker den „ernstlichen Willen", so übergebe er die Sache oder stelle die Urkunde aus.") Indeß bleibt diese Absicht des Gesetzgebers selbst nach gegentheiliger Auslegung unerreichbar; Uebereilungen sind bei sofortiger Tradition ebenso leicht möglich, wie außer diesem Falle; — insbes. Werthpapiere u. Schmucksachen können Millionen repräsentiren! Mit Recht hatte dafür die Minorität der Commission (Pratobevera &c.) für alle Schenkungen bis zu einem gewissen Betrag (100 fl.) die Schriftform verlangt. (Ofner; a. O.) — Ähnlich schon der Cod. Ther. a. a. O., indeß der Entw. Horten III. 2. §. 1. für Schenkungen keine Form vorschreibt, u. gegen Klagen auf Vollzug nur die Einrede der Übereilung die schenkungsweise „Zusage" zuläßt. Auch die Herrenhauscommission hat, wie schon Hasenöhrl II. S. 573 hervorhob, unsere Auffassung getheilt.

32) Die Spruchpraxis ist freilich geneigt, dem const. poss. diese Wirkung zu versagen. Vgl. Nr. 5607. 6733. 9329. Samml. Gl. U. W., Not. Zeit. 1875, Nr. 29; dagegen G. H. 1878, Nr. 65, dazu Hofmann S. 306, Frankl S. 76, Note 2, Stubenrauch-Schuster-Schreiber, a. O., Ofner a. O.

1) Vgl. Gaston Carlin: Niemand kann auf einen Anderen mehr Recht übertragen &c. (1882); H. Krasnopolski, Der Schutz des redlich. Verkehrs (1892) —

(§. 442 G. B.).[2] Von dieser römischrechtlichen Regel finden wir, wie in allen modernen Gesetzbüchern, so auch im A. B. G. B. sehr weitgehende Ausnahmen, welche theils auf deutschrechtlichen Grundsätzen beruhen, theils der ausgesprochenen Tendenz, die Sicherheit des redlichen Verkehrs zu fördern, ihre Entstehung verdanken. Zunächst brachte der deutsche prozessualische Grundsatz: daß der Eigenthümer anvertrautes Gut in dritter Hand nicht verfolgen könne, einen Bruch in das fast unbeschränkte römische Vindikationssystem. Man mag über den Charakter der Anfangsklage im ältesten Recht wie immer denken:[3] so viel ist gewiß, daß die Rechtsbücher des Mittelalters den

---

zwei tüchtige Arbeiten. Die Ausführungen des Letzteren stimmen bis auf drei wesentliche Punkte (Marktkauf, Verkauf d. Urprodukte und die Prinzipfrage) mit den Ergebnissen der ersten Aufl. d. W. überein.

2) So auch nach röm. Recht L. 20. pr. D. de a. rer. d. 41. 1. Ausnahmen: Verkauf durch den Fiskus und Regenten, sowie durch den Pfandgläubiger, cf. c. 2, C. 7. 37; dazu Windscheid §§. 172. 237, Goldschmidt 8. S. 230 flg., Exner S. 62, N. 46, Carlin S. 39 und Endemann, Handb. II. §. 174.

3) „Die Natur der deutschen Mobiliarklage ist noch immer nicht im Klaren. Jede neue Bearbeitung bringt eine neue Ansicht." So mit Recht Bruns, Besitzkl. S. 229. Soviel scheint durch neuere Forschungen (bes. Laband, Die vermögensrechtl. Klagen nach den sächs. Rechtsquellen §§. 12 flg., Stobbe §. 146. Heusler: Gewere S. 487 flg. u. Instit. II. §. 119. Planck, Deutsche Gerichtsverf. I. §§. 64 flg., 77. 95.) sichergestellt, daß die ältere deutsche Mobiliarklage keine dingliche Klage aus dem Eigenthum oder einem anderen dinglichen Rechte, sondern eine actio in rem scripta auf Rückgabe einer widerrechtlich entzogenen Sache ist. (S. auch Goldschmidt 8. S. 246. 251 flg., Exner S. 59 flg.) Planck sucht die Erklärung in dem deutschen Beweissystem, welches dem geklagten Besitzer das Beweisvorrecht ertheilt und den Beweissatz dahin stellt, ob sein Haben ein relativ rechtmäßiges ist; Heusler findet die Lösung in dem exekutiven Charakter des älteren Mobiliarprozesses, welcher eine Ausdehnung der Untersuchung auf das materielle Recht ausschloß, zur Untersuchung des Rechtes des Klägers komme es nicht; nicht wegen des „Anvertrauens sei die Eigenthumsklage ausgeschlossen, sondern weil in dem engen Kreise des Beitreibungsverfahrens kein Raum sei für die Untersuchung des Rechts", Dagegen macht aber Stobbe §. 146, N. 3 mit Recht geltend, daß mit der prozessualen Beschränkung wohl auch das materielle Recht übereinstimmte; in der spätern Zeit konnte die prozessuale Gestaltung keineswegs ein Hinderniß gebildet haben. So auch Carlin S. 50 flg., der wieder die Erklärung in dem Mangel der Vindicatio sucht. So viel scheint m. E. gewiß, daß zwar das ältere deutsche Recht eine Eigenthumsklage nicht kannte — (Bruns a. O. u. Besitz S. 315, Gerber §. 102, Exner S. 65 flg., Laband, Stobbe a. O., Planck §. 95, Heusler S. 493); allein schon in den Rechtsbüchern und den späteren Land- und Stadtrechten vollzog sich die Entwicklung der dinglichen Rechtsklage aus der ursprünglich rein detentorischen Klage auf Restitution widerrechtlich entzogener Sachen. Und zwar ist es das Verdienst des Verfassers des Sachs. Sp. (L. R. II. 60. §. 1. 2), das gewonnene neue Prinzip zuerst scharf dahin formulirt zu haben, daß die dingliche Rechtsverfolgung bei freiwilliger

Grundsatz festhalten: daß der Eigenthümer gestohlene oder ihm sonst wider Willen abhanden gekommene Sachen von jedem dritten Besitzer (ohne Rücksicht auf dessen Gutgläubigkeit) zurückverlangen,[4] dagegen, wenn er sie freiwillig aus der Hand gegeben, nur von demjenigen, dem er sie übergeben, zurückfordern, bez. von ihm Ersatz verlangen kann.[5] Die erstere, gegen jeden Besitzer zulässige Klage ist keine Eigenthumsklage, denn sie steht nicht bloß dem Eigenthümer, sondern auch dem Verwahrer, Pfandgläubiger, Kommodatar, kurz jedem Detentor zu, der unfreiwillig die Gewahrsame verlor; die Klage stützt sich bloß auf den unfreiwilligen Besitzverlust und darauf, daß der beklagte Inhaber oder sein Vormann durch eine unrechtmäßige Handlung den Besitz erworben habe. Die Klage erscheint also gleichsam als eine erweiterte condictio furtiva und mit Recht bezeichnet sie Bruns (Besitzkl. S. 229) als „rein detentorische".[6]

Aufgabe der Gewahrsame ausgeschlossen, sonst aber zulässig sei. (Vgl. Goldschmidt S. 247 flg.) Daß dabei der alte Grundgedanke schon im Sachs. Sp. in Vergessenheit gerieth (Heusler S. 493. 502) bestätigt eben unsere Auffassung. Heusler selbst (S. 496) verkennt nicht, daß der dem alten Rechte unbekannte Gesichtspunkt der Beschränkung der Eigenthumsklage schon im Sachs. Sp. II. 60 hervortrete. Damit war aber eine neue selbständige privatrechtliche Grundlage für das Mobiliarsachenrecht gewonnen. So auch Schulte, D. Reichsgesch. (6. A.) §. 147. Vgl. noch Brunner, Geschichte und Quellen d. D. R. S. 251.

4) Den Hauptfall bilden: Raub, Diebstahl, zufälliger Verlust. Vgl. Stellen bei Kraut §. 90. 102. 103, Bruns Besitz S. 313 flg., Laband S. 70 flg.

5) Dazu Stobbe §. 146, N. 25. Hauptfälle waren: Leihe und Verpfändung. Vgl. schon Sächs. L. R. II. 60. §. 1. Swelk man enen anderen liet oder sat perde oder en kleid oder jenegerhande varende have to swelker wis he die ut von sinen geweren let mit sime willen, verkoft sie die, ... oder versat he sie oder verspelet he sie ...... die ne mach dar nene vorderunge up hebben, ane uppe den, deme he sie leih oder versatte. Spätere Stadt- und Landrechte formuliren bündiger, wie die bekannten Parömien: »Hand wahre Hand« etc. zeigen. Vergl. Goldschmidt 8. S. 250 flg. Über einzelne partikuläre Ausnahmen von diesem Satze vgl. Stobbe §. 146, N. 27—33. Daß dem älteren deutschen Rechte die Tendenz der Verkehrsbegünstigung fremd war, liegt auf der Hand; nur thatsächlich kam dasselbe der Verkehrssicherheit zu statten; erst in der neuen Rechtsentwicklung tritt gerade „diese vorwiegend praktische Tendenz" klar zu Tage.

6) Die Einwendung des mangelnden Eigenthums ist irrelevant. Vgl. Laband, Klagen S. 118 flg., Stobbe §. 146, N. 17. Doch scheint es, daß sich der Geklagte mit der Einrede des Eigenthums habe schützen können, wie Bruns S. 230 flg. näher ausführt. Erst spätere mittelalterliche Partikularrechte lassen die Einwendung eines qualifizirten rechtmäßigen Erwerbs (Kauf auf offenem Markte, Kauf von Seite jüdischer Kaufleute ɪc.) zu. Vgl. Stobbe §. 146, N. 20. 21.

In der neueren Rechtsentwicklung trat mit dem Eindringen des römischen Rechts der Grundgedanke des älteren deutschen Rechts immer mehr in Hintergrund; mit der Rezeption der römischen Vindikation war auch die Nothwendigkeit des Beweises des Eigenthumsrechtes des Klägers gegeben. Dennoch pflanzte sich partikularrechtlich die deutschrechtliche Auffassung in verschiedener Gestaltung fort.[7] Hierbei machte sich allmählich der Gedanke geltend, daß nicht bloß auf die Art, wie der Besitz verloren ging, sondern ebenso sehr auf die Art, wie der Besitz vom gegenwärtigen Besitzer erworben wurde, zu sehen sei; namentlich wurde nunmehr untersucht, ob der Erwerb auf rechtmäßige und redliche Weise erfolgte. So wurde denn einerseits die Vindikation selbst unfreiwillig entzogener Sachen allgemein oder unter gewissen Voraussetzungen zu Gunsten des redlichen und titulirten Besitzers eingeschränkt, andererseits die Vindikation selbst anvertrauten Gutes in solchen Fällen zugelassen, wo sich der Besitzer nicht auf Gutgläubigkeit und Rechtmäßigkeit des Erwerbes zu berufen vermochte.[8] Obwohl nun dem älteren deutschen R. die Tendenz, die Sicherheit des Verkehrs zu fördern, fremd war, so kam der Rechtssatz: »Hand wahre Hand« dem Mobiliarverkehr thatsächlich zu statten; dagegen tritt uns schon in dem jüdischen Kaufmannsrechte und einzelnen, den redlichen Besitzer schützenden Partikularnormen (Kauf auf gemeinem Markte, von überseeischen Importwaaren, in öffentlicher Feilbietung), ganz besonders aber in den aus

---

7) Merkwürdiger Weise hat, wie Stobbe §. 146, N. 3 anführt, gerade die sächsische Praxis trotz des Sachs. Sp. schon im 16. Jahrhundert den Satz: „Hand wahre Hand" aufgegeben. Auch das sächs. G. B. §. 295 schließt sich mit geringer Abweichung an das röm. R. an.

8) Über die Divergenzen der einzelnen Richtungen und die höchst mannichfaltige Mischung römisch und- deutschrechtlicher Prinzipien vergl. Goldschmidt 8. S. 259 flg., Stobbe §. 147, Carlin S. 53 flg. Selbst die gemeinrechtliche Praxis (d. 17. u. 18. Jhdts.) wurde durch diese Richtung beeinflußt; insbesondere wurde für das gemeine Recht in Anlehnung an die Grundsätze der a. de in rem verso die Ansicht vertreten, daß der redliche Erwerber von dem Vindikanten den Ersatz des Kaufpreises verlangen könne, wenn der Eigenthümer die Sache außerdem schwerlich wieder erlangt haben würde. Vgl. Stobbe §. 147, N. 10. 11, der auf die ähnliche Bestimmung der Wormser Reform und schon der L. Wisigoth. VII. 2. 8 (L. Bajuv. IX. 7) verweist, in welcher Dahn, Goldschmidt's Zeitschr. f. H. R. 16. S. 404 flg., und Garcis, Grünhut's Zeitschrift VI. S. 238 semitische (zunächst jüdische) Anschauung erblicken. Diese Auffassung ging nicht nur in das preuß. L. R. 15. I. 21. 22, sondern auch in das österr. A. B. G. B. (§. 333. dazu §. 403) und das sächs. G. B. §. 314 über.

der Wende dieses Jahrhunderts stammenden Gesetzbüchern die Tendenz entgegen, den redlichen Mobiliarverkehr thunlichst zu schützen.[8a] In keinem der großen neuen Gesetzwerke ist das in seinen Konsequenzen rücksichtslose und für den Verkehr bedenkliche römische System der Eigenthumsverfolgung ohne wesentliche Modifikationen angenommen, von Manchen ist es ganz fallen gelassen worden.[9] An die Stelle des absolut verfolgbaren dinglichen Rechts tritt der durch Rücksichten auf die Verkehrstreue beschränkte Rechtsschutz des erkennbaren Eigenthums, und die Erkennbarkeit knüpft sich regelmäßig an das äußere Faktum des Besitzes.[10] Ein Blick auf die unter einander sehr abweichenden modernen Gesetzbücher wird dies zeigen.

a) Am engsten schließt sich das sächs. G. B. dem röm. Rechte an (§§. 295. 298 flg.).[11]

b) Das preuß. Landrecht hat die deutschrechtliche Unterscheidung des freiwilligen und unfreiwilligen Besitzverlustes nicht angenommen; es legt kein Gewicht darauf, wie der Kläger die Detention verloren, vielmehr alles Gewicht darauf, wie der Geklagte den Besitz erworben.

8a) Vgl. nun dazu Heusler, Inst. II. §. 119 S. 214, der bemerkt, daß erst im späten Mittelalter u. zunächst in den Stadtrechten Rücksichten auf den redlichen Verkehr hervortreten.

9) Das reine römische Recht hat nur in einem kleinen Theile Deutschlands und der Schweiz (Aargau, Tessin, Bern) unveränderte Geltung erlangt, während dasselbe in den meisten deutschen Partikularrechten, in Österreich, ebenso wie in Gesetz und Praxis der größen Handelsstaaten Italien, Niederlande, selbst England, Amerika und ebenso in den Ländern des französischen Rechts theils tiefgreifende Änderungen erlitt, theils grundsätzlich verlassen wurde. In der Schweiz hat mit der Einführung des schweizer. Obligat. Rechts (1883) der Grundsatz des Schutzes des redlichen Mobiliarerwerbes allgemeine und weitreichende Anerkennung gefunden. Die geringste Abweichung von dem römischen Vindikationsrechte weist das nordamerikanische und das englische Recht auf; dieses durchbricht die Regel bei redlichem, entgeltlichem Erwerbe von Inhaberpapieren und bei auf offenem Markt (im offenen Laden) gekauften Sachen, jenes nur bei Inhaberpapieren. Die Nachweise s. bei Goldschmidt §. 80 u. Carlin S. 58 flg. 82.

10) Mit Recht heben Munzinger, Motive z. Schw. H. R. S. 226, und Goldschmidt S. 813 flg. auch dieses Moment: die Publizität des Mobiliarverkehres hervor, welches — wie §. 11, S. 249 gezeigt — auch den Redaktoren unseres Gesetzbuches vorschwebte. Über neuere Gesetzgebung vergl. noch Goldschmidt 8. S. 278 flg., Stobbe §. 147.

11) Die wesentlichste Modifikation besteht darin, daß die Vindikation der in öffentlicher Versteigerung oder von befugten Gewerbsleuten redlich erworbenen Waaren nur gegen Ersatz des Preises stattfindet, und die Vindikation von öffentlichen Inhaberpapieren gegen den redlichen Erwerber ganz ausgeschlossen ist.

Gegen den gutgläubigen und entgeltlichen Erwerber, der einen unverdächtigen Vormann anzugeben vermag, ist die Eigenthumsklage nur gegen Ersatz des Preises zulässig; gänzlich ausgeschlossen ist dieselbe nur bei den in einer öffentlichen Versteigerung oder im Laden eines zünftigen Kaufmanns erkauften Sachen (15. I. §§. 18—26. 36. 37. 42).

c) Am nächsten kommt der germanischen Auffassung die auf älteren französischen Statutarrechten beruhende Norm des franz. Code civil. Die Vindikation von Mobilien ist gegen den (redlichen) Erwerber in der Regel ausgeschlossen[12]; zulässig ist sie nur bei gestohlenen und verlorenen Sachen; doch findet sie nur gegen Lösung statt, wenn sie der redliche Besitzer auf gemeinem Markte, in öffentlicher Versteigerung oder von einem Kaufmann an sich gebracht hat (art. 2279. 2280). — Das ital. B. G. B. hat sich dem franz. Recht angeschlossen (art. 707—709). — Dasselbe gilt bei unfreiwilligem Besitzverlust nach dem zürich. G. B. (§. 651—656), während bei freiwilliger Hingabe die Vindikation nur gegen Ersatz des Preises statt hat. — Nach dem neuen schweizerischen Oblig. R. (art. 205 flg. 213) erwirbt der redliche Empfänger einer beweglichen (nicht gestohlenen oder verlorenen) Sache das Eigenthum und andere dingliche Rechte, auch wenn der Vormann nicht Eigenthümer war. (Fahrlässigkeit wird der Unredlichkeit gleichgestellt).[13] Const. possess. genügt hier nicht. Für Inhaberpapiere gilt dieselbe Regel; nur Banknoten,

12) Art. 2279: En fait de meubles la possession vaut titre (sc. de propriété). Dieser Grundsatz galt auch in mehreren romanischen Kantonen der Schweiz. In Luzern galt österr. R., in Aargau, Tessin, Bern: röm. R. Näheres Goldschmidt 8. S. 278 flg., Munzinger, Motive zum Entw. des Schw. H. G. B. S. 219 flg. — Das Erforderniß der Redlichkeit resultirt aus art. 1141 Code. Dies ist auch die herrschende Ansicht der franz. Doktrin und Praxis. Vgl. Goldschmidt 8. S. 284, N. 7 und H. R. §. 80, N. 52, Stobbe §. 146, N. 23, O. Mayer, Dingliche Wirkung d. Obligat. S. 23 flg., Carlin S. 62 gegen Zachariä-Dreyer §. 215a. Laurent, VI. (3. A.) nr. 157 flg. Ob die mala f. den E.-Erwerb ausschließe, oder bloß eine oblig. Klage gewähre, ist streitig; dazu Laurent, nr. 159 flg. Über das ital. R. s. Pacifici, Istit. III. nr. 137 flg. Daß durch den obigen Satz der römische Eigenthumsbegriff behoben sei (O. Mayer S. 7 flg.), will mir nicht einleuchten.

13) Vgl. dazu Schneider, Schweiz. Oblig. R. S. 189. 180, Carlin S. 78 flg. Ist eine Sache in öffentl. Steigerung, auf einem Markte oder von einem Kaufmann, der mit derartigen Waaren handelt (also auch vom Trödler! — anders Schneider S. 181) erworben worden, so muß der Vindikant den Preis ersetzen (art. 206).

fällige Koupons und nach Umständen ausländische Inhaberpapiere können, selbst wenn sie gestohlen oder verloren sind, nicht vindizirt werden (art. 208). — Der deutsche Entw. §§. 877 flg. bestimmt in verschwommener Fassung: daß der redliche Erwerb von Mobilien durch Tradition (mit Ausschluß des const. poss.) bei Abgang des Rechts des Tradenten geschützt wird, außer bei gestohlenen, verlorenen oder in anderer Weise ohne den Willen des Eigenthümers (oder dessen Stellvertreters) aus dessen Besitz gekommenen Sachen. (In diesen Fällen statuirt §. 939 einen Lösungsanspruch mit Retentionsrecht.) Bei Geld, Inhaberpapieren und öffentlicher Versteigerung ist auch der Besitzverlust wider Willen kein Hinderniß des E.-Überganges. Fahrlässigkeit wird der Unredlichkeit gleichgestellt. — Es ist offenbar, daß die Rechtsbildung in diesem Punkte noch heute nicht abgeschlossen ist, und auf den Trümmern römischer und germanischer Auffassung einem den heutigen Verkehrsbedürfnissen entsprechenden Abschlusse entgegengeht.[14]

Das österr. Recht steht zwar grundsätzlich auf römischrechtlicher

---

14) Dies gilt insbesondere in Ansehung der Werth- und Waarenpapiere und des durch letztere vermittelten Eigenthumsübergangs an den Mobilien. Der bayer. Entwurf Art. 171 macht einen Rückschritt zum röm. Recht und läßt bei anvertrautem Gut nur die Vindikation gegen Lösung zu, wogegen das baseler Gesetz von 1864 nur bei gestohlenen Sachen die Vindikation zuließ. Der Entw. des schweiz. H. G. v. 1865 (art. 234 flg.) hatte sich dem franz. R. angeschlossen. Am weitesten ging der Entwurf des schweizer Oblig. R. v. J. 1876: Eigenthum geht durch bloßen Konsens (art. 202) über und der redliche Erwerber erhält an Sachen jeder Art, selbst wenn sie gestohlen sind, das Eigenthum (art. 206). Der Urheber dieser Reform (Munzinger) empfahl den Ausschluß jeder Vindikation gegen den redlichen Besitzer ohne Lösungspflicht (anders noch Motive zum Entwurfe des H. G., S. 226 flg.) mit dem Hinweis, daß dasselbe Prinzip hinsichtlich der wichtigsten Gattung von Sachen: der Inhaberpapiere längst gelte, und auch Fick u. Laband billigten am 15. Schweiz. Juristentage diesen völligen Bruch mit dem historischen Recht (Jur. Bl. 1877, Nr. 32). Indeß käme denn doch zu erwägen, daß man sich gegen unfreiwilligen Verlust von Werthpapieren in ungleich wirksamerer Weise (insbes. durch Amortisirung) schützen kann und zu schützen pflegt, als das bei Sachen anderer Art thunlich und üblich ist. Selbst in dem Handelsstaate par excell. (England) schützt nur der Verkauf auf dem Markte und im offenen Laden gegen die Vindikation; hingeg. das holländ. G. B. schließt sich dem franz. R. an. (Darüber Goldschmidt 8. S. 286 flg., 293 flg., 9. Bd. S. 67, Carlin S. 65. 72 flg.) Erwägungen dieser Art mochten wohl zur Restriktion jenes Grundsatzes im schweiz. Oblig. R. v. 1882 geführt haben. Über neuere m. E. unbefriedigende Entwürfe vgl. Hofmann, Arch. f. prakt. R. Wiss. N. F. II. S. 171 flg.; die Ausnahmestellung gestohlener Sachen 2c. hat h. z. T. keinen Sinn.

Basis; allein die absolute Eigenthumsverfolgung, genauer gesagt: die Regel, daß der Tradent Eigenthum gehabt haben muß, ist durch zahlreiche tiefgreifende Ausnahmen durchbrochen (§§. 367. [456. 468. 527, dazu art. 306 H. G. B.] §. 371 [art. 74 W. O., 305. 307 H. G. B.], §. 824 A. B. G. B.); „ja von durchschlagender Bedeutung" für die richtige Formulirung war, wie Carlin S. 95 bemerkt, gerade das österr. G. B. „Was weder das preuß. L. R. noch der Code civ. deutlich zu sagen den Muth gehabt, spricht es mit den Worten aus: . . „der redliche Besitzer . . hat Eigenthum erworben und dem vorigen Eigenthümer steht nur . . . das Recht der Schadloshaltung zu". Noch mehr! Nicht erst das A. B. G. B., schon der in den Beginn der zweiten Hälfte des 18. Jahrhunderts fallende Codex Theresianus spricht diesen Satz unverblümt aus, II. Cap. 8 Nr. 43: „der gute Glaube in Erwerbung einer fremden beweglichen Sache aus entgeltlicher Ursache übertraget deren Eigenthum an den Erwerber aus Macht Rechtens . . . (troz) mangelnden Eigenthums an Seite des Übergebenden." art. 64: Wäre aber eine solche rechtmäßig erworbene Sache in die Hände des „vorigen Eigenthümers" gekommen, kann sie von ihm mit der „Eigenthumsklage" zurückgefordert werden. — In der That normirt bereits der Codex Theresianus, der besser ist als sein Ruf, alle Fälle des §. 367 und des §. 824 G. B. (Die art. 43—70 eod. stammen schon aus der Ausarbeitung Azzoni's! Harrasowsky II. S. 131. N. 5.) Ja der Cod. Ther. II. 2. Nr. 21. u. II. 8. 43—65 (übereinst. Entw. Horten II. 6. §§. 5—13) hat sogar den redlichen Erwerb von Mobilien auf einer viel breiteren Grundlage: in derselben Allgemeinheit wie der Code civil anerkannt; ja in Rücksicht der gestohlenen und verlorenen Sachen gehen beide Entwürfe sogar über den Code civ. hinaus![14a] Denn sie stellen den allgemeinen Grundsatz auf,

14a) Dies habe ich schon in der 1. Aufl. Note 4 erwähnt und dies wurde neuerlich von Krasnopolski a. O. S. 10 flg. mit vollem Recht betont. Ich citire hier der Kürze wegen den Entw. Horten: §. 5. „Ferner wollen wir auch wegen der Sicherheit gemeinen Handels u. Wandels . . . verordnet haben: wenn Jemand eine fremde bewegliche Sache in der ungezweifelten und wohl begründeten Meinung, daß der Veräußerer deren Eigenthümer sei, dergestalten (sc. gegen angemessenen Preis) an sich bringet, . . . so soll ein solcher das Eigenthum dieser Sache auf die nämliche Art, als wenn der Erwerber der wahre Eigenthümer gewesen wäre, alsogleich erwerben." §. 6. "Dieser Erwerbung stehet nichts im Wege, wenn gleich der Veräußerer die Sache fremd zu sein gewußt hat oder wenn er dieselbe gar selbst geraubet

daß der redliche derivative Erwerb bewegl. Sachen von dem Inhaber — ohne Rücksicht auf das Recht des Letzteren — Eigenthum u. andere dingliche Rechte begründet, bez. das Erlöschen fremder dingl. Rechte bewirkt! Die Redactoren des C. Ther. konnten dieses neue weittragende Princip aus keinem positiven Rechte geschöpft haben; denn weder der in dem Commissionsvortrag v. 1771 berufene Sachsenspiegel noch die ebenda citirten „deutschen Juristen, insbes. Mevius ad jus Lubec." gehen so weit, und die Motivirung mit der Billigkeit, der „Nachlässigkeit oder Sorglosigkeit" des bisher. Eigenthümers ist gewiß unzutreffend und ungenügend. (Harrasowsky, II. S. 132.)[14b] Die Quelle können wir daher nur in naturrechtlicher Meditation, vermeintlicher Billigkeit und volkswirthschaftlichen Erwägungen erblicken. (Vergl. Note 14[a] §. 5).

Allein der allgemeine, principielle Gesichtspunkt der vorgedachten beiden Entwürfe wurde im Entwurfe Martini's II. 3. §§. 16.

---

oder diebischer Weise entwendet hätte". §. 7. „Doch ... müssen dabei solche Umstände zusammentreffen, woraus der Erwerber das E. des Veräußerers oder wenigst. die Gewalt, mit dieser Sache zu schalten und zu walten, vernünftiger und wahrscheinlicher Weise hat vermuthen können". Als solche Umstände werden (gewiß nur beispielsweise) angeführt: Das ord. Gewerbe des Veräußerers, mit solchen Sachen zu handeln, der entsprechende Vermögensstand u. der kundbar gute Name des Veräußerers; ausdrücklich wird ferner erwähnt der Verkauf auf öff. Markte (§. 8) u. die öffentl. Feilbietung (§. 9); außer dem Marktkauf wird stets Angabe des Gewährsmannes gefordert (§. 10). Ja nr. 21 II. 2 Cod. Ther. erkennt allgemein den Rechtssatz an, daß der redliche Erwerb einer Sache auch das Erlöschen aller dinglichen Rechte Dritter zu Folge hat, von denen der Erwerber keine Kenntniß gehabt hat. (So richtig Krasnopolski a. O., der jedoch mit Unrecht bezüglich der Servituten eine Ausnahme behauptet, weil dieser Satz im Cap. von den Dienstbarkeiten nicht [wie III. 7 nr. 40. C. Ther. beim Pfandrecht] ausdrücklich zur Anwendung gebracht wird; allein ebendarum hat hier die Analogie Geltung.)

14b) Vgl. Krasnopolski, S. 12. Wohl enthalten, wie schon Letzterer bemerkt, die franz. Coutumes (s. Franken, das franz. Pfandrecht im Mittelalt. 1879. S. 290 flg., 303 flg.) ähnliche Rechtssätze: Schutz des redlichen Erwerbes: zuerst an Markttagen, Marktplätzen, üblichen Verkaufsstellen, dann bei gewerbsmäßigem Betrieb, passendem Besitz, gutem Ruf des Veräußerers; allein diese Quellen dürften den Redactoren nicht bekannt gewesen sein. Vgl. Krasnopolski a. O. Ob die von mir in Note 24 citirten böhm. Judenrechte insbes. das oft bestätigte Privileg v. 8. April 1648 den Redactoren vorgeschwebt hatten, kann nicht constatirt werden; aber auch dieses Judenrecht spricht nur von der Veräußerung anvertrauter Sachen u. von deren Einlösung. Dahingestellt bleibt sohin die Bemerkung Krasnopolski's S. 19: „Jedenfalls liegt eine gewisse Ironie der Geschichte darin, daß gerade das Recht der Juden im 18. Jhdt. als allg. Mobiliarsachenrecht für Österr. im Entwurfe eines bürg. G. B. Aufnahme fand".

20 flg., II. 18. §. 50 (=Urentw.) fallen gelassen; das wohldurchdachte Kapitel: „Übertragung des E. aus Macht Rechtens" verschwand; die bezüglichen gründlich geänderten Normen wurden gelegentlich (insbes. als Anhang zur E. Klage) eingeschoben. Dieser Entw. erkennt nicht mehr grundsätzlich ein neues, auf den guten Glauben des Erwerbers gestütztes Recht an, sondern schützt diesen nur in gewissen taxativ angeführten Fällen: öff. Feilbietung, Veräußerung von Handelsleuten, Veräuß. von anvertrauten Sachen, von Inhaberpapieren, durch den legitimirten vermeintlichen Erben. Und diese Normen sind (ohne große Änderungen) in das A. B. G. B. aufgenommen worden.[14c] Die Ursache des geänderten Standpunktes ist uns nicht bekannt; geänderte naturrechtliche Anschauungen und das Streben, sich nicht zu sehr von der gemeinrechtlichen Praxis zu entfernen, dürften den Ausschlag gegeben haben. (S. auch Krasnopolski S. 21). Mit diesem geänderten Standpunkte fiel der grundsätzliche Schutz des „redlichen Mobiliarverkehrs"; denn für den Rechtsschutz werden außer der Redlichkeit des Erwerbers gewisse im Einzelnen sehr verschiedene Voraussetzungen auf Seite des Veräußerers erfordert: das Zurückführen auf ein einheitliches Princip ist daher unmöglich![14d] Damit fällt auch die Zulässigkeit der analogen Anwendung dieser Normen, die doch nur als Ausnahmen von der Regel der §§. 366. 443 u. A. erscheinen. (Daher ist §. 367 insbes. auf nicht verbücherte Realitäten analog nicht anwendbar; a. Ans. Ofner, Sachenr. §. 34; irrig wird sohin in der Entsch.

14c) Die Motivirung des §. 11. II. 6. mit der „Sicherheit des Handels und Wandels" fiel fort. Den Schutz des redlichen Servitutenerwerbes (§. 527 G. B. = §. 65 II. 9) kann ich gegenüber dem C. Ther. nicht als Neuerung ansehen; vgl. dazu Note 14a.

14d) Vergeblich bemüht sich Krasnopolski S. 39 flg. wenigstens für die drei Fälle des §. 367 (456) ein solches einheitliches Prinzip zu constatiren; S. 44: „Wir haben die ratio der §§. 367 u. 456 in einem Verhalten, einer Handlung des Eigenthümers gefunden, die seine Sache in eine Lage brachte, welche sie als einem Dritten, dem Inhaber, gehörig erscheinen läßt." Kann denn dies von der Feilbietung, von der Veräußerung durch Gewerbsleute behauptet werden, zumal selbst an gestohlenen Sachen Eigenthum erworben wird? Diese ratio paßt nur auf den 3. Fall des §. 367. — Selbst der 1. u. 2. Fall des §. 367 (für welche Kr. S. 22 flg. das Princip der Publicität behauptet) beruhen auf theilweise verschiedenen rationes legis (nicht juris), bei der öff. Versteigerung entscheidet zunächst die Controlle der öff. Autorität, bei Gewerbsleuten neben der Publicität die Berechtigung zum gewerbemäßigen Verkaufe.

Nr. 6327 Gl. U. W. der §. 456 auf solche Immobilien bezogen.) Bloß die extensive Interpretation — insbes. der Schluß a majori — ist selbstverständlich auch hier zulässig, bez. geboten.[14e] Insbes. folgt aus den §§. 367 u. 371 G. B., daß dingliche Lasten der Sache unter den Voraussetzungen dieser §§. auf den Erwerber dann nicht übergehen, wenn ihm dieselben zur Zeit der Übergabe unbekannt gewesen noch auch deutlich erkennbar waren. Vgl. (außer §§. 468. 527. G. B.) bes. art. 306 Abs. 1. H. G. B. u. die K. Verord. v. 28. Oktober 1865 Z. 110, woselbst dieser Grundsatz bezüglich der unter Staatsaufsicht stehenden Creditinstitute in noch weiterem Umfang (nämlich auch ohne die Bedingungen der §§. 367. 371) ausdrücklich anerkannt werden.[14f]

Das bürgerliche Gesetzbuch zieht einerseits die Grenzen enger als das deutsche Recht, insofern es Redlichkeit und zumeist auch Entgeltlichkeit des Erwerbes (§. 367. 1 und 3) verlangt, andererseits geht es insofern über dasselbe hinaus, als es auf den Umstand, daß die Sachen gestohlen und verloren sind, kein Gewicht legt. Dies soll nun genauer ausgeführt werden. Wie bemerkt, steht nur ausnahmsweise der Mangel des Eigenthums auf Seite des Tradenten dem Eigen-

---

14e) Trotzdem treffe ich, wie schon in d. 1. Aufl. S. 321 nachgewiesen, im Resultate mit den Ausführungen Krasnopolski's S. 43 flg., insbes. betreffs des Schutzes des redl. Erwerbers der Sache rücksichtlich des ihm unbekannt gebliebenen executiven Pfandrechts zusammen; ich gelange hierzu durch den unabweisbaren Schluß a majori aus dem §. 367, (dazu auch Nr. 2867. 4055 d. Samml.), wie denn auch der zweite Satz des art. 306 H. G.: „Jedes früher begründete Pfandrecht ... erlischt, wenn dasselbe dem Erwerber bei der Veräußerung unbekannt war" — nur eine Consequenz des ersten Satzes dess. art. 306 ist! Denn wenn selbst das vollste dingliche Recht (E.) durch die Veräußerung der Sache von Seite des bloßen Inhabers (z. B. des Constituenten §. 428), welchem dieselbe vom Eigenthümer belassen wurde, zu Gunsten des redlichen Erwerbers erlischt, so muß unter gleichen Verhältnissen umsomehr das minderwerthige Pfandrecht eines Dritten, der die Sache freiwillig im Besitz des Eigenthümers beließ, zu Gunsten des redlichen Erwerbers erlöschen. (Vgl. Note 30). Und ebendies gilt sinngemäß von der Veräußerung der Gewerbsleute, von der Feilbietung, von der Veräußerung von Inhaberpapieren! Oder soll man, wenn z. B. die fremde Sache mit dinglichen Rechten belastet war, anders bezüglich des E.'s und anders bezüglich des Pfandrechts 2c. entscheiden? Unrichtig sind daher die Entsch. Nr. 3019. 6804 Samml.

14f) Ja bei bloß zeitlicher Beschränkung (bez. Resolutivbedingung) des Rechts des Auktors genügt die Redlichkeit des Erwerbers selbst ohne die Voraussetzungen des §. 367, wie die Gleichstellung mit dem Immobiliarrecht beweist. Hier blieb ein Rest aus dem C. Ther. And. A. Zeiller II. S. 282.

thumserwerbe des redlichen Empfängers nicht im Wege.[15] Über den Begriff der Redlichkeit vergl. den Schluß dieses §. Die hierher gehörigen Ausnahmsfälle, welche zum Theil aus deutschrechtlichen Rechtsanschauungen hervorgingen, zum Theil auf Rücksichten der Verkehrssicherheit beruhen,[16] sind folgende: Es erwirbt Eigenthum an beweglichen Sachen durch Übergabe,[17] auch wenn der Übergeber nicht Eigenthümer ist:

---

15) In diesem Punkte beruht die Ausnahme von der Regel: Nemo plus juris transferre potest, quam ipse habet. So haben wir es denn hier mit einer Erwerbsart zu thun, welche in der That keine derivative, sondern eine originäre ist. Die Tradition ist hier nicht Recht übertragender, sondern Recht schaffender Akt, nicht Succession, sondern Kreation. Vgl. Regelsberger, Stud. im bayer. Hyp. R. S. 165, auch Exner S. 67, N. 58, und neuerl. ausführlich Gaston Carlin S. 97. 100 flg., 115, welche beide aber insofern zu weit gehen, als sie hier überhaupt keine Traditionsfälle anerkennen wollen; allein die Tradition ist eben nicht bloß „abgeleitete" Rechtserwerbsform. In dem Satz, daß redlicher Besitzerwerb an an sich Eigenthum originär begründet, gipfelt allerdings die Jahrhunderte lange Rechtsentwicklung, zu deren klarer Kenntniß — wie Carlin S. 97 bemerkt — die Jurisprudenz auch h. z. T. noch nicht gelangt ist. Trotzdem scheint es angezeigt, die im Text erwähnten Fälle in unmittelbarem Anschluß an die wahre Tradition zu behandeln, da — abgesehen von dem Erfordernisse der Berechtigung des Auktors — alle Voraussetzungen des dinglichen Übertragungsvertrages vorhanden sein müssen. Dieser Umstand rechtfertigt die systematische Einreihung der in Rede stehenden Fälle an dieser Stelle. Vgl. auch Schmidt §. 8. S. 73, Goldschmidt §. 79. S. 811, Exner a. O.: anders Carlin S. 126, welcher den Erwerb „durch qualifizirte Besitzerlangung" im Anschluß an die Ersitzung behandelt wissen will.

16) Beiderlei Momente werden schon im Cod. Ther., Entw. Horten u. Martini (s. oben Note 14a u. S. 304a), ebenso in den Protokollen (Ofner I. S. 251) und von Zeiller II. S. 133 flg. erwähnt. Verkehrt sind die Versuche älterer Kommentatoren (Zeiller a. O., Nippel III. S. 217), die Ausnahmsnormen des §. 367 G. B. auf die „schuldbare Unvorsichtigkeit oder Sorglosigkeit des Eigenthümers . . . folglich auf den Grundsatz zu stützen, daß der Schuldige den Schaden vor dem Schuldlosen . . . tragen soll." Von einem „Verschulden" des Eigenthümers im Sinne des §. 1295 kann offenbar nicht die Rede sein. Schon Azzoni a. a. O. betont richtig das Postulat des redlichen Verkehrs. Dagegen beruft sich freilich der Comm. Bericht v. 1771 auch auf die „Nachlässigkeit" des Eigenthümers. Vgl. S. 338 flg.

17) Unter „Übergabe" ist in den hier folgenden Fällen nach österr. Recht nicht bloß die körperliche, sondern auch die sog. Übergabe durch Zeichen (§. 427) und das constitutum poss. (§. 428) zu verstehen. Vgl. Exner S. 71, N. 81, Goldschmidt, Mittheil. des Prager D. J. V. 1874, S. 118 flg., Dernburg §. 188, N. 13. — Zweifelhaft ist nur der Fall des Art. 306 H. G. B., in Ansehung dessen Goldschmidt, 9. Bd. S. 17 flg. und H. R. §. 80, N. 13. 14, ansch. Völderndorff II. S. 157, Fitting, Zeitschrift für H. R. 18. S. 333, Behrend, Gutachten für den Juristentag 1880, S. 85, Gareis-Fuchsberger, S. 647 nr. 210 — das const. poss. und die symbolische Übergabe für unanwendbar erklären, weil dies allein anerkanntermaßen der germanischen Auffassung des Satzes: Hand wahre Hand entspreche, zur Vermeidung gefährlicher Kollusionen unentbehrlich sei,

1. Wer redlicher Weise eine bewegliche Sache in einer öffentlichen (gerichtlichen oder außergerichtlichen, exekutiven oder freiwilligen) Feilbietung gekauft hat (§. 367. 1.) Dies gilt selbst in Ansehung gestohlener oder verlorener Sachen. Zu den öffentlichen Feilbietungen sind insbesondere nicht nur die von den Notaren als Gerichtskommissären, von den Verwaltungsorganen, von den amtlichen Handelsmäklern und von den concessionirten Lagerhäusern, sondern auch die von Privaten mit behördlicher Bewilligung vorgenommenen Versteigerungen zu zählen.[18] Dieselbe Ausnahmsbestimmung, welche zum Theil durch die Rücksicht auf die Autorität der intervenirenden Behörde, noch mehr aber durch das Bedürfniß des Verkehrs gerechtfertigt erscheint, ist modernen Ursprungs; sie hat indeß einen rechtshistorischen Rückhalt in den Statuten vieler deutschen und französischen Städte, insofern diese die Vindikation der auf öffentlichem Markte oder durch Vermittlung eines öffentlichen Sensals gekauften Waaren ausschließen oder nur gegen Lösung gestatten. Schon der Codex Theresianus II. c. 8. §. IV. Nr. 52 und der Entw. Horten enthalten den bezügl. Rechtssatz unzweideutig (vergl. Note 14a) und es ist sohin nicht zutreffend, das preuß. L. R. 15. I.

---

und weil bei dem Umstande, als Eigenthümer und Erwerber in gleicher Vertrauenslage sind, ersterer den Vorzug verdiene. Auch ich theile diese Meinung, doch hauptsächlich darum, weil Art. 306 augenscheinlich die physische Übergabe betonen will. (And. Ans. Dernburg a. O.) — Zu beachten ist, daß der Waarenerwerb mittelst Konnossements, Lager- und Ladescheins sich nicht nach Art. 306, sondern nach Art. 305 H. G. B. (dazu Art. 649 flg.) richtet, daher hier zur Eigenthumsübertragung nur Redlichkeit des Erwerbers erfordert wird. Vgl. das Folg. sub 5, dazu Goldschmidt §. 80, N. 13, Randa, Besitz §. 11, N. 57b., — anderer Ans. Hahn zu Art. 306, N. 6 und Endemann, Handb. II. S. 57, welcher zwar die Inkongruenz zwischen Erwerb des Papiers und der durch dasselbe repräsentirten Waare, welche sich nach letzterer Ansicht ergiebt, anerkennt, allein die Unterscheidung „logisch für . . vollkommen berechtigt" erklärt. Diese Ansicht ist unhaltbar. Vgl. Note 53. Unklar sprechen sich aus: Gareis-Fuchsberg, D. H. G. B. S. 646. nr. 208.

18) Vgl. §. 183 lit. c. Not. Ordn. v. 1855, welche mit Art. 2 der Not. Ordn. v. 25. Juli 1871 in Kraft erhalten wurde; ferner Art. 5 des Reichsgemeindegesetzes v. 5. März 1862, Art. 70 H. G. B., Ges. v. 4. April 1875, Z. 68, Hofd. v. 3. Juli 1786, demzufolge keine Feilbietung ohne behördliche Bewilligung abgehalten werden darf nud jeder Licitation ein befugter Ausrufer und in der Regel ein obrigkeitlicher Kommissär beizuordnen ist; endlich Lagerhausgeſ. v. 28. April 1889 Z. 64 (§§. 16. 32—34.) — Die Feilbietung muß formell gültig sein; vgl. Nr. 6646 Samml. Gl. U. W.; dies übersieht die Entsch. Nr. 8174 d. S. Über den deutsch. Entw. s. S. 337.

§. 36. 42 (welches außerdem den Verkauf durch den Fiskus erwähnt) und eine für den Triester Platz erlassene österr. Verordn. v. 6. Juni 1791 Z. 161 als unmittelbare Vorbilder des §. 367. 1 zu bezeichnen.[19] Die öffentliche Veräußerung von Sachen, welche nach dem Gefällsstrafgesetzbuche einer dinglichen Haftung für die Gefällsstrafen unterliegt, durch die Gefällsbehörden (§. 167. G. Str. G. B.) hat nichts Besonderes auf sich; sie erfolgt behufs Realisirung des gesetzlichen Pfandrechtes und §. 167 bestimmt bloß Selbstverständliches.[20]

2. Wer redlicher Weise eine bewegliche Sache von einem Handels- oder Gewerbsmanne an sich gebracht hat, welcher nach Maßgabe der Gewerbeordnungen zum Verkehr mit dergleichen Gegenständen befugt ist.[21] Es ist gleichgültig, ob die Befugniß zu diesem Verkehr auf einer behördlichen Konzession (Bewilligung) oder

---

19) Nur diese Vorläufer erwähnen Pfaff, Materialien S. 6, u. Zeiller's Bericht, Exkurse I. S. 75. Der Art. 8 des C. Ther. betont die nothwendige „Sicherheit des gemeinen Handels und Wandels" und Art. 52 cit. bestimmt: „Jener soll zum Meisten gesichert sein, der eine öffentlich feilgebotene Sache . . . erhandelt". — Vgl. auch art. 2280 d. franz. Code, Goldschmidt 8. S. 230—243, Laband, Vermögensrechtliche Klagen, u. die sächs. Rechtsq. (1869) §. 12. 13, Exner S. 67, der aber den Spezialfall des §. 167 Gef. Straf. Gef. hierher ziehen will, ohne der öffentlichen Feilbietung zu erwähnen. — Die Bestimmung des preuß. Landrechts §. 15 I. 42 (Versteigerung) will Suarez irrthümlich auf das R. R. zurückführen. Vgl. noch Förster §. 180, N. 57, Dernburg §. 188, N. 5—7. Irrig behauptet Goldschmidt, Mittheil. d. Prager J. V. 1874, S. 117, daß hier die Tradition nicht nöthig sei. Gemeinrechtlich ist allerdings streitig, ob das Eigenthnm schon durch Zuschlag oder erst durch Tradition übergeht. Nach preuß. L. R. 11. I. §. 342 bedarf es der Übergabe nicht; anders nach bayer. R. Vgl. Roth §. 136, N. 15, dazu §. 15 dies. B.

20) Nämlich, daß der frühere Eigenthümer die Sache nach der Veräußerung von dem Erwerber nicht zurückfordern dürfe. Hiernach ist Exner's S. 67 u. meine Ger. Zeit. 1867, Nr. 101, geäußerte Meinung richtig zu stellen. Vgl. die §§. 249—251, 253 der Zoll- und Mon.-Ordn., denen zufolge die Veräußerung der haftenden Sachen nur im Wege der öffentlichen Feilbietung erfolgen darf.

21) Die Befugniß zum Gewerbe- (Handels-) Betriebe ist nach der Gewerbenovelle v. 15. März 1883 Z. 39, sowie nach dem im Art. V. des Einf. Gef. v. 1859 citirten Vorschriften zu beurtheilen. In Nr. 6953 Samml. wird der Eigenthumsklage gegen den Käufer einer öffentl. Obligation darum stattgegeben, weil der Verkäufer (Wechsler) nur mit dem niedrigsten Steuersatze besteuert war; ich halte diese Begründung für falsch, da die Unrichtigkeit des Steuersatzes die Berechtigung zum Gewerbebetrieb nicht ausschließt. — Nach dem H. B. G. Art. 11. u. 306 kommt auf die „Befugniß" nichts an. Über das preuß. R. s. S. 301. Die Redlichkeit wird durch groben, nicht entschuldbaren Irrthum ausgeschlossen (§. 326 B. G. B.); so auch Gierke, Zeitschr. f. H. R. 29. S. 247 u. Erk. d. deutschen R. G. VI. 4. 23, dazu Schluß des §.

auf dem Umstande beruht, daß das Gewerbe ein „freies“ ist (§§. 1. 11—15 flg. d. Gew. Nov. v. 1883).[22] Es mag erwähnt werden, daß die Berechtigung zur Erzeugung eines Artikels auch das Recht zum Haudel mit den gleichen fremden Erzeugnissen in sich schließt (§§. 36. 37 Gew. Nov.). Dem Rechtserwerbe steht nach dem A. B. G. B. der Umstand nicht entgegen, daß die Sachen gestohlen oder verloren waren. (Anders nach Art. 306 H. G. B.).[23] Selbst Entgeltlichkeit des Erwerbes wird nicht erfordert, wie die Vergleichung mit dem dritten Falle des §. 367 ergiebt. (Anders nach Art. 306 H. G. B.).[24]

---

22) Anderer Ans. ohne Grund Winiwarter II. S. 126. „Befugt bedeute nicht konzessionirt“. Die „handwerksmäßigen“ Gewerbe (§. 14) gehören prinzipiell zu den freien. Mit Unrecht bestreitet die Entsch. Nr. 6953 Samml. Gl. U. W., daß ein Geldwechsler, der bloß 3 fl. 5 kr. Steuer zahlt, als ein zum Verkehr mit Kreditpapieren befugter Gewerbsmann anzusehen sei.

23) Nach dem Grundgedanken des germanischen Rechts ist die Eigenthumsverfolgung bei gestohlenen, geraubten und verlorenen Sachen nicht ausgeschlossen (Sachs. Sp. II. 36); diese Auffassung erhielt sich im franz. R. art. 2279. 2280 und im Hand. G. B. Art. 306, auch im Entw. des deutsch. B. G. B. Vgl. Goldschmidt 8. S. 249 flg. Exner S. 59. 62; bes. Stobbe §. 146. Streitig ist nach Handelsrecht, ob der Begriff der gestohlenen und verlorenen Sachen auf alle ohne oder wider Willen des Eigenthümers abhanden gekommenen Sachen auszudehnen sei (Goldschmidt §. 80, N. 2) oder nicht (Endemann II. S. 62 flg.) Für die extensive Interpretation haben sich auch das Reichsgericht Erk. I. 93. 148 und Gierke a. O. ausgesprochen.

24) And. Ans. sind Winiwarter S. 127, Nippel III 219, Stubenrauch S. 491, weil das Gesetz nur (?) den unentgeltlichen Erwerb insbes. schützen konnte (?) und wollte; auch Exner S. 65, N. 51, weil unentgeltliche Veräußerungen nicht zum Handels-(Gewerbe-)Betriebe gehören. Allein das erstere Argument enthält eine petitio principii, das letztere trifft nur bezüglich des Art. 306 H. G. B. zu. Nach dem Cod. Theres. II. 8. §. IV. 43 flg., sollte allerdings nur der entgeltliche Erwerb geschützt sein; im Übrigen genügte es nach §. 47 flg., wenn das Eigenthum auf Seite des Veräußerers „aus den Umständen wahrscheinlicher Weise vermuthet werden kounte“. Als „derlei Umstände“ werden beispielsweise angeführt: „Hantirung, Vermögensstand und guter Leumund alsda es dessen ordentl. Gewerbe wäre, mit derlei Sachen zu handeln“ 2c., selbst (§. 49) „öffentliches Ansehen“ 2c. Vergl. Note 14a. — Das preuß. L. R. §. 24. I. 15 legt allerdings auf die Entgeltlichkeit Gewicht. Dem älteren deutschen R. ist aber das Moment der Entgeltlichkeit fremd. Das preuß. L. R. §. 43. I. 15 schließt die Vindikation gänzlich aus bloß hinsichtlich der in Läden von Kaufleuten, welche die Gilde gewonnen haben, verkauften Sachen, während das sächs. G. B. (§. 315) in Rücksicht der befugten Kaufleute nur die Lösung des Vindikanten zuläßt. Das franz. und ital. R. (art. 2280 respekt. 709) gestatten beim Verkauf gestohlener und verlorener Sachen durch Kaufleute die (sonst regelmäßig unzulässige) Vindikation von Mobilien nur gegen Lösung. Ähnlich das zürich. G. B. §. 651. 655, obwohl es die Vindikation nur ausnahmsweise bei wider Willen abhanden gekommenen Sachen zuläßt. Überall wird redlicher Erwerb vorausgesetzt. Die hier behandelten Normen fiud überwiegend neueren Ursprungs und

Auf Veräußerungen der Urproduzenten (Grund-, Bergwerksbesitzer ꝛc.), soweit sie nicht zugleich das Handelsgewerbe mit Urproducenten betreiben, bezieht sich diese Norm nicht.[24a] Gewiß irrig ist die Ansicht, daß der §. 367. 2 auf die auf offenem Markte verkauften Waaren anzuwenden sei[25]; die bezügliche Bestimmung des Codex Theres. und des Entw. Horten's („dahingegen ist Niemand gesichert, der von einem Fremden ... außer öffentlichen

---

beruhen auf der bewußten Tendenz, die Sicherheit des kaufmännischen Verkehrs zu fördern. (S. Endemann, H. B. II. S. 53.) Möglich, ja nicht unwahrscheinlich, daß die Wurzeln desselben in den auf jüdischer Rechtsanschauung beruhenden Judenprivilegien des Mittelalters zu suchen sind, welche im Allgemeinen verfügen: Ausschluß aller Vindikation an anvertrautem, von Juden redlich erkauftem Gute, Beschränkung derselben durch Lösungspflicht bei gestohlenem und verlorenem Gute. Vgl. d. Priv. Heinrich IV. v. 11. März 1090 für die Juden von Speier, welches den Charakter eines Reichsgesetzes trägt; damit stimmt überein das Privilegium Friedrich II. von 1238 u. 1244 für die Juden von Wien, das Priv. Přemysl Otakar II. v. 1254 (§. 5—7) für Böhmen u. Mähren (bestätigt von Karl IV. 1356), sowie das Priv. Bela's für Ungarn (1235—1270 das erste materiell übereinstimmende Gesetz f. Böhmen, Österreich, Ungarn). Ähnliche Privilegien genossen die Juden in Frankreich. Vgl. Stobbe, Die Juden in Deutschland S. 119 flg., D. Pr. R. 46, N. 40, §. 146, N. 22, Goldschmidt 8. S. 266 flg., Jireček, Codex J. Boh. I. S. 133 flg. Wesentlich dasselbe Recht galt für Wechsler und Goldschmiede in Holland schon im 17. Jahrh. Goldschmidt S. 277, N. 19a. Jenes Privileg der jüdischen Kaufleute bezüglich gestohlener Sachen wurde in Deutschland durch die R. Pol. O. von 1548 und 1577, später durch Partikulargesetze aufgehoben; insbesondere können nach dem ren. Privil. Ferdinand III. f. Böhmen v. 8. April 1648 anvertraute, den Juden versetzte Sachen gelöst, gestohlene einfach vindizirt werden. (Vgl. dazu Stobbe §. 146, N. 4. 15. 16, Krasnopolski a. O. S. 116 flg.) Ähnliche Anklänge bezüglich der von überseeischen Händlern gekauften Importwaaren finden sich schon in der L. Wisig. XI. 3. 1 flg., wie Dahn, Zeitschr. für H. R. 16. S. 404 flg., Stobbe a. O., Carlin S. 50 flg. ausführen.

24a) Richtig Krainz, II. d. 206 N. 22; s. auch P... in den Jur. Bl. 1868, Nr. 14, gegen Ofner, ebenda Nr. 9 u. Sachenr. §. 34. Beleg dessen ist auch der Sprachgebrauch, insbes. der §§. 29. 31. 233. 252. 1027. 1030. 1299 A. B. G. B., dann §. 1 des Erwerbsteuer-Pat. v. 31. Dzbr. 1812; Gewerbeordn. v. 1859, art. 3—6 u. §. 38 der Gew. Nov. v. 1883.

25) So Stubenrauch S. 491, „weil hier den Käufern die Einholung genauer Erkundigungen über die Verhältnisse der Verkäufer noch weniger zugemuthet werden kann"; u. Krasnopolski S. 24 (s. folg. Note). De lege lata ist dies kein Argument. Allerdings schließen aber einzelne ältere deutsche Stadtrechte die Vindikation der auf offenem Markte gekauften Sachen ganz aus (so das Brünner Schöffenr. Nr. 57 u. a. bei Goldschmidt S. 263, N. 10 genannte St. R.) oder gestatten sie nur gegen Lösung (so zahlreiche franz. Statute, das preuß. L. R. §. 44 I. 15, der franz. u. ital. Code civ. art. 2280 resp. 709, sächs. G. B. §. 315, zürich. G. B. §. 655). Vergl. Laband S. 81 flg., Goldschmidt S. 259 flg., Stobbe §. 146, N. 23, §. 147 Nr. 13. 14. Über das neueste schweiz. R. vgl. S. 302.

Marktzeiten ... etwas erkaufet") wurde in späteren Entwürfen eliminiert und die analoge Ausdehnung des §. 367 ist vermöge der singulären Natur desselben ausgeschlossen. (Aber auch die ratio legis des §. 367. 2. trifft beim Marktverkauf nicht völlig zu, da zu letzterem nicht einmal (wie bei freien Gewerben) eine behördliche Anzeige erforderlich ist).[25a] — Von der ähnlichen Bestimmung des Art. 306 H. G. B. unterscheidet sich der §. 367 G. B. dadurch 1) daß derselbe einen zu diesem Verkehre befugten Gewerbsmann voraussetzt, während es nach Art. 11 und 306 H. G. B. nur auf den thatsächlichen Handelsbetrieb ankommt. 2) Daß der Art. 306 keine Anwendung findet, wenn die Sachen gestohlen oder verloren waren oder von dem Kaufmann unentgeltlich veräußert wurden. (Der Cod. Theres. II. 8. §. IV. 44 sagt noch ausdrücklich: „Und hindert diese Übertragung der üble Glaube des Veräußerers ... keinerdings, wenngleich derselbe ... (die Sachen) selbst mit Gewalt oder diebischer Absicht entwendet hätte.") 3) Daß sich der Art. 306 auf die von Handwerkern in Ausübung ihres Handwerksbetriebs vorgenommenen Veräußerungen nicht bezieht, da letztere eben keine Handelsgeschäfte sind (Art. 273, Abs. 3).[26] Übrigens gelten in Handelssachen die Bestimmungen des §. 367 und des Art. 306 neben einander und

---

25a) Richtig Krainz II. §. 206, N. 22; zweifelnd: Stubenr.-Schuster-Schreiber I. S. 465 (5. A.) — Anderer A. Krasnopolski S. 24, welcher insbes. den Marktverkehr der Urproducenten der Norm des §. 367. 2. unterwerfen will. (Ja, Ofner, Sach. R. §. 34 zählt [den Landwirth zu den befugten Gewerbsleuten, soweit es Urproducte betrifft.) Die Annahme Kr.'s jedoch, daß der §. 367 ein Prinzip enthalte, ist nicht richtig. Vgl. Note 14 d. Die ganz allgemeine Beziehung Zeiller's (Prot. Ofner I. S. 251) auf das preuß. L. R. und die Vorentwürfe beweist Nichts für die gegentheilige Meinung, da Niemand den Marktverkehr erwähnte.

26) So Hanser, Arch. für H. u. W. R. 16. S. 273, früher auch Goldschmidt IX. S. 24, N. 6, der aber später H. R. II. §. 80, N. 11 seine Ansicht änderte und auch die Veräußerungen der Handwerker der Begünstigung des Art. 306 unterwirft, weil die Konferenz bei dem späteren Einschub des Art. 306 an diese Beschränkung wohl nicht gedacht und der „Handelsbetrieb" (Art. 306) auch den „Handwerksbetrieb" umfasse. (So auch Dernburg §. 188, N. 13, Thöl §. 234, Völderndorff II. S. 156, Hahn II. S. 143, Endemann, H. B. II. S. 57), Gareis-Fuchsberger, D. H. G. B. S. 646 nr. 207). — Allein so mißlich die Beschränkung (Art. 273. 306 H. G.) sein mag, m. E. ist sie nicht wegzuinterpretiren, da die Bestimmungen des 4. Buchs (wo nicht das Gegentheil ausnahmsweise bestimmt gesagt ist) nur auf „Handelsgeschäfte" Anwendung haben. S. auch die Aufschrift des 2. Abschnittes: „Allgemeine Bestimmungen über Handelsgeschäfte."

kommt im einzelnen Falle jene Norm zur Anwendung, welche dem Erwerber günstiger ist (Art. 308 H. G. B.).[27]

3. Wer eine bewegliche Sache redlich und gegen Entgelt[28] von demjenigen an sich gebracht hat, dem sie der Eigenthümer (selbst) zum Gebrauche, zur Verwahrung oder in was immer für einer anderen Absicht anvertraut hatte (§. 367. 3). Diese Bestimmung beruht auf dem bekannten deutschrechtlichen Satze: »Hand wahre Hand«. „Wo man seinen Glauben gelassen, da muß man ihn suchen".[29] Im Sinne dieses Rechtssatzes und der näheren Erklärung des Gesetzes selbst kommt es hier nicht auf ein „Anvertrauen" im wahren Sinne, sondern wesentlich darauf an, daß die Sache mit dem Willen des Eigenthümers aus dessen Inhabung in fremde Hand gelangte oder darin belassen wurde, z. B. durch Leihe, Miethe, Übergabe zur Bearbeitung, zum Pfande &c.[30] Hingegen findet die Bestimmung bei unfreiwilligem Verlust der Gewahrsame keine Anwendung, z. B. wenn die Sache geraubt, entwendet, verloren oder durch Naturereignisse (Überschwemmung) entzogen wurde,[31] ebensowenig in dem Falle, wenn das Ge-

27) Die mehrfach günstigere Bestimmung des §. 367 G. B., z. B. bezüglich gestohlener und verlorener Sachen, übersieht Exner S. 68, N. 62, sofern er meint, daß h. z. T. nicht leicht ein Fall vorkommen wird, der nach §. 367. 2 zu beurtheilen wäre. Immer muß jedoch entweder der Handels- oder der gemeinrechtliche Rechtssatz als Ganzes zur Anwendung gelangen; eine stückweise Verquickung einzelner Bruchstücke ist ausgeschlossen. Goldschmidt §. 79 a. E., Hahn II. S. 153 ff., Endemann II. S. 54.

28) Bestellung einer Mitgift ist selbstverständlich auch dann ein unentgeltliches Geschäft, wenn der Besteller hierzu verpflichtet war (§. 1220).

29) Die Parömie findet sich in den Stellen bei Kraut §. 82, N. 39 flg. Vgl. auch Stobbe §. 146, N. 25. — Weder das böhm.-mähr. Landrecht, noch selbst die böhm. Stadtrechte v. 1579 enthalten den deutschrechtl. Grundsatz: „Hand wahre Haud", obwohl ihn noch die älteren Stadtr. v. Briccius v. Licsko v. J. 1536 (VII. 2 8.) ed. Jireček, entsprechend dem Brünner Curs. sent., bez. dem Prager Rechtsbuch, recht wohl kannten; dazu Krasnopolski S. 15 flg., vgl. noch §. 18. N. 75 dies. Buchs.

30) Darin herrscht Übereinstimmung. Vgl. Stubenrauch S. 492, Exner S. 68, N. 65. 66. — Dies ist ganz im Sinne der älteren u. neueren deutschrechtlichen Quellen. Vgl. Stobbe §. 146. N. 11. 24—26 und oben N. 3 flg.

31) Dagegen kann der von Goldschmidt §. 80, N. 7 weiter angeführte Fall des Besitzverlustes durch wesentlichen Irrthum (Verwechslung) ebensowenig hierher gerechnet werden, als der Verlust durch betrügerische Entlockung (richtig Goldschmidt §. 80, N. 30 a. E.), da in jenem Falle doch nur durch den selbsteigenen Übergabsakt des Eigenthümers die Gewahrsame, ja nach österr. Recht nach Umständen sogar Eigenthum auf den Empfänger übergeht (§. 876 G. B., dagegen Sachs. Sp. III. 89). Zweifelhafter ist der Fall der widerrechtlichen Drohung (§. 870): nach dem Satze

finde oder Hausgenossen die dem Dienst- oder Hausherrn gehörigen Sachen unbefugter Weise veräußern, da Letzterer nicht aufhört, Besitzer derjenigen Gegenstände zu sein, zu welchen das Gesinde oder Hausgenossen freien Zutritt haben. (Sachlich richtig schon Zeiller, [Ofner, Prot. I. S. 251], welcher gegenüber den diesfalls erhobenen Bedenken bemerkte: „Auf diese Erinnerung nehme er kein Bedacht, denn der §. handle von Fällen, wo der Eigenthümer seine Sache gewissen Personen eigens (?) anvertraut hat".[31a] Um jedoch alle Bedenken zu beheben, wurden im folgenden §. 368 noch die auf Dienstleute 2c. bezüglichen Worte „oder andern Verhältnissen" hinzugefügt.)[32] — Übrigens ist die Geltung des §. 367 trotz der scheinbar entgegenstehenden Fassung („der Kläger selbst") auch dann nicht ausgeschlossen, wenn die Veräußerung nicht unmittelbar von demjenigen, dem der Eigenthümer die Sache anvertraut hat, sondern von dessen weiterem Vertrauensmann veräußert wurde, z. B. vom Aftermiether, Afterkommodatar, Afterpfandgläubiger 2c.; denn dies fordert die Konsequenz des Satzes: »Hand wahre Hand«, demzufolge der Eigenthümer bei freiwilliger Detentionsüberlassung sich nur an den Empfänger halten darf.[33] (Bezeichnender Weise normirt der Cod. Theres. diesen

---

coacta voluntas etc. möchte ich selbst für das österr. Recht trotz des „widerstrebenden Rechtsgefühls" auch hier die Vindikation ausschließen, zumal die Tradition nur elativ ungültig ist (§. 870. 875.) Vgl. nun auch Krasnopolski, S. 41 flg. And. Ans. Goldschmidt N. 6. 30. Vgl. noch folg. Note 32.

31a) Daß Zeiller a. O. das Wort „eigens" (vielleicht statt: „eigentlich"?) ungenau gebraucht, ist richtig; nicht nur „eigens" — sondern überhaupt nichts wird hier „anvertraut"; nur der Zutritt zu den Sachen ist Hausgenossen leichter!

32) In der Aneignung bezieh. Veräußerung dieser Personen liegt eine Entwendung, keine Veruntreuung. Damit stimmt auch das ältere deutsche Recht, Sachs. Sp. III. 6. §. 1. S. 298 flg.; der Herr behält hier die Gewere. Vgl. Laband, Klagen, a. O. 80. 82 flg., Exner S. 61, Goldschmidt 8. S. 253 flg., Stobbe §. 146, N. 14. — Allerdings fällt aber unter die Norm des §. 367 der Fall der Veruntreuung von zur Verarbeitung anvertrauten Sachen durch Gewerbsleute. (Anders nach dem deutschen R., vgl. Laband S. 82 flg., Goldschmidt 8. S. 253, welcher dies aus dem ehemaligen Hörigkeitsverhältniß der Handwerker, und Stobbe §. 146, Nr. 28, der dies aus dem Retentions- und Veräußerungsrechte wegen vorenthaltenen Lohns erklären will.) Einzelne Partikularrechte lassen ausnahmsweise auch die Vindikation der vom Depositeur veruntreuten oder vom Kommissionär an Zahlungsstatt hingegebenen Sachen zu (vgl. Goldschmidt 8. S. 254, N. 22, Stobbe §. 146. N. 27. 29); dem österr. Rechte ist diese Beschränkung fremd. — Der Art. 306 H. G. B. bezüglich des Erlöschens unbekannter Pfandrechte gilt concl. a maj. auch nach §. 367. Irrig: Nr. 6804 Samml. Gl. U. W.

33) So auch der deutsche Entwurf, vgl. S. 302. — And. A. Stubenrauch

Fall des §. 367 nicht ausdrücklich, obwohl nach der vorhin angeführten weiten Fassung der §§. 43 flg., bes. 49 der Eigenthumserwerb des redlichen Erwerbers auch in diesem Falle keinem Zweifel unterliegt.) Auch bei Veruntreuung der einem Amte (Steueramt ꝛc.) anvertrauten Sachen insbes. von Werthpapieren durch Beamte hat daher der §. 367 (bez. §. 371) Anwendung. (Vgl. 6953 Samml., woselbst der Klage des Deponenten gegen den Erwerber nur wegen Abgang der Redlichkeit des Letzteren nicht stattgegeben wurde.) — Von ihrer deutsch-histor. Grundlage unterscheidet sich die Norm des §. 367. 3). hauptsächlich dadurch, daß dieselbe auf Verkehrsrücksichten beruht, sodann entgeltlichen und redlichen Erwerb voraussetzt[34] und daß (was für das ältere deutsche Recht mindest zweifelhaft ist), der Übergang des Eigenthums auf den Erwerber in bestimmter Weise ausgesprochen ist,[35] — Normen, die gewiß zu billigen sind. Noch sei be-

---

S. 492 (5. A. v. Schuster-Schreiber, S. 466), der die Worte: „der Kläger selbst" zu sehr betont; „selbst" dürfte soviel wie „freiwillig" bedeuten. — Krasnopolski S. 9 perhorrescirt zwar die Berufung auf das deutsche Recht, weil die histor. Continuität nicht nachweisbar sei. Indeß haben sich nicht nur die Redactoren des C. Ther. (Harrasowsky II. S. 132, Note 1), sondern auch Zeiller in der Compilationscommission (Prot. Ofner I S. 251) ausdrücklich auf deutsche Rechtsquellen bez. d. preuß. L. R. berufen. Diese Quellen liegen hier näher als der C. Ther., welcher ja prinzipiell auf einem andern Standpunkt steht. S. Note 14a. — Ist jedoch die Sache dem Depositar verloren gegangen oder entwendet worden, so findet allerdings die Vindikation statt (§. 367); nicht so nach älterem deutschem Rechte, vgl. Stobbe §. 146, N. 26. Richtig daher Erk. Nr. 6953 Samml. Gl. U. W. (Defraudation des Steuerbeamten an Depositen.)

34) Daß nach älterem deutschen Recht auf die Entgeltlichkeit und Redlichkeit des Erwerbes nichts ankommt, ergiebt sich aus der Grundanschauung, daß die Klage einfach darum ausgeschlossen ist, weil sich der Eigenthümer der Sache freiwillig begeben, ihm daher bloß der Empfänger einzustehen hat; nur bei unfreiwilligem Besitzverlust findet die Vindikation statt und hier wieder ohne Rücksicht auf die Redlichkeit des gegenwärtigen Besitzers. Keine der älteren Rechtsquellen, insbesondere kein Rechtsbuch erwähnt daher jener modernen Zuthaten. Vergl. auch Gerber §. 102, Stobbe §. 146, N. 26, Exner S. 65, N. 51. Zwar suchen u. A. Bluntschli §. 73 und Goldschmidt 8. S. 256 hauptsächlich aus den Grundsätzen des deutschen Beweisrechts nachzuweisen, daß die Vindikation anvertrauten Guts gegen die untitulirten Besitzer zulässig gewesen sei (s. dagegen auch Stobbe a. O.); allein G. selbst vermuthet nur, daß dabei das Moment der Redlichkeit in einer nur nicht näher nachweisbaren Art in Betracht gekommen sei.

35) Für das österr. R. kann die Frage nach dem Schlußsatze des §. 367 und nach Art. 306 H. G. B. nicht zweifelhaft sein. Vgl. oben S. 303, dazu neuest. Carlin S. 95 flg., Unger I. S. 518, N. 30. Nicht bloß die Klage, — das Eigenthum selbst geht verloren. Die verschiedenen Ansichten der Germanisten bei Carlin S. 94 flg., Goldschmidt 8. S. 256, N. 27, welche sich gleich Stobbe §. 146

merkt, daß die Bestimmungen des §. 367 Abs. 2. u. 3 freiwillige Übergabe von Seile des Inhabers voraussetzen, daß daher die exekutive Einantwortung und Abnahme von fremden Sachen, welche unter gleichen Verhältnissen (§. 367) in den Händen des Exekuten sich befinden, des auf die Wahrung des „redlichen Handels und Wandels" berechneten Rechtsschutzes nicht theilhaftig ist.[35a] Ebenso wenig beziehen sich diese Bestimmungen kraft ihres singulären Charakters auf unbewegliche Sachen, selbst wenn diese nicht verbüchert wären (anders Nr. 6327 Samml.), noch weniger auf Forderungen, es wäre denn, daß es sich um nicht indossable Namens-Werthpapiere handelle. (Darüber vgl. das sub 4—6 Folgende).[35b]

Die Bestimmungen der drei Fälle des §. 367 G. B. und des Art. 306 H. G. B. beziehen sich ohne Zweifel auch auf Geldstücke und Papiergeld (Papierwerthe)[36] — ob auch auf Werthpapiere? — darüber s. Absatz 5.

4. Unvermischtes baares Geld (z. B. in Beuteln, Einschlag ꝛc. gleichviel ob Papiergeld, Banknoten oder Münzen)[37], sowie Inhaberpapiere erwirbt der redliche Empfänger schon durch die (entgeltliche oder unentgeltliche) Tradition des Besitzers, auch wenn der Tradent nicht Eigenthümer gewesen ist. Hier genügt also einzig die Übergabe an den redlichen Erwerber.[38] Dieser Grundsatz er-

---

Nr. 6 für den Übergang des Eigenthums und nicht bloß für den Ausschluß der Rückforderungsklage des Eigenthümers aussprechen. Dagegen schon Walter, R. Gesch. §. 506. Die Quellen entscheiden eben nur die praktisch wichtigste Seite der Frage.

35a) Vgl. auch Schrutka-Rechtenstamm, Grünh. Ztschr. XII. S. 731 flg. welcher vor dem S. 713 flg. auch die Frage, ob der §. 456. G. B. auf das richterliche Pfandrecht auszudehnen sei, mit Recht verneint. — Daß psychologischer Zwang (Drohung) den Willen nicht ausschließt, ist allgemein anerkannt. Vgl. §. 870 flg.

35b) Richtig Nr. 1047, Nr. 9881 Samml.; dagegen ganz verkehrt ist die Entsch. Nr. 5619 Samml., welche Wechsel als gemeine Forderungen ansieht. (Der Remittent hatte einen ihm zum Schein ausgestellten Wechsel einem redlichen Dritten verpfändet; dazu vgl. §. 456 u. art. 74. W. O., und Entsch. d. deutsch. R. G. II. S. 6 flg.) Ebenso verkehrt ist die Anwendung des §. 367 auf cedirte Forderungen in Nr. 4534 Samml.

36) Vgl. dazu Goldschmidt, Zeitschr. f. H. R. 9. S. 8. 59.

37) Ueber diese Begriffe s. neuest. vorzüglich Hartmann, Internationale Geldschulden; dann Koch, Endemann's H. B. II. S. 113 flg., dazu jedoch auch die Richtigstellung von Gierke, Zeitschr. f. H. R. 29. S. 249 flg.

38) Vgl. §§. 296. 297 sächs. G. B., a. 57. I. ital. H. G., §§. 45—47. I. 15. preuß. L. R. (welches überdies entgeltlichen Empfang fordert). Ohne Grund behauptet Dernburg §. 188, N. 17, daß der Erwerb der Inhaberpapiere auch nach Handelsrecht (Art. 307) durch die Entgeltlichkeit des Erwerbs bedingt ist. Die Ver-

giebt sich aus §. 371, besonders dem (erst in der Sitz. v. 2. Mai 1803 hinzugefügten) Schlußsatze, welcher lediglich auf die Gutgläubigkeit des Empfängers Gewicht legt. (S. Ofner, Prot. I. S. 248.) Ja bei Vermischung des baaren Geldes tritt der E. Wechsel wegen der Ununterscheidbarkeit der Spezies unbedingt ein, da die im §. 371 für die ausnahmsweise Vindicirbarkeit gesetzte Bedingung: daß die Spezialbezeichnung der Geldstücke in solcher Weise erfolgt ist, daß der Empfänger daraus ersehen mußte, „daß er die Sache sich zuzuwenden nicht berechtigt sei", bei Baargeld nach der Natur desselben als allgemeinen, imperativen Zahlungsmittels geradezu undenkbar ist.[39a] — Doch beruht die Norm des §. 371, wie der Schlußsatz zeigt, weniger auf dem Gesichtspunkte der Ununterscheidbarkeit der Spezies als auf dem — des guten Glaubens — der Verkehrssicherheit, und wäre daher dessen Einreihung nach §. 367 sicherlich richtiger gewesen. (Auf die Vermengung anderer z. B. vertretbarer Sachen

---

weisung auf allgemeine Rechtsgrundsätze verfängt hier nicht. Vgl. Goldschmidt 9. S. 59, N. 6 a. Für den Geldempfang des Kommissionärs gilt nichts Besonderes. Vgl. Goldschmidt, H. R. §. 105, N. 8—10, Zeitschr. 8. S. 297. — Mit Unrecht beschränkt auch Ofner, Sachenr. S. 81 den §. 371 auf den Fall des unentgeltlichen Erwerbs.

39) Als solche „Umstände, aus denen der Kläger sein Eigenthum beweisen kann und aus denen der Geklagte wissen mußte (vgl. §. 368: wissen konnte), daß er die Sache sich zuzuwenden nicht berechtigt sei" (§. 371), d. i. solche Umstände, welche die individuelle Erkennbarkeit sichern und den guten Glauben des Erwerbers ausschließen, könnten nach Umständen beispielsweise angesehen werden: bei Inhaberpapieren, die nicht behördliche Vinkulirungsklausel, überdies nach Umständen (nicht bei Geldnoten) selbst das in die Augen fallende schriftliche plausible Veräußerungsverbot des Eigenthümers. (Vgl. §. 45 I. 15 preuß. L. R.) Die behördlich außer Kurs gesetzten (vinkulirten) Papiere verlieren die Eigenschaft des Inhaberpapiers. Vgl. Hofd. vom 10. Januar 1838, Z. 18188 und §. 15 des preuß. E. G. zum H. G.; Dernburg a. O., Goldschmidt S. 49 flg., bes. Brunner II. S. 214 flg. — Es ist sehr bemerkenswerth, daß der im Text ausgesprochene Grundsatz im deutschen Rechte schon sehr frühzeitig anerkannt war. Vgl. Brunner, Zeitschr. f. H. R. 23. (Sep. Abdr.) S. 30 flg., insbes. den Spruch des Iglauer Oberhofs an die Czaslauer Schöffen v. ca. 1368 (Tomaschek, Oberhof Iglau rc. S. 152 flg., N. 259).

39a) Namensunterschriften rc. können gewiß nicht als solche Bezeichnungen angesehen werden! Die Bestimmung des §. 371 in Ansehung des Geldes: „Sachen, die sich auf diese Art nicht unterscheiden lassen, wie baares Geld mit anderem baaren Gelde vermenget . . . sind kein Gegenstand der E. Klage", beruht auf einer unbedachten und unverständlichen Verquickung des röm. Satzes betreff. die Nichtvindicirbarkeit von Geld (si discerni non possunt, cf. L. 78. D. 46. 3.) mit der unpassenden Norm des preuß. L. R. §§. 45—47 I. 15, welche die Vindikation des Geldes nur bei redlichem u. unentgeltlichem Erwerb ausschließt (S. Dernburg', Pr. P. R.

darf sohin §. 371 nicht bezogen werden).[39b] — Auch hier kommt übrigens nichts darauf an, ob die Sachen mit oder wider Willen des vorigen Eigenthümers aus dessen Besitz kamen. Denselben Grundsatz enthält in Ansehung der Inhaberpapiere der Art. 307 H. G. B., welcher im Gegensatz zu Art. 306 ausdrücklich hervorhebt, daß die Bestimmungen des letzteren auch in Ansehung der gestohlenen und verlorenen Inhaberpapiere Geltung haben.

Die Norm des §. 371 und Art. 307 bezieht sich auf alle (nicht bloß — wie noch der Urentwurf §. 88 II. sagte — öffentliche) Inhaberpapiere, ohne Rücksicht, ob der Gegenstand derselben eine Geldsumme, andere vertretbare Sachen oder ein sonstiges Werthobjekt (Antheil am Vermögen einer Aktiengesellschaft) betrifft. — Dagegen kann die Behauptung, daß sich dieselbe nach der Tendenz des Gesetzes auch auf Legitimationspapiere, z. B. Theaterbillete, Fahrkarten (insbes. sog. Retourbillette der Eisenbahnen), Pfandscheine erstrecke,[40] nicht gebilligt werden.[41] (Über Sparkassenbücher s. Note 42.)

---

§. 188). Wörtlich gilt die Bestimmung des §. 371 allerdings nur bei Commixtion des Geldes; allein gerade hier hat die beigefügte Ausnahme aus dem im Text erwähnten Grunde keine Bedeutung; hinwider hat letztere Ausnahme wieder nur bei unvermischtem Gelde Bedeutung, z. B. wenn die Geldbeutel, Umschläge ꝛc. mit dem Namen des Destinatars versehen sind. Der Schluß a majori führt wohl zu dem im Texte angeführten Resultate. Übrigens ist die Norm des §. 371 bezüglich des Geldes bei ihrer geringen praktischen Bedeutung nicht des Kopfbrechens werth, das sie dem österr. Juristen verursacht. Zu allgemein Krainz. II. §. 219.

39b) Vgl. neuest. Saxl, Jur. Bl. 1893 Nr. 2 gegen Kirchstetter zu §. 371 u. Ofner, Sachenr. S. 81. Allerdings setzt der §. 371 voraus, daß der Vermengende Alleinbesitzer des Gemenges wird; bei Vermengung durch Zufall in der Hand eines unbetheiligten Dritten z. B. auf der Post, durch Bahnunfall kommt der §. 415 auch hier zur Anwendung. Vgl. Krainz a. O.

40) So Goldschmidt 9. S. 56 flg.; dagegen Steinbach, Jur. Bl. 1878, N. 5 u. 6, Fuchs S. 31 und Brunner II. S. 176.

41) Das Wesen der Inhaberpapiere besteht bekanntlich darin, daß die Urkunde zum ausschließlichen Träger des Rechts gemacht wird, und vermöge ihres Inhalts an sich zur Begründung der Klage genügt. (Vergl. Näheres oben §. 12, N. 6.) Das Recht für den Inhaber entsteht, wird übertragen und geltend gemacht durch das Papier. Der Eigenthümer desselben ist Gläubiger. Das Papier ist seinem Wesen und Zwecke nach zum Verkehr geeignet und gewöhnlich bestimmt. Für die bildliche Bezeichnung: „Träger", „Verkörperung" des Rechts s. Gierke S. 255 flg., Goldschmidt, Syst. §. 83. a. — Das Legitimationspapier aber dient nur zum Beweise des Forderungsrechtes und bezweckt im Interesse des Schuldners, diesen bei der Zahlung der Verpflichtung zu entheben, zu prüfen, ob der Präsentant (Produzent) auch wirklich Gläubiger sei. Vergl. §. 1033 A. B. G. B., Kuntze, Inhaberp. S. 401, Unger, Inhaberp. §. 15, Randa, Genoss. Fragen S. 15,

Denn nach der Absicht der Gesetzgebung soll die Bestimmung des Art. 307 H. G. B. nur solchen Papieren zu statten kommen, in denen sich das persönliche oder dingliche Recht verkörpert und welche daher ihrer Natur nach zur Cirkulation geeignet und gewöhnlich auch bestimmt sind. Die Konferenzprotokolle S. 4620 bestätigen diese Auffassung, indem sie darauf Gewicht legen, daß die Inhaberpapiere als „Handels- und Börsenartikel" zu betrachten seien und daß die Sicherheit des Verkehrs, bes. der Schutz gegen unvorgesehene Eviktion die Beschränkung der Vindikabilität dringend gebiete.[42] Die Ein-

---

Fuchs S. 20 flg., Brunner II. S. 174. 206. Darnach gehören m. E. Theater-, Bade- und Fahrbillete zu den Legitimationspapieren; die Absicht, Inhaberpapiere auszustellen, liegt wenigstens den Bade-, Theater- und Fahrbetriebsdirektionen ꝛc. fern! Darum trete ich in d. bekannten Controverse: Ob Retourbillete übertragbar sind, der Ansicht M. de Jonge's, Unübertragbarkeit der Retourbillete 1888) u. Cosack's, H. R. S. 367 bei. (And. Ans. Ihering, Jahrb. f. D. 23. S. 327.) Legitimationsmarken kannten schon die Römer, z. B. in d. sog. tesserae frumentariae: Anweisungen auf Getreide; vgl. A. Pernice: Parerga II. S. 99 (1884).

42) Mit Recht hat daher das Erk. Seuff. Arch. 29, Nr. 72 prinzipiell die Anwendung des Art. 307 auf Legitimationspapiere (Einlagebücher einer Sparanstalt) ausgeschlossen. Eine andere Frage ist es, ob nicht gerade Sparkassenbücher nach österr. R. als Inhaberpapiere im Sinne des Art. 307 anzusehen sind? Zwar sind dieselben ihrem Wesen nach nur Legitimationspapiere, dazu Namenspapiere; vgl. auch das mit Min. E. v. 7. März 1855, Z. 3651 kundgemachte Musterstatut für Sparkassen (§. 19). (Vgl. Randa S. 14, Steinbach a. O.) Da aber nach art. 14 des Sparkassenregul. v. 26. Septbr. 1844 Nr. 832 J. G. S. jeder Inhaber des Sparbüchels als Eigenthümer desselben angesehen wird, stellt sich dieses als Inhaberpapier dar! Ja in dem Ges. v. 3. Mai 1868, Z. 36 werden „Sparkassenbücher" geradezu unter den „zum Verkehr bestimmten Werthpapieren" angeführt und in Ansehung der Amortisation den Werthpapieren gleichgestellt. Es liegt also im Sinne der österr. Gesetzgebung, die Sparkassenbücher auch in Ansehung der Vindikation als Inhaberpapiere zu behandeln. Dafür spricht auch, daß es gesetzlich zulässig und üblich ist, Sparkassenbüchel auf fingirte Namen auszustellen. Vgl. auch Herrmann, a. O. S. 25 R. 9, Hasenöhrl II S. 41 flg. u. Erk. v. 17. Febr. 1891 Z. 1828. Práv. 1892 S. 272, Nr. 6428 — dageg. Nr. 10051. 10342. Gl. U. W. Pf.; dagegen ferner Steinbach a. O., Pavlíček; Práv. 1890 S. 687 N. 13, 1892. S. 39. Nr. 5, Krasnopolski, in G. Ztschr. 34 S. 587. — Goldschmidt 9 S. 56 flg., Kuntze S. 113, Fuchs u. Brunner a. O zählen übrigens Sparkassenscheine, Theater-, Bade-, Speise- u. Fahrbillete zu den wahren Inhaberpapieren. Dagegen aber vergl. vor. Note und Bluntschli-Dahn §. 263, Unger §. 15, Gareis, H. R. §. 77, Randa a. O. Die im Texte vertretene Ansicht zwingt allerdings zur scharfen Unterscheidung der Legitimations- und Zirkulations- (Inhaber-) Papiere, deren Schwierigkeit in einzelnen Fällen nicht zu leugnen ist. Postanweisungen sind gewiß nur Legitimationspapiere; dagegen erklärt sie das Erk. Nr. 10225 Gl. U. W. Pf. für Inhaberpapiere! Pfandscheine (Versatzzettel) sind ohne Zweifel als bloße Legitimationspapiere zu betrachten. Vgl. Steinbach a. O.

wendung aber, daß sonst der Zweck der Legit.-Papiere: die Legitimation im Interesse des **Schuldners** zu erleichtern, unerreichbar bliebe, ist nicht stichhaltig, da der Präsentant nach dem Wesen dieser Papiere jedenfalls zur Empfangnahme legitimirt erscheint und der Art. 307 H. G. B. nicht das Verhältniß des Präsentanten zum Schuldner, sondern dessen Verhältniß zu den *Vorbesitzern* betrifft.

Aus der Nichtunterscheidbarkeit der Spezies folgt ferner mit Nothwendigkeit, daß Geldstücke aufhören, Gegenstand der Vindikation (§. 370 G. B.) zu sein, sobald sie mit fremdem Gelde *vermengt* wurden.[43] Gegen den Besitzer — gleichviel, ob er redlich oder unredlich gehandelt, ferner gleichviel, auf welche Weise er in den Besitz des fremden Geldes gelangt ist, findet nach erfolgter Vermengung nur die Bereicherungs- oder Deliktsklage statt (§§. 371. 1295. 1431 flg. G. B.).[44] Dies gilt auch von *Inhaberpapieren* (§. 371). Bei andern Sachen, welche durch die Vermengung mit anderen die indivi-

---

und das daselbst cit. Hofd. v. 3. Oktober 1801. Pol. G. S. 16. S. 163, u. v. 20. Januar 1802, Pol. G. S. 17. S. 4.

43) Hier ist die Vermengung (nicht die Übergabe) der Grund des Eigenthumsrechtes (§. 371). Zu enge ist die Ansicht *Bechmann's*, Eigenthum durch Accession S. 32, der das Gewicht auf die Konsumtion (Ausgabe) legt, die bloß den Verlust erklärt. Vgl. L. 78. D. de solut. 46. 3. . . . si nummi mixti essent, ita ut discerni non possent, ejus *fieri*, qui accepit, dazu *Windscheid* §. 189. 8., *Arndts* §. 151, N. 2, *Dernburg* §. 188, N. 10. 11. Findet sich dagegen das Geld *unvermischt* in fremdem Besitz, z. B. in gezeichneten Rollen oder Beuteln, so findet gegen den *unredlichen* Besitzer die Vindikation nach der allg. Regel statt. Auf exekut. Erwerb bezieht sich §. 371 *nicht*. Vgl. das Erk. Nr. 6531 u. 6849 Samml. Gl. U. W. — Anders nach preuß. L. R. 15. I. §. 45, welches in jenem Falle die Vindikation nur gegen den *redlichen* und *entgeltlichen* Erwerber ausschließt. Vgl. *Förster* II. S. 237, *Dernburg* a. O.; zu allgemein *Exner* S. 69.

44) Bekanntlich gilt nach *röm.* (u. *österr.*) Recht für die Vermengung von Geld etwas anderes als für die Vermischung von anderen beweglichen Sachen, deren Absonderung Mangels individueller Erkenntnißzeichen unmöglich ist. Vgl. einerseits L. 78. D. cit. (§. 371), andererseits §. 28 J. 2. 1 (§. 415), dazu *Bechmann* §. 28, *Windscheid* a. O. M. E. beruht die Verschiedenheit der Bestimmung darauf, daß hier einerseits eine Sekretion *einzelner* Stücke wegen der verschwindenden Kleinheit und Werthlosigkeit derselben (Getreidekörner ꝛc.) praktisch undurchführbar, andererseits aber auch die Qualität der vermengten Stücke erheblich, dort die Qualität bedeutungslos ist. Darum wird hier (ausnahmsweise) die *Vindikation* „mit *quantitativer* Bezeichnung des Objekts nach Maß, Gewicht, Zahl" (irrig gewöhnlich Miteigenthum genannt), dort bloß die condictio auf tantundem (Zahl) eiusdem generis gegeben. Letzteres gilt daher nicht bloß von Metallgeld, sondern auch von Papiergeld.

duelle Erkennbarkeit verlieren, z. B. nicht numerirten Legitimationspapieren, Spielmarken, Büchereremplaren 2c. findet die im §. 415 G. B. bezeichnete Klage statt. (S. N. 44.)

5. Wesentlich dieselben Grundsätze wie bei Inhaberpapieren gelten auch von Ordrepapieren und überhaupt von solchen Werthpapieren, welche (mit den bezüglichen Rechtswirkungen) indossirt werden können, jedoch mit der in der rechtlichen Natur des Ordrepapiers liegenden Modifikation, daß der Besitzer durch eine ununterbrochen fortlaufende, bis auf ihn herunterreichende Reihe von Indossamenten als Eigenthümer des Papiers äußerlich legitimirt erscheinen muß.[45] (Ist das letzte Indossament ein Blankogiro, so wird jeder Inhaber als Eigenthümer vermuthet, Art. 36 W. O.).[46] Die Forderung wird mit dem Eigenthum am Papier originär erworben und dieses wird — abgesehen von den gemeinrechtlichen Erwerbsarten — begründet durch das redliche Ansichbringen (Tradition), auch wenn der Veräußerer nicht Eigenthümer war und die Veräußerung nicht von einem Kaufmann in Ausübung seines Handelsbetriebes erfolgte und selbst wenn das Papier verloren oder gestohlen war. Beweis dessen sind die Art. 11. 17. 36. 74 W. O., ferner Art. 305 H. G. B.[47]

---

45) Es genügt also die Gutgläubigkeit nicht, wenn die Giroreihe unterbrochen erscheint. Dies ist aber auch die einzige Modifikation. Die Behauptung Goldschmidt's 9. S. 66, daß ein weiterer Unterschied auch darauf beruht, daß bei Ordrepapieren der Grund des Erwerbs gleichgültig sei, bei Inhaberpapieren aber auf Veräußerung u. Übergabe beruhen muß, ist wohl nicht richtig; denn auch das Indossament setzt Veräußerung und Übergabe voraus. Arg. Art. 9. 10. 14 flg. 36. 39 W. O., welche durchwegs auf die Inhabung des Indossatars Gewicht legen, also die Übergabe voraussetzen. Allerdings ist aber das Indossament eine abstrakte Übertragung!

46) Daß ein Ordrepapier durch Blankogiro nicht zum Inhaberpapier wird, ist richtig (Goldschmidt 9. S. 64, Grünhut in seiner Zeitschrift 4 S. 495, bes. Brunner II. S. 193 u. Erk. Seuff. 37. Nr. 16 gegen Thöl II. S. 45); im Punkte der Vindikation besteht aber zwischen beiden kein wesentlicher Unterschied, da Art. 74. W. O. u. Art. 307 H. G. B. sachlich nicht differiren. (And. A. Brunner S. 194.) Auf in blanco girirte Ordrepapiere findet nicht Art. 307, sondern Art. 305 H. G. B., bez. Art. 74 W. O. Anwendung. (Über abweichende Ansichten s. Goldschmidt a. O.)

47) Der Eigenthümer des Papiers ist Wechselgläubiger; die Rechte aus dem Wechsel werden mittelst Erwerbes des Eigenthums der Wechselurkunde begründet. Das Eigenthum der letzteren wird u. a. erworben durch wechselmäßige Übertragung des Papiers, sofern der Erwerber bei dem Erwerb gutgläubig war; grobe Fahrlässigkeit schließt hier wie nach Handelsrecht (Art. 305) die bona fides aus. Der Streit über die Wechselforderung wird in Form des Eigenthumsstreites über die Urkunde ent-

— Daß die Ordrepapiere auch nach Maßgabe der civilrechtlichen Bestimmungen über Sachenerwerb erworben werden können, z. B. durch Universalsuccession, Cession, gerichtliche Einantwortung, Ersteigerung, Fund, Ersitzung, kann nicht bezweifelt werden und wird nunmehr auch von Goldschmidt, Ztschr. f. H. R. 39 S. 433 — (anders noch ebend. 8 S. 337) rückhaltlos zugegeben. Dazu vgl. §. 12 N. 6, übereinstimmend Canstein, W. R. §. 15 S. 210 u. Judicat des öst. O. G. H. Nr. 42. Nach dem Wesen des Werthpapiers ist auch zur Perfection der Cession die Übergabe des Papiers erforderlich und die Gesetzgebung zieht auch diese Consequenz. Arg. art. 183. H. G. B., art. 9 Abs. 2 W. R., welcher dem Indossament des Rectawechsels [d. i. der Cession] nur die wechselrechtliche Wirkung entzieht; (vgl. N. 45). Dazu das österr. Ges. vom 15. Febr. 1860 Z. 41 u. d. Min. V. vom 6. März 1869 Z. 29, bezüglich der Staatspapiere.[47a]

Zu den indossablen Papieren gehören: der Wechsel,[47b] die Ordrepapiere der Art. 301. 302 und 304 H. G. B. (kaufmännische Verpflichtungsscheine und Anweisungen, Konnossemente, Lade- und Lagerscheine, Warrants, indossable Prioritätsobligationen und Theilschuldverschreibungen [Ges. vom 24. April 1874 Z. 49, dazu Note 49], weiter Bodmereibriefe und Seeassekuranzpolizen), ferner Steuervergütungsanweisungen [R. G. B. 1870, N. 139], endlich die auf Namen lautenden Aktien, soweit

---

schieden. Der wechselmäßig legitimirte Besitzer wird als Eigenthümer präsumirt. (Beweis dessen: Art. 17. 36. 74 W. O.) Die Ansicht G.'s S. 330. Z. 2 theile ich indeß nicht, ebensowenig die Meinung Brunners's II. S. 163. 172. 208. cf. S. 148, daß die Grundsätze über den Eigenthumserwerb am Papier auf der „Anwendung desselben Prinzips" beruhen, aus welchen die Sätze über das Recht aus dem Papier fließen (S. 172), d. i. dem Prinzip des sog. öffentlichen Glaubens des Werthpapiers. Vielmehr folgt das Forderungsrecht ganz den sachenrechtlichen Regeln des Eigenthumserwerbes am Papier. (S. auch Gierke S. 265, Goldschmidt, Syst. §. 83a., Canstein, W. St. §. 15., Pavlicek, a. O., Herrmann, §§. 1—5.) Die Beschränkung der Einreden (Art. 82 W. O., Art. 303 H. G. B.) erklärt sich daraus, daß der Erwerb der Forderung stets originär ist, und aus der Intention des Ausstellers der Skriptur. Vgl. §. 12, N. 6.

47a) Vgl. auch das Erk. d. deutsch. Reichsger. III. N. 88 S. 326, XI. S. 251: „Vielmehr gehört zur Übertragung des Forderungsrechtes neben der Cessionserklärung auch die Übergabe des Wechsels." And. Ansicht Herrmann, S. 45 flg., der übrigens zugiebt, daß art. 183 H. G. B. bezüglich der Aktien die Verknüpfung des Rechts aus dem Papier mit dem Rechte am Papier anerkenne.

47b) Unrichtig Erk. Nr. 5619 Samml.; nach art. 74 W. O. war die Verpfändung des Wechsels gültig; §. 367 G. B. war unanwendbar!

das Statut nichts anderes bestimmt (Art. 182. 223 H. G. B.)[48] — nicht aber österr. auf Namen lautende Staatspapiere.[48a]

In Rücksicht dieser Papiere insbes. der Wechsel weiche ich von der Construction Goldschmidt's Ztsch. f. H. R. 8. S. 326 flg., 9. S. 64 hauptsächlich insofern ab, als ich nicht den Vertrag, sondern die Ausstellung der Schrift durch den Einen (Unterschrift in der Verpflichtungsabsicht) und den Erwerb des Eigenthums durch den Andern als die konstitutiven Momente betrachte. (S. o. S. 314 Note.) Von einem Contrahiren des Ausstellers mit sich selbst (Affolter

48) Daß auf indossable Namensaktien auch Art. 305 H. G. bezieh. Art. 74 W. O. anzuwenden sei, trotzdem sich Art. 182. u. 223 auf Art. 74 W. O. nicht beziehen, sollte nicht bezweifelt werden. Die Analogie des Art. 305 drängt sich unabweisbar auf. Vergl. auch Renaud, Aktienges. §. 45, Thöl (5. Aufl.) §. 220 gegen Goldschmidt 9 S. 66 u. F. H. Behrend, Die unvollständigen Ordrepapiere (1892) S. 31 flg. Zwar wurde ein diesbezüglicher Antrag von der Konferenz verworfen, aber nicht aus sachlichen Gründen, vielmehr nur aus dem formalen Grunde(?), weil die Namensaktie nicht an Ordre lautet (Prot. S. 5073). Es ist durchaus nicht abzusehen, warum Papiere, welche kraft des Gesetzes indossirbar sind, in Ansehung der Vindikation anders und ungünstiger behandelt werden sollen, als Papiere, denen der Privatwille die Indossabilität verleiht. Mit dem art. 11—13. W. O. bez. art. 182. H. G. allein ist kein Auskommen möglich. (A. A. Behrend a. O.) Daß es auch außer den im Gesetze vorgesehenen Fällen den Parteien freistehe, Papiere an Ordre zu stellen (Thöl §. 218) ist m. E. nicht richtig. — Einzig durch den Eintrag des Besitzers im Aktienbuch wird gegenüber der Gesellschaft der Beweis des Eigenthums liquid gestellt, Art. 183 H. G.; zur Unterscheidung einer besonderen Kategorie von (sogenannten relativen) Werthpapieren liegt darum kein Grund vor. Siehe Gierke S. 263 gegen Brunner II. S. 149.

48a) Mit Unrecht zählt Brunner II. S. 180 N. 17 die österr. Staatspapiere zu den gesetzlich indossirbaren Papieren, irregeführt durch den §. 1. der Verord. v. 6. März 1869 Z. 29, welcher bestimmt: „Bei der Umwandlung der Obligationen auf Namen ist der legalisirte Giro der auf den Obligationen intestirten Eigenthümer, nach Umständen die urkundliche Nachweisung des Überganges des Eigenthums an den Unwandlungswerber erforderlich". Allein der Zusammenhang ergiebt, daß es sich hier gar nicht um die Übertragung, sondern eben nur um „die Umwandlung" (Umschreibung, Umtausch) der Namenspapiere in Inhaberpapiere und viceversa handelt. Vgl. auch d. Ges. v. 15. Febr. 1860, „Cession oder Giro", V. O. v. 25. Sept. 1883 Z. 154: „Die (Grund-E.)-Obligation ist sodann mit dem legal. Giro des Eigenthümers versehen oder falls ein Eigenthumswechsel stattgefunden hat, mit den den Eigenthumsübergang darthuenden Urkunden belegt — einzureichen." Unter „Giro" („Giro oder Cession") wird nur eine gekürzte Legitimation des jeweiligen Eigenthümers behufs Eigenthumsauflassung an dem bisherigen Papier unter Vorbehalt des Umtausches gegen neue Papiere verstanden. Vgl. bes. Herrmann, O rektapapir. S. 49 N. 12. Das „Giro" der Staatspapiere wäre übrigens rechtlich unfaßbar, da es weder die Transport- noch die Regreßfunction des wahren Indossaments (art. 10. 14. W. O., dazu 303 H. G.) besäße, — ein Messer ohne Heft und Klinge.

Ztschr. f. H. R. 39. S. 384 flg.) kann nicht die Rede sein. Ist die Absicht nicht auf die Wechselverpflichtung (bez. auf die entsprechende anderweitige Oblig.) gerichtet (z. B. bei Unterschrift in Folge Irrthums, Betrugs, zum Scherz, behufs Unterricht, Simulation), so tritt die Haftung nach Maßgabe des in der Schrift erklärten Willens kraft des Ges. nur zum Schutz des redlichen dritten Indossatars, — nicht aber zu Gunsten des an dem widerrechtlichen Gebahren oder an der Scheinhandlung Betheiligten ein. Vgl. §§. 871—876 B. G. B., art. 82 W. O., 303 H. G. B., Min. V. v. 6. Okt. 1853 Nr. 200 R. G. B.; dazu Grünhut, in s. Ztschr. 19 S. 304 flg., Ofner, ebend. 17 S. 336, Hasenöhrl I. §. 43 flg., Unger, Jahrb. f. Dogm. 30 S. 381, Krainz §. 106 S. 342. — Dagegen ist die betrügerische Hinzufügung einer Wechselerklärung zu einer zu anderen Zwecken abgegebenen Unterschrift z. B. auf einem Gratulationsbogen — Fälschung [art. 75. 76 W. O.] und erzeugt keine Verbindlichkeit (vgl. Grünhut, a. O., der aber S. 308 die Unterschrift eines Wechselblanquets mit Unrecht zu dem letzterwähnten Falle zählt; vgl. obige Min. V. v. 1853.)

6. Hingegen sind auf den Erwerb der sog. Rectapapiere, d. i. der auf Namen lautenden nicht indossirbaren Namenspapiere die Bestimmungen des §. 367 B. G. B., bezieh. des Art. 306 H. G. B. anzuwenden, da unter „beweglichen Sachen" des §. 367 und Art. 306 gewiß auch Werthpapiere, d. i. solche Papiere zu verstehen sind, bei welchen Recht und Verbindlichkeit an die Schrift wenigstens soweit geknüpft sind, daß die Übertragung und Geltendmachung der Forderung durch den Besitz des Papiers bedingt erscheint. Zu diesen Werthpapieren gehören: Rectawechsel (art. 9 Abs. 2 W. O.), Rectaactien (art. 182: Verbot des Indossaments), die einfachen nicht an Ordre lautenden kaufmännischen Anweisungen und Verpflichtungsscheine (a. 301 H. G. B.), sowie die im art. 302 H. G. genannten nicht an Ordre lautenden Papiere, sodann die österr. Staatspapiere und Grundentlastungsobligationen (Ges. vom 15. Febr. 1860 Z. 41, Fin. Min. Erl. v. 6. März 1869 Z. 29 R. G.), ferner nichtindossable Pfandbriefe, Partialschuldverschreibungen und Loose (Ges. v. 24. April 1874 Z. 48. 49 R. G.),[49]

49) Das Gesetz v. 1874 erwähnt zwar nur Inhaber- u. indossable Prioritätsobligationen; indeß ist nicht zu bezweifeln, daß die Indossabilität an der Werth-

endlich Postsparkassebüchel (Ges. v. 28. Mai 1882 Z. 56 R. G.) und vinkulirte Inhaber- und Ordrepapiere; ebenso die preuß. Hypotheken- und Grundschuldbriefe (Ges. v. 5. Mai 1872.)[49a] Auch das österr. Ges. v. 18. September 1892 Z. 171 und die Durchführ. Verordn. v. 17. Nov. u. 22. Dezemb. 1892 Z. 224 u. 237 führen als Beispiele von „Werthpapieren" (ohne Rücksicht darauf, ob sie auf Namen oder Inhaber lauten) an: Actien, Actienantheilscheine, Renten, Theilschuldverschreibungen, Interimsscheine über Einzahlungen auf solche Papiere ꝛc. — Einen weiteren Beleg für unsere Auffassung liefert die Min. V. v. 28. Oktbr. 1865, Z. 110 R. G. Bl., welche in augenscheinlicher Berücksichtigung des §. 367 B. G. B. u. Art. 306 H. G. B. bestimmt, daß „Rechte dritter Personen auf Werthpapiere

---

papier-Qualität hier sowenig ändert als beim Wechsel und bei den im art. 301 u. 302 H. G. B. genannten Papieren. Vgl. auch §. 16 dess. Ges. — Nur wenn diese Schuldscheine von Handelsunternehmungen auf Ordre ausgestellt werden, sind sie indossirbar. Art. 301. H. G.

49a) Unter Werthpapieren verstehen wir Papiere, bei welchen das Recht, insbesondere die Obligation in und mit dem Papiere (bezieh. dessen Begebung) wo nicht (wie zumeist) entsteht, so doch durch den Inhalt des Papiers bestimmt, nur mittelst des Papiers übertragen werden und die Leistung nur gegen Rückstellung des Papiers erfolgen kann. (Brunner, H. B. II. S. 147, Goldschmidt, Syst. §. 83a, H. R. (3) I S. 385 flg. Zu weit faßt Thöl §. 211 den Begriff.) Gleichgültig ist es, ob sie nur auf bestimmte Namen (Rektapapiere), oder an Ordre oder auf den Inhaber lauten. (Der Wechsel und die Namensaktie sind kraft Gesetzes Ordrepapiere. Art. 9. W. O., Art. 182. 223 H. G. B.) Gleichviel ist, ob sie zur Cirkulation bestimmt sind oder nicht, — wenn sie nur dazu geeignet erscheinen. Gleichviel ist ferner, ob sie die causa des Rechtsverhältnisses angeben oder nicht. (Vgl. dazu Goldschmidt, a. O., Kuntze §. 109, Gareis, Zeitschr. f. H. R. 21. S. 356 flg., Brunner, ebend. 22. S. 89 flg.) Denn es giebt Inhaber- und Ordrepapiere mit individualisirter causa (Kausalskripturen), z. B. Zinsen-, Dividendenkoupons, Partialschuldverschreibungen, Lade- und Lagerscheine, Bodmereibriefe, Assekuranzpolizen (Art. 302 H. G.). (Abstraktion von der causa gehört also nicht zum Wesen dieser Papiere). Auch die Beschränkung auf Geldforderungen und und überhaupt auf Obligationen ist unwesentlich. (Die Aktie repräsentiert einen Vermögensantheil. Vgl. Knies, Kredit S. 182. 185 flg. mit trefflichen Bemerkungen, auch Goldschmidt a. O.). Wir können darum die Werthpapiere als Präsentations- oder Einlösungspapiere (Brunner a. O. und Gierke S. 264), oder als Skripturrechte bezeichnen. — Goldschmidt sah ehedem nur den Rektawechsel als wahres Rektapapier an, neuest. anerkennt er in s. Hand. R. (3. A.) I S. 390 N. 28, daß diese Klasse von Werthpapieren in fortschreitender Entwicklung begriffen sei; anderer Ans. wieder Kuntze §. 108; richtig schon Bluntschli-Dahn §. 163, Knies S. 175, bes. Brunner, II. S. 178 u. neuest. Herrmann's tüchtige böhm. Monographie über Rektapapiere (O rektapap., 1891), auch meine Schrift über Werthpapiere (O cenných papírech 1889). Gleich dem Letzteren zählen wir nach österr. R. sämmtliche im Text genannten Skripturen zu den Rectapapieren.

und andere bewegliche Sachen" . . . den Kreditanstalten nur dann „vorgehen", wenn sie ihnen „bei der Übergabe bekannt oder doch deutlich erkennbar waren." Die Anwendbarkeit des §. 367 und des Art. 306 auf Werthpapiere ist nur soweit ausgeschlossen, als für gewisse Gattungen derselben (Inhaber- und Ordrepapiere sowie Wechsel) besondere, noch günstigere Bestimmungen Geltung haben.[50] Für den Begriff des „Werthpapiers" im obigen Sinne, welches vom Rechte nach sachenrechtlichen Grundsätzen behandelt und im Verkehr den Mobilieu gleichgehalten wird, ist die Art, wie der Berechtigte bezeichnet und in welcher Form (Indossement, Cession) die Übertragung erfolgen kann, prinzipiell gleichgültig. Auch das „Namenspapier" ist Werthpapier, also Objekt des Sachenverkehrs, wenn das bezügliche Recht nur mittelst des Papiers übertragen und geltend gemacht werden kann, also mit ihm steht und fällt.[51] Einen Beleg für die Richtigkeit

---

50) Vgl. auch Endemann, H. R. §. 83, N. 8, §. 84. N. 4, und Handb. II. S. 54, Renaud, Aktiengesellsch. § 44, Stubenrauch, H. R. S. 408, Gierke S. 265; nun auch Goldschmidt, in s. Zeitsch. 39. S. 432, anders früher — Zeitschr. 9. S. 8 flg. H. R. §. 80, N. 13; auch Gareis-Fuchsberger Comm. S. 646 Nr. 206, dagegen aber in Ansehung des Art. 306 (jedoch nicht ohne Zweifel) Hahn II. S. 142 (2. Aufl.), Brunner, Handb. II. S. 183 flg., Lehmann, Werthp. S. 18 N. 27, gegen welche jedoch zu bemerken ist, daß es der Natur der Namenswerthpapiere durchaus widerspricht, sie als bloße Beweismittel anzusehen. (Irrig ist daher das Erk. d. R. O. H. G. VII. 34.) Vergl. noch Dahn-Bluntschli §. 163, Knies, Kredit S. 176, Gierke S. 265, Herrmann, §. 5 und bezüglich des Konnossements Goldschmidt §. 73, N. 32 u. Hahn II. S. 143 selbst). Der Besitz des Papiers wird hier nie zu einem „nackten Eigenthum an einem Stück Papier, . . . welches für den Eigenthümer rechtlich völlig werthlos ist". Auch die Berufung auf den Wortlaut des Art. 306 („Sachen") hält nicht Stich. Werthpapiere werden nicht überall im Gegensatz zu „beweglichen Sachen (Waaren)" vielmehr neben denselben als gleichartige Handelsobjekte angeführt (Art. 67. 271. 1, 273. 309. 313 H. G.); keineswegs ist die Aufzählung der einzelnen Gegenstände logisch richtig („Waaren und andere bewegliche Sachen", Waaren, Schiffe), vgl. Goldschmidt, H. R. §. 47, N. 17. 18. 21a. Jedenfalls zählt das österr. R. (wie die oben citirte Min. V. v. 28. Oktr. 1865 bezeugt) die Werthpapiere zu den beweglichen Sachen. Die Streichung des Art. 229 des preuß. Entwurfs, welcher die Kreditpapiere als Waare erklärt, beweist nichts, da der Satz trotzdem wahr bleibt. Daß die Citirung der Art. 36. 74 d. W. O. im Art. 182 H. G. trotz der richtigen Begründung der Antragsteller unterblieb, beruht nicht auf sachlicher Entkräftung des Antrags, vielmehr auf formalen Rücksichten. Vgl. N. 48. Jedenfalls zwingt uns die „bedenkliche Lücke", welche außerdem das H. G. B. in diesem Punkte aufweisen würde, zu der hier vertretenen Interpretation. Richtig daher Erk. Nr. 6953 Samml. Gl. U. W. bezügl. öffentl. Obligationen au nom.

51) Richtig bemerkt Knies S. 175 gegen die übliche Auffassung der Juristen (Thöl §. 215, Goldschmidt 9. S. 9 fl.), daß das gemeinsame rechtliche Wesen

dieser Anschauung bieten das Pat. v. 23. Juli 1819, Z. 1582, Hofd. v. 10. Febr. 1838, Z. 18188 und d. Ges. v. 3. Mai 1868, Z. 36, welche die Namenswerthpapiere und die vinkulirten (gesperrten) Inhaberpapiere prinzipiell in gleicher Weise der Amortisation unterwerfen, wie die Inhaberpapiere; ferner das Ges. v. 15. Febr. 1860, Z. 41 (Verordn. v. 6. März 1869, Z. 29) und V. v. 25. Septbr. 1883, Z. 153, welche bei Staatspapieren und Grundentlastungsobligationen die Umschreibung der Namenspapiere auf Inhaber, sowie umgekehrt gestatten und in beiden Fällen das Forderungsrecht an das Eigenthum des Papiers knüpfen (vgl. Note 48[a]); desgleichen das Ges. v. 24. April 1874, Z. 48, welches bei Pfandbriefen nicht näher unterscheidet, ob dieselben auf Inhaber oder auf Namen lauten; auch das Ges. v. 24. April 1874, Z. 49 (§. 16), welches bestimmt, daß die Anwendbarkeit desselben dadurch nicht ausgeschlossen wird, daß in Folge der Vinculirung einzelner Theilschuldverschreibungen die Zahlung derselben nur an bestimmte Personen erfolgen kann. Das Unwesentliche der Stellung des Papiers auf Namen oder auf Ordre geht schon daraus hervor, daß es bei den alltäglichen Namenswerthpapieren, nämlich bei Staatspapieren, Pfandbriefen, Prioritäten ꝛc. dem Nehmer in der Regel freisteht, ein Namens- oder Inhaberpapier zu wählen, bez. das eine gegen das andere umzutauschen, ohne daß dadurch das Wesen des Papiers (Verkörperung des Rechts in der Urkunde) berührt würde. Die Erleichterung der Legitimation und die Förderung der Zirkulation durch Stellung des Papiers auf Ordre oder Inhaber hat mit dem Wesen des Werthpapiers nichts zu schaffen.[52]

---

der Werthpapiere, also auch der Namens(werth)papiere Beachtung finden müsse; doch geht Knies zu weit, wenn er meint, daß die Rechtswissenschaft das wahrhaft Neue und Hochbedeutende am Werthpapiere, das sich auch am Namenspapiere findet, überhaupt nicht (?) in Betracht gezogen habe. Vgl. schon Dahn-Bluntschli §. 163, Goldschmidt, Zeitschr. 9. S. 94 fl., H. R. §§. 68. 69 flg. — 80, und nach dem Erscheinen des Knies'schen Buches bes. Brunner's glänzende Darstellung in Endemann's Handb. II. S. 149 flg., dazu Goldschmidt, Zeitschr. 28. S. 76 flg. und Gierke, Zeitschr. 29. S. 254 flg.

52) Für das österr. Recht ist dies namentlich durch die Ges. v. 15. Febr. 1860 Z. 41 u. v. 3. Mai 1868 Z. 36 über die Amortisirung von Privatwerthpapieren im Gegensatz zu Beweisurkunden klar ausgesprochen. Zu denselben werden gezählt: Aktien, Interimsscheine, Pfandbriefe, Partialen eines Anlehens, Dividenden- und Zinsenscheine, Cheques, Koupons, Genußscheine, Kassaanweisungen, Depotscheine, „Sparkassabücher und ähnliche für den Verkehr bestimmte (alle?) Papiere", ohne Rücksicht darauf, ob sie auf den Namen oder Überbringer lauten (§. 2); es werden

Aus dem Werthcharakter der Rectapapiere, welcher in den angeführten Normen, sowie weiter in den art. 9 Abs. 2 W. G. u. art. 183 H. G. B. anerkannt ist, ergiebt sich einerseits: daß die Zahlung nur gegen Aushändigung des Papiers gefordert werden kann (art. 39 W. O. 303, Abs. 3 H. G. B.)[52a], daß die Übertragung unter Lebenden durch Cession, exekutive Einantwortung ꝛc. nur mittelst der Übergabe des Papiers perficirt wird, zumal art. 9 Abs. 2 dem Indossament des Rectapapiers lediglich die spezifisch wechselrechtlichen Wirkungen der art. 10 u. 14 W. O. versagt, (vgl. Noten 47[a] u. 48, dazu Brunner II. S. 179, Erk. d. Reichsger. III. S. 326, XI. S. 251); ergiebt sich aber auch anderseits: daß in Folge des Ausschlusses der art. 10 u. 14 W. O. im Gegensatze zu art. 82 W. O. alle Einwendungen aus der Person der Vormänner (Cedenten) statthaben, daß weder art. 36 noch art. 74 (art. 305 H. G. B.) anwendbar sind, endlich daß sich die Haftung des Vormanns nach dem allg. bürg. R. (§§. 922. 1397) regelt.[52b]

7. Bei Waaren, über welche Lagerscheine, Ladescheine oder Konnossemente ausgestellt sind, richtet sich der Eigenthumsübergang nach den über den Erwerb des Papiers geltenden Grundsätzen, daher nach Art. 305 und nicht nach Art. 306 H. G. B.[53] Darüber

---

die für die Amortisation von Staatspapieren der bezüglichen Kategorie geltenden Vorschriften zur analogen Anwendung gebracht und wird bestimmt, daß selbst Namenspapiere, wenn denselben auf den Überbringer lautende Koupons beigegeben sind, bezüglich der Amortisationsfrist wie Werthpapiere au porteur zu behandeln seien. Dagegen werden Talons zu den Werthpapieren nicht gerechnet und von der Amortisation ausgeschlossen. Ges. v. 2. Juli 1868, Z. 88.

52a) Daher richtet sich die Amortisation der Rectapapiere nach denselben Vorschriften wie jene der Ordrepapiere. Art. 73. W. O., 305. H. G. B., dazu Herrmann S. 90 flg. Im praktischen Effekt stehen sich hier Verlust und Vernichtung des Papiers gleich!

52b) Zumeist übereinstimmend Herrmann S. 39 flg., der nur behauptet, daß zur Übertragung die Übergabe des Papiers nicht erforderlich sei. S. Note 47 a. — Bei allen Werthpapieren ist die Exekution gegen den Schuldner stets nur durch Pfändung ꝛc. des Werthpapiers — nicht etwa des Objektes desselben z. B. der Spareinlage, des Lagergutes ꝛc. — zu führen. Vgl. art. 37. österr. Warrantges. von 1889.

53) Vgl. über das Konnossement Art. 649 H. G. B., dazu Goldschmidt §§. 73. 74, Exner, Trad. S. 186 flg., über den Lager- und Ladeschein: Goldschmidt §. 75. 76; Zeitschr. 29. S. 18 flg., Brunner, Endemann's Handb. II. S. 150. 206, Lewis, Seerecht S. 303., Strohal, Succ. S. 20 flg., Cohn, Hdb. Endemann III. §. 432, Rießer, Revision D. H. G. B. (Beil. z. 33. B. Ztschr.) S. 164 flg., Hecht, Warrants (1884); für Österr.: Leonhardt, Der

kann nunmehr nach dem Lagerhausges. vom 28. April 1889 Nr. 64 R. G. §. 23, welcher bestimmt, daß die Übergabe des indossirten Besitzscheines an den Indossatar für den Erwerb der von der Übergabe der Waare abhängigen Rechte dieselben Wirkungen habe, wie die Übergabe der Waare selbst, kein Zweifel bestehen. (Vergl. noch S. 320 dies. Buchs.)

8. Wer redlicher Weise Nachlaßgegenstände vom vermeintlichen Erben, welchem die Erbschaft gerichtlich eingeantwortet wurde, durch entgeltliches oder unentgeltliches Rechtsgeschäft — insbesondere Mobilien durch Übergabe — an sich gebracht hat, der erwirbt Eigenthum daran, auch wenn der Tradent nicht wahrer Erbe gewesen sein sollte (§. 824 letzter Satz).[54] Diese Bestimmung gewährt den Schutz, welchen das Vertrauen Dritter auf die gerichtliche Autorität zwingend beansprucht.[55]

Warrant (1886) u. insbes. Wertheimer, D. Lagerhausges. v. 1889, Simonson, d. österr. Warrantrecht (1889), K. Adler, das österr. Lagerhausrecht 1892. Sie alle schreiben dem Besitze dieser Waarenpapiere dieselben dinglichen Rechtswirkungen zu, wie dem der Konnossemente, so daß der Umlauf derselben den Wechsel der Detention, oder nach Umständen des Besitzes und Eigenthums der bezüglichen Waare bewirkt. Vgl. darüber oben §. 12, S. 319 flg. Dagegen sind Andere (bes. Endemann, Hdb. II. S. 57, Hahn II. S. 143. 144, N. 6) der Ansicht, daß zwar der Erwerb des Papiers nach Vorschrift des Art. 305, dagegen der Erwerb der durch Papier repräsentirten Waare nach Art. 306 sich richte, daher für letzteren Erwerb Kaufmannseigenschaft und Veräußerung im Handelsbetrieb erforderlich sei. Eine solche Inkongruenz verstößt gewiß gegen die Absicht der Gesetzgebung und würde im Handei zu den ärgsten Verwirrungen führen. Die letztgedachte Ansicht widerspricht aber auch dem Wesen des Traditionspapiers. Vergl. S. 320 flg., S. 357, S. 360, N. 49a. — Bei Kollision des gutgläubigen Waaren- und Papierbesitzes gebührt dem ersteren der Vorzug. So ausdrücklich I. 7. §. 74 des preuß. L. R., Art. 209 schweiz. Obl. R., vgl. auch Randa, Besitz S. 328.

54) Unter dem „dritten redlichen Besitzer" (§. 824) können natürlich Legatare nicht verstanden werden. Exner S. 69, N. 67. — Dies gilt nun auch nach §. 6 des preuß. Erblegit. Gesetzes v. 12. März 1869, jedoch nur in Ansehung entgeltlicher Rechtsgeschäfte. Vgl. Märker, Nachlaßregul. (1877) S. 3 flg. — Die Norm des §. 824 findet sich schon im Cod. Ther. II. 21 nr. 46. 195 (Horten II. 18. §. 41.) und erscheint daselbst nur als Ausfluß des allgemeinen Prinzips des redlichen entgeltlichen Erwerbs. (Vgl. Note 14a.) Der Entw. Martini II. 18. §§. 50 flg. spricht ausdrücklich nur von der Rückkehr des Todterklärten, erwähnt aber der Entgeltlichkeit nicht mehr. Die allgemeinere Fassung des §. 824 wurde in der Sitz. v. 10. Nov. 1806 (Prot. II. S. 294) beschlossen. Vgl. auch Krasnopolski S. 24.

55) Doch erklären sich mit Recht Unger, Erbr. §. 40. Nachtr. S. 390, und Exner S. 69, N. 68 gegen den ungerechtfertigten Schutz selbst des unentgeltlichen Erwerbers auf Kosten der wahren Erben, was um so bedenklicher ist, als auf den guten Glauben des Scheinerben nichts ankommt. Richtiger das preuß. Gesetz.

In allen hier (1—8) angeführten Fällen verliert der vorige Eigenthümer sein Eigenthum und geht dieses auf den neuen Erwerber über. (Vgl. §. 367 letzter Satz und Art. 305. 306 H. G. B. 74 W. O., dazu S. 338.) Die logische Consequenz dieser Normen, der unabweisliche Schluß a majori ergiebt, daß, was vom Eigenthume gilt, umsomehr in Ansehung der dasselbe beschränkenden dinglichen Rechte Dritter Geltung haben muß, vorausgesetzt, daß dergleichen Eigenthumsbeschränkungen dem Erwerber bei der Übergabe ohne grobes Verschulden unbekannt geblieben waren. Diese Konsequenz spricht der Art. 306 aus: „Jedes früher begründete Pfandrecht oder sonstige dingliche Recht erlischt, wenn dasselbe dem Erwerber bei der Veräußerung unbekannt war.“ So auch die M. V. v. 28. Okt. 1865, Z. 110 R. G. B. in Ansehung der von unter Staatsaufsicht stehenden Creditanstalten erworbenen Waaren und Werthpapiere, auch wenn die speciellen Voraussetzungen der §§. 367. 824 nicht vorhanden sind. Gleichgültig ist, ob das dingliche Recht auf freiwilliger Bestellung, auf richterlichem Spruch oder auf dem Gesetz beruht. Vergl. oben Note 14e.[56] — Ebenso ergiebt sich nach einer anderen Richtung hin die (hier nicht weiter zu erörternde) Consequenz, daß, wenn unter analogen Verhältnissen (2—8) von Nichtberechtigten an Mobilien ein Pfand, eine Servitut oder ein sonstiges dingliches Recht bestellt wurde, ein früher begründetes Eigenthum, Pfand- oder anderweitiges dingliches Recht zum Nachtheil des redlichen Erwerbers oder dessen

---

S. Note 54. Es versteht sich, daß der redliche Dritte nicht geschützt wird, wenn derselbe die Sache nicht von dem vermeintlichen Erben, sonderu von demjenigen erwirbt, der sie unredlicher Weise von letzterem erworben hat. Ohne Zweifei hat §. 824 auch auf den Fall Anwendung, wenn der Immittirte Sachen veräußert, die dem Erblasser anvertraut waren (§. 367.) Vergl. Exner S. 69, der aber den §. 824 mit Unrecht auf Mobilien beschränkt; dagegen Randa, Ger. Ztg. 1867, Nr. 101 und Erk. d. O. G. H. in der Ger. Zeit. 1872, Nr. 6.

56) Vgl. auch die Entsch. d. O. G. H. v. 9. Okt. 1867, Z. 7742, Ger. Ztgr 1868, Nr. 9. Und zwar gilt dies — gleichviel, ob der wirkliche Eigenthümer ode Nichteigenthümer veräußert hat. Vergl. auch §§. 468. 527 B. G. B. Art. 306· Exner S. 72; Hahn II. S. 105, Goldschmidt §.80, N. 25, Krasnopolski, a. O. S. 43 flg. Daß Art. 306 zweiter Satz „eine selbstverständliche Foige“ des ersten Satzes sei, leugnen mit Unrecht Endemann, Handb. II. S. 60. und Hahn II. S. 145 (2. Aufl.). Der Schutz, welchen das Gesetz dem redlichen Mobiliarerwerb im Art. 306 zu Theil werden lassen will, wäre rechtlich und ökonomisch vielfach illusorisch, wenn diese unabweisbare Konsequenz, welche den Grundgedanken des 1. Abs. zu Ende denkt, nicht anerkannt würde. Unrichtig ist daher Erk. Nr. 6804. Sammlg. Gl. U. W.; vgl. noch S. 340 d. B.

Rechtsnachfolgers nicht geltend gemacht werden kann bezieh. erlischt. (Vergl. §. 456 G. B., Art. 306. 2 H. G. B.)

Zweifelhaft ist, ob der Eigenthumsübergang auch dann erfolgt, wenn die Sache einem Veräußerungsverbote[57] unterliegt? M. E. ist die Frage bejahend zu beantworten; denn steht nicht ein völliger Mangel des Rechts dem redlichen Erwerbe entgegen, um so weniger — der Abgang des bloßen Veräußerungsrechtes.[58]

In allen Fällen wird die „Redlichkeit" des Erwerbers vorausgesetzt (§§. 367. 371. 824). Hierunter ist (wie bei der Ersitzung) im Sinne des §. 326 G. B. (dazu §. 328) zu verstehen, die positive Überzeugung, durch die Aneignung kein Recht (fremdes Eigenthum) zu verletzen, also regelmäßig die Meinung, Eigenthum erworben zu haben — und nicht etwa die bloße Nichtkenntniß der dem Erwerbe entgegenstehenden Hindernisse.[59] Diese Überzeugung wird selbstverständ-

---

57) Vgl. oben §. 8, S. 200 flg. Man denke an Fideikommiß-, Kirchengüter 2c. (Familienschmuck, Werthpapiere u. dgl.)

58) And. Ans. Goldschmidt §. 80, N. 25 u. Endemann II. S. 61, N. 70 — wegen der im öffentlichen Interesse gegebenen zwingenden Norm. Aber auch die Bestimmungen der §§. 367. 371. 824, Art. 306 sind, wie schon Dernburg §. 189, N. 13 bemerkt, im öffentlichen Interesse — zum Schutze von Treue und Glauben getroffen. S. auch Schiffner §. 130. Mängel der Handlungsfähigkeit, z. B. Minderjährigkeit, werden selbstverständlich durch die obigen Normen nicht gedeckt. Eine Ausnahme will Dernburg §. 189, N. 15 wegen Fassung des §. 47. I. 15 L. R. (m. E. ohne ausreichenden Grund) bei der Veräußerung von Inhaberpapieren machen.

59) So auch die ältere gemeinrechtliche Doktrin, welche in d. §§. 326. 328. G. B. ihren Ausdruck findet: „Wer aus wahrscheinlichen Gründen die Sache für die seinige hält", dazu §. 1494 G. B. So auch die österr. Kommentatoren, ausgenommen Kirchstetter S. 169 (2. Aufl.), dessen Definition: Überzeugung von der Fehlerlosigkeit (?) des Besitzes (?) verkehrt ist. Auch Krasnopolski, Krit. V. Sch. 27 S. 491 faßt die B. F. nur als Nichtkenntniß des dem Erwerb entgegenstehenden Hindernisses auf. — Wenn Windscheid §. 176, N. 3 sagt: „Es ist gleich, ob man die Definition des guten Glaubens auf die Überzeugung von der Abwesenheit des Unrechts oder auf die Überzeugung von dem Vorhandensein des Rechtes stellt, denn jene ist diese," — so ist dies wohl nicht richtig; man kann jene Überzeugung haben, und doch wissen, daß man das Recht nicht erworben habe. Vergl. L. 5. pr. D. pro der. 41. 7 und andere von W. §. 176, N. 6 citirte Fälle, z. B. Tradition eines Grundstücks in Ländern, in denen der Eigenthumsübergang an den Bucheintrag geknüpft ist. Hier genügt die Überzeugung, daß man trotz des Formmangels die Sache wie eigen behandeln dürfe. So auch Lang S. 216. — Eine andere Frage ist es, ob zur bona fides die positive Überzeugung erfordert wird, oder ob zu derselben die bloße Abwesenheit der Überzeugung des Unrechtes — also die bloße Nichtkenntniß der Rechtsmängel — die kahle Negative genüge? Gewiß sprechen Sitte und Sprachgebrauch für die erstere Ansicht, ebenso die Identifizirung der positiven

lich auf einem Irrthum oder einer Unwissenheit beruhen; gleichgültig ist es, ob sich der Irrthum (die Unkenntniß) auf Thatsachen oder auf Rechtsvorschriften bezieht (§. 326).[60]

Der gute Glaube ist nicht vorhanden, wenn der Erwerber „aus den Umständen vermuthen muß" (§. 326), daß dem Eigenthumserwerbe ein rechtliches Hinderniß entgegenstehe, m. a. W., wenn die Unkenntniß des letzteren auf grober Fahrlässigkeit (auffallender Sorglosigkeit §§. 1324. 1331) beruht (§§. 326. 368, besonders §. 1494).[61] Der

---

und negativen Fassung in den Quellen. L. 9. D. de V. O. 50. 16. Ähnlich faßt den Begriff der bona fides d. Cod. Ther. II. c. 5. §. I. n. 11 flg. u. die ältere gemeinrechtliche Theorie; vgl. Höpfner §. 396; von Neueren vgl. Puchta §. 157, Savigny III. S. 370 flg., Böcking §. 147, Keller §. 133, Windscheid a. O.; für das preuß. Recht bes. Gruchot 7 S. 611, Dernburg §. 174. 5, vermittelnd Goldschmidt 9. Bd. S. 26 flg., §. 80, N. 15—17. (Uber Stintzing's die Negative einseitig betonende Ansicht vgl. Windscheid §. 176, N. 3—6.) Für die negative Fassung, obgleich in vorsichtiger Reserve Zrodlowski, Unters. S. 11. Näheres im Abschnitt von der Ersitzung. Darüber, daß jedoch in Ansehung der öffentlichen Bücher die Redlichkeit (Vertrauen auf die Bücher) nicht nothwendig den Glauben, E. erworben zu haben, voraussetze, vgl. §. 25 d. B.; Exner H. R. §. 16, Strohal, Zur Lehre vom Eigenth. S. 151, Schiffner §. 109, S. 87, Krainz, §. 220.

60) Anders nach röm. und preuß. Rechte. L. 31. D. 41. 3.; §. 12. I. 7, Dernburg §. 174. 3.

61) Vgl. §. 326. 371. 368 „gegründeten Verdacht hätte schöpfen können", §. 1493 „oder schuldloser Unwissenheit" entgegen der Fassung des Entwurfs „wer nicht weiß". Im Einklange mit dem A. B. G. B. stehen die Bestimmungen der allg. Wechselordn. Art. 74, woselbst die grobe Fahrlässigkeit dem bösen Glauben ausdrücklich gleichgestellt ist (dazu Goldschmidt S. 29 flg., Hahn II. 106, Dernburg §. 188, N. 13, Thöl, H. R. §. 54). Daß dieselbe Gleichstellung auch für das Handelsrecht zutrifft, kann nach österr. R. nicht zweifelhaft sein (Art. 1 und 305 H. G. B., und die früher angeführte Min. V. v. 28. Okt. 1865, Z. 110), aber auch nicht nach gemeinem Rechte, obwohl die Konferenz die Frage dahin gestellt ließ (Prot. S. 4613. 5069 flg., Goldschmidt S. 30, N. 13); denn abgesehen davon, daß sich Art. 305 auf Art. 74 W. O. beruft, stellt auch das röm. R. die culpa lata dem dolus gleich. L. 3. 6. 9. D. de jur. ign. 22. 6. L. 44. §. 4. D. 41. 3. vgl. Arndts §. 160, Brinz, P. S. 628 flg. (2. A.), Windscheid §. 178, Goldschmidt S. 32 flg., Bruns, Wesen d. b. fides (1872) S. 78 flg., Endemann II. S. 58, und neuest. d. Erk. d. R. G. VI. 4. 17, Gierke 29. S. 261 flg. Gareis-Fuchsb. S. 649 Nr. 214, u. die Entsch. d. deutschen R. G. VI. 23 flg. 86 flg. — So auch die Mehrzahl unserer Schriftsteller: Stubenrauch I. S. 438, Kirchstetter S. 170 (2. A.), Zrodlowski a. O., Exner, H. R. S. 109, Pfersche, Abhandlungen S. 117. (And. Ans. Unger, Österr. V. Schr. I. S. 79 flg., und Rüttimann, Besitz S. 41, welche meinen, daß der gute Glaube auch durch den groben Irrthum und die unverzeihlichste Unwissenheit nicht ausgeschlossen werde). So auch nach preuß. R. I. 7. §. 11—16. 19. 20, I. 15. §. 18 flg., d. sächs. G. B. §. 267 n. dem bayer. Entw. III. 18. So versteht die franz. Doktrin und Praxis auch den Art. 550 Code, vgl. auch Schneider, Schweiz. Oblig. R. S. 180 (2. Aufl.) So schon der Cod. Ther. f. N. 59.

faktische oder rechtliche Irrthum muß also ein entschuldbarer sein. Auch die Revis.-Kommission [1803] betrachtete die Erinnerung des inneröſterr. Appell-Gerichts, daß es im §. 93 des Urentw. (§. 326 G. B.) heißen solle: „Wer aus schuldloser Unwissenheit nicht weiß" ꝛc. für begründet und formulirte hiernach eine neue Fassung (Ofner, Prot. I. S. 231), welche später (1807), ohne die Tendenz einer sachlichen Änderung durch die gegenwärtige Textirung ersetzt wurde (Ofner, II. S. 270.) — Maßgebend ist in Betreff der Gutgläubigkeit der Zeitpunkt des Erwerbes der Sache und kann der einmal erfolgte Rechtserwerb durch die später erlangte Kenntniß des früher bestandenen Rechtshindernisses nicht wieder aufgehoben werden.[62] — Der Rechtsnachfolger des redlichen Erwerbers erwirbt selbstverständlich Eigenthum nach der allgemeinen Regel, ohne Rücksicht darauf, ob ihm bekannt war, daß sein Vormann die Sache von einem Nichteigenthümer an sich brachte oder nicht. Von Unredlichkeit kann bei ihm nicht die Rede sein, da das Erwerbshinderniß bereits in der Person des Autors geheilt war. Schadet doch selbst diesem die m. f. superveniens nicht![63] Übrigens muß die Gutgläubigkeit — falls ein obligatorisches Veräußerungsgeschäft vorausging, auch im Zeitpunkte des Abschlusses des letzteren dagewesen sein und bis zur Übergabe der Sache fortgedauert haben.[64] Es bedarf kaum der Bemerkung, daß der gute Glaube den mangelnden Titel nicht zu ersetzen vermag.[65]

Beim Erwerb durch Stellvertreter ist zu unterscheiden:

a) Im Falle der sogen. nothwendigen Stellvertretung willensunfähiger Personen (§§. 147. 187. 244. 269. 335. 1034 G. B.) kommt lediglich der Wille und somit das demselben immanente Be-

62) Vgl. Thöl §. 56. 6, Goldschmidt S. 37 u. H. R. §. 80, N. 19, dazu Windscheid §. 177, N. 1. 2.

63) Vgl. Goldschmidt §. 80, N. 20, Dernburg §. 189, Hahn II. S. 104. Endemann II. S. 59. Gareis-Fuchsberger, H. G. B. S. 648 nr. 215. Ebenso ist es bei dem Erwerb auf Grund des Vertrauens auf die öffentlichen Bücher. Dies verkennt Exner, H. R. S. 112.

64) Vgl. Goldschmidt §. 80, N. 19, Endemann II. S. 59, dessen Reserve N. 54 nicht begründet ist. — Dagegen Dernburg §. 188, N. 13, der nur den Zeitpunkt der Tradition berücksichtigt.

65) Daß insbesondere der Putativartikel nach Art. 306 H. G. nicht genügt, darüber s. Hahn, H. R. II. z. §. 306, und Goldschmidt, H. R. §. 80, S. 827, auch Endemann II. S. 59, womit aber dessen Äußerung S. 51. 55 rücksichtlich der causa nicht wohl stimmt.

wußtsein des gesetzlichen Vertreters in Betracht (§. 337 in Ansehung der Gemeinden); denn auf den Willen der Vertretenen nimmt hier das Recht keine Rücksicht.[66]

b) Bei der sog. freiwilligen Stellvertretung (Bevollmächtigung, Geschäftsführung oder Auftrag) ist wieder zu unterscheiden, ob der Geschäftsherr im Zeitpunkte der Erwerbshandlung des Repräsentanten von dem beabsichtigten Erwerbe in seiner konkreten Gestaltung (also auch von den Mängeln) Kenntniß hatte oder nicht.

1. Hatte er keine Kenntniß, so kann sachgemäß lediglich die Willensmeinung des Stellvertreters in Betracht kommen, da der Eigenthumserwerb von dem Wissen des Vertretenen nicht abhängt, sich vielmehr schon mit dem Besitzerwerb des Vertreters vollzieht.[67] Hierbei ist es gleichgültig, ob der Geschäftsherr dem Stellvertreter einen allgemeinen oder speziellen Auftrag gegeben hat.[68]

---

66) So bei der Vertretung juristischer Personen (§. 337 G. B.), Bevormundeter und Pflegebefohlener. Vgl. Stubenrauch S. 439, Zrodlowski S. 23. Unter den „handelnden Mitgliedern" sind im §. 337 (dazu §. 26 ff. I. 7 preuß. L. R.) die die Gemeinde im einzelnen Falle „Vertretenden" zu verstehen. So ausdrücklich die Revis.-Commiss. 1803 (Ofner, Prot. I. S. 237): „weil die Gemeinden nie selbst, sondern durch ihre Vorsteher oder Machthaber erwerben." (In den Vorentwürfen fehlt der §. 337.) Vgl. Stubenrauch I. S. 448 fl. 2. Aufl. u. 4. Aufl. v. Schuster-Schreiber, S. 418); Krainz II. §. 242, wesentlich auch Zrodlowski S. 15 flg. Gegen die Annahme eines sog. „indifferenten" (weder redlichen noch unredlichen) Besitzers bei völlig handlungsunfähigen Personen (Winiwarter II. S. 60 fl.) hat sich mit Recht schon Stubenrauch S. 439 erklärt. (Näheres im Abschnitt von der Ersitzung.) Vgl. §. 189 sächs. G. B.

67) Eben darum kann auf die Willensmeinung des Geschäftsherrn zur Zeit der erlangten Wissenschaft nichts ankommen. Daß auch sein Glaube zur Zeit des ertheilten Auftrags nicht maßgebend sein kann, ergiebt sich aus der Erwägung, daß nachträgliche Ereignisse seine Meinung anders bestimmen können. Vgl. Goldschmidt S. 40. — Daß nach röm. Recht L. 49. §. 2. D. de A. R. D. 41. 2, L. 47. D. de usurp. 41. 3 beim Usukapionsbesitz die Meinung des Prinzipals im Augenblicke, wo er von der Besitzergreifung Kenntniß erhält, entscheidend ist, erklärt sich daraus, daß nach R. R. der Usukapionsbesitz überhaupt erst mit diesem Momente beginnt, während nach österr. R. auf diese Wissenschaft nichts ankommt. Vgl. Randa, Besitz S. 20, N. 14. Daher wird auch nach R. R. in Fällen, wo der Besitzerwerb ohne den Willen des Vertretenen (juristischer Personen und Bevormundeter 2c.) erfolgt, der Glaube des Repräsentanten zur Zeit des Erwerbes in Betracht kommen. Vgl. Zrodlowski S. 17. — Das preuß. L. R. 7. I. §§. 21. 22 bestimmt allgemein, daß auf den Glauben des Vertretenen, nicht des Vertreters zu sehen sei; trotzdem dürfte diese Vorschrift sachgemäß auf diesen Fall nicht anzuwenden sein.

68) Auf diesen Umstand will Dernburg §§. 113. 174, N. 6 alles Gewicht legen. Bei der Spezialvollmacht soll nur der gute Glaube des Vertretenen nöthig

2. In dem Falle jedoch, wo der Geschäftsherr von dem beabsichtigten Erwerbsakte des Vertreters in seiner konkreten Gestaltung zur Zeit des Erwerbes Kenntniß hatte, ist die Redlichkeit des Erwerbes durch den guten Glauben des Vertreters und des Vertretenen bedingt und zwar aus dem Grunde, weil nach dem Wesen der sogenannten freiwilligen Stellvertretung der auf das Rechtsgeschäft gerichtete vereinte Wille des Einen und des Anderen erfordert wird, also auch die nöthige Qualifikation des redlichen Bewußtseins bei Beiden vorhanden sein muß.[69] Allerdings wird im wirklichen Leben fast stets nur die

---

sein, hingegen bei der allgemeinen Vollmacht (trotz §§. 21. 22. I. 7 Landr.) nur der Wille des Vertreters entscheiden, weil der Mandant zu der Handlung des Vertreters im Allgemeinen zugestimmt habe. Ähnlich Mitteis, Stellvertretung S. 281 flg. (dagegen vgl. Laband a. O. S. 225 flg.) Allein in einer Richtung stimmt die Ansicht D.'s mit der unseren überein, insofern nämlich der Vertretene im Falle der Spezialvollmacht von dem beabsichtigten Erwerb in seiner konkreten Gestalt regelmäßig Kenntniß haben wird. (Vgl. auch Windscheid §. 73, N. 19.) Hat er sie aber nicht, so schadet trotz der Spezialvollmacht seine Kenntniß des Hindernisses nicht. Man denke, daß der mit dem Ankaufe von alten Kunstwerken betraute Mandatar von einem Kunsthändler Bilder kauft, von denen der Geschäftsherr weiß, daß einzelne demselben blos anvertraut wurden. Vergl. Goldschmidt S. 40, N. 27.

69) Im ersteren Falle wird auf das Bewußtsein des Vertretenen nur aus dem Grunde nicht reflektirt, weil derselbe eben keine Kenntniß von dem Erwerbsakte hat. Richtig Goldschmidt S. 39 flg. And. Ans. die älteren österr. Kommentatoren, welche allgemein behaupten, daß es stets auf den Glauben des (handlungsfähigen) Vertretenen ankomme (Winiwarter II. S. 57, Stubenrauch I. S. 439 [2. A.]), während andererseits Exner S. 140 allgemein einzig den Glauben des Vertreters entscheiden lassen will. Mit der hier gegebenen Beschränkung erscheint daher das Ergebniß der Auseinandersetzungen Zrodlowski's S. 20 flg. richtig. Gewiß sind die Erfordernisse des Errichtungsaktes, insbesondere der Wille und dessen Qualifikation aus der Person des Stellvertreters zu beurtheilen, aber es kommt, soweit es sich um handlungsfähige Vertretene handelt — gerade nach dem Wesen der Stellvertretung stets zugleich auf das rechtliche Bewußtsein des Letzteren an. — Die hier vertretene Ansicht scheint auch dem §. 189 (cf. §. 846) sächs. G. B. zu Grunde zu liegen; sie dürfte auch für das heutige Röm. Recht zutreffen; denn daß der Wille zunächst aus der Person des Stellvertreters zu beurtheilen ist, wird allgemein anerkannt, vgl. Windscheid §§. 73. N. 17—19, und §. 77, Arndts §. 160, Laband, Goldschmidt's Zeitschr. 10. S. 225 flg., Karlowa, Rechtsgeschäft S. 57 flg. Allein nicht bloß der Wille des Repräsentanten ist bei der Vertretung vollkommen handlungsfähiger Personen maßgebend, sondern auch der Wille der letzteren. Vgl. L. 2. §§. 10—14. L. 7. §. 8. D. pro emt. 41. 4. L. 43. §. 1. D. de usurp. 41. 3: Patrem non capturum propter suam vel filii scientiam, certum est, dazu Vangerow §. 321, N. 3. Daher wird auch in L. 51. D. de aedil. ed. 21. 1. cf. L. 12. D. 18. 1 die Kenntniß der Mängel beim Kauf auch aus der Person des Prinzipals beurtheilt. S. Laband a. O. — Nach dem preuß. L. R. I. 7. §§. 21. 22 richtet sich Alles nach der Redlichkeit oder Unredlichkeit des (willensfähigen)

Redlichkeit des Vertreters maßgebend sein, da dem Vertretenen selten die konkreten Umstände, unter denen sich der Erwerb vollzieht, bekannt sein werden.[70]

3. Bei der Genehmigung des ohne Auftrag vollzogenen Erwerbes (neg. gestio §. 1016 G. B.) wird dem Gesagten zufolge nebst der Redlichkeit des Geschäftsführers zur Zeit des Erwerbes auch der gute Glaube des Geschäftsherrn im Moment der Ratihabition gefordert werden müssen. Denn durch die letztere wird der gegenwärtige Wille des Prinzipals kundgegeben, allerdings mit rückwirkender Kraft.[71]

In Ansehung der Frage, ob der Erwerb als redlich oder unredlich anzusehen ist, hat das richterliche Ermessen einen weiten Spielraum. Bei der Schwierigkeit des direkten Beweises eines Seelenzustandes wird der Beweis aus Umständen (Indizien) die Regel bilden und die §§. 326 und 368 G. B. deuten geradezu auf denselben hin.[72] Für zweifelhafte Fälle stellt das Gesetz (§. 328) die „Vermuthung", richtiger die Annahme der Redlichkeit auf.[73]

Vertretenen, was Dernburg S. 308, N. 9 auf den Fall der Spezialvollmacht beschränken will.

70) Vgl. Goldschmidt S. 41.

71) Vgl. dazu Zimmermann, Stellvertret. Neg. gestio §. 12.

72) Ueber die Zulässigkeit, ja Unerläßlichkeit des Indizienbeweises auch nach österr. R. gleichwie nach röm. und kanon. Rechte vgl. Randa, Besitz §. 12, N. 11. Für denselben hat sich die ständige Spruchpraxis des O. G. Hofs ausgesprochen. Vgl. Freih. v. Canstein, Österr. Civ. Proz. §. 77. Ullmann, Civ. Pr. (2. A.) §. 96 S. 251 flg., Krainz, I. §. 165, S. 153 flg.

73) Denn die wahre Präsumtion befreit nicht vom Beweise, sondern ändert nur den Beweissatz. S. Unger II. 30. S. 581. Die Annahme der Redlichkeit erscheint allerdings überall da überflüssig, wo der Kläger sein Recht auf die Unredlichkeit (den dolus) des Geklagten gründet (§§. 335. 1331 u. a., §. 62. 63 G. G.), allein sie ist dort nicht überflüssig, wo die Redlichkeit zum Klage- oder Einredefundament gehört, wie gerade in unseren Fällen und bei der Ersitzung (§§. 1460 flg.) And. A. Unger II. 592 A. 39, Zrodlowski S. 11, Krainz, G. Z. 1872 Nr. 12, Kirchstetter S. 177 (3. A.), welche „der Vermuthung" des §. 328 in unseren Fällen gar keine Bedeutung beilegen wollen, weil angeblich nicht der gute Glaube ein Erforderniß, sondern die mala fides ein Hinderniß des Rechtserwerbes sei. Allein diese Auffassung unterschätzt den historischen, bis auf die neueste Zeit herkömmlichen Sinn des Postulats des guten Glaubens u. ignorirt die positive Fassung der §§. 326 („aus wahrscheinlichen Gründen") 328. 367. 1460 u. a. Vgl. noch §. 328: „Die Redlichkeit... muß entschieden werden. Im Zweifel ist die Vermuthung für die Redlichkeit". Der Richter soll also abwägen, erkennen und im Zweifel für die Redlichkeit entscheiden. Der §. 1477 beweist nichts für die gegentheilige Ansicht. — Für das röm. Recht läßt sich die gesetzliche Präsumtion der bona fides nicht mit Grund

§. 14.

b) Derivativer Fruchterwerb.

So lange die Erzeugnisse einer Sache mit derselben verbunden sind, sind sie als Theile der Hauptsache Eigenthum desjenigen, dem die letztere gehört. (§§. 295. 420 flg. 437 G. B.)[1] Erst nach ihrer Trennung können sie als selbständige Sachen Gegenstand selbständiger dinglicher Herrschaft werden. Während nun der Eigenthümer und redliche Besitzer das Eigenthum an den Früchten einer Sache in ursprünglicher Weise und zwar durch Absonderung (Separation) erwerben (§§. 330. 354. 405 G. B.), stützen obligatorisch Nutzungsberechtigte ihr Recht auf den Erwerb der Früchte der fremden Sachen auf das Recht ihres Auktors. Die Erwerbsart ist somit eine derivative.

Diejenigen nämlich, welche nur ein obligatorisches Nutzungsrecht haben, wie namentlich Pächter, Prekaristen u. s. f., erwerben Eigenthum an den Früchlen erst durch Zueignung (Perzeption)[2];

---

behaupten. Vgl. Windscheid §. 177 a. E., Goldschmidt S. 42 u. H. R. §. 80, N. 42. — Dagegen enthält das preuß. L. R. §. 18. 179 I. 7, der Code art. 2268, d. ital. G. B. art. 701 u. das sächs. G. B. §. 188 gleich dem österr. G. B. die Präsumtion des guten Glaubens. Vgl. auch Note 59.

1) So auch nach röm. R. L. 49 D. de R. V. 6. 1.: fructus pendentes pars fundi videntur. Vgl. auch Code civ. art. 520. 521. 585. Im Gegensatze hierzu findet sich in deutschen Rechtsquellen die Auffassung, daß in Fällen, in welchen der Fruchtbezug einem Anderen als dem Grundeigenthümer gebührt, von Jenem die Früchte schon erworben (die Früchte „verdient") sind, wenn die erforderliche Arbeit aufgewendet worden ist („Wer säet, der mäht") Sachs. Sp. II. 58, §. 2, dazu Stobbe §. 152. Nur das preuß. L. R. §. 221. I. 9 u. theilweise das sächs. B. G. B. §. 76 (in Ansehung der Früchte, auf welche Arbeit verwendet wurde) bekeunen sich zu dieser Auffassung, während die übrigen neueren Gesetzbücher die röm. Anschauung theilen. Dazu Dernburg §. 234. — Daß es nicht richtig ist, die abgesonderte Frucht lediglich so wie andere abgesonderte Substanztheile zu behandeln, ergiebt sich nicht bloß aus der Erwägung, daß die Fruchi meist eine Sache anderer Art ist als die Hauptsache (Baumfrüchte, Eier 2c.), sondern geht auch schon für das spätere röm. R. aus L. 4. §. 19. L. 33. D. de usurp. 41. 3. und namentlich aus den über das Pfandrecht an Früchten geltenden Grundsätzen (§. 457 G. B.) hervor. Vgl. Vangerow §. 326, Windscheid §. 144, N. 4, Köppen S. 3 (s. N. 3), Schiffner §. 79, N. 5, gegen die Auffassung Savigny's, Besitz S. 276, Göppert's S. 163 flg. (s. N. 3), Brinz's §. 145. Czyhlarz', Glück's Com. 41. 42, §. 1730. Auch der Eigenthümer hat das Eigenthum an den stehenden und erwirbt es an den abgesonderten Früchten — als neuen Sachen. Von der abweichenden Auffassung geht aus §. 243 sächs. G. B.

2) So auch Stubenrauch II. S. 253 — doch ohne Begründung. So auch nach röm. R. L. 15. §. 8. L. 25. §. 1. Loc. cond. 19. 2. L. 61. §. 8. D. de

denn in Ermanglung eines unmittelbaren Rechtes auf die Sache und deren Nutzungen gründet sich der Anspruch auf den Fruchtbezug lediglich auf die Bewilligung des jeweiligen Eigenthümers (oder sonstigen dinglich Nutzungsberechtigten) zur Aneignung der Früchte; der Erwerb beruht also gewissermaßen auf einer longa manu traditio, und erfordert somit die Empfangnahme oder Erhebung (Perzeption) derselben.[3] (Dies Verhältniß erleidet auch dadurch keine Änderung, daß

---

furt. 47. 2: quia voluntate domini eos percipere videatur, suos fructus facit. Schmid §. 9, N. 12. 13, Köppen S. 18. 24, Brinz §. 145, Windscheid §. 186, N. 16. Das preuß. R. macht zwischen dem Besitzerwerb des Pächters und Usufruktuars keinen Unterschied. Vgl. N. 1 u. 3 und Förster §. 173, N. 5. Nach dem sächsischen G. B. §. 244 erwirbt der Pächter gleich dem Usufruktuar Eigenthum an Nutzungen jeder Art durch Einhebung, Thierjunge durch Trennung.

3) Hier kann allerdings von einer Quasitradition der Früchte gesprochen werden (L. 6. D. de donat. 39. 5 ... quasitraditio enim facta videtur, cum eximitur domini voluntate). (Vgl. Czyhlarz, §. 1731a.) Diese Auffassung wird auch durch den §. 1101 G. B. und die Hofd. v. 3. November 1819, Z. 1621 J. G. S. und v. 11. März 1820, Z. 1371 (Wessely, Ger. Ordn. I. S. 406 an d. gal. App. G.) bestätigt; denn dieselben gestatten dem Verpächter behufs Sicherstellung des ihm nach §. 1101 G. B. zustehenden gesetzlichen Pfandrechtes auf die zur Zeit der Klagsüberreichung auf dem Pachtgute befindlichen Früchte: einerseits die Sequestration, die sich natürlich auf die noch stehenden Früchte bezieht (§. 320 A. G. O.), anderseits die pfandweise Beschreibung (Pfändung, nach Umständen Transferirung), welche nur die bereits eingehobenen oder doch abgesonderten Früchte zum Gegenstande hat. (§. 340—342 A. G. O. u. Hofd. v. 3. Nov. 1819; dazu §. 242 III westgal. G. B. wesentlich = III 7. §. 24 Entw. Martini); dazu das Hofdekr. v. 31. Oktober 1800 Z. 512 J. G. S. Die Entstehungsgeschichte des §. 1101 ergiebt, daß derselbe lediglich den §. 242 II. westgal. G. B. (welcher das Pfandr. verleiht einerseits auf „die noch nicht abgesonderten Nutzungen", anderseits „auf die eingesammelten u. noch nicht veräußerten Früchte") in kürzerer Fassung wiedergeben soll. (Vgl. Ofner, Prot. II. S. 306). Richtig ist daher das Judicat Nr. 77., welches im Sinn des §. 1101 die Sequestration gestattet. — Auf Früchte, welche vor jenem Zeitpunkte abgesondert, bez. veräußert wurden, bezieht sich das Pfandrecht nicht. (Vgl. §§. 457. 1101; die von der Illation zu berechnende Priorität hat bei Gutserzeugnissen keine Bedeutung.) Der Sequester erwirbt für die Hypothekargläubiger das Pfandrecht an den Früchten durch Einhebung. (Vgl. §. 320 A. G. O., wofür auch der Abgang eines dinglichen Rechtes des Sequesters spricht.) — Überhaupt ist zu bemerken, daß sich zwar die Hypothek auch auf die noch stehenden Früchte als Theile des Gutes erstreckt, daß jedoch die letzteren durch Separation aus dem Pfandnexus austreten (§. 457 G. B., dazu Nr. 5532 Samml. Gl. U. W.), es wäre denn, daß der Hypothekargläubiger das Pfandrecht quoad fructus durch bücherlichen Eintrag, sowie durch Einführung des Sequesters erwirkt hätte, in welchem Falle aber nicht nur der exequirende Hypothekargläubiger, sondern auch dessen bücherliche Vormänner (diese — allerdings nur in Ansehung der Zinsen) nach der bücherlichen Ordnung aus den vom Sequester erhobenen Früchten die Zahlung erhalten. Vgl. §. 320 A. G. O., §. 85 Abs. 3 Gr. G., Hofd.

das Pachtrecht in die öffentlichen Bücher eingetragen wird.)[4] Da sich nun das Perzeptionsrecht der obligatorisch Berechtigten lediglich auf den Überreichungswillen des Eigenthümers oder des dinglich Nutzungsberechtigten stützt und dieser selbstverständlich bis zur Erhebung der Früchte fortdauern muß, so ergiebt sich, daß der Pächter an Früchten Eigenthum nicht erwirbt, wenn der Verpächter die Perzeption verboten hat. Der Vertragsbruch macht zwar jenen verantwortlich, allein der Traditionseffekt ist trotzdem vereitelt.[5] Wurden die Früchte vor der

---

v. 12. Oktober 1790, Z. 63. Dieses Hofdekret bestimmt insbes. daß der Sequester aus den Einkünften des sequestrirten Gutes den früher vorgemerkten Hypothekargläubigern die Interessen nach Ordnung der Priorität abzuführen und erst den Rest zur Befriedigung der exequirten Post zu verwenden habe. And. A. Exner Hyp. R. I. S. 277. 278, u. Canstein, C. Proz. S. 812; richtig aber Exner-Beisser II. S. 335. Daß unter den vorhergehenden Gläubigern nicht die bücherlich vorausgehenden, sondern alle zur Zeit der Bewilligung der Sequestration eingetragenen Hypothekargläubiger zu verstehen seien, ergiebt sich nunmehr aus dem Motivenberichte des Entwurfs der Civ. Pr. O. v. 1881 (Ott, Vorles.) und aus dem von Pantuček, Sekvestrace, S. 288 N. 5. erwähnten Hofberichte von Kees, mit welchem der Entwurf jenes Hofd. zur Genehmigung vorgelegt wurde. — Die Früchte scheiden durch Trennung aus dem Hypothekennexus; allein eine Ausnahme findet dann und nur dann statt, wenn schon in diesem Zeitpunkte die Einführung des Sequesters vollzogen, oder die Realität exekutiv veräußert worden war. (Vgl. auch d. Erk. v. 15. Januar 1878 Z. 8, Jur. Bl. 1878, Nr. 12). Nicht maßgebend ist also der Moment der Exekution (exekutive Pfändung [?] oder Sequestration, so Exner N. 18), da durch die Bewilligung (bez. Anmerkung) der Sequestration ohne Einführung des Sequesters das Recht des Eigenthümers zum Fruchtbezug nicht alterirt wird. (§. 320 G. O., dazu §. 296 u. Hofd. v. 27. Febr. 1784, Z. 248, Hofd. v. 6. Mai 1814, Z. 1085 u. §. 83 Konkursordn.) Die Sequestration ist eben das einzige Mittel, das Pfandrecht auf die stehenden Früchte separatim geltend zu machen. Im Wesen richtig Winiwarter II. S. 262 flg.

4) Denn dadurch wird das Pachtrecht nicht zum dinglichen Recht. Vgl. Randa, Besitz S. 54, N. 2, wogegen neuerlich Hasenöhrl, Obl. R. §. 1, N. 72, und Geller a. O.

5) Der Gebrauch der Sache (also auch der Fruchtbezug) wird für gekauft angesehen (§. 1094). Vgl. die cit. L. 15. §. 8. D. loc. 19. 2, L. 61. §. 8. u. L. 6. D. de donat. 39. 5: si antequam eximat (sc. saxum), me penituerit, meus lapis durat. Vgl. Windscheid §. 186, N. 6, Sohm, Thon a. O. Die Traditionsofferte muß eben bis zur Perzeption fortdauern; erst mit dieser vollzieht sich die Empfangnahme und der Erwerb. (Vgl. §. 11, S. 278 über d. Trad. incertae rei). Aus demselben Grunde hört das Perzeptionsrecht des Pächters auf, wenn der neue Eigenthümer den Pachtvertrag des Vormanns nicht einhalten will. (L. 25. §. 1. D. loc. cond. §. 1120 G. B.) Unserer heutigen Auffassung entspricht allerdings der im Text angeführte Rechtssatz nicht (s. auch Thon und Geller a. O.); allein praktische Inkonvenienzen sind nach österr. R. nicht zu befürchten, da der Pächter durch possessorische Rechtsmittel im Besitz des Pachtrechtes geschützt (vgl. Randa, Besitz S. 548 flg.) und gegen die petitorischen Klagen des Ver-

Perzeption des Pächters durch Dritte entwendet, so gebührt ihm — da er unmittelbar in seinem Rechte verletzt erscheint — die Deliktsklage auf Rückstellung der Früchte, bezieh. auf vollen Schadensersatz (§§. 1295. 1324. 1331).[6] Es versteht sich, daß der Pächter — abgesehen von dem Falle einer besonderen Verabredung — nur **während** der Pachtzeit zur Perzeption der Früchte berechtigt ist, und daß hieran nichts durch den Umstand geändert wird, daß die letzteren erst nach Ablauf der Pachtzeit reif oder überhaupt perzipirbar wurden.[7]

Anhang zu §. 14.

Originärer Fruchterwerb durch Perception und Absonderung.[8]

So lange die natürlichen Früchte mit der fruchttragenden Sache verbunden sind, sind sie — als Theile derselben — Eigenthum des Eigenthümers der Letzteren. Erst mit der Trennung werden sie selbständige Objekte des Sachenrechtes. Der Natur der Sache entsprechend bestimmt das österr. Recht, daß die natürlichen Früchte sofort nach ihrer Trennung — sofern nicht besondere Rechtsverhältnisse obwalten — dem Eigenthümer der fruchtbringenden Sache zufallen.

---

pächters durch die Einreden aus dem Pachtvertrage sichergestellt ist, ja selbst dem neuen Eigenthümer erst „nach der gehörigen Aufkündigung zu weichen hat" (§. 1120, dazu Nr. 4038. 4830 Samml. Gl. U. W.).

6) Nach röm. R. L. 60. §. 5. D. loc. cond. 19. 2 gebührt dem Eigenthümer die condictio furtiva (nicht, wie Sohm S. 37 anzunehmen scheint, die Eigenthumsklage), während dem Pächter (abges. v. d. a. conducti) nur die in ihrer ursprünglichen Gestalt nicht mehr praktische a. furti, bez. die Schadenersatzklage zusteht. Vgl. Köppen S. 23, Windscheid §. 143, N. 2, 10, 16, Arndts §. 323, Brinz §. 145, N. 12.

7) Vgl. Nr. 1201 Samml. Gl. U. W. (Schneiden von Schilf nach Beginn der Pachtperiode des Nachfolgers), dazu Nr. 4463 ders. S.

8) Unter Frucht werden auch hier sowol die naturgemäßen neuen, organischen Erzeugnisse als auch die unorganischen Bestandtheile von (unbeweglichen) Sachen verstanden, welche wirthschaftlich den Ertrag derselben darstellen. Vgl. §. 14. dies. B. — Der Erwerb der Civilfrüchte gehört nicht hieher. Zu den Früchten gehört bei Thieren auch der Dünger, das abgeworfene Geweih u. s. w.; daß der Fruchtberechtigte auf dergleichen Erzeugnisse wegen ihres nach Umständen geringen ökonomischen Werthes kein Gewicht legt, ist juristisch gleichgültig. Der Servitutsbelastete hat daher kein Recht auf den Bezug des vom fremden Thiere auf seinem Grunde abgelagerten Düngers. Vgl. Právník 1877 S. 213 flg.

(§. 405, vgl. §. 330 Schluß a maj.) In gleicher Weise erwirbt der Eigenthümer eines Thieres alle Erzeugnisse desselben, insbes. die Thierjungen sofort mit der Absonderung (§. 405.) Daß dieser allerdings nicht glücklich gefaßte und unrichtig eingereihte Paragraph die abgesonderte und nicht die stehende Frucht vor Augen hat, ergiebt sich aus der Randglosse desselben: „Natürlicher Zuwachs a) an Naturprodukten, b) Werfen der Thiere" — im Gegensatz zu §. 295 G. B., welcher nur die noch nicht abgesonderten Naturprodukte als Zuwachs („Zugehör" §. 294) bezeichnet.[8a]

Befindet sich die fruchtbringende Sache zur Zeit der Absonderung in der Hand eines redlichen Besitzers, dem das Eigenthum nicht gebührt, so erwirbt dieser — und nicht der Eigenthümer — alle Früchte sofort mit ihrer Trennung zu unwiderruflichem Eigenthum. §. 330 G. B. Er ist — anders als nach röm. Recht[9] —

8a) Besser Cod. Ther. II. c. 5, §§. I. II: „Was von Jemandes Thier erzeugt wird, gehört wie alle andern abfallenden Nutzungen dem Herrn".

9) Anders nach röm. R., nach welchem derselbe die fructus extantes zu restituiren hat; bonae fidei possessor fructus consumptos suos facit. L. 40. 48. D. h. t. 41. 1. L. 4. §. 2. D. fin. reg. 10. 1. §. 35. J. h. t. 2. 1. Mehrere nach röm. Rechte von Alters her streitige Fragen, insbesondere ob der redliche Besitzer an den Früchten Eigenthum oder nur Usucapionsbesitz erwerbe, und was er dem Vindikanten zu restituiren habe, sind für das österr. Recht ohne unmittelbares praktisches Interesse. Für den Eigenthumserwerb an Früchten ist die herrschende Ansicht: Keller §. 143, Puchta §. 166, Pagenstecher II. S. 101, Schmid S. 110, Brinz §. 145, Vangerow §. 326, Arndts §. 156 (mit guter Übersicht der Meinungen), Köppen, Fruchterwerb des b. f. p. 1872, welcher mit Arndts das Erforderniß des rechtmäßigen Besitzes mit Recht betont (S. 99 flg., auch Fitting, Civ.-Arch. 52, S. 275 flg.), wogegen Savigny, Bes. S. 277 (7. A.), Windscheid §. 186, N. 11 flg., Göppert S. 220 flg., Czyhlarz, Glück's Comm. 41 S. 514 flg. (nach Übersicht des neueren Standes der Lehre) nur Usukapionsbesitz mit dem Vortheil der Nichthaftung für die konsumirten (Göppert: und veräußerten) Früchte anerkennen wollen (dazu s. Kräwell, Civ.-Arch. 58, S. 261 flg.). M. E. ist die letztere Auffassung trotz der scheinbar entgegenstehenden Fassung der meisten Quellenstellen mit der Totalauffassung der röm. Juristen besser zu vereinbaren, zumal dem redlichen Besitzer kein dominium an den Früchten zugeschrieben wird. In Stellen, wie: fructus consumptos suos facit, kann vom Eigenthum im technischen Sinne nicht die Rede sein; gemeint ist nur, daß der Vermögenswerth behalten werden dürfe. Dies bekräftigt L. 40. i. f. D. 41. 1. fructus consumtos lucrari oportet. Auch Köppen S. 44 erkennt an, daß sich der Fruchterwerb des b. f. poss. durch juristische Konsequenz nicht begründen lasse; daß ihm aber das röm. R. trotzdem Eigenthum einräumt, will er dadurch erklären, daß die Konsumtionsbefugniß, die man doch anerkennen wollte, kein besonderes Recht sei. Damit wird aber der röm. Jurisprudenz ein recht unnöthiges Auskunftsmittel zugemuthet, nicht zu gedenken des sonderlichen Sachenrechts, das erst

nicht verpflichtet, die bis zur Klagszustellung (§. 338) durch Separation erworbenen Früchte bez. im Falle der Konsumtion oder Veräußerung deren Werth dem die Hauptsache vindizirenden Eigenthümer zurückzustellen oder zu ersetzen (§. 330)[10] — eine Bestimmung, welche ihre Entstehung weniger einer unbewußt zum Ausdruck gelangten deutschrechtlichen Auffassung, als vielmehr sehr wohl erwogenen Utilitätsgründen verdankt.[11,12] Daß der unredliche Besitzer Eigen-

---

mit der Vertilgung der Sache entstehen soll. Radikaler sucht Brinz a. O. (u. Recht der b. f. possessio, Festschrift 1875) die Frage zu lösen; ihm ist die b. f. poss. „nicht sowohl Nichteigenthum, als nicht das volle Eigenthum. . . . . die Nutzseite des E."; von hier bedürfte das Fruchteigenthum des b. f. poss. allerdings nicht der Erklärung. Allein trotz der scharfsinnigen Begründung ist diese Annahme des „bonitarischen E." auf gerechte Bedenken gestoßen. Vgl. Hartmann, Krit. V Schr. 18, S. 162 flg., Czyhlarz, Glück's Comm. 41. S. 50 flg., Arndts a. O. N. 3 (9. A.). — Gewiß ist, daß die problematische Lehre vom b. f. poss. (wie Ihering und Hartmann richtig bemerken) in der klassischen Jurisprudenz zu keinem befriedigenden Abschluß gelangt ist! Und dies spiegelt sich in den modernen Theorien vom „relativen, unvollkommenen Eigenthum, eigenthumsartigen Rechte ꝛc." Wie die Redaktoren des A. B. G. B. darüber dachten, darüber s. folg. Noten.

10) Schon der Cod. Ther. II cap. 3. nr. 148 flg. und der Entwurf Horten II. 2. §. 19 sprechen dem b. f. p. das Eigenthum an den Früchten zu. Azzoni bezeichnet dies als Wirkung des „gleichsamen Eigenthums". (Harrasowsky II. S. 96, N. 2.) Aber jene Entwürfe entheben bloß von der Restitution der gesammelten und verzehrten oder veräußerten Früchte, obwohl der b. f. p, „dadurch bereichert ist."

11) Der Hauptunterschied vom röm. Recht besteht darin, daß der b. f. poss. selbst die fructus exstantes behält. Diese Abweichung wurde von den Redaktoren nach reiflicher Erwägung aus Utilitäts- und Billigkeitsgründen beschlossen. Laut Prof. Pfaff's Auszug aus dem Prot. vom 4. April 1803 (vgl. nun Ofner, Prot. I. S. 232) begründete Zeiller, welchem alle Kommissionsmitglieder beipflichteten, die Norm des §. 330 folgendermaßen: „Nach dem Naturrechte lasse es sich schwer beweisen, daß dem redlichen Besitzer ein Vortheil aus der fremden Sache zukommen soll; die redliche Meinung spricht ihn von der Strafe frei; allein sie kann ihm kein Recht ertheilen, aus der fremden Sache Nutzen zu ziehen. Allein die bürgerliche Gesetzgebung könne, um verwickelte Streitigkeiten und Berechnungen zu beseitigen, nunmehr einen Abschnitt machen und dem redlichen Besitzer einen Vortheil zuerkennen" . . . . Die Redaktoren erkannten also an, daß sie im §. 330 in Ansehung der fructus exstantes einen Bruch in die Konsequenz des Rechtes machten. Ähnlich äußerte sich Suarez in Ansehung des preuß. L. R. (s. folgende Note). Noch sei bemerkt, daß der §. 50. II. des Entw. (= §. 329 A. B. G. B.) in der Sitzung v. 4. April 1803 in der Weise geändert wurde: „Ein redlicher und zugleich rechtmäßiger Besitzer" . . . . Die durchschossenen Worte wurden später wieder fallen gelassen. (Die ältere gemeinrechtliche Theorie verlangte ausdrücklich redlichen und titulirten Besitz. Vgl. z. B. Höpfner §. 332, Glück 8, §. 591, Gesterding §. 24; von Neueren mit Recht bes. Köppen S. 99 flg., 106, während die Meisten davon keine Erwähnung thun. Die böhm. Stadtrechte H. 15 stehen auf dem Boden des röm. R. Vgl. Jordan I. §. 44.)

12) Die fälligen Civilfrüchte erwirbt der b. f. p. durch Einhebung (§. 330).

thum an den Früchten nicht erlangt, bedarf keiner Bemerkung (§. 335, dazu §. 338.)

Außer dem Eigenthümer und redlichen Besitzer erwerben das Eigenthum an Früchten in originärer Weise diejenigen, welchen ein dingliches Nutzungsrecht an fremden Sachen zusteht, nämlich: der Usuar, Usufructuar und der sog. Nutzungseigenthümer[13] und zwar:

1. Der Gebrauchsberechtigte (Usnar §. 504) erwirbt die Früchte durch Perzeption, da er die Sache nur nach Maß seines individuellen Bedürfnisses benutzen darf und dieses erst in der Zueignung der Früchte zum Ausdruck gelangt.[14]

2. Andere dinglich Nutzungsberechtigte, insbesondere Nutznießer (§. 509), Erbpächter (§. 1122), Superfiziare (§§. 1125. 1147) erwerben Eigenthum an Früchten schon durch die Absonderung (§. 519: „nach geendigter Fruchtnießung gehören die noch stehenden Früchte dem Eigenthümer"), nicht erst durch Aneignung (Perzeption).[15]

— Nach deutschem Rechte (Sachs. Sp. II. 44, §. 2. II. 46, §. 3, Schw. Sp. 211) braucht der redliche Besitzer die bereits bezogenen, wenn auch nicht konsumirten Früchte dem Vindikanten nicht herauszugeben, ja kounte sogar die Früchte, welche er durch Bestellung des Ackers vor erhobener Klage verdient hatte, gegen Entschädigung erheben. — Das preuß. L. R. §§. 189. 194. 195. 201. I. 7 u. 221. I. 9 schließt sich der in der vor. Note ausgeführten Auffassung an: die separirten Früchte bleiben Eigenthum des redlichen Besitzers, gleichviel „ob sie verzehrt, veräußert oder noch wirklich vorhanden sind." Suarez motivirt diese Abweichung vom röm. R. mit Utilitätsgründen, um die Sache zu „simplifiziren". Auch das franz. R. art. 549, ital. Cod. art. 703, das sächs. G. B. §§. 244. 308 u. das zürich. G. B. §§. 509. 510. 550 gehen von demselbeu Gesichtspunkte aus, während sich der bayer. Entw. Art. 16—18. 100. 163 mehr dem röm. R. anschließt.

13) Die Erwerbung ist eine originäre, wie ich (abweichend v. der 1. Aufl.) bemerke, weil der dinglich Berechtigte, auch wenn er das Nutzungsrecht derivativ erwarb, doch den Erwerb der Früchie nur auf sein Recht stützt, nicht aber auf das Eigenthum des Vormanns. Vgl. Göppert S. 293, Czyhlarz, S. 434.

14) Nach österr. R. (§§. 504 flg., 509 flg. ist der Unterschied zwischen Usus und Ususfructus älterer Auffassung entsprechend nur ein quantitiver, kein qualitativer. Ueber den Fruchterwerb des Usuars enthält das A. B. G. B. keine Bestimmungen. Doch ist nach dem Wesen derselben der §. 519 hier nicht anwendbar.

15) Vgl. Stubenrauch I. S. 703, Kirchstetter S. 285, Schiffner, §. 79, N. 5. Krainz (Pfaff) II. §. 252. — Nach röm. R. erwirbt der Usufruktuar die Früchte erst durch Perzeption (nur der Emphyteuta schon durch Separation — ebenso nach deutsch. R. der Erbzinspächter, vgl. Stobbe §. 132, N. 10, ferner auch 21 I. §. 199 preuß. L. R.) Vgl. L. 25. §. 1. D. de usur. 22. 1. L. 13 D. quib. mod. usufr. 7. 4. L. 12. §. 5 D. de usufr. 7. 1. Vgl. Arndts §. 156, Göppert, Organ. Erzeugnisse S. 282 flg., Windscheid §. 186, Brinz I. §. 145, Köppen, Fruchterwerb d. bon. f. poss. (1872) S. 24 flg., Cyhlarz, Glück's Comm. a. O. Daß der Eigenthümer der Muttersache die Früchte schon durch Separation

(Vgl. auch Cod. Ther. II. 28 Nr. 51 u. Entw. Horten II. 24 §. 19: „die noch hangenden Früchte". Dies wird indirekt auch im Cod. Ther. III. 7 Nr. 125 und Entw. Horten III. 7 §. 23 anerkannt, indem das Exekutionsrecht des Pfandgläubigers auf die auf dem Gute vorhandenen und von dem Pfandschuldner weder veräußerten noch Dritten verpfändeten Früchte beschränkt wird.) — Vermöge des dinglichen Anspruches ist der Eigenthumserwerb dieser Nutzungsberechtigten vom Willen des Eigenthümers ganz unabhängig.[16] Unter „Früchten" sind hier, so weit es sich um den Gebrauch (Usus §. 504) und Fruchtgenuß (Ususfructus §. 509) handelt, nur Früchte im technischen Sinne

---

erwirbt, beruht, wenn auch nicht auf unabweisbarer Konsequenz, so doch auf einer sehr natürlichen Auffassung. (L. 1. §. 2. 2. D. de A. R. D. 41. 1. ratione naturali.. und L. 25 D. cit. Richtig Windscheid §. 144, N. 4 gegen Göppert.) — Der Unterschied zwischen Emphyteuta und Fruktuar ist auf den verschiedenen Umfang ihres Rechts zurückzuführen. Die Stellung auf den jurist. Besitz (so Schmid S. 101) trifft nicht zu. Vgl. Göppert, S. 314 flg. Dies beruht aber ebensowenig auf innerer Nothwendigkeit als der Erwerb der Früchte durch den Fruktuar gerade durch Perzeption; sein ausschließendes Recht auf alle Früchte läßt die Auffassung der modernen Gesetzbücher, welche den Fruchterwerb desselben schon mit der Separation eintreten lassen, als ebensowohl begründet erscheinen. (Code civ. art. 585, österr. G. B. §. 519, sächs. G. B. §. 76, aber auch §. 245; noch weiter geht das preuß. L. R. 9. I. §. 221.) Was Köppen S. 24 für die Perzeption ins Treffen führt: „Da sein Recht nur ihm (dem Fruktuar) persönlich zum Vortheil gereichen soll, „darf er bloß die Früchte erwerben, die er zu seinem Gebrauch in Besitz genommen", — paßt nur auf den Usuar (s. N. 1), nicht auf den Fruktuar. — Nach der deutschrechtlichen Auffassung des preuß. L. R. erwerben die Nutzungsberechtigten (Nutznießer, Pächter — wie auch der redliche Besitzer) Eigenthum an den Früchten schon mit deren Entstehen und zwar auch dann, wenn sie aus fremden Samen oder Pflanzen stammen. L. R. I. 9 §§. 221. 275. 289. 292, vgl. Förster §. 173, Dernburg §. 234.

16) Der Rechtserwerb findet selbst gegen den Willen des Eigenthümers statt; der dinglich Berechtigte kann eben unmittelbar die Sache benutzen und die Früchte sich aneignen; vgl. auch Arndts §. 156. 1, Windscheid §. 186, N. 6, Exner S. 17, Sohm, Zeitschr. f. Handelsr. 17, S. 35 flg., Göppert S. 263, Köppen S. 25 gegen Savigny, Besitz S. 281, Puchta §. 150 u. a., welche denselben gleich jenem des Pächters) auf den Gesichtspunkt der Tradition zurückführen wollen. Mit Recht betont Sohm a. O. u. Grünhut's Zeitsch. 4, S. 460 flg., daß der dinglich Berechtigte befugt ist, durch seine Handlung Eigenthum zu erwerben, während in dem Fruchtbezug des Pächters ein Gewähren des Fruchtziehens seitens des Verpächters liegt. Dort haben wir es mit einem Occupations-, hier mit einem Traditionsakte zu thun. Vgl. auch Thon, Normen S. 305. Was Geller, Grünh. Zeitschr. 5, S. 349 flg., 357 für den dinglichen Charakter des Mieths- und Pachtverhältnisses durch „Besitz" und „Intabulation" sagt, beweist nur die Modifikationsfähigkeit der Obligationen; dagegen Randa, Besitz §. 5, N. 2. Daher kann zwar der Eigenthümer und der Usufruktuar (§. 519), nicht aber der Pächter die durch Zufall abhanden gekommenen (z. B. weggeschwemmten) Früchte vindiziren.

gemeint, also 1. solche neue, organische Erzeugnisse, zu deren Produktion die Sache naturgemäß bestimmt erscheint,[17] außerdem aber auch 2. die unorganischen Bestandtheile einer Sache, welche zufolge ihrer besonderen Beschaffenheit den wirthschaftlichen Ertrag derselben darstellen, als z. B. Saud, Kreide, Steine, insbesondere Marmor, Lehm,[18] überhaupt auch Mineralien — ausgenommen die vorbehaltenen, welche ein besonderes Objekt des sog. Bergwerks-Eigenthums, bez. des B.-Fruchtgenusses bilden (§. 511). Die sog. civilen oder juristischen Früchte, d. i. der Ertrag, welchen wir nicht unmittelbar aus der Sache selbst, sondern vermittelst eines Rechtsverhältnisses gewinnen, z. B. Miethgelder rc. kommen hier nicht weiter in Betracht).[19]

---

17) So z. B. Gras, Bäume, Feldfrüchte (§. 295 G. B.), die Thierjungen u. s. w. (§. 405 G. B.). Kein Gewicht ist bei der Begriffsbestimmung darauf zu legen, ob die Separation nach wirthschaftlichen Grundsätzen verständig ist oder nicht; der Baum hört nicht auf Frucht zu sein, wenn auch mehr Holz gefällt wird, als nach forstwirthschaftlichen Regeln geschlagen werden soll. (Richtig schon d. Cod. Ther. u. Horten's Entw. II. 1. §. 61) S. auch Czyhlarz a. O. S. 440 flg. Eine andere Frage ist es, ob der Usufruktuar das über Maß geschlagene Holz, bez. den gesammten Wildbruch behalten darf? Gewiß nicht, weil er sein Recht als bonus pater familias (L. 9. §. 2. L. 15. §. 4. D. de usufr. 7. 1), als „guter Haushälter" (§. 513 G. B.) ausüben und daher nur auf das „forstmäßig geschlagene Holz" (§. 511) Anspruch hat. Soweit er die Grenzen seines Rechtes überschritten, daher die Sache deteriorirt hat, ist er haftbar. Dies und nicht mehr sagen Stellen, wie L. 10—12. pr. D. de usufr. 7. 1: Arboribus evulsis vel vi dejectis ad usum suum et villae posse fructuarium ferre .... alioquin et si totus ager sit hunc casum passus, omnes arbores aufferret usufructuarius. L. 7. 8. D. sol. matr. 24. 3. si vi tempestatis ceciderunt, ... non in fructum cedere .... deteriorem fundum facere .... etc. Soweit der Fruchtbezug das wirthschaftliche Maß überschreitet, hört er auf, ordnungsmäßiger Fruchtbezug (§. 1276 cf. 511) zu sein, und macht den Fruktuar verantwortlich. Dies verkennt die herrschende Lehre, vgl. z. B. Böcking, §. 164, N. 41, Windscheid §. 144, 7, welch' Letzterer übrigens richtig auch die unreif gepflückten Früchte zu den fructus zählt. Von Windbrüchen darf darum (§. 511) der Fructuar (Fideikommißbesitzer) nur so viel behalten, bez. sich abrechnen lassen, als er in dem fraglichen Zeitraum nach forstwirthschaftlichen Grundsätzen hätte schlagen dürfen, wobei nichts darauf ankommt, welches Forstsystem speziell (Schlag- oder Plänterwirthschaft) der Wirthschaft zu Grunde liegt. (Hierin irrt der Autor des Auff. G. H. 1870, N. 92. 93.) Die Worte des §. 511 („ungewöhnlichen Ertrag" ...) dürfen nicht irre führen, da hier der ökonomisch ungewöhnlich günstigere Wirthschaftsertrag, nicht aber wirthschaftliche Kalamitäten (wie Windbrüche rc.) gemeint sind.

18) Vgl. L. 77. D. de V. S. 50. 16: frugem appellari ..... et quod ex vino, silvis caeduis, cretifodinis, lapidicinis capitur. L. 9. §. 2. 3. L. 12. V. 13. §. 5. D. h. t. 7. 1. Vgl. Windscheid §. 144, N. 8. Daß auch der Marmorbruch zum Fruchtbezug gehört, kann nach österr. Recht nicht zweifelhaft sein.

19) Schmid §. 9, N. 1 will den Erwerb der Civilfrüchte analog nach den

§. 15. Gerichtlicher Zuschlag.

Das Eigenthum unbeweglicher Sachen geht im Falle der exekutiven gerichtlichen Feilbietung, wie später (vgl. §. 17) gezeigt werden soll, schon mit dem gerichtlichen Zuschlag auf den Ersteigerer über. (§§. 337. 338 A. G. O., und bes. §. 72 G. G.) Bezüglich der beweglichen Sache bildet hingegen der Zuschlag bloß den Übereignungstitel; das Eigenthum geht nach der allgemeinen Regel erst mit der Übergabe über. (§. 425, cfr. §. 367.)[1] Die besonderen Gründe, welche rücksichtlich der Immobilien zu der entgegengesetzten Entscheidung führen (vgl. insbes. §. 337 G. O. verb. „das Gut abtreten", §. 72 G. G. verb. „bisheriger Eigenthümer" ꝛc.) haben auf Mobilien nicht Bezug und ist hier die diesfällige, bei Immobilien zweckmäßig getroffene Sonderbestimmung um so entbehrlicher, als sich die Übereignung feilgebotener Mobilien regelmäßig sofort nach dem Zuschlag durch Aushändigung derselben vollzieht. — An diesem Orte wird der Zuschlag nur darum erwähnt, um in dieser durchaus nicht unzweifelhaften Frage der Anschauung Ausdruck zu geben, daß das Eigenthum unverbücherter Güter, deren Erwerb sonst analog nach den für den

---

Grundsätzen über natürliche Früchte behandeln, stellt die nicht fälligen Nutzungen den fr. pendentes, die fälligen den fr. separati und die eingehobenen den fr. percepti gleich. Die Analogie ist aber keine durchschlagende. L. 58 pr. D. h. t. 7. 1. beweist nichts; für das österr. Recht zeigen die §§. 330. 519 die völlig verschiedene Behandlung. Vgl. auch L. 121. D. de V. S. 50. 16. usura . . . . in fructu non est, quia non ex ipso corpore sed ex alia causa est i. e. nova obligatione. Vergl. auch die Bedenken Windscheid's §. 203, N. 9. Eigenthum an den Früchten geht selbstverständlich nur durch Tradition seitens des Obligirten über; inwiefern ein Anspruch auf Theilung oder eine Ersatzpflicht stattfindet, ist nach Besonderheit des Rechtsverhältnisses zu beurtheilen. So verlangt der §. 330 Fälligkeit der Leistung, nicht so der §. 519. 1096 G. B. Vgl. auch Schiffner §. 79. N. 9.

1) Darüber vgl. bes. Stobbe, D. Pr. R. II. §. 92, welcher bezüglich der Mobilien und Immobilien Eigenthumsübergang durch Zuschlag behauptet. Ebenso nach preuß. L. R. §. 342. I. 11, dazu Dernburg §. 350. — Mit der Auffassung der Ersteigerung als originäre Erwerbsart (Exner, Hyp. R. S. 233. 366, Stobbe a. a. O., — dazu vgl. Strohal, Z. Eigenth. an Imm. S. 100 flg.) kann ich mich nicht befreunden; es liegt kein zwingender Grund vor, der historischen Entwicklung und der offensichtlichen Anschauung der Gesetzgebung (vergl. §. 1089, B. G. B. §§. 326 flg. A. G. O.) entgegen den Grundgedanken eines Zwangsverkaufs fallen zu lassen; die Modifikationen des Exekutivverkaufs widerstreben nicht dem Wesen des Verkaufsvertrags. Vgl. auch Menzel, Überbot (1891) S. 7 flg.

Erwerb von Mobilien geltenden Grundsätzen zu beurtheilen ist (s. Nr. 6213 Samml. Gl. U. W., dazu Nr. 5914. 6044. 7534 d. S.), im Fall der exekutiven Versteigerung gemäß §§. 337 u. 338 A. G. O. schon mit dem Zuschlage übertragen wird.[2] Vgl. noch §. 17 ad 10 dies. B.

§. 16.

c) Eigenthumserwerb durch Universalsuccession §§. 547. 819.

Der Erbe erwirbt kraft Erbrechtes alle Vermögensrechte des Erblassers, welche nicht mit dem Tode desselben erlöschen, somit auch das Eigenthum an den zum Nachlaß gehörigen beweglichen Sachen. Entscheidend für den Erbschafts- und somit für den Eigenthumserwerb ist aber nach österr. Rechte in Folge des eigenthümlichen Instituts der Verlaßabhandlung nicht der Antritt, sondern die gerichtliche Einantwortung der Erbschaft, also die Zustellung der Einantwortungsurkunde (§§. 797. 819, cfr. 807. 810. 811. 813 G. B., §§. 43. 46. 122. 145—148 des k. Pat. v. 9. August 1854).[1]

---

2) Auch die legislativen Utilitätsgründe treffen in beiden Fällen gleichmäßig zu. Vgl. dazu Strohal a. O. S. 117 flg., 126 flg. (Eine falsche Anwendung der singulären Norm des §. 367 findet sich in Nr. 6327 der Samml.; dazu s. S. 340 flg.). Übrigens hat die Anmerkung der exekutiven Versteigerung nach §. 72 G. G. eine wesentlich andere Natur als die Pränotation des Eigenthums des Käufers; nur in der negativen Funktion begegnen sich Beide. Theilw. a. A. Exner, H. R. S. 366, richtiger §. 50, N. 20.

1) Es gilt also nicht der röm. Grundsatz, daß der Erbe die Erbschaft schon mit dem Antritt erwirbt; vielmehr ist durch die historische Gestaltung der Verlassenschaftsabhandlung der Schwerpunkt in die gerichtliche Einantwortung gelegt. Vgl. Randa, Erwerb der Erbschaft S. 92—95, Krasnopolski, Mittheil. d. d. Jur. V. 1877, S. 95, Krit. V. Sch. 27. S. 492, von Canstein, Grünhut's Zeitschr. VI. S. 155, N. 37, Schuster, Vfahr. a. Streitsachen, S. 202, Krainz (Pfaff), Syst. §. 511, wohl auch der Ungenannte in Grünh. Zeitschr. 14 S. 140 flg., zum Theil Hasenöhrl, Obl. §. 10, S. 111; so auch die Kommentatoren von Zeiller II. S. 863 bis Stubenrauch II. S. 807, welche allerdings mitunter unpassender Weise den Gesichtspunkt der Tradition einflechten; dagegen hält den Erbschaftsantritt für maßgebend Unger II. §. 74, N. 24, VI. §. 40, obwohl nicht ohne Schwanken: „Vor diesem Zeitpunkt (der Einantwortung) wird der Erbe in den meisten Beziehungen so betrachtet und behandelt, als hätte er die Erbschaft noch nicht angetreten ...; der Erbe steht dem Nachlaß, der ihm aktuell doch nicht gehört, wie ein Fremder gegenüber, die Gläubiger haben die Erbschaft, noch nicht den Erben zu ihrem Schuldner"; auch Strohal, Eigenth. §. 8, N. 1, Graf Chorinsky, Verlaßabh. S. 164„ u. Pfaff-Hofmann II. S. 41. 53, Menzel, Anfechtungsges. S. 83 N. 20, Steinlechner, Das schwebende Erbrecht 2c. (1893) S. 435 flg. Note, halten an der röm.

Wohl ließe sich der Vermögenserwerb (Eigenthumserwerb) durch Erbschaftsantritt bei beschränkter Vermögensverwaltung bis zur Einantwortung denken; allein dies ist nicht die Auffassung des österr. R., welches den Erben als bloßen „Verwalter", „Besorger", „Vertreter" der Verlassenschaft (her. jacens) betrachtet und ihn dem Kurator derselben gleichstellt. Träte der Vermögensübergang schon mit dem Erbschaftsantritt ein, so müßte der Erbe schon während der Verlaßabhandlung aus den Schulden der Verlassenschaft geklagt werden können, während doch nur die Letztere (vertreten durch den „erbserklärten" Erben oder Kurator) belangt werden darf (§§. 811. 813 flg., §. 37 Jur. Norm., Entsch. d. O. G. H., G. Z. 1876 Nr. 66).[2] Für die hier

---

Auffassung fest, trotzdem sie zugestehen müssen, daß der Nachlaß „während der Verlassenschaftsabhandlung auch nach dem Erbschaftsantritt noch in vielen Beziehungen wie ein ruhender zu behandeln ist". (Die Bemerkung, daß die h. jac. durch den Antritt „aus dem Kreise der Rechtssubjekte scheide", beruht auf einer petitio principii.) Auch die Einwendungen Strohal's, Menzel's u. Steinlechner's überzeugen mich nicht; denn 1) die Separation kann nur während der Abhandlung begehrt werden (§. 812: vor der Einantwortung ...); nach diesem Zeitpunkt ist die rechtliche Vereinigung der Vermögensmassen des Erblassers und Erben unwiderruflich (vgl. Hofd. v. 27. März 1846, Z. 948); eine theilweise Separation ist m. E. unzulässig (§. 812; durch Sicherstellung erlischt das Separationsrecht). 2) Die Berechtigung des Erben nach §. 145 desk. Pat. v. 1854 stützt sich auf die verlaßbehördliche Ermächtigung zu Verfügungen über das ihm noch nicht gehörige Vermögen; 3) auf die Frage, wann der Erbschaftserwerb eintritt, wenn der rechte Erbe erst nach der Einantwortung klagend auftritt, antworte ich, daß das Urtheil die Stelle der Einantwortung einnimmt; jenes hat hier so wenig konstitutive Kraft als diese, gehört aber zum Complex der Erwerbsthatsachen; das Erbrecht wird dem Geklagten ab- und dem Kläger zuerkannt und eben damit die Fortdauer der h. jacens bis zu diesem Zeitpunkt stillschweigend anerkannt. 4) Die angeblich bedenklichen praktischen Resultate bestehen m. E. nicht: die h. jacens kann ohne Apprehension nicht besitzen und ersitzen. Daß der unbedingt erbserklärte Erbe ein praktisches Interesse haben könne, seine Forderung gegen die Nachlaßmasse einzuklagen, leuchtet mir nicht ein. Gegen Steinlechner a. O. sei bemerkt, daß gerade der Cod. Ther. beweiset, daß die „Einantwortung nicht bloß eine öff. Legitimation ist, sondern mortis c. dieselbe Rolle spiele wie inter viv. die „Übergabe" (cfr. §. 797).

2) Unger u. Randa a. O. u. trit. V. J. Sch. 16. S. 527 (gegen Mages, Gesammtschuldverhandl. S. 57), neuestens auch Hasenöhrl S. 112, der aber in Ansehung des unbedingten Erben die persönliche Haftung schon mit der Erbserklärung eintreten lassen will (Arg. §§. 550. 820). Allein wenn sich die Universalsuccession (in die Aktiva und Passiva) überhaupt erst mit der Einantwortung vollzieht, dann kann auch bezüglich der Haftung für die Nachlaßschulden kein Unterschied zwischen bedingt und unbedingt erbserklärten Erben gemacht werden. So sieht sich denn auch H. S. 113 zu dem Zugeständnisse genöthigt, daß, wenn einige Erben die Erbschaft bedingt, andere unbedingt antreten, auch die unbedingten Erben bis zur Einantwortung die Vortheile der bedingten Erbserklärung genießen (§. 807), d. h.

vertretene Auffassung spricht der allerdings nicht widerspruchsfreie Cod. Ther. II. 21. nr. 157—159, der dem Erben erst nach der Einantwortung „das volle Eigenthum, folglich auch alle Befugnisse eines wahren Eigenthümers" und insbes. die Eigenthumsklage zuerkennt (ähnlich Horten II. 17. §§. 25. 29)[2a]; dafür spricht wortdeutlich auch der §. 7 des böhm. Landtaf. Pat. v. 1794,[3] ferner die Bestimmung des §. 23 Gr. G., derzufolge derjenige, der ein in den Nachlaß gehöriges Gut während der Verlaßabhandlung erworben hat, unmittelbar nach dem Erblasser an die Gewähr zu schreiben ist. (In der Praxis ist diese Ansicht die herrschende und durch die Entscheidungen des oberst. Ger. Hofes wiederholt gebilligt worden.)[4]

---

persönlich nicht haften. Wo sollen wir aber den inneren Grund für diese Unterscheidung finden? Vom Standpunkte H.'s ist sie unerklärlich. Allerdings ist die Fassung der §§. 807 u. 820 irreführend; allein sie erklärt sich aus der unklaren, schwankenden Auffassung der Redaktoren, die sich des Gegensatzes zwischen dem röm. und österr. Recht nicht bewußt waren. Auch H. nimmt den §. 550 nicht wörtlich.

2a) Allerdings spricht derselbe Cod. Th. II. 21 nr. 7. 86. 156 (= §. 547. G. B.) vom Erwerb der Erbschaft durch Antretung; §. 156 sagt dageg.: Daß der Erbe durch die Einantwortung in den Genuß aller Erbvortheile gesetzt werde. Vgl. dazu noch Harrasowsky, II. S. 404, N. 1, S. 406. N. 3, 423 N. 9, 425 N. 10 und Steinlechner a. O. Die Protokolle (Ofner I. S. 324, II. §. 286 geben uns keine Aufklärung über die Antinomie zwischen §. 547 u. §§. 797 flg. G. B.)

3) §. 7 lautet: „Da nach der bestehenden Verfassung das Eigenthum eines ererbten Guts oder landtäflichen Kapitals nicht durch die Erbserklärung, sondern durch die Einantwortung erworben wird" u. s. f. Vgl. auch §. 178 des k. Pat. v. 9. Aug. 1854. — S. auch die Protokolle der Kompilationskommission zu §. 425 (Sitzung v. 6. Juni 1803), woselbst Zeiller bemerkt: „der bloße Vertrag gebe in Osterreich kein dingliches Recht; auch nicht das Testament, sondern erst die Einantwortung oder Eintragung der vermachten Sache in die öffentlichen Bücher". (Ofner I. S. 325.)

4) Vgl. auch das Jud. Nr. 85: „Der 2. Abs. des §. 83 Jur. Norm (Erforderniß der Genehmigung des Gerichtshofes zur Veräußerung unbeweglicher Sachen eines Mündels) findet keine Anwendung, wenn das Immobile noch im Zuge der Verlaßabhandlung verkauft wurde", — natürlich weil das Gut erst mit der Einantwortung zum Mündelgut wird. Interessant ist das Ergebniß der über diese Frage eingeholten Gutachten der Gerichte; die Motive des Plenarerkentnisses bemerken hierzu: „daß der Erbe gemäß §§. 797 u. 819 G. B. das vollwirksame Eigenthum .... erst mit der Einantwortung erlange, wurde von keiner Seite ernstlich bestritten, und daß durch die Veräußerung eines noch nicht eingeantworteten Erbgutes nur ein Bestandtheil der Erbschaftsmasse — nicht etwa ein Vermögensstück der Erben hintangegeben werde, findet im §. 23 Gr. G. seine Bestätigung." Vgl. auch Nr. 6162 Samml. Gl. U. W.: „Es handelt sich nicht um die Veräußerung der Güter des Erben, welcher erst durch die Einantwortung das volle Eigenthum .. erwirbt". So Nr. 8788. Ebenso die E. d. Verwalt. G. H. i. d. Samml. Budwinski Nr. 61. 230. 693. 1842. 1843 u. a., dazu Wolski, Judicatenbuch Nr. 1678—1680.

2. Derivativer Erwerb unbeweglicher Sachen.

§. 17. Das sog. Natural- und Bucheigenthum.

Sehr verbreitet ist unter den österr. Juristen die Auffassung, daß (von geringen Ausnahmen abgesehen) Eigenthum an Immobilien überhaupt — und insbesondere in den Fällen des derivativen Erwerbes unter Lebenden und auf den Todesfall einzig und allein durch Eintrag in die öffentlichen Bücher erworben werde. Diese Auffassung erklärt sich einerseits aus dem Umstande, daß für die praktisch wichtigsten Fälle der Bucheintrag von Alters her imperativ vorgeschrieben war, andererseits aus der scheinbar ausnahmslosen Vorschrift der §§. 425. 431 u. 436 A. B. G. B. (Noch weiter geht die legislative Todtgeburt des §. 322: daß „das Besitzrecht ausschließlich demjenigen zusteht, welcher als Besitzer derselben eingeschrieben ist". Vgl. §. 321.)[1]

---

1) Der Entwurf (des westgal. G. B.) verlangt zum Eigenthumserwerb scheinbar neben der Verbücherung auch noch die (wirkliche) Übergabe. Vgl. §. 172. II: „Unbewegliche Sachen können weder durch den bloßen Willen des Eigenthümers noch durch die . . . Übergabe allein erworben werden; solche Erwerbungsgeschäfte müssen noch überdies . . . eingetragen werden". Allein die Vergleichung der §. 43. 44. 178. 182. II., welche mit den §§. 321. 322. 440 u. 441 A. B. G. B. übereinstimmen, ergiebt, daß hier wohl nur eine ungenaue Redaktion vorliegt und daß auch nach dem westgal. G. B. die Tradition zum Erwerb des Eigenthums nicht erforderlich war. Vgl. Strohal §. 3, N. 1. In Übereinstimmung mit den älteren Quellen bestimmt schon die Nov. Decl. Ec. V. X., daß Landgüter „anders nicht als mit der Landtafel afficiret, vergeben" 2c. werden können; die physische Übergabe begründe „kein jus possessionis, noch weniger translatio dominii" oder die Möglichkeit der Usukapion contra tabulas. Vgl. Böhm. Stadtr. D. 33. §. 3, F. 21. 24. Auf diesem Standpunkte steht auch der Cod. Ther. II. 6 nr. 44; 8. nr. 17—19; 33—34; 9 nr. 31. 40; 24 nr. 19. 89. 144. 156. 157; ebenso der Entw. Horten II. 5. §§. 8. 10—12; 2. §§. 5. 23; 7 §§. 8. 22; zum Theile noch der Entw. Martini: III. 18. §§. 23. Nur durch den bücherl. Eintrag wurde der „rechtliche Besitz" des Gutes erworben. (Cod. Ther. II. 24. nr. 19, Horten II. 21. §§. 8. 9. 13.) Aus den zahlreichen Stellen sei nur Folg. citirt: Horten II. 5. §§. 8: „Bei unbeweglichen Sachen wie auch bei den auf unbew. S. haftenden Rechten soll keine Übergabe, kein langer Besitz, kein Erbanfall für sich allein die Übertragung des Eigenthums noch auch des rechtlichen (sc. rechtmäßigen cf. §. 10) Besitzes wirken, sondern hierzu allezeit erforderlich sein, daß diese Übertragung in der Landtafel, Stadt- oder Grundbüchern . . . behörig einverleibt werden." Nur der bücherliche Besitzer hat rechtmäßigen Besitz, nur er ist durch a. Publiciana geschützt u. nur er hat die Möglichkeit der (bücherlichen) Ersitzung (Verschweigung); cf. Horten II. 5. §. 10: „Niemand soll . . . für den wahren u. rechtmäßigen Besitzer . . . gehalten werden, als dessen Eigenthum oder Besitzrecht . . . vorgemerkt ist." Vgl. §§. 321. 322. A. B. G. B.) Diesem Grundsatz wird der Entw. Martini theilweise untreu und

Allein der oben erwähnte Grundsatz ist in dieser Allgemeinheit gewiß ebenso unhaltbar und scheitert ebenso sehr an der Natur der Sache, als der viel zu generelle Grundsatz des §. 4 des Grundb. Gesetzes v. J. 1871: „Die Erwerbung, Übertragung, Beschränkung und Aufhebung der bücherl.[2] Rechte (§. 9) wird nur durch die Eintragung derselben in das Hauptbuch erwirkt."[3] Eine genauere Erwägung wird ergeben, daß es trotz der scheinbar ausnahmslosen Vorschrift der §§. 431 und 436 A. B. G. B. und des §. 4 Gr. G. eine ganze Reihe von Fällen giebt, in welchen das Eigenthum von Grundstücken selbst derivativ ohne Verbücherung erworben wird und in denen sohin die Unterscheidung zwischen bücherlichem und außerbücherlichem (Natural-)Eigenthum unwiderstehlich sich aufdrängt — eine Konsequenz,

---

eben darum unconsequent u. widerspruchsvoll: er gestattet die 30jährige Naturalersitzung mit nachfolgender Tabularersitzung (! III. 18. §. 23), u. gewährt auch dem Naturalbesitzer die a. Publiciana (II. 3. §§. 18. 19). So auch Urentw. §. 609 u. das A. B. G. B. jedoch mit Weglassung des Requisites der nachfol. Tabularersitzung (§§. 37 u. 1468.) Bei dieser Rechtslage erscheinen allerdings die §§. 321 u. 322 B. G. B., welche gemäß dem Cod. Ther. u. Horten vollkommen zutreffend waren, in Rücksicht der Immobilien veraltet, unwahr und anachronistisch; sie sind nur verständlich, wenn wir ihre Vorgeschichte kennen. Das mangelnde historische Verständniß Martini's u. der späteren Redactoren hat uns hier ein abgestorbenes Recht überantwortet! Vgl. dazu meinen Besitz §. 5; theilweise abweichend Czyhlarz, Grünh. Ztschr. X. S. 263 flg., Krainz, Syst. I. S. 158 flg., Pfaff, Jur. Bl. 1884, Nr. 18, 1887 Nr. 41, Burckhard, §. 192. Eigenthümlich sind die Ansichten Leo Geller's, in dessen Österr. Centralblatt für d. jurist. Praxis I. (1883) Heft 8 u. 9. Sie combiniren oft Richtiges u. Unrichtiges zu einem dem positiven Rechte fremden Gebilde. Der Versuch Geller's, zu beweisen, daß nicht Tradition oder Eintrag, sondern das nudum pactum die alleinige causa der Eigenthumsübertragung bilde, hat die Bedeutung der Erscheinungsform des Willens u. den Imperativ des Gesetzes völlig ignorirt.

2) Unter „bücherlichen" Rechten sind offenbar die verbücherungsfähigen (§. 9) d. i. die dinglichen Rechte, die Reallasten und die drei daselbst genannten obligatorischen Rechte gemeint. Vgl. Strohal S. 12 flg.

3) Dieser generalisirende Satz ist nicht nur überflüssig, sondern geradezu unrichtig; denn nicht nur ist der Erwerb, die Übertragung 2c. der verbücherungsfähigen obligatorischen Rechte (§. 9), z. B. des Bestandrechtes vom Eintrag unabhängig, sondern selbst dingliche Rechte (Eigenthum, Servituten, Pfandrecht) werden bisweilen ohne Eintrag erworben; man denke z. B. an die Naturalersitzung (§. 1498), an die gesetzlichen Pfandrechte! Soweit etwa der §. 4 das Schwergewicht auf den Eintrag in's Hauptbuch legen wollte, so hätte zu diesem Zwecke eine entsprechendere Fassung des §. 5 genügt. Richtiger lautete der §. 4 der R. Vorlage v. 1869, zumal die Beziehung auf die allgem. civilrechtlichen Bestimmungen umgangen werden wollte (art. IV. Einf. G.). Vgl. auch Strohal S. 10 flg., dessen Ausführungen ich jedoch nicht durchwegs theile.

welche neuerlich in den §§. 22 und 78 Gr. G. durch Erwähnung der „außerbücherlichen" Übertragung einer Liegenschaft ausdrücklich anerkannt worden ist.[4]

Von vorn herein mag darauf aufmerksam gemacht werden, daß es zwar bei dem derivativen Singular-Erwerb in der Hand der Gesetzgebung liegt, die Formen zu bestimmen, in welchen sich der Übertragungswille äußern muß, um den Rechtserwerb zu vollbringen, daß aber das Wesen der Universalsuccession die willkürliche Fixirung solcher Formen nicht zuläßt und daß es überdies bei manchen originären Erwerbsarten aus zwingenden Gründen nicht wohl angeht, den Erwerb vom Eintrag abhängig zu stellen. Ein Blick auf das positive Recht wird dies klar machen:[5]

Nach österr. R. wird insbes. Eigenthum ohne Bucheintrag in folgenden Fällen begründet:

1. Uferanrainer erwerben neu entstandene Inseln in nicht schiffbaren Flüssen durch Zueignung (§. 407); dasselbe gilt vom verlassenen Flußbett (§. 410).[6]

---

4) Den Beweis hiefür habe ich bereits in der Österr. Ger. Z. 1867, Nr. 101; 1871, Nr. 39, Erwerb der Erbschaft S. 34, Vlasnictví §. 32 geführt; im Wesen zustimmend: Ogonowski, Ger. Z. 1875, Nr. 89—92, Schiffner, C. R. §. 108, Geller a. O. Ausführlich befaßt sich nachher mit dieser Frage die Schrift E. Strohal's: Zur Lehre vom Eigenthum an Immobilien (Graz 1876), dazu Randa, G. Z. 1876, Nr. 94, Schiffner, Grünhut's Zeitschr. IV. S. 515 flg.: die Differenzen zwischen St.'s und meiner Ansicht sind von untergeordneter Bedeutung, nachdem ich eine ältere, nunmehr aber von Ogonowski a. O. Nr. 89 u. Ofuer, Sach. R. §. 32 vertretene Ansicht (Eigenthumserwerb durch Tradition) vorlängst aufgegeben habe. (Ofner spricht hier von einem „Näherecht.") Daß auch einzelnen deutschen Partikulargesetzgebungen der Unterschied zwischen Natural- und Civileigenthum nicht fremd ist, darüber s. Stobbe, Ihering's Jhrb. 12, S. 239 flg., Hdb. §. 94 a. E. Die Regel, daß Eigenthum nur durch Eintrag übergehe, hat in der Natur der Sache ihre Grenzen und es heißt der Gesetzgebung Unmögliches zumuthen, wenn man verlangt, daß sie über dieselben hinausgehe. Übrigens kann auch die Existenz gewisser öffentlichrechtl. Hypotheken (für Steuern ꝛc.) u. Reallasten (§. 23 R. Wass. Ges. ꝛc.) nicht wohl von der Eintragung abhängig gemacht werden.

5) Sachgemäß beschränkt das preuß. Gr. G. v. 1872 (§§. 1. 3. 5) das Erforderniß der Auflassung und des Bucheintrags auf die Fälle der freiwilligen Veräußerung. Vgl. Strohal S. 23 ff., Dernburg §. 242.

6) Näheres in meinem Wasserrecht (3. A.), S. 70 u. oben S. 79. Burckhard, Syst. III. §. 188 will die obigen Fälle Nr. 1. 2. 3 darum nicht hierher rechnen, weil die bezüglichen Objekte angeblich nicht Gegenstand des bücherl. Eintrags sind. Allein das Gegentheil ist wahr; vgl. §. 2. der L. Gr. B. Gesetze. Auch Krasnopolski, Krit. V. Sch. 27. S. 492 will die Fälle 1. 2. 3. 8 nicht hierher zählen; indeß bestreitet er nicht, daß Eigenthum hier ohne Eintrag erworben wird.

2. Dem Staat fallen die in schiffbaren Flüssen neu entstandenen Inseln und das trocken gelegte Flußbett von Rechtswegen zu (§. 407. 410, Hofdk. v. 19. April 1842 Z. 608).

3. Herrenlose und insbesondere derelinquirte Gründe werden durch Zueignung erworben (§. 386, dazu §. 387).[7]

4. Enteignete Grundstücke gehen durch Zahlung (Erlag) des Schätzungswerthes ins Eigenthum des Unternehmers über, zu dessen Gunsten sie expropriirt wurden. (§. 365 G. B., Ges. v. 14. September 1854 Z. 238, §. 9, §. 97 Bergg. und dazu neuest. Gesetz v. 18. Febr. 1878 Z. 30, §§. 19 u. bes. 34, demzufolge die Anmerkung des Erlags der Entschädigungssumme die Wirkung der Zwangsversteigerung hat, dazu s. N. 25 und §. 17 des Eis. Buch. Ges. und Erk. Nr. 5767 Samml. Gl. U. W.)[8] Nach Ablauf der (regelmäßig 90 jährigen) Konzessionsdauer fällt das Eigenthum der meisten konzessionirten Eisenbahnen „ohne Entgelt und unmittelbar" von Rechtswegen dem Staate zu.[9]

5. Der Eigenthümer des Grundes erwirbt das Eigenthum der auf demselben errichteten Gebäulichkeiten 2c. (§§. 417—419),[10] und in einem Falle erlangt der redliche Bauführer das Eigenthum an der Baustelle (§. 418 a. E.).[11]

---

7) Nur in Tyrol sind die Gletscher als Staatsgut erklärt worden. Näheres später.

8) Vgl. Randa a. O., Pražák, Enteign. S. 49, Grünhut, Enteign. S. 179. u. Schiffner §. 108, N. 7, Krainz, Syst. §. 216, während Strohal a. O. §. 11 den Eigenthumsübergang schon mit dem Erlasse (Datum) des Enteignungserkenntnisses eintreten läßt. Dagegen s. §. 7, Note 106 u. Geller S. 527.

9) Vgl. §. 8 des vorcit. Ges. v. 14. Sept. 1854, Randa u. Schiffner a. O.

10) Vgl. Strohal §. 14, mit Beschränkung auf Eisenbahn-Enteign., Burckhard III. §. 188. Auch im Fall der Alluvion und Avulsion (§§. 411 u. 412 B. G. B.) tritt selbstverständlich Erwerb ohne Verbücherung ein, was Strohal, S. 162 in Ansehung der Avulsion mit Bezug auf §. 3 Gr. G. — mit Unrecht — leugnet; denn der §. 3 cit. bezieht sich nur auf gewillkürte, nicht auf durch Naturereignisse begründete Änderungen des Umfanges einer Realität. Vgl. §. 23 dieses B., wozu bemerkt wird, daß hier im Grunde kein Neuerwerb sondern nur räumliche Erweiterung des Rechtsobjektes vorliegt. Vgl. auch Schiffner §. 108, N. 8 und Nr. 4232, 5850 Samml. Gl. U. W., woselbst das Naturaleigenthum nur nicht gegen den b. f. bücherlichen Erwerber geschützt wird.

11) Dafür, daß hier Eigenthum und nicht bloß ein obligatorischer Anspruch (wie Strohal §. 14 u. Burckhard III. §. 188 meinen) erworben wird, spricht, abgesehen von der Fassung des §. 418, das preuß. L. R. §§. 334. 335, I. 9, welchem die Bestimmung entlehnt ist (dazu Ofner, Prot. v. 27. Juli 1807, Förster §. 176, N. 40, Dernburg I. S. 501 flg.), ferner die Tendenz des Gesetzgebers, den redlichen

6. Durch dreißig-, bezieh. vierzigjährigen qualifizirten (redlichen) Besitz (Ersitzung) wird Eigenthum an Grundstücken auch gegen den Bucheigenthümer erworben (§§. 1468—1477. 1498. 1500 A. B. G. B. und §. 70 Gr. G.)[12] — Aber nicht bloß in den eben genannten Fällen des originären Erwerbs, sowie im Falle der weiteren Übertragung des so erworbenen Eigenthums, sondern auch im Falle

7. der exekutiven gerichtlichen Versteigerung, und[13]

8. im Falle der Universalsuccession auf den Todesfall ist trotz der scheinbar entgegenstehenden Norm der §§. 431. 436. 819 A. B. G. B. zum Eigenthumserwerb von Immobilien die Verbücherung des Erwerbungsaktes nicht erforderlich.[14] Die Unabhängigkeit des Eigenthumsüberganges von der bücherlichen Ersichtlichmachung desselben ist eine unvermeidliche Konsequenz des Wesens der Universalsuccession (§§. 547. 820. 821 G. B., §. 145 Pat. v. 1854, §. 78 Gr. G.). Der Erbe, welcher in die Gesammtheit der Vermögensrechte und Verbindlichkeiten des Erblassers (in universum jus defuncti) eintritt, erlangt, sobald er die Erbschaft erworben hat, auch das Eigenthum der zum Nachlaß gehörigen Immobilien ohne allen Bucheintrag. Denn daß bis zum Eintrag weder das Grundstück herrenlos ist, noch

---

Bauführer nicht bloß gegen den dolosen oder nachlässigen Grundeigenthümer sicher zu stellen, sondern gegen Jedermann, sofern nicht etwa dem Erwerber das Vertrauen auf das öff. Buch (§. 1500) zu statten kommt. Eigenthum wird hier strafweise verwirkt. So auch Stubenrauch I. S. 553 u. Randa, G. Z. 1876, Nr. 94.

12) Sowohl der Wortlaut der bezüglichen Gesetzesstellen („Eigenthum, Zuerkennung des Eigenthums, bisherige Eigenthümer") als die Vorarbeiten (s. Entw. II. §§. 607. 609) beweisen, daß Eigenthum und nicht bloß ein „obligatorischer Anspruch" (Unger, Ger. Z. 1868, Nr. 26, Krainz, ebenda Nr. 97, Burckhard, III. §. 188 Stobbe 12, S. 266) durch Ersitzung erworben wird. Vgl. auch meinen Auff. Ger. Zeit. 1871, Nr. 40, Harrasowsky, Not. Zeit. 1872, Nr. 47 Beil., Ogonowski, Ger. Z. 1875, Nr. 85, Strohal §§. 12. 13, Schiffner §. 108, N. 5, Geller a. O. Die Protokolle (Ofner II. S. 452) geben in ihrer lakonischen Kürze keine Aufklärung.

13) Über die Versteigerung vgl. S. 393 flg.

14) Die Protokolle der Kompilationskommission (Ofner I. S. 276) geben in den Referaten über §. 425 A. B. G. B. (§. 159, II. Entwurf) interessante Belege dafür, daß die Kompilatoren durchaus nicht verkannten, daß in einzelnen Fällen Eigenthum auch ohne Übergabe, bez. Eintrag übertragen werde. Insbesondere wurde im §. 159, II. Entw. das Wort „einzig" gestrichen und in der neuen Fassung des §. 425 der Zusatz eingeschaltet: „außer den im Gesetze bestimmten Fällen" (vgl. Prot. v. 6. Juni 1803); als Ausnahmefälle werden fast nur jene des „gesetzlichen" (ipsa lege) Erwerbes dinglicher Rechte gedacht.

der Erblasser als fortlebend fingirt werden darf, liegt auf der Hand[15]; die ruhende Erbschaft (hereditas jacens) aber hört auf, sowie der Nachlaß den Erben eingeantwortet worden ist (§§. 819—821. §. 145 cit.). Und wer wollte bezweifeln, daß der gerichtlich anerkannte Erbe über die ihm angefallenen Mobilien und Immobilien willkürlich verfügen kann? Und bildet nicht eben das volle Verfügungsrecht das Wesen des Eigenthums?

9. Das (lastenfreie) Eigenthum konzessionirter Bahnen fällt nach Ablauf der Konzessionsdauer von Rechtswegen an den Staat (§. 8. der M. V. v. 14. Septbr. 1854, Z. 238). Vgl. S. 388.

10. Endlich entfällt in jenen nicht ganz seltenen Fällen, wo für das Grundstück in den öffentlichen Büchern noch kein Folium eröffnet ist (insb. §. 2 Gr. A. G.), die Erwerbungsart durch Eintrag, da hier die Analogie des Mobiliarerwerbes zur Geltung kommt. (Vgl. d. Folg.)

Es erübrigen uns somit nur die Fälle der Singularsuccession unter Lebenden und auf den Todesfall, — insbes. der Erwerb auf Grund von Verträgen (Veräußerungen, die gerichtliche Versteigerung inbegriffen), von Vermächtnissen und des gerichtlichen Theilungsurtheils. In allen hier genannten Fällen — mit einziger Ausnahme der exekutiven gerichtlichen Versteigerung — wird das Eigenthum nicht schon durch den Veräußerungsvertrag, den Vermächtnißanfall oder das Theilungsurtheil — auch nicht durch die etwa nachgefolgte Tradition erworben,[16] sondern einzig durch den Buch-

---

15) Schiffner a. O., N. 4, Geller a. O. So weit ist Strohal mit meiner Auffassung (Ger. Z. 1867, Nr. 101, 1871, Nr. 39, Erbsch. §. 9) einverstanden; unsere Ansichten gehen nur darin auseinander, daß m. E. der Vermögens- (Eigenthums-) Übergang erst mit der Einantwortung der Erbschaft eintritt, während Strohal gleich wie Unger II. §. 74, N. 24 den Zeitpunkt des Erbschaftsantrittes für maßgebend hält. Darüber vgl. §. 16 d. B. u. Ger. Z. 1876, Nr. 94. — Man könnte etwa geneigt sein, den Erben bis zum Eintrag als „gutgläubigen Besitzer" zu betrachten; indeß alsdann müßte der Erbe das Eigenthum der Nachlaßsachen durch Occupation erwerben! — Anders Krainz, Ger. Z. 1868, Nr. 97, welcher im Anschluß an die ältere Doktrin Erbgang und Ersitzung nur als Eigenthumstitel behandelt; dagegen Randa, Ger. Z. 1871, Nr. 39, S. 17, u. Strohal S. 98, A. 4. — Die bisherigen Ausführungen haben selbstverständlich auf die Singularsuccession von Todeswegen keine Anwendung. Vgl. Strohal S. 107. Irrig Geller a. O. S. 527.

16) Anders Ogonowski a. O. Nr. 98, welcher behauptet, daß im Falle der Singularsuccession durch Tradition Naturaleigenthum erworben werde, weil der Übernehmer das volle Dispositionsrecht über die Sache erlange. (Ähnlich die Motive des Erk. Nr. 4170 Samml. Gl. U. W.). Allein Letzteres ist nicht richtig. Das po-

eintrag. Hier kommt die imperative Norm des §. 431 G. B. zur vollen Anwendung, da sie (anders als in den bisher erwähnten Fällen) durch entgegenstehende, zwingende Rechtssätze weder ausgeschlossen, noch restringirt erscheint. Insbesondere wird im Falle vertragsmäßiger Veräußerung, oder eines Theilungsurtheiles durch die physische Übergabe nicht etwa Eigenthum, sondern nur (nach Umständen gutgläubiger und titulirter) Besitz erlangt (§. 329).[17] Dieser Besitz genügt übrigens zur Begründung nicht nur der possessorischen Rechtsmittel (§§. 339. 346 G. B.), sondern auch der sogen. Klage aus dem vermutheten Eigenthum (§. 372 flg. 523 G. B., actio Publiciana), wie nunmehr unzweifelhaft aus den Berathungsprot. (Ofner I. S. 249. 250) hervorgeht. (Gegenüber den erhobenen Bedenken erinnert nämlich Zeiller, daß die §§. 372—374 nur die gemeinrechtliche Regel enthalten: Publiciana adv. eum obtinet, qui nullo aut infirmiori titulo possidet; „in Übereinstimmung mit dem gemeinen Rechte" wurde von ihm die gegenwärtige Fassung des §. 372 vorgeschlagen und angenommen).[18] S. noch N. 1. — Auch kann sich der

---

sitive Recht kann in Form des sachenrechtlichen Einzelerwerbes, bez. die Voraussetzungen des Eigenthumserwerbes auf Grund des Vertrags 2c. willkürlich bestimmen, ohne mit unabänderlichen Konsequenzen fast elementarer Rechtssätze in Widerspruch zu gerathen. Die Vorschrift des §. 431 hat daher in fast allen Fällen des Einzelnerwerbes (insbes. des derivativen) — weil nicht in Widerspruch mit anderweitigen Rechtssätzen — volle Geltung. Der Empfänger, dem tradirt worden ist, kann daher nur als (redlicher) Besitzer angesehen werden. Die mögliche Einwendung, daß ja der Tradent derelinquiren (?) wolle und der Empfänger sohin durch Zneignung erwerbe, scheitert u. E. an der Erwägung, daß die Dereliktion ohne Eintrag (Löschung) nicht wirksam ist. Vgl. noch Strohal II. S. 21. 24 flg., 44 flg., welcher (§§. 6. 7) näher ausführt, daß insbes. bei der Realexekution gegen den zur Eigenthumsübertragung Obligirten (Kondemnirten) und im Falle des Theilungsurtheils der Eintrag ebenso unerläßlich ist, wie bei der vertragsmäßigen Veräußerung.

17) Es ist bereits bemerkt worden und geht schon aus den §§. 1468 u. 1498 G. B. evident hervor, daß die Redlichkeit des Besitzes hier nicht nothwendig in dem Glauben besteht, Eigenthum erworben zu haben; denn der Besitzer wird trotz des Bewußtseins, daß Tradition znm Eigenthumserwerb nicht genügt, als Usukapionsbesitzer behandelt. Ebenso ist ohne Zweifel das Veräußerungsgeschäft (Kauf 2c.) auch bei eingetragenen Immobilien als ein zur „Erwerbung tauglicher Rechtsgrund" Titel) im Sinne der §§. 316 u. 320, §. 424. 1461. (1468. 1498) G. B. anzusehen. Vgl. §. 5 der k. V. v. 27. Oktober 1849, Z. 12, dazu Strohal S. 90, Ogonowski a. O. Nr. 89. — Auch nach sächs. b. G. B. §. 276, zürich. G. B. §. 532 flg. u. preuß. G. G. §§. 1 flg. ist die Tradition für den Erwerb des Eigenthums bedeutungslos.

18) S. Randa, Bes. §. 5, N. 22, Eigenth. §. 32, Unger, Ger. Z. 1868,

Besitzer gegen die Vindikation des Bucheigenthümers durch die Einrede der obligatorischen Verpflichtung des Letzteren (exceptio doli, beziehentlich exc. rei venditae ac traditae im weit. S.) schützen (§. 366. Vgl. Nr. 4232 Samml.).[19] Ferner gehen Gefahr und Nutzungen der

Nr. 87, Kirchstetter zu §. 432 flg., Ogonowski, G. Z. 1875, Nr. 89, Strohal, Eigenth. S. 91. — Anderer Ansicht namentlich Krainz, Ger. Z. 1868, Nr. 99, Syst. §. 245., welcher die Publiciana nur dem Tabularbesitzer einräumen will, weil zur Begründung der Klage ein „gültiger Titel" nothwendig sei und der §. 322 G. B. den petitorischen Rechtsschutz dem Buchbesitzer vorbehalte. Allein daß der Naturalbesitzer den titulirten Besitz haben könne, beweisen die in der vorigen Note citirten Gesetzesstellen; unter „Besitzrecht" aber ist im §. 322 (soweit man diesem anachronistischen Theorem Sinn beilegen will) nur das jus possessionis tabul. zu verstehen. Vgl. oben Note 1. und meinen Besitz §. 5, N. 3a u. N. 22, Ogonowski a. O., Strohal S. 54 flg. 89. Doch will der Letztere S. 89 die Publ. dem Naturalbesitzer nur zuerkennen gegen den besitzenden „nicht eingetragenen non dominus", nicht aber gegen den (besitzenden) im Buch eingetragenen non dominus. M. E. ist diese Unterscheidung nicht gerechtfertigt. Denn ist (wie auch Strohal S. 89 anerkennt) unter dem rechtmäßigen Besitzer auch der titulirte physische Besitzer zu verstehen), so kann nichts darauf ankommen, ob der Geklagte zugleich im Buch eingetragen ist oder nicht. Ja die §§. 372—374 G. B. beziehen sich zunächst nur auf den physischen Besitz (arg. v. „echte Art" . .) und sind nur analog auf den Tabularbesitzer anzuwenden. (Vgl. Nr. 8354 Samml. u. meinen Besitz a. O.). Auch wenn der Letztere durch die Publiciana nicht aus dem bücherlichen Besitz verdrängt werden könnte, so erlangt er doch durch dieselbe den praktisch wichtigen physischen Besitz (§§. 372—374). Dem Eigenthümer muß natürlich der publicianische Besitzer weichen, z. B. dem auf das Buch vertrauenden bücherlichen Successor des Auktors des Naturalbesitzers. Ähnlich verhält es sich nach preuß. Recht 7. I. §. 176 (s. Dernburg §. 243, N. 4, Stobbe gegen Meischeider, Besitz S. 364 flg.), und dem bayer. Entw. Art. 180—182; anders aber nach §. 325 flg. des sächs. G. B.

19) Nr. 4232 will sogar „Titel und Erwerbungsart" anerkennen. Nicht die exc. rei v. ac tr. im technischen Sinn, welche nach röm. Rechte bekanntlich activ und passiv auch auf die Sondernachfolger übergeht, sondern nur die exc. doli steht dem Besitzer zu. Im Sinne der Redaktoren ist zwar anzunehmen, daß jene charakteristische Eigenthümlichkeit der röm exc. r. v. ac trad. (s. Windscheid §. 197, A. 6) im Allgem. auch für das österr. Recht (§. 366 B. G. B.) gelten soll; jedoch gegenüber dem bücherlichen Singularsuccessor ist diese Einrede doch wohl aus dem Grunde unstatthaft, weil bei Immobilien die Tradition nicht mehr Form des Eigenthumsüberganges ist (denn nur dadurch erklärt sich die dingliche Wirkung des röm. exc. r. v. ac tr.); die entgegengesetzte Auffassung führt zur Umgehung, ja Negirung des Grundsatzes der §§. 431. 440 A. B. G. B., welchen zu Folge durch Eintrag Eigenthum selbst dann übertragen wird, wenn der Erwerber den älteren Titel eines Anderen kannte, und diesem bereits früher der Besitz überlassen wurde. Vgl. Strohal S. 56 u. S. 64 flg., Stobbe §. 95, N. 30, Leonhard, Iher. Jahrb. 170. 183 flg. 220 flg. gegen Arndts, Civ. Schriften III. S. 167 flg. 372 flg., Unger, Ger. Z. 1868, Nr. 26, welche unter Herbeiziehung der Analogie des bonitarischen Eigenthums die Exc. im technischen Sinne auch gegen die bücherlichen Singularsuccessoren zulassen. Gegen diese auch von Geller, Grünh. Ztschr. V. S. 350, N. 16 vertretene, sehr gekünstelte Auffassung Krainz'

veräußerten Sache mit dem Zeitpunkte der Übergabe über (§§. 1051 flg. 1064).[20] Endlich erlangt der redliche Erwerber nach Ablauf der Ersitzungszeit auch gegen den Buchbesitzer die dingliche Klage aus dem Naturaleigenthum (§. 1498). Im Falle des Konkurses des bücherlichen Besitzers hat die Konkursmasse, in welche das veräußerte Grundstück einzubeziehen ist, die Rechte des §. 22 Konk. Ordn., da das Letztere trotz der Tradition dem Cridatar „eigenthümlich gehört." (§. 26 Konk. Ordn.)

Zweifelhafter ist die Frage, wann das Eigenthum einer exekutiv veräußerten Realität auf den Ersteigerer übergeht. Ist der Zeitpunkt der Eintragung des Meistbieters,[21] oder jener der Zustellung des Adjudikationserkenntnisses[22] oder der Moment des Zuschlags[23] entscheidend? Gewiß ist letztgenannter Zeitpunkt maßgebend. Denn nach dem Zweck der Zwangsveräußerung, welche in diesem Punkte der Expropriation nahe kommt, wird das Recht des bisherigen Eigenthümers mit dem Zuschlage völlig aufgehoben (vgl. §. 337 A. G. O.: „noch

---

Ger. Z. 1868, Nr. 98. 99 vgl. Strohal S. 84, Nr. 31 u. S. 100, N. 5. Selbstverständlich gebührt dem Besitzer die obligatorische Einrede (exc. doli) aus dem Veräußerungsgeschäfte auf das Behalten der Sache und die Klage auf Gestattung der Verbücherung. — Anders das preuß. Gr. G. §. 7, welches die Geltendmachung der aus dem Rechtsgeschäft hergeleiteten Rechte nur im Wege der Klage gestattet. S. Dernburg I. S. 523 u. Leonhard, der die Anwendung der exc. r. v. a. tr. für das moderne R. überhaupt perhorreszirt. Vgl. auch Strohal S. 75 flg., welcher jedoch S. 78, N. 21. 22 flg. irrig annimmt, daß trotz des Ges. v. 25. Juli 1871 durch formlose Schenkung eine Naturalobligation entstehe, ja bei erfolgter Tradition sogar einen Klagsanspruch auf Verbücherung annimmt: denn die Notariatsform ist hier Voraussetzung der Gültigkeit des Geschäftes. Vgl. S. 329 flg.

20) Doch geht die Gefahr auch ohne Übergabe mit dem Eintrag auf den neuen Eigenthümer über (§. 1311). Vgl. dazu Stobbe XII. S. 241. 255, N. 310. Daß sie schon mit der Auflassung ohne Eintrag übergehe, wie Stobbe §. 95, N. 11 meint, ist kaum richtig; s. dageg. Förster, Grundb. R. S. 93 flg.

21) So Krainz, G. Z. 1868, Nr. 97, Meibom, Hyp. R. S. 214, Roth, B. C. S. §. 136, N. 15, Exner, H. R. S. 366, N. 38, Menzel, Überbot, S. 22, Ullmann, Civilpr. §. 187 n. 71; Erk. d. Verwalt. G. H. Samml. Budwinski's Nr. 1101. Auch Burckhard, III. §. 188 meint, daß durch die Versteigerung bloß das Alienationsrecht (?) des bish. Eigenthümers „ausgeschaltet werde".

22) So Dernburg, Pr. S. 778; ähnlich Pfaff, Geld als Sicherstellung 2c. S. 32: nach Erfüllung der Lizitationsbedingnisse. Allein §. 339 A. G. O. spricht nur aus, daß die Adjudikationsurkunde behufs des Eintrags nicht vor Erfüllung der Feilbietungsbedingnisse ausgefolgt werden dürfe. Vgl. dazu Samml. Nr. 1179.

23) So bes. Stobbe II. S. 153 u. für das österr. R. Strohal S. 112 flg., meine Anzeige, Ger. Z. 1876, Nr. 94, Schiffner §. 108, N. 6, Geller a. O. S. 527 flg.; unklar Kirchstetter §. 432, N. 5.

soll dem Schuldner selbst nach geschlossener **Versteigerung** einiges Recht zustehen" . . .[20a] Darum wird auch die versteigerte Realität nicht zur Konkursmasse des Exekuten gerechnet (Samml. Nr. 1801. 2024. 2813); darum kann dieselbe nicht mehr von den Gläubigern des Letzteren in Exekution gezogen werden. S. Samml. Nr. 356. 725. 1422. 1811. 1941. 2813. 2575. 3206. 7547 — Entscheidungen, die durchwegs auf der Ansicht fußen, daß die Realität durch die Versteigerung auf den Meistbieter zu eigen übergeht. — Anders Nr. 7341. 9246. **Nicht** widersprechend Nr. 5328, auch nicht Nr. 12181, woselbst nur (richtig) behauptet wird, daß der noch **nicht verbücherte** Käufer nicht den Erwerb durch das Vertrauen auf das **Grundbuch** für sich in Anspruch nehmen kann.[24] Darum gestattet das Gesetz (§. 338 G. O.) die Relizitation nur gegen den Meistbieter. Auch das Gr. Gesetz (§. 72) bestätigt, wenn auch in unleugbar mißlungener Textirung, diese Auffassung; denn der §. 72 verfügt die „Anmerkung der exekutiven Versteigerung" von Amtswegen mit der Wirkung, „daß weitere Eintragungen gegen den **bisherigen** Eigenthümer **nur** für den Fall ein Recht bewirken, als die Versteigerung für **unwirksam** erklärt wird."[25]

23a) Dieser Ansicht widerspricht nicht der §. 17. des Ges. v. 10. Juni 1887 Nr. 74. verb. „solange das Gut demselben nicht in das Eigenthum übergeben ist" (so **Menzel** a. O.). Da hiermit nur die Übergabe (Zustellung) der **Einantwortungsurkunde** gemeint ist. In der Commission des Herrenhauses wenigstens, welcher auch ich beiwohnte, wurde kein anderer Sinn angenommen. Mit Rücksicht auf die Möglichkeit des Überbots erscheint der Zuschlag als Verkauf mit gesetzlichem Vorbehalt eines besseren Käufers; vgl. **Menzel** a. O. S. 7 fl., anders **Meissels**, Jur. Bl. 1887 Nr. 36 flg.

24) Anders die doktrinären Motive zu Nr. 4784 u. 7341 ders. S.: daß Eigenthum nur gemäß 431 B. G. B. erworben werde.

25) Hieraus darf aber gewiß nicht a contrar. der Schluß gezogen werden, daß diese Rechtsfolge nicht eintritt, also die Eintragungen (z. B. selbst Eigenthumseinträge) unbedingte Geltung haben, wenn die „Anmerkung" durch Versehen des Gerichts unterblieben ist. Denn die **bedingte** Wirksamkeit späterer Einträge ist eben nur eine **nothwendige** juristische Folge des durch die Versteigerung sich vollziehenden Eigenthumswechsels; sie müßte sohin auch **ohne** die Vorschrift des §. 72 G. G. anerkannt werden; die amtliche „Anmerkung" ist daher lediglich **deklarativer** Natur; die Publizität ist damit wohl verträglich, da die exekutive Einverleibung ersichtlich ist. Vergl. auch §. 22 dieses Buches. Aus der Unterlassung der Anmerkung kann daher um so weniger auf die **unbedingte** Wirksamkeit der der Versteigerung nachfolgenden Einträge geschlossen werden, als diese Folgerung zu völlig unzulässigen Resultaten führen würde. Mußten doch auch schon nach bisherigem Rechte mit der Einverleibung des Meistbieters auf Grund der Kaufschillings-

Ist eine Realität überhaupt **nicht** in den öffentlichen Büchern **eingetragen**, so ist die Erwerbsart des §. 431 G. B. unanwendbar und Eigenthum an derselben wird im Falle der Singularsuccession nach Analogie der §§. 425—427 A. B. G. B. durch **Tradition** erworben.[26] Fälle dieser Art waren alltäglich in jenen Kronländern, in welchen das Institut der Grundbücher bisher in Wirklichkeit nicht vollständig eingeführt war (vgl. §. 19 dies. Buchs), kommen aber bisweilen auch in Ländern vor, in welchen das Grundbuchsinstitut althergebrachtes Recht ist; denn gar viele Grundstücke, welche dem Staate, dem Lande, den Gemeinden gehören, wie insbes. öffentliche Wege und Plätze, Festungswälle, sind bis heute nicht in den Grundbüchern eingetragen; erst nach durchgeführter Neuanlegung der letzteren wird die Vorschrift des §. 431 G. B. zur fast ausnahmslosen Herrschaft gelangen.[27]

---

berechnung die Hypotheken aller leer ausgehenden Forderungen gelöscht werden. Die Unterlassung der Anmerkung hat nur die Wirkung, daß die Löschung späterer Einträge nur im Wege der Klage zulässig ist (**Zadina**, Právník 1875. S. 789, **Kirchstetter** §. 432, N. 8, **Strohal** S. 117 flg., **Geller** a. O. S. 532 flg.). Da nach der Feilbietung der **Meistbot** an die Stelle der exequirten Realität tritt, so sind spätere gegen den **Exekuten** gerichtete Exekutionsschritte nur in Form der Mobiliarexekution (auf den eventuellen Meistbots-Überschuß) rechtswirksam. Vgl. Samml. Nr. 2813. 3206, dazu Právník 1875. S. 59, Entsch. v. 21. Mai 1873, Z. 4751. And. Ans. **Exner**, H. R. S. 366, N. 38. Vgl. noch §. 22 dies. B.

26) Vgl. die Entsch. Nr. 5359. 6213. 6327. Samml. Gl. U. W. So auch **Stubenrauch** I. S. 825, allerdings nur mit Bezug auf das ehem. Lomb. Venetian. Königreich. Es versteht sich hiernach, daß auch das Pfandrecht auf Realitäten, die in den öffentlichen Büchern nicht eingetragen sind, nur durch Übergabe zum Pfandbesitz, bezieh. durch pfandweise Beschreibung erworben werden kann, und ebenso das exekutive Pfandrecht auf die Früchte (mittelst Sequestration) durch bloße Einführung des Sequesters. So die Entsch. Nr. 2604. 2605. 2751. 3997. 4826. 5914. 7534 Samml., obwohl die analoge Anwendung dieses Grundsatzes auf Fälle, wo die Realität eine bücherliche Einlage hat und nur der Naturalbesitzer nicht an die Gewähr geschrieben ist (so Nr. 2508. 2604. 5359), nicht zu billigen ist. Richtig Nr. 4338. 5474 Samml., cfr. §. 13 Gr. G. Damit ist selbstverständlich nicht bestritten, daß die exekutive Pfändung des „Besitzrechtes" (im Gegensatz zum Eigenthum) sehr wohl möglich ist. Vgl. Samml. Nr. 3799. Dageg. behauptet **Geller** a. O. S. 518 flg. E. Übergang nudo pacto; aber das S. 523 cit. Hofd. v. 13. Nov. 1812 negirt nur d. Nothwendigkeit der „gerichtl. Intromission". Vgl. noch S. 381 flg. dies. Buches.

27) Vgl. §. 2. Gr. Anl. Ges. v. 1874. Nur das „öffentliche Gut" ist vom Eintrag ausgeschlossen (§. 2. cit.; vgl. §. 3, N. 12 u. §§. 19. 20 dies. B.) Wird dasselbe durch Verfügung der kompetenten Behörde in Privatgrund umgewandelt, so ist auch hier die Tradition eine Voraussetzung des Erwerbes; die nachträgliche Aufnahme in's Grundbuch bleibt vorbehalten. — Nach der **preuß.** G. B. O. (§. 2, cfr. §. 59)

Die bisherigen Ausführungen ergeben, daß wir auch nach dem bürg. G. B. Eigenthum an Immobilien ohne Bucheintrag anerkennen müssen u. zw. selbst in Fällen, wo die Realität in den öff. Büchern eingetragen erscheint. (Vgl. auch §§. 22. 78 Gr. G.) In den früher (Nr. 3.—9.) angeführten Fällen ergiebt sich von selbst die Unterscheidung des Natural- und Bucheigenthümers.[28] Es versteht sich, daß trotzdem nur Einer von Beiden — und zwar in unseren Fällen der Naturaleigenthümer — wahrer Eigenthümer sein kann, mag ihm auch das formelle (bücherliche) Dispositionsrecht mangeln.[29] Es besteht also nur dem Namen — nicht aber der Sache — nach eine

---

sind Grundstücke des Staates, der Gemeinden, der Kirchen, Schulen, der Eisenbahnen u. öffentlichen Wege kein Objekt des Grundbuchs, es wäre denn, daß solche Grundstücke veräußert oder belastet würden oder der Eigenthümer selbst den Eintrag begehrte; bei Erwerb von Parzellen für dergleichen Grundbesitz genügt die Abschreibung vom bisherigen Besitzblatt. Dazu Dernburg §. 240 flg., Platner, Sachenr. §. 18.

28) Selbstverständlich ist nach dem Gesagten von dem Naturaleigenthümer der bloße Naturalbesitzer und auch der Usukapionsbesitzer (§§. 309. 372 flg.) wohl zu unterscheiden. In den Fällen 1 und 2 ist das Objekt selbst noch nicht bücherlich ersichtlich und entfällt daher obiger Gegensatz. In Wirklichkeit ist auch der Verstorbene nicht „Bucheigenthümer"; indeß tritt die Verlassenschaft als jurist. Person an dessen Stelle.

29) Aber nicht bloß in den Fällen des sogen. Naturaleigenthums zeigt es sich, daß der Eingetragene nicht immer Eigenthümer ist, sondern außerdem in allen Fällen, wo der Eintrag der materiellen Voraussetzungen des Rechtserwerbes entbehrt, und dieser Mangel nicht durch die Publizität geheilt ist. Man erwäge, daß der Eintrag auf Grund eines falschen Verkaufsinstrumentes, einer falschen Vollmacht des Eigenthümers, einer durch Namensidentität begünstigten betrügerischen Unterschiebung der Urkunden 2c. erfolgen, ja auf einem Manipulationsirrthum (Schreibfehler) beruhen kann. In allen diesen Fällen kann daher der wahre (insbes. der widerrechtlich gelöschte) Eigenthümer die Herstellung des dem materiellen Rechte entsprechenden Zustandes im Klagwege verlangen. Vgl. §§. 61 flg. G. G. — Nicht anders nach dem sächs. G. B. §. 276 und selbst nach d. preuß. Gr. Ges. §§. 1. 2. 9, dazu bes. Bähr, Krit. d. preuß. G. Entw., Ihering's Jahrb. 11, S. 45 flg., 47, 67 flg., Stobbe, ebend. 12, S. 260 flg., Hartmann, ebenda 17, S. 78, N. 1. Die Motive zum letzten preuß. G. E. geben selbst zu: daß die Eintragung nicht immer Eigenthum giebt, z. B. wenn Jemand die Auflassung von einer Person erhält, die sich fälschlich als der eingetragene Eigenthümer ausgiebt, oder wenn die Erbbescheinigung eine falsche ist, oder das Testament für ungültig erklärt werden mußte. Wenn Stobbe 12, S. 263 u. P. R. §. 95, Abs. 5. 6 auch hier wahres E. annimmt, und nur die oblig. Klage auf Rückauflassung zulassen will, so ist zu bedenken, daß hier eine „Veräußerung des eingetragenen Eigenthümers" im Sinn der §§. 1. 2. G. G. nicht vorliegt, bez. daß auch dieser §. 1 bei der Person des ersten Erwerbers gerade so Redlichkeit voraussetzt, wie der §. 9 in Ansehung Dritter. Vgl. auch Deruburg §. 202, N. 6. 7, §. 241, N. 3, Förster, Gr. R. S. 185 flg., Hartmann a. O.

Duplizität des Eigenthums, die sich eben daraus erklärt, daß der Eingetragene (genauer: „der als Eigenthümer Vorgeschriebene“) stets „bücherlicher Eigenthümer“ genannt wird, obgleich der Eintrag an sich noch durchaus nicht den sicheren Schluß gestattet, daß er wirklich Eigenthümer ist. Die Wirksamkeit der bücherlichen Dispositionen des „nichtberechtigten Eingetragenen“ beruht nur auf dem Schutz des Vertrauens Dritter auf das öffentliche Buch; von einem Dispositionsrecht des eingetragenen Nichteigenthümers kann so wenig die Rede sein, als von dem des Verwahrers in den Fällen des §. 367 G. B. („Hand muß“ 2c.)[30] Ebenso ist es klar, daß der Naturaleigenthümer unter Vorlage der erforderlichen Dokumente jederzeit den Bucheintrag verlangen, bez. den bücherlichen Besitzer auf Gestattung der Eintragung seines Eigenthumsrechtes klagen kann (§. 1498). Diese Klage des (wahren) Eigenthümers ist gleich allen Ansprüchen auf Berichtigung des formellen Buchstandes nach Maßgabe des wirklichen (materiellen) Rechtes unverjährbar. So z. B. kann derjenige, der das Eigenthum durch Ersitzung erwarb, auch nach vier, fünf Jahrzehnten auf Eintrag seines Rechtes klagen (§. 1498. cf. §. 547 G. B. §. 22 G. B.), und ebensowenig verjährt das Recht des Grundbesitzers, die Löschung von indebite haftenden Lasten zu verlangen (§. 118 Gr. G., §. 469. 1500 G. B.); — selbstverständlich hört der Berichtigungsanspruch auf, sobald das materielle Recht durch den gutgläubigen Erwerb Dritter (§. 1500) aufgehoben worden ist.[31]

30) Wenn die sächs. Decis. v. 1746 in ähnlicher Weise ein domin. civile und naturale unterscheidet, so ist dies m. E. kein Widerspruch (s. Stobbe 12, S. 240, Pr. R. §. 94, 95), sondern eine ungenaue Bezeichnung. Und dasselbe gilt von jenen älteren Partikularrechten, welche wie das württemb., bayer. u. früher d. preuß. L. R. den Eigenthumsübergang mit der Tradition (bez. wie das franz. R. mit dem Vertrag) eintreten lassen. Es entsteht hier nicht wie Stobbe §. 94 a. E. meint, ein „doppeltes Eigenthum“ (ein Bucheigenthum des Eingetragenen und ein materielles Eigenthum dessen, der durch Tradition (Vertrag) Eigenthümer geworden ist), — sondern Eigenthümer ist nur der Letztere. Es ist auch ein Irrthum, wenn Stobbe §. 95 meint, daß der angebliche „Dualismus des Eigenthums“ dadurch beseitigt worden ist, daß neuere Gesetze (wie das österr. und sächs. G. B., d. preuß. Gr. G. v. 1872) den derivativen Eigenthumserwerb einzig von dem Bucheintrag abhängig machen. Denn selbst nach preuß. und sächs. Recht geht (abgesehen v. Erbgang) das Eigenthum der versteigerten Realität durch Zuschlag, das des enteigneten Grundes durch Zustellung des Ex.-Beschlusses (§. 44 Ent. G.) über ohne allen Bucheintrag. Der angebliche Dualismus ist nur ein scheinbarer — ein terminologischer — und überhaupt (wenn man das Materielle nicht der Form opfern will) gar nicht zu vermeiden. Vgl. auch Strohal, S. 2, N. 1. S. 45, N. 2 und die in der vor. N. Citirten.

31) Vgl. Strohal, Ger. Z. 1874 Nr. 13. 14. Daher verjährt auch bei Ein-

Wir wollen nunmehr das Verhältniß zwischen Natural- und Bucheigenthümer genauer feststellen:

Nur der Naturaleigenthümer darf den Eigenthumsinhalt (§. 354 362) ausüben; — nur er — nicht der Eingetragene— kann also die Sache willkürlich gebrauchen und verbrauchen. Der Mangel seines Rechtes äußert sich aber in folgender Richtung:

1. Der nicht eingetragene Eigenthümer kann nicht bücherlich über seine Realität verfügen. Insbesondere können diejenigen, denen derselbe verbücherungsfähige Rechte (Pfandrechte, Servituten 2c.) bestellt hat, die Verbücherung ihrer Ansprüche nicht bewirken, solange nicht ihr Vormann (Auktor) (vorher oder gleichzeitig) in das öffentliche Buch eingetragen worden ist. (§§. 432. 445 G. B., §§. 21. 22 Gr. G.) Nach dieser Richtung hin ist der Eintrag rechtsergänzender Natur.

2. Wenn in den oben genannten Fällen Z. 3. 5 u. 6 ein Dritter das Buchobjekt im guten Glauben, d. i. ohne Kenntniß der materiellen Rechtslage von dem bisherigen bücherlichen Eigenthümer entgeltlich oder unentgeltlich, im Wege der freiwilligen oder Zwangsveräußerung erwirbt, so muß ihm der Naturaleigenthümer weichen! (§. 1500 G. B., §§. 70. 71. Gr. G.)[31a] In gleicher Weise sind die bücherlichen Rechte, z. B. Servituten, Hypotheken, welche dritte Personen von dem, bezieh. gegen den bisherigen bücherlichen Besitzer im Vertrauen auf das öffentliche Buch erlangt haben, vollwirksam begründet. (Vgl. über diesen Punkt den §. 25 d. B. zu Ende.) Die Legitimation des bücherlichen Besitzers zu bücherlichen Dispositionen ist indeß nur eine thatsächliche — durch den Buchstand gegebene, keine nothwendig rechtliche (s. Note 30); doch kann selbstverständlich der Tabularrichter, welcher im Grundbuchsverfahren lediglich den Buchstand im Auge behalten muß, nur die vom Eingetragenen herrührenden Verfügungen berücksichtigen. (§. 432 G. B., §§. 21. 97 Gr. G.)[32] Hieraus ergiebt sich, daß die Verbücherung des Natural-

---

trägen auf Grund von Falsifikaten der Löschungsanspruch des im Besitze verbliebenen Eigenthümers so lange nicht, als der erste Erwerber (u. seine Erben) bezieh. unredliche Dritte im Buche eingetragen sind. Vgl. S. 396.

31a) In den übrigen Fällen ist die obige Regel aus naheliegenden Gründen nicht anwendbar, selbst nicht im Falle unterbliebener „Anmerkung" der execni. Versteigerung. Vgl. Note 25 u. Krasnopolski, K. V. Sch. 27 S. 493.

32) Vgl. Schiffner §. 112, Abs. 4.

eigenthümers zur Folge hat: die Legitimation zu bücherlichen Verfügungen und den Ausschluß der eventuellen Folgen des Schutzes der Glaubhaftigkeit des öffentlichen Buches. Dagegen befreit der Bucheintrag an sich noch nicht von dem Beweise der (übrigen) materiellen Voraussetzungen des eingetragenen Rechtes[33]; denn die Eintragung stellte sich nur als Eine der zum Rechtserwerbe erforderlichen Thatsachen dar. (§§. 423 flg., 480 flg., §§. 26 flg., 35 flg., 41 flg., 61 flg. Gr. G.) Nach dieser Richtung hin wirkt der Eintrag rechtssichernd.

Im Einklange mit den hier aufgewiesenen Grundsätzen entscheidet das A. B. G. B. die Frage, wem das Eigenthum gebührt, wenn der verbücherte Eigenthümer dasselbe Grundbuchsobjekt an zwei verschiedene Personen veräußert hat? Da das dingliche Recht nur durch die Eintragung erworben werden kann und selbst die Tradition für den Eigenthumsübergang bedeutungslos ist, so gebührt das Eigenthum demjenigen, welcher eingetragen wird, bez. nach dem Prioritätsprinzip, welcher früher beim Grundbuchsgerichte um die Eintragung angesucht hat (§. 440. cfr. §. 430. §§. 29. 103 Gr. G.), und zwar auch dann, wenn derselbe von der früheren Veräußerung oder selbst von der früheren Tradition an einen Anderen Kenntniß gehabt haben sollte. (So nunmehr auch Erk. d. O. G. H. Spr. Rep. 59.)[34]

---

33) Wie Strohal S. 46 u. 103 annimmt. Allerdings wird der Eingetragene selten nöthig haben, den Beweis für sein Recht prozessualisch zu erbringen, weil die Bestreitung des fast immer richtigen Buchstandes fruchtlos, ja muthwillig wäre und darum selten unternommen wird. — Dagegen ist der Bucheigenthümer nach §. 7 des preuß. Gr. G. schon kraft des Eintrags berechtigt, alle Klagerechte des Eigenthümers auszuüben und sich auf alle Klagen gegen denselben einzulassen. S. Bahlmann S. 40, N. 46. 47.

34) So auch die herrschende Doktrin; vgl. Winiwarter II. S. 205, Unger, Entw. S. 197, Stubenrauch I. S. 817, Randa, Vlast. §. 32, Exner, Publ. S. 62. 84, Hofmann, titulus u. mod. S. 34, Kirchstetter ad §. 440, Strohal S. 40, N. 21—23, (allerdings mit eigenthümlicher Begründung aus der „Auflassungstheorie"). Die Protok. (Ofner I. S. 280. 285) erwähnen mit keinem Worte des nahen Einwandes, ob die Kenntniß des obligator. Anspruchs den E.-Übergang hindere. — Anderer Ansicht waren Schuster, Mater. VI. S. 220 flg., Nippel III. S. 379. 406, welche in der Kenntniß des früheren Veräußerungsgeschäftes Mangel des guten Glaubens erblickten. Ähnlich Füger, Rechtswirkungen d. Einträge §. 15, welcher aber die Kenntniß nur dann für entscheidend hält, wenn die Sache auch übergeben wurde. Auch Burckhard, §. 188 vertritt die Schuster'sche Ansicht, weil der Erwerb des zweiten Käufers „eine Gannerei sei", und beruft sich auf den „durch jurist. Deuteleien nicht befleckten Verstand des Laien", sowie auf den Cod. Ther. III. c.

Denn der §. 440 G. B. unterscheidet nicht — und die Wissenschaft von dem bloß obligatorischen Anspruche Dritter gegen den bisherigen Eigenthümer kann offenbar nicht als böser Glaube (d. i. Kenntniß des mangelnden dinglichen Rechtes des Veräußerers, der ja Eigenthümer blieb) angesehen werden. (Im Falle Nr. 10933 Samml. war daher wegen bücherlichen Einheit des Grundbuchskörpers die Entsch. des Grazer O. L. G. richtig, während der O. G. H. irrig die Anwendung des §. 440 G. B. mit dem Scheingrund des angeblich fehlenden Titels ausschloß; richtig ist dagegen die Entscheidung Nr. 10488 Samml., welche denselben Fall in unserem Sinne entschied.)[34a]

§. 18. Die geschichtliche Entwicklung des Instituts der öffentlichen Bücher.

Wie sehr der Verkehr eine gewisse Öffentlichkeit (Publizität) für die Begründung des Eigenthums und anderer dinglichen Rechte, namentlich an Immobilien, postulirt und in dieser Öffentlichkeit eine Garantie der Rechtssicherheit erblickt: davon giebt die Rechtsgeschichte der verschiedensten Völker der alten und neuen Zeit überraschende Belege. Bei Griechen und Römern, Germanen und Slawen finden wir gewisse feierliche, mehr weniger öffentliche Übertragsformen des Eigenthums und anderer dinglichen Rechte, deren wechselseitige Ähnlichkeit einerseits aus der Einheit des Urstammes, andererseits aus den vielfach identischen Bedürfnissen des praktischen Lebens dieser Völker

---

§. 12. Allein gerade die letztgedachte Norm wurde in das Gesetzbuch nicht aufgenommen. Die älteren Erk. Nr. 559. 1369. 2374 Gl. U. W. u. das neuere Nr. 5968 ders. Samml. (bezüglich der Hypothekbestellung) theilen zwar die Schuster-Nippel'sche Ansicht; richtig dagegen nun Spruchrep. Nr. 59. Wurden die kollidirenden Gesuche beider Kontrahenten gleichzeitig überreicht, so mußten Beide (als unvereinbar) zurückgewiesen werden. Vgl. Schiffner §. 111, N. 9. — Das ältere preuß. R. (L. R. 10. I. §. 25) und auch der franz. C. C. art. 1141 gehen freilich von dem entgegengesetzten Standpunkte aus (dazu Dernburg §. 184); allein das neue preuß. G. B. §. 4 erklärt ausdrücklich jene Kenntniß mit Recht für unwesentlich. Vgl. Exner u. Strohal a. O., Stobbe 11. S. 254 flg. und §. 95.

34a) Fall Nr. 10933: A. verkaufte nämlich dem B. ein Tabularobjekt, zu welchem eine früher dem C. abverkaufte, aber noch nicht abgeschriebene Parzelle gehört; der Eigenthumsklage des intabulirten B. gegen C. war somit stattzugeben. (§. 440). Richtig sind dagegen die Entsch. Nr. 10488 und 12182 Samml.

erklärlich ist. Daß den Griechen eine Art öffentlicher Grundbücher nicht unbekannt war, ist erwiesen.[1] Platon postulirt geradezu Aufzeichnung aller Immobilien und ihrer Eigenthümer auf cypressenen Tafeln. — Auch bei den Römern beherrschte anfangs der Gedanke der Publizität den sachenrechtlichen Verkehr; denn Eigenthumsübertragung und Pfandbestellung erfolgten in den feierlichen Formen der mancipatio und in jure cessio; ja selbst die traditio hat in einem gewissen Maße den Charakter der äußerlichen Erkennbarkeit. Zum großen Nachtheil der Rechtssicherheit verschwand im späteren römischen Rechte der Gedanke der Publizität fast vollständig. Über das aufgetheilte Kolonialland (ager divisus et assignatus) führten die Römer bekanntlich eigene Karten und Protokolle. — Das germanische Institut der „Auflassung" in der Volksversammluung, vor Gericht ꝛc., an deren Stelle später der Bucheintrag trat, ist allgemein bekannt.[2] — Bei den Slawen wurden Veräußerungen von Immobilien auf öffentlichem Markte kundgemacht (N. 66), verzeichnet und frühzeitig in eigenen Tafeln (desky, tabulae, Holzbrettchen, Umschlägen), später in Bücher eingeschrieben.[2a] Hier beschränke ich mich auf die vergleichende Darstellung der Entwicklung des Grundbuchsinstituts in Österreich. Die Entwicklung des Immobiliarrechtes in den österr. Erbländern, für welche anerkanntermaßen das böhmische Tabularrecht maßgebend auftritt, ist eine so eigenthümliche, von jener in Deutschland wesentlich abweichende, daß bei dem innigen Zusammenhang des heutigen Rechtes mit der älteren Rechtsgestaltung die kurze Skizzirung des

1) Vgl. Telfy, Corp. jur. attici Nr. 1507—1509, bes. Hofmann, Beiträge zur Geschichte des griech. und röm. R. (1870), S. 95 flg. Auch Egypten ist hier zu nennen. S. neuest. Mitteis, Reichs- und Volksrecht in den östl. Provinzen des röm. Reichs (1891) S. 51 flg. 95 flg., welcher nachweist, daß egypt. und griech. Notare in jeder Stadt ein Archiv führten, in welchem Besitzurkunden aufbewahrt und registirt wurden; s. auch Hermann's Lehrb. d. griech. Antiquitäten, ed. Thalheim II. (3. A. 1884), §. 11 S. 73, §. 13 S. 89. Unter K. Sesostris wurde das Inundationsgebiet des Nils genau vermessen und nach den jährlichen Überschwemmungen der frühere Stand hergestellt. Die Flur- und Lagerbücher, welche von den Ortsschreibern (Komo- und Topogrammateis) geführt wurden, gaben die Lage und Grenzen, sowie den Eigenthümer genau an. S. Stöber, Die röm. Grundvermessungen (1877) S. 3.

2) In England wurden unter Wilhelm dem Eroberer (1086) die domesday-books über die verliehenen Lehen in 34 Grafschaften angelegt.

2a) Die Verzeichnung auf Brettchen ist historisch nicht nachweisbar. Die Bezeichnung tabulae dürfte von der Art der Aufbewahrung herrühren.

historischen Entwicklungsganges desselben einiges Interesse für sich in Anspruch nehmen darf.[3]

In Frankreich macht sich in den letzten Jahren das Bestreben kräftig geltend, Grundbücher nach dem Realfoliensystem, wie solche in Österreich und Deutschland bestehen, anzulegen und mit dem bis-

3) Bei dem leidigen Mangel einer österr. Rechtsgeschichte ist dies doppelt nothwendig. Die Quellen des böhmisch-mährischen Tabularrechtes sind sehr reich und vielfach bereits durch den Druck veröffentlicht. Die Historiker Palacký, Gindely, Erben, Emler, Jireček, Jar. Celakowsky u. A. haben sich um die Sammlung und Bearbeitung dieses Quellenmaterials besonders verdient gemacht. Werthvolle Daten zur Geschichte des Urkunden- und Bücherwesens, der Kanzleien, Notare und Gerichtsschreiber und der Landtafel insbes. bieten nun die Schriften: J. Čelakowský's O dom. a cizích registrech (Abhdlgen. d. k. böhm. Gesellsch. d. Wissensch. VII. 3. 1890), und F. Tadra, Kanceláře a písaři v zemích Česk. (1310—1420) i. d. Abhandl. d. böhm. Akademie f. Wiss. u. Kunst I. 2. (1. Kl.) 1892. (Dazu Čelakowský, in Otto's Slovník Naučný s. v. Desky.) Nicht Alles kann hier genannt werden. Abgesehen von den böhm.-mährischen Landesordnungen sind die wichtigsten älteren Rechtsquellen gesammelt in Herm. Jireček's Codex juris Bohemici (Pragae, Tom. I. II. mit historischen Einleitungen bes. im B. II. 2). Die böhmische Landtafel ist bekanntlich im J. 1541 durch eine Feuersbrunst fast gänzlich vernichtet worden. Um so verdienstlicher ist die in neuester Zeit von Dr. Emler ins Werk gesetzte Redintegration der Landtafel. Das für die Rechtsgeschichte wichtige Werk: Reliquiae tabularum terrae regni Bohemiae a. 1541 igni consumptarum, Pragae 1870 (mit geschichtlichem Rückblicke) enthält die aus anderweitigen Quellen mit unendlicher Mühe gesammelten, ehedem in der böhm. Landtafel ingrossirt gewesenen Urkunden (ungefähr 8000 Dokumente). Dazu vergl. Reliquiae tabularum terrae citationum vetustissimae 1316 bis 1320, die einzigen im Original durch Zufall erhaltenen, in Neuhaus aufgefundenen Reste der alten Landtafel, herausg. von Dworský und Emler (1868). Für die mährische Landtafel hat K. T. Demuth in seiner „Geschichte der Landtafel in Mähren" eine lehrreiche Monographie geliefert. Derselbe edirte die Olmützer u. Brünner Kaufquaterne (1348—1466), während Brandl die Libri citationum et sentent. v. Olmütz u. Brünn (1374—1494) publicirt. Vgl. ferner Hasner, Handb. d. landtäflichen Verfahrens im K. Böhmen mit einer chron. Geschichte (1824), Schmidt von Bergenhold, Geschichte der Privatgesetzgebung in Böhmen (1866), S. 94 flg., L. Freiherr von Haan, Studien über Landtafelwesen (1866), Jireček im Codex J. B. II. p. 1 flg., Randa, Entwicklung der öffentlichen Bücher in Österr., in Grünhut's Zeitschr. VI. S. 81 flg. u. schon früher die böhm. Monogr.: Přehled vzniku desk. 1870, ferner M. Fr. v. Maasburg, Die Entwicklung des Instituts der öffentlichen Bücher in Böhmen (1877) u. a. Haněl, O vlivu práva něm. v. Čechách (Einfluß des deutschen Rechtes in Böhmen, 1874), Krasnopolski, Grünh. Ztschr. X. S. 472 flg., XI., S. 530 flg., Cyhlarz, ebenda X. S. 260 flg. Für das polnische Recht giebt Czemerynski, Powsz. prawo pryw. I. S. 250 flg. eine kurze Übersicht. Über das österr. Tabularwesen überhaupt ist in mehreren der genannten Schriften reichliches Material und weitere Literatur angedeutet. S. auch Brandl, Glossarium ill. boh. mor. h. fontes. (1867). S. 28 flg. Die bisherigen Kommentare des A. B. G. B. geben höchst flüchtige, vielfach ungenaue historische Notizen. Richtig Schiffner §. 91.

herigen Hypothekensystem aufzuräumen; der bezügliche Entschluß der franz. Regierung wurde von der Deputirtenkammer am 2. Dezember 1890 allseitig gebilligt. Mit dem Entwurf der Vorlagen ist eine besondere Commission (c. de catastre) betraut worden, welche 1891 die Einführung des Grundbuchssystems beschloß. Vergl. Wehli, Jur. Bl. 1892 Nr. 14. Wie ich nun sehe, ist der Antrag auf Einführung eines Grundbuchs nach dem Realfoliensystem mit Rücks. auf die Kostenfrage von einem ad hoc berufenen Juristen-Kongresse abgelehnt worden. S. Právník, 1892. S. 826.

I. Das Buchwesen in Deutschland.

In Deutschland sind bekanntlich die Formen der Eigenthumsübertragung von unbeweglichen Sachen nach Volksstämmen und Perioden wohl zu unterscheiden. Nach den gründlichen Ausführungen von Stobbe, Sandhaas, Laband, Brunner, Sohm, Planck, Heusler, Bülowius u. A., auf welche hier des Näheren verwiesen werden kann,[4] sind folgende Perioden zu unterscheiden.

I. In der ältesten Periode (5.—10. Jhrh.) erfolgte die Übertragung der Immobilien durch Übergabe, welche seit jeher[5] aus zwei, ursprünglich zeitlich zusammenfallenden Akten besteht, 1. der tradi-

4) Vgl. Sandhaas, German. Abhandl. 1852, Gosen, D. Privatrecht nach d. kleinen Kaiserrecht (1866), Mascher, D. deutsche Grundbuch (1869), Stobbe, Die Auflassung ꝛc. in Jhering's Jahrb. 12, S. 137 flg., Laband, Vermögensrechtl. Klagen nach d. sächs. Rechtsquellen des M. A. (1869), S. 235 flg., 303 flg., Krit. V. J. Schr. XV. S. 403, Hensler, Gewere (1872) §§. 1. 2. 11, bes. S. 163 flg., 183 flg., derselbe: Institut. II. §§. 92 flg., Bülowius, Dtss. utrum ad dominium rerum immob. transferendum sec. jus Sax. m. ae. resignatione solemni . . . opus fuerit (1872), Sohm, Eheschließung S. 78 flg., Zur Gesch. d. Auflassung (1879, Festgabe zu Thöl's Jub.), W. Haiß, Traditio u. Investitura (1876), Deutsches Hypothekenrecht I. Geschichtl. Entwickl. (1887), Gareis, Zeitschr. f. H. R. XXI. S. 359 flg., Brunner, ebend. XXII. S. 526 flg. und Zur Rechtsgeschichte der röm. u. german. Urkunde I. bes. S. 130 flg., 273 flg., 305 flg. — Dazu Kraut, §. 78 flg., 97, Schulte §. 148, Gengler I. §. 90, Homeyer, Stadtbücher des Mittelalters (1860), bes. Stobbe, D. P. R. §. 94. Übertragung per praeceptum u. testam regis: s. Schulte §. 142, N. 2. 25. (6. Aufl.)

5) Gegen die Annahme (Beseler), daß die Investitur eine Neubildung des 9. Jhrh. sei, vgl. Heusler S. 5 flg., welcher sogar für die älteste Zeit den Erwerbsakt in die Investitur verlegt und der Tradition erst später diesen Charakter beilegt. Nur die Bezeichnung investitura wurde erst im 9. Jahrh. üblich und ist wohl fränkischen Ursprungs. Vgl. Haiß S. 162 flg.

tio, sala, d. i. der öffentlichen Erklärung (vor Zeugen, in der Volks-Versammlung, in der Kirche, vor Gericht — aber nicht nothwendig vor diesem), daß man das Grundstück übertrage (überlasse, sich vom Gute lossage). Diese Erklärung erfolgte regelmäßig (wenn nicht — wie ursprünglich — auf dem Grundstücke) unter Anwendung von Symbolen (Scholle, Stock, Zweig, festuca, stipula); bei der Erklärung vor Gericht findet sich bisweilen eine Scheinvindikation und gerichtlicher Zuspruch.[6] 2. Zu der Tradition trat schon in alter Zeit die investitura (gewere), d. i. die feierliche Besitzeinweisung unter symbolischen Formen hinzu.[7] Sala und Investitur bildeten ursprünglich ein juristisch ungetrenntes, den obligatorischen und dinglichen Übereignungsvertrag zusammenfassendes Geschäft[8]; später fielen sie einerseits zeitlich auseinander, andererseits nahm die Sala zugleich die Formen der symbolischen Investitur in sich auf.[9] Bei aller Meinungsverschiedenheit in dieser immer wieder bestrittenen Frage, welche zeigt, „daß das ganze deutsche Immobiliarrecht noch der richtigen Erkenntniß harrt" (Sohm, Festg. S. 84), scheint mir doch als sicher angesehen werden zu können: daß der Erwerb des Eigenthums in dieser Periode bereits durch die traditio erfolgte (Stobbe §. 94. N. 7. 15); der Erwerber konnte sich auch eigenmächtig in den Besitz setzen und hatte eine dingliche Klage gegen dritte Personen, denen das Gut später tradirt

---

6) Laband XV. S. 384, Stobbe §. 94 (dazu Brunner a. O. S. 528), Haiß S. 161 flg., dazu Lörsch, Urkunden Nr. 19. 20, Schulte §. 142, Nr. 4. 5. 6.

7) Die Vestitio war nicht etwa bloß fränkisches Recht. Heusler S. 2 flg., Stobbe §. 94, N. 3 flg. Besitz durch drei Tage und Nächte (triduana sessio) wird häufig erwähnt.

8) Vgl. bes. Brunner l. a. O., Sohm, Festgabe zu Thöl's Jub. S. 83 flg., 96. Heusler, Inst. II. S. 71 flg. Die Auflassung wird lediglich als Bestandtheil (Schluß) der Investitur angesehen; sie ist Besitzverzicht durch Halm und Mund (exfestucatio, resignatio). Was die herrschende Lehre „Traditio" nennt, war vielmehr die Verbindung der Sala mit der symbolischen Investitur (Sohm a. O. S. 103). Über die Entwicklung der Investitur, zunächst Übergabe der Scholle (erst in loco) und insbes. das exire (erst realistischer, dann mündlicher Besitzeinräumungsvertrag, zuletzt Auflassung) vgl. bes. Brunner S. 120 flg., 274 flg. u. Deutsch. Recht S. 249. Kohler, Beitr. z. german. Privatrechtsgesch. (1885) S. 41. Seit dem 9. Jahrhd. ist (nach Sohm, Fränk. u. röm. R.) die Renunciation auch außergerichtlich, fern vom Grundstück zusammen mit der Sala vorgenommen worden.

9) Vgl. Stobbe §. 94, N. 7 (2. Aufl.). Bei Abwesenheit eines Theils wird die Intervention von Treuhänden oder Salamanen zugelassen; darüber s. Heusler, Instit. I. S. 214.

und zu Besitz übertragen wurde.[10] Eine besondere bisher unbeachtete, von Brunner sichergestellte Art der symbolischen Investitur besteht in der rechtsförmlichen Begebung der Veräußerungsurkunde (investitura per cartam v. cartulam); die schriftliche Erklärung ist eine formelle, an gewisse Worte gebundene; sie erfolgt unter Aufruf von Zeugen und schließt mit der Einhändigung der cartula durch den Notar (Schreiber). Die Übergabe der Urkunde ist das Wesentliche und begründet den Eigenthumsübergang.[11]

II. In der zweiten Periode (der Rechtsbücher) tritt die territoriale Spaltung scharf hervor.

1. An vielen Orten, besonders in den Städten des sächsischen Rechts, bildete sich allmählich der Rechtssatz heraus, daß es zur Übertragung des Eigenthums der gerichtlichen Auflassung, des richterlichen Ausspruches bedürfe. Die lange Zeit verbreitete Ansicht, daß der Satz des Sachs. Sp. I 52. §. 1: ane echt ding ne mut nieman sin egen noch sie lide geven — gemeines deutsches Recht gewesen, ist wohl unhaltbar; außerhalb Sachsens (insbes. in Bayern, Franken, Schwaben) hatte dieser Satz keine Geltung.[12] In

---

10) Vgl. bes. die Urkunden Capit. Hudlovici Pii ab a. 817 c. 6 bei Kraut §. 97. Theilw. and. A. Sohm, Festg. S. 98 flg., Brunner a. O.; s. aber Stobbe a. O. Über gewisse Vortheile des Investirten vgl. Heusler S. 470 flg., Stobbe a. O.

11) Quellenbelege bei Brunner a. O., Urkunde I. S. 299 flg., bes. 307, dagegen für das fränk. R. Sohm, Festg. S. 85 flg., 101), auch Lörsch und Schröder Urk. 66. Kohler a. a. O. (2. H.) S. 16, Pfandr. Forschungen S. 176 flg., Heusler, Instit. II. S. 68 flg.; Letzterer bemerkt S. 70, daß diese Übertragung keine (?) symbol. Investitur p. cartam, sondern gleich wie früher eine inv. per ramum arboris et cespitem terre sei; letztere gelten als Repräsentanten des Grundstücks; als Schlußakt folgte das: se exitum dicere. Diese Form findet sich nicht nur bei den Longobarden, sondern auch bei den Franken, Alemanen, Gothen, Baiern (L. Alem. I. 1 und L. Baj. I. 1) u. beruht auf d. röm. Vulgarrecht u. dem Einflusse des can. R.'s. Vgl. übrigens auch Meibom, Pfandr. S. 223, dagegen aber Stobbe XII. S. 182 flg. Vgl. noch oben §. 11, N. 10.

12) Nachweise bei Bülowius S. 5 flg., Sandhaas a. O., Laband Klagen S. 235, Stobbe XII. S. 166 flg., Rauda S. 32. S. aber auch Brunner, Quell. d. Deutsch. R. S. 249: „In Süddeutschland hat sich neben der gerichtlichen Auflassung die Übereignung durch Urkunde und die durch reale Investitur erhalten". Neuest. treten wieder Sohm, Ztsch. der Sav. Stift. I.-germ. Abth. 41 flg., Heusler, Inst. II. §. 95, u. Schulte, D. R. G. (6. A.) §. 142, N. 23 für die Ansicht ein, daß die Mitwirkung des Richters zur E. Übertragung nothwendig gewesen sei; dies wird indeß durch die beigebrachten Belege keineswegs sichergestellt, es sei denn, daß man diesfalls Landtage, Consulen, Rath &c. dem Gerichte gleichstellt.

manchen Städten erfolgte die gerichtliche Auflassung nicht vor Gericht, sondern (gleich anderen Akten der freiwilligen Gerichtsbarkeit) vor dem Stadtrathe; bisweilen vor beiden Behörden elektiv.[13]

Die Auflassung bestand in der feierlichen Erklärung, sein Recht aufzulassen (aufzugeben), bezieh. zu übertragen und in der gerichtlichen Bestätigung der Übertragung. Sie bewegte sich regelmäßig in prozessualen Formen (Scheinprozeß, Befragen, Aufforderung zur Einsprache, Zuspruch [Urtheil]); darauf folgte häufig das Friedewirken und bisweilen die Besitzeinweisung. In manchen Städten (bes. der Magdeburger Städtegruppe) hatte die Auflassung die besondere Eigenthümlichkeit, daß sie nicht bloß vor, — sondern geradezu an den Richter erfolgte, welcher sodann das Recht auf den Erwerber übertrug; vorzugsweise in dieser Gruppe[14] erlangte der Letztere bei Abgang des Rechts des Auktors nach Ablauf der Anfechtungsfrist von Jahr und Tag die „rechte Gewere", somit das (relativ) unanfechtbare Eigenthum.[15] Bezüglich der Bedeutung der gerichtlichen „Fertigung" (Sale,

---

S. dag. auch L. R. Buch Ruprecht v. Freising c. 32: „etwo gewohnhait etwo nicht." (Auch der Livländer Spiegel erwähnt nicht die Übergabe vor Gericht. Vgl. Bunge, Altlivl. Rechtsbücher S. 105.)

13) Vor Gericht in Magdeburg, Brünn, Iglau, Hamburg, Dortmund, Goslar, München, Bamberg u. a. Vor dem Rathe in Lübeck, später auch in Hamburg, Dortmund, Stralsund, Wien u. a. Elektiv in Celle, Olmütz (Urk. v. 1343 bei Bischoff, Olmützer Stadtr. S. 6, Homeyer S. 39, anders Bischoff S. 36), — dazu überhaupt Stobbe S. 182 flg., Brunner S. 250. In Prag geschieht die Auflassung vor Gericht, die Eintragung auf dem Rathhause im Stadtregister. Stat. R. 70. 109, Homeyer a. O.; über Wien Schuster, Wien. St. R. S. 29 flg.

14) Nach Landrecht und in den nichtsächsischen Städtegruppen genügt zur „rechten Gewere" der Jahr und Tag unangefochtene Besitz mit Nutzung (Gewere) auch ohne gerichtliche Auflassung. Stobbe §. 74, N. 2. In den deutsch-österr. Ländern (ausgen. einzelne Städte, wie St. Veit in Kärnten, Bruck a. d. M.) kommt diese Verjährungsfrist im Landrecht überhaupt nicht vor, sondern nur die (röm. ?) 30 bez. 31jährige Verjährung. Hasenöhrl, Österr. Landr. S. 199, Stobbe §. 74, N. 3.

15) Stobbe XII, S. 193 flg. So in Brünn (Schöffenb. 322), München, Soest, Torgau 2c., dann bes. bei der Veräußerung von Lehen- und Bauerngütern. Nach Magdeburger Recht führt zu rechten Gewere nur der durch Auflassung erworbene Besitz (Laband S. 303, Stobbe II. §. 74, N. 10), während nach anderen Stadt- und Landrechten ein solcher qualifizirter Erwerbsakt nicht gefordert wird.

Die Frist von „Jahr und Tag" bedeutet bald ein Jahr sechs Wochen, bald ein Jahr, 6 Wochen, 3 Tage (z. B. Prag. Stat. R. c. 62, Breslauer Stadt-R., sächs. Lehenrecht, denn die Berechnung von 6 Wochen = 45 Tagen ergiebt hier 6 Wochen und 3 Tage, dazu Stobbe §. 68, N. 7), bald 1 Jahr, 6 W., 1 Tag (Lübeck u. a.) u. s. f. Die erweiterte Frist wird dadurch erklärt, daß zu dem Jahr (Erntejahr oder Zeitraum von drei ungebotenen Dingen) noch die Zeit von drei gebotenen Dingen,

Auflassung ꝛc.) verwirft Hensler, Instit. §. 95 S. 100 flg. für die Zeit der Rechtsbücher die Meinung, daß die außergerichtliche Auflassung und Besitzübergabe bloß obligationenrechtliche und nur die gerichtliche Auflassung dingliche Wirkung hatte; vielmehr habe letztere nur die Bedeutung, den Konsens der Betheiligten durch Aufgebot gegen Erben und Richter zu erzwingen; haben diese kein Verlangen, die Veräußerung zu hindern, so sei der E.-Übergang nicht zu beanstanden; nur die Gebühr an den Schultheißen sei nachträglich zu leisten. (Dazu noch Hensler §. 98.)

2. Anders nach schwäbischem, bayerischem und fränkischem Recht, nach welchen bis in das 12. Jahrhundert die öffentliche (aber nicht die gerichtliche) Übertragungserklärung und überdies Tradition als regelmäßige Form des Eigenthumsüberganges hingestellt wird. (Urkunden und Beiziehung von Zeugen sind bei der Übertragung üblich.) Der oben cit. Satz des Sachs. Sp. I §. 52, §. 1, welcher gerichtliche Übertragung verlangt, findet sich nicht im älteren Text des Schwab. Sp. 22. (Laßb.), sondern nur in späteren Handschriften.[16] Und mit dem süddeutschen Rechte stimmt zumeist das Herkommen und Statutarrecht der deutschen Erblande Österreichs (bes. Innerösterreichs). Es genügt die Übertragungserklärung vor Zeugen, auf welche die Besitzeinweisung zu folgen pflegt.[17] In Nord- und Süd-

welche alle 14 (15) Tage stattfanden, hinzugerechnet wurde. (Stobbe a. O.) Die Bedeutung von Jahr und Tag war häufig streitig (Brünner Schöffenb. c. 327.)

In Prag war doch wohl nur die Auflassung vor und nicht an den Richter üblich (Stat. R. c. 70. 107. 109). Der amtliche Bericht der Prager v. 1571 vgl. Ott, Zur Rezeptionsgesch. d. röm. com. Proz. in d. böhm. L. (1879 S. 186), findet einen Hauptunterschied zwischen den Magd. und Prag. R. darin, daß dieses keinen richterlichen Zuspruch verlangt. (Hanel, a. O. Beil. 2, S. 51).

16) Vergleicht man Ficker's Spiegel deutsch. Leute 24, und das sog. kleine Kaiserrecht II. 92, 106 (vor den luten), dazu mehrere süddeutsche Stadtrechte (Augsburg u. a.), so ergiebt sich klar, daß das süd- und mitteldeutsche Recht in dieser Frage einen anderen Standpunkt einnahm, als das sächs. Recht. Vgl. Gosen §. 17, Schulte §. 148, Stobbe S. 180, Gengler a. O., dazu N. 12.

17) Wiener Stadtr. v. 1221 §. 4: Auflassungen vor zwei oder mehreren Zeugen („Genannten"); auch das Wiener Stadtr. v. 1278—1296 (s. Schuster: Wiener Stadtrechts- und Weichbildbuch 1873, S. 36) verlangt (art. 119, 120) bei entgeltlichen Veräußerungen die Intervention des Grundherrn, nicht aber jene des Rathes; erst vom Jahre 1368 werden in Wien Grundbücher über die unter Intervention des Rathes geschlossenen Immobiliarverträge geführt. Vgl. dazu Chabert, Bruchstücke einer St. und Rechtsgeschichte der deutsch-österr. Länder. Denkschrift der Akademie d. Wissensch. 1853. IV. §. 69, Stobbe XII. S. 180. Nur wenige Städte Süddeutschlands verlangen gerichtliche Auflassung (München, Bamberg).

deutschland erfolgte auch häufig die Verbriefung des Geschäfts (durch Handfesten, Raths- oder Währbriefe) bezieh. die Hinausgabe von mit dem Stadtsiegel bekräftigten Urkunden.[18]

Für die Beurkundung der Auflassung sorgte man in manchen Städten frühzeitig durch Eintrag in die Stadtbücher, welche allerdings in sehr verschiedener Form und zu den verschiedensten Zwecken geführt wurden. Der Bucheintrag, welcher meist an die Stelle der Handfesten (Rathsbriefe) trat, lieferte vollen Beweis für die rechtliche Übertragung; nur selten ist er Voraussetzung des Rechtserwerbes.[19]

---

18) So in Köln, Urk. v. 1159 bei Lörsch u. Schröder (1874) Nr. 77; sigillo urbis signari, Goslar, Zürich, Nürnberg, Frankfurt (Lörsch, Urk. Nr. 114 ab 1264), Prag, Olmütz, Iglau, Görlitz, Kulmer R. und sächs. Weichb. art. 20 (Kraut §. 78, Nr. 66), dazu Walter II. S. 546, Homeyer S. 45, Gengler §. 42.

19) Belege bei Homeyer S. 43, Stobbe XII. S. 207 flg., Kraut §. 97; dazu Planck, Das deutsche Gerichtsverfahren Mittelalter (1879) II. §. 123, S. 199 flg., auch Heusler, Instit. §. 95 (s. vor. S.) Auch die sehr interessante Quellenedition v. Rob. Hoeniger: Kölner Schreinsurkunden des 12. Jahrhdts. (Bonn 1884—1888) I. bestätigt für Köln die Ansicht, daß es sich hier zuuächst um öffentl. Beurkundungen handeli; vgl. die typische Formel S. 19 Nr. 4 (a. 1135—1142): Notum omnibus tam futuris quam praesentibus, qualiter Rudolfus (Dux) nec non et uxor sua Gisela emerunt domum pro Marcwardo et uxore sua coram judicibus et civibus quibus amam vini praesentaverunt, ut sint eis testes; ähnlich Nr. 5: ut nobis sint testes, si necessitas nobis ingruerit. Die „Schreinskarten" der vier Pfarren (Martinspfarre 2c.) in Köln (d. z. im Stadtarchiv) sind zw. zumeist nicht datirt, allein die indirekte Zeitbestimmung ergiebt, daß die ältesten Eintragungen in die Zeit v. 1135—1142 fallen; vorerst werden solche Rechtsgeschäfte fixirt, welche den Charakter der Dauer haben: Kauf, Vererbung, ewige Renten 2c., später auch Verpfändungen 2c.; bei Besitzänderungen wird die ältere Notiz durchstrichen. Auch die späteren Einträge bezeugen immer nur Übertragungsakte vor Gericht, Bürgern u. Parochianen: z. B. S. 225: notum sit, quod... domum... manumisit sine omni contradictione (sc. her. cf. S. 281) coram judice et parochianis; S. 219: Hujus testes sunt et erunt omnes magistri civium s. Laurentii etc. S. 237: Haec carta vobis notificat, ... manifestamus etc. ... inde dederunt testimonium. Eine Steigerung auf S. 219: ut factum a nullo mutari et ine fringi possit. Größer ist die Autorität der Bücher in Schweidnitz: librum plenam firmitatem et robur habere. Die Anlegung von Stadtbüchern wird von Homeyer S. 17 flg. (abgesehen von den zu rectificirenden Angaben in Ansehung der Kölner Schreinsordnung) erwähnt: für Magdeburg circa 1215 oder 1245 (die Bücher existiren nicht mehr), Köln 1229 (Einträge v. 1135 bis ca. 1190; wörtlich abgedruckt bei Höniger, a. a. O. S. 13 flg.; einige schon bei Schröder, Urk. 117 a. 1271 Nr. 121, a. 1277, Nr. 125 a. 1284), Lübeck 1227 (Bücher verloren gegangen) und 1284; Hamburg 1248, Stralsund und Rostock circa 1260, Kiel 1269, Stralsund 1270 (?), Stade 1279, Bremen 1304, Görlitz 1305, München 1347 2c. Jedoch hatte der Eintrag nicht überall dieselbe

Doch war die Anfechtung noch durch Jahr und Tag (Abwesenden auch noch später) gestattet.[20] Bisweilen erfolgte die Eintragung nicht sofort nach der Auflassung, sondern erst Jahr und Tag nach derselben, obschon durch diese Eigenthum erworben wurde.[21]

3. Während der Eintrag ursprünglich nur zur Sicherung des Beweises diente,[22] knüpfte sich später, namentlich nach der Rezeption des römischen Rechtes, in einzelnen Gebieten sogar der Eigenthumsübergang an die Inskription, so daß die Auflassung nunmehr den Charakter einer vorbereitenden Kognition annahm. Allerdings trat diese Wandlung nur in einem verhältnißmäßig kleinen Territorium ein.[23] In anderen Gebieten erlangte die früher übliche gerichtliche Intervention eine andere Bedeutung (Konfirmation des obligatorischen Veräußerungsgeschäftes), und in sehr vielen Partikularrechten gewann vollends der gemeinrechtliche Satz, daß Eigenthum nur durch Tradition

---

Rechtswirkung. Es ist insbesondere nicht stets klar, ob die Eintragung den Übergang des Rechtes bloß beweist oder denselben vermittelt. Ersteres ist wohl die Regel (Homeyer a. O.); das letztere Prinzip findet sich nur in Lübeck (s. Stobbe S. 208), meines E. auch in Hamburg (Stat. 1270, VII. 2, Stadtr. v. 1497 c. 3: das geyt vor alle segele und breve edder rowelike besyttynge), und nach Planck S. 204 auch in Stade. Dazu Stobbe S. 208, Mascher S. 55 flg. und die dort citirten Belege, C. W. Pauli, Lübische Zustände im Mittel. (1872) S. 63. Für das Magdeburger Recht gilt dieser Grundsatz nicht (Homeyer S. 43, 44, Planck a. O.), ebensowenig gilt er nach Frankfurter (Lörsch u. Schröder, Urk. Nr. 114, Homeyer S. 45), älterem Olmützer (Bischoff, Olmüß. St. B. S. 36), und Breslauer Recht (System. Magd. Schöffenr. IV. 1. c. 21. 23. ed. Laband, und desselben: Klagen 2c. S. 303 flg., 330 flg.) Die Verschiedenheit der Bedeutung des Eintrags ignorirt Weisl, Deutsch. Pfandrecht S. 41 flg.

20) So namentlich in Hamburg, Lübeck, Stade; dazu Stobbe, S. 206 flg.

21) Vgl. Prager Stadt. 107 u. 109, und die Belege im Prager Stadtbuch fol. 57 ai 1331; Rößler S. LXI; zweifelnd Stobbe XII. S. 206. Nr. 190.

22) Vgl. Homeyer S. 43—45, Stobbe S. 207 flg.

23) Vgl. Note 19; ferner Stobbe S. 211 flg., 218 flg. Brunner, Quellen d. d. R. S. 250. So nach Lüb., Hamb., Frankfurter, Köln., Berlin., Mecklenb., Stadt-R., der sächs. decisio elect. v. 1661; vgl. Homeyer S. 47, Stobbe S. 228 flg., dazu auch Planck S. 204 flg. Nr. 30: Die Bücher ersetzen erst das mündliche Gerichtszeugniß u. sind unwiderleglich (pro judicato teneantur), übrigens ebenso anfechtbar durch Einreden wie jenes; erst wenn, wie in Hamburg, Lübeck, Stade, über das Stadtbuch kein Zeugniß geht, somit auch der Einredebeweis ausgeschlossen ist, nehmen die Bücher einen anderen (sc. konstitutiven) Charakter an; ebendeswegen werden die Interessenten auf andere Weise geschützt, insbes. durch Festsetzung einer Frist zur Einbringung von Einreden gegen den Eintrag, vor deren Ablauf jene gesteigerte „Beweiskraft" nicht eintreten soll.

übergehe, die Oberhand.[24] Ein Umschwung schien sich zwar in Preußen mit dem Edikte Friedrich's I. vom 28. September 1693 vorzubereiten, mit welchem für Kölln u. Berlin ꝛc. die Eintragung der Besitztitel und Hypotheken behufs dinglicher Wirkung vorgeschrieben wurde; vgl. dazu die Hypoth.-Ordnung von 1722 und die allgemeine Hypoth.-Ordnung Friedrich's II. v. 1783. Indeß gerade das preuß. L. R. von 1794 und mehrere andere Gesetzgebungen aus der Wende dieses Jahrhunderts halten den Grundsatz fest, daß zwar nur der im Grundbuch eingeschriebene Eigenthümer Hypotheken und gewisse andere dingliche Lasten rechtswirksam bestellen könne; allein sie bestimmen zugleich, daß sich der Eigenthumsübergang durch Tradition, beziehungsweise (in den Ländern des französischen Rechts) durch Vertrag vollziehe.[25] In mehreren deutschen Ländern blieb es erst der Gesetzgebung der neuesten Zeit vorbehalten, den in einem großen Theile Österreichs von Altersher beobachteten Grundsatz zur Geltung zu bringen, daß Eigenthum im Falle des derivativen Singularerwerbes nur durch Bucheintrag erworben werde. Hierher gehört namentlich die Mecklenb. Stadtb. Ordn. v. 1857, die Bremer Handfest. Ordn. v. 1860, das Sächs. B. G. B. (§. 276) v. 1863, das Hamburger Gesetz v. 1868, besonders das Preuß. Gr. Ges. vom 5. Mai 1872 und die an dasselbe sich anschließenden Gr. Ges. für Oldenburg (1876), Anhalt, Braunschweig, Hessen-Darmstadt, Lippe, Waldeck u. a., und neuestens der Entwurf eines deutschen bürgerlichen G.-B.s §§. 829. 874 (Eintrag der Auflassung in das Grundbuch.)[26]

II. Die Landtafeln in Österreich.

Während in Deutschland zu keiner Zeit ein einheitliches Recht oder auch nur gleichmäßige Rechtssätze über den Erwerb des Grundeigenthums Geltung gehabt haben, begegnen wir in einem Theile der

---

24) Näheres bei Stobbe XII. S. 221 flg., Hdb. §. 93. 94.

25) So bes. d. Württemberg. R. (dazu Wächter, H. B. I. S. 373 flg., Lang, Hdb. §. 54, S. 292), das Bayer. R. (Roth, §. 136, S. 146 flg., Regelsberger, Hyp. R. S. 68 flg.), das Preuß. Landr. (I. 11, §. 124 bis 126, dazu Förster, §. 172, Dernburg §. 191), bez. das franz. R. und das Bad. Landrecht; dazu Stobbe XII. S. 242 flg., Hdb. §. 94. Burckhard III. §. 159. Hiedurch entstand allerdings die äußerliche Spaltung des Eigenthums in ein materielles und Bucheigenthum.

26) Dazu bes. Stobbe XII. S. 247 u. Pr. R. §. 95 mit näheren Angaben.

österr. Monarchie, nämlich in den böhmischen Erblanden (Böhmen, Mähren, Oberschlesien), vom Ende des 13. oder doch seit Mitte des 14. Jahrhunderts dem ständigen, auf altem Herkommen beruhenden Grundsatze, daß Eigenthum und andere (dingliche) Rechte an Grundstücken in der Regel nur vermittelst Eintrags des Rechtstitels in die besonders hierzu bestimmten öffentlichen Bücher (tabulae, Tafeln, desky) gesichert erworben werden können. (Die Literatur hiezu vgl. in N. 3.) Damit ist nicht gesagt, daß Eigenthum ausnahmslos bloß durch Eintrag erworben werden konnte. Denn einerseits wurden auch im 14. Jahrh. trotz der üblichen Intabulation noch immer Veräußerungen vor Gericht oder durch Besitzeinführung mit Zeugen als gültig anerkannt, andererseits finden wir damals — wie heute noch und wie nicht anders denkbar (s. §. 17 d. B.) — eine Reihe von Erwerbsarten, welche vom Eintrag unabhängig sind, und in diesem höchstens ihren formalen Abschluß finden, z. B. Erbfolge, Heimfall, Konfiskation, Okkupation, unvordenkliche Zeit, Privilegien, insbesondere Verfügungen kraft sogenannter königlicher Machtbriefe (mocný list) (s. N. 28c) 2c.; endlich wurde in Zeiten des Gerichtsstillstandes vom Eintrag abgesehen. Auch waren wohl viele Güter niemals Objekt des Eintrags. Schließlich ist begreiflich, daß bei Grenzstreitigkeiten der langjährige Besitzstand, bezieh. der Zeugenbeweis 2c. heute wie damals viel maßgebender war, als die Landtafel. (Vgl. dazu Menšík, R. B. o soudu mezním bei Jireček IV. 5. S. 177. 189.)[27] Allein als Regel darf seit der Carolinischen Zeit angenommen werden, daß Veräußerungen und Vergabungen auf den Todesfall nur durch Eintrag materiellrechtlich sichergestellt werden konnten.[28] Belege hierfür sind

27) Die Übereignung vor Gericht erwähnen bes. viele Urkunden aus dem 13. Jhdt., vgl. z. B. Codex dipl. Boczek IV. S. 273, 276. [Urk. v. 1282. 1283: abrenuntians omni juri coram nobis (duci Opa viae), coram cuda ut consuetum est. Ob diese Urkunde, wie Ruber, Not. Z. 1883 Nr. 49 annimmt, einen Beleg für die Existenz der Cudatafel a. 1283 liefert, lasse ich dahingestellt; vgl. d. Schluß der Urk. verb. pagina 2c. In der älteren Zeit war die Übereignung durch Besitzeinweisung (Umschreitung, circumitus) oder Urkunden wohl die gewöhnlichste Form. So auch in Schlesien, vgl. Cod. diplom. Siles. I. anni 1234. 1309 2c., Regesten zur Schles. G. v. Grünhagen a. 1202. Nr. 78, 1203. Nr. 91, 1208. Nr. 127 2c.), Krasnopolski, Grünh. Ztsch. XI. S. 530 Note 10. Vgl. folg. Note.

28) Diese Fassung beseitigt die Einwendungen, soweit selbe gegen meine Behauptung Grünh. Ztschr. VI. S. 89 von Czyhlarz, ebenda X. S. 263, u. Kras-

(zum Theil auch für den Anfang des 14. Jahrh.): die S. 419 flg. und N. 44 citirte mähr. L. T. Instruktion v. 1359, welche sich ausdrücklich auf die böhmische Observanz beruft und diese somit erhärtet, ferner die materielle Identität des böhmisch-mähr. Rechtes in diesem Punkte (vgl. Note 35—40), die Glosse 2. zu art. 74 des ordo jud. terrae (item notandum, quod tabulae in omnibus causis loco testium producuntur et eisdem productis omnino statur)[28a], die das bezügliche Gewohnheitsrecht bezeugende Urkunde des Rathes der Stadt Brüx v. 1312: „promisit idem J. hunc venditionis contractum secundum jus provinciale imponi solemniter ad Prag. beneficiariorum tabulas procurare, prout jus et consuetudo terrae requirit" (Jireček II. 2. S. 4. 5), desgleichen die Urkunde H. v. Rabsteyn vom J. 1373: „villam Hr .... intabulando et Prage in tabulis terre praedictis H. Z. et H. J ... acticando",[28b] sodann das gleichlautende Herrenurtheil

---

nopolski, X. S. 472. YI. S. 530 flg. erhoben wurden; jener will die materielle Bedeutung des Eintrags für Böhmen nicht vor dem 17. Jhdt., dieser nicht vor dem 14. bez. 15. Jhdt. anerkennen. Für Mähren wird dessen konstit. Bedeutung wegen der mähr. Landtafelinstrukt. Carl's IV. v. 1359 (s. Note 44) nicht bestritten. Allein da sich diese Instruktion, welche jeden Veräußerungsakt ohne Eintrag für nichtig erklärt, ausdrücklich auf die böhmische Observanz beruft, liefert dieselbe gewiß einen entscheidenden Beleg für meine Auffassung; vgl. ferner Maj. Car. 24. 26. 59. 60. 65. 71, auch Burckhard III. §. 159, S. 182 u. Czyhlarz selbst N. 4a. 9. u. 12. Wenn Cz. bemerkt, daß der Eintrag zwar eine regelmäßige aber keine nothwendige Voraussetzung der Übereignung war, so ist dies nur in dem im Text entwickelten Sinne richtig. Mit Unrecht wird aber dafür angeführt, daß das Rosenberg. R. B. V. 80—126 in s. Beweismittelkatalog die Landtafel nicht anführe und Nr. 116. 122. bei Klagen aus Grundeigenthum nur Zeugen anführe; denn gerade dieses Rechtsbuch nennt in den §§. 70. 71 die Landtafel als einzig sicheres Beweismittel; die Zeugenführung in 116 aber bezieht sich auf den Störungsakt (uvázání). Dazu vgl. noch das s. R. B. 197. — Daß das pignus dotal. auch ohne Eintrag gültig war, gebe ich zu. Daß endlich Andr. v. Duba a. 21. 22 flg. die E. Klage sine tabulis neben der Querel cum tab. anführt, erklärt sich aus den im Text angeführten Gründen. (Auch auf die böhm. L. T. passen die Schlußbemerkungen Planck's Note 23.) Daß übrigens auch nach Einführung der Landtafeln (unter Ottakar II.?) Übereignungen vor Gericht, durch Urkunden, oder Besitzeinweisung noch lange Zeit hindurch in Ubung sich erhielten, haben Emler, O zbyt. desk. S. 17 und ich, Přehled rc. S. 10 N. 18 betont.

28a) Während also der Ordo. jud. noch Zeugen und tabulae gleichstellt, gibt die spätere Glosse den Letztern den entscheidenden Vorzug: omnio statur. Vgl. N. 23.

28b) Diese von Čelakovský mitgetheilte Urkunde ist abgedruckt in Henner's: O rak. zákonech amort. S. 11 (1892) u. bezengt zugleich, daß schon zu Kart IV. Zeiten Amortisationsgesetze gegen Mehrung der Güter der todten Hand bestanden. Dazu vgl. Čelakovský, O registrech (1890) S. 4 flg.

aus der Wende des 15. Jahrhs. bezüglich der Eigenth.-Prozesse (cf. Jireček II. 2. S. 37: domini baroni invenerunt, quod nullae aliae memoriae praeter tabulas debent amitti (1389), das Rosenberger R. B. (ca. 1325) §§. 70. 71 (Übersetzt: Wer will, daß er nicht geklagt werde, trage seine Grundstücke seinem Freunde, seinen Kindern in die Landtafel ein, indem er sie ihnen giebt und abtritt; . . . er kann nicht mehr geklagt werden, ... weil es in der Landtafel eingetragen, nach Recht geordnet und aufgelassen ist), ferner Maj. Car. 59. 60. 65. 71 u. a. Für die materielle Bedeutung des Eintrags spricht auch der Umstand, daß der unterlassene Einspruch (otpor) während der Verjährungsfrist den mangelhaften Eintrag unanfechtbar macht. Einen weiteren Beleg bilden zahlreiche königl. Machtbriefe (Privilegien), kraft deren ausnahmsweise Güterveräußerungen (also die Rechtsakte) gewisser Personen des Herrenstandes dieselbe Geltung genießen, als ob dieselben der Landtafel einverleibt worden wären.[28c] Mit meiner Auffassung haben sich jüngst auch Čelakovský (s. N. 28b) und Ruber, Not. Zeitschr. 1884 S. 259 einverstanden erklärt. — Aus späterer Zeit sind Zeugnisse zum Überfluß vorhanden.[29] Daß die Landtafel stets zugleich eminentes Beweismittel war, bedarf wohl ebenso wenig der Erwähnung, als daß der Beweis von den Rechtserfolg des Eintrags zerstörenden Thatsachen zulässig ist, z. B. Fälschung, Verschweigung. (Eine wesentlich andere

---

28c) Schon Palacký, Über Formelbücher II. S. 11 citirt das Formular eines k. Machtbriefs aus der Zeit Wenzel IV. (1382—1402) des Inhalts: (rex) indulget quod quis possit donare bona sua ac si intabulata essent. Ein bei Krasnopolski XI. S. 531. N. 11 abgedrucktes Privileg der Rosenberger v. J. 1325 dispensirt dieselben schon damals bei Veräußerungen von der gewohnheitsrechtlichen Auflassung coram rege vel beneficiariis. Ebenso der mir von Čelakovský mitgetheilte k. Machtbrief von 1406 für Přiznak: quacunque ipsorum donacio et disposicio perinde robur et firmamentum obtineat, acsi juxta ritum et consuetudinem regni nostri Boemie tabulis . . . forent inserta et notata. Ähnlich der Machtbrief K. Sigismunds v. 1437 an seinen Hofmeister Ptaček v. Pirkstein: acsi per tabulas regni n. Bon. firmata fuisset, non obstante consuetudine regni B. etc.; ebenso ein Machtbrief v. 1423 im Arch. Č. 1. p. 535 Nr. 219. (Čelakovský, Právník 1890 S. 153 flg., 159 u. vgl. noch Brandl, a. O. S. 31 flg., Čelakovský, Sbornik dějep. prací 1888 S. . 3. N. 2, u. desselben: O registrech (1890) S. 5. N. 2. Tadra a. O. S. 88 flg.

29) Vgl. z. B. Vschehrd IV. 2. VI. 32 flg. Decl. Ee. V.: ordnen wir, daß gleichwie von Alters Herkommen also auch hinfüro die Landgüter anders nicht als mit der Landtafel afficiret, vergeben, . . . werden können. Cf. Ee. X. XIV.

ist die Auffassung der deutschen Stadtrechte, wie besond. Hensler, Inst. §. 96 ausführt, da hier die gerichtliche Intervention das dingliche Recht nicht schafft, sondern sc. gegenüber Erben und Gerichtsherrn nur sichert (stabilire, iterare, confirmare). „Wenn das hent. Recht dem öffentlichen Glauben des Grundbuchs zu Liebe einen andern Weg eingeschlagen hat, so ist das eben unter dem Einflusse eines Motivs geschehen, das wir dem alten deutschen Recht doch kaum schon zuschreiben dürfen." (Heusler II. S. 102; dazu aber noch II. S. 116 flg., woselbst auf die bereits oben N. 19 und 23 gewürdigte materiellrechtliche Bedeutung der alten Stadtbücher einzelner Städte, besonders von Köln u. a. hingewiesen wird.)

Den Eckstein und Ausgangspunkt des böhmischen Immobiliarrechtes, welches für die geschichtliche Entwicklung des österr. Tabularrechtes maßgebend wurde, bildet das altehrwürdige, in seiner Art einzige Institut der Landtafeln, das „Kleinod" des Landes. In den Landtafeln, welche nicht nur Privatrechtsakte enthalten, sondern u. a. auch die Hauptergebnisse der vor Gericht mündlich geführten Prozesse fixirten, und zugleich das Staatsarchiv bildeten, spiegelt sich das gesammte Privat- und öffentliche Rechtsleben der Vergangenheit in überraschend scharfen Riffen ab. Die Entstehungszeit der böhmischen Landtafeln (in Prag) ist bisher nicht sichergestellt.[30] Die Uranfänge derselben dürften in der altböhmischen Župen-(Gaugerichts-)Verfassung zu suchen sein, indem die Gerichte (cúdy, judicia) alle wichtigeren Gerichtsakte (von der Ladung bis zum Urtheil, auch Veräußerungsakte ꝛc.)

---

30) Im J. 1541 wurde der größte Theil der alten böhmischen Landtafel ein Raub der Flammen; nur Bruchstücke davon (insbes. die Citationsquaterne von 1316—1320) sind uns durch Zufall erhalten. Dieselben liegen gesammelt vor in den von Emler herausgegebenen: Reliquiae tabularum ꝛc. Vgl. N. 3. Die einzelnen Bände nannte man Quaterne; diese bestanden aus mehreren Heften gewöhnlich zu 30 Folien. Benannt wurden sie bald nach dem Vicelandschreiber, bald nach der Farbe des Einbandes ꝛc. Ursprünglich wurden sie auf Pergament geschrieben. Je nach der Verschiedenheit der Einträge unterscheidet man: Citationsquaterne (tabulae citationum, desky půhonné), welche die Hauptstadien des mündlichen Gerichtsverfahrens, besonders gerichtliche Ladungen u. Urtheilssprüche verzeichnen, sodann Kauf-Schuldverschreibungs-Gedenkquaterne (kurzweg tabulae genannt). Die Zahl der bücherlichen Einlagen vor dem Brande (1541) schätzt Emler auf 66000, die Zahl der Quaterne auf mindestens 110. In den mährischen Landtafeln wurden die Ladungen in eigene Bücher (libri officii) eingetragen. Vgl. Demuth S. 64, 140. Erhalten sind in Olmütz aus der Zeit v. 1405—1618: 74 Citations-, 5 Spruch- und 3 Gedenkbücher.

in den sog. tabulae terrae provinciales verzeichneten.[31] In Böhmen und Mähren sind die sog. Libri citationum et sententiarum die ältesten Gerichtsbücher; erst später, als auch die Verbücherungen von Rechtsgeschäften sich mehrten (in Böhmen unter König Johann, in Mähren im J. 1348) wurden besondere Kaufquaterne (libri contractuum) angelegt.[31a] Gefördert wurde diese Übung durch den mächtigen Einfluß der königlichen Hofkanzlei, welche in der zweiten Hälfte des 13. Jahrh. mit der Führung von Registern über alle wichtigeren Akte betraut war (Registrum regie curie). Es scheint, daß dieses in den nichtromanischen Ländern zuerst in Böhmen auftauchende Register nach dem päpstlich-sicilischen Muster von dem königl. Pronotar Henricus Italicus (v. Isernia) eingeführt wurde, — demselben, von welchem auch das später zu erwähnende erste Prager Stadtbuch (ca. 1279—1280) herrührt.[31b]

---

31) Konstatirt ist der Bestand der tabulae zude Sacensis (Saaz 1381), Lutomericensis (Leitmeritz 1413), Plznensis (Pilsen 1389), der Tafeln in Königgrätz, Nimburg (1322), Melnik (1348) u. s. f. Desky (δίσκος) bedeutet eine Holztafel; auf solchen Tafeln wurden ursprünglich die Gesetze verzeichnet. Auch in Mähren bestanden bei mehreren Zuden solche Gerichtstafeln, z. B. in Brünn, Znaim, Iglau, Jamnitz. So werden in einer Urkunde von 1303 (Boček, Cod. Dipl. V. 166) die tabulae publicae cude Olomucensis erwähnt, s. dazu N. 27; so heißt es ferner in der Urkunde K. Johann's von 1327: «quod abbatissa et conventus habeant dare et conferre notarium cude Brunnensis, qui notarius tabulas terrae habeat omni jure et utilitate, quo ab antiquo terrae sive cude notarii consueverunt, Cod. J. Boh. II. 2. p. 14, Brandl, Glossarium p. 33, Jireček, Právo slov. II. p. 23. Základy z. zrízení (1872) p. 160. Demuth S. 4, 5, Randa N. 12, 16. 27—31. Ruber, Vormundschaftsr. in Mähren S. 5 u. Not. Zeit. 1883. Nr. 49 flg., Tadra, a. O. S. 88 flg. 96. Die Entstehung der Provinzial-Landtafeln bringt Brandl S. 35 mit dem Umschwung in den Agrarverhältnissen in Zusammenhang, welcher etwa im elften Jahrhundert in Böhmen und Mähren sich vollzog, nämlich mit der Umwandlung des gemeinschaftlichen Familienbesitzes in Alleineigenthum; die freien Grundbesitzer bildeten dann den Herrn- und Wladikenstand. Die Cudentafeln dürften später hie und da Stadtbücher geworden sein; Tadra a. O. 96, vgl. d. Brief Karl IV. v. 18. Aug. 1348 bezügl. der cuda Melnik ebenda.

31a) Die Libri citat. et sentent. der Olmützer Cuda (1374—1494) u. der Brünner Cuda (1406—1466) edirt Brandl, Die Kaufquaterne von Olmütz (1348—1464) und Brünn (1348—1466) edirte Demuth.

31b) Die Anfänge der k. Hofkanzlei reichen allerdings noch höher hinauf. Schon unter Ottokar I. wird die Hofkanzlerschaft mit der Probstei v. Wyschehrad ständig verbunden u. werden dem Kanzler notarii v. protonotarii curiae regiae beigesellt. Unter Přemysl Ottakar II. wird neben der böhm. Hofkanzlei eine zweite für die österr. Länder errichtet. Die näheren Belege s. bei Čelakovský, O registrech S. 26 flg. und Tadra, Kanceláře S. 2 flg. Vom Hofkanzler ist zu unterscheiden der Kanzler

Mit der Verbreitung des Registerwesens und mit der Centralisation der Gerichtspflege gelangte die Prager Landtafel zu immer größerer Bedeutung, und wurde dieselbe im Laufe der Zeit, namentlich in Folge der Neuorganisation des Prager Landrechts und dessen Erhebung zum Obergerichte des Landes unter Ottokar II. (1253—1278), zu einem Grundbuch für alle freien (später nur für die ständischen) Güter des Landes.[32] Die ältesten bisher bekannten Einträge stammen aus der 2. Hälfte des 13. Jahrhunderts; der älteste bekannte Rest der Citationsquaterne stammt aus dem J. 1316 (s. Dvorský-Emler, Abh. d. böhm. Ges. d. Wissensch. 1868. VI.); der älteste bekannte

---

d. Königr. Böhmen (canc. regni B.). Vgl. noch das bei Čelakovský cit. Königsberger Formelbuch d. k. Notars Henricus It., woselbst des Eintrags u. sodann der Löschun geines Schiedsspruchs in registro regie curie, ut moris est per cassat. lineas Erwähnung geschieht.

32) Schon s. d. J. 1250. 1257. 1264. 1279 werden notarii generales regni B. genannt (Emler's Regesten s. v. notarius). Der notarius tabularum (supr. notarius terrae) wird zuerst 1270 erwähnt; seine Aufgabe war, die Landtafel zu besorgen, weshalb er in Prag domiziliren mußte. Vgl. Maj. Car. 26. und Jireček, Zřízení zemské S. 137. Der Oberstlandschreiber hieß später protonotarius tabularum terrae; ihm waren notarii tabul. terrae beigegeben. Vgl. Tadra, S. 91, welcher S. 97 flg. das Verzeichniß derselben v. J. 1305 ab zusammenstellt. — Die Provinzialtafeln erhielten sich bis in das 15. Jahrhundert, um dann (namentlich in Folge der Husitenkriege) zu verschwinden. Die wichtigsten Gerichte waren: das größere und das kleinere Landrecht. (Damit hing zusammen die ältere Unterscheidung der großen und kleinen Landtafel.) Das größere Landrecht bestand aus den höchsten Landesbeamten und aus den Beisitzern aus dem Herrn- und Wladikenstande; den Vorsitz führte der König, bez. der Oberstburggraf; seine privilegirte Kompetenz erstreckte sich namentlich in Rücksicht der freien Gründe über das ganze Land. Die Zuständigkeit des kleineren Landrechts beschränkte sich auf Streitsachen bis höchstens hundert Schock böhm. Groschen. Beide Gerichtshöfe hielten mehrmal des Jahres ordentliche Sitzungen. Einträge durften nur vom König oder dem Landtage oder von dem versammelten Landrechte bewilligt und von dessen Organen vollzogen werden; außer dieser Zeit waren die Contractbücher der Landtafel in der Regel geschlossen. S. Vschehrd V. 32. Die übrigen Quaterne, insbes. die kleinern Landtafeln, Citationsbücher 2c. verwahrte der Landschreiber zum täglichen Gebrauch; vgl. Čelakovský, Sborník, S. 5, Tadra, S. 94 flg. Das Verfahren war bis zur Einführung der Vern. L. O. v. 1627 öffentlich und mündlich. Vgl. den Ordo judicii terrae in Jireček's Codex juris boh. II. 2. So lange die Landtafeln bei den Zuden geführt wurden, wurden Verträge über Immobilien jeder Art in die Bücher verzeichnet; erst nach der Centralisirung der Landtafeln in den Hauptstädten, insbes. seit dem 15. Jahrh. beschränkten sich die Einträge allmählich auf die adeligen (ständischen) Güter. Vgl. Demuth S. 39 flg., Brandl, Kn. Drnow. S. XIII. Randa S. 9, N. 16, Maasburg S. 8 flg., das inhaltsreiche Buch Ott's: Rezeptionsgesch. des röm. kan. Proz. S. 114 flg., 175 flg., 260 flg., Canstein, Grünh. Ztschr. 6. S. 597 flg.

Kauf-Quatern (Primus Zdislai) umfaßt die Zeit von 1320—1336.[33] Die Landtafeln waren, wie Andreas von Duba bezeugt, ursprünglich Jedermann zugänglich (öffentlich); Auszüge wurden gegen Taxerlag ertheilt; vgl. auch die mähr. Landt.-Instr. v. 1359 (Jireč. Cod. Jur. B. II. 2. S. 299). Allerdings trat, wie jüngst Čelakovský, Sborník (1888) S. 5 flg. mit Bezug auf einen von ihm gefundenen Nachtrag des Všehrd'schen Rechtsbuchs nachweist, durch den Einfluß der Stände gegen Ende des 15. Jahrh. die Beschränkung der Öffentlichkeit ein, daß Auszüge nur mit Bewilligung des Königs oder des Gerichtshofes ertheilt werden sollten (Land.-O. von 1500); aus jenem Nachtrag Všehrd's (2. Recens. 1508) scheint sich jedoch zu ergeben, daß diese Beschränkung keine dauernde war.[33a]

Was Mähren betrifft, so bezeugt die Urkunde König Johanns vom J. 1327 (Note 31) nicht nur die Existenz der Brünner Landtafel, sondern auch den alten Landesgebrauch, Gutsveräußerungen in die Landtafeln einzutragen. Desgleichen bezeichnen andere aus dem

---

33) Vgl. die Verkaufsurkunde v. J. 1287, Reliquiae tab. I. 1: protestatus est coram judice R. notario regni Boh., quia vendidit.... ut in registro plenius continetur, villam Przekacz. Andere Urkunden v. 1309 bei Jireček, Cod. II. 2, p. 4: in tabulis terrae procuravimus annotari; p. 13 ab a. 1303: Haec acta tam legitime celebrata in tabulas publicas Olomucensis cude, ad quam universae provinciae Moraviae se reclinant, redegimus. Andere Urkunden v. 1306—1320 und weitere Belege bei Jireček II. 2. 5 flg., Randa S. 6, Brandl S. 32, Ott, Z. Rezeption d. röm. kan. Pr. S. 143 Note, welcher die bei Emler, Reg. Nr. 2070 cit. Urk. v. 1306 anführt: praedecessor..obtinuit per sententiam et... ipsa in tabulis terrae redacta fuit; terrae tabulas inspici fecimus et ... invenimus, (actoribus) nullum jus competere; ferner Palacký, Formelb. I. 342 (1304), Urkundenb. Kloſt. Goldenkron in d. fontes rer. austr. 37. S. 56 (a. 1315). — Mit dem J. 1320 beginnt die lange Series der oft beschriebenen Kauf-Quaterne der Landtafel: I. Zdislai 1320—1336, II. Zdislai 1337—1345 ꝛc. s. Codex II. S. 6 flg. Aus den Citationsquaternen vergl. z. B. die Citation (půhon) v. J. 1292: Codex II. S. 4: Anka de Lubkowicz conqueritur super Ludek, quia raptam compressit. Schon Cosmas († 1125) bezeichnet die formelle Ladung (půhon, citatio) als die Grundbedingung des gerichtlichen Verfahrens; der Gerichtsbote war mit dem Gerichtssiegel versehen, und dies deutet darauf hin, daß vielleicht schon zu jener Zeit die Citationen eingetragen wurden. Jireček, Slov. právo II. S. 223. Die Citationsquaterne sind offenbar die ältesten Inskriptionen.

33a) Der cit. Nachtrag: Nová kapitola: O výpisech ž desk dürfte von Všehrd selbst herrühren, wie Čelakovský a. O. darthut. In der ersten Ausgabe (1499) seines Werkes vertritt Všehrd freilich eine andere Meinung, — vielleicht ex vinculis seiner damaligen Stellung bei der Landtafel. Die Macht der Stände zeigte sich hier in erdrückender Weise.

ersten Viertel des 14. Jahrh. herrührende böhmische Rechtsdenkmäler die Landtafeln als ein althergebrachtes, in höchstem Ansehen stehendes Institut des böhmisch-mährischen Landrechtes.[34] Auch die Majestas Carolina (1348—1355) spricht von der Landtafel als von einer althergebrachten Einrichtung. (Art. 24. 26. 27: antiqua consuetudine regni nostri.)[35] In die Landtafeln werden u. A. eingetragen: alle Rechtsgeschäfte, welche sich auf unbewegliche Sachen beziehen, namentlich Veräußerungen, Verpfändungen, letztwillige Anordnungen.[36]

Den Doppelcharakter eines öffentlichen und Privatinstituts be-

---

34) So insbes. das Rosenberger Rechtsbuch (1320—1330) §§. 81. 93. 94. 102 (Cod. juris Boh. II. p. 68 flg.); dazu vgl. das Rechtsbuch Andreas von Dubá (ca. 1395, Codex J. Boh. II. 2. p. 356), das Tobitschauer (Towačower) Rechtsbuch von Ctibor von Cimburk (ca. 1480) (Edit. Brandl c. 88—108), ferner Wschehrd's Neunbücherrecht (Všehrd: Knihy devatery o právích etc. ca. 1500. Editio 2. 1874 v. H. Jireček) VI. 32, 34, das Rechtsbuch Ctibor von Drnow (ca. 1525, ed. Brandl). Man gewinnt hieraus den Eindruck, daß die Landtafeln ein Institut des (slawischen) Landrechtes waren. Ein charakteristisches Merkmal des Letzteren ist übrigens die Gleichheit des Rechtes für Alle; Munizipial- oder Patrimonialrecht ist demselben ursprünglich fremd; die ersten Exemtionen erlangten die Kirchen; weitaus wichtiger und folgenreicher waren aber die Exemtionen, welche die deutschen Stadtrechte schufen. Vgl. Chlumecky, Arch. f. österr. Geschichtsquellen B. 17, S. 11 flg.

35) Die Majestas Carolina ist bekanntlich ein umfassender mit Bewilligung der Stände unternommener Kodifikationsversuch des gesammten öffentlichen und Privatrechtes (Landrechtes) für Böhmen; zumeist ist (wie Karl IV. selbst sagt) älteres Gesetzes- und Gewohnheitsrecht neu redigirt. Das Gesetzeswerk scheiterte (gleich wie ältere ähnliche Kodifikationsversuche Přemysl Otakar II. und Wenzel's II.) an dem Widerstande des Herrenstandes, welcher die Stärkung der königlichen Macht fürchtete. Von der Landtafel handeln die Art. 24—27, 59 flg., 71. Wahrscheinlich wurde der Entw. schon während der Regierung Carl's IV. in Mähren 1333—1346 vorbereitet. Vgl. Jireček, Cod. Juris Boh. II. 2, p. 100 flg., Ott, Rezept. S. 165 und jüngst Werunsky, Savigny — Zeitschr. German. Abth. IX. 64 flg. und dessen: Geschichte K. Karl IV. S. 77—99, woselbst der Inhalt der Majestas Car. ziemlich eingehend mitgetheilt wird.

36) In den mährischen Landtafeln kommen bis zum J. 1642 Verpfändungen seltener (nur zur Sicherstellung des Heirathsgutes) vor; daraus schließt Demuth S. 51, 202 mit Unrecht, daß die mähr. L. T. erst nach jener Zeit zum Hypothekenbuche wurde. Man vergl. aber schon die L. T. Instruktion Carl's IV. von 1359, welcher den Eintrag aller donationes, obligaciones (Verpfändungen), vendiciones . . . verordnet. Näheres Randa, S. 11. Lehrreiche Formen für die gewöhnlichsten Intabulationen aus dem 14. Jhdt. enthält d. Cod. J. B. II. 2, S. 285 flg.: Formae literarum apud tabulas confici solitarum. Über ein Mandat Carl's IV., daß es vor Entscheidung eines Streites über landt. Güter unzulässig sei: ipsa (bona) alicui intabulari, s. Ott a. O. S. 148, Note. Die Einlage des Mandats kann als Urkeim der „Streitanmerkung" angesehen werden. Über das böhm. mähr. dotalicium vgl. Czyhlarz, Z. Gesch. d. ehel. Güterr. (1883.)

wahrten die Landtafeln bis gegen das Ende des 18. Jahrhunderts. Mit dem Erlahmen der ständischen Macht und des Einflusses der Landtage verringert sich allmählich die Zahl der Einträge öffentlich-rechtl. Natur (Majestätsbriefe, Landtagsschlüsse, Privilegien ꝛc.). Mit dem Landtafelpatent v. 22. März 1794 §. 42 wurden die Gedenkquaterne, welche derartige Einträge enthielten, von der böhmischen Landtafel separirt und sohin (1795) als Theil des ständischen Archivs weiter geführt, obwol die Eintragungen durch das Landtafelamt besorgt wurden. Nunmehr beschränkten sich die Einträge ausschließlich auf Inskriptionen von Privatrechten an Immobilien, so daß sich die Landtafel erst seitdem als bloßes Grundbuch darstellt.[37]

Die Entwicklung des Landtafelwesens ist in Böhmen und Mähren eine durchaus gleichmäßige. Auch in Mähren bestanden ursprünglich bei verschiedenen Gaugerichten Gerichtstafeln. (Vgl. die Urkunden v. J. 1303 und 1327 in Note 31.) Den Geschichtskenner kann hierin der Umstand nicht irre machen, daß auf Befehl Carl's IV. 1348 in Olmütz und Brünn, und zwar wie ausdrücklich bemerkt wird, nach dem Vorbild der böhmischen Landtafel (sicut in Boemie tabulis fieri solet) neue Landtafeln errichtet werden[38]; denn abgesehen davon, daß der frühere Bestand der Gaugerichtstafeln konstatirt ist, legt auch der genannte Maj.-Brief (Landtafel-Instruktion) Carl's IV. (datirt von Breslau 9. Februar 1359) selbst Zeugniß hiefür ab, indem daselbst die altherkömmliche korrumpirte Eintragungsweise der mähr. Landtafeln getadelt wird.[39] Die Errichtung der Brünner und Olmützer

---

37) Im sog. kleineren ständ. Archiv werden aber bis in die neueste Zeit Adelsdiplome ꝛc. eingetragen. Vgl. auch Hasner, S. 35.

38) Die Olmützer und Brünner Landtafeln (seit 1642 in Brünn vereinigt) sind uns seit ihrer Gründung (1348) bis auf die Gegenwart vollständig erhalten und publizirt. (Auch sie hatten eine sogen. kleine Landtafel.) Darüber vgl. die Note 3 cit. Monographie Demuth's. Hervorzuheben ist noch ein von Kameníček, Časop. Mat. Mor. 16 S. 251 angeführtes Rescript Wladislav II. vom 14. Sept. 1493 (Arch. Česk. X. S. 314), welches besagt, daß die vielen ehemaligen Kreistafeln in den Olmützer und Brünner L. Tafeln concentrirt wurden; daß es aber bei jener L. Tafel nicht üblich ist, Urtheile zu fällen, vielmehr zu diesem Behufe Auszüge daraus an das Brünner Landrecht überschickt zu werden pflegen. Bei den mähr. L. Tafeln waren ursprünglich bestellt: Zwei Kämmerer, zwei Richter, ein Landschreiber u. zwei Vicelandschreiber (Kniha Tov. c. 28. 61.); später (nach 1493) nur Ein Kämmerer und Ein Landrichter. Einträge konnte der Landschreiber nur mit Bewilligung des Kämmerers vollziehen. Kniha Drnov. c. 42 flg.

39) Cod. J. Boh. II. 2. p. 395 (Demuth S. 15): Hinc est, quod cum

Landtafel durch Carl IV. erscheint daher nur als eine Erneuerung, Fortbildung und Verbesserung der alten Gerichtsbücher.

Auch in Österr.-Schlesien finden wir bereits im 13. Jahrh. Gerichtstafeln, so namentlich in Troppau und Jägerndorf. Die Troppauer Landtafel dürfte zur Zeit Ottokar's II. (c. 1262) errichtet worden sein; erhalten sind indeß nur die nach dem Brande v. J. 1431 nach dem „Muster der böhmischen u. mährischen Rechte" neu angelegten Bücher.[40] Jägerndorf erhielt gegen das Ende des 14. Jahrh. (nach seiner Trennung von Troppau) ein selbständiges Landgericht und eine eigene Landtafel. Die uns erhaltenen Bücher reichen in das J. 1404 und erscheinen als eine Fortsetzung älterer Einträge.[41]

Auch in Polen finden wir seit der Mitte des 14. Jahrh. Spuren öffentlicher Bücher. Es wurden nämlich bei den Landesgerichten (jud. terrestre) und den Schloß- (Grod-) Gerichten (jud. castrense) Register (tabulae judicii) geführt, in welche man die verschiedenen Gerichtsakte entweder auszugsweise (per roborationem) oder vollinhalt-

---

ab antiquis temporibus quedam consuetudo ydeo verius coruptela in March. Mor. observata fuisset, quod . . . videlicet vendiciones, permutationes, obligaciones . . . . coram Camerario agebantur . . . . Der Mißbrauch bestand wohl darin, daß die Rechtsgeschäfte nicht vor dem (periodisch) versammelten Landgerichte, sondern außerhalb der Gerichtstage vor dem Kämmerer angezeigt wurden, und dieser die Eintragung nicht gehörig besorgte und dessen alleiniges Zeugniß nicht genug verläßlich erschien. (Die Erklärung vor der Landtafel mußte mindestens vor zwei L. T. Beamten erfolgen! Všehrd VI. 39.)

40) Die Troppauer L. T. wurde nach Art der Olmützer Landtafel geführt, was für die Provenienz derselben von Bedeutung ist. (Troppau bildete in jener Zeit einen Bestandtheil Mährens.) Die älteren Einträge sind böhmisch, die neueren (ca. v. 1747 ab) deutsch geschrieben. Vgl. Jireček, Cod. J. Boh. II. 2. p. 17. Haan, S. 50. 56. 228, Lepař, Beiträge zur Geschichte von Schlesien (1863) S. 2 flg. Das Verhältniß des polnischen Rechtes zum deutschen war in Schlesien bis zum 15. Jahrh. ungefähr dasselbe, wie jenes des böhmischen zum deutschen in Böhmen und Mähren; der Adel und die Landbevölkerung lebten nach polnischem Recht; die Gerichtsbarkeit übten die Zuden, an deren Spitze der Kastellan stand; wichtigere Rechtssachen waren den Landtagen vorbehalten, welche zugleich höchste Landgerichte waren; die mit deutschem Recht bewidmeten Städte waren von der Gerichtsbarkeit der Kastellane eximirt und richteten sich zumeist nach Magdeburger Recht. (Breslauer Weisth. v. 1261. 1295.) Vgl. G. A. Stenzel, Gesch. Schlesiens (1853) S. 40, 148, 210 flg. Auch Krakau und Lemberg erhielten Magdeburger Recht. S. Bischoff, Österr. Stadtrechte S. 55 flg., 72 flg. Vgl. dazu N. 42 a. E.

41) Šembera, Böhm. Museumszeitschr. 1846, p. 697 flg., 712 flg., Codex J. B. l. c. Über das dem Böhmischen verwandte Lausitzer Landrecht vgl. Knothe, Rechtsgeschichte der Oberlausitz (1877) S. 20 flg., dazu vgl. Rößler, II. S. VII flg.

lich (per recognitionem) einschrieb. Nach Romuald Hube's Mittheil. (Ksiegi XIV. v. v Polsce, Abh. d. böhm. Gesellsch. d. Wiss. 1884. VI. Bd. 12) werden als die ältesten derartigen Gerichtsbücher erwähnt jene von Krakau vom J. 1322.[41a] Neuestens jedoch edirte E. Piekosiński, Leges, privil. et Statuta civ. Cracov. das älteste Krakauer Buch: Liber actorum, resignacionum Cracov. etc. (Verträge der Bürger, hauptsächlich über Immobilien), welches in die Jahre 1300—1312 herabreicht und erst deutsch, später (1313) lateinisch geführt wurde. — Vorhanden sind überdieß Krakauer libri testium (1374—1381) und libri citat. (1376—1435). Zu Ende des 14. Jahrh. werden solche Bücher libri terrestres und libri castrenses genannt, jenachdem sie bei den Land- oder Stadtgerichten geführt wurden. Aus jenen Büchern, welche von Notaren geschrieben wurden, entwickelten sich allmählich förmliche Prozeß- und Spruchbücher; gegen Schluß des 14. Jahrh. werden in dieselben ziemlich allgemein verschiedene Rechtsgeschäfte: Käufe, Vermächtnisse, Verpfändungen, Dotalbestellungen 2c. aufgenommen. Dergleichen Register erhielten sich in Galizien aus dem J. 1384, in Krakau aus dem J. 1358; sie enthalten: contractus, donaciones, obligationes, advitalitates, inscriptiones fundationales, evictionales 2c. Auch die sog. Acta metryki koronnej (Kronmatriken) enthalten Gutsinskriptionen, die bis in das J. 1347 hinabreichen.[42] Auf das österr. Tabularrecht blieb diese Einrichtung ohne Einfluß.

41a) Tabulae judicii Krak.: »Nos reperientes in tabulis judicii pronunciamus, N. P. causam suam penitus perdidisse. Weiter erwähnt Hube, a. O. die Gerichtsbücher von Sandomir 1393, Sierdsko 1395, Kujaw 1398, Posen 1386 (ältere verbrannten), Gnesen 1392. Die Krakauer Akademie edirt nun durch Dr. Ulanowski die: Antiquissimi libri judicales terrae Oracov. ab a. 1374 flg. (1884); Lublin etc. folgen. Dazu Bulletin de l'académie de Cracovie 1890 S. 80.

42) Vgl. darüber Haan, S. 57, 168, Jurist, 15. Bd. S. 177 flg., Burzynski, Prawo polskie p. 154, 230 flg. Eine Übersicht der Entwicklung des polnischen Grundbuchswesens giebt Czemerynski in s. Kommentar: Powsz. prawo pryw. I. p. 250—340. Maciejowski, Historia pravodawstw Slow. (2. Aufl.) §§. 108 flg., will in dem Jüdisch. Sialui v. J. 1264 Belege dafür finden, daß dergleichen Bücher schon im 13. Jahrh. vorkamen, da in denselben: libri terrestres, castrenses, praetoriales, scabinorum genannt werden. Einer gütigen Mittheilung des Prof. Zatorski verdanke ich nachstehende Notizen: Medrzecki, O prawie rzecz. polsk. 2c. (Warsch. 1828) findet die ersten Spuren der öffentl. Bücher in Polen im J. 1347 (Vol. Leg. I. 19) und in den Konst. v. 1420 (V. L. I. p. 76.

Die böhm.-mähr. Landtafeln waren öffentl.; Jeder konnte von den Beamten über den Inhalt der landtäflichen Einträge Aufklärung verlangen.[43] Alle auf unbewegliche Güter sich beziehenden Rechtsgeschäfte, insbes. Käufe, Schenkungen, Verpfändungen, Theilungen, Vermächtnisse (Testamente) u. s. f. mußten, sofern der Erwerber des darin verliehenen Rechtes an Immobilien rechtlich gesichert sein sollte, in die Landtafel eingetragen werden.[44] — (Die in der Note angeführte L.-T.-Instruktion von 1348 spricht sogar von der Nichtigkeit und Ungültigkeit des bezüglichen Rechtsgeschäftes — womit indeß nur die dingliche Wirkungslosigkeit desselben gemeint ist; dazu vergl. noch das früher S. 412 flg. Gesagte.) Der Einwand Krasnopolski's Kr. V. Sch. 27. S. 495, daß sich König Carl auf die böhmische Observanz bloß für die Einführung des notarius terrae, die Verwahrung der Landtafel, die Zeit der Eintragungen und Einsichtnahme berufe, ist gewiß un-

---

de clausura actorum jud. sen. libri terrestris) und v. 1496 (V. L. I. p. 251: liber qualiter servandus sit.) Der beste Kenner des poln. Rechts: Dutkiewicz, Prawo hypot. w. Král. polskiem (Warsch. 1850), S. 1—31, sucht die Grundlagen des Instituts der öffentl. Bücher in der Konstit. v. J. 1588 (V.L. II. p. 1219) ergänzt durch die Konst. v. 1768 und 1775. Auf diese Gesetze stützt sich das derzeit in Ruß.-Polen geltende Hypothekenges. v. J. 1818 und 1825, welches an die Stelle der act. 2092—2203 des dort geltenden Code Nap. trat. Weitere Angaben bei Bandtkie, Prawo pryw. polskie (Warsch. 1851), p. 370 flg., 407. 431. 440. 454 flg. Vgl. noch neuest.: Puncta in jud. terrest. et castrens. observanda a. 1544 conscripta. Ed. M. Bobrzynski 1882 (Cracov.), bes. Nr. 33. 259. (S. 216. 251) u. 276 (inscript. advitalitatis. S. 251), Till, Prawo pr. §. 152 — Für Lemberg verordnet ein Privileg. Sigismund's v. 1550 den Eintrag der Verkäufe und Verpfändungen von Stadtgütern in das Stadtregister coram officio (consulari?) seu judicio bannito. Vgl. Bischoff, Österreich. Stadtrechte S. 79 flg.

43) Auszüge aus der Landtafel durften gegen Schluß des 15. Jhdts. nur mit Bewilligung des Königs oder des versammelten Landrechtes ertheilt werden. Všehrd 8 c. 29. Vgl. Note 33 a. — Schon im 14. Jahrh. kommen notarielle Beurkundungen über ldt. Einträge vor, vgl. Ott a. O. S. 79. u. Ruber, Not. Z. 1883 Nr. 49 flg. Das Rechtsbuch Ctibor's von Cimburk a. 108 schreibt dieser Publizität die hohe Bedeutung der Landtafel zu. Ueber die Stadtbücher vgl. N. 74 a.)

44) Die Instruktion Carls IV. für die mähr. Landtafel, welche 1348 nach dem Muster der böhmischen (sicut in Bohemia fieri est consuetum) reorganisirt wurde, läßt hierüber nicht den geringsten Zweifel übrig: Abs. 7 bei Jireček, II S. 400: Decrevisimus ... irritas et inanes omnes et singulas quorumcumque castrorum, praediorum, bonorum, villarum ... donaciones, permutationes, resignationes, cessiones, vendiciones, obligaciones (Verpfändungen), colligiones et alienaciones, ... divisiones et uniones ... sub quacunque etiam verborum forma aut colore. Dazu vgl. den Brünner Landt. Eintrag v. 1348 bei Jireček II. S. 15., Wlad. L. O. v. 1500 a. 150—160. 169. 185. 200.

haltbar. Denn abgesehen davon, daß wiederholt auf die böhm. Landtafel als Vorbild hingewiesen wird („sicut in his omnibus et aliis circa haec dependentibus et connexis in Bohemiae tabulis fieri est consuetum“), so konnte doch der ausgesprochene Zweck: der in Mähren eingerissenen Rechtsunsicherheit durch Einführung des in Böhmen hergebrachten landtäflichen Verfahrens Einhalt zu thun, gewiß nur dann erreicht werden, wenn nicht bloß die Form, sondern auch der materielle Rechtsinhalt adoptirt wurde; eben darum hätte andererseits Carl IV. die maßgebende Rechtsnorm des 7. Absatzes (Note 44) gewiß auch in Böhmen eingeführt, wenn sie daselbst nicht schon heimisch (consueta) gewesen wäre. Übrigens stimmt selbst K. [S. 502] in der Hauptsache soweit mit mir überein, daß seit der Mitte des 14. Jahrh. die Eintragung jene rechtliche Stellung einnimmt, welche früher der realen Übergabe zukam. — Die Eintragung hatte daher nicht (wie nach den meisten deutschen Stadtrechten) bloß prozessuale Bedeutung, nämlich die eines solennen Beweises, sondern — unbestreitbar seit der Mitte des 14. Jahrh. — einen eminent materiell-rechtlichen Charakter; sie war Voraussetzung der dinglichen Wirksamkeit des Rechtsaktes. Niemand kann sich ferner mit der Unkenntniß der landtäflichen Inskriptionen entschuldigen.[45] Was in die Landtafel eingetragen ist, gilt als unumstößliche Wahrheit; Zeugenbeweise werden — den Fall der nachgewiesenen (mit Todesstrafe bedrohten) Fälschung ausgenommen — nicht zugelassen. „Niemand vermag die Landtafel zu überweisen.“[46] (Publica fides.) Irrthümliche Eintragungen können nur auf Grund eines Gerichtsbeschlusses (plného soudu) berichtigt werden. Indeß kann die materielle Ungültigkeit des

45) Všehrd VII. 38, Ctibor v. Cimburk c. 108.

46) Vgl. das Rosenberger Rechtsbuch §§. 70. u. 71., Andr. v. Dubá §§. 7. 9. 22. 23, Spruch v. J. 1389 (Codex J. B. II, 2, p. 37), Glosse zum Ordo jud. terrae 74. Maj. Car. 59. 60. 65. 71 u. a., Blad. Landesordn. (1500) art. 243, 446. Všehrd IV. 2. VI. 32 sq. 39, Tobitsch. R. B. c. 100 flg. 108, dazu Brandl, Gloss. p. 31 flg., Ruber, Not. Z. 1883 Nr. 49. Nicht zutreffend sind die Einwendungen Krasnopolski's, 27. S. 496. Denn daß der Entwurf: Maj. Carol. sogar noch ein Mehr als den Eintrag verlangt, nämlich die inductio in poss. spricht doch nicht gegen unsere Ansicht. Die Polemik K.'s a. a. O. berührt die Beweiskraft der cit. §§. 70. 72. des Rosenberg. Rechtsbuch nicht; denn nur wenn der otpor rechtzettig erhoben wurde, wird der eingetragene Rechtsact anfechtbar. Vgl. noch den L. R. Spruch v. 1389: Quod nullae aliae memoriae praeter tabulas debent admitti. (Jir. II. 2. S. 37); dazu Note 23.

Eintrags binnen 3 Jahren und 18 Wochen vom Zeitpunkt der Inskription mittelst der sog. Odpor-Klage nachgewiesen werden.[47] Die Eintragung erfolgt in der Regel unter bestimmter Angabe der Grundstücke (Spezialität)[48] und der Rechtsgeschäfte — gewöhnlich nach der Zeitfolge,[49] und zwar ursprünglich nur auf Grund der persönlichen Erklärung der Parteien[50] vor dem versammelten Landrecht, später vor den Landtafelbeamten[51] nach vorläufiger Prüfung des Dispositions-

---

47) Über diesen höchst schwierigen Prozeß vgl. Všehrd VII. c. 34, 35 u. a. Demuth S. 43 flg. Ob der odpor nur eine modifizirte Anwendung der deutschen Oppugnationsklage sei, wie Czyhlarz, Ztschr. X. S. 293 N. 25, behauptet, lasse ich an diesem Orte dahingestellt. Indeß darf aus der Ähnlichkeit zweier Institute bei verschiedenen Völkern an sich noch nicht auf Entlehnung des Einen geschlossen werden. Abgesehen von der gemeinsamen Abstammung der indo-germanisch-slavischen Race ist es erklärlich, daß analoge Einrichtungen, Verhältnisse u. Bedürfnisse auch ähnliche Rechtsgestaltungen hervorriefen. Sehr richtig bemerken Königswarter, Études historiques sur le développement de la société h. u. Laveleye. de la propriété S. 2: Nous avons souvent été frappés de ce fait, que constamment on présente telle coutume, telle institution comme propre à telle race où a tel peuple, tandis que cette coutume où cette institution se retrouve chez un grand nombre d'autres nations et forme une de ces coutumes générales, phases nécessaires, par lesquelles l'espèce humaine poursuit son travail de développement et de civilisation.« Über die Bedeutung der Verjährungsfrist s. Planck II. S. 204 flg. cf. oben N. 25. Die Frist von 3 Jahren 18 Wochen ist die allgemeine böhmische (landrechtliche) Verjährungsfrist. Sie wird in den landrechtlichen Rechtsbüchern dahin erläutert, daß dem Bestreitenden bei sechs Landtagen (Landrechten) Gelegenheit geboten werden soll, sein Recht geltend zu machen. Der Landtag (zugleich höchstes Landgericht) war zweimal des Jahres in Thätigkeit. Die restlichen 18 Wochen werden dadurch erklärt, daß bei allen wichtigen Rechtssachen (dahin gehören die Immobiliarklagen) eine dreimalige Vorladung mit sechswöchentlichem Termin erforderlich war. So Knih. Drnow. p. 44. Andere erklären die drei Jahre mit dem System der Dreifelderwirthschaft. Rosenb. R. B. Cap. 67 flg., 116 flg. und 196, dazu Jireček, Slov. právo II, p. 272, Brandl, Glossar. p. 124, Hanel, Právník 1869, p. 153 flg. Die Frist von Jahr und Tag kommt hingegen in den mit deutsch. Rechi bewidmeten Städten vor. Vgl. N. 15.

48) Allerdings kommen auch Generalverpfändungen vor, vgl. Randa, Entwickl. S. 21, N. 50. Näheres bei Czyhlarz, Ztschr. X, S. 278 und ehel. Güterr. S. 58, Krasnopolski VIII. S. 471, N. 8. — Über die Abtheilung der Bücher nach Kreisen s. Demuth S. 207.

49) Über die Rangordnung vgl. Maasburg S. 27.

50) Všehrd IV, 6. Urkunden u. Stellvertreter sind ausgeschlossen. Dazu Vlad. Landesordn. Art. 100, 185. Die übliche Formel ist recognovit ante officiales etc. Testamente durften nur auf Grund eines königl. Machtbriefes — selbst nach dem Tode des Erblassers — eingelegt werden. Diese anfänglich seltenen Konzessionen wurden später häufiger; das Erforderniß des Machtbriefes zur Testirung entfiel 1575. Erst im 18. Jahrh. wurde der Eintrag auf Grund von Urkunden zur Regel und tritt die Intabulationsklausel und die schriftliche Verständigung an die Stelle der persön-

rechtes und Titels[52] und kann nur in Gemäßheit des bisherigen bücherlichen Rechtsstandes[53] bewilligt werden (Legalität). Die Landtafel war daher schon im 14. und 15. Jahrh. ein **Grundbuch** im besten Sinne des Wortes und beruhte damals — trotz äußerer Mängel der Bucheinrichtung — annähernd auf denselben Grundpfeilern wie das heutige österr. und das moderne Grundbuchsrecht überhaupt — auf dem Grundsatze der Öffentlichkeit, der Vertrauenswürdigkeit und der Legalität.[54]

Die hier dargestellte Einrichtung der Landtafeln wurde im Laufe des 15. und 16. Jahrh. wenig geändert. Auch die „verneuerten" Landesordnungen Ferdinand's II. vom J. 1627 (für Böhmen) und 1628 (für Mähren) geben zumeist nur die genauere Durchführung bereits früher anerkannter Prinzipien. Doch wird bereits der Eintrag auf Grund von **Urkunden** bewilligt, wenn dieselben mit der Unter-

---

lichen Intervention. Vgl. Haan S. 58, Demuth S. 42, Randa S. 21, Maasburg S. 25 flg. Über Heimfalls- und Testirrecht vgl. J. Čelakovský, Heimfallsrecht in d. freivererbl. Vermögen in Böhmen (1882), dazu Krasnopolski a. O. S. 430 flg.

51) Näheres bei Maasburg S. 17—22. Den Auftrag zur Inskription (Relation) ertheilte nach Verschiedenheit der Fälle der König, der Landtag, das größere oder kleinere Landrecht. Maasburg S. 22. Die Landtafeln waren unter strengem Verschluß der Landtafelbeamten. Die Einträge erfolgten mit der größten Genauigkeit; eigenmächtige Einträge oder Berichtigungen war bei Leib- oder Todesstrafe verboten. Vgl. die Instruktion über die Führung der Landtafel aus der Mitte des 15. Jahrh. bei Jireček, Cod. J. B. II. 2, S. 199. Das Landtafelamt war übrigens bis zur Gerichtsorganisation Josef's II. nicht bloß eine Manipulations-(Hilfs-)Behörde des Landrechtes, sondern hatte auch einen selbständigen Wirkungskreis. Demuth S. 33—38, Hasner S. 5, Maasburg S. 18.

52) Vgl. Carl's IV. Landt. Inst. v. 1359: decrevimus ..... contractus ... titulo rite factos tabulis imponere, dazu Všehrd IV. 4. Über die Verantwortlichkeit der Beamten vgl. Czyhlarz, Beiträge z. böhm. ehel. Güterr. S. 84.

53) Der Vormann muß vorher in den Büchern eingetragen sein. Všehrd IV, 4, §. 4 flg. Die Einträge erfolgten ursprünglich fast nur lateinisch; im 15. Jahrh. lateinisch oder böhmisch, seit der Wende des 16. Jahrh. auf Grund des Landtagsbesch. v. 1495 nur böhmisch, seit der erneuerten L. O. (1627—28) in deutscher oder böhmischer Sprache. Dazu Maasburg S. 27. In Mähren wurde 1480 die Eintragung in böhm. Sprache vorgeschrieben, erst 1628 erscheint die deutsche Sprache gleichberechtigt.

54) Daß an die innere Einrichtung der Bücher, was die Übersichtlichkeit und Vollständigkeit betrifft, nicht der heutige Maßstab gelegt werden darf, bedarf kaum der Erwähnung. Die „Spezialität" leidet bes. durch das Generalpfand Abbruch. Über die Nothwendigkeit der Publicität der Landtafel äußert sich nachdrücklich schon das Rechtsbuch Vschehrd's in dem von Čelakowský publicirten Nachtrage; vgl. Note 33a.

schrift (Siegel) von zwei oder drei Standespersonen versehen waren und überdies die ausdrückliche Bewilligung des Ausstellers enthielten, daß die Urkunde ohne sein Beisein einverleibt werden könne. (**L. VI.** vgl. **K. XXIV.** dazu **Nov. decl. Ee. VI.**)[55] Noch schärfer sind die Konsequenzen einzelner Grundsätze gezogen in den Novellen und Deklaratorien Ferdinand's **III.** (1640), und in der mährischen Instruktion für die vereinigte Landtafel Olmütz-Brünn.[56]

In der zweiten Hälfte des 18. Jahrh. kam die Pränotation in Aufnahme.[57] Eine wesentliche Änderung in der formellen (inneren) Einrichtung der Landtafel trat nach mehreren unzulänglichen Anläufen ein: durch die Einführung des sog. Hauptbuches (Landt.-Patent vom 22. April 1794). Während nämlich bis dahin nur sog. Instrumenten- (Urkunden-)Bücher geführt wurden, welche die Übersicht sämmtlicher Lasten eines Grundbuchskörpers sehr erschwerten, wurde nunmehr durch Extrahirung der alten Quaterne in Anlehnung an den josefinischen Steuerkataster für jedes landtäfl. Gut eine besondere Grundbuchseinlage (folium, Rubrik) geschaffen, in welcher der Eigenthums- und Lastenstand jeder Realität übersichtlich und geordnet dargestellt erscheint.[58] Das böhm.-mährische Landtafelpatent vom 22. April 1794

---

55) So auch das spätere steir. L. T. Pat. v. 1730, A. 10. Johanny, Pränotation rc. S. 60 flg. (Ursprung der sogen. Intabulationsklausel, dazu Krasnopolski, Legalisirungszwang S. 18.)

56) Nur die mangelhafte Kenntniß der älteren Rechtsquellen erklärt es, daß Haan S. 11 gewisse Grundsätze des Grundbuchrechtes zuerst in diesen Novellen zu finden vermeint, während sie schon in den älteren Quellen anerkannt sind. Namentlich das Rechtsbuch Všehrd's enthält eine überraschend klare Darstellung derselben. Vgl. auch Maasburg S. 6 flg., Nachweise bei Randa S. 16—24, Ott a. O. S. 285, N. 21.

57) Davon später, N. 66, s. darüber Johanny, Pfandrechtspränotation S. 10 flg., 165 flg., Randa S. 25, N. 68.

58) Die Tabularurkunden, auf Grund deren der Eintrag ins Hauptbuch erfolgte, wurden ursprünglich in die Instrumentenbücher eingeschrieben. Anläufe zum Hauptbuchsystem finden sich schon in den Nov. et Decl. (1640) Ee. XII. (mähr. L. T. Instr. v. 1642), woselbst verordnet wird, daß die Hypotheken zugleich an jener Stelle des Quaterns per juxtam kurz zu vermerken sind, wo das Eigenthum für den Besitzer verzeichnet ist. Auch Carl VI. versuchte 1733 die Einführung eines Hauptbuches in Böhmen und Mähren (Demuth S. 246). In einzelnen inner-österr. Ländern, namentlich Niederösterreich (1758) wurde das Hauptbuch dem Wesen nach bereits in der Mitte des 18. Jahrh. (gleich bei Anlegung der Landtafeln) eingeführt. (Dazu Krasnopolski, Ztschr. X. S. 474 u. 27 S. 496.) In Böhmen wurde die Führung der Haupt- und Instrumentenbücher erst 1794 verordnet. Das nächste Vorbild des böhm. L. T. Patents waren die Landtafelpatente für den Breisgau (1783) u. für

ist (abgesehen von der neuesten Legislation) das letzte wichtige und ausführliche Grundbuchsgesetz. Es erlangte, trotzdem es zunächst nur für die Landtafeln in Böhmen und Mähren erlassen wurde, dadurch eine sehr weitreichende Bedeutung, daß dasselbe subsidiär auch in andern Ländern zur Geltung gelangte, und in Ermangelung anderweitiger Gesetze auch in Ansehung der Stadt-, Grund- und Bergbücher zur Anwendung gebracht wurde. Leider enthalten die Hauptbücher nur das Eigenthums- und Lastenblatt, nicht aber das Gutsbestandsblatt; die Bestimmung des §. 2 des L. T. Pat., „daß unter der bezüglichen Rubrik (landtäflichen Gutsbezeichnung) Alles begriffen ist, was unter eben dieser Rubrik in dem Kataster bezeichnet ist, dergestalt, daß die Rubrik der Landtafel und des ständischen Katasters vollkommen übereinstimmen" — wurde in Ermangelung entsprechender Durchführung ganz illusorisch.[59] Durch die Einführung des A. B. G. B. (von 1811) trat im Landtafel- und Grundbuchswesen keine wesentliche Änderung ein; vielmehr verweist dasselbe im §. 446 auf die über die Landtafeln und Grundbücher bestehenden besonderen Anordnungen. Auch durch die kaiserl. Verordnung vom 16. März 1851 Z. 67 R. G. B. (dazu Verordn. vom 2. Mai 1851, Z. 107) wurde die innere Einrichtung der Grundbücher nur in der Richtung geändert, daß statt der bisher üblichen amtlichen Eintragung der Tabularurkunden und Bescheide in eigene (nach Verschiedenheit der Rechtsgeschäfte gesonderte) Instrumentenbücher — die „Urkundensammlung" eingeführt und die Verfassung von „Grundbuchsauszügen" nach der Hauptbuchform verordnet wurde.[60]

---

das österr. Innviertel (1791) und das oberösterr. Grundb. Patent v. 2. Nov. 1792. S. Haan S. 26 flg. Die äußerst mühsame, aber auch dankbare Arbeit der Verfassung der Hauptbücher für mehr als 1700 selbstständige landtäfliche Gutskörper in Böhmen nahm einen Zeitraum von 20 Jahren in Anspruch. Randa S. 24, Maasburg S. 31. Die Hauptbücher gestatteten allerdings den Tabularbestand, „gleichsam mit einem Blicke" zu übersehen; leider fehlte ihnen aber das Gutsstandsblatt.

59) Dies verkennt Haan, S. 210 flg. Darüber vgl. Sametz, Schutz des Grundeigenthums (1861), Randa, S. 25 flg., Meznik, Právník 1863, S. 325, 361, sowie die Gutachten des böhm. u. mähr. Landtags über den Entwurf eines Grundbuchsrechtes v. 1863, 1864 u. 1874. Erst die Gesetze über die Anlegung neuer Grundbücher halfen dem tiefgefühlten Mangel ab.

60) Bei den galizischen Landtafeln erhielten sich die alten Instrumentbücher (Haan S. 204. 205); mit den Gesetzen über die Anlegung neuer Grundbücher (1873—74) ist jedoch auch dort die Urkundensammlung an die Stelle der Instrumentbücher getreten.

Neben der Landtafel wurden ganz nach Analogie derselben zwei selbständige **Lehentafeln** geführt und zwar 1. die eine über die sog. „eigentlich **böhmischen Kronlehen**", d. i. über die innerhalb der alten Grenzen der Krone Böhmen (einschließlich Mähren und Schlesien) liegenden Lehngüter, und 2. die andere über die außer den ursprünglichen Grenzen, namentlich im Egerlande, im Ascher und Elbogner Gebiete gelegenen sog. **deutsch-böhmischen** Lehen (feuda extra curtem). Die erstere reicht in das Ende des 14. Jahrh. (1380) und erhielt sich bis heute vollinhaltlich.[61] Die letztere wurde erst gegen Schluß des 16. Jahrh. (1576) angelegt.[62] — Die **Bergbücher**, welche in die Mitte des 16. Jahrh. reichen, bleiben hier außer Betracht.[63]

Eine höchst interessante Erscheinung bilden die im 14. Jahrh. nach dem Muster der böhm. Landtafel errichteten libri erectionum der Prager Erzdiözese, in welche alle Dotationen von kirchlichen Instituten, sowie alle mit den kirchlichen Gütern eingetretenen Besitzveränderungen rc. eingetragen wurden. Diese „geistliche Landtafel" genoß öffentlichen Glauben. Die Bücher beginnen mit dem J. 1358; sie geriethen aber in Folge der Husitenkriege in Verfall und verschwanden gegen den Schluß des 16. Jahrh. vollständig.[64]

In den übrigen Kronländern Österreichs wurde das Institut der

---

61) Sie unterstand dem Hoflehenrecht (jud. curiae, dvorský soud), Vlad. L. O. Art. 305. Gesammtzahl der Bücher 156. Einträge böhmisch und deutsch. In Folge der Josefinischen G.-Organisation wurde das Hoflehenrecht aufgehoben; die Bücher führte das Fiskalamt, seit 1835 der Hoflehnrichter. Im Jahre 1855 gelangte die böhmische und deutsche Lehntafel an das Prager Landesgericht. Näheres bei **Pstros**, Die böhm. Kronlehen (1861), und **Maasburg** S. 33 flg. In Folge der nahezu durchgeführten Allodialisirung der Lehen (Ges. v. 12. Mai 1869, Z. 103—112 R. G. Bl.) und des Verbots der Einrichtung neuer hat das Lehninstitut die praktische Bedeutung eingebüßt. Bei Anlegung der neuen Grundbücher werden die lehntäflichen Güter als landtäfliche behandelt und die Lehntafeln aufgelassen. Vgl. §. 3 des böhm. Ges. v. 5. Dezember 1874. Uber die Register der kön. Kanzlei (canc. regia) u. a. Register vgl. **Čelakowský** u. **Tadra** in den bereits oben §. 18 Note 3 citirten lehrreichen Abhandlungen.

62) Sie wurde von der deutschen Lehnshauptmannschaft, später (1561) vom Appellationsgerichte geführt und 1855 mit dem Prager Landesgerichte vereint. Näheres bei **Maasburg** S. 39. Über die Allodialisirung vgl. die vor. Note.

63) Darüber s. **Maasburg** S. 41 flg.

64) Auf ihre Bedeutung machte Prof. **Tomek** aufmerksam. Sie sind zum Theil bereits edirt von Prof. **Borový**, (1875—1889) v. J. 1358—1407. Vergl. noch **Randa** S. 22, **Maasburg** S. 70 flg.

Landtafeln nach dem Vorbilde der böhmischen, oft mit ausdrücklicher Bezugnahme auf dieselben, erst spät eingeführt, und zwar zuerst von Karl VI. mit dem Patent vom 15. März 1730 in Steiermark.[65] In Anlehnung an letzteres Patent erließ Maria Theresia die Landtafelpatente vom 25. Juni 1746 für Kärnten; vom 24. Juni 1747 für Krain, vom 3. Oktober 1754 für Österreich ob der Enns (dazu Patent v. 7. August 1762 und 19. Januar 1791), Patent v. 24. November 1758 für Österreich unter d. Enns[66] (dazu Patent v. 1. September 1765)[67]; Patent vom 10. Jannar 1769 für Görz und Gradiska (enthält alle zu jener Zeit im öffentlichen Steuerbuche eingelegten Güter und die der Gerichtsbarkeit des consiglio provinciale unterworfenen Häuser); Patent vom 26. Oktober 1772 für Triest (enthält alle in Triest und dessen Gebiete gelegenen Güter)[67a]; Patent vom 4. März 1780 für Galizien; Patent v. 27. September 1790 für Bukowina; dazu kam zuletzt das citirte Patent vom 22. April 1794 für Böhmen und Mähren.[68] Doch hatten die Landtafeln in einzelnen dieser Kronländer ihre Vorläufer. Nach der Angabe Haan's S. 163 enthält das sog. Weißbottenamt in Niederösterreich An-

---

65) Schätzenswerthe Nachrichten über die österr. L. T. Patente giebt Johanny, Pfandrechtspränotation (1870) S. 50—132. In dem Patente heißt es: „daß gleichwie im K. Böheim zu Befestigung des gemeinen Kredits, Trauen und Glaubens die sog. Land-Taffel nützlich in Brauch ist, also auch im H. Steyer und auch in den übrigen J. Ö. Landen zu obbesagten Ende ein Weiß-Potten oder Vormerkungs-Amt eingeführt werden solle." Das Patent f. Steiermark stimmt mit der böhm. Landtafelgesetzgebung jener Zeit überein und enthält eingehende Vorschriften über die Hypotheken; es verlangt insbesondere zur Intabulation causam debendi und clausulam intabulandi und macht die Landtafel jedem Gläubiger zugänglich. (In Böhmen mußten auch die Gläubiger zum „Lande habilitirt" sein.) Dazu Haan S. 123, der übrigens S. 19 übersieht, was er selbst S. 8 und 11 richtig ausführt.

66) Dieses Patent führt zuerst das Institut der Pränotation der Forderungen ein.

67) Die österr. Landtafelpatente sind im Cod. austr. abgedruckt.

67a) Im Eingange wird gesagt: Noi M. Ther. qualmente abbiamo osservato, che nel nostro regno er. di Boemia fu gia da tempi antichi introdotto il così detto »Uffizio d'Intavolazione« per il mantenimento del credito e della publica fede e in seguito per il gran vantaggio del ben publico, perciò abbiamo ordinato etc.

68) Das steier., kärnt., ober- und niederösterr. L. T. Pat. ist neuerdings abgedruckt bei Johanny S. 216 flg. Erwähnenswerth ist, daß die Einführung der Landtafeln in Steiermark, Oberösterreich und Görz trotz der Remonstration der Stände erfolgte, welche sich für die Beibehaltung des bisherigen (angeblich genügenden) Rechtes aussprachen. Vgl. Krasnopolski, Legalisirungszw. S. 31 flg.

sätze zu einem Grundbuch. Den Anlaß zur Entstehung dieses Instituts sieht er theils in dem Einflusse des böhmisch-mähr. Landtafelwesens, theils in einem Generalmandate Ferdinand's I. (republizirt 1522), welches die Errichtung des ständischen Gültbuchs und eines Hauptschuldenbuchs zunächst für Besteuerungszwecke zur Folge hatte. Das Hauptschuldenbuch (Inhibitionsprotokoll) beginnt nach H. mit dem J. 1582 (?). Abweichende und richtigere Angaben macht aber Johanny S. 25—37. Derselbe weist nach, daß Schuldobligationen zum bessern Beweise schon im 16. Jahrh. in das sog. Landgedenkbuch, welches das landmarschall. Gericht führte, eingetragen wurden. Außerdem führte dasselbe Gericht (für die höhern Stände) sog. Weißpotten-Protokolle. Der Weißpott (Gerichtsvollzieher) verzeichnete nämlich Gutsexekutionen (Ansätze, Pfändungen) in die sog. Exekutionsprotokolle, welche uns aus den Jahren 1630 bis 1634 erhalten sind, aber gewiß in das Ende des 16. Jahrh. hinaufreichen. In derselben Zeit wurde es üblich, auch freiwillige, im Landgedenkbuche vorgemerkte Hypotheken über Ansuchen der Parteien dem Weißpotten mittelst Inhibitionsbefehls mitzutheilen, welcher dieselben in das Inhibitionsprotokoll einzutragen hatte. Diese Protokolle reichen vom J. 1596—1758. Die Inhibition hatte zunächst den Charakter der prozessualen protestatio pro conservando pignore. Erst mit Beginn des 18. Jahrh. gewann der Eintrag der Inhibition die materiellrechtliche Bedeutung, daß vermittelst desselben die Hypothek erworben wurde. Um dieselbe Zeit wurde auch noch ein Hauptbuch (Realindex) errichtet, welches jedem Reale ein besonderes Folium zuwies und in welchem alle Exekutionen und Inhibitionen kurz verzeichnet wurden, indeß dieselben per extensum in die alten Protokolle geschrieben wurden.[69]

---

69) Vergl. Johanny a. a. O., der S. 36 die Angaben Haan's berichtigt, dann Graf Chorinsky, Vormundschaftsrecht in N.-Öst (1878) S. 337 flg.; mit besonderem Bezug auf die gesetzlichen Generalhypotheken. Burckhard, III. §. 159. Die n.-ö. Landesordn. II. 16. Titel (1573) giebt dem im Grundbuch („sonderbahren Buch") eingeschriebenen „Satze" nur den Vorzug vor anderen (freiwilligen und gesetzlichen) Hypotheken. Dieser Grundsatz hatte sich in O.- und U.-Österreich zur Neige des 17. Jahrh. so allgemein verbreitet, daß die Resol. vom 9. Mai 1713 über die „Satznoten" (bei Johanny S. 47) sowie die Wiener Wechs. O. v. 1717 (Art. 47) den weiteren Rechtssatz aussprechen kounte, daß Konventionalhypotheken ohne Inhibition, Exekution oder Fürmerkung beim U. Marschall- oder Fürbieter-Amte oder dem

In **Tirol, Salzburg, Krakau, Istrien** und **Dalmatien** war das Landtafel- und Grundbuchsinstitut bis auf die jüngste Zeit nicht eingeführt, obwohl, wie gezeigt werden soll, auch in diesen Ländern verschiedenartige öffentliche Bücher in Gebrauch waren.[70]

Was zunächst **Nordtirol** betrifft, so war durch die L.-Ordn. v. 1573 bestimmt, daß die **Unadeligen** ihre freien Güter nur **vor Gericht** veräußern sollen; dieser Zwang wurde zwar durch die Gerichtsordn. von 1781 aufgehoben, aber schon mit dem Hofdk. vom 2. Okt. 1788 Z. 900 J. G. S. wurde den Notaren verordnet, alle Veräußerungs- und Pfandkontrakte bei sonstiger Nichtigkeit bei Gericht einzureichen, und zwar zu dem Ende, damit sie im Archiv **registrirt** werden könnten. Diese gerichtl. Registrirung (**Verfachung**) wurde mit Hofdk. v. 4. März 1803, Z. 597 J. G. S. auch hinsichtlich der **Adeligen** verordnet. (Ausgedehnt 1807 auf **Südtirol**.) Dem trotz Einführung des bürgerl. G. B. fortdauernden Mißbrauche der Generalhypotheken wurde 1819 Einhalt gethan. Die für Tirol geltenden Vorschriften wurden mit Hofdk. v. 24. Okt. 1816, Z. 1291 (App. Circ. v. 2. April 1817) auch in **Vorarlberg** eingeführt. Mit Min. Erl. v. 22. April 1854, Z. 101 R. G. Bl. wurde erklärt, daß schon nach den bisherigen Gesetzen (Hofdk. v. 24. Okt. 1816, Z. 1291) auch zur Erwerbung des Eigenthums (nicht bloß der Hypothek) die Eintragung der Urkunden in das **Verfachbuch** erforderlich sei. (Das Verfachbuch besteht nur aus Urkundenabschriften, welche nach der Reihe des Einlangens eingelegt werden; indicirt wird nach dem Namen des Eigenthümers bezieh. Gläubigers.) Mit den Gesetzen vom 27. März

---

Grundbuche hier im Lande kein jus reale geben. Vgl. **Chorinsky** S. 339 flg. Die Bestimmungen des Nied.-Österr. Landi. Patents von 1758 gingen auch über in das Nied.-Österr. Gesetz über Fürmerkbücher der Städte und Märkte v. 1. September 1765. **Chorinsky** S. 344. Dazu vergl. **Suttinger** Observ. Pract. (1669) 139, 142, der nach **Gail** den „Nutzen" des Landgedenkbuchs hervorhebt, **Donner**, Österr. Rechte §. 223—229.

70) Über die **Verfachbücher** in Tirol und die **Notifikenbücher** in Istrien s. das Folgende. In Salzburg und Istrien wurden mit den Ges. v. 2. Juni 1874, bez. 11. März 1875 Grundbücher eingeführt; besondere „Landtafeln" werden dort nicht bestehen. — Die sog. Landtafeln in Görz und Gradiska und in Triest sind kaum mehr als gewöhnliche Grundbücher. S. **Haan** S. 21. — In **Krakau** bestanden Hypothekenbücher, welche während des Bestandes der **franz.** Herrschaft nach franz. Muster angelegt waren; dieselben wurden nach Einverleibung K.'s belassen und erst jüngst durch die neuen Grundbücher ersetzt. Die Geschichte ders. schrieb Pr. Moritz **Fierich** in der Warschauer Ger. Z. 1888 Nr. 29.

1869, Z. 42 R. G. Bl. und vom 15. März 1886, Z. 47 R. G. Bl. wurde das Hypothekenwesen in Tirol und Vorarlberg nach Vorschrift des A. B. G. B's. sichergestellt bezieh. spezialisirt, und erst dadurch sind die Hypothekenbücher einigermaßen verläßlich geworden.[71] Daß jedoch die Einführung des österreich. Grundbuchsystems daselbst sehr wünschenswerth sei, zeigt der Landtagsbericht Grabmayr's vom J. 1892; indeß beschloß der Landtag noch weitere Erhebungen und Vorarbeiten. (Dazu vgl. Ger. Halle 1893 Nr. 1.)

Verschiedenen Ursprungs und Wesens sind die in den ehem. venetianischen Theilen von Görz und Istrien bestehenden Notifikenbücher. Sie wurzeln im alten Rechte der Republik Venedig. Nach dem Lib. Stat. et leg. venet. vom J. 1242 sollten Verpfändungen und Veräußerungen von Immobilien nur dann gültig sein, wenn die Urkunden nach gehöriger Publikation des Rechtsgeschäfts von den zudesi esaminadori unterschrieben waren. Die Anlegung des Notifikenbuchs, welches übrigens bloß eine Priorität des Erwerbers u. Pfandgläubigers begründet, wurde jedoch erst 1523 angeordnet. Das Nähere über die geschichtliche Gestaltung dieser auf das österreichische Recht ohne Einfluß gebliebenen Institution, welche durch die neu angelegten Grundbücher bald verdrängt sein wird, s. bei v. Haan S. 96 flg.

III. Die Stadt- und Grundbücher in Österreich.

Gegenüber dem althergebrachten, einflußreichen und tonangebenden Institut der Landtafeln haben zwar die territorial beschränkten Stadtbücher und die erst Jahrhunderte später angelegten Grundbücher über den sog. unterthänigen oder Rustikal-Grundbesitz eine untergeordnete Bedeutung, aber nichts desto weniger eine höchst interessante und belangreiche Geschichte.

---

71) Dazu vergl. Benoni (übers. v. Fischer): Über die Förmlichkeiten der Pfand- u. a. dingl. R. in Tirol 1828, Haan S. 79 flg., dazu Jur. Bl. 1875, Nr. 27 und 43, die bei Stubenrauch I, ad §. 431 cit. Literatur und neuest. Bruno Lecher, Das Verfachbuch in Tirol und Vorarlberg 1885. Nach der Praxis werden verfacht alle Rechtsgeschäfte, wodurch dingliche Rechte auf Immobilien begründet, übertragen oder aufgehoben werden. Das Verfachbuch ist nur eine geordnete Sammlung aller diesbezüglichen Gesuche sammt Urkundenkopien. Dazu vergl. noch Alois Freih. v. Mages von Kompillan: Die Justizverwaltung in Tirol und Vorarlberg S. 185 flg.

Was Böhmen und Mähren betrifft, so ist bereits erwähnt worden, daß bei verschiedenen Landgerichten (Zuden) Gerichtstafeln geführt wurden, von denen uns Zeugnisse und Reste aus dem ersten Anfang des 14. Jahrh. erhalten blieben. Es ist gewiß, daß die Anfänge dieser Provinzialtafeln in das 13. Jahrh. hinabreichen.[72] Zumeist in keinem ersichtlichen Zusammenhange mit denselben stehen die Stadtbücher, denen wir im Laufe des 14. und 15. Jahrh. in vielen mit deutschem Rechte bewidmeten böhmisch-mährischen Städten begegnen. Das älteste bisher bekannte erhaltene Stadtbuch von Bydschow, welches Einträge vom J. 1311—1470 enthält, ist höchstwahrscheinlich nach dem Vorbild der k. Register u. Landtafel gegründet; denn es tritt uns gleich in seiner ersten Anlage in sehr entwickelter Gestalt entgegen u. erinnert an die k. Register, bez. später an jene landtäfl. Quaterne, welche für die Immobiliareinträge bestimmt sind.[73] (Et duas habet distincciones, prima pars de vendicione hereditatum et possessionum, secunda de excessibus. Cfr. Emler, Regesta III. S. 21.) Besonders beachtenswerth ist die Entstehung der Stadtbücher jener Städtegruppen, in welchen das deutsche Stadtrecht in sichtbarem Gegensatz zum Landesrecht auftrat.[74]

---

72) Vgl. Note 31 flg., dazu neuerlich Tadra, Kanceláře, Abh. der böhm. Akademie d. Wissensch. (1892) S. 153 flg. 160 flg., welcher nachweist, daß schon im 13. Jahrh. die Bestellung von Stadtschreibern (notarius, oculus civitat.) in den böhm. Ländern üblich wurde und daß die königl. Unterkämmerer deren Anstellung empfahlen. (Brief Wilh. v. Landstein's ab a. 1340 an d. Stadt Kauřim.)

73) Registrum de gratia principis Johannis . . ad honorem predicti regis Boh. et ad utilitatem civitatis Bydschoviensis est inventum ordinatum et confirmatum in judicio a. 1311. Dafür spricht auch der Umstand, daß der königl. Villikus aus Gradec, wo eine Provinzialtafel bestand, bei der Anlegung desselben behilflich war. Näheres bei Emler, Sitz.-Ber. der königl. böhm. Ges. d. Wissensch. v. 10. Februar 1873. Die ältesten Eintragungen enthalten freilich nur amtliche Abschriften nach Art der Register, die späteren jedoch amtliche Einträge von Rechtsgeschäften. Ganz allgemein heißt es: Et quidquid ad registrum intitulatur omni jure in perpetuum est duraturum. Vergl. noch Čelakowský, O registrech S. 4. 29, Tadra, Kanceláře S. 161 flg. (Die Einwendungen Krasnopolski's XI. S. 539 N. 27. 547. N. 40 haben mich nicht überzeugt; insbes. beweisen die folg. Aufzeichnungen des Henricus Italicus, daß meine Behauptung über Einfluß der königl. Register auf die Entstehung und Führung der Stadtbücher vollberechtigt ist; nicht entgegen steht, daß die älteren landtäfl. Quaterne nicht erhalten sind (cf. S. 416 flg. Näheres demnächst). Interessant ist, daß im Jahre 1311 Gebäude, welche von den Besitzern verlassen oder nicht wiederhergestellt waren, nach dreimaliger Proklamation expropriirt wurden.

74) Die meist von deutschen Ansiedlern gegründeten Städte oder Stadttheile

Für die Geschichte der Stadtbücher in Böhmen ist von Bedeutung eine jüngst von Tabra in einer Münchner Handschrift (Formel-

---

in Böhmen, Mähren und Schlesien richteten sich theils nach sächsischem (vorz. Magdeburger), theils nach süddeutschem (vorz. Nürnberger) Rechte; einzelne Stadtrechte beruhen ursprünglich auf flämischem, später auf süddeutschem (besonders fränkischem) Rechte und weisen zum Theil einen ziemlich selbständigen Entwickelungsgang auf. Zu der ersten Kategorie gehören die nördlichen Städte (Leitmeritz, Jičin, Komotau, Brüx, Teplitz, Schlan, Laun, Kleinseite Prag [Oberhof im 14. Jahrh. Leitmeritz], Olmütz, Troppau, Braunsberg u. a.), zur zweiten Kategorie gehören: Eger, Brünn (1243, erinnert an das Wiener St. R. v. 1221), Znaim und and.; zu der dritten: Altstadt Prag, Iglau, Leobschütz, Göding und wieder Brünn, dessen vom Stadtschreiber Johannes in der 2. Hälfte des 14. Jahrh. gesammelte Schöffensprüche (bei Rößler II) einen reichen Schatz von Rechtssätzen enthalten und den Einfluß des röm. R. (Kauf, Servituten, Erbrecht) verrathen. — Auf den flämischen Ursprung der ältesten deutschen Ansiedlungen macht schon Rößler, Das altprager Stdtr. S. CI, CX, CXIV aufmerksam; s. auch Tomaschek, Deutsch. Recht in Österr., S. 88; Emler, Právník 9, S. 43 flg.; Chlumecky, Arch. f. Kunde d. österr. Geschichtsquellen B. 17, S. 1 flg., 7, N. 8. 20, N. 1 S. 88; Jireček, Recht in Böhmen I. 175; Haněl S. 22 flg., welcher S. 31. 75 wahrscheinlich macht, daß das von Rößler sog. „Alt-Prager" Stadtrecht das von Otakar II. (1269?) der Kleinseite Prag verliehene Magdeburger Recht gewesen; (so auch Emler S. 46; dagegen Stobbe, Gesch. d. deutsch. Rechtsquellen I. S. 522) — daher ging auch der Rechtszug von der Kleinseite P. noch im 15. Jahrh. nach Leitmeritz (Lippert, Mitth. d. Vereins f. Gesch. VI. S. 169), obwohl Prag-Kleinseite seit 1338 zum Oberhof f. einzelne böhm. Städte erhoben wurde (Čelakovský, Cod. jur. munic. I. S. LVII. LXII. 728). Im 14. Jahrh. überwiegt in Prag der Einfluß des süddeutschen Rechts. (Daraus erklärt sich, daß der Rechtszug der mit süddeutschem Recht bewidmeten böhm. Städte 1387 nach Prag geleitet werden kounte.) Die seit 1327 in das Stadtbuch verzeichneten Schöffensprüche wurden ca. 1407 gesammelt und bilden (1.) einen Theil des sog. Liber vetust. privilegiorum etc., von Rößler das „Altprager Statutarrecht" genannt. Das (2.) sog. „Rechtsbuch" (Rößler I. S. 101 flg.) ist wohl das Werk eines Mitgliedes der mit Bewilligung K. Johann's 1341 eingesetzten Kommission, welche ein Stadtrecht für alle böhm. Städte „tichten" sollte (Emler a. O.) Als Subsidiarrecht kam (3.) im 15. und 16. Jahrh. ein sehr verbreiteter Auszug der Brünner Schöffensprüche (s. oben): Cursus seu liber sententiarum zur Anwendung, dessen Ursprung so sehr in Vergessenheit gerieth, daß Brikcius von Licsko (1536) seine böhmische Bearbeitung desselben ursprünglich als Altprager Stadtrecht bezeichnet. (Allerdings verarbeitet Brikcius noch andere Quellen: Prager Statutarrecht [nach der böhm. Übersetzung], Iglau-Kuttenberger Recht 2c. Näheres b. Čelakovský, O právích měst. Brikcího z Licska (1880), der zu dem Schlusse gelangt, daß das Rechtsbuch B.'s bloß eine neue Recension der Brünn-Iglauer Schöffensprüche auf Grund der böhm. Übersetzung derselben v. J. 1468 und der erste Versuch zur Unificirung der böhm. Stadtrechte sei.) Die vom Prager Stadtkanzler Koldin (1579) abgefaßten Prager (später Böhmischen) Stadtrechte entnehmen ihren Stoff dem Prager Statutarrecht (1.), der Brikcius'schen Übersetzung, der böhm. Landesordnung und zum Theil dem Röm. R. (Die Nachweise vgl. bei Emler a. O., Jireček, Práva městská (1876) S. IV flg., Tomek, Dějepis m. Prahy (2.) II. S. 309 flg., Czyhlarz, Mitth. d. D. Jur. V. in Prag

buch des Henricus Italicus) entdeckte Beurkundung eben dieses Henricus Italicus, notarius quondam domini regis (sc. Otakar II. daher p. a. 1278), welche derselbe in das damals (ca. 1278—1280) angelegte Prager Stadtbuch einschrieb und später bezeichnender Weise in sein Formularienbuch aufnahm; die Aufschrift lautet: Engbertus civis et juratus Pragensis librum seu quaternos contractuum civitatis Prag. per Henricum Italicum confici curat. Dann heißt es: Ergo . . . profectum rei publice procuravi et istos quaternos contractuum seu obligacionum regalium registorum ad instar . . . in hoc congessi volumine, quod in eis obligationes, pacta conventa, sponsalia nupcie empciones vendiciones locaciones conductiones et demum omnes contractus, quocunque nomine censeantur . . . fideliter conscribantur et recte in futurorum memoriam et testimonium veritatis . . . . que quidem omnia . . . ego s. Henricus rogatus a praefatis civibus in ipsa civitate Prag. propria manu scripsi et meo signo signavi. Vollinhaltlich bei Čelakovský, O registrech S. 29 abgedruckt. (Dazu Tadra S. 155.) Daß das so angelegte, nach Titeln eingetheilte Stadtbuch wirklich geführt wurde, beweist u. a. die bei Tadra S. 156 und Čelakovský S. 29 angeführte Urkunde von 1280, mit welcher Henricus Ital. bestätigt: me rogaverunt, ut

---

1878, S. 57 flg., Ott, Rezept. S. 174. Čelakovský, Právn. 1880, S. 757 flg. (Separatabdruck, S. 39 flg.) und O rukopisech Brna etc. [Handschriften d. Stadt Brünn] 1882, Ruber, Not. Z. 1881, N. 11. Das Stadtrecht der Altstadt Prag, welches allmählich in scharfen Gegensatz zum Magdeburger (Leitmeritzer) Stadtrecht trat, erlangte schon im 16. Jahrh. in den böhmischen Städten das Übergewicht. Die seit Ferdinand I. wiederholt gemachten Versuche, in ganz Böhmen ein einheitliches Stadtrecht (und zwar das der Altstadt Prag) einzuführen und das Magdeburger Recht zu verdrängen (Landtagsschlüsse von 1567, 1569, 1575), fanden ihren Abschluß in dem Beschluß v. 1610, welcher dem (von Christian von Koldin 1579) neuredigirten Prager Stadtrecht in allen Städten Böhmens Geltung verschaffte. (Emler, Ott a. O., Hanel S. 79 flg., daselbst Beil. II. die von den Pragern vorgelegte Vergleichung des Prager und Magdeburger Rechts.) Die böhmischen Stadtrechte wurden 1697 auch in allen Städten Mährens als ausschließliche Richtschnur proklamirt, so daß seitdem in allen böhmisch-mährischen Städten ein einheitliches Recht galt. — Über das in Leitmeritz geltende (Magdeburger) Recht erhielten sich leider erst spätere, aus dem 15. Jahrh. herrührende böhmische Übersetzungen. Nach Lippert, Gesch. v. Leitmeritz (1871) S. 280 flg. fällt der älteste handschriftliche Codex in d. J. 1469 und 1470; der 4. Codex von 1485 enthält auch eine Übersetzung des Liber sententiarum (s. Nr. 3) und des Schwabenspiegels, welcher als in Prag geltendes Recht bezeichnet wird. Genauere Auskünfte bei Čelakovský, Böhm. Mus. Ztschr. 1879 S. 143 flg.

hanc confessionem (des emphyteut. Besitzes) in quaternis contractuum d. civit. deberem conscribere.[74a]

Hieraus ergiebt sich, daß dies älteste Prager Stadtbuch auf Ersuchen des Richters, der Schöffen und der ganzen Gemeinde schon ca. 1279—1280 angelegt wurde und zwar nach dem Vorbilde der königl. Register, jedoch später (wahrscheinlich beim Brande 1399) in Verlust gerieth.[74b] Die Fortsetzung desselben, das älteste bis heute erhaltene Prager Stadtbuch vom J. 1310 enthält fast keine Gutsveräußerungen oder Belastungen, sondern Einträge der verschiedensten Art: städtische Rechnungen, Rathschlüsse, Gerichtsverhandlungen, Bürgerrechtseinträge 2c.[75] Mit dem Jahre 1331 beginnen zunächst nur Bestätigungen über die Ausfertigung von Briefen über die vor Gericht abgeschlossenen Verkäufe und Verpfändungen.[76] Erst um die Mitte des 14. Jahrh. finden wir regelmäßige Einträge von Rechtsgeschäften über städtische Immobilien, zuerst in kurzen Vermerken, später dem vollen Inhalte nach. (Die erste Abtheilung des ältesten Prager Grundbuchs enthält Einträge aus der Zeit von 1351

74a) Henricus It., in Isernia im K. Neapel geboren, wurde in s. Jugend aus seiner Heimath verbannt, bildete sich in Rom in der Notariatspraxis aus, kam 1270 nach Prag, wurde vom k. Kanzler und Probst Peter von Wyschehrad freundlich empfangen, gründete daselbst ein Institut zur Heranbildung von Notaren, wurde 1273 K. Pronotär, blieb es nach kurzer Haft auch nach dem Falle K. Přemysl Otokars II. (1278), widmete sich später dem Dienste der Prager Stadtgemeinde (ca. 1283) und ist der Verfasser werthvoller Formelbücher und in gewisser Beziehung Gründer des Notariatsinstituts in Böhmen. S. auch Roztočil, Not. Ztschr. 1891 Nr. 52.

74b) Daß auch die Stadtbücher öffentliche Register waren, beweist das aus dem 14. Jahrh. stammende von Tadra, S. 155 flg. angeführte Formelbuch: »Cui N. . . . consules . . . ipsam scripturam libro dicto aperto per N. notarium eorumdem per me notarium publicum extrahi admiserunt etc.

75) Ungenau sind die Angaben Haan's S. 42 flg. Vom J. 1311—1322 finden wir Gemeinderechnungen; v. 1327—1371: Privilegien, Statuten, Schöffensprüche im Liber vetustissimus privilegiorum etc., von Rößler: Prager Statutarrecht benannt; Näheres Tomek, Böhm. Mus. Zeitschr. 1844, S. 566 flg., Randa S. 35, Maasburg S. 57, Krasnopolski, Grünh. Ztschr. XI. S. 539 N. 29. Zwei lib. vetustiss. beschreibt Čelakovský, Cod. jur. mun. CLVI flg.; s. auch dessen Aufsatz im Právník 1879 über das St. B. v. 1351, ferner Tadra, Kanceláře S. 155 flg., 160 flg. Der Eintrag erfolgte über Auftrag der Schöffen.

76) Fol. 57: A. D. 1331 sabatto in die S. Ottomari sigillatae sunt haec (!) literae: per N. Rok in domo ipsius Henslini. Item super domum G . . . . obligatio. Item Ditlino H. super domum Zuoymiri emptam per ipsum etc. Dergleichen mit dem Stadtsiegel versehene Briefe aus dem 13. Jahrh. befinden sich in der Prager Univ.-Bibliothek. Cf. Emler, Regesta B. et M. Nr. 2032.

bis 1356.)[77] Die ersten Gerichtsschreiber (Henricus Italicus 1288 zc.) waren zugleich öffentl. Notare, daher die Bezeichnung: notaria publica civitatis Pragensis, notarius publicus civitatis; daneben auch notarius judicis, judicii. (Dazu Tabra, a. O. S. 157 flg.)

Auch in Prag — ebenso wie in Olmütz und anderen Städten — wurde ursprünglich über die vor Gericht erfolgte Auflassung nur Brief und Siegel ertheilt, und erst später (ungefähr in der zweiten Hälfte des 14. Jahrh.) wurde es üblich, die Veräußerungen in die Stadtbücher einzutragen.[78] Die Einsicht in die Prager Stadtbücher,

---

77) »Primus liber de venditionibus« etc. fol. 1—107 Ab a. 1351: ‚Item Jochlinus Suck publicavit, quod emit medium macellum carnium, sitam« etc. Über die and. fünf Abth. s. Krasnopolski XI. S. 539 N. 29. Das älteste Kleinseitner Stadtbuch von 1403 enthält sofort ordentliche Einträge: A. 1403 »Ibidem Dom. W. recognovit et protestatus est, quod domunculam suam .... vendidit et secundum jus civ. condescendit de eadem N .... pauperi mulieri« .... etc. Vgl. auch die bei Ott S. 206 angef. Urkunden.

78) Die gewohnheitsrechtliche Auflassung vor Gericht bestätigt die Urkunde v. 1288 (Emler, Reg. Nr. 1461): domum monasterio in judicio Pragae Wolframo existente judice atque praesente judicio in praesentia juratorum et aliorum civium, ut mori , juris et consuetudinis est, resignarunt. Damit ist im Einklange das sog. Prager Rechtsbuch Art. 39 (v. J. 1341), welches nur von der Auflassung in „gehegetin dingen", nicht aber von der Inskription spricht. (Rößler I. S. 12.) — Ähnlich war der Hergang in Olmütz. Vgl. Bischoff, Ältestes Olmützer Stadtbuch (1877) S. 37 flg. Dieses Stadtbuch wurde auf Anregung (nutu) des Reformators der mährischen Landtafel, des Markgrafen, später Kaiser Carl's IV. im Jahre 1343 (nicht 1348) angelegt; in älterer Zeit wurden nur Stadtbriefe ertheilt; erst seit dem 15. Jahrh. werden Einträge üblich. Eigenthum ging ursprünglich nur durch Auflassung über, später alternativ durch diese oder durch Eintrag, welcher vor Gericht oder vollem Rath geschehen sollte. Stobbe a. O. S. 206, N. 190 u. S. 208, N. 193; Bischoff S. 36 flg. und die Gründ. Urk. v. 1343: »ingrossata .... pleno vigore tamquam scripta seu instrumenta lit. sub sigillo nostrae civitatis ... potiri. — Erst später, etwa im Laufe des 14. und 15. Jahrh. gewann unter dem Einfluß des Landtafelrechtes ausschließlich der Eintrag die Bedeutung des rechtsbegründenden Aktes u. zw. zunächst in der Weise, daß die Stadtbriefe, die nicht in Jahresfrist ingrossirt waren, ihre Kraft verloren. Vgl. Prager Stat. R. Art. 109 in fine Rößler S. 67 ab a. 1375 („fürbaß mer kein kraft haben sollen"). Ähnlich der Brünner Schöffenspruch Nr. 327 (s. flg. N. 89). Die gegen das Ende des 16. Jahrh. verfaßten böhm. Stadtrechte sprechen hingegen schon bestimmt den Satz aus, daß Immobilien ohne Verbücherung nicht übertragen werden. (F. 24. G. 46) Die Übung, über die vor Gericht oder Rath vorgenommenen Auflassungen Briefe auszustellen, war besonders in der Magdeburgischen Städtegruppe im 14. Jahrh. ziemlich verbreitet, aber auch in süddeutschen Städten nicht selten. Vgl. z. B. für Innsbruck die Urk. v. 1371, welche die alte Satzung bestätigt, daß alle Käufe zc. über 10 Pfund Berner unter Stadtsiegel verschrieben werden sollen. Bischoff, Österr. Stadtr. S. 46. Auch die Regestensammlung v. Brüx („Stadtbuch" v. Brüx, 1876), her. v. L. Schlesinger, enthält mehrere unter dem Stadt-

sowie die Publikationen aus selben in Emler's Regesta ... Boh. et Morav. III. Nr. 1852. 1854. 1869. 1883. 1900. 1920. 1939. 1948. 1960. 1966. 1972. 1980. 2009. 2032 u. a., dazu Nr. 11 eod., Krasnopolski's XI. S. 544 N. 38, Čelakovský's O registrech (1890) S. 4 flg. ergiebt, daß in Prag die Auflassung ursprünglich sofort in den liber judicii (civit.) eingetragen und auch die viermalige Proklamation derselben jedesmal von Neuem darin eingeschrieben wurde; später (1359) ward aber die wiederholte Proklamation nur beim ersten Eintrag vermerkt; der gleich anfangs aufgesetzte Stadtbrief wurde erst nach Ablauf der Proklamationsfrist mit dem Stadtsiegel versehen und der Partei ausgefolgt, was auch im Buch bemerkt wurde.[79] Dieser Buch-Eintrag ist maßgebend für den Rechtserwerb. Allerdings erwähnt die Praxis cancellaria (v. 1430), daß in manchen Städten die Eintragung in das Stadtbuch erst nach der Disbrigationsfrist erfolgte.[79a]

Aber erst um die Wende des 15. Jahrh. scheint der landrechtliche Rechtssatz: daß Eigenthum nur durch Eintrag erworben wird, auch für das Prager Weichbildrecht volle Geltung erlangt zu haben. (Vgl. nun auch die später zu erwähnenden, v. Krasnopolski XI. S. 540 flg. angeführten neuen Belege; vgl. u. S. 443.) Belehrend ist in dieser Beziehung die Vergleichung des Pr. St. R. (Rößler c. 107. 109.

---

siegel ausgestellte Urkunden über Verkäufe ꝛc. (so Nr. 45. 53. 115. 259. v. J. 1311. 1315. 1386. 1450; das Stadtbuch wird erst spät und selten (so Nr. 157. 252 ab a. 1416. 1479) erwähnt; viel häufiger die Landtafel (Nr. 47 ab a. 1297. Nr. 145. 177. 207. 420. 433 u. a.)

79) Inzwischen wurden wohl die Concepte der Briefe in einem Umschlag geordnet aufbewahrt. Vgl. Note 84. Die bezüglichen Einträge lauten gewöhnlich in Prag Liber de vendit. hereditatum, domorum et censuum: Petrus publicavit., quod emit domum erga Wenceslaum, quam promisit disbrigare, ut jus civitatis. Primo, secundo, tertio, quarto (jedesmal fast mit anderer Schrift). Mit diesem Vorgange sind wohl vereinbar die Schöffensprüche Nr. 107. 109 des Prager Statutarr. v. 1373, und Nr. 121 v. 1390 (Rößler I. S. 66 flg.), denen zufolge Eigenthum vor Gericht aufgelassen, aber der gesiegelte Stadtbrief erst nach Jahr u. Tag ausgefolgt werden soll: denn über den Zeitpunkt der Eintragung der Auflassung in das Stadtbuch enthält der Spruch Nichts: Näheres hierüber und die Bedenken Stobbe's XII. S. 206 N. 190 f. bei Krasnopolski XI. S. 544 N. 38.

79a) In welchen Städten? — ist d. Z. allerdings fraglich. — In Pilsen (1407—1411 f. Krasnopolski, X. S. 468 N. 6) erfolgte die Auflassung unter Leb. u. auf den Todesfall bei vier Terminen, wurde jedesmal proclamirt und eingetragen; über den materiellrechtlichen Charakter der Intabulation kann hier kein Zweifel bestehen.

121. R. B. 39), ferner der im Prager Stadtarchiv befindlichen zwei Handschriften des Cursus civ. sententiarum (aus der 1. u. 2. Hälfte des 15. Jahrh.), welche augenscheinlich von den Schöffen stark benutzt wurden, mit den Brikciusschen Stadtrechten (1536). Letztere enthalten nämlich (Cap. 1—71) eine zumeist nach örtlichem Rechte modifizirte Übersetzung des Cursus c. sent. (eines Exzerptes des Brünner Schöffenbuchs). Während nun jene Handschriften (Fol. 192, bezieh. Cap. 27) gleich dem Brünner Sch. B. (Cap. 322. 325. 327) nur von der Resignatio coram judice et juratis sprechen und die Anfechtungsfrist von der Auflassung rechnen, erwähnt deutlich schon das Brikcius'sche Stadt-R. Cap. 27 a. 1. 2. 6. u. a. den Bucheintrag.[80] Über die Entstehung des Stadtbuchs in Leitmeritz fehlen uns leider Nachrichten[81]; ein liber documentorum civ. Lit. ab a. 1341 erwähnt Tabra a. O. S. 161.

Ähnlich — wie in Prag — war der Entwicklungsgang in Iglau, Brünn und Olmütz. — Das Stadtrecht von Iglau verbreitete sich über einen großen Theil der böhm.-mährischen Städte.[82] Die ältere, aus der Mitte des 13. Jahrh. stammende Fassung[83] desselben spricht bloß von der gehörigen Erklärung vor Gericht, erwähnt dabei auch des

80) Curs. sent. 27. I. a. 1: Intra autem dictum tempus, quod continet praescriptionem, quae in jure civili est annua et diurna, tenetur venditor emtori, hereditatem resignatam ab omnibus impetitionibus disbrigare. (Vgl. Brünner Sch. B. 322. Das Stadtrecht des Brikcius von Licko wurde jüngst nach dem Text v. J. 1536 herausgegeben von Jos. und Hermenegild Jireček: Brikcího z Licka Práva městská 1880). Allerdings wird bisweilen unter »zapsání« praescriptio verstanden, jedoch nicht immer; z. B. nicht im 2. Satze des (cap. 27, art. 1: aniž jest nařčením soud vedl pro zapsání učiněné .... noch im art. 2: místně a dědičně zapsáno nebude, noch in dem Spruch S. 472: zápisové dědické etc. — S. dazu aber auch art. 4. — Vgl. dazu die Koldinschen Stadtrechte (1579), F. 24. 33. G. 46. 47. (herausg. von Jos. Jireček 1876), woselbst sogar die Verschweigung ausdrücklich vom Zeitpunkt des Eintrags berechnet wird. (F. 24.)

81) Die Geschichte von Leitmeritz v. Lippert giebt keine Auskunft; das älteste erhaltene Stadtbuch fällt in das Jahr 1591.

82) Es dienie dem Brünner, Kuttenberger, Koliner Stadtrecht (wohl auch dem Prager Rechtsbuch) zum Vorbild. Vgl. die Monographie J. A. Tomaschek's Deutsch. Recht in Österr. im 13. Jahrh. (1859); dazu aber auch die Emendationen Čelakovský's, O právích m. Brikcího etc. 1880 S. 26 flg. Der Text des Iglauer St. R. ist in Jireček's Cod. J. B. I. p. 82 flg. abgedruckt.

83) Cod. J. Boh. p. 82, Text A. XI—XIII, dagegen sagt aber Text B. c. 1300) XI. §. 5. Nullus aliquam hereditatem obligari alteri vel resignari tenetur nisi coram judice et juratis.

Schreibers — keineswegs aber des Stadtbuchs.[84] Dagegen führt die neuere, aus dem 14. Jahrh. herrührende Fassung bereits ausdrücklich die tabulae jurati notarii civ. an; ob dieselben zum Eintrage der Gutsübertragungen dienten, lasse ich dahingestellt — m. E. kaum.[85] In der That wurde das erste ordentliche Buch vom Stadtschreiber Johann von Humpolec angelegt,[86] wie es scheint nach dem Vorgange der Landtafeln und älterer Stadtbücher.[87] Irrig wurde in der 1. Aufl.

---

84) Es scheint, daß auch in Iglau zu jener Zeit Stadtbriefe (literae) ausgestellt wurden. Dafür spricht, daß der Schreiber für jede Auflassung zwei Denare erhielt, ferner die Vergleichung des dem Iglauer nachgebildeten Schemnitzer St. R., welches ausdrücklich des Stadtbriefs erwähnt. S. Tomaschek S. 98 und 346, Randa S. 39, N. 110. Diese Vermuthung bestätigt die folg. Mittheilung Čelakovský's: Die ältesten Iglauer Stadtbücher bestehen: 1) aus den acta judiciaria a. 1359—1377 (notarii: Nicol. de Melník 1359, Joh. de Gumpolz 1360—68 Kolefuss 1369); 2) aus d. acta judiciaria a. 1378—1408; die Einträge in die Register wurden in alphab. Ordnung erst nach Jahresfrist aus den einzelnen Concepten (Briefen) vorgenommen. — Ueber das Priv. v. Deutschbrod v. 1278 vgl. Zoubek, O zakládání měst. 1878. S. 54.

85) S. Tomaschek S. 312; Jireček, Codex J. B. I. p. 97 B XXV., welcher Absatz in der älteren Fassung fehlt. Über das Alter dieses authentischen Textes (ca. 1353—1360) vgl. Tomaschek S. 66. 92. 100; Randa a. O. Das Jus regale montanorum K. Wenzel's II. 1. 1300 verordnet im 1. Buch c. VII. §. 7: (Jireček I. p. 288): Debet esse cautus judex, ut omnia, quae coram eo aguntur (die böhm. Übersetzung aus dem Ende d. 14. Jahrh. sagt: vsecky prě (causae) které se před ním dějí), in actis de verbo ad verbum sub bono testimonio juratorum praesentium per notarium, redigantur et praecipue sententias etc. conscribi faciant. Čelakovský, Práv. 1879 p. 329, findet hier die erste Erwähnung vom Eintrag von Auflassungen in die Stadtbücher.

86) Er selbst sagt: Haec prescripta in cartis laceratis negligenter conscripta ego Johannes prout ibi reperi et huic libro deligencius annotavi etc. Tomaschek, Iglauer Oberhof S. 24. Johann von Humpolez war um d. J. 1379 Subnotar der erzbischöfl. Kammer in Prag (Tadra, S. 123). Verschieden von ihm ist, wie bemerkt, Joh. von Gelnhausen (Sohn des olim dicti Richmut de Geylnhusen); dieser war früher Stadtschreiber in Kuttenberg (1366) und Brünn (1377), auch Registrator in der kaiserl. und in der königl. böhm. Kanzlei (ca. 1367—1372). Vgl. dazu nun besonders Ott, Rezeption S. 72, ferner Čelakovský, a. a. O. u. Tadra a. O. S. 38 u. 124. Das erste Iglauer Buch enthält aus der Periode 1359—1378 Einträge von sehr verschiedener Art. (Privatakte, Sprüche, Denkwürdigkeiten 2c.)

87) Dafür spricht der Umstand, daß Johannes von Humpolez, welcher später erzbischöflicher Kammernotar in Prag gewesen, die Landtafel gewiß kannte, daß kurz vorher auf Auftrag desselben Monarchen das Olmützer Stadtbuch (1343) gestiftet und die mährische Landtafel (1348) umgestaltet wurde; dafür spricht auch die Einrichtung des ersten Iglauer Stadtbuchs und die sonst bei Stadtbüchern nicht übliche Bezeichnung des Buches als tabulae. Vgl. noch art. 25 des vermehr. Iglauer St. R., Codex I. p. 97; Tomaschek a. O. S. 23 flg. u. Bischoff, Österr. Stadtrechte S. 16. Nr. 1.

nach Tomaschek's Angaben dieser Stadtschreiber identifizirt mit Johann von Gelnhausen, welcher erst viel später (1380—1382) Stadtschreiber in Iglau war; jene Annahme erweist sich nun nach der neueren Forschung Čelakovský's, O právich m. Brikciho (1880 S. 28 flg.) als unbegründet; s. auch Tabra, Abhandl. d. böhm. Akademie d. Wiss. I. 2. Kancláře S. 38 flg.

Auch nach dem Brünner Stadtrechte des 14. Jahrh. war zur Übertragung von Immobilien die Auflassung vor Gericht erforderlich.[88] Es ist jedoch nicht zu bezweifeln, daß dergleichen Rechtsakte schon im 14. Jahrh. in eigene Stadtbücher (tabulae, libri) eingeschrieben wurden; doch ist die Entstehungszeit derselben nicht völlig sichergestellt.[89] Das älteste bisher erhaltene Brünner Stadtbuch enthält Veräußerungen, Verpfändungen, letztwillige Anordnungen, Sprüche 2c. aus der Periode 1343—1376, beruft sich auf ältere Stadtregister, und wurde vom genannten Stadtschreiber Johannes (dem Verfasser der Brünner Schöffensprüche) angelegt.[90] Die Bücher wurden ursprünglich in ähnlicher Weise wie die älteren Landtafeln geführt, indem in dieselben Rechtsakte verschiedener Art und Denkwürdigkeiten nach der Zeitordnung eingetragen wurden (vgl. Note 86); erst später erfolgte die Anlegung mehrerer Bücher.[91] — Auch das Olmützer

---

88) Das älteste Stadtrecht: Jura originalia civ. Brunn. v. J. 1243, Cod. J. B. I. p. 72. Rößler, Die Stadtrechte von Brünn (deutsche Reichsdenkmäler 2c. II. p. 321 flg.) enthalten hierüber keine Bestimmung. Dagegen findet sich im Brünner Schöffenb. art. 325 ab a. 1343 der Satz: hereditatum traditio solum fieri debeat coram judice et juratis.

89) Der Spruch 327 des Brünner Schöffenb. (ca. ab a. 1370—1386) lautet: quod quidcumque coram judicio obtinetur et in tabulis judiciariis signatur, hoc ante proximum futurum peremtorium judicium vel per impignoratonem vel modum alium, si expeditum non fuerit, de cetero caret robore firmitatis, nisi per scriptorem civitatis in librum, ubi census et alia notantur acta, per obtentorem de scitu juratorum scribi fuerit procuratum.

90) Diese Mittheilungen verdanke ich der Güte des Brünner Archivars Koller. Der Papiercodex, von einigen Pergamentblättern durchschossen, hat 394 Folien; das erste Blatt enthält die Aufschrift: In presenti libro notantur census et acta civium Br. quantum ad hereditates, vendiciones, obligaciones etc. Die Form der Einträge nähert sich der des Olmützer Stadtbuchs. Näheres Čelakovský, O rukopisech města Brna, S. 5 flg.

91) Ein solches spezielles Buch scheint der Spruch Nr. 327 (s. Note 89) in dem liber, ubi census .... notantur vor Augen zu haben. Auch hier bemerken wir zunächst das Übergangsstadium, daß die rechtsübertragende Auflassung ihre Geltung

Stadtbuch, welches im J. 1343 über Anordnung Carl's IV. angelegt wurde, enthält ursprünglich nach Art der Landtafeln Einträge mannigfaltiger Gattung (auch Testamente und Legate). Die Ingrossation scheint vorerst nicht Bedingung der Rechtsübertragung gewesen zu sein; noch lange Zeit nach Errichtung des Stadtbuchs war die Ausstellung von Briefen unter Stadtsiegel im Gebrauch; erst mit Beginn des 15. Jahrh. scheint die Eintragung obligatorisch und allein maßgebend geworden zu sein.[92] — Das Koliner Stadtbuch, aus dem 13. Jahrh., dessen Reste uns aus der Zeit von 1376 bis 1401 erhalten sind und in welchen ältere Bücher berufen werden, weist nach Art der Landtafeln Inskriptionen verschiedener Art auf: Käufe, Rentenbezüge, letztwillige Anordnungen u. s. f., und zwar in sehr prägnanter Form.[93] Über die Entstehungszeit anderer Stadtbücher sind die wichtigeren Daten in der Anmerkung zusammengestellt.[94]

---

verliert, wenn sie nicht binnen Jahresfrist ingrossirt wird. Vgl. Siobbe S. 206, Nr. 188.

92) Bischoff S. 36 flg., vgl. z. B. den Eintrag S. 38, Nr. 6: »sicut literam ... prius habere noscitur. Doch kommen Inskriptionen von Auflassungen vereinzelt schon früher (v. J. 1357 ab) vor. Das wichtigste Olmützer Stadtbuch ist das im J. 1430 auf Beschluß des Raths und der Schöffen angelegte, aus vier Abtheilungen bestehende Buch, welches die aus der bisherigen unordentlichen Führung entstandenen Übelstände beseitigen sollte. S. Bischoff, Deutsch. R. in Olmütz (1855) S. 18 flg. In Ofen hat der Eintrag in das Stadtbuch nur die Bedeutung eines dauernden Beweises. Homeyer S. 29.

93) Randa S. 42; Maasburg S. 57, Krasnopolski, Grünhut's Ztschr. 8. S. 466, N. 5.

94) Der Prager Archivar Prof. Čelakovský ist eben mit der mühsamen Durchforschung der Stadtarchive beschäftigt. Der Bericht pro 1876 an den böhm. histor. Verein giebt Nachricht über die zahlreichen Bücher der Stadt Königgrätz; sie sind vom J. 1532 ab erhalten; die älteren, erweislich in's 14. Jahrh. hinaufreichenden (zum Theil schon genau beschriebenen) gingen jüngst verloren. Reste sind vorhanden in Laun 1347, Eger 1352, Čelakovic 1366, Saaz 1383, Mies 1387, Kuttenberg 1389, Deutschbrod 1379, Böhm.-Trübau 1378, Königgrätz 1403, Kouřim 1407, Weißwasser 1417 (herausgegeb. v. Kalousek, Abhdl. d. böhm. Ges. d. Wiss. 1889.) In Pilsen stammt das älteste erhaltene Stadtbuch aus d. J. 1407—1411, später a. d. J. 1468 flg.; beschrieben von Strnad i. s. Pilsener Stadtbuch: Listář kr. m. Plzně. (Krasnopolski a. O. X. S. 466—469 Nr. 5. 6.) In Königinhof erhielten sich Stadtbücher aus d. J. 1417, in Kaseiowic aus d. J. 1417, in Tabor aus d. J. 1432 (Krasnopolski a. O. X. S. 470 N. 6), in Chrudim aus d. J. 1439, in Wodnian aus d. J. 1420, in Příbram aus d. J. 1571, in Jaroměř a. d. J. 1372, in Deutschbrod a. d. J. 1379—1408, in Leitmeritz aus d. J. 1591. Über diese und andere Städte, deren Bücher in das 15. Jahrh. zurückreichen, vgl. noch Čelakovský, Codex m. II. 240 flg., Tadra a. O. S. 161 flg., Krasnopolski, X. S. 530, XI.

Wenn auch nicht geläugnet werden soll, daß manche Stadtbücher ursprünglich den Charakter schriftlicher Gerichtszeugnisse an sich tragen (s. dazu Krasnopolski, Grünh. Ztschr. X. S. 468 flg., XI. S. 540 flg.),[94a] so ist doch gewiß nicht zu bestreiten, daß die Eintragungen — wenn nicht früher — gewiß mit dem Beginn des 15. Jahrh. materielle Bedeutung gewannen und zur Erwerbungs- bezieh. Aufhebungsform von Rechten an Immobilien wurden, wobei der landtäfl. Grundsatz der (beschränkten) Publicität u. Glaubwürdigkeit zur Geltung kam.[94b] Belege für diesen Umschwung liefern nebst den bisherigen Ausführungen auch die jüngst von Krasnopolski XI. S. 546 flg. angeführten Auszüge aus einer ungedruckten Sammlung von Sprüchen der Schöffen der Neustadt Prag ab a. 1389—1418 (Liber arbitriorum et exportacionum, Prager Landtafel, Miscellanea 7), insbes. der Vorgang beim Verkauf konfiszirter Häuser in Prag vom J. 1419; ferner die Stadtbücher von Bydžow (v. 1395. 1418), Pilsen (1411) u. a. Dies zeigt sich auch in der Form der Übertragungserklärung: der resignatio, bezieh. der notitia. Wenn daher die böhm. Stadtrechte v. 1579 F. 24. G. 46. §. 2 den Grundsatz aufstellen, daß Stadtgründe nicht anders vor Gericht mit dem Stadtbuche weggegeben, verkauft oder verhaftet werden können, so wurde damit nur ein althergebrachtes Gewohnheitsrecht für alle Städte Böhmens und später (1697) auch für alle Städte Mährens gesetzlich anerkannt. Vgl. noch Note 95.

S. 547 flg., Maasburg S. 69, N. 185. — Das Stadtbuch von Brüx, her. v. Schlesinger, giebt uns über die dortigen Stadtbücher keinen Aufschluß; so häufig in dieser reichen Urkundensammlung die Land- und Lehntafel erwähnt wird, so spät und selten das Stadtbuch. S. Note 74. Nicht befriedigender sind die Nachrichten über Leitmeritz, s. Geschichte der Stadt L. von Lippert. (N. 81.) Görlitz hat Bücher v. J. 1305, Breslau v. J. 1377. (Tadra S. 164).

94a) Dazu Čelakovský, O registrech S. 4 flg. — Die Bemerkung K.'s S. 541, daß das mündliche Zeugniß des Gerichts das Buch widerlegen (nicht blos ersetzen konnte, bedarf der Richtigstellung. Die daselbst cit. Sprüche der Prager Schöffen v. 1389—1418 betreffen Fälle, wo entweder kein Eintrag vorlag oder wo dieser gefälscht oder gesetzwidrig war; die Gleichstellung des Eintrags mit den lit. sigillatae hat nur für die Übergangszeit Geltung. Bei der Landtafel galt frühzeitig der Grundsatz: Pamět na samých dskách a ne na úřednícich záleží: Auf das Zeugniß des Buchs — nicht der Beamten kommt es an. (Jireček II. 2. S. 37 ab a. 1389.)

94b) Für die materielle Bedeutung spricht auch die Proclamation desselben u. das Erlöschen des Anfechtungsrechtes nach Ablauf der Verschweigungsfrist. Vgl. auch den bei K. S. 546 A. 38 cit. Schöffenspruch v. 1414.

Im 15. und 16. Jahrh. ist die Führung von Stadtbüchern in den böhmisch-mährischen Städten allgemein üblich.[95] Die Einträge erfolgten wie bei der Landtafel bis ins 17. Jahrh. auf Grund persönlicher mündlicher Erklärung Desjenigen, dessen Recht übertragen oder belastet werden soll.[95a] Das Hauptbuch bildete gewöhnlich das Kontraktenbuch, welches die Immobiliarveräußerungen registrirte und per juxtam auf die übrigen (Obligationen-, Pfand-, Quittungs-, Testaments- 2c.) Bücher verwies.[96]

Übrigens finden wir in Prag nicht bloß Land- und Lehentafeln und Stadtbücher, sondern auch noch besondere Bücher über gewisse Realitäten, welche von den sog. Realpartikularjurisdiktionen geführt wurden.[97]

In den österr. Stadtrechten des 13. und 14. Jahrh. begegnen wir zwar sehr häufig der Vorschrift, daß Veräußerungen und Verpfändungen von Stadtgründen öffentlich vor Zeugen (auch besonders dazu qualifizirten) vorgenommen werden sollen,[98] aber die Übung, der-

---

95) Geführt wurden außer dem Manuale, dem registrum hereditatum, reg. censuum etc. ein liber judicialis (liber venditionum. impignor. etc.), außerdem Spruch-, Waisen-, Testaments-, Straf-Register. Bemerkenswerth ist die schon von Tomek und Rößler erwähnte, von Ott in einer älteren Rezension in der Prager Univ. Bibliothek entdeckte u. darnach um d. J. 1430 verfaßte: Praxis et cursus cancellariae civilis (Bibl. d. Prager Metropolitankapitels ab a. 1451). Dazu Maasburg S. 58. N. 151, welcher richtig bemerkt, daß auch in Ansehung der Art der Buchführung die Landtafeln den Stadtbüchern zum Vorbild dienten. Insbesondere galt, wie aus dem mir von Prof. Stupecký auszugsweise mitgetheilten Prager Appellations-Spruchbuch — Spruch vom J. 1558 an den Stadtrath von Tabor — deutlich hervorgeht, auch in der Praxis der landtäfliche Grundsatz: daß die Einträge der Stadtbücher keinen Gegenbeweis zulassen. (Vgl. auch den App. Spruch v. 1561 an d. Städtchen Ješsenic.)

95a) Nur selten stoßen wir auf Ausnahmen, wie solche von Krasnopolski XI. S. 547 flg. angeführt werden.

96) Dazu Maasburg S. 59, u. Čelakovský's N. 86 cit. Bericht über mehrere böhmische Stadtarchive.

97) So z. B. vom Hradschiner Schloßhauptmann, von mehreren Klöstern, vom Brückenamte, von der Universität u. s. f. Auch über die zahlreichen im Umkreise von Prag von Carl IV. angelegten Weinberge wurden vom Weinbergamte vom J. 1398—1850 besondere Bücher geführt. Ja sogar über die emphyteutisch vermietheten Prager Judentandelmarkthäuser haben die Hauseigenthümer selbst eigene Bücher unter amtlicher Kontrole geführt. Näheres bei Maasburg S. 60—65.

98) So bestimmt das Wiener Stadtrecht v. 1221 u. 1244, daß hundert Männer zu bestellen und bekannt zu machen sind, damit alle Verkäufe, Verpfändungen 2c. von Stadtgründen in Gegenwart von mindestens zwei solchen Gewährsmännern („Gewissen", „Genannten") vorgenommen werden könnten. Wiener Stadtr. v. 1221:

gleichen Rechtsgeschäfte in besondere Stadtbücher einzutragen, fällt in Österreich zumeist in eine viel spätere Periode als in Böhmen und Mähren.

In Wien wurde zuerst im Jahre 1368 beschlossen, daß der Rath der Stadt Wien Grundbücher über die unter seiner und des Bürgermeisters Intervention vollzogenen Immobiliarverträge führen solle.[99] Die Bücher über Verkäufe beginnen mit dem Jahre 1368, die Satzbücher mit dem Jahre 1373.[100] Eine später im Tract. de jur. (1679) bestätigte Grundbuchsordnung und Instruktion für die Stadt Wien vom J. 1566 ist bei Tomaschek a. O. II. S. 169 flg. wörtlich abgedruckt. — Übrigens dürften wenig inneröst err. Städte noch im vorigen Jahrhundert ein geordnetes Buchwesen gehabt haben.[101]

»Centum viri in civitate fideliores . . . . semper habeantur, ut omnis emptio et venditio (obligatio), pignoratio, donatio, prediorum, domorum, ... coram duobus et pluribus illorum celebretur . . . Die gleiche Bestimmung findet sich im Stadtrecht v. Hainburg und Wr. Neustadt. Vgl. Meiler, Österr. Stadtrechte S. 11. 50. 57. 59.

99) Vgl. H. M. Schuster, Wiener Stadtrechts- oder Weichbildbuch (1873) S. 29. Vordem wurde, wie auch in dem gen. Wiener Stadtrecht von 1278—1296 art. 116. 119. 120. 125 erwähnt wird, nur die Intervention des Burg- oder Grundherrn — nicht aber jene des Raths und Bürgermeisters verlangt. Schon 1360 verordnete aber Herzog Rudolf IV., daß Stadtgründe nur vor dem Bürgermeister und Rathe der Stadt Wien veräußert werden dürfen, u. werden diese ermächtigt, „die vorgeschriben vertigung zu tun . . . . und mit der stat priesen u. insigel zu bestäten." Vgl. Tomaschek, Rechte und Freiheiten der Stadt Wien (1877) I. S. LXXVIII., Krasnopolski, XI. S. 553. Freilich wurde das, was mit einer Hand gegeben war, mit der anderen wieder halb zerstört, nämlich durch spätere zahlreiche Privilegien, welche den Wiener Klöstern als Grundherrn (insbes. dem Schottenkloster) ertheilt wurden.

100) Diese Bücher sind fast alle noch erhalten. Vgl. Schuster, S. 31, Nr. 5, Luschin v. Ebenreuth, Gesch. d. älteren Gerichtswesens in Österr. S. 220, u. die ergänzenden und berichtigenden Zusätze v. Krasnopolski 8. S. 471, N. 9, XI. S. 552 flg. Erwähnt wird ferner in einer Eintrag. v. 1381 ein „kleineres Satzbuch", ferner das Judenrichterbuch (1373), Judenbuch (1381); vgl. Krasnopolski a. O. Über die Entstehungszeit anderer österr. Stadtbücher aus der älteren Periode sind mir verläßliche Daten leider nicht zur Hand. Der Mangel einer österr. Rechtsgeschichte macht sich auch hier drückend fühlbar.

101) Darauf deuten die bei Johanny S. 147 angeführten Verhandlungen, welche dem Erlasse des n.-österr. Fürmerkungspat. v. 1. September 1765 für die landesf. Städte und Märkte vorhergingen. (Die Absicht der Kaiserin ging dahin, die Grundbücher nach Art der Landtafeln einzurichten.) — Das von Bischoff (1875) edirte, aus dem 14. Jahrh. stammende „Steiermärk. Landr." erwähnt zwar Briefe der Grazer Schranne, insbes. „Pruef über fürgetragene Gueter" (art. 8, dazu Anh. I. Nr. 14 u. 22): allein diese Briefe betreffen nicht die Übertragung der Güter,

Frühzeitiger als die Grundregister über die adeligen Güter entwickelten sich in Ober- und Niederösterreich die Gewähr- und Satzbücher, welche von den Grundobrigkeiten über die unterthänigen Gründe (der Bauern und der unterthänigen Marktinsassen) geführt wurden.[102] Es lag schon im eigenen Interesse der Grundherrschaften, genaue Register über die emphyteutischen und Rustikalgrundstücke anzulegen, insbesondere Besitzveränderungen und selbst Verpfändungen in Evidenz zu halten. So wurden — ungeachtet des Verbotes Rudolf's IV. von 1360 (N. 100) — zum Theil auf Grund späterer Privilegien selbst in Wien von dem Wiener Schottenkloster Grundbücher geführt, deren Reste nach den Mittheilungen Krasnopolski's XI. S. 556 in das J. 1405 hinaufreichen.[102a] (Das Grundbuch v. Perchtolsdorf beginnt mit dem J. 1431). Andererseits brachte es auch das allgemein staatliche, später auch das finanzielle Interesse mit sich, daß die Regierung dieses den Besitzstand der Unterthanen sichernde und das wechselseitige Verhältniß zwischen Grundholden und Obrigkeit bloßlegende Institut nicht außer Acht ließ. Schon die nieder-österr. Landesordn. von 1573 verordnet, daß die Grundherren „alle drei Jahre das Grundbuch besitzen" und die dahin gehörigen Handlungen (Gewähr- und Satzverschreibungen) vornehmen sollen; später stand das Gewähr- und Satzbuch den Unterthanen alljährlich, schließlich alltäglich zur Verfügung.[103] Der nieder-österr. Tractatus de juribus in-

---

sondern die Benennung der gefronten Güter vor Gericht durch den auf dieselben angewiesenen Schulden. S. Bischoff S. 80, 176 flg., 218.

102) Es beruht auf einem Irrthum, wenn Stubenrauch I. 543, A. 2 bemerkt, das älteste in Österreich bekannte Saalbuch (Traditions-Grundbuch) sei der Codex traditionum Claustroneuburgensis. Denn dieser Kodex, welcher ungefähr aus der Mitte des 12. Jahrh. stammt und von Klosterbrüdern geschrieben ist, enthält bloß Privataufzeichnungen über die das Kloster betreffenden Schenkungen, Stiftungen, Käufe ꝛc. und hatte keine publica fides. Dergleichen Privatregister wurden zu jener Zeit von sehr vielen Klöstern geführt. Vgl. bes. Stobbe, D. Pr. R. §. 67, N. 3. Sie sind von den Grundbüchern wohl zu unterscheiden. Vgl. den Text jenes Kodex in den Fontes rerum Austriacarum IV. und die Einleitung dazu von M. Fischer. — Eine ganz andere Bedeutung haben schon die von Erzbischof Ernst in der Prager Diözese gestifteten, mit publ. fides ausgestatteten Libri erectionum. (Vgl. N. 64.) Über die vom steier. Stifte S. Lamprecht v. 1494 ab für seine Besitzungen geführten Bücher vgl. Steierische u. Kärtnerische Taidinge (1881).

102a) Irrig behauptete Offenhuber, Der österr. Grundbuchsbeamte ꝛc. (1883), daß die Reste dieser Bücher bis zum J. 1301 zurückreichen; s. Krasnopolski, a. O. Note 62.

103) Donner, Österr. Rechte §§. 223 flg., Johanny S. 41, Burckhard

corporalibus vom 13. März 1679 (Tit. 4. §. 9) verpflichtet die Grundherren ausdrücklich, ordentliche Grundbücher zu halten, in welchen die Grundholden an die Gewähr geschrieben und alle vorsichgehenden Veränderungen, wie auch die Satzverschreibungen eingetragen werden sollen. Wenn auch der Eintrag ursprünglich nur zur Legitimation der Grundholden, bez. zur Erlangung eines Vorzugsrechtes des Pfandgläubigers gedient haben mochte,[104] so kam doch schon gegen das Ende des 17. Jahrh. die Anschauung zur Geltung, daß der Eintrag eine Bedingung des Rechtserwerbes sei. Klar ist dieser Grundsatz bereits in der Resol. vom 9. Mai 1713 und in der Wiener W.-O. von 1717 (art. 47) ausgesprochen.[105] Über Tirol und Istrien vgl. das oben Gesagte.[106]

III. §. 159. Ursprünglich wurden den Grundholden bei Besitzveränderungen über die zu Nutzungseigenthum erworbenen Gründe Gewährbriefe („Gewähren") und den Pfandgläubigern Satzverschreibungen ausgestellt; Gewähr- und Satzbriefe wurden später in besondere Bücher registrirt. Johanny S. 42. — Einer brieflichen Mittheilung des Grafen Chorinsky verdanke ich die Nachricht, daß sich in der Wiener Hofbibliothek ein Manuskript Walters aus dem 16. Jahrh. befinde, welches eine von der Regierung erlassene Grundbuchsordnung oder den Entwurf einer solchen zu enthalten scheint.

104) Vgl. N.-Österr. Landesordn. v. 1573, Titel 112. 115 (Chorinsky S. 339). Belege dafür, daß die Gewährbücher in Ober- und Nieder-Österreich bis ins 17. Jahrh. bloß Beweisinstrumente waren, liefern Äußerungen älterer Schriftsteller, bes. Suttinger's Consuetudines etc. (1718): Dominii Trad. S. 136, woselbst das Gewicht auf die Einhändigung der Urkunde gelegt wird. Siehe aber auch J. H. Reutter, Viginti quinque tabulae, quib. accesserunt var. diff. juris comm. et austr. (1674) S. 21: „Mit dieser „„Gewöhr"" (sc. instrumentum) kann der Gottholb sein dom. utile probiren, jedoch nach der Maß und Weis, wie sein . . . Recht in der Gewöhr einverleibt", Reutter, Diff. jur. comm. et autr. ad tab. 19, Nr. 51: „Wer nun auf diele Weiß an der Gewöhr . . . steht, der wird . . . für den rechten Herrn erkennt und kann es verpfänden, verkaufen" . . .; ähnlich mit der Berufung auf Reutter u. Freisleben, de lib. cens. ac judic. Jos. Greneck jun., Theatrum jurisdict. austr. 1752 S. 320 flg. Greneck klagt, daß die wenigsten Herrschaften ordentliche Bücher führen.

105) Vgl. Note 69. Die Resol. v. 1713 (abgedruckt bei Johanny S. 48) sagt: „daß das Grundbuch gemeiner Stadt Wien, wie auch die übrigen Grundbücher der Stadt Wien sowohl als auf dem Lande sich künftig . . . . allen deren wirklichen Sätzen und Realfürmerkungen . . . . gebrauchen (sollen), (welche) eo ipso das jus reale bewirken."

106) Über Steiermark stehen mir leider keine Quellen zu Gebote. Es scheint, daß daselbst wahre Grundbücher erst durch das L. T. Pat. v. 1730 und die Grundb. Ordn. v. 1736 eingeführt wurden. Vgl. die Äußerung Beckmann's bei Chorinsky S. 339, Nr. 21, und den bei Johanny S. 55, N. 1 cit. Vortrag der Hofkanzlei v. 13. März 1736.

In Böhmen und Mähren (Schlesien), wo das Institut der Landtafeln und Stadtbücher auf altem Herkommen beruhte, schritten die Grundobrigkeiten frühzeitig (im 13. und 14. Jahrhundert) zur Verfassung sogen. **Urbarien** (registra bonorum, censuum, conscriptio bon., knihy purkrechtni), d. i. Verzeichnisse der Obrigkeiten über die unterthänigen Gründe, ihre Besitzer und deren Grundlasten. Das erste Blatt oder die ersten Blätter enthalten auch die successiven Änderungen in der Person der Grundholden. (Vergl. **Emler**, Decem registra censuum bohem. 1881 S. IV flg.) Obgleich ursprünglich Privatverzeichnisse entwickelten sich dieselben später — mit dem Entstehen und Erstarken der Patrimonialgerichtsbarkeit der Obrigkeiten über ihre Unterthanen zu förmlichen Grundbüchern.[106a] Wo Urbarien fehlten, schritten die Obrigkeiten, besonders nach den Husitenkriegen im Laufe des 15. und 16. Jahrh. zur Anlegung von **Grundbüchern** über die Rustikal- und emphyteutischen Gründe. Auch hier wurden den Grundholden über das überlassene Nutzungseigenthum Urkunden, „Handfesten", ausgestellt.[107] Im 17. Jahrh. waren die Grundbücher in Böhmen so allgemein verbreitet, daß die Instruktion vom 30. Juni 1653 verordnen konnte, daß die obrigkeitlichen **Urbarien** oder Grundbücher bei der Anlegung der Steuerrolle zu Grunde zu legen seien.[108] Die von beeideten Beamten (später von den sog. Grundbuchsämtern) geführten Grundbücher sind nach dem

---

106a) Schon im 15. Jahrhdt. insbes. nach den Husitenkriegen lastete der gutsherrliche Druck schwer auf den Unterthanen. — In **Böhmen** sind uns schon aus dem 13. u. 14. Jahrh. zahlreiche Urbarien d. h. zunächst Privatverzeichnisse der Obrigkeiten (bes. Klöster 2c.) über die unterthänigen Gründe u. deren Zinspflicht bekannt u. theilweise erhalten, vgl. bes. **Emler**, Decem regesta censuum bohemica (1881), enth. Urbarien aus der vorhusit. Zeit. Dazu siehe noch **Krasnopolski**, XI. S. 551 flg.

107) Vgl. auch V. L. O. M. 25, 26. Die in Nr. 95 erwähnte Praxis cancellariae civilis (ca. 1430) erwähnt der libri civiles der **unterthänigen** Städte im Gegensatz zu jenen der kön. Städte.

108) **Maasburg** S. 67. Urbar bedeutet im Altdeutschen: Nutzen; Urbarbuch (Urbarium) war das Verzeichniß der urbaren, zinspflichtigen Gründe (Lagerbuch). Im engern Sinn bedeutet Urbarium das sogen. Dienstbuch, d. i. ein Verzeichniß der unterthänigen Gründe unter Angabe der jeweiligen Besitzer und der davon zu entrichtenden Zinse, Roboten und sonstigen Giebigkeiten. Über das Braunauer Urbar von 1502. 1654. 1677 berichtet auch **Čelakovský** u. **Rezek**: **Maasburg** S. 67, Nr. 180. Über die diesbezüglichen Bücher und Register in Österreich vgl. noch **Burckhard**, III. S. 186 bes. Note 39.

sog. Drei-Buch-System eingerichtet. Außer dem Dienstbuch (s. N. 108) finden wir nämlich das Gewährbuch und das Satzbuch; jenes enthielt amtliche Abschriften der Eigenthumsübertragungsurkunden mit Beziehungen (per juxtam) auf das Satzbuch; in diesem wurden die dinglichen Belastungen durch Eintrag der bezüglichen Urkunden ersichtlich gemacht.[109] Die Verbücherung der Rechtsgeschäfte erfolgte häufig auf Grund der vor der Obrigkeit mündlich zu Protokoll gegebenen Parteierklärungen — eine Übung, auf welche der obsolete §. 433 A. B. G. B. hinweist.[110]

Im Laufe des letzten Jahrhunderts wurden in verschiedenen Ländern zahlreiche Gesetze und Verordnungen über die Führung der Stadt- und Grundbücher (über die städtischen und Rustikalgrundstücke) erlassen, deren Anfänge in den innerösterr. Ländern in eine frühere Zeit fallen, als die in eben diesen Territorien erlassenen Landtafelpatente. Vgl. rücksichtlich der landesfürstlichen Städte die Patente vom 31. Oktober 1736 für Steiermark, v. 1. September 1765 für Niederösterreich, vom 5. November 1768 für Käruten, vom 28. September 1771 für Krain, vom 20. Dezember 1771 für Oberösterreich. Betreffend die unterthänigen Städte und Ortschaften vgl. die Patente vom 19. November 1768 für Steiermark, vom 21. Juli 1769 für Krain, vom 24. Juli 1772 für Kärnten, vom 2. November 1792 für Oberösterreich; dazu Haan S. 14, Johanny S. 147 flg., Burckhard §. 159, Krasnopolski a. O.

In Ungarn bestanden vor dem Jahre 1848 in jedem Komitat und in den kön. Städten sog. Intabulationsprotokolle, welche zur Inskription der auf adelige Güter aufgenommenen Schulden dienten. Die Einträge gewährten aber kein Pfandrecht, sondern nur ein Vorzugsrecht im Konkurse. Im Jahre 1850 begann die österr. Regierung in Ungarn, Kroatien und Slavonien Grundbücher nach einem guten Formular anzulegen; dieselben enthalten nicht bloß das Eigenthums- und Lasten-, sondern auch das Besitzstandsblatt. Näheres:

109) Vgl. dazu Maasburg S. 68.

110) Die freien Gründe der unmittelbar dem König unterstehenden k. Freisassen (L. Ordn. J. V.) wurden ursprünglich in der kleinen Landtafel verzeichnet; seit dem 17. Jahrh. wurden über die Freisassengüter besondere Bücher beim Fiskalamt geführt, welche gegen Ende des 18. Jahrh. an die böhmische Landtafel übergingen. Im J. 1850 wurde die Tabulargerichtsbarkeit über dieselben den kompetenten Realbehörden zugewiesen. Zahl der Quaterne 133. Vgl. Maasburg S. 65.

Petruška, Právník 1864. S. 649 flg. Über Preßburgs ältestes Grundbuch von 1400 vgl. Bischoff, Österr. Stadtrechte S. 133 flg.

Die bisherige Darstellung ergiebt, daß das Institut der Land- (Lehn-) Tafeln in Böhmen und Mähren, welche den übrigen österr. Landtafeln zum Vorbilde dienten, ein auf heimischem Boden entstandenes, eigenthümlich gestaltetes landrechtliches Rechtsinstitut gewesen ist. Die Entstehung derselben gehört einer Zeit an, wo das deutsche Recht in jenen Ländern noch nicht Wurzel gefaßt hatte.[111] Auch die spätere Entfaltung des für das Privat- und öffentliche Rechtsleben gleich wichtigen Instituts ging Jahrhunderte hindurch in selbständiger Weise vor sich. Was insbesondere die Stadtbücher der mit deutschem Rechte bewidmeten Städte (Prag, Brünn, Olmütz, Iglau u. a.) betrifft, so fällt die Gründung derselben in eine Periode, wo die Landtafel bereits als althergebrachtes, mit Landesrecht und Landessitte eng verknüpftes Institut hochgehalten wurde, ja zahlreiche Momente deuten darauf hin, daß die Existenz der Landtafel nicht ohne Einfluß auf die Entstehung der Stadtbücher gewesen war.[112] Auch ist nicht zu übersehen, daß das von Carl IV. scharf formulirte Landtafelrecht die Eintragung aller Immobiliarrechtsgeschäfte bei sonstiger Unwirksamkeit bereits zu einer Zeit gebietet, wo dieses Gebot und diese Wirkung dem in den böhmisch-mährischen Städten rezipirten Magdeburger, beziehgsw. Augsburg-Nürnberger Rechte unbekannt war.[113]

---

111) Der Einfluß des deutschen Rechts macht sich erst im 13. Jahrh. namentlich seit Otakar II. (1253—1278) geltend. Jireček, Das Recht in Böhmen u. M. I. S. 175.

112) Bemerkenswerth ist, daß der Anfang der Stadtbücher in Brünn, Olmütz und Iglau in die Regierungsperiode des auf die Förderung der Landtafel eifrig bedachten Carl IV. fällt. Es ist übrigens begreiflich, daß der örtliche Kontakt des Land- und Stadtrechtes, namentlich in diesen Städten, zur Gründung von Büchern nach Art der bewährten Landtafel förmlich herausfordern mußte. Auch Bischoff, Deutsch. R. in Olmütz S. 16, N. 1 macht auf den Zusammenhang der gleichzeitigen Anlegung des Olmützer Stadtbuchs und der Brünn-Olmützer Landtafeln aufmerksam.

113) Das Magdeburger Recht verlangt nur Auflassung vor Gericht. Der Bucheintrag wird nicht erwähnt. Magdeb. W. R. ab a. 1261, §§. 16. 23 bei Gaupp S. 233 flg. (»in hegeteme dinge vor den schephenen und vor dem rechtere«), ebenso nach Magdeb. Görlitzer R. v. 1304, §. 22 (bei Kraut §. 78, N. 43), ferner nach dem Magd. Breslauer system. Schöffenrecht aus der Mitte des 14. Jahrh. (edirt v. Laband, 1863) IV. 1. c. 21. 23: Kouf . . . von hof adir erbe vor richter vor schepphin in gehegtem dinge . . . . ob ers mit schepphin adir mit eryn briffen bewisen mag . . . . zo is der hof syn. Auch das ins Böhmische übersetzte sächs. Weichbildrecht (aus dem Anfang des 14. Jahrh.) erwähnt bloß

Nichts kommt (von Fälschung abgesehen) auf die Parteienerklärung (cf. Urtheile bei Jireček II. 2. S. 37), nichts kommt, soweit der Eintrag vorgeschrieben war, auf den faktischen Besitz an — es wäre denn unvordenkliche Verjährung nachweisbar; entscheidend ist einzig u. allein der Bucheintrag[113a]; daher wird auch die Bestreitungsfrist v. 3 Jahren und 18 Wochen vom Tage des Eintrags berechnet.[114] Diese Zu-

---

die Übertragung vor Gericht, art. XX.: eyn geheget ding vor die vier bencke. Denkmäler d. Mittelalt., her. v. Daniels, Gruben, Kühns II., dazu Laband, S. 172 flg. Ebenso der Verm. Sachs. Sp. I. 45. Ähnlich das Prager Stat. R. c. 70. 107. 109. 121. 136, Brünner Schöffenb. art. 322, Iglaner Stadtr. aus dem 13. Jahrh. (Codex J. B. I. S. 82 flg., art. XI—XIII), dazu Note 83. 85, und Tomaschek, Deutsch. R. p. 88. 225. — Auch das flämische Recht, welches offenbar der älteren Redaktion des Iglauer St. R. zur Grundlage dienie und auch das Altprager Stdt. R. beeinflußte, verlangt nur die Auflassung vor Gericht. S. Tomaschek S. 86 flg., und Stobbe S. 193. Die süddeutschen Städte (insbes. Augsburg) verlangen zumeist nicht einmal Auflassung vor Gericht. Vgl. Stobbe S. 180 flg. — Erst später wurde in der Magdeburger Städtegruppe der Bucheintrag üblich; er hatte aber (anders als nach Landtafelrecht, s. N. 44) zunächst nur die Bedeutung des Beweises der Auflassung; erst später (ungefähr um die Wende des 15. Jahrh.) erlangte in vielen Städten der Eintrag jene Bedeutung, welche früher der Auflassung zukam, d. i. die Wirkung des Rechtserwerbes. (Vgl. Stobbe S. 211 flg., Planck II. S. 204.) Nur in Lübek und m. E. auch in Hamburg (u. Stade?) (s. oben Note 19) ist schon in älterer Zeit der Bucheintrag eine Voraussetzung für den Erwerb des dinglichen Rechtes. Eine Berührung oder Beeinflussung des böhm. Landrechtes durch diese Stadtrechte ist derzeit unerfindlich — ganz abgesehen davon, daß selbst nach diesen Rechten der Eingetragene nach Jahr und Tag noch immer sein Recht beschwören mußte (Laband, Klagen u. sächs. R. S. 330. 340 flg.) und daß die böhmische Landtafel, die zugleich Staats- und Prozeßarchiv war, anders eingerichtet war als die Stadtbücher in Lübeck und Hamburg. (Das Hamb.-Lübecker St. R. verbreitet sich hauptsächlich an den Küsten der Nord- und Ostsee. Vgl. Stobbe, Gesch. der deutsch. Rechtsquellen, S. 541. 543.) Die Bestimmung des bayer. L. R. v. 1346 über den Eintrag des Pfandrechts in das Gerichtsbuch ist späteren Datums als die übrigens auch viel weiter reichende Übung in Böhmen.

113a) Spruch bei Jireč. II. 2. S. 37 ab a. 1389: Pamět' na samých deskách a ne na úřednícich záleží (das Buchzeugniß — nicht das der Beamten ist entscheidend.)

114) Landrechtssprüche v. 1320—1348. Cod. J. B. II. 2. pag. 19—23. 24. Vlad. L. O., Arch. Č. V. art. 219 flg. (p. 124) und art. 525—529 (p. 249), Rechtsbuch Všehrd VII. 34. 39—41. (Modifikation bei Mündeln: Cimburk S. 44; dazu später: V. L. Ordn. J. 10. 20, O. 19, P. 21, Nov. Decl. LI. 1; dazu Haan S. 64 flg.; Böhm. St. R. lit. G. 51.) Anders nach den Quellen des Magdeburger St. R.; hier verlieh nur der auf Grund der (mündlichen) gerichtlichen Auflassung erworbene, durch Jahr und Tag unangefochten gebliebene faktische Besitz des Gutes die rechte Gewere. (Nach anderen Stadtrechten genügt der faktische Besitz an sich [ohne qualifizirten Anfang] und der Zeitablauf. Vgl. Stobbe

rückstellung des factischen Besitzes gegenüber dem Buchstande war die nothwendige Folge der in der zweiten Hälfte des 14. Jahrh. zur unbestrittenen Geltung gelangten Rechtsanschauung, welche den derivativen Eigenthumsübergang unter Lebenden an den landtäfl. Eintrag knüpft und diesbezüglich weder den Erwerb durch Tradition auerkennt, noch selbst der Naturalersitzung Wirkung einräumt. So wird denn auch später ausdrücklich und folgerichtig ausgesprochen: Contra tabulas nulla valet usurpatio. Vgl. die Vern. L. Ordn. P. 21, dazu die diesen Artikel „erklärende" Nov. decl. LI. 1. 2: „daß der possessor selbiges Gut in der Landtafel erblich gehabt und damit besessen haben müsse." (Damit stimmten auch die oben §. 17 N. 1 angeführten Entwürfe des Cod. Ther. und Horten überein.) Nach Ablauf der Bestreitungsfrist ist das eingetragene Recht unumstößlich erworben. Es schafft also der Eintrag gegen Jedermann absolutes, formelles Recht; der materielle Mangel wird durch die Form und die Verjährung des Bestreitungsrechtes ersetzt. Damit war das Prinzip der Publizität — der Verläßlichkeit u. Vertrauenswürdigkeit — der Landtafel anerkannt; zum Überflusse ist dasselbe auch klar und nachdrücklich ausgesprochen.[115] Kurz der Eintrag hatte schon in jener Zeit wesentlich dieselbe materiellrechtliche Bedeutung wie nach heutigem Grundbuchsrechte. Bemerkenswerth ist, daß für die Entwicklung des Grundbuchswesens in Deutschland das Stadtrecht, in Böhmen und Österreich hingegen das Landrecht den Ausgangspunkt bildet.[116]

Die gegen meine Auffassung bezüglich der Bedeutungslosigkeit des factischen Besitzes von Krasnopolski, Grünh. Zeitschr. XI.

---

§. 74, A. 2, Laband S. 158. 165. 295 flg. 303.) Nur in jenen Städten (bes. Lübeck, Hamburg), wo der Bucheintrag den Erwerb begründete, wird die rechte Gewere nach Ablauf von Jahr und Tag, von der Inskription gerechnet, erworben. Vgl. Stobbe §. 74, Abs. 3 und XII. S. 266, N. 189. Auch in diesem Punkte steht das hanseatische dem böhm. Landtafelrecht nahe.

115) Vgl. die in Nr. 44—47 cit. Stellen, dazu Note 23. Anders in der Regel nach deutsch. Recht. Die „rechte Gewere", welche durch Zeitablauf erworben wird, ist keine erwerbende Verjährung, sie macht nur den Besitz, bezieh. den Rechtserwerb unanfechtbar, und zwar nicht absolut, sondern nur relativ gegenüber denjenigen, deren Anspruch präkludirt ist. Vergl. Stobbe §. 74, A. 5 und über die Fristen §. 74, A. 2. — Die böhmische landrechtliche Frist von 3 Jahren 18 Wochen ist in Deutschland nicht üblich; über den Sinn derselben vgl. Note 47.

116) Vgl. N. 16—19 u. 29.

S. 530 flg., Krit. V. Schr. 27. S. 494 erhobenen, von mir genau erwogenen Bedenken konnten meine Überzeugung nicht erschüttern. Ich lasse dahingestellt, ob die in die erste Hälfte des 14. Jahrhunderts fallende Redaction des art. 71 des Ordo jud. terrae bloß oder auch den physischen Triennalbesitz im Auge hatte und erwähne nur, daß die Glosse zu art. 74 schon vom Eintrag in die Landtafel spricht: tabulae in omnibus causis loco testium producuntur et eisdem productis omnino statur, im böhm. Original heißt es: Gegen den, der die Landtafel ... für sich hat, sind Zeugen machtlos.[116a] Aber gewiß ist, daß seit der 2. Hälfte des 14. Jahrhunderts nur der bücherliche Triennal-Besitz (Eintrag) unanfechtbares Recht schafft. Der Versuch K.'s, in den bezüglichen Stellen auch den Naturalbesitz zu subintelligiren, widerspricht nicht nur dem oben nachgewiesenen Grundgedanken des Landtafelrechtes, sondern auch dem anerkannten Sprachgebrauche der Landtafelspruchpraxis (držeti = dskami držeti, Besitz = Tabularbesitz, vergl. z. B. Všehrd VII. 37 V. 5; vergl. Rosenb. R. B. 197, auch Czyhlarz, Grünh. Ztschr. X. S. 283) und beruht zum Theile auf einem sprachlichen Mißverständnisse der böhm. Rechtsquellen; wie sofort gezeigt werden soll:

Der Landrechtsspruch v. 17. März 1348 (Jireček, II. 2. S. 23) bestimmt: Ut nullum juris praejudicium ... oriatur ..., siquis in hereditatibus suis per donationem, emptionem, unionem cum aliis vel alio seu testationem vel (recte sc. intabulatione) quovis modo seu titulo alio acquisitis — exceptis dumtaxat hereditatibus in foro judicialiter obtentis (d. h. Exekutionen) — cum camerario a beneficiariis Prag. dato infra tres annos et sex (recte: octodecim) septimanas a die assecutionis hereditatum earumdem non fuerit dominatus, quorundam prava adinventione seu consuetudine dominationis praedictae quae potius corruptela dicenda est ... non obstante. Unzweifelhaft hat aber dieser Spruch nicht den factischen, sondern nur den Tabularbesitz im Sinn, denn das böhm. Original sagt: daß Niemand Schaden leiden solle an seinem Grunderbe oder an den Rechten, welche ihm zufielen nach Verwandten oder Erbverbrüderten (spolek)

116a) Znamenaj (Beachte): Žádní svědci proti dskám moci nemají! Vgl. z. B. Reliq. tab. 83. 89. 93 u. a.

oder durch was immer für eine Eintragung, wenn er nach dem Anfall der Gründe binnen 3 Jahren 18 Wochen sich nicht durch den Prager Kämmerer in den Besitz einführen ließ. In der lat. Übersetzung fehlt gerade das entscheidende Wort: Eintragung: »zápisem«! Einverstanden bin ich aber mit K. S. 501 flg., daß unter der prava adinventio etc. die factische gerichtliche Besitzeinweisung des Erwerbers zu verstehen sei und daß jener Spruch v. J. 1348 dieser »prava adinventio« etc., welche durch den Entwurf Majestas Carol. (ca. 1333—1346) für allen Gütererwerb zum Gesetz erhoben werden sollte, Einhalt gebieten wollte und m. E. in der That Einhalt gethan hat. — Eine weitere Bestätigung meiner Auffassung liegt in der Wiederholung des hergebrachten Rechtssatzes durch die böhm. L. Ordn. v. 1549 lit. E. 36: Wer ein Erbgut vor dem Brande der Landtafel (1541) mittelst derselben durch 3 Jahre 18 Wochen unbestritten besaß, soll dabei belassen werden (zuostaven býti); konnte dieser Beweis nicht erbracht werden, so konnte der angemeldete Eintrag in die neuangelegte Landtafel nur nach vorgängiger öff. Proclamation der bücherlichen Anmeldung und nach Ablauf jener Verjährungsfrist erfolgen. — Irrthümlich ist die Berufung K.'s S. 498 auf das Rechtsbuch Všehrd's VI. 42 — eine nicht genau gefaßte Stelle, die nur im Zusammenhange mit den vorhergehenden Kapiteln, insbes. VI. 41 zu erklären ist).[116b] — Endlich muß sehr beachtet werden, daß

116b) Zum besseren Verständniß sei bemerkt, daß bei Erbanfällen des ungetheilten Gutes an die nächsten Verwandten nach der Idee des Gesammteigenthums ursprünglich ein neuer Eintrag der Letzteren und deren Einweisung nicht nöthig war; wenn jedoch das eingetragene Familienhaupt — um den Heimfall an den König zu verhindern, für den Fall des Vorversterbens seiner Verwandten einen Dritten zur Besitznahme des Erbgutes (aby se uvázali, zápis komorníkem) berief, und dieser bedingt berufene — nicht intabulirte Dritte sein Recht durch Besitzergreifung mittelst des Kämmerers durch 3 Jahre 18 Wochen unterließ, so verschwieg er sein Recht. Auch hier wird somit die bücherliche Vorschreibung der Verwandten vorausgesetzt, da ja Všehrd S. 297 Z. 22. 33 erwähnt, daß die Verschweigung auch dann statthat, wenn der Dritte gegen spätere Eintragungen keinen Einspruch erhob — ja selbst, wenn der Dritte im fact. Besitze wäre. (Dazu Czyhlarz, X. S. 277 flg.) Die Worte Všehrd's „wer das Erbe durch 3 J. 18 W. besitzt, soll es behalten" (má toho užiti heißt nicht: „hat dessen Genuß", wie K. irrig übersetzt) können hier — gleich wie die gleichlautenden Normen der Vlad. L. Ordn. von 1500 Nr. 119 flg., cfr. L. Ordn. v. 1530 Nr. 119. 120, L. Ordn. 1549 G. 35 flg. (dazu F. 26. E. 43) — nur auf den bücherlichen Triennalbesitz bezogen werden, zumal sonst ein Widerspruch mit den sonstigen Grundlehren Všehrd's vorläge, insbes. mit dem

die Verschweigung des Bestreitungsrechts (odpor) nur gegen landtäfliche Eintragungen (nicht aber gegen die Ergreifung des Naturalbesitzes durch die Partei) möglich war, und daß der „unbestrittene Besitz" d. i. der in Friedenszeit ruhige Ablauf der landesüblichen Verschweigungsfrist eben in der Nichtbestreitung des landtäflichen Eintrags mittelst des Odpors beruhte. Belege hiefür bietet die ausführliche Darstellung Všehrd's VII. 34—49 in überreichem Maße.[116c] Vgl. dazu die Sententiae a judicio terrae latae bei Jireček III. 2. S. 5 flg. Als Stütze für die Ansicht K.'s können aber nicht die von ihm S. 501 angeführten Stellen der Reliquiae tabul. I. S. 118. 125 angesehen werden. Denn die letzte angeführte Stelle (S. 125 Nr. 53) spricht wie so viele andere (Jireček, III. 2. 29. 30 flg.) vom althergebrachten, unangefochtenen Besitze, also von der unvordenklichen Verjährung (ex quo citatus tak starodavné drženie má .... na to nižádny nesahal; cfr. Ojiř, bei Jireč. a. O. S. 30.) Die erstangeführte Stelle aber (Rel. I. S. 118 Nr. 21) ist wohl nicht korrekt gefaßt; es mußten sich wohl beide Theile auf die tabulae berufen haben, da die Richter (theilweise eben dieselben) wörtlich nur denselben alten landrechtlichen Grundsatz (Note 116[b]) anwenden, den sie kurz vorher (Rel. tab. I. S. 112) in einem Falle zur Geltung brachten, wo beide Theile sich auf die Landtafel beriefen. (Spruch v. J. 1438).[116d]

Satze: Těch desk ... žádný přesvědciti nemóž. (IV. 2. §. 13: Niemand kann die Landtafel überweisen!) Cfr. Reliquiae tab. I. S. 133 flg. Nr. 63. 65 u. a.

116c) Vgl. VI. 34: Odpor jest .... všeliké spravedlnosti lidské, která se do desk jakým koli spůsobem ... klade, obecná obrana a nárok etc. (Der „Einspruch" ist die allgemeine Abwehr und Klage gegen jedwede Gerechtigkeit, welche auf welch' immer Weise in die Landtafel eingetragen wurde.) Der Odpor muß bei der Landtafel eingeschrieben werden und die Verjährung wird von hier ab berechnet.

116d) Der berufene Spruch lautet: Kdož by koli za krále Václ. pokojně které dědiny držal tři leta a 18 neděl bez nárokuov vedle řádu a práva zemsk., aby přitom zuostal. (Wer zu K. Wenzel's Zeiten Gründe ruhig durch 3 Jahre 18 Wochen besaß ohne Einspruch nach Landesrecht, soll dabei erhalten bleiben.) Nur Einen Spruch ohne Datum fand ich (Jireček, a. a. O.), welcher schon dreijährigen Besitz gegen die Landtafel schützt; allein dieses vereinzelte — wie es scheint corrumpirte — Excerpt kann gegen die Masse der entgegenstehenden Sprüche nicht ins Gewicht fallen; vielleicht auch haben wir es hier mit jener prava adinventio, imo corruptela zu thun, welche in dem Spruch von 1348 so energisch verworfen wird?

§. 19. Das allgemeine Grundbuchsgesetz vom 25. Juli 1871. Die Neuanlegung der öffentlichen Bücher.

Wir bemerkten bereits, daß weder durch die Einführung des A. B. G. B.'s noch durch die kaiserliche V. vom 16. März 1851 Z. 67 R. G. B. in dem materiellen Grundbuchsrechte eine Änderung bewirkt wurde.[1] Wiederholte Anläufe zur Erlassung einer Grundbuchsordnung für alle oder doch die sog. deutschen Erbländer, welche während der ersten Hälfte dieses Jahrhunderts gemacht wurden, blieben ohne praktischen Erfolg.[2] Nach der Ausdehnung der Herrschaft des

---

1) Literatur. Die ältere, vor der Grundbuchsordn. v. 25. Juli 1871 erschienene Literatur ist bei Stubenrauch, Komm. zu §. 431 angeführt. Die bedeutenderen Schriften sind, abgesehen von den tüchtigen Aufsätzen Kopezky's in der Zeitschrift f. österr. Rechtsg. 1830, 1834—1838, 1845—1847: Schopf, Die Grundbuchsverfassung i. d. deutsch., böhm. und galiz. Provinzen, Wien 1837, Hasner's und Benoni's schon (N. 13 u. 71) genannte Schriften; Aussez, Darstellung der Landtafel und Grundbuchsordnung 2c. 1846, Minasiewicz, Systematische Darstellung des Tabularbesitzes 2c. (Lemb. 1832), Klepsch, Das österr. Tabularrecht (Prag 1862), Füger von Rechtborn, Syst. Darstellung der Rechtswirkungen der Einträge in die öffentl. Bücher (1865). Rechtsgeschichtlichen Inhalts sind die N. 3. 28. 65 cit. Schriften von Demuth, Haan, Randa, Johanny, Maasburg, Krasnopolski, Čelakovský, dazu dessen Č. dějiny právní (1892). Von neuern Schriften vergl. bes. A. Exner, Das österr. Hypothekenrecht I. 1876, Schiffner §§. 90—113, Burckhard, III. §§. 159—192 mit fleiß. Literatur-Angaben. (Für Manipulationsbeamte: Vgl. Presern, Komm. z. allg. Grundbuchsgesetze 1875, Fr. Offenhuber, Handbuch über das Grundbuchswesen (1880); Das öff. Buch (1891, 2. Aufl.), Bartsch, Das a. ö. Grundbuchsges. 2c. (2. Aufl. 1891). Größere Abhandlungen über die Grundfragen: Unger, Ger. Z. 1868. Nr. 25. 26, Krainz, Das leitende Prinzip der bücherlichen Rechte, Ger. Z. 1868. Nr. 95 flg., 1869. Nr. 13, dazu Syst. §§. 332. 333, Exner, Publizitätsprinzip 1870, und dazu die Erörterungen von Randa, Ger. Z. 1871. Nr. 36 flg., 1872. Nr. 33 flg., Strohal, Zur Lehre vom Eigenthum 1876, Krasnopolski, Grünh. Zeitsch. 8, 516 flg. — Handausgabe der österreichischen Reichs- und Landes-Grundbuchgesetze im 18. Bde. der Manz'schen Taschenausg. Die Vorarbeiten bei Kaserer (s. Note 6). Von außeröstern. partikularrechtlichen neueren Schriften sind außer der rechtsstatistischen Monographie Mascher's, Das deutsche Grundb.- und Hyp. Wesen (1869) hervorzuheben: Regelsberger, Das bayer. Hypothekenrecht (1874. 1877), Förster, Preuß. Grundbuchsrecht (1872), Bähr, Die preuß. Gesetzentwürfe in Ihering's Jahrb. XI. S. 1 flg. Dernburg-Hinrich's, Preuß. Hypothekenr. (1877), Bahlmann, Das preuß. Grundbuchsrecht (2. Aufl. 1872), Meibom, Das mecklenburg. Hypothekenrecht (1871), Platner, Sachenrecht (kurhess. 1875), Römer, Württemberg. Unterpfandsrecht (1876), Puchelt, Rheinisch-franz. Hypothekenrecht (1876). — Der Aufsatz Čelakovský's: Desky in der böhm. Encyklopädie kam mir erst bei der Korrektur zu Gesicht.

2) Dahin gehört insbes. der von Konrad v. Gärtner abgefaßte u. motivirte

A. B. G. B.'s über die Länder der ungarischen Krone wurde von der österr. Regierung mit der Min. Verordn. v. 15. Dezember 1855 Z. 222 R. G. Bl. für Ungarn, Kroatien-Slavonien, die serbische Woiwodschaft und das Temeser Banat[3] eine neue provisorische, die sog. ungarische Grundbuchsordnung eingeführt, welche den ersten annähernd gelungenen Kodifikationsversuch des gesammten österreichischen materiellen und formellen Grundbuchsrechtes darstellt. Im Ganzen und Großen auf den Grundsätzen des in (West-)Österreich geltenden Rechtes beruhend, bietet dieselbe nicht nur eine gesunde Fortentwicklung derselben, sondern weist auch eine im Geist der altösterr. Gesetzgebung gehaltene Ergänzung zahlreicher Lücken und eine sichtliche Verbesserung fühlbar gewordener Mängel auf.[4] Mit unendlicher Mühe und großen Opfern wurden von den kaiserlichen Gerichten in Ungarn Grundbücher nach gutem Muster angelegt. Rasch schlug das daselbst bisher unbekannte Tabularinstitut kräftige Wurzeln und fand so allgemeinen Beifall, daß dasselbe von dem Sturme, welcher nach der Wiedereinführung der ungarischen Administration (1861) fast die gesammte (seit 1850 daselbst eingeführte) österr. Gesetzgebung hinwegfegte, einzig und allein verschont blieb.[5] Auf Grundlage der

---

Entwurf einer Grundb. Ordn. (159 §§.), welcher 1823—1825 durchberathen und 1847 zur a. h. Sanktion vorgelegt wurde; ferner der Prager Entwurf (Refer. Taschek v. J. 1848). Das ungar. Grundb. Ges. ist bekanntlich von Professor Wessely ausgearbeitet worden. Vgl. hierüber Krasnopolski, Legalisirungszw. S. 22 flg. Vgl. Note 5a.

3) Für Bergwerke waren durch das allgem. Berggesetz vom 23. Mai 1854 Nr. 146, R. G. B. §. 108—122, 253—268 für die ganze Monarchie angemessene Normen über den Eintrag des Bergwerkseigenthums und anderer dinglicher Rechte an Bergwerken erlassen worden. Dazu vgl. Min.-V. vom 24. Febr. 1850, Z. 73 u. vom 9. Septbr. 1859, Z. 166 R. G. Bl. und Schneider, Die Berggerichtsbarkeit S. 29 flg. Diese Normen behielten neben dem Gr. G. v. 25. Juli 1871 (art. IV.) ihre Geltung. Bereits im J. 1850 wurde die Führung der Bergbücher jenen Senaten der Gerichtshöfe erster Instanz übertragen, welche mit der Ausübung der Berggerichtsbarkeit betraut wurden. Die Zusammenstellung der bezüglichen Normen s. in der Manz. Ausgabe 18, S. 86 flg.

4) Für Siebenbürgen vgl. die Minist. V. v. 22. Dezember 1852, N. 4, R. G. Bl. (v. J. 1853.)

5) Mit der Grundbuchsordnung v. J. 1855 blieben auch die mit derselben im Zusammenhange stehenden, auf den Erwerb und Verlust dinglicher Rechte sich beziehenden Bestimmungen des österr. A. B. G. B. in Kraft. Beschlüsse der Judex-Curial-Konferenz v. Juli 1861, §§. 21 u. 145—158. — Übrigens blieb das österr. bürgerliche Gesetzbuch in den sogen. ungar. Nebenländern: Croatien, Slavo-

ungar. G. B. Ordn. verfaßte die Regierung den Entwurf eines für die ganze Monarchie (mit Ausnahme der Militärgrenze) berechneten einheitlichen Grundbuchsgesetzes, welcher 1858 mit Motiven im Druck erschien. Dieser Entwurf wurde im J. 1863 neuerdings umgearbeitet und in den J. 1863 und 1864 sammt einem Entwurf über die Neuanlegung und Ergänzung von Grundbüchern den Landtagen zur Begutachtung vorgelegt. In Folge des Umstandes, daß das Staatsgrundgesetz v. 21. Dez. 1867 Z. 141 §. 11 lit. k. die Gesetzgebung über die „innere Einrichtung der öff. Bücher" der Kompetenz der Landtage zuwies, ergab sich die Nothwendigkeit der Umarbeitung beider Entwürfe, insbes. der Ausscheidung der auf den letztgedachten Punkt sich beziehenden Vorschriften. Nach dieser Umgestaltung wurde der neue Entwurf des Grundbuchsgesetzes am 24. Dez. 1869 zuerst dem Herrnhause vorgelegt, von der juridischen Kommission desselben in mehreren Punkten geändert, zum Theil auch neu redigirt und mit einigen Modifikationen vom Plenum des Herrenhauses (1870) angenommen. Die Regierung nahm den so modifizirten Entwurf an und brachte denselben 1871 im Abgeordnetenhause als Regierungsvorlage ein. Letzteres acceptirte denselben mit geringen Änderungen am 28. Juni 1871, das Herrenhaus trat am 5. Juli d. J. den Beschlüssen des Abgeordnetenhauses bei und der Gesetzentwurf erhielt am 25. Juli 1871 die kaiserliche Genehmigung.[5a]

Das neue Grundbuchsgesetz v. 25. Juli 1871 Z. 95 R. G. Bl. (kundgemacht am 15. August d. J.) trat am 15. Febr. 1872 in Wirksamkeit[6] und gilt in der ganzen westlichen Reichshälfte (den im österr. Reichsrath vertretenen Ländern) in Ansehung aller öff. Bücher (Land- und Lehentafeln, Grund-, Stadt-, Bergbücher),

---

nien u. Siebenbürgen, sowie in der Militärgrenze bis heute in Kraft, da sich die Beschlüsse der J.-C.-Konferenz bloß auf Ungarn im engern Sinne beziehen.

5a) Nach der Relation v. Maasburg's Gesch. d. oberst. G. Hofes. S. 92 flg. und Krasnopolski's, Grünh. Ztschr. 11. S. 564 flg. bildet der von Gärtner für Salzburg ausgearbeitete (nicht publicirte) Entwurf v. J. 1847, die Grundlage der gegenwärtigen Grundb. Ordn.; mit a. h. Entschl. v. 7. März 1846 war vorher der Grundsatz aufgestellt worden, daß das Grundbuch die Katastralnummern u. Culturgattungen der eingetragenen Realitäten enthalten u. mit dem stabilen Kataster in Einklang gebracht werden solle.

6) Die Regierungsvorlagen, Kommissionsberichte und Reichstagsverhandlungen, welche sich auf das neue Gr. G. B. beziehen, sind sorgfältig gesammelt und edirt v. Kaserer, Österr. Gesetz mit Materialien XV.

— allerdings unter der Voraussetzung, daß überhaupt über die bezüglichen Immobilien, bez. über die „Erwerbung, Beschränkung und Aufhebung dinglicher Rechte“ an denselben öffentliche Bücher geführt werden (art. II. III. Gr. G.).[7] Diese Voraussetzung trifft schon derzeit in Ansehung des größten Theiles der Monarchie zu,[8] vollständig realisirt wird dieselbe erst sein nach Durchführung der Gesetze über die Anlegung neuer Grundbücher in allen Kronländern.[9] (Nach dem österr. Muster wurde das Institut der Grundbücher mit der Gr. Ord. v. 13. Sept. 1884 auch in Bosnien und der Herzegowina eingeführt und sind die Grundbücher bereits in 34 Bezirken in Wirksamkeit, während in 17 Bezirken die Vorarbeiten im Zuge sind. Vergl. Eichler, das Justizwesen in Bosnien ꝛc. 1889 und Ger. Zeit. 1893 Nr. 1.)

Nebst dem allgemeinen Gr. G. sind nachstehende neuere auf die

---

7) Vgl. J. Min. Erl. v. 7. Febr. 1872, K. 1438. Wo öffentliche Bücher erst neu errichtet werden, tritt das nene Gr. G. „für jedes neu errichtete Grundbuch“ mit dem Tage in Wirksamkeit, an welchem die Führung desselben beginnt. (Art. II. Gr. G.)

8) In Böhmen, Mähren, Schlesien, Ober- u. Nieder-Österreich, Salzburg, Steiermark, Kärnten, Krain, Görz, Istrien, Triest, Bukowina bestehen derzeit (1893) durchwegs schon neuangelegte öffentliche Bücher. In Galizien sind nebst der Landtafel in Lemberg die neuen Grundbücher bis auf 88 Katastralgemeinden gleichfalls bereits angelegt. — Ehedem bestanden in Görz uud Istrien nur Notifikenbücher, in Krakau und Dalmatien bloß Hypothekenbücher; derzeit sind jedoch schon die neuen Grundbücher überall fertig gestellt; (dazu vgl. den Bericht d. Jur. Bl. 1892 Nr. 38); nur in Tirol und Vorarlberg bestehen bloß Verfachbücher. Vgl. Haan S. 96, 97, Exner, Hyp. S. 7, N. 16, Schiffner §. 91, N. 13—16. Die Notifikenbücher können als „öffentliche“ Bücher nicht angesehen werden, wohl aber die Verfachbücher in Tirol u. Vorarlberg (s. oben S. 431), da durch die J. M. V. v. 22. April 1854, Z. 101 R. G. Bl. ausdrücklich erklärt wurde, daß auch zur Erwerbung des Eigenthums einer Realität die Eintragung der Urkunde in das Verfachbuch erforderlich ist; derselbe Grundsatz galt schon früher in Ansehung der Hypotheken, vgl. dazu das Ges. v. 27. März 1869 Z. 42 R. G. Bl. über die Umwandlung der stillschweigenden und Generalhypotheken in Spezialhypotheken. So auch d. Entsch. d. O. G. Hofs v. 22. April 1875 Z. 3133. (Jur. Bl. 1875 Nr, 27.) Auf die innere (wenn auch unvollkommene) Einrichtung des Buchs kommt nichts an. (And. A. Exner a. O. N. 16, dazu J. B. 1876 N. 43). (Bezüglich der Hypothekenbücher in Dalmatien wurde schon mit Ges. v. 20. März 1872 Z. 79 R. G. Bl. die Inskription von Spezialhypotheken verordnet.)

9) Mängel derselben: Nicht immer klar erkannte und konsequent durchgeführte Prinzipien, Weitschweifigkeit und Ungenauigkeit der Textirung, übermäßiger Formalismus.

Grundbuchsinstitution Bezug nehmende wichtigere Spezialgesetze anzuführen:

1. Ges. v. 6. Febr. 1869 Z. 18 R. G. Bl. über das Verfahren bei der bücherlichen Zertheilung von Liegenschaften, dazu die J. M. E. v. 16. April 1871 Z. 3003.

2. Ges. v. 25. Juli 1871 Z. 18 R. G. Bl. über das im Falle der Anlegung, Ergänzung, Wiederherstellung oder Änderung von Grund- oder Bergbüchern zum Zwecke der Richtigstellung derselben einzuleitende Verfahren.

3. Das Ges. v. 19. Mai 1874 Z. 70 R. G. Bl. betreffend die Anlegung von Eisenbahnbüchern, und d. Vollzugsv. vom 31. Mai 1874 Z. 87.

4. Die Reichs- und Landesgesetze betreffend die Anlegung neuer Grundbücher und die innere Einrichtung derselben.[10] Von diesen Gesetzen wird sofort gehandelt werden. Nur so viel sei bemerkt, daß weder durch das allg. Grundbuchsgesetz noch durch die Gesetze über die Anlegung neuer Bücher die prinzipiellen Grundlagen des älteren Rechtes geändert wurden; der Fortschritt liegt bei Festhaltung des Realfoliensystems hauptsächlich in der Ergänzung des Grundbuchs durch das Gutsbestandsblatt, in der Ausfüllung mancher Lücken, in der verständigen Regelung mehrerer ehedem streitiger Fragen und in der Einheitlichkeit der Grundauffassung, welche durch die Vielheit der Landesgesetze glücklicher Weise nicht berührt wurde.[11] Obwohl in den meisten Kronländern Österreichs Grundbücher (Landtafeln, Stadt-, Grundbücher) bestanden, so war doch zum Theile die Führung derselben eine mangelhafte, indem dieselben der Hauptbuchform entbehrten[12]

---

10) Derzeit sind die neuen Grundbücher in allen Ländern (außer Tirol und Vorarlberg) bis auf einen kaum nennenswerthen Rest schon vollendet.

11) Das Ges. v. 24. April 1874 Z. 48 R. G. Bl. über die Wahrung der Rechte der Besitzer von Pfandbriefen u. Ges. v. 24. April 1874 Z. 49 R. G. Bl. über die bücherliche Behandlung der für Theilschuldverschreibungen eingeräumten Hypothekarrechte (dazu Ges. v. 5. Mai 1877 Z. 111 R. G. Bl.) betreffen das Hypothekarrecht.

12) Es wurde schon oben bemerkt, daß das „Hauptbuch, diese Grundfeste der Landtafel" (§. 1. L. T. P.) bei der böhm. mähr. Landtafel erst mit dem L. T. Pat. v. 1794 eingeführt wurde. Vgl. S. 426. Bei den Stadt- und Grundbüchern finden wir 1850 fast ausschließlich nur Instrumentenbücher, in welchen die Einträge nach Gemeinden chronologisch, regelmäßig ohne Scheidung der einzelnen Realitäten

und somit die erforderliche Übersichtlichkeit und Evidenz nicht gewährten, zum Theil — und dies war leider die Regel — vermißten wir auch dort, wo die Führung (wie bei den Landtafeln) eine musterhafte war, die verläßliche Angabe der **einzelnen Bestandtheile** des Grundbuchskörpers. Die Grundbücher enthielten nämlich zwar das Eigenthums- und Lastenblatt, — aber selten das **Gutsbestandsblatt**.

Um nun diesen Mängeln gründlich abzuhelfen und überall Grundbücher herzustellen, welche die genaue Übersicht der Gutsbestandtheile, der Eigenthumsverhältnisse und des Lastenstandes gewähren, wurden über Antrag der Regierung von den Landtagen (bez. vom Reichsrathe)[13] im Wesen gleichlautende Gesetze über die Anlegung **neuer** Grundbücher und deren innere **Einrichtung** beschlossen u. a. h. Orts sanktionirt.[14] Diese Gesetze sind:

1. Ges. v. 2. Juni 1874.	Z. 88. R. G. Bl.	für **Niederösterreich**	dazu die Just. Min. V. v. 10. Juli 1874 Z. 103.
2. " " "	Z. 89. "	" **Oberösterreich**	
3. " " "	Z. 90. "	" **Salzburg**	
4. " " "	Z. 91. "	" **Kärnten**	
5. " " "	Z. 97. "	" **Mähren**	
6. " " "	Z. 98. "	" **Schlesien**	

(ohne Realfolien) vorgenommen wurden. Eine nothdürftige Übersicht des Eigenthums- und Lastenbestandes vermittelten einerseits die Gewährbücher, welche den jeweiligen Eigenthümer angeben, und anderseits die „Juxtirungen" derselben (d. i. Berufungen auf die Satzbücher), sowie die Indices. Das Gewährbuch enthält somit einen Ansatz zum Hauptbuch. Durch die kais. Verordn. v. 16. März 1851 Z. 67 (§§. 7. 11), dazu Min. Delr. v. 24. Juli 1851 Z. 6772 — (ursprünglich für Österr., Böhmen, Mähren, Schlesien, Steiermark, Kärnten, Krain, mit V. v. 2. Mai 1851 Z. 107 auf Triest, Görz, Gradiska, Istrien u. mit V. v. 26. Juni 1851 Z. 157 auf Salzburg ausgedehnt) — wurde die Anlegung **vollständiger**, die Stelle des Hauptbuchs vertretender **Extrakte** über alle Realitäten verordnet, deren Besitz und Lastenstand in solchen mangelhaften Büchern enthalten war. Doch war die hierdurch beabsichtigte Reform der Stadt- und Grundbücher (allgemeine Einführung des Hauptbuchsystems) auch in der neuesten Zeit noch immer nicht vollständig durchgeführt. Vgl. **Exner** S. 16, **Maasburg** S. 56. In Galizien u. Bukowina erhielten sich selbst bei den Landtafeln die alten Urkundenbücher bis in die letzte Zeit. S. **Schiffner** §. 91. Nr. 20.

13) Mehrere Landtage haben nämlich auf Grund des §. 12 des St. G. G. v. 27. Dez. 1867 Nr. 141 dem Reichstag die Beschlußfassung über die bezüglichen Gesetzentwürfe überlassen. Vgl. die unter Zahl 1—7 angeführten Gesetze.

14) Wohl wäre es nicht ganz unmöglich gewesen, die bestehenden Bücher, soweit sie nach der Hauptbuchform richtig geführt wurden, durch die Einführung des **Gutsbestandsblattes** in die allenfalls neu angelegten Extrakte zu ergänzen. (Ohne Grund leugnen diese Möglichkeit die Regierungsmotive). Allein die **Hauptarbeit**: die Feststellung des Gutsbestandes wäre doch nimmer erspart worden. Die höchst

7. Ges. v. 11. März 1875. Z. 29 R. G. Bl. für Istrien, dazu die J. M. V. v. 16. März 1875. Z. 30 R. G. Bl. — ferner die Landesgesetze:

8. L. Ges. für Bukowina v. 8. März 1873. Z. 23 L. G. Bl. J. M. V. v. 8. Mai 1873. Z. 26.

9. L. Ges. für Galizien und Krakau v. 20. März 1874. Z. 29. Just. M. V. v. 18. Mai 1874. Z. 43 L. G. Bl.

10. L. G. für Krain v. 25. März 1874. L. G. Bl. 12. J. M. V. v. 18. Mai 1874. Z. 13.

11. L. G. für Steiermark v. 25. März 1874. L. G. Bl. 28. J. M. V. v. 18. Mai 1874. Z. 33.

12. L. G. für Görz und Gradiska v. 6. Novbr. 1874. Z. 2. L. G. Bl. J. M. V. v. 26. Febr. 1875. Z. 9 L. G. Bl.

13. L. G. für Böhmen v. 5. Dezember 1874. Z. 92 L. G. Bl. J. M. V. v. 8. Febr. 1875. Z. 13 L. G. Bl.

14. L. G. für Dalmatien v. 10. Febr. 1881. Z. 15 L. G. Bl. u. M. V. v. 7. Juni 1881. Z. 29 L. G. Bl.[14a]

Für die übrigen Länder, insbes. Tirol und Vorarlberg und Triest, sind bisher ähnliche Gesetze nicht erschienen.[15] (Zwei Triestiner Gesetzesvorlagen erhielten die kais. Genehmigung nicht.)

---

mühsame Neuanlegung der Grundbücher wurde daher binnen zwei Jahrzehnten vollendet.

14a) Dazu Pappafava, Etude sur les régistres fonciero en Damatie (1883).

15) Eine gute Übersicht gewährt der Abdruck der Landesgesetze und Vollzugsverordnungen in der Manz'schen Ausgabe 18. B. — Triest bedarf eines solchen Gesetzes nicht, da die dortige Landtafel gut eingerichtet ist. Vgl. Stubenrauch 4. Aufl. S. 521 flg. — Der Grund der Ablehnung der von der Regierung beantragten Einführung des österr. Grundbuchssystems Seitens der Landtage von Tirol u. Vorarlberg liegt in den ungeheuren Schwierigkeiten u. Kosten der eventuellen Anlegung neuer Grundbücher, welcher Umstand in der enormen Zersplitterung des Grund u. Bodens in Wälschtirol u. mehreren Thälern Deutschtirols seine Erklärung findet. Vgl. Mages, in der S. 432 N. 71 cit. Schrift; Mages selbst (Präsident des Tir. O. L. Gerichts) — der früher die Einführung des Grundbuchs empfohlen hatte, gewann später die Überzeugung, daß mit derselben der Bevölkerung u. der Regierung unverhältnißmäßige Opfer auferlegt würden S. 93. 189 flg. (Schon 1817 wurde diese Frage von der Centralregierung in Anregung gebracht u. 1821—1824 erneuert, doch nur das Appellat.-Ger. erklärte sich zustimmend, das Gubernium und der Landtag ablehnend.) Die jüngst in Tirol bestellte Commission „für die Reform der öff. Bücher" erklärte sich am 5. April 1893 für die Einführung des Grundbuchs, für die Aufnahme des öff. Guts in dasselbe, für die Angabe des Flächenausmaßes, jedoch gegen den Legalisirungszwang. (Vgl. Not. Z. 1893 N. 16.)

Bei der von Amtswegen vorzunehmenden Anlegung des „Gutsbestandsblattes" wird der revidirte Steuerkataster[16] zu Grunde gelegt (§§. 21 flg. G. Anl. G., §§. 10 flg. G. A. Inst., Ges. vom 23. Mai 1883. Z. 83 R. G. Bl., §§. 11. 40 flg. und Fin. M. Vollz. Vdg. v. 11. Juni 1883. Z. 91 zu §§. 10. 11. 40 jenes Ges.). Demzufolge sind auch die Katastralmappen ergänzende Bestandtheile der neuen Grundbücher geworden (vergl. Just. Min. V. vom

---

16) Nämlich der sog. stabile Kataster, dessen Errichtung, in West-Österreich auf Grund des k. Pat. v. 23. Dez. 1817 behufs Sicherstellung des Grundreinertrages in Angriff genommen, mehr als ein halbes Jahrhundert in Anspruch nahm u. dessen Revision mit Ges. v. 24. Mai 1869. Z. 88 R. G. Bl. verordnet wurde. (In Ostgalizien u. der Bukowina war der stabile Kataster, sowie die Evidenzhaltung desselben 1879 noch nicht durchgeführt. Ger. Z. 1879. Z. 3.) Die Vermessung der einzelnen Parzellen ist nunmehr eine genaue; dieselben sind in jeder Gemeinde mit fortlaufenden Nummern N. P. (Num. Parc.) bezeichnet. Die bezüglichen Mappen erliegen bei dem Steueramte des betreffenden Bezirks u. bei der betreffenden Gemeinde und ist Interessenten die Einsichtnahme gestattet; die Mappen des ganzen Kronlandes befinden sich im Mappenarchiv der Landessteuerbehörde. — Vom stabilen Kataster ist wohl zu unterscheiden der sog. josefinische oder ständische (Landes-) Kataster, dessen Errichtung Kaiser Josef II. mit Pat. v. 20. April 1785 behufs einer gerechten Vertheilung der Grundsteuerlast verordnete, dessen Angaben über Lage und Größe der Grundstücke minder genau sind (die Vermessung erfolgte meist durch das Landvolk selbst unter Leitung der Obrigkeiten); die fortlaufende Bezeichnung der einzelnen Parzellen in jeder Steuergemeinde ist: N. T. (Num. topograph.) Obwohl das josefinische Grundsteuersystem schon im J. 1790 von K. Leopold II. wieder aufgehoben wurde, so ist der ständige Kataster (abgesehen von der illusorischen Bedeutung des §. 2 des böhm. mähr. Landt. Pat. v. 1794) darum von Wichtigkeit, weil aus demselben entnommen werden kann, ob ein Grundstück dominikal (also in die Landtafel gehörig), rustikal oder städtisch ist. Als der böhmische Landtag 1875 die Auflassung der Evidenzhaltung des josefin. Landeskatasters beschloß, wurden sämmtliche Akten (Fassionsbücher, Grundsteuerregulirungselaborate ꝛc.) und Mappen dem Prager Landesgerichte übergeben. (Vgl. Chlupp, Direkte Steuern §. 20. §. 63, Maasburg S. 13. 88.) Den Parteien ist die Einsicht und die Erhebung von Amtszeugnissen gestattet. Die Steuer- und Gemeindeämter besitzen leider nicht einmal Kopien der josefinischen Mappen und Kataster. Da einerseits der josefinische Kataster nie gehörig in Evidenz gehalten, auch bei der Anlegung des stabilen Katasters auf den josefinischen gar keine (!) Rücksicht genommen wurde, andrerseits die böhm. u. mähr. Landtafel sich nur mit dem josefinischen Kataster (Num. Top.) regulirten, während bei Veräußerungen (ebenso bei Einträgen in den Stadt- und Grundbüchern) zur Bezeichnung der einzelnen Grundstücke bald der N. Top. des josef. Katasters, bald der N. Parc. des stabilen Katasters benutzt wurde, so entsprangen hieraus für den Immobiliarverkehr nicht selten unendliche Schwierigkeiten. Meist genügt allerdings schon die Vergleichung der josefin. u. stabilen Katastralmappen zur Konstatirung der Identität der hier u. dort anders bezeichneten Grundstücke; bisweilen ist aber der Sachverständigenbeweis unvermeidlich. Hierüber vgl. Sametz, Schutz des Grundeigenthums (Prag 1861). Diese Schwierigkeiten werden, bez. sind bereits nach Einführung der neuen Grundbücher entfallen.

11. April 1878. Z. 3676), und mit Recht verordnet daher die Fin. Min. Vollz. V. vom 11. Juni 1883. Z. 91 (zu §. 10) die „genaue Darstellung der Vermessungen auf den Mappen, weil zur Anlegung neuer Grundbücher und bei Veränderungen in der Eintragung derselben Kopien der Kastralmappen benutzt werden." Der Kataster wurde übrigens schon früher bei Rustikalgründen (ohne daß dies gesetzlich vorgeschrieben war) namentlich auf Grund des mit dem Ministerialerlaß v. 16. April 1871 Z. 3003 zur Berücksichtigung empfohlenen Plenarbeschlusses des obersten Gerichtshofs Judikat Nr. 70, Nr. 4056 Samml. Gl. U. W. in der Praxis bei der Durchführung bücherlicher Grundabtrennungen und behufs Ergänzung des Gutsbestandsblattes benutzt.[17] Das cit. Judikat vom 21. Februar 1871. Z. 456 erklärt nämlich: „In den Fällen der nach dem Gesetze vom 6. Februar 1869 R. G. Bl. Nr. 18 angesuchten Eröffnung einer

---

17) Daß der Kataster, welcher bloß Steuerzwecken dient, das Eigenthum des eingeschriebenen Besitzers (Steuerträgers) nicht beweise, ergiebt sich aus §. 111 A. G. O., §. 12. des cit. Pat. vom 20. April 1785 u. dem §. 39 der Instruktion v. 1. Mai 1819 über die Errichtung des Katasters. (Hierin trat selbst durch das Ges. v. 25. Mai 1883. Z. 83 (§. 1. 44) keine Änderung ein, da der Kataster auch in Zukunft „zum Zwecke der Steueranforderung an den jeweiligen faktischen Besitzer" in Evidenz zu halten ist.) Auch der Just. Min. Erl. v. 16. April 1871. Z. 3003 erkennt dies an, indem er — übereinstimmend mit der Judikatur des O. G. Hofes — dem Katastralauszug u. der Bestätigung des Gemeindeamtes bloß die Eigenschaft eines Bescheinigungsmittels über die Angehörigkeit einzelner Parzellen zur Stammwirthschaft zuerkennt und hauptsächlich darauf hinweist, daß die Durchführung bücherlicher Grundabtrennungen (§. 73 G. G.) geradezu unmöglich würde, wenn sich die Gerichte nicht mit dieser Bescheinigung begnügen würden. (Wie bemerkt, gaben die meisten Grundbücher über den Gutsbestand keine Auskunft.) Daß die Bestimmung des §. 2 des böhm. L. Taf. Pat. v. 1794 unpraktisch war, wurde bereits (S. 427) nachgewiesen. Es liegt auf der Hand, daß man die Schwierigkeit nicht durch die Behauptung umgehen konnte, daß es sich bei der Ergänzung des Gutsbestandsblattes nicht (?) um einen Eigenthumsbeweis .... sondern um die Zugehörigkeit der Parzelle zur Stammwirthschaft handeli. (So die Entsch. d. O. G. H. v. 30. März 1871, Ger. Z. 1871. Nr. 37 u. E. v. 8. Nov. 1878. Z. 3941, Ger. Z. 1878. Nr. 100). Denn die „Ersichtlichmachung" der Parzellen im Grundbuch soll ja das Eigenthum an denselben konstatiren. (Vgl. auch die Erkenntnisse Nr. 5126 Samml. Gl. U. W. u. Not. Z. 1878. Nr. 7 u. 18.) Die Praxis geht eben nur nicht fehl, wenn sie sich nach der zwingenden Lage der Umstände mit der hochgradigen Wahrscheinlichkeit begnügt. Über die Beweiskraft des „Giltbuchs" für die Zugehörigkeit von landtäfl. Realitäten (Hofd. v. 26. Januar 1781. Z. 4) vgl. die oberstger. E. Ger. Z. 1882. Nr. 66. Nur gegen die abgesonderte Auszeichnung einzelner Parzellen u. die Errichtung einer selbständigen Einlage ohne eine intabulationsfähige Urkunde (§. 74. Gr. G.) erklärt sich die oberger. Entsch. v. 17. Juli 1872. (Not. Zeit. 1878. Nr. 18.)

neuen bücherlichen Einlage für einen Theil von einem in den öffentlichen Büchern eingetragenen Gute, oder der Zuschreibung desselben zu einer bücherlichen Einlage genügt die Vorlage des amtlich beglaubigten, diese Zugehörigkeit ergebenden Auszugs aus dem Kataster und nebstbei des vom Gemeindeamt des Bezirks der Stammrealität ausgestellten Zeugnisses, daß das Trennstück zur Zeit bei dem Stammgut bewirthschaftet und besteuert wird." (Vgl. auch die Erk. Nr. 5126 und 5863 Samml. Gl. U. W., welche mit Recht die Vorlage vollbeweisender Urkunden bei der Neuanlegung, bez. Ergänzung des Grundbuches auch darum nicht postuliren, weil die Ediktalaufforderung die Rechte Dritter wahrt. Vgl. dazu Note 5 a.[17a]

Auch bei Streit darüber, ob eine Parzelle in das Grundbuch oder in das Verzeichniß des öffentlichen Guts einzutragen ist, findet das Richtigstellungsverfahren statt. (Vergl. Nr. 9349. 9684. 9785 Samml.); außer diesem Falle hat dasselbe auf das öffentliche Gut keine Anwendung.

Wo übrigens die bestehenden Bücher die Eigenthumsverhältnisse und den Lastenstand jeder Realität vollständig ausweisen, wird das Eigenthums- und Lastenblatt der bisher benutzten Bücher unverändert in die neuen Grundbücher aufgenommen, jedoch mit folgenden Modifikationen:

1. Können die mit dem Besitz der Liegenschaft verbundenen Rechte (Realrechte), insbes. Realservituten, welche bisher bücherlich nicht eingetragen waren, mit Einwilligung beider Parteien in das neu angelegte Grundbuch aufgenommen werden (§§. 21. 22. 23 G. Anl. Ges.). Auf andere dingliche Rechte, insbesondere Hypotheken, erstrecken sich dergleichen Erhebungen nicht.

2. Hat die Übertragung aller bereits gelöschten, sowie (auf Verlangen) solcher alter Satzposten, bei welchen die Bedingungen der Amortisirung (§§. 118flg. G. G.) bereits eingetreten sind, zu unterbleiben (§. 32 G. Anl. Ges.) Auch sind bei der Umschreibung alle Eintragungen zu beseitigen, welche dem allgem. Grundbuchsgesetze nicht entsprechen (§. 32).

3. In Ansehung jener Liegenschaften, welche bisher in einem öffentlichen Buche nicht eingetragen sind, erstrecken sich die Erhebungen

17a) Vgl. dazu Burckhard, III. §. 165.

bei Neuanlegung der Grundbücher auch auf die Eigenthumsrechte und die Dispositionsbeschränkungen der Eigenthümer, sowie auf die übliche Benennung der Grundbuchskörper und der einzelnen Bestandtheile derselben (§. 22 G. Anl. Ges.).

Das Richtigstellungsverfahren ist durch das Gesetz vom 25. Juli 1871. Z. 96 in der Hauptsache wie folgt geregelt: Sobald der Entwurf des neuen Grundbuchs für den ganzen Gerichtssprengel oder eine oder mehrere Katastralgemeinden beendet ist, hat das Oberlandesgericht den Tag der Eröffnung des neuen Grundbuchs durch Edikt bekannt zu machen und das Richtigstellungsverfahren einzuleiten. Dieses erste Edikt enthält die Belehrung, daß von jenem Tage an „bücherliche Rechte" nur durch die Eintragung in das neue Grundbuch erworben, geändert oder aufgehoben werden können, und bestimmt zur Anmeldung jener Personen, welche auf Grund eines früher erworbenen Rechtes a. Änderungen der „die Eigenthums- oder (!) Besitzverhältnisse betreffenden Eintragungen" in Anspruch nehmen, oder b. welche schon vordem Pfand-, Dienstbarkeits- oder sonstige verbücherungsfähige Rechte erworben haben, sofern diese Rechte (als zum alten Lastenstand gehörig) eingetragen werden sollen und nicht schon in's neue Grundbuch eingetragen wurden — eine Frist von mindestens einem Jahre und zwar mit dem Beisatze, daß die Fristversäumniß die Verwirkung des Rechts gegenüber denjenigen dritten Personen zur Folge habe, welche bücherliche Rechte im guten Glauben auf Grund der nicht bestrittenen Eintragungen erwerben (Wiedereinsetzung ist ausgeschlossen. §§. 1—7).[17b] Die Anmeldungen von Rechten lit. a. sind im neuen Grundbuch „anzumerken".[17c] Wird ein Einvernehmen der Parteien erzielt, so ist die Änderung vorzunehmen; wenn nicht, so ist der Anmeldende unter Bestimmung einer Frist auf den Rechtsweg zu weisen, nach deren fruchtlosem Ablauf die Anmerkung gelöscht wird (§§. 7—10). Die Rechte lit. b. sind — wenn erwiesen — als „alte Lasten" nachträglich einzutragen. — In ähnlicher Weise ist nach Ablauf der ersten Frist ein zweites Edikt mit einer mindestens sechs-

---

17b) Auch Eigenthumsrechte u. Servituten werden gegenüber dritten redlichen Besitzern (nicht gegenüber dem unmittelbaren Erwerber durch die unterlassene Anmeldung verwirkt. Vgl. Nr. 11600. 11609. 11808. 12199 u. a.

17c) Bei der Anmeldung alter Lasten bedarf es der Beibringung der Urkundenabschriften nicht. Vgl. Nr. 11706 Samml. Spruchrep. 137.

monatlichen Frist zu erlassen. Später können die unbestrittenen Eintragungen nur in Gemäßheit der allgemeinen Gesetze angefochten werden (§§. 14—18).

Ganz analog ist das Verfahren bei Ergänzung des Buches mittels Eintrags einer noch in keinem Grundbuche eingetragenen Liegenschaft geregelt (§. 20). Mit der Minist. Vdg. v. 9. Jänner 1889. Z. 621 (J. Min. Bl. 1889 Nr. 4) wurde in sinngemäßer Anwendnng des §. 1. lit. b. des Ges. v. 25. Juli 1871. Z. 96 der Vorgang bei Ergänzung der Grundbücher durch Eintragung von Liegenschaften, welche noch in keinem Grundbuch eingetragen sind, insbes. von Parzellen, welche früher öffentliches Gut waren, genauer und kürzer geregelt; der Beibringung der Kopien der Katastralmappen bedarf es nicht; es genügt die genaue Bezeichnung mittelst eines in Gemäßheit des Ges. v. 23. Mai 1883. Z. 82 (§. 1) angefertigten Situationsplans, sofern derselbe bei Theilungen überhaupt vorgeschrieben ist; die Verlautbarung in der Landeszeitung lann entfallen; dafür sind die Erhebungen mit den Interessenten eingehend zu pflegen sowie die Verlautbarungen in der betheiligten und in den Nachbargemeinden zu veranlassen. Das Obergericht kann, wenn die Liegenschaft öffentliches Gut gewesen ist, von dem Richtigstellungsverfahren im Sinn des §. 20 des cit. Ges. Umgang nehmen.

Eine gewisse Analogie zu dem Grundbuche bietet das Wasserbuch, welches von der politischen Behörde geführt wird, um die im Bezirke bereits bestehenden oder neu erworbenen Wasserbenutzungsrechte, soweit sie der behördlichen Bewilligung bedürfen, ersichtlich zu machen. (In zweifelhaften Fällen ist der ruhige Besitzstand anzumerken.) Vgl. §§. 57 und 101 bez. 99 L. W. Ges., dazu mein Wasserrecht S. 57. Das Wasserbuch hat jedoch nur den Charakter einer amtlichen Statistik. Auf den Bestand und Umfang der Wasserbenutzungs- oder der sonstigen auf Gewässer sich beziehenden Privatrechte haben die Eintragungen weder als Beweismittel des faktischen Besitzstandes noch in anderer Beziehung einen entscheidenden Einfluß. (So ausdrücklich der §. 99 des kärnth. L. W. G., s. auch §. 99 des oberösterr. L. W. G.) — Außerdem könnte leicht ein unlösbarer Widerspruch zwischen Grundbuch und Wasserbuch zu Tage lommen. Die näheren Bestimmungen über die Führung des Wasserbuches mit Wasserkarten- und Urkundensammlung enthalten die Ausführ. Min.

Verordnungen vom 20. September 1872 (bez. v. 1873) für die einzelnen Länder. — Entferntere Gegenstücke bilden: die Handels- und Genossenschaftsregister (Art. 12 H. G. B., Ges. v. 9. April 1873. Z. 70), die Privilegien-, Marken- und Muster-Register (Pr. Pat. v. 15. Aug. 1852. Z. 184. §. 31, Ges. v. 7. Dez. 1856. Z. 237, Ges. v. 6. Jänner 1890. Z. 19 R. G. Bl., dazu Schuloff, Ges. über Markenschutz (1890). Über noch andere Register vergl. Schiffner §. 90.

Der Kürze wegen soll in der Folge das allg. Grundbuchsgesetz von 1871 mit „G. G.", die Instruktion zum Vollzug derselben vom 12. Januar 1872. Z. 5 R. G. Bl. mit „G. Instr.", die Landes- (Reichs-)gesetze über Anlegung neuer Grundbücher mit „G. Anl. G." und die Vollzugsinstruktionen hiezu mit „G. Anl. Instr." bezeichnet werden.

§. 20. Die sog. innere Einrichtung der Grundbücher.

In die Grundbücher sind alle unbeweglichen Güter und alle Rechte, welche denselben (in dieser Beziehung) gleich zu achten sind,[1] aufzunehmen. (§. 2. G. Anl. G.) Zu diesen Rechten gehören natürlich nicht die mit dem Besitz unbeweglicher Sachen verbundenen Rechte (sog. Realrechte, §. 298 G. B.), welche vielmehr als juristische Annexe des Reales im Gutsbestandsblatte des betreffenden Gutes ersicht-

1) Zu diesen Rechten gehörten in einigen Ländern die vom Dominium abgesonderten, im ständischen Giltenbuche verzeichneten, und im Grundbuche eingetragenen Dominikalgewerberechte ohne Grundkomplex, Hofd. v. 12. Juni 1835 Z. 34, J. G. S. u. Min. V. v. 30. Juli 1850. Z. 317 R. G. (Michel Nr. 511 u. 518.) Zwar entstand die Frage, ob diese Rechte mit Rücksicht auf §§. 5 u. 21 G. Anl. G. („Liegenschaft") in die neuen Grundbücher aufzunehmen sind. Wawel, Streitfragen bei Neuanlegung &c. S. 1 flg., verneint dieselbe; desgleichen ein Erk. d. O. G. H. v. 27. Nov. 1877. Z. 13603 (das. S. 8). Allein m. E. ist dies Erktß. nicht zu rechtfertigen, zumal das fragliche Propinationsrecht bereits eine Einlage hatte. Vgl. auch die Erklärung des Justizministers im Herrenhaus bei Kaserer Mat. S. 215. — Sonst ist der Begriff „unbewegliche" Sachen in dem engern Sinne des §. 293, Abs. 1 B. G. B. zu nehmen. Vgl. dazu Unger §. 48, Kaserer S. 215 flg., Schiffner §§. 86. 94. — Die Bergbauberechtigung bildet den Gegenstand des Bergbuches; das vom Grunde abgesonderte Recht auf Naphthagewinnung bildet in Galizien u. in d. Bukowina den Gegenstand eines besonderen Naphthabuches. Vgl. Ges. v. 11. Mai 1884. Z. 71.

lich zu machen sind (§. 7 G. Anl. Ges.).[2] Ausgenommen ist von der Eintragung nach §. 2 dess. G.:

1. Das sog. öffentliche Gut, d. i. die dem Gemeingebrauch dienenden Staats- oder Gemeindegüter, insbes. öffentl. Plätze und Straßen und öff. Flüsse (§§. 287. 288 A. B. G. B.). Vergl. Nr. 7855 Samml. Gl. U. W. und §. 2 S. 43 dieses B.[3] Dieselben sind lediglich in ein „Verzeichniß des öff. Gutes" aufzunehmen, und dieses ist dem Grundbuche beizulegen. — De lege ferenda ist allerdings die Eintragung auch des öffentl. Gutes in das allgemeine oder in ein besonderes Grundbuch (nach Analogie des Eisenbahnbuchs) schon darum dringend geboten, weil öff. Brücken, Quaianlagen ꝛc. sehr häufig im Besitz von Privaten sind und dingliche Rechte daran gewiß des Charakters der Publicität nicht entbehren sollen, weil ferner bei Veräußerungen des öffentl. Gutes an Private z. B. anläßlich von Straßen- und Gassenregulirungen das derzeit oft unerläßliche Richtigstellungsverfahren nach dem Ges. vom 25. Juli 1871. Z. 96 mit unverhältnißmäßigen Kosten und Zeitverlust verbunden ist. (Vergl. Näheres bei Vyšin, Právník 1886, S. 1 flg. und in meiner Abh. im Öst. Centralblatt f. jur. Praxis 1886, S. 1 flg., auch Burckhard, W. Ztschr. 15 S. 611 flg. und Syst. III. S. 191, Tezner, Cent. Bl. IV. S. 153, Sedlaczek, Jur. Bl. 1888 Nr. 4—6; dagegen unzutreffend Roztočil, ebenda Nr. 35. 36).[3a]

Betreffend die Frage, ob Gewässer (Flüsse, Seen, Teiche ꝛc.) einen Gegenstand der Eintragung in das Grundbuch bilden, sei hier

---

2) Es sind also die Gegenstände der öffentlichen Bücher von dem Gegenstand der Verbücherung wohl zu unterscheiden. Vgl. auch Schiffner §. 94, Note 1.

3) Der Erl. d. böhm. O. L. G. v. 17. Oktober 1876 Z. 27185 ignorirt den Unterschied zwischen Gemeinde-Gut und Gemeinde-Vermögen.

3a) Mit Recht hat daher der böhm. Landtag 1887 den Antrag des Prager Stadtrathes betreff. die Eintragung des dem öffentl. Gebrauche dienenden Gutes (§§. 287. 288 G. B.) in das Grundbuch bei der Regierung auf das wärmste unterstützt, — bisher freilich ohne Erfolg. Eine Erleichterung betreffs des Richtigstellungsverfahrens bei kleineren Objecten wird in dem 1892 überreichten Regier.-Entwurf intendirt. Die schon mit dem Just. Min. Erl. v. 9. Jänner 1889 Z. 621 (J. M. Bl. 1879 Nr. 1) gewährten Erleichterungen sind wohl kaum mit dem Gesetze in Einklang zu bringen! Auch nach d. preuß. Gr. G. v. 1872 sind dergleichen Grundstücke auf Antrag des Eigenthümers oder sonst Berechtigter in das Grundbuch einzutragen. Ähnlich nach sächs. u. bayr. R., dazu Dernburg, Hyp. R. S. 158.

nur soviel bemerkt, daß Privatgewässer mit dem von ihnen bedeckten Boden (Bett) allerdings in das Grundbuch einzutragen sind, nicht aber öffentliche Gewässer. (Vgl. §. 4 d. B.) Im Zweifel hat der Richter die nöthigen Erhebungen zu pflegen und im eigenen Wirkungskreise darüber schlüssig zu werden, ob die betreffende Wasserparzelle in eine Grundbuchseinlage einzutragen oder in das „Verzeichniß des öff. Guts" aufzunehmen ist. (So richtig das Judikat d. O. G. H. Nr. 115 [Nr. 10023 Samml.]; Näheres in meinem Wasserr. §. 2 S. 43 flg. und oben S. 49.) Derselbe Grundsatz gilt selbstverständlich bei Streit darüber, ob ein Weg ein öffentlicher oder Privatweg sei. (Vgl. Nr. 10836. S.)

2. Diejenigen Liegenschaften, welche den Gegenstand eines Eisenbahnbuches[4] oder eines Bergbuches[5] bilden.

Hieraus ergiebt sich, daß sich die Begriffe „unbewegliches Gut" (Liegenschaft) und „Grundbuchskörper" keineswegs decken und zwar umsoweniger, als es auch heute Liegenschaften giebt, welche von Rechtswegen eingetragen sein sollten, thatsächlich aber keine Einlage besitzen. Trotz dieser Divergenz kann man sich — angesichts der überwiegenden Objekte des Grundbuchs — dem Sprachgebrauche (§§. 444. 445 G. B. rc.) anschließen, der die Begriffe: Liegenschaft und Tabularobjekt promiscue gebraucht, sofern man nur vor Augen hat, daß wir im Tabularrechte nur von Tabularobjekten sprechen.[6]

Wir werden hier zunächst von den Grundbüchern, sodann kurz von den Eisenbahn- und Bergbüchern haudeln.

A. Die Grundbücher.

Die Grnndbücher bestehen I. aus Hauptbüchern und II. aus Urkundensammlungen (Urkundenbücher) (§. 1. G. G.).

I. Das Hauptbuch besteht aus Grundbuchseinlagen, welche fortlaufende Nummern erhalten. Und zwar haben sämmtliche Grundbuchseinlagen der landtäflichen Güter je Eines Kronlandes je ein

---

4) Die Errichtung der Eisenbahnbücher ist geregelt durch das Gesetz v. 19. Mai 1874. Z. 70. R. G. Bl.

5) Über die Bergbücher vgl. Note 1 und vorigen §. Note 3.

6) Darum ist auch gegen den Ausdruck: „Liegenschafts"-Prinzip nichts einzuwenden. Vgl. Schiffner §. 108.

Hauptbuch zu bilden.[7] Hinsichtlich der nicht landtäflichen Güter sollen in der Regel die Grundbuchseinlagen je einer Katastral- (Stadt- oder Land-)gemeinde je Ein Hauptbuch bilden. (§. 3 G. Anl. G.) Für größere Stadtgemeinden können örtlich abgegrenzte Abtheilungen mit je einem Hauptbuch angeordnet werden. (§. 3.)

Die „Grundbuchseinlagen" sind Realfolien über selbständige Wirthschaftsganze und bestehen in der Regel aus drei Blättern, von denen das erste (A) den Gutsbestand (Besitzstand), das zweite (B) die Eigenthumsverhältnisse, das dritte (C) den Lastenstand darstellen soll (§§. 28. 37. 42 G. Anl. G.).[8] Doch kann einerseits der Inhalt des Blattes A.[9] und B. auf der Vorder- bezieh. Rückseite desselben Foliums geschrieben werden, wo sodann die Einlage nur aus zwei Blättern besteht. (§. 37 cit.) Andrerseits (und dies ist häufiger der Fall) können nach Bedarf, um Raum für längere Zeit zu gewinnen, jedem Folium mehr oder neue Blätter beigelegt werden. (§. 42 cit.)

Das Hauptbuch bezieh. die Grundbuchseinlage enthält:

1. Die Angabe des betreffenden Grundbuchskörpers mit allen seinen Bestandtheilen.[10]

---

7) Wörtlich ist der Ausdruck „Buch" nicht zu nehmen; in größeren Ländern wäre dies undurchführbar. So z. B. bestehen in Böhmen d. J. 1727 landtäfliche Einlagen. Gemeint ist die Erhaltung der separaten historischen Landtafeln! — In Galizien und Krakau, sowie in Schlesien bilden jedoch die landtäflichen Einlagen je Eines Gerichtssprengels zusammen je Ein Hauptbuch. Vgl. §. 3 der bezügl. L. G.

8) Die Grundbuchseinlage besteht also aus drei Abtheilungen (Blättern):

1. dem Gutsbestandsblatt A., welches alle Bestandtheile des Grundbuchskörpers und die mit demselben verbundenen Rechte (Realrechte) enthält.

2. dem Eigenthumsblatte B., welches die Eigenthumsrechte und die Dispositionsbeschränkungen des Eigenthümers angiebt, und

3. dem Lastenblatte C., welches alle auf dem Grundstücke haftenden dinglichen Rechte und Reallasten, sowie die verbücherungsfähigen obligatorischen Rechte (Wiederkaufs-, Vorkaufs-, Bestandrechte) aufweiset. (§§. 7. 9. 10 G. Anl. G.). — Auch in den meisten deutschen Partikularrechten, insbes. in Preußen, gelangt nunmehr (wie dies hierlands längst üblich war) das Realfoliensystem und zwar regelmäßig nach Gemeindebezirken zur Durchführung. Vgl. sächs. V. O. v. 9. Jan. 1865. §§. 83 flg., preuß. Gr. Ordn. v. 1872. §§. 1 flg.; dazu Dernburg §. 193, Stobbe §. 95. Nur ausnahmsweise gestattet die preuß. Gr. O. §. 13 flg. Personalfolien, d. i. Einlagen für verschiedene Grundstücke desselben Eigenthümers innerhalb eines Steuerbezirks.

9) Wie bemerkt fehlt dieses Blatt in der Regel in den älteren Grundbüchern.

10) Die Grundbuchseinlagen, welche sich also auf Realfolien (im Gegensatz zu den in einzelnen Ländern Deutschlands noch bestehenden Personalfolien,

2. Die kurzgefaßte Darstellung (den Aufriß) der auf den Grundbuchskörper sich beziehenden verbücherungsfähigen Rechte und Lasten und deren buchfähigen Modalitäten (§. 2 G. G.) — Eine Einlage hat in der Regel nur Einen Grundbuchskörper zu enthalten.[11] Unter Grundbuchskörper versteht man ein Immobiliarobjekt, welches Gegenstand selbständiger bücherlicher Belastungen ist (§. 11 G. Anl. G.) Jede Liegenschaft, welche ein physisch zusammenhängendes Ganzes ausmacht, kann einen „Grundbuchskörper" bilden (§. 5 G. Anl. G.) Wo bereits Bücher bestehen, sind die bisherigen — eine bücherliche Einheit bildenden — wirthschaftlichen Komplexe von physisch selbständigen Parzellen (bäuerliche Wirthschaften, ständische Güter ꝛc.) auch in Zukunft als einheitliche Grundbuchskörper zu behandeln. (§. 23 G. Anl. G.) Die (derzeit schon bestehenden) physischen Theile eines reell getheilten Hauses sind in Böhmen bis zu ihrer Vereinigung (Vdg. vom 27. Dez. 1856. Z. 1 R. G. Bl. ai 1857, dazu nun Ges. v. 30. März 1879. Z. 50) als abgesonderte Grundbuchskörper (mit selbständigen Einlagen) zu behandeln. (§. 5 böhm. L. G.).[12] (Durch das eben angef. Ges. v. 1879 ist in allen

---

s. Mascher S. 718) darstellen, müssen nicht zu einem Buche gebunden sein. Statistische Übersichten des landtäflichen Grundbesitzes in Böhmen von Jechl (1874) und Jonak (1878).

11) Doch können (Krain ausgenommen) mehrere demselben Besitzer gehörende — nicht landtäfliche — Grundbuchskörper von unbedeutendem Werthe (auch wenn sie verschieden belastet sind) in Eine Einlage eingetragen werden, wenn eine „Verwirrung nicht zu besorgen ist". (§. 4. Al. 2 u. §. 11 G. Anl. G.) Vgl. Formular V. Die Vereinigung in einer Einlage ist aber kein Hinderniß der Selbständigkeit der bezüglichen Grundbuchskörper. Nur die Einträge der ersten Abtheilung (A) sind dann räumlich abgesondert zu führen und mit fortlaufenden Zahlen zu versehen; in den beiden anderen Blättern (Eigenthums- und Lastenblatt) sind aber die Eintragungen promiscue in fortlaufender Reihenfolge (unter Berufung der Ziffer des bezüglichen Gutskörpers) vorzunehmen. (§. 11 G. Anl. G. u. §. 29. G. Anl. Instr.) Die Begriffe „Grundbuchskörper" und Gegenstand einer Grundbuchseinlage fallen daher zwar regelmäßig — aber nicht immer zusammen, da, wie eben gezeigt, ausnahmsweise (§. 4 Al. 2) mehrere Grundbuchskörper (unter eigenen fortlaufenden Nummern) in derselben Einlage eingetragen sein können. Z. B. Blatt A: 1. Grundbuchskörper: N. P. 3. Haus Nr. C. 6; darunter: 2. Grundbuchskörper: N. P. 12. Garten ꝛc. Vgl. auch Schiffner §. 92, N. 6. Die Nomenklatur ist eine althergebrachte: Corpus, ens tabulare!

12) In Salzburg und Istrien hingegen sind die physischen Hausantheile als Ein Grundbuchskörper zu behandeln. (§. 5. Salzb. u. Istr. G.) (Dies übersieht Schiffner §. 92, S. 24 bezüglich dieser Länder.) Die abweichende Bestimmung des böhm. Ges. wurde über Antrag des Landtags (1874) aus dem Grunde beschlossen,

Ländern, in denen das G. G. v. 1871 gilt, die Theilung von Häusern nach materiellen Bestandtheilen [Stockwerken] ꝛc. ausdrücklich verboten worden.)

Übrigens kann die Vereinigung mehrerer demselben Eigenthümer gehörigen selbständigen Liegenschaften zu Einem Grundbuchskörper stets erfolgen, sofern nur in Ansehung der Belastung und des Dispositionsrechtes keine Verschiedenheiten bestehen, bezieh. wenn diese Hindernisse gleichzeitig mit der bücherlichen Vereinigung behoben werden. (§§. 5 u. 23 d. G.).[13]

Jeder Grundbuchskörper ist als ein Ganzes zu behandeln, dessen Umfang nur durch bücherliche Ab- und Zuschreibungen geändert werden kann. (§§. 2. 3 G. G., dazu §. 23 dies. Buches). Der Erwerb, die Umänderung und Aufhebung der zu verbüchernden Rechte erfolgt (bei Akten unter Lebenden in der Regel, s. §. 17 d. B.) nur durch den Eintrag in das Hauptbuch. (§. 4 G. G.) In dasselbe sind nur die wesentlichen Bestimmungen des bewilligten Eintrags unter Beibehaltung der gesetzlichen Bezeichnungen des einzutragenden Rechtes und der Art der Eintragung kurz einzutragen[14]; lassen dieselben eine kurze Fassung nicht zu, so sind im Hauptbuch die genau zu bezeichnenden Stellen der Urkunde, welche der Eintragung zu Grunde liegen, zu berufen; die bezogenen Stellen sind als im Hauptbuch eingetragen anzusehen. (§. 5 G. G.)[15] Unter den „öffentlichen Büchern" ist

---

weil bei der sehr weit gehenden (aus älterer Zeit herrührenden) physischen Theilung einzelner Häuser in Prag (der Tandelmarkthäuser) die Vereinigung derselben zu Einem Grundbuchskörper die größte Verwirrung zur Folge gehabt haben würde. Die Verhandlung s. bei Maasburg S. 84. — Zwar kann nach dem Salzb. u. Istrian. G. Anl. G. (§§. 5. 6) in Ansehung jedes physischen Hausantheiles die Eröffnung eines besonderen Eigenthums- und Lastenblattes im Verordnungswege bewilligt werden und wurde dies in der That für die Städte Salzburg und Hallein mit Min. Erl. v. 20. September 1874 Nr. 12216 angeordnet; allein trotzdem bleibt hier — anders als in Böhmen — das Gutsbestandsblatt (A) ein einheitliches; nur das Eig.- und Lastenblatt ist für die einzelnen physischen Theile abgesondert zu führen. Dieser Fall des §. 5 G. Anl. G. darf also nicht mit jenem des §. 4. Abs. 2 G. Anl. G. (s. Note 10) verwechselt werden. (And. Ans. Schiffner §. 92. N. 9.)

13) Selbstverständlich ist, was der §. 5 d. Bukow. G. Anl. G. hinzufügt, daß „belastete und lastenfreie Liegenschaften" vereinigt werden können, wenn der Eigenthümer die Lasten auf den ganzen Grundbuchskörper zu erstrecken erklärt. Vgl. Schiffner §. 92, N. 7, woselbst „oder" statt „und" gedruckt ist.

14) Vgl. §. 9 G. Anl. Instr. Offiziös sind Formularien: „Beispiele von Bescheiden, Eintragungen ꝛc." 1875 in der Staatsdruckerei erschienen, die aber nicht durchwegs richtig sind. Vgl. z. B. Nr. 9 und dazu Erk. Nr. 4740 Gl. U. W.

15) Formulare von Grundbuchseinlagen s. in der Beilage. Eine Vergleichung

daher nach dem geltenden Hauptbuchsystem immer nur das Hauptbuch (im Gegensatze zur Urkundensammlung) zu verstehen. Arg. §. 4 G. G. und dazu Hofd. v. 4. Juni 1829. Z. 1567 J. G. S., welches dies ausdrücklich erklärt.[16]

Obgleich der auf historischen Gründen beruhende Unterschied zwischen Dominikal- (ständischen), Rustikal- (unterthänigen) und städtischen Grundstücken in Folge der Aufhebung des Unterthänigkeitsverhältnisses (Pat. v. 7. Sept. 1848) seine wesentlichste Bedeutung (nämlich in staatsrechtlicher Hinsicht und in Ansehung der Steuerbehandlung) verlor, somit auch der Unterscheidung zwischen Landtafeln, Stadt- und Grundbüchern der geschichtliche Boden entzogen war,[17] so wurde dennoch den Landtafeln in jenen Ländern, in welchen sie bereits bestehen (Böhmen, Mähren, Schlesien, Galizien, Bukowina, Österreich o. u. u. d. Enns, Steiermark, Kärnten, Krain) mit Rücksicht auf ihre historische und wirthschaftliche Bedeutung und das mit dem Besitz derselben verbundene bevorzugte (übrigens an ein gewisses Realsteuerminimum geknüpfte) Wahlrecht in den Reichstag und die Landtage die hergebrachte Sonderstellung gewahrt.[18] So bilden denn auch, wie bemerkt, nach dem neuen G. Anl. Gesetzen (§. 4) sämmtliche Grundbuchseinlagen, welche die landtäflichen (ehedem ständischen) innerhalb eines Kronlandes befindlichen Güter enthalten, zusammen ein einheitliches Ganze — Ein Hauptbuch, dessen Führung dem Gerichtshofe erster Instanz des Ortes, wo sich die Landtafel be-

---

der inneren Einrichtung der öffentl. Bücher Österreichs mit jenen der deutschen Staaten würde hier zu weit führen und bei der bevorstehenden Umbildung des Immobiliarrechtes in Deutschland von ephemerem Werthe sein. Später wird in der Beilage ein Formular des m. E. relativ besten deutschen Grundbuchs — des neuen Preußischen — der Vergleichung wegen aus Dernburg's Hypoth. R. abgedruckt.

16) So schon das böhm. L. T. Pat. v. 1794 §. 1, dessen scheinbar einschränkende Fassung, bezieh. Berufung auf die in den Quaternen eingetragenen Urkunden nur sagen will, daß der Eintrag nicht an sich (formelles) Recht schafft, vielmehr der materiellrechtlichen Unterlage nicht entbehren darf.

17) Doch behielt die Unterscheidung ihre Bedeutung in Ansehung der Gerichtskompetenz (§§. 14. lit. c. 78. 84 C. Jur. N.) Erst durch die neuen Verfassungsgesetze v. 1861 u. 1867 erhielten die ständischen (landtäflichen) Güter durch das bevorzugte Wahlrecht ihrer Besitzer wieder eine hervorragende politische Bedeutung. — Über das ältere Recht s. Hasner S. 191 flg., Chlupp §§. 13 flg., Maasburg S. 8 flg.

18) Gegen die unnöthige Zerstückelung der Landtafel hat sich insbesondere der böhmische Landtag entschieden erklärt.

findet, zukommt. Als „landtäfliche" Güter sind jene zu behandeln, die zur Zeit des Beginnes der Wirksamkeit der G. Anl. Gesetze in der Land- oder Lehentafel eingetragen waren.[19] Bezüglich der Frage, in wiefern die Übertragung der Grundbuchskörper aus der Landtafel in die Stadt- oder Grundbücher der bezüglichen Katastralgemeinde zulässig sei, vgl. die in §. 23 betreffs der Änderungen des Grundbuchskörpers gemachten Bemerkungen.

Für jedes Hauptbuch sind Register über die darin enthaltenen Grundbuchskörper (Realindex), sowie über die Personen, für und gegen welche Einträge stattfinden, zu führen (Personalindex). (§. 12 G. Anl. G., §. 46 Voll. V.)

Bezüglich der einzelnen Blätter der Grundbuchseinlage ist zu bemerken:

ad. A. Das Gutsbestandsblatt. Die Bezeichnung der Bestandtheile des Grundbuchskörpers im Gutsbestandsblatte hat mit den Bezeichnungen des stabilen Katasters und der als Beilage des Grundbuchs zu verwendeten Katastralmappe übereinzustimmen. Es sind somit die Parzellennummern des stabilen (rektifizirten) Katasters und die Konscriptionsnummern der Häuser 2c. anzugeben. Nach §§. 14. 29. 30 u. 35 der G. Anl. Instruktion und dem amtlichen Formular IV. hat das Gutsbestandsblatt in Rubriken anzugeben: 1. die fortlaufende Postzahl, 2. die Katastralzahl und 3. die Bezeichnung der Parzelle nach Hausnummer oder Kulturgattung (nach der Terminologie des Ges. vom 24. Mai 1869. Z. 88 §. 16: Äcker, Wiesen, Gärten, Hutweiden, Waldungen, Alpen, Seen, Parifikationsland,[20] unproduktives Land.) Ist der Grundbuchskörper unter

---

19) Bisher bestanden in mehreren Kronländern (Böhmen, Mähren, Schlesien) neben der Landtafel auch Lehentafeln. Vgl. §. 18, S. 428 flg. Gewiß ist derzeit kein Bedürfniß mehr vorhanden, über den Allodial- u. Fideikommißbesitz einerseits und den Lehenbesitz andrerseits besondere Bücher zu führen, zumal der bezügliche Unterschied keinen Einfluß auf die Wahlberechtigung im Großgrundbesitze hat und die Lehen auf den Aussterbe-Etat gesetzt sind. — Nach den G. Anl. G. für Galizien (§. 3) werden jedoch (dem ursprünglichen Regierungsantrage gemäß) nur jene landtäflichen Güter in die neue Landtafel aufgenommen werden, welche im Sinne der Landtagswahlordnung als landtäfliche anzusehen sind, d. i. welche ein gewisses Minimum von Realsteuern (in Galizien 100 fl. ohne Kriegszuschlag) entrichten.

20) Mit dieser Benennung sind jene Flächen bezeichnet, welche durch andere Benutzung der Urproduktion entzogen sind, z. B. Kalk-, Sandgruben, Privatwege, Privat-

einer bestimmten Benennung allgemein bekanut, so ist auch diese in der Aufschrift anzugeben.[21] Der Flächeninhalt der Parzellen darf derzeit in das Grundbuch (leider!) nicht aufgenommen werden.[22]

---

kanäle 2c. (§. 14 G. Anl. Instr.) Der Kataster ist nicht Supplement der Grundbücher; maßgebend ist einzig der Eintrag im Gutsbestandsblatt. — Nach Neuanlegung der Grundbücher werden (wie die Justizmin.-V. v. 11. April 1878. Z. 3676 hervorhebt) die als Beilagen dienenden (amtlich berichtigten) Kopien der Katastralmappen (§§. 16. 21. 26. G. Anl. G.) zwar einen „integrirenden Bestandtheil des Grundbuches", — aber darum noch immer nicht des Hauptbuches (§. 5 G. G.) — bilden; sie dienen allerdings zur lokalen Orientirung und zur Fixirung der Grenzlinien der im Grundbuch angegebenen Parzellennummern; doch würde bei Differenzen das Hauptbuch entscheiden, z. B. bei nicht genauer Einzeichnung der Theilungspunkte. Vgl. noch folg. N. 23.

21) Dahin gehören die lokalüblichen Benennungen, z. B. Feld am Kreuzweg 2c.

22) Dies ist praktisch bedauerlich und ganz ungerechtfertigt. Mehrere Landtage, insbes. der böhmische und auch das Abgeordnetenhaus des Reichstages — haben auf Grund zahlreicher Petitionen wiederholt die Aufnahme des Flächeninhalts befürwortet. Von Seite der Regierung wurde aber gegen den Landtagsantrag angeführt: Das Grundbuch habe es nur (?) mit den an Immobilien bestehenden dinglichen Rechten zu thun; wenn man den Flächenraum im Grundbuch, welches mit den physischen Eigenschaften des Grundstückes nichts zu thun habe, angeben wollte, so würde man in das Rechtsinstitut ein ganz fremdartiges (?) Element einführen und die irrige Vorstellung hervorrufen (?), daß das Grundbuch auch einen bestimmten Rauminhalt gewährleiste. Hiezu komme, daß das Gericht nicht in der Lage sei, bei den in der Folge vorkommenden Veränderungen den von den Parteien angegebenen Flächeninhalt zu kontrolliren. — Diese Gründe sind aber nicht zutreffend. Zunächst ist es nicht richtig, daß das Grundbuch nur dingliche Rechtsverhältnisse ausweise. Ganz abgesehen davon, daß auch gewisse persönliche Zustände des Besitzers: Minderjährigkeit 2c. im Grundbuch ersichtlich zu machen sind (§. 20 G. G.), muß doch nach den oben citirten Normen die höchstveränderliche Kulturgattung der Grundstücke angegeben werden. Und doch findet für die Richtigkeit der Angaben über persönliche Verhältnisse und über die Kulturgattuug keine Gewährleistung statt, weil eben das Grundbuch bestimmungsgemäß nur über dingliche und Real-Rechtsverhältnisse (bücherliche Rechte) verläßliche Auskunft giebt; alle übrigen Angaben gehen über den eigentlichen Zweck des Grundbuches hinaus und dienen nur zur besseren Orientirung des Publikums. Und fürchtet man gerade bezüglich des Rauminhaltes eine mißverständliche Auffassung des Publikums — nun so erkläre man zum Überflusse ausdrücklich, daß das Grundbuch denselben so wenig als die Kulturgattung gewährleiste. (So §. 51 der Ung. G. O.) Was aber das zuletzt angegebene Bedenken betrifft, so ist dasselbe seit dem Gesetze v. 23. Mai 1883 Z. 82 entfallen, da bei Abschreibungen von Theilen einer Katastralparzelle dem Gerichte in der Regel eine von einem beeideten Geometer beglaubigte Angabe über Form und Umfang des abzutrennenden Theiles vorzulegen ist. (So auch in Preußen: s. Dernburg, Hyp. R. I. S. 178. 200.) Außerdem müßten ja die Mappen, welche doch eine wichtige Beilage des Grundbuches bilden sollen (§§. 7. 21 G. Anl. G., dazu Regier. Motive und §§. 3. 12 flg., bes. §. 26, [welcher sachkundige Berichtigung der Skizzen verlangt,] §. 34 flg. der G. Anl. Instr.) in kurzer Zeit alle Vertrauenswürdigkeit verlieren! Die Umwandlung der alten Maße in das metrische könnte später vorgenommen werden.

Um diesem im Verkehre empfindlichen Mangel abzuhelfen, wurde schon mit d. Erl. d. Finanzm. vom 17. Octbr. 1879. Z. 16340 (Ger. Z. 1879. Nr. 91) gestattet, daß die Gerichte die aus den neuen Grundbüchern angefertigten Grundbuchsextrakte auf Wunsch der Parteien und gegen Entrichtung der tarifmäßigen Gebühr dem Mappenarchive behufs Beisetzung des in den Grundsteuerregulirungsoperaten eingetragenen Flächeninhalts (nach dem bisherigen oder auf Verlangen auch nach dem Metermaße), sowie auch des Reinertrages (nach dem Ergebnisse des Grundsteuerregulirungs-Operates) übersenden. Bei mangelndem Raum im G. Extrakte sind für die bezüglichen Bescheinigungen die üblichen Katastralauszugsformulare zu benutzen. (J. Min. V. v. 30. Oktober 1879. Z. 16245, v. 6. Febr. 1884. Z. 2130 und Verordn. d. böhm. Fin. L. Dir. vom 6. Jänner 1885 L. G. B. Nr. 13.) Einen bücherlichen Beleg für die Richtigkeit des Ausmaßes liefern jedoch diese Bestätigungen der Finanzbehörde keineswegs. — Da nun einerseits diese Ergänzungsweise der Grundbuchsextrakte für die Parteien mit Zeitverlust verbunden, andererseits die hier gewünschte amtliche Ergänzung des Grundbuchs selbst schon wegen der damit verbundenen technischen Schwierigkeiten von der Regierung d. Z. nicht zu erhoffen ist, so würde es sich vorläufig empfehlen, beim Grundbuchsamte als Supplement des Grundbuches wenigstens ein besonderes Register über Flächeninhalt und Reinertrag nach dem Muster der Katastralauszugsformulare nach Grundbuchskörpern zu führen und in demselben alle bezüglichen Änderungen von Zeit zu Zeit einzutragen, was bei richtiger Handhabung des sofort anzuführenden Gesetzes betreffend die Übereinstimmung des Grundbuchs und des Steuerkatasters unschwer zu erreichen wäre.[22a]

— Ebensowenig ist Triftiges gegen die Ersichtlichmachung des Kaufpreises oder des Schätzungswerthes anzuführen. Man ergänze also diese Mängel sobald als möglich und die Rechtssicherheit sowie der Realkredit wird dadurch nur gewinnen. In diesem Sinne lautet auch der Beschluß des böhmischen Landstags v. 19. Okt. 1878. — Mit Recht bestimmt daher die preuß. Gr. B. O. (§. 8) für das Formular I., daß die Größe (ja sogar der Grundsteuerreinertrag) in's Grundbuch aufzunehmen sei (Dernburg S. 163 flg.); ebenso die meisten anderen deutschen Hyp. O. Vgl. Stobbe §. 95. Abs. 10. Freilich ist die Verbindung des Grundbuchs mit der Katasterkarte d. Z. nur in Westphalen, Neuvorpommern u. Rügen u. einigen kleineren Bezirken durchgeführt; lebhaft tritt dafür ein Koppers, in Rassow's Beiträgen z. Erläut. d. deutsch. R. 36. S. 319 flg.

22a) So auch Mokrý, Právník, 1885 S. 217 flg., Boldan, ebenda 1886

Nach Vorschrift des Ges. v. 23. Mai 1883. Z. 83 (dazu Vollz. Vdg. des Fin. M. vom 11. Juni 1883. Z. 91) sind der Grundsteuerkataster einerseits und die auf Grund der Operate der Grundsteuerregelung angelegten neuen Grundbücher (Landtafeln), ferner die Eisenbahn- u. Bergbücher andrerseits in steter Übereinstimmung zu erhalten. Darum sind die vorfallenden Änderungen rücksichtlich des Grundbuchskörpers, der Bezeichnung der einzelnen Objekte und deren Darstellung auf der Mappe, im Kataster, sowie im Grundbuche durchzuführen. (§. 11 Ges. v. 1883.)[22b] Zu diesem Zwecke haben einerseits die Grundbuchsgerichte den Steuerämtern die bezüglichen Änderungen im Besitzstande mitzutheilen (§. 40 flg.), andrerseits ist auch das Gericht durch die Steuerämter von den durch den Vermessungsbeamten neu konstatirten Veränderungen unverweilt in Kenntniß zu setzen. Ergiebt sich darnach eine Nichtübereinstimmung des Katasters und des Grundbuches rücksichtlich jener Einträge des Gutsbestandsblattes, welche sich auf den Umfang des Grundbuchskörpers, die Bezeichnung der Parzellen, sowie die Darstellung auf der Mappe beziehen, so hat das Gericht die zur Richtigstellung nöthige Verhandlung einzuleiten und das Steueramt von deren Ergebnisse zu verständigen. Vgl. Näheres bei §. 23, insbes. im Falle von Theilungen.[23] Die bücherlich richtig gestellten

---

S. 649; ferner Lošan, ebenda 1887 S. 361 flg. u. dessen Schrift über die Grundbuchsmappe: O mapě knih. poz. (1885). Wenn Offenhuber, Not. Ztschr. 1885 Nr. 49 behauptet, daß die Eintragung der Flächenmaße ins Gr. B. schon darum überflüssig ist, weil das vom Kataster übergebene Parzellenprotokoll die Flächenmaße enthält und (gleichwie [?] die Mappe) einen integrirenden Bestandtheil des Grundbuchs bildet, so ist dagegen zu bemerken, daß dies nur von der Mappe — aber nicht vom Parz. Protokoll — gilt und daß das Nachsuchen in Letzterem eben auch zeitraubend ist. Zu einem Theil des Grundbuchs würde der Katasterauszug nur durch Anlegung und Führung des oben vorgeschlagenen Registers nach Grundbuchskörpern erhoben werden.

22b) Nicht dahin gehören theilweise Änderungen der bisherigen Culturgattung. Bei Änderungen des Grenzzuges zwischen Parzellen desselben Grundbesitzers, welche die Rechte Dritter nicht berühren, hat der Vermessungsbeamte die betreffende Änderung in der Grundbuchsmappe von Amtswegen ersichtlich zu machen. (Just. M. Vdg. v. 2. Juli 1889 Z. 2927, J. M. Bl. 1889 Nr. 35.)

23) Um die auf Grund der Ges. v. 24. Mai 1869 Z. 88, v. 6. April 1879 Z. 54 u. v. 28. März 1880. Z. 34 revidirten Katastraloperate für Besteuerungszwecke in genauer Evidenz der eintretenden Veränderungen zu erhalten, wurde die Wahrnehmung und Konstatirung derselben mit dem Ges. v. 23. Mai 1883. Z. 83 besonderen Organen (Vermessungsbeamten) unter Mitwirkung der öffentlichen

Änderungen in der Form oder in den Gränzen der Parzellen hat nunmehr der Vermessungsbeamte, welcher jeden dritten Monat wenigstens drei Tage — eventuell in der Winterzeit länger — am Amtssitz jedes Steueramts zu verweilen hat, in die Grundbuchsmappe einzuzeichnen. (Vergl. die Instr. über d. Evidenzh. d. Katast. v. J. 1883 Nr. 91. §§. 11. 40—44; dazu **Lošan** a. a. O. S. 28.)

Die bezweckte Übereinstimmung wird nunmehr um so leichter herzustellen sein, als das Verlassenschaftsgericht nach dem Gesetz vom 23. Mai 1883. Z. 82 (§. 2) die Einträge aller verbücherungsfähigen Rechte (also nicht bloß des Eigenthums), soweit die Grundlagen derselben im Laufe der Verlaßabhandlung (insbes. durch Einantwortung, Bestätigung des Vermächtnisses, Veräußerung im Laufe der Nachlaßabhandlung, Erbtheilung, vgl. §§. 145 flg. 169. 174. 177. d. k. Pat. v. 1854, dazu Jubil. Nr. 85) in einverleibungsfähiger Form festgestellt wurden, (nach Ablauf von sechs Wochen nach Rechtskraft der Einantwortungsurkunde) von Amtswegen (also ohne Ansuchen der Parteien) zu bewirken hat, wenn die hierzn erforderlichen Urkunden dem Gerichte im Originalkonzept oder in der Originalausfertigung vorliegen.[24]. Wird das Grundbuch nicht vom

---

Behörden übertragen. Dieselben haben die bezüglichen Änderungen sowohl auf Anzeige der Grundbesitzer und der Gerichte, als auch von Amtswegen insbesondere bei den jährlichen Revisionen des Besitzstandes zu erheben, im Kataster durchzuführen und behufs Herstellung der Übereinstimmung des Grundbuches mit dem Kataster die Anzeige (durch das Steueramt) an das Gericht zu leiten. Dazu vgl. **Lošan**, O mapě knih. (1885). Die Just. Min. V. v. 14. Nov. 1886 Z. 13879 (Nr. 48 V. O. Bl.) bestimmt sohin: daß, soweit eine Nichtübereinstimmung des vom Steueramte übermittelten „Anmeldungsbogens" mit dem Grundbuche vorgefunden wird, eine Amtserinnerung des Grundbuchsamtes unter Anführung der Nummer des betreff. Anmeldungsbogens oder einen Auszug aus dem Letzteren anzufertigen u. im Einreichungsprotokolle einzutragen ist u. daß dasselbe die Grundlage des weiteren gesetzlichen Verfahrens bilden sollen; dazu s. S. 478 d. B. Die Anmeldungsbogen sollten bei Änderungen der Grenzen der Parzellen stets mit einem Situationsplan belegt sein! (Vgl. **Lošan**, S. 29). Dieselben sind, nachdem in demselben die Übereinstimmung oder Nichtüberstimmung mit dem Grundbuch ersichtlich gemacht wurde, dem Steueramte rückzustellen. Dazu vgl. noch d. Just. M. V. v. 26. Nov. 1886 Z. 20320. — Auch die Grundbesitzer sind verpflichtet, binnen 4 (6) Wochen alle Veränderungen in der Person des Besitzers oder im Objekte anzuzeigen; Eisenbahnverwaltungen haben die enteigneten Parzellen in Tabellenform mitzutheilen, §§. 16 u. 46 d. Ges.

24) Vgl. dazu Lošan, Ger. Z. 1884. Nr. 6. 7 u. O mapě (1885) S. 9 flg. — Die für die Urkundensammlung oder das Steueramt erforderlichen Abschriften

Verlassenschaftsgericht geführt, so hat dasselbe das Grundbuchsgericht um den Vollzug von Amtswegen zu ersuchen.

Aus den cit. §§. 11. 40 und 43 des Ges. v. 1883, ferner aus den §§. 16. 21. 28 der Gesetze über die Neuanlegung der Bücher (S. 463 flg.) ergibt sich, daß die vom Grundbuchsgerichte berichtigte Copie der Katastralmappe nunmehr gesetzlich den Charakter einer gerichtlichen Originalmappe an sich trägt, einen integrirenden Bestandtheil des Grundbuchs bildet, (so ausdrücklich auch die Just. Min. V. vom 4. April 1878. Z. 3676), daß daher diese Mappe zur Fixirung der Lage und Grenzlinien der im Grundbuche angeführten Parzellennummern dient und daß nach diesem bücherlichen Bilde die Lage und die Grenzen der betreffenden Grundstücke zu beurtheilen sind. Denn gemäß den cit. §§. 16. 21. 28. Gr. Anl. G. haben sich die gerichtlichen Erhebungen bei Neuanlegung der G. Bücher auch auf die Prüfung der Richtigkeit der beigeschafften amtlichen Copie der Katastralmappe zu erstrecken, die erforderlichen Berichtigungen sind darin vorzunehmen und nach Abschluß der Erhebungen sind die Besitzbögen mit den Copien der Kat. Mappe, während der Reklamationsfrist zur allgemeinen Einsicht aufzulegen, worauf erst das Richtigstellungsverfahren im Sinn des Ges. vom 25. Juli 1874 (S. 466) durchgeführt wird. So auch die Entsch. d. O. G. H. vom 19. Dez. 1888 Samml. Gl. U. Pf. Nr. 12489; G. Z. 1889 Nr. 4; **Lošan**, Not. Ztschr. 1886 Nr. 9. (Bei Differenzen zwischen Hauptbuch und Mappe würde allerdings das erstere maßgebend sein; vergl. N. 20.) Man erwirbt also Eigenthum an verbücherten Parzellen in jener Lage und in jenen Grenzen, welche die Grundbuchsmappe darstellt. Änderungen in der Mappe dürfen daher von Amtswegen nur mit Zustimmung aller Parteien vorgenommen werden; außer diesem Falle muß die benachtheiligte Partei den Rechtsweg betreten und ist auf Grund der bezüglichen Klage die Streitanmerkung (§. 61 flg. G. G.) zu bewilligen.[24a]

---

hat das Gericht von Amtswegen anzufertigen, sofern dieselben nicht rechtzeitig von der Partei (allenfalls im kurzen Wege) vorgelegt worden sind.

24a) Der Klage muß ein (von einem Vermessungsbeamten oder autor. Ingenieur verfaßter) Situationsplan beigelegt werden; vgl. Lošan, S. 25 flg. Der Maßstab der Grundbuchsmappe ist: 1 Zoll = 40° oder 1 : 2880. — Auch das deutsche R. Gericht geht dort, wo die Grundbuchsmappe eingeführt ist, von den im Texte ange-

In der Aufschrift des Gutsbestandsblattes ist es auch „ersichtlich“ zu machen, wenn das Gut „in einem von dem vollständigen Eigenthum verschiedenen Verhältnisse steht“, d. i. wenn das Eigenthum am Grundbuchskörper ein getheiltes ist (§. 7. G. Anl. G.); daher ist insbesondere die Fideikommiß- oder Lehenseigenschaft[25] sowie die superfiziarische Qualität in der Aufschrift des Gutsbestandsblattes „ersichtlich zu machen“.[26] — Übrigens hat das Gutsbestandsblatt aus zwei Abtheilungen zu bestehen:

a) Die erste hat nebst der Aufschrift die Bestandtheile des Gutskörpers und die später darin erfolgten Änderungen[27] zu enthalten. Die Ab- und Zuschreibungen der Bestandtheile, sowie die Eröffnung einer neuen Einlage für ein Trennstück ist nur zulässig, wenn der abzutrennende Theil genau (in der Regel durch amtlich beglaubigte Pläne oder Mappen) bezeichnet ist, und wenn die das Begehren begründenden Urkunden den zur Einverleibung des Eigenthums vorgeschriebenen Erfordernissen entsprechen (§. 74 G. G. u. Gesetz vom 23. Mai 1883. Z. 82).[28] Näheres über das Trennungsverfahren s. im §. 23.

b) In der zweiten Abtheilung sind die mit dem Gut verbundenen (sog. Real-) Rechte (insbes. Grunddienstbarkeiten, radizirte Ge-

---

führten Grundsätzen aus. Vgl. Koppers, in Rassow's Beiträg. 36. S. 319 flg., u. oben N. 22.

25) Auch die Bestimmung: als Benefizium zu dienen, insofern, als man die Rechte des Benefiziars nach Analogie des Nutzungseigenthümers behandelt. Vgl. Unger, Ger. Z. 1875. Nr. 4.

26) Diese „Ersichtlichmachung“ ist aber keine „Anmerkung“ im Sinn des §. 20, lit. b des G. G., sondern wie alle „Ersichtlichmachungen“ (§§. 7. 8. 9 G. Anl. G.) ein Eintrag eigenthümlicher Art, welcher als Reflexwirkung eines anderen Eintrags (Intabulation, Pränotation) bezeichnet werden kann. Hier wird durch denselben „getheiltes“ Eigenthum bücherlich konstatirt. Auch Pfaff-Hofmann Komm. II. 3. S. 218 sprechen hier von „Anmerkung“. Bei der fideikomm. Substitution (§. 613) liegt kein getheiltes, sondern bloß beschränktes Eigenthum vor, daher die Ersichtlichmachung in der Aufschrift entfällt. Irrig Steinbach, Ger. Z. 1877. N. 42, Presern S. 149. Vgl. noch §. 22.

27) Diese Änderungen (Zu- und Abschreibungen) werden nach der Ungar. G. O. (§. 52) im Eigenthumsblatt eingetragen. Mobiliarpertinenzen z. B. die Maschinen einer Fabrik sind nicht Gegenstand des Eintrags. Vgl. Nr. 588. 2100. 10812 Samml.; vgl. auch Exner, Hyp. R. S. 281, Stubenrauch (Schuster-Schreiber) I. S. 384 (4. A.) Note.

28) Pränotationen sind mit Recht in dem mitunter schwierigen Abtrennungsverfahren unzuläßig.

werbe [Hofdk. vom 20. Februar 1795. Z. 210, Michel Nr. 510])[29] „ersichtlich zu machen" und alle für das Gutsbestandsblatt bestimmten Eintragungen vorzunehmen, §§. 29. 30 G. Anl. Instr., und Formular IV. lit. A).[30] Dergleichen mit dem Besitze des Grundbuchkörpers verbundene dingliche Rechte (Realrechte) sind auch dann ersichtlich zu machen, wenn sie dem Besitzer an einem öffentlichen, von der Aufnahme in das Grundbuch ausgeschlossenen Gute zustehen, z. B. Fischereirechte in einem öffentlichen Flusse, Kellerrechte unter einem öffentl. Platze; vgl. Spruchrepert. Nr. 141 (Samml. Gl. U. W. Nr. 12250; dazu Nr. 12508).[30a] (Über die Frage, ob eine Flußparzelle Privateigenthum sei, bezieh. ob Jemandem an derselben ein Privatrecht, z. B. die Nutzung der Fischerei, Eis-, Sandaushebung ꝛc. zustehe, haben die Gerichte zu entscheiden; vgl. Judikat Nr. 115 [Nr. 10023 Samml.], dazu §. 20 N. 3 d. B. und mein Wasserrecht [3. Aufl.] S. 43. 151. 160 flg., Pražák, Wasserrechtl. Kompetenzfragen (1892) S. 19.) Jede Änderung im Inhalte des Gutsbestandsblattes, welche durch einen Eintrag auf einem andern Blatte[31] herbeigeführt wird, ist in dem ersteren von Amtswegen „ersichtlich" zu machen, z. B. die Fideikommißeigenschaft. Wird eine Grunddienstbarkeit im Lastenblatte der dienenden Realität eingetragen, so muß dieselbe zugleich von Amtswegen im Gutsbestandsblatt des herrschenden Grundes ersichtlich gemacht werden. (§. 8 Gr. Anl. G.)

---

29) Über die Existenz der Realeigenschaft eines Gewerbes erkennt ohne Rücksicht auf den Bestand von Hypotheken die politische Behörde; der Eintrag ist nicht wesentliche Voraussetzung derselben. Min. V. v. 31. Oktober 1856. Z. 204 R. G. Bl.

30) Ohne diese Eintragung kann das betreffende Recht z. B. der Antheil an einem „Bräuberechtigten bürgerl. Bräuhaus" nicht als Realrecht angesehen werden, wenn auch die „Besitzer der betreffenden Häuser als Miteigenthümer derselben vorgeschrieben sind. Das Form IV. lit. A. giebt den regelmäßigen Fall, wenn die Einlage nur einen Grundbuchskörper enthält, das Form. V. lit. A. berücksichtigt den Fall, wenn dieselbe mehrere Grundbuchskörper enthält.

30a) Vgl. Nr. 10305 Samml. — Anders hatten früher der O. G. H. (z. B. Nr. 9970) und insbes. die unteren Instanzen aus dem Grunde entschieden, weil der Eintrag der Dienstbarkeit im Lastenblatt des dienenden nicht intabulirten Grundes nicht möglich sei; indeß ist der letztere Umstand keine Voraussetzung für die Anwendbarkeit des Imperativs der §§. 29. 30 cit. Damit steht nicht im Widerspruch die E. Nr. 9684 Samml., sofern dieselbe wohl bloß die Eintragung des Fischereirechtes im Verzeichniß des öffentl. Gutes (§. 2. G. A. G.) vorbehalten will. Richtig sind die Entsch. Nr. 9785. 10244. 11365. 11991 u. a.

31) D. i. derselben Einlage. Verstünde man darunter auch die Blätter anderer Einlagen, so wäre der folgende Absatz eine Konsequenz dieses Satzes.

Wenn nach älterem Herkommen oder in Folge der Grundlasten-regulirung, Kommassirung 2c. ein Grundstück (Weide, Wald) den Besitzern mehrerer Realitäten zum gemeinschaftlichen Eigenthume zugewiesen ist, so empfiehlt es sich, für eine solche Parzelle, soweit sie ein Zugehör der Hauptrealitäten bildet, eine eigene Einlage zu eröffnen, und im Eigenthumsblatte dieses selbständigen Grundbuchskörpers lediglich anzuführen, daß das Eigenthumsrecht zu dem bestimmten Antheile für die jeweiligen Eigenthümer der genau bezeichneten Hauptrealitäten (ohne namentliche Anführung der Ersteren) einverleibt werde.[32] Selbstverständlich muß auch im Gutsbestandsblatte des Hauptgutes die Zugehörigkeit dieses Antheils an der gemeinsamen Liegenschaft unter Beziehung der betreffenden Einlage (nach Analogie der Servituten) ersichtlich gemacht werden.[33] Mit Recht wurde daher mit den Entsch. Nr. 11 886 u. 11 898 Samml. Gl. U. Pf. diese Zugehörigkeit in einem Falle nicht anerkannt, wo der Antheil des Miteigenthümers des Stamm- oder Hauptgutes an einer andern Realität als Realrecht im Grundbuch über jenes Gut nicht eingetragen war, — ein Fall, welcher für die Realberechtigung bräuberechtigter Bürgerhäuser in Böhmen und Mähren, für die Alpen-, Wald- und Wiesengenossenschaften in Österreich 2c. von besonderer Wichtigkeit ist.[33a] In solchen Fällen kann selbstverständlich der Antheil der berechtigten Stammrealität nicht separat veräußert oder verpfändet werden, da derselbe einen integrirenden Bestandtheil der Letzteren bildet; aber auch die gemeinsame Realität kann vor der bücherlichen Abtrennung des Theilrechtes nicht besonders bücherlich übertragen werden; viel-

32) Denn nach §§. 4. 7. 27 der G. Anl. G. (v. 1874) darf dieselbe Parzelle nicht in mehreren Einlagen erscheinen. Vgl. auch Not. Z. 1878. Nr. 52 u. Ger. Zeit. 1893 Nr. 7 (Amschl), woselbst die diesfällige verschiedenartige, höchst bedenkliche Praxis beklagt wird.

33) Auch kann sohin eine abgesonderte Belastung der gemeinsamen Liegenschaften nicht eintreten, da jede Belastung des Hauptgutes sich auch auf den Antheil an der Letzteren erstreckt. Zweckmäßig ist durch eine Anmerkung im Lastenblatt dieser Parzelle auf die Belastung der Hauptgüter zu verweisen. Vgl. dazu den Aufsatz Not. 1886 Nr. 50; doch sind die daselbst gegen die hier vertretene und von der Praxis des böhm. O. L. Gerichtes gebilligte Auffassung erhobenen Bedenken nicht stichhaltig, da der Antheil einen integrirenden Bestandtheil der Stammrealität bildet.

33a) Darüber s. mein böhm. Handelsr. §. 17. u. Boldan, Právník 1888 S. 147 flg.

mehr haften alle bücherlichen Lasten der Stammrealität von Rechtswegen simultan (ohne besondere Auszeichnung) auf dem zugehörigen Antheile derselben.[33b]

Das sog. Kellerrecht kann eine verschiedene juristische Natur haben. Es kann eine Servitut, ein superfiziarisches Recht (§. 1147, dazu Nr. 12508 Samml.) sein; es kann aber bisweilen auch den Charakter des Eigenthums an einem physisch getheilten Grundstück haben (dom. pro diviso). Nach Verschiedenheit des Falls richtet sich die Art des Bucheintrags. Die J. Minist. V. v. 11. Mai 1875, Z. 5111 scheint den letzteren Gesichtspunkt als maßgebend zu betrachten, indem dieselbe bestimmt, daß für Kellerrechte eine selbständige Einlage zu eröffnen ist und bei demjenigen Grundbuchskörper, in dessen Bestandsblatt das Grundstück sich befindet, bei der betreffenden Parzelle der Beisatz „Oberfläche" zu machen sei. (Vgl. auch Entsch. d. O. G. Hofs Ger. Z. 1878, Nr. 70 und Nr. 6704 u. 11940 Samml. Gl. U. W., woselbst — nach Lage des Falls wohl richtig — für Keller selbständige Einlagen bewilligt wurden. Vgl. dazu Hofdk. v. 2. Juli 1832, P. G. S. Nr. 151.)[33c]

B. Das Eigenthumsblatt hat (nach §. 9) anzugeben:

1. Die Eigenthumsrechte (unter Anführung des Namens oder der Gesellschaftsfirma,[34] bezieh. beim Miteigenthum zugleich der ziffermäßigen Antheile der Mitbesitzer) und bei getheiltem Eigenthum (§. 359 G. B.) das Nutzungseigenthum (insbes. des Fideikommiß- oder Lehensbesitzers). Sonderbarerweise bewilligte der O. G. H. (gal. Sen.) in dem Falle Nr. 12521 Samml. auf Grund

---

33b) Jede andere Auffassung und Manipulation führt zu unlösbaren Widersprüchen und zur Verwirrung des Buchstandes, wie die Note 32 angeführten Aufsätze der Praktiker darthun. Überflüssig und störend ist insbes. die namentliche Anführung der jeweiligen Besitzer der berechtigten Rücksitz- (Stamm-)Realitäten; gesetzwidrig ist die separate Verpfändung der Antheile durch deren Besitzer. Die separate Verpfändung der ganzen Realität durch die Gesammtheit der Theilhaber oder deren Vertretung ist rechtlich unzulässig; die gegentheilige Übung mancher Gerichte führt zu unlösbaren Schwierigkeiten.

33c) Selbst Miteigenthum pro diviso am Keller wird als hergebracht, für zulässig anerkannt; s. Nr. 9409 Gl. U. W. — Auch Kunze, Kojengenossenschaft u. das Geschoßeigenthum (1888) S. 48, 57 flg. anerkennt die Nothwendigkeit, diese althergebrachten Rechtszustände entsprechend zu schützen. Vgl. auch bayr. Entw. a. 212 flg.

34) Die Einzelfirma eines Kaufmannes ist nicht eintragsfähig. Arg. Art. 15 a contr. art. 111. 213 H. G. B. Vgl. Stobbe I. S. 323, Sirohai, Jen. Lit. Bl. 1877. Nr. 11 gegen Exner S. 182, N. 32.

eines Urtheils, mit welchem der Geklagte zur Besitz-Übergabe einer Liegenschaft verurtheilt wurde, die Einverleibung des bloßen „Besitzrechtes“.[34a]

2. Diejenigen Beschränkungen, welchen ein Eigenthümer für seine Person (subjektiv) in Beziehung auf die freie Vermögensverwaltung unterworfen ist, z. B. wegen Minderjährigkeit, Prodigalitätserklärung, Konkurs (§. 20 lit. a. G. G., §. 88 Konk. O.). Doch zieht die Unterlassung solcher Anmerkungen keine Rechtsnachtheile nach sich. S. §. 22 IIIa.

3. Endlich sind im Eig. Blatt „ersichtlich zu machen“ die (in das Lastenblatt einzutragenden) jeden Eigenthümer betreffenden (sog. objektiven) Beschränkungen in der Verfügung über den Grundbuchskörper oder einen Theil desselben. (§. 9 G. Anl. G.) Hierher gehören nach der Tendenz des Gesetzes nicht nur die Fälle des beschränkten Eigenthums: fideikommissarische Substitutionen, Bedingungen, Auflagen, zeitliche Beschränkungen (§§. 707—709 A. B. G. B., §. 158 Verl. Pat.), ferner die Fälle des getheilten Eigenthums) Fideikommiß-, Lehens-Band), sondern wohl auch Vorkaufs-, Einstands- und Wiederkaufsrechte, obgleich letztere, wie §. 8 dies. Buchs gezeigt wurde, das Dispositionsrecht des Eigenthümers in der That nicht beschränken.[35] Über die Form vgl. §. 22.

34a) Richtig ist zwar, daß der Grundbuchsrichter sich nicht in die Auslegung des Sinnes jenes unklaren Urtheils einzulassen und ohne weiteres (wie die 2. Instanz that) das „Eigenthum“ einzutragen hatte; allein alsdann war das Gesuch derzeit abzuweisen. Entschieden falsch ist die Motivirung: „daß auch das Besitzrecht ein dingliches Recht (§. 308) u. als solches Gegenstand der Eintragung sei.“ (!) Dagegen vgl. Note 36, ferner §. 21 Note 2 dies. B.

35) Vgl. auch Schiffner §. 92. S. 27 u. S. 43, der sie freilich als Dispositionsbeschränkungen auffaßt. Es ist bedauerlich, daß die ungenaue Fassung der neueren Gesetze zu solchen Streitfragen Anlaß giebt! Ob nach §. 9 cit. auch Veräußerungsverbote eingetragen werden dürfen? Darüber §. 8 d. B. Zweifelhaft ist bei der höchst ungenauen Fassung der §§. 9 u. 10, ob das Fideikommißband hierher zu rechnen ist, da dies vom allg. b. Gesetzbuche als „getheiltes“ Eigenthum bezeichnet wird. Allein vergleicht man diese Fassung mit jener der älteren Gesetze, bes. mit dem §. 174 des Pat. v. 1854 („ob der Erbe in der Verfügung durch ein Fideikommiß-, Lehen- oder Substitutionsband .... beschränkt ist“), so ergiebt sich, daß auch die Fälle des getheilten Eigenthums zu den „im Lastenblatte einzutragenden jeden Eigenthümer betreffenden Beschränkungen“ (§. 9) zu zählen sind, zumal auch dieser „in der Verfügung“ über den Grundbuchskörper beschränkt ist. Dies stimmt auch mit der bisherigen Übung. So auch Schiffner §. 92, S. 27, Presern S. 163. Das offizielle Formular (1875) Nr. 3 spricht bloß von der „Anmerkung der

Nach dem Gesetz vom 23. Mai 1883, Z. 83 (§. 11) ist, wie bereits früher (S. 478) ausgeführt worden ist, die Herstellung und Erhaltung der Übereinstimmung des Katasters und der neuen Grundbücher vorgeschrieben und sind zu diesem Ende alle diesfälligen Änderungen im Besitzstande von den Gerichten den Steuerämtern und von diesen wieder jenen mitzutheilen. Gelangt das Gericht durch die Mittheilung des Vermessungsbeamten zur Kenntniß, daß die grundbücherliche Eintragung „eines die Grundlage der persönlichen Grundsteuerpflicht bildenden dinglichen Rechtes", d. i. des Eigenthums, unterlassen wurde,[36] so hat das Grundbuchsgericht das diesfalls mit dem Gesetz von 23. Mai 1883, Z. 82 angeordnete Verfahren einzuleiten — nämlich der säumigen Partei eine angemessene Frist zur Herstellung der bücherlichen Ordnung (d. i. zur Verbücherung des einzutragenden Eigenthums) zu bestimmen und den Vollzug durch Geldbußen zu erzwingen.[36a] Das Ergebniß des Verfahrens ist dem Steueramte mitzutheilen, welches den bücherlichen Eigenthümer im Kataster selbst dann ersichtlich zu machen hat, wenn als faktischer Besitzer — an welchen allein die Steueranforderung zu richten ist — in dem

---

Fideikommißeigenschaft" — wo? Pfaff-Hofmann a. O. verlangen mit Recht auch „eine Einverleibung" — wo? Vgl. §. 22, N. 17. — And. A. Exner S. 19, der die Fäle des getheilten Eigenthums nicht hierher zieht. De leg. fer. ist die dreimalige Auszeichnung des getheilten und die zweimalige des beschränkten Eigenthums (§§. 7. 9. 10 G. Anl. G.) sehr unnöthig.

36) Daß unter dem „einen (!) die Grundsteuerpflicht begründenden dinglichen Rechte" (s. auch das Just. Ges. v. 23. Mai 1883. Z. 82) nur das Eigenthum zu verstehen sei, ergiebt sich aus der in der Fin. Vollz. Verordn. v. 11. Juni 1883. Z. 91 zu §§. 11. 40—44 in der Klammer erlassenen Erläuterung: „dingliches Recht (Besitzrecht, Eigenthumsrecht)". Ein vom Eigenthum verschiedenes „Besitzrecht" giebt es aber nicht! (Wieder irrig die sonderbare Entsch. Nr. 12521 Samml.! dagegen s. Note 34a.) Die Anführung desselben neben dem Eigenthum in der Fin. Min. V. erklärt sich wohl daraus, daß man einerseits nur an den bücherlichen Eigenthümer dachte, und daß andrerseits die Steuerbehörde die Grundsteueranforderung stets nur an den faktischen Besitzer des Grundstückes zu richten hat. (Vergl. §§. 1 u. 44 des Ges. v. 1883. Z. 83.) Die leicht irreführende Fassung hätte aber mindestens in dem Justizgesetze v. 1883. Z. 82 vermieden werden können. Die Apologie derselben in Nr. 32 Not. Ztschr. 1884 ist mir unverständlich; nach derselben müßte hier neben dem Eigenthümer auch der Fruchtnießer verstanden werden.

36a) Gewiß muß dieses Verfahren auch dann stattfinden, wenn Grundbuch und Kataster andere Personen als Eigenthümer bezeichnen z. B. dort die „Besitzer" bestimmter Realitäten, hier die „Waldgenossenschaft". Vgl. Amschl, Ger. Z. 1893 Nr. 7.

Kataster ein Anderer eingetragen wäre. (§§. 40—44 Gesetz vom 23. Mai 1883, dazu Vollz. V. zu §§. 11. 40 flg.)

C. Das Lastenblatt hat

1. alle auf der Liegenschaft haftenden dinglichen Rechte (Servituten,[36b] Pfandrechte) und Reallasten,[36c] ferner Vor- und Wiederkaufs- oder Bestandsrechte (§. 9 G. G.) zu enthalten, und jede Veränderung, Belastung und Aufhebung derselben auszuweisen.

2. Auf demselben sind ferner solche Verfügungsbeschränkungen „anzugeben", d. i. einzuverleiben, welchen jeder Eigenthümer unterworfen ist (§. 10 G. Anl. G.). Dahin gehören die oben sub B. Z. 3 angeführten Fälle.

Einträge jeder Art sind durch aufeinander folgende Einschreibungen zu vollziehen und jede Eintragung ist durch einen Querstrich so abzuschließen, daß kein Raum für Zusätze bleibt (§. 11 G. Instr.). Die Übersicht der nach der Zeitfolge des Einlaufs erfolgenden Eintragungen wird im Hauptbuch bezieh. in jedem Blatte (Folium) durch zortlaufende Ordnungs-(Post-)zahlen und, wenn sich ein Eintrag auf einen früheren Eintrag bezieht, durch Beziehung der Ordnungszahl derselben unter der Ordnungszahl des neuen Eintrags (also als Nenner in Bruchform: z. B. $\frac{10.}{\text{ad } 1.}$) erhalten.[37] (Diese sog.

36b) Auch Jagdrechte können (auf Grund eines Übereinkommens) die Natur einer privatrechtlichen Servitut haben u. sind alsdann Gegenstand des Eintrags. Vgl. §. 477, dazu Nr. 10623 Samml.

36c) Die Intabulation des Vorbehalts des Verkäufers, eine Gedenktafel für ihn in das verkaufte Haus einzusetzen, wird in Nr. 11343. Samml. mit Recht zurückgewiesen.

37) Die Postzahl des späteren, auf den früheren bezugnehmenden Eintrags ist im letzteren unter Vorsetzung eines v. (vide) ersichtlich zu machen, z. B. $\frac{1}{\text{vide } 10}$ (§. 12 der G. Instr. Alle späteren sollen bei dem Grundeintrag so ersichtlich gemacht; die Lokationszahl der später gelöschten sollte roth unterstrichen werden.) Praktischer und übersichtlicher war aber die frühere landtäfliche Manipulation, welche unselbständige Einträge (Supereinträge, Cessionen, Rechtfertigungen ꝛc.) nur mit ad Num. — also nicht mit selbständigen Postzahlen bezeichnete, und in gewissem Maße gerechtfertigt ist daher m. E. das Ansuchen des böhmischen Landtags von 1879: 1) die bisher in der böhm. Landtafel übliche Prioritäts- oder Ferialzahlen (ad num., inter, post n.) wieder einzuführen. 2) Die Löschungsbescheide wieder mit rother Tinte einzutragen und mit einem doppelten Querstrich zur Beisetzung der Bezugszahlen zu versehen. 3) Die Löschung von Theilbeträgen der Hypothekarposten zu-

„Ordnungszahlen" sind im Grunde nur Lokationsnummern, welche die Übersicht erleichtern sollen, — keine „Prioritäts"-Anzeiger.)[38] — Im Falle der Löschung ist — abgesehen von der Eintragung des Löschungsbescheides an der gehörigen Stelle — bei dem gelöschten Eintrage das die Art derselben (Einverleibung, Vormerkung, Anmerkung) bezeichnende Wort mit rother Tinte zu unterstreichen; bei nur theilweiser Löschung sind bei der gelöschten Eintragung Punkte mit rother Tinte zu machen (§. 13 G. Instr.).[39]

II. Urkundensammlung. Von den Urkunden und deren Beilagen (Mappen ꝛc. §. 74 G. G.), auf Grund deren Einträge erfolgen, sind beglaubigte Abschriften zurückzubehalten. Durch die Einlegung derselben wird die Urkundensammlung, durch ihre Eintragung in ein Buch das Urkundenbuch gebildet (§. 6 G. G., vgl. §§. 90. 91 dess. G.; §. 17 G. Instr.). Die Urkundensammlung ist für alle Hauptbücher eines Gerichts gemeinschaftlich zu führen; nur für die landtäflichen Güter sind besondere Sammlungen

---

gleich in margine der bezüglichen Pfandrechtseintragung ersichtlich zu machen. (Vgl. dazu §§. 43. 44. 54—56. 58. böhm. L. Taf. Instr.) Wer heut zu Tage einen größeren Lastenstand zu prüfen hat, bedarf hiezu einer unverhältnißmäßig langen Zeit, da er sich nicht mehr mit der Prüfung der Vorzugsposten begnügen darf, sondern den ganzen Lastenstand dem vollen Inhalte nach durchlesen und sich einen Privatauszug zusammenstellen muß. Die gegenwärtige Manipulation fand zwar in einem klaren Aufsatze Sobička's, Právník 1879. S. 253 flg. einen gewandten Vertheidiger, — und gewiß ist, daß die sog. Prioritätszahlen kein untrügliches Merkmal der Rangordnung bilden, da sich diese vielmehr nach dem Präsentatum, bez. nach Spezialgesetzen richten. Allein nicht darum — sondern um die rasche und doch thunlichst verläßliche Übersicht des Tabularstandes handelt es sich. Den Gebrauch rother Tinte bei Löschungseinträgen und den rothen Unterstrich gelöschter Posten billigt auch Sob. S. 290; dies ist auch h. z. T. in der Wiener L. T. üblich (vgl. die Formulare bei Exner, Hyp. R. II. Band, Beilage) und auch mit dem §. 13 G. Instr. nicht unverträglich. Gegen den Antrag 3) erklärt sich Sobička S. 291.

38) Mehrere deutsche Gr. Odgen, insbes. die preuß. v. 1872 unterscheiden zwei Lastenblätter, nämlich die Rubrik für dauernde Lasten, Realverbindlichkeiten, Realservituten, dauernde Veräußerungsbeschränkungen (Fideikommisse ꝛc.) und die Rubrik für Grundschulden und Hypotheken. Vgl. Dernburg §. 196, Stobbe §. 95.

39) Die in der älteren Periode des Landtafelwesens übliche simple Durchstreichung des zu löschenden Eintrags ist zwar eine ebenso primitive als bedenkliche Manipulation (dazu Haan S. 11. 27), allein zweckmäßiger als die gegenwärtige war die in der böhm. Landtafel übliche Unterstreichung des gelöschten Eintrags mit rother Tinte, bez. die Ersichtlichmachung der Theilabschreibung mit rother Tinte in marg. der Post. Vgl. §§. 55. 56. 58 L. Taf. Inst. Vgl. N. 37.

anzulegen (§. 13 G. Anl. G.).[40] Über die rechtliche Bedeutung der **Mappen** vgl. die Ausführungen S. 480.

B. Die Bergbücher und Eisenbahnbücher.

Die innere Einrichtung der Berg- und Eisenbahnbücher ist jener der Grundbücher ähnlich.

Das **Bergbuch** enthält A. ein **Besitzstandsblatt**, welches die verliehenen **Grubenmaße** (Grubenfelder), **Überscharen**, **Hilfsbaue** und **Revierstollen** mit allen zu Tage liegenden Bestandtheilen: Taggebäuden, Werkstätten und zum Bergbetrieb erforderlichen und demselben gewidmeten Grundstücken enthält. (§§. 109—111 Berggesetz v. 23. Mai 1854, Z. 146.) **Tagmaße**, wenn sie Zugehör eines bergbücherlichen Objekts sind, werden demselben zugeschrieben; außerdem sind sie nicht Gegenstand des Bergbuchs. B. Das **Eigenthumsblatt** giebt die Person des sog. Eigenthümers des Bergwerkes an.[41] C. Das **Lastenblatt** enthält alle dinglichen Belastungen, insbesondere Servituten und Pfandrechte. — Bezüglich der Urkundensammlung gilt das oben Gesagte. Art. 4 G. G.

Von dem Bergbuch ist das **Gewerkbuch** wohl zu unterscheiden, welches von der Berghauptmannschaft über die Inhaber der Kuxe, d. i. der Antheile der Mitgewerken an dem gewerkschaftlichen Vermögen geführt wird. §. 141 Bergges.[41a]

Die **Eisenbahnbücher**, welche nach dem Gesetz vom 19. Mai 1874, Z. 70 R. G. Bl. für alle dem **öffentlichen** Verkehr dienen-

---

40) Schon d. V. v. 16. März 1851 §§. 3. 13. u. die ung. G. O. §. 169 flg. führten, um Verzögerungen zu vermeiden, die Urkunden**sammlung** ein. Dringend nöthig wäre die obligatorische Verwendung einer und derselben behördlich vorgeschriebenen **Papiergattung**. Nach Anlegung der **neuen** Grundbücher hören **überall** die Urkundenbücher auf. — Abgesondert von der Urkundensammlung sind die Grundbuchseingaben und sonstige bei Gericht zurückbleibende Akten nach der Reihe der Einreichungszahlen aufzubewahren, z. B. Empfangsscheine, Berichte, §. 27 G. Instr. Vgl. **Schiffner** §. 92, N. 19.

41) Das sog. Bergwerkseigenthum ist kein Eigenthumsrecht am Grubenfeld, das eben nur ein mathematischer Raum ist, sondern die Gesammtheit der in d. Bergbaurecht enthaltenen Befugnisse (zunächst zur Okkupation vorbehaltenen Mineralien), welche nur nebenbei bisweilen auch Eigenthum im engern Sinne an Taggebäuden ꝛc. mitumfaßt. Über die **Naphthabücher** in Galizien u. Bukowina vgl. oben Note 1.

41a) Dazu vgl. **Klepsch** S. 158 flg.; ferner **Schneider**, Die Berggerichtsbarkeit (1872) §. 11 u. 12. Die Kuxe gehören zum beweglichen Vermögen. Vgl. noch §. 1, N. 27.

den Eisenbahnen anzulegen sind, enthalten die zum Betriebe der Eisenbahn dienenden Grundstücke und bestehen aus Eisenbahneinlagen und der Urkundensammlung.[42] Für jede Eisenbahn, bez. jeden Theil derselben, welcher den Gläubigern gegenüber als Ganzes gilt, ist eine Einlage zu errichten. Der bücherlich einheitliche Eisenbahnkörper umfaßt auch das ganze im „Besitze"[43] der Unternehmung befindliche, zur Instandhaltung und zum Betriebe der Bahn gehörige Materiale (§§. 1—5). Die Einlage besteht auch hier

A. aus dem Bahnbestandsblatt, welches in der Aufschrift den Namen und die Richtung der Bahn angiebt und in der ersten Abtheilung alle Eisenbahngrundstücke, in der zweiten alle mit dem Besitze der Bahn oder einzelner Bahngrundstücke verbundenen Rechte (Realrechte) anzugeben hat, welche der Unternehmung am fremden Grunde zustehen (§. 8.)

B. aus dem Eigenthumsblatt, welches enthält: „Firma und Sitz der Unternehmung und die derselben auf die bücherliche Einheit zustehenden Rechte", das sog. Bahneigenthum, ferner die Beschränkungen desselben, insbes. durch Einlösungs- oder Heimfallsrechte des Staates (§. 8). Das sog. Bahneigenthum umfaßt also nicht bloß das Eigenthum an den Eisenbahngrundstücken (§. 2), sondern auch an dem gesammten im Besitze der Unternehmung befindlichen Erhaltungs- und Betriebsmaterial (§. 5). Nur in letzterer Beziehung geht das Bahneigenthum (unnöthiger Weise) über das gewöhnliche Grundbuchseigenthum hinaus; nichts desto weniger ist und bleibt es in Ansehung der Hauptsache (des unbeweglichen Grundbuchskörpers) und des (beweglichen) Zugehörs wahres Eigenthum — und dieses Eigenthum und nicht etwa die „aus der Konzession fließenden Rechte" der Unternehmung sind Gegenstand des Eintrags.[44]

---

42) Doch sind Tramwaybahnen nicht ins Eisenbahnbuch einzutragen (§. 47 Ges. v. 18. März 1878, Nr. 30.) In der Frage der Eisenbahnbücher hat Österreich — wie überhaupt im Buchwesen — vor allen übrigen europäischen Staaten einen großen Vorsprung und ein sehr beachtenswerthes Verdienst. (Ausgabe des Gesetzes mit Materialien ꝛc. v. Wittek.) Im Wesen übereinstimmend Tezner im Centralarch. f. Vwalt. Prax. 1885 S. 513—611.

43) Darunter dürfte wo nicht Eigenthum, so doch Usukapionsbesitz zu verstehen sein.

44) And. Ans. Exner S. 22. Schiffner §. 96, S. 41. Daß die Bahnen wahres Eigenthum an dem Eisenbahnkörper haben, ist unzweifelhaft (vgl. §. 2 d.

C. aus dem Lastenblatt, welches in der ersten Abtheilung alle Lasten, welche das bücherliche Ganze treffen, in der zweiten jene Lasten, welche sich auf einzelne Bahngrundstücke beziehen, z. B. Servituten, so wie die Dritten aus dem getheilten Eigenthum oder dem Miteigenthum[45] zustehenden Rechte enthält. Hypothekarrechte können sich nur auf die ganze bücherliche Einheit beziehen (§§. 6. 8).

So lange des Bahnbestandsblatt (A.) nicht hergestellt ist, wird die Einlage als eine „vorläufige" bezeichnet; allein nichts desto weniger ist die Einlage vom Tage ihrer Eröffnung als Grundbuchseinlage (Hauptbuch) im Sinne und mit der Rechtswirkung des allg. G. Gesetzes anzusehen (§§. 8. 9) und finden hiermit Eintragungen in die zwei anderen Blätter der Einlage ungesäumt statt.[46]

Grundbuchsauszüge (Extrakte).

Das Grundbuchsamt hat Jedermann über mündliches oder schriftliches Ansuchen (§. 7 G. G., §. 40 G. Instr.) amtliche Auszüge (Extrakte) aus dem Hauptbuche auszufolgen und zwar entweder allgemeine (Total-) Extrakte, welche den gesammten Buchstand des Grundbuchskörpers darstellen, oder besondere (Partikular-) Auszüge, welche über einen aliquoten Theil des Gutes oder über eine „Hypothekarforderung" und die weiteren auf dieselbe bezüglichen Posten ausgefertigt werden (§. 34 G. Instr.) Jeder Auszug kann als ein ausführlicher („umständlicher") oder „summarischer" verfaßt werden; in jenen sind die Einträge wörtlich aufzunehmen, in

---

Buches.) Erst die im Text citirte ungenaue Fassung des §. 8 Eis. B. G. („Rechte") gab zu Meinungsverschiedenheiten in der Praxis Anlaß. Der Eintrag der „Rechte aus der Konzessionsurkunde" ist nicht nur dem Wesen und der Bestimmung des Eisenbahngrundbuchs zuwider, sondern veranlaßt geradezu Rechtsunsicherheit, da doch das Eigenthum am Bahnkörper nicht „aus der Konzession fließt" und die höchst verschiedenartigen Konzessionsrechte aus dem Hauptbuche gar nicht ersichtlich sind. Mit Recht hat daher der zweite österr. Advokatentag (1877) den Antrag Dr. Burian's angenommen, daß die dingliche Natur des Rechts der Unternehmung am Bahnkörper gesetzlich klar zu stellen sei. Im Wesen nicht anders Tezner a. O.

45) Bezüglich dieses Miteigenthums findet selbstverständlich das Veräußerungsrecht. bez. Theilungsrecht nur insofern statt, als dadurch nicht die Bestimmung des bezüglichen Grundstückes zu Eisenbahnzwecken beirrt wird. Zu weit geht Exner S. 56, wenn er Miteigenthum leugnet. Durch Umlegung der Bahn kann die Beschränkung wegfallen. Schiffner §. 92, S. 30 u. 41 will hinwieder ohne Grund unter Miteigenthum „getheiltes Eigenthum" verstehen; unpassend ist nur das Blatt der Eintragung.

46) Vgl. noch Schiffner §. 92, S. 30 flg.

diesem ist im Lastenstande nur eine kurze Bezeichnung des dinglichen Rechts und der Höhe der Last (ohne Angabe des Titels und des Namens der Gläubiger) anzugeben (§. 35 G. Instr.).[47] Unerledigte Grundbuchseingaben, welche bis zum letzten Abschlusse des Einreichungsprotokolls, dem das Datum des Auszugs entsprechen soll, eingelangt sind, werden unter Angabe der Zahl und des Inhalts am Schlusse des Auszugs angegeben (§. 37).[48] Der Auszug ist vom Grundbuchsführer (nicht vom Gerichtsvorstand) zu unterzeichnen und mit dem Siegel des Grundbuchsamtes (bez. Gerichtes)[49] zu versehen (§. 37). Für die Richtigkeit desselben ist der Grundbuchsführer als richterlicher Beamte auch civilrechtlich verantwortlich (§. 7 G. G.).[50] Dazu das Ges. v. 12. Juli 1872. Z. 112 R. G. Bl. über die Haftung richterlicher Beamten. Die Auszüge sind öffentliche Urkunden (§. 7 G. G., §. 111 A. G. O.)

§. 21. Rechte, welche den Gegenstand der öffentlichen Bücher bilden.

Gegenstand der Eintragung in die öffentlichen Bücher sind ihrer Bestimmung gemäß zunächst nur dingliche Rechte (an unbeweglichen Sachen, bezieh. an eingetragenen Rechten), — sodann Reallasten und ausnahmsweise gewisse obligatorische Rechte (Vorkaufs-, Wiederkaufs- und Bestandsrechte. §§. 1070. 1073. 1095. A. B. G. B.) (§. 9 G. G.) Was die dinglichen Rechte betrifft, so gehört hierher das Eigenthum (Miteigenthum §. 10 G. G.,[1] Ober- und Nutzungseigenthum), das Pfandrecht und die persönlichen und Grunddienstbarkeiten. Nur die eben genannten Rechte sind

---

47) Dazu Hofd. v. 6. Oktober 1785. Z. 478 J. G. S., Ausset S. 407 flg., Klepsch S. 157 flg., Haan S. 28. 218, Exner §. 32.

48) Über dieselben giebt das „Tagebuch" Aufschluß. (§. 1. 37 G. Instr.)

49) Ein besonderes Siegel des Grundbuchsamtes ist nicht nothwendig. (Min. V. v. 16. u. v. 21. Febr. 1872. Z.1880 u. 2043.)

50) Nur der Grundbuchsführer: „unter dessen eigener Haftung" (§. 7 G. G.). So schon §. 152 ungar. Gr. O., welche übrigens in der ersten Zeit nur die Herausgabe ausführlicher, wortgetreuer Totalauszüge gestattete. Außerdem kann Jedermann einfache oder beglaubigte Abschriften von Urkunden aus den Grundbüchern oder der Urkundensammlung (Urkundenbuch) verlangen. (§§. 32. 33 G. Instr.)

1) Nach den offiziösen Formularien (Nr. 2) wird das „Eigenthum zur Hälfte, zu einem Viertheil" einverleibt oder pränotirt.

„dingliche". (§. 308 G. B.) — nicht aber der Besitz (Besitzrecht) und das Erbrecht.[2] Allein auch das Pfandrecht an der Hypothek (Afterpfand §. 454 G. B., §§. 13. 51 G. G., §. 10 G. Anl. G.) und die servitutsähnlichen Genußrechte an verbücherten Rechten, z. B. Kapitalien (§. 10 G. Anl. G.), sind im Sinn des Gesetzes den dinglichen beizuzählen und somit Gegenstand der Verbücherung.[3] Hieraus ergiebt sich, daß nur Vermögensrechte zur Verbücherung geeignet sind, keineswegs Rechte anderer Art, selbst wenn sie aktiv oder passiv an ein Reale geknüpft wären, z. B. Realpatronatsrechte.[4] — Andere Rechte als die hier angeführten dürfen in die öffentlichen Bücher nicht eingetragen werden (§. 9 G. G. „nur").[5] Diese Rechte werden „bücherliche" genannt (§§. 4. 5. 9 G. G.), besser würden sie als „verbücherungsfähige" Rechte bezeichnet werden. Der Eintrag der dinglichen Rechte ist eine Konsequenz des allerdings nicht ausnahmslosen Grundsatzes, daß dieselben nur durch Verbücherung erworben werden können. (§§. 431. 443. G. B.) Die Eintragung der Reallasten (insbes. des Ausgedinges ꝛc., s. §. 12 G. G.) erfolgt zufolge ihres Wesens, ihrer naturgemäßen Bestimmung: eine Verpflichtung

---

2) Daß der Besitz und das Erbrecht, obwohl sie der §. 308 G. B. zu den dinglichen Rechten zählt, kein Objekt der öffentlichen Bücher ist, wird allgemein anerkannt. Bezüglich des Besitzes vgl. speziell d. Hofd. v. 1. Juni 1835, Z. 51 u. meinen Aufsatz in Grünhut's Zeitschr. VII. S. 264 flg. (Bezüglich des Besitzes geht wieder irre die absonderliche Entsch. Nr. 12521 Sammi. Gl. U. Pf. und Presern S. 14; dagegen vgl. §. 20 Note 34a d. B.) Über die nur historisch zu erklärende Fassung des §. 1252 G. B. vgl. Klepsch S. 12, Randa, Besitz §. 5, N. 26. Daß Besitz und Erbrecht überhaupt nicht dingliche Rechte sind, darüber s. Unger I. S. 221. 515 flg., Randa, Besitz §. 3, Schiffner §. 26.

3) Dazu vgl. Hanausek, Uneig. Nießbrauch §. 18. — Das Pfandrecht, welches nicht Sachen, sondern Rechte zum Gegenstande hat, ist zwar ein unmittelbares, aber kein dingliches Recht. Und dasselbe gilt von dem sog. Nutzgenuß an Rechten. M. E. bilden diese gewöhnlich als dinglich bezeichneten Rechte gleich den Autor-, Marken- und Musterschutzrechten eine besondere Kategorie von Vermögensrechten. S. dazu Stobbe §. 158, Schiffner §. 26. Daß die österr. Hypothek keine positive Realobligation zur Zahlung schaffe, anerkennen mit Recht Exner S. 38, David, Ger. Z. 1870, N. 11, Schiffner §. 96, N. 8.

4) Warum aber Realpropinationslasten nicht Gegenstand der Eintragung sein sollten (Schiffner §. 96, N. 17), vermag ich nicht einzusehen; sie sind als Reallasten (§. 12) eintragungsfähig. S. Nr. 3128 Samml. u. Randa, Besitz §. 24, N. 37.

5) Vgl. §§. 21 u. 22 G. Anl. G. u. Erl. d. b. O. L. G. v. 10. April 1877. Z. 9918. Dagegen sind die Patronatslasten (als Reallasten) allerdings Gegenstand des Eintrags. Vgl. Nr. 8103 d. Sammi. Gl. U. W.

des jeweiligen Besitzers, eine bleibende Last des Grundstückes zu sein. — Der Eintrag noch anderer obligatorischer Rechte (Vor-, Wiederkaufs-, Bestandsrechte) erfolgt ausnahmsweise zu dem Zwecke, um diesen nach ihrer regelmäßigen Natur auf die Person der Kontrahenten und ihrer Universalnachfolger beschränkten Forderungsrechten gemäß der singulären Tendenz der Parteien eine weitere, gegen jeden Besitzer der Realität sich erstreckende Wirksamkeit zu sichern. Die Eintragung bildet das Mittel, die Absicht der Kontrahenten, eine Realschuld zu begründen, zu verwirklichen.[6]

Tabularbesitz ist die Thatsache der bücherlichen Vorschreibung, des bücherlichen Eintrags eines Rechtes für Jemanden. Derjenige, auf dessen Namen das Recht eingetragen ist, heißt Tabularbesitzer. §§. 321. 322. 350.[7] Vgl. Näheres im §. 17 N. 1 d. Buchs.

Die öffentlichen Bücher sind also in Österreich — zumeist von ihrer Entstehung an (s. §. S. 422 flg.) — nicht bloß „Hypothekenbücher", sondern Grundbücher im wahren und vollen Sinne des Wortes. (Über die Notifiken-, Verfach- und Hypothekenbücher in einzelnen Ländern vgl. §. 18 S. 431 flg.)

Bezüglich des Eigenthums sind noch folgende Fälle zu erwägen, welche in der Praxis — namentlich bei der Neuanlegung der Bücher zu verschiedenartiger Auffassung Anlaß geben.

1. Wird eine unbewegliche Sache vom Manne oder einem Dritten der Braut als Widerlage gegeben, so gebührt der (eingetragenen) Frau hieran das durch das Vorversterben des Mannes (suspensiv) bedingte Eigenthum (§. 1230.) Für diese Auslegung sprechen: der Wortlaut des §. 1230, ferner die historische Entwicklung und die Vorläufer des B. G. B., besonders der Abs. 188 und 189 III. Cap. §. 3 des Cod. Theresianus (I. Thl.): „soll die Widerlage dem über-

---

6) Über die Bedeutung dieses Eintrages vgl. Randa, Besitz S. 54, N. 2. Die Ansicht Hasenöhrl's, Oblig. R. S. 19, N. 75, Geller's, Grünh. Ztschr. V. S. 337 flg., welche wieder zu der alten Behauptung, daß die genannten Rechte durch Eintrag dinglich werden, zurückkehren, thut dem historischen und dogmatischen Begriff der Dinglichkeit Gewalt an.

7) Bezüglich des Tabularbesitzes vgl. Randa a. O. §. 5. And. Ans. jüngst Czyhlarz, Wiener Ztschr. X. S. 263 flg.; selbst wenn dessen histor. Gesichtspunkt richtig wäre, wäre derselbe für Interpretation des A. B. G. B. belanglos. Vgl. die k. V. v. 27. Oktober 1849 Z. 12.

lebenden Theil zufallen ....; ohne daß während der Ehe das Weib deren Übergabe fordern könne, sondern solche bleibt für diese Zeit in dem Eigenthum des Mannes, welcher auch ... deren Verwaltung und Benutzung behält." S. Harrasowsky, Cod. Ther. I. S. 118 und dessen Note 22; conform Horten Entw. I. 3. §§. 69—72. 97 flg.; dazu Josef. G. B. I. §. 118. Der §. 1230 G. B. stellt sich nur als Auszug der citirten §§. 188. 189 dar; aus den Worten „das freie Eigenthum" (§. 1230) darf daher nicht durch eine Konklusion a contr. auf resolutiv bedingtes E. der Frau während der Ehe geschlossen werden.[8] Durch den bezüglichen Vertrag werden sohin sofort

8) Überlebt die Gattin den Gatten nicht, so fällt die Widerlage nicht (wie das Heirathsgut) an die Erben der Gattin, sondern an den Manu, bez. an denjenigen zurück, von dem sie herrührt. (Arg. §. 1230 „wenn sie den Mann überlebt, .. gebührt ihr .. auch das freie Eigenthum". S. auch Krasnopolski, Grünh. Ztschr. 15 S. 72 flg. Bedenklicher war die Fassung des Entwurfs II. §. 333: „allein nach dem Tode des Mannes" ꝛc.) So auch die Entsch. des O. G. Hofes Nr. 1145 u. 5383 Samml. Glas. Ung. W., auch Ogonowski, Ehegüterrecht S. 320 flg., Kirchstetter zu §. 1230, Ullmann, in Grünhut's Ztschr. IV. S. 104. Anders, Famil. R. §. 29, wohl auch Krainz §. 444. Dafür spricht — wie hier nicht näher gezeigt werden kann — auch die histor. Entwicklung der Contrados in den böhm. u. österr. Ländern; vgl. z. B. Böhm. Land Ord. M. 33., Böhm. Stadtr. C. 41 u. a., Kýblin, Differentia etc. S. 204, Donner §. 952, dazu (passim) Ogonowski S. 63. 81 flg. 315 flg.; vgl. auch §. 33 d. böhm. L. Taf. Instr. u. über die Entwicklung des vom Manne bestellten Dotaliciums nach älterem böhm.-mähr. Rechte Czyhiarz, Zur Gesch. des ehel. Güterrechts im böhm.-mähr. L. R. (1883), welcher das Recht der Frau auf diese Widerlage (obvěnění) nach Stadtr. als suspensiv-, nach Landr. als resolutiv-bedingt auffaßt und dasselbe als Schößling des bayer.-österr. R. (gelobte Morgengabe) betrachtet. Dazu Harrasowsky N. 22 a. O. und Krasnopolski, Mitth. d. d. J. V. 1882, S. 135 flg. u. Grünh. Zeitschr. 9, S. 572 flg., Anders, a. O. — Daß Parteiwillkür der Norm des §. 1230 derogiren könne, erkennt die Entsch. 8166 S. Gl. U. W. an (Unbedingtes R. auf die Widerlage). — Über die wie nach österr. so nach deutsch. Rechte schwankende Gestalt der Contrados vgl., abgesehen von Schröder u. Martitz, z. B. Gerber, D. P. R. §. 239. Widersprechend äußert sich Stubenrauch II. S. 359. Die mir durch Prof. Pfaff-Hofmann zugekommenen Protokollauszüge (vgl. nunmehr: Ofner, Prot. II. 143. 572) geben über diese fraglichen Punkte keine Auskunft. Zufolge der Monita der Insbrucker Fakultät ꝛc. und des V.-Präsidenten wurde zwar in der Sitzung v. 26. Aug. 1805 beschlossen, daß die Widerlage der Frau nach dem Tode des Mannes nur dann zufallen solle, wenn auch diesem nach ihrem Tode das Heirathsgut zugefallen wäre. (Ofner II. S. 143.) Allein auf Pfleger's Antrag, welcher auf das Unpraktische einer solchen Bestimmung hinwies, wurde in der Sitzung v. 18. Dez. 1809 die Norm des westgal. G. wieder hergestellt. Über die obengedachte Änderung der Fassung des §. 333 „allein nach dem Tode" ꝛc. findet sich keine Aufklärung; sie wurde später (als bloß redaktionelle?) in's Werk gesetzt.

Rechte unter Lebenden — wenn auch gesetzlich bedingt und betagt — eingeräumt und kann von einem Legatsvertrag nicht gesprochen werden.[8a] Da die Gattin sohin das Recht hat, auf Grund der Ehepakte, sofern diese ihrer Form nach eintragsfähig sind,[9] um die Einverleibung des ihr auf die Widerlage zustehenden bedingten Rechtes anzusuchen,[10] so entsteht die Frage, in welcher Art der Eintrag zu erfolgen hat? Etwa durch „Anmerkung" oder Eintrag des „Rechts auf die Widerlage"? M. E. ist die Frau als bedingte Eigenthümerin des als Widerlage gegebenen Gutes einzutragen,[11] in der Eintragung der Erwerbstitel zu bezeichnen, und gemäß §. 5 G. G. vorsichtsweise auf die betreffende Stelle des Heirathsvertrages zu verweisen. In ähnlicher Weise wird im Falle des §. 1228 A. B. G. B. der Fruchtgenuß des Mannes an den im Eigenthum der Frau verbliebenen Gütern unter Hervorhebung des Titels und unter Beziehung der betreffenden Stelle des Heirathskontraktes eingetragen werden müssen.

2. Die Gütergemeinschaft unter Ehegatten wird in der Regel nur auf den Todesfall verstanden (§. 1234 G. B.) und giebt dem Gatten nur das Recht auf Vergemeinschaftlichung und Theilung (zur Hälfte) dessen, was von den der Gemeinschaft unterzogenen Gütern nach Ableben des andern Ehegatten noch vorhanden sein

---

8a) Mit Unrecht will daher Schiffner, Vermächt. Vertrag §. 5 hier in der Regel einen Vermächtnißvertrag — und nur, wenn ausdrücklich Wirkungen unter Lebenden beabsichtigt werden, eine Schenkung (?) auf den Todesfall annehmen. Dagegen vgl. auch Anders, §. 29. Mit seiner Auffassung steht Sch. in der Literatur u. Praxis ganz vereinzelt da. Übrigens halte ich die Bestellung der Widerlage durch den Mann für keine Schenkung, sondern (bes. mit Rücks. auf §. 796) für eine causa lucr. sui generis.

9) Wie bekannt, müssen seit dem Ges. v. 25. Juli 1871, Z. 76 alle Ehepakte in Form eines Notariatsaktes errichtet werden.

10) And. Ansicht aber Ogonowski a. O., dessen Meinung aber nicht nur durch die in Note 8 citirten Quellen, sondern auch durch §. 1245 G. B. widerlegt wird. Vgl. auch die Rechtsfälle Nr. 1145. 2020. 2362 der Samml. Gl. U. W. und Winiwarter IV. S. 446.

11) Das G. Ges. (§§. 98. 103) verlangt „die Beziehung auf die der Bewilligung zu Grunde liegenden Urkunden". Die übliche Art der Eintragung bezeichnet die letztern bisweilen so allgemein, daß daraus der Erwerbstitel des Eigenthums 2c. nicht entnommen werden kann, z. B. „Auf Grund des Abtretungsvertrags dto .... wird das Eigenthumsrecht". (S. Presern S. 159). Daraus ist aber der Erwerbstitel (Kauf, Schenkung 2c.) nicht ersichtlich. Es liegt im Sinne des Gesetzes (§. 26 G. G.), daß die rechtliche Kategorie der Urkunde genau fixirt werde. Vgl. auch die amtlichen Formulare zur Kais. V. v. 16. März 1851. Z. 67 R. G. Bl.

wird (§. 1234).[12] Das Gesetz hat also einerseits nur die Güter- also Vermögensgemeinschaft (im Gegensatze zur communio einzelner Sachen) im Auge, andererseits beschränkt es die Wirksamkeit derselben auf das nachgelassene (der Gemeinschaft unterzogene) Vermögen.[13] Besitzt aber ein Ehegatte ein unbewegliches Gut und wird (selbstverständlich nur mit der Einwilligung des Ersteren)[14] das Recht des anderen Ehegatten zur Gemeinschaft in die öffentlichen Bücher eingetragen, so erhält dieser auf die Hälfte der Substanz des Gutes „ein dingliches Recht", vermöge dessen der eine Ehegatte über diese Hälfte (sc. der Substanz) keine Anordnung (Verfügung) machen kann; auf die Nutzungen aber während der Ehe erhält er keinen Anspruch. Jedoch nach dem Tode des Ehegatten[15] gebührt dem überlebenden Theile sogleich das freie Eigenthum seines Antheiles (§. 1236). Aus diesen fast wörtlich citirten Stellen ergiebt sich, daß der Ehegatte durch die Einverleibung der Gütergemeinschaft sofort das — durch den Fruchtgenuß des anderen Gatten beschränkte — Miteigenthum zu Hälfte des Gutes erwirbt.[16] Diese Auffassung wird durch den

---

12) So richtig Krasnopolski, Grünh. Ztschr. 9, S. 575 flg. u. 15. S. 103 flg., Krainz §. 446. Dies Recht begreift den Anspruch auf Abzug der Schulden beider Theile aus der so gebildeten Masse und Theilung des sonach verbleibenden Restes. Beide Rechte werden zugleich — in der Regel bei Auflösung der Ehe wirksam.

13) Häufig werden obige Unterschiede übersehen oder verwischt. Der Vertrag zur Gemeinschaft, dessen Objekt nur einzelne Sachen sind oder dessen Wirksamkeit schon unter Lebenden eintreten soll, ist daher nach den §§. 1180 flg. zu beurtheilen. Im Codex Theres. ist diese Unterscheidung schärfer ausgesprochen als im A. B. G. B. Vgl. I. Theii, Cap. III. Nr. 235: Nur Handels-, Gewerbs- und Bauersleuten soll verstattet sein, „eine unwiderrufliche Gemeinschaft ihrer beiderseitigen Güter über das ganze Vermögen oder einen Theii desselben zu errichten." Nr. 255. „Von dieser Gemeinschaft des Vermögens ... ist alle andere Art der Gemeinschaft unterschieden, welche sich ... in einzelnen Sachen zufällig oder mit ihrem Willen ereignen kann". S. auch Ogonowski S. 390 flg.

14) Das ergiebt die Vergleichung mit §§. 1234 u. 1256 G. B. So auch die Spruchpraxis: Nr. 1175. 2335. 5372 Sammi. Gl. U. W., Klepsch S. 41, Winiwarter IV. S. 453 u. dazu §. 37 G. Ges.

15) Dasselbe gilt im Falle des Konkurses desselben (§. 1262) — wogegen freilich Ullmann S. 114 ein Wahlrecht der Konkursmasse (§. 22 Konk. O.) statuiren will, — und bei Trennung der Ehe akatholischer Gatten (§. 1266). Bei der unfreiwilligen Scheidung kann der schuldlose Ehegatte wählen zwischen der Fortdauer oder Aufhebung der Ehepakte. (§. 1264).

16) Nicht bloß einen obligatorischen Anspruch: Arg. §. 1236 „dingliches Recht" — dies kann eben nur das Miteigenthum sein; ein allgemeines „dingliches Recht giebt es nicht; die einzelnen Arten der dinglichen Rechte führt §. 308 G. B. an. Als

Wortlaut des neuestens von Harrasowsky publizirten Cod. Theres. 1. Th. Cap. III. nr. III. 238 flg. bestätigt. Die Gemeinschaft des Vermögens ändert „nichts an dem Eigenthume des ein- oder anderseitigen Guts, solange Beide am Leben sind, . . wenn nicht . . . ein Ehegatte mit dem anderen an das Eigenthum geschrieben worden". Damit stimmt überein nr. 242 eod.: dem Überlebenden, welcher mit „an das Eigenthum geschrieben ist", gebührt die Hälfte „mit vollem und freiem Eigenthumsrecht". (Ähnlich Horten's Entw. I. §§. 85. 86.)[16a] Vgl. auch Harrasowsky's Note S. 129.

Fraglich kann nur sein, ob dieses Miteigenthum bloß durch den Fruchtgenuß des andern Gatten beschränkt — eine nuda proprietas — ist oder ob hier nicht vielmehr ein sog. „ruhendes" Eigenthum (dom. dormiens) des eingetragenen Ehegatten in dem Sinne vorliegt, daß über das Miteigenthum während der Ehe überhaupt nicht (durch Veräußerung, Verpfändung ꝛc.) verfügt werden kann.[17] Für die letztere

---

Miteigenthum fassen das Recht aus §. 1236 auf die Gerichte, vgl. Samml. Gl. U. W. Nr. 3929. 5372. 5897 u. a., s. auch den Fall Ger. Z. 1878, Nr. 5, woselbst die erste Instanz die Eintragung des „Rechts zur Gemeinschaft" mit Bezug auf §. 9 G. G. für unzulässig, das O. L. G. aber für zulässig erklärt. Über andere irrige Formen des Eintrags vgl. Note 20. 21. Richtig: Zeiller, Nippel, Stubenrauch ad §. 1236, Ullmann III. S. 117 flg., Krainz, II. §. 446, Ogonowski a. a. O. S. 392 flg., unklar Kirchstetter ad §. 1236. Unentschieden läßt die Frage Krasnopolski, Grünh. Ztsch. 9, S. 574, 15. S. 102. (Miteigenthum oder dinglich wirkendes Recht auf Erwerb desselben.) Unsere Ansicht theilt nun auch Anders, Famil. R. §. 34 S. 144, obwohl er nur von einer „Anwartschaft", von einem künftigen, mit der Auflösung der Ehe beginnenden Miteigenthum spricht, — eine m. E. widerspruchsvolle Construction. Der §. 1236 scheint eben nur ein ungenauer Auszug aus dem Cod. Ther. zu sein. Vgl. das folg. im Texte.

16a) Im Entw. Martini fehlt der §. 1236. Aus der Darstellung Harrasowsky 5. S. 197 N. 8 geht hervor, daß die Mehrzahl der Stände die gesetzliche Gütergemeinschaft — wenigstens für den Bauernstand — befürwortete. Dies dürfte Zeiller bewogen haben, in der Sitz. v. 19. Aug. 1805 — entsprechend dem Josef. G. B. — die Normen, betreffend die Gemeinschaft auf den Todesfall wieder aufzunehmen, womit die Commission einverstanden war. Ofner Prot. II. S. 140 flg.

17) Die erstere Ansicht findet allerdings in jener Stelle des §. 1236, die nur auf den Ausschluß der Nutzungen Bezug nimmt, einen Anhaltspunkt. Daß aber nach unserer Ansicht die „andere Hälfte" ganz unveräußerlich wäre, ist nicht richtig; sind beide Ehegatten einverstanden, so kann dieselbe veräußert werden. Vgl. dazu Pfaff-Hofmann II. S. 13. Die Ansichten der Praxis divergiren. Für die Zulässigkeit der Veräußerung des Antheils vgl. Nr. 6297 Samml. Gl. U. W., Krasnopolski, a. O. 15. S. 102 flg., dag. gegen die exekutive Belastung desselben Nr. 7998, allerdings mit der sonderbaren Begründung, daß die Rechtsfolgen des §. 1236 nur im Verhältniß zum anderen Theile begründet sind. Die im Text ver-

Ansicht spricht die — allerdings nicht zum klaren Ausdruck gekommene Absicht des Gesetzgebers, welcher die Fortdauer des gemeinschaftlichen Besitzes und des ausschließlichen Nutzungsrechtes des anderen Ehegatten während der Ehe intendirte und die Möglichkeit beliebiger Aufhebung der Gemeinschaft (durch Realtheilung bez. Feilbietung, §§. 830. 843. cf. §. 826) fern halten wollte.[18] Vgl. oben S. 243 Note 49, und die Entscheidungen des obersten Gerichtshofes Nr. 5746. 7998 u. neuestens die Entscheidung Nr. 11783 Gl. U. W., welche letztere aus den hier angeführten Gründen die Aufhebung der Gemeinschaft für unzulässig erklärte, trotzdem der Gatte zu der Hälfte des E. intabulirt war. (Anders die Entsch. Nr. 5897 u. 6297.)

In dieser von mir schon anderwärts geäußerten Auffassung wurde ich schon durch die Einsicht in die (Hofmann-Pfaff'schen) abschriftlichen Kommissionsprotokolle bestärkt. Im westgal. G. B. (Urentwurf) fehlen bekanntlich die §§. 1235. 1236 G. B. (Vgl. Note 16a.) In der Sitzung vom 19. August 1805 beantragte Zeiller in Anlehnung an die §§. 92—98 Jos. G. B. zunächst die Norm, daß, wenn der Gütergemeinschaftsvertrag einverleibt sei, „der eine Theil über die dem andern Theil vorbehaltene Hälfte keine eigenmächtige Verfügung treffen kann". In der späteren Sitzung (vom 26. August 1805) wird beschlossen, daß der Ehegatte durch die mit Einwilligung des Anderen vorgenommene Eintragung „ein Miteigenthum" erlange; dem einseitigen Eintrag wird diese Wirkung versagt. Gegen letztere

---

tretene Ansicht setzt allerdings voraus, daß die Gütergemeinschaft bücherlich eingetragen ist. Vgl. auch d. Entsch. d. O. G. H. v. 11. Mai 1886 Jur. Bl. 1886. Nr. 42.

18) Für letztere Auffassung bes. Winiwarter IV. S. 453, Stubenrauch ad §. 1236, Abs. 2, Ellinger, H. B. zu §. 1236 u. Pfaff-Hofmann II. S. 13, auch Anders, §. 34 S. 144, da dieser sogar nur eine „Anwartschaft" auf das künftige Miteigenthum anerkennen will, — während besonders Zeiller III. S. 612, welchem Nippel VII. p. 595, Ullmann S. 118 u. Ogonowski S. 393 flg. beistimmen, den Gesichtspunkt des bloß beschränkten Eigenthums festhält. So auch die Entsch. d. O. G. Hofes, Not. Zeit. 1877. Nr. 17 (anders die erste Instanz), während die Entsch. Ger. Zeit. 1876. Nr. 19 wenigstens in erster Instanz die hier vertretene Anschauung zum Ausdruck bringt. Ogonowski hält den Gesichtspunkt eines zeitlich und durch den Fruchtgenuß des anderen Ehegatten beschränkten Miteigenthums für ausreichend. Allein letzteres wird sofort erworben, gegen O. spricht auch die Tendenz des Gesetzes; siehe folg. Noten. — Von einer bloßen „Anwartschaft" (Anders) kann darum nicht gesprochen werden, weil das „dingliche Recht" sofort definitiv erworben ist.

Norm lehrte sich Zeiller in der Sitzung vom 16. November 1807 und es wurde hierauf die gegenwärtige Fassung des §. 1236 beschlossen, jedoch mit der Abweichung, daß es heißt: „so erhält dieser durch die Eintragung auf die Hälfte der Substanz ein Recht"; der Einschub: „ein dingliches Recht" (§. 1236) erfolgte später, ohne daß ersichtlich ist — durch wen? (Ohne Zweifel in letzter Stunde durch Zeiller.)[19] Die Kommission beabsichtigte somit wahrscheinlich bloß einen obligatorischen Anspruch (jus petendi) anzuerkennen (vgl. N. 19); durch den späteren Einschub vollzog sich aber die Rückkehr zu der Auffassung der früheren Entwürfe, daß mit dem Eintrag das Miteigenthum erworben werde. (Dazu s. N. 16.)

Soll nun im Fall des §. 1236 G. B. — wie manche wollen: das „Recht zur Gemeinschaft" oder das „dingliche Recht an der Gutshälfte" eingetragen oder angemerkt werden,[20] oder soll Eigenthum an der Hälfte des Guts einverleibt (pränotirt) werden? — Gewiß ist nur die letztere Ansicht richtig; denn abgesehen davon, daß das G. G. (§. 20) eine solche „Anmerkung" nicht kennt, und daß nur speziell benannte dingliche Rechte den Gegenstand der Einverleibung bilden können (§. 9 G. G.), soll ja der Ehegatte im Falle des §. 1236 wahres, (wenn auch nicht „freies") Miteigenthum (Eigenthum auf die Hälfte) erwerben.[21] Dies lag auch in der Intention der Gesetz-

---

19) Die bezüglichen Auseinandersetzungen in der Stz. v. 16. Nov. 1807 (Prot. S. 430) sind ziemlich unbefriedigend: Theilung und Gemeinschaft sind zweierlei. Werde der Ehegatte an die Gewähr geschrieben, so sei keine Gemeinschaft mehr (?), jeder Theil sei Eigenthümer. (Offenbar identifizirte man Real- u. Idealtheilung.) Werde aber nur das jus petendi (?) des Miteigenthums vorgemerkt, dann läge Gemeinschaft vor und wirke erst nach dem Tode des Anderen. — Gegen die obige Ansicht spricht wohl nicht Cod. Ther. 1. Thl., III. cap., S. 239: „Solchemnach kann ein Ehegatt mit dem also behafteten unbeweglichen Gut ohne Einwilligung des anderen zum Nachtheil der mit diesem bestehenden . . . Gemeinschaft nichts ordnen, obschon es ihme für seinen Antheil unbenommen bleibt, mit solchem nach Gefallen zu schalten", da hier nur von der Hälfte desjenigen Gatten gesprochen wird, der den anderu ins Miteigenthum aufnahm.

20) So Kirchstetter ad §. 1236: Die Auszeichnung des „Rechts zur Gemeinschaft . . . kann erfolgen . . . durch „Adnotation" oder Übertragung „der Hälfte des Rechtes". Dagegen Ullmann IV. S. 117. 118 u. die Entsch. d. österr. O. L. G. Not. Zeit. 1878. Nr. 25.

21) So auch die Judikatur. Vgl. Nr. 3929. 5372. 5746. 5897. 6297 Samml. Gl. U. W., die Entsch. v. 29. Okt. 1875. Z. 8409 (Ger. Zeit. 1876. Nr. 19). In Nr. 6297 Samml. Gl. U. W. (Not. Zeit. 1877. Nr. 17) verweigerte die erste Instanz die Einverleibung des Miteigenthums auf die von der Frau verkaufte Hälfte des

gebung, wie aus dem Vorgesagten bestimmt hervorgeht. Allerdings muß aber wegen der besonderen Eigenthümlichkeit dieses Miteigenthums[22] bei dem Eintrag nicht nur der Titel des Miteigenthums (Vertrag über die Gütergemeinschaft) hervorgehoben, sondern insbesondere gemäß §. 5 G. G. auf die betreffende Stelle des in der Urkundensammlung abschriftlich erliegenden Heirathsvertrages Bezug genommen werden. So ganz richtig neuest. Nr. 11783 der Samml. Ob die Beschränkung in der Verfügung über den Grundbuchskörper im Eigenthumsblatt ersichtlich zu machen und im Lastenblatt einzutragen ist (§. 9 u. 10 G. Anl. G.), ist zweifelhaft; m. E. ist dies unnöthig.

3. Durch den sog. Advitalitätsvertrag, mit welchem ein Ehegatte dem anderen die Fruchtnießung seines ganzen Vermögens oder eines Theiles desselben auf den Todesfall zuwendet, wird derselbe in der freien Verfügung durch Handlungen unter Lebenden nicht beschränkt (§. 1255).[23] Wird aber die Fruchtnießung eines unbeweg-

---

gemeinschaftlichen Guts mit Bezug auf §. 1236, da die Frau erst nach dem Tode des Mannes das „freie Eigenthum" erlange; dagegen bewilligte die zweite u. dritte Inst. die Intabulation, weil die Gattin „das freie (?) Eigenthum an der Hälfte" bücherlich besitze und nicht bloß „ihr Recht zur Gütergemeinschaft" einzutragen sei. — In Nr. 3929 war „das dingliche Recht" zur Gütergemeinschaft nur im Lastenblatte ausgezeichnet; trotzdem gab aber der O. G. Hof der Klage des einen Gatten auf Beschränkung der Feilbietung des später eingetragenen Hypothekargläubigers auf die dem anderen Gatten gehörige Hälfte des Gutes statt. Der Prozeß wäre bei richtigem Eintrag vermieden worden. Ebenso wurde im Falle Nr. 7669 Eigenthum des Gatten anerkannt, obwohl dessen Rechte nur „zur Sicherstellung der Gemeinschaft" intabulirt waren. Im Falle Nr. 6436 war das „Pfandrecht" für die G. Gemeinschaft eingetragen, blieb darum bei der Meistbotvertheilung in erster u. zweiter Inst. unberücksichtigt, und wurde erst in dritter Inst. (vorbehaltlich des Rechtswegs über die Wirkung des Eintrags) gewahrt. Es versteht sich, daß der Ehegatte im Fall der Feilbietung auf die Nutzungen der ihm zufallenden Hälfte während des Bestands der Ehe keinen Anspruch hat (§. 1236). Vgl. Nr. 6436. 7669 Samml. Gl. U. W.

22) Insbesondere auch mit Rücksicht auf den eventuell im Rechtswege zu entscheidenden Meinungsstreit, ob beschränktes oder ruhendes Eigenthum vorliegt.

23) Auf die polnische (galizische) Provenienz des Advitalitätsvertrages weisen, wie schon Winiwarter IV. S. 484. u. Ogonowski a. a. O. S. 373. Note hervorgehoben, die Vorläufer der §§. 1255 flg. hin. (Vgl. Resol. v. 31. Okt. 1785. Z. 489 lit. d., Hofd. v. 7. Dez. 1790. Z. 90. u. a., dazu Westgal. G. B. II. §§. 513. 515—519. III. §. 336; auch die Berathungsprotokolle v. 26. Nov. 1807 erwähnen, „das in Galizien übliche Advitalitätsrecht" u. der V. Präsident meinte, daß für diese „galizische Provinzialgewohnheit", die in den übrigen Provinzen kaum gekannt werde, im „Provinzialrecht" Vorsorge getroffen werden solle. (Ofner, Prot. II. S. 432 flg., 398 flg., 548—551, 795.) Daß auch der Codex Max. u. das preuß. L. R. (u.

lichen Gutes mit Einwilligung des Verleihers[24] den öffentlichen Büchern einverleibt, so kann dieselbe in Hinsicht dieses Gutes nicht mehr verkürzt werden (§. 1256). Die Einverleibung kann hier gewiß nur durch Eintrag der Dienstbarkeit des Fruchtgenusses (§. 509 G. B.) auf den Überlebensfall — und zwar unter Anführung des Erwerbstitel erfolgen. Warum der Advit.-Vertrag in diesem Falle den Charakter einer letztwilligen Anordnung verlieren soll (Schiffner, A. Vert. S. 32 u. a.), ist nicht einleuchtend, da das Recht der Fruchtnießung trotz des fehlenden Verfügungsrechtes des Verleihers doch nach dem rechtlichen Wesen dieses Instituts vom Überleben des Bedachten abhängig ist und nach der Intention der Parteien ohne Zweifel eine letztwillige Verfügung vorliegt.[24a]

Sofern man der Ansicht beipflichtet, daß der Legatsvertrag auch über das Eigenthum eines unbeweglichen Gutes geschlossen werden kann, hätte der Eintrag des Eigenthumsrechtes in analoger Weise statt-

---

zw. in größerem Maße) den Legatvertrag anerkennen, blieb unberücksichtigt. Gewiß ist nämlich der Advitalitätsvertrag als Legatsvertrag zu konstruiren. [Darnach ist auch die Frage nach der Form desselben, die Winiwarter IV. S. 489 unrichtig (Schluß a minori!) löst, zu beurtheilen; dazu jetzt das Ges. v. 25. Juli 1871, welches die Form des Notariatsaktes vorschreibt.] Vgl. Arndts, Österr. V. J. Schr. VII. S. 288, Gesamm. Civil. Schriften II. S. 184 flg. Schiffner, Vermächtnißbegriff (1873) S. 19 folg., Vermächtnißvertrag (1891) §§. 4. 15; Anders, Famil. R. §. 31. — dazu Randa, Grünh. Ztschr. II. S. 471, Krasnopolski, a. O. 15. S. 70. Anders Unger, Erbr. S. 270, welcher in dem §. 1255 G. B. die Leibzucht findet, ebenso Krainz II. §. 445. (Dagegen spricht dogmatisch, daß der Verleiher nach §. 1255 inter vivos frei verfügen kann, sodann die Beschränkung des Vidualitiums auf die Wittwe, und der Gegensatz der §§. 1244 u. 1257 A. B. G. B.) Abweichend auch Ofner, Grünh. Ztschr. 19. S. 527, der den Vermächtnißvertrag läugnet. Unhaltbar ist die Ansicht Ogonowski's S. 367 flg., welcher den Adv. V. als „Schenkung von Todeswegen" behandeln will; dageg. s. d. oben cit. Literatur.

24) Diese Einwilligung hält trotz des Wortlautes und Geistes des Gesetzes für unnöthig Ogonowski S. 370 flg., Krainz II. §. 445; dagegen s. Krasnopolski a. O., Schiffner, S. 33 N. 3; nur durch diese Einwilligung gibt der Verleiher zu verstehen, daß er auf das ihm sonst zustehende Dispositionsrecht unter Lebenden verzichte! Dieser Verzicht kann nicht durch die Pränotation einseitig erzwungen werden.

24a) Ebendarum werden die diesbezüglichen Gesetzesvorschriften (insbes. Unfähigkeit- und Unwürdigkeitsgründe) auch hier Anwendung haben. Durch einen Schenkungsvertrag auf den Todesfall mort. causa im Sinne d. Röm. R. könnte — Angesichts der Norm des §. 956 G. B. — ein ähnlicher Effekt nur durch ausdrückliche diesbezügliche Verabredung erzielt werden. Vgl. auch Ofner, 19. S. 528. Daß auf die etwas naiven Rechtsausführungen Prot. II. S. 549 (Pensionen 2c.) kein Gewicht zu legen ist, versteht sich wohl!

zufinden. Für die Zulässigkeit eines solchen Vertrags erklärte sich mittelst Schluß a majori aus den §§. 535. u. 1249: Schiffner, Vermächtnißbegr. a. O., ja in der jüngsten, höchst fleißigen Umarbeitung: Vermächtnißvertrag (1891) §§. 4—7 gelangt Schiffner mit Bezugnahme auf die Entstehungsgeschichte der §§. 1255 flg. (Ofner, Protokolle a. O.) sogar zu dem Schlusse: daß die §§. 956. 1255 flg. die Giltigkeit des Vermächtnißvertrags ganz allgemein (nicht bloß unter Ehegatten und nicht bloß rücksichtlich der Fruchtnießung) anerkennen. Ich halte (mit Ofner, 19. S. 527 flg.) diese Schlußfolgerung für unbegründet; die sehr verwickelten, oft unklaren und theilweise sich widersprechenden Commissionsverhandlungen (Ofner, Protokolle II. S. 30. 398 flg., 549 flg., 795, dazu 406. 561 flg.) geben keinen genügenden Anhaltspunkt für eine so weittragende, gegen den Wortlaut des Gesetzes streitende Behauptung. Sicher ist nur, daß die hervorragendsten Comm.-Mitglieder (Haan, Pfleger, Pratobevera, theilw. selbst Zeiller) sich grundsätzlich gegen die Unwiderruflichkeit letztwilliger Anordnungen erklärten (Prot. S. 398. 433. 549. 550), daß man im §. 956 nur betagte Schenkungsverträge normiren wollte, daß die Commission den Advit.-Vertrag als einen „theilweisen Erbvertrag" dachte und zw. nur als usus fructus am Vermögen mort. c., dessen Geltung zunächst für Galizien als unerläßlich anerkannt wurde (S. 433. 549. 550 u. a.). Hiernach schlossen auch von Haan und Pratobevera (S. 433. 550), daß dieser Adv.-Vertrag, insbes. bezüglich der Einschränkungen auf Ehegatten, „immer mit den Vorschriften über Erbverträge in Harmonie gebracht werden müßte." (S. auch Zeiller S. 551.) Bei dieser Sachlage kann ich nur bei der bereits in der 1. Aufl. vertretenen Ansicht (Note 25) verharren.[25]

25) Mit Rücksicht auf die historische Entwicklung und darauf, daß das Gesetz die Gültigkeit des vertragsmäßigen Vermächtnisses nur in Ansehung der Fruchtnießung anerkennt und bei der exzeptionellen Anerkennung des Erbvertrages im w. S. — nur unter Ehegatten — ist eine Ausdehnung über die im Gesetze gesteckten Grenzen nicht wohl statthaft. (S. auch Arndts II. S. 207.) Dazu vergl. man noch die divergirende Fassung des §. 1217 G. B. und des §. 1205 des revid. Entw. (Prot. II. 792); erst zuletzt wurde der charakteristische Zusatz: „die Erbfolge oder die auf den Todesfall bestimmte lebenslängliche (lebenslange) Fruchtnießung des Vermögens" in den §. 1205 = 1217 B. G. B. aufgenommen. (Ursprünglich befanden sich nämlich die Hauptnormen im Kapitel von der Fruchtnießung und wurden erst zuletzt in das Hauptstück: „Von den Ehepakten" übertragen. Vgl. Prot. II. 551, Schiffner, S. 21.) — Auch die Kommissions-Protokolle erwähnen stets nur den

Noch sei bemerkt, daß sich die Commission mit dem Advit.-Vertrag erst in zweiter Lesung (1807, Prot. II. 432.) zu befassen begann.

Nur beiläufig sei hier angedeutet, daß der **Vermächtnißvertrag** (sog. partikuläre Erbvertrag) in Deutschland in vielen Partikularrechten — und zwar meist ohne Beschränkung auf Ehegatten oder bloßen Fruchtgenuß — anerkannt ist. So im Codex Maximil. bav. III. c. 1. §. 1, dazu Roth, B. C. R. §. 331, im preuß. L. R. I. 12. §. 620, II. 1. §§. 252—254 (Ehevermächtniß der Gattin), im sächs. B. G. B. §. 2542, im zürich. G. B. §§. 2126. 2129), — ob derselbe auch gemeinrechtlich gültig sei, ist streitig. Vgl. dazu Hartmann, Z. Lehre v. Erbverträgen S. 74 flg., Roth a. O. §§. 331—336, neuerl. bes. Kugelmann, Gemeinrechtliche Begründung d. partikul. Erbvertrags (1877) §§. 8—11, Schiffner §. 1 und bezüglich älterer deutscher Partikularrechte ebendas. §§. 2—7.

§. 22. Arten der Einträge.

Die Eintragungen verfolgen im Allgemeinen den Zweck, den Rechtszustand der betreffenden Grundbuchsobjekte in verläßlicher Weise zum Ausdruck, bezieh. zur Kenntniß der Interessenten zu bringen. Jedoch werden nicht nur „dingliche Rechte und Lasten" sowie Realschulden (§. 9 G. G.), sondern auch juristische Thatsachen anderer Art, soweit sie den Realkredit und die Publizität des Immobiliarverkehrs zu fördern geeignet sind, in die Grundbücher eingeschrieben. (Vgl. §. 20 G. G.) Näher unterscheiden wir a) einerseits Einträge im engeren S. (Einverleibungen, Vormerkungen), andrerseits b) Anmerkungen und Ersichtlichmachungen.

ad a. Die Einträge im engeren Sinn haben im Allgemeinen den Zweck, den **Erwerb**, die **Umänderung** oder **Aufhebung** verbücherungsfähiger Rechte auf unbewegliche Sachen zu vermitteln

---

Nutznießungsvertrag. Der sonderbare §. 517 westgal. G. B. und die 1804 redigirte Ersatznorm, welche eher an die Schenkung „bestimmter Sachen" auf den Todesfall (?) erinnern, fielen hinweg. Trotz mancher merkwürdiger Äußerungen (z. B. Zeller's Prot. II. S. 549!) sind die bezüglichen Berathungen für die Interpretation der §§. 1255. 1256 nur in dem hier gegebenen Sinne mit Erfolg zn verwerthen. Dagegen stimme ich mit Ofner 19 S. 527 flg. nicht überein, sofern dieser behauptet, daß die „Statthaftigkeit des Vermächtnißvertrags an der Hand der Protokolle zu negiren sei."

(§. 4 G. G., dazu §. 17 d. V.).[1] Da auch die Umänderung relativ (subjektiv) einen Erwerb bez. eine Aufhebung (Beschränkung) in sich schließt, ist es nicht nothwendig, dieselbe besonders anzuführen.[2]

ad b. Die übrigen Einträge verfolgen sehr verschiedenartige Zwecke, welche der Verlauf der Darstellung ergeben wird; nur ausnahmsweise wird durch solche Einträge der Erwerb und Verlust von Rechten bewirkt. (Vergl. z. B. §§. 74. 106. 112 G. G., §. 320 Ger. O.) Sonach unterscheiden wir nachstehende Arten der Einträge (§. 8):[3]

I. Einverleibungen d. i. unbedingte, definitive (vollgültige) Einträge u. zw. entweder Rechtserwerbungen (Intabulationen)[4] oder Rechtsaufhebungen (Extabulationen, unbedingte Löschungen (§. 8. Abs. 1 G. G.). Der Eintrag kann nur auf Grund einer intabulationsfähigen Urkunde §§. 31—34 Gr. G.) bewilligt werden.

II. Vormerkungen (Pränotationen) d. i. sog. bedingte, richtiger vorläufige Einträge, bedingt nämlich durch nachfolgende Rechtfertigung. Der Eintragungsakt wird hier gleichsam in zwei sich wechselseitig ergänzende Akte gespalten; die Wirkung ist abhängig von der sogen. Rechtfertigung (§§. 40. 49 G. G.). Auch die Vormerkung bezweckt entweder den (bedingten) Rechtserwerb oder die (bedingte) Rechtsaufhebung (Löschung) (§. 8. Abs. 2). Der Eintrag setzt eine

---

1) Diese Regel ist selbst bei dinglichen Rechten nicht allgemein gültig; namentlich ist die Übertragung und Aufhebung nicht immer durch den Eintrag bedingt. (§. 469. 1498 u. a.)

2) Erwerb und Verlust können nämlich relativ (insbes. Übertragungen) oder absolut sein. Recht mißlungen ist der §. 4 G. G. (s. Strohal, Z. Eig. §. 1, Schiffner §. 96. N. 2.) Er ist überflüssig, soweit er auf „bücherliche" Rechte als — verbücherte — und nicht unbedingt richtig, soweit er auf buchfähige Rechte bezogen wird. Das Schwergewicht desselben liegt wohl in der Betonung, daß „die Erwerbung, Übertragung . . . bücherlicher Rechte nur durch die Eintragung derselben in das Hauptbuch erwirkt wird".

3) Das Grundbuchsgesetz (§. 8) unterscheidet zwar nur drei Arten der Einträge: Einverleibungen, Vormerkungen, Anmerkungen. So auch Exner S. 27, Schiffner §. 96. Es wird gezeigt werden, daß wir noch andere Einträge anerkennen müssen. Es ist sehr zu bedauern, daß das Grundbuchsgesetz und die Grundbuchsanlegungsgesetze nicht von einheitlichen Prinzipien ausgehen und dadurch der wissenschaftlichen Konstruktion und der praktischen Durchführung große Schwierigkeiten bieten. Art des Eintrags und Terminologie sind mitunter recht willkürlich. Über die verschiedene Praxis vgl. Not. Z. 1878. Nr. 50, Ger. Halle 1878. Nr. 95.

4) Die Löschung von Einträgen im eng. Sinne kann somit entweder einverleibt oder pränotirt werden. Über die Terminologie vgl. Schiffner §. 94. N. 3. 5. 7.

mit den Erfordernissen der §§. 26. 27 G. G. versehene Urkunde voraus (§§. 35. 39 G. G.). Intabulationen und Pränotationen heißen bisweilen Eintragungen im engeren Sinn.

III. Bloße „Anmerkungen" (§. 8 G. G.) und Löschungen der Anmerkungen.[5] Die Anmerkungen zerfallen nach ihrem Inhalte und ihrer Rechtswirkung

a. in solche, welche zur Ersichtlichmachung „persönlicher Verhältnisse", insbes. der beschränkten Handlungsfähigkeit (Minderjährigkeit, Kuratel, Verlängerung der väterlichen oder vormundschaftlichen Gewalt ꝛc.), oder der allgemeinen Dispositionsbeschränkung (durch Konkurseröffnung §. 88 Konk. O.) dienen. (§. 20 lit. a. G. G.) Wie bereits bemerkt, bezwecken diese im Grunde gar nicht in das öffentliche Buch gehörigen Auszeichnungen persönlicher Zustände die Sicherheit des Tabularverkehrs durch die Publizität des Eintrags zu fördern. Die „Anmerkung" ist hier eben nicht Voraussetzung — die Unterlassung derselben kein Hinderniß — der Rechtswirksamkeit des bezüglichen Zustandes. Vgl. Nr. 4684 Samml. Gl. U. W. (Unterlassene Anmerkung der verlängerten Vormundschaft — bedeutungslos). Ebenso wenig hindert diese Anmerkung die pfandrechtliche Sicherstellung von Verbindlichkeiten des Minderjährigen in Fällen, in welchen die volle Handlungsfähigkeit nicht erfordert wird. (Vergl. Nr. 7941 Samml. Gl. U. W. Intabulation eines zum Ersatz verurtheilenden Straferk.)[6] Der Eintrag erfolgt auf Ansuchen der Betheiligten, ihrer

---

5) Denn die Löschung der „Anmerkung" erfolgt mittelst Eintrags, welcher weder Einverleibung noch Pränotation ist. Vgl. §§. 52. 58. 65. 67 u. a. G. G., §§. 13. 16 der G. Justr. Vgl. Schiffner, Jur. Bl. 1876. S. 563 u. C. R. §. 97, der in der Hauptsache richtig bemerkt, daß die Löschung der Anmerkung auch keine „Anmerkung" sei, sich daher als eigenthümlicher Eintrag darstellt. — Ott, Rezept. d. röm. kan. Proz. S. 148 macht darauf aufmerksam, daß sich bereits in der Cancellaria Caroli IV. (M. Scr. Prag. cap. Si Viti Sign. L. 26) Nr. 184 ein Urkundenformular findet, welches das Beispiel einer Anmerkung in aller Form Rechtens enthält: Vos.: úřednikones (i. e. officiales) . . . volumus non latere, quod inter nobiles . . . suborta fuit materia quaestionis . . . quapropter . . si praedictus . . . cum eisdem bonis vellet coram nobis congredi . . ., nullatenus adhibeatis assensum nec ipsa alicui intabulari quomodolibet permittatis, donec dicta quaestio . . . fuerit diffinita; si enim secus fieret, id volumus non valere. — Die Vergleichung der österr. Pränotationen und Anmerkungen mit den in Deutschland vorkommenden Protestationen de non dispon. und pro conservando jure et loco wäre bei der Verschiedenheit der Behandlung unfruchtbar.

6) S. auch Schiffner §. 112, Steinbach, Ger. Z. 1877. N. 42. Richtiger ist schon §. 23. B. L. T. Justr. u. der §. 104 der ungar. G. O. textirt. Nicht

Vertreter oder des berufenen Gerichtes auf Grund beweiswirkender Urkunden (§. 52 G. G.); Legalisirung der Unterschrift wird nicht gefordert.

b. in solche Anmerkungen, welche zur Begründung bestimmter, nach den Vorschriften des Grundbuchsgesetzes oder der Civilprozeßordnung damit verbundener Rechtswirkungen dienen (§. 20 lit. b. G. G.). Im Allgemeinen sollen diese Anmerkungen die Sicherheit des redlichen Immobiliarverkehrs fördern. Aber Zweck und Rechtswirkungen der einzelnen Arten von „Anmerkungen" sind sehr verschieden. Wir können, ohne die einzelnen Fälle erschöpfend anführen zu wollen, nachfolgende Kategorien unterscheiden:

1. Anmerkungen, welche die Rangordnung des Eintrags bestimmen oder zu wahren haben: A. der Priorität der beabsichtigten Veräußerung oder Verpfändung, bezieh. der Löschung der Hypothek, §. 53 flg.[7]; A. der Priorität der Einträge, welche auf Grund von Copien oder solcher Urkunden angesucht werden, welche nicht in der Gerichtssprache abgefaßt sind, §§. 88. 89 G. G.,[8] Anmerkungen der „Anmeldungen" und „Widersprüche" im Richtigstellungsverfahren (§§. 8 flg. 15 flg. des Ges. v. 25. Juli 1871. Z. 96.)

2. Anmerkungen, welche zur Begründung der Wirkungen der Simultanhaftung dienen (§§. 15. 106 flg. bes. 111 G. G.). Hierher gehört auch die Anmerkung der Widmung von Grundbuchsobjekten zu Bestandtheilen eines Bergwerks (§. 117 flg. Bergg.),

---

bloß derjenige, der „eine Eintragung erwirkt" (§. 20. a. G. G.), sondern überhaupt Niemand „kann sich auf die Unkenntniß dieser Verhältnisse berufen". Vom Vertrauen auf das öffentliche Buch kann hier nicht die Rede sein.

7) Die Prioritätsabtretung (§. 30 G. G.) findet wohl nur im Wege der Einverleibung oder Vormerkung (nicht der Anmerkung) statt, da es sich hier um eine Beschränkung des Rechts des Prioritätszedenten und eine Änderung des ursprünglichen Eintrags (§. 8 G. G.) handelt. Die Analogie des §. 53 (§. 20), der einen bloß präparatorischen Eintrag normirt, ist unanwendbar. Vgl. Strohal, Prioritätsabtretung (1880) S. 34 flg., gegen die herschende (namentl. von Krasnopolski vertretene), auch in dem öffiziösen Formular acceptirte Ansicht, welche die „Anmerkung" für genügend erachtet. Vgl. auch Exner, Hypoth. R. §. 64, N. 13 u. Gl. U. W. Nr. 6686. Näheres bei Krasnopolski, Wiener Zeitschr. VIII. S. 466 flg. 514 über diese viel umstrittene Frage.

8) Irrig spricht in den letztgenannten Fällen (§. 88. 89) Exner S. 202 von der Pränotation auf Grund von Kopien ꝛc.; theilweise anders S. 167, N. 11. Richtig Schiffner §. 96, N. 33. Vgl. über die abweichenden früheren Vorschriften Klepsch S. 63 flg.

sofern nämlich die bergbücherlichen Lasten auch das Grundbuchsobjekt ergreifen; konsequent hört dasselbe während der Widmungsdauer auf, ein Bestandtheil des Grundbuchs zu sein, und hat daher in dieser Beziehung die Anmerkung dieselbe Wirkung wie die bücherliche Abtrennung (§§. 117—120 Berggesf.) Die Anmerkung muß der Eintragung der Widmung im Bergbuch entsprechen.

3. Anmerkungen, durch welche die sog. absolute Wirksamkeit gewisser auf den Tabularstand sich beziehender Rechtsakte (insbes. gegen jeden folgenden Successor) bedingt ist. Dahin gehören a) die Anmerkung der beglaubigten Aufkündigung einer Hypothekarforderung (§§. 59. 60), b) die Anmerkung der überreichten Hypothekarklage (§§. 59. 60), c) die Anmerkung des Urtheils im Falle des §. 48 G. G, d) die Anmerkung der beabsichtigten Abschreibung eines Trennstückes (§§. 3 und 13 Ges. v. 6. Febr. 1869. Z. 18)[9], e) Anmerkung der Klage auf Zahlung rückständiger Renten nach §. 34 G. G.

4. Anmerkungen, welche bestimmt sind, den öffentlichen Glauben (publ. fides) in Ansehung bestrittener Einträge auszuschließen. Dahin gehört die Streitanmerkung in den Fällen einer Klage 1. aus dem Grunde der (ursprünglichen) „Ungültigkeit“ (§. 61 flg. G. G.), 2. wegen Verjährung (§. 69), 3. aus dem Grunde der Ersitzung (§. 70 flg.).[10] Da diese Fälle taxativ angeführt sind, kann

9) Dazu vgl. §. 23 dieses Buches und Exner, Hyp. R. S. 417 über mehrere der obigen Fälle.

10) Daß nur in diesen Fällen nicht auch wegen bloß obligatorischer Ansprüche des Klägers, z. B. auf Grund eines Verkaufs, Theilungsvertrages, Tausches &c. die Streitanmerkung stattfindet, ist nunmehr fast allgemein anerkannt. Vgl. Spruchrep. Nr. 16, dazu bes. 4800. 5214. 5332. 5596. 5794. 5864. 5987. 6333. 6734. 6789. 7094. 7714 (Unzulässigkeit der Anm. persönlicher Klagen aus Kauf, Tausch &c.), 5648 (des Verbots), 5800 (Restitutionsklage), 5003. 5258 (des Widerrufs der Schenkung) — formal irrig Nr. 7767 (Anm. des Widerkaufs-R. unter Beruf. des §. 59 G. G.). Vgl. noch die oberstger. Entsch. Ger. Zeit. 1873 Nr. 4, 1873. Nr. 28, 1874. Nr. 15. 1875. Nr. 41, unter wiederholter Betonung der taxativen Anführung der Fälle durch das Gesetz (§. 20. 73 flg.) Klar geht diese Tendenz aus der Entstehungsgeschichte des G. G. hervor. Darum erachte ich auch die Entsch. des Ackerbauminist. v. 2. Nov. 1882. Z. 15230, welche die bücherliche Anmerkung der Aufforstungsverbindlichkeit verordnet, für inkorrekt. S. Kaserer XV. S. 370. Vgl. auch Exner S. 163, N. 29, Schiffner §. 96, N. 31. Über die zulässige Anmerkung der Theilungsklagen und Urtheile vgl. Spruchrep. Nr. 18 u. S. 252, N. 71 dies. Buchs. — Soweit es sich um den ganzen Gutskörper handelt, genügt wohl die Streitanmerkung im Eig. Blatt, und in Ansehung einzelner Parzellen im

von einer analogen Anwendung in ähnlichen Fällen nicht die Rede sein. (Daher ist insbes. die Frage: ob die Anmerkung der Klage auf Löschung einer Hypothek auf Grund anderer Thatumstände als der Ungültigkeit oder Verjährung, z. B. wegen erfolgter Zahlung [§. 469], Novation rc. zulässig sei, gewiß verneinend zu beantworten. Die Praxis schwankt; für unsere Ans. vgl. Nr. 5645. 8170. 12341 Samml. Gl. U. W., Not. Z. 1881. Nr. 29. 44 (ständige Praxis in Böhmen), auch Exner, H. R. S. 613; dagegen aber Nr. 4870. 6499. 6672. 7361. 10666 (Spruchrep. 128). 10937. 12341 Gl. U. W., auch Voldan, Präv. 1880. S. 474. Abgesehen von den Regierungsmotiven spricht für erstere Ansicht auch die Erwägung, daß sich der Hypothekarschuldner im Fall der Zahlung rc. leicht eintragsfähige Urkunden verschaffen kann, — nicht wohl aber im Fall der Verjährung oder Ungültigkeit).[10a] 4. Hierzu trat zufolge des Ges. v. 16. März 1884 (§. 46) über die Anfechtung der Rechtshandlungen eines zahlungsunfähigen Schuldners: die Anmerkung der Anfechtungsklage eines sicherstellungsberechtigten Gläubigers.[10b] Vgl. Nr. 11021 Samml.

5. Anmerkungen, welche die Voraussetzung des Erwerbes oder Erlöschens eines dinglichen Rechtes (Pfandrechts an Früchten) bilden, (§. 20. lit. b. G. G. und §. 320 A. G. O. — Sequestration)[10c]; der Simultanhypotheken und deren Löschung in den Nebeneinlagen (§§. 106. 112 G. G.); s. auch §§. 8. 15 des Richtigstellungsverf.

6. Anmerkungen, welche bloß zur Ersichtlichmachung eines tabularrechtlich wichtigen Aktes dienen, ohne daß hieran wesentliche tabularrechtliche Wirkung geknüpft wäre. Dahin gehört die Anmerkung der Abweisung eines Tabulargesuchs (§§. 99 flg.), des Rekurses gegen einen bewilligten Eintrag (§§. 129 u. 133 G. G.),[11]

Gutsbest. Blatt; überflüssig ist die wiederholte Anm. im Lastenbl. — In den Fällen Nr. 10000 u. 12497 war §. 34 Gr. G. anzuwenden.

10a) Näheres in meiner Abhandl. Jur. Bl. 1885 Nr. 51; die dagegen erhobenen Einwendungen sind belanglos; dazu §. 25 N. 16. 17. Gewöhnlich sind die Obergerichte der richtigen Ansicht.

10b) Dazu Steinbach, Anfecht. G. S. 154, Menzel, Anfecht. G. S. 300, Krasnopolski, Anfecht. R. S. 155. 156.

10c) Die exek. Sequestration ist bei Neuerwerb des Pfandrechts an Früchten einzuverleiben; wenn jedoch der Hypothekargläubiger sequestrirt, bloß anzumerken. Vgl. Nr. 12068; Exner, Hyp. R. II. S. 333, Ullmann, Civ. Pr. §. 186 N. 15.

11) Denn so lange das Tabulargesuch nicht rechtskräftig abgewiesen oder bewilligt ist, ist die Priorität vom Tage der Einreichung gewahrt (§. 29 G. G.), beziehentl. ist auch der Eintrag kein definitiver (§. 132 Gr. G.). Vgl. Klepsch S. 89.

die Anmerkung der exekutiven Feilbietung (§. 72 G. G.),[12] endlich die Anmerkung des rechtskräftigen Expropriationserkenntnisses (§. 20 Ges. v. 18. Febr. 1878. Z. 30)[13] und des Erlages der im Expropriationsverfahren festgestellten Entschädigungssumme (§. 34 dess. Ges.).[14] Denn wenn auch in diesen Fällen die von Amtswegen zu vollziehende Anmerkung unterblieben wäre, kann sich doch Niemand auf sein Vertrauen auf das öffentliche Buch berufen.[15] Nur der Anspruch auf Ersatz des aus der unterlassenen Anmerkung etwa entspringenden Schadens gegen den schuldtragenden Richter (Beamten) bleibt ihm vorbehalten.

7. Zweifelhaft ist, ob die von den Meisten angeführten Fälle der „Anmerkung" der Fideikommiß- und Lehenseigenschaft, dann der fidei-

---

12) Weder die exekutive Veräußerung noch die „Anmerkung" derselben hindert spätere Einträge gegen den bisherigen bücherlichen Besitzer. Die Anmerkung hat nur die Wirkung, daß die späteren Einträge nach Rechtskraft der Feilbietung auf einfaches Gesuch gelöscht werden (§. 72), während außerdem die Klage auf Löschung eingebracht werden muß. Vgl. auch Strohal, Z. Eigenth. an Imm. S. 118 flg., der m. R. auch auf den §. 6 der Min. v. 19. Septbr. 1860 Z. 218 Bezug nimmt. Die Unterlassung der Anmerkung präjudizirt daher nicht dem Rechte des Ersteigerers. And. Nr. 7987 Sammi. Gl. U. W.) Richtig auch Geller, Centralblatt I. S. 527. Anders Exner, H. R. S. 159, N. 5 u. S. 366, N. 38, welcher hier von einer der Eigenthumspränotation wesentlich gleichen Wirkung spricht und im Zuschlag nur einen Titel erblickt. — Die Anmerkung hat selbstverständlich im Eigenthumsblatte zu erfolgen. Die Priorität richtet sich nach der Einreichungszahl. Nr. 5871 Sammi. Gl. U. W.

13) Die angebliche „Wirkung, daß sich Niemand auf die Unkenntniß der Enteignung berufen kann" (§. 20), ergiebt sich aus dem §. 35 dess. Ges. und dem öffentlichrechtlichen Charakter der Expropriation. Unzutreffend ist die Begründung Geller's a. O., welcher den eigentlichen Übereignungsgrund wie bei Mobilien, so bei Immobilien in dem nudum pactum der Parteien erblickt; dazu übersieht G., daß die Expropriation keine derivative Erwerbsart ist.

14) Dieser Anmerkung kommen die mit der Anmerkung der exekutiven Versteigerung verbundenen Wirkungen zu (§. 34).

15) Dies gilt ohne Zweifel auch in Ansehung der Enteignungsanmerkung, trotzdem der §. 20 cit. sagt: daß diese Anmerkung die Wirkung hat, daß sich Niemand ..... auf die Unkenntniß der Eintragung berufen könne. Was hier ausgesprochen ist — versteht sich (auch ohne Anmerkung) so recht von selbst — und der Schluß a contr. gilt gewiß nicht! §. 35, Abs. 3 desselb. Ges. u. S. 191 dies. B., dazu Geller a. O. S. 527. 533. Aus den Bemerkungen der vorigen Note ergiebt sich auch das Unpassende der „Anmerkung des Erlags der Entschädigung", welcher die Wirkungen der Anmerkung der exekutiven Versteigerung beigelegt werden (§. 34 dess. Ges.). Sollen wir mit den Konsequenzen Ernst machen und die Löschung späterer Einträge bei unterlassener Anmerkung (§. 34) nur im Klagswege zulassen, trotzdem das Enteignungserkenntniß angemerkt ist?

kommissarischen Substitution[16] und der denselben gleichgestellten Beschränkungen (§. 158 Verl. Pat. v. 1854) nach Einführung des G. Gesetzes v. 1871 und der Grundbuchanlegungsgesetze noch Geltung haben, da das G. G. diese Art der „Anmerkung" nicht erwähnt und die G. Anl. G. (§. 9, vgl. §. 10) von der „Eintragung" der jeden Eigenthümer betreffenden Verfügungsbeschränkungen sprechen. M. E. sind diese „Beschränkungen" im Lastenblatte in Form der Einverleibung (Pränotation) einzutragen; dies entspricht dem heutigen Stande der Gesetzgebung. De lege ferenda könnte dieser Eintrag im Lastenblatt ganz gut entbehrt werden, da diese Beschränkungen schon aus dem Eigenthumsblatte ersichtlich (§. 9 G. Anl. G.) und im Grunde keine Belastungen des Gutes sind.[17]

8. Streitig ist, ob die Anmerkung der Vorauszahlung des Bestandzinses noch h. z. T. zulässig ist. M. E. ist die Frage mit Rücksicht auf §§. 20. 73 G. G. zu verneinen, da auch die G. Anl. Gesetze (§§. 7—10) diesen Eintrag nicht erwähnen.[18]

Die Anmerkung von Veräußerungsverboten findet überhaupt nicht statt,[19] die der Gegenforderung (§. 1443 A. B. G. B.)[20]

---

16) So namentlich Klepsch S. 82—85 u. 91, neuerlich Exner S. 161. 279, Schiffner §. 96, N. 24, 40. Die Lehens- und Fideikommißeigenschaft ist auch in der Aufschrift des Gutsbestandsblattes „ersichtlich" zu machen (§. 7 G. Anl. G.). Vgl. dazu §. 20. Note 35.

17) Die §§. 9 u. 10 G. Anl. G. sagen „eintragen, angeben"; das Verl. Pat. v. 1854 sagt §§. 158. 230 „eintragen"; die Hofd. v. 12. April 1785. Z. 407 u. v. 30. Jänner 1843. Z. 679 sagen „vormerken", das Pat. v. 2. Nov. 1792. Z. 66 „anmerken", d. Hofd. v. 26. April 1819. Z. 1555 promiscue „vormerken, einverleiben". Auch in der böhm. L. Tafel wird die Fideikommißeigenschaft einverleibt. Die offiziösen Formulare Nr. 3. 4 (auch Presern S. 165) sprechen von „Anmerkungen"; Nr. 4 läßt die Substitution schon während der Abhandlung anmerken. (Dafür §. 158 V. Pat.). Alle Zweifel hätten durch eine korrekte Fassung ausgeschlossen werden können. Daß keiner der Landtage diese Fragen anregte, ist auffällig.

18) So nun auch Saxl, Jur. Bl. 1893 Nr. 3. Für die Zulässigkeit der A. vgl. aber Entsch. d. O. G. H. Ger. Z. 1878 Nr. 51. Die Vorauszahlung des Bestandzinses (§. 1102 A. B. G. B.) kann zwar gleichzeitig mit dem Bestandvertrag im Lastenblatte einverleibt (pränotirt) werden. (Vgl. dazu §. 5 u. 9 G. G.) Allein die Anmerkung ist nach der taxativen Aufzählung der Fälle in den §§. 20. 73 G. G. nicht mehr zulässig. And. A. Exner S. 279, N. 26, da der Eintrag nur (?) als Anmerkung denkbar sei, u. Schiffner §. 96, N. 40.

19) And. Ans. Exner S. 161. 456. Dagegen vgl. aber §. 8.

20) And. Ans. aber Exner S. 433, und nebenher auch Nr. 10 326 Samml.; allein bei der taxativen Aufzählung der zulässigen Fälle der „Anmerkung" (§§. 20. 73 G. G.) ist diese Anmerkung nunmehr nicht statthaft. Vergl. noch folgende Note.

und des Schätzungswerthes[21] erscheint durch die taxative Fassung des Grundb. Gesetzes (§§. 20. 73) beseitigt.[22] Daß die Pertinenzqualität von Mobilien (Maschinen von Fabriken 2c.) auch nicht im Wege der „Anmerkung" Objekt der Eintragung sei, ergiebt sich aus der Mobiliareigenschaft derselben. Vergl. Nr. 2100 und 7881 Samml. Gl. U. W. und über die irreführende Fassung der §§. 293 flg. G. B. s. Unger, Syst. I. §. 56 u. Schiffner a. O. N. 26.

Was die Form des Gesuchs um Anmerkung und der Beilagen desselben betrifft, so ist weder die Ansicht, daß selbe überhaupt keiner Form bedürfen, noch die Meinung, daß die Gesuche (Urkunden) stets in legalisirter Form vorzulegen sind, in dieser Allgemeinheit richtig, vielmehr sind die einzelnen Fälle zu unterscheiden. In den Fällen der §§. 53 flg. 59 (1. Fall: Aufkündigung) wird die Legalisirung der Unterschrift des Gesuchsstellers erfordert, in den Fällen der §§. 88. 89. 109 G. G. müssen die Urkunden in intabulations- oder pränota-

---

21) A. A. Schiffner §. 96, N. 41. 42. Der Fall Nr. 4880 Samml. Gl. U. W., welcher die Anmerkung der Kompensation erwähnt, war nach den früheren G. Gesetzen zu beurtheilen. Der §. 73 G. G. beruft sich nicht auf „andere gesetzliche Bestimmungen", sondern nur auf die Konkurs- und Civilprozeßordnung, und auf das Ges. v. 6. Febr. 1869. Z. 18. Die G. Anl. Ges. sind späteren Datums. — Daß der Schätzungswerth nicht mehr einzutragen ist, wird allgemein anerkannt (a. Ans. Schiffner a. O. u. S. 27); die bezüglichen Änderungsanträge mehrerer Landtage blieben bisher leider erfolglos.

22) Die neuere Spruchpraxis (anders noch Nr. 5140 Samml. Gl. U. W. u. Schiffner N. 26) bewilligt die Anmerkung der Exequirbarkeit einer notariellen Schuldurkunde. (§. 3 Not. Ordn.) Vgl. Not. Zeit. 1876. N. 41, 1877. N. 2. (E. v. 24. Oktober 1876. Z. 12454 im a. o. Revis. Wege). Dazu vgl. Not. Zeit. 1875. N. 43. Richtiger wäre es wohl, die Vollstreckbarkeit in dem Intabulationseintrag selbst ersichtlich zu machen. (§. 5 G. G.) Vgl. auch Nr. 7471 Samml. Gl. U. W. u. Exner, S. 243, N. 19. — Schiffner §. 96, N. 35 meint, daß auch die gleichzeitige Überreichung von Grundbuchsgesuchen (§. 103 G. G.) „anzumerken" sei; allein nach §. 8 der Instr. erfolgt diese sog. Anmerkung durch Beisetzung der Nr. des „gleichzeitig überreichten" Gesuchs in jedem bezüglichen Eintrage. — Die sog. „Anmerkung" der geänderten Kündigungs- oder Zahlungsmodalitäten (Nr. 5827 Gl. U. W., Schiffner a. O. N. 43) oder von Theilzahlungen (Nr. 6972 ebend.) ist ein wahrer Eintrag; desgleichen findet auch heute noch (unzweckmäßiger Weise) nach §. 322 G. O. die exekutive Einverleibung (nicht bloß „Anmerkung", wie Schiffner a. O. N. 39 meint) des bereits eingetragen Pfandrechts statt. Vgl. die von Sch. irrig berufene Entsch. Nr. 4740, welche sich mit Recht auf §. 20. b. G. G. stützt. Das offiziöse Formular Nr. 9 ist daher ungenau. Vgl. auch Nr. 5315 Gl. U. W. — Noch weniger kann von der Anmerkung des gerichtl. Verbots die Rede sein. Vgl. Nr. 5648. 7265 Samml. Gl. U. W. — anders Nr. 11602 d. S.

tionsfähiger Form, im Falle des §. 13 des Gesetzes vom 6. Februar 1869, dazu §. 74 G. G., sogar in Intabulationsform ausgestellt sein; in den Fällen, wo die Anmerkung auf Grund von Klagen erfolgt (§§. 34. 59. 61—71), genügt der Nachweis der überreichten Klage,[23] in allen übrigen Fällen muß in Ermangelung einer anderweitigen Bestimmung des Grundbuchsgesetzes die Vorlage beweiskräftiger Urkunden für genügend erachtet werden (§. 52 G. G.).

IV. Die vierte Art von bücherlichen Einträgen bilden die bücherlichen Ersichtlichmachungen und deren Löschungen, welche zwar nicht das Grundbuchsgesetz, wohl aber die G. B. Anlegungsgesetze erwähnen, und welche der Kategorie der „Anmerkungen" um so weniger untergeordnet werden können, als Inhalt und Bedeutung derselben eine eigenthümliche ist und als das Gericht „bei der Wahl der Ausdrücke von den gesetzlichen Bezeichnungen der einzutragenden Rechte und der Arten der Eintragungen in keiner Weise abzugehen hat", und auch der Grundbuchführer an die in dem richterlichen Bescheide gebrauchten Worte gebunden ist. (§. 9 G. Instr.)[24]

Die G. Anl. Gesetze verordnen nämlich die „Ersichtlichmachung 1. des getheilten Eigenthums in der Aufschrift des Gutsbestandsblattes, wenn der Grundbuchskörper in einem von dem vollständigen Eigenthume verschiedenen Verhältnisse" ist (§. 7 G. Anl. G., dazu §. 359 A. B. G. B.). Vgl. oben S. 482 flg.

2. Im Gutsbestandsblatt sind a) die Bestandtheile u. b) die Realrechte (und zwar von Amtswegen alle Grunddienstbarkeiten) des Grundbuchskörpers ersichtlich zu machen (§. 7. Al. 1, vgl. mit §. 8).

3. Im Eigenthumsblatte sind endlich die objektiven, jeden Eigenthümer betreffenden (sog. objektiven) Verfügungsbeschränkungen ersichtlich zu machen (§. 9 d. G.), z. B. das Fideikommißband, Substitutionen, Resolutivbedingungen (§. 158 V. Pat.). Die „Ersichtlichmachung" erfolgt in der Regel in der Weise, daß bei der Vorschreibung des Eigenthumsrechtes die „Beschränkung" desselben z. B. durch die fideikommissarische Substitution für die bestimmten Personen hinzu-

23) Im Falle der Sequestration wird das exekutionsfähige Instrument vorgelegt. Die Fälle, wo die Anmerkung von Amtswegen erfolgt, bedürfen keiner Erläuterung.

24) Auch Exner und Schiffner a. O. unterscheiden nicht zwischen „Anmerkung" und „Ersichtlichmachung". Selbst die offiziösen Formulare sprechen hier von Anmerkungen.

gefügt wird. (Beim Fideikommiß genügt zur Ersichtlichmachung die übliche Eintragung des bloßen „Nutzungseigenthums" für den Fideikommißbesitzer.[25])

In allen diesen Fällen finden wir — anders als im Allgemeinen bei den Anmerkungen des §. 20 G. G. — Einträge sachenrechtlicher Natur, die sich aber von den Einträgen im engern Sinne (Einverleibungen und Vormerkungen) dadurch unterscheiden, daß durch dieselben das dingliche (bez. das Real-)Recht (außer dem Falle 2a) nicht erst begründet, sondern in Übereinstimmung mit einem an einer anderen Stelle des Grundbuchs vorkommenden Eintrage an passendem Orte konstatirt (in Evidenz gehalten) wird.[26] Daher kann sich auch Niemand (außer d. Falle 2a) auf das Vertrauen auf d. öff. Buch berufen, wenn die „Ersichtlichmachung" unterlassen wurde, zumal zur Begründung des guten Glaubens die Einsicht einzelner Buchstellen nicht hinreicht, vielmehr der gesammte Buchstand eingesehen werden soll.[27]

Was die Form der Gesuche um „Ersichtlichmachung" betrifft, so erfolgt die ungenau sog. „Anmerkung" des Fideikommiß-, Lehens- und Substitutionsbandes auf Grund einer intabulationsfähigen Urkunde (§§. 222 flg., 230, cf. 158. 174 kais. Pat. v. 9. Aug. 1854, Z. 208). Die Ersichtlichmachung der Grunddienstbarkeiten und der jeden Eigenthümer betreffenden Dispositionsbeschränkungen entspricht einem Ein-

25) Ungenau wieder das offiziöse Formular 4, welches lauten sollte: „Wird das Eigenthum für .... einverleibt u. die Substitution für ... ersichtlich gemacht". — Auch Formul. 3 erwähnt nicht die „Ersichtl." des Fideik. Bandes in der Aufschrift. — Daß auch Vor- und Widerkaufs- sowie Einstandsrechte unter dem §. 9 zu subsumiren sind, darüber vgl. §. 8 d. Buchs.

26) Die Realservituten werden durch Eintrag im Lastenblatte des dienenden Grundstücks erworben; ja die Existenz der Realgewerberechte ist von dem Eintrag gar nicht abhängig. (M. V. v. 31. Oktober 1856. Z. 204, s. §. 20. N. 29), desgleichen nicht Realnutzungsrechte am öffentl. Gute z. B. öff. Flüssen, vgl. §. 20. Note 30a. — Das „getheilte" Eigenthum bei Fideikommissen, Lehen wird begründet durch die Eintragung des Fideikommiß-, Lehenbandes im Lastenblatt, welcher die Eintragung des Fideikommißbesitzers und Lehenträgers als bloßer Nutzungseigenthümer entspricht. Vgl. S. 414. (In Böhmen bestanden bekanntlich besondere „Lehntafeln" und ist daher die bezügliche „Anmerkung" nie nöthig gewesen. Hofd. v. 30. Jan. 1843. Z. 679.) — Auch das Eigenthum an physisch selbständigen Theilen des Grundbuchskörpers besteht auch ohne Auszeichnung der einzelnen Parzellen im Gutsbestandsblatt; nur bedarf es im Streitfalle des Beweises der Zugehörigkeit der Parzelle zum Grundbuchskörper. Dazu S. 516 flg. Die Ersichtlichmachung einlaufender Grundbuchsgesuche durch Plombirung (§. 3 G. Justr.) gehört nicht hieher.

27) Ebensowenig würde es genügen, wenn eine Realservitut nur im Gutsbestande des herrschenden Grundes ersichtlich gemacht würde.

trag im Lastenblatt und setzt also intabulations- oder pränotationsfähige Urkunden voraus. Die Inskription der einzelnen Bestandtheile eines Gutes sollte im Sinne des §. 74 G. G., welcher für Ab- und Zuschreibungen einverleibungsfähige Urkunden verlangt, nur auf Grund derartiger Instrumente gestattet sein; doch kommen hierbei die bereits oben S. 464 flg. angeführten Normen in Betracht.

Die Frage, ob es nicht besser gewesen wäre, die Arten der Einträge zu vereinfachen, insbesondere die Ersichtlichmachungen als „Anmerkungen" zu behandeln, manche derselben zu streichen, und die Manipulation bei Einträgen nicht überflüssiger Weise zu vervielfachen, ist derzeit eine müßige.

§. 23. Änderungen des Grundbuchskörpers. Zuschreibungen und Abschreibungen.

Entsprechend dem Wesen und Zwecke des Grundbuchsinstitutes, welches an die Stelle der von Natur aus einheitlichen Sache das Grundbuchsobjekt setzt, bestimmt der §. 3 des G. Ges., daß „jeder Grundbuchskörper als Ein Ganzes zu behandeln ist." (Vgl. auch §. 5 des Eisenb. G. G. v. 19. Mai 1874. Z. 70.) Darum können Pfand- und andere dingliche Lasten nur auf den ganzen Tabularkörper oder einen (bücherlich ausgezeichneten) ideellen Antheil eines Miteigenthümers, nicht aber auf einzelne körperliche (reelle) Theile des Ganzen z. B. auf einzelne Grundparzellen eingetragen werden (§. 13 G. G.). Eine durch die Natur der Sache gegebene scheinbare Modifikation tritt bei Grunddienstbarkeiten insoferne ein, als dieselben auch einen physisch beschränkten Theil des Grundbuchskörpers zum Gegenstande haben können (§. 12 G. G.); doch wird auch in diesem Falle die Servitut mit der gedachten Beschränkung auf der Realität als Ganzem eingetragen.

Die Publizität würde nur gebieten, die rechtlichen Veränderungen des Grundbuchsobjekts, insbes. der Grenzen — des räumlichen Umfanges desselben im Grundbuche ersichtlich zu machen.[1] Um

1) Vgl. meine Abhandl. Ger. Zeit. 1879. Nr. 50 flg. Denn Änderungen der wirthschaftlichen Qualität z. B. der Felder in Wiesen, der Wiesen in Teiche, der Wälder in Felder, des Aufbaus oder Umbaus eines Gebäudes [§. 416] sind nicht von selbständiger rechtlicher Wichtigkeit. Selbst im Falle der Bauführung wird nur die wirthschaftliche Qualität des Objekts geändert, — im Grunde kein neues

jedoch die volle Übereinstimmung des Grundbuches und Katasters zu erhalten, ist durch das Ges. vom 23. Mai 1883. Z. 83 (§. 2. 11. 42—44) die gleichmäßige Durchführung aller Änderungen des Umfangs des Grundbuchskörpers, der Bezeichnung der einzelnen Objekte und deren Darstellung auf der Mappe sowohl beim Steueramte als bei dem Grundbuchsgerichte vorgeschrieben, — gleichviel ob diese oder jene Behörde und zwar durch Anzeige der Partei oder zufolge amtlicher Verhandlung Kenntniß von solchen Änderungen erhält. (Über die rechtliche Bedeutung der Mappe vergl. S. 480 dies. B.) Auf Änderungen des Umfanges, welche auf Natureignissen beruhen, wie: Anspülungen, Avulsionen, Änderungen der Flußufer ɛc., hat dieses Gebot bei der Geringfügigkeit derselben selten praktische Anwendbarkeit.[2]

Bezüglich der gewillkürten erheblichen Änderungen der räumlichen Grenzen (des Flächenmaßes) bestimmt somit der §. 3 des G. G. mit Recht: daß der Umfang des Grundbuchskörpers „nur durch die grundbücherliche Ab- und Zuschreibung von einzelnen Liegenschaften oder von Theilen desselben geändert werden" kann.[3] (Irrig ist daher die Entsch. Nr. 10933 Samml., dazu §. 17 Note 34a; richtig ist

---

Recht erworben. (Vgl. Nr. 6203 Samml. Gl. U. W. u. auch Dernburg, Pr. R. §. 19; anders Strohal, Beitr. z. Eigenth. S. 162). Mit Recht wurden jedoch schon früher Änderungen solcher Daten, welche die für die Bezeichnung der Parzellen bestimmte Rubrik des Gutsbestandsblattes enthält (Hausnummer, Katastralnummer, Kulturgattung), auf Grund einer von der berufenen Steuerbehörde gemachten Mittheilung im Grundbuche und in der Mappe ersichtlich gemacht. (§. 35 G. Anl. Instr., dazu nun §§. 2. 5. 10. 11 d. Ges. v. 23. Mai 1883. Z. 83.) Bezüglich der Berichtigung des unrichtigen Grenzzugs der Mappe, die nur auf Grund des Einverständnisses der Parteien oder eines rechtskräftigen Erkenntnisses erfolgen kann, vgl. die Vollz. Vdg. d. Fin. M. v. 11. Juni 1883. Z. 91 zu §. 10.

2) Das Ges. v. 23. Mai 1883. Z. 83. §§. 5. u. 11 verordnet die Evidenzhaltung im Kataster und Grundbuch, wenn durch Naturereignisse neue produktive Grundflächen entstehen, und bei Alluvionen nur, wenn selbe über den mittleren Wasserstand hervortreten.

3) Werden alle Liegenschaften abgeschrieben, so ist die Einlage zu löschen (§. 3 G. G.). — Damit ist selbstverständlich der originäre Erwerb von Trennstücken (durch Ersitzung, Expropriation ɛc.) nicht ausgeschlossen; doch haften auf einem solchen Trennstück alle bücherlichen Lasten bis zur erfolgten Abschreibung. Über die eigenthümlichen Folgen der Expropriation vgl. S. 192 flg. Die Rechtswirkungen der Publizität (§. 1500) treten zwar bei der Ersitzung, nicht aber bei der Expropriation und Feilbietung ein. Die Anmerkung nach §. 20 Ges. v. 18. Febr. 1878. Z. 30 und nach §. 72 G. G. hat bloß deklarative Bedeutung. — And. A. Dernburg §. 244. Note 7.

dagegen die entgegenges. Entsch. Nr. 10488; ebenso die Entsch. Nr. 12182, der gemäß die Verpfändung des Hauptobjekts auch jene der im Grundbuchskörper begriffenen Parzellen in sich begreift.) Die Ab- und Zuschreibungen erfolgen, sofern die Grundbuchseinlage ein Gutsbestandsblatt hat, auf diesem (§§. 7. 8 G. Anl. G.), außerdem auf dem Eigenthumsblatt.[4] Die Abschreibung einer Gutsparzelle kann entweder erfolgen behufs Bildung eines neuen Körpers durch Eröffnung einer neuen Einlage oder behufs Zuschreibung zu einem anderen Grundbuchskörper, und zwar entweder auf den Namen desselben Eigenthümers oder auf Grund einer Veräußerung (letztwilligen Zuwendung) auf einen neuen Erwerber (§. 74 G. G.); es ist hierbei selbstverständlich, daß, wenn der Eigenthümer selbst seinen freitheilbaren Gutsbestand parzellirt und für diese Parzellen neue selbständige Einlagen auf seinen Namen eröffnen will, sein rechtsförmlich erklärter Wille den genügenden „Titel“ hiefür abgiebt. (Ist doch auch beim Vertrag und Testament [§. 424] der Wille des Eigenthümers für den Eigenthumswechsel das ausschlaggebende Princip!)[5] Wofern nicht

4) Daß die Abschreibung von unbekannten Größen vom Übel ist, liegt auf der Hand; dasselbe ist nicht zu vermeiden, so lange nicht das Gutsbestandsblatt in verläßlicher Weise hergestellt ist. (Über ähnliche Übelstände der älteren Grundbücher in Preußen s. Dernburg §. 19. N. 2.) Leider enthalten auch die neuangelegten Grundbücher die Flächenmaße nicht, und wird sich daher jener Übelstand bei Zerstückelung einzelner Parzellen insoweit geltend machen, als der Umfang des Reststückes nicht ersichtlich ist.

5) So ausdrücklich §. 1 des Ges.-Entw. v. 1893 bezügl. der Abtrennung zu öffentl. Wegen oder im öff. Interesse unternommenen Anlagen behufs Leitung oder Abwehr eines Gewässers. — Weder das G. G. (§§. 3. 74), noch das Ges. v. 6. Febr. 1869. Z. 18, noch die Regierungsmotive beschränken die Abtrennungsnormen auf den Fall der Veräußerung der Parzelle, wie irrthümlich die Entscheidung des mähr.-schles. O. L. G. v. 24. Juni 1872. Not. Z. 1878. Nr. 19. annimmt; vgl. nun auch das Ges. v. 23. Mai 1883. Z. 83. §§. 5. 11. Unrichtig ist daher die Conformat-Entsch. d. böhm. O. L. G. v. 27. Juli 1892 Z. 17 996 (Právník 1893 S. 103), welche das Gesuch des Eigenthümers mit der Begründung abwies, daß weder ein Rechts- noch ein wirthschaftlicher Grund für die Eröffnung neuer Einlagen angeführt werde u. daß die gemäß §§. 21. 23. 27 des Ges. v. 5. Dzbr. 1874 Z. 92 (über die Neuanlegung d. G. B.) vorgenommene Bildung von Grundbuchskörpern nicht „ohne einen Rechtsgrund“ behoben werden dürfe! Mit wem soll denn hier der Eigenthümer einen Veräußerungsvertrag schließen? Wird nicht durch eine solche Praxis das Recht der Freitheilbarkeit zur Illusion? Allerdings muß die Unterschrift des Gesuchstellers legalisirt sein. Richtig bemerkt daher auch der Bericht des Herrenhauses (Kaserer, Materialien XV. S. 31), daß die Gesetze über die Freitheilbarkeit illusorisch sein würden, wenn man nicht die durch das Ges. v. 1869 angestrebten Erleichterungen

die ganze Katastralparzelle übertragen wird, ist die Abschreibung und die Eröffnung einer neuen Einlage, bezieh. die Zuschreibuug zu einer anderen nach dem Ges. v. 23. Mai 1883, Z. 82 nur dann zulässig, wenn der abzutrennende Theil durch einen — von einem Vermessungsbeamten des Katasters oder von einem autorisirten Privattechniker verfaßten und beglaubigten geometrischen — Situationsplan, von welchem eine Kopie in der Urkundensammlung aufzubewahren und eine dem Steueramte zuzustellen ist, genau bezeichnet erscheint, und wenn die das Begehren begründende Urkunde (bei Umschreibungen auf denselben Eigenthümer — das Gesuch) den zur Einverleibung des Eigenthumsrechtes vorgeschriebenen Erfordernissen entspricht. (§. 74 G. G.)[6] (Vgl. dazu die früheren Ausführungen S. 478 flg.) Der Beilegung eines beglaubigten Planes bedarf es jedoch nicht, und genügt eine genaue Beschreibung in der Urkunde, „wenn die (sc. ursprüngliche) Parzelle ein Quadrat oder Rechteck von höchstens 20 Meter Breite bildet und die (sc. reale) Theilung derselben nach aliquoten" d. i. verhältnißmäßigen Theilen (z. B. $1/3$, $1/4$ ꝛc.) erfolgt. Vgl. §. 1 Ges. von 1883 und Vollz. Vdg. vom 1. Juni 1883. Z. 86 betreffs der Bedingungen, unter welchen die Vermessung durch Vermessungsbeamte bei Grundtheilungen zu unterbleiben hat.[7] Die Ab- und Zuschreibungen sind, wie dies die Sicherheit des Immobiliarverkehrs postulirt, durch Eintragung im Gutsbestandsblatt ersichtlich zu machen (§§. 7. 8 G. Anl. Ges.) und stellen sich in Wahrheit als In- bezieh.

---

gestatten würde. Die Frage, ob eine solche Zerlegung zulässig sei, ist für beide Fälle gleichmäßig unter Beobachtung der bezüglichen Verordnungen zu beantworten.

6) Daß das Gesuch die Stelle der Urkunde vertreten d. i. selbst Urkunde sein könne, ergiebt sich aus §. 32 lit. b. G. G.

7) Zweckentsprechender wäre das ausnahmslose Gebot der Vorlage von Pläuen im Maßstabe der Katastralmappe gewesen. — Mit Recht machte schon die Min. Vdg. v. 11. April 1878. Z. 3676 (Not. Z. 1878. Nr. 21. Ger. Z. 1879. Nr. 3) darauf aufmerksam, daß die Tragweite des §. 74 A. Gr. G. sich in Ansehung der neuen Grundbücher dadurch geändert hat, daß die Mappe zu einem integrirenden Bestandtheil des Grundbuchs geworden ist. (Vgl. oben §. 20. N. 22—24.) Sofern nun im obigen Falle ein Plan nicht beigelegt werden muß, ist die Lage der Quoten im Rechtecke innerhalb der Stammparzelle und zu den Grenzparzellen anzugeben. Bei Pläuen autorisirter Privattechniker (Maßstab 1:1440 in Ortschaften, sonst 1:2880 der natürlichen Lage) muß bemerkt sein, daß die Fehlergrenze $1/200$ nicht überschritten ist. (Vdg. v. 1. Juni 1883. Z. 86.) Über die ungenügende ältere Praxis in diesem Punkte vgl. Randa, Ger. Z. 1879. Nr. 50; dazu Lazar, Ger. Z. 1883. Nr. 8.

Extabulationen von Eigenthumsrechten dar.[8] Wird die Urkunde oder das Gesuch nicht in einverleibungsfähiger Form vorgelegt oder sind die Pläue oder Mappen nicht in der erforderlichen Form verfaßt, so hat das Gericht das Begehren zurückzuweisen.[9]

Obgleich behufs Herstellung und Erhaltung der Übereinstimmung des Grundbuchs und Katasters zunächst die vom Grundbuchsgerichte an das Steueramt gelangenden Mittheilungen dienen, ist andrerseits nach dem Ges. v. 23. Mai 1883. Z. 83 (§§. 41—44) das Gericht von den durch den Vermessungsbeamten (hauptsächlich bei der periodischen Revision des Katasters) konstatirten Veränderungen unverweilt in Kenntniß zu setzen. Ergiebt sich aus der Vergleichung der diesfälligen Mittheilungen eine Nichtübereinstimmung rücksichtlich jener den Gegenstand des Gutsbestandsblattes bildenden Einträge, welche sich auf den Umfang des Grundbuchskörpers, die Bezeichnung der Parzellen, sowie die Darstellung auf der Mappe beziehen, so hat das Gericht in Gemäßheit der Gesetze und Vollz. Verordn. über die Anlegung der Grundbücher vorzugehen (s. bes. §§. 21 flg. des Ges. vom 5. Dezbr. 1874 f. Böhmen ꝛc.), daher die bezüglichen Erhebungen unter Zuziehung der Parteien zu pflegen und das Resultat derselben dem Steueramte behufs eventueller Durchführung in Kataster und Mappe mitzutheilen. — Bei unterlassener bücherlicher Eintragung von Grundzerstückungen hat das durch das Steueramt hievon benachrichtigte Gericht gemäß Ges. v. 23. Mai 1883. Z. 82 R. G. Bl. der säumigen Partei eine angemessene Frist zur Herstellung der bücherlichen Ordnung zu bestimmen und diese durch Geldbußen zu erzwingen.[9a]

---

8) Daß das offiziöse Formular Nr. 6 einfach von „Zu- und Abschreibung“ spricht, ändert an der Sache Nichts. Nicht ganz zutreffend spricht Schiffner §. 96 von der Anmerkung der angesuchten oder der bewilligten Abschreibung, da der §. 3 cit. bloß die Vorbereitung des Trennungsverfahrens betrifft und §. 13 nur in gewissen Fällen die Anmerkung der zu bewilligenden Abschreibung verordnet.

9) Die Pränotation ist somit ausgeschlossen. (§. 74 G. G.) Handelt es sich um Parzellen, welche auf Grund der Baugesetze ꝛc. gemäß behördlicher Verfügung von der Bauarea zum öffentlichen Gute (behufs Straßenregulirung ꝛc.) abgetreten werden müssen, so genügt die in Tabularform ausgestellte, jener Vorschrift entsprechende Abtretungserklärung des bisherigen Bucheigenthümers, da es sich im Grunde nur um eine Extabulation, bez. um Übertragung in ein bloßes Verzeichniß des öff. Gutes handelt, welch' letzteres dem Grundbuch nicht gleichzuachten ist. Auch die Praxis verlangt in solchen Fällen keinen förmlichen Vertrag. Der Titel liegt hier in einer der Expropriation ähnlichen Abtretung.

9a) Nur dann, wenn die Herstellung der Übereinstimmung zwischen Grundbuch

Auch hier ist das Resultat des Verfahrens dem Steueramte mitzutheilen, welches im Katastraloperate den bücherlichen Eigenthümer (selbst wenn dieser vom steuerpflichtigen faktischen Besitzer verschieden wäre) anzumerken hat. (§. 44 Ges. v. 23. Mai 1883.) Vgl. dazu S. 478 flg. d. Buchs.

Allerdings wird auch der Nachweis erfordert, daß die abzutrennende Parzelle zu jenem Gutskörper gehört, von dem sie abzuschreiben ist. Enthält die Einlage das Gutsbestandsblatt, so entfällt jeder weitere Nachweis. Wenn jedoch in der Grundbuchseinlage des Stammgutes, von welchem die Abschreibung erfolgt, das Gutsbestandsblatt fehlt, so kann (wie bereits S. 464 bemerkt) die Zugehörigkeit der abzuschreibenden Parzellen zu dem Stammgut für genügend bescheinigt angesehen werden, wenn ein diese Zugehörigkeit bescheinigender steueramtlicher Katastralauszug und überdies ein vom Gemeindeamte ausgestelltes Zeugniß vorgelegt wird, daß das Trennstück zur Zeit bei dem Stammgute bewirthschaftet und besteuert wird. (Miu. Erl. v. 16. April 1871. Z. 3003.)[10]

Es liegt auf der Hand, daß durch die Parzellirung weder die Hypothekar- noch andere dingliche Rechte und Lasten bezüglich des Trennstückes geändert werden können, sofern die Berechtigten hiezu nicht einwilligen.[11] Um jedoch die Freitheilbarkeit des Grund und Bodens nicht ungerechtfertigter Weise von der Willkür einzelner dinglich Berechtigter abhängig zu machen und in formeller Beziehung

---

und Kataster zu schwierig oder unthunlich ist, insbes. wenn dieselbe (nam. bei geringwerthigen Grundstücken) ohne unverhältnißmäßige Kosten nicht zu erzielen ist, kann das Gericht im Sinn des §. 44 Abs. 2 des Ges. v. 23. Mai 1883 Z. 83 von dem Zwange der Parteien zur Ordnungsherstellung (Strafen) Umgang nehmen; hierüber sind aber besondere Vormerkungen zu führen. (J. Mtu. Vdg. v. 2. Juli 1889 Z. 2927, V. Bl. 1889 Nr. 35).

10) Der Just. M. Erlaß erklärt ausdrücklich, dem selbstständigen Urtheile der Gerichte im einzelnen Falle nicht vorgreifen, sondern durch die Bekanntgebung und Motivirung des bezüglichen Judikats Nr. 70 des O. G. Hofes v. 21. Februar 1871. Z. 458 (Nr. 4056 Samml. Gl. U. W.) die erwünschte Gleichförmigkeit der Judikatur fördern zu wollen. Früher leistete der ehedem vorgeschriebene politische Theilungskonsens gewissermaßen Gewähr für die Zugehörigkeit gewisser Parzellen.

11) Daher bestimmte schon der §. 3 des Landt. Pat. v. 22. April 1794, daß Abschreibungen von belasteten landtäflichen Realitäten „nie anders als nach Vernehmung der Theilnehmer und deren Einwilligung vorgenommen werden dürfen". — Dagegen kann der Umstand allein, daß in Folge der Zerstückelung Simultanhypotheken entstehen und sohin eine Vervielfältigung der Hypothekareinlagen geboten erscheint, als Verkürzung der Tabulargläubiger gewiß nicht angesehen werden.

thunlichst zu erleichtern, wurde für die Durchführung der Abtrennung durch d. Ges. vom 6. Febr. 1869. Z. 18 R. G. Bl. ein besonderes Verfahren vorgeschrieben, welches um so wichtiger erscheint, als durch neuere Landesgesetze fast in allen Kronländern die Freitheilbarkeit aller Gründe, mögen dieselben nun landtäfliche, städtische oder rustikale sein, ausgesprochen wurde.[12] (Bezüglich der besonderen die Zu- und Abschreibungen bei landtäflichen Gütern betreffenden Beschränkungen ist das am Schlusse dieses §. Gesagte zu berücksichtigen.) Die Bestimmungen des Gesetzes v. 6. Febr. 1869[13] beruhen auf der ganz richtigen Grundauffassung, daß einerseits die eingetragenen dinglichen Rechte und Lasten alle physischen (reellen) Theile des einheitlichen Grundbuchskörpers ungetheilt erfassen (§§. 3. 13 G. G. u. §. 15 des Gesetzes v. 1869), daß dieselben ferner in Ansehung der Trennstücke durch die Abtrennung an sich noch nicht erlöschen (§§. 307. 443 G. B.), — daß aber andrerseits die Einheit des Grundbuchskörpers und die wünschenswerthe Übersicht der bücherlichen Belastung erfordern, daß der Lastenstand der zu Einem Ganzen vereinigten Gutsbestandtheile kein (wenn auch nur theilweise) verschiedener — vielmehr nur ein einheitlicher sei. (Vgl. auch §. 5 des G. Anl. G.)

Diesem Gedanken folgend unterscheidet das genannte Gesetz zwei Fälle:

I. Wird für das Trennstück eine neue bücherliche Einlage eröffnet und werden daselbst alle auf dem Stammgute haftenden dinglichen (bücherlichen) Rechte und Lasten (§. 9 G. G.) und zwar die

---

12) Vgl. für Böhmen Ges. v. 20. Dezember 1869. Z. 152, dazu Nr. 4048 u. 4102 Samml. Gl. U. W., woselbst das Gesuch um Abtrennung eines verkauften Meierhofs und Eröffnung einer neuen Einlage in der böhm. Landtafel bewilligt wurde, da die M. V. v. 30. Juni 1858. Z. 100 (welche den Konsens der Landesstelle vorschrieb) aufgehoben sei; dazu aber nun §. 3 G. Anl. G.; ferner für Mähren vom 24. September 1868. Z. 25, für Schlesien v. 16. Oktober 1868. Nr. 21, für Bukowina v. 24. April u. 13. Oktober 1868. Nr. 5 u. 15, für Galizien v. 1. Nov. 1868. Z. 25, N.-Österr. v. 5. Oktober 1868. Z. 14, O.-Österr. 26. September 1868. Z. 15, Salzburg 22. Oktober 1868. Z. 28, Steiermark 24. September 1868. Z. 17, Kärnten v. 1. November 1868. Z. 25, Vorarlberg v. 15. Oktober 1868. Z. 46. (s. Manz B. G. B. zu §. 356.) — Bezüglich der neuerlich sehr erschwerten Theilung der landtäflichen Güter vgl. §. 3 G. Anl. G. und das Folgende; dazu Burckhard, III. S. 257 flg.

13) Ähnliche Bestimmungen enthält bezüglich der Veräußerung und des Austausches kleiner Parzellen die preuß. Gesetzgebung. (Ges. v. 3. März 1850 u. v. 27. Juni 1860. §. 71 Gr. B. O., dazu Dernburg, Pr. R. §. 244 a. E.)

Pfandrechte in der Eigenschaft von Simultanhypotheken eingetragen, dann ist zu dieser Trennung bez. Eröffnung einer selbständigen Einlage die Einwilligung derjenigen Personen, denen jene Rechte zukommen, nicht erforderlich; nur von dem Vollzuge derselben sind sie — sowie die Behörde, welche den Kataster führt, zu verständigen. (§. 1 Ges. v. 1869, dazu §. 123 G. G.)

II. Soll hingegen dies Trennstück lastenfrei in die neue Einlage übertragen oder einem anderen Grundbuchskörper zugeschrieben werden (— die Zuschreibung setzt Lastenfreiheit des Trennstückes voraus, vgl. auch §. 5 G. Anl. G.[14]—), so wird hiezu erfordert entweder die in Tabularform ertheilte Einwilligung derjenigen, welchen dingliche (bücherliche) Rechte am Trennstücke zustehen,[15] oder die Präklusion derselben auf Grund des gesetzlich geregelten Aufforderungsverfahrens. (§§. 2—12 dess. Ges. v. 1869).

Auf Gesuch des Besitzers des Gutes,[15a] welcher einen Theil abtrennen will, hat nämlich das Tabulargericht diejenigen Personen, für welche bücherliche Rechte (§. 9 G. G.) auf dem Gute eingetragen

---

14) §. 5 G. Anl. G.: „Die Vereinigung mehrerer . . . Liegenschaften zu Einem Grundbuchskörper kann nur dann erfolgen, wenn dieselben nicht verschieden belastet sind". Nur dann, wenn die Realität, mit welcher das Trennstück vereinigt wird, lastenfrei wäre, könnte der §. 1 des cit. Gesetzes analog zur Anwendung kommen, vorausgesetzt, daß der Eigenthümer die Ausdehnung der Lasten des Trennstückes auf das Ganze gestattet. Vgl. §. 5 Bukow., dazu Schiffner §. 92, N. 7.

15) Die Einwilligung bedeutet hier den Rechtsverzicht in Rücksicht des Trennstückes für den Fall der Abschreibung. (§. 3 Ges. v. 1869.)

15a) Die Entsch. Nr. 11 756 verweigert die Einleitung des Aufford.-Verfahrens in einem Falle, wo die Gemeinde Prag die Abtrennung einer Parzelle von einem Gut, auf welchem die „Widmung für Kirche, Pfarre und Schule" eingetragen war, ausgehend offenbar von der Auffassung, daß es sich hier um einen „Auftrag" im Sinne der §§. 709 flg., sohin um beschränktes Eigenthum handelt. (Dazu vgl. §. 158 k. Pat. v. 9. Aug. 1854.) Vgl. S. 199 d. B. Die Präklusion darf nicht als Vermuthung der stillschweigenden Einwilligung aufgefaßt werden! Sie tritt nach der Tendenz des Gesetzes ein, auch wenn diese offenbar nicht vorliegt, bez. nicht vorliegen kann, z. B. bei Versäumniß der Vertreter juristischer oder minderjähriger Personen. Vgl. auch die Regier. Motive zu §. 2 bei Kaserer, Mater. XV. S. 21: „Allein gerade solchen (obigen) Gläubigern gegenüber . . . ist Erleichterung für den Gutsbesitzer am meisten nöthig. Die staatl. Obsorge hat ihre Grenzen darin, daß für derlei Vermögenschaften Vertreter bestehen; . . . es wird ihre Sache sein, zu erwägen, ob Grund zum Einspruche bestehe oder zur Trennung stillschweigend (?) einzuwilligen sei, oder ob sie diese Einwilligung unter eigener Verantwortung abgeben können oder dazu eine besondere Genehmigung für nöthig erachten". Tendenz und Art der Motivirung decken sich hier offenbar nicht! Vgl. noch Note 17.

sind,[16] durch Edikt aufzufordern, ihren allfälligen Einspruch gegen die beabsichtigte Trennnng (schriftlich oder mündlich, §. 6) innerhalb der bestimmten (mindestens 30tägigen Frist) dem Gerichte anzuzeigen, widrigens angenommen würde, daß sie in die Trennung willigen und ihr Recht in Ansehung des Trennstückes mit dem Zeitpunkte aufgeben, in welchem die bücherliche Abschreibung erfolgt.[17] (§. 3.)

Die nach dem Ges. v. 6. Febr. 1869. Z. 18 zu überreichenden Gesuche des parzellirenden Grundbesitzers um Einleitung des Aufforderungsverfahrens müssen nunmehr nach Vorschrift des Ges. vom 23. Mai 1883. Z. 82 verfaßt sein, da die Abtrennung von Parzellen nur mit Einwilligung der Tabulargläubiger, bez. nach durchgeführtem Provokationsverfahren zulässig erscheint.[18] Zwar fordert das Gesetz v. 1869 im §. 4 bloß: daß „das Trennstück genau, nöthigenfalls durch Pläne oder Mappen" bezeichnet sei. Allein man erwäge, daß diese mit dem geänderten §. 74 des G. Ges. wörtlich übereinstimmende Fassung des im §. 74 bezogenen Ges. v. 6. Febr. 1869 durch die neue Fassung des §. 74 G. G. nothwendig beeinflußt ist und daher im Sinne des Ges. v. 1883 gedeutet werden muß, daß ferner die wirkliche Ab- bez. Zuschreibung (§. 13 flg.) in d. R. keinesfalls ohne Vorlage eines beglaubigten Planes erfolgen darf und somit das Gericht bei eventueller Verschiedenheit des ursprünglichen unbeglau-

16) Auch der Afterpfandgläubiger. Dafür die Regierungsmotive (Kaserer XV. S. 22) und die Analogie des Hofd. v. 16. März 1811. Nr. 935 J. G. S.

17) Die Frist läuft vom Tage nach der Zustellung, welche zu eigenen Handen zu erfolgen hat (§. 4. 5); eine Restitution wegen Fristversäumniß findet nicht statt (§. 5). Zweifelhaft ist, ob der unterlassene Einspruch der gesetzlichen Vertreter der Minderjährigen, sofern derselbe ohne gerichtliche Bewilligung erfolgte, den Rechten der Letzteren präjudizire? Die Bejahung der Frage ergiebt sich wohl aus der die Trennung fördernden Tendenz des Gesetzes und aus der vorbehaltslosen Fassung des Präjudizes: „widrigens angenommen würde", welchem gegenüber die überflüssige, in Form einer Vermuthung gehüllte Motivirung des Präjudizes kaum in's Gewicht fällt. Vgl. auch die Motive Note 15 a). — Die lastenfreie Abtrennung eines Theiles der für die Besitzer von Theilschuldverschreibungen bestellten Hypotheken kann jedoch nur mit ausdrücklicher kuratelsbehördlich genehmigter Zustimmung des „gemeinsamen Kurators" der Besitzer der Theilschuldverschreibungen erfolgen, diese Zustimmung kann bei den unter staatlicher Aufsicht stehenden Anstalten ersetzt werden durch die Bestätigung des landesfürstlichen Kommissärs; eine Aufforderung der Besitzer der Schuldverschreibungen findet nicht statt, Ges. v. 24. April 1874. Z. 49. §. 14.

18) Anders das Erk. d. Prager O. L. G. v. 16. Oktober 1883. Z. 29 535 gegen das Erk. d. Prager L. G., Právník 1884. S. 104 flg.

bigten und des späteren beglaubigten Planes die Ab- und Zuschreibung nicht bewilligen könnte. Soll daher das Provokationsverfahren mit Erfolg durchgeführt werden, so muß schon der dem Aufforderungsgesuche beizulegende Plan nach Vorschrift des Gesetzes verfaßt sein. Vgl. auch den in Note 24a) angeführten Gesetz-Entw. v. 1893.

Das Trennungs- bezieh. richtiger Konvokationsgesuch ist „anzumerken"; die Anerkennung hat die Wirkung, daß „spätere Eintragungen" bücherlicher Rechte (richtiger: später eingetragene Realberechtigte) „die — lastenfreie[19] — Abtretung nicht verhindern können." (§. 3.) Hiebei können nun folgende Fälle eintreten:

1. Die Aufgeforderten erheben innerhalb der Präklusivfrist keinen Einspruch. In diesem Falle wird das Trennstück dem Präjudiz gemäß mit dem Zeitpunkte der Abschreibung lastenfrei (§§. 3. 6. a contr. §. 7.) Darüber, daß innerhalb der Frist kein Einspruch erhoben wurde, ist auf Verlangen ein Amtszeugniß auszufertigen. (§. 6.)

2. Würde aber von den Aufgeforderten Einspruch erhoben, so kann die lastenfreie[20] Trennung nicht vollzogen werden, so lange nicht der Einspruch der Opponenten hinfällig geworden ist, entweder:

---

19) Das Wort „lastenfrei" muß im §. 3 des Ges. v. 1869 subintelligirt werden, da außerdem die Anmerkung gar keine Wirkung hätte; denn die Abtrennung überhaupt können weder frühere noch spätere Einträge verhindern. Die Wirkung der Anmerkung ist vielmehr die, daß spätere Einträge in Ansehung des Trennstückes nur für den Fall Geltung haben, als die Abtrennung nicht erfolgt. (Vgl. §. 13 dess. G.) Vgl. meinen Vortrag Ger. Z. 1872. Nr. 66 gegen die daselbst bekämpfte Entsch. des O. G. Hofes v. 11. Nov. 1871. G. H. 1871. Nr. 94 (Nr. 4272 Samml. Gl. U. W.), welche annimmt, daß die „späteren Eintragungen" auf das Trennstück übertragen werden müssen. Da hätten aber die später eingetragenen Gläubiger mehr Rechte als die älteren, was der offenbaren Tendenz des Gesetzes, die lastenfreie Abtretung (von der allein auch §. 3 spricht) zu fördern, schnurstracks widerspräche. S. auch Krasnopolski, Mitth. d. d. J. V. 1878. S. 137 flg. Dieser giebt zwar zu, daß das Wort „lastenfrei" im §. 3. al. 3 hinzuzudenken sei, meint aber, daß auch die später Eingetragenen ein Einspruchsrecht besitzen, indem sie durch die „Anmerkung" provozirt erscheinen. Allein giebt man die Nothwendigkeit der Interpolation „lastenfrei" zu, danu ist es unmöglich, den später Eingetragenen ein Einspruchsrecht zu gewähren, denn sonst könnten sie ja eben (durch ihren Einspruch) verhindern, was sie nach Juhait der (interpolirten) Stelle nicht hindern dürfen — nämlich die (lastenfreie) Abtrennung. Gegen die Motivirung K.'s vgl. meinen Aufsatz Ger. Z. 1879. Nr. 51. Note 18. Unsere Auslegung hat endlich auch in dem §. 53 flg. G. G. (Anmerkung der beabsichtigten Veräußerung ꝛc.) eine naheliegende Stütze. S. noch die folg. Note.

20) Abermals ungenau heißt es im §. 7, daß der Einspruch die „Trennung hemmt". Nur die lastenfreie Trennung wird gehindert. S. §. 1 dess. Ges.

a) durch Bezahlung des opponirenden Pfandgläubigers; Letzterer muß hier die Zahlung des Kapitals auch dann annehmen, wenn dasselbe noch nicht fällig geworden ist, vorbehaltlich des Ersatzanspruches („der Genugthuung") wegen vorzeitiger Tilgung der Forderung. (§§. 7. 8.)[21]

b) oder durch ein gerichtliches Erkenntniß, welches den Einspruch für unwirksam erklärt (§§. 7. 9—12). Ein solches Erkenntniß kann das Tabulargericht nur dann schöpfen, wenn es sich um den Tausch von Grundstücken handelt, welche der Landwirthschaft dienen, sofern durch denselben entweder eine Arrondirung oder eine bessere Bewirthschaftung der Besitzstände der Tauschenden erzielt werden soll und wenn überdies durch den Tausch die Sicherheit der Forderung, wegen welcher Einspruch erhoben wurde, nach Vorschrift des §. 1374 A. B. G. B. nicht gefährdet erscheint. (§. 9.)[22] Zu diesem Erkenntniß ist bloß die Tabularbehörde und zwar auch in Fällen kompetent, in welchen zu Verfügungen über das Hypothekarkapital die Zustimmung einer anderen Behörde (Fideikommiß-, Substitutions-, Stiftungs-, Vormundschaftsbehörde ꝛc.) nothwendig ist.[23] Daß durch den Tausch die Arrondirung bewirkt werde, ist entweder durch eine Katastralmappe, bezieh. durch ein Amtszeugniß des Gemeindevorstandes oder in anderer glaubwürdiger Weise nachzuweisen. (§. 10 Abs. 1.) Daß durch den Tausch die bessere Bewirthschaftung gefördert werde, ist durch ein Zeugniß der Bezirkshauptmannschaft (bez. des Magistrats) zu bescheinigen. (§. 10 Abs. 2.)[24] Das Erkenntniß ist auf

---

21) Gewiß kann hier der Schuldner, welcher eine unverzinsliche Kapitalschuld zahlt, das Interusurium in Abschlag bringen. Die gemeinrechtliche Kontroverse betreffend die Berechnung des Interusuriums ist für das österr. R. (wenn auch nicht mathematisch genau) entschieden durch den §. 20 der Konkurs-Ordg. (Abzug der gesetzlichen Zinsen für die Zwischenzeit.) — Selbst die Stipulation der Unaufkündbarkeit des Kapitals schließt die Rückzahlung nicht aus. Vgl. Bericht d. Herrenh. bei Kaserer S. 31.

22) Das Gesetz fordert also Pupillarsicherheit (§§. 230. 1374 G. B.); Häuser dürfen also nicht über die Hälfte, Grundstücke nicht über zwei Drittel des Werthes belastet erscheinen.

23) Diese Vereinfachung der Kompetenz wurde getroffen, um weitläufige und kostspielige Prozeduren zu ersparen.

24) Vgl. böhm.-mähr., schles., ober- u. n.-österr., salzburg., galiz., bukow.,

Grund mündlicher oder schriftlicher Verhandlung (§. 11) zu schöpfen, und hat das Gericht die gesetzl. Erfordernisse (§. 9), soweit die Prüfung nicht anderen Organen zukommt (§. 10 Abs. 2), von Amtswegen zu untersuchen und nöthigenfalls Erhebungen und Schätzungen zu veranlassen. (§. 12.)[24a]

---

görz., istrian., kärnt. L. G. v. 5. April 1870, Z. 3327 ꝛc., steier. L. G. v. 23. März 1873, Krain v. 15. Mai 1872, Triest v. 9. April 1873. Der Lokalaugenschein soll in der Regel nur auf Begehren der Parteien stattfinden. In einzelnen Ländern kommt jenes Parere der Bezirksvertretung zu; s. Manz'sche Ges. Ausgabe. 18. S. 68.

24a) Ein modificirtes Verfahren wird mit Recht soeben beantragt in einer Gesetzesvorlage in Betreff solcher Trennstücke, deren Werth fünfzig Gulden nicht übersteigt, wenn das Trennstück entweder a) zur Herstellung, Umlegung oder Erweiterung oder zur Erhaltung eines öffentlichen Weges oder b) zum Zwecke einer im öffentlichen Interesse unternommenen Anlage behufs Leitung oder Abwehr eines Gewässers einschließlich der hiezu erforderlichen besonderen Werkanlagen verwendet wurde. Hier ist in dem Gesuche nebst der genauen Bezeichnung des Trennstückes auch dessen Culturgattung und das Flächenmaß anzugeben und sind die zum Nachweise der Erwerbung des Trennstückes dienenden Urkunden sammt zugehörigen Situationsplänen, ferner eine amtliche Bestätigung über die Verwendung des Trennstückes zu obigem Zwecke vorzulegen. Zur Ertheilung dieser stempelfreien Bestätigung ist in Ansehung der Weganlagen die zuständige politische Bezirks-, beziehungsweise autonome Behörde, in Ansehung der Wasserbauanlagen die nach den Wasserrechtsgesetzen zuständige politische Bezirksbehörde berufen. Das Gesuch kann von dem Grundeigenthümer, oder von dem Erwerber der abzutrennenden Grundstücke überreicht werden. Das im Ges. v. 6. Februar 1860 Nr. 18 geregelte Verfahren kommt mit folg. Abweichungen zur Anwendung: das Gericht hat eine Tagfahrt anzuordnen u. zu dieser den Gesuchsteller, den Eigenthümer und alle Tabulargläubiger durch Bescheid unter genauer Bekanntgabe des Gegenstandes der begehrten Abtrennung zu laden. Die Verständigung hat mit dem Beisatze zu erfolgen, daß das Gesuch bei Gericht eingesehen werden kann, daß die Tabulargläubiger, welche glauben, daß der Wert des Trennstückes den Betrag von fünfzig Gulden übersteigt, oder daß durch die Abtrennung ihr bücherliches Recht gefährdet wird, bei der Tagfahrt Einspruch zu erheben haben, widrigenfalls angenommen würde, daß sie in die Abtrennung willigen, daß ihnen übrigens unbenommen bleibt, ihren Einspruch schriftlich zu der Tagfahrt einzusenden, und daß bei der Einspruchserhebung anzugeben sei, ob der Einspruch aus diesem oder jenem Grunde erhoben wird. (§. 4.) Der Einspruch eines Tabulargläubigers steht der angesuchten Abtrennung nicht im Wege, wenn das Gericht nach amtlich gepflogener Erhebung aller Umstände zu der Überzeugung gekommen ist, daß der Werth des Trennstückes fünfzig Gulden nicht übersteigt und aus der Abtrennung dem betreffenden Tabulargläubiger mit Rücksicht auf den nach geschehener Trennung und in Beachtung der Wirkungen derselben sich ergebenden Wert des erübrigenden Grundbuchskörpers und auf den Stand der bücherlichen Lasten offenbar kein Nachtheil droht. Das Gericht erkennt durch Bescheid, ob und inwiefern erhobene Einsprüche im Sinne des vorstehenden Absatzes begründet sind oder nicht. (§. 6.) Ein Einspruch, der als begründet anerkannt wird, hemmt die Abtrennung. (§. 7.) Mehrere Grundabtrennungen,

Die Abschreibung des Trennstückes von der bücherlichen Einlage und dessen (lastenfreie) Zuschreibung zu einer anderen, oder die Eröffnung einer neuen (lastenfreien oder belasteten) Einlage für dasselbe ist in einem einzigen Gesuche zu begehren. — Sind die Verfügungen darüber von zwei Tabularbehörden zu vollziehen, so ist das Gesuch bei derjenigen zu überreichen, bei welcher die Abschreibung erfolgen soll. Dieses Gericht hat die (bewilligte) Abschreibung im Buche zunächst nur „anzumerken" und das Gesuch wegen Zuschreibung bez. Eröffnung einer neuen Einlage an die zweite Tabularbehörde zu senden (§. 13); erst nach erfolgter Zuschreibung oder Eröffnung einer neuen Einlage ist die „angemerkte Abschreibung" bei der ersten Buchbehörde zu vollziehen (§. 14). Die „Anmerkung der Abschreibung" ist allerdings eine überflüssige legislative Vorkehrung, dieselbe soll nämlich nach §. 13 Abs. 2 die Wirkung haben, daß jede spätere Eintragung „in Ansehung des Trennstücks nur für den Fall Wirksamkeit erlangt, als der Eintragung desselben in eine andere Einlage nicht stattgegeben wurde". Allein abgesehen davon, daß diese Wirkung (wie oben bemerkt wurde) schon mit der Anmerkung des Trennungs- (Konvokations-)Gesuches (§. 3) eintritt, bedarf es zu diesem Ende der Anmerkung garnicht, da sich schon aus dem Grundsatze der §§. 438. 445, bez. der §§. 29. 93 G. G. ergiebt, daß die später angesuchte Eintragung eines dinglichen Rechtes die Wirkung der früher angesuchten, wenn auch später vollzogenen Abschreibung einer Parzelle nicht beeinträchtigen kann.[25] Man bemerke übrigens, daß diese

---

welche zu derselben Weganlage (§. 1a), beziehungsweise zu derselben Wasserbauanlage (§. 1b) gehörige und in derselben Katastralgemeinde gelegene Trennstücke betreffen, können bei dem zuständigen Grundbuchsgerichte selbst dann mittelst eines einzigen Gesuches begehrt werden, wenn die Erwerbung dieser Trennstücke durch verschiedene Urkunden begründet wird. (§. 12.) In diesem Falle ist außer der geometrischen Darstellung auch noch eine weitere beglaubigte stempelfreie Copie des Situationsplanes beizubringen, welche bei dem Gemeindeamte jener Gemeinde, in deren Gemarkung die Trennstücke gelegen sind, zur Einsicht aufzulegen ist. Die Verständigung der Tabulargläubiger von der Tagfahrt zur Erhebung allfälliger Einsprüche hat durch ein Edict zu geschehen, welches auf der Amtstafel des Gerichtes, dann in der Gemeinde, in welcher die Trennstücke gelegen sind, und in den benachbarten Gemeinden anzuschlagen und nach Umständen auf die sonst ortsübliche Weise zu verlautbaren ist. Darüber, ob der Werth der einzelnen Trennstücke fünfzig Gulden übersteigt, hat das Gericht auch dann, wenn ein Einspruch in dieser Hinsicht nicht erhoben worden ist, Erhebungen von amtswegen zu pflegen und zu entscheiden.

25) S. Kaserer, Mater. S. 27. Allein um dies zu erreichen, hätte es nicht

Anmerkung nur in den (relativ nicht sehr häufigen) Fällen vorgeschrieben ist, wenn die Ab- bezieh. Zuschreibung oder Neueinlage bei verschiedenen Tabularbehörden vorzunehmen ist, — eine Vorschrift, welche die Regierungsvorlage eigenthümlicher Weise damit motivirt, daß eine Vorsorge nöthig (?) ist, „daß das betreffende Stück nicht zeitweilig ganz aus den öffentlichen Büchern verschwinde".[26]

Mit dem Vollzuge der Abschreibung erlöschen in den oben Z. 1 und 2 genannten Fällen alle bücherlichen Lasten in Ansehung des Trennstückes. Durch die Zuschreibung erlangen hinwieder alle auf dem Stammgute haftenden bücherlichen Lasten volle Wirksamkeit auch in Ansehung des zugeschriebenen Trennstückes (§. 15); — es ist dies eine unabweisliche Konsequenz der Einheit des Tabularkörpers.

Analog dem hier dargestellten Verfahren ist jenes, das in Ansehung der für Eisenbahnzwecke nicht im Expropriationswege erworbenen, in die Eisenbahnbücher einzutragenden Grundstücke in den §§. 20—33 des Gesetzes v. 19. Mai 1874 Z. 70 vorgeschrieben ist. Auch diese Zuschreibung setzt im Allgemeinen Lastenfreiheit des Trennstückes voraus[27]; übrigens wird das Letztere durch die Enteignung von Rechtswegen von allen Lasten befreit, welche mit dem Zwecke der Enteignung unvereinbar sind, insbes. zur Veräußerung des Grundstückes führen könnten. (§§. 4. 5 Gesetz vom 18. Februar 1878 Z. 30, §. 20 des Gesetzes vom 19. Mai 1874, Z. 70.)[28]

---

erst der Anmerkung, sondern eben nur der Vorschrift bedurft: „daß die Abschreibung erst danu vollzogen werden kann, wenn die Eintragung des Stücks in einem anderen Buche erfolgt ist". (Motive S. 27.) Aus dem früher (s. Note 19) Gesagten ergiebt sich, daß zwar nach Aufnahme der al. 3 des §. 3 die Anmerkung des §. 13 recht überflüssig geworden ist, daß aber hieraus Angesichts der herrschenden systemlosen Praxis parlamentarischer Gesetzesamendirungen kein Argument gegen die Richtigkeit der oben gegebenen Auslegung des §. 3 al. 3 entnommen werden kann.

26) Diese Gefahr wäre auch ohne „Anmerkung" nicht zu fürchten. Allerdings ist es aber sohin unvermeidlich, daß die zugeschriebene Parzelle vorübergehend in zwei Einlagen eingetragen erscheint.

27) Auf die Eigenthümlichkeiten dieses Verfahrens einzugehen, ist hier nicht der Ort.

28) Wird die Entschädigung für ein zu Eisenbahnzwecken enteignetes Grundstück durch Übereinkommen festgesetzt, so ist die Zustimmung der daran dinglich Berechtigten erforderlich; doch entfällt diese Nothwendigkeit, wenn ungeachtet der Abtrennung der Parzelle weder die Sicherheit der Hypothek (§. 1374 G. B.) vermindert wird, noch andere dingliche Rechte gefährdet werden; darüber erkennt das Grundbuchsgericht (§. 22 Ges. v. 18. Februar 1878).

Die Ab- und Zuschreibung landtäflicher Parzellen ist aus Gründen, die mit der Landesverfassung zusammenhängen, an besondere Kautelen gebunden, von welchen nun die Rede sein soll.

Die Übertragung der Grundbuchskörper aus der Landtafel in die Stadt- und Grundbücher der bezüglichen Katastralgemeinde ist nämlich auf Ansuchen des Besitzers bei der Anlegung der neuen Grundbücher in Böhmen, Mähren, Schlesien, Ober- und Niederösterreich und Kärnten[29] mit Bewilligung der Landesstelle und des Landesausschusses zulässig (§. 3 G. Anl. G.).[30] Dagegen kann — der historischen Entwicklung, der politischen Bedeutung und den Landtafelpatenten entsprechend (s. böhm. L. T. Patent von 1794, §§. 1. 2. 3) trotz der Aufhebung des Unterthänigkeitsverbandes und der Theilungsverbote auch in Zukunft (§. 3 G. Anl. G.) kein nicht ständisches (nicht dominikales), somit kein städtisches oder rustikales Grundstück in der Landtafel eine selbständige Einlage erhalten. (Vgl. auch den Just. Min. Erl. vom 13. Juli 1877, Z. 9177.)[31] Die Prüfung der Vorfrage, ob das Gut ein dominikales sei, gehört gemäß Plenarbeschlusses des obersten Gerichtshofes vom 12. Juni 1872, Z. 4862, auf welchen sich jener Min. Erl. stützt, zur Kompetenz der politischen Landesstelle; der Ausspruch der letzteren soll dem gerichtlichen Einschreiten vorangehen.[32] Folgerichtig können nichtlandtäfliche (rustikale,

29) Die übrigen Landesges. enthalten keine ähnliche Bestimmung und ist daher in den bezüglichen Ländern eine derartige Übertragung der landtäflichen Güter in die Stadt- und Grundbücher an die Bewilligung der politischen Behörden nicht gebunden.

30) Warum die Bewilligung dieser Behörden in obigen Ländern gefordert wird, ist nicht erfindlich; denn das Pat. v. 1. Sept. 1798, Z. 432 J. G. S. und die Min. Verordn. v. 30. Juni 1858. Nr. 100 haben diesbezüglich mit der Aufhebung der Theilungsverbote ihre Geltung verloren. S. Note 12. Politische Gründe von maßgebender Bedeutung sind hier nicht ersichtlich! Zu dem Folg. vgl. auch Burckhard, III. §. 166. S. 261 flg.

31) Das Justizministerium äußert in diesem Erlaß seine Meinung dahin: „daß die gesetzlichen Bestimmungen, welche das Gebiet der Landtafel gegenüber den übrigen Grundbüchern abgrenzen, durch die Beseitigung der Theilungsbeschränkungen unberührt geblieben sind; es könne demnach derzeit keine Liegenschaft in die Landtafel aufgenommen werden, welche nicht den durch das Pat. v. 22. April 1794, Z. 171 J. G. S. aufgestellten Voraussetzungen entspricht". Der §. 2 dieses Pat. bestimmt: daß in das Hauptbuch einzutragen sind die „ständischen unbeweglichen Güter, welche in dem Kataster als wirkliche Dominikalgüter bezeichnet sind und auch als solche dahin versteuert werden". Das legislative Motiv dieses Grundsatzes liegt heutzutage besonders in dem bevorzugten Wahlrechte der Besitzer landtäflicher Güter in die Landtage und den Reichsrath.

32) Vgl. die in voriger Note cit. Min. V. v. 1877. Auch gemäß den älteren

städtische) Grundstücke nicht einmal im Wege der Zuschreibung zu einem landtäflichen Gute in die Landtafel eingetragen werden[33] — es wäre denn, daß es sich um die gleichzeitige Ab- und Zuschreibung, also einen Austausch ungefähr gleich großer landtäflicher und rustikaler (städtischer) Gründe handeln würde, welcher schon nach den älteren politischen Verordnungen (Hofdekr. vom 2. April 1787, 10. Jannar und 26. März 1790 bei Kostetzky, Handb. d. Ges. in Unterthanssachen §§. 203. 204, Roth VIII. S. 431—444) mit behördlicher Bewilligung gestattet war.[34] Daß auch zugekaufte rustikale Grundstücke zugeschrieben werden dürfen, ist mit dem §. 2 L. T. P. schwerlich zu vereinbaren.[35] Für die Zukunft gestatten die neuen G. Anl. Gesetze

---

Vorschriften hatte die Landesstelle über die Landtafelfähigkeit eines Gutes auf Grund des Zeugnisses des Landeskatasteramtes ... über die Dominikaleigenschaft und die Dominikalversteuerung zu erkennen. Maßgebend ist der Theresianische Kataster, das sog. exequatorium dominicale v. J. 1756. Vgl. Hasner §. 92, Chlupp §. 19.

33) Der cit. Min. Erl. v. 13. Juli 1877. Z. 9177 bemerkt entgegen der jahrelangen Praxis des Prager Landesgerichtes: „für die Anwendung der hier maßgebenden Bestimmungen des Pat. v. 22. April 1794. Z. 171 ist es ohne Belang, ob es sich um die Bildung eines neuen oder um die Vergrößerung eines bestehenden Landtafelkörpers handeli. Es kann demnach nicht beirren, daß sich der oberste Gerichtshof in dem bereits citirten Plenarbeschlusse bloß über die Bildung neuer Landtafelkörper ausgesprochen hat". In dem Abs. 6 des §. 3 des böhm. G. Anl. Ges. findet dieser Min. Erlaß eine Spezialbestimmung, welche gleichwohl mit dem Grundsatze, daß das Gebiet der Landtafel nicht durch Verfügungen der Gerichte einseitig erweitert werden dürfe, in Übereinstimmung steht.

34) Vgl. auch Burckhard, a. a. O., sowie den Rechtsfall im Právník 1878. S. 818 und Ružička ebend. 1879. S. 181 flg., der die älteren Vorschriften ausführlich angiebt. Nachdem erst Statthalterei und Ministerium das Gesuch um Bewilligung des Eintrages umgetauschter Grundstücke in die Landtafel mit Bezng auf §. 2 L. T. Pat. abgewiesen hatten, änderte später das Minist. des Inneren mit Erl. v. 25. Nov. 1878. Z. 15604 (mit Rücksicht auf die beim Verwaltungsgerichtshofe eingebrachte Beschwerde) seinen früheren Bescheid, weil die umgetauschten Gründe von fast gleichem Ausmaße seien, daher in staatsrechtlicher Beziehung kein Anstand obwalte, und durch §. 2 L. T. Pat. nicht ausgeschlossen sei, daß einzelne nichtlandtäfliche Grundstücke zu Landtafelkörpern zugeschrieben werden, zumal schon früher der Austausch landtäflicher und unterthäniger Gründe mit politischer Bewilligung gestattet war. Vgl. noch folgende Note.

35) So auch die Entsch. d. O. G. H. v. 20. Februar 1879. Z. 10186 (Právník 1879, S. 302 flg.), welche aber grundlos selbst d. Verordn. v. 30. Juni 1858. Z. 100 für noch zu Recht bestehend hält. Dagegen hat neuerlich das Ministerium des Innern in Abänderung seiner früheren Entscheidungen mit Erlaß v. 9. Dezember 1878. Z. 16270 entschieden, daß auch zugekaufte Rustikalgründe zugeschrieben werden können, weil dies keiner ausdrücklichen Bestimmung des §. 2 L. T. P. widerspricht und aus öffentlichen Rücksichten Nichts entgegen steht (?). So auch die Minist. Entsch. v. 24. Juli 1879. Z. 6916 (Ger. Z. 1879. Nr. 69), welche

für Böhmen, Mähren, Schlesien, Nieder- u. Oberösterreich, Kärnten bei oder nach Anlegung der neuen Grundbücher wenigstens die Zuschreibung einzelner (auch zugekaufter) nichtlandtäflicher Parzellen gegen Abschreibung anderer bei ungefähr gleicher Steuerleistung nach Einholung des Gutachtens der Statthalterei und des Landesausschusses (§. 3 dess. Gesetzes).[36] In den übrigen Ländern stehen daher die früher (s. Note 33 u. 34) citirten älteren Normen aufrecht.

Die Zerstückelung landtäflicher Güter und die Eröffnung einer neuen Einlage für solche (landtäfliche) Trennstücke in der Landtafel ist, soweit noch nicht die neuen Grundbücher hergestellt sein werden, statthaft und bedarf nicht mehr der Bewilligung der Landesstellen, da die Min. V. vom 30. Juni 1858 Nr. 100 R. G. Bl. in Folge der Freitheilbarkeit des Grundes und Bodens aufgehoben ist. So auch Erk. des O. G. Hofes Nr. 4048 u. 4102 Samml. Gl. U. W.[37] — Anders wird dies nach Eröffnung der neuen Landtafeln in Böhmen sein. Das böhm. G. Anl. G. (§. 3) bestimmt nämlich, daß, wenn für ein Trennstück eines Landtafelguts eine selbständige Landtafeleinlage errichtet werden soll, hierzu die Zustimmung der Statthalterei und des Landesausschusses erforderlich ist. Wird dieselbe nicht nachgewiesen, so ist rücksichtlich der Eröffnung der neuen Einlage „nach den Bestimmungen über die Verfassung der Grundbuchseinlagen

---

darauf hinweist, daß der §. 3 Abs. 3 des G. Anl. Ges. nur solche Übertragungen betreffe, die der Neuanlegung der Bücher nachfolgen. S. Právník 1878. S. 849. Auch Ružička, ebend. 1879. S. 224 flg. vertritt die Ansicht, daß die Zuschreibung zugekaufter, nichtlandtäflicher Parzellen seit dem J. 1848 ohne alle Beschränkung zulässig sei, weil aller Unterschied zwischen landtäflichen und nichtlandtäflichen Grundstücken wegefallen sei. Allein trotzdem blieb m. E. die cit. Norm, daß nur dominikale Gründe in die Landtafel aufzunehmen sind, unberührt; außerdem stünde auch der selbständigen Einlage nichtlandtäflicher Gründe Nichts entgegen. Allerdings ist ein solcher Zustand schon wirthschaftlich unerträglich; allein dieser Mißstand postulirt eine Änderung der Gesetzgebung.

36) Nur die oben citirten G. Anl. G. enthalten diese „Spezialbestimmung", welche dem praktischen Bedürfnisse sehr unvollkommen genügt und bei den geringsten Änderungen einen weitläufigen und kostspieligen Geschäftsgang inaugurirt! Man erwäge, daß z. B. in Zukunft selbst die behufs Arrondirung angekauften rustikalen Grundstücke fast niemals werden zugeschrieben werden können, da der Gutsbesitzer nicht leicht Lust und Gelegenheit haben wird, gleichzeitig Parzellen gleicher Steuerleistung vom Gute abzuverkaufen und abzuschreiben! Im Wesen zustimmend Burckhard a. O.

37) Anders das weiter folgende Judikat Nr. 113, welches die cit. Min. V. v. 1858 noch als geltend betrachtet.

für nichtlandtäfliche Liegenschaften vorzugehen". (§. 3.)[38] — Bezüglich der übrigen Länder enthalten die G. Auleg. Gesetze keine analoge Bestimmung und muß daher, da die Min. Vdg. vom 30. Juni 1858, Z. 100 in Folge der freien Theilbarkeit der Gründe ihren rechtlichen Bestand verloren hat, die Zulässigkeit der Errichtung selbständiger Landtafeleinlagen für landtäfliche Trennstücke ohne politischen Konsens behauptet werden (vgl. Note 12). Zwar erklärte neuestens der Oberste G. Hof über die Anfrage des Justizministeriums: ob derselbe mit Rücksicht auf die neuen Landesgesetze über die Anlegung neuer Grundbücher auf seiner entgegengesetzten (in einem Erk. v. 11. Juli 1883, Z. 8311, Samml. Nr. 9519 ausgesprochenen) Anschauung beharre, mit dem Plenar-Erkenntnisse vom 11. Dezbr. 1883, Z. 468, daß er an der letzteren Ansicht festhalte, und beschloß folgendes Judikat Nr. 113 (Ger. Z. 1884, Nr. 7 u. Samml. Nr. 9692): 1. Die Statthalterei und der Landesausschuß sind berufen, zu interveniren, wenn um die Eröffnung einer neuen Landtafeleinlage für das Trennstück von einem Landtafelkörper (oder für ein aus einem anderen Grundbuche in die Landtafel zu übertragendes Grundstück[39]) angesucht wird. 2. Der Konsens der polit. Landesstellen ist dem Gerichte schon mit dem Tabulargesuche vorzulegen. Das Judikat gründet sich auf die Erwägung: daß für die Frage, ob die polit. Behörde bei Eröffnung einer neuen Landtafeleinlage für das Trennstück von einem Landtafelkörper (oder für ein aus einem Grundbuch in die Landtafel zu übertragendes Grundstück[40]) mitzuwirken habe, immer noch (?) die Min. V. v. 30. Juni 1858, Z. 100 als maßgebend zu betrachten sei, weil dieselbe nur insoweit, als sie den politischen Konsens zur Zer-

---

38) Diese eben so dunkle als unmotivirte Norm soll wohl nur sagen, daß das Trennstück bei Abgang jener Zustimmung nur in die Grundbücher eingelegt werden kann. Denn die Freitheilbarkeit sollte doch nicht gerade bei Landtafelgütern aufgehoben werden. Warum die Bewilligung der Landesstelle und des Landesausschusses? Nur die Verquickung ökonomischer und privatrechtlicher Fragen mit politischen Rücksichten erklärt diesen unerquicklichen Zustand. Früher bewilligte der O. G. H. anstandlos dergleichen Zerstückungen landtäflicher Körper. S. Nr. 4048 u. 4102 Samml. Gl. U. W.

39) Dieser Fall ist anderer Art (vgl. Note 34) und war daher nicht mit dem ersten zu vermengen! Hier ist allerdings in mehreren Ländern die Intervention der politischen Behörden ausdrücklich vorgeschrieben u. bei der politischen Bedeutung des landtäflichen Besitzes begreiflich.

40) Vgl. Note 39.

theilung von Liegenschaften betrifft, durch das Ges. v. 6. Februar 1869, Z. 18 aufgehoben, dagegen in dem Theile, welcher die Eröffnung einer neuen Einlage betrifft (mit Ausnahme von Böhmen) durch kein späteres Gesetz derogirt worden ist und die Zulässigkeit der Eröffnung einer neuen L. T. Einlage nicht bloß vom privatrechtlichen Standpunkte zu beurtheilen ist, vielmehr auch Fragen des öffentlichen Rechtes berührt. — Allein dieses Judikat und dessen Begründung (Ger. Z. 1884, Nr. 7) ist gewiß nicht zutreffend! Denn der Inhalt der cit. Min. V. v. 30. Juni 1858 beschränkt sich eben auf die Konstatirung des Postulats des polit. Konsenses zur Zertheilung landtäflicher Güter; die Zustimmung zur Ab- oder Zuschreibung oder zur Eröffnung einer neuen Einlage wird **nur als Folge** des Erfordernisses des polit. Konsenses erwähnt[41]; als bloßes Korrelat entfiel sie also mit der Aufhebung eben dieses Postulates in Folge der Gestattung der freien Theilbarkeit aller — auch landtäflicher Güter![41a] Der Vorbehalt der Motive des Judikats („dagegen aber" 2c.) entbehrt also der thatsächlichen Begründung und der logischen Schlüssigkeit. Auch der Umstand, daß einzig und allein das böhmische G. Anl. Ges. (und zwar anläßlich der vorangegangenen beispiellosen politischen Wahlkämpfe in Böhmen) die Bewilligung der administrativen Landesbehörden zur Eröffnung selbständiger bücherlichen Einlagen fordert, — alle übrigen G. Anl. Gesetze eine solche Bestimmung nicht enthalten, drängt a contrario zur Schlußfolgerung, daß in den übrigen Ländern ein solcher Konsens gesetzlich nicht mehr erforderlich ist.[42]

41) In dem Min. Erl. v. 30. Juni 1858. Z. 100 heißt es nämlich: „die Ministerien des Innern und der Justiz finden zur Erzielung eines einheitlichen Vorganges bei Zerstückung von Landtafelkörpern in Österreich ob u. unter d. E., Steiermark, Kärnthen, Böhmen, Mähren, Schlesien, Galizien und der Bukowina im Grunde der hierüber bestehenden Gesetze ... zu erklären, daß zu jeder Zerstückung eines Landtafelkörpers der Konsens der politischen Landesstelle erforderlich sei, **folglich** ohne dessen Beibringung eine Ab- oder Zuschreibung von Bestandtheilen landtäflicher Güter oder die Eröffnung neuer Einlagen für dieselben, sei es in der Landtafel selbst oder in einem Grundbuche, nicht vorgenommen werden darf". Die Praxis (auch Burckhard III. §. 160 S. 200 flg.) bezieht mit Rücksicht auf die politische Bedeutung des landtäflichen Besitzes das obige Judicat Nr. 113 selbst auf den Fall der Löschung von landtäflichen Realitäten, bez. deren Übertragung in das Grundbuch. Vgl. Právník 1884 S. 23 flg.

41a) So auch die Judicatur des Verwalt. Ger. H. Nr. 2102 Samml. Budw.

42) And. Ans. Burckhard a. O. §§. 160. 166; dagegen s. aber das N. 41a cit. Judikat des Verw. G. Hofes.

Geringe praktische Bedeutung haben bisher: 1. das Gesetz vom 7. Juni 1883, Z. 92 über die Kommassation landwirthschaftlicher Grundstücke unter behördlicher Mitwirkung, sowie 2. das Gesetz vom 7. Juni 1883 Nr. 93 über die Vereinigung des Waldlandes von fremden Einlagen und die Arrondirung der Waldgrenzen, endlich 3. das Gesetz vom 7. Juni 1883 Z. 94 betreffend die Theilung gewisser gemeinschaftlicher Grundstücke (der ehemaligen Obrigkeiten, Gemeinden und Unterthanen, danu der agrarischen Gemeinschaften), weil die Wirksamkeit dieser Reichsgesetze von dem Erlasse der diesbezüglichen Landesgesetze abhängt. Deshalb mögen hier nur einige kurze Bemerkungen genügen. Die einem unmittelbar Betheiligten bei der Kommassation zugewiesenen Abfindungsgrundstücke (und Geldausgleichungen) treten hinsichtlich aller rechtlichen Beziehungen zu dritten Personen insoweit an die Stelle seiner, der Zusammenlegung unterzogenen Grundstücke, als diesfalls in diesem Gesetz nicht etwas anderes verfügt wird (§. 13 Komm. Ges.) und die auf letzterem sichergestellten Rechte Dritter werden (in der Regel gebührenfrei) auf die Abfindungsgrundstücke bücherlich übertragen (§. 4).[43] — Desgleichen erfolgt bei der Vereinigung und

---

43) Bisher sind folg. Landesgesetze erlassen und wirksam:

a) für Mähren das Ges. v. 13. Febr. 1884 Z. 30 L. G. Bl. über Commassation landwirt. Grundstücke, ferner Ges. v. 14. Febr. 1884 Z. 31 betreffend die Theilung und Regulirung gemeinschaftlicher Grundstücke ꝛc., dazu die Min. Vdg. v. 5. Juli 1886 Z. 68 L. G. B. u. v. 11. Oktober 1892 Z. 77 L. G. Bl.

b) für Schlesien das Ges. v. 28. Dzbr. 1887 Z. 12 L. G. Bl. über Zusammenlegung landwirt. Grundstücke, ferner das Ges. v. 28. Dzbr. 1887 Z. 13 L. G. Bl. v. J. 1888, betreffend die Theilung gemeinschaftlicher Grundstücke, dazu Min.-Vdg. v. 20. Jänner 1890. Z. 25 L. G. Bl., endlich das Gesetz v. 28. Dzbr. 1887 Z. 14 L. G. Bl. v. J. 1888 betreffend die Zusammensetzung der Landeskommission zur Vereinigung des Waldlandes.

c) für Niederösterreich die Ges. v. 3. Juni 1886 Nr. 40. 39. 41. L. G. Bl. über Zusammenlegung, Theilungs-Regulirung und Waldbereinigung.

d) für Salzburg, die Ges. v. 11. October 1892 Nr. 31. 32 u. 33 L. G. Bl. über Zusammenlegung, über Theilung-Regulirung und Waldbereinigung.

e) für Kärnten und Krain wurden bisher bloß Gesetze über Theilung und Regulirung gemeinschaftlicher Grundstücke und über Waldbereinigung erlassen u. zw. dto 5. Juli 1885 Nr. 23 u. 22. Febr. 1890 Nr. 10 (für Kärnten), vom 26. October 1887 Nr. 2 u. 3 L. G. Bl. (für Krain).

Die bisherigen praktischen Erfolge dieser Gesetze sind äußerst unbedeutend; in Mähren und Niederösterreich ist die Kommassation (Anfangs 1893) erst in

Arrondirung des Waldlandes die Übertragung bücherlicher Rechte und Lasten von einem umgetauschten Grundstücke auf ein anderes auch ohne Zustimmung der Betheiligten (gebührenfrei), wenn die Landes- bezieh. Ministerialkommission — mit Rücksicht darauf, daß für dieselben kein Schaden entsteht oder für den entstehenden unerheblichen Schaden Entschädigung angeboten wird — hierzu die Bewilligung ertheilt. (§§. 1. 3. 5. 6. des Waldbereinig. Ges.) — Ebenso werden Rechte dritter Personen, welche auf den der Theilung unterzogenen Grundstücken eingetragen sind, auf die aus dem Grundstücke gebildeten Theile (gebührenfrei) übertragen, sofern sie nicht durch die Neuregulirung entbehrlich werden; Hypothekarforderungen werden von den Theilgenossen nach Verhältniß der Antheilsrechte dem Gläubiger zurückgezahlt. (§§. 5. 6 des Theil. Ges.)

§. 24. Die Buchbehörden.

Die Führung der Bücher steht den Gerichten zu. Unmittelbar mit derselben betraut und für dieselbe verantwortlich ist der beeidete Grundbuchsführer. Da das Verfahren ein nichtstreitiges ist, kommt dem Gerichte nicht das Recht zu, über streitige Rechte im Tabularverfahren abzusprechen.[1] — Das „Grundbuchsamt", welches eine Abtheilung des Gerichtes bildet, darf Einträge nur über richterlichen (schriftlichen) Auftrag (Grundbuchsbescheid) vornehmen.[2] Das zuständige Gericht wird herkömmlich „Tabulargericht" (Grundbuchsgericht) genannt. Die Tabulargerichtsbarkeit kommt (nach §§. 49. 66. 90. Jur. Norm. v. 20. November 1852) zu in Ansehung:

---

drei Dörfern durchgeführt, und nur in zwei bezieh. sieben weiteren Gemeinden im Zuge. Theilungen sind bisher nur in N.-Österreich (31) durchgeführt. Das Mißtrauen der bäuerlichen Bevölkerung, die Kosten des Verfahrens, wohl auch die geringe Erfahrung der Vermessungsbeamten tragen Schuld an diesem geringen Ergebnisse!

1) Vgl. die in N. 7 cit. Entsch. d. O. H. H.

2) Der Ausdruck „Grundbuchsamt" ist besonders dort üblich, wo — wie regelmäßig bei Gerichtshöfen — mehrere Grundbuchsführer unter einem besonderen Vorsteher angestellt sind. Die Aufsicht über die Amtshandlungen der Grundbuchsführer steht dem Gerichtsvorsteher — und wo ein besonderer Vorsteher des Grundbuchsamtes bestellt ist, zunächst diesem zu (§. 42 G. Instr.) — In mehreren deutschen Staaten sind die Grundbuchbehörden in neuerer Zeit von den Gerichten wenigstens äußerlich abgesondert worden. So z. B. meklenb. Stdt. G. O. §. 59, preuß. G. O. §§. 20 flg. (Richter und Buchführer); vgl. Stobbe §. 95 a. E., Dernburg §. 193.

1. der land- und lehentäflichen Güter dem Gerichtshofe erster Instanz an dem Ort, wo die Land- und Lehentafel geführt wird;[3]

2. der unbeweglichen Güter in dem Umkreise der Städte,[4] wo sich ein Gerichtshof erster Instanz befindet, diesem;

3. der übrigen unbeweglichen Güter (sofern sie nicht in's Berg- oder Eisenbahnbuch gehören) dem Bezirksgerichte, in dessen Sprengel dieselben liegen;

4. der Bergbücher dem mit der Berggerichtsbarkeit betrauten Gerichtshofe erster Instanz, in dessen Sprengel das Montanwerk gelegen ist;

5. der Eisenbahnbücher für Bahnen, welche nicht die Grenzen eines Landes überschreiten, dem Gerichtshof erster Instanz der Landeshauptstadt, und wenn die Bahn mehrere Länder durchschneidet, jenem Gerichtshof erster Instanz der Landeshauptstadt, bei welchem um die Errichtung der Einlage eingeschritten wird (§. 10 Gesetz v. 19. Mai 1874, Z. 70).

Die Beamten und Diener der Grundbuchsgerichte sind für ihre Amtsführung nach den über die Verantwortlichkeit der richterlichen Beamten überhaupt geltenden Gesetzen (St. Gr. G. v. 21. Dezember 1867, Z. 144. art. 9 u. Ges. v. 12. Juli 1872, Z. 112 R. G. Bl.) civilrechtlich haftbar und diese Haftung gewinnt durch die solidarische Mithaftung des Staates werthvolle Bedeutung. Wenn nämlich ein richterlicher Beamter oder Diener in Ausübung seiner amtlichen Wirksamkeit durch Übertretung seiner Amtspflicht (also auch durch Vernachlässigung derselben) einer Partei einen Schaden verursacht, gegen welchen die in dem gerichtlichen Verfahren vorgezeichneten Rechtsmittel keine Abhilfe gewähren, so haftet für den Ersatz desselben der schuldtragende Beamte oder Diener als Hauptschuldner und der Staat gleich einem „Bürgen und Zahler"[5] (§§. 1357. 891 A. B. G. B.), d. i.

---

3) In der Regel also dem Landesgericht der Landeshauptstadt. Nach Neuanlegung der Landtafeln hören die Lehentafeln auf. Vgl. §. 3 G. Anl. G. für die böhmischen Länder, dazu S. 475.

4) D. i. im Gebiete der Stadt und Vorstädte, Min. V. v. 2. Oktober 1854. Z. 253.

5) Vgl. Exner S. 25, N. 66, der darauf aufmerksam macht, daß für den Grundbuchsverkehr die Haftung des Staates aus Amtsversehen der Grundbuchs-Gerichtsdiener von besonderer Wichtigkeit ist, da dieselben die entscheidende Zustellung der

als solidarischer Mitschuldner ohne die Einrede der Vorausmahnung (Ben. ordinis).[6] Zuständig ist für die „Syndikatsklage" in der Regel der Gerichtshof zweiter Instanz, in dessen Sprengel das schuldtragende Gericht seinen Sitz hat.[7]

§. 25. Das Publizitätsprinzip der Grundbücher.

Von den materiellrechtlichen Prinzipien, auf denen das Institut der öffentlichen Bücher beruht, wird in der Folge eingehend gehandelt werden. Vorläufig will ich aus naheliegenden Anlässen auf die historische Entwicklung und dogmatische Geltung des wichtigsten derselben: des Publizitätsprinzipes eingehen. Die Erwartung, daß uns die Vorarbeiten zum A. B. G. B. und insbes. die Redaktionsprotokolle, Aufklärung über die historische Genesis und den leitenden Grundgedanken der wenigen im A. B. G. B. enthaltenen, den Schutz des Vertrauens auf das öff. Buch normirenden Vorschriften geben würden, ist leider nicht gerechtfertigt worden. Die Vorläufer der den §§. 443. 468. 469. 526. 527. 1500 A. B. G. B. entsprechenden Normen des Codex Theres. und des Entwurfs Horten's gehen — gleich dem älteren böhm. Landtafelrechte — von dem Grundsatze aus, daß Eigenthum, Pfandrecht, Servituten und andere dingliche Rechte an Immo-

---

Tabularbescheide zu eigenen Hauden zu besorgen haben (§§. 123. 124. 125 G. G.) — Ähnlich ist in mehreren deutschen Staaten die Haftung des Staates (mindestens als subsidiäre) geregelt. So preuß. Gr. O. §. 29, dazu Bahlmann S. 210 flg., Stobbe a. O.

6) §§. 1—4 des Ges. v. 1872. Der Vorstand des Gerichtes ist für die Amtshandlungen der untergeordneten Grundbuchsführer nur insoweit haftbar, als ihm eine Übertretung (Vernachlässigung) der Amtspflicht zur Last fällt. Arg. §. 7 Ges. v. 1872, dazu §. 42 G. Instr. (s. Note 2) und bezüglich der Richtigkeit der Extrakte §. 37 G. Instr., Exner S. 25, N. 67.

7) §. 8 des Ges. v. 1872; für besondere Fälle delegirt der oberste Gerichtshof ein unbefangenes Obergericht. — Der Fall, daß durch unterlassenen oder fehlerhaften Eintrag eine Ersatzverbindlichkeit begründet wird, dürfte bei einiger Aufmerksamkeit der Interessenten selten eintreten. Vgl. den Rechtsfall Ger. Z. 1879. Nr. 26, in welchem ein früher zur Einverleibung bewilligtes Pfandrecht erst nach Jahren (nach dem inzwischen erfolgten Eintrag einer anderen Last) intabulirt wurde; der oberste G. H. (Erk. v. 18. Dezember 1878. Z. 13 794) verweigerte zwar mit Recht im außerstreitigen Verfahren die Anmerkung der Priorität der ersteren Post, allein er verordnete die Ersichtlichmachung des Präsentatum des Grundbuchsgerichtes in der nachträglichen Einverleibung.

bilien derivativ nur durch Eintrag in die öff. Bücher erworben, übertragen und aufgehoben werden können; selbst die Ersitzung oder Verjährung contra tabulas wird nicht einmal bei dingl. Rechte an fremden Sachen anerkannt. (Vgl. den bei Harrasowsky II. S. 152, N. 1 citirten Commiss.-Ber. v. 30. April 1771; dazu §. 142: „Ohne bücherliche Ankunft können solche grundbücherlich verschriebene Rechte ebensowenig als liegende Gründe verjährt werden.") Die Naturalersitzung eines solchen Rechtes „wirkt nicht gegen den dritten Besitzer, wenn dasselbe bei der Übertragung des Grundes darauf nicht gehaftet hat." (§§. 144. 145 III. c. Ther.).[1] Von einer mala fides des dritten Besitzers, der von der Ersitzung des dinglichen Rechtes gegen seinen Besitzvorgänger Kenntniß hatte, kann darum gar nicht die Rede sein, weil durch die Ersitzung lediglich „eine persönliche Verfänglichkeit" gegen den betreffenden Besitzer und dessen Erben bewirkt wird. (§. 144 cit.) Das materielle Recht ist somit durchwegs durch den formalen bücherlichen Erwerb bedingt. (Vgl. S. 385 N. 1 dies. B.)

Dieser Gesichtspunkt erlitt allerdings eine latente Änderung, als im Entw. Martini (II. 9 §. 39 dazu §. 66 dess. T., III. 18 §§. 23 und 36.) die Ersitzung und Verjährung contra tabulas anerkannt wurde und im §. 26 II. 8 u. §. 65 II. 9 (= II. §§. 247 u. 318 Urentw.) der in die §§. 468 und 527 A. B. G. B. übergegangene Grundsatz aufgestellt wurde, daß: wenn das bloß zeitliche Recht desjenigen, der das Pfandrecht oder die Servitut bestellte, ... dem Servitutserwerber aus den öffentl. Büchern oder sonst bekannt sein konnte, das Pfandrecht oder die Servitut mit dem Zeitablauf von selbst aufhört — ein Grundsatz, welcher im Einklang und Zusammenhang mit der analogen bei Mobilien geltenden Norm (§§. 468. 527) auf die Redlichkeit des Erwerbers (d. i. die Unkenntniß desselben von der zeitlichen Beschränkung des Rechtes des Autors) das Hauptgewicht legt. (Anders noch Horten III. 7 §. 72, der im Einklange mit dem Cod. Theres. diesen Grundsatz nur bei Mobilien anerkannte.)

1) Vgl. zu §. 443 A. B. G. B. den Cod. Ther. II. 30. 37. 54, zu §. 469 den Cod. Ther. III. 2 nr. 103, 7. nr. 79—96, 159—163, zu §§. 526. 527, den Cod. Ther. II. 27 nr. 51—66, zu §. 1500 den Cod. Ther. II. 9 nr. 141—145; dazu in Entw. Horten: II. 5. §. 8, II. 7. §§. 22—39, II. 26 §. 12, III. 7. §§. 19. 20—27. 56—73, III. 25. §. 120—126.

Unter diesem neuen Gesichtspunkte erhielt auch die schon im Cod. Theres. und im Entw. Horten[2] enthaltene Bestimmung des §. 66 II. 9 des Martini'schen Entw. (= §. 319 II. Urentwurf und Vorläufer der §§. 1488 und 1500 A. B. G. B.): daß der Besitzer des dienenden Grundes bei Verjährung der Servitut nur ein „persönliches Recht" auf Löschung desselben erlange und „daß damit dem inzwischen (vor der Löschung) eingetretenen neuen Besitzer kein Nachtheil zugehe", eine geänderte Bedeutung, da nunmehr in Konsequenz des in den citirten §§. 247 u. 318 II. Urentwurf enthaltenen Grundsatzes auch hier darauf Gewicht gelegt werden müßte, ob der neue Besitzer von der Verjährung der Servitut Kenntniß hatte oder nicht.[3]

Und in der That widersprach die Redaktionskommission nicht der Auffassung Zeiller's (Protok. II. S. 266), als dieser in der Sitzung v. 20. Oktober 1806 zu dem §. 319 II. (betreffs der qualificirten Verjährung der Servituten), welcher inzwischen aus dem Abschnitte über Dienstbarkeiten in das Kapitel von der Verjährung eingerückt worden war, bemerkte: „ein schuldloser Übernehmer (solle) durch Zutrauen in die öffentlichen Bücher nicht zu Schaden kommen, theils nach der bisherigen Praxis (?), theils nach dem preußischen Landrechte I. 22 §. 24." (?)[4] Ebenso will auch Prato-

---

2) Der Cod. Ther. III. 7. nr. 60. 64 u. Entw. Horten III. 7. §. 27 bestimmen nämlich, daß, wenn die Servitut in Folge des qualificirten Nichtgebrauchs (usucapio libertatis durch 3 Jahre 18 Wochen) erloschen ist, zwar der Besitzer des herrschenden Grundes um die Auslöschung der vorgemerkten Dienstbarkeit belangt werden könne; allein wenn der herrschende Grund vor der bewirkten Auslöschung an einen Dritten veräußert worden wäre, „diesem die Verfänglichkeit des vor. Besitzers nicht schaden solle."

3) Ähnlich muß wohl §. 320 II. Urentw. = §. 526 A. B. G. B. in Ansehung der Confusion aufgefaßt werden. Anderer A. Strohal Grünh. Zeitschr. IV. S. 485.

4) Die Berufung Zeiller's auf das preuß. Landrecht ist falsch; denn die §§. 18—27 I. 22 handeln von der Ersitzung (nicht — wie der §. 319 II. — von der Verjährung) der Servituten, daher spricht auch §. 24. I. 22 von der Ersitzung gegen den Besitzer des belasteten Grundstückes und bestimmt ohne Rücksicht auf die Kenntniß oder Unkenntniß des neuen Besitzers des letzteren, daß die ersessene Grunddienstbarkeit nach Ablauf von zwei Jahren . . . „nicht anders erworben wird, als wenn sie gegen denselben Besitzer des belasteten Grundstückes angefangen und vollendet wird." Im Anschluß hieran und in fast wörtlicher Übereinstimmung mit diesem §. 24 I. 22 stellte weiter Zeiller (Prot. II. S. 266) den Zusatzantrag zu §. 319 II: daß „die Ersitzung (recte Verjährung der Servitut) gegen eben denselben Besitzer des belasteten (?!) Grundstückes angefangen und vollbracht werden solle", ohne zu bedenken, daß das preuß. Vorbild von der Ersitzung — dagegen

bevera (Prot. II. S. 617) gegenüber einem durch die Verjährungsfrist von 3 Jahren 18 Wochen einverleibten Schuldschein die exceptio non num. pecuniae nur gegenüber dem dritten redlichen Besitzer nicht zulassen. (Die Lösung dieser Frage wurde von den übrigen Commissionsmitgliedern der Gerichtsordnung vorbehalten.) Und in weiterer Consequenz dieses von Zeiller und Pratobevera entwickelten Grundgedankens wurde in der Sitzung vom 21. Dezember 1807 bei Berathung des §. 616 Entw. 2. Les. (= §. 622 Urentw. = §. 36 III. 18 Martini), welcher den Anspruch auf die Löschung des durch dreißigjährige Nichtausübung verjährten bücherlichen Rechtes (Satzpost) anerkennt, vom Referenten (Prot. II. S. 452) beantragt, daß „man, was hier von der Verjährung gesagt wurde, zur Deutlichkeit wohl auch auf die Ersitzung anwenden solle" und wurde hierauf der Zusatz angenommen: „Wer eine Sache ersessen hat, kann gegen den bisherigen Eigenthümer bei dem Gerichte die Zuerkennung des Eigenthums ansuchen und das zuerkannte Recht dem öffentlichen Buche einverleiben lassen" (cfr. §. 1498); zugleich beantragte aber Zeiller sofort die weitere Einschränkung: „Dieses Recht kann aber demjenigen, welcher im Vertrauen auf die öffentlichen Bücher noch vor der Einverleibung der Ersitzung oder Verjährung eine Sache oder ein Recht an sich gebracht hat, zu keinem Nachtheil gereichen." Mit diesem Antrag „war man durchgehend einverstanden" und die bezügliche ohne alle Debatte angenommene Norm erscheint nunmehr im §. 1500 A. B. G. B.[5]

---

§. 319 II. von der Verjährung spricht! Glücklicher Weise wurde dieser mißverständlich formulirte Antrag Zeiller's abgelehnt, „weil man sich damit begnügen müsse; daß die Verjährung von der nämlichen Person — aber nicht auch gegen die nämliche Person vollbracht werde." Bei Zeiller's Antrag lief also ein zweifaches Mißverständniß unter; einmal weil Z. voraussetzt, daß der §. 24 II. 22 L. R. auf die Unkenntniß des Besitznachfolgers vor der Ersitzung Gewicht lege, sodann weil er die von der Ersitzung handelnde Norm des §. 24 an den von der Verjährung sprechenden §. 319 II. = 1489 A. B. G. B. angliedern wollte. Übrigens ist der cit. §. 24 schon durch den §. 58 Anhang zu §. 18. I. 22 des pr. L. R. aufgehoben worden und es bedarf zur Erwerbung von Grunddienstbarkeiten auch nach dem heutigen preuß. Grundb. Ges. v. 1872 der bücherlichen Eintragung durchaus nicht. Vgl. Dernburg, I. §. 275, Bahlmann, L. preuß. Gr. B. R. und Willenbücher, das preuß. Grundb. Recht, zu §. 12. — Ob Zeiller die §§. 423 flg. I. 20 L. R. (Anmerkung der Einwendungen des Cessus) gegen Hypothekarforderungen im Sinne hatte, vermag ich nicht zu sagen.

5) Auch die Einschaltung des §. 1443 B. G. L. begründet Zeiller mit den

So entwickelte sich der Grundgedanke, das Vertrauen auf das öffentliche Buch bei Erlöschung eines bücherlichen Rechtes durch außerbücherliche Thatsachen (insbes. Zeitablauf, Ersitzung, Verjährung) zu schützen, bei den Redaktoren erst bei der ersten und zweiten Lesung des Entwurfs allmählig gelegentlich einzelner Fälle, vielleicht ohne klare Erkenntniß der großen Tragweite desselben und erhielt den gesetzlichen Ausdruck in den oben citirten §§. 468. 526. 527. 1500, wobei die veraltete Fassung des §. 469 G. B. (welche von der Redlichkeit des Erwerbers keine Erwähnung macht) durch Versehen stehen blieb! An den Fall der ursprünglichen Ungiltigkeit des Eintrags dachte nur Pratobevera; seine Anregung blieb leider erfolglos, da die Lösung dieser materiellrechtlichen Frage — der „Gerichtsordnung" vorbehalten wurde!

Die bescheidenen Ergebnisse dieses historischen Rückblickes bestärken mich in der folg. Auffassung, welche ich in Rücksicht des Publicitätsprincipes bereits früher in der Ger. Zeit. 1871. Nr. 36—41, 1872. Nr. 33—35, 1876. Nr. 94, Právo vlast. 4. Anfl. S. 170 flg., dazu Besitz 3. Anfl. S. 78 — aufgestellt und näher motivirt habe[6]:

I. Das von einem Singularsuccessor (Dritten) im Vertrauen auf das öffentliche Buch (entgeltlich oder unentgeltlich, durch freiwillige Bestellung oder exekutiv) erlangte bücherliche Recht wird dann (u. nur dann) sofort unanfechtbar erworben, wenn das formell und materiell gültige verbücherte Recht durch nachträgliche, aus den öffentlichen Büchern nicht ersichtliche Thatsachen geändert oder aufgehoben wird (§§. 468. 469. 526. 527. 1500 B. G. B. und §. 71 G. G.[7] Nur die nachgefolgte Expropriation und exekutive

Worten: „Zur Sicherheit (?) der öffentlichen Bücher!" — Die Einschaltung des §. 1446 erfolgte ohne Debatte (!) (Sitzung v. 14. Dezember 1807. Protok. II. S. 448). So bieten uns denn die Berathungsprotokolle gerade über die wichtigsten Fragen des modernen Grundbuchsrechtes eine sehr schmale Auskunft, indeß sie über untergeordnete Punkte oft breite Auseinandersetzungen bringen.

6) Die Entsch. Nr. 10 326 Samml. bestreitet die Geltung des Publ. Princips in Tirol u. Vorarlberg; dagegen s. aber doch §. 18 N. 70. §. 19 N. 8.

7) Daß auf die Entgeltlichkeit Nichts ankommt, dafür spricht die allgemeine Fassung nicht nur der bezüglichen §§. des B. G. B., insbes. des §. 1500, sondern neuest. auch des §. 71 des Gr. Ges.: „welche im Vertrauen auf das Grundbuch bücherliche Einverleibungen ... erwirkt haben." So auch die Plenarentsch. Nr. 4480 Samml. Ebenso Exner, Publicitätsprinzip S. 63 flg., Stubenrauch Schuster-Schreiber), 4. A. I. S. 544, Heller, Právník 1873 S. 39. —

Feilbietung wirken unbedingt gegen jeden bücherlichen Besitzer, gleichviel, ob dieselben angemerkt oder bücherlich durchgeführt sind oder nicht. (Vgl. §. 7. S. 192 und §. 22. Abs. 6 dies. Buchs.)[8] Mit dem Grundb. Ges. v. 1871 wurde dieser Schutz des Vertrauens auf das öffentliche Buch in folgender Weise erweitert[9]:

II. Das ursprünglich ungültige, verbücherte Recht wird von dem redlichen bücherlichen Singularnachfolger (Dritten) dann (und nur dann) unanfechtbar erworben, wenn der durch den Eintrag in seinem bücherlichen Rechte verkürzte und zu eigenen Händen verständigte Interessent nicht binnen der Rekursfrist um die „Streilanmerkung" angesucht und binnen weiteren sechzig Tagen die Löschungsklage (bez. „Klage auf Wiederherstellung des vorigen bücherlichen Standes") überreicht hat. (§. 61 G. G.) Bei unterbliebener Verständigung des verletzten Buchinteressenten kann der materielle Rechtsmangel nur durch die dreijährige bücherliche Verschweigung behoben werden. (Arg. §. 64 G. G., welcher nach der historischen Entwicklung die Auffassung als Präklusivfrist ausschließt. Vgl. N. 29 und dazu S. 415flg.[10])

Anderer Ans. Unger, Ger. Z. 1868 S. 91, Kirchstetter, §. 1500, Krainz, Ger. Z. 1869. Nr. 26 N. 186, Krasnopolski, Krit. V. Sch. 27 S. 494. Letztere mit Bezug auf §. 953 und die Begründung des Anfechtungsgesetzes. — Auch der gutgläubige exekutive Erwerb wird in der Praxis ständig geschützt; vgl. Nr. 8710. 8981. 9232. 9475. 10252. 10379. 11813. 11823 und Spruchrep. 141 (Samml. Nr. 12259); falsch ist die Entsch. Nr. 11993 Samml.

8) Diese Einschränkung erwähnt m. R. Krasnopolski in den weiter unten cit. Aufsätzen. Anders aber d. Erk. Nr. 7341 u. 7987 Samml. Gl. U. W. bezüglich der Feilbietung. — Der von K. X. S. 475 flg. angeführte §. 418. Abs. 3 B. G. B. begründet keine Ausnahme. Vgl. Nr. 5850 Gl. U. W., aber auch Nr. 6328. — Der Thatbestand der §§. 469 u. 1500 G. B. ist von jenem der §§. 468 u. 527 G. B. wesentlich nicht verschieden. And. A. Krasnopolski a. O.

9) Die Unredlichkeit des Eingetragenen d. i. dessen Kenntniß von dem wahren dem Buchstande widerstreitenden Rechtsstande hat dessen Gegner zu erweisen. Arg. §§. 63—71 Gr. G.: „nicht im guten Glauben." Vgl. Nr. 10581. 11394. 11813. 11823 Samml. u. a. Wurde der Ersteigerer von Exekuten vor der Feilbietung verständigt, daß der Grundbuchstand mit dem wirklichen Rechtsstande nicht übereinstimmt, so kann Gutgläubigkeit nicht angenommen werden, s. Nr. 12381 Samml., dazu §§. 326.

10) Nur im Richtigstellungsverfahren bei Anlegung oder Ergänzung oder Wiederherstellung neuer Grundbücher (Ges. v. 25. Juli 1871 Z. 96. §§. 6. 14) hat der Eintrag in das neue Grundbuch und die binnen der Edictalfrist (von mindestens 1 J. bez. 6 Mon.) unterlassene Reclamation die Verwirkung des Rechtsanspruchs gegenüber denjenigen dritten Personen zur Folge, welche bücherliche Rechte auf Grundlage der in dem neuen Grundbuche enthaltenen, nicht bestrittenen Eintragungen im guten

III. In beiden Fällen schließt die bücherliche „Anmerkung" der wann immer überreichten (nicht verjährten) Löschungsklage das Vertrauen Dritter auf das öffentliche Buch aus. (§§. 63. 69. 71 G. G.)

IV. Die materielle Rechtsstellung der Parteien selbst, welche unmittelbar durch den ungültigen Eintrag bücherliche Rechte erwerben, bezieh. von einer bücherlichen Last befreit werden, wird durch den bücherlichen Stand nicht berührt; bei ihnen kann selbstverständlich vom Vertrauen auf das öffentliche Buch nicht die Rede sein. (§. 62 G. G.)

V. Ebenso versteht es sich, daß das Vertrauen auf den Stand des öffentlichen Buches keinen Schutz gewährt gegen die Rechtswirkungen der Handlungsunfähigkeit des Auktors, auch wenn diese aus öffentlichen Büchern nicht zu entnehmen wäre (vgl. §. 20. lit. a. G. G., §. 88 Konk. O.), wie überhaupt nicht in Fällen, in denen der bücherliche Eintrag lediglich Evidenzzwecken dient. (Vgl. §. 20. Note 20 und §. 22 Nr. 6 dies. Buchs und Erk. Nr. 4684. 7941 Samml. Gl. U. W.)

VI. Kenntniß des bloß obligatorischen Anspruchs des Dritten schließt die Redlichkeit des bücherlichen Erwerbers nicht aus (§. 440, vergl. §§. 326. 430.) So auch Nr. 59 Spruchrepert. In diesem Punkte sind fast alle Neueren einig.[11] Vergl. S. 366 N. 59 und S. 399.

Die hier vertretene Auffassung wird unterstützt durch die historische Rechtsentwicklung, durch die ungar. Gr. Ord. v. 1855 (s. auch die nachgefolgten Regierungsentwürfe), welche in den §§. 148—155 ausdrücklich zwischen „ursprünglicher Ungültigkeit" und der „Verjährung und anderen Erlöschungsarten" unterscheidet; sie erhielt durch die schon von Harrasowsky, Not. Z. 1872 Nr. 47, veröffentl. Protokolle der Kompilationskommission, durch die parlamentarische Entstehungsgeschichte der §. 61 flg. G. G. (im Gegensatz zu §. 31 des

---

Glauben erworben haben. Auf die Ersteingetragenen z. B. durch Irrthum des Gerichtes oder auf Grund einer Fälschung Einverleibten bezieht sich dieses Präjudiz ebensowenig als der Publicitätsschutz des §. 61 Gr. B. G. Vgl. Samml. Nr. 6237. 11609. 11808. 12181. 12199. Vgl. §. 19 S. 403 flg.

11) Anderer A. wieder Burckhard III. S. 321 flg.: „Es erscheint (dies) geradezu als ein Postulat des gesunden Rechtlichkeitssinnes."

Herrenh. Komm. Entw., Kaserer, Materialien XV. S. 183) und durch den oben geschilderten historischen Entwicklungsgang.[12]

Dieser Anschauung schlossen sich im Wesen an: Strohal, Z. Eigenth. S. 3. N. 2, Jenaer Lit. Z. 1877. Nr. 11, Prior. S. 61 flg., Ogonowski, Ger. Z. 1875. N. 90, Krasnopolski, Grünh. Ztschr. VIII. S. 520. N. 158, X. S. 475 (mit Einschränkung s. N. 28.), bes. Schiffner §. 109, ebenso Stubenrauch (Schuster-Schreiber) zu §. 441 von der 4. Aufl. beginnend; Till, II. §. 157 flg., Ofner, Sachenr. §. 7. Von einigen älteren Schriftstellern wird unsere Unterscheidung zumeist bei Auslegung des §. 469 G. B. allerdings oft unklar oder verschwommen angedeutet, am besten von Pratobevera, Materialien VIII. S. 513, Kopetzky, Ztschr. f. R. G. 1835. I. S. 290—296, 1838. I. S. 260 flg., 284 flg., 1845. I. S. 47 flg.[13] und nach diesem von Stubenrauch I. S. 654, II. S. 580. 2. Aufl., s. noch Zeiller III. S. 213.[14]

---

12) Der Cod. Ther. II. 8. Nr. 30—30 (ebenso Entw. Horten) steht noch auf dem Boden des älteren böhm. Landtafelrechtes: Nr. 30. „Dafür (d. i. als ungezweifelter Eigenthümer) soll Jedermann angesehen werden, der das Gut durch drei Jahre und achtzehn Wochen mit der Landtafel, Stadt- oder Grundbüchern ohne Widerspruch besessen hat, und Jener, der es von einem solchen mittelst der Landtafel 2c. überkommen, der eigenthüml. Erwerbung dieses Guts ohne weiteres vollkommen gesichert sein. 32. Es kann dahero ein landtäflicher 2c. Besitzer binnen bemelter (!) Zeit von einem Anderen, der an dem Gute ein stärkeres Recht hat, als nicht sein Vorfahrer gehabt, . . . mit der Eigenthumsklage annoch belangt werden . . . 33. Ehe . . . das Gut . . . rechtsbehörig ersessen wird, wirket die landtäfliche 2c. Verschreibung bloß die Übertragung des rechtlichen Besitzes, wo an Seiten des Übertragenden das Eigenthum mangelt". Diese Artikel enthalten einfach die Kodifikation des damals geltenden Landtafelrechtes; über die Entwicklung des Letzteren und die folgenden Stadien vgl. meine oben angeführten Abhandlungen, Krasnopolski a. O., Schiffner §. 109.

13) Kopetzky, insbes. 1838. S. 260. 284 beschränkt in seinen tüchtigen Aufsätzen die Bestreitung der eingetragenen Hypothek auf den Fall der Ungültigkeit der Forderung im Gegensatz zum Rechtstitel der rechtkräftig eingetragenen Hypothek vgl. Ztschr. 1845. I. S. 49; auch legt derselbe S. 48 das Hauptgewicht auf die Zurückziehung der Ungültigkeit im Fall der „ursprünglich ungültigen" Hypothek im Gegensatz zur Erlöschung nach §. 469.

14) Meine Ausführungen (Nr. I.—II.) waren hauptsächlich gerichtet gegen die abweichenden Ansichten Unger's, Ger. Z. 1868. Nr. 25, u. Exner's Publizitätsprinzip, dazu Hyp. R. I. S. 75 („der formelle Tabularbestand ist . . . der Rechtsstand des betreff. Grundbuchskörpers"); so auch Steinlechner, Krit. V. J. Schr. 24, S. 341 flg. (mit geringen Abweichungen); ähnlich schon Füger, Rechtswirk. bücherl. Einträge (1865) §§. 5—14, Klepsch, Tab. R. S. IV. Neuestens erkennt aber selbst Exner, Hyp. R. II. S. 423, N. 19 die Richtigkeit des von mir vertre-

Auch die Judikatur unserer Gerichte nimmt den hier vertheidigten Standpunkt ein. Vgl. die Erk. Nr. 4044. 4134. 4164. 4430. 4684. 4696. 4880 (unentgeltlicher Erwerb!). 5019. 5292. 5377 („durch die Einverleibung ist das [ungültige] Recht nicht unbestreitbar geworden, solange die Verjährungsfrist nicht abgelaufen ist, und es kann nicht dadurch unanfechtbar werden, daß es inzwischen auf einen Dritten übertragen wurde, welcher das Vertrauen auf das öffentliche Buch für sich in Anspruch nimmt; der §. 469 G. B. hat hier keine Anwendung"), s. auch Nr. 11808 („nur das im Vertrauen auf das Grundbuch von Dritten erworbene Recht wird vom Gesetz geschützt; zum Beweise des Eigenthums genügt die Berufung auf das Besitzbestandsblatt [an sich] offenbar nicht"); ebenso treffend Nr. 10589 („Im §. 1446 kommt der Gedanke [nicht „Ausnahme"] zum Ausdruck, den schon der §. 469 statuirt und welchem offenbar die Rücksicht auf den Zweck ... der öff. Bücher zu Grunde liegt, daß derjenige (sc. Dritte) geschützt werde, welcher im Vertrauen auf die öff. Bücher ... ein darin eingetragenes Recht erworben hat; hieraus geht hervor, daß durch Confusion ... auch die Hypothek wirkungslos geworden, weil hier das Princip der Öffentlichkeit des Hypothekenbuches, welches nur das Verhältniß zu dritten Personen im Auge hat, gar nicht in Betracht kommen könnte"; ähnlich 10455); ferner Nr. 5955 (Geltendmachung des ursprünglichen Scheingeschäfts gegen den redlichen Afterpfandgläubiger), 6237. 7644 (Unanwendbarkeit des §. 469 auf den Erwerb ursprünglich ungültiger Hypothekareinträge) und zahllose andere Entscheidungen: Nr. 7891. 8750. 9318. 9669. 10252. 10378. 10455. 10555. 10581. 10589. 10208. 10252. 11649. 11394. 11808. 11813. 11823. Samml.[15]

---

tenen Standpunkts an; seine Behauptung jedoch, daß die Differenz zwischen unseren Ansichten (betreffs der Unterscheidung der obigen Fälle I. u. II.) eine „bloß äußerliche" sei, ist aber nach mehr als einer Richtung nicht richtig. — Weder sind Pränotation und Streitanmerkung gleichartige und gleichwirkende Einträge (wie auch E. selbst anerkennt), noch auch ist die Streitanmerkung in allen Fällen ebenso dem Belieben der Parteien anheimgegeben wie die Pränotation, lediglich in den abwehrenden, die b. f. ausschließenden Rechtswirkungen treffen Beide zusammen. Vgl. auch Schiffner §. 109, N. 6. — Das Prinzip der Publizität gilt übrigens auch bezüglich der Verfachbücher in Tirol. Vgl. M. V v. 22. April 1854, N. 101 und dazu Erk. Nr. 5696 Samml. Gl. U. W., dagegen Nr. 10326 ders. S.; dazu S. 459 N. 8.

15) Unrichtig dagegen Nr. 8020. 10378. 10555. Samml. Im Falle der Erlöschung des Pfandrechts u. der Servituten durch Confusion nimmt die Praxis oft

In letzter Zeit macht sich indeß wieder eine unrichtige und unhistorische Auslegung der §§. 61 flg. des Gr. G. in der Theorie und Praxis geltend. Manche Erkenntnisse wollen nämlich keinen Unterschied machen zwischen dem Fall der ursprünglichen Ungiltigkeit und dem der nachgefolgten Erlöschung des bücherlichen Rechts, weil angeblich der §. 61 einen solchen nicht kenne; so insbes. Nr. 7361. 9032, Spruchrep. Nr. 128: „Der §. 61 unterscheidet nicht (?), ob die Einwendung aus dem Grunde der ursprünglichen Nichtigkeit des Tabularaktes oder aber aus dem Grunde des nachträglichen Wegfalles des rechtlichen Titels, auf welchem derselbe beruht, als ungiltig angefochten wird."[16] Dagegen ist aber zu bemerken: der §. 61 G. G. spricht überhaupt nur von der Ungiltigkeit, nicht aber von der nachträglichen Erlöschuug des bücherl. Rechtes; von der letzteren haudeln vielmehr die späteren §§. 69—71. Dies beweist auch die Erwägung, daß der §. 64 die dreijährige Verschweigungsfrist von dem Zeitpunkte der angesuchten Einverleibung des angefochtenen Rechtes rechnet! Auf die nachträgliche Erlöschung des bücherlichen Rechtes durch einen außerbücherlichen Umstand (Ersitzung, Verjährung 2c.) kann daher §. 61 schon darum nicht bezogen werden, weil die in den §§. 62—64 Gr. G. gesetzten Fristen voraussetzen, daß die verletzte Partei von dem ungiltigen Eintrage durch Tabularbescheid verständigt wurde oder mindestens verständigt werden sollte! Dazu kommt, daß die §§. 61 flg. des geltenden Gr. G. der ungar. Grundb. O. §§. 148—155, bezieh. dem Regierungsentwurfe v. 1869. §§. 104—109 (Kaserer, Mat. 15. S. 138flg.) entnommen sind, welche beide schon äußerlich in der Überschrift die Fälle der Löschungsklage 1. „wegen ursprünglicher Ungiltigkeit der Einverleibung" und 2. „wegen Verjährung oder einer andern Erlöschungsart" (der Regier. Entw. von 1869 nur wegen Verjährung) richtig auseinander halten. Ebenso wird in den §§. 69

Fortdauer und Erwerb des nicht gelöschten Rechtes selbst bei Kenntniß der Confusion an; vgl. z. B. Nr. 11246. 11931. 11966 Samml.; dagegen vgl. die oben angeführten Entsch. Nr. 10589 und 10455 Samml. und das zum Schlusse dieses §. Gesagte.

16) Schon die Form der Begründung ist juristisch ganz unhaltbar; denn „durch den nachträglichen Wegfall des Titels", recte: durch die nachträgliche Erlöschung des bücherlichen Rechtes wird doch der Eintrag nicht „ungültig"? „Ungiltigkeit" und „Erlöschung" eines Rechts sind total verschiedene Begriffe.

—71 des Gr. G. v. 1871 die nachträgliche Erlöschung durch Ersitzung und Verjährung ganz richtig der (ursprüngl.) Ungiltigkeit (§§. 61—68) entgegengesetzt und verschieden normirt. Das Grundb. Ges. von 1871 ging aber allerdings noch weiter, als die ungar. Gr. O. und der Regier. Entw. von 1869, wenn auch nicht soweit, als der Entw. der Herrenhaus-Commission v. 1870, welcher (§. 31) bestimmte, daß Rechte, welche von Dritten im Vertrauen auf das öffentl. Buch erworben werden, stets und sofort unanfechtbar sind. Es wurde nämlich ein Mittelweg eingeschlagen; der schon in den §§. 468. 469. 526. 527. 1500 A. B. G. B. (dazu nun §. 71 Gr. G.) gewährte sofortige Schutz des gutgläubigen Erwerbs eines bücherlichen Rechtes, welches durch nachträgliche bücherlich nicht ersichtliche Thatsachen aufgehoben ist, wurde 1871 dahin ergänzt, daß auch das ursprünglich ungiltig verbücherte Recht von dem redlichen Singularsuccessor unter den in den §§. 61—64 näher bezeichneten (oben S. 544 angeführten) Voraussetzungen (Unterlassung der Löschungstage, bez. Verjährung) unanfechtbar erworben wird.[17] Nach der entgegengesetzten Auslegung (s. Note 17) würde das Gesetz v. 1871 den Rechtsschutz des redlichen Bucherwerbes gegenüber dem A. B. G. B. (§§. 468. 469. 526. 527. 1500 ꝛc.) sogar wesentlich geschmälert haben; denn gemäß der citirt. §§. (vgl. bes. §. 69—71 Gr. G.) wird der redliche Erwerber sofort nach dem Eintrage geschützt, während dieser sofortige Rechtsschutz nach §§. 61—67 durchaus nicht gewährt wird! Und das soll „zweckmäßig" sein?

---

17) Der Antragsteller Freih. v. Lichtenfels spricht daher hier ganz richtig von der „ursprünglichen Ungültigkeit" des Eintrags (Kaserer 15. S. 246 flg. 260 flg.) Näheres in meinem Aufsatz Jur. Bl. 1885 N. 51. — Auch Exner, Hyp. R. II. S. 423 Note 19 ist nunmehr im Wesen meiner Auffassung beigetreten; eine von Exner aufgegebene Meinung wird nun von Burckhard, III. §. 180 S. 318 flg. 329 flg. vertheidigt, welcher meint, es komme nach §. 61 bloß darauf an, ob der bücherliche Eintrag „dermalen (?) ungültig" ist z. B. wenn die Hypothek durch Tilgung der Schuld erlosch. Auch B. übersieht somit den Unterschied zwischen „Ungiltigkeit" und „Erlöschung" des giltigen Rechtes. Burckhard (S. 330 N. 45) erkennt an, daß seine Auslegung der Absicht „der gesetzgebenden Factoren" widerstreite; allein dies beirrt B. durchaus nicht: „Die Praxis habe sich hierdurch umsoweniger beirren lassen, als sich die Gerichte mit dem Studium der Gesetzesmaterialien ꝛc. nur sehr wenig befassen. ... Wo die Materialien nur dazu dienen, etwas Unzweckmäßiges, welches aus dem Wortlaute des Gesetzes allein sich nicht (?) ergibt, in selbes hineinzupretiren, mag man sie ... schlummern lassen."! Wo bleibt da die logische Interpretation? Übrigens spricht selbst der Wortlaut des Gesetzes gegen B.!

In Rücksicht der zusammmenhängenden, neuerlich viel umstrittenen Frage, ob das österr. Recht die sogen. „Eigenthümerhypothek“ kenne, stehe ich folgerichtig auf dem verneinenden Standpunkte, welchen f. Z. in tüchtiger Weise bereits Kopetzky, Ztschr. f. ö. R. G. 1835. I. S. 307 flg. vertrat, welchen (wenigstens in der Hauptsache) auch Exner, H. R. §. 89 einnimmt, und den neuerl. Krasnopolski, Wien. Ztschr. VIII. S. 516 flg. u. XI. S. 45 flg. namentl. mit Rücksicht auf das durchaus nicht „zweideutige“ Hofdekr. v. 22. April 1825, Z. 2090 überzeugend gegen Strohal, Prioritätsabtret. S. 49, Steinlechner, Krit. V. Schr. 24. S. 337 flg. 349 flg. wahrt.[18] Näheres muß einem andern Orte vorbehalten bleiben.

Über den Einfluß des in der Fassung verunglückten Ges. v. 23. Mai 1883. Z. 82 betreffend die tiefgreifende Änderung der §§. 74 u. 76 des Grundb. Ges. vergl. die Bemerkungen §. 19. N. 17, §. 20. S. 512 flg. dieses Buchs.

---

18) Auch der Versuch Exner's §. 89, die Eigenthümerhypothek durch das Hinterpförtchen der Cession an den Hypothekar in's österr. Recht einzuschieben, ist wegen der im Wege stehenden Konfusion, da diese nicht unter dem Schutz des Publizitätsprinzips steht, undurchführbar. Der §. 22 G. G. ist bloß der Ausdruck einer gekürzten bücherlichen Manipulation.

Beilage.

A.

Zahl der Grundbuchseinlage: 15.

Katastralgemeinde: Glasenau.
Gerichtsbezirk: Planitz.

Glasenau. Gut.

Postenzahl	Katastralzahl	Bezeichnung der Parzelle, Hausnummer, Culturgattung.
		Bauparzellen.
1	1	Wohn- und Wirthschaftsgebäude, Schloß. Nr. 1.
2	12	Flußsiederei. Nr. 32.
3	38	Keller.
4	44	Schafstall.
5	45	Glashaus.
		Grundparzellen.
6	1/1	Hutweide.
7	1/2	Garten.
8	8	Garten.
9	21	Garten.
10	22	Garten.
11	56	Hutweide.
12	65	Hutweide.
13	68	Hutweide.
14	80	Hutweide.
15	81/1	Hutweide.
16	81/2	Acker.
17	82	Hutweide.
18	83	Oede.
19	84	Wiese.
20	85	Wald.
21	86	Hutweide.
22	87	Acker.
23	88	Acker.
24	89	Oede.

Postenzahl	Katastralzahl	Bezeichnung der Parzelle, Hausnummer, Culturgattung.
25	97	Hutweide.
26	98	Hutweide.
27	103	Wiese.
28	104	Wiese.
29	125	Hutweide.
30	145	Wiese.
31	146	Wiese.
32	147	Wald.
33	184	Hutweide.
34	295/1	Hutweide.
35	294/2	Wald.
36	295	Hutweide.
37	304	Acker.
38	355	Acker.
39	365	Teich.
40	366	Acker.
41	368	Hutweide.
42	370	Acker.
43	480	Hutweide.
44	481	Acker.
45	482	Oede.
46	483	Hutweide.
47	484	Teich.
48	505	Acker.
49	506	Hutweide.

Postenzahl	Eintragung
1 / v. 2	Präs. 4. Dezember 1880. Nr. Exh. 40044. Die beabsichtigte lastenfreie Abtrennung des Grundstückes Parzelle Nr. 482 und der Bauparzelle Nr. 3 wird angemerkt.
2 / ad 1	Präs. 15. August 1883. Nr. Exh. 31706. Auf Grund des Kaufvertrages d. dto. Lichtenstein 20. Juli 1880 wird das unter O. Z. 1 bezeichnete Grundstück Parzell-Nr. 482 und die Bauparzelle Nr. 3 abgeschrieben und die Anmerkung O. Z. 1 gelöscht.

B.

Postenzahl	Eintragung
1	Präs. 5. Februar 1872. Nr. E. 1691. Auf Grund des Kaufvertrages d. dto. Prag am 24. März 1871 wird das Eigenthumsrecht für Maria von Kleist, geborene von Neupauer, auf eine Hälfte einverleibt.
2	Präs. 24. Februar 1872. Nr. 5322. Auf Grund der Einantwortungsurkunde des k. k. Kreisgerichtes zu Pilsen vom 9. November 1869 Z. 7822 wird das Eigenthumsrecht für: 1. Friedrich von Kleist auf ein Sechstel, 2. Theresia von Kleist auf ein Sechstel, 3. Marie von Kleist auf ein Sechstel einverleibt.

C.

Postenzahl	Eintragung	Summe fl.	Summe kr.
1	Präs. 4. Januar 1709 sine Nr. Exh. Auf Grund des im Instrumentenbuche 412 lit. E 10 eingetragenen Kommissionskontraktes vom 23. Juli 1708 wird das Pfandrecht für die Forderung der Mlasover Kirche im Betrage von drei hundert Gulden mit sechs Perzent Zinsen einverleibt.	300	—
2	Präs. 26. Februar sine Nr. Exh. Auf Grund des im Instrumentenbuche Nr. 325 lit. H. 17 eingetragenen Erbvergleiches vom 31. Oktober 1772 und des daselbst lit. I 1 eingetragenen Stiftsbriefes vom 2. Mai 1773 wird das Pfandrecht für das Stiftungskapital im Betrage von drei tausend Gulden mit sechs Perzent Zinsen für die Pfarre Mlasov einverleibt.	3000	—
3 v. 4	Präs. 22. Dezember 1849. Nr. Exh. 24827. Auf Grund der im Instrumentenbuche Nr. 876 lit. O 24 eingetragenen Schuldverschreibung vom 1. Jänner 1848 wird das Pfandrecht für die Forderung des Josef Kock im Betrage von acht Hundert Gulden Konventionsmünze mit fünf Perzent Zinsen einverleibt.	800	
4 ad 3	Präs. 11. April 1859. Nr. Exh. 9076. Auf Grund der im Instrumentenbuche 1076 lit. L 17 eingetragenen Cession vom 23. Juli 1848 und der in der Urkundensammlung des Jahres 1859 unter Nr. Exh. 9076 erliegenden Cession vom 21. März 1859 wird die Übertragung der unter O. Z. 3 für Josef Kock haftenden Hypothekarforderung von 800 fl. CM. mit 5% Zinsen an Anna Eisenstein einverleibt.		
5	Präs. 16. Jänner 1863. Nr. 1167. Auf Grund der Note der k. k. Statthalterei d. dto. Prag am 29. Dezember 1862 Z. 69822 und des vor der Pilsner Grundlastenablösungs- und Regulirungslokalkommission am 20. November 1861 abgeschlossenen Vergleiches wird die Dienstbarkeit des Fahrweges, Fußsteiges und Viehtriebes für Horn- und Schafvieh über		

Postenzahl	Eintragung	Summe fl.	kr.
	die Grundparzellen Nr. 81/1 und 104 für die jeweiligen Eigenthümer der Realitäten Nr. 2, 27, 20, 25, 28, 7 und 9 in Glasenau, und für den jeweiligen Eigenthümer der Grundparzelle Nr. 442 in der Katastralgemeinde Glasenau nach Maßgabe der Urkunde einverleibt.		
6 / v. 7	Präs. 23. Oktober 1872. Nr. Exh. 15199. Auf Grund der Schuldverschreibung d. dto. Prag am 23. Oktober 1872 wird das Pfandrecht für die Forderung der böhmischen Sparkasse in Prag im Betrage von zwei und dreißig tausend Gulden österr. Währung mit fünf Perzent Zinsen einverleibt.	32000	—
7 / ad 6	Präs. 16. März 1881. Nr. Exh. 9703. Auf Grund der Cession d. dto. Prag am 26. Juni 1880 Z. 5529 wird die Übertragung der unter O. Z. 6 für die böhmische Spartasse in Prag haftenden Hypothekarforderung von 32000 fl. öst. W. mit 5% Zinsen an die minderjährige Josefine Rimay de Gidofalva einverleibt.		

Alphabetisches Register.

Abflüsse aus Gewässern 77, 90 flg., 91[72], 92[78].
Absonderung d. Früchte 263 flg., **372** flg., **375** flg.
Actio ad exhib. 109[16].
 aquae pluviae arc. 91[72].
 communi div. 244[54].
 negatoria 92[78], 104[6], 117[30], 129, 239 flg.
 Publiciana 385[1], 391, 392[18].
Advitalitätsvertrag 501 flg.
Aktien 357, 358[48], 360.
Allmenden 50, 225[2], 232[14].
Alluvion 88[66], 97[94], 264, 388[10].
Amortisationsgesetze 32[4,4a], 34[8a].
Amortisirung der Werthpapiere 337[14], 362, 362[52], 365[52a].
Änderung d. Grundbuchskörpers **515** flg
Anefangsklage 332 flg.
Anmerkung **485, 506** flg.
 der Abschreibung **527** flg.
 der Abtrennung **524.**
 der Anfechtungsklage 509.
 der Aufkündigung 308.
 des Beleges der Entschädigung 192, 510[15].
 der Expropriation 191.
 der Feilbietung 191, **394**, 510.
 der fideikommiss. Substitution 511.
 der Hypothekarklage 508.
 der persönl. Verhältnisse 506.
 der Priorität 507.
 der Rangordnung 23, **507**, 507[7].
 des Streites 23, 297[26], 308, **508**, 543.
 der Simultanhaftung 507 flg.
 der Theilungsklage 251[71].
 d. Veräußerungsverbotes 214, 214[41], 217[48].
 der Verjährung 508.
Apprehensio 306, 306[2], 328.
 ficta 306[2].
Auflassung **405** flg.
Aufforderungsverfahren **522** flg.
Ausländer 34.
Auswanderer 30, 30[1a].
Autorrechte **54** flg.
Avulsio 97[94], 265, 388[10].

Beneficium 15[28], 18, 21.
Bereicherungsklage 196[119], 291, 294[56c], 297, 313[6], 333, 375[6].
Bergbücher 57, 193, 428, 486, 536.
Bergwerke 15, 25, 33, 127, 132, 157, 193[113], 225[2], 232[14].
Bergwerksbahnen 155 flg., 155[25], 166[55].
 -eigenthum 57, 57[46], 380.
 -regal 57, 75, 78.
Beschränkungen d. Eigenthümers **102** flg., 485.
Besitzrecht (Verbücherung?) 486[36].
Bestandnehmer, Entschädigung desselben bei der Expropriation **180** flg., 185.
Betriebsanlagen 86 flg., 104[3], 118 flg., 128 flg.
Betrug bei der Tradition **276.**
Beweggrund der Tradition **283** flg.
Bienenschwarm 108, 110.
Bodenzins 16, 18 flg., 21.
Bosnien (Grundbuchsgesetz) 459.
Bräuberechtigung (Eintrag) 483.
Brücken 46, 96, 156.
Brünn (Recht, Stadtbuch) 434[74], 441.
Brunnen 38, 38[5], 76 flg., 79, 83[56], 237.
Bücher, geschichtliche Entwicklung der öffentl. **400** flg.
Buchbehörden **535** flg.
 -wesen in Deutschland 403 flg.
Bydžow (Stadtbuch) 433.

Causa traditionis 192, 282 flg., 303.
cautio damni infecti 128[36], 137 flg.
Cession 357, 363.
Communio 223, 226, 241 flg.

Competenz im Enteignungsverf. **166** flg., 175 flg.
Congregationen 32.
Constitutum possess. 268, 270[13], 280[37], 305, 308, **324** flg., 336 flg., 342[17].
Oudy 414.
Cura bonorum 31, 31[2].
personae 31, 31[2].

Derelictio 135[6], 140, 250[67], 391[16].
Deserteure 29, 30[1].
Desky 401 flg.
Deutsche Ordensritter 31.
Deutsches Stadtrecht 433[74], 450[113].
Dominikalgüter 474.
-rechte 468.

Edition 247.
Eigenthum, Begriff **1** flg.
an Gewässern **59** flg.
an Rechten 51[40], **52** flg.
artistisches **54** flg.
Gemein- 12, 26 flg., 41[13].
Gemeinde- 13, 13[20].
Gesammt- 22, 22[37], 225[2], 229[8], 233[17].
getheiltes **15** flg., 19[33], 226[2], 229[8].
literarisches 54 flg., 54[43].
Natural- 14[23], **385** flg.
Nutzungs- **15** flg., 68, 218[49].
Ober- 15 flg., 20, 68.
öffentliches 25, 61[4].
schwebendes 22.
Sonder- 27.
Tabular- 14[23], **385** flg.
widerrufliches 22, 22[39].
Eigenthumsblatt 21, 194[113], **484** flg., 517.
-theorien **23**[42].
Einantwortung, exek. 351.
d. Erbschaft **382** flg., 390[15].
Einschuldungsverbot 213 flg.
Einspruch **524** flg.
Einstandsrechte **220** flg.
Eintragung, bücherl. **386** flg., **469** flg.
Arten der **504** flg.
Eisenbahn 46, 49, 107, 111[20], 126, 132, 150, 155 flg., 166, 176, 390.
-bücher 49[30], 167[58], 187, 192[111], 193, 193[111, 112], 196[118], **489** flg., 528, 536.
Emphyteusis 16, 17[30], 19[33].
Enteignung 25, 27, 48, 58, 74, 89[69, 70], 92, 186 flg., 258, 265, 388, 510, 528, 541.
Fälle der **153** flg.
Gegenstand der **149** flg.
Enteignung, Natur der **194** flg.
Subjekt der **162** flg.
Verfahren **166** flg.
Zweck der **153** flg.
Erbpacht 15, 18 flg., 218[49], 378.
Ergänzung der Grundbücher **467**.
Ersatz des Schadens 56, 119[30c], **124** flg., 127[36], 137 flg., 174, 338.
Ersatzleistung b. d. Enteignung **168** flg., **174** flg., 184.
Ersichtlichmachungen im Grundbuche 481[26], 485, 509, 513.
Ersitzung 198[3], 201, 259, 265, 300, 389, 452.
Erwerbsarten des Eigenthums 256 flg.
Erwerbsgesellschaft 247[61].
Exceptio doli 271[15], 290[54], 392, 393[19].

Fabriken 76[33], 128, 132[44].
Fakturen 319.
Feilbietung 340, 343, 343[18].
Feilbietungsurtheil 251 flg.
Fensterrecht 13, 113.
Fideikommiß 7[16], 15, 20, 21[35], 179, 196[120], 201[10a, f], 203, 210, 214[41], 217, 233[14], 510, 513 flg.
Fiduciar 201, 203.
Fischereirecht 45[20], 47, 63[9], 65[18], 66 flg., 66[19a], 70[27], 78[42], **80**, 81[51], **82** flg., 85[58a], 89, 95, 99, 100[101], 105[7], 106[11], 127, 164[51], 482 flg.
Flächeninhalt (Verbücherung?) 476 flg., 517[4].
Flämisches Recht 434[75], 451.
Flußbett 39[6], 47, **61** flg., 80, 86[61], 88, 96 flg., 99, 102[106], 159[38], 257, 387.
-eigenthum **60** flg., **80** flg., 101[105], 102.
Flüsse s. Gewässer.
Formen der Übergabe **304** flg.
Frachtbriefe 317, 318[12], 319.
Freisassen 449[110]
Friedhöfe 159.
Früchte 9, 12, 22[39], 241, 258, 264[15], **372**, **375**, 380[19].
Fund 257, 259, 265, 301.

Gebäude, baufällige **133** flg.
Geld 351.
Gemeindegut **40** flg. 43, 50[32], 193, 204[20], 206.
Vermögen **40** flg., 43.
Gemeingebrauch **41** flg., **44** flg., 151.
gemeinschaftliches Gut (büch. Eintrag.), **482** flg.
Genossenschaften 232, 232[14].

Gesammtsachen 10, 35 flg., 36², 310, 323¹⁸.
Gewässer, eingeschlossene 58, 76, **79**, 94⁸², 160⁴⁰.
fließende **60** flg., 94⁸².
öffentliche 47, **62** flg., 81 flg.
Privat- **75** flg.. 159 flg.
stehende 60, 70²⁷, 89.
Eintragung der 469.
Gewährbuch 446, 449.
Gewerbsanlage 110, 119, 129³⁹ᵃ.
Gewerbsmann **344** flg.
Gewere 404, 406¹⁴.
Gletscher 74³³, 388⁷.
Grenzen 135 flg., 136⁹, 241 flg.. 241⁴⁴, 246.
Grüfte 52³⁶, 246.
Grundbücher-Einrichtung **470** flg., **481** flg.
-Ergänzung **467** flg.
-Neuanlegung **460** flg.
Grundbuchsauszug **491** flg.
-körper **472** flg.
-Mappe, s. Mappe.
Grunddienstbarkeiten 513flg.
Grundentlastung 4, 147, 147⁶, 359.
Grundstücke, verwahrloste 137.
Grundwässer 38, 38⁵, 78, 78⁴⁴, 79⁴⁵, 90⁷¹, 92⁷⁸.
Gültbuch 430.
Gütergemeinschaft **496** flg.
Gutsbestandblatt 427, 475, **513**, **516** flg., 520.

Hamburger Recht 451¹¹³.
Hammerschlagsrecht 112.
Handelsgesellschaft 247⁶¹.
Hand wahre Hand 334, 348 flg.
hereditas jacens 21³⁵, 383, 383¹, 390.
Herzegovina, s. Bosnien.
Holztrift 95⁸⁵, 99 flg., 107, 127, 157, 157³².
Hypothekenbücher 459⁸.

Iglaner Recht 439.
Immissio 92⁷⁸, 114²⁸, 116²⁹, 117³⁰, 120, 122³⁴ᵃ, 125, 135⁷.
Indossament **356** flg., 363.
Inhaberpapiere 310, 312⁶, **313**, 322, 335⁹, ¹¹, **336** flg., 341¹⁴ᵉ, 352³⁹, 353, 353⁴¹, 355.
Inhibitionsprotokoll 430.
Insel 62⁶, 88, 96, 96⁹², 97⁹⁴, **257** flg., 264 flg., 387.
interdictum, de arb. ced. 109¹⁶.
de glande leg 109¹⁶.
Interimscheine 360.
Investitura **404** flg.
Irrthum bei d. Tradition **272** flg., 348³¹.
Israeliten 35, 35⁹, 205.

Jactus missilium 278³².
Jagdrecht 13, 105⁷, 110, 126, 164⁵¹.
Judenrecht 14⁶, 339, 346²⁴.

Kanäle 76, 76³⁹, 80, 158.
Kataster 463.
Conformität mit dem Grundbuche **478** flg., **516** flg., 519.
Kehrrecht **112**.
Kellerrecht 16³⁰, 484.
Kirchen 46, 51, 51³³, 159.
-Güter 204.
-Stühle 52, 246.
Kirchhöfe 51, 159.
Kolin (Stadtbuch) 442.
Kommassation 4, 142, **534** flg.
Kommissionär 281, 349³².
Kondiktionen **291** flg.
Konnossement 319, 322¹⁶, 328, 343¹⁷, 328, 357, 364⁵³.
Kridatar 199⁷, 207, 272, 393.

Lagerscheine 316⁶, **319** flg., 343¹⁷, 357, 360⁴⁹ᵃ, **363** flg.
Landtafeln, in Oesterreich **410** flg.
Wirkung des Eintrags 450 flg.
Lastenblatt 21, 487.
Legalservituten 11, **103** flg., 157³².
Legitimationspapiere 314⁶, 318¹³, 353flg.
Lehen 15 flg., 214⁴¹, 217, 406¹⁵, 511, 536.
-Tafeln **428**, 536.
Leinpfad 46, 105, 105⁸, 112, 156.
Leiterrecht 112.
Libri castrenses 421.
citationum 415.
contractuum 415.
erectionum 428.
officii 414³⁰.
terrestres 421.
Localkapläne 31.
Löschungsklage 23, 543.
Lotterielose 39, 39⁷, 359.
Lübecker-Recht 451¹¹³.

Magdeburger Stadtbuch 450¹¹³.
Machtbriefe 411 flg.
Majestas Carolina 418, 418³⁵.
Maltheserritter 31, 31³.
Mappen 463, **478** flg., 480, 516, 518⁷, 519, 523.
Markenschutz 56, 56⁴⁴.
Marktverkauf **346** flg.
Mineralien, vorbehaltene 5⁶, 57, 264.

Mineralquellen 89 flg., 90[71].
Minoritenorden 33.
Miteigenthum 70[37], **225** flg.
Modus 209, 209[31], 242.
 acquirendi 259 flg., 260[6].
Montenegriner, 33, 33[6].
Mühlregal 67, 67[22].
Müllerrecht 87.

Nachbarrechte **104** flg.
Naphthabücher 468[1].
Näherecht **220** flg.
Namenspapiere 359 flg.
Naturalersitzung 386.
Negotiorum gestio 369 flg.
Neuanlegung der Grundbücher **459** flg.
Notariatsakt bei Schenkungen **329** flg.
notarius terrae 416[32], 422.
Nothweg **111**.
Notifikenbücher 432.
Nutzungsrechte 9 flg., 12 flg., 41[13].

Object des Eigenthumes **35** flg.
Occupation 14[23], 23, 24[42], 57, 114, 137, 137[10], 139[17], 140[23], 197[124], 258, 264, 281[39], 390[15].
odpor **455** flg.
öffentliches Gut 40 flg., **46** flg., 68 flg.
 Nichtverbücherung 469.
Olmützer Stadtbuch 437.
operis novi nuntiatio 137[11].
Ordensgeistliche 29, 31 flg., 32[4a], 272.
Orderpapiere 312[6], 320, 322' **356** flg.

Pactum reservati dom. 277, 277[29].
Perception der Früchte **372** flg.
Pfandbriefe 359, 362.
Pflugrecht 112.
Pfründengüter 204.
Prager Recht (Stadtbuch) 434[74], 435.
Prioritätsobligationen 359[49].
Protestationen 430.
Publicität 400 flg., 425[54], 516[3], **537** flg.

Quaterne **416** flg.

Realarrest 206, 208[29].
 gewerberechte 514[25].
 foliensystem 402, 471[3].
 rechte (Eintrag) 481, **483** flg., 504, 513.
Rectapapiere **359** flg.
Redemptoristen 31.
Redlichkeit des Erwerbers 334 flg., 338, **366** flg., **538** flg.
Register 436, 468.
Registrum regie curie 415.
Reliquien 52, 206[22].
Res extra commerc. **35** flg., 37[3], 52[34], 60[2].
 in comm. usu 40, 42, 63, 68 flg.
 incorporales 8, 53 flg.
 litigiosae 202, 202[12], [15].
 omnium comm. 38[5], [6], 60[2], 76.
 publicae 37[23], 40 flg.
 sacrae 37[3], 52.
Retraktrecht 220 flg.
Richtigstellungsverfahren **465** flg., 542[10].
Rustikalgemeindegründe 41[13].

Sachen, anvertraute **348** flg.
 gestohlene **337** flg., 348[27], 350[33].
 herrenlose 388.
 verlorene 337 flg., 348[27], 350[33].
Sala 404.
Satzbuch 446, 449.
Schenkungsverträge 329.
Schifffahrt 45[30], 61[5], 63[9], 73 flg., 73[30], 80, 83.
Schöpfwerke 79, 79[45].
Schulen 50 flg., 50[32].
Secularklerus 32.
Separation 57, 372 flg.
Sequestration 127, 201[10a], 207 flg., 215, 235, 238, 373[3], 395[26], 509.
Servituten 10, 44[18], 49, 93[79], 104[6], 124[31b], 131[42], 179, 398.
 an öff. Sachen 44.
Socialismus 26 flg.
Sparkassabücher 254[42].
Staatsgut 42 flg.
 =nothrecht 147 flg., 147[7], 148[8], [9].
 =papiere 358[48a], 362.
Stadtbücher 408 flg., 432 flg., 442[94], 544[12].
Stammrealitäten 583[8].
Ständische Güter 474.
Stauanlagen 83, 85[59], 95, 160 flg.
Stellvertretung bei der Trad. **278** flg. 325, 326[23], **368** flg.
Stiftungen 283[14].
Straßen 39[7], 42, 44[17], 68, 141, 156.
Subject des Eigenthumsrechtes **29** flg.
Substitution, fideikomm. 201, 203, 203[19], **210** flg., 210[32] flg., 513.
Superficies 10, 16, 19[33], 245, 378.
Syndikatsklage 537.

Tabulae citationum 414[30].
 terre provinciales 415.
Tabularbesitz 494.
Teiche 60, 62[7], 75 flg., 79, 84[57], 89[68], 91[74], 158.
Theilschuldverschreibungen 357, 359, 523[17].

Theilung d. Grundstücke 142 flg., **520** flg.
Theilungsklage 201, **242** flg.
  -verbot 213[38], 217[47], 245[55,57], 246[58].
Thiere 108.
Thierjungen 376.
titulus aquirendi **259** flg., 260[6], 392[19].
  traditionis **289** flg.
traditio s. Übergabe.
  brevi manu 268, 287[82], 300[60], 305, **324** flg.
  longa manu 373.
  symbolica 36, **306** flg., 342[17].
Traditionspapiere 319.
Tramways 155[27], 166[35].
Treppelweg 18, 105, 112.
Triebwerke 63, 83, 83[56], 85[59], 91 flg., 95, 160.
Trift, s. Holztrift.
Türkische Unterthanen 33[6].

Übereinstimmung des Grundbuchs und Katasters **478** flg., **486**, **516**, 519.
Übergabe 258, 263, **265** flg., 342[17].
  durch Erklärung 305, **324** flg., 342[17].
  fiktive 305, **327** flg.
  körperliche **305** flg., vgl. traditio.
  durch Zeichen **305** flg., **327** flg., 342[17].
Ungarn (Grundbücher) 449 flg., 457 flg.
Universalsuccession 264, 264[16], **382** flg. 389.
Ungiltigkeit des bücherl. Rechts **546** flg.
Urbarien 448.
Urheberrecht 54 flg.
Urkunden 305 flg., 306[2].
Urkundenbuch 438.
  -sammlung 427.
Urproduzenten **346** flg., 347[25a].
Usucapio, s. Ersitzung.
Ususfructus 22[39], 173, 378 flg., 378[14].
Usus publicus 45 flg., 63[9], 81.

Veräußerungsverbote **197** flg., **208** flg., 272, 352[39], 366, 510.
Verfachbuch 431, 431[70], 459[8], 468[15], 545[14].
Verjährung 451 flg., 540.
Vermächtnis 22, 390, 502, 503[25].
Vermengung **355**.
Vermischung 258, **352** flg.
Verpflichtungen d. Eigenthümers **133** flg.
Verschweigung 265.
Verschwender 207.
Versteigerung exekut. 389 flg., 393 flg.
Verträge zu Gunsten dritter 218 flg., 219[51].
Vertrauen auf die öff. Bücher **539** flg.
Verwaltung der gemeins. Sache **235** flg.
Verzeichnis des öff. Gutes 469.
Vinculirung 352[39].
Vindicatio 19[33], 36, 42[17], 213[18], 291[56], 292 flg., 332 flg., 354 flg.
  von Werthpapieren 337, 337[14].
  von Geld **352** flg.
Vorfluth 90, 104[4], 106[10].
Vorkauf 186[99], 214[41], 216, **220** flg., 224[65], 230.
Vormerkung 22, **505**.

Waarenpapiere 319, 337[14].
Waffen, verbotene 33, 52[35].
Warrant, s. Lagerscheine.
Wasseranlage 83 flg., 92[76], 95, 97, 107, 156, 160 flg.
  -buch 86, 86[62], 467.
  -genossenschaft 107, 141, 232.
  -leitung 80, 83, 92[77], 100, 158, 161[45].
  -nutzungsrechte 89, 99, 110 flg.
  -rechte (Verbücherung) s. Fischereirecht.
  -regel 64 flg.
Wechsel **357** flg., 357[47a,b].
Wege, öffentliche **43** flg., 155, 193[113], 526[24a].
Wegservituten 48[28], 49.
Weißpottenprotokoll 430.
Werthpapiere **310** flg., 350 flg., 359.
Widerlage 494.
Wiener Stadtbuch 445.
Windbrüche 380[17].

Zueignung 372, 387.
Zugehörige Realitäten 483 flg.
Zuschlag, gerichtl. 264, 344[16], 381 flg. 393.
Zuschreibungen **515** flg., 529 flg.
Zuwachs **257** flg., 300, 376.
Zwang bei d. Tradition **275** flg., 348[34] 351[35a], 352[39].

Sachregister.

Allg. bürgerliches Gesetzbuch.

§. 18 = 29.
§. 21 = 271.
§. 33 = 33.
§. 147 = 368.
§. 151 = 199[7], 271[15].
§. 152 = 199[8].
§. 187 = 368.
§. 230 = 525.
§. 231 = 197, 199[8].
§. 232 = 197, 199[8], 206.
§. 233 = 197, 199[8], 235[23].
§. 244 = 197, 199[7], 368.
§. 246 = 271[15].
§. 269 = 368.
§. 273 = 207, 271.
§. 279 = 271.
§. 282 = 199[8].
§. 286 = 42, 47[25].
§. 287 = 40[13], 41 flg., 47, 47[25], 53[37], 68, 81 flg., 193, 193[113], 469.
§. 288 = 40[13], 42 flg., 47, 47[25], 193, 193[113], 469.
§. 289 = 50, 53[37].
§. 290 = 42 flg., 48[25].
§. 292 = 8, 53.
§. 294 = 376.
§. 295 = 372, 376, 380[17].
§. 297 = 15, 15[26], 39[6], 57 flg., 60, 121[34].
§. 298 = 468.
§. 302 = 10, 35 flg.
§. 305 = 181, 182[86], 183, 184[94].
§. 308 = 485[34a], 493, 497[16].
§. 309 = 396[28].
§. 311 = 36[2], 37, 75.
§. 312 = 196, 305.
§. 315 = 305, 329.
§. 316 = 300, 391[17].
§. 319 = 308, 324 flg.
§. 320 = 391[17].
§. 321 = 385[1], 494.
§. 322 = 385, 385[1], 398[18], 494.
§. 326 = 301, 366 flg., 366[59], 367[61], 371, 381[1], 543.
§. 328 = 366, 366[59], 371[73].
§. 329 = 296[56g], 391.
§. 330 = 264, 372, 376 flg.
§. 332 — 127[36].
§. 335 = 368, 371[73], 378.
§. 337 = 369, 369[66], 381 flg.
§. 338 = 378, 381 flg., 394.
§. 339 = 90, 391, 393.
§§. 340—342 = 122.
§. 343 = **137** flg., 140 flg.
§. 350 = 494.
§. 353 = 8, 9[14].
§. 354 — 1, 7, 9, 9[14], 17, 47, 53, 60, 100, 109, 115, 117, 121[34], 192, 372.
§. 355 = 29, 35, 37, 210.
§. 356 = 18, 29, 35, 37, 210, 217[48].
§. 357 = 15, 18, 18[33], 131[42], 204[19], 217[49].
§. 358 = 15, 18[33], 217[49].
§. 359 = 15, 18, 18[33], 217[49], 484, 513.
§. 360 = 15, 18[33], 22, 210, 217[48].
§. 361 = 14[24], 226, 226[2], 229, 231, 239, 241[45].
§. 362 = 1, 17, 60, 103, 115 flg., 117[30], 121[34], 140, 239.
§. 363 = 103, 117, 218[49].
§. 364 = 5, 115 flg., 117[30], 118[30a], 121[34], 124[34b], 130 flg., 144.
§. 365 = 74, 100, 105, 161[45], 163, 168, 168[60], 181, 181[85], 184[95], 265, 388.
§. 366 = 109, 239, 293[56c], 340, 392, 392[19].
§. 367 = 200[9], 214[41], 248, 256[1], 295[56f], 300[64], 311, 316, 320, 338, 340[14d], **341** flg., 359 flg., 365, 371[73], 381, 397.
§. 368 = 349, 352[39], 367, 367[61], 371.
§. 370 = 294[56c], 355.

§. 371 = 200[9], 312, 313[6], 341, **352** flg., 366, 367[61].
§. 372 = 140[21], 391, 392[18], 396[28].
§. 373 = 303, 391, 392[18].
§. 374 = 391, 392[18].
§. 378 = 202, 329.
§. 380 = 258, 259[1a], 293[56b], 297, 311.
§. 381 = 14[20], 60, 258 flg., 264.
§. 382 = 82.
§. 384 = 108, 108[15], 111.
§. 386 = 388.
§. 387 = 133 flg., 134[3], 388.
§. 398 = 258, 264.
§. 403 = 294[56c].
§. 404 = 96, 99.
§. 405 = 257, 264, 372, 376, 380[17].
§. 407 = 69, 88, 93, 96 flg., 97[93], 257 flg., 264 flg., 387 flg.
§. 408 = 96, 205, 264.
§. 409 = 88.
§. 410 = 88, 97, 264, 387 flg.
§. 411 = 257, 388[10].
§. 412 = 138, 257, 264, 388[10].
§. 413 = 87, 88[64], 98, 106, 257.
§§. 414—416 = 264, 319, 356, 515[1].
§§. 417—419 = 58, 245, 246[58], 258, 264, 319, 388.
§§. 420 u. 421 = 58, 108[14], 258, 264, 372.
§. 422 = 57, 109, 109[16], 110, 258
§. 423 = 258, 271, 399.
§. 424 = 258, 259[1a], 263[14a], 287, 289, 289[53], 291, 293, 293[56b], 297, 298[57], 300[64], 301, 391[17], 517
§. 425 = 258, 266, 270[13], 297, 381, 385, 389[14], 395.
§. 426 = 36, 258, 263, 305, 309, 324, 395.
§. 427 = 8[13], 36, 36[2], 258, 259[1a], 268, 303, **305** flg., 306[2], 329, 331, 342[17], 395.
§. 428 = 258, 268, 305, 308, 308[4], 309, **324** flg., 326[24], 327[26], 329, 331, 342[17].
§. 429 = 268, 305, 322[16], **327** flg., 329, 331.
§. 430 = 301, 329, 399, 543.
§. 431 = 329, **385** flg.
§. 432 = 392[19], 398.
§. 433 = 258, 264.
§. 434 = 297[56h], 316[9].
§. 435 = 289, 289[53], 291, 297[56h], 527.
§. 436 = 258, 300, 385 flg., 389.
§. 437 = 258, 372.
§. 438 = 297[56h], 316[9].
§. 440 = 316[9], 385[1], 399 flg., 543.
§. 442 = 271, 332.
§. 443 = 15, 248, 255, 255[79], 340, 493, 521.
§. 444 = 470.
§. 445 = 248, 398, 470, 527.
§. 446 — 427.
§. 449 = 259, 259[1a], 311.
§. 451 = 311, 329.
§. 452 = 36[2], 308.
§. 454 — 493.
§. 455 — 169[61].
§. 456 = 248, 294[56c], 338, 340[14d], 341, 350, 351[35a], 366.
§. 457 = 372[1], 373[3].
§. 460 = 126.
§. 468 = 20[33a], 201[10a], 209[20a], 248, 341, 537 flg., 541, 547.
§. 469 = 397, 505[1], 509, 537, 541, 544, 547.
§. 472 = 15, 105[6], 135[7].
§. 473 = 105[6], 164.
§. 474 = 171, 179.
§. 475 = 44[18], 57, 121[34], 124[34b], 131[42], 135[7a], 171.
§. 476 — 57, 121[34], 135[7,7a], 171.
§. 480 = 259[1a], 399.
§. 481 = 259[1a], 311.
§. 483 = 11, 98, 140.
§§. 487—497 = 98.
§. 504 = 105[6], 179, 378, 378[14].
§. 509 = 171, 173, 179, 235[23], 378 flg., 378[14].
§. 510 = 171, 204.
§. 511 = 380, 380[17].
§. 513 = 235[23].
§. 514 = 138.
§. 519 = 235[23], 378[14], 379[16], 381[19].
§. 522 — 105[6].
§. 523 = 90, 391, 395[26].
§. 526 = 537, 541, 547.
§. 527 = 20[33a], 338, 341, 537 flg., 541.
§. 529 = 105[6].
§. 539 = 32[4a].
§. 547 = **382** flg., 384[2a], 397.
§. 550 = 383[2].
§. 572 = 287.
§. 573 = 31.
§. 603 = 171.
§. 608 = 7[10], 218[50].
§. 610 = 204, 210 flg., 210[33], 211[35], 212[37], 217[48].
§. 611 = 210, 212[37], 217[48], 218[49].
§. 612 = 210, 212[37], 217[48], 218[49].
§. 613 = 7[10], 201, 203 flg., 209 flg., 212[37], 215, 217[48], 481[26].
§. 614 = 210, 217[48].
§. 618 = 203.
§. 624 = 245[55].
§. 628 = 218[49].
§. 629 = 15, 20.

§. 631 = 7[10], 171.
§. 632 = 201[10a, 11].
§. 642 = 201[11].
§. 645 = 20.
§. 652 = 210[33].
§. 653 = 37, 215.
§. 684 = 300, 300[61].
§. 707 = 210, 217, 485.
§. 708 = 209 flg., 217, 485.
§. 709 = 209 flg., 485.
§. 711 = 210, 217[48].
§. 797 = 382, 383[1], 384[2a, 4].
§. 807 = 382, 383[1], 384[1].
§. 810 = 382.
§. 811 = 201, 383.
§. 812 = 383[2].
§. 813 = 382 flg.
§. 819 = 316, **382** flg., 384[4], 389 flg.
§. 820 = 201, 383[2], 389 flg.
§. 821 = 389 flg.
§. 824 = 200[9], 364, 364[54], 365 flg.
§. 825 = 241[45], 250.
§. 826 = 499.
§. 828 = 226[2], 229 flg., 240, 242[47].
§. 829 = 230, 236[29], 239, 242[47], 247[60].
§. 830 = 242 flg., 242[47], 243[49], 247[60], 251[71], 253, 499.
§§. 831 u. 832 = 210, 217[48], 247.
§. 833 = 226, 233 flg., 237[30] flg., 238[36], 241[45].
§§. 834 u. 835 = 233, 236, 236[28].
§. 836 = 233, 235[23], 238, 250.
§. 837 = 233, 237, 237[31].
§. 838 = 233.
§. 839 = 234, 238.
§. 840 = 238[36].
§. 841 = 248, 248[63], 249[64], 300.
§. 842 = 246, 249[64].
§. 843 = 201, 242, 243[49], 244 flg., 249[64], 250, 251[71], 253 flg., 499.
§. 844 = 234[22], 246, 246[59], 247[59a], 316.
§. 846 = 250.
§. 847 = 233[14].
§. 850 = 242.
§. 854 = 70[27], 72[28], 93, 96, 112[22], 226, 234[18], 240.
§. 855 = 93, 96, 118[30a], 226, 234[18], 240 flg.
§. 856 = 96, 226, 234[18], 238, 240.
§. 857 = 234[18].
§. 858 = 135, 136, 136[9].
§. 865 = 199[7], 206[23], 271, 293[56a].
§. 869 = 272, 274[21].
§. 871 = 273, 274[21], 275.
§§. 872—875 = 273, 275, 304, 348[31].
§. 876 = 273, 275, 348[31], 359.
§. 877 = 273, 275[24], 291.
§. 878 = 37, 39[10], 188[101], 291 flg.
§. 879 = 291.
§. 880 = 37.
§. 901 = 287.
§. 916 = 276.
§. 922 — 230[9], 250, 313.
§. 923 = 230[9].
§. 935 = 255.
§. 943 — 327[26], 329.
§. 956 — 502[24a], 503.
§. 991 — 291.
§. 996 = 219[51].
§. 1002 — 200.
§. 1008 — 197.
§. 1016 — 371.
§. 1019 = 219, 219[51].
§. 1020 = 127[36].
§. 1021 = 127[36].
§. 1034 = 200, 368.
§§. 1040 u. 1041 = 168[60], 238.
§. 1048 = 194, 291.
§. 1051 = 393.
§. 1053 = 289.
§. 1059 = 291.
§. 1063 = 288[52].
§. 1064 = 393.
§. 1070 = 492.
§§. 1072—1078 = 224, 224[63, 64], 492.
§§. 1080 u. 1081 = 277[28].
§. 1089 = 194[115], 255, 381[1].
§. 1095 — 180[81], 492.
§. 1096 = 381[19].
§. 1097 — 180.
§. 1101 — 373[3].
§. 1102 = 511[18].
§. 1111 = 126.
§. 1112 = 180[82].
§. 1121 = 172, 180[81], 127[36].
§. 1122 = 378.
§. 1123 = 15 flg.
§. 1125 = 16, 378.
§§. 1127 u. 1128 = 218[49].
§§. 1140 u. 1141 222 flg., 222[59], 271.
§. 1143 = 131[42].
§. 1147 = 131[42], 378.
§. 1149 = 18.
§. 1174 = 168[64], 201, 291 flg.
§. 1175 = 232.
§. 1180 = 497[13].
§. 1208 = 210, 217, 247[61].
§. 1217 = 503[25].
§. 1226 = 300.
§. 1228 = 496.
§. 1230 = **494** flg.
§. 1234 = 496[10], 497.
§. 1235 = 499.

§. 1236 = 497, 497[16], 498[17], 499 flg.
§. 1247 = 168[60], 291.
§. 1248 = 218[50].
§. 1252 = 493[2].
§. 1255 = 501, 501[23].
§. 1256 = 497[14], 502.
§. 1262 = 497[15].
§. 1265 = 281.
§. 1266 = 497[15].
§. 1271 = 276.
§. 1276 = 380[17].
§. 1287 = 219[51].
§. 1291 = 276.
§. 1293 = 184 flg., 185[38], 296[56g].
§. 1295 = 125, 138, 139[17], 168[60], 289[32], 353, 375.
§. 1305 = 58[47], 103[2], 117, 121[34], 125, 128, 129[40], 130, 131[43], 139[17].
§. 1306 = 125, 139[17], 168[60].
§. 1311 = 125, 168[69], 393[29].
§. 1315 = 139[17].
§§. 1323 u. 1324 = 184, 375.
§. 1330 = 186[98].
§. 1331 = 184, 371[73], 375.
§. 1332 = 184.
§. 1336 = 168[60].
§. 1357 = 536.
§§. 1373 u. 1374 = 137, 137[16], 139, 178[78], 525.
§. 1387 = 276.
§. 1392 = 310 flg., 330.
§. 1393 = 310 flg., 313[6].
§. 1397 = 363.
§. 1413 = 171[66].
§. 1421 = 271[15], 293[56c].
§. 1425 = 169.
§. 1431 = 198, 259[3], 290 flg., 291[56], 293 flg., 296 flg., 355.
§. 1432 = 291, 291[56], 298[57].
§. 1433 = 271[15], 291, 293[56], 298[57].
§. 1434 = 291, 298[57].
§. 1435 = 168[60], 291 flg., 291[56], 298[57].
§. 1436 = 291, 291[56], 298[57].
§. 1437 = 291, 294[56c], 296 flg., 296[56g].
§. 1443 = 511.
§. 1447 = 291, 296[56g].
§§. 1456 u. 1457 = 42[14].
§. 1458 = 243[52].
§. 1459 = 92, 92[76].
§. 1460 = 371[73].
§. 1461 = 289, 289[53], 300, 391[17].
§. 1468 = 389.
§. 1474 = 201.
§. 1477 = 371[73].
§. 1481 = 243, 243[52].
§. 1487 = 275[24].
§. 1488 = 539.
§. 1494 = 366[59], 367.
§. 1498 = 14[23], 386[3], 389, 393, 397, 505[1].
§. 1500 = 389, 389[11], 397 flg., 516[3], 537 flg.

Allgem. Grundbuchsgesetz vom 25. Juli 1871 Z. 95 R. G. Bl.

§. 2 = 390.
§. 3 = 226, 388[10], 515 flg.
§. 4 = 386, 386[3], 489, 493, 505, 505[2], 522.
§. 5 = 214[41], 217[48], 386[3], 493, 496, 501, 512.
§. 7 = 491 flg., 492[50].
§. 8 = 505 flg.
§. 9 = 194[113], 214[41], 216, 486, 386[3], 494 flg.
§. 10 = 226, 226[2], 234, 492.
§. 12 = 493, 515.
§. 13 = 226, 234, 395[26], 493.
§. 15 = 507.
§. 20 = 208, 214[41], 216[47], 251[71], 252[71], 485, 504, 506 flg., 543.
§. 21 = 207[26], 398.
§. 22 = 387, 396, 398.
§. 23 = 384, 384[4], 388[10].
§. 26 = 289, 297[56h], 399, 506.
§. 27 = 506.
§. 29 = 399, 509, 527.
§. 30 = 507[7]
§. 31 = 505.
§. 32 = 297[56h].
§. 33 = 505.
§. 34 = 505, 513.
§. 35 = 297[56h], 399, 506.
§. 39 = 506.
§. 40 = 505.
§. 41 = 399.
§. 42 = 289, 297[56h].
§. 49 = 23, 505.
§. 50 = 23.
§. 51 = 493.
§. 52 = 513.
§. 53 = 23, 507, 507[7].
§. 57 = 23.
§. 59 = 252, 508, 512, 513.
§. 60 = 251[71], 252, 252[71], 508.
§. 61 = 23, 208, 297[56h], 396[29], 399, 480, 513, 542 flg., 546.
§. 62 = 371[73], 508, 543.
§. 63 = 371[73], 543.
§. 64 = 265, 542, 546.
§. 65 = 208.
§. 69 = 23, 208, 508, 543, 546 flg.
§. 70 = 208, 389, 398, 508, 546 flg.

§. 71 = 208, 398, 513, 541, 543, 546 flg.
§. 72 = 191, 252, 381, 382[1], 394, 394[25], 510[12], 516[8].
§. 73 = 214[41], 217[47], 252[71], 511 flg., 511[26].
§. 74 = 481, 488, 505, 513, 517 flg., 523.
§. 78 = 387, 389, 396.
§. 85 = 373[3].
§. 88 = 507, 507[8], 512.
§. 89 = 507, 507[8], 512.
§§. 90 u. 91 = 488.
§. 93 = 529.
§. 97 = 398.
§. 98 = 496[11].
§. 99 = 509.
§. 103 = 399, 496[11].
§. 106 = 505, 507, 509.
§. 109 = 512.
§. 111 = 507.
§. 112 = 505, 512.
§. 118 = 397, 465.
§. 123 = 522.
§. 129 = 509.
§. 132 = 23[40], 509[11].
§. 133 = 509.

Gesetz über die Anlegung der Grundbücher vom 25. Juli 1871 Z. 98 R. G. Bl.

S. 468—513, bes. 521 flg., 484 flg., 487 flg.

Gesetz, betr. die Durchführung bücherlicher Abtrennungen vom 6. Februar 1869 Nr. 18 R. G. Bl.

S. 171[66], 460, 508, 513, **521** flg.

Reichswassergesetz vom 30. Mai 1869 Z. 93 R. G. Bl.

§. 2 = 47, 80, 80[50].
§. 3 = 47, 75, 75[36], 78, 80, 80[50], 88.
§. 4 = 47, 60[3], 75, 77[39], 78.
§. 5 = 47, 60[3], 74, 77[42], 93, 101, 101[103], 241.
§. 6 = 47.
§. 7 = 47, 83, 95[85].
§. 8 = 48[27], 105, 105[8].
§. 9 = 7, 105.
§. 10 = 79, 84[57], 91[75], 94, 94[82], 95[84], 101, 106, 132.
§. 11 = 79, 90, 91[72] flg., 92, 106, 132[47].
§. 12 = 94, 94[83], 101, 106.
§. 13 = 94, 94[83], 101.
§. 14 = 94[83], 101, 241.
§. 15 = 79, 89, 89[67], 100, 106[11], 161, 161[44], 162[46], 163, 168, 181, 192[111].
§. 16 = 79, 89, 89[67] flg., 101, 163, 192[111].
§. 17 = 101, 168, 176[72].
§. 18 = 100.
§. 19 = 81[51], 84, 95[87], 100[101], 101, 106[11], 127, 129[40], 176[72].
§. 20 = 107, 141, 232[18].
§. 21 = 107.
§. 22 = 107, 107[12].
§. 23 = 107, 107[12], 141, 387[4].
§. 26 = 176[72].

Forstgesetz vom 3. Dezember 1852 Z. 250 R. G. Bl.

§. 6 = 69.
§. 19 — 132.
§. 21 = 245[55].
§. 24 = 69, 107, 110, 111[20], 112, 142.
§. 26 = 46[21], 48[27], 95[85], 100, 107, 110.
§. 39 — 108[15].
§. 40 = 111.

Eisenbahnenteignungsgesetz vom 18. Februar 1878 Z. 30 R. G. Bl.

§. 1 = 163.
§. 3 = 182.
§. 4 = 163 flg., 170, 173[67], 174, 181, 184[95], 528.
§. 5 = 165, 170 flg., 171[65], 173 flg., 180 flg., 182[90], 184 flg., 184[95], 528.
§§. 6 u. 7 = 182 flg., 184[95].
§. 8 = 167, 169 flg., 181, 183[93], 192.
§§. 9 u. 10 = 167, 170, 192.
§. 14 = 178[77].
§. 16 = 167, 179, 187.
§. 17 = 166[55], 167, 187.
§. 18 = 163, 167, 178.
§. 19 = 388.
§. 20 = 192.
§. 22 = 163, 165, 168, 178, 178[77], 184, 187, 187[101], 193.
§. 23 = 186.
§. 24 = 178, 178[77].
§. 25 = 165, 170 flg., 173 flg., 177, 177[76], 182, 184.
§. 26 = 167, 179, 187, 187[100].
§. 27 = 163.
§. 29 = 178.
§. 30 = 165, 173, 175, 177, 177[73a].

§. 31 = 177 flg.
§. 33 = 170, 181, 192.
§. 34 = 169 flg., 175, 175[70], 179 flg., 190[106], 193, 388, 510[14].
§. 35 = 163, 165, 167, 169, 174, 190[106], 191 flg., 197[128], 510[13].
§. 36 = 181.
§. 37 = 186, 189.
§. 38 = 128[36].
§. 42 = 126, 132.
§. 46 = 191, 197.
§. 47 = 163.
§. 55 = 187[100].

Eisenbahnbuchgesetz vom 19. Mai 1874 Z. 70 R. G. Bl.

§§. 1—3 = 192[111], 490.
§§. 4 u. 5 = 490, 515.
§§. 6—9 = 192[111], 194[113], 490 flg., 491.
§. 10 = 536.
§. 17 = 191, 196[118].
§. 20 = 165, 167[58], 170[64], 179[80], 187, 193[112], 510, 528.
§. 29 = 165, 170[64], 187, 193[112].
§§. 34 u. 35 = 510[13–15].
§. 39 = 165, 193[112].
§. 46 = 205.

Handelsgesetzbuch.

Art. 56 = 281[39].
„ 59 = 281[39].
„ 67 = 361[50].
„ 69 = 281[39].
„ 96 = 281[39].
„ 97 = 281[39].
„ 181 = 358[48], 360[49d].
„ 183 = 357, 357[47a], 363.
„ 223 = 358, 358[48], 360[49a].
„ 271 = 361[50].
„ 273 = 347, 361[50].
„ 301 = 312, 313[6], 357, 359.
„ 302 = 312, 313[6], 319, 357, 359, 360[49a].
„ 303 = 312, 313[6], 356[46, 47], 359, 363.
„ 304 = 312, 313[6], 357.
„ 305 = 312, 313[6], 319 flg., 338, 343[17], 356, 363, 365, 367[61].
„ 306 = 312, 313[6], 320, 341, 343[17], 345, 347, 349[32], 350 flg., **359** flg., 365, 368[65].
„ 307 = 312, 315[6], 338, 351[38], **353** flg.
Art. 308 = 312, 313[6].
„ 309 = 361[50].
„ 313 = 323, 361[50].
„ 360 = 281[1], 281[40].
„ 368 = 281.
„ 374 = 323.
„ 382 — 323.
„ 402 = 318[12], 328[27].
„ 413 = 319.
„ 415 flg. = 322.

Kaiserl. Patent vom 9. August 1854 Z. 208 R. G. Bl.

§§. 1 u. 2 = 178, 178[77].
§. 43 — 382.
§. 46 = 382.
§. 73 = 301.
§. 122 = 382.
§§. 145—148 = 382, 383[1], 389 flg., 479.
§. 158 = 179, 204[19], 209 flg., 214, 485, 511, 513 flg., 522[15a].
§. 169 = 479.
§. 174 = 21, 204[19], 217[48], 479, 485[35], 514.
§. 177 = 479.
§. 182 = 29, 32[49], 199[7].
§. 189 = 235[23].
§. 222 = 514.
§. 230 = 514.
§§. 269 u. 270 = 300.

Anderweitige Gesetze.

Landtafelpatent v. 22. April 1794 Z. 171 J. G. S. S. 68.
§. 1 = 474[16], 529.
§. 2 = 427, 529.
§. 3 = 521[12], 529.
§. 7 = 384.
§§. 12, 18, 32 = 297[56h].
§. 33 — 207[26].
§. 42 = 419.
Kaiserl. Verordnung vom 16. März 1851 Z. 67: S. 427.
Gesetz vom 14. September 1854 Z. 238 R. G. Bl.: S. 49[30], 163, 166, 169, 179[73], 190 flg, 197, 205, 388 flg.
Gesetz vom 5. Dezember 1874 Z. 92 L. G. Bl. für Böhmen: S. 20, 193, 193[113], 214, **217**, 517[5], 519.
Gesetz vom 23. Mai 1883 Z. 82: S. 467, 476[22], 478, 481, 486, 518 flg.
Gesetz vom 23. Mai 1883 Z. 83: S. 478, 480, **486** flg., 516, **519** flg.

Lightning Source UK Ltd.
Milton Keynes UK
UKHW012151120119
335365UK00007BA/271/P